김동명학술지 편찬사업

# 김동명연구 학술지 논총 (제1권)

### (2014년 제1집 ~ 2018년 제5집)

김동명선양사업회
Kim Dong-Myeong Enhancement Association

# 발·간·사

김동명선양사업회
**심 은 섭** 회장

    2024년을 기준으로 보면 '김동명학회'가 전국학술대회를 개최한 횟수도 11회를 넘겼다. 그 동안 『김동명학술지』에 발표된 논문만 해도 약 80여 편에 달한다. 단일 대상을 연구한 논문으로는 결코 적은 양의 결과물이 아니다.

    이처럼 귀중한 연구 자료를 〈김동명선양사업회〉에서 선양사업의 일환으로 연구자들에게 연구의 편리성을 제공하고자, 2014년부터 2018년까지 5년간 『김동명학술지』에 발표된 논문을 한 권의 논총집(제1권)으로 묶게 되었다.

    사실, 김동명 시인의 문학사상과 관련된 논문을 매년 학술대회를 열어 발표하는 것만이 능사는 아니다. 매년 발간하는 『김동명학술지』에 실린 논문을 한 권의 논총집으로 엮어 전국 대학 도서관에 제공하는 보급 사업이 동시에 이루어져야 한다.

    마음 같아서는 10년 동안 모아놓은 논문을 한 권의 논총집으로 묶었으면 좋겠으나 예산 부족과 여러 가지 사정으로 5년(2014~2018) 동안 쌓은 논문을 1권으로 묶고, 나머지 5년(2019~2023) 치는 2025년에 2권으로 발간할 계획을 가지고 있다.

    이번의 계기로 매 5년마다 논총집을 묶어 각급 대학교 도서관에 보급하여 연구자들이 연구 자료를 쉽게 얻게 하여, 김동명 시인의 문학사상 연구에 지대한 확산적인 지평을 열어갈 것으로 기대를 해본다.

그간 어려운 여건 속에서도 김동명 시인의 문학사상 선양사업에 논문 발제를 해주신 교수님들과 토론자로 참석해 주신 분들, 그리고 묵묵히 물심양면으로 협력을 아끼지 않으신 김동명선양사업회 부회장님과 이사님께도 심심한 감사의 마음을 전한다.

또한 김동명선양사업의 과업을 수행하는데 여러 부분의 지원을 아끼지 않으신 강릉시와 강릉의회에도 정중히 감사의 말씀을 올린다.

2024. 11.

김동명선양사업회 회장 **심 은 섭**

# CONTENTS

**【제1차 학술대회】**

- 초허(超虛)의 시문학과 정체성(identity)의 고찰 / 엄창섭 ················· 9
- 김동명 수필의 '월남'과 '피난' 표출양상 / 장정룡 ························· 19
- 김동명 시에 나타난 기도형 발아의 원인 고찰 / 심은섭 ················· 51
- 김동명 산문에 나타난 타자지향성과 디아스포라의식 / 이미림 ········· 89
- 김동명 시 연구 / 이성교 ································································ 117
- 김동명 시에 나타나 '주체의식' 연구 / 김윤정 ······························· 139

**【제2차 학술대회】**

- 시대적 상황대처와 초허(超虛)의 한글인식 / 엄창섭 ······················· 163
- 김동명 시에 나타난 낭만주의적 시의식 / 박호영 ··························· 179
- 김동명 최초 수필집 『세대의 삽화』 고찰 / 장정룡 ························ 193
- 작가(시인)로서의 삶, 지식인(정치가)으로서의 삶 / 이미림 ············· 213
- 김동명 시의 모성적 상상력 / 유희자 ············································· 233

**【제3차 학술대회】**

- 超虛 초기 시편과 諸特性 硏究 / 엄창섭 ········································· 303
- 김동명 수필 어머니의 서사구조 고찰 / 장정룡 ······························· 319
- 김동명 시에 나타난 현실 일탈의 수용 / 박호영 ····························· 343
- 초허의 '소극적 저항'의 시세계 수용 / 심은섭 ······························· 357
- 김동명의 정치평론집에 나타난 '자유민주주의' 사상 고찰 / 김윤정 ······ 381
- 김동명 시 연구 / 이성교 ································································ 399

### 【제4차 학술대회】

❖ 한국기독교 문학과 초허 / 엄창섭 ·············· 443
❖ 김동명 작가의 작품해제 및 작품집 후기 고찰 / 장정룡 ·············· 465
❖ 일제말기 김동명의 전쟁시를 통해 본 현실 인식과 저항성 / 김윤정 ········ 487
❖ 초허의 시세계와 식물적 상상력의 관련성 수용 / 심은섭 ·············· 511
❖ 김동명 문학의 공간적 상상력 / 이미림 ·············· 541
❖ 김동명 시, 강릉, 로컬리티 / 남기택 ·············· 561

### 【제5차 학술대회】

❖ 물의 시적 형상화와 수용성(受容性)의 해법 / 엄창섭 ·············· 589
❖ 김동명 시에 나타난 장소의 시적 형상화 / 장은영 ·············· 609
❖ 초허 첫 시집 『나의 거문고』 발굴에 따른 諸고찰 / 심은섭 ·············· 637
❖ 김동명 평론의 시대성과 정치인식 / 장정룡 ·············· 663
❖ 김동명 텍스트의 헤테로토피아적 특성 / 이미림 ·············· 683
❖ 김동명 시, 강릉, 로컬리티·Ⅱ / 남기택 ·············· 705

# 제1차 학술대회

초허(超虛)의 시문학과 정체성(identity)의 고찰 / 엄창섭

김동명 수필의 '월남'과 '피난' 표출양상 / 장정룡

김동명 시에 나타난 기도형 발아의 원인 고찰 / 심은섭

김동명 산문에 나타난 타자지향성과 디아스포라의식 / 이미림

김동명 시 연구 / 이성교

김동명 시에 나타나 '주체의식' 연구 / 김윤정

# 초허(超虛)의 시문학과 정체성(Identity)의 고찰
-민족의 혼불,'호수와 파초의 시인 김동명'

엄창섭*

---

**목 차**

Ⅰ. 서론: 문제의 제기
Ⅱ. 초허 시문학의 형상화와 내면인식
Ⅲ. 결론: 해결되어야 할 문제

---

## Ⅰ. 서론: 문제의 제기

지정학적으로 경주와 함께 천년의 문향(文鄕)으로 신라 향가 〈獻花歌〉의 발원지인 강릉은, 인류역사상 모자(율곡과 사임당)가 화폐의 인물로 선정되어 세계인의 주목을 받는 자연풍광이 조화롭게 어우러진 공간이다. 조선후기에 간행된『藥城詩稿』(1917)의'溟州에는 시인이 많다'라는 기록처럼 근자에도 우리현대문학사에서 일제강점기의 심연수(1918-1945) 시인이 새롭게 조명을 받는 현상('항일 민족시인 7위 추모 분향단 - 윤동주, 이육사, 한용운, 이상화, 김영랑, 오일도, 심연수)이다.'호수와 파초의 시인'으로 빈궁한 삶을 마감한 초허(超虛) 김동명(金東鳴,1900-1968)은, 순수문학종합잡지인『開闢』(1923년 10월)에 〈당신이 만약 내

---
*김동명학회 학회장

게 門을 열어주신다면〉,〈나는 보고 섯노라〉,〈애닯은 記憶〉으로 등단하고, 강원도 특집을 다룬 同誌 12월호에〈懷疑者들에게〉,〈祈願〉을 발표하였다. 또 그는 처녀시집인『나의 거문고』(新生社, 1930) 간행 이후에 5권의 시집을 간행하였으나 인위적인 도그마에 구속되기를 원치 않은 한 시대의 진정한 종교인으로, 망국의 통한을 시적으로 형상화하며 교육자와 정객으로서의 면모를 지닌 존재다.

이처럼 "조국을 언제 떠났노/파초의 꿈은 가련하다"로 시작되는〈芭蕉〉를 그 자신은 애상적 음조로 읊어내었으며, 조선어말살사건의 과도기에도 한글로〈술 노래〉,〈狂人〉(1942)의 시작(詩作)에 열중한 지사적 인물로 민족의 통한을 기독교의 박애정신으로 극복한 계연성을 유지하였다. 특히 한국현대문학사에서 2인문단시대로 신문학운동이 전개된 1920년대는,『泰西文藝新報』(1918) 창간을 기점으로 서구문학이 본격적으로 태동한 시간대이다.『創造』(1919)를 비롯한『廢墟』,『薔薇村』등과『朝鮮文壇』,『文藝公論』등의 순수문학지와『開闢』(1920)등 일반종합지 성격의 잡지들이 출간되었고, 이 시기는 3·1운동의 실패로 인한 세기말적인 풍조로, 1925년 조선예술가동맹의 결성으로 카프문학의 활동을 배제할수는 없으나, 유미적이고 퇴폐적인 색채의 감상주의가 지배적이었다.

혼돈과 격랑의 한 세대를 살아가는 미래의 꿈인 젊은 세대에게 시적 상상력을 통해 꿈의 날개를 달아주는 일에 몰두한 시인의 정신적 행위가 미적 주권이라는 양식(樣式)에서 상처받은 영혼의 치유에 의한 신선한 감동이며 역동성이다. "따뜻한 감성과 불멸의 詩魂"으로, '호수와 파초의 시인'인 초허(超虛)는,〈水仙花〉를 통해 입증되듯 강직한 성품과 혁명적 기질, 맑은 영혼의 소유자로서 사회악과 구속을 거부한 지극히 자유로운 투사적 존재이다. 한국문학사에서 정치평론의 서장을 장식한『나는 證言한다』(新雅社, 1964)를 통해 "이 책은 겨레에게 보내는 第七詩集이다."라는 그의 주장은 모름지기 대륙의 심장을 지닌 지사적 존재임을 천명한 결과이다. 아득한 기억의 유년시절, "강보에 싸였을 때부터 내 기억은 물소리에서부터 시작된다. 방안에 앉아서도 그윽히 들려오는 물소리! 이건 내가 사파에 와서 들어본 자연의 음악이었는지도 모른다."라는 그의 감회는, 잔잔한 감동을 불러주는 물의 흐름처럼, 가슴 저려오는 전별(餞別)과 운명적인 유랑(流浪)을 뜻하기에 초허의 서러운 인생의 여정은, "떠남의 미학"으로 해석되어진다.

예부터 영동의 수부(首府)도시 강릉(江陵)은 김동명 시인이 태를 묻은 곳이다. 궁핍한 생활로 남들이 14세에 들어가는 중학교를 17세에 입학하고 3년 만에 미션스쿨인 영생중학을 졸업하였다. 강직한 성품의 소유자인 그 자신은 인위적인 제도권에 구속되기를 원치 않은 까닭에 독실한 기독교인, 망국의 통한을 고아한 시적 형상화로 읊어내며, 교육자와 정객, 그리고 정치평론의 지평을 품격 있게 열어 보이며 삶의 거적을 남긴 예지적인 인물이다. 이 같은 현상에서 "여울 속의 돌도 함부로 움직이면 물 흐름의 속도와 소리가 달라지듯이" 생활위주의 편리만을 고집하는 비열한 행위는 자연의 순리를 역행한 것이기에, 분망한 삶의 일상에서 선한 심성으로 소외된 이웃을 향해 끊임없이 경계를 허문 그의 생애는 실로 위대하다.

까닭에 초허의 애상적이고도 담백한 시적 정조와 간결한 언어로 직조된 작품들은 부당한 권력에 의해 인권의 자유가 구속받던 시대, 불의에 항거하여 자신의 집념과 신앙을 축으로 고뇌한 결과물이다. 비록 그의 시편들이 독자들의 관심 대상에서 다소 멀어진 까닭은, 안타깝게도 그간의 평자들이 자연적·목가적·전원적 시로 평이하게 해석하고 일축함에 기인한 연고이다. 본고에서는 개념도 어설픈 세계화의 조류에 떠밀린 '영어몰입교육정책'의 시간대에 민족의 혼으로서의 타당성을 지니기에 어디까지나 겨레의 표상으로 다소 뒤늦은 감이 없지 않으나 그의 시적 형상화와 산문에서 확인되는 종교적 특성에 관해 심도 있게 논의하기로 한다.

## II. 초허 시문학의 형상화와 내면인식

한 시인의 생애와 사회적 환경, 작품 및 정신 등에 관한 심도 있는 논의는 가치 있는 정신작업으로 세계고에 동참하는 창조적 행위와 결부된다. 어디까지나 시작 행위는 개인의 생활과 사상·감정의 산물이기에, 한편의 시를 이해한다는 것은 화자(persona)의 인간성과 정신세계를 폭넓게 아우르는 계기와 연계된다. 편의상 논자는 『金東鳴文學研究』(학문사, 1986)에서 그의 시력(詩歷)을 각각 3기로 구분지어, 초기는 나의 거문고(1923~1930)시대로, 인생을 고민하는 허무적 특성을 지닌 세기말적인 감상주의와 퇴폐적인 경향으로 정리하였다. 보들레르의 '악의 꽃'에 대한 헌시 〈당신이 만약 내게 門을 열어 주신다면〉과 〈애닲은 기억〉, 〈내 거문고〉, 〈기원〉 등이 이 시기의 시편이다. 중기는 파초(1936~1938)시대로, 절망적인 시대상황과 인생의 무상함을 극복하려는 인생관으로 일제강압을 피해 농촌에 거주하며 민족의 염원을 서정화한 시간대로, 〈芭蕉〉, 〈내 마음은〉, 〈손님〉, 〈밤〉, 〈민주주의〉 등이 쓰여졌다. 말기는 삼팔선, 진주만, 목격자(1947~1957)시대로, 우울한 이야기로 민족의 참상, 태평양전쟁의 상황 및 일제의 암흑상, 그리고 풍물적인 사회상이 시적형상화를 걸쳐 감상적 낭만이 주조를 이룬다. 이 같은 정황에서도 '운명의 아들, 카인의 後裔'를 자처한 그의 시적 골격은 '삶이란 한낱 환상과 가식에 지나지 않으며 죽음 속에서 또 다른 생명이 비롯된다.'는 기독교적 구원론과 일관되게 접목되고 있다.

> 그대는 차디찬 의지의 날개로/끝없는 고독의 위를 나르는/애달픈마음/또한 그리고 그리다가 죽는/죽었다가 다시 살아 또다시 죽는/가여운 넋은 아닐까//
>
> -〈水仙花〉에서

초허는 일제강점기의 유일한 탈출구로 문학의 길을 택한다. 그에게 있어 고독이란, 안수길의 지적처럼 '남달리 조국과 민족을 사랑한 열정의 발로'이기에 〈水仙花〉는 단순한 연애적 감상이나 민족의 정한을 읊은 서정시로 단정 지을 수는 없다. 이 시편은 높은 정신적 차원에서 민족과 조국 혼을 시적대상으로 형상화 절규(絶叫)로, 그것은 '죽었다가 다시 살아나는' 기독교의 부활론을 축으로 한 불멸의 혼불과 점철된다. 그는 몸담았던 시간대를 다양하게 활동하면서 문단이라는 울타리의 내연에 머물기를 원치 않았기에, '문단 밖의 낭인(浪人)으로' 인식되었다. 또 그 자신이 '카인의 말예(末裔)임'을 자처하였듯 우리 문단에서 심층적으로 다루어질 수 없었다. 특히『芭蕉』(신성각, 1938)에 수록된 시편들은, 일제의 탄압이 점차 극렬하여 민족적이고 반일적인 사상이 일체 허용되지 않았던 1930년대의 정신적 산물이다. 이 무렵의 문단은 신간회 해산(1931년), KAPF의 검거 및 해산(1934년), 일어사용 강제령(1937년), 內鮮동조론(1938년) 등의 역사적 사건들이 공습경보 아래서 현실도피적인 행태를 취한 시기였다.

이 같은 사회현상에서 이 무렵 그의 시편에 저항의식이 강하게 수용되지 않았지만, 일제의 침략에 동조하지 않으려는 의지는 이 땅의 어느 문인보다 확고하였다. 청산학원(靑山學院) 신학과와 일본대학 철학과에서 수학하면서도, 창씨개명과 일어로의 창작을 거부한 그의 시 의식에 대한 조명은 현대문학사에서 새롭게 논의될 타당성을 지닐뿐더러, 우직한 강원인의 자긍심을 일깨워주는 자긍심에 해당한다. 한편, 최초의 정치평론가요, 교육자로서 망국의 울분을 토로했던 그의 투철한 민족의식은 〈파초 해제〉, 〈종으로 마다시면〉을 통해 더없이 확인된다. 특히 1934~38년에는 그 자신이 지역유지들에 의해 건립된 흥남 서호진의 동광학원 원장으로 민족혼을 일깨우며, 망국의 통한을 순수서정과 유유자적의 정조, 그리고 고독한 심경의 시적 형상화로 생산하는 창조적 작업은 실로 유의미하다.

『朝光』(1936년 1월호)에 발표된 〈芭蕉〉는, 조국을 상실한 화자의 처지를 남국을 떠난 '파초'에 감정이입 수법으로 동일화를 시도해 상징·우의·의지·전원적인 시격은 시각적 심상을 매개로 한 존재의 꽃으로 더욱 빛난다. 그 자신이 자기의 감정적 상태 혹은 활동을 지각의 대상인 파초에 투사(投射)하는, 시적수법을 통해 동병상련을 체득하고 있음은 주목할 바이다. 시작의 배경이 된 시간은 그 자신이 함경남도 서호진(西湖津)의 처가에 거처하며 일제의 탄압을 피하던 때였다. 초허는 등단 직후부터 아름답고 참신한 메타로 단조로운 문단에서 명성을 떨쳤으나, 동인 중심의 문단에서 활동을 하지 않은 까닭에 평가가 괄목하게 이행되지 않았다. 일부의 평자에 의해 그의 시 전반에 대한 평가마저 목가적 낭만적으로 고정되어 그 한계성을 벗어나지 못하였다. 앞서 〈수선화〉를 가곡으로 작곡한 김동진은, 스승인 초허의 인간적인 면에 매료되었음을 술회하였다. 이것은 퇴폐적 시를 남긴 전원파적인 낭만시인으로 국한 지은 그간의 평가와는 달리 긍정적으로 조국을 상실한 예술가의 고뇌와 뜨거운 피를 민족적인 서정과 미의식으로 해석한 결과로 치부된다.

근간에 『親日人名事典』(2008)이 간행되어 친일개념과 한계성이 명확하지 못해 다소의 혼란을 증폭시키고 있는 사회현상에서, 이 땅의 문인들은 '친일을 택하여 황국신민을 자처하거나, 일제에 저항하는 문학을 양산하거나, 현실도피의 방안으로서 정당화 될 수 없는 현실적 상황이었기에 임의의 잣대나 주관적 판단으로 질책할 수는 없다. 당시의 전원파나『文章』(1939년) 출신인 청록파 시인들의 현실도피, 그리고 일제강점기 사실주의의 흐름도 이 같은 변형으로 해석되어진다.

자, 그러면 여보게, 잠은 내일 낮 나무 그늘로 미루고 이 밤은 노래로 새이세 그려. 내 비록 서투르나마 그대의 곡조에 내 악기를 맞춰보리. 그리고 날이 새이면 나

는 결코 그대의 길을 더디게 하지는 않으려네. 허나 그대가 떠나기가 바쁘게 나는
다시 돌아오는 그대의 말방울소리를 기다릴 터이니

-〈손님〉중에서

여기서 김소월에게 유일한 단편「함박꽃」이 있듯이, 초허의 수필집인『世代의 揷話』(日新社, 1959)에 수록된「越南記」는『自由文學』목차에 '創作小說'로 명기되어 4회로 연재된 1인칭소설임은 필히 유념하여야 한다. 일단, 시인이며 교육자, 종교인, 정객 등으로 다양한 삶의 거적을 남긴 그의 향리, 국도 변에는 "떠나기가 바쁘게 다시 돌아오는" 주인을 기다리는 시비가 자리해 있다. 자신이 정치를 '또 다른 시'로 인식한 것은 "강릉군수가 되라."는 모친의 유언과 망국의 한(恨)에 절여 살아온 초허의 또 다른 열정의 발현이다. 유학시절부터 정치에 대한 꿈을 키워 '정치는 제2의 시'라고 역설한 그는 정치평론집『나는 證言한다』(新雅社, 1964) 後記에서 '시와 정치, 그리고 현실'에 대해 그 나름으로 기술하였다.

이 글은 내가 조국에 바치는 나의 시요. 또 이 책은 내가 겨레에게 보내는 나의 제7시집인 것이다.…(중략) 내가 만일 내 시에 좀 더 충실할 수 있었다면, 나는 벌써 칼을 들고 나섰을지도 모른다.[1]

'계속 펜을 들고 살아갈 것인가, 아니면 칼을 들 것인가'를 수 없이 고뇌한 흔적이 역력한 대목을 그의 저서에서 확인할 수 있다. 의도적으로 초허를 민족정신을 예술적 차원으로 승화시킨 만해(萬海)와 같이 민족이 체득한 불행을 극기한 종교 시인으로 논하지 않더라도, 기독교문학사에서 배제시킨 현실은 재고되어야 한다. 특징적으로 그의 내면의식에 일관되게 깔려 있는 '죽음 의식', 다수의 저항 시편과 논리적 산문들은 그 본말이 심층적으로 검증되어야 한다. 서울 망우리 가족 묘소에서 백년 만에 선영에 묻힌 그의 시편〈종으로도 마다시며〉에서 내재된 치열한 민족애가 불멸의 시혼으로 불 타 오르듯, 이제 최소한 한 사람의 독자로서 일체의 주저함 없이 '피리를 불어주어야 할 시간대임'을 천명한다. 한국현대시사에서 '전원시인, 목가적 시인'으로 평가 절하된 그에게 자연의 실체는, 강탈당한 조국의 산하이며 삶의 이상향이다. 시선집『내마음』(新雅社, 1965)을 통해 다시금 확인되어지는 '흐름이며, 생명의 원천, 그리고 變轉'의 속성인 물의 상징성 또한 바다와 같은 '생명의 本源이며 母性'으로

---

[1] 김동명문학간행회,『나는 證言한다』(新雅社, 1964), p.178.

해석되어야 하는 연유도 고려할 점이다.

특히 시사적 측면에서 초기의 전원을 구가한 시편에서 말기의 사회적 경향의 시편까지 다양하고 이채로운 시세계를 추구한 초허는, 물을 질료로 한 서정적 미감으로 그 이미지를 형상화하였다. 그의 감미로운 시편에서 또 다른 세계를 동경하고 추구한 까닭에 광복 이후, 사회현상에 민감하게 조응된 그의 시편은 서정성과 시적 긴장감이 조화롭고 안정감있게 유지되고 있다. 그 와중에서 정치평론의 지평을 열면서 강직한 정객(政客)으로 변모하여 이 땅의 민주화를 위해, 시대의 비통함을 신앙으로 감내한 강한 집념은 더없이 놀라울 뿐이다. 그는 신사참배의 조짐이 확장되는 시기에, 기독교 교세의 확장을 위해 명분상의 분파 조성보다 화합의 역동성을 시사(示唆)하며 논리적으로「長監兩敎派合同可否問題」」(眞生[2], 54호, 1929. 6.)를 발표하였다. 이 논고는 시대정황에 비춰 교파분리의 부당함을 신학적인 이론을 학문적 깊이로 점철시킨 결과물에 해당한다.

초허에게 '물의 이미지'는 그리움의 정조(情調) 즉, 시적 대상과의 합일을 지향한 키워드로 해석된다. 그의 산문(수필, 수기, 정치평론 포함)을 고찰하면 신학을 전공한 연유도 있지만 비교적 기독교적 색채가 짙다. 정치평론집『나는 證言한다』(新雅社, 1964)의 후기에서 '나의 제7시집'으로 기술하였듯, 충실한 시 작업을 위한 통로로 의관(衣冠), 즉 형식을 빌려 쓴 흔적이 파악된다. 〈孤獨〉에서는 "무릇 인간으로서는 신을 떠나서 살 수 없는 것도 그 타고난 운명인 것이다." 또 〈自畵像〉(요한12:24, 창세3:19)', "「여호와」도 일찍이 소돔성에 유황불을 나리시지 않았든가?(술 노래 解題,/창세19:24)", 〈三樂論〉(창세2:22, 눅2:7~10, 창세20:3~17), 〈세대의 揷繪〉(마 26:75, 마27:3, 마6:33, 마27:32~33, 마7:6), 〈敵과 同志〉(마10:35~37), 〈第二代 國會行狀記〉(창세19:24, 창세18:32), 〈愛國者냐 反逆者냐〉(마7:16~18), 〈歷史는 보고 갔다〉(마11:3), 〈民主黨에 바람〉(요8:7, 마5:39), 〈批判精神의 昻揚을 爲하여〉(마5:13), 〈神의 誕生〉(창세1:27, 마2:11), 〈民族主義와 民主主義〉(마9:17), 〈時局은 重大하다〉(마4:4) 등에서 그 자신은 신약의 4복음서에서도 "하나님의 膳物로 약속된 王國"을 예언한 마태복음을 즐겨 인용하였다. 특히 수필의 본말 중 '바벨塔, 나사렛, 요단江, 요한, 牧師, 예배당, 강단, 이스터의 季節' 등 종교적 어휘와 설교 조의 화법 구사, 어법의 특이성을 다양하고 다채롭게 활용한 점이다.

---

2) 『眞生』, 1925년에 창간된 기독교월간지, 발행인은 앤더슨(W.J. Anderson).

## Ⅲ. 결론 – 해결되어야 할 문제

지금까지 초허에 대해 인상 비평적으로 다루어진 점은 아쉬움이 남는다. 그간에 기독교계의 무관심으로 그의 실체가 일체 논의하지 않은 현상은 더없이 안타까운 실상이다. 그의 시 해석에 있어서도 '물의 시적 형상화'는 상실된 조국의 그리움으로, 유년시절 그 자신이 고향을 등진 '떠남의 시학'인 유랑과도 접맥된다. 이처럼 초허 자신이 시의 소재로 즐겨 다룬 '돌·물' 같은 자연의 기본적인 물상은 항구적이지만, 인간의 의식과 존재가 가변적이고 한시적임은 참조할 바다.

> 그 가운데서도 물의 속성, 이것은 물의 美感을 형성한다. 물의 예술적 미감을 기초로 하여 종교적 神祕性이나 도덕적 교훈성이 설명된다.[3]

> 일반적으로 물은 인류학이나 潛在心理學에서 생명의 원천, 久遠한 생명의 母胎를 象徵한다.[4]

비교적 재생의 한 통로로 국문학에서 죽음에의 유혹으로 표현되는 물은, 상상력의 원천이나 시적 상상력을 통한 이미지의 확장이다. 그의 시편에서 변형의 표징인 물의 이미지는 힘의 집합으로 교감의 공간이거나 시간의 매체로 사용된다. "하하하. 그러면 그대는 황혼과 함께 영원히 내 것이 된답니다 그려.(황혼의 속삭임)"에서 황혼이 자리한 공간에 생동감과 낭만적인 전원의 모습이 감지되듯 황혼의 에로틱한 낭만성은 사랑의 비극적인 이별로 귀결된다. 초허는 1923년 3월 도일하여 일본의 청산학원 신학과에 입학하고 1928년 졸업하였으나 영혼의 자유로움을 구가한 까닭에 목회를 하지 않았다. 훗날 청산학원 후배인 백석과 함흥의 미션스쿨인 영생중학에 재직하며, 교지(영생) 편집에 참여한 행태의 실제이다.

한 때나마 1947년 4월에 김재준 목사의 사택에 기거하며 한국 신학대학 교수로도 재임하다가, 1948년 5월부터 1960년 6월까지 이화여자대학의 교수로 재임한 것도 고려할 점이다. 그는 도일하기 전 서호진에 체류할 당시도 매달 한번 꼴로 교회에서 설교를 하였다. 또

---

[3] 嚴昌燮, 『金東鳴文學硏究』(성균관대학교 대학원 박사학위논문, 1986), p.35.
[4] 金烈圭, 『韓國民俗과 文學硏究』(日潮閣, 1971), p.216.

한 파사현정(破邪顯正)의 필봉을 휘두르며 역사의 증인으로 치열하게 살아온 초허가 "심령이 가난한 자는 복이 있나니 천국이 그들의 것임이요(마 8:3)"라는 성서의 말씀을 좌우명으로 삼은 행적을 미루어 유추할 때, 자유분방한 종교 시인이었음은 간과치 말아야 한다. 한편 그의 시편 중 "아아, 幸福스런 꽃이여!/「그리스도」도/하마터면 너 때문에/詩人이 될뻔 하셨다./아아, 榮光스런 꽃이여!(白合花)"를 비롯하여 〈기원〉, 〈수난〉, 〈애사〉, 〈명상의 노래〉, 〈성모 마리아의 초상화 앞에서〉 등은 물론, 『동아일보』에 독제정권의 부당성을 강도 높게 제기한 논설을 묶어 간행한 정치평론집은, 정권의 부당함에 항거하며 예리한 필봉으로 대처하였던 그의 지사적행적이 기독신앙과 접목됨은 내면의식의 특이성을 고찰하는데 기인한점은 결코 간과(看過)치 말아야 한다.

한국현대문학사에 다양한 족적을 남긴 그의 문학관은 명상적·사색적 태도로서 비유적 이미지와 회화적 기법으로 즉물적 현상을 시적 형상화로 변형했을 뿐더러, 일제강점기엔 상징적 서정시를 발표한 저항시인으로 민족적 비애를 절창하며 교육계에 투신하였고, 공산치하에서는 압정을 배격한 점은 비중 있게 논의될 항목이다. 특히 자유당과 군사독재정권 당시는 민주수호의 지성으로서 진실과 정의를 위해 주저함 없는 예리한 필봉의 소유자로 정치평론의 지평을 열었다. 이 점은 천성적으로 "유별나게 矜持와 自尊心이 강한 모친"[5]의 영향을 받은 초허가 김용호에게 답한 〈恥辱의 辯〉에서 '민주주의를 수호하고 독재악의 퇴치를 생애의 남은 과업으로 생각한다.'에서 명증된다. 이처럼 그의 작품 속에는 기독교의 부활을 축으로 한 생명의식이 긍정적으로 수용되고 있다. 그 자신이 '個我와 절대자와의 합일, 그리고 죽음을 완전한 자유를 누리는 성취의 과정으로 인식하면서 영원한 해방을 허락한 신의 은총임'을 수긍하고 자존감의 소중함을 제시한 점은 지속적으로 검토될 과제이다. 아울러 강원도의 〈얼 선양사업〉으로 초허의 향리에 시비와 도비가 투자되어 생가의 복원과 문학관이 건립된 것은 그나마 다행스럽다. 아울러 문화의 지역구심주의라는 시간대에 지역민의 의식의 결집은 물론, 공감대가 형성된 '문화의 바람개비운동'을 통해 지역문인의 시대 소임을 수행할 강한 의지가 요청된다.

결론적으로 소소한 일상의 매순간을 눈물겹게도 심적 외상(trauma)을 치유하는 따뜻한 감성과 날(刃) 인식의 방편으로, 암울한 삶의 현장에서 그만의 담백한 정감의 몰입과 시적

---

5) 金東鳴, 『世代의 揷話』(日新社, 1959), p.15.

형상화는 유의미한 창조적 예술행위로, "종교의 내적 세계를 眞善美로 窮極化해 놓고 주시하면, 그 경지는 바로 예술의 極致가 된다."6) 조남기의 주장처럼 예술의 극치가 종교적 영역이 되는 조우점(遭遇點)은 종교 시인들이 서식(棲息)할 현주소이기에 "예술에는 국경이 없지만, 예술가에게는 조국이 있다."는 논자의 지론에 준거하여 '천년의 시향(詩鄕)'에 몸담은 강릉인의 자존감을 회복하고, 자연 풍광이 빼어나 국민으로부터 사랑받는 강릉의 빛나는 정신유산을 발굴·보존하여 문화산업의 동력으로 삼아야 한다. 차지에 문화의 21세기는 국가나 기업, 개인의 생존을 위한 창조적 활력(goldenbrain)은 시적 상상력의 확장이 중요 인자(因子)로 작용함을 "초허의 시문학과 정체성(Identity)의 고찰"이라는 논고의 말미에서 다시금 천명한다.

  \* 참고 문헌은 각주로 대치함

---

6) 趙南基, 『基督敎世界文學』(성광문학사, 1980), p.197.

# 김동명 수필의 '월남'과 '피난' 표출양상

장정룡*

**목 차**

I. 머리말
II. 김동명 수필〈월남기〉의 표출양상
　1. [월남기 1]의 행로와 내용
　2. [월남기 2]의 행로와 내용
　3. [월남기 3]의 행로와 내용
　4. [월남기 4]의 행로와 내용
　5. [월남기 5]의 행로와 내용
III. 김동명 수필〈피난회상기〉의 표출양상
　1. [피난회상기1]의 행로와 내용
　2. [피난회상기2]의 행로와 내용
　3. [피난회상기3]의 행로와 내용
　4. [어두움의 비탈길 - 6.25피난수기]의 내용
IV. 맺음말

## I. 머리말

　초허(超虛) 김동명(金東鳴, 1900~1968)은 강릉에서 태어나 시인, 정치평론가, 교수, 정치인

---
*강릉원주대 교수

등의 다채로운 삶을 살았으며, 공교롭게도 한반도 남북분단 하에 남북 양쪽 지역에서 거주하였다. 그는 이렇게 자신이 살았던 현실체험을 형상화한 산문작품을 남겼는데, 특히 남북한 분단(分斷) 상황에서 겪은 월남(越南)과 전쟁피난기(戰爭避難期)의 체험을 수필작품으로 형상화하였다. 따라서 그의 수필작품 가운데〈越南記 -自由를 찾아서〉〈暗黑의 章〉과〈避難回想記〉〈어두움의 비탈길-6.25피난수기〉는 분단문학으로서 '디아스포라(Diaspora:離散) 문학'으로서 평가할 수 있을 것이다.[1]

한반도의 분단 상황은 세 단계로 나누는데 첫째는 8.15 해방과 함께 강대국에 의해한 국토의 분단, 두 번째는 미·소 양국의 군정과정이 끝나고 남북으로 각각 정부가 수립되면서 정치적 차원의 분단이며, 세 번째는 북한의 남침공격으로 민족상잔의 전쟁으로 같은 혈연, 같은 역사, 같은 문화가 장벽에 가로막힌 민족분단이다.[2]

광복의 기쁨은 잠시였고 이어 나타난 분단, 그리고 남다른 고통을 안겨준 6.25전쟁을 경험하면서 이른바 '분단문학'이 형성되기에 이르렀다.

'분단문학'은 "분단 상황을 제재로 다른 문학작품"으로 한정되며, 이를 실향민문학, 난민문학, 디아스포라문학, 6.25전쟁문학이라고도 말한다. '분단문학'과 '분단시대의 문학'은 과거형과 현재형으로 볼 수 있는데, '분단문학'은 분단의 원인에 대한 탐구, 분단으로 인한 상처와 아픔의 형상화, 분단을 극복하기 위한 의지를 형상화한 작품 등으로서 '분단극복문학'으로 나누어 설명하기도 하는데, '분단시대문학'은 민족의 분단을 극복하고자 하는 의지를 형상화한 해방이후 분단시대의 문학을 말한다.

따라서 분단시대의 문학은 남북한이 문화적 공분모의 재발견과 재통합의 가능성을 모색하여 동질성을 찾는 민족적 사명의식이 필요하다는 지적도 나왔다.[3] 그러므로 오늘의 분단문

---

1) 『문학비평용어 사전』(상) 국학자료원, 2006, 849쪽 "광의의 분단문학은 분단시대의 모든 문학을 의미하는 것으로, 1945년 8월 15일 이후부터 장래의 우리 민족이 통일을 이루는 시점까지의 남북한 모든 문학이 분단문학에 포함된다. 즉 분단시대 문학의 준말에 해당하는 셈이다.…협의의 분단문학은 분단으로 빚어진 민족의 모든 갈등과 모순을 파헤치면서 이를 극복하고자 하는 민중들의 사상과 정서를 담은 작품이나 그와 관련된 모든 문학활동을 말한다. 따라서 분단문학은 보다 정제된 의미에서는 민족의 분단현실을 통일의 터전으로 끌어올리는데 유익한 내면적 가치와 힘을 내포하고 있는 문학이라고 할 수 있다. 분단문학이라는 용어는 문학이론에서 일반적으로 사용하는 보편어는 아니며 한반도를 비롯한 몇몇 특수한 지역의 분단역사와 그 시대상을 문학으로 반영하고 있는 특수한 문화현상이라고 할 수 있다.(김종회)"
2) 張虎崗,「分斷狀況의 文學的 特徵」제6회 문학심포지엄자료집, 한국참전시인협회, 1987.7.25, 23쪽
3) 신동욱,「8.15해방과 분단시대의 문학」『韓國文學硏究入門』지식산업사, 1982, 656~661쪽

학은 "분단의 현실을 인식하는 문학"과 "분단시대의 아픔과 현실을 담은 문학"의 두 갈래로 생각해 볼수 있으며 장차 '통일문학'으로 나가야 할 것이다.

본고는 초허 김동명이 1945년 해방이후 분단의 상황에서 북한에서의 생활을 기록한〈暗黑의 章 -나는 이북서 이렇게 지냈다〉와 공산치하를 벗어나 자유를 찾아 월남하는 과정을 쓴〈越南記 -自由를 찾아서〉그리고 1950년 한국전쟁 중에 서울을 떠나서 1951년 1.4후퇴 당시 피난하는 과정을 회상하면서 쓴〈避難回想記〉그리고 6.25사변을 당하여 피난과정을 기록한〈어두움의 비탈길 -6.25避難手記〉(1965년) 등을 대상으로 분석하고자 한다. 본고에서는 이들 초허수필 작품에서 '분단문학'의 생생한 체험들이 표상화 되는 과정과 제 양상들을 순차적으로 살핀다.4)

## II. 김동명 수필〈월남기〉의 표출양상

이른바 분단수필인〈월남기〉는 한반도 분단의 소산이며, 김동명이 자유를 찾아 사선을 넘은 의지의 표출이다. 1945년 8월 15일 일제의 항복으로 2차 세계대전이 종결되고 우리민족은 36년간의 압제에서 풀려나 해방의 기쁨을 누렸다. 그러나 그 감격도 사라지기 전에 미국과 소련 양국 군대의 한반도 진입으로 국토분단이 형성되었다. 1945년 9월 2일 연합군 최고사령부가 공포한 일반명령 제1호에 따라 그어진 통한의 38선은 미소양군대의 강압적 진주와 민족 간 이념대결의 결과물이었다. 38선을 경계로 남북한이 갈라진 현재에도 평화통일의 꿈은 진행형이다.

무엇보다 초허 김동명의 자유를 향한 강렬한 의지가 표출된〈월남기〉는 1959년 『自由文學』에 총 5회 연재되었는데5) 그의 최초 수필집인 『世代의 揷話』(1959년)에도 수록되고 문집에도 함께 묶였다.6) 이 최초의 수필집은 김동명이 1947년에 북한에서 탈출하여 남쪽으로 내

---

4) 필자의 부모님은 1951년 1.4후퇴 당시 북한에서 자유를 찾아 월남하셨다. 그리고 부산까지 피난을 갔다가 이북 고향과 가장 가까운 속초땅에 정착하였다. 속초에는 통일의 염원이 깃든 수복탑 모자상(母子像)이 지금도 북녘 땅을 향하고 있으며, 청호동 함경도민 아바이 마을에는 실향의 꿈을 달래주는 갯배가 분단의 아픔을 간직한 채 오가고 있다. 초허 선생의 월남기와 피난기는 내가 부모님께 들었던 분단한국의 구술사와 크게 다르지 않다.
5) 김동명은〈越南記〉를 『自由文學』 1959년 6월호(一)부터 시작하여 7월호, 8월호, 9월호, 10월호(完) 까지 네 차례가 총 다섯 차례를 나누어 수록하였다.

려온 이래 13년간 집필했던 글을 모아서 낸 작품집으로[7] 안수길의 서평은 다음과 같다.

> 해방 전에는 순탄한 호흡의 세련된 서정의 시로 우리의 마음을 높여주었고 해방 후에는 자유의 투사로서의 행동과 더불어 그 행동에 따르는 힘찬 시로 우리의 마음에 힘을 보태주었던 노시인 김동명 선생의 수필집 세대의 삽화가 출간되었다. 통독하고 단적으로 느낀 건 수필처럼 저자의 인간이 고스란히 드러나 있는 문장도 없고 그 저자가 만약 시인일 때는 수필은 또한 그의 시작과의 연관에서 이해하지않아서는 안 된다는 점이었다. 이걸 다른 말로 바꾸면 시인이 쓴 수필이란 그 시인이 쓸 수 있는 순수한 의미의 유일한 산문이라는 것이다. 그리고『세대의 삽화』는 이런 의미에서 문학적인 높은 평가의 대상이 될 것이다. 그걸 구체적으로 얘기해보자. 수록 4부 중〈자화상〉의 수편은 시〈파초〉와 통하는 순수수필의 세계에서 예술적인 향기와 격조가 높은 것이요,〈암흑의 장〉과〈월남기〉는 시인이요 지식인인 저자의 자유에의 생생한 투쟁의 기록이어서 그것은 또한 행동문학의 면모를 띠고 있다고 볼 수 있다.『세대의 삽화』는 정론집『적과 동지』와 상통하는 세계이면서 그것이 문학적인 표현으로 함축성을 띠고 있다는 점에서 가치를 주장할 것이 아닌가? 어떻든 수필집『세대의 삽화』는 고답(高踏)한 데만 머무는 것이 아니라 행동과 사회비판의 요소까지 폭을 넓히고 있다는 점에서 이채(異彩)라고 하지 않을수 없다.[8]

위에서 설명했듯이〈월남기〉는 김동명의 자유에의 생생한 투쟁기록이며 행동문학으로 평가받고 있다. 초허 김동명은 1935년 최초의 수필〈病든 따리아〉를 발표하였으며 본격적으로 산문을 쓰기 시작한 것은 월남후인 1947년부터 약 13년간이다.『세대의 삽화』가 그 결과물로서 이후 1968년에 타계하기 전까지 10년간 시와 수필, 평론 등을 써서 발표했다.

초허산문 가운데 수필·수기류는 41편, 정치평론류 65편으로 총 백여편으로 추정된다. 수

---

6) 金東鳴,〈越南記〉『世代의 揷話』日新社, 1959, 212~277쪽 / 金東鳴,〈越南記〉『모래위에 쓴 落書』新雅社, 1965, 267~325쪽

7) 〈越南記〉는『모래위에 쓴 落書』의 목차에는〈自由를 찾아서 -내가 越南하던 이야기〉라고 기록하였고, 본문 265쪽에는〈自由를 찾아서〉라는 제목을 붙였고, 267쪽에는〈越南記〉라 표기하였다. 따라서 본고에서는 최초 게재한 1959년『自由文學』의 제목인〈越南記〉를 따랐다.

8) 「동아일보」1959년 11월 12일자 '圖書室' 安壽吉 글, 원문 한자는 필자가 한글로 바꾸고 일부는 한자는 괄호 안에 넣었다.

필·수기집은 『世代의 揷話』(1959년), 『모래위에 쓴 落書』(1965년)가 있으며, 평론집은 『賊과 同志』(1955년) 『歷史의 背後에서』(1958년) 『나는 證言한다』(1964년)등이 5~60년대에 간행된 바 있다.

김동명 산문은 크게 수필류, 일기류, 수기류, 평론류 등으로 나눌 수 있는바, 전쟁과 피난의 체험사, 정치적 혼란의 기록사, 수필문학의 새 양식사, 시대와 감성의 표출사로 분류된다.9) 김동명 수필작품의 특징 가운데 두드러진 것 하나는 그가 시인으로서 자신이 쓴 시를 삽입시 형태로 넣은 작품이 많다는 점이다.

〈월남기〉와 〈피난회상기〉에는 다수의 삽입시가 다수 들어있으며 1947년 월남직후에 작성한 〈暗黑에의 序說〉에는 '述懷' '避難民' '輸送機 날으는 港市의 風景' '異邦' '詩集 芭蕉에서' '獄中記 2' '南行車에서 내린 女人' '北方消息' '垂楊' '北韓消息' '汽車' '山驛' '밤' '浿江賦' '三八線'등 15편의 시가 들어 있다.

초허가 북한에서 활동하던 시절의 경험을 쓴 작품이 〈暗黑의 章 - 나는 이북서 이렇게 지냈다〉이다.10) 이 글은 김동명 수필집이라는 이름이 붙은 『世代의 揷話』(1959년)에 수록되어 있다. 초허가 1948년에 작성한 것으로 〈恩讎의 彼岸〉〈物資는 이렇게〉〈다시 敎壇으로〉〈馬脚은 드러나다〉〈南北協商論이 意味하는 것〉〈쌀을 달라!〉〈푸른 하늘에의 思慕〉〈土地革命은 이렇게〉〈붉은 軍隊의 膳物〉〈가자 떠나야 한다!〉〈朝鮮民主黨과 나〉〈빈 도시락을 끼고 찾아오는 친구들〉〈道黨委員長時代〉〈平壤으로 가다〉〈選擧神話〉〈올 것은 드디어 오고야 말았다〉〈나는 또 詩를 쓰고 있다〉 등 17편이 수록되어 있다.11)

1965년 김동명문집간행위원회에서 편찬한 『모래위에 쓴 落書』(1965년)에는 「暗黑의 章」편에 제목을 달리하여 〈暗黑에의 序說 -내가 이북서 겪은 이야기〉〈越南記 -自由를 찾아서〉〈어두움의 비탈길 -6.25 避難手記〉등이 실려 있다.12) 「暗黑의 章」에는 ① 해방이 되자 일본피난민들의 처참한 광경 ② 함남중학교장 취임 ③ 함흥학생의거사건을 조종했다는 이유로 투옥 ④ 토지혁명목격 ⑤ 조선민주당 함남도위원장 ⑥ 평양방문 후 숙청 ⑦ 1947년 사

---

9) 장정룡, 「김동명 산문의 시대적 양상고찰」 김동명문학관 개관기념학술세미나자료집, 강릉문인협회, 2013, 23~83쪽
10) 金東鳴,〈暗黑의 章〉『世代의 揷話』日新社, 1959, 141~209쪽
11) 金東鳴,〈暗黑의 章〉『世代의 揷話』日新社, 1959년 9월 10일 발행, 141~209쪽
12) 金東鳴文集刊行會 編,〈어두움의 비탈길〉『金東鳴 隨筆·手記集, 모래위에 쓴 落書』新雅社, 1965, 331~478쪽

선을 넘던 이야기 등으로 구성되어 있다.13) 이 문장 속에도 역시 삽입시가 들어 있는데 당시 상황을 형상화한 〈피난민〉〈수송기 나는 港市의 風景〉〈異邦〉〈1946년을 보내는 노래〉〈獄中記〉〈南行車에서 내린 女人〉〈北韓소식〉〈수양〉〈汽車〉〈山驛〉〈밤〉〈洞江賦〉〈三八線〉등 수십 편의 시가 들어 있다.

  1945년 해방과 더불어 38선 이북에 소련군이 진주하면서 사회주의 체제를 잉태시킨 북한은 전쟁준비에 몰두하였다. 이에 북한은 주민들을 노력동원, 징집 등으로 징발했으며, 이를 피해서 많은 주민들이 월남하기 시작하여 1946년부터 49년 10월까지 64,000가구에 281,400명이 남하한 것으로 나타난다.14) 한국전쟁 중에도 자유를 찾아 남쪽으로 이주한 월남한 사람들도 '피난민'이라고 부르나 이들은 자유를 찾아온 사람들이다. '피난'의 어원적 해석은 재난을 피해 멀리 옮겨간다는 뜻이므로 이들은 난민(難民, refugee)의 지위를 지닌다. 그러므로 일반적인 이주(移住, migration)와 차원이 다르다. 난민은 "인종·종교·국적·특정 사회집단의 구성원이 신분 또는 정치적 의견을 이유로 박해를 받을 충분한 이유가 있는 자"이다. 또는 억압내지 박해받을 것을 두려워하여 다가오는 적을 피해 달아난 사람, 국가 내 피난, 다른 곳에 있다가 돌아온 종족 집단 등을 뜻하며 정치적 사실, 기아나 홍수 등에서도 기인된다.

> 우리 越南同胞들을 일너 避難民이란 이름으로 呼稱한다. 또한 우리 自身들도 亦是 避難民 然하여 자기의 位置와 존재가치를 분명히 하지 못하고 있다.…우리는 집 떠날 때부터 피난민은 아니다. 왜냐하면 북한에는 8.15후 쏘련군정이 되면서 그 정책면에서 나타난 현실은 우리나라도 쏘베트 연방화하려는 음모가 노골화되니 건전한 정신을 가진 많은 지식인들과 진보된 사상을 가진 인사들은 이에 반대투쟁을 전개하였던 결과로 투옥학살의 무자비한 탄압을 피하여 월남했고, 其外 많은 사람들은 또한 자유를 찾고 정치적 이상향을 찾아 남하했고, 6.25후 1.4후퇴 당시 대거 월남시에 우리 함경도에서는 괴뢰군의 그림자도 못보고 국군과 함께 자유대한에 귀의한 것 뿐이다. 피난이 목적이라면 구태여 군함선에 편승하거나 검풀은 하늘아래 좁은 어선을 타고 희생을 무릅쓰면서 남하할 필요도 없이 삼수갑산 처녀림 혹은 농촌에 소개

---

13) 李姓敎, 「金東鳴研究」, 『誠信女子師範大學 研究論文集』, 誠信人文科學研究所, 1972, 63쪽
14) 장정룡·사득환, 김영식, 『강원지역 이북도민정착사』, 속초시, 속초시립박물관, 2009, 16쪽

하면 그만일 것이다. 가족과 재산을 버리고 후퇴 철수하는 전황이 불리한 군대의 뒤를 딸아온 우리들은 사기왕성한 국군의 후보자들이 었섯다. 우리들 수십만이 월남당시를 회상해보라.[15]

고향을 놈들에게 빼앗기든 때 '이놈들 두고보자. 내 이제는 큰 힘을 길러 권토중래의 좋은 때를 가지리라' 이를 갈며 3.8선을 넘은 우리들이기에 피난민으로 불리기를 끄리며, 그리고 打共을 제1의로 삼는 亡命 동지들인 때문에 정당 종파를 초월할 수 있었고, 또 의식적이든 무의식적이든 간에 도민회를 통하여 만날 수 있었고, 손을 잡을 수 있었든 것이다.[16]

초허가 함경남도에서 월남하는 과정에서 발생한 사건 가운데 하나가 시집 『진주만(眞珠灣)』이 수장된 사건이다. 이 시집은 1945년 8월 15일 부터 1947년 봄, 단신으로 월남하기까지 북향서호에서 썼던 것으로 원고가 삼팔선을 넘을 때에는 물에 빠져 수장(水葬)되었으나 간신히 건져냈다고 한다. 또한 6.25사변 통에는 불에 소실되는 위기를 넘어서 출판된 것으로 보면, 피난과 전쟁과정에서 수재(水災)와 화재(火災)를 겪었다는 점에서 작가와 함께 피난민의 삶을 경험하고 생존한 기구한 운명의 시집이다.[17]

초허산문을 내용적인 측면에서 고찰한 연구에 의하면, 에세이(Essey)적인 것(예:삼락론, 소매치기, 잃어버린 젊음, 애연지, 화단 등)과 미셀러니(Miscellany)적인 것(예:어머니, 국추기, 전환180도, 동대문과 취객, 고혈압 등) 일기류적인 것(우울한 이야기)과 시 해설을 곁들인 6.25피난수기류인 것(어둠의 비탈길, 암흑에의 서설)으로 다양하게 나누기도 하며,〈越南記〉를 1인칭 창작소설로도 규정하였다.[18]

〈월남기〉는 1959년 6월부터 『자유문학』에 총 5회 연재되었으며, 목차 '創作'에는 주요섭의

---

15) 沈基淵,「우리는 避難民이 아니다」 『關北』 제2집 함경도민회, 1956, 12쪽
16) 沈相烈,「모래와 세멘과 벽돌」 위의 책 42쪽
17) 金東鳴, 『眞珠灣』 梨花女子大學校出版部, 1954, 後記, 149쪽
18) 엄창섭, 『김동명 연구』 학문사, 1987, 147쪽 "필자는 다소의 異意가 따르리라 예견하면서 手記로 처리된 「暗黑의 章」중 〈自由를 찾아서(越南記)〉를 1인칭 창작소설로 규정한다. 물론 이 작품은 논픽션(역사·수필·전기·기행문을 포함한 산문문학)의 한계에 머물고 있으나, 다른 수기와는 구성과 표현기법을 달리하고 있다. 또 이같이 주장하는 근거는 『세대의 삽화』(1959년 9월 10일)가 간행되기 3개월 전부터 『자유문학』에 4회로 나누어 연재하기 시작했으며, 목차엔 '창작소설'로 장르가 명기되어 있다. 〈월남기〉가 『자유문학』에 발표되던 당시, 초허, 편집자 그리고 독자 이 모두가 작품을 창작소설로 是認하였다."

〈亡國奴群象〉외 6편이 들었으며, 양주동의 수필〈續·文酒半生記(三) -文·學·教壇 三十年의 回憶〉와 함께 두 편만 달리 칸을 지어서 분류하였다. 1959년 6월호『자유문학』의 목차는 創作, 詩, 隨想, 評壇 등으로 구분했다.19)

김동명은 조만식에 의해 창당된 조선민주당 함남도당위원장으로 활동하였으나,20) 결국 김일성 일당과 소련사령부에 의해서 숙청되었다. 따라서 그는 공산치하에서 벗어나 건곤일척(乾坤一擲)의 심정으로 삼팔선을 넘은〈월남기 –자유를 찾아서〉〈暗黑에의 序說 -내가 이북서 겪은 이야기〉등 월남하던 이야기는 개인적인 사건이기도 하지만, 크게 보면 당시 혼란한 분단정국의 한 모습을 엿볼 수 있다. 그리고 그가 이화여대 교수로 재직 중이던 시기에 경험한 한국전쟁의 6.25 피난수기인〈피난회상기〉〈어두움의 비탈길〉등도 디아스포라(이산:離散)문학과 다름이 아니다. 그가 월남과 피난과정을 장편의 수필로 남긴 것은 비단 개인사적 체험의 소산일 뿐만 아니라 민족사적 측면에서도 간과할 수 없는 소중한 기록이자, 생생한 체험의 분단문학작품으로 평가할 수 있다.

김동명이 피난하면서 적의 경비망을 피해서 삼팔선을 월경하던 체험기를 쓰면서 철원역에서 보안대원을 피하기 위해 배를 부여잡고 위기를 모면한 이야기나 자신의 신분증 '金東鳴' 한자이름을 '金東鴻'으로 고친 이야기를 해학적으로 그려내고 있다. '절대절명, 잘되면 서울, 잘못하면 시베리아'라는 그 순간에도 해학적이고 휴머니티적인 산문경향이 드러난다.

분단조국의 참담한 현실에서 1947년 4월 13일, 초허는 북쪽을 벗어난 기록인〈越南記〉에는 '모란꽃 방울질 무렵'이란 글이 실려 있다. 이 작품은 가족을 두고 몰래 탈출해야 하는 절체절명의 순간, 잠든 어린 자녀들의 발그레한 뺨에 입술을 대고 떠나려할 때, 그리고 아내를 포옹하고 석별하는 과정에서 그는 마구 눈물을 쏟았다. 실패면 모든 것이 끝나는 위험

---

19) 〈越南記〉는『自由文學』1959년 6월호(一)부터 시작하여 7월호, 8월호, 9월호, 10월호(完) 까지 네 차례가 총 다섯 차례가 실렸다. 이〈월남기〉를 '창작소설'이라 표기한 것을 찾지 못하였으나, 차례는 '創作'으로 분류하고 소설 다음으로 양주동의 '續 文酒半生記'와 함께 김동명〈越南記〉두 편만 따로 칸을 지어 묶었다.

20) 김동명이 함경남도 도당위원장으로 관여했던, 조선민주당은 광복 후 평안남도건국준비위원회와 평안남도 인민정치위원회의 위원장을 맡아 신망이 높던 조만식(曺晩植)이 북한지역의 대표들과 함께 1945년 11월 3일 38이북의 각도 대표 5명씩이 평양에서 결성한 정당이다. 조선민주당은 조만식을 당수로 선출하였으며, 부당수에 이윤영(李允榮)·최용건(崔鏞健), 정치부장에 김책(金策)을 뽑았다. 이 밖에도 33명의 상무집행위원과 105명의 중앙집행위원, 그리고 8명의 감찰위원 등 중앙간부를 선출하였는데, 간부 중 최용건·김책 등은 김일성(金日成)이 정치적인 복선을 가지고 잠입시킨 것으로 알려지고 있다. 월남한 이들이 서북청년회라는 이름으로 반공투쟁을 하였다. 조선민주당은 월남동포의 생활안정과 이익표출을 위한 정당적인 차원의 움직임도 한국정당사에 서 종식되었지만, 월남동포라는 특수집단의 이익을 집약, 표출하려고 하였다는 데 의의가 있었다.

함, 잠깐 다녀온다는 거짓 하직을 대신하고 뜰에 나섰을 때 백모란이 눈에 밟혔다. 여기서 모란꽃 방울은 가족과의 애끓는 이별을 해야만 하는 초허의 눈물방울과 겹쳐진다.

> 흰 花葉을 비죽이 내밀어 보이고 있는 것이 눈에 띠었다. 모란 잎에 맺힌 이슬방울이 아침 해빛을 받아 寶石처럼 눈부시다. 모란은 꽃도 꽃이려니와 이슬이 더 魅力일지도 모른다는 것은 내 持論. 그러나 파란 꽃바침을 비집고 살작 내밀어 보이는 하얀 살결을 어찌하랴.21)

당초 초허 김동명의 〈越南記〉5편은 『自由文學』1959년 6월호~10월호에 실렸다. 이 글이 1959년 9월에 간행된 수필집 『世代의 挿話』에도 실린 것으로 미루어, 『자유문학』 잡지에는 5회로 나누어 게재한 것으로 판단된다. 초허는 처음 〈越南記〉를 시작한 6월호에서 독자에게 다음과 같은 글을 썼다. 이와 함께 〈越南記〉14편의 소제목과22) 내용을 분석하고자 한다.

> 내 월남기를 읽어주시는 독자에게 나는 먼저 다음과 같은 사실을 일러드리기로 한다. 즉 내가 월남하기 전, 북한에 있은 때에는, 46년 7월부터 조선민주당과 관계를 맺게 되어, 미구에 도당위원장 노릇을 하게 되었는데, 이때부터(반드시 이때부터만도 아니지마는) 내 언동이 적도들에게는 노상 못 마땅했을 뿐 더러, 불과 기개월 간에 십만에 가까운 당원을 포섭하기에 성공하자, 김일성 일당과 쏘련사령부 사이에서는 중대한 정치 문제라하여 쑥덕공론을 거듭한 끝에 46년 12월 하순 최용건을 함흥에 보내어, 이른바 '숙청'이라는 명목으로 내게 출당을 통고하게 되었더라는 사실이다. 하찮은 이야기꺼리 같기도 한, 기실인즉 이것은 당시 북한에서의 전반적이고도 성격적인 조민당운동의 '반동성'에 대한 탄압의 발화점을 이루었더라는 사실에서, 정치사적으로는 적지 않은 일 사건이기도 했던 것이다. 이제 그 자세한 소식을 여기서 전하는 겨를은 못 가지거니와, 어쨌든 일이 이쯤되고 보니, 놈들은 내가 남쪽으로 다라날 것은 결정적 사실이라 하여 경계망을 펴고 감시가 심했음은 물론인데, 나는 또 나대로 짐짓 일체의 외출을 피하고 -마치 근신이나 하는 것처럼- 몇 달이고 방구석에 들어박힌 채, 시를 쓰면서 탈출할 기회를 엿보았던 것이다. 이러기를 무릇 4

---

21) 金東鳴,〈越南記〉『世代의 挿話』日新社, 1959, 217쪽
22) 金東鳴文集刊行會 編,〈越南記〉『모래위에 쓴 落書』新雅社, 1965, 267~325쪽

개월만인 이듬해 4월에 이르러서야, 겨우 감시의 눈초리가 약간 무디어지는 듯한 틈을 타서, 나로서는 가위 건곤일척의 대모험인 삼팔선 돌파작전을 결행하기에 이르렀든 것이니, 도리켜 보면 이미 열두해 전 옛 일이었만, 아직도 내 기억에는 어제 일 같이 생생하다.[23]

[월남기1] (1) 네 갈래의 길 (2) 모란꽃 방울질 무렵 (3) 떠나가는 사람들[24]
[월남기2] (4) 조그마한 冒險 (5) 서글픈 行列 (6) 山길은 멀다[25]
[월남기3] (7) 또 만난 사람들 (8) 三八線은 가까웠다 (9) 旅人宿과 허리가 긴 사나이 (10) 馬脚은 들어나다[26]
[월남기4] (11) 오줌 구유곁에서 (12) 淸流恨[27]
[월남기5] (13) 死線을 넘어서 (14) 自由에로 가는 길[28]

---

23) 金東鳴, 〈越南記〉(一)『自由文學』六月號, 第四卷 第六號, 韓國自由文學者協會, 1959, 54쪽
24) 金東鳴, 〈越南記〉(一)『自由文學』六月號, 第四卷 第六號, 韓國自由文學者協會, 1959, 54~61쪽
25) 金東鳴, 〈越南記〉(二)『自由文學』七月號, 第四卷 第七號, 韓國自由文學者協會, 1959, 146~153쪽
26) 金東鳴, 〈越南記〉(三)『自由文學』八月號, 第四卷 第八號, 韓國自由文學者協會, 1959, 56~66쪽
27) 金東鳴, 〈越南記〉(四)『自由文學』九月號, 第四卷 第九號, 韓國自由文學者協會, 1959, 212~216쪽
28) 金東鳴, 〈越南記〉(完)『自由文學』十月號, 第四卷 第十號, 韓國自由文學者協會, 1959, 189~194쪽

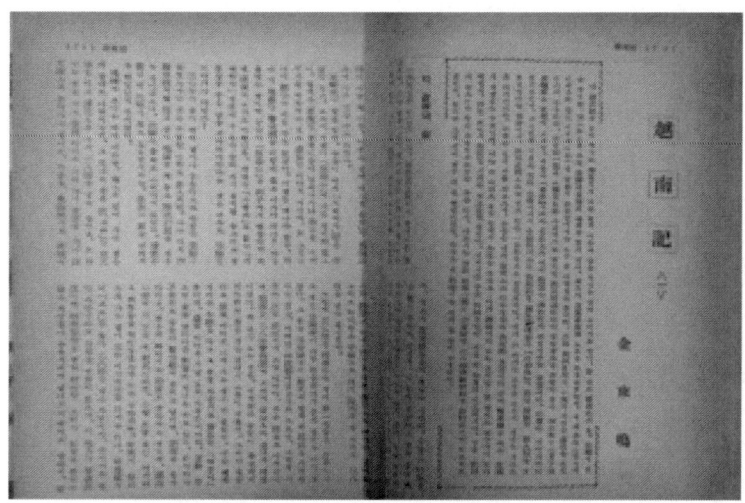

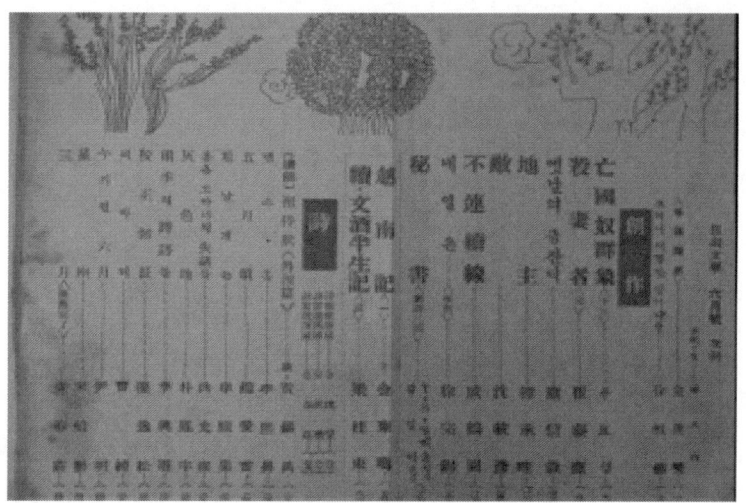

## 1. [월남기 1]의 행로와 내용[29]

[월남기 1]에는〈네 갈래의 길〉〈모란꽃 방울질 무렵〉〈떠나가는 사람들〉세 편이 들어 있다.[30] 먼저〈네 갈래의 길〉에는 그의 월남동기가 기술되었다.

---

29) 金東鳴,〈越南記〉(一)『自由文學』六月號, 第四卷 第六號, 韓國自由文學者協會, 1959, 54~61쪽
30) 여기서 인용되는 김동명 수필 작품의 경우, 원문 작품의 한자만 한글로 바꾸었고, 맞춤법은 출판당시 그대로 두었다.

조선민주당에서 쫓겨나든 순간부터, 나는 벌써 나야 원하든 말든 이남으로 넘어가는 수밖에 없는 것이, 내 운명의 막다른 골목임을 깨달았다. 조만식 선생의 흉내가 아니라, 수많은 동포들을 적의 유린에 맡긴 채, 나 혼자 살겠다고 살짝 몸을 빼 다라나는 것이 암만해도 마음에 싸지 않아, 여태 머미적 거려 온 것이, 내 심경의 솔직한 일면이기도 했으나, 사정이 이쯤 된 이상 이곳은 벌써 내 '산송장'의 묘지이외에 아무 것일 수도 없었다.

김동명은 1946년 7월부터 북한에서 조선민주당 함남도당위원장직을 맡아서 활동하다가 그해 12월 김일성 일당이 보낸 최용건과 소련당국에 의해 이른바 숙청되면서 이듬해 4월 그곳에서 벗어나기 위해 추진한 월남행로는 네 갈래였다.

그 하나는 직코스인 경원선을 타고 연천으로 가서 삼팔선을 넘는 길, 둘은 배를 타고 바다로 나가 속초를 지나 주문진으로 들어가는 길, 셋은 동해선으로 간성으로 가서 인제로 해서 홍천을 거쳐 춘천으로 가는 길, 넷은 평양을 통해서 해주로 가서 삼팔선을 넘는 길 등이다.〈떠나가는 사람들〉에 보면 그는 첫 번째 코스를 이용하였다. 도보와 버스, 기차를 이용하여 '서함흥역-(도보)함흥역-(버스)원산역-(기차)원산-연천-철원-삼팔선'을 넘었다.〈모란꽃 방울질 무렵〉에는 가족과의 안타까운 이별이 모란 잎에 이슬로 맺혔다. 애이불비(哀而不悲)의 비유적 서정이 표출된 내용이다.

때는 47년 4월 13일, 이른 아침이었다. 나는 일직암치 자리에서 일어나 조반을 마치고 행장을 수습했다. 행장이라야 신문지에다가 '타올'과 비누와 면도, 그리고 지사미 봉지를, 네모나게 접어서 싸놓는 정도일 뿐, 옷도 이 무렵에 내가 입고 다니는 대로 옥양목 두루마기에 개털 방한모-. 아무가 보아도 수상하지 않아야 했다. 아직도 발그스레한 뺨에 입술을 대고 떠나는 회포를 삭이려니, 마음이 몹시 설레였다. 배우들이 그러는 것처럼, 아내를 포옹하고 키쓰를 하려니, 눈물이 펑 쏟아졌다. 이 길이 만일 실패한다면 마지막이다 하는 생각이 번쩍 번개처럼 머리를 스친 까닭이었으리라. 가친께는 어디 잠간 다녀온다는 거짓말로, 하직을 대신하고 뜰에 나려서니, 마침 백모란 봉우리가 흰 화엽을 비죽이 내밀어 보이고 있는 것이 눈에 띠었다. 모란 잎에 맺힌 이슬 방울이 아침 해빛을 받아 보석처럼 눈비시다. 모란은 꽃도 꽃이려니와 이슬이 더 매력일지 모른다는 것은 내 지론.

## 2. [월남기 2]의 행로와 내용[31]

[월남기 2]에는 〈조그마한 冒險〉〈서글픈 行列〉〈山길은 멀다〉의 세 편이 수록되어 있다. 〈조그마한 冒險〉에는 위기에 처한 초허가 꾸며낸 두 가지의 사건이 있었다. 하나는 배가 아프다는 핑계로 검문을 피한 것과 신분증의 이름을 위조하여 '金東鴻'으로 행세한 것이다. 삼팔선의 관문이자 경비사령부의 소재지인 철원역 입구에서 보안대원들이 일일이 신분증을 검열하자 그는 출구 반대쪽으로 빠져나와 철원역 구내를 벗어나왔다. 그리고 단속이 심한 객주집이 아닌 여염집에 머물렀다.

"피난민이 오직 몰려나와야지. 헌데 여염집에서는 손이 얼씬도 못하게 하는구려. 노형을 재웠다가 내가 붙들려가면 어떡허우?" "설마 그럴 일이야" "음, 모르는 말씀, 노형은 이 지방사정을 모르시는구먼. 어디서 오시지?" "함경도예요?" "그러면 함경도에서 온 내 일가라구나 할까" 노인은 껄껄 웃으며 "이리 들어오슈" 저녁을 먹고 나니 또 내일 일이 아득했다. 내 월경은 어디까지나 정확한 것이라야 하는데, 시방 내 처지는 가위 '칼박고 삼칸뜀' 식의 모험이 아닌가? 모험? 이것은 내게 너무도 가혹한 부담이었다.…이때 삼팔선은 기실 무턱대고 통래를 금하는 것은 아니었다. 삼팔선통래에 대한 미소양방의 정책으로 말하면, 정치적이거나 다른 어떤 특수사유가 없는 한 즉 무색, 무취한 일반양민에게는 원칙적으로 개방되어 있든 것이 사실이었다.[32]

아랫배를 움켜잡고 다급한 소리로 변소가 어디냐고 물으며, 어쩔줄 모르는 시늉을 해보였다. 남의 당장 바지에 쌀 지경이라고 쩔쩔매는 판에, 시비를 걸 맹충인들 설마 있으랴 싶었던 까닭이다. 여하튼 이 어마어마한 감시 아래에서…이 보다 더 적절하고도 '유모러쓰' 하고도, 그리고 제법 '휴머니스틱' 한 핑계가 어디 있겠는가?[33]

---

31) 金東鳴, 越南記(二)『自由文學』七月號, 第四卷 第七號, 韓國自由文學者協會, 1959, 146~153쪽
32) 위의 글, 149쪽
33) 위의 글, 147쪽

> 나는 일어나든 길로 곧 신분증을 꺼내어, 내 이름의 마지막 글자인 鳴자의 口에 붓을 대기로 했다. 口字의 왼쪽 내려 그은 劃을 아래 위로 약간 늘려놓고, 중간쯤에 다가 '하나를 찍으면 그만이다…여기에 바른 쪽에는 鳥가 붙어있고 보니 鴻 즉 넓을 鴻자가 분명하다. 마침 잉크도 같은 색깔이어서 加工을 해놓고 보니 아무데 내 놓아도 흠 잡힐데 없음 즉 했다…이젠 어떤 놈이 신분증을 내놓으래도 조금도 겁을 집어 먹을 필요는 없다 생각하니, 나는 마치 무슨 위대한 발명이 나 한 듯이, 스스로 으스대고 싶도록 만족했다.[34]

〈서글픈 行列〉과 〈山길은 멀다〉에는 피난길의 고통스런 모습이 그려진다. 〈서글픈 行列〉에서 함께 월남하는 사람은 "해방이 되자 공산당놈들의 하는 짓이 하두 구역질나고 못 견디겠기에 참다 참다 못해서 이렇게 거지꼴이 돼가지고 떠났노라"고 말한다. "남한에 나가선들 어디 찾아 갈만한 친척이나 친구가 있는 것도 아니오, 살아갈 일을 생각하면 아득하기도 그지없지만은 어쨌든 빨갱이 놈들의 그 지긋지긋한 꼬락서니만 안 보인다면, 굶어도 좋다는 각오로 가노라"고 하였다. 당시 북한공산당의 횡포를 짐작할 수 있다. 또한 〈山길은 멀다〉에서는 삼팔선을 넘기전에 토굴 같은 집에 묵었던 당시의 곤궁하고 비참한 산골살림이 궁핍한대로 그려졌다.

> 이윽고 저녁상이 차려나왔다. 그 식기며 그 요리며- 가위 천하의 진품임에 틀림없었다. 허나 이것도 저 들에게 있어서는 생일 때에나 겨우 구경할까 말까한 성찬이라고 하지 않든가? 나는 숟가락을 들고, 마치 한 옛날로 돌아간 듯한 기분이었다. 이것이 강원도 산골 겨레들의 수백년을 두고 누려온 '생활'이 아니었더냐고 생각할 때, 나는 새삼스럽게도 세상이란 남의 불행엔 지나치게 무관심하다는 것을 느꼈다. 이러한 비참은 응당 인간가족으로서의 공동책임 하에서 극복되어야 한다고 느꼈대서, 한갈 내 값싼 감상벽으로만 돌릴 수 있을까? 내가 만일 강원도지사가 된다면, 나는 맨 먼저 저들로 하여금 '인간'과 '문명'에 참여할 기회를 마련하리라, 이런 공상도 해보았다. 때마침 춘궁기인 데다가 인민을 축생보다도 안 여기는 공산치하에

---

34) 金東鳴, 〈越南記〉 『世代의 揷話』 日新社, 1959, 232쪽, 金東鳴, 〈越南記〉(二) 『自由文學』 七月號, 第四卷 第七號, 韓國自由文學者協會, 1959, 149쪽

서, 갈근목피 외에 딴 것이 저들의 차례에 갈 리가 만무였다. 저들의 '인생'은 실로 너무 비참했다.

## 3. [월남기 3]의 행로와 내용[35]

[월남기 3]에는〈또 만난 사람들〉〈三八線은 가까웠다〉〈旅人宿과 허리가 긴 사나이〉〈馬脚은 들어나다〉등 네 편이 들어 있다. 초허를 비롯하여 남천(南遷)하는 사람들은 간단한 짐을 지고이고 남부여대(男負女戴)의 행렬로 걸어서 삼팔선을 가고 있다. "우리는 긴 골자구니를 빠져나와서 조그마한 들을 건너, 또 다시 오르막 산길로 접어들었다. 산허리로 비스드미 올라가는 길이 가파롭지 않은 대신 멀기는 했으나 누군가의, 마즈막 고개라는 말에, 우리는 용기를 얻어, 산길의 정취가 오히려 고맙기까지 했다. 행복은 과연 저 산 넘어에 있는 것일까?" 넘어도 넘어도 또 넘어야 하는 굴곡과 질곡의 아리랑 고개길 같은 민족분단의 아픔이 이들의 발길을 이틀간 재촉하였다.

〈三八線은 가까웠다〉에는 한탄강이 나오자 목숨에 대한 두려움과 인생에 대한 미련이 엄습하였다. 그것을 '운명의 결전장을 향하는 비장한 행진'이라고 하였다. 한탄강을 건너 월남하는 과정에서 보안대원에 발각되어 적발된 위기를 맞는 장면도 있으며, 숙소에 찾아온 보안대원에게 '김동홍'이라고 만든 가짜 신분증을 보이기도 하였다. 그러나 4월 17일 여인숙 주인에게 속임을 당하고, 붙잡혀 청산지소에서 소지품 검색을 당하게 되었다. 그러나 소지품 가운데 조끼주머니에 넣어둔 아내의 수첩이 문제가 되었다. 그의 아내는 여학교에서 음악교사를 하였다.

"이남으로는 무슨 일로 가시지요?" 하고 대뜸 문제의 핵심에 '메쓰'를 대는 것이었다. 여기서 잘 휘둘러치면, 놈팽이는 보기좋게 나가 더러지는 것이오, 그렇지않고 잘못 어림거리다가는 큰 코 다치는 판이라 나는, 바짝 정신을 도사리고 이 자식 버릇되는 촌디기 앞에서 인생일대의 대 연기를 시험하는 길이었다. "네, 내게는 자식 놈이 한놈 있소. 해방 전부터 서울가서 공부를 하였는데 해방이 되자 그만 연락이 끊어지지 않았겠소. 편지가 가기를 하나, 오기를 하나-, 그러구보니 도무지 생사가 미판이었구려.

---

[35] 金東鳴,〈越南記〉(三)『自由文學』八月號, 第四卷 第八號, 韓國自由文學者協會, 1959, 56~66쪽

이런 딱한 데가 어디 있겠오. 그러든 즈음 요새야 소식이 전해왔는데"이러자 녀석은 내가 느려놓는 품이 좀 수다스럽나 느꼈든지, 간단히 이야기해 주기를 청하는 것이었다…"글세, 이런 기막힐 데가 어디 있겠소? 맹장염인가 하는 병이, 복막염으로 변해 가지고 당장 생명이 위험하다잖어요. 시방 대학병원엔가 한데 입원중이라고는 하나, 돈이 있나 사람이 있나, 죽었지 별수 있오"하고 나는 또 한숨을 땅이 꺼지도록 쉬는 것을 잊지 않았음은 물론이다…이 수첩사건으로 말미암아, 내라는 인물에 대한 하나의 의점 즉 수상하다는 생각을 상대자로 하여금 품게 하는 데는 하나의 결정적인 증거를 제공한 셈이 되고 말았다…이제 와서는 중학교 여교원을 아내로 가진, 영어도 알고 그러니 일어는 말할 것도 없을게고, 어떠면 전문이나 대학을 졸업했을지도 모를 이 사나이가, 철 늦은 개털모자에 두루마기 자락을 철떡거리며, 이렇게 나타났다는 것은 적이 수상쩍은 일이 아닐 수 없었을 것이다."나가 기다리시우"

## 4. [월남기 4]의 행로와 내용[36]

[월남기 4]에는〈오줌 구유 곁에서〉〈淸流恨〉이 들어있다. 이 글에는 그가 보안대원에 의해 유치장에 갇힌 답답하고 절박한 상황이 서술되어 있다."오줌 구유 곁에서의 그 하룻밤이 얼마나 슬프고 두렵고 괴로운 것이었으랴 하는 것은 여기에 굳이 설명을 붙일 필요도 없으리라"고 한 것에서 짐작된다.〈淸流恨〉이라는 표현처럼 한탄강의 물굽이가 차라리 한스럽게 보였다.

> 나는 하는 수 없이 간신히"이럴 법이 있소?"이 한 마디를 남기고 부들부들 떨며 허리춤을 쥐고 보안대원의 뒤를 따랐다. 뒷문으로 나와 왼쪽 복도로 꺾으니 바로 유치장인데 보안대원 녀석이 덜거덕거리며 잠을쇠를 열더니 문을 열고 나를 들여보낸 다음 또 덜컥하고 잠을쇠를 채워 놓고 나가버리는 것이었다.(오줌구유 곁에서)

> 이윽고 우리는 또 어제처럼 총을 메고 앞뒤로 갈라선 보안대원의 호위를 받으며 역시 어제처럼 한탄강(漢灘江)을 끼고 전곡(全谷)을 향해 걸음을 옮겨야 했다. 유난히 청명한 날씨였다. 한탄강의 푸른 물굽이가 자꾸 한스러웠다.(청류한)

---

[36] 金東鳴,〈越南記〉(四)『自由文學』九月號, 第四卷 第九號, 韓國自由文學者協會, 1959, 212~216쪽

## 5. [월남기 5]의 행로와 내용

[월남기 5]에는〈死線을 넘어서〉〈自由에로 가는 길〉두 편이 실려 있다. 초허는 4월 19일 인민숙소에서 나와 보안서에서 조사를 받았다. 다행히 풀려나긴 했으나, 보안대원이 기마대까지 출동시켜 찾으려고 한 범인은 사실 '중대범인(重大犯人) 김동명'이었다. 참으로 아찔한 상황이다. 다행히 돈을 주고 패스포드라는 간단한 쪽지를 받아서 강을 건너려다가 다시 경비원에게 붙잡힌다. 그리고 공산당 간부인 듯한 사람에게 일장 훈시를 들은 다음에 풀려나와 도강을 시작한다.

> 여관으로 돌아오자 K는 또 어디론지 나가드니, 한참 만에 들어와서 "선생님, 돈을 쓰면 된대요"하는 것이었다…"조막손이의 이야기를 들으면, 녀석들은 시방 중대범인을 놓쳐 좋고, 기마대까지 출동시켜 잡느라고 법석이기 때문에 여니 때보다 조건은 좀 나쁠지 모르나 그래도 자기만 나서면 문제없다는 것이예요. 돈만 마련해오면 같이 가주겠다 잖아요"이러는 것이었다. 나는 이때 그 중대범인이라는 것이 전곡서 관내에서의 어떤 탈출자에 관한 이야긴 줄로만 알고 무심히 들어 넘겼는데, 뒤에 알고 보니 그 중대범인이야말로 바로 나 자신이었음을 어찌하랴…이것은 내가 서울에 와서 달포가 훨씬 지난 뒤에 들은 소식이지마는, 내가 집을 떠난 지 사흘만인 4월 16일에 가친께서 돌아가시고, 4월 20일에는 도당 구간부들이 체포되었을 뿐 아니라 쏘군사령부에서는, 나를 놓쳐버렸다 해서 붉은 '카레스키' 두목(함흥)들에게 대한 문책이 자못 준열하였다 하니, 놈들이 나를 붙들기에 얼마나 혈안이 되어 덤볐으랴 하는 것은 상상하고도 남음이 있다.(사선을 넘어서)

> "동무들 들으시오. 동무들이 남조선으로 가고저하는 데는 물론 이유가 있겠지요. 개인적으로나 가족적으로나, 또 혹은 거짓말로나 참말로나- 그러나 우리가 보기에는 여러분의 경우나 이유의 여하를 막론하고, 근본적으로 여러분들이 북조선을 배반하고 있다는 사실을 지적하지 않을 수 없소. 그렇다면 당신들은 우리의 적일 밖에 없소. 또 그렇다면 당신들이 우리들의 공격을 받는 것은 당연한 일이 아닐 수 없소. 허나 우리는 생각하는 바가 있어 배반자인 당신들일망정 구태어 보복수단을 취

하고 싶지는 않소. 단지 가슴 아픈 일은, 노동자 혹은 농민인 당신들이, 노동자와 농민의 나라인 북조선을 배반하고, 미제국주의의 노예가 되고저, 그 놈들의 쇠사슬에 매이고저, 남조선으로 가고저하는 당신들의 어리석은 생각이 아닐 수 없오. 허나 갈테면 가시오. 막지 않으리다. 그 대신 부탁이 하나 있소. 남조선에 가서라도 북조선 흉만은 제발 말아주오. 그럼 가시오"하면서 손을 들어 물러가라는 시늉을 하고 (이 동안에 우리들은 허리를 굽혀 경의 아닌 경의를 표했음은 물론이다) 쌍창문을 드르륵 닫아버리는 것이었다.(사선을 넘어서)

〈自由에로 가는 길〉에는 초허가 조선민주당 함남도당위원장의 활동을 하다가 북한에서 탈출하여 자유를 찾는 마지막 장면이 그려졌다. 한탄강을 건너 약 15분 걸어가자 삼팔선 경계를 표시하는 흰 말뚝이 나타났다. 시집『삼팔선』의 주제가이기도 한 그의 시〈삼팔선〉에는 당시 감동이 표현되었다. 일부만 전재한다.

  (前略) 死線,
  오호, 不死鳥도 울고 넘는 怨恨의 아리랑 고개
  궂은 비 휘 뿌리는 침침 漆夜 아니래도
  '으흐, 으흐흐흐'鬼哭聲이 처량쿠나
  굶어죽은 넋, 銃 맞아 죽은 넋, 짓밟혀 죽은 넋… 온갖 억울한 넋들이,
  '三八線이 여기드냐'더위 잡고'으흐 으흐흐…'
  아아, 民族 曠前의 受難일다
  歷史의 惡戱, 運命의 嘲弄이 어찌 이대도록 실하뇨?
  배를 갈라 창자를 부리어도,
  肝臟을 끄내어 씹어 삼킨 들 이 恨을 어이풀리!(詩, 三八線)

삼팔선을 무사히 통과한 심정을 초허는 다음과 같이"사람이 만일 무덤 속에서 기어 나오는 경우가 있다면 그때의 감격이야말로 시방 내가 경험하는 이런 것"이라고까지 하였다.

  이튿날이었다. 우리가 동두천에 들어와서 여기저기서 잔뜩 모여 든 피난민들과 함

께 기차를 타고 서울역에 다음 것은 오후 네 시쯤 이었든가보다. 이래서 이 날, 즉 1947년 4월 20일부터, 서울특별시에는 해방명물의 하나인 월남피난민이 한 사람 더 불었더란다.(자유에로 가는 길)

인간의 육체가 살기 위해서는 순시(瞬時)도 떠날 수 없는 것이'공기'인 것처럼, 인간의 영혼, 즉 정신이 살기 위해서는 순시라도 떠날 수 없는 것은 바로'자유'라는 사실- 나는 이것을 북쪽 생활 1년 반 동안에 숨이 턱턱 막히도록 겪어봤다. 그러므로 나는 여기서 발언한다. 시방 이북에서는 인간생활의 말살을 위한 대규모의 범죄가 공산당이라 일커르는 폭도들에 의하여 공공연히 감행되고 있다고-(자유에로 가는 길)

이상에서 살펴본〈越南記〉5회는 이른바'해방명물'이라는 월남피난민들의 상황을 초허가 직접 겪은 체험을 바탕을 한 문장이다. 그가 북한에서의 공산치하를 벗어나기 위해 탈출을 시도하여, 체포될 절체절명의 위기상황을 극복하고 사선을 넘어 공기와 같은'자유'를 찾는 과정은 생각만 해도 눈물겹다. 당시 북한에서는 인간생활을 말살하는 대규모의 범죄가 공산당에 의해 자행되고 있었다. 따라서 초허는 남쪽을 향한 탈출을 시도하고, 만난(萬難)을 극복하고 사선(死線)을 넘어서 마치 무덤에서 살아나온 것과 같다는 자유를 찾는 과정이〈越南記〉에는 피와 땀이 묻어나는 절절하고 생생한 화법으로 표출되었다.

## Ⅲ. 김동명 수필〈피난회상기〉의 표출양상

김동명의 수필가운데 1957년『사상계』에 실렸던 3편의〈피난회상기〉는 그가 생존하였던 1965년에 나온『모래위에 쓴 落書』에는 그대로 수록되지 않았다. 그러나「어두움의 비탈길 -6.25 피난수기」이라는 별도의 장편 피난기를 게재하였다.〈피난회상기〉와〈어둠의 비탈길〉에는 저자가 겪은 피난과정의 고통스런 모습들이 생생하게 각인되어 있다.[37] 이는 5편의〈월남기〉

---

37) 金東鳴文集刊行會 編,〈어두움의 비탈길〉『모래위에 쓴 落書』新雅社, 1965, 333쪽"내 나이 만으로 쳐서 50이 되던 해, 이른 봄 어느날…재난은 한낱 내 인생을 위해서는 말할 것도 없고, 내 겨레의 전부를 위해서도 일찍이 들어본 적이 없는 가혹함과 악착스러움으로 엮어져, 폭풍우모양 휩쓸 차비를 하고 있는 悲情의 해일 줄이야! 1950년 그렇다. 너는 우리 역사에 길이 남을 생채기니라!"

와 함께 분단과 전쟁체험문학, 디오스포라38) 문학으로서, 자신이 겪은 이산(離散)과 난민의 경험에 입각하여 작성한 '행동수필'의 경지를 보여주었다.39)

> 전쟁체험은 의식의 첨단을 살아가는 시인들에게 있어서 혹자는 참전과 종군이라는 적극적 대응방식을 취하게 했으며, 혹자는 풍자와 역설의 비판정신을 예각화하였으며, 또한 센티멘탈리즘이나 폐쇄적인 자아 속으로 굴절해 들어가는 등, 다양한 정신의 개인적 편차를 드러내게 만들었다.40)

위에서 언급한 바와 같이 초허수필 가운데 중요한 특징은 분단의 구체적 형상화라는 점이다. 월남과 피난과정에 대한 시인의 감성이 보다 구체화된 서술기법으로 전환된 것이 그의 수필이다.

『사상계(思想界)』1957년 1월호부터 3월호까지 실린〈피난회상기(避難回想記)〉의 목차를 보면 '문학'으로 분류하여 싣고 있으며, 수필과 따로 나누었다는 점에서 수필과 차별화를 둔 '수기문학(手記文學)' 정도로 인식했다고 볼 수 있다. 이 글은 한국전쟁기인 6.25와 1.4후퇴의 두 차례 피난상황을 회상하면 엮은 것으로 1.4후퇴를 중심으로 기술하였다. 초허가 쓴 권두언과〈피난회상기〉의 아홉 편을 차례로 들면 다음과 같다.

> 이것은 내가 1.4후퇴 때 즉 1950년 12월 29일 영등포에서 간신히 피난행렬에 올라 부산으로 가는 길에 지나는 곳마다 기억도 새로운 6.25 때의 일을 회상해 본 글이다. 말하자면 전후 양차의 피난을 한꺼번에 이야기해 보자는 것이다.41)

---

38) 디아스포라(Diaspora)는 '이산(離散) 유대인' '이산의 땅'이라는 의미로도 사용된다. 이는 그리스어에서온 말로 '분산(分散)·이산'을 뜻한다.
39) 실제로 강원도 동해안 지역에는 속초 청호동아바이마을, 동해 묵호동피난민촌, 강릉 주문진피난민촌 등 이북5도 실향민집단취락지가 상존하였는데 현재는 속초 아바이마을만 함경도민 집단취락으로 남아있다. 필자는 분단강원의 현실문제에 대하여 사회민속적인 측면에서 접근한 바 있다. 장정룡 외, 『속초시거주 피난민정착사』속초문화원, 2000, 장정룡, 『속초지역 실향민구술조사보고서』속초시·속초시립박물관, 2007, 장정룡 외, 『강원지역 이북도민정착사』이북5도위원회·속초시·속초시립박물관, 2009
40) 김재홍, 『한국전쟁과 현대시의 응전력』평민사, 1978, 13쪽
41) 金東鳴,〈避難回想記〉(一)『思想界』一월호(第42號), 思想界社, 1957, 178쪽

[피난회상기1] (1) 그 밤의 素描 (2) 安養邑으로 (3) 避難第一課 (4) 서글픈 小夜曲[42]

[피난회상기2] (5) 水原을 지나면서 (6) 막걸리와 慈悲心 (7) 정황없는 사나이들[43]

[피난회상기3] (8) 怪常한 布告文 (9) 親切한 老婆와 全羅道로 간다는 女人[44]

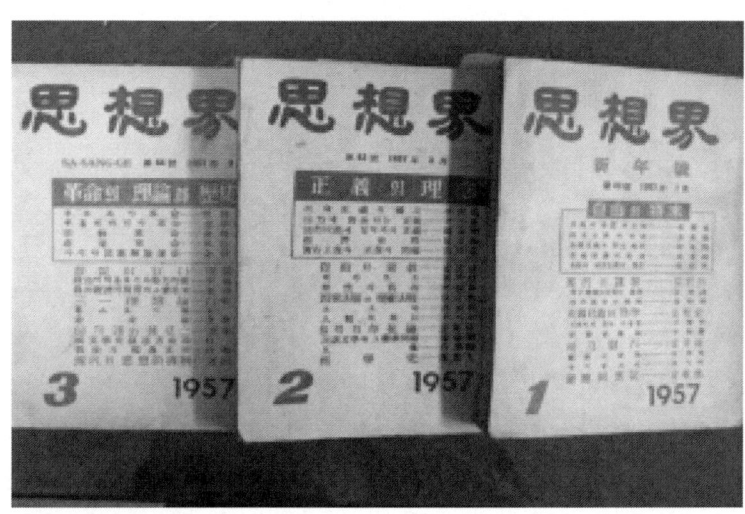

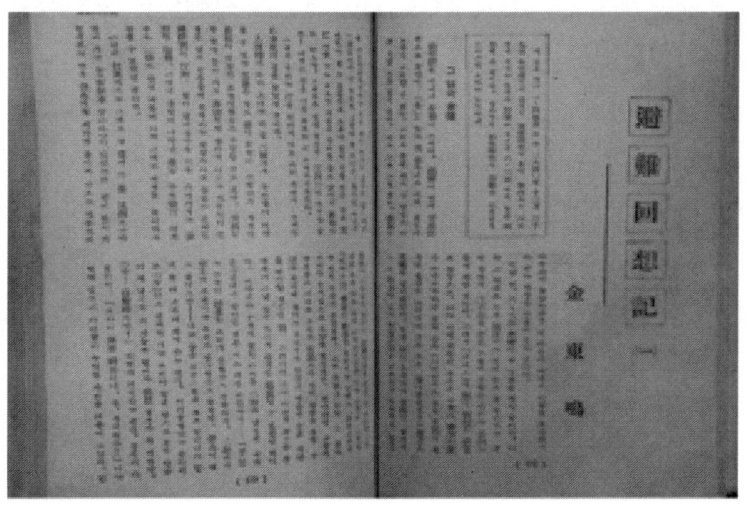

---

[42] 金東鳴,〈避難回想記〉(一)『思想界』一월호(第42號), 思想界社, 1957, 178~189쪽
[43] 金東鳴,〈避難回想記〉(二)『思想界』二월호(第43號), 思想界社, 1957, 175~184쪽
[44] 金東鳴,〈避難回想記〉(三)『思想界』三월호(第44號), 思想界社, 1957, 95~103쪽

초허가 겪은 피난의 행적은 시집『목격자(目擊者)』에 「피난시초(避難詩抄)」라는 이름으로 9편이 실렸다.45) 그 가운데 시집제목이기도 한〈目擊者〉에서 "성난 짐승모양, 적의 포문은 더 가까이 짖어대는데, 강 건너 마을의 휘황한 불빛이여!"처럼 창문을 열고 초허는 의연히 앉아서 바라보는 전쟁사의 목격자가 되었다.

## 1. [피난회상기1]의 행로와 내용

[피난회상기1]에는〈그 밤의 素描〉〈安養邑으로〉〈避難第一課〉〈서글픈 小夜曲〉등 네 편이 들어 있다. 초허 일가는 한강다리를 건너 안양읍으로 피난을 갔다. 그리고 그곳에서 하루를 묵고 나서 화물차를 얻어 타고 수원역에 닿았다.

> 지난번 6.25사변이 막 터졌을 때의 일이다. 나는 그 적에도 우선 한강만은 건너 놓고 볼 일이라는 궁리 밑에서 27일 오정 무렵에 가족을 데리고 시내로 들어왔던 것이다. 그래서 라디오의 예의 집요한 방해도 귓등으로, 나는 어린 것들의 손목을 이끌고 폭파장치가 어마어마하게 걸려 있는(이러면서도 곧장 시민의 발목을 붙잡고 느러지는 것은 무슨 뜻이었을가?) 한강 인도교를 넘어왔었다. (그 밤의 소묘)

> 오정이 훨씬 기울어서야 우리는 안양읍이 바로 맞은편에 바라보이는 지점에서 영등포 방면으로부터 수원가도를 따라 남하하는 피난민 떼와 마주쳤다.…월령이와 월정이에게 신발만 있다면야 가는 도중에 더러 걸려도 볼 것인데 그것이 없기 때문에 나는 벌써 –아내도 물론 마찬가지로– 열시간 이상이나 줄곳 내 등어리에서 월정이를 떼놓을 수 없었으니 설령 고열이 아니라 치더라도 내게는 과중한 부담이 아닐 수 없었다.(안양읍으로)

> 시방 내가 타고 있는 데는 화물차 –덮개가 있는– 안인데(특히 안이라고 밝히는 것은 이 화물차 지붕 꼭대기에도 피난민은 입추의 여지가 없이 타고 있기 때문이다)

---

45) 金東鳴,『目擊者』人間社, 1957, 107~126쪽 "그 이튿날, 出發, 目擊者, 山·白合花, 行路難, 南江, 鎭東過次, 草梁驛, 日暮"

> 나는 이제 이 차간에서 오직 한곳 열려있는 문설주에 붙어 서서 지난번 6.28에 우리가 내려오던 그 멧골자기를 더듬어 두리번거리고 있는 것이다.(피난 제1과)

> "자 웬 놈의 피난민이 그렇게 많이 쏟아져 나오는 거야. 한강다리는 끊어졌다면서!" 그 중 한 청년의 말이었다. "글쎄 말이야. 하늘이 무너져도 빠져나올 구멍이 있나보지" 그 중 한 청년의 대답이었다. "저 솔 좀 들어봐, 훨씬 더 가까워지지 않았어?" 또 딴 청년의 목소리였다.(서글픈 소야곡)

## 2. [피난회상기2]의 행로와 내용

[피난회상기2]에는 〈水原을 지나면서〉〈막걸리와 慈悲心〉〈정황없는 사나이들〉세 편이 들어있다. 피난열차를 타고 수원을 지나 병점으로 향하면서 수원역에서 내려 하룻밤을 간신히 오막살이에서 묵었다. 그곳에서 일선경찰대원을 만나서 전쟁상황을 이야기하였으며, 아무런 정보 없이 떠나야하는 피난민들의 비통함과 분노심이 폭발하였다.

> 피난열차 그것은 바로 1950년대 민족비극의 한 표상이다. 보라, 요로 허리를 두르고 팔짱을 끼고 앉아 태연히 먼 산을 바라보는 늙은이 곁에 이불을 뒤집었고 아이들을 병아리처럼 품고 앉아 멀거니 이쪽을 건너다보는 여인, 어디 가서 먹을 것을 사들고 와서 차 지붕을 향해 고개를 지켜들고 무어라고 떠드는 사나이, 뎅그렁하고 저 쪽에 가서 떨어지는 깡통 속에서 흐르는 것은 오줌만이 아닌가부다. 거미새끼처럼 줄을 타고 내려오는 사나이가 있는가 하면 그 줄을 되잡아 타고 올라가는 사나이도 있다. 그러나 아무 불평도 없는 듯한 얼굴들이다. 살을 에이는 듯한 저녁 바람에 모두들 목을 움츠려뜨린다. 지붕가장자리에 바싹 나앉은 패들 때문에 나는 더욱 가슴 조인다. 여기에 비한다면 목탄차에 올라앉은 측들은 설영 짐짝처럼 겹쌓였다고는 하나 어떻게나 호강스러워 보이는지 모르겠다. 차 지붕 너머로 바라보이는 시가는 폐허마냥 쓸쓸하다.(수원을 지나면서)

> "여보시우 미안합니다마는 어디 하룻밤 자고 갈만한 댁이 없을실가요? 우리는

피난민입니다. 좀 동정해주시지요"…우리는 살았다는 듯이 새삼스리 한숨을 쉬여 사나이의 뒤를 따랐다. 집은 바로 고댄데, 들어서보니 오양깐과 부엌과 마루가 사뭇 한데 달라붙은 말하자면 소와 사람이 동거생활을 하고 있는 조그마한 오막사리였다. 마루에 걸치니 소똥 냄새가 물큰하고 코를 찌른다. 사나이의 명령으로 여나무살 되어보이는 계집아이가 우리를 위하여 벌써 보리쌀을 씻는다. 이윽고 우리는 구유 앞에서 소가 날린 모기떼를 우리도 날리면서 보리밥을 한 그릇씩 먹었다.(막걸리와 자비심)

"내가 들은 서울 소식이라면 그 그적게 밤에는 서울은 인민공화국기로 푹 덮였더라는 이야기와 그적게 낮에는 곧 입성하게 될지도 모른다는 일선정보원의 이야기를 들었을 뿐인데, 과연 어느 정도로 신용해서 좋을지 모르겠더군요"했더니 저들도 머리를 극적거리며 서로 마주쳐다보는 것이었다. 아지 못게라. 이미 28일 새벽에 完全失陷을 보인 수도 서울의 이야기를 수도에서 불과 40킬로 내외밖에 안떨어져 있는 이곳에서 7월 1일이라면 바로 세기의 명물, 인민재판이 한창 마련되고 있던 판인데, 다른 사람도 아닌 소위 대학교수란 자와 명색의 일선경관이란 자들 사이의 대회가 기껏 이런 정도의 얼빠진 것일 수밖에 없었다면 진정 6.25피난을 겪어본 사람이 아니고서야 누가 이것을 사실로 믿어줄 것이랴. 여기에 우리의 피난민들의 견딜 수 없는 이중삼중의 비통과 분노가 있었음은 물론이다.(정황없는 사나이들)

## 3. [피난회상기3]의 행로와 내용

[피난회상기3]에는〈怪常한 布告文〉〈親切한 老婆와 全羅道로 간다는 女人〉두 편이 들어 있다. 서울을 떠난 초허 가족은 모두 4명으로 초허와 아내 그리고 월정(月汀), 월령(月鈴)이다. 이들은 안양을 거쳐 수원에 도착하고 다시 병점(餠店)에 이르렀으며 청주로 남하하기로 하였다. 병점에서 초허 가족은 친절한 노파집에서 하루를 묵었다. 그리고 그곳에서 한강을 건너오다가 남편을 잃고, 보통이 하나를 안고 어린 애기를 업은 한 여인과 만난다. 전라도 고향으로 간다는 피난민 여인이었다. 초허는 이 여인이 남행열차에서 눈에 뜨이지 않았다고 안타까워하였다. 전쟁통 속에서도 집에 묵게 해준 친절한 노파와 전라도를 향해 가는 애기 업

은 한 여인의 모습이 교차된다

> 우리가 여기에 머문 지 제4일째인 7월 2일, 아침마다 대망의 희소식은 드디어 전해왔다 "피난민은 어서 원주지로 돌아가라"는 헌병대장의 포고문이 병점거리에 나붙었다지 않는가? 실로 이런 경우가 있을 것을 믿었기에 우리는 그동안 여기에 머물었던 것이 아닌가? 그러나 하도 헛소문이 많은 세상이라…병점 가까이 오니, 길 옆에 사람들이 주욱 둘러섰기에 디려다 본즉 거기에 쌀자루를 멘 친구가 손을 쳐들고 꿇어앉았는데, "아, 이 자는 삐라만 뿌렸대"하고 조롱하는 사나이도 있다. 나는 여기서 비로소 이들이야말로 인민군에 의하여 해방을 받은 옥수(獄囚)들임을 알았다.(괴상한 포고문)

> 한강을 건너기가 매우 어렵다든데, 그렇게들 많이 건너와요? 주객의 문답을 듣기만 하던 나도 한마디 묻고 싶었다. 여인은 나를 거들떠보지도 않고 여전히 머리를 숙인 채, "어렵다 뿐얘요. 목숨을 걸고 건너는 거죠. 죽어도 좋다는 생각이 아니고선 못건너요. 배가 건너오다가 중간에서 가라앉는 광경을 제 눈으로 보았어요. 몸은 물에 잠근 채, 뱃전만 붙들고 건너오는 사람도 있었어요. 졌던 륙사꾸를 벗어던지고 물속에 뛰어들어 헤엄쳐 건너는 사람도 봤어요. 우리가 탄배도 사람이 너무 많아 가라앉을 번 가라앉을 번 하면서 간신히 건넜는걸요. 하마트라면- 시방 생각해도 소름이 끼쳐요. 그런데 여기를 대고 또 총질이니 어떡합니까?"…그 이튿날(7월 3일) 오정이 가까울 무렵에야 우리는 남행차에 오를 수 있었다. 차는 벌써 초만원이 되어 가지고 들어 왔기 때문에 여기서는 절반 이상이 못 탔지마는 남달리 조건도 불리한 우리네 식솔이 저 무서운 경쟁을 이길 수 있었다는 것은 분명히 하나의 행운이었다.(친절한 노파와 전라도로 간다는 여인)

## 4. [어두움의 비탈길 -6.25피난수기]의 내용

'6.25避難手記'라는 부제가 붙은「어두움의 비탈길」에는 일자별로 자세하게 피난상황을 기록하고 있는데 이화여대 교수로 재직당시이던 1950년 6월 25일부터 8월 1일 부산 초량 정거장까지 피난의 행적을 총 28편에 담았다. 목차는 다음과 같다.

> 小序(1), 小序(2), 1950年, 避難길, 勇士의 말, 無心川小夜曲, 石榴꽃과 부처님, 옛날은 그리운 것, 斥紅論, 어데로 갈까, 濠洲飛行隊의 망발, 全州驛頭의 揷話, 山・白合花, 南原의 밤, 冬栢꽃 피는 고장, 暴雨를 무릅쓰고, 조각달과 山과 나와…, 다섯 마리의 곰, 智異山 기슭을 에돌아, 敎會堂이 있는 마을, P라는 사나이와의 對話, 또 밤길, 아南江!, 失影記, 바다에의 鄕愁, 저 사람을 보라, 미쓰 馬山과 단둘이, 洛東江 물굽이46)

초허의 6.25피난수기인「어두움의 비탈길」에서는 한강을 건너는 상황부터 작가가 도보로 피난하던 수원, 대전, 논산, 전주, 남원, 진주, 마산, 부산까지 이르는 동안에 겪었던 일들이 시편으로 형상화되어〈그 이튿날〉〈出發〉〈目擊者〉〈수원비행장을 지나면서〉〈大田에서〉〈全州驛頭에서〉〈南原夜曲〉〈智異山〉〈晉州過次〉〈馬山〉등 역경 속에서도 붓을 놓치지 않고 전쟁속의 사람들 모습과 세태를 그렸으며, 여러 편의 시에서도 작가 고유의 서정성을 잃지 않는 풍류와 평정심을 유지한 것이 신비롭다.〈어두움의 비탈길 −6.25피난수기〉작품은 1965년에 간행된 그의 문집『모래위에 쓴 落書』에 전문이 수록되어 있다.

이 작품은 1959년에 나온 그의 수필집『世代의 揷話』에는 수록되지 않았으므로 문집을 간행하면서 새로 작성한 것으로 보인다. 정확한 집필시기를 밝히지 않았으나, 1950년 한국전쟁의 피난을 겪었던 초허가 스스로 '십년을 헤이고도 벌써 네 해'라는 표현으로 미루어, 1968년 작고하기 네 해전이고, 문집이 발행되기 한 해전인 1964년이다.47)

따라서 이 글은 1957년『사상계』에 실렸던〈피난회상기〉의 전편으로 문집에 수록하기 위해 작성한 것으로 파악되며, 3회로 그친 1951년 1월 4일 후퇴당시의 기록인〈피난회상기〉에 비

---

46) 金東鳴文集刊行會 編,〈어두움의 비탈길〉『金東鳴 隨筆・手記集, 모래위에 쓴 落書』新雅社, 1965, 331~478쪽

47) 위의 책, 332쪽 "나는 일찍부터 이 일에 뜻을 두고 그동안 몇 차례 붓을 든 적도 있었으나, 공교롭게도 매양 피치 못할 사정으로 말미암아, 종시 뜻을 이루지 못하고 돌아보건대, 어제련 듯 하건만 어느새 십년을 헤이고도 벌써 네 해를 더 했으니, 아마도 무심한 것 세월인가 보다. 이대로 어름하다가는 '나의 피난기'는 필시 영원히 이루지 못할 꿈이 되고 말리라 싶어, 초조로운 생각은 해가 거듭할수록 더욱 짙어만 간다. 허나, 이젠즉 낡은 '메모'를 내놓고 옛 기억을 더듬는 것도 용이한 일일 수는 없고, 그렇다고 단념할 수도 없는 일이고보니, 次善之策으로 '메모'만이라도 정리해두는 수밖에 없다 싶어, 기회를 두리번거리던 차에, 마침 '경향'의 호의로 회포를 풀게 되니 고맙기 한량없다."

해서 상당한 분량의 장편수필로 작성되었다.

초허는 "저 원한의 대열에 참여했던 슬픈 추억을 지니고 있는 이상, 이것을 되도록 소상히 기록하여, 6.25를 이야기로만 듣는 모든 낯모르는 형제들에게 전하는 것은, 나의 의무라고 생각해왔다"고 진솔한 심중의 말을 토해놓았다.[48]

## Ⅳ. 맺음말

김동명은 분단한국의 아픔을 절절하게 경험하였다. 1945년 일제에서 해방이 되자 북한에서 조선민주당 함남도당위원장을 역임하였으나 공산당의 횡포와 소련군에 의하여 숙청되고 감옥에 갇힐 위기를 피하여 자유를 찾아 월남하였다. 남하의 과정은 마치 무덤에서 빠져나온 것과 같다는 표현을 하였다. 그가 남쪽에서 겪은 동족상잔의 한국전쟁은 잔혹함의 극치였으며 원한의 대열이라는 서글픈 피난민의 행적은 그 진상을 전할 수 없을 정도로 비참한 것이었다.[49]

초허의 분단문학 가운데 수필로 남긴 작품은 남북분단의 상황에서 조선민주당 함남도당위원장을 맡아서 활동하던 가운데 북한에서 경험한 것을 쓴 〈暗黑에의 序說 -내가 이북서 겪은 이야기〉와 자유를 찾아 탈출하는 과정을 쓴 〈월남기〉두 편이 있다.

그리고 월남한 이후 이화여대 재직 중에 경험한 한국전쟁의 피난과정을 쓴 글은 두 가지로 먼저 1.4후퇴당시의 피난길을 쓴 〈피난회상기〉가 있으며, 후에 다시 써서 보완한 것으로 6.25동난기의 수필인 〈어두움의 비탈길 -6.25피난수기〉 등이 있다. 그러므로 분단수필에 해당되는 내용은 '월남'과 '피난'의 두 가지 양상으로 표출되었으며 각각 두 편씩 전체 네 편으로 파악되었다. '월남'은 그가 북한에서 공산당의 횡포를 피해서 남행으로 탈출을 감행한 것이며, '피난'은 한국전쟁의 피비린내 나는 전화의 고통 속에 이뤄진 비참한 행각이다. 따라서 이들 작품은 모두 '떠남'과 '이산'을 주제로 한 것이다. '월남'을 하면서 두고 온 처자식에 대한

---

48) 위의 책, 331쪽 〈小序(1)〉
49) 金東鳴, 〈芭蕉 解題〉 『世代의 揷話』 日新社, 1959, 57쪽 "나도 실은 그 언젠가, 祖國을 잃은 사나이. 외롭고 쓸쓸하고, 그리고 더욱 겨울이 슬프기로는 그녀로 더불어 다를 것이 없는 처지겠다. 서로 껴안고, 서로의 체온과 외로움을 나누므로 季節의 위협을 물리칠 수만 있다면…(1958년)"

아픈 별리, '피난' 과정에서 겪은 이산의 고통은 분단문학의 현재지속형이다.

일제강점기인 1930년대 후반 강원도민들은 굶주림을 벗어나고 잘살기 위해 고향을 떠났다. 이들은 일가친척, 가족과 헤어져 만주 땅 북간도에 정착하여 강원촌, 원주촌, 고성촌을 형성하였다. 일제와 만족의 박해 속에서도 이들에게 절실한 것은 허기를 면하는 일이었다. 이들은 단지 빈곤에서 벗어나기 위해 척박한 중국 황무지를 개간하고 볍씨를 뿌렸다. 이들의 개척자적 북행은 '빈곤' 탈출을 위한 것이었다면, 분단한국에서 벌어진 남행은 오로지 '자유' 그 자체를 위한 것이었다.

분단한국의 현실에서 북한에서의 생활과 한국전쟁기를 겪은 초허의 삶은 한민족이겪은 총체적 분단사와 결코 다름이 아니다. 아직도 분단과 이산의 아픔에서 헤어나지 못한 한반도의 현실에서 평화적 통일한국의 꿈은 결코 포기할 수 없는 희망이자 절박함이다. 그것은 초허가 '유사 이래 최대의 비극' '한민족사상 최대의 비참이요, 통분이요, 치욕이었다'고 한국전쟁을 술회한 것과 같이 우리 모두가 극복해야할 과제이며, 남북한이 함께 손잡고 넘어야 할 통일의 아리랑고개다.

『피난민은 서글프다』는 책 제목처럼 초허가 자유를 향해 사선을 넘은 월남과정과 총탄이 난무하는 가운데 필사의 피난체험은 한민족만의 특수한 집단체험이다. 또한 분단으로 인해 지척의 고향을 두고 갈 수 없는 실향민의 아픔은 필설도 다할 수 없다.[50] 사실상 피난민들에게 가장 기억 남는 일은 배고픔이었다. 전염병과 추운 날씨, 해로상의 높은 파도도 진퇴양난의 피난민들에게는 엄청난 공포였으며, 전쟁포로들의 일상도 잊을 수 없는 참혹함 그 자체였다.[51] 가족의 죽음으로 인한 이별과 이산은 이중삼중의 고통을 안겼으며, 피난중 목격한 비참한 상황들은 생생한 글로 남았다.[52] 이러한 피난민들의 생활은 파초의 시인 김동명을 비롯한 여러 작가들에 의해 피난체험과 한국전쟁 참전군인의 체험기, 종군기, 피난기

---

[50] 장정룡, 「강원지역 이북도민의 생활문화」, 『강원지역 이북도민 정착사』, 이북5도위원회·속초시·속초시립박물관, 2009, 113쪽, "속초시의 상징, 속초문화경관 1호 등으로 불리는 수복기념탑은 속초시의 정체성을 말해준다고 해도 과언이 아니다. 이 탑은 휴전후인 1954년 5월 10일 민족통일의 염원과 월남 실향민들의 희망과 한을 달래는 복합적인 뜻을 기념하기 위해 세워졌다." 수복탑이라고도 부르는 이 탑은 모자탑으로도 불리며, 속초가 북한치하에서 수복된 고장임을 대표하는 상징물로서 전쟁기념탑으로 유일하게 '총칼이 새겨지지 않은 비'라는 평가를 받고 있다. 장호강은 『항전의 조국』(인간사, 1955, 83쪽)에서 〈母子像賦〉라는 시를 남겼다.

[51] 『강원지역 이북도민 정착과정 조사연구보고서』, 이북5도위원회·강원도·속초시, 2009.2

[52] 장정룡 외, 『강원지역 이북도민정착사』, 이북5도위원회·속초시·속초시립박물관, 2009, 124쪽, 장정룡, 「강원도 거주실향민생애사 조사연구』, 강원발전연구원, 2005, 115쪽

등이 다양하게 형상화되었다.53)

끝으로 남북분단에 따른 생생한 경험이 담긴 초허 김동명의 월남과 피난기는 '분단문학'의 실례로서 '실향민문학' 디아스포라 문학'이라 규정할 수 있다. 따라서 〈월남기〉〈암흑의 장〉〈피난회상기〉〈어두움의 비탈길〉등의 작품을 통해서 초허를 분단시대의 체험을 형상화한 수필가로 새롭게 평가해야 할 것이다.

---

53) 이주일, 『혈화의 전선』(희망사, 1955). 문제안, 『종군기 남북삼천리』(낙산각, 1956). 김광주·조연현·한무숙, 『피난민은 서글프다』(수도문화사, 1951) 배동걸, 『북한포로수용소를 찾아서』(영창원색인쇄사, 1962). 김동명, 『모래위에 쓴 낙서』(신아사, 1965). 하근찬 편, 『오리와 계급장』(금란출판사, 1977). 장영창, 『한국전쟁실기 서울은 불탄다』(동지사, 1978)

## [참고문헌]

鄭鎬德 編, 藥城詩稿, 江陵印刷所, 1919

瀧澤 誠, 增修臨瀛誌, 江陵古蹟保存會, 1933

朝光 創刊號, 朝鮮日報社出版部, 1935

金容浩·李雪舟 共編, 現代詩人選集 (上), 文星堂, 1954

金東鳴, 詩集 眞珠灣, 梨花女子大學校 出版部, 1954

金東鳴, (政治評論集) 敵과 同志, 昌平社, 1955

張虎崗, 抗戰의 祖國, 人間社, 1955

咸鏡道民會, 『關北』제2집, 1956

思想界 1957년 1~3월호, 思想界社, 1957

金東鳴, 詩集·目擊者, 人間社, 1957

金東鳴, (政治評論集) 歷史의 背後에서, 新雅社, 1958

自由文學 1959년 6~10월호, 韓國自由文學者協會, 1959

金東鳴, (隨筆集) 世代의 揷話, 日新社, 1959. 9

韓國文學賞 受賞作品全集 3 (詩·評論·戲曲), 新太陽社, 1960

韓國詩人協會, 'My mind is'(Kim Dong-Myong)Korean Verses, 大韓公論社, 1961

金東鳴文集刊行會 編, (詞華集) 내마음, 新雅社, 1964

金東鳴文集刊行會 編, (評論集) 나는 證言한다, 新雅社, 1964

金東鳴文集刊行會 編, (隨筆·手記集) 모래위에 쓴 落書, 新雅社, 1965

誠信女子師範大學 硏究論文集, 第四·五輯, 誠信人文科學硏究所, 1972

丘仁煥·尹在天·張伯逸, 隨筆文學論, 開文社, 1975

張伯逸, 隨筆의 理解, 玄岩社, 1976

崔勝範, 韓國隨筆文學硏究, 正音社, 1980

黃浿江·金容稷·趙東一·李東歡 編, 韓國文學硏究入門, 知識産業社, 1982

金容稷 外, 韓國現代詩史硏究, 一志社, 1983

崔康賢, 韓國古典隨筆講讀, 고려원, 1983

張德順, 韓國隨筆文學社, 새문사, 1984
嚴昌燮, 金東鳴硏究, 學文社, 1987
韓國隨想錄 3, 金星出版社, 1991
임헌영, 분단시대의 문학, 태학사, 1992
권영민, 한국현대문학사, 민음사, 1993
심혜숙, 중국조선족 취락지명과 인구분포, 연변대학출판사, 1993
金炳宇 外, 金東鳴의 詩世界와 삶, 한남대학교출판부, 1994
沙川面誌 沙越, 사천면지 발간위원회, 1994
장정룡 외, 북한사회의 이해, 집문당, 1996
강원사회연구회 편, 강원사회의 이해, 한울아카데미, 1997
장정룡·김무림, 속초시 청호동의 민속과 언어, 속초문화원, 1998
강원사회연구회, 분단강원의 이해, 한울아카데미, 1999
김귀옥, 월남민의 생활경험과 정체성, 서울대학교출판부, 2001
김용직, 한국현대시인연구(하), 서울대학교출판부, 2000
장정룡 외, 속초시 거주 피난민정착사, 속초문화원, 2000
문덕수 외, 한국현대시인연구(上), 푸른사상사, 2001
이우영, 북한문화의 수용실태조사, 통일연구원, 2001
이계열, 한국현대소설의 자아의식연구, 국학자료원, 2001
이명재 외, 억압과 망각 그리고 디아스포라, 한국문화사, 2004
장정룡, 강원도 거주 실향민생애사 조사연구, 강원발전연구원, 2005
한국문학평론가협회 편, 문학비평용어사전(상하), 국학자료원, 2006
장정룡 외, 재중강원인생활사조사연구, 강원발전연구원, 2006
장정룡, 속초지역 실향민구술조사보고서, 속초시박물관, 2007
박창욱 외, 중국 원주촌연구, 원주시, 2007
진용선, 중국조선족 아리랑연구, 정선군, 2008
리혜선, 두만강변의 충북마을, 민족출판사, 2008
장정룡·사득환·김영식, 강원지역 이북도민정착사, 이북5도위원회·속초시박물관, 2009

손춘일, 중국조선족 이민사, 중화서국, 2009
장정룡, 중국 양양촌 이주생활사연구, 양양문화원, 2012
최병우, 이산과 이주 그리고 한국현대소설, 푸른사상, 2013
장정룡, 중국고성촌 이주사 연구, 고성군, 2013
이미림, 21세기 한국소설의 다문화와 이방인들, 푸른사상, 2014
김윤정, 불확정성의 시학, 푸른사상, 2014

# 김동명 시에 나타난 기도형 발아의 원인 고찰

심은섭*

---

**목 차**

I. 서론
II. '기도형의 시가 발아'된 여러 유형
   1. 초기 詩
   2. 중기 詩
   3. 후기 詩
III. 결론

---

## I. 서론

전통적으로 시가 지향하는 바는 간청과 기원에 있다. 거기에다 소망의 내용을 하나 더 담고 있다. 이것은 결핍에 대한 해결의 방법이다. 이 결핍은 정신적 것과 육체적인 것을 모두 포함한다. 시인들은 화자(話者)를 내세워 전자를 더 갈구하는 노래를 한다. 그 예로써 고려속요를 들 수 있다. 정신적인 측면으로만 따져보면 속요가 담고 있는 가장 많은 내용이 남녀상열지사인 것만으로도 짐작되는 부분이다.

기도란 무엇인가. 신이나 절대적 존재에게 바라는 바가 이루어지기를비는 행위이며, 또는 그 같은 의식이다. 그 저변에는 결핍을 채우려는 강한 욕구와 의지가 숨어있다. 누구나 진

---

*가톨릭관동대학교 교수

실한 기도는 절대적 존재로부터 구원을 받을 것이라는 믿음을 갖는다. 이런 믿음이 결국 결핍의 고통을 해소하려는데 시를 사용하게 된 원인이다. 또 이 기도는 기도자의 야상과 아집을 충족하기 위해서가 아니다. 즉 개인적인 소망을 얻겠다는 것은 아니라는 것이다. 이타적인 원력이 바탕이 되어야 하고 그곳으로부터 발원되어야 한다. 다시 말해 개인적인 소원이 아니라 보다 많은 사람들을 행복으로 이끄는 일이어야 한다.

시와 기도는 모두 소망에 목적을 둔다. 이 둘은 공통점은 그 매체가 언어라는 것, 그리고 빎의 행위가 전달하고자 하는 곳이 절대적 존재라는 점이다. 이런 명제는 시와 기도가 본질적으로 동일함의 증명이다. 또 기도하는 주체 역시 절망적인 상태이거나 물리적으로 나약한 자들이 대부분이다.

한편, 시적 기도는 반드시 신이나 전지전능한 절대자에게 국한된 것만은 아니다. 성찰과 반성으로 다짐하는 기도형식의 시도 있다. 이것은 내면의 자아와의 대결에서 비롯된다. 다시 말해서 인간 자신의 의지에 기도하는 경향도 있다. 개인적으로 갈망하는 기도형식의 시도 있지만 집단적인 빎의 시도 있다. 그러나 본고에서 논의하고자 하는 목적은 초허(超虛) 김동명(金東鳴) 시인[1]의 개인적인 기도형의 시가 발아된 원인을 규명하는 일이다.

초허는 삶의 여정에서 겪은 일제강점기와 6.25동란 등과 같은 순탄치 않은 과정을 통해 '기도형의 발아'와 관련된 많은 시편들을 한국문단에 남긴 것으로 짐작이 간다. 이러한 전제를 통해 논의를 시작하고자 한다. 그러나 그의 첫시집『나의 거문고』는 종적을 감추다시피 하여 전체적인 작품의 전모를 알 수가 없다. 그의 작품집으로는 여섯 권의 개인 시집과 그 시집을 한 권으로 묶은 사화집(詞華集)이 있다. 그 중에서 첫시집『나의 거문고』(1930)[2]는

---

1) 900(庚子)년 2월 4일에 강원도 명주군 사천면 하노동리 54번지에서 아버지 경주 김(金)씨 제옥(濟玉)과 어머니 평산(平山) 신(申)씨 석우(錫愚) 사이의 외아들로 태어났다. 1908년 함경남도 원산으로 이사를 하여 1909년에 원산소학교에 입학, 1915년엔 영생중학교에 입학한 후 1920년 4월에 졸업하였다. 1925년에 일본으로 건너가 도쿄 청산(아오야마)전문학원 신학과(야간에는 니혼대학(日本大學) 철학과를 수학하고 졸업하였다)에 입학하여 1928년에 졸업한 후 귀국하였다. 1923년『개벽』지에「당신이 만약 내게 문을 열어주신다면」이라는 보들레르에게 바치는 시를 가지고 문단에 데뷔하였다. 그 후 시인으로, 교육자(이화여자대학교 교수)로 정치평론가로 활동했다. 또한 민주당 참의원을 지낸 정치가이기도 하다. 시작은 개신교 신자로 신앙생활을 하였으나 1968년 1월 20일 가톨릭으로 개종하여 프란치스코라는 본명(세례명)을 받았다. 1968년 1월 21일 서울에서 생을 마감했다. 묘지는 서울 망우리 문인 공동묘지에 부인 李씨와 합장되어 있었으나 2010년 10월 10일에 강원도 사천면 노동리 133-1번지 선영으로 이장, 봉안되었다. 상세한 내용은 엄창섭,『초허 김동명문학연구』성균관대학교 박사학위 논문(1985)을 참고바람.

2) 초허의 첫 시집『나의 거문고』(1930)는 발행 연도 역시 오래되었지만 북한지역 흥남에서 발간된 것으로 자료구입에 어려움이 크다. 따라서 본 논문에서는 이 첫 시집에 실려 있는 시편들이 인용되지 못한 점을 밝혀둔다. 다만

河東鎬(교수)가 소장(所藏)하고 있으나, 그 시집에 실린 시의 모든 내용은 확인할 수가 없다. 따라서 초기의 시세계에 대해서는 그 당시 『開闢』誌, 또는 『朝鮮文壇』誌 등에 발표된 작품에 한하여 초기 시의 특성을 살펴볼 수 있는 것이 유일하다. 따라서 예시(例示)는 『나의 거문고』를 제외한 나머지 시집에 수록된 작품을 중심으로 제시될 것이다.

정의된 '시'의 의미가 '시인'의 정의에 보태어질 때 명실 공히 시인의 의미를 정확히 찾아낼 수 있다. 그렇다면 시는 무엇일까. 모든 용어에 대한 정의가 그러하듯이 '시가 무엇인가'를 말한다는 것은 간단한 일이 아니다. 마치 우주가 무엇인가를 묻는 질문에 해답을 내리는 일과 같은 어려운 일이다. 또 다른 어려움은 시인과 민족에 따라서 혹은 시대와 상황에 따라서 다양성을 띨 수밖에 없다3)는 점이다.

따라서 초허의 시작품들이 쓰인 시기가 각각 다름으로 인하여 시대와 상황에 따라 다르게 정의되어야 하는 문제점을 안고 있다. 가령, 첫 시집 『나의 거문고』(1930)와 『파초』(1938)는 일제강점기에, 『삼팔선』(1947)과 『하늘』(1948)은 해방 후 미군정시대에, 『진주만』(1954)과 『목격자』(1957)는 6. 25사변 직후에 출판된 것으로 서로 시대를 달리하고 있다. 그러나 본고에서 그의 시작품을 통시적으로 '기도형 발아'가 나타난 까닭을 찾으려는 것은 아니다. 다만 시작품 속에 나타난 기도형의 시가 발아된 원인이 무엇인가를 밝히는데 일이다. 따라서 본 논문의 목적을 달성하기 위해 다음과 같은 방법이 사용될 것이다.

먼저, '기도형 발아'라는 용어는 '기도형식을 갖춘 내용(의미)이나 형식의 시로써 기도가 싹이 트는 현상'이라고 정의하고자 한다. 다시 말해서 초허의 시작품 속에 기도형식을 가진 시가 어떤 원인에 의해 싹이트게 된 것인가에 대한 이유를 찾아내려는 의도가 담긴 용어라고 할 수 있다. 이 용어 대신에 '기도형 시의 발아', 또는 '기도형식의 시의 발아', '기도형 발아' 등과 같은 용어로도 대신 사용될 것이다.

다음은 그의 시작품 중에 '기도형이 발아된 시'라고 할 수 있는 작품들이 어떤 것이 있는지를 제시하게 될 것이며, 이 작품들은 기본적으로는 주제와 내용 별로 분류하여 제시할

---

엄창섭 교수의 『초허 김동명문학연구』(성균관대학교, 1986, p.13.) 박사학위 논문에 게재된 내용을 인용하여 설명해 보면, 현재 이 시집은 현존하고 있다. 현재 河東鎬(교수)가 所藏하고 있으며, 이 시집의 목次를 보면 '①즐거운 아츰(12편), ②잔치(16편), ③옛노래(15편), ④외로울 때(20편), ⑤麗島風景(12편), ⑥異城風情(13편), ⑦故鄕(20편), ⑧瞑想의 노래(13편), ⑨나의 거문고(11편)'로 되어 있다. 4.6판으로 168면에 132편의 시가 수록되어 있으며, 목차만 확인되고 있다.

3) 金載弘, 문학이론 연구회 편, 『문학개론』, 새문사, 2000. p.45.

것이나, 주로 시집이 출판된 시기를 통시적으로 분류하여 제시하려고 한다.

또 앞서 언급한 바와 같이 본고의 목적이 '기도형 발아'의 작품들이 어떤 이유, 또는 원인에 의해 발생되었는지를 규명하는 일이다. 따라서 초허는 많은 삶을 일제 식민지와 전쟁의 소용돌이 속에서 살아왔다. 그러므로 '기도형 발아'의 다양한 원인들이 있을 것으로 판단되어, 시작품이 창작된 시기를 역사적인 사건을 중심으로 묶어 논의하게 된다.

기본 자료는 그의 첫 시집『나의 거문고』(1930)를 비롯하여,『파초』(1938),『삼팔선』(1947),『하늘』(1948),『진주만』(1954),『목격자』(1957), 그리고 그의 세 번째 사화(史話)집『내마음』(1964)으로 삼았다. 또 '기도형의 발아 시'가 무엇인지를 쉽게 이해하기 위해 가톨릭교회의 기도문을 유일하게 예로 삼아 비교하게 될 것이다.

한편으로는 초허의 시에서 '기도형 발아'를 살펴보는데 있어서 다양한 면모를 그 주제로 삼게 된다. 예를 들면 사회적인 측면, 정치적인 측면, 순수 문학적인 측면, 종교적인 측면에서의 시세계와 같은 것이다. 그러나 그 다양한 주제 중에서 본고의 목적에서 벗어나지 않으려는 의도로 '기도(祈禱)의 발아(發芽)'가 나타나게 된 그 까닭만을 찾을 것이다.

시인은 그 시대의 아픔을 증언하고 이야기로 전달하는 이야기꾼의 역할을 하고 있는 자[4]이다. 즉 시가 개인의 체험이 모티브가 된다는 말이다. 초허 역시 그의 삶 속에서 얻은 독특한 체험에 의해 시를 썼다. 이와 같이 체험을 바탕으로 쓴 그의 시편들 중에서도 기도형 시가 발아하게 된 이유가 있을 것으로 판단된다.

본고에서 인용 또는 제시한 시작품은 되도록 시집 및 발표지 원본을 따랐다. 이것은 시의 원작품을 그대로 차용함으로써 초허의 시가 지니는 시세계를 있는 그대로 전하기 위해서임을 서두에서 밝혀 둔다.

## II. '기도형의 시가 발아'된 여러 유형

### 1. 초기 詩

서론 부분에서 잠시 언급했듯이 초허의 초기 시들은 확인할 수 없다. 다만 그 당시 발행

---

[4) 이지엽,『현대시 창작 강의』, 고요아침, 2009, p.20.

된 잡지에 실린 몇 편의 시편들이 있어 일부분만이 확인되고 있다. 그의 등단 시기가 1923년으로 그 시기에 대해 이성교 교수는 "데뷔는 오늘날처럼 뚜렷한 데뷔제도가 없었기 때문에 손쉽게 나올 수 있었다. 당시는 고작해야 동인지 같은 운동이 데뷔의 전부였다. 이러한 기이현상을 감안할 때 사실상 이 시기는 동명에게 있어서 곧 습작기"라고 지적했다. 초기 시들을 습작기 작품들이라고 할 때, 이 습작기의 시작품들을 한 곳에 묶은 것이 첫 시집 『나의 거문고』이다. 그러나 서두에서 잠시 언급했듯이 이 시집에 실린 시편들을 현재로써 확인이 되지 않고 있다.

이 같이 초기작품들을 대면하기가 극도로 힘든 상황에서 어렵게 찾아낸 초허의 등단작이 기도가 발아된 시라는 것으로 생각해 볼 때 초허는 습작기부터 기도형식의 시를 써온 것으로 판단된다.

오-㉠-①님이여! 나는 당신을 ㉡-①밋습니다.
찬이슬에 붉은 꽃물이 저즌 당신의 가슴을
붉은 술과 푸른 阿片에 하음업시 웃고 잇는 당신의 맘을
또 당신의 魂의 상처에서 흘러나리는 모든 고흔 노래를

오-㉠-②님이여! 나는 당신의 나라를 ㉡-②밋습니다.
灰色의 둑거운 구름으로
해와 달과 별의 모든 보기실흔 蠱惑의 빛을 두덮혀 버러고
定向업시 휘날러는 落葉의 亂舞 밋해서
그윽한 靜淑에 불꽃놉게 타는 强한 리듬의
당신의 나라를.

마취(痲醉)와 비장(悲壯) 통열(痛悅)과 광희(狂喜)
沈靜과 冷笑 幻覺과 獨尊의
당신의 나라
구름과 물결 白灼과 精香의
그리고도 오히려 極夜의 새벽빗치 출넝거리는 당신의 나라를

오-㉠-③님이여! 나는 ㉡-③밋습니다.

㉠-④님이여! 내 그립어하는 당신의 나라로
내 몸을 ㉢-①밧읍소서
살비린내 搖亂한 魅惑의 봄도
屍衣에 奔忙하는 喪家집 갓흔 가을도
㉤-①님게신 나라에서야 볼 수 업겟지오

오직 눈자라는 끗까지 놉히 싸힌 흰눈과
국다란 멜오듸에 悲壯하게 흔들이는 眩暈한 極光이 두 가지가 한데 어우러저서는
白熱의 키쓰가 되며
死의 偉大한 序曲이 되며
푸른 우슴과 검운 눈물이 되며
生과 死로 씨와 날을 두어 짜내인 쟝밋빗 방석이 되야
바림을 당한 困憊한 魂들에 여윈 발자국을 직히고 잇는
㉤-②님의 나라로 오오! 내 몸을 ㉢-②밧읍소서.

살틀한 ㉠-⑤님이여! 당신이 만약 내게 門을 열어 주시면
(당신의 나라로 드러가는)
그리고 또 鐵灰色의 둑검운 구름으로 내 가슴을 덥혀주실 것이면
나는 ㉤-③님의 번개 갓흔 노래에
낙엽(落葉)갓치 춤추㉣-①겟나이다.

정(情)다운 ㉠-⑥님이여! 당신이 만약 門을 열어 주시면
(당신의 殿堂으로 드러가는)

그리고 또 당신의 가슴에서 타는 精香을 나로 하야금 만지게 할 것이면
나는 님의 바다 갓흔 한숨에

물고기 갓치 잠겨 버리ⓔ-②겟나이다.
　　㉠-⑦님이여! 오오! 魔王갓흔 ㉠-⑧님이여!
　　당신이 만약 내게 문(門)을 열어 주시면
　　(당신의 밀실(密室)로 드러가는)
　　그리고 또 북극(北極)의 오르라빗츠로 내 몸을 씨다듬어 줄 것이면
　　나는 ⓜ-④님의 우렁찬 우슴소리에 긔운내어
　　눈놉히 싸힌 곳에 내 무덤을 파ⓔ-③겟나이다.　　　　-【 끗 】-
　　　　　- 「당신이 만약 내게 門을 열어 주시면(보드레르에게)」5) 전문

위의 시는 1923년 초허의 등단작「당신이 만약 내게 門을 열어 주시면」의 시작품이다. 이 시에서 나타나는 시어나 문장들이 모두 기도문을 연상케 한다. 그의 詩篇에는 聖句가 많이 인용된다.6) 먼저 ㉠의 '님이여!'가 한 편의 시작품 속에서 여덟 번이나 반복되었다. 그리고 돈호법을 사용하여 간절하게 필요한 것에 대한 요구를 연출하고 있다. 특히 이것은 종교단체의 기도문에서 흔히 볼 수 있는 형태의 문장구조이다. 예컨대 그들에게 "◎주님, 제 안에 주님을 모시기에 합당치 않사오나 한 말씀만 하소서. 제가 곧 나으리이다."7)라는 〈영성체 기도문〉이 있으며, "주님, 사도들의 기도에 실어 주님께 드리는~"8) "주님, 이 성찬의 성사로 교회에 활력을 주시어, 저희가~"9), 〈보편지향 기도〉에서도 ①"주님, 저희의 기도를 들어 주소서.", ②"주님, 사랑을 베풀어 주소서" "주, 님, 이 백성을 기억하소서.", ③"하느님, 길이 찬미 받으소서."10)와 같이 '주님!'이라는 돈호법을 많이 사용되고 있다.

---

5) 김동명,『開闢』, 도서출판 개벽사, 1923, pp.134~136. 이 작품은 초허의 등단작품이다. 이 시는 여러 논문에서 많이 인용되었지만 상당 부분이 원본과 다르게 인용되고 있어 올바르게 잡자는 의미에서 1923『開闢』10월호에 실린 시작품 원본을 그대로 옮겨놓았다. 참고적으로 이 잡지에 김소월의「朔州龜城」(p.140), 김동인의「눈을 겨우 뜰ㅅ데」(p.143), 빙허(현진건)의「지새는 안개」(p.149)가 함께 실려 있다.
6) 엄창섭,『초허김동명문학연구』, 성균관대학교 박사학위 논문, 1985, p.99.
7) 한국천주교 주교회의, 미사통상문『매일미사』, 2011, p.22.
8) 한국천주교 주교회의, 앞의 책, p.206.
9) 한국천주교 주교회의, 앞의 책, p.207.
10) 한국천주교 주교회의, 앞의 책, p.13. 보편지향의 기도는「미사경본 총지침」69~71항의 규정을 따른다. 보편지향의 기도는 (1)교회의 필요한 일, (2)위정자와 온 세상의 구원, (3)온갖 어려움을 고통 받고 있는 이들, (4)지역 공동체를 위하여 기도 한다. 지향에 대한 응답은 본문 〈보편 지향 기도〉의 ①,②, ③반과 같은 환호나 적절한 구절 또는 침묵으로 할 수 있다.

이처럼 기도문에서 간절한 소망을 드러낼 때 '주님', 또는 '주여'라는 호칭을 사용한다. 따라서 「당신이 만약 내게 門을 열어 주시면」의 시작품 속의 '님이여!'라는 호칭도 마찬가지로 간절히 바라며, 또한 간청을 위한 부름인 것이다. 비록 '보들레르에게'라는 부제가 붙어 있지만 간청의 형식이 절대자에게 바라는 기도형식의 느낌을 주고 있다.

또 'ⓒ-①믿습니다.'라는 서술형 부분도 3회나 반복되었다. 이것 역시 다음과 같은 기도문에서 기도형의 시가 발아(發芽)된 것을 알 수 있다. 다음은 한국가톨릭교회의 〈신앙고백〉의 기도문이다.

>  □전능하신 천주 성부
>  ◎천지의 창조주를 저는 ㉠-①**믿나이다.** 그 외아들 우리 주 예수그리스도님의 **〈밑줄 부분에서 모두 고개를 깊이 숙인다.〉** 성령으로 인하여 동정 마리아께 잉태되어 나시고 본시오 빌라도 통치아래에서 고난을 받으시고 십자가에 못 박혀 돌아가시고 묻히셨으며 저승에 가시어 사흘날에 죽은 이들 가운데서 부활하시고 하늘에 올라 전능하신 천주 성부 오른편에 앉으시며 그리로 부터 산 이와 죽은 이를 심판하러 오시리라 ㉠-②**믿나이다.** 성령을 믿으며 거룩하고 보편된 교회와 모든 성인의 통공을 ㉠-③**믿으며** 죄의 용서와 부활을 믿으며 영원히 삶을 ㉠-④**믿나이다.** 아멘.11)

위의 짧은 기도문에서 '믿나이다'가 4회가 반복된다. 초허의 「당신이 만약 내게 門을 열어 주시면」의 '믿습니다'와 〈신앙고백〉 기도문의 '**믿나이다**'는 같은 맥락의 의미와 문장구조를 가지고 있음을 쉽게 알 수 있다. 또 ⓒ의 **밧읍소서.**'가 2회, '~겟나이다'가 3회, 'ⓜ님의~'도 4회나 반복되고 있다. 이러한 단어나 문장들이 시작품에 사용한 정황들로 보아 초허는 시작(詩作) 초기부터 종교적인 색채가 농후한 시작품들을 썼다는 것을 알 수 있다.

## 2. 중기 詩

祖國을 언제 떠났노,

---

11) 한국천주교 주교회의, 앞의 책, p.10. 참고로 가톨릭교회에서는 주일과 대축일, 또는 성대하게 지내는 특별한 미시 때에는 '신앙고백'이라는 기도문을 암송한다.

芭蕉의 꿈은 가련하다.

南國을 向한 불타는 鄕愁,
너의 넋은 ㉠修女보다도 더욱 외롭구나.

소낙비를 그리는 너는 情熱의 女人,
나는 샘물을 길어 네 발등에 붓는다.

이 밤이 차다,
나는 또 너를 내 머리마테 있게하마.

나는 즐겨 너를 위해 ㉡종이 되리니,
너의 그 드리운 치마짜락으로 우리의 겨울을 가리우자.

- 「파초」12) 전문

위의 「파초」는 김동명 시인의 대표작 중에 대표작이다. 2연을 놓고 조남익은 "남쪽 나라를 그리워하는 너의 불타는 향수는 홀로 천주님을 그리는 수녀보다도 외롭게 보이는구나."13)라고 시해설을 했다. 파초의 이미지를 수녀라는 여성 이미지로 묘사했고, 1연의 추상적인 실마리가 구체적으로 비교하고, 또 묘사하였음을 알 수 있다. 수녀가 성령을 목말라하듯이 목마른 정열의 여인에게 시적화자는 샘물을 길어와 그의 발등에 부어주고 있다. 마지막 연에서도 '종'이라는 시어가 있다. 여기서 '종'이라는 의미는 곧 남에게 얽매이어 그 명령에 따라 움직이는 사람을 비유적으로 이르는 말이다. 이런 의미로 기독교에서는 하느님께 '종의 도구'로서 자신을 써달라고 간청하는 기도문이 있다. 따라서 이런 까닭으로 「파초」를 기도형식으로 발아된 시작품이라고 말할 수 있다. 요약하면 ㉠과 ㉡이 「파초」의 시작품에서 우연이거나 단순히 사용된 시어가 아니다. 김동명 시인의 정신세계에 가득 배어 있는 종교적 의식이 기

---

12) 김동명, 『파초』, 新聲閣(함흥), 1938, p.2~3. 이 작품은 1936년 『朝光』誌 1월호에 발표한 작품이다.
13) 조남익, 『한국현대시해설』, 미래문화사, 1994(10쇄), p.164.

도형 경구의 단어를 사용하게 만든 것이다.

이 시를 통해 그가 추구하는 바는 희망이 있는 미래로의 지향이다. 즉 기도형식의 시로 좌절과 절망에 머무르지 않고 일제 강점기라는 현실 극복의 의지를 보여준다는 점을 하나의 특징으로 삼을 수 있다.

> 나의 뜰은 나의 즐거운 조그마한 家庭이요.
> 나는 내 삶에서 오는 고달픔의 많은 때를 여기서 쉬이요.
> 울 밑에 몇포기의 꽃과 나무, 그리고 풀과 벌레들은 나의 兄弟요.
> 우리는 함께 푸른 하늘의 다함 없이 높음을 사모하며 힌구름의 自由
> 로움을 배흐고 또 微風의 소군거림에 귀를 기우리오.
> 새들이 저의 아름다운 노래를 가지고 우리의 門을 두다릴 때면
> 아츰은 玉露의 食卓우에 ㉠黃金의 盞을 놓소.
> 하면 우리는 서로의 盞을 기우리며 새날을 祝福하오.
> 落日이 우리의 이마에서 저의 情熱에 타는 惜別의 키쓰를 걸울 때면
> 黃昏은 또 들에 이르러 ㉡瞑想의 배반을 베풀고 우리를 부르오.
> 달은 초ㅅ불, 우리는 여기에서 過去와 및 未來의 許多한 슬픈 이야기를 읽소.
> 그러나 때로는 불을 끄고 말쟁이 별들의 ㉢『沈黙의 속삭임』에 귀를
> 기우리고 밤가는 줄도 모르오.
> 이제 우리 울타리에 샛노란 호박꽃이 주룽주룽 매달릴 때면
> 또 저 덕 밑에 포도송이가 척척 느러질 때면
> 우리들의 家庭은 얼마나 더 변화하게 될것이 겠오
> 나는 그때를 그리며 오늘도 고요히 나의 뜰을 건이오.
> 　　　　　　　　　　　　　　　　　　　　-「나의 뜰」14) 전문

위의 시에서 ㉠과 ㉡, 그리고 ㉢의 단어도 가톨릭교회에서 주로 많이 사용하는 단어들이다. ㉠은 미사 때에 사제들이 사용하는 잔(盞)이다. 은색을 띠는 경우도 있으나, 대부분 황금빛의 잔이다. 두 개의 잔을 사용하는데 하나는 성체를 모시는 것이고, 다른 하나는 피의 잔

---

14) 김동명, 시집『파초』, 新聲閣(함흥), 1938, p.46~47.

으로 포도주를 담는 잔이다. ⓒ'瞑想'이나 ⓒ의 '沈黙의 속삭임'도 묵상의 기도와 같은 의미의 단어로 사용된다. 따라서 다른 것을 간과한다 하더라도 특별히 문학성을 갖춘 문학작품은 신앙적 체험의 기록이다. 인간은 인류가 시작되면서부터 어떠한 신이든 떠나 살아본 적이 없다. 따라서 일본 청산학원에서 신학을 전공(야간에는 철학 전공)한 그로서는 기도교의 박애정신과 깊은 관련성을 갖지 않을 수 없다.

> 내 마음은 湖水요
> 그대 노 저어 오오
> 나는 그대의 힌 그림자를 안고, 玉같이
> 그대의 뱃전에 부서 지리라.
>
> 내 마음은 燭불이오,
> 그대 저 문을 닫어 주오
> 나는 그대의 비단 옷자락에 떨며, 고요히
> 最後의 한방울도 남김없이 타오리다.
>
> 내 마음은 나그네요,
> 그대 피리를 불어 주오
> 나는 달 아래 귀를 기우리며, 호젓이
> 나의 밤을 새이오리다.
>
> 내 마음은 落葉이오
> 잠깐 그대의 뜰에 머므르게 하오
> 이제 바람이 일면 나는 또 나그네같이, 외로이
> 그대를 떠나리다.
>                    - 「내마음은」전문15)

---

15) 김동명, 『파초』, 新聲閣, 1938, p.24.

위의 시 첫머리 마다 '내 마음'을 '호수' '촛불', '나그네', '낙엽'으로, 비유(변주; variation)한 전형적인 은유법을 사용한 것으로, '그대를 사랑하는 나의 마음'을 아름답게 시적으로 표현한 작품이다. 좀 더 첨언하면 제 1연과 제 2연을 전반부로, 제 3연과 제 4연을 후반부로 나눌 수 있다. 따라서 네 개의 연(聯)에서 '내 마음'에 비유되는 '호수' '촛불', '나그네' '낙엽'은, 각자의 독립적인 의미를 주장하는 것이 아니다. 전반부와 후반부로 나누어 분석해 보면 전자는 '사랑의 정열'을 노래했고, 후자는 '사랑의 애수'를 노래했다. 이렇게 단순히 전반부와 후반부를 대별하여 보면 시의 구조상의 큰 문제가 될 게 없다. 그러나 엄밀히 따져보면 제1, 2연의 전반부와 제3, 4연의 후반부 사이를 연결하는 한 개의 연(聯)이 반드시 있어야 하는데도 빠져있다.

이것에 대해 새로운 관점으로 바라볼 수 있다. 시인이 전반부와 후반부를 연결하는 연(聯)을 의도적으로 넣지 않았다면 그것은 단절을 통해 국면전환을 시도한 것으로 보아야 한다. 즉 단절을 통해 충격적 효과를 노렸다고 볼 수 있다. 다시 말해서 전반부의 사랑은 처음엔 행복하고 불타오르는 것 같은 기분이지만 결국은 외롭고 슬프게 끝난다는 사랑의 무상을 충격적으로 표현한 작품이라는 것이다.

이런 내용과 구조로 짜인 「내 마음」이 '기도가 발아된 시'라고 할 수 있는 이유가 무엇인가 이다. 그 이유를 제1연에서 보여준 시적태도에서 찾을 수 있다. 예컨대 '내 마음은 호수(湖水)요,/그대 노 저어 오오./나는 그대의 흰 그림자를 안고, 옥 같이/그대의 뱃전에 부서지리라.'는 부분에서 '호수'를 심층적으로 바라보면 그 해답이 가능하다.

호수는 창공을 나는 새들이 내려와 빵과 고기를 얻는 휴식처이다. 이런 호수에서 어부 베드로는 물고기를 그물로 끌어올렸다. 다시 말해서 그 호수는 새들의 안식처인 것처럼 김동명 시인에게는 베드로가 고기를 낚으며 사람들을 끌어 모았던 것과 같은 갈릴리호수이다. 호수인 내가 그대의 뱃전에 옥같이 부서지리라는 열렬함을 보여주는 부분이라기보다는 장엄함을 보여주는 기도형식의 진술인 것이다.

물은 과학적으로 한낱 무생물로 분류되지만 살아있는 생명체요, 자연과 인간의 모습을 드러나게 하는 거울이 셈이다. 또 다른 한편으로는 이 시의 '호수'는 마음의 상처를 치유하는 기적수이다. 높은 곳으로부터 낮은 곳으로 임하는 실체이다. 이 물(호수)은 산을 포용함으로써 산수(山水)라는 조화를 이끌어낸다. 성경 구절에 "너희는 물과 같이 되어라."라는 말이 있다는 점을 우리들은 상기할 필요가 있다.

　　　　하늘에 별같이 ㉠<u>높으소서</u>
　　　　몸 가짐 마음 가짐
　　　　그렇게 높으소서 언제나 ㉡<u>높으소서</u>
　　　　오오 나의 처녀여, 나의 별이어

　　　　하늘에 별같이 ㉢<u>빛나소서</u>
　　　　어두울 사록 더 빛나는 하늘에 별 같이
　　　　그렇게 빛나소서 언제나 빛나소서
　　　　오오 나의 별이어, 나의 처녀여.

　　　　그러나 그때는 인생의 별
　　　　언제 한번은 사라질 그빛이매
　　　　더욱 고이 빛나소서 더욱 높이 ㉣<u>솟으소서</u>
　　　　어괴에 불멸의 노래 있으니
　　　　그 빛을 영원에 전하리.
　　　　　　　　　　　　　　　－「祝願」전문16)

위의「祝願」은 각 행의 서술 부분에서 기도형식을 차용하고 있음을 육안으로도 식별이 가능하다. 바로 예시된「祝願」의 ㉠에서부터 ㉣까지가 그 예이다. 이런 예들은 가톨릭교회의 〈예물 준비기도〉를 실례로 들어보면 확연히 동일성이 증명된다. 그 기도문은 다음과 같다.

　　　□온 누리에 주 하느님, 찬미 받으소서. 주님의 너그러우신 은혜로 저희가 땅을
　　　일구어 얻은 이 빵을 주님께 바치오니 생명의 양식이 되게 **하소서.**
　　　◎하느님, 길이 찬미 **받으소서.**
　　　□이 물과 술이 하나 되듯이, 인성을 취하신 그리스도의 신성에 저희도 참여하게

---
16) 김동명,『파초』, 新聲閣(함흥), 1938, p.96~97.

하소서.

- 「예물준비 기도」일부17)

㉠<u>主여,</u>
여기 ㉡<u>無花果</u> 나무 한구루
아직 한번도 ㉢<u>열매</u>를 맺어보지는 못하였아오나
그렇다고 찍어 버리시지는 ㉣<u>마옵소서</u>
새봄을 맞어
말은 가지에 물이 오르고
잎이 퍼드러지면
날새들의 쉬임터는 될만 하오니
또한 땅우에 고요히 흔들거리는 푸른 그늘을
지나는 길손들은 반겨 하오리니
㉤<u>主여</u>
열매를 맺을줄 모른다고
찍어 버리시지는 ㉥<u>마옵소서</u>

- 「祈願」전문18)

위의 시작품 「祈願」은 제목이 '기원'이다. 이 '기원'의 의미는 '원하는 일이 이루어지기를 간청하는 빎'의 뜻을 가지고 있다. 즉 '빎'이다. 비는 행위는 자기 손에 가진 게 아무것도 없다는 것을 알리는 행위이다. 인간이 원하는 뜻이 이루어지도록 간절히 간청하는 '빌다'의 행위는 곧 절대자에게 청원하는 것이 일반적이다. 또 이 시에 나타난 -㉠과 ㉤의 '<u>主여</u>'와 ㉡의 '<u>無花果</u>', ㉢의 '<u>열매</u>', 그리고 문장 서술 부분의 ㉣과 ㉥의 '<u>마옵소서</u>'- 등은 종교단체의 기도문에서 많이 사용되는 어휘내지서술형 문장이다. 첨언하면 ㉠과 ㉤의 '<u>主여</u>'는 하나님을 부르는 존칭어이다. 이와 같이 「祈願」이 보여주는 여러 정황들을 종합해보면 일반적인 형식의 시(詩)가 아니라 기도형식을 따랐다는 것을 알 수 있다.

---

17) 한국천주교 주교회의, 앞의 책, p.13.
18) 김동명, 앞의 책, p.108~109.

특히 『구약성서』에 의하면, ⓒ無花果는 아담과 이브가 금단의 열매(지혜나무의 과실)를 따 먹고 자신들의 알몸을 나뭇잎으로 가린다는 구절이 나오는데, 이때 쓰인 나뭇잎이 바로 무화과나무이며 한때 지혜를 상징하는 나무로 여겨왔다. 이밖에도 번영과 평화를 상징하는 식물로 성서 곳곳에 나오고 있다. 다음의 글은 〈마태복음〉과 〈루가복음〉, 〈마가복음〉에 나오는 성경구절이다.

(가)

"무화과나무를 보고 배워라. 가지가 연하여지고 잎이 돋으면 여름이 가까워진 것을 알게 된다. 이와 같이 너희도 이런 일들이 일어나는 것을 보거든 사람의 아들이 문 앞에 다가 온 줄을 알아라."

- 「마태복음 24장 32~34절」[19]

(나)

…비유를 말씀하셨다. "한 사람이 포도원에 무화과나무 그루를 심어 놓았다. 그 나무에 열매가 열렸나 하고 가 보았지만 열매가 하나도 없었다. 그래서 포도원지기에게 '내가 이 무화과나무에서 열매를 따 볼까 하고 벌써 삼 년째나 여기 왔으나 열매가 달린 것을 한 번도 본적이 없으니 아예 잘라 버려라. 쓸데없이 땅만 썩힐 필요가 어디 있겠느냐."

- 「루가복음 13장 6~8절」[20]

(다)

멀리서 잎이 무성한 무화과나무를 보시고 혹시 그 나무에 열매가 있나 하여 가까이 가 보셨으나 잎사귀밖에는 아무것도 없었다. 무화과 철이 아니었기 때문이다. 예수께서 그 나무를 향하여 "이제부터 너는 영원히 열매를 맺지 못하여 아무도 너에게서 열매를 따먹지 못할 것이다"하고 저주하셨다.

- 「마르코복음 11장 13~21절」[21]

---

19) 대한성서공회, 『성서』-「신약성서」-〈무화과나무의 비유〉, 성덕인쇄사, 1986, p.51.
20) 대한성서공회, 앞의 책, 〈열매 맺지 못하는 무화과나무〉, p.139~140.

초허의 두 번째 시집『파초』출판된 시기가 1938년이다. 이 시기는 일제 강점기의 말기에 가깝다. 이때 초허는 국권상실로 인하여 그의 심신이 피폐해질 대로 피폐한 상태이다. 이 같은 상황에서「祈願」은 국권회복을 위해 아무것도 하지 못한 초허 자신에 대한 자조적인 심정의 토로이다.

ⓜ主여
열매를 맺을 줄 모른다고
**찍어 버리시지는** ⓗ마옵소서

위의 싯구절은「祈願」의 후반부에 해당된다. 이 부분이 담고 있는 내용은 앞에서 제시한 3개의 복음 중에 (나)와 밀접한 관계를 가지고 있는 대목이다.「祈願」의 '**찍어 버리**'다와 〈루가복음〉에 나오는 '**잘라버려라**'와 같다는 뜻을 지니고 있다. 이처럼 〈누가복음〉이나 초허의 시「祈禱」에서 양자가 같은 형식으로 각각 사용되었다는 점에서도 기도형식을 빌어 시를 썼다는 논증이 가능한 것이다.

　　㉠홰를 치며 우는 낮닭의 울음소리에 문을 여니 언으듯 뜰아래의 오동나무 그늘도 동으로 기우렀습니다. 그러나 내 무릎우에 거문고는 아직도 그 늦어진 줄이 그대로 내 손끝에 닿습니다. 한즉 나는 언제 좋은 곡조를 얻어 ㉡그이를 맞는단 말슴입니까.
　어느새 마을의 ㉢안악네들은 물병을 들고 그 지아비의 일터로부터 돌아오고 늙은이는 아기네의 손목을 이끌고 푸른 그늘을 찾어 저들의 남은 날을 즐깁니다.
　이에 나는 헛도히 보낸 나의 반날을 뉘우치며, 조급한 마음을 달려 악기를 어루만집니다.
　아모러나 나는 ㉣저녁 종이 울려 오기 전에 기어코 나의 곡조를 찾어야 합니다. 하야 황혼이 이르면 나는 ㉤그이를 맞으려 저 마을 밖으로 나아갈 것입니다.
　그러나 만일에 내 그 곡조를 못 얻을진댄 무삼 면목으로 ㉥그이를 맞겠읍니까.
　　　　　　　　　　　　　　　　　　　　　　　　　　-「無題」22) 전문

---

21) 대한성서공회, 앞의 책, 〈저주 받은 무화과나무〉, p.87.
22) 김동명,『파초』, 新聲閣(함흥), 1938, p.110~111.

위의 시에서 ㉠의 '홰를 치며 우는 낮닭의 울음소리'는 성경구절에 나오는 신(神)에 대한 베드로의 세 번 배신과 관련이 있는 새벽 닭 울음소리이다. ㉡의 '그이를 맞는'에서 '그이'는 전지전능하신 절대자(예수그리스도)를 의미한다. ㉢의 '안악네의 물병'에서 물병은 점성학에서 주로 사용되는 물병자리(Aquarius)의 개념으로써 주술적인 성격을 가지고 있다. 현세에 와서도 물병자리로 인간은 자신의 운세에 대해 점을 치기도 한다. 위의 「無題」에서 ㉢'안악네의 물병'이라고 표현한 부분은 '땅에 물을 쏟아 붓는 사람', 즉 물병 나르는 사람은 동이에 길어 온 물을 목마른 사람들에게 쏟아부어준다는 의미를 함의하고 있다.

물병의 안악네(여인)는 자신이 가지고 있는 '사랑'이나 '자애', 또는 지식이나 재능을 아낌없이 나누어줌으로써 세상을 풍요롭게 만드는 사람이다. 또한 그는 대부분 인도주의적인 정신의 소유자로서 사사로운 개인보다는 인류라는 큰 틀에서 나눔을 펼치기를 좋아한다. 더 나아가 인종과 빈부를 초월한다. 이런 모습과 태도로 일변되는 여인이 바로 성모 마리아이다. ㉣의 '저녁 종'은 성당에서 들려주던 삼종 중에 하나이다. 이것은 하루 동안 새벽 4시와 낮 열두시, 그리고 저녁 6시에 들려오던 종소리로 ㉣은 저녁 6시의 종소리이다.

㉤의 '그이를 맞으려'는 것과 ㉥의 '그이를 맞겠읍니까.'에서 '그이'는 권능을 가진 절대자(絶對者)라는 것이 시가 짜인 구조적인 측면에서 짐작이 가능하다. 또 애정 운과도 각별히 관련 지을 수 있다. 이 시의 애정운은 이성간의 애정이 아니라 '그이를 맞으려'는 존경의 의미를 품를 품고 있음을 알 수 있다.

아기는 어머니를 찾어 집을 나섰습니다. 이집에서 저집으로, 이㉠마을에서, 저마을로, 또한 들이며 산으로 까지 두루 쏘다니며 어머니를 찾었습니다.

그러나 어머니는 아모데도 않게셨습니다. 아기는 하는수없이 다시 숨찬 거름을 저의 집으로 도리켰습니다. 행여 그사이에 집에나 오셨는가 하여……. 문꼬리에 손을 걸며 아기는 또 어머니를 불렀습니다. 그러나 어머니의 대답은 들리지 않았습니다. 아기는 또 한번 절망에 가까운 소리를 짜내여 어머니를 불렀습니다.

「아기야 꿈을 꾸늬」

㉡구름 밖에서 오는듯한 지극히 가는 목소리가 들릴락 말락 하게 아기의 귀를 스치고 사라졌습니다.

······〈중략〉······
ⓒ「아기야 꿈을 꾸늬. 이전 그만 자고 깨여나거라.」
ⓔ별 보다도 더 먼 곧에서 오는듯한 지극히 가는 목소리와
함께 부드러운 손낄이 아기 의 뺨에 닿었습니다.
아기는 반짝 눈을 떴습니다. 거긔에는 ⓜ어머니의 빛나는 눈
동자가 아기의 얼골을 듸다보며 빙그레 웃고 있었읍니다.
-「어머니」일부23)

위의 작품은 '아기'와 '어머니'에 대한 이야기로 이어지는 산문형식을 차용하여 쓴 시이다. ㉠에서 산과 들을 쏘다니며 어머니를 찾는 사람은 '아기'이다. 그러나 현실적으로 아기는 신체적 조건으로 보아 산과 들을 쏘다닐 수가 없다. 따라서 '아기'는 '화자'이고, '어머니'는 '성모 마리아'24)이다. 여기서 '어머니'가 성모 마리아라는 것을 뒷받침 할 수 있는 논거가 ⓔ의 '별 보다도 더 먼 곧에서 오는듯한 지극히 가는 목소리'이다. 이 시구에 있는 '별 보다 먼 곧'은 이상향(理想鄕)의 나라이며, 그곳에 성모 마리아가 있다. 따라서「어머니」에서 '어머니'는 성모 마리아를 상징한다.

㉠聖母 마리아님,
당신의 눈엔 푸른 달빛이 고었습니다
한번 닿으면, 나의 머리털은 蒼울(울)한 삼림이 될것입니다
나는 거긔서 일즉이 잃어 버렸든 나의 새들을 찾을수 있지 않겠읍니까.
ⓒ오 聖母 마리아님, ⓒ그 눈을 들어 잠깐 나를 보아주십시오.

㉠聖母 마리아님,
당신의 눈은 밝게 개인 가을하늘 같습니다

---
23) 김동명, 앞의 책 p.112~113.
24) 바티칸시국인 교황청(가톨릭)은 8월 15일을 '성모마리아 승천 대축일'로 삼고 있다. 따라서 천국엔 성모마리아가 승천하여 살고 있으며, ⓒ의 '구름 밖에서 오는듯한 지극히 가는 목소리'와 ⓔ의 '별 보다도 더 먼곧에서 오는듯한 지극히 가는 목소리'는 모두 성모 마리아의 목소리를 의미한다.

한번 닿으면, 나의 마음은 한쪼각 힌구름이 될것입니다
나는 거기서 당신의 품속을 放浪하는 아름다운 길손이 되지 않겠읍니까.
ⓒ오 성모 마리아님, ⓒ그 눈을 들어 잠깐 나를 보아 주십시오.

㉠聖母 마리아님,
당신의 눈엔 따스한 微風이 흐릅니다
한번 닿으면, 나의 憂鬱은 푸르른 봄잔듸밭이 될것입니다
나는 거기서 아름다운 花草를 꺾어 당신에게 드리는 花環을 맨들수 있지않겠읍니까
ⓒ오 聖母 마리아님, ⓒ그 눈을 들어 잠깐 나를 보아 주십시오.

㉠聖母 마리아님,
당신의 눈은 가없이 넓은 바다와 같습니다
한번 닿으면, 나의 붓대는 黃金의 상앗대가 될것입니다
나는 거기서 勇敢한 沙工이 되어 저 언덕으로 저어 갈 수 있지 않겠습니까.
ⓒ오 聖母 마리아님, ⓒ그 눈을 들어 잠깐 나를 보아 주십시오.

㉠聖母 마리아님,
당신의 눈은 永遠한 꿈을 凝視하는 거룩한 기쁨입니다
당신의 눈은 最高의 순간에서 타는 고요한 불낄입니다
또한 외로운 영혼들이 돌아갈 오직 하나의 피난처입니다.
ⓒ오 성모 마리아님, ㉣바라옵건대 ⓒ그눈을 들어 영원히 나를 직혀주소서.

- 「聖母마리아의 肖像畵 앞에서」25) 전문

위에서 제시한「聖母마리아의 肖像畵 앞에서」는 전형적인 기도형의 시 이다. 또 종교적 사상이나 신앙심 따위를 노래한 시로써, 총 5연으로 구성되어 있다. 각 연의 첫 행 ㉠'聖母 마리아님'이라는 시구는 각 연의 마지막 행을 구성하고 하고 있는 ⓒ'오 성모 마리아님'과 같은 문장이다. 굳이 차이점을 찾으라면'오'字라는 감탄사가 하나 추가된 부분만 다를 뿐이다.

---

25) 김동명, 앞의책, p.114~116.

그리고 마지막 연의 ㉢'그 눈을 들어 잠깐 나를 보아 주십시오.'라는 것도 2회나 반복 되었다. 다만 5연의 마지막 행에서는 적극적인 간청 의사를 드러내는 것으로 볼 수 있는 ㉣'바라옵건대'라는 부분이 첨가 강조하면서 ㉢'그 눈을 들어 영원히 나를 직혀주소서.'라고 변용하고 있는 점이 다르다. 그러나 문장 상의 의미는 별다른 차이를 보이지 않는다.

초허는 예수그리스도를 낳은 동정녀 성모마리아께 '자신을 지켜 달라'고 전구하며, 의탁하고 있다. 따라서 전구는 바람이고, 바람은 간청이고, 이 간청은 결국 기도인 셈이다. 따라서 초허는 기도형식의 시를 통해 자신이 원하는 바가 이루어지도록 간청의 기도를 하고 있다.

㉠「겟세마네」 동산 새벽 풀밭 우으로
저긔 고요히 걸어 오시는 이,
오 당신은 누구십니까.
이 새벽에 무삼 일로 이리로 오십니까
끄을리는 옷자락이 이슬에 젖음도 모르시고……

외따른 으슥한 곧을 찾어
두손을 마조잡고 하늘을 우러러 고요히 무릎 꾸시니
오 거룩한 싸흠 앞에 선 崇嚴한 姿態여
세기의 지평선에 광명을 갖어 오는 위대한 새벽이어
나는 이 조그마한 고난의 방석 우에 무릎을 꿀고
스승의 떨리는 목소리에 귀를 기우립니다.

『하실수만 있으면 이 잔을 물리처 줍소서.』
새벽 바람이라 아직도 오히려 사늘 하려든
볼수록 더욱 창백하여 가는 저의 이마 우에
솟는 땀 방울은 붉은 핏 방울로……
㉡아아 보라 스승의 거룩하신 얼골에 나타난 저 장엄한 苦悶을.

㉢「그러나 아버지여 당신의 뜻대로 하옵소서」

絕對歸依의 至純한 情熱과 叡智에서 온 自我 抛棄의 斷乎한 宣言
아아 大宇宙의 血管속을 물껼치는 悠久한 生命에 발을 듸려놓은 偉大한 瞬間
해매는 蒼生의 발 앞에 더저진 巨大한 불 기둥이어,
새벽 바람에 고요히 흔들리는 橄欖나무 잎새는
스승의 머리 우를 장식하는 승리의 旗발이랄까.

스승의 떨리는 목소리를 귀는 설사 못드렸다 기로
마음에 조차 아니 들릴리는 없었으려니
하물며 거듭 부탁, 깨어 있으라 하셨거든
아아 어서들 이러 나오, 스승이 저게 오시네.

『너희는 자느냐.』
주먹으로 눈을 부비며 머리 숙인 열한 그림자
그우으로 흐르는 끝없는 孤獨과 慈愛와 憐憫을 감초신 거룩한 視線,
『다들 이러 나거라, 함께 가자.』
오오 스승이어 그러면 이제 또 어대로 가오리까.

뒷손으론 槍든 무리를 부르며
저희 앞에 나아 와 목을 껴안고 입을 마초는
아아 보라, 銀 三十兩이 꾸며 놓은 이 두러운 光景을,
비슬 비슬 흐러지는 열한 그림자
ⓔ **아아 베드로여 그대도 가는가**

「세베대」의 兄弟여 어찌 차마 발이 떠러 지는고.

어제는 집을 위해 종여 가지를 흔들며 ⓓ「**호산나**」를 불으드니
이제 와선 픽를 달라 부르짓고 그 ⓗ**머리 우에 가시冠**을 언딴말가
옷을 찢는 ⓐ**祭司長**은 월래가 그러려던, 무를배 아니나
갈대로 머리를 따리며 춤 뱉고 戱弄 하는,

아아 네 이름이 『民衆』이드냐.

ⓞ十字架를 등에 지고 刑場으로 向하시는
스승의 외로운 그림자를 따르는 애 끊는 두 마음이어
水晶 같이 맑은 눈에 방울지는 눈물이라, 앞을 가려 어이 가노
여긔는 ㊈「골고다」, 스승의 거룩하신 몸 形틀 우에 높이 달리시니
左右에 있는 强盜, 아서라 强盜 조차 嘲弄인가.

옆구리로 솟는 붉은 피 흘러 땅을 적시니
아아 槍날아 너조차 그리 무지 하냐
힌 날은 차마 못 보아 눈을 감고
大地도 두려움에 가슴을 떠는구나
㊈「아버지여 무지한 탓이오니 罪를 저들에게 돌리지 맙소서.」
오오 스승이어 어서 눈을 감으소서, 당신의 일은 이미 일우었읍니다.

― 「受難」26) 전문

위의 시작품 「受難」은 다른 작품보다도 매우 강한 신앙적 색채를 풍긴다. 시의 제목부터 '受難' 이다. 이 '수난'은 교회의 사순절(四旬節, Lent)27)과 깊은 관련이 있다. ㉠의 『겟세마네(Gethsemane)』는 '기름짜는 기계를 의미' 한다. 예루살렘의 동쪽, 기드론 계곡을 눈앞에 둔, 감람산의 서쪽 기슭에 있는 동산으로 예수가 죽기 전날 밤 '최후의 만찬' 을 끝내고 제자들과 함께 슬픔과 고뇌에 찬 최후의 기도를 드리던 곳이다. 그리고 ㉡의 '스승' 과 ㉢의 '아버지' '베드로와, 세베대의 형재(요한과 야고보)', ㉣의 '베드로와 세베대의 형제(예수의 열 두 제자 중에 요한과 야고보임)', ㉤의 '호산나(Hosanna)'28), ㉥의 '가시관', ㉦의 '祭司長29)', ㉧의 '十字架를

---

26) 김동명, 시집 『파초』, 新聲閣(함흥), 1938, p.117~122.
27) 옛사람들은 사순절을 '40일간의 피정시기' 라고 불렀다. 부활절까지 주일을 제외한 40일의 기간(부활절로부터 46일 전)을 말한다. 이 시기에는 부활절을 기다리면서 신앙의 성장과 회개를 통한 영적 훈련의 시기이며, 자신의 죄를 대속하기 위해 십자가에 달려 고난당하신 예수님의 죽음을 묵상하는 시기이다. 사순절은 초대 교회 성도들이 그리스도의 인간의 죄를 대속하기 위해 찢겨진 살과 흘린 피를 기념하는 성찬식을 준비하며, 주님이 겪은 수난에 동참한다는 의미를 가진 금식을 행하던 것으로부터 유래되었다.

등에 지고 刑場으로 向하시는 스승', ㉢의 『골고다』, 스승의 거룩하신 몸 形틀 우에 높이 달리시니', ㉢의 『아버지여 무지한 탓이오니 罪를 저들에게 돌리지 맙소서』'와 같은 것도 모두 종교와 관련된 용어와 사건들이다. 이 「受難」의 시가 기도형의 시라는 것을 시의 내용을 분석하지 않더라도 이해가 가능한 시어들로 구성되어 있다.

> 아하, 내 사랑 내 희망아, 이 일을 어찌리,
> 내 발에 香油를 부어 주진 못할망정
> 네 목에 黃金의 목 거리를 걸어 주진 못할망정
> 도리어 네 머리 위에 가시冠을 얹다니, 가시冠을 얹다니……
>
> - 「우리말」30) 후반부

요한복음 12장 3절에 "그 때 마리아가 매우 값진 순 나르드 향유 한근을 가지고 와서 예수의 발에 붓고 자기 머리털로 그의 발을 닦아 드렸다. 그러자 온 집안에 향유 냄새가 집에 가득 찼다."31) 라는 구절과 "그 때 예수께서 베다니아에 있는 나병환자 시몬의 집에서 계셨는데 어떤 여자가 매우 값진 향유가 든 옥합32)을 가지고 와서 식탁에 앉으신 예수머리에 부었다. 이것을 본 제자들은 분개하여 '이렇게 낭비를 하다니! 이것을 팔면 많은 돈을 받아 가난한 사람들은 줄 수 있을 텐데' 하고 말했다"33)라는 구절이 있다. 앞의 「우리말」은 이 구절을 차용 또는 변주한 것으로 판단된다. 또 '가시冠'이거나 '香油' 같은 용어도 성서에 자주 등

---

28) 히브리어로 승리와 기쁨에서 외치는 환호의 뜻을 지닌다. 직역하면 "구원을 베푸소서", "제발 구원하소서"란 뜻이다. 이 말은 시편 118,25-26에 나오며, 초막절 축제 동안 사제가 제대 주변을 돌면 백성은 성지를 흔들며 호산나를 외친다. 오늘날에는 '거룩하시도다! 거룩하시도다! 거룩하시도다!'의 일부로 미사 때마다 사용된다.
29) 일반적인 제사를 주관하는 제사장이나 주술사가 아니라 유대교에서 예루살렘성전에서 의식이나 제례를 맡아보는 공직자이다.
30) 김동명, 시집『하늘』, 崇文社(서울), 1948, p.39.
31) 대한성서공회, 앞의 책, 〈예수께 향유를 부은 여자〉, p.196~197.
32) 이 '옥합'(Alabaster jar, 킹제임스 번역본)은 '향유를 넣는 병(Alabaster, 또는 Alabaster box, Alabaster vial)'라고 번역되어 있다. 이것에 대해 〈마태복음 26장 6~7절〉, 〈누가복음 7장 37~38절〉, 〈마르코 14장 3~4절〉에는 '향유가 든 옥함'이라는 구절이 각각 나온다. 요한복음 12장 3절에도 "그 때 마리아가 매우 값진 순 나르드 향유 한 근을 가지고 와서 예수의 발에 붓고 자기 머리털로 그의 발을 닦아 드렸다. 그러자 온 집안에 향유 냄새가 집에 가득 찼다."라는 구절이 나온다.
33) 대한성서공회, 앞의 책, 〈예수의 머리에 향유를 부은 여자〉, p.54.

장하는 어휘라는 점에서 기도가 발아된 시와 깊은 관련이 있다는 것을 뒷받침해 주고 있다.

>    붉은 살이 드러 나도
>    아모 거리낌 없이
>    히쭉히쭉 웃으며 걸어가는 사나히,
>    작난패 아이놈들이 앞을 막고 嘲弄해도
>    그리스도 같이 태연하다.
>
>    女人도 없고 祖國도 없고
>    來日을 위한 염연들 있으랴.
>
>    - 「狂人」34) 일부

　위의 시 「狂人」에서 나타나는 시어 중에서 '그리스도'는 절대자에 대한 직접적인 표현의 단어이다. 즉 일반적으로 시를 쓸 때 직접적인 표현이 되는 시어들은 잘 사용하지 않는다. 왜냐하면 소위 현대시는 '감추면서 드러낸다'는 것과 '말하지 말고 보여줘라'는 창작의 특성을 가지고 있기 때문이다. 따라서 초허가 이렇게 직접적으로 '절대자'를 '그리스도'라고 나타낸 것은 그의 신앙심이 매우 높다는 것을 알 수 있는 대목이다.

　그런가하면 '女人도 없고 祖國도 없고'라는 행에서 '女人'이 갖는 의미에 대해 여러 의견이 분분할 것으로 생각되지만, 원관념인 '聖母 마리아'로 상징되는 보조관념으로 받아들일 수 있다. 그 까닭은 앞뒤 시행과 문맥상에서 찾을 수 있다. 요약하면 그 '사내'는 '예수'와 동일시되며, 그 '여인'은 '조국'과 동일시된다. 그렇다면 '사내'는 '조국'을, '그리스도'는 '여인'을 상징한다. 따라서 '여인'은 곧 '성모 마리아'인 셈이다.

>    허나 나는 禁斷의 果實을 훔치던
>    이브의 後裔

---

34) 김동명, 시집 『하늘』, 崇文社(서울), 1948, p.60

손발에 피가 흐르도록
기어 오르기로 어떠하리

- 「情累」35) 일부

이브(Eve)는 구약 성서에 나오는 인류 최초의 여자다. 그러나 생물학적인 의미에서 최초의 인류가 아니라 '야훼'를 처음 섬기기 시작한 인간으로 규정한다. 그러나 낙원인 에덴동산에서 쫓겨나고 이브는 금지한 선악과를 따먹은 죄로 '원죄'라는 것을 가지게 되었고, 그의 후예라고 할수 있는 인간들도 원죄를 가지게 되었다. 이 원죄를 가짐으로써 존재의 자각이 이루어지는 것이다.

초허는 이런 이브에 대해 자신을 그의 후예(後裔)라고 했다. 자랑스러운 후예가 아니라 원죄를 가진 후예이다. 따라서 가지고 태어난 원죄를 속죄하는 의미에서 '손발에 피가 흐르도록/기어 오르'고 있다. 문제는 고양된 종교의식이 매우 높지 않을 때에는 이러한 인식의 존재, 자각의 존재, 그리고 반성과 성찰은 나오지 않는다. 반성과 성찰이 선행된 그때만이 간절히 바라는 기도가 이루어진다.

네 化粧은 이끼 돋은 옛 香氣를 풍기기엔 너머 慾되고
네 衣裳은 幽邃한 옛 꿈을 싸기에 너머 奢侈롭다.
......〈중략〉......
念珠를 벗어 땅에 던지고 달 아래에 醉하기를 즐기던 너
이제 袈裟를 몸에 두룬채 官員 앞에 揖하고

법가의 금계를 듣단 말이.......
아아 남무아미타불南無阿彌陀佛

- 「歸州寺」36) 일부

---

35) 김동명, 앞의 책, p.80.
36) 김동명, 시집 『하늘』, 崇文社(서울), 1938, pp.112~113.

초허는 기독교적인 신앙의 태도만 보이는 것은 아니다. 불교 의식도 자연스레 나타낸다. 시인은 무릇 상상력이 풍부해야하고 그 상상력을 확장하기 위해서는 사유가 고정되어 있어서는 안 된다. 따라서 초허는 풍부한 상상력으로 시적 대상을 세계화하기 위해, 그런 사유를 밑바탕으로 하는 기원을 하기 위해 초월적인 정신세계, 즉 모든 종교를 넘나들고 있다.

위의 「歸州寺」는 총 10행 5연으로 된 시작품이다. 주지하다시피 이 시에서 사용된 시어 중에서 '讀經', '禪味' '念, 珠' '袈, 裟', 南無阿彌陀佛'등과 같은 불교적인 용어들이 많이 차용되었다. 이런 용어들이 모여 기도형식의 문장을 만들고, 또 이 같은 문장과 문장이 모여 한 편의 기도문이 만들어 진다.

## 3. 후기 詩

(ㄴ가)
어머니 병을 얻어
타향에 누으시니
---〈중략〉---
主의 성 밖에 외로이 이른 길손 한분
고이 맞으시라, 비나이다!

― 「哀詞」 일부37)

(나)
『아가야 문 열어라.』
『누구요?』
『엄마다』
『어머니 목소리가 아닌데요.』
『목이 쉬어 그렇구나.』

― 「民主主義」 일부38)

---

37) 김동명, 『眞珠灣』, 文榮社(이화여대), 1954, pp.14~15.
38) 김동명, 앞의 책, p.56. 이 작품은 김동명문집 간행회, 『내마음』-〈삼팔선〉편, 新雅社, 1964, p.327.에도 앞의 시

일상생활에서 우리들과 가장 가까운 것이 언어이다. 따라서 인간은 그 언어의 다양성, 또는 언어를 이용한 주술성을 쉽게 접할 수 있으며, 생활 속에 젖어 있다. 주술성(呪術性)은 어의(語意)의 변화 없이 불가와 세속에서 공히 쓰이는 언어다. 성경의 창세기 편을 보면 '빛이 있으리라 하니 빛이 있었다.'라는 구절이 있다. 말로써 말이 가진 신통력에 의해 빛이 생겼다. 삼국유사 가락국 기조에 실려 있는 '구지가'에서도 신라의 아홉 대신이 구지봉에 올라 '거북아 머리를 내어라'라고 하자 거북이가 나왔다고 하는 것과 같이 무심코 한 말이 그대로 이루어지는 경우를 말한다. 이것이 언어의 주술성이다.

초허의 두 작품 모두가 '언어의 주술성'39)을 가지고 있다. 이 모든 주술성은 곧 그 자체가 믿음이며 긍정이다. 마음으로 비는 기도라는 것도 언어라는 관점에서 볼 때 '언어의 주술성'은 결국 긍정과 믿음으로 시작되며 그것은 곧 이루어진다. 요컨대 무심코 한 말이 그대로 이루어지는 것을 말한다. 따라서 (가)는 어머니의 병이 빨리 낫게 해달라는 언어의 주술로 '主의 성 밖에 외로이 이른 길손 한분/고이 맞으시라, 비나이다!'의 부분이고, (나)는 〈해와 달이 된 오누이〉라는 전래 동화의 형식을 빌려 쓴 시이다. 이 동화에서 "저희를 살려 주시려거든 튼튼한 동아줄을 내려 주시고, 저희를 죽이시려거든 썩은 동아줄을 내려 주십시오."라는 오누이와 호랑이의 기원이 반복된다. 따라서 초허는 「民主主義」를 어머니라는 객관적 상관물을 끌고 와 전래동화가 가지고 있는 기원의 주술성을 차용하고 있다.

이처럼 초허의 시들이 지니고 있는 직관·정서·통찰·서정·리듬·은유와 상징과 같은 것들이 언어가 가진 주술성을 배가시키는 강력한 요소들로 작용하고 있다. 이런 언어의 힘을 가장 잘 사용했던 사람이 옛날에는 제사장이나 무당이었다면 오늘 날에는 시인이다.40)

「어떻게 사느냐」고……

---

집에 실린 내용 그대로 실려 있다.
39) 무심코 한 말이 현실 그대로 이루어지는 경우이다. 이를테면 〈도솔가〉·〈서동요〉·〈혜성가〉·〈원가〉·〈처용가〉 등이 주술성이 강하다고 할 수 있는 작품들이다. 이러한 언어의 주술적 힘은 시가의 전통 속에서도 쉽게 확인된다. 「구지가」를 비롯한 몇몇 향가나 고려가요는 물론 보다 전문적으로는 오늘날의 시비평에 해당하는 시화(詩話)에서 죽음의 예감이나 전조를 형상화한 경우에 사용되었던 〈시참(詩讖)·참언(讖言)·예언(豫言)〉 등의 용어에서 살펴볼 수 있다. 상세한 내용은 정끝별,『천개의 힘을 가진 시의 언어』, 한국문학도서관, 2008, p.16.을 참고바람.
40) 정끝별,『천개의 힘을 가진 시의 언어』, 한국문학도서관, 2008, p.16.

> 내 사람아,
> 여기 좋은 수가 있다.
> 우리는 부처님처럼 눈을 내리 뜨고 가만이 앉어 있자
> 누가 와서
> 「웬 사람들이냐」고 무르면
> 「참 좋은 날시외다」하고 대답하자
> ……〈중략〉……
>
> ―「우울」 일부[41]

앞장에서 언어의 주술성을 논의한 바 있다. 다시 말하면 언어의 주술성이란 무심코 한 말이 그대로 이루어지는 언어의 마력을 의미한다. 따라서 초허는 우울한 날이지만「참 좋은 날시외다」라며 역설적으로 표현함으로써 우울한 날에서 벗어나려는 의도를「우울」에서 찾고 있다. 기원이 주술이고, 주술 또한 기원이다. 이 시에서는 다소 소극적인 명령법을 간직한 주술적 기능으로 그 어떤 것이 이루어지기를 바라는 주력(呪力)을 보이는 것 같으나, 초허는 초자연적인 힘이나 원칙에 의지하여 우울한 삶의 문제를 해결하려는 적극적인 태도를 보여주고 있다. 이렇듯이 언어의 주술성에 기대어 문학이 이루어진 것은 아득한 시절부터다.[42]

우주는 언어로 가득 차 있다. 그래서'말이 씨가 된다.'는 말이 있다. 또 타인을 저주하거나 비난하는 말은 상대방에게 미치지 않으면 오히려 자신에게 화근이 돌아온다는 것이다. 이것은 말을 조심하라는 속언(俗言)의 뜻도 되지만 언어의 주술성을 일컫기도 한다.[43]

> 여인은
> 가장 화려하게 몸을 꾸몄을 때
> 먼저 너를 안는다
> 아아, 행복스러운 꽃이여!

---

41) 김동명,『진주만』, 文榮社(이화여대), 1954, p.60~61.
42) 김대행,『문학이란 무엇인가』, 문학사상사, 1992, p.164.
43) 이정자,『고시가 아니마 연구』, 한국문학도서관, 2008, p.24.

「그리스도」도
하마트면 너 때문에

아아, 榮光스러운 꽃이여!

- 「白合花」 일부44)

언어는 주술적 능력을 가지고 있어서 긍정적 사용은 상대에게 긍정적 효과를 가져다준다.45) 이 작품의 전체적인 분위기는 매우 긍정적이다. 「白合花」에서 사용된 시어들은 '화려하게' '행복', '영광'으로, 부정어와 대립되는 단어들이다. 그것은 긍정의 효과를 노린다는 얘기다. 그래서 시작품 속의 여인을 일반적인 꽃이 아니라 '행복스러운 꽃'과 '영광스러운 꽃'으로 긍정한다. 이 '화려'하고 '영광스러운 꽃'으로 말미암아 하마터면 그리스도도 꼭 안아 볼 뻔 했다는 익살과 골계미까지 보여주고 있다. 그리고 이 영광스럽고 행복한 여인을 비유하는 '흰 백합'이라는 개관적 상관물이 지니고 있는 꽃말은 '순결' '순, 수' '신성'이다., 이런 의미의 정황들은 '흰 백합'은 '여인'이고, 여인은 '수녀'라는 결론을 얻을 수 있다.

시의 원초적인 모습은 언어가 가지고 있는 음악적 주술성에 있다. 언어를 계속적으로 반복시키면 거기서 주술적 마력이 생기고, 음악이 흘러온다.46) 이것에 대해 블레이크는 "시인의 말은 원초적인 언어로 이해하고, 주술성의 언어로서 성경과 복음보다 앞선다."47)고 했다.

초허의 「白合花」은 미개인(未開人)의 토템적 사유를 바탕으로 한 무속적 주술력에 근거하는 것이 아니라, 기원자의 지극한 덕과 정성에 감응하는 고등 종교적 힘에 바탕을 두고 있다.

이 밖에도 시집 『진주만』에 기도가 발아된 시로써 「해당화」, 「접중花」, 「향나무」, 「庭園行」 등의 기도가 발아된 시가 있다. 특히 이 시집은 아내를 위한 기도서이다. 왜냐하면 〈後記〉에서 "오로지 아내의 지극한 정성과 숨은 노고가 끔찍했음을 밝히는 것으로써 스스로 滿足코저 한다."고 밝히면서 재차 "일즉이 시집 『삼팔선』이나 『하늘』이 다 그랬던 것처럼 이 시집 -진주만-도 오직 안해(아내)의 극진한 마음씨로 말미암아 오늘의 세상을 보게 된 것"48)이라고 아내

---

44) 김동명, 『진주만』, 文榮社(이화여대), 1954, p.122~123.
45) 이정진, 『언어와 문학』, 학문사, 2001, p.89.
46) 이운룡, 『한국시의 의식구조』, 한국문학도서관, 2008, p.313.
47) 송수권, 『송수권의 체험적 시론』, 문학사상, 2006, p.83.

에 대한 고마운 마음을 두번이나 강조했다.

>오늘은 정영
>팔월 일일이건만-
>
>그래도 나는 부산의 흙을 밟아보는 감격에
>아모나 마구 껴안어 주고 싶었다.
>
>어디로 가리, 망설이다가,
>십자가를 따라 언덕길을 더듬는다.
>
>- 「草梁驛」 일부49)

앞의 「草梁驛」은 여섯 번째 시집 『목격자』(1957)에 수록되어 있는 시 이다. 이 초량역(草梁驛)은 부산광역시 동구 초량동에 위치했던 경부선의 역이었다. 개업일이 1905년 1월 1일로 초허가 6. 25 전쟁 때 피난길에서 들렀던 곳이다. 이때 폐허의 속에서 대한민국이 가야할 길은 암담했다. 이렇게 방향감각을 잃은 그는 절대자의 힘에 의지할 수밖에 없었고, 따라서 종교적인 의식이 함유된 작품을 쓸 수밖에 없었던 것으로 짐작된다.

>C여사는 물속에 잠긴 별,
>그러기에 젖지 않는다.
>……〈중략〉……
>아아, 「어머니」! 「어머니」여!
>그대 위에 복이 있으라, 영광이 있으라!
>
>- 「C여사와 빈대떡」 후반부50)

---

48) 김동명, 앞의 책, p.150~151.
49) 김동명, 『목격자』, 人間社, 1957, p.26. 여섯 번째 시집 『목격자』에 수록된 시작품들은 시전집 『내마음』(1964)에 〈서울風物誌〉抄로 제목을 변경하여 재수록 하였다.
50) 김동명, 앞의 책, p.88.

앞서 언급한 바와 같이 초허의 여섯 번째 시집『목격자』(1957)는 그 당시의 사회현실을 고발한 내용을 담고 있다. 이 시의 초반부에서 'C여사와 빈대떡은/타협할 수 없는 개념이다'라고 표현했다. 이것에 대해 그 이유를 논증할 수 있는 타당성이 이 시의 2연에서 들어 있다. 곧 'C여사의 깔끔한 麗態를,/빈대떡과 함께 생각하긴 정녕 싫다'가 해당되는 그 부분이다. 그러나 전쟁은 C여사를 생활전선의 '용감한「짠·따크」로 만들었고, 이것은 위대한 어머니이고, 초허는 이 어머니에 대한 복(福)과 영광을 기원하는 것이다.

단순히 어떤 대상에 대한 빎이 아니라 'C여사는 어머니'라는 대등적 관계를 복원 시킨 뒤 성스러운 어머니로 승화시킨 것으로 볼 수 있다. 이와 같은 수줄적인 의식이 초허의 내면세계에 깊이 깔려 있음을 확인할 수 있다.

    돋보기도 담배쌈지도 수달피 등걸이도 골패쪽도 막걸리 사발도 늙은 마누라도 손
  주 손녀도 다 버리고,
    그 밖에 온갖 것 ㉠다 버리고 넘는 고개.
                                        - 「彌阿里고개」 전반부[51]

위 시의 제목은 가요 〈단장의 미아리고개〉에 나오는 고개이다. 눈물과 사연, 슬픔과 한의 이미지를 가지고 있는 '彌阿里 고개'이다. 6·25전쟁 때에 수많은 애국지사와 저명인사들이 쇠사슬에 묶인 채 이 고개를 넘어 북한으로 납치되어 갔다. 초허는 이런 사연들을 종교적인 의식으로 그들의 영혼을 구원하고자 했다. 또『서울지명사전』에 따르자면 강북구 미아동에 있던 마을로서 미아 제7동의 불당곡(佛堂谷)에 미아사(彌阿寺)가 오랫동안 있었으므로 이 절 이름에서 마을 이름이 유래되었다고 한다. 원래는 서방정토에 있으며 모든 중생을 제도(濟度)하겠다는 대원을 품은 아미타불을 주불로 모시는 미타사(彌陀寺)가 있었는데, 이 미타사가 변하여 미아사가 되었다는 설이 있고, 또 지금의 정릉동 지역을 사을한리(沙乙閑里)·사아리(沙阿里)라고 칭하였는데 사아리가 미아리로 전음(轉音)되었다고도 추측하기도 한다.

초허의 시작품 중에서 지금까지 기독적인 의식에서 비롯된 기도형의 발아현상이 나타나는 시작품을 본고의 연구과정에서 다수 보아왔지만, 「彌阿里고개」는 흔하지 않게 불교적인 색채

---

51) 김동명, 앞의 책, p.26.

를 띠고 있는 작품 중에 하나이다. 전체 5연 11행으로 구성되어 있다. 그 중 1연~4연의 각각 마지막 행에서 '온갖 다 버리고 넘는 고개'라고 반복적으로 강조하고 있다. 이것은 오랜 기간 동안 인간의 존엄성마저 말살되어온 일제 식민지의 억압과 이어지는 6.25전쟁으로 정신마저 피폐해진 초허의 현실부정의 의식이 기도형식의 시로 잘 나타난 부분이다.

## III. 결론

지금까지 초허 김동명 시인의 시에 나타난 기도형의 시가 발아된 원인에 대해 살펴보았다.

초허의 시편들을 면밀하게 관찰해 보면서 얻은 결론은 텐느의 결정론에 의존하지 않더라도 한 시인의 시적 경향은 그 시대의 환경에 지배를 받는다는 사실을 얻을 수 있었다. 또 그의 시작품에서 다수의 기도형식을 빌리거나 기도를 모티브로 하는 시작품이 많았다.

초허의 시집 여섯 권을 발행된 순서로 살펴보면 다음과 같다. 초허는 특별히 그의 시집 6권 중에서 『파초』시집에 「수난」편(6부)이라는 별도의 장(章)을 마련하여, 기도형식의 시를 수록해 두었다. 그 시편들은 「祈願」을 비롯하여 「無題」, 「어머니」, 「聖母마리아의 肖像畵 앞에서」, 「受難」 등 다섯 편이나 실려 있다.

또 『파초』에 실린 시편들을 열거해 보면 「나의 뜰」, 「식탁」, 「祝願」 등이다. 다른 시집보다 유독 많이 실려 있는 『眞珠灣』에서도 같은 기도형의 시작품이 실려 있었다. 「哀詞」, 「민주주의」, 「우울」, 「만가」, 「새 나라의 구도」, 「새 나라의 일꾼」, 「새 나라의 幻像」, 「白合花」, 「해당화」, 「접중화」, 「향나무」, 「庭園行」 등이다. 또 『하늘』에도 적지 않은 시편들이 실려 있다. 「하늘3」, 「우리말」, 「狂人」, 「종으로도 마다시면」, 「정루情累」, 「歸州寺」, 「歸路」, 「바다」이다. 시집 『目擊者』에서도 동일한 유형의 여러 시편들이 수록되어 있다. 「彌阿理고개」, 「C女士와 빈대떡」, 「出發」, 「草梁驛」 등이 이에 해당된다.

앞서 논의한 것처럼 초허의 많은 작품 중에서 기도형의 시가 발아된 여러 정황들을 종합해 보면 다음과 같이 그 원인을 요약할 수 있다.

첫째, 1919년, 기미독립운동의 실패 이후 한국 문단에 대두된 비관주의적 문학경향이라 할 수 있는 퇴폐주의가 주류를 이루고 있었다. 이런 경향에서 비롯된 초허의 퇴폐주의 흐름이 기도형의 시가 발아된 그 출발점은 아니다. 다시 말하면 퇴폐주의가 초허의 기도형식의 시세계를 이루어낸 장본인이라고 단정할 수 없다. 그러나 중요한 것은 초허는 슬픈 민족의 주체에 대한 반전의 기회를 가지려고 기도형의 시를 썼다고 보는 것이 더 옳을 것이다. 왜냐하면 나약한 인간은 불안과 공포로부터 벗어나려는 목적의식에서 전지전능한 절대자에게 의지할 수밖에 없다는 것을 토테미즘이나 애니미즘 신앙에서도 찾을 수 있다. 따라서 본고에서 논의했던 바와 같이 초허의 기도형 시가 발아된 배경은 인간의 허무의식을 종교적인 경견성(敬虔性)으로 극복하려는 차원이었다.

둘째, 인간은 정신적으로 결핍의 상태일 때 구원하거나 간청을 한다. 이 구원은 결핍을 채워줄 전지전능한 상대이고, 그 상대에게 간절히 간구한다. 초허는 주권을 빼앗긴 상실감과 더불어 몇 년 사이에 모친의 사망(1931)에 이어 첫 번째 부인 사망(1937)과 부친 사망(1947), 또 두 번째 부인과도 사별(1959)이라는 상실의 아픔은 기도형의 시가 발아될 이유가 충분하다할 것이다.

초허는 36년이라는 암울한 일제 강점기 시대를 살아오는 동안 정치, 경제, 군사, 문화적으로 일본제국주의에 예속되어 독립 국가로서의 자주적인 주권을 갖지 못한 국민으로 살아온 것에 대한 심한 결핍증을 앓고 있었다. 그것은 한국인으로서 초허는 정치를 포함하여 경제식민지는 물론이거니와 문화식민지라는 치욕적인 경험을 하였기 때문이다.

또 그는 부인에 대한 생각하는 마음이 남달랐다. 그 한 예로 그의 시집 『眞珠灣』의 〈後記〉에 잘 나타나 있다. 초허가 〈후기〉에서 언급한 내용을 자세히 살펴보면 이 시집은 곧 아내를 위한 기도서이다. 그는 〈後記〉에서 "오로지 아내의 지극한 정성과 숨은 노고가 끔찍했음을 밝히는 것으로써 스스로 滿足코저한다."는 심정을 피력하고 있다. 이렇게 부인에 대한 남다른 애정을 쏟아오던 그가 두 번이나 사별이라는 상실감 앞에선 당연히 구원의 기도가 나올 수밖에 없다. 또 앞의 명제에 대해 옹호할 수 있는 근거는 릴케가 정의했던 "시는 체험이다"라는 말로 대신 할 수 있다. 초허가 친부모와 부인을 잃은 체험은 시 창작으로 이어지는 것은 필연적이었다. 상실은 결핍이라고 말할 때 초허는 이 결핍을 채우기 위해 기도형의 시를 썼다고 말할 수 있다.

이 뿐만 아니라 일제로부터 주권을 빼앗긴 상실감을 비롯하여 가족과 사별, 그리고 빈농의 아들로서 어린 나이에 함경남도 원산으로 이주했던 유년의 고향상실과 또 좌우의 극한 대립적 양상으로 치달으며 보여준 폭력적 이데올로기로 북한체제로부터 단신으로 월남했다는 것은 삶의 터전을 온전히 버리고 온 상실감이 또 다른 이유가 된다.

셋째, 초허는 신학을 전공한 신지식인으로서, 그리고 종교를 가진 신앙인으로서 절대자에 대한 확고한 신념을 가지고 있었다. 이 신념은 종교적인 삶 속에서 일제 식민지와 6.25라는 민족상잔의 전쟁으로 황폐화된 조국의 그 어두운 현실에 대한 존재론적 내면 성찰과 근대 주체를 회복하기 위해 기도형의 시가 무엇보다도 필요했던 것이다. 그러면서 그는 기도형의 시를 발아시키면서 편중된 종교관을 가지고 있지는 않았다. 구원을 위해서라면 어떠한 종교의 기도형식도 빌어 차용했다는 점은 눈여겨 봐야할 부분이었다.

한편으로는 그가 주로 사용하는 기도는 간청의 의지로 암울한 현실의 극복이나 순수종교의 확연한 도덕화나 절대자에로의 정진(精進)이다. 또한 초허가 그토록 갈망하는 간청의 목표는 구제(救濟)·해방(解放)·억압(抑壓)·사별(死別)로부터 부활(復活)이며, 강자가 약자를 멸시하는 폭력적인 경향에 대한 비판적 기도이다.

넷째, 초허의 기도는 전쟁으로 말미암아 무고하게 학살된 소시민에 대한 경의다. 그는 전쟁과 폭력으로 인한 살육현장, 인권이 유린된 시대, 자유와 평등이 존재하지 않는 억압적인 한 시대를 살았다. 젊은 군인과 민간인들의 희생은 그에게 또 다른 정신적인 최악의 고통이었다. 첨언하자면 8.15해방과 더불어 이념적인 민족 집단 간의 갈등, 미군정의 신탁통지 반대에 따른 사회적 대혼란, 그리고 급기야는 6.25 동란과 같은 민족상잔의 역사적 공허는 초허에게 극심한 상실감을 안겨주었다. 이런 역사성은 신지식인이라고 하는 초허에게 무기력함을 깨닫게 해주었고, 또 그를 심약하게 만들어 의지할 곳을 찾게 만들었다. 이것 또한 그를 기도형식의 시를 쓰도록 만든 원인이라고 말 할 수 있다.

다섯째, 부패한 한국 정치사회이다. 이에 대한 신지식으로서 일말의 성찰과 반성은 필연적으로 기도형식의 시작(詩作)을 부추겼다. 그 당시의 무력(無力)한 정치권은 장기집권을 위한 부정선거와 독재정권 기반을 굳히기 위한 계엄령 선포, 폭력을 동원한 국회해산과 같이 부정부패한 시대적 정치상황은 그것으로 말미암아 초허의 시적 사유를 종교관과 연결되는 시관으로 몰고 갔다. 이 시기에도 역시 간청의 형식을 빌린 기도형의 시를 썼다.

지금까지 논의를 거치는 과정에서 기도형의 시가 발아된 시작품들을 다수 예시했다. 그러나 기도형의 시, 또는 기도형의 시의 발아와 관련성이 빈약하다고 혹자는 할 수도 있다. 다시 말해 실례로 든 작품들이 기도형의 발아 시작품이 맞느냐 맞지 않느냐의 갈등적 논쟁을 불러 올 수도 있다. 이것은 초허가 시어를 상징적으로 처리하여 암시성을 띠게 했다는 점을 논문 끝머리에서 밝혀둔다.

끝으로 본고를 마치면서 아쉬움이 남는 것은 초허의 시작품만을 중심으로 그의 기도형 발아의 시가 발생하게 된 원인을 규명했다는 점이다. 따라서 향후 초허의 산문작품을 중심으로 기도형의 사유가 나타나게 된 원인규명을 연구과제로 남기며 논문을 마친다.

# [참고문헌]

## 1.기본 자료

〈시집〉

-----, 『芭蕉』, 新聲閣(함흥), 1938

-----, 『하늘』, 崇文社(서울), 1948

-----, 『眞珠灣』, 文榮社(이화여대), 1954

-----, 『目擊者』, 人間社, 1957

-----, 『내마음』, 新雅社, 1964.

〈수필집〉

-----, 『世代의 揷話』, 日新社, 1959(단기 4292)

-----, 『모래 위에 쓴 落書』 新雅社, 1965

〈평론집〉

-----, 『敵과 同志』(3판), 昌平社, 1955

-----, 『歷史의 背後에서』, 新雅社, 1958.

-----, 『나는 證言한다』, 新雅社, 1964.

〈논문〉

이성교, 「김동명연구」-『성신여자사범대학논문집』 4·5합집, 1972.

정태용, 「김동명의 기지」, 『현대문학』 13호

안수길, 「김동명선생의 시와 애국심」-『신동아』 43호, 1968.

박철석, 「한국시와 밤의 인식」-『수련어문논집』, 부산여자대학국어교육과, 1975.

김현 외, 『예술과 사회』(2판), 민음사, 1981.

임영환, 「김동명시의 특색」, 『정한모 교수 회갑기념논문집』, 일지사, 1983.

김인환, 「시조와 현대시」, 『한국현대시문학대계』 5, 지식산업사, 1984.

엄창섭, 『초허김동명문학연구』, 성균관대학교 박사학위 논문, 1985

대한성서공회, 『성서』-「신약성서」-〈무화과나무의 비유〉, 성덕인쇄사, 1986.

윤명구 외, 『문학개론』(3판), 현대문학, 1990

김대행, 『문학이란 무엇인가』, 문학사상사, 1992.

조남익, 『한국현대시해설』, 미래문화사, 1994(10쇄).

金載弘, 문학이론 연구회 편, 『문학개론』, 새문사, 2000.

송수권, 『송수권의 체험적 시론』, 문학사상, 2006.

정끝별, 『천개의 힘을 가진 시의 언어』, 한국문학도서관, 2008

이정자, 『고시가 아니마 연구』, 한국문학도서관, 2008.

이운룡, 『한국시의 의식구조』, 한국문학도서관, 2008.

김준오, 『詩論』(4판), 삼지사, 2009

이지엽, 『현대시 창작 강의』, 고요아침, 2009.

한국천주교 주교회의, 미사통상문 『매일미사』, 2011.

# 김동명 산문에 나타난 타자지향성과 디아스포라의식

이미림*

---
**목 차**

Ⅰ. 산문문학과 최근의 연구경향
Ⅱ. 서정수필 속의 의인화 기법과 타자윤리학
  1. 어머니/고향의식과 강원(영동)표상
  2. 자연친화적·타자지향적인 동식물 상상력
  3. 문학수업시대 회상 및 스쳐간 문인들
Ⅲ. 디아스포라 운명과 삶의 엑소더스
  1. 해방공간의 탈출 오디세이:〈월남기〉
  2. 전쟁체험과 피난길의 신산함:〈어두움의 비탈길〉
Ⅳ. 초허 산문의 특징 및 의의

---

## Ⅰ. 산문문학과 최근의 연구경향

강릉 출신의 김동명(1900~1968)은〈파초〉,〈수선화〉,〈내 마음은〉의 시인으로 알려져 있지만 방대한 수필을 남긴 산문가이기도 하다. 수필, 정치평론, 수기, 메타픽션 등 다양한 장르

---
*강릉원주대 교수

와 엄청난 분량의 글을 남겼음에도 불구하고 산문에 대한 기존 연구는 관심밖에 놓여 있다. 이는 산문 혹은 수필이란 문학적 장르에 대한 홀대와 예술성의 빈약, 수필에 대한 전문성의 미비라는 편견 때문이다. 최근 문학연구의 흐름은 시, 소설과 같은 중심 장르에서 벗어나 정형화된 문학형태의 경계를 해체하고자 한다. 주류문학과 중심문학, 인기장르와 비인기장르로 이분법화된 문학연구의 틀을 초월하여 정전에 대한 재인식과 주변부 문학에 대해 주목하고 있다. 이는 포스트모던 탈국경 다문화 시대 혹은 다매체 융합시대라는 외적 환경이 조성되면서 다양성을 추구하고 단일한 정체성에 대한회의와 반성을 통한 한국문학의 범주에 대한 확대, 재외한인문학인 디아스포라문학, 이방인의 삶을 그린 다문화문학, 경계인의 출현과 그들이 쓰는 장르를 넘나드는 글쓰기[1] 작업이 이루어지고 있다. 이러한 사회적·문학적 현상으로 산문 혹은 수필문학의 존재가치에 대한 재인식이 요구되었으며, 자아반영적이고 자의식적인 메타문학이나 포스트모던 시, 판타지서사 등의 새로운 형식이 등장함으로써 시, 소설, 수필, 광고문안, 자서전 등이 혼효되는 양상이다.

넓은 범주의 산문 혹은 잡문은 시, 소설, 희곡과 같이 정형화되지 않은 무형식의 형식의 글을 모두 포괄하는 개념이다. 포스트모던 시대에 문학의 형태가 유연해지면서 포토 에세이, 영상 에세이, 여행산문집, 수화(隨畵) 에세이, 시적 수필, 퓨전수필, 아방가르드 수필과 같이 '새로운 작가정신과 작법 개발을 실천하며 역동적으로 수필의 지평이 넓혀지고'[2] 있다. 특히 여행과 탈국경에 대한 관심과 폭발적 인기로 여행기가 쏟아져 나왔고 이에 대한 연구가 진행[3] 되었으며, 고정되고 상수화된 글쓰기 형식에 대한 문제도 제기[4]되었다. 산문, 에세

---

[1] 해외입양인작가들에 의해 요리책, 자서전, 산문집, 소설, 기행문, 시집 등이 다양하게 발표되고 있다.
[2] 허만욱,「다매체 융합시대, 수필문학의 발전 전략 연구」『어문논집』제48권, 중앙어문학회, 2011, 383쪽.
[3] 박태상,「새로 발견된 이기영의《기행문집》연구」『북한연구학회보』제5권, 북한연구학회, 2001, 서경석,「만주국 기행문학 연구」『어문학』제86호, 한국어문학회, 2004, 서영채,「최남선과 이광수의 금강산 기행문에 대하여」『민족문학사연구』제24권, 민족문학사학회, 2004, 권성우,「이태준 기행문 연구」『상허학보』, 제14권, 상허학회, 2005, 장영우,「만주 기행문 연구」『현대문학의, 연구』제35호, 한국문학연구학회, 2008, 김효주,「1920년대 여행기에 나타난 미국 인식의 표상」『한국민족문화』제49권, 2013.
[4] 고착화된 글쓰기 양식을 선호하지 않는 권성우는 에세이를 대상으로 하는 연구에 천착하고 있다.「김남천의 에세이 연구」『우리말글』제31권, 우리말글학회, 2004,「이태준의 수필 연구」『한국문학이론과, 비평』제22집, 한국문학이론과 비평학회, 2004,「임화의 문화담론과 에세이 연구」『한민족문화연구』, 제19권, 한민족문학회, 2006,「한 디아스포라 논객의 청춘과 고뇌: 강상중의 에세이에 대한 몇가지 단상」『한국어와, 문화』제1권, 숙명여대 한국어문화연구소, 2012,「최인훈의 에세이에 나타난 문학혼 연구」『한국문학이론과, 비평』제55권, 한국문학이론과비평학회, 2012,「임화의 산문에 나타난 연애·결혼·고독」『한민족문화연구』제42,권, 한민족문화학회, 2013.

이, 자서전 등의 변두리 장르를 '문학적으로 수용하지 못하는 문학관은 옹졸하고 편협한'[5]태도이며, 비평과 논문에 대한 전복적 시선을 제기[6]한 권성우의 서경식, 김현, 고종석, 박노자 연구를 통해 에세이에 대한 비평적 홀대와 에세이의 매력[7]을 주장한 작업들도 시도되고 있다. 근대철학에 막대한 영향을 끼친 니체는 정치적인 팸플릿의 특징(『바그너의 경우』, 『니체 대 바그너』, 『반그리스도』)을 갖거나 자서전 형식(『이 사람을 보라』)의 글쓰기 양식 이외에도 서정시, 경구적이고 찬양적인 시와 수많은 편지를 남겼으며[8], 경구, 은유, 과장, 단편 등 다양한 스타일을 구사하며 기존의 전통체제와 관습에서 벗어나고자 했다. 김동명 문학연구는 시 중심으로 이루어졌으나 최근 문학관과 학회 설립을 계기로 전반적이고 총체적인 작업이 요구되고 있다. 그의 산문은 시와 접속되며, 당대의 사회적 자료이자 보고로서도 가치를 지닌다. 문학에 전념했던 작가들과 달리 김동명의 삶은 문학, 종교, 정치, 교육, 현실 비판 등의 주제의식과 다양한 문학형태[9]를 남겼다. 그럼에도 불구하고 그에 대한 문학적 평가나 관심은 무척 인색하고 홀대된 편이다. 본고는 서정수필과 디아스포라 산문인 〈월남기〉, 〈어두움의 비탈길〉을 중심으로 김동명의 문학세계를 고찰하고자 한다. 이에 대한 기초작업인 서지적 연구는 엄창섭과 장정룡[10]에 의해 이루어졌다. 엄창섭은 초허의 기독교적 사상과 정치평론을 쓴 정객으로서의 삶은 상황윤리적 측면[11] 때문이라고 밝혔고, 장정룡은 수필집《세대의 삽화》,《모래 위에 쓴 낙서》와 평론집《적과 동지》,《역사의 배후에서》를 대상으로 전반적인 시대적 양상을 고찰[12]하였으며, 초허 수필 속의 꽃 모티프가 생명, 조국, 가정, 신앙 이미지[13]를 지니고 있다고 분석하였다. 본고는 기존 연구를 수용하면서 초허 수필의 사상성과

---

5) 유종호, 「변두리 형식의 주류화」, 『사회역사적, 상상력』, 민음사, 1995.
6) 권성우, 「비평의 새로운 역할: 새로운 글쓰기를 위하여」, 『한민족문화연구』 제6권, 한민족문화학회, 2000.
7) 권성우, 『낭만적 망명』, 소명출판, 2008, 251-334쪽 참조.
8) 알렉산더 네하마스, 김종갑 역, 『니체 문학으로서 삶』, 연암서가, 2013, 50-51쪽.
9) 시집 6권, 수필 및 수기집 2권, 정치평론집 2권이 출간되었다.
10) 엄창섭, 「원전비평 및 김동명 연보」, 『김동명의, 시세계와 삶』, 한남대출판부, 1994, 장정룡, 「김동명 산문의 시대적 양상 고찰」, 『김동명, 문학관 개관 기념 학술세미나 및 시낭송회 자료집』, 강릉문인협회, 2013.7.3.
11) 엄창섭, 「김동명 산문의 연구」, 『관대논문집』 제17권, 관동대학교, 1989, 「초허 산문의 사상성 고찰」, 『비평, 문학』 제5호, 한국비평문학회, 1991, 참조.
12) 장정룡, 「김동명 산문의 시대적 양상 고찰」, 앞의 책.
13) 장정룡, 「초허수필의 '꽃' 이미지와 그 지향성 고찰」, 『심연수, 학술세미나 논문총서Ⅱ』, 심연수선양사업위원회, 2013 참조.

예술성을 통해 그의 산문문학의 가치와 문학적 의의를 파악하고자 한다. 김동명처럼 현실과 이상, 이성과 감성, 현장과 예술의 조화를 이룬 작가는 드물 것이다.

## II. 서정수필 속의 의인화 기법과 타자윤리학

### 1. 어머니/고향의식과 강원(영동)표상

1900년 강원도 명주군 사천면에서 태어나 1908년에 함경북도 원산으로 이주한 작가에게 고향은 어린 시절의 기억 속에 남아있다. 1947년까지 북한에서 생활한 그는 어머니의 강인함과 자연친화적인 고향과 외갓집이 있는 영동지역을 서정적이고 아름답게 자각하고 있다. 그러나 자유정신에 기반한 그의 의식은 냉철한 비판의식과 이성적 사유를 바탕으로 한다.

작가에게 가장 큰 영향을 끼친 모친의 성품이나 교육방식은〈어머니〉와 〈국추기〉에 잘 나타나 있다. 무릎을 베고 타박녀 이야기와 같은 옛 이야기를 들으며 감성과 동심과 눈물을 키운 작가는 자신의 모친이 이렇게 다정하기만 한 건 아님을 고백한다. 아들이 강릉군수가 되어 금의환향하길 바라는 어머니는 자식교육을 위해 타관인 원산으로 이사하는 결단을 내린다. 자신을 못 생겼다고 지적하는'냉엄하신 비평정신의 편린'을 지닌 모친은 절대적 모성과 본능적 사랑으로서가 아니라 냉철하고 이지적인 시각으로 아들을 대한다. 칭찬에도 인색하여 편지를 제법 쓰나 까탈스러운 흠이 있으며 조카인 병두만 못하다고 함으로써 자식이 교만해지거나 안하무인이 되는 것을 경계한다.

〈국추기〉에서는 오대산 기슭에 있는 외갓집에 잠깐 머무는 중에도 서당에 보내는 어머니의 학구열과 장원을 했음에도 불구하고 칭찬하지 않고"선생님이 아마 너를 부잣집 아이로 아르셨나 보다"라고 웃으시며 술과 안주를 서당에 나르게 하는 모습을 그린다. 역시 아이가 우쭐하거나 건방지지 않도록 하면서도 부모 역할을 하는 지혜로움이 엿보인다. 그러나 작가는"우리 문단에서도 한잔 술이나 값싼 우정에 팔려 장원을 남발하는 폐는 없는가?"라고 자문한다. 어린 시절 시골의 서정적이고 아름다운 전설, 풍경, 민담, 전원을 바탕으로 하면서도 문단비판, 냉철한 현실인식을 보여주는 두 편의 수필은 날카롭고 엄정한 시각을 갖고 있다. 감성과 이성, 서정과 현실, 정치와 종교와 문학의 조화를 견지하는 작가의 성향은 긍지와 자존심이 유별나게 강한 어머니의 성품에 기인한다. 오대산 줄기의 동해로 흘러가고 있는 시냇가 위에 자리 잡은 외가(外家)는 방안에서도 물소리가 정겹게 들리며 갈미봉에서 생금(生金)이 나오기를 기다리는 전설의 세계이며, 외할머니의 옛날이야기를 듣는 자연친화적인 곳이다. 김동명 수필은 서정적이고 따뜻하지만 삶의 정곡을 찌르는 비판정신을 잃지 않는다는 점에서 풍자와 유머, 교훈과 삶의 지혜가 담겨있다. 외할머니, 어머니와의 신체 접촉을 통해 들려주는 옛날이야기들은 어린 소년을 문학으로 이끄는 감성과 정서를 함양하는 자양분이 되었고, 강직하고 객관적이며 '군수'가 되길 바랐던 모친의 성품은 작가에게 비판정신과 입신양명, 현실인식을 갖게 했다. "비단옷이 아니고는 고향으로 돌아가기 원치 않았던" 어머니의 소망은 정치에 입문하여 국회의원까지 이끌었던 원인이 되었을 것이다. 두 편의 수필에 나타난 기본정서는 '슬픈 환상' '슬픈, 결심' '슬픈, 유산' '슬픈, 버릇'과 같이 다소 어둡고 암울하다.

이와 같이 작가는 유년기 고향 풍경과 외할머니의 정감어린 외손주 사랑, 어머니의 강인하고 냉철한 성품14)을 영향 받았다. 그가 문학과 정치를 동시에 하게 된 이유도 이러한 요인이 작용했던 것이다. 교육열이 높은 어머니는 외갓집에 잠시 머문 동안에도 서당을 다니게 하고, 지나친 칭찬을 자제했으며, 아들의 입신출세를 위해 이주를 결심한다. 문중에서 출가한 평산 신씨 성의 어머니는 '신교육과 신문물을 접할 수 있는 개항지 원산으로 이주하시는 용단을 실천에 옮기시는 용감하고 지혜 있는 분15)'이라고 손녀는 회상한다. 좋은 옷을 입지 않고서는 고향땅을 밟고 싶지 않은 어머니의 자존심을 작가는 물려받았다.

100년 전의 강원(영동)지역은 타박녀, 달속의 계수나무와 옥토끼, 견우직녀, 천태산 마구할멈, 구미호, 장사, 신선 이야기나 유충렬전, 조웅전, 장화홍련전, 심청전 등 고담책 이야기를 수없이 들으며 타박녀의 뒷모습에 슬퍼했던 "내 눈물의 옛 고향" 이미지이다. 또한 생금이 나기를 바라는 갈미봉 신화처럼 미신적이며 고답적이고 전통적이다. 가난과 출세, 입신양명을 꿈꾸었던 강원(영동)의 가치관과 정서가 두 편의 수필에 고스란히 내재되어 있다. 따라서 보수적이고 현실적이며 출세지향적인 영동문화의 정서가 강원의 정체성으로 드러난다. 그러

---

14) 작가가 정치에 입문한 것이 어머니의 영향이라는 것에 대한 의견은 장정룡도 주장한 바 있다. 「김동명 산문의 시대적 양상 고찰」, 앞의 책, 20쪽.
15) 김월정, 「나의 아버지 초허 김동명」 『문예운동』 제86호, 문예운동사, 2005, 29쪽.

나 작가는 어린 나이에 고향을 떠났기에 그의 기억은 단편적이고 파편적으로 따뜻하고 아련하게 남아있다. 작가가 기억해 내는 영동 지역은 전통적·보수적·무속적인 공간으로 묘사되며, 입신양명과 관직을 선호하며 현명한 신사임당의 후예이자 옛날이야기에 익숙한 여성의 삶이 나타나고 있다. 또한 전근대적이고 서정적이며 느리고 정체된 지역이자 가난한 곳으로 강원도를 인식[16]하게 한다. 작가뿐만 아니라 강원 출신의 작가에게서 그려지는 강릉의 모습[17]은 현재에도 강원의 심상지리(imagined geographies)[18]로 남아있다.

## 2. 자연친화적·타자지향적인 동식물 상상력

일반화시킬 수는 없으나 강원 출신 작가에게서 공통되게 나타나는 점은 자연친화적이고 서정적이며, 식물과 전원, 자연 모티프가 주도모티프(leitmotif)로 작용한다는 점이다. 이효석, 윤후명, 이순원 문학 속의 동식물 상상력은 유니크한 작품세계를 구축하는데, 이는 산새가 깊고 산과 들과 바다가 주변에 있는 강원지역의 특수성 때문이다. 유년기 체험은 작가들에게 기억과 망각 속에서 상처와 행복감으로 각인되어 작품속에 투영되며, 비록 어린 나이에 고향을 떠났지만 무의식적으로 영동산골마을의 인문지리적 특징을 내면화했을 것이다.

김동명 서정수필의 특징 중의 하나가 꽃, 나무, 정원에 대한 식물적 상상력과 동물에 대한 타자의식을 통한 연민과 사랑을 바탕으로 한 타자윤리학이다. 그의 수필은 시와 접속되거나 연계되며, 의인화, 유머, 위트를 지닌다. 이효석이 그랬듯이 김동명도 늘 집안에 화단이나 정원을 두었으며 식물을 관리하고 보살피는 마음이 각별했다. 국화, 따리아, 목련, 카라, 리리, 파초, 수선화를 향한 그의 열정과 사랑은 어머니나 가족으로 비유될 정도로 삶의 큰 의미를 지니며, 여러 편[19]의 수필을 남겼다. 또한 시에서 동식물을 의인화[20]했던 묘사방

---

[16] 이미림, 「이순원 여행소설 속의 타자화된 강원(영동)」, 『우리문학연구』 42집, 우리문학회, 2014, 263쪽.
[17] 강원 출신 작가인 김유정 소설에 등장하는 천진난만한 소년소녀들, 이효석 소설의 서정적인 자연묘사, 강릉이 고향인 윤후명 문학의 꽃과 식물적 상상력, 윤대녕, 김연수 소설 속의 강원 이미지, 영화[웰컴투동막골],[라디오스타]속에서 그려진 강원지역 및 강원도민은 전쟁이 일어난 지도 모르는 채 살고 있으며, 촌스러운 다방이나 순진한 사연을 보내는 순박한 주민의 모습으로 재현되고 있다. 강원의 전근대적이고 신비스러우며 순박한 이미지는 21세기에도 별로 달라지지 않고 있다.
[18] 심상지리는 어떤 공간을 상상하거나 인식하는 것으로, 자신이 속하는 공간의 외부에 있는 생경한 공간에 대해 있을 수 있는 모든 종류의 공간이나 연상을 통해 구축한 지리적 인식이다. 강원도 특히 영동지역은 대관령 너머의 관점에서 오리엔탈리즘적 시각을 내포하며, 문명화의 속도가 느리고 선한 원주민, 오염되지 않은 청정지구로 재생산되고 있다. - 이미림, 앞의 논문, 262-263쪽.

식이 수필에서도 그대로 나타난다. 꽃을 '여대생', '여왕', '여인', '공주님', '아가(애기)', '소녀', '처녀', '부잣집 영양', '아가씨'들로 은유하는 작가는 "화단에 피면 일년 열두 달을 혼자 있어도 외롭지 않을 것" 같다고 할 정도로 꽃을 사랑하고 집착한다. 그의 삶에서 꽃과 꽃나무는 '한줄기의 샘'이자 '신의 은총'이며, 서정적이고 자연친화적인 시인의 성품을 갖게 한다. 사물과 동식물, 자연에 대한 의인화는 "봄은 기침을 하기에 정황 없었고, 가을은 마음을 앓노라 지쳤지마는"과 같이 계절에도 생명을 불어넣음으로써 의인화는 작가의 스타일이자 타자의식을 내포한다. 때로는 '법'이나 '신'과 대화를 나누는 대화체산문이나 수기, 평론, 수필 등의 다양한 작품은 김동명 문학세계의 무한한 자료를 제공한다.

〈카라: 계절에 부치는 글〉에서 작가는 점심은 백원 짜리 짜장면이나 우동 정도로 대충 먹고 남은 돈으로 꽃가게에 들러 화분을 사가지고 돌아가라고 독자에게 권한다. 우리의 사색과 고달픈 심정을 어루만져주는 꽃을 풍류나 사치라고 말할 수 없다는 것이다. 식욕, 물욕, 금전욕망보다는 정서적인 환기나 영혼의 정화를 중시하고 동식물에 대한 평등사상과 타자지향적 응시가 표출되고 있다. 겨울에 기르는 꽃으로 이국적인 보헤미안 취미인 아스파라가스도 좋고 처녀 같은 동양적 정취를 지닌 수선화도 좋으나 자신은 카라·리리에게 청혼하겠다고 말한다.

'카라·리리'! 미끈하게 쭉쭉 치솟은 줄기 위에 창날 모양으로 떡 벌어진 잎사귀, 이것은 파초잎처럼 춥지도 않고 '칸나'잎처럼 쌍스럽지도 않은 것이 그 자랑인데, 가위 문무를 겸했다싶도록, 날카로움과 부드러움을 아울러 느끼게 함은, 아마도 그 모양과 빛깔과 선의 혼연한 통일에서 오는 인상일 듯. 잎은, 한 그루에 대개 넷 혹은 세 줄기로, 각기 키를 다투면서도 대립하여 피기로 마련인데, 이것들이 스스로의 무게에 겨워, 그 미끈한 종아리를 서로 맞대인 채, 고개를 뒤로 벌렁 제치고 둘러섰는

---

19) 꽃이 등장하거나 꽃과 관련된 수필은 상당수에 달하지만 그 가운데 정원, 화단 등과 같은 수필제목을 포함하여 구체적으로 꽃을 제목으로 사용한 작품은 자화상에 3편(〈정원〉〈화단〉, 〈파초, 해제〉), 목련기에 4편(〈카라〉〈따리아, 병들다〉〈국화〉, 〈목련기〉), 월남기에 1편(〈모란꽃 방울질 무렵〉), 1950년대기에 3편(〈석류꽃과 부처님〉〈산백합화〉, 〈동백꽃, 피는 고장〉) 등 총 11편이라고 한다. - 장정룡, 「초허수필의 '꽃' 이미지와 그 지향성 고찰」, 앞의 책, 401-402쪽.

20) 이성교는 동명시의 특색 중의 하나로 '나', '너', '그대' 같은 인칭대명사를 많이 사용한 의인법을 꼽고 있다. - 「김동명 시 연구」『김동명의, 시세계와 삶』, 한남대출판부, 1994, 25-26쪽.

꼴은, 흡사 봄 처녀들의 원무(圓舞)를 보는 듯한 인상이기도 하다. 그런데, 맨먼저 피었던 잎사귀에 누른 빛이 보일 듯 말 듯 감돌기 시작할 무렵이면, 어느새 또 새잎은 도롤 말린 채 죽순처럼 치솟기로 마련인데, 그 서서히 물러가고 또, 서서히 자라나서 자못 질서정연하게 서로 자리를 바꾸는 모습은, 마치 인간역사의 축도를 보는 듯해서, 일말의 감회조차 자아내게 한다. 내 이미 인생의 황혼을 맞이한 까닭일까! 하여튼 '카라·리리'는 그 잎이 가진 매력만으로도 겨울의 화초로는 크게 고임을 받기에 넉넉한데, 하물며 '마리·로랑상'의 여인상을 연상케 하는 백합 모양의 하얀 꽃이 멋들어지게 피어 줌에 있어서야.[21]

카라·리리를 관찰하면서 시간의 흐름을 깨닫는 이 수필은 꽃에 대한 낭만적·인생론적 묘사가 인상적이다. 마리 로랑상(Marie Laurencin, 1885-1956)은 〈미라보 다리〉의 시인 아폴리네르와 사랑을 나누며 그의 예술세계에 영향을 준 프랑스의 여류화가로 우아한 색채, 섬세한 감각, 수줍은 화려함, 창백한 에로티시즘, 여성의 신비성과 달콤하고 환상적인 그림으로 높이 평가받고 있다. 작가는 마리 로랑상의 그림을 닮은 꽃들에게 영감과 감성을 받아 시인으로서의 감각을 잃지 않고 있다.

따리아와는 30년의 긴 사연이, 가화(假花) 같은 국화나 "숱하게 휴지쪽을 걸어 놓은 듯 몹시 지저분한 꼴이 대뜸 내 정내미를 떨구어 주었던" 목련꽃의 첫 인상과는 달리 황홀한 순간,

마리 로랑상        여인상 1        여인상 2

---

21) 김동명문집간행회 편, 김동명수필·수기집 『모래 위에 쓴 낙서』, 신아사, 1956, 128-129쪽.

눈부신 원광과 청정의 극치이자 무후의 상징으로 미를 이야기할 수조차 없는 거룩한 인상을 남긴다. 정원과 꽃밭에 대한 사유는 작가의 삶과 불가분의 관계로서 그의 문학세계에 지대한 영향을 끼쳤다. 이는 유명한 시인으로, 명문대학의 교수로서 참의원이라는 높은 직책과 위치에 올랐음에도 불구하고 시대와 불화하고 쫓겨야 했던 고독하고 쓸쓸했던 내면을 원예치유[22]로 수련하고 위로받았던 것이다. 고향의 궁핍과 전근대성, 어린 나이에 도보로 이주한 원산 타향살이의 고달픔, 취업과 실직의 반복, 일제강점기의 유학생활, 이승만정권과 공산당에 대한 비판과 핍박, 숙청과 출당의 위기 및 월남과 피난의 고난, 반민주·반자유에의 항의와 거부, 위선과 반인권에 대한 분노등의 체험을 통해 작가는 슬픔의 정조와 인간에 대한 불신과 환멸을 꽃과 정원을 가꾸면서 의지하고 정화시켰을 것이다.

동물적 상상력은 수필〈소는 불행하다〉에 잘 나타나 있다. 생명체를 사람으로 대하는 그는 타자와 약자에 대한 연민과 공감능력을 지닌다. 타자지향적인 자세는 꽃, 식물, 동물에게까지 꼼꼼하게 관찰되어진다. 이른 새벽 달구지에 물건을 가득 싣고 함흥장으로 팔려 지나가는 소를 상상하는 작가는 세상에 이보다 더 불행한 짐승이 없을 것이라고 느낀다. 개, 고양이, 돼지의 신세도 좋은 것은 아니나 소의 가지가지의 수난에는 견줄 바가 못 되기 때문이다. 소의 일생을 향한 인간의 비정함과 잔인함과 이기심을 작가는 지적하며, 소에 공감하는 타자의식을 피력한다.

> 무릇 노역이 행복은 고만 두고라도, 견디기 어려운 고통이 되지 않기 위해서는, 첫째 힘에 맞아야 하고, 둘째 적당한 시간과, 그리고 또 적당한 휴식을 가져야하는 것이다. 그러나 우리의 불행한 짐승을 위하여, 이러한 조건들은 조금도 고려되지 않는다. 초년은 비록 곤고(困苦)하게 지날지라도 말년 신세나 평안하면 세상에서는 그 역시 좋은 팔자라고들 한다. 그러면 온갖 혹사와 고역으로 소장기(少壯期)를 보내게 되는 저 참을성 많은 짐승에게, 안한(安閑)한 말년이나마 있든가. 등 가죽이 벗어지도록 짐을 싣고, 목덜미에 썩살이 박히도록 멍에를 메었건만, 드디어 노쇠하여 사람들의 소욕(所慾)을 채워줄 수 없는 몸이 되고 보면, 그 적엔 푸줏간에 끌려 들어가

---

[22] 이를 장정룡은 원예치료(Horticulture Therapy)의 관점에서 해석하였다. -「초허 수필의 '꽃'이미지와 그 지향성 고찰」, 앞의 책, 19쪽.

그 장배기에 백정의 쇠 메를 받아야하는 것이, 허연 칼 날에 사지를 찢겨야 하는 것이, 소위 말로가 아니든가? 한 평생 찍 소리 한 마디 없이, 살이 찢어지고 뼈가 휘도록 봉사해준 짐승에게 마즈막으로 갚은 것이 기껏 이것이라면, 이렇듯 잔인포학한 인간에게 불행이 따르는 것도 무리가 아니리라.

<u>푸주깐으로 엉금엉금 기어 들어가는 소의 뒷 모양, 그 비명, 그 전율, 그 뒤에 채찍을 들고선 건, 보라, '인간'이 아니냐! 이것은 분명히 한 개의 전율할만한 광경임에 틀림 없다. 이러고도, 인간의 역사가 비극적이 아니기를 어떻게 바랄 수 있으랴.</u>

<u>드디어 그 머리 위에 쇠 메가 떨어질 때 '으앙'하고 지르는 큰 소리는, 춘원의 이른 바 '내일은 이루었다'가 아니라, '무도(無道)한 인간들에게 화 있으라!' 하는 저주의 소리가 아닐까?</u>

아아 불행한 짐승이여! 네 이름은 소니라.[23]

작가는 달구지를 지고 목숨을 건 곡예를 하며 가파른 길을 달렸을 '전형적인 무저항주의자'인 소에게 크게 분격을 느꼈다고 말한다. 힘을 가졌으면서도 '놈팽이'들에게 저항하지 않는 못난 천성에 대해 연민보다 경멸을 느꼈다고 하지만 동물의 입장에서 소의 불행론을 피력하는 작가는 레비나스의 타자지향적 응시를 하고 있다. 작가가 예언하고 저주하듯이 동물을 착취하고 종속시키는 폭력은 여성에 대한 남성의 성적 지배의 길을 닦았고, 이사야는 "소를 도살하는 자는 인간을 죽이는 자와 같다"고 하였다. 동물의 가축화/노예화는 인간 노예제의 모델과 영감이 되었으며, 동물을 희생시키는 것이 인간이 서로를 희생시키는 모델의 기초가 되는 것[24]이다. 인간의 동물 착취와 도축은 인간이 타자를 동물처럼 취급하게 되는 과정인 것이다. 동물의 아픔과 고통에 대한 공감능력과 타자의식을 추구하는 작가는 이기적이고 자기중심적인 인간의 욕망과 비정함을 비판한다. 타자의 사유를 하는 것만이 진정한 주체를 회복하는 길이라고 생각하며 타인을 수용하고 손님으로 환대하는 것이야말로 주체의 주체됨이자 윤리적 주체인 것이다. 고아나 과부처럼 헐벗고 고통 받는 모습으로, 정신적·경제적·사회적 불의에 의해 짓밟힌 자의 모습으로 호소하는 타자를 수용하고 대신해서 짐을

---

23) 김동명문집간행회 편, 앞의 책, 17쪽.
24) 찰스 패터슨, 정의길 역, 『동물 홀로코스트』, 휴, 2014, 152쪽.

지고 사랑하고 섬기는 주체25)이다. 꽃과 나무를 사랑하고 동물에 대한 연민과 공감능력을 지닌 작가의 타자윤리학은 자연을 정복과 수단의 대상으로만 여기는 현대인들에게 일침을 가한다. 동물은 인간의 어리석음, 허무함, 이기적 속성을 알게 해주는 숭배와 성찰의 대상26)이 되기도 한다. 꽃과 나무를 사랑하고 동물과의 공감을 통해 작가의 자연친화적이고 타자지향적인 시각이 드러난다.

## 3. 문학수업시대 회상 및 스쳐간 문인들

작가는 《세대의 삽화》〈후기〉에서 해방전 시 이외의 문장에는 거의 손을 댄 적이 없으나 수필 및 잡문을 쓰게 된 연유로 신문사나 잡지사와 가까이 살게 된 것과 얼굴에 주름살이 늘어갈수록 생각과 취미가 다소 산문화되었기 때문이라고 한다. 시는 젊은이가 쓰는 글이며, 산문은 늙은이가 쓴 장르로 보는 그의 대표적이고 예술적으로 평가받는 시들은 젊은 시절에 주로 쓰여졌다. 순간의 섬광과 찰라의 감성과 정열을 폭발하는 시는 청춘시절에, 경험과 논리, 현실인식, 판단과 지혜를 바탕으로 하는 산문장르는 연륜을 쌓은 중년의 글이라는 것이다. 감성과 정열과 오감이 예민한 청춘의 시기에 시를 남겼다는 사실은 순전히 문학적인 이유라기보다는 그 후 그가 정치가와 교육자, 평론가로 시간을 보냈던 경험 때문이기도 하다.

출세와 관직을 바라는 어머니의 영향과 더불어 중학시대엔 문학을 전혀 하지 않은 작가는 "기왕 남아로 태어난 바엔 좀더 벅차고 화려한 일을 마련하고자 하는 포부를 가졌고 문필을 쬐쬐하게"여겼다. 그럼에도 불구하고 춘원의〈어린 벗에게〉,〈윤광호〉와 주요한의〈불노리〉및 단편들을 읽고 감심(感心)했다고 한다. 중학 급우 중에 예쁘장한 미소년 이상희가 러시아문학을 하겠다고 러시아로 갔고, 상급반의 강용흘 씨는 명문(名文)을 꾸며 청춘지의 독자투고란을 빛내곤 했으나 풍모나 기질이나 성정에 예술적인 느낌이 없었기에 문학으로 성공할 줄 몰랐고 후에 〈초당〉으로 미국문단을 빛내게 되어 놀랐다고 술회한다. 작가는 상급학교 진학이 어렵던 중 서호의 소학교 교원으로 초빙받았으나 모종의 설화사건에 걸려 당국으로부터 추방명령을 받고 S촌 B학교로 옮겼으나 학교장으로부터 그만두라는 명령을 받는다. 또다시 우여곡절 끝에 안주에 있는 U학교 고등과 교원이 되어 그곳에서 이광수 씨의 애제자로 동

---
25) 강영안,「타인의 얼굴」, 문학과지성사, 2005, 74-75쪽.
26) 이동연,「동물과 인간 사이, 그 철학적 질문들과 문화적 실천」『문화과학』제76호, 2013.겨울호, 25쪽.

아일보지상에 장편〈읍혈조(泣血鳥)〉를 실은 이희철 씨의 후임자임을 알게된다. 이 학교에서는 우리나라 최초의 여기자로 상당히 활약했던 여교원 C도 있었으나 이씨를 따라 나섰다는 이야기도 듣는다. 이 학교의 교사로 있으면서 작가는 『조선문단』지에 처녀작〈꼬맹이 선생〉을 발표했던 박찬빈 군과 그 밖의 동호(同好)의 벗들과 함께 습작지 『석류꽃』을 만들면서 문학적인 것을 향한 최초의 정열을 느꼈다고 한다. 흰 얼굴에 어딘지 병색을 지닌 젊은이 현인규 군과 문학담을 나누고 그로부터 계몽되었으며 그에게서 빌린〈악의 꽃〉을 읽고 쓴〈당신이 만일 문을 열어 주시면〉이라는 보들레르의 헌시가 1923년 겨울에 발표된 처녀작의 탄생비화였음도 밝히고 있다. 작가는 소설을 쓰다가 끝내지 못했고 7,8편의 시를 습작했으며 로맹 로오랑의 장엄한 설교와 보들레르 시의 야릇한 향기에 빠진 것이 자신의 문학수업이 되었다고 회상한다.

안주를 떠나 바다가 있는 섬에 도착한 작가는 그곳에서 왕성한 시정과 강렬한 창작의욕을 느끼게 되어 붓을 대면 시가 써졌다고 고백한다. 고등과 2학년이 5명뿐인 C학교에서 타골에게 드리는 글월을 지어온 소녀가 이선희 양이었고, 두 달도 못 되어 이 학교를 그만두었지만 그녀의 방문은 고독 속의 위로였다고 술회한다. 문단생활을 하지 않았던 작가가 인생길에서 만났던 문인 혹은 문학도의 인상과 학생시절의 기억은 문학외적 자료로서 소중한 기록들이다. 일제 강점기 취직이 쉽지 않았던 시절에 학교를 전전하며 고달픈 생계유지를 하던 그가 운명적으로 문학의 길을 가게 된 사연을 촘촘하게 고백한 글에서 작가가 올곧게 문학만을 하지 않았던 이유를 알 수 있다.

> …나는 문득 이기영(李箕永)이가 생각났다. 그치는 일찍이 젊은 한 시절을 여기 와서, 과잉한'센치'를 배설하며 지난 적이 있었다니 말이다. 모르긴 하나 저도 아마 지금쯤은, '조쏘문화협회장'이라는 나라를 팔고 민족을 팔아야하는 욕된 자리보다도, 그 옛날 이곳에서 마음껏 고독을 즐기고, 예술을 사모하던, 그 시절이 더 그리울지도 모른다.[27]

전쟁이 발발한 1950년 7월 9일 가족과 함께 논산에 피난 온 작가가 카프작가의 고향에서

---

27) 김동명문집간행회 편, 앞의 책, 385쪽.

이기영을 떠올리는 대목이다. 민주주의 체제와 민족문학을 수호한 작가는 월북작가 이기영의 터전인 충청도에서 그를 회상한다. 삶의 한가운데서 스쳐지나간 인연이나 다른 작가와 연관된 지역을 방문해서 생각한 이선희, 강용흘, 이기영은 한국문학의 주요 작가들이다. 교원과 실직, 문학과의 인연을 담담하게 적어가는 김동명은 처음부터 작가가 되고자 하지는 않았지만 주옥같은 시와 산문들을 남겨놓음으로써 한국문학의 한 위치를 자리매김하고 있다.

　　카프작가 이기영　　　　　　재미작가 강용흘　　　　　　여류작가 이선희

## Ⅲ. 디아스포라[28] 운명과 삶의 엑소더스[29]

### 1. 해방공간의 탈출 오디세이:〈월남기〉

작가의 삶은 출향·이주·월남·탈출·피난하는 디아스포라적 삶이다. 식민지, 해방, 전쟁, 4.19, 5.16 등 격변의 한국근현대사를 몸소 체험한 작가는 부모의 손에 이끌려 고향 강릉을 떠나 신학문을 배우기 위해 함경남도 원산으로 이주한다. 신안주에서 교원생활을 하다가 원산으로 돌아온 그는 도일하여 청산학원 신학과를 졸업하고 귀국한다. 그후 정치적 위기로 월남하였고, 전쟁 중엔 가족과 피난을 하는 등 그의 삶은 여행하는 삶이었다. 특히 자전적

---

[28] diaspora는 "씨뿌리다"라는 그리스어에서 유래했으며, "야훼께서 너희들을 흩으실 것이다"라는 말 그대로 AD70년경 유대인들은 뿔뿔이 흩어졌고, 이 단어는 팔레스타인을 떠나 알렉산드리아 등지에 살게 된 유대인 공동체 곧 조국에서 살지 못하고 타국에 흩어서 사는 유대인이란 뜻이 되었다. - 김응교,「이방인, 자이니치 디아스포라 문학」『한국근대문학연구』제21집, 한국근대문학회, 2010, 123-124쪽.

[29] Exodus, 구약성경의 두 번째 부분인 출애굽기, 탈출기로 신이 모세를 통해 이집트에서 노예로 살던 이스라엘 민족들을 구해 가나안 땅으로 인도하는 내용을 담고 있다.

소재를 바탕으로 한〈월남기〉는 지식인 정치가로서의 갈등을 증언하는 당대의 기록으로서도 가치가 있지만 문학적으로도 완결된 작품으로 볼 수 있다. 이 글의 장르적 특성에 대해 엄창섭은 1인칭 신변소설[30]로 규정하며, 장정룡은 '창작소설'이라고 칭한 기록을 발견하지 못하였다[31]고 말한다. 문학 장르란 시대적 추이에 따라 변화할 수 있다. 자의식적이고 자아반영적인 메타문학적[32] 특징을 지니며, 현실과 허구의 경계를 넘나들고 실명이 거론된다는 점에서 이 작품을 넓은 범주의 메타픽션으로 이해할 수 있으며, 북한 탈출과 피난을 사실적으로 그렸다는 점에서〈어두움의 비탈기〉와 더불어 '일기, 자서전, 회고록, 수기문학과 같이 사실과 허구의 복합적 성격을 띠는 증언문학'[33] 으로도 볼 수 있다. 해방기 이데올로기의 첨예한 대립 속에서 공포와 위기의 공간을 탈주하는 주인공의 목숨을 건 여정은 극적이고 사실적이며 생동감있게 전달된다. 1947년 4월 13일부터 20일까지 8일간의 여정을 기록한〈월남기〉는 14개의 소목차로 구성되며 작가의 문학적 특징인 유머와 페이소스, 위트, 의인화 등의 기법과 타자의식, 정치적·이념적 소명, 인간적 매력과 재치 등이 담겨있고 당대의 정치 현실과 한 인간의 운명을 바꿔놓은 사회적·문학적 자료로도 가치를 지닌다.

※ 서사구조

1. 네 갈래 길: 탈출경로의 선택
2. 모란꽃 방울질 무렵: 가족을 두고 떠남, C라는 사나이와의 만남
3. 떠나가는 사람들: 기차 탑승, 도보, 기차로 이동, 기차안의 풍경
4. 조그마한 모험: 검열과 순찰을 피하기 위해 이름 위조
5. 서글픈 행렬: 피난민과 동행하여 남쪽으로 걸음, 민주당원 K와의 조우
6. 산길은 멀다: 산과 골짜기를 반복하며 일행과 무작정 걸음
7. 또 만난 사람들: 산령, 평지, 골짜기, 들, 오르막 산길을 도보로 이동,

---

30) 엄창섭,『김동명 연구』, 학문사, 1987, 148쪽.
31) 장정룡,「김동명 산문의 시대적 양상」, 앞의 책, 19쪽.
32) 메타픽션은 소설쓰기에 대한 성찰을 다룬 소설 또는 소설 쓰는 과정에 대한 소설로서, 소설과 작가의 삶 그리고 소설과 비평이 뒤섞이는 소설을 지칭한다. 또한 문학과 인생, 현실과 허구를 뒤섞으며 궁극적으로는 다른 텍스트와 연결되는 상호텍스트성 이론과도 상통한다. - 김성곤,『퓨전시대의 새로운 문화읽기』『외국문학』, 제18호, 열음사, 411쪽.
33) 정찬영,『한국 증언소설의 논리』, 예림기획, 2000, 24쪽.

흥남고녀 K양 모녀, 차중(車中)에서 본 두 청년과의 조우
8. 삼팔선은 가까웠다: 한탄강을 바라보며 여인숙을 찾아감
9. 여인숙과 허리가 긴 사나이: 여인숙 주인에 속아 단속에 걸림, K양 모녀와 해후
10. 마각은 드러나다: 처분만 기다리며 심문받음
11. 오줌 구유 곁에서: 지린내가 나는 구유 같은 유치장에서 감금,
    남에서 들어 오다가 붙들린 젊은이와 만남
12. 청류한(淸流恨): 보안대원의 호위를 받아 지서에 도착
13. 사선을 넘어서: 보안서 조사를 받고 자신인 '중대범인'을
    수색하는 위기에 직면함
14. 자유에로 가는 길: 자유의 땅인 남한 도착, 월남피난민이 됨

김일성 일당과 소련사령부 하수인인 최용건에 의해 숙청에 해당되는 출당을 통고받은 조선민주당 도위원장인 '나'는 안온하고 평화로웠던 북한에서의 삶을 마감하기로 결심한다. 조민당 운동의 반동성에 대한 탄압은 월남동기가 되어 가족과 삶의 터전을 두고 탈출을 감행하는 대모험의 서사가 시작된다. 자신의 의지와 상관없이 삶의 터전을 옮겨야 하는 디아스포라 운명에 직면한 주인공은 계획을 세워 이동하지만 위험은 곳곳에 도사리고 있다. 남한을 목적지로 하는 네 가지 탈출경로 중 잡힐 확률이 가장 적은 길을 택한다든지 수상하지 않은 차림으로 위장하고 이름을 '鳴'에서 '鴻'으로 위조하여 당원이 아닌 척 한다든지 일행과 떨어져 피난민이 아닌 강원 출신의 원주민임을 강조하는 등 기지와 재치를 발휘하여 위기를 모면한다.

함흥-철원-연천-한탄강까지 기차와 도보를 반복하며 8일만에 남한에 도착한 주인공은 자유의 소중함을 깨달으며 오열한다. 해방공간의 어수선하고 불안한 정세는 부유하고 떠도는 일상을 가져온다는 점에서 일제강점기의 이주, 방랑, 여행하는 삶에서 더 나아지지 않았다. 1946년 12월부터 불안과 공포, 위험과 죽음의 두려움에 놓인 나는 가친에게 거짓말을 하고 아내와 포옹과 키스를 한 후 모란꽃을 뒤로 하고 집을 나선다. 여정 중에 만난 사람들을 관찰하는 나는 호불호가 분명한 타자 인식을 보인다. 길 위에서의 조우와 만남은 여행서사 혹은 탈출서사에서 매우 중요한데, 여행자의 시선에서 정착민과 우연히 만난 사람들을 관찰하

고 분석하며 느끼는 내면심리와 현실인식이 드러나기 때문이다. 또하나의 자아와의 만남이란 여행자에겐 서로의 거울 이미지나 샴쌍둥이이자 도플갱어로서의 타자적 존재로 해석[34] 할 수 있다. 이들은 자신의 문신, 악마, 자신의 다른 나, 자신의 풍자화와 함께 대화하면서 한 인간 발전의 내면적 단계조차 공간 속에서 극화[35] 시키며, 이들 분신들 속에서 갱생하기 위해 정화하고 자신 자신을 초월하기 위하여 죽는다(부정된다). 극한상황에서 만난 길위의 인물군상은 또다른 자아, 분인(分人)이자 인간 고유의 모습들이다.

서함흥역에서 만난 'C라는 사나이'는 기회주의자이자 대표적인 속물이다. 그는 홍남의 명물로 사회주의가 유행할 땐 모지 지국 간판을 달고 지방유력층에 알랑되거나 일본군과 어울리는가 하면 해방이 되자 8.15해방 기념축하회에서 축사까지 하는 '꺼삐딴 리'[36] 1962년 7월 『사상계』109호에 발표된 전광용 소설의 주인공 의사 이인국 박사로, 시대에 따라 약삭빠르게 변신하는 속물근성과 변신술로 승승장구한 이기주의적·기회주의적 속성의 대명사가 된 인물이다.

같은 '처신머리가 더럽든 자'이다. 공산당에 접근하여 충성하는 변절상습자인 C와 같은 존재는 혼란기엔 어김없이 등장하는 처세의 달인이지만 일본인, 미군, 러시아, 공산당 등 강자의 곁에서 생계를 유지할 수밖에 없던 우리 근대사의 혼란스럽고 슬픈 현실을 대변한다. 이러한 부정적인 인물을 탈출의 막바지에 도달한 여인숙에서 나는 주인인 '허리가 긴 사나이'와 대면한다. 목숨을 건 사투의 월남과정에서도 피난민을 상대로 밥값, 숙박비 등의 이익을 추구하는 비정한 그에 대해 "제 집에 온 손님을 마구잡이로 묶어 넘기는 악덕한이, 괴담도 아닌 현실 속에 이 강원도 산골 속에 이렇게 짐승처럼 도사리고 미끼가 걸려들기만 기다리고" 있고 이를 돕는 협력자인 비밀보따리 장사꾼을 보며 비정함에 경악한다.

8일간의 여정은 역전이나 검문소 같은 경계를 월경(越境)할 때마다 두려움과 공포, 가슴졸임이 반복되며, 비일상에서 벗어난 자신의 초라하고 보잘 것 없는 행색과 몰골에 놀라곤 한다. "허줄한 조선옷에 철늦은 방한모를 뒤집어쓰고 한쪽 구석에 가서 우둑허니 섰는" 자신이 탈주자가 아닌 척 해야 하는 낯설고 소외된 자아와 마주서게 되는 것이다. 차칸은 "상가(喪

---

34) 이미림, 『우리시대의 여행소설』, 태학사, 2006, 36쪽.
35) 미하일 바흐친, 김근식 역, 『도스토예프스키 시학』, 정음사, 1988, 187쪽.
36) 1962년 7월 『사상계』109호에 발표된 전광용 소설의 주인공 의사 이인국 박사로, 시대에 따라 약삭빠르게 변신하는 속물근성과 변신술로 승승장구한 이기주의적·기회주의적 속성의 대명사가 된 인물이다.

家)에 들어선 듯한 기분"으로 쓸쓸한 표정과 활기 없는 얼굴을 한 탑승자들로 가득하며 주인공은 이러한 상황을 희화적이고 풍자적이라고 논평한다. 이러한 여유는 어마어마한 감시 하에서 육체적 고단함과 정신적 피로에서도 '유모러쓰'하고 '휴머니스틱'하다고 한 대목에서도 드러나고 있다.

> <u>밥보자기에 붙은 밥알을 뜯는 청년과 휴지조각에 지사미를 말아서 연기를 내뿜는 중년신사와의 대좌! 얼마나 그럴 듯한 풍자적인 광경이었으랴.</u>
> 멍하니 창밖을, 혹은 서로들 마주치는 정기 없는 눈들, 만지면 버스럭버스럭 소리라도 낼 듯한 버쩍 마른 피부며, 서리 맞은 가랑잎처럼 누렇게 뜬 얼굴들. 이따금 보일 듯 말듯이 씰룩거리는 근육의 파동…… <u>그것은 굶주림과, 절망과, 복수와, 그리고 어떤 사나운 짐승에게 쫓기는 듯한 공포에 휩싸인 인간지옥의 산 영상이 아닐 수 없다.</u> 헌데 이 가운데서도 피부에 기름끼가 돌고 눈알이 팽글팽글 돌아가는 놈이 있다면 그놈은 영낙 없이 빨갱이거나 그 주구일 것은 불문가지다. 「위대한 붉은 군대」가 이 강토에 발을 들여 놓은 지 불과 일년유여에 이렇듯 상전을 벽해로 뒤집어 놓았구나하고 생각할 때 이가 부드득 갈리는 것은 어쩔 수 없는 일이었으리라.[37]

삶의 터전을 떠난 피난민과 대비하여 공산당을 거부하고 혐오를 느끼는 작가의 시각이 나타난다. 일본인, 공산당, 자유당, 이승만 정권에 대한 경멸과 비판은 일관되게 제시되고 있다. 서정적인 시를 쓰는 작가일 뿐만 아니라 당의원, 참의원이라는 직책으로 현실비판 및 참여까지 하는 행동하는 지식인, 정치가의 면모를 보여준다. 역사의 대혼란기를 몸소 체험한 작가는 국가와 민족에 대한 강렬한 안위와 우국적 충정을 갖고 있다. 그의 정치적 신념과 행동은 올곧게 문학인으로서만 살지 않았다는 점에서 부정적으로 평가되는바 작가와 교육자, 정치가, 행동하는 지식인으로서의 역할을 수행했다는 점에서 재고되어야 한다.

김동명의 강원도 인식은 가난으로 인한 비참한 참상으로 그려지며 강원도민 역시 순박하고 인정 많고 아낌없이 내주는 전형성을 표상하고 있다. 그러나 피난, 전쟁, 목숨을 건 탈출 위기엔 인간에 대한 배신, 생명경시, 냉정함과 극단적 이기주의가 난무할 수밖에 없기에 실

---

[37] 김동명문집간행회 편, 앞의 책, 276쪽.

망감과 극한상황의 비정함과 냉엄함을 체험한다.

> 이것이 강원도 산골 겨레들의 수백 년을 두고 누려온「생활」이 아니었더냐고 생각할 때, 나는 새삼스럽게도 세상이란 남의 불행엔 지나치게 무관심 하다는 것을 느꼈다. 이러한 비참은 응당 인간가족으로서의 공동책임 하에 극복되어야 한다고 느꼈대서 한갓 내 값싼 감상벽으로만 돌릴 수 있을까?
> <u>내가 만일 강원도지사가 된다면 나는 맨 먼저 저들로 하여금「인간」과「문명」에 참여할 기회를 마련하리라.</u> 이런 공상도 해보았다. 때마침 춘궁기인데다가 인민을 축생보다도 안 여기는 공산치하에서 갈근목피외에 딴 것이 저들의 차례로 갈 리가 만무였다. 저들의「인생」은 실로 너무 비참했다.[38]

문명과 물질적 혜택을 받지 못하고 정치, 문화, 현실에 주변화되고 소외된 강원지역을 보며 주인공은 이들에 대한 연민과 구제를 결심한다. 해방은 되었으나 헤게모니 투쟁이 치열한 혼란기였던 해방공간은 고통스러웠으며 생계 유지조차 쉽지 않다. 또한 한탄강 주변의 여인숙 주인에 대한 인상도 "강원도 산골에 다 이런 사나이가 있었던가 싶도록 한 버릇 착실히 지녔음 즉한 풍모"와 "어둡고 흉물스러운 인상"을 지녔다고 묘사해 강원도민의 선하고 순한 이미지와 다른 모습에 실망한다. 목숨을 건 위기의 순간에도 숙박비와 식비를 벌기 위해 피난민을 위험에 내모는 살벌하고 이기적인 여인숙 주인이나 그를 돕는 비밀 보따리 장사꾼들 같은 악인들이 많을 정도로 주인공은 여정 중에 인간불신이 깊어지며 거짓과 사기, 농락을 당한다.

그러나 탈출과정에서 C라는 사나이나 허리가 긴 사나이, 30남짓 해보이는 빤질빤질하게 생겨먹은 촌녀석 등의 부정적 인물뿐만 아니라 연민과 아름다움을 느끼게 하는 사람들도 만난다. 산길과 산령을 넘어 평지에서 휴식을 취하는 중 자신을 교장선생님이라고 칭하는 예쁘장한 소녀와 그녀의 어머니는 젊고도 아름다우며 인사치레도 매우 깍듯하다. 고된일을 해 본 적이 없는 듯한 매끈한 손길로 무거운 짐짝을 끌고 남으로 탈출하는 모녀나 차안에서 궁색하게 식사를 하는 젊은이를 보며 측은하고 애틋한 심경을 느낀다. 경계를 통과할 때마다

---

[38] 위의 책, 292쪽.

감시와 검열을 피하기 위한 가슴 졸임과 체포에 대한 두려움 속에 난관을 극복하고 자유의 땅을 밟으며 자유의 소중함과 갈망을 체득한다. 한탄강을 건너는 마지막 장면은 극적이고 당시 상황의 아슬아슬함을 리얼하게 표출한다.

> 문득 빨리 건너야 한다고 생각하니 강폭은 자꾸 넓어지는 것만 같았다. 금시 저 뒤에서「게 섰거라」하고 외치는 소리가 들려올 것만 같아서 나는 자꾸 마음이 조마조마 했다. 「이래도 만일 안서고 그냥 걷는다면 놈들은 필시 쏘렸다.」이런 생각이 들자 더욱 허둥지둥 물살을 헤치며 텀벙거려야 하는 판이니 그까짓 바지 가랑이 젖는 것쯤이야 애당초의 문제일 까닭이 없었다.[39]

생사를 건 도강(渡江) 장면에서 심리적 거리를 멀게 느껴짐으로써 긴장감이 극대화되는 순간을 리얼하게 묘사한다. 우리 민족의 고통과 비극 앞에서 욕설과 눈물을 터트리고 마는 나의 기나긴 오디세이가 막을 내리는 순간이다. 경계를 표식 하는 흰 말뚝이 서 있는 지점에서 복받쳐 오르는 환희를 주체 못하며 엑소더스의 완성 앞에서도 한순간도 '조선민족'을 잊지 않는 민족애와 민주정신이 드러나고 있다.

> 아침 공기가 유난히 시원하고 감미롭다 느끼며, 연천 방면으로 가는 가도에 나서니 벌써 여기도 한 떼 저기도 한 패거리, 그앞에도-또 저 앞에도-피난민들이 물키물키 무데기를 지어가고 있었다.
> 저멀리 파아란 하늘 밑에 병풍처럼 둘린 산봉우리 위에서는 흰구름이 한가로이 떠돌아 서글픈 행렬을 한결 더 인상 깊게 해주었다. 나는 하염없이 저들의 뒷 모습을 바라보며 옛날에「카나안」을 찾아 광야를 지날 때의「이스라엘」백성들이 저랬으려니 하고 자꾸 처량해지는 마음을 것잡을 수 없었다. 부(父), 조(祖) 대대로 지켜오든 옛 땅을 버리고. 저렇게들 정처없이 가는 마음이 오죽하랴 싶어, 눈물이 찔끔 하다가도 무엇이 저들로 하여금 저렇듯 이고지고 고난의 행로위에 나서게 했느냐를 생각할 때에는 북쪽 하늘을 향해 저주를 퍼붓지 않고는 배길 수 없었다.[40]

---

39) 위의 책, 321쪽.
40) 위의 책, 286쪽.

일본 청산학교에서 신학을 전공한 작가는 기독교 신자였고 기독교 대학(이화여대)의 교수를 역임했으며 임종 직전 '프란치스코'란 영세명을 받아 천주교신자로 마감한 그리스도인이다. 그의 출향-북한 이주-월남-피난하는 삶은 디아스포라의 엑소더스와 같은 성경 속의 상황과 흡사하다. 자의적이든 타의적이든 그의 삶은 고단하고 떠도는 신산한 삶이었으며, 예수와 같은 고난의 인생이었다. 그는 문단과 정치와 종교의 길항 속에서 어느 한쪽에 치우치거나 내세우지 않고 자신의 생각을 일관되게 피력하였다. "정치사가나 문학사가들에 의해 정치 또는 문단의 주변인물로 가볍게 취급"[41]된 작가의 문학세계와 정치적 평가는 아직 이루어지지 않았다.

작가의 디아스포라의식은 시〈파초〉에서도 제시되고 있다. 대표작으로 고향, 조국을 떠난 남쪽나라에서 온 '파초'와 우리 민족 혹은 시적 자아를 동일시하는 이 시는 이주 모티프와 디아스포라의식이 예술적으로 형상화되고 있다. "조국을 언제 떠났노/ 파초의 꿈은 가련하다 / 남국을 향한 불타는 향수/너의 넋은 수녀보다도 더욱 외롭구나"에서의 '파초' 이미지는 오늘날 '파프리카'가 결혼이주여성으로 은유되는[42] 것과 유사하다. 일제강점기에도 우리 민족은 조국과 토지를 강탈당하고 만주, 러시아, 하와이, 일본 등지를 유랑했던 것처럼 21세기 탈국경 다문화 시대에도 노동과 결혼 등 생계유지를 위해 이주자들이 신산하고 비극적인 이산 체험을 하고 있다. 이 시의 해제에서 작가는 "나도 실은 그 언젠가 조국을 잃은 사나이"이기에 파초처럼 외롭고 쓸쓸하고 더욱 겨울이 슬프다[43]고 고백하고 있다.

## 2. 전쟁트라우마와 피난길의 신산함:〈어두움의 비탈기: 6.25 피난 수기〉

힘겹게 월남하여 자리 잡은 작가는 전쟁 발발로 가족을 이끌고 또다시 서울을 탈출한다. 우리 역사상 "최대의 비극이요 흉변이자 한민족사상 최대의 비참이요 흥분이요 치욕"이라고 한 작가 나이 50세 때의 일이다. 6월 25일부터 8월 1일까지 매일매일 일기식으로 쓰여진

---

41) 엄창섭, 「김동명 산문의 연구」『관대논문집』, 관동대학교, 1989, 12쪽.
42) 서성란의 다문화소설〈파프리카〉의 결혼이주여성 츄엔은 이국품종인 파프리카와 동일시되고 있으며, 파프리카 농사처럼 온도와 습도와 산소와 햇빛을 조절해주고 꼼꼼하게 관리해 주듯이 아내이자 며느리인 이주여성에게 돌봄과 정성, 관심이 필요하지만 그녀는 방치되고 소외됨으로써 불행한 결혼생활을 영위하고 있다. - 이미림, 『21세기 한국소설의 다문화와 이방인들』, 푸른사상, 2014, 296-300쪽.
43) 김동명문집간행회 편, 앞의 책, 46쪽.

이 수기는 상황의 절박함과 치열함을 생생하게 느낄 수 있는 현장체험의 보고이자 증언문학으로서 뿐만 아니라 각 단원마다 시가 삽입되어 문학적으로도 가치를 지닌다. 월남 후 대학교수로 근무하며 정원을 가꾸면서 일상의 기쁨을 만끽하기도 전에 발발한 6.25로 인해 38일간의 여정은 서울-안양-수원-천안-청주-논산-이리-전주-남원-곡성-순천-광양-하동-진주-진동-마산-삼랑진-사상-부전-부산까지의 멀고먼 오디세이이다. 기차역이 바뀔 때마다 기차를 타지 못하거나 가족을 잃을까봐 초조하고 불안한 마음으로 이동하는 피난민의 애환과 비애, 슬픔과, 바닥까지 드러나는 잔인하며 이기적인 비인간성으로 인간임을 포기하는 순간을 겪을 때마다 지식인으로서의 심적 갈등과 번민을 솔직하게 서술한다. 불확실하고 부정확한 풍문과 입소문은 공공연한 소문으로 이어져 여론(Public Opinion)을 형성하며, 정부조차 믿기 어려운 현실 속에서 죽음을 담보한 삶의 엑소더스는 어디까지 남침한지도 모르고 무작정 남으로 향하는 절망적인 순간이었다.

3.8선 침략 소식을 들었음에도 불구하고 재직중인 이화여대 총장으로 부터의 평상심을 당부한다는 지침을 듣지만 곧 미인교수들은 전날부터 미대사관의 보호를 받는다는 사실을 알게 되고 학교수뇌부 전원이 거의 얼굴이 보이지 않게 되자 탈출을 결심한다. 라디오 스피커에서는 전세가 유리하니 신민들은 부디 움직이지 말고 수도를 지키라는 내용을 전달하지만 한강 인도교에 폭파장치를 발견한다.

> 이래 놓고도 시민들은 꼼짝말고 가만히 있기만 하라니, 그래 악차한 경우에는 시민을 잡아 붉은 악마에게 제물로 바치자는 뱃장인 셈인가? 나는 울컥 치미는 분노를 삼키며 인도교를 건넜다.44)

한강다리가 끊긴 6월 28일 길엔 피난민으로 가득차 있다. 안양읍에서 수원가로 향하다가 '돈암동 종점 근방에서 왔다는 사나이'에게 수도의 마지막 날 인민공화국기로 뒤덮인 서울거리 소식을 듣게 된다. 나는 이웃에 사는 '내순'아버지로부터 수도 탈환은 시간문제라고 호언장담하는 이야기를 듣지만 남쪽행을 멈추지 않는다. 풍속과 인심이 살벌해진 상황속에서도 '타관살이를 많이 한 사나이'의 도움으로 겨우 노숙을 면한다. 국회의원 K에게 사정하여 방

---
44) 위의 책, 339쪽.

을 한 간 얻고 피난민은 모두 안심하고 돌아가라는 포고문 소식에 남하를 포기하려고 하지만 남쪽행 열차의 가득찬 피난민을 보고 어느 것을 믿을지 혼란스럽고 아이들과 아내와 떠나는 피난길은 고달프고 신산하다. S마을에 도착하여 남편을 잃고 전라도로 가려는 여인에게서 아비규환의 생지옥과 같은 비극의 목격담을 듣는다. 전쟁 속에서 극단적인 이기주의와 인간의 밑바닥이 드러나는 전쟁상황을 작가는 "벌레와 같은 인생"이라며 스스로를 꼬집어 주고 싶은 심정이라고 토로한다. 만물의 영장인 인간의 고결한 존엄성이 훼손되고 단지 살고자 하는 동물적 본능과 생존욕구만 남은 피난민들이야말로 법과 제도망에 포섭되지 못한 호모 사케르[45]로서의 벌거벗은 생명들이다.

> 그러나 차는 이미 초만원이라기보다도 흡사, 콩나물 시루다. 단지 다른 것은 움츠릴 줄 아는 콩나물 대구리가 쏘아보는 시선을 가졌더라는 사실뿐. 모처럼 기다리던 차가 기껏 이 꼴이고 보니, 체면이나 예의 따위가, 살려는 동물의 본능 앞에 무색해야 하는 것은 어쩔 수 없는 일이리라.
>
> 우리도 남들이 모두 그러는 것처럼, 앞에 와서 머무르는 차바구니 속을 향해서 다짜고짜로 뛰어들었다. "아구구……다리야, 정강이야……무릎이야……"하는 비명이 여기저기서 들려왔다. "아, 여보, 여보, 정녕 이러기요. 이것 좀 봐요. 여길 좀 보래두. 제기랄!' 하며 성을 벌컥 내는 친구가 있는가 하면, 바로 내 앞에서는, '아따 이 양반 좀 보게, 남의 무릎을 막 밟으며 어디로 간다는거요……"하며 핀잔을 퍼붓는 사나이도 있다. 허나, 이런 소리들이 귀에 들어 올 까닭이 없다. 내 남 할 것 없이-. 간신히 비비대고 자리를 잡은 뒤 살펴보니 아내도 아이들도 모두 타고 있어 주었다. 고마운 일이었다. 행복감이라고 밖에, 달리 형용할 도리 없는 감격 비슷한 것을 느끼었다. 이런 어렵고 괴로운 가운데에도 행복으로 통하는 문을 열려있다는 것을 깨닫고 묘하다고 생각했다 차가 와 닿기가 급하게 이내 떠난 것은 아마 무리한 승차를 막으려함인 듯. 전라도로 간다는 여인은 종시 보이지 않는다. "바로 내 곁에 서있었는데……"하며, 아내는 자꾸 언짢아한다.[46]

---

45) 난민, 수용소 수용자, 인간 모르모트와 같이 쫓겨난, 추방령을 받은, 터부시되는, 위험스러운 자, 속세 영역에서 배제된 자로 경계영역에 놓인 이들은 무조건적인 살해의 가능성에 노출되어 있는 존재로서 정치 질서 속에 포함시키는 근원적인 예외를 성립시킨다. - 조르조 아감벤, 박진우 역, 『호모 사케르』, 새물결, 2008, 180쪽.
46) 김동명문집간행회 편, 앞의 책, 358쪽.

생사의 갈림길에서 인정사정 봐주지 않는 아귀지옥 같은 기차 안 풍경이 담겨있다. 국방부 직할부대 및 기관차의 화력부족으로 터널 안에서 꼼짝하지 않는 극한 상황을 벗어나 청주에 도착해서 만난 도립병원의 S, P와 욕설과 분노를 폭발시키며 시국에 대해 성토하는 나는 피난민끼리도 의심과 경계를 풀 수 없는 고단하고 피곤한 이동을 지속한다. 동족끼리 총을 겨누는 "수난의 세대를 지고 가는 겨레의 고된 모습"에 새삼 눈물겨워 하는 나는 이곳에서 만난 오군의 질문에, 자신이 공산당을 싫어하는 이유가 행복의 기준인 자유와 사랑을 억압하기에 그들 편이 될 수 없음을 논리적으로 설명한다.

> 오늘도 정보는 전혀 들을 수 없다. 싸움판이 어떻게 돼가느냐를 알고 싶어하는 것은, 부질없는 욕심인가 보다. 그러나, 정부는 이것을 국민에게 알릴 의무가 있지 않을까? 아무리 국민이 난을 피하려는데 극성맞게 방해를 했던 정부이기로서니, 일이 이쯤 된 바에는, 마음을 고쳐 먹고, 피난민, 즉 국민 본위의 봉사적 정신으로 돌아갈 법도 하건만, 이 벽창호는 끝까지 자기 본위요, 국민은 아랑곳 없다. 호남 평야에 널린 백만 피난민은 모두 우리처럼 엉거주춤하고 무슨 소식이 있기만 기다릴 것이 뻔하다. 우리는 시방 적이 한강을 건넌 여부도 모른다. 그것만 알았더라도, 우리의 피난은 좀더 계획성을 띨 수 있었으리라.47)

친일과 반일의 눈치 속에서 서로 의심하고 불신했던 식민지 암흑기를 벗어났지만 해방공간 역시 정부조차도 국민의 안전을 보호해주지 못하는 상황에서 좌익인지 우익의 이데올로기를 지녔는지를 파악할 수 없는 사람들을 대하는 피난민들은 한치 앞을 알 수 없다. 이승만과 자유당정부와 공산당을 맹렬하게 비판하는 주인공의 의식 속엔 자유와 민주, 애국적 충절이 가득하다. 이리에 도착해서는 대다수의 피난민과 행동을 같이 하는 주인공은 피난민수용소, 성경학원 기숙사 같은 집단공간에 거주한다. 그러나 급박한 정세로 바로 이동해야 하는 주인공은 피난민을 내두고 짐짝을 싣는다고 분노를 표출했다가 핀잔을 들으며 체면만 깎인다. '들리는 말' '소문', '전하는, 이야기' '전갈'이나, '벽보'가 거리에 떠돌고 이에 따라 행동과 목적지를 달리 해야 하는 순간마다 기차나 배, 도보 등의 이동수단도 재빨리 결정해야

---

47) 위의 책, 395쪽.

하는 것이다. 국민의 생명과 재산을 보호하기는커녕 피난민을 밀어 저치면서 뺑소니에 급급한 군의 파렴치와 뻔뻔함에 절망하는 작가는 이박사와 군수뇌부가 보여준 부도덕성과 무책임함에 좌충우돌하는 우리 국민의 처절하고 신산한 피난과 정에 비분강개한다.

부산까지의 피난대장정을 일자별로 꼼꼼하게 기록한 이 수기는〈월남기〉와 더불어 디아스포라의 엑소더스를 스릴있고 긴장감 있게 서술한다. 시인의 감성을 잃지 않으면서도 현실에 대한 냉철한 비판의식을 견지하고 자신의 시를 단원마다 삽입함으로써 현실과 문학의 균형을 이룬 이 글은 현장체험과 증언자료로서의 가치뿐만 아니라 독창적인 글쓰기 형식을 보여준다.

> 내 걸음의 이력서의 첫줄은 1908년 즉, 내 나이 아홉 살 되던 해로부터 시작된다. 나는 이 해에 고향인 강능을 떠나, 북쪽으로 오백오십 리를 들어가는, 함경도 원산까지 아버지와 어머니를 따라서 걸어간 일이 있다. 도중에서 난생 처음 남포등을 보고, 신기해하든 일이며, 원산에 다 와서야 말로만 듣던 사탕이라는 괴물을 처음 보고, 이것을 사주지 않는대서 노엽던 기억은 시방도 선하다.
> 그러고, 소학교를 다닐 때는 오리가 거의 되는 거리를 아침 저녁으로 걸어야 했고, 중학교 시절에는 방학 때에는 의례히 집까지, 또 방학이 끝나면 학교까지 걸어 다녔다. 그리고, 내가 금강산을 구경한 것은 열여덟 살 때의 일인데, 이때에도 나는 금강산까지 걸어갔을 뿐아니라, 금강산에 들어가서 이렛동안이나 걸어 다니며 구경을 하고도, 걸어서 집에 돌아온 일도 있다.
> 내가 일찍이 일본에 가서, 소위 유학생활을 하고 있을 때, 명색이 수학여행이랍시고, 일본인 학생들 틈에 끼여「이즈 한또우」며, 그밖의 이름난 온천지대를 더러 걸어 돌아다닌 일이 있는데, 그때에 일본인 학생친구들이 나를 보고,『긴상, 보기와는 다르구려. 상당히 잘 걷는 걸--.』하고, 감탄할 지경이었으니, 내가 걸음에 들어서 약간의 자신을 가진다기로, 아주 이유 없다 하지는 못할 것이다.[48]

한달을 넘게 걷기만 한 피난길에서 저자는 자신의「걸음의 이력서」를 이야기한다. 문명과

---

48) 위의 책, 457-458쪽.

근대의 표상인 '남포등' '사탕'을, 보고 '괴물'이라고 할 정도로 놀라움과 충격을 받았으며, 금강산 승경체험과 일본수학여행의 추억들에서 도보, 걷기가 자신의 삶과 얼마나 밀착되었는지를 회상한다. 그의 삶은 출향, 여행, 유학, 월남, 피난 등 여행하는 삶이었다. 여행은 근대적 인간임을 표상하는 기제로 한곳에 머물지 않고 유동적인 삶을 살아온 작가의 객관적이고 중립적인 삶의 자세와 약자와 이방인을 향한 타자지향적 태도는 디아스포라적 운명을 지닌 작가의 삶속에서 비롯되고 있다.

## Ⅳ. 초허 산문의 특징 및 의의

강릉 출신의 시인인 김동명은 많은 분량의 산문집을 출간한 작가이다. 최근 시, 소설 같은 경직된 문학장르에 벗어나 다양한 형태의 글쓰기가 시도되고 문학의 범주 속에 수용되는 경향이다. 또한 주류와 비주류, 중심과 주변, 인기와 비인기 장르라는 이분법적인 문학연구의 틀을 해체하고 경계를 넘고자 한다. 시문학뿐만 아니라 서정수필, 수기, 정치평론, 메타문학을 남긴 김동명의 풍부하고 다양한 문학텍스트는 시인으로만 평가받아 왔던 김동명의 산문가로서의 위치를 점하는 근거가 된다.

김동명의 서정수필은 시와 접속되며 의인화기법과 타자윤리학을 특징으로 한다. 8살에 고향을 떠났지만 강원 영동 강릉의 정취와 문화, 자연친화적 분위기를 작가는 〈어머니〉와 〈국추기〉에서 묘사한다. 어머니는 신사임당의 현명함과 지혜로움을 지닌 분으로 아들이 강릉군수가 되어 금의환향하기를 바란다. 냉철하고 객관적인 모친의 이성적인 성품을 영향받은 작가의 기억 속의 고향은 슬픈 타박녀 이야기나 생금이 쏟아져 나온다는 신화를 믿는 전근대적인 곳이다. 전통적·원시적·무속적 습속을 신봉하는 가난한 강원지역의 심상지리는 지금까지도 재생산되고 있다. 동식물에 대한 자연친화적이고 타자지향적 자세는 그가 남긴 꽃, 나무, 정원 모티프 수필에 드러나며 소를 통해 인간중심주의와 끝없는 욕망을 경계한다. 타자의 윤리와 타자의 권리를 상기시키는 작가의 타자윤리학적 자세는 동식물 모티프에 나타나고 있다. 〈나의 문학수업시대 회상기〉에는 학교를 졸업한 후 교원생활과 실직을 반복하며 스쳐간 문인들과의 인연, 창작동기, 처녀작 탄생비화를 통해 당대의 분위기를 읽을 수 있다.

8살 때 고향을 떠나 북한으로 이주한 후 일본 유학, 귀국, 월남, 피난등 부유하고 떠도는 김동명의 일생은 디아스포라의 기나긴 엑소더스와 멀고먼 오디세이였다. 문학뿐만 아니라 정치와 현실비판을 양립했던 작가는 공산당에 대한 환멸, 이승만과 자유당 정권에 대한 비판 등 현실정치와 불화하고 위기의 순간을 겪었던 디아스포라적 운명을 담지하고 있다. 메타픽션이자 증언문학인〈월남기〉는 숙청과 출당명령을 받아 더 이상 북한에 머물지 못하고 홀홀단신으로 월남하면서 벌어지는 탈출과정을 섬세하고 꼼꼼하게 그린다. 한국근현대의 혼란과 급변하는 사건들은 수많은 기회주의자와 처세주의자를 양산했고, 비정하고 비인간적인 일들이 벌어지는 체험 속에서 여행자의 행보를 보여준다. 인간의 근본을 관찰하고 판단하는 길위의 긍·부정적 인물들은 여행자의 또다른 자아이자 분인(分人)이다. 이 글을 통해 작가는 자유와 사랑이야말로 행복의 근원임을 주창하며, 자유의 땅을 밟고 감격한다. 부제가 '6.25 피난 수기'인〈어두움의 비탈길〉은 전쟁체험을 바탕으로 한다. 서울 남침으로 한강다리가 끊기는 아수라장 속에 대학교수인 작가는 가족을 이끌고 서울부터 부산까지 한달이 넘는 고난의 여정을 겪는다. 불확실한 정보들과 극단적인 이기주의와 인간 이하의 모습을 들여다보며 절망과 고통을 느끼지만 가족은 무사히 목적지에 도착한다. 그 와중이 수많은 사람들과의 불신과 의심, 자기만 살겠다는 이악스러움 속에서도 인정과 보살핌을 느낀다. 작가의 출향, 이주, 타향살이, 유학, 월남, 피난 등의 디아스포라적 운명은 한국근현대가 정착하지 못하고 여전히 부유하고 떠도는, 열악하고 불안한 현실을 말해 주는 것이다. 본 연구는 김동명의 서정수필과 수기, 메티픽션을 중심으로 살펴보았다. 따라서 그가 남긴 두 권의 정치평론집은 차제의 연구주제로 남긴다.

# [참고문헌]

## 1. 기본자료

김동명,『모래 위에 쓴 낙서』, 김동명문집간행회, 1965.

## 2. 논문

권성우,「이태준의 수필 연구」,『한국문학이론과 비평』제22집, 한국문학이론과
　　　비평학회, 2004, 11-33쪽.
김성곤,「메타픽션」,『외국문학』제18호, 열음사, 1989, 408-415쪽.
김신정,「정지용산문연구」,『상허학보』제5호, 상허학회, 2000, 251-277쪽.
김월정,「나의아버지초허김동명」『문예운동』제86호,문예운동사,2005,25-70쪽.
김효중,「김동명과 바쇼의 대비 연구」,『비교문학』제34권, 2004, 131-159쪽.
송영순,「김동명시연구」, 성신여대 석사학위논문, 1990.
엄창섭,「강릉문학의정체성과사적고찰」『강릉학보』제2권,강릉학회,2008,89-98쪽.
　　　「김동명 산문의 연구」,『관대논문집』제17권, 관동대학교, 1989, 9-24쪽.
　　　「초허산문의사상성고찰」『비평문학』제5호,한국비평문학회,1991,237-247쪽.
이미림,「이순원 여행소설 속의 타자화된 강원(영동)」,『우리문학연구』제42집,
　　　우리문학회, 2014, 261-290쪽.
이성교,「김동명연구」,『연구논문집』제4권, 성신여자대학교, 1972, 27-65쪽.
이영조,「한국 현대 수필론 연구」, 배재대 박사학위논문, 2007.
장도준,「수필의장르적특성연구」『한국말글학』제29권,한국말글학회,2012,191-215쪽.
정진권,「수필문학의특질에대하여」『교양교육』제4호,한국체육대학교,1999,101-110쪽.
장정룡,「김동명 산문의 시대적 양상 고찰」,『김동명 문학관 개관 기념 학술세미나
　　　및 시낭송회 자료집』, 강릉문인협회, 2013.7.3.
　　　「초허수필의 '꽃' 이미지와 그 지향성 고찰」,『민족시인 심연수 학술세미나
　　　논문총서Ⅱ』, 심연수선양사업위원회, 2013.

허만욱,「다매체 융합시대, 수필문학의 발전 전략 연구」,『어문논집』제48권, 중앙어문학회, 2011, 383-399쪽.

## 3. 단행본

강원사회연구회 엮음,『강원문화의 이해』, 한올아카데미, 2005.
권성우,『낭만적 망명』, 소명출판, 2008.
김병우 외,『김동명의 시세계와 삶』, 한남대출판부, 1994.
엄창섭,『김동명연구』, 학문사, 1987.
이미림,『21세기 한국소설의 다문화와 이방인들』, 푸른사상사, 2014.
이희승,『한국수상록』, 금성출판사, 1991.
정찬영,『한국 증언소설의 논리』, 예림기획, 2000.
조르조 아감벤, 박진우 역,『호모 사케르』, 새물결, 2008.
찰스 패터슨, 정의길 역,『동물 홀로코스트』, 휴, 2014.

# 김동명 시 연구

이성교*

---

**목 차**

Ⅰ. 서언
Ⅱ. 생애와 시의 발전
Ⅲ. 시의 세계
   1. 전기의 시
      1) 첫 시집 『나의 거문고』
      2) 두 번째 시집 『파초』
      3) 세 번째 시집 『하늘』
   2. 후기의 시
      1) 시집 『진주만』
      2) 시집 『삼팔선』
      3) 시집 『목격자』
Ⅳ. 결론

---

## Ⅰ. 서언

한국현대시문학사로 볼 때 1930년대를 흔히 시발전의 성숙기 정점이라 일컫는다.

이 무렵 30년대를 빛낸 시인도 여러 사람이 있지만 그중에도 김동명 시인은 정지용, 김

---

*성신여자대학 교수

영랑, 서정주, 김기림, 이용악, 백석 - 등과 함께 시의 큰 봉우리로 꼽힌다.

특별히 초허 김동명은 당시 시대적 상황을 감안해서 한걸음 뒤로 물러서서 자연 관조 속에서 순수시를 썼다. 그것을 크게 드러낸 것이 30년대에 나온 시집 「파초」와 「하늘」이었다. 그의 활동기인 일제를 거쳐 조국 광복 후에도 그의 뚜렷한 시 정신으로 활동이 계속되었다.

그의 작고 후 그의 시 활동의 평가가 이루어졌다. 연구논문 뿐만 아니라 그의 시도 크게 평가되어 중고등학교 국정교과서에도 널리 알려지게 되었다.

이러한 시사적 관점에서도 학문상 김동명 시연구가 근자에 많이 이루어지고 있다. 김동명 시 연구자 가운데도 엄창섭 교수는 그의 학위(박사)논문 계기로 동향인 김동명 시인을 향토 문화 보존 차원에서 강릉에 널리 알리게 되었다. 그 결실이 그의 출생지 영곡에 김동명 시비가 세워졌고 잇따라서 문학관이 세워졌다.

오늘 한국현대시가 여러 가지 어지러운 현상에서 우리시의 정체성이 절실히 요구되는 때 역사적으로 우리시의 참 모습을 보여준 시인을 더 구체적으로 연구해야 하겠다. 이러한 시점에서 김동명 시 연구는 시의 세계를 더 넓히 알린다는 큰 의미가 있다고 본다.

이번 연구에서는 무엇보다 예전과 달리 문학관에 수집되어 있는 많은 자료로 연구에 큰 도움이 되었음을 밝힌다.

## II. 생애와 시의 발전

초허 김동명은 1900년 6월 4일 강원도 강릉시 사천면 노동리에서 부친 제옥(경주 김씨)과 모친 석우(평산 신씨) 사이에서 독자로 출생했다. 초허는 향리에서 자라다가 9세 때 부모를 따라 함경북도 서호로 이사를 갔다.

1921년 함흥서 영생중학교를 졸업하고 서호와 강서 등지에서 초등학교 교원 노릇을 하고 있을 때 처음으로 그곳 풍정에 이끌려 시를 쓴 것이 효실였으니 가히 그의 습작을 짐작할 수 있는 것이다. 1922년 다시 안주에 있는 모 고등과 교원으로 부임되어 가서 본격적 시작 활동을 했던 것이다.

1923년 처음 『개벽』지(통권 40호)에 발표된 「당신이 만약 내게 문을 열어주시면」, 「나는 보고 섰노라」, 「애달픈 기억」- 이 세 작품도 이때에 창작된 것이다. 동명의 문단적인 새 출발을 의미했던 이 세 작품들은 엄격히 말해서 습작의 범주를 벗어나지 못했다.

가령 동명의 처녀작「당신이 만약 내게 문을 열어 주시면」을 들어보더라도 잘 알 수 있다. 즉, 이 작품의 제작 동기는 친구한테서 빌려 읽은 보들레르의『악의 꽃』에 크게 감동을 받아 즉흥 시조로 지었던 것이다. 일종의 보들레르에게 주는 헌시랍시고, 말하자면 보들레르의 『악의 꽃』의 향훈에 취해 있었던 것이다.

이렇게 습작 생활을 하다가 1925년 3월에는 모든 것을 뿌리치고 원산에서 인쇄소를 경영하던 강기덕씨의 도움으로 드디어 소망하던 일본유학을 가게 되었다. 동명은 일본에 가서 청산학원에 입학하여 틈틈이 시작 생활을 했다. 그리하여 1926년에는 연속적으로 당시 유일한 문예지 『조선문단』에「농녀」,「추억」,「공원의 밤」(3월호), 산문시「전별」(4월호),「구라파송」,「첫 봄」,「나비」(5월호),「이국풍정」6편(6월호) 등을 계속해서 발표했던 것이다. 동명이 문단에서 한 시인으로 인정받게 된 시기도 바로 이때가 아닌가 생각된다. 그것은 당시『조선문단』지에 시평란이 있었는데 평자 양주동씨에 의해서 크게 괄목할 만한 시인이라고 추킴을 받기도 했다.

이 이외에도『조광』,『신동아』지에 심심치 않게 작품을 발표하여 종교적인 경건성과 인생의 허무의식을 잘 나타내었다. 그러나 김동명의 시인다운 면모를 드러내게 한 것은 역시 1930년대부터라고 할 수 있다. 1930년에 와서 비로소 첫 시집『나의 거문고』를 발간하게 되는데 이것은 20년대 습작품을 정리한 것이기 때문에 본인도 큰 관심이 없었고 두드러진 특색은 없었다.

무엇보다 이 무렵은 동명에게 있어서는 마음의 상처가 컸던 시절이었다. 일제의 탄압이 그의 정신을 어지럽힌 탓도 있지만 그의 나이 37세에 상처한 것이 무엇보다 고통이 컸던 것이다.

이러한 환경에서 현실을 도피하여 자연 속에 묻히려고 애를 썼다. 여기에서 얻어진 시집이 그의 시세계를 빛내게 한 시집『파초』였다. 이 시집을 전후로 한 무렵이 그의 자연 관조를 중시한 그의 순수시 시대를 엿볼 수 있다.

일제의 탄압이 극도에 달할 무렵 동명은 또 다시 유일한 안식처인 시에서도 차차 의욕을 잃어버리고 드디어 1942년엔「술노래」,「광인」을 마지막으로 해방되기까지 3, 4년 붓을 아예 꺾고 말았다. 그리하여 치욕과 분노가 먹구름처럼 차있는 하늘을 바라보다가 끝내는 생활을 위하여 함경도 신흥, 고원 등지에서 목상노릇을 하다가 해방을 맞았다.

실로 해방은 망국민에겐 큰 태양을 맞는 기쁨이었다. 모든 시인의 가슴엔 시심의 샘물이 저절로 터졌다.

해방이 되자 동명은 안정된 마음과 시심을 돋구기 위하여 흥남중학교 교장을 역임하기도 했다. 그러나 1946년 3월 함흥학생사건을 부채질 했다는 죄목으로 일단 그 자리를 나와 감옥살이까지 했다.

동명은 이 어지러운 혼돈 속에서 또다시 정당에 투신하여 민족운동을 했다. 조선민주당 함남도위원장까지 지내고 드디어 반동이라는 딱지가 붙어 숙청당하고 말았다. 그리하여 동명은 틈만 나면 지옥 같은 땅을 벗어나려고 온갖 궁리를 하는 한편 이때까지 써온 시 작품을 주제별로 총정리 하였다.

이렇게 정리하여 얻어진 시집이 『삼팔선』과 『진주만』이다.

이 두 시집에 들어 있는 작품 제작의 연대는 다같이 1945년부터 1947년 작자가 월남하기까지 약 2년간에 써 모은 것들이다.

시집 『삼팔선』은 세기의 연옥 북한의 활화도로써 월남한 즉시 이루어진 것이고, 시집 『진주만』은 일제 말기 태평양전쟁기초로써 그 초고가 3.8선을 넘을 때에는 수장을, 또 6.25때에는 소실했던 것이 이상한 동기로 다시 입수하여 1953년에 발행했다.

동명은 1947년 단신 월남하여 또 다시 이화여대에서 교편을 잡게 되었다. 아마도 동명과 시의 교직은 무슨 필연적인 관계를 맺었는지 모른다. 동명이 월남하여 정치에 미련을 버리지 못하는 것도 아마도 북한에서 느낀 민족애가 크게 작용을 했으리라. 동명은 일차 단계로 이화여대에서 시문학을 강의하면서도 늘 사회적인 움직임과 정치적인 움직임을 주시하여 그것을 시와 산문으로 잘 나타내었다. 특히 동명은 서울의 모습을 샅샅이 헤쳐 노래한 것이 1957년에 출판된 시집 『목격자』에 잘 담겨져 있다. 이것은 확실히 풍물시이면서도 또한 철저한 사회시였던 것이다.

동명은 또한 시와 더불어 다양한 산문을 구사하기도 했다. 여기에서 말하는 다양한 산문은 다른 것이 아니라 주로 매스컴에서 청탁한 수필류, 혹은 기타 잡문류와 동명의 후반기에 크게 피크 업 되었던 정치평론류같은 것을 말하게 된다. 동명이 다양한 산문을 구사하게 된 때는 주로 월남한 이후 정치적 관심을 크게 가진 때부터라고 봄이 좋겠다. 그리하여 1959년에 발간한 첫 수필집 『세대의 삽화』와 첫 수기집 『암흑의 장』에 앞서 첫 정치평론집 『적과 동지』를 1955년에 출판하여 사회에 큰 관심을 모았고, 계속해서 1958년에 두 번째 정치평론집『역사의 배후에서』에 이어 1965년에 문집간행회에서 낸 수필, 수기에 편입해서 세 번째 정치평론집『나는 증언한다』와 두 번째 수필집『모래위에 쓴 낙서』, 두 번째『어둠의 비탈길』을 병간했던 것이다. 이렇게 많은 글을 썼다는 것은 곧 동명의 생활이 그만치 복잡했다는 것을 의미한다. 그러므로 그가 월남하여 쓴 몇 편의 시도 거개가 순수시보다는 참여시가 더 많았던 것이다.

동명은 1954년에 시집『진주만』으로 〈자유문학상〉을 수상했다. 말하자면 그의 시인 생활을 더 빛내고 결론짓는 계기가 되었음은 참으로 다행한 일이었다.

동명은 문학적 공적뿐만 아니라, 정계에도 차차 두각을 나타내어 자유당 말기에는 주로『동아일보』에 정치평론을 써서 일약 정객으로 유명해졌다. 그리하여 4.19후 민주당 정권 때는 초대 참의원을 지내기도 했다. 그러나 지병인 고혈압으로 고생하다가 결국 마지막에는 중풍으로 1968년 65세를 일기로 세상을 떠났다.

## Ⅲ. 시의 세계

### 1. 전기의 시

동명시의 전기는 주로 동명의 습작기에서 시작하여 1945년 해방되기까지 약 20여년의 기간을 두고 말하게 된다.

이 기간에 이루어진 시집만도 세 개나 된다. 즉, 제일 처음 습작품을 한데 모야 엮은 처녀시집『나의 거문고』(1922~1929)를 위시해서 두 번째 시집『파초』(1930~1936)와 세 번째 시집『하늘』(1936~1941)이 곧 그것이다. 주로 이 시기는 왜정 때여서 동명이 일체 다른데 눈 팔지 않고 오직 일편단심 시에 매달려 있을 때라 그런지 동명시 전반을 통해서 비교적 알차게 시심이 영글어가던 때라고 해도 큰 무리가 없을 것이다.

#### 1) 첫 시집『나의 거문고』

초허의 시 본격시대라고 볼 수 있는 1930년대가 오기까지 그의 습작품을 담은 첫 시집

『나의 거문고』에 대하여 언급하지 않을 수 없다.

시집『나의 거문고』는 동명에게 있어서 습작기에 해당하기 때문에 후대에까지 남을만한 작품이 하나도 없다 해도 과언이 아니다.

시집『나의 거문고』가 불행하게도 이 땅에서는 아주 종적을 감추었다시피 했기 때문에 그의 시 전모를 볼 수 없음이 또한 유감지사다(1964년에 김동명사화집『내 마음』에도 이 시집 부분만은 전부 누락되어 있다). 그렇기 때문에 여기서는 다만 그 당시『개벽』지『조선문단』지 등에 산발적으로 발표된 수십 작품만을 상대로 하여 초기의 특성을 고찰할 수밖에 별 도리가 없는 것이다.

동명의 초기시의 특성은 다분히 인생을 고민하는 허무적 경향을 볼 수 있다. 동명이 습작하던 시대는 이상하게도 문단에 이런 허무와 퇴폐적 풍조가 유행처럼 만연했던 것을 계산해 넣는다면 동명의 경향을 쉬이 파악할 수 있다.-

동명이 1923년『개벽』(통권 40호)지에 발표한 처녀작〈당신이 만약 내게 문을 열어주시면〉그 일부만 보더라도 잘 알 수 있다.

> 오! 님이여, 나는 당신을 믿습니다.
> 찬 이슬에 붉은 꽃물이 젖는 당신의 가슴을
> 붉은 술과 푸른 아편에 하염없이 울고 있는 당신의 마음을
> 또 당신의 혼의 상병에서 흘러내리는 모든 고혼 노래를
>
> 오! 님이여, 나는 당신의 나라를 믿습니다.
> 회색의 두꺼운 구름으로
> 해와 달과 뱀의 모든 보기싫은 고혹의 빛을 두덮어 버리고
> 정향없이 휘날리는 낙엽의 난무 밑에서
> 그윽한 정숙에 불꽃높게 타는 강한 리듬의
>
> 마취와 비장 통열과 광희
> 심정과 냉소 환각과 독존의

당신의 나라
구름과 물결 백작과 정향의
그리고도 오히려 극야의 새벽빛이 출렁이는 당신의 나라를
오! 님이여, 나는 믿습니다.
　　　　　　　　　-'당신이 만약 문을 열어주시면'의 일부

　이 시에 나타난 '붉은 술', '푸른 아편', '시의', '상가', '곤비한 혼', '철회색', '마옥', '밀실', '무덤' 같은 어휘들이 이 시 전체의 분위기를 잘 말해주고 있다. 보들레르의 향락적이고 퇴폐적인 세계를 한없이 동경하여 각 연마다 '당신이 만약 내게 문을 열어주시면'하고 노래했다. 사실 이 초기 시는 시의 기법으로 볼 때 지극히 산만하여 일종의 감상문 같은 인상을 준다. 긴 호흡으로 쓰여진 이 시에서도 도시 표현이 너무 조잡하고 함축이 없는데다가 시의 중요한 특질인 이미지 같은 것을 도무지 찾아볼 수 없다. 거기다가 시의 구성은 지극히 단순하여 흡사 기도문같이 생각나는 대로 마구 감상을 나열하였다. 그래서 시의 주제의식도 뭐가 뭔지 모르겠다. 다만 보들레르의 데카당한 그 세계를 미친 듯이 열망한 흔적만을 겨우 볼 수 있을 정도다.

　그래서 그는 이런 회의적 사상을 해결하기 위하여 대학에 진학하게 되는데, 다른 문과나 정치과에 들어가지 않고 우정 종교과를 택했는지도 모른다. 당시 먹구름처럼 꽉 덮은 이 퇴폐적 풍조는 두말 할 것 없이 국내의 비관주의와 더불어 밖에서 온 세기말 사조가 크게 영향을 주었던 것이다. 특히 동명이 심취한 외국시인은 프랑스의 보들레르를 위시하여 인도의 시성 타고르였다. 그것을 뒷받침해 주는 것이 그의 문학 수업 회상기다. 우선 보들레르에게 심취한 감상의 일단을 보면 "…… 한번은 보들레르의 『악의꽃』을 가져다 읽고 나는 어떻게나 감격했던지 책장을 덮는 즉석에서 '당신이 만일 내게 문을 열어주시면'이라는 보들레르에의 헌시를 지었다.…… 보들레르의 『악의 꽃』의 야릇한 향기에 취해버렸다."[1]

희미하게 빛나는 황혼의 글미자가
흰눈실은 나무가지밑으로 흩어질 때

---

[1] 김동명, 「나의 문학수업시대 회상기」, 수필집 『세대의 삽화』, 95~96면.

> 그는 이렇게 노래불러라.
> 미친 바람에 스쳐나는
> 갈잎의 노래와도 같이……
> '지나간 옛날에
> 내게도 즐거운 키쓰와
> 젊은 안해의 살뜰한 사랑이 있었노라'
> 이러자 그는 자기의 입술을 빨며
> 창백한 두 눈을 무섭게도 감아버려라
> 나는 이것을 보고 섰노라.
>
> -'나는 보고 섰노라'일연

이 시도 첫 시〈당신이 만약 내게 문을 열어주시면〉과 같이 발표된 시인데 그 경향으로 봐 별 뚜렷한 차이가 없다.

일종의 화려했던 옛날을 추억한 대목이다. 시어에 아무 자각 없이 거침없이 나오는 생각을 관념적으로 담았다. 여기에 비하면 같은 지면에 발표한「애달픈 기억」은 비교적 그 형식이 짧고 시어가 아주 많이 정제되었다. 이「애달픈 기억」에 와서는 전자에서 보아오던 퇴폐적 경향보다 제목에서 말해주는 대로 허무적이고 애상적인 데가 더 많다.

그 다음 당시 문단의 최고 권위지였던『조선문단』에 발표한 작품들은 앞의 세 작품보다 조금 세련된 경지를 보여 주고 있다. 즉 1926년『조선문단』3월호에「농녀」,「추억」,「공원의 밤」, 동지 4월호에「전별」(산문시), 동지 5월호에「구라파송」,「첫 봄」,「나비」, 동지 6월호에「이국풍정」같은 것이 좋은 본보기다. 특히 이때는 시기적으로 동명이 처녀작을『개벽』지에 발표한 이후 어느 정도 문단에 신망을 얻고 또 거기다가 일본에 유학하여 더욱 자기 작품에 비판 의식을 가할 때라, 확실히 작품에 질적인 변화를 가져왔다. 아주 눈에 띄게 달라진 것은 우선 형태면에서 시가 놀랄 정도로 짧아졌다는 것이다.

하나의 예로「농녀」같은 작품을 들어 보더라도 한 편의 시가 10행 1연으로 되어 있다. 1행의 자수도 불과 7, 8자밖에 안 된다. 이것을 전 작품「나는 보고 섰노라」와 비교하면 더욱 확연히 판별할 수 있다.「나는 보고 섰노라」의 형식 구조는 모두 5연으로 되어 있는데 평균 1연 행수는 9, 6행으로 되어 있다. 그러니까「농녀」의 형태는「나는 보고 섰노라」의 한 연에 해당할만한 짧은 시이다. 심지어『조선문단』6월호에 발표된「이국풍정」가운데「열해에서」는 지극히 짧아 전부가 5행 1연으로 되어 있다.

　이런 가운데『조선문단』4월호에 발표한 산문시「전별」은 조용하고 미미한 시단에 하나의 경종을 울렸다.

　이것을 다음 5월호에 양주동은「4월 시평」에서"그 시체가 산문시답게 전아한 것을 취한다. 이 한 편에서 나는 작자의 경건한 종교적 정열과 묵직한 고민의 영자를 엿보았다. 편중의 중추사상이 되는 〈벗〉과 〈조국〉 및 〈죽음너머〉는 이것이라고 분명히 해의할 필요가 없을 것이다."2) 라고 했다.

　이런 점으로 볼 때 동명의 습작기에 해당하는 처녀시집『나의 거문고』는 한 마디로 시어에 대한 자각을 크게 느끼지 못했지만 대체로 당시 문단 조류에 휩쓸려 허무적이고 퇴폐적이고 감상적인 면을 종교적인 경건성으로 잘 개척해 나갔다고 볼 수 있다.

### 2) 두 번째 시집『파초』

　동명이 1920년대의 모진 회오리바람 속에 습작 생활을 수료한 후 그것을 1930년에 시집으로 엮어 깨끗이 청산하고 또 다른 세계에 접어들었다. 동명에게 있어 30년대야말로 다른 어느 시집에서 볼 수 없는 알찬 수확을 거두었던 것이다. 그 가운데도 이『파초』시대는 김동명 시인 생활의 전성기였다. 우선 이『파초』시대에 오게 되면 1920년대 습작기에서 보던 어두운 분위기가 말끔히 가시고 해맑은 아침을 맞은 듯한 세계를 보여 준다.

　이때는 시대적으로 왜정암흑의 절정기에서 지식인들은 자연 이 불안한 시대를 살아가는 방법으로 그것에 직접 대결하지 않고 방관적인 태도를 취하여 한국의 얼이 스며 있는 농촌에 묻혀 살기를 원했다. 이런 시류에 문학인들은 제법 은둔거사인양 자연을 벗 삼고 글을 썼다.

　　　조국을 언제 떠났노
　　　파초의 꿈은 가련하다
　　　남국을 향한 불타는 향수
　　　너의 넋은 수녀보다도 더욱 외롭구나

---

2) 양주동, 「4월 시평」, 『조선문단』(제16호), 21면.

소낙비를 그리는 너는 정열의 여인,
나는 샘물을 길어 네 발등에 붓는다.
이제 밤이 차다.
나는 또 너를 내 머리맡에 있게 하마.

나는 즐겨 너를 위해 종이 되리니 너의 그 드리운 치맛자락으로
우리의 겨울을 가리우자.

-'파초'전문

우선 이 시는 자연을 있는 그대로 그리지 않고 어디까지나 관조적인 태도로 자기 심정적인 사상을 호소하고 있다. 여기 '조국'은 곧 파초의 고향 남국이요, 또한 작자의 고향이기도 하다. 이런 상징적인 표현이 많은 사람의 공감을 불러일으킨다.

그러니까 파초는 막바로 조국을 잃은 작자이기도 하다. 주로 여기서는 파초와 자신의 운명을 같이 보고 너와 내가 대화하듯이 신세타령을 늘어놓고 있다. 이 시에서 보는 대로 동명시의 또 하나의 특색은 상징적인 표현을 위하여 의인법을 많이 썼다. 그래서 도처에서 '나' '너' '그대' 같은 인칭대명사를 많이 볼 수 있다.

이 시 「파초」가 아주 짧은데 비하여 '나' '너'만 하더라도 무려 8개나 쓰이고 있다. 아마도 『파초』시집에 쓰인 많은 어휘 가운데서도 역시 이인칭대명사가 수위를 차지하고 있다. 동명의 시가 『파초』시대에 와서 전원 한거를 벗 삼고 목가풍의 시를 썼기 때문에 자연 시의 소재도 전원적인 것이 아닐 수 없었다.

시집 『파초』에서 즐겨 쓴 자연적인 소재를 가려 보면 주로 화초로서 수선화, 석죽화, 작약, 봉선화, 해당화, 파초, 포도 등을 위시해서 천체적인 것에 하늘, 달, 별, 바다를 중심한 것에 태풍, 파도, 갈매기, 계절적인 것에 가을, 낙엽, 비, 바람, 구름 등이고 기타 강, 산, 황혼 등이다.

특히 동명이 살고 있었던 곳이 바다와 밀접했기 때문에 '바다'를 중심한 시가 제일 많다. 가령 「바닷가에서」, 「동해」, 「귀범」, 「해양송가」, 「태풍」, 「갈매기」등이 그 좋은 본보기다. 이와 같은 자연소재는 〈나의뜰〉, 〈나의 집〉같은 데서도 잘 나타나 있다. 동명에게 '뜰'은 마음의 안식

처인 것이다. 실로 어머니 같은 정원 속에 동명의 목가적 시정신이 햇빛처럼 어려 있는 것이다. 이런 목가적 시 정신을 더 살찌게 하기 위하여 동명은 아예 사회적인 움직임과는 아주 높이 담을 쌓고 오직 관조적인 태도로 주변의 모든 사물을 너그러운 마음으로 다 시화했던 것이다.

시의 형식으로 봐서 비교적 호흡이 긴 시예를 들어「옛날에 살던 곳을 지나는 사나이의 노래」라든가「성모 마리아의 초상화 앞에서」라든가, 「수난」같은 시는 이와 일맥상통한 점이 많다.

동명의 시가 더욱 성숙했다는 것은 내용면도 그렇지만 형태면으로도 꽉 짜이었다. 우선 제목들이 간결한 것이 특색이다. 과거의 관념적인 시 제목「나는 보고 섰노라」류는 도시 찾아볼 수 없다. 그만치 진전되었다.

동명의 시가 가장 간결하면서도 사람들의 심금을 울려주는 것은 그의 풍부한 상상력과 정열 때문이다. 그래서 그의 시는 자연 부드럽고 고우면서도 한편 패기가 있었다.

노래로도 많이 애송되고 있는「내 마음」을 보자.

      내 마음은 호수요.
      그대 저어 오오.
      나는 그대의 흰 그림자를 안고, 옥같이
      그대 뱃전에 부서지리라.

      내 마음은 촛불이오.
      그대 저 문을 닫아주오.
      나는 그대의 비단옷자락에 떨며,
      고요히 최후의 한 방울도 남김없이 타오리다.

      내 마음은 나그네요.
      그대 피리를 불어주오.
      나는 달아래 귀를 기울이며
      호젓이 나의 밤을 새이오리다.

> 내 마음은 落葉이요.
> 잠깐 그대의 뜰에 머무르게 하오.
> 이제 바람이 일면 나는 또 나그네 같이
> 외로이 그대를 떠나리다.
>
> -'내 마음' 전문

우선 이 시의 형태적인 특색은 리드미컬하다. 다분히 7·5조의 음수율을 지키고 있다.

그래서 이 시는 무슨 특별한 시로서의 장점보다 노래로서 많은 사람이 애창하고 있기 때문에 예로 든 것뿐이다. 더구나 각 연마다 '내 마음은 호수요' '내, 마음은 촛불이요' '내, 마음은 나그네요' '내, 마음은 낙엽이요'를 전제로 하고 그것을 각각 3행으로써 서술하고 있다. 항상 깊은 마음속에 움직이고 있는 한 상태를 때로는 잔잔한 호수로, 때로는 한밤을 밝히는 촛불로, 때로는 나그네로, 때로는 바람에 정처 없이 나는 낙엽으로 노래했다. 다분히 관조적이요, 명상적인 특색을 나타낸 시다. 이런 사색적이고 명상적이고 그러면서 노래로도 부를 수 있는 리드미컬한 시는 이 이외에도「생각」,「노래」,「비」,「축원」같은 작품에도 그 모습을 볼 수 있다.

작품「내 마음」에서도 볼 수 있는 것과 같이 동명의 작품에서는 '그대'가 큰 구실을 한다. 이 '그대'도 앞의 의인법에서 다룬 것과 마찬가지로 일종의 연인을 말한다. 이 연인의 호칭은 때로는 '님'이라 하기도 하고 '벗'이라 하고 때로는 '그대'라고 부르기도 한다.

이렇게 본다면 '그대'도 적게는 한 연인이요 크게는 조국인 것이다.

동명은 원래 작품에서 종교적인 경건성을 언제나 밑바탕에 깔고 있기 때문에 얼핏 겉으로 봐서는 그 호칭이 단순한 듯 하지만 사실 미묘하여 신비성마저 띤다. 그렇기 때문에 그의 작품은 항상 계절과 관계없이 언제나 조용하고 평화롭기만 하다.

이와 같은 시 정신을 더욱 패기만만하게 이끄는 것은 특히 시의 기법가 운데 영탄법을 많이 구사하고 있다는 점이다. 원래 시란 강렬한 정서의 산물이기 때문에 정열을 수반할수록 그 샘은 깊게 파진다. 시집『파초』에서 감탄사 가운데도 환정 감탄사만 쓰인 것이 전 작품 37편 가운데 28개나 된다. 그러니까 인칭대명서 '나'(136), '너'(36), 다음에 가는 빈도수를 갖고 있다. 여기에 따라 '돈호법'이 그 못지않게 쓰인 것도 다시의 패기 문제와 관련된다. 가평 '구름아', '바다여', '태풍이여', '형제여', '미소여', '별이여', '처녀여', '성모마리아님', '아희야', '엄마', '아가야', '아버지여', '스승이여' 같은, 것은 그 대표적인 것이다.

정말 동명에게 있어 이 『파초』시대야말로 다기다양한 시의 기법으로 가장 알찬 시를 창작한 시절이라고 볼 수 있다.

### 3) 세 번째 시집 「하늘」

시집 『하늘』은 주로 그 다음 1936년부터 1941년까지 6년간 써 모은 시를 엮은 것이다. 시집 『하늘』을 보자.

대체로 이 『하늘』시대에도 『파초』시대의 여운이 그대로 감도는 듯한 인상을 주고 있다.

이 시집 『하늘』을 편의상 몇 가지 부류로 묶어 보면 대체로 『파초』계열의 목가풍을 노래한 〈하늘〉편과 왜정 암흑기를 탄식한 〈술노래〉편, 조국의 그리움을 노래한 〈슬픈 대화〉편, 덧없는 인생살이를 노래한 〈인생단상〉편 해서 네 가지 부류로 나눌 수 있다.

첫째 '하늘'편에서는 에누리 없이 '파초'의 세계에서 보던 아름다운 자연을 노래하고 있다. 그 형태는 더욱 간결해서 일종의 단상을 적은 소곡류이다.

> 수선잎은
> 삼림같이 무성하다.
>
> 흰꽃은
> 달같이 밝다.
>
> 내 뺨에 닿는 것은
> 입술이냐 향기냐
>
> 향기에 담긴 네 마음
> 입술인양 반가워라
>
> 너로하여 나는
> 겨울을 사랑한다.
>
> — '수선화' 전문

아주 고요하면서도 매끄럽고 매끄러우면서도 아주 감칠 맛이 나는 소곡이다.

이「수선」도「파초」와 마찬가지로 담뿍 애정이 담긴 열애의 시다. 모두가 6연으로 되어 있으며 각 연은 다시 2행으로 되어 있다. 얼마나 단백한 시이랴.「수선」에 담긴 회화적인 이미지가 아름다운 가락에 실려 더 없는 정서를 불러일으키고 있다. 그런데 너무 단조로운 반면 너무 기교에 빠진 듯한 감을 준다.

우선 눈에 띄는 것은 직유법이다. "수선잎은 삼림같이", "흰꽃은 달같이", "네 마음 입술인 양"등은 오히려 실감을 감소하게 한다.「가을」,「수선Ⅱ」,「난초」,「따리아」,「귀뚜라미」,「하늘Ⅰ」,「하늘 Ⅱ」,「하늘 Ⅲ」같은 작품은 다 이 계열에 속한다. 그러면서 이〈하늘〉편에는「바다」,「명상」,「호수」같은 명상적인 시도 다분히 큰 세력을 부식하고 있다.

> 내가 다시 젊어지기는 다만
> 그의 화사한 옷자락이
> 나의 무릎 밑에 감길 때……
>
> 이윽고 그의 우람한 두 팔이
> 나의 허리를 어루만질 때면
> 나는 나의 뼈가 휜
> 그의 품속에서 반짝이는 환상에 취한다.
>
> 나의 조그만 항만에 비길 수 있다면
> 구비구비 들이 닫는 물결은
> 이국의 꿈을 싣고 오는 나의 나그네
> 나의 마음은 너의 품속에서 해초같이 일렁거린다.
>
> -'바다'전문

아주 멜로디가 경쾌하고 이미지가 선명한 작품이다. 그러면서 바다를 응시하여 바다 속에 깔려있는 마음을 화사하게 드러내어 무한한 동경을 보냈다. 이 '바다'의 낭만은 곧 동명 자신의 화려한 꿈이었다.

이러한 정일과 명상은 동명에게 있어서는 항상 밑바탕에 깔려있는 기본 무드였다. 이것은 당시 신석정의 전원풍과 비슷한 것이었다. 자연의 아름다운 소리에 귀를 기울여 그것을 밝은 심상으로 그리는 것이 특징이었다. 그러나 동명은 여기에다 또 하나 회고적인 것을 더했다. 그래서 「새벽」같은 작품에서 '순정이 그리워 해당화피는 마을에 나리면 물레방아 돌아가는 소리, 산 넘어서 나를 부른다'라고 눈물겨운 옛날을 그리워했다.

그의 고요한 시에 비하여 때로는 살아왔던 일을 생각하고 세상을 비꼬는 시도 몇 편 썼다. 그 대표적인 시가〈술노래〉였다.

이 시는 일제의 포악한 압정을 잠시 비꼬고자 한 시다. 허무 앞에 술은 하나의 망각제 구실을 했다. 술로 인한 호기는 차라리 무적함대의 사령관인양 당당하기만 했다.

이와 같이 시집『하늘』시대는 전 시집『파초』의 경향이 일절 세상 돌아가는 것과는 높이 담을 쌓고 그 안에서 마음껏 전원 한거를 노래한데 대하여 어느 정도 사회의 문을 조금 열어 놓고 억눌린 자기 마음을 자연에다 호소하며 한층 더 인생의 무상을 느꼈다고 할 수 있다.

## 2. 후기의 시

후기시의 특징은 여러 가지가 있지만 두드러진 것이 사회의식이 많은 시에 나타나 있다는 점이다. 물론 후기 시에서도 시의 소재로 자연이 많이 등장되었지만, 대체로 현실에 처한 자신의 모습이 더 많이 나타났다. 동명의 후기 시로는 시간적으로 봐 해방 후의 것들이다. 이 시기에 나온 시집『진주만』(1945~1947),『삼팔선』(1945~1947),『목격자』(1947~1955) 세 권이다. 대체로 이 무렵 시의 특징은 사회현실의 모순과 자신의 공허한 마음을 노래한 것이다. 그래서 이 무렵에 와서는 시의 형식이 대체로 길고 시인의 넋두리가 많다. 그것도 그럴 수밖에 없는 것이 시집『진주만』에서 보는 태평양전쟁시대의 비참상과 시집『삼팔선』에서 보는 민족의 어지러움이 많이 나타나 있기 때문이다.

마지막 시집『목격자』에 와서는 동명이 어느 정도 서울에서의 안정된 생활에서 다시 자연을 보는 관점이 두드러지게 나타났다.

### 1) 시집『진주만』

시집『진주만』은 '태평양전쟁기'라고 할 수 있다. 물론 시집 전체가 하나같이 다 이런 경향의 시가 아니다. 대체로 이 시집에는 풍류시를 필두로 하여 '아가에게 주는 시', '태평양전쟁기', '새나라의 설계', '정원예찬' 등 다섯 부류가 있다. 여기서 먼저 말해둘 것은 확실히 후기의 시세계는 전기에 비교해서 큰 변모를 가져왔던 것이다. 동명의 후기 시는 대체로 전기에서 보던 차분한 시가 아니고 어떤 소용돌이 속에서 창작된 느낌을 준다. 보다 현실을 중시한 사회참여적인 시였다. 동명이 너무 시대에 민감하여 사회가 격동하면 할수록 그만치 흥분된 어조로 마구 정열을 쏟았기 때문에 시의 분위기는 아주 거칠었던 것이다.

그러니까 벌써 이 『진주만』시대에 와서는 시의 불이 차츰 희미해져 갔다고 볼 수 있다. 이런 기운은 벌써 따지고 올라가면 시집 『하늘』속의 〈술노래〉편에서부터 연유된다. 즉 정신없이 뇌까린 세대의 탄식을 그대로 시 형식으로 나타내었다.

아득히 감람 물결위에 뜬
한포기 수련화.

아름다운 꽃잎 속속드리
동방역사의 새아침이 깃들여……

그대의 발길에 휘감기는 것은 물결이냐 그리움이냐
꿈은 정사의 기폭에 쌓여 진주인양 빛난다.

아득한 수평선으로 달리는 눈동자
거만한 여왕같이 담은 입술에도,

그대의 머리카락 가락 가락에도
태풍은 머물러……

때로 지긋이 눈을 감으나
그것은 설레는 가슴의 드높은 가락이어니,

알뜰히도 못잊는 꿈이기에 그대는
더 화려한 구슬로 목걸이를 만들고 싶었구나.

- '진주만' 일부

이 작품은 주로 1941년 12월 8일 일본이 '진주만'을 기습한 이야기를 큰 무리 없이 시화한 것이다. 이 작품은 동명의 많은 전쟁시편 가운데서도 수작이라 할 수 있다. '진주만'을 '아득히 감람물결 위에 뜬 한포기 수련화'라고 비유했다든가, 또 일본의 갑작스런 공습 폭격을 일종의 태풍에다 비유한 것은 대단히 특색 있는 표현이라 하겠다.

이 이외「사이판」,「충승」,「동경」같은 작품은 다른 작품에 비해 비교적 전쟁 시로서 뛰어난 품위를 갖고 있다.

「새나라의 구도」에서는 더욱 흥분된 감정을 주체할 수 없을 만큼 하나의 설교조로 역사관을 서술하고 삶의 설계를 장황하게 펼쳐나갔다. 지극히 정치적인 사회시였다.

시편마다 공히「민족혼」,「자주독립」,「동포애」,「세계사」,「세기」,「세대」,「민주주의」,「인류애」,「민족문화」등의 생경한 말들이 어느새 크게 자리를 잡고 있다. 이때까지 볼 수 없었던 동명의 시세계에 회오리바람이 불어 닥친 셈이다.

이렇게 본다면 시집『진주만』은 해방 직후 작자가 북한에서 어지러운 소용돌이 속에서 썼기 때문에『진주만』외 몇 편을 제외하고는 대체로 좋은 시가 많지 못하다. 그럼에도 불구하고 동명이 1945년에서 1947년까지 쓴 작품을『진주만』이라는 이름으로 1953년에 발간하여 〈아시아자유문학상〉까지 수상하게 된 것은 동명의 전 시인생활을 통하여 크나큰 영광이 아닐 수 없었다.

### 2) 시집『삼팔선』

그 다음 시집『삼팔선』에 와서도 같은 맥락으로 이어지고 있다. 시집『삼팔선』은『진주만』과 똑같이 해방 후부터 월남하기 전까지 이년 동안에 지어진 것이다. 시집『삼팔선』은 주로 민족의 참상을 노래한 것이다.

그러니까 이 시집에선 종전의 주조와는 달리 더 많이 정치적 사회적인 의식을 중시했다. 따라서 시의 언어도 자연 이때까지 잘 애용하지 않던 생경한 술어가 많이 사용되었다.

그래서 시의 주제를 암시한 제목도 이런 것이었다.「역사」,「민주주의」,「인권」,「자유」등은 그 대표적인 것이었다.

시집『삼팔선』에 수록되어 있는 시의 내용을 크게 구분하면 두 가지로 나눌 수 있다. 즉 하나는 작자가 삼팔선을 넘기 전까지 북한에서 겪었던 참상과 또 다른 하나는 여기저기에서 보고 들은 우울한 이야기다. 이런 비극의 역사를 노래한 시가 바로『삼팔선』이다.

> 옥문,
> 굳게 닫힌 옥문일다.
>
> 어허, 일천만 옥인제군! 우리는 도대체,
> 어떤 녀석의 마술지팽이에 걸렸기에 모두들 요꼴이람.
>
> 자, 저 작자들은 대관절 무슨 이야기가 저리도 끝이 없을고?
> 남은 기다리기에 사뭇 애가 푹푹 타들어 가는데……
>
> 에잇, 그까짓 주먹으로
> 우리들의 이 주먹으로 막 때려 부술 수는 없나!
>
> 아아, 저 곰의 발바닥같이 생겨먹은 상판을 본대도
> 우리들이 잘못 걸린 것만은 틀림없구나.
>
> 철벽,
> 까마득히 높이 솟은 철벽일다.
>
> -'삼팔선'일부

소용돌이치는 사회상을 그리 흥분되지 않는 가운데 아주 리얼하게 그린 작품이라 볼 수 있다. 이 작품의 흥미를 더욱 돋구는 것은 그의 독특한 풍자적인 수법이다.

"어허, 일천만 옥인제군! 우리는 도대체 어떤 녀석의 마술지팽이에 걸렸기에 모두들 요꼴 이람"이라든가, "아아, 아름다운 악마, 그러나 알고보니 흉악한 역신이여! 우리들의 환자는 가엾게도 제 할아버지를 모르는 것이 특징이더구나"같은 것은 독자로 하여금 통쾌감마저 느끼게 한다.

사방에서 귀곡성이 들리는 원한의 삼팔선을 넘으며 작자는 민족의 수난과 역사의 악희와 운명의 조롱을 뼈저리게 느꼈다. 이러한 풍자성은 『삼팔선』뿐만 아니라 우수작「레디오」,「이방」,「우울」을 위시해서 북한 사람들의 우울한 생활모습을 그린〈우울한 이야기〉편에는 너무도 흔하게 산재되어 있다.

여기에는 2차 전쟁이 끝나고 이 땅에서 쫓겨 가는 일인들의 비참한 피난 생활을 그린 시도 있다. 또한 자유롭지 못한 공산치하에서 반동분자란 죄목으로 감옥에 갇혔던 옥중생활도 시화하여 작품을 썼다. 그러나 이들 작품은 비참한 현실생활만 부각시켰지 시적인 아름다움과 감동 세계는 그리지 못했다.

### 3) 시집 『목격자』

정신적으로 보면 김동명이 공산치하에서 어려운 생활을 겪다가 자유를 찾아 이남에 내려온 후 새 시대 새 생활을 영위하기 위한 다짐으로 그동안의 겪었던 일을『목격자』란 이름으로 마지막 시집을 내었다. 이 시집의 창작기간은 동명이 월남한 이후 또다시 교육계에 종사하면서 비교적 평탄한 가운에 시에 비상한 관심을 베풀고 있을 때이다. 그런 가운데 서울 풍물을 소재로 하여 시를 썼다.

동명의 시가 이「서울풍물지초」에 와서 어느 정도 결실을 맺었다고 볼수 있다. 즉 여기에는 해방 전의 전원적 특질과 해방 후의 사회적 경향을 어느 정도 무리 없이 조화한 때라고 할 수 있다. 여기에는 주로「서울풍물지초」와「피난시첩」의 두 가지 내용의 시들이 담겼다.

첫째「서울풍물지초」는 '자하문밖', '세종로', '종로', '충무로', '명동', '북아현동', '신촌동', '미아리고개'등, 서울의 유명한 곳을 주로 스케치하였다. 그 중의 제일 앞에 있는「자하문밖」을 들어 보더라도 그 품위를 곧 쉽게 알 수 있다.

경복궁 바라보며 부친 담배

　　　　버리고 보니 두메산골.

　　　　두 팔 쭉 벌리고 빙글 돌면
　　　　산들이 소매끝에 스칠듯.

　　　　어느 바윗돌이
　　　　호랑이의 발자국을 지였느뇨?

　　　　멧곬을 씻어오는 바람결에
　　　　태고가 풍기어.

　　　　전통을 고집하는 초가지붕도
　　　　예서는 제 격인 걸.
　　　　　　　　　　　　－'자하문밖'일부

　그 전에 보던 설명조나 호기를 찾아볼 수 없을 만치 순화되어 있다. 그러면서 새로운 가락에 새로운 이미지를 담은 선명한 이미지의 시는 읽어갈수록 감동을 준다. 이 시속엔 또한 윗트와 풍자도 들어 있다. 첫 연'경복궁 바라보며 부친 담배 버리고 보니 두메산골'같은 것은 아주 풍부한 상상력의 소산이다. 이 시에서 보듯 모든 시형태가 아주 짧은 단시로 되어 있는 것이 특징이다.

　또한「서울풍물지초」에서는 여유 만만한 가운데 향락적이고 풍류적인 일면도 볼 수 있다.「봉래각취담」,「빠·강남」,「우이동놀이」같은 것은 다 그런 류의 작품들이다.

　그 다음 또「서울풍물지초」에서는 회고의 정을 담고 있다. 즉「남대문」,「한가람은 흐른다」,「고궁부」,「고궁삽화」,「구정아운」,「육신묘」에서는 물씬 그런 냄새를 풍기고 있다.

　이 회고의 정도 사회적 경향과 마찬가지로 음성적으로 내부에 숨어 있다가 곧잘 고개를 드는 것이다. 그런데 이것은 항상 동경이나 감상에 흐르지 않고 현실감각을 중시하고 있다.

　　　　나는 창문을 활짝 열어제치고

오연히 앉아 바라본다.

구비쳐 흐르는 한가람이
오늘은 어인 일, 자꾸만 슬하고나.

레디오가 그렇게까지 몸부림치며 매달리건만
그래도 뿌리치고 떠나는 시민도 있나보다.

어느새 장사진을 이룬 피난민의 행렬이
비에 젖으며 젖으며 간다.

-'목격자'일부

이 시는 6.25 동란을 맞아 한강을 건너 피난 가는 사람들의 모습을 그린 것이다.〈지리산〉,〈그 이튿날〉,〈출발〉을 위시한 많은 작품이 그 당시 마음을 잘 나타내었다.

그런가 하면 원하지 않던 피난지에서도 마음을 다스려 좋은 시도 썼다. 그것은 앞에서 든「서울풍물지초」와 같은 스타일로 풍물을 노래하기도 했다. 그 좋은 본보기로 남원에 피난 가서 쓴〈남원야곡〉은 그곳 향토미까지 잘 나타내고 시적 좋은 효과를 거두고 있다.

## Ⅳ. 결론

동명이 1920년대에 발표한 시들은 대체로 허무적, 감상적, 퇴폐적 경향으로 작품을 썼다. 그러다가 1930년대에 와서 시인으로서의 뚜렷한 두각을 드러내었다.

그것은 1930년에 초기의 작품을 한데 모아『나의 거문고』라는 시집을 내었다. 그리하여 습작기를 일단 청산하고 새로운 세계에 접어들었다. 이 새로운 세계는 곧 동명의 시인생활을 대표한 전원적 목가풍의 경향이었다. 이러한 경향이 담겨져 있는 시집이『파초』와『하늘』이었다.

30년대는 막상 시대상으로는 어두웠지만 동명 자신의 시 정신으로 볼 때는 아예 그런 것과는 아랑곳없이 밝았다. 그것은 아름다운 자연과 전원생활 속에서 인생을 찾으려했기 때문이다.

이때에 와서는 내용뿐만 아니라 형식도 초기에 비해 훨씬 정제되어 있으며 시의 기법도 그만치 다양했다는 것이 특색이다. 많은 독자들에게 수용되고 있는「파초」,「내 마음」,「하늘」,「바다」같은 작품이 그 좋은 예이다.

이렇게 전원 한거에서 목가풍의 서정시를 쭉 써내려오다가 태평양전쟁이 발발하자 그만 붓을 꺾고 말았다. 해방이 되자 동명의 시세계는 다시 한 번 일대 전환기를 가져왔다. 그것은 소위 사회적 경향이다.

이때까지 외세의 변화와는 아무 관계없이 온상 속에서 사뭇 자기만의 세계를 구수하고 살다가 다시 한 번 속의 껍질을 깨고 또 다른 세계(사회의 움직임)에 눈을 돌렸다. 즉 일제의 암흑상 및 전쟁 상황을 담은 시집『삼팔선』과 해방 후 공산치하에서 여러 가지 우울한 이야기를 담은 시집『삼팔선』이 바로 그것이다.

이러한 사회적 경향이 전기의 전원적 경향과 조화를 가져온 것은 동명이 월남하여 쓴「서울풍물지초」에 이르러서이다. 말하자면 이때에 와서 사회적 경향이 결실을 맺었다고 할 수 있다.

이렇게 볼 때 초허 김동명이야말로 1920년대에서 1960년대 초기까지 가장 특색 있는 작품으로 활약한 중요한 시인의 한 사람이다.

그의 시는 우리 한국현대시사에서 뿐만 아니라 강릉이 낳은 향토시인으로 그의 생가가 있는 영곡의「김동명 시비」만 아니라 강릉 경포호수가에 세워져 더 빛나고 있다.

# 김동명 시에 나타난 '주체의식' 연구

김윤정*

---
**목 차**

Ⅰ. 서론
Ⅱ. 동일성과 주체
Ⅲ. 초기시의 수사와 이지적 주체
   3.1. '꽃'의 은유와 세계지향성
   3.2. '영토'에의 의지와 세계합일
Ⅳ. 후기시의 어법과 비판적 지성
Ⅴ. 결론

---

## Ⅰ. 들어가며

김동명은 1923년 『개벽』지에 「당신이 만약 내게 門을 열어 주시면」, 「나는 보고 섰노라」, 「애달픈 記憶」을 발표하면서 등단한 이래, 시집으로 『나의 거문고』(1930), 『芭蕉』(1938), 『3·8線』(1947), 『하늘』(1948), 『眞珠灣』(1954), 『目擊者』(1957)와, 정치평론집 『敵과 同志』(1955), 『역사의 배후』(1958), 수필집 『世代의 揷花』(1959)를 발간하는 등 결코 적지 않은 문필 활동을 하였다. 또한 그는 40대에 이르러 민주당 당원으로 활동하는 등 문필가로서의 삶 못지않은 정

---
*강릉원주대학 국어국문학과 교수

치가로서의 삶을 살았던 것으로 알려져 있다. 정치평론집『敵과 同志』,『역사의 배후』는 정치가로서 활약하는 중 주로 이승만 독재와 박정희 군사 정권의 부당함에 대해 비판적으로 일갈(一喝)하는 정치적 논설들로 이루어진 것으로서, 김동명이 정치 현실에 깊이 관여했음을 실증해주고 있다.

그러나 김동명이 정치가로서 활동했던 점은 그에 대한 학계의 연구를 가로막는 요인이 되었던 것도 사실이다. 김동명의 정치가로서의 입지는 그에게 문학이 여기(餘技)에 불과한 것으로 간주하는 요인이 되었기 때문이다. 이와 함께 시작 활동을 왕성히 하였던 193,40년대에 동인 활동을 하지 않았던 점 역시 김동명을 학계 내에서 평가하는 데에 인색하도록 하였다. 실제로 김동명에 대한 연구는 그가 상재한 시집의 양이나 그가 보여준 시세계의 성과에 비해 볼 때 매우 빈약한 것이라 할 수 있다. 김동명에 대한 연구는 지금까지 본격적으로 이루어지지 못하고 불과 몇편의 논문만이 있을 뿐이기 때문이다.[1]

더욱이 당대 시풍을 반영하여 퇴폐적 감상주의적 성격을 띠던 첫시집『나의 거문고』가 보존조차 되어 있지 않은 상태인 점, 상대적으로 시적 안정된 형상화를 보이고 있는 시집이『芭蕉』와,『하늘』에 국한되며,『3·8線』,『眞珠灣』,『目擊者』의 시편들은 시적 형상화면에서 생경하고 내용적으로도 현실 참여적 성격을 지니고 있다는 점은 김동명에 대한 학적 연구의 범위를 축소시키는 작용을 하였다. 이에 따라 김동명에 대한 일반인들의 인식은「파초」라든가「내마음」,「수선화」등의 완미한 서정시를 통해 이루어져 왔고 연구의 관점 또한 강한 서정성으로 이루어진『芭蕉』,『하늘』을 중심으로 한 전원시인이라는 규정으로 일관해 있었다.

김동명이 해방 전 완미한 서정적 경향의 시를 쓰다가 해방 이후 현실 참여적 시를 썼으며 나아가 50대 말부터 69세로 생을 마칠 때까지 더 이상 시를 쓰지 않고 정치활동에 몰두했던 이력이 그의 시세계를 매우 제한적으로 조명하도록 하는 것이 사실이지만, 또한 3,40년대의 시적 성과물인『芭蕉』,『하늘』을 바탕으로 김동명을 우리 시사에서 신석정, 김상용 등과 같은 전원시인이자 목가시인으로 규정하는 것도 의미있는 일이지만,[2] 김동명에 관한 바른 연구의 관점은 오히려 현실참여적 시 및 그의 정치 활동의 측면을 모두 아우르는 바탕 위에서 이루어져야 할 것으로 보인다. 김동명에게 있어서 현실에의 관심과 정치적 삶의 태

---

[1] 신익호,「황혼의 변증법적 의미」『김동명의, 시세계와 삶』(김종구 외, 한남대출판부, 1994), p.72.
[2] 백철,『신문학사조사』,신구문화사, 1980, p. 503, 조연현,『한국현대문학사』, 성문각, 1980, p.452. (위의 책 p.71 참조).

도는 매우 적극적인 것이었고 그것들은 오히려 김동명의 삶에서 그 무엇보다 본질적인 것으로 판단되기 때문이다. 김동명의 정치적 성향은 명예욕이나 권력욕에 기인한 것이 아니라 그의 내면화된 세계관에서 비롯된 것이라 할 수 있는데, 이는 시인으로서의 김동명을 이해할 때에도 중요한 요소로 간주해야 된다는 것이다.

김동명이 지니고 있던 적극적인 정치 성향은 그가 단순히 자연을 소재로 삼은 전원시인이자 목가시인에 그치는 것이 아님을 암시한다. 193,40년대의 그의 서정시가 보여주는 것처럼 김동명은 단지 자연을 관조하는 정적인 서정시인이 아니었던 것이다.[3] 대신 그는 그가 처한 환경이 어떠하든간에 대단히 능동적이고 적극적이며 행동주의적인 인물이었음을 알 수 있다. 해방 전의 목가적인 시와 구별되는『3·8線』,『眞珠灣』,『目擊者』는 각각 1947년 월남할 때 경험한 삶의 실상, 일본제국주의가 태평양전쟁을 일으키던 정황, 서울의 풍속 및 6·25 전쟁 상황을 소재로 다룸으로써 김동명의 관심이 곧바로 생생한 현실을 향해 있음을 말해주는바, 정치적 삶과 더불어 김동명의 이러한 현실지향적 성격은 초기 그의 서정시의 성격을 규명하는 데도 중요한 요소로 작용할 것이라는 점이다.[4]

즉 그의 전기시의 이해는 후기시와의 분리, 차별 하에 이루어지는 것이 아니라 연관성 아래 이루어질 수 있다. 김동명의 전기시와 후기시에는 소재와 상관없이 일관되게 김동명의 성격, 즉 그의 능동적이고 적극적인 성격이 반영되어 있는 것이다. 이점은 그가 일제라는 암담한 상황에 처해 있을 때에도 크게 변함없이 발휘되었다. 이는 김동명의 초기 서정시가 단순히 정태적이고 관조적인 성격의 그것이 아님을 말해주는 논거가 될 것인데, 이에 대한 규명은 김동명의 주체의식의 의미가 무엇인지를 해명케 해 줄 것이며 이와 함께 김동명이 추구했던 유토피아가 무엇이었는지를 짐작하게 해 줄 것이다.

---

[3] 김동명을 관조적 서정시인으로만 볼 수 없다는 생각은 그의 시를 전체적으로 살펴본 경우 일반적으로 얻게 되는 관점이다. 김병욱의「시인의 현실참여」(김종구 외, 앞의 책, pp.115-128), 임영환의「김동명의 민족시적성격」(김종구 외, 앞의 책, pp.177-194), 김병우의「아버지 김동명에 관한 서한」(김종구 외, 앞의 책, pp.201-273) 등은 김동명의 행동주의적이고 실천적인 성격에 초점을 두고 쓰여진 논문들이다.

[4] 『나의 거문고』,『芭蕉』,『3,·8線』,『하늘』,『眞珠灣』,『目擊者』는, 해방을 기점으로 전기시와 후기시로 나눌 수 있다. 전기의 시는 주로 자연을 소재로 한 목가적이고 서정적인 성격을 띠는 것으로 전해지지 않는『나의 거문고』(1930)를 제외하고,『芭蕉』(1938)와『하늘』(1948)이 이에 속하는 것으로 볼 수 있다.『3·8線』(1947),『眞珠灣』(1954),『目擊者』(1957)는 주로 현실 체험을 바탕으로 한 것으로 후기시로 분류할 수 있다. 이 중『하늘』은 1948년에 상재된 것으로 1947년에 발간된『3·8線』보다 시기적으로 늦지만 실제 창작은 1936년에서 1941에 걸쳐 한 것이므로, 해방 전에 쓰여진 시라 할 수 있다. 또한『眞珠灣』은『3·8線』은 보다 늦게 발간되었지만 그 체험 내용은 그보다 이른 것이다.

## II. 동일성과 주체

흔히 목가적인 전기시와 참여적인 후기시로 나뉘는 김동명의 시세계가 실상은 능동적이고 적극적인 그의 성격면에서 일관성을 보이고 있다는 사실을 밝히기 위해 김동명이 초기 서정시에서 주로 사용하였던 수사가 은유라는 점에 주목해보아야 할 것이다.[5] 은유는 A와 B라는 두 대상간의 유사성에 의한 전이(transfer)로 이루어지는 수사로서, 불가해하고 불명료한 A를 B가 지닌 구체성에 의해 확정하는 기능을 한다. 구체적이고 분명한 대상 B는 모호하고 이해하기 어려운 A를 확정짓고 규정지음으로써 A에 의미역(域)을 부여해 준다고 말할 수 있다. A는 B에 의해 조명되고 B와의 간격으로 인한 긴장을 겪으며 B와의 강한 동일성의 울림을 이루게 된다. A와 B사이에는 동일시된 확장된 세계가 형성된다.

이러한 은유의 수사는 서정시의 본질적 성격을 지지해 준다고도 할 수 있다. 서정시는 자아와 세계 사이의 거리와 이질성을 극복하기 위해 발생하는 장르로서 내적 정서와 외적 대상 사이의 조화와 합일을 추구하는 동일성의 미학으로 이루어진다.[6] 서정시를 구성하는 언어 및 리듬은 자아와 세계 사이의 통합을 위해 구사된다. 이때 서로 구분되는 자아의 내면과 외적 세계 사이의 유사성과 이질성이라는 양면의 긴장으로 이루어지는 은유는 서정시가 추구하는 동일성의 시학에 직접적으로 닿아 있다.

한편 자아와 세계 사이의 통일을 추구한다는 점에서 동일성의 미학은 새로운 주체의 탄생을 이루는 계기가 된다. 동일성의 미학은 소외되고 분열된 자아에게 세계와의 화해의 기회를 제공함으로써 주관적 자아로 하여금 세계 내의 존재가 되도록 해준다. 동일성의 미학에 의해 자아는 상실과 패배를 넘어서서 세계 속에서 능동적이고 독자적인 주체로 정립된다. 곧 동일성의 미학에 의해 실현되는 서정적 자아는 분열과 소외를 극복한 통합된 자아이자 자아를 세계화시킨 능동적 주체이다.

더욱이 동일성의 세계를 추구하는 자아에게 은유의 수사는 지금 여기에 국한되지 않은 '너머'의 세계로의 확장을 경험하게 한다. '전이transfer'로써 성립되는 은유의 수사에는 A라는

---

[5] 김동명을 대중적인 시인으로 각인시켰던 요소 중 하나는 단연 그가 사용한 은유의 수사법에 있다. 그는 "내마음은 호수"라는 싯귀로 잘 알려져 있으며 이 구절이 은유의 대명사가 되었던 점도 너무도 뚜렷한 사실이다. 물론 이외에도 김동명이 은유의 수사를 구가했던 점은 어렵지 않게 확인할 수 있다.

[6] 서정시가 지니는 동일성의 미학의 측면에 대한 상세한 설명은 김준오의 시론(『시론-Poetics of Identity』,문장, 1986)을 참조할 수 있다.

국면으로부터 B라는 새로운 국면으로의 이동과 전환의 계기가 내포되어 있는바, 이는 A를 넘어서는(over) 그 이상의 세계에의 개시(開示)를 의미한다 할 수 있다. 동일성의 미학의 측면에서 은유가 세계를 향한 열림의 수사(修辭)이자 세계의 인식가능성에 대한 자신감의 표현이라는 말이 성립되는 것도 이 때문이다.7)

은유를 동일성의 시학과 연관짓는 일은 은유를 단순한 수사법이 아닌 세계관의 의미로 이해할 수 있음을 시사한다. 동일성의 미학으로서의 은유는 미지의 세계를 이해할 수 있고 인식할 수 있다고 여기는 적극적이고 자신감 넘치는 자아의 의식을 반영한다. 은유의 사유를 실현하는 자아에게 세계는 자아가 능동적으로 다가가 자아의 것으로 전유할 수 있는 대상이 된다. 이러한 능동적 자아는 더 이상 세계에 의해 제한되지 않으며 오히려 세계를 열어 자기화하는 자유를 체험한다. 또한 동일성의 미학을 실현하는 자아에게 세계는 더 이상 혼돈과 어둠 속에 유폐되어 있는 것이 아니라 언제나 유토피아의 가능성으로 열리게 된다. 세계는 능동적 자아에 의해 개시되며 능동적 자아에 의해 개선되는 유토피아 의식의 선상에 놓이게 된다.

이처럼 세계관으로서의 동일성 미학의 측면에 설 때 김동명이 전기시에서 주로 은유의 수사를 구가한 점은 후기시에 이르러 현실참여적인 면모를 보이는 점과 전혀 상반되지 않는다. 김동명의 초기 서정시에서 보이는 은유의 수사는 단순한 기법의 차원에 놓이는 것이 아니라 그의 세계관 및 세계를 향한 태도를 보여주는 것이며, 이점은 후기시에 나타나 있는 현실 참여적인 태도와 관련되는 것이다. 즉 김동명에게 전기시의 서정적 시와 후기시의 참여적 시는 서로 구분되는 것이기보다 김동명의 내적 세계관에 의해 일관되게 이어지는 것이라 할 수 있다.8) 그는 일관되게 자아를 세계내로 열어가고자 하였고 세계를 이해하고자 하였으며 세계를 향한 적극성을 바탕으로 세계를 자아의 의지에 따라 변화시키고자 하였다.

---

7) 은유와 환유는 수사의 구성원리에 의거하여 단순한 수사가 아닌 세계관의 측면에서 이해될 수 있다. 은유가 유사성을 바탕으로 한 동일성의 미학을 추구하는 것이라면 환유는 인접성을 바탕으로 한 비동일성의 미학을 추구하는 것이라는 점이다. 은유, 환유를 세계관의 측면에서 접근하면서 은유를 세계와 의미 추구의 정신현상으로, 환유를 세계 부정과 의미 왜곡의 정신 현상으로 본 것은 오늘날 후기구조주의자들에 의해 이루어졌던바, 이에 따라 금동철은 '은유'가 미지의 세계에 대한 인식가능성을 통해 세계를 총체화하는 데 기여한다고 보고 있다. 금동철, 「은유」 『시론』(최승호, 외, 황금알, 2008), p.99.

8) 물론 이것은 그의 행동적인 정치활동과도 맥락을 공유하는 것이다. 실제로 김동명은 '정치는 제2의 시'임을 역설하였다. 김종구 외, 앞의 책, p. 345.

그는 일관되게 동일성의 미학을 구현함으로써 자신을 세계속의 주체로 정립하고 나아가 현실 속에 자신의 유토피아적 비전을 실현하고자 하였던 것이다. 이점이 김동명의 세계가 단순한 관조적 서정시가 아니라 서정성과 참여성, 미학성과 사회성이라는 상반된 속성들이 결합되어 있는 것으로 보이는 이유이기도 할 것이다.9)

그렇다면 전기에서 후기에 이르기까지 세계에 대한 김동명의 실천적인 행보는 시세계에 어떻게 나타나 있을까? 그가 추구한 이상적 세계의 실상은 무엇이고 이것의 실현을 위해 김동명이 보여주었던 시적 궤적들은 무엇이 있는가? 또한 그로부터 도출되는 김동명의 내적 성격은 무엇이라 할 수 있을까?

## Ⅲ. 전기시10)의 수사와 이지적 주체

주로 자연을 소재로 하여 전원시이자 목가시로 분류되는 김동명의 전기시에는 자연의 다양한 대상들이 등장한다. '꽃'과 '풀' 등의 식물 이미지를 비롯한 '바다' '호수' 등의, 물 이미지의 집중적 형상화는 김동명이 전기의 자연시에서 보이는 특성이라 할 수 있다.11)

이외에도 김동명의 전기시에는 '새벽' '밤', '황혼', '가, 을'과 같은 시간 이미지와 '뜰' '서재', '영지'와, 같은 공간 이미지가 나타나 있으며 '어머니' '성모마리아'와, 같은 모성 이미지도 함께 나타나 있다. 이들 이미지들은 김동명에게 자신의 내적 정서를 외적으로 현현케 해주는 은유적 기법에 의한 것들이다. 그러나 이러한 은유적 수사에는 기법적 차원에 국한되지 않는 시적 자아의 세계지향성이 함께 내포되어 있다. 김동명 시의 은유적 수사에는 김동명이 꿈꾸는 세계의 비전이 내밀하게 형상화되어 있는 것이다. 다시 말하면 김동명의 시에서 은

---

9) 장은영은 『김동명시선』(지식을 만드는 지식, 2012, p.129) 해설에서 김동명의 시세계를 순수 서정과 현실지향의 두 세계가 공존하면서 서로 교차하기도 하는 것으로 묘사하고 있다.

10) 각주 4)에서 언급했던 것처럼 김동명의 시세계는 크게 전기와 후기로 나눌 수 있으며, 전기는 1923년 등단 이후 해방 전까지의 약 20여 년간의 시작 활동시기를 가리킨다. 시집으로는 『파초』와 『하늘』이 이 시기의 작품에 해당한다.

11) 송재영은 김동명의 시에 파초, 수선화, 란, 작약, 해당화, 봉선화, 종려가지, 감람나무, 장미 등 숱한 식물성 이미지가 나타난다고 전제하면서 그러나 이러한 식물 이미지는 물의 이미지가 차지하는 비중에 미치지 못할 만큼 김동명 시에서 물의 이미지가 중요하다고 주장하고 있다(송재영, 「물의 상상체계」 『김동명의, 시세계와 삶』, 한남대 출판부, 1994, p.58) 이로써 김동명의 시에는 다양한 자연 이미지들이 등장하여 김동명의 고도의 상상체계를 구축하고 있음을 짐작할 수 있다.

유의 수사는 김동명이 자신의 유토피아를 구축하기 위한 상상적 구축물에 해당한다.

## 3.1. '꽃'의 은유와 세계지향성

김동명의 시에 '꽃'과 '풀'등의 식물 이미지가 빈번히 쓰이고 있다는 점은 잘 알려진 사실이다. 그의 시에서 식물 이미지는 '파초', '수선화', '석죽화', '난초'등 다양하다. 일반적으로 볼 때 시에서 '꽃'이 형상화되어 있는 경우는 매우 흔한 일이다. '꽃'은 아름다움으로 인해 시의 예술적 형상화에 있어 매우 흔히 등장하게 마련인 소재이다. 그러나 김동명의 경우 이들 '꽃'과 '풀'등은 단지 미적 차원의 대상에 놓이는 것이 아님을 알 수 있다. 김동명은 단지 이들 대상을 아름다움의 현현체로 감상하고 관조하는 차원에 있지 않다.[12] 대신 김동명의 시에서 이들 이미지는 매우 정신화되어 있다. 김동명은 이들 대상에 자신의 적극적 정신세계를 투영하고 있는 것이다.

> 그대는 차디찬 意志의 날개로/ 끝없는 孤獨의 위를 날으는 애달픈 마음.// 또한 그리고 그리다가 죽는/ 죽었다가 다시 또다시 죽는/ 가여운 넋은 아닐까.// 부칠 곳 없는 情熱을/ 가슴 깊이 감추이고/ 찬바람에 빙그레 웃는 적막한 얼굴이여!.// 그대는 神의 創作集 속에서/ 가장 아름답게 빛나는/ 不滅의 小曲.// 또한 나의 적은 愛人이니/ 아아 내 사랑 水仙花야!/ 나도 그대를 따라 저 눈길을 걸으리.
> 
> 「水仙花」전문[13]

위의 시에서 '수선화'는 단지 아름다움의 미적 정서를 느끼게 하는 관조의 대상이 아니라 화자의 의식이 적극적으로 투사된 정신화된 대상임을 쉽게 알 수 있다. '수선화'는 인간 존재인 것처럼 의인화되어 있으면서 마치 화자의 이상적 인물형 혹은 자의식이 투영되어 있는 것처럼 보인다. '수선화'는 눈에 보이는 이미지대로의 피상적 차원에 놓이지 않고 지극히 내면화된 모습으로 그려지고 있는바, 그것은 '수선화'가 가령 '청초함'이라든가 가녀림 등 외적

---

[12] 신익호는 김동명의 자연시가 신석정, 김상용 등이 보인 것과 같은 자연을 관조하며 유유자적하는 자세의 그것과 다르다고 하면서, 전원 목가풍임에도 불구하고 단순히 유유자적하는 관조의 시풍이 아니라 그 서정성을 통해 시대의 현실의식을 자리매김한다는 점에서 김동명의 시를 높이 평가하고 있다. 신익호, 앞의 글, pp.71-2.

[13] 이후 시 인용은 김동명 사화집 『내마음』(신아사, 1964)에서 하기로 함.

이미지로 묘사되는 대신 '차디찬 의지'를 지닌 채 '고독'을 견디는 '애달픈 마음'의 주체, '그리움'에 사무친 '가여운 넋' '정열'을, 품고 '찬바람에 빙그레 웃는 적막한 얼골' 등으로 표현되고 있는 데서 알 수 있다. '마음'이라든가 '넋', 혹은 '얼굴'과 같은 정신적 상상물로 '수선화'가 전유되고 있음은 그것이 화자 외부에 놓인 관조적이고 시각적인 대상이 아니라 내면적 의식의 산물임을 암시하는 것이며 특히 "나도 그대를 따라 저 눈길을 걸으리" 하였음은 '수선화'를 통해 삶의 의지를 다듬는 계기를 얻고 있음을 말해준다.

　위의 시를 보더래도 김동명에게 '꽃'이라는 대상이 자아와 일정한 거리 아래 놓여 있는 사물이 아니라 자아의식이 적극적으로 투사되어 있는 자아화된 존재임을 알 수 있다. 김동명에게 '꽃'은 자아의 연장이자 상상적 창조물이다. 김동명은 '수선화'를 통해 자기의식을 구현하고 있으며 또한 '수선화'에 의해 인간형에 대한 자기의 비전을 실현하고 있다. 이 가운데 '神의 創作集 속에서／ 가장 아름답게 빛나는／ 不滅의 小曲'으로서의 '수선화'란 그것이 김동명의 이상 세계 속에서 절대화된 의미를 지니는 매개물임을 말해준다. '나의 적은 애인'으로서의 '수선화'란 그것이 지닌 이러한 절대적 의미망을 의미하는 것이다. 말하자면 김동명은 '수선화'에 존재에 관한 자신의 이상적 의미망을 투과시키고 있는바, 이는 은유라는 수사를 통해 김동명이 보여주고 있는 자아의 확장이자 세계를 향한 그의 적극적이고 능동적인 지향의지에 해당함을 알 수 있다.

>　祖國을 언제 떠났노,／ 芭蕉의 꿈은 가련하다.// 南國을 향한 불타는 鄕愁,／ 네의 넋은 修女보다도 더욱 외롭구나.// 소낙비를 그리는 너는 情熱의 女人,／ 나는 샘물을 길어 네 발등에 붓는다.// 이제 밤이 차다,／ 나는 또 너를 내 머리맡에 있게 하마.// 나는 즐겨 너를 위해 종이 되리니,／ 네의 그 드리운 치맛자락으로 우리의 겨울을 가리우자.
>
> 　　　　　　　　　　　　　　　　　　　　　　　　　「芭蕉」전문

　위 시의 제재로 쓰이고 있는 '파초' 역시 김동명이 '수선화'를 통해 보여주고 있는 상상력의 궤적을 그대로 드러내고 있다. '파초'는 '꽃'의 연장선에 놓인 식물 이미지로서, '수선화'와 마찬가지로 김동명의 자기의식의 투영이라는 관점에서 그 의미를 이해할 수 있다. '파초'는 외부의 관조적 대상이라기보다 내면적 능동성에 의해 구현되고 있는 상상적 존재인 것이다. '넋'

과 '꿈'의 주체로서의 '파초'는 시인에 의해 상상적으로 전유된 것이지 시각적 사물의 차원에 놓이는 것이 아님을 말해준다. 이는 김동명이 '파초'를 단지 미적 대상으로 감상하고 있는 것이 아니라 그것에 자신의 정신세계를 투사하여 자신의 이상을 구현하였음을 의미한다. '파초'가 의인화되어 등장하는 것도 이 때문이다. '파초'는 '조국'을 그리워하고, '가련한 꿈'을 꾸며 '남국', 즉 '조국을 향한 불타는 향수'를 지닌 내면의 존재가 되는 것이다. '파초'를 통해 자신의 의식을 투사함으로써 김동명은 자아를 세계 내 존재로 확장시키는 능동적이고 적극적인 자아가 된다. 그것은 김동명의 세계지향적 의식을 말해준다.

'파초'는 '수녀보다 더욱 외로운 넋'의 주체이자, '소낙비를 그리는 정열의 여인'로 그려지고 있다. 이는 '파초'가 더욱 가치부여된 의미망 속에 놓이고 있음을 의미하는바, '파초'는 시인에 의해 보다 절대화된 존재로서 의미를 얻고 있는 것이라 할 수 있다. 그것은 '수녀'처럼 순결하고 '정열의 여인'처럼 적극적인 존재이자, 이상실현을 추구하는 능동적인 존재임을 짐작할 수 있다.

여기에서 알 수 있듯 김동명은 자연을 단지 피동적으로 바라보는 대신 능동적으로 자신의 의식을 투사하고 있다. 자연 소재에는 김동명의 욕망과 의지, 꿈과 이상 등의 내면이 고스란히 담기게 된다. 즉 김동명은 자연을 매개로 하여 자신의 의식을 외부화하고 자아를 세계로 방향지운다는 것을 알 수 있다. 특히 '꽃'과 같은 식물 이미지는 더욱 가치화되어 절대적 존재로서의 의미망을 지닌다는 것 또한 알 수 있는데, 이는 '나는 또 널 내 머리맡에 있게 하마'라든가 '나는 즐겨 너를 위해 종이 되리니'와 같은 부분에서처럼 자아에 의해 그것이 긴밀히 추구되고 보존된다는 사실에서 이해될 수 있다.

김동명의 시에서 '꽃'등의 식물 이미지가 절대화된 의미망 속에 구축되는 것이며, 때문에 시적 자아의 적극적 상호교섭과 지향성을 유도하는 것이라는 사실은 '꽃'등의 식물 이미지가 왜 주로 여성성을 통해 나타나고 있는지 짐작케 해준다. 그것은 김동명의 시에서 간혹 구원의 대상으로 등장하는 '어머니'라든가 '성모마리아'[14]와 동일한 맥락에서 '꽃'의 의미를 이해해

---

14) "아기는 엄마를 찾아 집을 나섰습니다. 이 집에서 저 집으로, 이 마을에서 저 마을로--. 그리고 들이며 山으로까지 두루 찾아 헤매었습니다./ 그러나 엄마는 아무데도 안 계셨습니다. 아기는 하는수 없이 다시 집으로 돌아 왔습니다. 향혀 그 사이에 집에나 오셨나해서--"(「어머니」부분), "聖母마리아님!/ 당신의 눈엔 푸른 달빛이 고웠습니다./ 한번 닿으면, 나의 머리털은 蒼鬱한 森林이 될것입니다./ 나는 거기서 일즈기 잃어버렸던 나의 새들을 찾을 수 있지 않겠습니까./ 오, 聖母마리아님! 그 눈을 들어 잠간 나를 보아 주십시오"(「聖母마리아의 肖像畵 앞에서」부분)

야 함을 의미한다.

## 3.2. '영토'에의 의지와 세계합일

'꽃'등의 식물 이미지가 김동명의 자기의식이 투영된 것이자 절대적 의미망 속에 놓이는 것이라면 김동명이 이후 그와 같은 자신의 이상세계 구현을 위해 제시하는 상상의 궤적은 대상 및 세계와의 적극적인 상호 교섭이 이루어질 수 있는 장소, 곧 공간에의 추구라고 할 수 있다. 식물 이미지와 구별되어 또 다른 지점에서 빈번히 등장하고 있는'호수', '바다', '뜰', '서재'등이, 그것인데 이들은'새벽', '밤', '황혼'등의 시간 이미지와 결합되어 공간 내에서 김동명이 추구하는 의식을 뚜렷하게 형상화시켜 주는 계기가 된다. 김동명은 시간 이미지에 둘러싸인 공간속에서 적극적인 세계와의 교응과 교섭에의 의지를 보여주는바, 이는 김동명 시에서 공간이 차지하고 있는 의미를 말해준다 하겠다.

> 꽃씨를 얻어/ 花壇에 심는 뜻은/ 나의 領地를 가지려 함일다./ 다음 날 盛裝한 아가씨들을 맞어,/ 나는/ 나의 날의 외로움을 잊으리.
> 「五月 小曲-꽃씨를 얻어」부분

> 나의 書齋는 바다이다./ 나의 航海의 가장 많은 時間을/ 나는 여기서 보낸다./ 구석에 놓인 낡은 조그마한 寢臺,/ 그것은 冥想의 물결에 흔들리며/ 또한 잠의 微風이 품기며/ 앞으로 앞으로 나아가는 나의 적은 배이다./ 때로 나는 孤獨의 실비에 옷을 적시며/ 갈매기모양 '마스트'에 날아와 앉는 憂鬱을 바라본다./ 이름만인 冊장, 그 위엔 진달래가 시들었고,/ 天井에는 거미 줄, 壁 위엔 十五錢짜리 풍경화./나는 여기에 傲然히 도사리고 앉어,/ 偉大한'朝鮮文學史'의 한'페-지'를 꾸민다.
> 「나의 書齋」전문

'꽃'과'나무'를 주된 제재로 삼는 김동명에게'정원', '뜰', '화단'등 은 각별한 의미를 지닌다. 실제로 김동명이"나의 뜰은 나의 즐거운 조그마한 家庭이오/ 나는 내 삶에서 오는 고달픔을 대개 여기서 쉬이오"15)라고 한 바도 있듯이 꽃과 나무를 가꿀 수 있는 정원은 김동명에게 최소한 도로 주어진 자유와 행복의 공간이다. 그곳은 '외로움을 잊을' 수 있는 공간이자 상상과 꿈의 날개를 펼 수 있는 거의 유일한 낙원이다. 김동명에게 '정원'은 자아와 세계가 분리되지 않은 통합의 장소인 것이다.

김동명이 '정원'을 배경으로 하여 '꽃과 나무'를 시제로 삼은 사실은 우리 시사에서 김동명을 전원시인으로 규정하게 된 결정적 요인이다. 김동명이 '정원' 내에서 안식을 구한 것 역시 부정할 수 없는 사실이다. 그러나 그 점으로 인해 김동명을 소극적이고 은둔적인 인물로 단정짓기에는 김동명의 상상력과 의식이 매우 강건하고 활연하다. 그는 비록 '많은 時間을' '書齋'와 같은 폐쇄된 공간에서 '보낸다'고 말하지만 그곳은 패배와 슬픔에 젖어 있는 어둠의 장소는 결코 아니다. 오히려 '정원'과 '서재'와 같은 작은 공간은 그에게 안식을 줄 뿐만 아니라 그의 자아가 세계에 닿을 수 있는 통로에 해당하기도 한다. 위의 시 「나의 書齋」의 시적 자아는 이같이 좁고 누추한 공간에 '오연히 도사리고 앉아' '偉大한 '朝鮮文學史'의 한 '페-지'를 꾸민다'고 말하거니와, 이는 김동명에게 이러한 공간이 좌절의 공간이 아니라 상상과 꿈이 펼쳐지는 희망의 공간임을 암시한다.

김동명이 자신의 좁은 '서재'를 가리켜 '바다'라는 은유적 수사로 명명한 것 역시 그에게 안식의 좁은 공간이 단순한 일상의 장소가 아니라 보다 너른 세계로 이어지는 활연한 상상의 지대임을 말해준다. 김동명에게 '정원', '뜰', '서재'와 같은 공간은 밀폐된 성질 그 자체로 남는 것이 아니라 세계와 대면할 수 있는 열린 공간이 된다. 김동명의 시세계에서 이들 공간이 '호수'라든가 '바다' 등의 공간과 만나는 것도 이러한 이유에서이다. 김동명에게 이들 공간은 세계와 통할 수 있는 자신의 '영토'가 되는 것이다. 위 인용시에서 시적 자아가 "꽃씨를 얻어/ 花壇에 심는 뜻은/ 나의 領地를 가지려 함일다"라고 말하는 것도 이와 관련된다. 김동명은 이들 영토를 점유하여 이를 바탕으로 세계와의 적극적인 소통과 교섭을 꾀하고자 하는 능동적이고 적극적인 의식을 보여준다. 요컨대 전원을 소재로 취하는 그의 시는 표면적으로 볼 때 정적이고 피동적인 것이나 내적 상상력을 살필 경우 이러한 견해가 곧 피상적 단견이었음을 알게 된다.

나의 가슴을 조그마한 港灣에 비길수 있다면/ 굽이굽이 되리 닫는 물결은/ 異國의

---

15) 김동명, 「나의 뜰」 『김동명, 사화집-내마음』, 신아사, 1964, p.10.

꿈을 싣고 오는 나의 나그네,/ 나의 마음은 네의 품속에서 海草 같이 얼렁거린다.

「바다」부분


여보,/ 우리가 萬一 저 湖水처럼 깊고 고요한 마음을 지닐 수 있다면,/ 별들은 반딧불처럼 날아와 우리의 가슴 속에 빠져 주겠지……// 또,/ 우리가 萬一 저 湖水처럼 맑고 그윽한 가슴을 가질 수 있다면,/ 悲哀도 아름다운 물새처럼 고요히 우리의 마음 속에 깃드려 주겠지……

「湖水」부분


'바다'와 '호수'는 '꽃과 나무' 못지않게 김동명의 주된 시적 이미지를 구성하고 있다. 이 또한 김동명을 신석정과 유사한 목가시인으로 인식하게 되는 요인이 되었던 것도 사실이다. 그러나 '바다' 등 물이미지 역시 식물이미지들과 마찬가지로 김동명의 적극적인 상상과 의식을 보여주는 매개가 된다. 물이미지와 식물이미지들은 서로 다른 질료로 이루어져 단지 자연이라는 소재적 차원의 공통점만을 지니고 있는 듯하지만 김동명의 상상체계를 구축하는 데 있어 일정한 상관성을 이루고 있다. 그것은 식물이미지가 궁극적인 구원상(像)을 이루고 있다면 물이미지는 그러한 대상에 다가가기 위한 터전이자 배경이 되고 있는 점에서 찾을 수 있다. 김동명은 '바다'와 '호수'에 주로 자신의 '마음'을 투영하고 이를 거점으로 하여 궁극적인 구원의 대상에 다다르고자 하는 상상체계를 보인다. 이때 세계 혹은 궁극의 대상에게로 다가가는 자아가 관조하거나 정태적인 자아가 아님은 물론이다. 김동명의 시에서 현상하는 자아가 전원을 배경으로 하고 있으면서도 늘 능동적이고는 활동적인 까닭이 여기에 있다.

위 인용시 「호수」의 시적 자아가 "우리가 萬一 저 湖水처럼 깊고 고요한 마음을 지닐 수 있다면,/ 별들은 반딧불처럼 날아와 우리의 가슴 속에 빠져 주겠지……" 하는 부분은 '호수'와 동일시된 자아의 '마음'이 유폐되는 것이 아니라 세계와 적극적인 교섭 아래 있는 성질의 것임을 보여준다. 김동명에게 자아의 '마음'은 '호수'와 같은 물이미지를 띠면서 세계와의 소통의 지대로 전이된다. 위의 시 「바다」에서 역시 "나의 가슴을 조그마한 港灣에 비길수 있다면/ 굽이굽이 드리 닫는 물결은/ 異國의 꿈을 싣고 오는 나의 나그네"라고 말함으로써 시적 자아가 세계와의 적극적인 상호 교섭의 의지를 보이고 있음을 알 수 있다. 이러한 의식은 김동명의 가장 대표적인 시로 꼽을 수 있는 「내마음」에도 잘 드러나 있다.

내 마음은 湖水요./ 그대 저어 오오./ 나는 그대의 흰 그림자를 안고,/ 玉 같이/ 그대 뱃전에 부서지리다.// 내 마음은 촛불이요./ 그대 저 門을 닫어 주오./ 나는 그대의 비단 옷자락에 떨며,/ 고요히/ 最後의 한 방울도 남김 없이 타오리다.// 내 마음은 나그네요./ 그대 피리를 불어 주오./ 나는 달 아래 귀를 기우리며, 호젓이/ 나의 밤을 새이오리다.// 내 마음은 落葉이요./ 잠깐 그대의 뜰에 머므르게하오./ 이제 바람이 일면 나는 또 나그네 같이, 외로히/ 그대를 떠나리다.

「내마음」전문

위의「내마음」은 가곡의 가사로 편곡되어 김동명의 다른 어떤 시보다도 매우 큰 대중적 반향을 일으킨 시이다. 특히'내 마음은 호수요'라는 구절은 은유적 수사의 대표적인 예로서 널리 회자되고 있다. 이로 말미암아 김동명은'호수처럼 잔잔한 마음의 소유자'와 같은 전원시인으로서의 이미지를 더욱 굳히게도 되었다.

그러나 김동명의 상상체계의 관점에서 볼 때'내 마음'을'호수'에 투영시킨 것은 그것이 단지'잔잔함'과'고요함'과 같은 정태적 차원에서 의미를 지니는 것이 아님을 알 수 있다. 김동명의 시세계에서'호수'는 자아와 세계가 서로 만나고 소통하는 동적 지대에 해당하는 것이다.'그대 저어 오오''나는, 그대의 흰 그림자를 안고''옥, 같이 그대 뱃전에 부서지리라'등 일련의 구절들은 모두'그대'와의 능동적이고 적극적인 소통과 합일이 이루어지기를 바라는 소망을 담고 있는 것이다.

이러한 의식은 계속하여 반복되고 있다. 2연의'나는 그대의 비단 옷자락에 떨며'라는 구절 역시 이러한 관점에서 이해될 수 있으며, 3연의 '내 마음은 나그네요, 그대 피리를 불어 주오'라든가 4연의'그대의 뜰에 머므르게 하오'등도 모두 같은 맥락에서 해석된다. 위 시의 시적 자아는 자기만의 밀폐된 공간에 머물러 있기보다'호수', '타오르는, 촛불', '나그네'등의 존재가 되어 세계와 교섭하고 교응하고자 한다는 것을 알 수 있다.

이때 세계라 지칭할 수 있는 것은'그대'이다. 시에서 시적 자아가 가장 간절하게 추구하는 대상인'그대'는 1920년대 시적 어법에 비추어 '님'의 대체어라고도 볼 수 있는데, 김동명의 상상체계의 측면에 선다면 그것은'꽃'의 연장이자'성모마리아''어머니'와, 같은 구원의 여상이라고도 할 수 있다. 요컨대 그것은 시적 자아에게 절대화된 대상이며 그가 적극 소통하고 합일하고자 하는 세계인 것이다.

지금까지 김동명의 전기시를 살펴봄으로써 '꽃'등의 식물이미지와 '호수'등의 물이미지는 단순한 소재로서의 자연물로서 의미를 지니는 것이 아니라 세계와 교섭하고자 하는 김동명의 상상체계 속에서 그 의미를 획득하는 것임을 알 수 있었다. 김동명은 자연에 칩거하여 폐쇄적인 은둔자로서 살아갔던 인물이었다기보다 자신의 영역을 확보하고 그를 바탕으로 능동적이고 적극적으로 세계와 소통하고자 한 인물이었다. 이는 김동명이 당대 암담한 현실에 즉자적이고 피동적으로 놓여 있지 않았다는 것을 암시한다. 김동명은 당시의 사태를 냉철하게 이해하고 있었으며 그 속에서 그가 할 수 있는 일들을 정확하게 파악하고 있던 대단히 이지적인 주체였다. 모든 것이 제한적이었던 암울한 식민지 시대에 그는 오롯이 주체로 남을 수 있는 최소한의 영토를 구축하여 그곳에서 세계와의 능동적인 화합을 도모하고자 하였던 것이다. 그를 단지 자연을 노닐던 목가시인으로서 볼 수 없는 것도 이 때문이며, 해방 이후 그가 사회 현실의 전면에 나오게 된 것도 이와 관련된다.

## IV. 후기시의 어법과 비판적 지성

해방 이후 김동명은 일제의 태평양전쟁을 주된 제재로 삼고 있는 『眞珠灣』과 분단 상황에서 가족을 이끌고 3·8선을 넘을 때의 체험을 그린 『3·8線』, 그리고 6·25 전쟁 체험과 분단된 이후의 서울의 풍물을 다룬 『目擊者』를 차례로 발간하게 된다. 이들 시집들은 모두 처절하고 생생한 삶의 현장을 다루고 있는 것이어서 해방 이전의 시적 경향과 매우 다르게 인식되어왔고, 이점에서 김동명의 전, 후기를 구분짓는 근거가 되기도 하였다. 그러나 해방 전후의 김동명 시를 가르는 데 있어 시적 소재가 기준이 될 수는 있다 해도 시인의 의식의 층위를 살펴본다면 두시기 사이엔 크게 차별이 없다는 판단이다. 그것은 김동명이 세계를 향해 능동적으로 임하고자 하였던 적극적이고 대자화된 주체였다는 점에서 그러하다. 또한 그점은 5,60년대 집권 정부가 보여준 반민주주의적이고 권위주의적인 정치 행태 앞에서 그가 한순간도 침묵하지 않고 비판적이고 실천적인 태도로 일관했다는 사실과도 관련된다. 김동명은 언제든 사태를 객관적으로 인식하였으며 그에 따라 우리 민족이 어떻게 나아가야 하는지를 이지적인 눈으로 통찰했던 자이다.

아득히 紺藍 물결 위에 뜬/ 한 포기 睡蓮花.// 아름다운 꽃잎 속속드리/ 東方 歷史의 새 아츰이 깃 드려……// 그대의 발길에 휘감기는 것은 물결이냐, 또한 그리움이냐,/ 꿈은 征邪의 旗幅에 쌓여 眞珠인양 빛난다.// (중략)// 그러나 '때'는 그대의 奢侈로운 幻想 위에/ 언제 까지나 微笑만을 던지지는 않았다.// 그디어 運命의 날은,/ 一九四一年도 다 저므러 十二月 八日.// 아하, 이 어찐 爆音이뇨, 요란한 爆音소리!/ 듣느냐, 저 壯快한 世紀의 '멜로디'를!// 저 푸른 물결 위엔 어느새 燦爛한 불길이 오른다/ 비빈 눈으로 바라보기에도 얼마나 恍惚한 光景이냐!// 그러나 '노크'도 없이 달려든 無禮한 訪問이기에/ 연다라 용솟음치는 불 기둥에 엉키는 憤怒는……// 黑煙을 뚫고 치솟는 憤怒 속엔 世紀의 光明이 번득거려/ 아아, 莊嚴한 歷史의 前夜! 颱風은 드디어 터지도다!

「眞珠灣」부분

「眞珠灣」은 태평양전쟁의 시작에 해당하는 일제의 '진주만' 공습을 다루고 있는 시이다. 시는 전반부에서 '진주만'을 '진주'와 같은 모습으로 미화시켜 묘사하고 있으되 후반부로 갈수록 전쟁의 급박함에 초점을 두고 있다. 김동명은 일본이 미국을 처음 공격한 이날을 '운명의 날'로 명명하면서 전쟁으로 인한 파괴적이고 참담한 모습을 그리고 있다.

한편 시에서 화자의 목소리는 두 가지로 갈라져 들린다. 하나는 진주만이 겪어야 했던 전쟁을 비극적인 정서로 담아내는 것이고 다른 하나는 오히려 전쟁을 기뻐하는 그것이다. 전자가 '분노'로 표출되는 것이라면 후자는 '壯快한 世紀의 멜로디'라는 구절에서 나타난다. 시의 화자는 '저 푸른 물결 위엔 어느새 燦爛한 불길이 오른다'고 말한다. 또한 그는 '爆音'을 가리켜 '恍惚한 光景'이라든가 '世紀의 光明'이라고도 말한다. '莊嚴한 歷史의 前夜' '颱, 風' 등 일련의 표현들은 모두 진주만 공습을 반기는 목소리에 해당한다.

시에서 이처럼 화자의 목소리가 분열되어 들리는 까닭은 무엇일까? 시의 화자가 전쟁을 기뻐하는 것은 군국주의 일제를 환영한다는 것을 의미하는가? 그렇다면 위의 시는 친일시에 해당하는 것이며 김동명은 일본의 군국주의를 미화했던 숱한 친일파 시인들과 같은 부류의 인물이라 할 수 있는가?

그러나 암흑기에 이르러 붓을 꺾었던 그가 친일시인이 아닌 것은 분명하다. 그의 아들은 김동명을 회고하는 글에서 창씨개명이 법적 강제성을 띠지 않았음에도 조선인들이 앞다투어 창씨개명을 하고 드는 상황을 상기하면서 김동명이 완고하게 창씨개명을 거부했던 자임을 증언하고 있다.16) 그의 아들은 김동명이 일제의 진주만 기습을 곧 일제의 패망의 전조라고 판단하여 1941년 12월 8일 이날부터 일본 패망의 때를 기다리는 나날을 보내게 되었다고도 전한다.17)

김동명의 아들의 전언에 기대면 위의 시에서 들리는 화자의 들뜬 목소리는 군국주의를 지지하는 것이 아니라 일제의 패망을 기대하는 희망의 어조임을 알 수 있다. 김동명은 누구도 당시 정세를 예측하지 못했던 때에 판세를 정확히 읽어내는 날카로운 통찰력을 지니고 있었던 것인데, 이점을 외면한다면 위 시를 제대로 이해하기는 힘들 것으로 보인다. 여기에서도 드러나는 것처럼 김동명은 누구보다도 정확하게 국제정세와 정치판도를 읽어낼 수 있었던 바, 이는 그가 매우 이지적인 주체였음을 말해주는 대목이다. 미·소간 갈등으로 분단이 기정사실화 되자 월남을 결심하게 된 것도 당대의 정세 및 현실 사태를 객관적으로 인식하였던 김동명의 이지적 성격에 기인하는 것으로 보인다.18)

5번째 시집인『3.8선』에서 김동명은 월남하는 당시의 어수선한 정황을 그리는 한편 이때부터 민주주의라든가 자유, 인권 등에 관한 관심을 시로 표현하기 시작하였다.

> 보퉁이는 목에 걸고/ 老, 弱 은 업고 지고,/ 지친 몸이 묏기슭에 쓸어지니/ 찬 이슬에 젖는 것은/ 옷자락만이 아니리// 城川江 堤防 위에는/ 때 아닌 밤 가마귀 떼./ 淸, 羅津 五百키로에,/ 달포가 걸렸단다. 어린이의 죽음 앞에는/ 눈물 한 방울, 촛불 한 토막 없구나./ 東本願寺 부처님도 加護를 잊으셨나/ 제집마냥 달려드는 밤 손을 맞어/ 찢어지는 듯한 아낙네의 悲鳴도/ 못들은체 돌아 눕는 사나이의 마음!// 아아 恩讎의 彼岸일다./ 어이 결디리, 저 飢寒, 저 恥辱을!/ 나는 이 밤, 世紀의 樂章/ '悲愴' 三重奏에 귀를 기우리며/ 서른 여섯해의 원한을 잊는다.

「避難民1」전문

---

16) 김병우,「아버지 김동명에 관한 서한」, 김종구 외, 앞의 책, p.271.
17) 위의 글, p.211. 김병우는 진주만 공습을 둘러싼 이와 같은 김동명의 판단이 매우 밝은 것이었음을 덧붙이고 있다. 이때 당시 파죽지세로 승전을 해오던 일제가 전쟁에 패하리라고는 감히 아무도 예견하지 못했었기 때문이다. 그러나 김동명은 전쟁이 터지는 순간부터 시집『진주만』을 위한 시작노트를 작성하였고 장차 도래할 신천지의 생활을 위한 대비를 하였다는 것이다.
18) 엄창섭은 월남문인을 6·25이전과 이후로 나누고 있다. 6.25 이후의 월남이 주로 1.4후퇴 때 이루어졌다면 김동명의 월남은 1947년에 이루어졌다. 6.25 이전에 월남한 문인들로 김동명, 안수길, 임옥인, 황순원, 구상 등이 있다. 엄창섭,「原典批評」, 김종구 외, 앞의 책, p. 283.

위의 시는 해방직후 정치적 혼란기에 이북의 민중들이 3.8선을 넘겠다고 피난길을 떠나는 모습을 사실적으로 그리고 있다. 분단의 장벽이 고착되는 상황 속에서 민중들은 오랜 세월 정을 붙였던 삶의 터전을 뒤로한 채 겨우 몸만을 챙겨 도망치듯 월남길에 오른다. 시는 월남을 향한 피난의 모습이 아비규환과 다르지 않음을 잘 묘사하고 있다. '목에 건 보퉁이' '업고, 진 노약자들', 무방비로 일어나는 약탈과 겁탈, 소리없이 죽어나가는 피난민들, 기아와 추위 등을 보면서 화자는 '신'이 부재하는 절망적 상황에 절규한다.

역사의 그 어느때보다도 비참한 혼돈과 무질서를 겪으면서 김동명은 이를 현실주의적 어법으로 풀어내고 있다. 한때는 일제에 의한 공업화 정책에 의해 근대의 황금기를 누렸을 나진 청진 지구는 인해를 이루는 피난민들의 행렬로 초라하기 그지없다. '신의 가호'가 부재한 곳에서 죄악을 다스릴 만한 인간적 양심은 어디에서도 발휘되지 않는다. 시의 화자는 분단의 와중과 월남의 상황을 '치욕'이라 단정한다. 그러나 이 또한 곧이어 닥칠 전쟁에 비하면 가벼운 혼돈에 불과한 것이었을 터이다.

김동명이 해방 후 보여주고 있는 시적 경향은 이처럼 현실주의적인 것이다. 그는 현실의 정황을 사실적으로 묘사하고 있다. 이 시기 김동명의 주된 관심은 해방 이후의 혼돈의 상황에서 우리가 과연 '제대로 된 나라를 세울 수 있을 것인가'에 관한 것이었던바, 시적 소재는 민중들의 삶의 모습과 새로운 국가 건설을 위한 이념들에 관한 것들이었다.19)

이 地方에 있어서 '자유'는 철저히 단속하는 禁制品의 하나다. 혹시 아편쟁이처럼 문을 닫어 걸고 조심 조심히 만저 보는 일이 있다 할지라도, 녀석들에게 들키기만 하는 날이면 罰 보다도 천대가 더 지긋지긋하다.// 아아, '레텔'도 화려한 저 '쇼-윈도우'안에 陳列되어 있는 '自由'!/ 허나, 이 사람아! 그것은 商品이 아닐세. 다만 裝飾用으로--. 그러기에 손을 대서는 안된다네.

「自由」전문

---

19) 이와 관련되는 시들로 「민주주의」「異邦」, 「자유」, 「인권」, 「1946년을, 보내면서」 등이 있다. 그런데 이 시기 『3.8선』에서 보이는 어조는 이전 『진주만』의 「새나라의 구도」「새나라의, 일꾼」「새나라의, 환상」등의 시에서 보였던 것과는 다소 상이하다. 후자의 것들이 새나라 건설을 향한 희망으로 차 있다면 전자의 시들에서는 민족의 이상을 실현해나가기에 현실의 상황이 여의치 않음을 비관하는 어조가 강하다.

김동명이 30여 년간 고향으로 살아왔던 원산의 땅을 버리고 월남하게 된 데에는 '자유'라는 요인이 있었을 것이다. 김동명은 이북 땅을 지배하고 있던 공산체제에 동조하지 못하였으므로 대신 자유민주주의 이념을 찾아 남한을 선택하였던 것이다. 김동명을 월남하게 한 핵심적 이유는 곧 체제상의 문제였다. 김동명은 '민주주의' '자유', '인권' 등의, 근대민주주의 이념에 대한 철저한 신념을 가지고 있었던바, 이는 시집 『3.8선』의 시편들을 쓸 시기 이미 시에 강한 어조로 등장하기 시작한다.

그러나 이 시기에 쓰여진 이념적 내용의 시들은 대체로 비판적이고 비관적인 어조로 다루어지고 있다. 그것은 체제와 이념의 차이로 서로 반목 갈등하고 국토마저 분열되어갔던 당시의 정세에 대한 절망적인 심정을 반영하는 것이었다. 뿐만 아니라 그것은 그로 하여금 목숨을 걸고 월남을 하게 했던 남한의 자유민주주의가 허울만 있고 실체가 부재하다는 데서 오는 실망으로 인한 것이었다.

위의 시 또한 과장된 말만 있지 실제로는 '자유'가 부재하는 당시 남한의 정치적 상황을 풍자적인 어조로 드러내고 있다. 위 시의 화자는 '자유'가 '철저히 단속하는 禁制品'이라는 남한의 아이러니한 상황을 비판하고 있다. 남한에서 그러한 '자유'는 '레텔도 화려한 쇼-윈도우 안에 진열되어 있는' 그것일 뿐이라고 화자는 말한다. 실제로 사용되는 '상품'이 아니라 '장식품'일 따름인 남한 체제의 상황은 암담하기만 하다는 것을 알 수 있다.

이념에 따른 내실있는 사회를 만들어가기보다는 권력을 취하는 데만 혈안이 되어 있는 남한의 정치 상황에서 김동명이 겪은 것은 실망과 좌절뿐이었다. 김동명은 남한만의 정부를 세워가며 자유민주주의 체제를 부르짖었던 세력들이 실상은 이념 자체보다는 권력욕에 눈먼 이들이었음을 깨달아 가면서 현실을 향한 비판의 칼날을 세워가기 시작한다. 김동명이 이 당시 썼던 시편들을 비롯하여 이후 정열적으로 써나갔던 정치평론들은 모두 김동명의 현실에 대한 인식과 이에 대한 비판적 성찰에서 가능했던 것이다. 부조리한 현실들은 김동명에게 사회의 악으로 다가왔고 김동명은 이들을 외면하거나 이들에 타협해가지 않고 철저하게 비판적인 자세를 취한다는 것을 알 수 있다.

'쓰레기'와 市長 閣下가/ 단판 씨름 하는 거리.// 歸屬財産을 파먹고,/ 구데기처럼 살이 찐 謀利꾼의 거리.// 어디 없이 널린 똥과 오줌과 가래침이 실은/ 貪官汚

吏 못지 않게 질색인 거리// 소매치기 패도 제법/'빽'을 자랑한다는 거리// 거지들도 곧잘, '중간파'행세를 하는 거리// 감투 市長은 여전히 흥성거려/ 거간꾼도 忠武路 金銀商 못지 않게 한 몫 본다는 거리// 늙은이들이 하 망영을 부려/ 주춧돌이 다 흔들거린다는 거리

「서울 素描」부분

1957년에 발간된 김동명의 마지막 시집『目擊者』에 수록된 위의 시는 전쟁 이후 서울의 도시 풍경을 다루고 있다.[20] 김동명이 이 시기 서울곳곳과 전국의 주요 도시를 주유하며 각지의 풍물을 그리고 있는데, 이때 김동명의 시선에는 주로 급격히 상업화되고 자본주의화된 도시 정황이 포착되어 있다. 김동명은 전쟁 후 이념의 각축이 사라지고 세계 도시와 동일한 모습으로 거듭 탄생되고 있는 도시의 모습을 냉철하고도 비판적으로 묘사하고 있음을 알 수 있다.

위의 시 역시 자본주의에 젖어듦에 따라 온갖 부정과 부패가 창궐해가는 서울의 풍경을 냉소적인 어조로 다루고 있다. 권력과 돈과 허위에 사로 잡혀가는 서울은 점차 부패한 자들로 가득 채워지고 있다. '쓰레기'가 넘쳐 나는 거리, '똥과 오줌과 가래침'이 질색인 거리는 자본에 길들여진 더러운 욕망이 만들어낸 것이다. 더욱이 서울의 역사는 부당하게도 歸屬財産을 파먹은 자리 위에 세워진 것에 다름 아니다. 서울의 부정한 역사는 비단 식민지 시대로만 국한되는 것이 아니라 그 이전 '탐관오리'가 들끓던 조선시대로까지 소급된다. 김동명은 이처럼 부정으로 건설된 '서울'을 '구데기처럼 살이 찐 謀利꾼의 거리'라고 신랄하게 조롱한다.

서울의 부패상을 그리는 김동명의 풍자적 어조는 현실을 인식하고 이를 냉철하게 성찰하는 비판적 지성에서 비롯된다. 격변의 역사 속에서 김동명은 추상적인 이상주의 대신 행동적인 현실주의를 취한다는 것을 알 수 있다. 김동명은 이념이 사라진 자리에 탐욕이 들어서는 현실을 보면서 이를 비판하였고 이후 정치평론을 통해 민족이 나아가야 할 이념적 방향을 제시하기 시작하였다.[21] 해방 후의 김동명의 이와 같은 태도는 냉철한 현실주의로부터

---

[20] 논문에서 다룬 시들은 모두 김동명사화집『내마음』에 수록된 것이다.『내마음』에는 김동명의 6시집의 시편들이 발췌 수록되어 있는데 유독『目擊者』는『서울風物誌』라는 제목으로 엮여 있다.

[21] 김동명의 정치평론집 와『역사의 배후에서』에는 주로 김동명이 추구하였던 자유민주주의의 실질적 실천을 위한 논설들이 수록되어 있다. 김동명은『적과 동지』의 서문에서 "우리의 정치적 현실은 적색전체주의에 대한 안티태제

비롯된 것이자 현실 속에서 그의 이상적 비전을 실현하고자 하는 비판적 지성에 의한 것이라 할 수 있다.

## V. 나가며

김동명은 흔히 1930년대 활동했던 전원시인이자 목가시인으로 규정되고 있으나 이것은 김동명에 대한 피상적인 이해에서 비롯된 것이다. 김동명은 해방 이후 주로 목가적 서정시보다는 현실참여적인 시를 썼고 실제로 정치가로서 활동하며 정치평론도 쓰는 등 대단히 활동적이고 실천적인 인물이었음을 알 수 있다.

이런 사실로 인해 김동명 시세계는 주로 전기시와 후기시로 구분되고 이들 사이엔 김동명의 이질적 면모가 강조되어 왔던 것도 사실이다. 그러나 김동명의 전기시를 살펴볼 때에도 김동명은 단순한 서정시인으로 보기에는 매우 강건하고 호연(浩然)한 시인이었음을 짐작할 수 있다. 그의 전기시는 매우 서정적이지만 그 내면을 들여다보면 단순히 자연에 안주하며 대상을 관조하는 정태적인 성격을 보여주는 대신 대상과의 적극적인 교섭과 상호 합일을 추구하고자 하는 능동적이고 적극적인 성격을 나타내고 있다. 특히 김동명은 '꽃' 등의 식물이미지를 통해 그의 절대적인 구원상을 이미지화하고 이에 다다르기 위한 적극적인 의지의 양태를 보인다고 할 수 있다. 이러한 점들은 그가 주로 구사하였던 '은유'의 수사법에 잘 구현되어 있는바, 그가 구사한 '은유'의 수사는 세계합일을 추구하였던 김동명의 능동적인 정신세계와 직접적으로 관련된다.

전기시에서 보이는 김동명의 능동적이고 적극적인 정신은 후기의 현실참여적인 시세계로 이어진다. 해방이후 김동명은 현실주의적인 어법으로 혼란스러웠던 당시 체험을 시적으로 형상화한다. 일제의 진주만공습과 태평양전쟁, 분단과 피난민들의 월남, 6.25전쟁과 급격히 자본주의화 되는 도시 등이 이 시기의 주된 시적 소재가 되는데, 김동명은 당시의 현실 사

---

로서의 민주적 신체제를 위하여 보다 더 많은 문학, 예술인들의 지적 참여를 요구하냐"고 하면서 그들의 참여가 있을 때 "민주주의적 사회를 건설"할 수 있다고 힘주어 말하고 있는바, 김동명은 그의 정치적 평론을 통해 진정한 민주주의 이념과 배치된다 하여 당시 독재정부에 대한 비판도 서슴지 않았다. 「적과 동지이 발간에 제하여」 『나는, 증언한다』, 신아사, 1964, p.3.

태 및 국제 정세를 매우 냉철하게 인식하면서 이에 대한 비판적 태도를 보인다는 것을 알 수 있다. 김동명의 정확한 현실 인식과 투철한 비판적 지성은 이 시기 좌우의 이념에 편향되어 있던 어느 시인에게서도 쉽게 확인될 수 없던 것으로 우리 시사에서 매우 의미있는 부분이라 할수 있다. 김동명은 우리에게 험난한 사태에 처해 이리저리 휩쓸리는 것이 아니라 대자화되고 적극적인 자세를 취함으로써 민족의 나아갈 바를 밝힌 강한 주체의 면모를 보여주는 것이다.

# 제2차 학술대회

시대적 상황대처와 초허(超虛)의 한글인식 / 엄창섭

김동명 시에 나타난 낭만주의적 시의식 / 박호영

김동명 최초 수필집 『세대의 삽화』 고찰 / 장정룡

작가(시인)로서의 삶, 지식인(정치가)으로서의 삶 / 이미림

김동명 시의 모성적 상상력 / 유희자

# 시대적 상황대처와 초허(超虛)의 한글인식
-다양하되 독자적인 삶의 행적과 창조적 영혼

엄창섭*

---

**목 차**

1. 서론 : 역사의 정체성과 시적대응
2. 역사의 정체성과 민족의 자존감
3. 결론 : 발상의 전환과 간극(間隙) 좁히기

---

## 1. 서론 : 역사의 정체성과 시적대응

논고의 모두(冒頭)에서, 날(刃) 푸른 지조와 자존감의 소유자라면 최소한 조국이 위기에 처한 상황에서는 일관된 의지와 관념을 지니고 시적 형상화 작업을 통해 민족혼을 존재의 꽃으로 작열시켜야 한다. 정신작업의 종사자인 시인이 역사의 정체성을 상실하고 방황할 때, 〈超虛의 시대적 상황대처와 한글 의식〉에서 명증되는 최소한 역사적 정체성이 확장되지 않으면, 민족의 미래는 보장될 수 없다. "언어는 존재의 집이다."라고 역설한 하이데거는 "시인이란, 신들과 민족의 중간에 내던져지고, 이미 지나가버린 신들이 벌써 없다는 것과 도래해야 할 신들도 아직 없다는 이중의 무와 곤궁의 시대에 살면서 어두운 밤에 이 나라 저 나

---
*김동명학회 학회장

라를 편력하는 박카스의 성스러운 신과 같이 홀로 긴긴 밤을 깨어 있는 유일한 개인자"로 명명하였다. 이 점에서 언어의 미의식을 지니고 "밤은/푸른 안개에 쌓인 湖水/나는/밤의 쪽배를 타고 꿈을 낚는 어부로다.(밤)"를 선언한 진정한 이 시대의 위대한 휴머니스트인 초허 김동명(金東鳴, 1900-1968)이 한국시단에 출현한 것은 신선한 충격이며 모든 것을 상실한 절망의 시대에 민족적 희망임은 어디까지나 명백한 역사적 사건이다. 동일한 시각에서 실존주의 철학의 창시자로서 코펜하겐의 '고독한 영혼'인 키에르케고르가 "그 가슴 속에 심각한 고뇌를 간직하고, 그러면서도 탄식과 오열을 아름다운 음악처럼 울리게 하는 입술을 가진 불행한 인간이라."고 시인의 존재를 언급하였지만, 사실상 그 본말(本末)은 '시는 나라(역사)를 지탱시키는 뿌리인 까닭에 시인은 항상 새로운 역사의 지평을 열어 존재자(민족)의 진리로 언어를 밝히는 실체'를 의미한다. 논의에 앞서 휠더린(1770~1843)도 그 자신의 향토와 조국에 깊숙이 영혼의 뿌리를 내리고 현실적인 고통과 시련을 철저하게 신을 통하여 사랑의 기쁨을 육체적으로 체득하였다. 어디까지나 '피 흐르는 아픔을 귀향의 값싼 감상에 의해 달래려 하지 않은' 휠더린은 예수의 죽음과 더불어 신적인 빛의 상실로 이 지상의 캄캄한 밤이라는 절망감에 사로잡혔고, 하이데거 역시 신들이 모습을 감추어버린 현대를 '세계적 밤(Weltnacht)의 시대'로 인식하기에 이르렀다. 국권을 강탈당한 일제강점기는 국가의 미래가 불투명할 뿐 아니라, 민족의 혼과 언어의 빛을 예감할 수 없는 참담함에서도, 초허는 절망의 끝이 보이지 않는 그 격랑의 시대적 상황에서도 '세계의 밤'을 운명적으로 수락하였다. 이 같은 현상에서 일관된 의지로 일제의 탄압이 극심한 1942년에 발표한 〈狂人〉,〈술 노래 解題〉야말로 민족혼을 최후까지 한글로 지켜낸 초허(超虛)가 지사적 면모를 지닌 시인으로서 시대적 소임을 입증한 결과물이다. 까닭에 문화의 지역구심주의가 강조되는 오늘의 시간대에 그의 시의식과 삶의 거적에 대한 심층적 논의는 향토사적으로 그 의미와 가치는 지대하다. 근자에 역사의 정체성(Identity) 문제가 심도 있게 다루어지고 있으나, 동시대의 어느 시인보다 차별화된 시세계를 구축한 초허에 관해 안타깝게도 그간에 괄목(刮目)할만한 연구는 수행되지 못했다. 역사적으로 격랑의 한 생애를 그 자신은 품격 있는 시인으로 다양한 양상으로 폭넓게 활동하였으나, 기질적으로 문단이라는 범주(範疇) 속에 처하기를 거부한 까닭에 문단중심으로 평가받는 현상에서는 불가분 외면당할 밖에 없었다. 그러나 자명한 사실은 민족적 울분을 기독교의 신앙에 의지하여 정화시킨 예언자적 존재로 우리현대시사의 뚜렷한 족적은 높이 평가하여도 결코 지나치지 아니하다. 모름지기 진정한 정신작업의 종사자에게 '그 자신이 몸담았던 시대상황에 어떻게 대응할 것인가?'의 물음은 답하기에 다소의 어려움이 따를 것이나 저마다의 삶을 자유롭게 표현할 수 없는 시대일수록 역사의 정체성을 지닌 시인이 취해야 할 태도는 보편적으로 그에 상응한 극명한 변명이 주어짐은 어디까지나 수긍할 시대적 정황이다. 일제강점기와 민족적 수난기, 그리고 군사독재라는 시대적 상황에서 '민족의 문화이며 역사요, 혼인 한글'에 대한 남다른 애정을 지니고 창조적 영혼과 따뜻한 감성의 소유자인 그의 생애와 작품에 관심을 지니는 것은 당연한 처사인 까닭에, 수용된 미적 서정성과 시적 상상력의 생성물로 "예술이 행동·관조의 결합임"을 중시할 때 작품과 작가는 별개일 수 있다. 무엇보다 초허의 시세계와 삶의 꽤적을 심도 있게 분할·통합하기 위해 작가와 작품에 따른 연구는 심도 있게 탐색되어야 한다. 특히 우리현대시사에서 시집 『나의 거문고』(新生社, 1930)[1])를 통하여 동시대의 어느 시인보다도 '독자적인 서정의 인식, 현실의 존재성, 농촌과 도시에서 취한 다양한 소재(질료)'로 그만의 독자적인 시세계를 구축하였다. 뿐만 아니라 한국의 자연을 통해 현실상황을 반영하는 한편, 개아적(個我的) 실체를 새롭게 인식하면서 시가 아름다워야 하는 것이 예술의 본령임을 일관되게 입증하였다. 이 점에 있어 한 시인의 생애와 사회적 환경, 그리고 정신적 생산물에 관한 분할과 통합에 관한 연구는 시인의 삶을 무엇보다 관망하는 뜻 있는 지극히 창조적인 정신적 행위임에 틀림이 없다. 본질적으로 한편의 시는 개인의 생활과 사상·감정의 산물이기에, 이 같은 시적 작위(作爲)야말로 화자(persona)의 인간성과 정신세계를 아우르는 연계층위와 결부되기에, 논자는 편의상 초허의 시력(詩歷)을 3기[2])로 구분지어 기술하였다. 그것은 1)**초기 : 『나의 거문고』(1923~1930)시대**로, 시집에 수록된 132편의 시편은 보편적으로 인생을 고민하는 허무적 특성을 지닌 세기말적 감상주의와 퇴폐적 경향이다. 보들레르의 '악의 꽃'에 대한 헌시인 〈당신이 만약 내게 門을 열어 주신다면〉과 〈애닯은 기억〉, 〈내 거문고〉, 〈기원〉 등이 이 시기의 시편이다. 2)**중기 : 『파초』(1936~1938)시대**로, 절망적인 시대 상황과 인생의 무상함, 그리고 역사적 고뇌를 극복하려는 인생관으로 일제의 탄압을 피해 농촌에서 살며 민족적 염

---

1) 河東鎬 所藏인 이 시집은 4·6판의 틀로 168쪽에 132편의 시가 수록되어 있다. 시집의 목차는 '1) 즐거운 아침(12편), 2) 잔치(16편), 3) 옛노래(15편), 4) 외로울 때(20편), 5) 麗島風景(12편), 6) 異域風景(13편), 7) 故鄕(20편), 8) 瞑想의 노래, 9) 나의 거문고(11편)로 구성되었다.
2) 엄창섭, "超虛 金東鳴 文學硏究"(成均館大學校大學院 博士學位論文, 1986. 8). p.38.

원을 서정화 하였고, 이 시기의 미적 감각이 뛰어난 시편은 〈파초〉, 〈내 마음은〉, 〈생각〉, 〈손님〉, 〈밤〉, 〈민주주의〉 등으로 구분된다. 또 3)말기 : 『삼팔선』, 『진주만』, 『목격자』(1947~1957)시대로, 우울한 이야기로서의 민족의 참상, 태평양전쟁의 상황 및 일제의 암흑상, 그리고 한국전쟁 당시의 풍물적인 사회상이 시적 형상화를 통하여 주로 감상적인 낭만이 주조를 이룬다. '운명의 아들, 카인의 후예(後裔)'를 자처한 그 자신의 시 의미의 깊이와 골격은 '삶이란 한낱 환상과 가식에 지나지 않으며 죽음 속에서 또 다른 생명이 비롯된다.'는 기독교적인 부활과 구원론과 그 나름의 연계층위로 잇닿아 있다. 이 같은 정황에서 유추하되 다소 뒤늦은 감이 없지 않으나 그가 생존했던 암울한 역사의 와중(渦中)에서 민족이 처한 비극적인 현실을 희망과 긍정적 자세로 수용한 빛나는 정신작업에는 올바른 평가가 응당 주어져야 한다. 이처럼 몸담았던 한 생애를 다양하게 활동하면서도 문단이라는 울타리 속에 머물기를 원치 않았던 초허는 '문단 밖의 낭인(浪人)으로' 소외되었고, '카인의 말예(末裔)임'을 그 자신도 자처하였듯 우리문단에서도 비중 있게 다루어지지 못하였다. 특히 한글에 대한 몰이해가 일반적인 양상에서, 『芭蕉』(신성각, 1938)에 수록된 다수의 시편들은, 일제의 탄압이 점차 극렬하여 민족적이고 반일적인 사상이 일체 허용되지 않았던 1930년대의 정신적 산물임은 주지할 바다. 이 무렵의 신간회 해산(1931년), KAPF의 검거 및 해산(1934년), 일어사용 강제령(1937년), 내선(內鮮) 동조론(1938년)은 공습경보와 같은 위기적 상황에서 파급된 하나의 현실도피적인 행태였다. 이와 같이 초허는 함남 서호진에 거주하며 조선어가 말살된 상황에서도 민족의 혼이며 역사인 우리의 언어로 시작(詩作)에 몰두하였다. 비록 일본 아오야마학원 신학과와 니혼대학 철학과를 졸업한 당대의 신지식인으로서, 창씨개명과 일어창작을 거부3)한 맑은 심령(心靈)의 소유자인 초허의 시 정신에 대한 집중적인 조명은 순박한 강원인의 자긍심을 일깨워주는 작업에 해당한다. 진정한 이 땅의 민족 시인으로 최초의 정치평론가이며, 교육자로서 망국의 울분을 토로(吐露)했던 강직한 민족의식은 〈파초 解題〉를 통해 확인된다. 1934년부터 38년은 그 자신이 지역유지들에 의해 건립된 흥남 서호진의 동광학원 원장으로서 이 땅의 누구보다 강인한 민족혼을 일깨운 시기로, 망국의 통한을 따뜻한 순수서정의 시적 형상화에 일관되게 수용하여 이를 극복하였다.

---

3) 박제천, 「한국의 명시를 찾아서」(문학아카데미, 2004), 150-152쪽.

그대는 신의 창작집 속에서/가장 아름답게 빛나는/불멸의 소곡.//
또한 나의 적은 애인이니/아아, 내사랑 수선화야!/나도 그대를 따라서 눈길을 걸으리.//
- 〈水仙花〉에서

인용한 시편 〈水仙花〉의 "죽었다가 다시 살아 또다시 죽는/가여운 넋은 아닐까"는 수선화를 단순한 연애의 대상으로 하여 그 상념을 읊어낸 순수서정시로 국한할 필요는 없다. 보다 높은 차원에서 민족과 조국 혼의 시적 대상으로 삼은 시적 형상화로 그 의미망의 확장은 기독교의 부활론을 축(軸)으로 한 불멸의 시혼이다. 그것은 「朝鮮文壇」(1926년)에 수록된 〈餞別〉에서 "내 조국을 잊을 수 없어, 그대(보들레르)와 결별해야겠노라."는 극단적인 선언처럼, 그 자신이 퇴폐적 감상에 젖은 시대적 상황에서도 서정적 미감이 다감(多感)한 자신과의 이 같은 결별 의지는 일제강점기의 강압에 불긍(不肯)으로 일관하며, 모진 추위(시련)를 이겨내며 꽃을 피워내는 수선화의 내구성에 애달픔을, 화자(persona)가 처한 시대적 상황에 비견한 동병상련의 절박함이다. 이처럼 초허는 시적 형상화를 통해 삶이란, '한갓 환상과 가식에 지나지 않으며 죽음 속에서 또 다른 생명의 숭고함을 푸른 생명의 상징인 꽃(수선화)을 시적인 대상으로 인식'하고 그 나름으로 불굴의 신념에 담아 표출하였다. 특히 한 때의 해법이 불투명한 시행착오로 인한 "영어몰입교육 강화정책"은 한글교육의 종사자에게는 실로 충격적 사건이었다. 이 같은 정책적 혼선은 마침내 "시인의 마음을 아프게 하는 사회는 병든 사회다."는「25時」의 작가 게오르규의 지론을 떠올리게 할뿐더러 배경지식(schema)에 의한 반응은 보다 심각하다. 세계화로 급변하는 지구촌의 현상에서 서로 간에 의사의 소통이 가능한 공용어 사용은 분명 이점이 있지만, 한민족의 강한 결속력이 포함된 근간(根幹)에 자국어(自國語)가 자리하고 있음은 존중되어야 한 다. 까닭에 초허의 시대적 상황대처와 한글 인식에 관한 지속적 관심사는 세계화의 흐름에 퇴색되어가는 역사의 정체성을 일깨우는 단초가 될 것이다. 까닭에 조선어가 말살되는 상황에서도 그 자신이 미곡상을 운영하며 사용하던 출납장부에 1942년 봄까지 "시방도 오히려 내 마음 한 구석의 부르짖음을 대신하는" 〈술 노래〉4)와 〈狂人〉을 우리글로 고독하게 피워낸 그의 시혼은 문학사적 의미가 지대한 것이다.

---

4) 金東鳴文集刊行委員會, 「모래 위에 쓴 落書」(新雅社, 1965), 51쪽.

## 2. 역사의 정체성과 민족의 자존감

　오랜 날 평자는 각론하고 "예술에는 국경이 없지만, 예술가에게는 조국이 있다."라는 지론이나 또는 "국어는 민족의 혼이요, 역사며 문화임"을 역설하면서 나름대로 열정을 쏟아왔다. 그러나 현실적으로 영어나 중국어를 강조하는 일부의 엘리트들이 우리의 정신문화를 영어화해서 세계질서에 편입시키겠다는 분별력 없는 행위는 위험하고 치졸할 뿐더러, 세계화에 앞서 '가장 한국적인 것이 세계적이라'는 문화에 대한 인식에서 국민적 총의나 최소한 검증을 걸치지 않은 외발적(外發的) 개화이기에 친미주의로 전락할 위험성이 다분하다. 그 점은 일제강점기 '조선어말살 정책'에 목숨으로 맞섰던 이 땅의 한글학자나 초허와 같이 대륙의 심장을 지닌 민족혼을 이 시대의 우리는 결단코 망각하지 말아야 한다. 차지에 영어공교육 강화정책의 강도 높은 추세를 거슬려 알퐁스 도데의 『마지막 수업』이나 센키비이치의 『등대지기』를 위대한 교시적 의미로 수락하여야 한다. 무엇보다 역사의 정체성이 외면당하고, 열악한 국어교육이 홀대받는 일상에서, "헤아릴 수 없는 깊음 속에/나의 悲憤을 잠그다.(하늘1)"처럼 저항의 의지가 수용된 시편에서 확인되는 분노의 맥락은 그의 에세이 〈世代의 歎息〉에 잇닿아 있음은 다시금 유념하여야 할 것이다. 이 점에 있어 "우리의 말과 글이 왜적에 의해 말살의 위기에 처하게 되자 그 분은 시 〈우리말〉과 〈우리글〉에서 이 찬란히 빛나는 것들이 임자를 잘못 만나 "도야지 앞에 던져진 眞珠' 꼴이 된 비운과 못난 동족에 대한 매도를 토해냅니다…생략…그는 역사의 최전방에서 시대의 향방을 응시하고 있었던 조선인 시인이 분명합니다."5) 그 같은 연유로 이 시대의 우리들이 국적을 상실한 체 영어공부에만 몰입한다면 '과연 조국의 문화적 미래가 국제사회에서 민족적 당위성을 지니고 치열한 시장경쟁에 맞설 수 있는가?'라는 의구심은 털어버릴 수 없다. 또 하나 영어교육과 영어공용어화는 별개의 문제일 것이나, 국가가 주도하여 전반적으로 영어교육의 몰입을 조장하는 현상은 국민의 지적 능력과 정서, 국가 경쟁력 강화에 부정적 요인이 따를 것이다. 우리 근대사에서 보다 입증되듯이 일제강점기 조선어를 수호하기 위한 끊임없는 저항은 한국인의 역사 말살에 대한 투쟁에서 비롯되었다. 역사에 대한 인식을 높여 '세계적으로 다빈치 코드로 평가받는 가장 과학적인 알파벳'으로의 '한글'이 민족의 자존감을 회복하여 확증시켜 주는

---
5) 金炳宇,「작은 풀꽃의 한국현대사 체험이야기-비탄과 희망」(2010), p.77-78.

계기와 토양을 분명 강구하여야 한다.

> 네게는 不滅(불멸)의 香氣(향기)가 있다./네게는 黃金(황금)의 音律(음률)이 있다./네게는 遠(영원)한 생각의 감초인 보금자리가 있다./네게는 이제 彗星(혜성)같이 나타날 보이지는 榮光(영광)이 있다.//....생략..//.우리의 新婦(신부)다./너는 우리의 運命(운명)이다./너 우리의 呼吸(호흡)이다./너는 우리의 全部(전부)이다.//
>
> -〈우리말〉에서
>
> 너는 우리의 名譽다./너는 우리의 자랑이다./너는 東方文化의 女王이다./너는 도야지 앞에 던져진 眞珠다.//
>
> -〈우리글〉에서

시대를 앞서가는 예언자적 시인인 초허는 무모하게도 한글의 소중함을 의식하거나 관리하지 못하는 이 시대의 우리들에게 급기야 "너는 도야지 앞에 던져진 眞珠다."라며 '한글을 홀대하는 우리의 어리석음'을 질책하고 있다. 여기서 단순히 '한글, 즉 우리글은 단순히 국어(National Language)가 아니기에, 법정 스님도 자신의 유지문에서 "래생에도 다시 한반도에 태어나고 싶다. 누가 뭐라 한대도 모국어에 대한 애착 때문에 나는 이 나라를 버릴 수 없다."라며 불멸의 모국어로 영혼을 노래해야 할 시대적 소임을 놀랍게도 각인시켜주었다. 이처럼 위대한 한글을 창조한 세종대왕의 후예들은 최소한 '문화의 삼각파도(三角波濤)'라는 최소한의 여과과정도 거치지 않고 창조적 영혼을 상실하여 민족정신의 뿌리를 흔드는 국가정책은 건강한 비판정신으로 맞설 일이다.

> 나는 여기에 傲然(오연)히 도사리고 앉아,/偉大(위대)한「朝鮮文學史(조선문학사)」의 한 페이지를 꾸민다.//
>
> -〈나의 서재(書齋)〉에서

이처럼 〈나의 書齋〉를 통해 천명되었듯이 민족의 혼으로 '위대한 조선문학사의 페이지를 장식하는 한 사람의 정신작업에 종사하는 실체'와의 운명적인 만남은 기대 이상의 의미를 지닌다. 무릇 사물을 인식하여 기호화한 것을 언어로 규정할 때, 우리는 비로소 언어의 구조가 시임을 인지하기에, 따라서 '샬리아핀의 절규처럼 조국을 상실한 예술가의 고뇌를 민족적인 서정과 미의식으로 직조한 〈水仙花〉를 최초의 가곡으로 작곡한 김동진은 스승의 인간적인 풍모를 존경하면서도 낭만적이며 애국적인 시에 깊이 매료되었다. " '죽었다가 다시 사는 불멸의 영혼'으로 노래한 그의 애국적 생활이 보여주듯 '조국'을 나타내는 것이지요. 그분은 늘 나라 일로 고뇌했고, 또 시도 그런 바탕 위에서 씌어졌으니까요."6) 강직한 성품과 혁명적 기질의 초허는, 현실의 정치악과 사회 불의를 용납하지 않았음은, 다음과 같은 정태용의 독단적인 직필(直筆)에 의해 확인된다.

> 동명(東鳴)은 대학에서 시학강의(詩學講義)를 하면서 동시에 정치적인 논문도 발표하고 있다. 정치적이라기보다는 지나치게 당파적인 논술(論述)인 그의 글은 정치적 이념이나 이로(理路)가 정연한 학술적인 문장이 아니고, 당파적 감정을 문학적으로 윤색(潤色)한 저널한 것이다. 독자들은 그의 논지(論旨)의 정당성이나 깊이보다도 선동적(煽動的)인 기지(機智)를 높이 평가하고 있을 것이다.7)

인위적 제도의 구속을 원하지 않고 진정한 자유인이기를 추구했던 초허는 예언자적 시인으로 민족의 생명력을 일깨운 지사적 존재이다. 그는 문학을 축으로 교육, 정치, 종교, 사상 면에 깊은 관심을 지니며, 국어를 소통의 도구로 한국정치평론의 지평을 열어 보이며 민족혼을 시로 승화시킨 인물이다. 1921년부터 교직에 종사하였고, 동광학원에서 5년간 원장직에 몸담으며 민족혼을 일깨웠다. 그는 이 땅의 어느 시인보다 〈술노래〉와 〈狂人〉을 끝으로 절필하고 1945년까지 치욕과 분노로 울분의 나날을 보냈다. 또 그 자신의 정치평론집인 『나는 證言한다』의 〈後記〉를 통해 다음과 같이 주장하고 있다.

> 이 글은 내가 祖國에 바치는 나의 詩요, 또 이 책은 내가 겨레에게 보내는 나의 第七詩集이다....생략...내가 만일 내 詩에 좀더 충실할 수 있었다면, 나는 벌써 칼을

---

6) 讀書新聞, "가곡의 샘", 1968. 6. 21. p. 22.
7) 鄭泰榕, "金東鳴의 機智"(現代文學, 1958.一月號), p.82.

들고 나섰을는지도 모른다.8)

초허의 산문은 충실한 자신의 시 작업을 위해 의관(衣冠), 즉 시적 형식을 빌려 쓴 결과물로서, 그는 어느 한글학자보다도 우리말에 대한 애정이 지극하였다. 이 같은 예문을 통해 확증되어지듯 '계속 펜을 들고 살아갈 것인가, 아니면 칼을 들 것인가'를 수 없이 고뇌한 흔적이 역력한 대목을 그의 저서에서 접할 수 있다. 의도적으로 그를 이 땅의 어느 시인보다 민족정신을 예술적 차원으로 승화시킨 민족시인, 만해(萬海)와 같이 민족의 암울한 현실을 정화시킨 종교 시인으로 역설하지 않더라도, 기독교문학사에서 전혀 논의되지 않는 현상은 실로 안타깝다. 특징적으로 초허의 내면인식에 일관되게 깔려 있는 '죽음 의식', 저항시를 쓰면서 함께 한 산문에 대한 검토는 지속적으로 심도 있게 검색되어야 할 것이다. 특히 서울 망우리 가족 묘소에서 고향을 떠난 그 애잔함으로 〈파초〉의 혼 불로 타 오르는 시인의 〈내 마음〉에 이 시대를 살아가는 우리가 더 이상의 머뭇거림 없이 '피리를 불어주어야 할 시간대임'은 틀림이 없다. 특히 〈피어린 歷史에의 反省-한글 簡素化問題를 말함〉에서 "大抵 外國語文을 배우는데 十年이고 二十年이고 아낄 줄 모르면서도 제 것-한글 맞춤法-을 알기 爲해서는 單 몇 週日의 품도 들이기를 싫어하니 이런 세상에도 珍貴한 國民性이 어디 있느냐 말이다." 이처럼 그 자산이 민족문화의 건설을 떠난 어떠한 건설도 2차적인 것으로 자기의 위치를 주장하고 이유를 내세울 수 있는 길은 오직 문화의 앙양임을 강조하면서, 정신문화를 경시하는 세태를 질책하였다. 어디까지나 그는 강직한 성품의 소유자로 "마음이 청결한 자는 복이 있나니 저희가 하나님을 볼 것이오.(마 5:8)"를 자신의 좌우명으로 삼고 평생을 정신적 빈곤 속에서 생존하면서도, 자신의 신념을 격조 높게 참여적인 시적 형상화로 일관하면서도, 수필 〈自畵像〉의 기술처럼 그렇게 파란만장하고 극적인 삶을 마감하였다.

> 부질없는 미련을 버리고, 내 년륜의 선물인 '高血壓'을 훈장삼아 넌지시 차고 늙음의 대도(大道)를 성큼성큼 걸으리라.9)

---

8) 金東鳴, 『나는 證言한다』(新雅社, 1964), p.178.
9) 金東鳴, 『모래 위에 쓴 落書』(新雅社, 1965), p.26.

일반적으로 정치인에게 지조가 생명처럼 소중한 것임을 스스럼없이 천명한 그의 품격은, "유별나게 긍지(矜持)와 자존심이 강한 모친"에게서 물려받은 정신적 유산이다. 그 자신의 만년에 정객(政客)으로의 변신은 자아의 결단에 의한 것이나, 자유당의 부패와 4·19 혁명이 정치참여의 계기가 되었다. 시 창작으로 일관했다면 우리 현대시문학사에서 높이 평가받았을 것으로 유추되지만, 그것은 루이스가 즐겨 인용한 W. 오웬의 "진실한 시인이 진실하지 않으면 안 될 이유가 있다."로 대변할 수 있다. 문학에서는 시대성을 배제할 수 없지만, "예술은 엄격히 자기를 통제할 때 비로소 존속한다."는 이론처럼 고독한 자아의 추구는 예술로 파악되어져야 한다. 아울러 역사를 거부한 자기만의 집착이란, 현실도피이거나 상상의 창조와 무관한 환상으로 치부할 수는 있으나, 예술을 현실의 복사로만 그렇게 단정을 지울 수는 없다. 이 점에 있어 장백일은 「金東鳴 詩의 抒情性 硏究」에서 '시는 언어에 의한 존재의 건설이며 민족의 넋을 깨우는 불꽃이다. 그러기에 시는 언어의 단순한 유희가 아니라, 인간의 삶에 대한 본질체험에서 우러나오는 존재의 소리이며 고뇌의 기록임'을 주장하였다. 초허는 우리말의 위기감을 의식하고, 민족적 비애와 조국의 향수를 고아한 수법으로 자적(自適)의 생활에서 고독한 심경을 표출하였다. 일제암흑기의 탈출구로 문학의 길을 운명적으로 택한 그에게 있어 '고독'이란, 안수길의 지적처럼 '남달리 조국과 민족을 사랑하는 정열에서 생긴 것'이다. 〈수선화〉는 민족혼을 갈파한 시인의 절규임은 물론, 〈내 마음〉의 시 의식에도 촛불처럼 타오르다 마침내 소진되는 떠남의 시학이 우국정신으로 형상화되어 있다. 한편, "한국적인 것이 가장 세계적이라."는 지적의 보편성은 한국적인 것을 간직한 세계인이 되라는 가르침이기에 외국어의 수용문제는 교육과 노력으로 격차를 줄여나가야 한다. 그의 산문집인 『모래 위에 쓴 落書』에 수록된 수필의 특징은 비교적 글맛이 담백하되 지나친 꾸임이 없으며, 그 양상은 미셀러니로 그만의 품격이 배어나고 있지만, 자녀의 교육에 세심한 관심을 지닌 보기로 "우리 아가는 곧잘 말과 文法을 創造한다.(아가의 말)"이나 "아가는 어떤 꿈을 꿀까? 아내는 빙그레 웃고 말이 없다./아가야 너는 어떤 꿈을 꾸니?(아가의 꿈)", 그리고 〈아가의 날〉 등의 시편은 3녀인 월정(月汀)이의 키가 자라며 말을 배우는 과정을 다룬 일종의 육아일기이다. 차지에 국어의 위기를 만들어 낸 이 같은 문제의 인자(因子)는 국어교육에 몰입하는 학자들의 자성과 애정의 결핍, 그리고 문인의 가슴에서 한글에 대한 지대한 애정이 점차 소멸되었고, 일부지도층이 영어교육을 대안 없이 강변하는 한국사회가 불행하게도 자초한 결과이다.

## 3. 결론 : 발상의 전환과 간극(間隙) 좁히기

언어의 인식과 사용은 단순히 경제적 행위나 수치가 아니라, 민족혼인 역사와 문화의 문제이다. '변형생성문법'을 주창한 언어학자인 촘스키가 '언어는 사고를 지배한다.'고 지적하였듯이, 하나의 언어를 어려서부터 배운 사람은 그 언어를 바탕으로 사고한다. 한국인은 국어를 듣고 자라왔으며 교육과정을 통해 심도 있게 배워온 언어가 너무 가까이 있는 탓인지, 그릇된 세계화에 쫓기는 일부 한국인들 때문에, 국어에 대한 잘못된 인식은 민족의 위기를 조장할 것이다. "신의 나라에 열매를 팔지 않는다."는 탈무드의 교시는 자성에서 비롯된 조화로움을 이해하는 노력의 결과다. 모국어에 대한 인식과 끊임없는 조탁(彫琢)은 오랜 시간 방황을 끝으로 〈訓民正音〉을 통해 완성되었다.

일단 영어교육에 앞서 모국어를 제대로 교육하고 그 소중함을 인식하자는 남 다른 결의는 우리역사의 정체성을 인식하는 종교적인 신앙과도 같은 의지의 표출이다. 이 같은 정황에서 응축미가 압권인 "山은/가만히 앉았어도/외방 사정을 다 알고 있겠지/구름이 가끔 수어 가니까(山)"이나 "대낮에/밤을 건넌다//마음은 한밤중의/해바라긴 양//한낮에/빛을 그리워라(述懷)" 또는 "宣傳塔에 徵用된/문자의 從列!/아아, 늬들은 捕虜처럼 슬프구나(文字의 悲哀)"의 예시나 1946년의 작위(作爲)로 "등 뒤에는/峨峨한 山이 섰고/어깨 넘에로는/丹楓이 어리어라"와 같은 시의 백미(白眉)는 누구도 모방할 수 없는 그만의 정신풍경인 심화(心畵)이며 청아하고 아득한 심성(心聲)인 까닭에, 〈山驛〉에서 보여준 눈부시게 정제된 언어의 미학은 가히 신선한 충격이다. 또 하나 초허의 독자(獨子) 김병우의 다음과 같은 감회(感懷)는 선친에 대한 강직하고 곧은 선비정신의 품격과 국어의 소중함을 천명한 일례이다.

> 일어 사용을 거부하며 붓대를 꺾어버립니다.......생략........그 분의 시에는 분노와 비애와 우울과 고독의 말이 빈번히 등장합니다....생략...그는 근본에 있어 정신의 인간이었기 때문입니다. 정신이 그로 하여금 왜정 치하에서 굴복을 거부하는 저항의 세계를 보내게 했고, 해방 후에는 독재에 맞서 필주(筆誅)의 붓을 휘두르게 한 것입니다.[10]

보편적으로 지구상에서 다수의 국가들이 공용어로 영어를 소통의 도구로 사용하고 있지만 동남아에서 인도, 말레이시아, 필리핀 등은 한 때 역사적으로 영미의 식민지였고 현재도 그 나라의 영향을 강하게 받고 있는 현재성을 고려할 때, 섬세한 정서의 표징인 자국어를 독자적으로 공유해온 우리로서 영어를 제2의 공용어로 선택할 객관성은 심도 있게 논의하여도 지나침은 없다. 이 점에 있어 〈식민지의 국어시간〉(문병란)에 관한 권순진의 비록 인상 비평적이나 "글로벌도 좋고 국제화도 이해하지만 덮어놓고 이러는 거는 아니라 본다. '가장 한국적인 것이 가장 세계적이다'라는 구호가 그냥 하는 말이 아님을 요즘 곳곳에서 증거 되고 있는데도 말이다. 이제 더는 슬픈 국어시간이 되어서는 안 되겠다. 글로벌도 좋고 국제화도 이해하지만 덮어놓고 이러는 거는 아니라 본다."라는 지적은 한번쯤 유념하며 자성할 타당성이 따르기에, 무엇보다 이 땅의 지혜로운 모성들이 일깨워준 한글에 대한 가르침은 의미심장하게 대륙의 심장 속에 담아 유념할 일이다.

> 지혜로운 조선의 어머니는/목숨처럼 소중한 아이가 입을 열어/말을 배우기 시작하면 맨 먼저/겨레의 혼인 한글을 깨우치게 하고/신라 천년의 古都 서라벌과/5천년 역사의 맥이 굽이치는 漢江이/조국의 큰 강임을 가르친다.//
> 
> ―필자의 졸시 〈어머니의 교훈〉[11])에서

무엇보다 자명한 사실은 언젠가 미래의 꿈인 우리의 자녀들이 한국인의 고유정서를 상실한 체, 정신적 혼돈과 공황의 늪으로 추락하지 않기 위해 하나 같이 고뇌를 하여야 한다. [훈민정음](국보 70호)이 1997년 문화적 가치를 인정받아 유네스코의 기록문화로 지정된 사실에 비춰, 예언자적인 초허의 한글인식을 수용하여 역사의 정체성을 펼쳐 나가야 한다. 언어학자 사피어도 '언어가 사고를 지배함'을 주장한 것처럼 한글의 세계화 문제를 신중하게 모색하며 그 해법을 강구해야 할 상황에서, 아이러니하게도 이 땅의 국어정책의 부재로 '차라리 국어를 영어로 하자'는 역설(逆說)이 토로되는 불안한 현실인식은 참담할 뿐이다. 한편 〈水仙花〉를 포함하여, 한순간 온몸에 전율이 흐르는 "님이 명하시면/불로라도 드올 것이/칼

---

10) 金炳宇 앞의 글, 79-80쪽.
11) 엄창섭, 『눈부신 約束과 골고다의 새』(도서출판 亞松, 2010), pp.241-242.

위에라도 서올 것이/열번 죽음 앙탈 아니 하올 것이〈斷章〉"이나 또는 "이 몸이 죽은 담에/ 귀또리로 태어나서/그대 窓가에 머물다가(종으로 마다시면)" 등에서 확증되듯이 민족의 정한과 민족혼을 예술적 차원으로 승화시킨 초허는, 일제강점기의 암울한 상황을 기독교적 신앙에 의지해 대응한 지사적 면모를 지닌 시인이며, 교육자임은 새삼 거론할 바는 아니다. "죽었다가 다시 살아 또다시 죽는" 수선화의 생리를 불멸의 시혼으로 꽃 피운 그 자신의 행보와 '나그네로 떠도는 마음'에 피리를 불어주는 감동의 회복은 지역의 문인들이 마땅히 수행할 역할이며 소임이다. 모름지기 〈孤獨〉에서는 "무릇 인간으로서는 신을 떠나서 살 수 없는 것도 그 타고난 운명인 것이다."〈自畵像〉(요한 12:24, 창세 3:19)의 "「여호와」도 일찍이 소돔城에 유황불을 나리시지 않았든가?(술 노래 解題,/창세 19:24)", 〈三樂論〉(창세 2:22, 눅 2:7~10, 창세 20:3~17)을 비롯한 여러 인용을 통해서 초허 자신이 구약성서 보다 신약성서를 즐겨 인용하였고, 신약의 4복음서(마태, 마가, 누가, 요한복음) 중에서 "하나님의 膳物로 약속된 王國"을 예언한 마태복음을 비중 있게 인용한 점을 확인할 수 있다. 지금까지 초허의 관한 본격적인 연구가 수행되지 못하고 몇몇 연구자에 의해 인상 비평적으로 다루어진 점은 아쉬움이 남는다. 그간에 비중 있는 학자나 문인들로부터 그의 지대한 문학적 공과마저 경시됨은 물론하고서라도, 한국 기독교계의 무관심이나 일말의 반응도 없는 무관심의 행태는 더없이 안타까운 심회(心懷)이다. 특히 그의 시 해석에 있어 물의 이미지는 상실된 조국의 그리움으로, 유년시절 그 자신이 고향을 등진 유랑과 상통한다. 그가 시의 소재로 즐겨 다룬 '돌·물'같은 자연의 기본적 물상들은 항구적이나 인간의 의식과 존재는 가변적임을 고려할 때, 어디까지나 종교적 재생의 한 과정으로서 시적 상상력을 통한 다양한 이미지의 확장과 결속된다. 물은 생리적으로 시적자아와 세계를 소통시켜주는 매개적 대상이기에, 그만의 시편에서 변형의 표징인 물의 이미지는 힘의 집합으로 교감의 공간이거나 시간의 매체로 사용되었다. "하하하. 그러면 그대는 황혼과 함께 영원히 내 것이 된답니다 그려.(황혼의 속삭임)"에서 황혼이 자리한 공간에서 이 같은 낭만적인 전원의 배경으로 황혼의 에로틱한 낭만성은 그의 시편에서 사랑의 비극적 이별을 가져오는 귀결로 작용한다. 이와 같이 순수자연을 배경으로 한 전원(田園)에서부터 사회현상, 그리고 천상에 이르는 종교적 통로를 이채롭고도 다양한 시세계로 구축한 그의 시적 특이성은, 비교적 물의 이미지를 전개할 때보다 아름답고 시적인 때는 없었다. 초허는 감미로운 시 속에서 끊임없이 또 다른 세계를 동경하고 추구한 까닭에 광복이후, 전반적인 사회현상에 민감해질수록 그의 시는 점차 서정성과 시적 긴장감에 이중적 거리를 지탱한다. 항상 피가 뜨겁고 정의로운 심성의 소유자인 그가 고뇌와 갈등 끝에 50대 후반에 정치평론이라는 장르의 지평을 열면서 지적인 정객(政客)으로 변신하고 이 땅의 민주화를 위해 투신하였으나, 한 시대의 암울함을 신앙으로 굳건히 버텨내면서도 미래의 밝은 꿈을 확신했던 민족적 시인이었음은 못내 주지할 바다. 따라서 신사참배의 조짐이 사회 도처로 점차 파급되는 시기에 기독교 교세의 확장을 위해서는 명분상 교파간의 분파 조성보다 화합을 다져야하는 힘의 역동성을 시사(示唆)하며 기독교계에 본격적인 논문에 해당되는 「長監兩教派合同可否問題」(『眞生』 54호, 1929. 6.)도 발표하였다. 초허는 1923년 3월에 도일하여 일본의 청산(靑山)학원 신학과에 입학하여 1928년 졸업하였으나 자유로운 바람처럼 영혼이 특정한 제도에 의해 구속되거나 제약받기를 거부하고 성직자로서의 목회를 원하지는 않았다. 비록 임종 직전 아들(김병우)의 청으로 천주교로 개종하였으나 생전에 장로교에 교적을 두었으며, 1948년 5월~1960년 6월까지 이화여대 교수로의 재직은 우연일 수 없다. 1923년 도일하기 전, 서호(西湖)에 체류하며 한 달에 한번 꼴로 교회에서 설교를 한 그의 행적을 미루어 볼 때, 제도에 구속되기를 거부한 자유분방한 종교 시인이었다. 특히 1947년 4월 김재준 목사의 침소에 기거하며 한 때나마 한국신학대 교수직의 재임이나,『동아일보』에 독재정권의 부당성을 강도 높게 제기한 정치평론집『나는 증언한다』(新雅社, 1964)를 고찰하면, 불의와 부당함에 항거하며 예리한 필봉으로 대처한 지사적 양상은 놀랍다. 그 자신이 제자들 앞에서 거부감 없이 〈푸른 다뉴브 강〉이나 윤심덕의 〈死의 讚美〉을 콧노래로 흥얼거리는 멋스러움을 들려준 인간적인 면모에 대하여 제자인 허미자는 「이화에서의 超虛 선생님」의 회고에서 "선생님은 저희들에게 현대시, 문학창작, 비평문학 등을 가르쳐 주셨습니다. 선생님의 강의는 조용하게 시작되었고 마치 이웃의 마음씨 좋은 할아버지가 옛 얘기를 들려주듯이 조용하게 강의를 해 주셨습니다. 투명한 가을하늘 같은 눈을 가지신 선생님은 조용한 말씀 중 때로는 오랜 동안을 창밖을 내다보시곤 했습니다. 마치 좁은 강의실을 벗어나 무한히 넓은 창공을 훨훨 자유롭게 비상하는 독수리와 같이 자유로운 상념의 비상을 하면서, 선생님은 침묵으로 저희들에게 조용함속에 날카로운 눈과 발톱을 가진 독수리처럼 강인한 비판정신을 가르쳐 주셨습니다."[12]라며 '맑은 눈을 지닌' 자

---

12) 박종민, 『金東鳴의 詩世界와 삶』(한남대학교 출판부, 1994), p.195-196.

상한 스승에 관한 감회(感懷)를 토로하였다. 이처럼 초허는 한국현대사에 있어 문학·정치·교육·종교 등에 걸쳐 다양한 족적을 남긴 인물로서, 그의 문학관은 명상적 태도로서 비유적 이미지와 회화적 기법으로 즉물적 현상을 시로 형상화하였다. 이 같은 상황에 있어 일제강점기에 상징적 서정시를 발표한 저항시인으로 민족의 비애를 절창하며 교육계에 투신하였고, 공산 치하에서는 몸소 압정을 배격하여 혈혈단신 월남(越南)의 길에 올랐다. 결론적으로 부패한 자유당과 군사독재의 정권 당시, 민주수호의 지성으로서 진실과 정의를 위해 저항한 예리한 필봉의 소유자였음은, 김용호(金容浩)에게 답한 〈恥辱의 辯〉에서 '민주주의를 수호하고 독재악(獨裁惡)의 퇴치를 생의 남은 과업으로 생각한다.'라는 언급에서 새삼 밝혀질 것이나 그의 존재감은 종교 시인으로서 작품 속에 기독교의 부활을 축으로 한 죽음의식의 긍정적인 수용은 물론, '個我와 절대자와의 합일, 그리고 죽음을 완전한 자유를 누리기 위한 성취의 과정으로 인식하면서 영원한 해방을 허락한 신의 恩寵'을 수긍한 점은 높이 평가할 사항이다. "내 비록 서투르나마 그대의 곡조에 내 악기를 맞춰보리. 그리고 날이 새이면 나는 결코 그대의 길을 더디게 하지는 않으려네. 허나 그대가 떠나기가 바쁘게 나는 다시 돌아오는 그대의 말방울소리를 기다릴 터이니.('손님)"를 통해 조국광복을 소망하는 절박한 심사(心思)로 조국광복을 소망하고 있다. 모쪼록 해풍에 절여 있는 사천면 국도 변의 '떠나기가 바쁘게 다시 돌아오는' 주인(?)을 기다리는 초허의 시비(詩碑)에 각인된 〈시인의 약력〉을 옮겨 논고의 결론에 가늠한다.

> 한 시대의 준엄한 筆誅의 글이며 證言이기도 한 님의 政治評論과 또한 政治活動까지도 필경 궁핍한 땅의 한 詩人이 그리는 祖國의 모습이 가져온 愛國의 詩作이며 創造의 詩業인 것이다.[13]

* 편의상 〈참고문헌〉은 각주로 처리함.

---

13) 1985년 11월 3일, 명주군 사천면 미노리 산61번지에 金東鳴의 詩碑公園이 竣工.

# 김동명 시에 나타난 낭만주의적 시의식
-시집 『파초』 『하늘』을 중심으로

박호영*

---
**목 차**

1. 들어가며
2. '고향'에 대한 그리움
3. '황혼'의 미학
4. 나가며

---

## 1. 들어가며

지금까지 김동명에 대한 연구는 여러 각도에서 행해져 왔다. 그의 전기적 고찰뿐만 아니라 시, 수필, 논설 등 그가 남긴 문학적 유산 전반에 대한 연구가 이루어졌고, 시에 대한 분석도 주제, 이미지, 비유, 시정신 등 다양하게 검토가 된 실정이다. 연구자는 좀 더 김동명 시문학의 외연을 넓힌다는 의미에서 그동안 접근이 소홀히 된 그의 낭만주의적 시의식에 대한 천착을 해 보고자 한다. 한국 근대기 낭만주의 이입은 1907년 유승겸이 역술한 『중등만국사』에서 비롯된다. 그 이후 여러 평자들에 의해 꾸준히 소개되어 왔다. 이 시기의 낭만주의 특질은 크게 세 갈래로 나누어 볼 수 있는 바, 이상주의적 낭만주의, 병적 낮만주의, 그

---
*전 한성대학 국어국문학과 교수

리고 민족의식에 바탕을 둔 혁명적 낭만주의가 그것이다. 이러한 낭만주의 시들이 김소월을 비롯하여 김영랑, 김광섭, 장만영, 김기림, 임학수 같은 시인들에 의해 발표되었다.[1] 여기에 또 한 사람 추가될 시인이 초허 김동명이다.

김동명은 사상적으로 특히 정치 사상이 강렬했으나, 반면 아주 낭만적이었다.[2] 그가 아름다움을 사랑하고, 풍류객으로서의 면모를 지녔음은 여러 자료에서 확인이 된다. 이러한 그의 성향이 시에도 반영되었다고 볼 수 있다. 물론 낭만주의에 대한 정의가 너무 광범위하고 자칫 편협적으로 적용될 수 있기 때문에 쉽게 그의 시를 낭만주의적이라고 단정을 한다는 것은 위험한 태도이다. 그러나 그의 시에 빈번히 나타나는 고향 내지 이국에 대한 향수라든가, '황혼' 같은 대상을 통한 미의 추구, 환상과 꿈의 세계의 동경 등은 낭만주의의 기본적인 특질이라고 할 수 있기에 그가 낭만주의적 시의식을 지녔다고 언급하는 것은 큰 무리가 없다고 판단된다.

본고의 연구 범위는 일제강점기에 창작된 김동명 시인의 시들에 국한된다. 따라서 『파초』(1938)와 『하늘』(1947)에 수록된 시들이 연구 대상이다. 『하늘』은 해방 이후에 출간되었으나, 시집 목차 말미에도 확연히 나와 있듯이 여기 실린 시들은 1935년부터 1941년까지 창작된 것으로, 그 시기가 일제강점기에 속한다. 물론 『파초』 이전에 상재된 첫 시집 『나의 거문고』(1930)도 포함시켜야 하겠지만, 현재까지 구해볼 수 없는 자료로 되어 있다는 한계가 있다. 이 시집에 실린 작품 중 『학지광』 『신여성』 『조선문단』 『동광』 『신생』에 게재된 시들은 검토해 볼 수 있으나[3], 시인 자신도 그 시집에 실린 시들이 시적 완성도가 떨어진 작품으로 언급하고 있으므로 본고에서는 제외한다. 초허 시에 나타난 낭만주의적 특성은 '고향'에 대한 그리움, '황혼'의 미학, 환상과 꿈의 세계 추구 등으로 세분될 수 있지만, 본고에서는 앞의 두 주제만을 다루고자 한다. 인용 시작품의 표기는 『파초』 『하늘』 원본에 따른다.

---

1) 박호영, 『한국 근대기 낭만주의 전개연구』, 박문사, 2010. 참조
2) 이어령 편, 『한국작가전기연구(상)』, 동화출판공사, 1975, p.33
3) 전도현, "김동명 초기시 연구", 『한국학연구』 39집, 2011, pp.137-138. 참조.

## 2. '고향'에 대한 그리움

고향은 존재의 근원이기에 누구나 고향을 그리워한다. 더구나 고향으로부터 멀리 떠나 있을 때 고향 상실감은 더욱 절실해지기 마련이어서 자연스럽게 향수가 마음 속에 자리를 잡는다. 이 때 고향은 태어난 곳만을 의미하지 않는다. 막연하게 그리워하는 공간도 고향에 포함될 수 있다. 다시 말해 '이상향에 대한 향수(nostalgia for paradise)'도 이에 속할 수 있는 것이다. 고향 또는 이상향에 대한 그리움은 불만족스러운 현실로부터의 일탈을 꾀하는 데에서 생성되는데, 이 감정은 전형적인 낭만주의적 특성 중의 하나이기도 하다.

'고향'은 간단히 정의 내릴 수 있는 공간이 아니다. 전광식에 의하면 '고향'은 네 가지 지평으로 이해할 수 있다. 첫째, 고풍성의 지평이다. 예스러운 모습을 지닌 곳이라는 의미이다. 둘째, 회상성의 지평이다. 내가 떠나온 지나간 과거에서의 내 삶의 공간이란 의미이다. 셋째, 은닉성과 순수성의 지평이다. 때문은 공간이 아니라 감춰지고 숨겨진 영역이라는 의미이다. 넷째, 풍경성과 풍물성의 지평이다. 고향은 어떤 곳이든지간에 어린 시절 뛰어 놀던 들녘과 강, 산과 바다가 있으며, 또 고유의 풍물이 있는 곳이라는 의미이다.4) 김동명의 시에 나타난 '고향'은 이를 대부분 포함한다. 그는 『파초』와 『하늘』에 실린 여러 편의 시에서 '고향'이나 '향수'라는 시어를 등장시키고 있다.

> 저게 웬 사나히가
> 아가시아 나무에 등을 기대고 서서 피리를 분다
> 그저 심심하야 無心히 부는 피리 인가
> 그렇지 않으면 山설고 물선 他鄕에 구름같이 떠도는
> 외로운 身勢를 하소연 함인가
> 가늘게 뽑아넘기는 그 曲調의 그리운듯 서러운듯 또한 애틋함이어
> 여긔는 내게도 千里 他鄕.
> 바닷물 소래 黃昏을 맞어 그윽한 모래텁 우에
> 내 홀로 섰을 때
>
>               - 「피릿소리」 전문 -

---

4) 전광식, 『고향』, 문학과지성사, 1999, pp.25-26.

이 시에서 '사나히'는 타향을 구름 같이 떠도는 외로운 존재이다. 그가 피리를 불고 있다. 무심히 분다고 볼 수도 있지만, 자신의 외로움을 하소연하는 듯하다. 피리의 곡조가 '나'에게 그리운 듯, 서러운 듯, 애틋하게 들려온다. 그렇게 들리는 것은 '나'도 사나히와 같은 신세이기 때문이다. 나 역시 여기가 '천리 타향'이요, 홀로인 것이다. 동병상련의 심정이다. 물론 여기서 시적 화자인 '나'는 시인 자신이다. 실제로 김동명은 1925년 동경으로 유학의 길을 오를 때까지 평안남도의 강서와 신안주, 함경남도의 원산, 안변 등지로 유랑 생활을 했기에 떠돌이의 처지였다.5) 그러므로 누구보다 고향이 그리웠을 것이다. 더구나 내가 있는 곳이 바다의 모래톱 위요, 황혼이 깔리고 바닷물 소리가 그윽하게 들리기에 더욱 바닷가 마을인 고향에 대한 그리움은 커진다. 이 같은 정서는 다음 시에서도 찾아볼 수 있다.

> 여기엔 푸른 바다가 있오.
> 바다 위엔 때로 갈매기가 날고 落照가 머물고 漁船이 돌아 오는구려.
> 바닷가엔 힌 모래, 여기엔 조개 껍질과 아까시아의 짙은 그늘과 마풀 냄새의 香그러움이 있고, 또 漁夫의 가난한 집들이, 그리고 魚油 燈盞에 끄스른 구수한 이야기가 있고,
> 여기에서 東南으로 三마정만 가면 해당화가 피고 방풍이 자라고 또 海燕이 집을 얽는 斷崖가 있구려.
> 내 집은 山 등성이로 통한 고독한 길ㅅ가 솔밭 머리에 있오.
> 여기에서 나는 무시로 찾아 오는 微風에게 나의 머리 카락을 내맡기고
> 떠 가는 구름에게 나의 鄕愁를 하소하며
> 밤 하늘에 흐르는 銀河를 받어 나의 懊惱를 싯는구려.
>
> - 「自適」 중 -

시인이 떠올리는 푸른 바다가 있는 고향은 모든 것이 충족된 공간이다. 비록 넉넉하지는 않지만 정답고, 아름답고, 훼손되지 않은 순수한 모습을 지닌 곳이다. 갈매기, 낙조, 어선, 흰 모래, 조개 껍질, 아카시아의 그늘, 마풀의 향그러운 냄새, 어부의 가난한 집들, 어유 등

---

5) 김용성, 『한국현대문학사탐방』, 현암사, 1984, p.130. 참조.

잔 등 감각적으로 이 모든 고향의 편린들이 향수를 자극한다. 그러나 나는 고향으로 갈 수가 없다. 다만 떠가는 구름에게 향수를 하소할 뿐이다. 그리고 나의 오뇌를 밤 하늘에 흐르는 은하에 씻을 뿐이다. 이러한 진술을 통해 우리가 감지할 수 있는 것은 무엇인가. 그가 처한 현실이 각박하고, 고통스럽고, 궁핍하다는 것이다. 이 시가 『하늘』에 수록되어 있어 결국 1935년 이후에 창작되었다고 볼 수 있는 바, 이 시기는 일제의 횡포와 수탈이 더욱 심해지고, 그로 인해 삶의 궁핍화가 극에 달했다고 볼 수 있는 때이다. 그러므로 현실을 일탈하고자 하는 마음이 절실했으리라 짐작된다. 그가 확실히 고향 강릉을 그리워했다고 볼 수 있는 시는 「꿈에」이다.

꿈에 / 어머님을 뵈옵다. // 깨니, / 故鄕 길이 一千里. // 冥途는, / 더욱 멀어. // 窓 밖에 / 가을 비 나리다. // 梧桐 잎, / 浦口와 함께 젖다. // 鄕愁, / 따라 젖다.

- 「꿈에」 전문 -

시인에게 있어 어머니의 존재는 절대적이다. 자식 하나 공부시키기 위해 미련없이 고향을 떠나 함경도 원산으로 간 분도 어머니요, 그가 중학을 나올 때까지 학비를 대기 위해 삯바느질에서부터 닥치는 대로 일한 분도 어머니이다.6) 아마도 어머니가 아니었더라면 꾸준히 학교를 다녀 교원이 되고, 동경 유학까지 갔다온 지식인으로서의 그는 없었을 것이다. 그런 어머니가 1931년 세상을 떠났다. 삶의 온갖 역경을 겪고, "내가 이 다음에 커서 무엇이 되기를 바라느냐"는 자식의 물음에 "강릉 군수가 되어 주렴"하며 고향에 대한 향수에 잠겼던 어머니7)가 아니던가. 그 존재를 그가 어찌 잊을 수 있었겠는가. 결국 꿈에 어머니가 나타난 것이다. 그러나 깨어 보니 어머님이 그리워하던 곳이자 자신의 고향인 강릉은 일천 리 길이고, 돌아가셔서 계실 저승의 '명도'는 더욱 멀다. 그러니 향수에 젖을 수밖에 없다. 시의 내용을 보면 가을 비가 내려 오동잎과 포구가 비에 젖고, 향수도 그에 따라 젖는 것으로 되어 있지만, 내포된 시인의 감정은 그렇게 단순하지 않다. 어머님에 대한 사모의 정과 겹쳐 고

---

6) 위의 책, pp.129-130. 참조.
7) 상동.

향에 대한 그리움이 말할 수 없이 깊다. 이 시는 전체의 길이가 6연 12행이고, 각 행의 字數가 적어 짤막한 형태를 이루고 있지만, 행간에 내포된 의미는 상당히 함축적인 가작이다. 초허의 시인으로서의 재능을 이 시를 통해 엿볼 수 있다.

앞서 언급했듯이 '고향'이 이상향까지 포함한다고 본다면 초허의 대표작인 「파초」 역시 고향에 대한 향수를 읊은 시로 볼 수 있다. 시인은 파초를 보고 그 열대식물이 그의 고향인 '남국'을 그리워한다고 상정한다. 초허는 파초뿐만 아니라 '유자나무' '종려나무' 같은 열대식물도 그들의 고향인 '남국'을 염두에 두고 읊었다. "유자나무 밋헤 / 아아 남국의 따님이여!"(「북풍의 노래」) "외로이 모혀선 종려나무의 / 그리운 남국의 마음을"(「공원의 밤」) 등이 그것이다. 왜 시인은 유독 열대식물에 주목하는 것일까? 그들의 고향인 '남국'이 추위를 이겨낼 수 있는 공간이기 때문이다. 이는 바로 겨울과 같은 혹독한 식민지 현실을 이겨낼 수 있다는 사실과 통한다. 그러므로 '남국'은 열대식물의 고향이기 이전에 시인에게는 이상향으로 인식이 된다.

> 祖國을 언제 떠났노,
> 파초의 꿈은 가련 하다.
>
> 南國을 向한 불타는 鄕愁,
> 네의 넋은 修女보다도 더욱 외롭구나.
>
> 소낙비를 그리는 너는 情熱의 女人,
> 나는 샘물을 길어 네 발뜽에 붓는다.
> 이제 밤이 차다,
> 나는 또 너를 내 머리마테 있게하마.
>
> 나는 즐겨 너를 위해 종이 되리니,
> 네의 그 드리운 치마짜락으로 우리의 겨울을 가리우자.
>
> - 「芭蕉」 전문 -

이 시는 1936년 『조광』지에 발표된 초허의 대표적인 작품이다. 당시에 이런 시가 활자화되어 발표되었다는 사실만으로도 시사적 의의를 지닌다고 볼 수 있다. 시인은 시 첫 머리에 파초의 '조국'을 언급한다. '조국'이란 무엇인가? 우리가 거주하는 삶의 터전이요, '자기 집'이다. 우리는 '자기 집에 있음'으로 해서 비로소 행복할 수 있다. 자기와 근본적으로 화해하기 때문이다.[8] 그러나 파초는 조국을 떠나 이국 땅에 거주하고 있다. 따라서 행복하지 못하고, 자기와의 화해도 불가능하다. 이 점이 조국을 잃은 시인과 동일하다. 이 시의 핵심은 다음과 같은 시인의 언급에서 분명하게 드러난다.

> 나도 실은 그 언젠가 조국을 잃은 사나이. 외롭고 쓸쓸하고, 그리고 더욱 겨울이 슬프기로는 그녀와 더불어 다를 것이 없는 처지겠다. 서로 껴안고 서로의 체온과 외로움을 나눔으로 '계절'의 위험을 물리칠 수만 있다면 또한 얼마나 즐거운 일이랴. 하고, 또 그것은 반드시 허망한 욕심일 턱도 없으리라.[9]

이 글을 보면 초허가 얼마나 민족 의식이 강했는가를 간파할 수 있다. 겨울이 슬프기로는 그녀[파초를 가리킴]와 다를 것이 없다든가, 서로의 체온과 외로움으로 '계절'의 위험을 물리칠 수 있다면 즐거운 일일 것이라는 언술은 「파초」가 어떤 의도로 쓰여졌는가를 분명히 보여준다. 그런 민족의식이 있었기에 시인은 일제 때 창씨개명을 하지 않았을뿐더러, "일제의 포악에 질식을 느끼며 해방이 되기까지 시 한 구절 잡문 한 토막 쓰지 않고 치욕과 분노의 나날"[10]을 보냈다. 그의 시 「난초」에서는 더욱 직접적으로 일제의 부당함을 지적하고 있다.

> 蘭草, 알른구나
> 鄕愁 때문인고.
> 蘭草, 微風과 소군거림을 엿 듣다
> 異域의 외로움을 하소함이뇨.
>
> 蘭草에게

---

8) 김형효, 『한국사상산고』, 일지사, 1979, p.153., 박호영·이숭원, 『한국시문학의 비평적 탐구』 p.201. 재인용.
9) 김동명, 『모래 위에 쓴 낙서』, 신아사, 1965, p.46.
10) 김용성, 앞의 책, p.155.

내 초라한 人生을 들키우다.
너머 馥郁한 香氣 때문에
나는 도리어 서러워 지다.

蘭草 잎 넘어로
暴風이 이는구나.
아아 東亞는 이제 또
어데로 가려노.

蘭草 잎 넘어로
世紀의 狂暴을 바라 보다.
蘭草 잎 밑에서
弱者의 슬픔을 삼키다.

- 「난초」 중 -

이 시 역시 『하늘』에 수록된 것으로, 일제강점기에 창작된 것이다. 시 모두에 "丁丑春[1937년 봄-필자 주]에 H씨 서울로부터 난초 한 포기"를 가져 왔다고 밝히면서, "마침 애완하던 파초를 잃었는지라 새로이 마음의 벗을 삼았다"고 하고 있다. 초허가 이 난초에게서 발견하는 것도 향수요, 이역의 외로움이다. 아마도 H씨에게서 받은 난초가 한국의 자생적인 난초가 아니었던 것 같다. 시인은 이 시에서 난초가 향수 때문에 앓고 있다고 하고, 이역의 외로움을 미풍에게 하소연하고 있는 것을 엿듣는다고 한다. '파초'에 대한 인식과 마찬가지로, 난초를 자기 신세와 동일하게 취급하는 것이다. 그러나 시인의 인식은 이에 그치지 않는다. 고향을 떠나온 이 식물로부터 방향을 잃은 동아시아의 위태로움을 느끼며, '세기의 광포'를 발견한다. '세기의 광포'가 함축하는 바는 일제가 일으킨 전쟁을 비롯한 그들의 만행이다. 그러면서 자신은 식민지인으로서 약자의 슬픔을 삼키는 것이다. 이러한 현실 고발은 민족의식에 바탕을 둔 것으로, 이 시가 혁명적 낭만주의 시에 속함을 말해준다. 혁명적 낭만주의의 큰 특징은 속박으로부터의 해방, 개인의 자유, 새로운 세상에 대한 열망이다.[11] 초허의 낭만주의적 시의식은 다음 시 구절에서도 찾아볼 수 있다.

나의 가슴을 조그마한 港灣에 비길수 있다면
구비 구비 듸리 닫는 물결은
異國의 꿈을 실ㅅ고 오는 나의 나그네,
나의 마음은 네의 품 속에서 海草 같이 일렁거린다.
- 「바다」 중 -

물결이 異國의 꿈을 싣고 온다는 것은 이국을 그리워하는 것이요, 그것은 이상향을 지향하는 의식의 발로이다. 그는 물결의 궁극적인 도착점이 되는 항만과 같은 입장이 되기를 원한다. 비록 이상향의 꿈을 실은 물결이 나의 가슴에 왔다가 나그네처럼 이내 사라진다 할지라도 그 꿈으로 말미암아 나의 마음은 설레인다. 이상향에 대한 이러한 간절한 기대는 뒤바꿔 생각하면 현실로부터 벗어나고자 하는 염원이 반영된 것이다.

## 3. '황혼'의 미학

김동명의 시에서 빈번히 등장하는 시어로 '황혼'을 들 수 있다. 『파초』『하늘』에서 '황혼'이 나오는 시만 10편이 넘고, '황혼'을 시의 제목으로 하고 있는 시도 3편이나 된다. 왜 시인은 '황혼'이란 대상에 집착했을까? 잘 알다시피 황혼은 해가 지고 어둑어둑할 때이다. 머지 않아 어스름은 소멸하고 어둠이 온다. 그러나 그 붉은 빛은 그윽하고 너그러우며 아름답다. 하루의 모든 고통과 수고가 숭고하게 응축된 듯한 분위기를 담고 있다. 나이 먹은 사람들은 황혼을 보며 자신의 삶도 저렇게 마무리되었으면 하고 바라기도 한다. 신비하고, 몽환적이기도 하며, 초월적인 모습을 황혼은 지녔다. 낭만적이고, 좋은 정원만 눈에 띄면 아름다운 예술품을 대하듯 즐겁고 부드럽다고 말하던 초허12)는 이러한 황혼에 매료되었는지 모른다. 일본 유학 시 청산학원 신학과에 적을 두고 밤에는 일본대학 철학과를 다녔고, 더구나 시인 수업의 제 1과제로 철학을 공부할 것을 주문한 그이고 보면13), '황혼'의 철학을 깊이

---

11) 박호영(2010), 앞의 책, p.51.
12) 이어령 편, 앞의 책, p.33.
13) 김동명, "처녀작은 「나의 거문고」", 『자유문학』, 1958.10., p.51. (송영순, 「김동명시연구」, 성신여대 대학원 석

생각했을 개연성이 다분히 있다. 그렇다면 그는 어떻게 '황혼'을 노래하였는가? 제목 자체가 '황혼'인 시를 먼저 살펴보기로 한다.

> 黃昏
> 여긔엔 아름다운 노래의 黃金의 古城이 있고
> 거룩한 어머니의 永遠한 모습이 있고
> 님을 찾는 무리들의 아름다운 彷徨이 있고
> 맑은 情調가 있고 恍惚한 陶醉가 있고 끝없는 歎息이 있고
> 또한 삶과 죽음의 有情한 訣別이 있나니
> 이몸이 만일에 죽는다면
> 원컨대 黃昏의 고요한 품속에 안겨서—
> 그리하여 내 最後의 숨 한토막을
> 黃昏의 微風에 부치고 싶으다
>
> - 「黃昏」 전문 -

시인이 황혼을 통해 떠올리는 것들은 너무나 많다. 황금의 고성, 거룩한 어머니의 모습, 님을 찾는 무리들의 방황, 맑은 정조, 황홀한 도취, 끝없는 탄식, 삶과 죽음의 결별 등 이 모든 것들이 황혼에 있을 듯하다. 그것은 앞서 말한 대로 황혼이란 대상이 시인에게는 풍부한 연상 위에 놓이기 때문이다. 그러기에 그는 황혼의 고요한 품 속에 안겨 죽기를 소원한다. 결국 그에게 황혼은 안식처요, 황홀한 이상향이다. 이 점에 있어서는 황혼으로부터 부드러움을 느껴 그 품 안에 안기려는(이육사 「황혼」) 시인 이육사의 인식과 상통한다. 우리는 이에 이르러 자연스럽게 묻게 된다. 과연 현재의 심경이 어떻기에 황혼이란 대상에게서 이런 정감을 느끼느냐이다. 원래 황혼은 여명과 더불어 분열(dichotomy)의 상징이다.[14] 둘 다 어스름의 상태이지만 황혼은 그 빛이 얼마 있지 않아 어둠으로 흡수되고, 여명은 어둠에서 밝음으로 전환된다. 그러나 한편 황혼은 지친 몸을 편히 의탁하고 싶을 정도로 아름다우

---

사논문, 1989, p.9 재인용.)
14) J. E. Cirlot, *A Dictionary of Symbols*, Philosophical Library, 1962, p.335.

면서 따뜻한 느낌을 받는다. 김동명이나 이육사는 지금 삶의 현실이 차갑고 혹독하기에 황혼을 안식처로 삼는 것이다.

> 아주 썩 아름답고 조용한 黃昏이로구려. 보아요 저 꿈꾸는 숲 사이로 시냇물은 고요히 자장노래를 부르며 흘으지 않는가. 모든것이 바꼬이고 또 달러저도, 오직 옛날의 모습 그대로인 風景, 이제 곧 저긔서 『님푸』가 뛰여 나올것도 같구려.
> 어데선가 사랑의 말 소리가 들리는구려. 허나 우리와는 아주 먼 곧인가 보우. 귀를 기우리지 마러요. 그것은 지나 가는 바람소리로구먼요. 헌데 여보우, 나는 이 아름다운 黃昏 때문에 더욱이 사랑과 離別이 그리워지는구려. 그러면 여봐요, 그대는 잠깐 내 귀에 소군거려 주지 않으려오. 『나는 그대를 사랑하우. 그러나 이 黃昏보다 더 오래는 싫소.』하고. 그리고는 잠깐 웃어 주어요. 그다음엔 勿論 나를 떠나 줘야지요. 무슨 까닭이냐고요. 하하하 그러면 그대는 黃昏과 함께 永遠히 내것이 된답니다그려.
>
> - 「黃昏의 속사김」 전문 -

시인은 이 시에서 두 번씩이나 황혼을 아름답다고 서술한다. 그리고 조용하다고 한다. 황혼이 아름답고 조용하기에 숲은 '꿈꾸는 숲'으로 인식되고, 시냇물은 고요히 자장 노래를 부르며 흐르는 것 같다. 옛날 그대로의 풍경이기에 그 속에서 숲의 요정이 뛰여 나올 것 같기도 하다. 그러나 우리가 주의를 기울이게 되는 것은 다음 부분이다. "이 아름다운 黃昏 때문에 더욱이 사랑과 離別이 그리워지는구료"이다. 이 반대감정병립을 어떻게 받아들일 것인가. 사랑이 그리워진다는 것은 이해가 되는 일이지만, 이별 또한 그리워진다는 것은 납득하기 어렵다. 우리는 여기서 황혼에 대한 시인의 복합적인 인식을 천착할 필요가 있다. 이를 위해 다시 시의 내용을 살펴보자. '나'는 '그대'에게 사랑의 속삭임을 부탁한다. 그대를 사랑하지만 황혼보다 오래 사랑한다는 것은 싫다고. 왜 이런 부탁을 하는가. 황혼은 아름답기는 하지만 곧 스러질 대상이다. 황혼이 있을 때까지만 사랑하길 원하는 것이다. 황혼보다 오래 사랑한다면 어둠 속에서도 사랑을 해야 하는데, 그것은 아름다움을 상실한 상태에서의 사랑이다. 그렇지만 황혼이 있을 때 사랑하고 이별을 한다면, 그 사랑의 아름다움은 황혼의 아름다움이 내 마음 속에 영원히 남듯이 영원히 내 것이 되는 것이다. 이러한 인식은 어느 면에서 유미주의적이라고 할 수 있다. 시인의 유미주의적 태도는 곳곳에서 볼 수 있어 유독 화초를 사랑했다든가, 여인을 세상에 있게 한 것이 신의 은총15)이라고 한 시인의 이성관도 그런 태도의 한 단면으로 볼 수 있다.

> 黃昏이 들을 덮고 江물우에 이르러, 가는 물살을 戱弄하는 微風의 香氣우에, 無聲의 韻律을 보내고 있을때, 벗은 닫줄을 감아 올리며 나를 부릅니다. 黃昏의 옛집을 찾어보지 않겠느냐고……
>
> 나는 이 旅行이 얼마나 자미있을 것도 잘 알고 있읍니다. 하지만 여기에 내 어린 놈을 혼저 두고 어떻게 나만 먼곧으로 간단 말슴입니까. 해서 나는 이뜻을 벗에게 말했드니 그는 빙그레웃으며 배를 저어 갔읍니다.
>
> 하얀 달빛이 廣漠한 들우에 나려, 아득한 夢幻의 世界를 펼쳐 놓을때, 江을넘어 어데선가 피릿소리가 바람결에 그윽히 들려옵니다. 귀에 익은 소리외다. (아아 꿈과 忘却으로 또한 삶과 죽음으로 얽어짠 이 神妙한 멜로듸의 사람을 醉케하는 魅力이어)
>
> 마치 愛人같이 속사기고 술같이 꼬이는 저 아름다운 曲調에 반하야, 나는 여러번 지팽이를 더듬었읍니다. 하지만 나는 다시 눈을 감고 머리를 흔듭니다. 이 철부지 어린 것을 여긔에 혼저 두고 어떻게 나만 거긔를 가느냐고……
>
> -「誘引」전문 -

이 시에서도 '황혼'은 아름다운 대상이다. 화자는 그 황혼이 펼쳐진 '옛집'으로 가고자 한다. 그곳은 어디인가? 그가 그토록 그리던 고향일 수도 있고, 이상향일 수도 있다.16) 벗은 그곳으로 출발하기 위해 닻줄까지 감아올리며 가자고 한다. '내'가 그곳으로의 여행을 왜 하고 싶지 않겠는가. 그러나 '나'에게는 보살펴야 할 '철부지 어린 것'이 있다. '철부지 어린 것'이란 존재는 반드시 자식만을 지칭하지는 않는다. 암담하고 궁핍한 현실 속에서 그가 돌

---

15) 이어령 편, 앞의 책, p.31.
16) 백승란도 '황혼의 옛집'을 인간이 그토록 갈망하고 동경하는 본향이요, 이상향이라고 한다.
(백승란, 「김동명과 김상용 시의 심상 연구」, 충남대 대학원 석사논문, 2003, p.58.)

보아야 할 약자는 모두 이에 포함될 수 있다. 그를 놔두고 자기만 '고향'으로 갈 수는 없는 것이다. 김효중이 언급한 '우주공동체적 세계관'[17]을 보여준다고 할 수 있다. 물론 갈등이 없는 바는 아니다. 그곳으로 가자고 애인처럼 속삭이고, 아름다운 곡조의 피릿소리가 들려오기도 한다. 그 멜로디를 들으면 꿈과 망각의 세계로 갈 것 같고, 삶과 죽음을 초월할 것 같기도 하다. 그래서 그 '유인'으로 말미암아 "여러 번 지팽이를 더듬"는 갈등에 빠지는 것이다. 그러나 마음을 굳게 먹고 여기에 남고자 한다. '나'만 이상향으로 갈 수는 없는 것이다. 시인이 이 시에서 보여준 미의식과 사회의식 역시 한편으로 아름다움을 추구하고, 다른 한편으로는 현실로부터 벗어나 이상향으로 가고자 한다는 점에서 낭만주의적 시의식으로 수렴될 수 있다.

## 4. 나가며

지금까지 살펴본 '고향'에 대한 그리움, '황혼'의 미학 이외에 김동명은 '환상'과 '꿈'의 세계를 추구하였다. '환상' '몽환' '꿈' 같은 시어가 빈번히 그의 시에 선보이는 것은 그 이유이다. '환상'이나 '몽환'이 등장하는 시에는 "幻像에서 幻像으로 銀色의 櫓를 저어 가는 / 너 自然의 流浪兒여"(「달밤」) "하얀 달빛이 廣漠한 들우에 나려, 아득한 夢幻의 世界를 펼쳐 놓을 때"(「誘引」) "颱風이 달려와 내 夢幻의 바다를 엎질러 버리기전에"(「새벽」) "아아 幻像이여, 나는 그대의 숙인 머리 우에 하염없는 嘆息을 남기고 그대를 떠납니다"(「告別」) "또 그 한밤에서 不滅의 幻像을 뵈여주고"(「사랑」) 등이 있고, '꿈'이 등장하는 시에는 "幽久한 韻律에 흔들리는 黃金의 노래는 네의 꿈이 얼마나 아름다움을 알리고"(「해양송가」) "담배를 피여 물고 / 꿈의 破片을 / 걷우다."(「憂鬱」) "사랑과 꿈과 또 離別을 이야기 하기엔 가장 좋은 時節이로구려."(「落葉」) "석양에 지는 잎 하나 / 그대 창 밖에 구을거든 / 외로운 / 내 꿈인 줄 아르시라."(「述懷」) 등이 있다.

시인이 이 같은 일련의 구절들을 통해 말하고자 하는 바는 현실로부터의 일탈이다. 이것은 '고향'에 대한 그리움을 노래한다든가, 아름다운 '황혼'에서 안식처를 구하는 것과 동궤에

---

17) 김효중, "김동명과 바쇼의 대비 연구", 『비교문학』 34집, 2004, p.137.

놓인다. 그리고 이 모두는 달리 말하면 식민지 현실에 대한 불만이나 부정이요, 더 나아가 저항 의식의 표출이다. 엄창섭이 지적하듯 초허는 "강직한 성품과 혁명적 기질, 사회악과 구속을 거부한 지극히 자유로운 투사적 존재"[18]이다. 그러므로 얼마든지 이런 시적 포즈를 취할 수 있다. 이 포즈는 한 마디로 규정하여 낭만주의적 시의식이라 할 수 있다. 낭만주의가 속박으로부터의 해방과 새로운 세상에 대한 열망을 큰 특징으로 하기 때문이다. 그런 점에서 앞으로 그의 시세계는 낭만주의의 측면에서도 조명될 필요가 있다고 생각한다. (〈참고문헌〉은 각주로 대신함.)

---

18) 엄창섭, "초허의 시문학과 정체성의 고찰"『김동명문학연구』1호, 2014 가을 p.15.

# 김동명 수필집 『세대의 삽화』의 작품특질 고찰

장정룡*

---

**목 차**

Ⅰ. 머리말
Ⅱ. 수필집 『세대의 삽화』 경개(梗槪)
Ⅲ. 수필집 『세대의 삽화』 내용소개
   1. 自畵像(18편)
   2. 世代의 揷話(6편)
   3. 暗黑의 章(1편):暗黑의 章
   4. 越南記
Ⅳ. 수필집 『세대의 삽화』 특징 분석
   1. 최초의 초허수필문학집
   2. 시대상황의 체험적 기록
   3. 회고감성의 정서적 표백
Ⅴ. 맺음말

---

## Ⅰ. 머리말

  최근 초허(超虛) 김동명(金東鳴, 1900~1968) 선생의 고향인 사천면 노동중리에 문학관이 개관되어 널리 알려지고 있으며, 2014년 김동명학회가 창립되고 학회지가 창간되면서 초허

---
*강릉대학교 교수

에 대한 다각적인 연구가 진행되고 있다. 김동명 선생에 대한 연구는 시문학 연구에 집중된 바가 있는바, 근래 김동명 산문에 대한 연구 성과가 다각적으로 나타났다.[1]

안수길이 서평에서 언급했듯이,『세대의 삽화』는 1940년대에서 50년대까지 행동과 사회비판의 요소까지 폭을 넓힌 행동문학으로 평가받고 있다. 초허는 1935년 처녀수필 〈病든 따리아〉를 발표하였으며,[2] 이후에도 지성적이며 사색적이고 위트를 겸비하고 사회비판적 안목을 장착한 수필창작을 이어나갔다.

현재까지 파악되는 초허산문은 수필(수기)류가 41편, 평론(정치)류가 65편으로 총 100여 편이다. 수필집은『世代의 揷話』(1959년),『모래위에 쓴 落書』(1965년)가 있고, 평론집은『敵과 同志』(1955년),『歷史의 背後에서』(1958년),『나는 證言한다』(1964년) 등 3권이 있다.

본고에서는 시대적 양상과 행동문학성을 지닌 것으로 평가받는 김동명 최초수필집『세대의 삽화』에 수록작품의 특징과 내용을 구체적으로 분석하고자 한다.

## II. 수필집『세대의 삽화』경개(梗槪)

『世代의 揷話』수필집은 1959년에 출판되었다. 처음 나온 것은 1959년 9월 10일 초판 발행하였으며, 같은 해 11월 30일 재판을 발행하였다. 총 281쪽, 값은 900환, 책자의 크기는 가로 18.5㎝, 세로 13㎝의 소형국판이다. 표지는 흰 학을 배경으로 하여 컬러로 인쇄되어 있으며, 종서로 편집되었다. 제본하여 책자로 만든 裝幀은 李俊이 하였으며, 표지는 상단에 한자로 '隨筆集', 그 아래로 '世代의 揷話'라는 붓글씨체로 쓰였고 '金東鳴 著'라고 되어 있다. 뒷장에는 출판사 '日新社 刊'이라 쓰였다. 이 책자는 초허가 1947년 월남한 이래 13년간 집필했던 수필을 모아서 낸 것이며 문학평론가 안수길이 서평을 썼다.

---

[1] 장정룡,「김동명 산문의 시대적 양상고찰」김동명문학관 개관기념 학술세미나, 강릉문인협회, 2013.7.3. 9~36쪽. 장정룡,「초허수필의 꽃 이미지와 그 지향성 고찰」『민족시인심연수 학술세미나논문총서2』, 심연수선양사업회, 2013, 395~418쪽. 장정룡,「김동명 수필의 월남과 피난의 표출양상」『김동명문학연구』, 창간호, 김동명학회, 2014, 27~63쪽, 이미림,「김동명 산문에 나타난 타자지향성과 디아스포라의식」『김동명문학연구』, 창간호, 김동명학회, 2014, 111~146쪽

[2] 金東鳴,《모래위에 쓴 落書》김동명문학간행회, 1965, 132쪽 "이래서 나는 드디어 〈따리아 病들다〉라는 수필을 쓰기까지에 이르게 됐는데, 이것은 '따리아'가 내 문학과 인연을 맺게 된 최초기도 하지마는, 또 내가 '수필'에 손을 대게 된 최초이기도 하다는 점에서 더욱 감개는 겹치기로 마련이다."

해방 전에는 순탄한 호흡의 세련된 서정의 시로 우리의 마음을 높여주었고 해방 후에는 자유의 투사로서의 행동과 더불어 그 행동에 따르는 힘찬 시로 우리의 마음에 힘을 보태주었던 노시인 김동명 선생의 수필집 세대의 삽화가 출간되었다. 통독하고 단적으로 느낀 건 수필처럼 저자의 인간이 고스란히 드러나 있는 문장도 없고 그 저자가 만약 시인일 때는 수필은 또한 그의 시작과의 연관에서 이해하지 않아서는 안 된다는 점이었다. 이걸 다른 말로 바꾸면 시인이 쓴 수필이란 그 시인이 쓸 수 있는 순수한 의미의 유일한 산문이라는 것이다. 그리고 『세대의 삽화』는 이런 의미에서 문학적인 높은 평가의 대상이 될 것이다. 그걸 구체적으로 얘기해보자. 수록 4부중 〈자화상〉의 수편은 시 〈파초〉와 통하는 순수수필의 세계에서 예술적인 향기와 격조가 높은 것이요, 〈암흑의 장〉과 〈월남기〉는 시인이요 지식인인 저자의 자유에의 생생한 투쟁의 기록이어서 그것은 또한 행동문학의 면모를 띠고 있다고 볼 수 있다. 『세대의 삽화』는 정론집 『적과 동지』와 상통하는 세계이면서 그것이 문학적인 표현으로 함축성을 띠고 있다는 점에서 가치를 주장할 것이 아닌가? 어떻든 수필집 『세대의 삽화』는 고답(高踏)한 데만 머무는 것이 아니라 행동과 사회비판의 요소까지 폭을 넓히고 있다는 점에서 이채(異彩)라고 하지 않을 수 없다.3)

 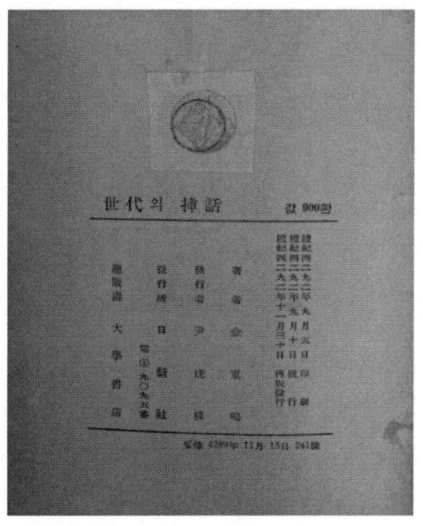

---

3) 「동아일보」 1959년 11월 12일자 '圖書室' 安壽吉 글, 원문 한자는 필자가 한글로 바꾸고 일부 한자는 괄호 안에 넣었다.

위의 글에서 김동명 수필에는 그의 인간적 면모가 잘 드러나고 있다했는데, 순수수필, 행동문학, 사회비판의 요소들을 포함한 것이 이채롭다고 하였다. 또한 수필집은 정치평론집과 상통하는 세계를 보이면서도 그것의 문학적 표현으로 함축성을 띠고 있다는 점에서 가치를 주장할 수 있다는 안수길의 평가가 있다.

또한 수필 〈자화상〉은 시 파초에 통하는 순수수필의 세계에서 예술적 향기와 격조가 높고, 〈월남기〉는 자유의 생생한 투쟁사라고 하였다. 중년기가 되어 초허의 생각과 취미가 산문화로 기울어졌음을 고백했듯이, 자세하게, 강하게, 서술적이며, 서정적이며, 설명적이고, 개성이 뚜렷한 작가의지를 보여주기 위해서 수필장르에 뛰어들었던 것으로 추정된다.

특히 해방이후 자유에의 투쟁을 기록하고 글을 통해 사회참여적 적극성을 표출하려는 욕구가 강했던 것으로 생각된다. 1959년 8월 최초 수필집 『世代의 揷話』후기에는 자신이 수필집을 낸 이유에 대하여 설명하였다.

> 내가 문학에 관여하기 시작한 것은 1920년대 -좀 더 엄밀하게 말한다면, 1923년 무렵부터의 일이었으나, 해방 전까지만 해도 나는 시 이외의 문장에는 통히 손을 대지 않았다. 그것은 내가 이 책에 걷우어 본 수필 가운데서, 해방 전의 것으로서는 겨우 한 편의 소품에 들어 있는 정도인 것만으로도 알 일이다. 솔직히 말해서, 나는 오랫동안 실로 시 이외의 어떠한 문장에도 내 정열을 기우리기를 원치 않았든 것이다. 그러기에 여기에 몰아 놓은 수필, 혹은 잡문들은 해방이후에 쓰여진 것들일 밖에 없는데, 그것도 해방 후 이북에 있을 때에는 겨우 한두 편(어머니와 국추기가 그것이다)을 노우트에 끄적여 보았을 뿐, 그 남어지는 모두 이남에 나와서 쓴 것들이다. 아마 신문사나 잡지사에 가까운 거리에서 살게 되었다는 것이, 내가 수필류에 손을 대게 된 직접 인연의 하나일지 모르나, 또 한편으로는 얼굴에 주름살이 늘어갈수록, 생각과 취미가 다소 산문화에 간다는 사실도 부인해낼 도리는 없을 듯하다. 그리고 보니 시는 젊은이가 쓰는 것이오, 산문은 늙은이가 쓰기로 마련이라는 이야기도, 노상 허튼 수작같지는 않다.…산문을 말하는 경우에 시에의 향수를 고백하는 것은, 내 경우에는 어쩔 수 없는 일임을 어찌하랴. 하여튼 여기에 몰아 놓은, 스스로 수필이기를 바라고 싶은 잡문들이 비록 변변치는 못하나마, 그래도 내게 있어서는 이남생활 열 세 해 동안에 걷우어진 내 문학적 수확의 한 부분이었다는 점에서,

나는 이 글들이 한 권의 책으로 엮어지는 기쁨을 주체스러워할 이유는 없다.4)

1923년부터 시 창작을 시작한 초허는 1937년 〈소는 不幸하다〉라는 처녀 수필을 썼다. 해방이후 북쪽에 체류하던 때인 1946년 당시 유명한〈어머니〉와 〈掬雛記〉두 편을 썼다.

이들 작품이 수록된 수필집 『세대의 삽화』(1959)에는 네 부분으로 나누어 수필이 들어 있다. 「자화상」에 18편, 「세대의 삽화」에 6편,5) 「암흑의 장」1편, 「월남기」1편 등 총 26편을 수록하고 마지막에 후기를 게재했다.

   (1) 自畵像(18편):어머니, 掬雛記, 소는 不幸하다. 轉換180度, 東大門과 醉客, 自畵像, 高血壓, 庭園, 四月은 이스터의 季節, 花壇, 安養遊記, 觀釣記, 「芭蕉」解題, 「술노래」解題, 「眞珠灣」後記, 愛煙誌, 三樂論, 나의 文學修業時代 回想記

   (2) 世代의 揷話(6편):世代의 揷話, 指導者, 소매치기, 우울한 이야기, 잃어진 젊음, 세상에서 으뜸가는 幸福

   (3) 暗黑의 章(1편):暗黑의 章

   (4) 越南記(1편):네 갈래의 길, 모란꽃 방울질 무렵, 떠나가는 사람들, 조그마한 冒險, 서글픈 行列, 山길은 멀다, 또 만난 사람들, 三八線은 가까웠다, 旅人宿과 허리가 긴 사나이, 馬脚은 들어나다, 오줌 구유 곁에서, 淸流恨, 死線을 넘어서, 自由에로 가는 길

   [후기]

---

4) 金東鳴, 『世代의 揷話』 後記, 日新社, 1959, 278~279쪽(원문 한자는 한글로 바꿈, 맞춤법은 그대로 두었음)
5) 고전수필의 분류에 따르면, 批評, 序跋, 奏議, 書簡, 紀行, 日記, 傳狀, 碑誌, 雜記, 箴銘, 頌讚, 哀祭, 辭賦 등13종으로 나누었듯이 '序跋'도 넣고 있다. 굳이 현대수필에서 발문에 속하는 '後記'를 수필의 범주에 넣고자 하는 뜻은 서문이나 발문의 "글속에서 지은이의 사상과 정서, 취미 등 생생한 모습을 엿볼 수가 있는 수필"이기 때문이다. 그런 점에서 김동명이 쓴 『세대의 삽화』 후기도 수필의 범주에서 다룰 수 있어야 할 것으로 본다. 崔康賢, 『韓國古典隨筆講讀』고려원, 1983, 21쪽을 참조바람.

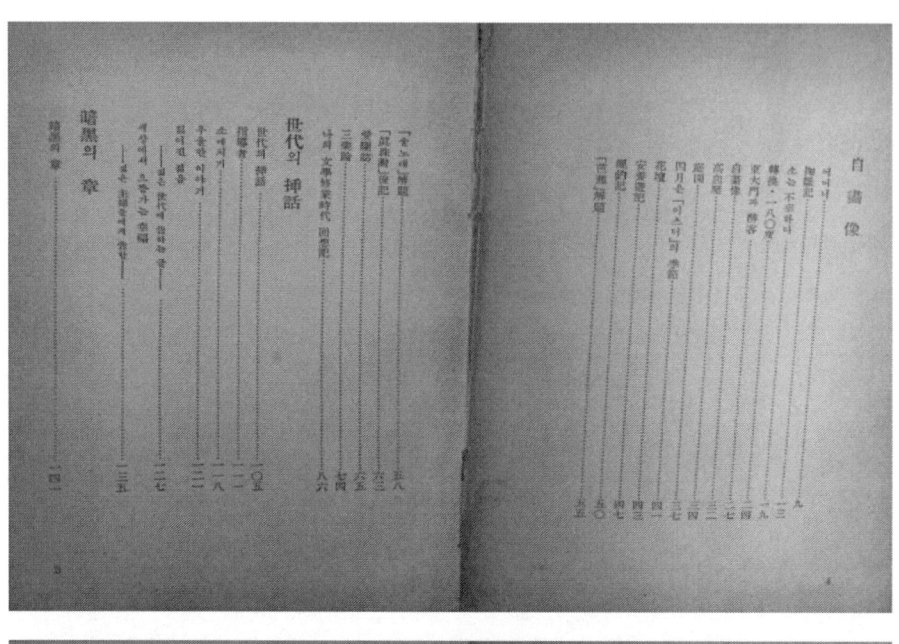

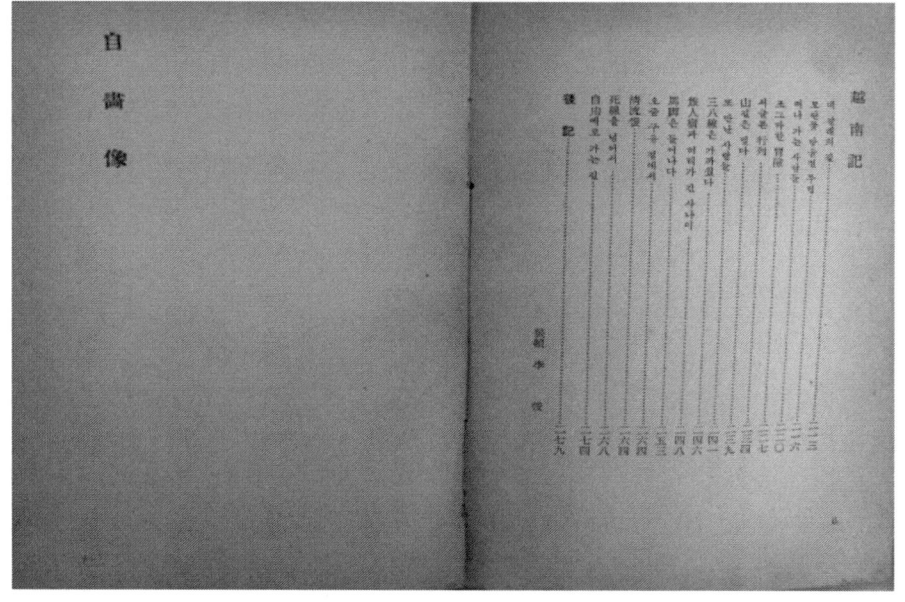

　이 수필집의 제목은 두 번째 수필 묶음인 「世代의 揷話」이다. 첫 번째 묶음은 제목이 「自畵像」인데 이것을 첫 수필집의 제목으로 정하지 않은 이유가 사실 궁금하다. 다음 수필은 「暗黑의 章」으로 단 한편의 제목으로만 되어 있는데 부제로 -나는 이북서 이렇게 지냈다- 이

다. 즉 북한에서의 생활을 한편으로 독립적으로 설정한 이유도 또한 궁금하다. 1948년 쓴 「暗黑의 章」에는 17개의 소제목이 들어 있다.

「월남기」는 자유를 찾아 사선을 넘은 의지의 표출로 1959년 『自由文學』에 총 5회 연재되었다.6) 이후 그의 최초 수필집인 『世代의 揷話』(1959년)에도 수록되고 문집에도 포함되었다.7)「越南記」는 『모래위에 쓴 落書』의 목차에 〈自由를 찾아서 -내가 越南하던 이야기〉라 하였다.8)

이 「월남기」는 자전적 소설로도 평가받는데, 초허가 1947년부터 약 13년간 쓴 수필을 모은 것이 『세대의 삽화』이다. 초허산문은 크게 수필류, 일기류, 수기류, 평론류로 나뉘며, 주제상 전쟁과 피난의 체험사, 정치적 혼란의 기록사, 수필문학의 새 양식사, 시대와 감성의 표출사로 분류된다.9) 특히 김동명 여러 수필작품의 특징에서 두드러진 것은 삽입시 형태가 많다는 점이다.

초허의 월남과정에서 특기할 것은 『진주만(眞珠灣)』원고의 수장 사건이다. 이 시집은 1945년 8월 15일부터 1947년 봄까지 북향서호에서 썼던 것으로 삼팔선을 넘을 때에는 원고가 물에 빠져 수장(水葬)되었으나 간신히 건져냈다고 한다. 또한 6.25사변 통에는 불에 소실되는 위기를 넘어서 출판된 것으로 보면, 피난과 전쟁과정에서 수재(水災)와 화재(火災)를 겪은 기구한 운명의 시집이라고 하겠다.10)

『세대의 삽화』에 실린 『진주만』 시집의 후기를 실었는데, 작고한 아내가 이 시집을 위해 애쓴 것을 기린 것이다.11)〈越南記〉는 1959년 6월부터 『자유문학』에 5회 연재되었다.12)

---

6) 김동명은 「越南記」를 『自由文學』 1959년 6월호(一)부터 시작하여 7월호, 8월호, 9월호, 10월호(完) 까지 네 차례가 총 다섯 차례를 나누어 수록하였다.
7) 金東鳴,「越南記」『世代의 揷話』日新社, 1959, 212~277쪽
  金東鳴,「越南記」『모래위에 쓴 落書』新雅社, 1965, 267~325쪽
8) 『모래위에 쓴 落書』의 목차에는 〈自由를 찾아서 -내가 越南하던 이야기〉라고 기록하였고, 본문 265쪽에는 「自由를 찾아서」라는 제목을 붙였고, 267쪽에는 「越南記」라 표기하였다. 1959년 『自由文學』에는 「越南記」라 처음 사용하였다.
9) 장정룡,「김동명 산문의 시대적 양상고찰」 김동명문학관 개관기념학술세미나자료집, 강릉문인협회, 2013, 23~83쪽
10) 金東鳴,「眞珠灣」梨花女子大學校出版部, 1954, 後記, 149쪽
11) 金東鳴,〈眞珠灣 後記〉『世代의 揷話』日新社, 1959, 64쪽 "著者附記-나는 애초 이 글을 이 冊에 넣을 궁리는 없었다. 그런데 이 冊 原稿가 印刷所로 넘어가 組版이 진행되는 도중에, 내 아내는 문득 저 세상으로 가고 말았다. 내가 이 아모럴 것도 없는 글일망정, 굳이 여기에 넣어두고 싶어진 心情은, 아마 讀者 여러분도 理解하시리라."
12) 〈越南記〉는 『自由文學』 1959년 6월호(一)부터 시작하여 7월호, 8월호, 9월호, 10월호(完) 까지 네 차례가 총

초허는 조선민주당 함남도당위원장으로 활동하였으나,13) 결국 김일성 일당과 쏘련사령부에 의해서 숙청되었다. 그는 건곤일척(乾坤一擲)으로 삼팔선을 넘은 「월남기 -자유를 찾아서」 「暗黑에의 序說 -내가 이북서 겪은 이야기」등을 썼다.

초허의 〈越南記〉5편은 『自由文學』 1959년 6월호~10월호에 실렸는데, 1959년 9월에 간행된 수필집 『世代의 揷話』에도 실렸으며, 『자유문학』에는 5회로 나누어 게재했다. 「越南記」 6월호에서 독자에게 12년 전의 일을 회상하며 글을 썼다.

> 내 월남기를 읽어주시는 독자에게 나는 먼저 다음과 같은 사실을 일러드리기로 한다. 즉 내가 월남하기 전, 북한에 있은 때에는, 46년 7월부터 조선민주당과 관계를 맺게 되어, 미구에 도당위원장 노릇을 하게 되었는데, 이때부터(반드시 이때부터만도 아니지마는) 내 언동이 적도들에게는 노상 못 마땅했을 뿐 더러, 불과 기개월간에 십만에 가까운 당원을 포섭하기에 성공하자, 김일성 일당과 쏘련사령부 사이에서는 중대한 정치 문제라하여 쑥덕공론을 거듭한 끝에 46년 12월 하순 최용건을 함흥에 보내어, 이른바 '숙청'이라는 명목으로 내게 출당을 통고하게 되었더라는 사실이다. 하찮은 이야기꺼리 같기도 한, 기실인즉 이것은 당시 북한에서의 전반적이고도 성격적인 조민당운동의 '반동성'에 대한 탄압의 발화점을 이루었더라는 사실에서, 정치사적으로는 적지 않은 일 사건이기도 했던 것이다. 이제 그 자세한 소식을 여기서 전하는 겨를은 못 가지거니와, 어쨌든 일이 이쯤되고 보니, 놈들은 내가 남쪽으로 다라날 것은 결정적 사실이라 하여 경계망을 펴고 감시가 심했음은 물론인데, 나는 또 나대로 짐짓 일체의 외출을 피하고 -마치 근신이나 하는 것처럼- 몇 달이고 방구석에 들어박힌 채, 시를 쓰면서 탈출할 기회를 엿보았던 것이다. 이러기를 무릇 4개월만인 이듬해 4월에

---

다섯 차례가 실렸다. 차례에는 '創作'으로 분류하고 소설 다음으로 양주동의 '續 文酒半生記'와 함께 김동명 〈越南記〉 두 편만 따로 칸을 지어 묶었다.

13) 김동명이 함경남도 도당위원장으로 관여했던, 조선민주당은 광복 후 평안남도건국준비위원회와 평안남도인민정치위원회의 위원장을 맡아 신망이 높던 조만식(曺晩植)이 북한지역의 대표들과 함께 1945년 11월 3일 38이북의 각도 대표 5명씩이 평양에서 결성한 정당이다. 조선민주당은 조만식을 당수로 선출하였으며, 부당수에 이윤영(李允榮)·최용건(崔鏞健), 정치부장에 김책(金策)을 뽑았다. 이 밖에도 33명의 상무집행위원과 105명의 중앙집행위원, 그리고 8명의 감찰위원 등 중앙간부를 선출하였는데, 간부 중 최용건·김책 등은 김일성(金日成)이 정치적인 복선을 가지고 잠입시킨 것으로 알려지고 있다. 월남한 이들이 서북청년회라는 이름으로 반공투쟁을 하였다. 조선민주당은 월남동포의 생활안정과 이익표출을 위한 정당적인 차원의 움직임도 한국정당사에서 종식되었지만, 월남동포라는 특수집단의 이익을 집약, 표출하려고 하였다는 데 의의가 있었다.

이르러서야, 겨우 감시의 눈초리가 약간 무디어지는 듯한 틈을 타서, 나로서는 가위 건곤일척의 대모험인 삼팔선 돌파작전을 결행하기에 이르렀든 것이니, 도리켜 보면 이미 열 두해 전 옛 일이었만, 아직도 내 기억에는 어제 일 같이 생생하다.14)


## III. 수필집 『세대의 삽화』 내용소개

### 1. 自畵像(18편)

1) 어머니:'타박타박 타박女야! 너 어디로 울며 가니?'로 시작한다. 어머니의 무릎을 베고, 코쿨 앞에서 들은 옛날이야기 중 가장 슬픈 것이 타박녀 이야기다. 어머니는 '강능군수가 되어주렴'이라며 금의환향을 바랐다. 어머니의 냉엄한 비평정신과 대언장담을 슬픈 유산이라 하였다. 타박녀의 상실과 극복의 내면구조가 표출된15) 1946년 작품이다.16)

2) 掬雛記:국추는 '병아리를 움켜잡다'는 뜻이다. 어려서 살던 외가 갈미봉 꼭대기에서는 '生金'이 나는데 그것을 붙잡으면 부자가 된다는 외할머니의 말씀을 듣고 컸다. 여덟 살 때 외가 서당의 시회에서 장원을 차지했다. 운명의 신이 후년을 풍자하기 위해서 장원으로 농락했다고 자탄했다. 1946년 작품이다.

3) 소는 不幸하다:이른 새벽 소달구지 소리가 나는데 함흥장으로 도루메기를 팔러나가는 것이다. 이처럼 새벽부터 일하는 소는 불행하다고 했다. '아아 불행한 짐승이여! 네 이름은 소니라'라고 하였다. 소에 대한 연민의 정을 그린 수필로 1937년 작품이다.

4) 轉換180度:여 교원이던 아내가 결혼 전에 깔깔하고 쌀쌀했는데 결혼 후 180도로 전환

---

14) 金東鳴, 「越南記」(一) 『自由文學』 六月號, 第四卷 第六號, 韓國自由文學者協會, 1959, 54쪽
15) 장정룡, 「타박네 민요의 상실과 극복의 내면구조」 동계 성병희 박사화갑논총, 1990,9 참조
16) 유희자, 「김동명 시의 모성적 상상력 연구」 강릉원주대 교육대학원 석사논문, 2015, 8쪽 "김동명에게 모성은 어린 시절 어머니로부터 들었던 '타박네'의 이야기와 관련된다고 단정지을 수 있다. '타박네'는 어머니와의 각별한 관계를 형성하던 자아가 어머니를 잃고 슬픔과 한을 지니게 된 이야기를 담고 있다.…오래전부터 강릉민요로 구전되어 왔기 때문에 김동명의 어린 시절에도 '타박네 이야기'와 함께 불려 졌을 것이라고 추측할 수 있다. 세상에 '타박네'와 '어머니'뿐이었던 '타박네' 이야기에 독자인 김동명 자신과 오직 전부인 어머니의 삶을 동일시한 것으로 볼 수 있다. 작가는 유년에 어머니에게 무수한 이야기를 들으며 자랐지만 유독 어머니를 잃은 슬픔에 정처 없이 떠돌아다니는 '타박네'의 이야기를 잊지 못한다. 작가 스스로도 타박네의 뒷모습을 '내 눈물의 고향'이라고 하였다. 어릴 적 들었던 한 토막의 이야기는 한 인간의 정서뿐만 아니라 성장과 정신까지 지배하기도 한다."

되어 싹싹하고 고분고분해졌다. 결혼전후의 바뀐 모습을 '있드랍니다'라는 재미있는 문체로 쓴 글로서 1948년 작품이다.

5) 東大門과 醉客:1인칭으로 '저'를 사용했다. 전차에서 내린 취객 '저'는 동대문에서 동대문을 찾고 겨우 신촌역을 찾고 202호에 도착하여 문벗기기를 명령한다. 술취한 '저'를 해학적으로 표현한 1948년 작품이다.

6) 自畵像:문학청년을 청산 못한 채 어느덧 노시인 김동명으로 불리는 자신을 그렸다. 늙음을 거룩한 일, 아름다운 일이라 생각하며 잠시에서 영원으로의 귀의지만, 진정 늙기가 억울하다며 초초한 마음으로 쓴 1955년 작품이다.

7) 高血壓:11월 25일 시내에서 의식을 잃고 쓰려졌다. 이유는 고혈압이라는 진단을 받았다. 의사는 흥분하지 말 것, 사고를 최대한으로 절약할 것 등을 권유하였다. 냉전의 장기화를 실천해야 하는 자신이 분단한국의 현실 앞에 어쩔 수 없다하였다. 고혈압과 국내정세와 비유한 내용이다. 작품창작연도가 없다.

8) 庭園:초허는 보통이상으로 정원을 좋아한다. 정원이 없는 집을 경멸하였다. 좋은 정원은 휴식을 주고, 정신을 맑게, 생활을 풍부케 하니 어머니같이 고마운 것이라 했다. 시집 진주만의 〈庭園記〉가 월남할 때 전별시다. 보모처럼 정원을 가꾸는 마음을 썼다. 1958년 작품이다.

9) 四月은 이스터의 季節:라일락, 앵두, 진달래, 월계, 작약, 넌추리, 옥매화, 백합화, 수국, 옥잠화가 부활초라는 이름처럼 4월에 정원에서 피어났다. 뜨락과 인생을 위하여 부활의 달인 4월에 감사하는 내용이다. 1958년 작품이다.

10) 花壇:그리던 화단을 10년 만에 갖는 기쁨을 글로 쓴 것이다. 화단에 꽃만 피면 일 년 열두 달 혼자 있어도 외롭지 않을 것 같다고 하였다. 1947년 겨울에 이사 온 집 화단에 핀 꽃의 흙을 씻어주면서 "우리 아가씨들을 미역 감긴다고 하였다." 1955년 작품이다.

11) 安養遊記:관악산 쪽으로 물줄기를 거슬러 올라가다 폭포를 발견하고 천막을 치고 폭포수에 몸을 담근다. 물은 창자 속으로, 뼛속으로 스며들어 한 여름묵은 더위와 묵은 때가 다 씻기는 듯하다. 안양 냇가에 놀러 다녀온 감정을 쓴 수필로 1950년 작품이다.

12) 觀釣記:1958년 5월 17일 이대 문리대 교직원들이 삼각산 쪽으로 놀러갔다. 당시 초허는 국문과 교수로 재직 중이었는데, 동행한 U교수가 낚시질하여 잡은 고기가 모두 죽은

모습을 보고 비극적인 감상을 표현한 글이다. 1958년 작품이다.

13) 「芭蕉」解題:'조국을 언제 떠났노'로 시작하는 시작품 파초에 대한 해제다. 1934년 또는 1935년 무렵 한 분의 파초를 발견하고 '그녀'에 대한 오랜 연정을 표현한 시다. 파초처럼 초허 자신이 조국을 잃은 사나이, 외롭고 쓸쓸한 동병상련의 처지를 읊은 1958년 작품이다.17)

14) 「술노래」解題:누가 대표작 한편을 들라면, 이 '술노래'를 내놓을지도 모른다고 할 정도로 전체 5연에 대한 초허의 해제다. 이 시는 태평양전쟁 다음해인 1942년 봄 '술노래'를 창작한 것으로 그는 이 작품과 '狂人'을 최후로 1945년 해방이 오기까지 4년간 절필하였다. 1958년에 쓴 수필작품이다.

15) 「眞珠灣」後記:1945년 8월 15일 이후부터 1947년 봄까지 월남하기까지 북향 서호에서 쓴 시집이『진주만』이다. 38선을 넘을 때는 水葬, 6.25사변에는 燒失될 위기에 살아났다. 시집『삼팔선』『하늘』처럼 이 시집도 아내의 정성으로 세상에 나온 것을 밝혔다. 1954년 작품으로『세대의 삽화』에 넣은 것은 책자 조판 도중에 초허 아내가 세상을 떠났기에 추모의 뜻으로 편집한 것이다.

16) 愛煙誌:식전과 식후일미로서 愛煙黨의 주장이다. 차도를 횡단의 위험에 대한 특전과 댓가로 담배를 문다. 신사로서의 품위를 유지하는 공덕, 단장을 집고 紫煙行脚을 순례를 마치고 오는 길, 담배는 인생 피로에 仙藥이고, 철학, 종교, 예술이 있다 했다. 흡연을 하늘이 주신 은혜라고 한 담배예찬이다. 1949년 작품이다.

17) 三樂論:'여인과 술과 바둑과'라는 부제가 달린 수필이다. 삼락신설 주장에서 '여인'은 한송이 꽃이며, 한줄기 샘이라 하였고, 술은 신이 인간에 보내준 진귀한 선물로 도덕적이고 종교적, 철학적이라 했으며, 바둑은 오락문화의 최고봉이라 했다. 1959년 작품이다.

18) 나의 文學修業時代 回想記:총 6장으로 구성된 1950년 작품이다. 친구 현인규에게 보오드레르의『악의 꽃』을 빌려 읽고 감격하여 즉석에서〈당신이 만일 門을 열어주시면〉이라는 헌시를 지었는데 그 다음해(1923) 개벽지에 발표된 처녀작품 중 제1편이었다. "동해바닷가

---

17) 1985년 11월 3일 초허 선생의 고향입구 미로면 산 61번지에는 전국토공원화 운동의 일환에 따라 4백평 규모로 김동명 시비공원이 조성되었으며, 파초의 피어나지 않은 잎새 모양을 딴 김동명 시비가 세워졌다. 시비의 규모로 본다면 크기가 무려 1,055cm로서 여타 시비의 추종을 불허할 만큼 거석으로 이루어졌으며, 중앙에는 초허 선생의 초상화 그리고 입구 좌우에는〈파초〉와〈내마음〉시가 새겨져 있다.

어느 한적한 곳을 찾아가서 마음껏 문학공부해 보고 싶었다."고 고백했듯이 그곳은 고향 강릉이었다. 1925년 3월 동경으로 떠난 일정까지 회상하였다.

## 2. 世代의 揷話(6편)

1) 世代의 揷話:시인과 법의 대화체로 쓴 수필이다. 이 작품은 1955년 9월 1일 동아일보 4면에 '詩人과 法의 對話'라는 부제로 실렸다. 작품 출처는 '서울風物志에서'다. 시인은 초허 자신이고 당시 법에 대한 소감을 피력한 것으로 법이 "우리 建國의 새순이 배추벌레에게 파먹히우는 배추 잎처럼 금시로 움퍽움퍽자리가 나게 파 먹히는 꼴을 본 일은 없나"라고 하자 시인은 "있지"라고 하였다. 1952년 작품이다.

2) 指導者:시인과 신의 대화, 천사와의 대화를 통해서 당시 지도자에 대한 비판적 시각을 보여준 대화체 작품이다. 낮잠을 잔 꿈의 상황으로 가탁(假託)하여 당시 '뻔뻔한 거짓말쟁이'인 지도자, '戀愛와 戰爭에 오금을 못 쓰는 怪狀한 人種들이 사는' 세태를 노골적으로 풍자했다. 여기에 나온 '시인'의 초허의 형상화된 인물이다.[18] 1952년 작품으로 상기 〈세대의 삽화〉와 같은 형식이다.

3) 소매치기:피난민의 호주머니나 시굴양반의 보따리를 훔치는 서울의 소매치기를 풍자한 작품이다. 훌륭한 기술진인 소매치기를 해외로 진출시켜 외화획득에 도움이 되게 하자는 농담을 한다. 초허가 서너 번 소매치기를 당하자 남을 의심하게 되면서 人權과 自由에 대하여 생각한 글이다. 1955년 작품이다.

4) 우울한 이야기:생활이 어려운 서민들의 고충을 표출한 것으로, 월남한 사람들의 우울한 모습들, 시중 경기가 어려운 빈궁의 시대상이다. 거액의 외국원조를 받는 나라의 현실을 토로한 1958년 작품이다

5) 잃어진 젊음:부제로 '젊은 세대에 고하는 글'이라 하였다. 노쇠해 가는 대한민국을 걱정하며, 높고 아름다운 꿈은 젊음의 특권, 자랑, 영광, 명예라고 하였다. 저속한 현실주의,

---

18) 장정룡, 「김동명 산문의 시대적 양상고찰」 김동명문학관개관기념 학술세미나, 강릉시·강릉문인협회, 2013.7.3. 28쪽 "시인·신·천사친구의 대화를 기술한 〈지도자〉는 시인(자신)이 중심되어 무생물인 법이나 이계의 천사, 가까운 친구 등 여러 객체간의 대화수필체를 활용하여 시대를 풍자하고 지도층의 허식을 지적한 매우 특이한 산문형식이라 할 수 있다."

천박한 향락주의, 비굴한 타협주의, 영합주의를 배격하고 젊은이들의 예절 없음을 질타했다. 그러나 조국을 구하는 길은 오직 젊음뿐이라고 강조하였다. 1958년 작품이다.

6) 세상에서 으뜸가는 幸福:부제로 '젊은 주부들에게 고함'이라 하였다. 세상에서 가장 행복한 사람은 아름답고 즐거운 가정을 가진 사람이라고 했다. 주부들에게 온유와 정숙, 위의를 갖추고 성실과 인내로 소임을 다기를 강조하였다. 인류의 재산 가운데 '가정'이 가장 귀하다고 하였다. 1959년 작품이다.

### 3. 暗黑의 章(1편):暗黑의 章

1948년에 창작한 이 글은 부제가 '나는 이북서 이렇게 지냈다'이다.[19] 자유세계 편집자의 청에 의해서 북한이야기를 쓴 것이라 하였다. 글의 머리에 쓴 〈述懷〉라는 시작품에는 "대낮에 밤을 건넌다. 마음은 한밤중의 해바라긴 양, 한낮에 해를 그리워라"고 표현하고, "북한에서 지낼 때 심정의 약도이며 오늘의 내마음"이라고도 하였다.

이 작품에는 〈恩讐의 彼岸〉〈物資는 이렇게〉〈다시 敎壇으로〉〈馬脚은 드러나다〉〈南北協商論이 意味하는 것〉〈쌀을 달라!〉〈푸른 하늘에의 思慕〉〈土地革命은 이렇게〉〈붉은 軍隊의 膳物〉〈가자 떠나야 한다!〉〈朝鮮民主黨과 나〉〈빈 도시락을 끼고 찾아오는 친구들〉〈道黨委員長 時代〉〈平壤으로 가다〉〈選擧神話〉〈올 것은 드디어 오고야 말았다〉〈나는 또 詩를 쓰고 있다〉 등 17가지 소제목으로 나누어 기술하였다.

"이상에서 한 이야기는 내가 解放 後에 北韓서 보고 듣고 그리고 겪은 이야기의 大綱이거니와, 이제 이야기를 더 계속하자면 그것은 필경 虎口를 벗어나 南으로 도망해 오던 이야길 밖에 없는데, 이것은 뒷날 다시 기회를 마련해 보기로 하고, 우선 이 정도에서 그쳐두기로 한다."고 마무리를 하였다.

수록된 시의 제목은 〈避難民〉〈輸送機 날으는 港市의 風景〉〈異邦〉〈詩集 芭蕉에서〉〈1946년을 보내는 노래〉〈獄中記2〉〈南行車에서 나린 女人〉〈北方消息〉〈垂楊〉〈北韓消息〉〈汽〉〈山驛〉〈밤〉〈洟江賦〉〈가난은 옛 벗이라〉〈三八線〉등 16편이다. 마지막에 넣은 〈삼팔선〉의 일부를 보면 "死線, 오호, 不死鳥도 울고 넘는 怨恨의 아리랑 고개, 구즌 비 휘 뿌리는 침침 漆夜 아니래

---

19) 金東鳴, 〈暗黑의 章〉『世代의 揷話』日新社, 1959, 141~209쪽

도 '으히, 으히히히…' 鬼哭聲이 처량쿠나. 굶어 죽은 넋, 銃 맞아 죽은 넋, 짓밟혀 죽은 넋…, 온갖 억울한 넋들이 '三八線'이 여기드냐' 더위 잡고 '으히, 으히히히…' 아아, 民族曠前의 受難일다. 歷史의 惡戱, 運命의 嘲弄이 어찌 이대도록 심하뇨?"라 하였다.

### 4. 越南記

초허의「월남기」수필작품은 14개의 소제목을 설정하였다. 자유를 찾아 사선을 넘은 의지의 표출로 1959년『自由文學』에 총 5회 연재되었다.20) 이후『世代의 揷話』(1959년)와 문집에도 포함되었다.21)「越南記」는『모래위에 쓴 落書』의 목차에 〈自由를 찾아서 -내가 越南하던 이야기〉라 하였고,22) 본문 265쪽에는「自由를 찾아서」라 하고, 267쪽에는「越南記」라고 달리 표기하였다.

14개의 소제목은〈네 갈래의 길〉〈모란꽃 방울질 무렵〉〈떠나가는 사람들〉〈조그마한 冒險〉〈서글픈 行列〉〈山길은 멀다〉〈또 만난 사람들〉〈三八線은 가까웠다〉〈旅人宿과 허리가 긴 사나이〉〈馬脚은 들어나다〉〈오줌 구유 곁에서〉〈淸流恨〉〈死線을 넘어서〉〈自由에로 가는 길〉등이다.

이 작품은 〈암흑의 장〉과 달리 단 한편의 삽입시가 들어가 있지 않다. 내용상 '길' '행렬' '산길' '死線'과 같이 월남행로와 관련된 내용이 중심이다. 마지막 구절에 "이래서 이 날, 즉 1947년 4월 20일부터, 서울特別市에는 解放名物의 하나인 越南避難民이 한 사람 더 불었더란다."라고 하여 실제적 상황임을 밝혔다.

따라서 이 작품은 장르상 수기(手記)라고도 하고, 다른 시각에서 1인칭 창작소설로 평가하였다. 초허가 월남과정에서 실제로 경험한 내용들을 기술하였고, 시간의 순차적 질서에 따른 사건전개를 기록한 것으로 기행수필의 성격이 강조된다. 이 작품이 수록된『세대의 삽화』를 표지에 '수필집'이라고 명명하였고, 초허가 직접 쓴〈후기〉에서도 여기에 묶은 작품을 '수필'

---

20) 김동명은「越南記」를『自由文學』1959년 6월호(一)부터 시작하여 7월호, 8월호, 9월호, 10월호(完) 까지 네 차례가 총 다섯 차례를 나누어 수록하였다.
21) 金東鳴,「越南記」『世代의 揷話』日新社, 1959, 212~277쪽
　　金東鳴,「越南記」『모래위에 쓴 落書』新雅社, 1965, 267~325쪽
22) 『모래위에 쓴 落書』의 목차에는 〈自由를 찾아서 -내가 越南하던 이야기〉라고 기록하였고, 본문 265쪽에는「自由를 찾아서」라는 제목을 붙였고, 267쪽에는「越南記」라 표기하였다. 1959년『自由文學』에는「越南記」라 처음 사용하였다.

이라고 강조하였다.

"新聞社나 雜誌社와 가까운 거리에서 살게 되었다는 것이 내가 隨筆類에 손을 대게 된 직접 原因의 하나인지 모르나, 또 한편으로 얼굴에 주름살이 불어갈수록, 생각과 興味가 多少 散文化해간다는 事實도 否認해낼 道理는 없을 듯하다.…스스로 隨筆이기를 바라고 싶은 雜文들이 변변치는 못하나마, 그래도 내게 있어서는 以南生活 열 세 해 동안에 걷우어진 내 文學的 收穫의 한 部分"이라고 기술했다.

## Ⅳ. 수필집 「세대의 삽화」 특징 분석

### 1. 최초의 초허수필문학집

초허는 평생 100여 편의 수필을 남겼다. 그는 자신의 수필집을 '제7의 시집'이라고 말할 정도로 문학성을 강조하였다. 『세대의 삽화』는 최초라는 수식어를 갖고 있으며 동시에 초허의 문학적 역량을 보여준 작품집이다. 이 책자에는 26편이 수록되어 있으며 13년간의 역정(歷程)이 고스란히 노정되었다. 초허 김동명 문학에서 수필문학이 지닌 중요성을 다시 강조할 수 있는 작품집이다. 또한 그의 인간적 면모가 노출되고, 사회비판적 태도와 순수한 문학적 의미를 지닌 유일한 산문의 양식이다.

따라서 문학적인 측면에서도 높은 평가의 대상이 될 것이고 초허문학에서 산문문학의 장르를 획정한 가치를 지닌다. 이른바 초허산문을 획정할 수필집은 『世代의 揷話』(1959년), 『모래위에 쓴 落書』(1965년)가 있고, 평론집은 『敵과 同志』(1955년), 『歷史의 背後에서』(1958년), 『나는 證言한다』(1964년) 등 3권이 있다.

### 2. 시대상황의 체험적 기록

이 수필집은 저자가 몸으로 직접 겪은 체험의 세계를 자유로운 문체와 사상, 기법으로 표출하였다. 특히 남북분단의 한반도 현실, 월남기, 피난기 등 분단과 전쟁의 시대를 살아온 작가의 생애사적, 역사적 체험이 내포되었다는 점에서 기록문학적 의미가 크다고 말할 수 있다.

"金東鳴의 詩와 現實은 결코 藝術과 乖離된 二重構造가 아니라, 그가 노래한 詩의 永遠한 것도 祖國이었고, 現實에서 敎育者로 政治家로 論客으로 살아간 生涯도 祖國에의 꿈을 實現하고자한 몸부림이었던 만큼, 그의 詩와 現實이란 民族에 대한 念願으로 집약되는 體와 用의 結合인 것이다."23)라고 한 평가를 눈여겨 볼 필요가 있다.

## 3. 회고감성의 정서적 표백

수필은 '수의수필(隨意隨筆)'에서 따온 말이다. 그렇듯이 자신의 감정을 붓에 따라 자유로운 감정으로 격식에 좌우되지 않고 다양한 소재로 느낌이나 체험을 쓴 글이다. 그런 점에서 본다면, 초허수필로 명명한 이 책자는 그가 느낀 회고적 정서와 다채로운 시인적 감성을 용해시켜 표백한 글이라고 할 수 있다.

초허 산문을 에세이(Essey)적인 것(예:삼락론, 소매치기, 잃어버린 젊음, 애연지, 화단 등), 미셀러니(Miscellany)적인 것(예:어머니, 국추기, 전환180도, 동대문과 취객, 고혈압 등), 일기류적인 것(우울한 이야기), 시 해설을 곁들인 6.25피난수기류인 것(어둠의 비탈길, 암흑에의 서설) 등으로 분류한 것에서24) 파악되듯이 피난수기도 있고 일기류적인 것도 있으며, 순수수필적인 글이나 사회적인 글도 있다.

## V. 맺음말

〈病든 따리아〉라는 첫 수필을 1935년 『조광』창간호에 발표한 초허 김동명은 총 26편을 편집하여 최초의 수필집 『世代의 揷話』를 펴냈다. 이북에 있을 때인 1946년〈어머니〉와〈掬雛

---

23) 洪文杓, 「民族詩人 金東鳴의 生涯와 文學」『臨瀛文化』제2집, 강릉문화원, 1978, 94쪽
24) 嚴昌燮, 『金東鳴 硏究』 學文社, 1987, 147쪽 "필자는 다소의 異意가 따르리라 예견하면서 手記로 처리된 「暗黑의 章」 중 〈自由를 찾아서(越南記)〉를 1인칭 창작소설로 규정한다. 물론 이 작품은 논픽션(역사수필·전기·기행문을 포함한 산문문학)의 한계에 머물고 있으나, 다른 수기와는 구성과 표현기법을 달리하고 있다. 또 이같이 주장하는 근거는 『세대의 삽화』(1959년 9월 10일)가 간행되기 3개월 전부터 『자유문학』에 4회로 나뉘어 연재하기 시작했으며, 목차엔 '창작소설'로 장르가 명기되어 있다. 〈월남기〉가 『자유문학』에 발표되던 당시, 초허, 편집자 그리고 독자 이 모두가 작품을 창작소설로 是認하였다."

記〉 등을 발표했으나 1947년 월남 이후에 작고할 때 까지 많은 작품을 남겼다.

1965년에 쓴 그의 마지막 작품으로 추정되는 〈따리아 病들다〉라는 것도 '다알리아'를 통해서 수필장르의 처음과 마지막을 장식했다. 다알리아와 시인의 30년간의 특별한 인연을 강조하였다.

『세대의 삽화』는 초허가 1947년 월남한 이래 1950년대 말까지 13년간 집필했던 26편의 수필을 모은 작품집이다. 많은 편수는 아니지만, 작품개성이 강하고 시대정신이 드러나 있다고 평가받는 바, 1937년에 쓴 〈소는 不幸하다〉와 해방이후 북쪽에 체류하던 때인 1946년에 쓴 두 편도 포함하였다.

마지막으로 1959년에 쓴 〈三樂論〉〈세상에서 으뜸가는 幸福 -젊은 主婦들에게 告함〉등이 『세대의 삽화』(1959)에는 들어 있다. 「자화상」에 18편, 「세대의 삽화」에 6편,25) 「암흑의 장」1편, 「월남기」1편 등이 수록되었다.

개별수필 〈세대의 삽화〉는 '시인과 법의 대화'라는 부제로 1955년 9월 1일 동아일보에도 실렸는데, 희곡대화체의 새로운 풍자적 수필양식을 시도하였다고 볼 수 있다. 또한 초허수필의 특징 가운데 하나로서 많은 삽입시가 들어 있어서 수필내용의 이해를 돕고 있다는 점이다. 자신의 수필 속에 시인으로서 느낀 감회를 쓴 작품을 적절하게 배치함으로써, 정서적 풍부성과 실제적 현장성을 강화하는 작용을 보였다.

초허의 문학가운데 수필작품은 시인 김동명의 다른 세계와 동세대간의 통섭을 다양한 삽화(插話)를 통해서 엿보게 한다. 동시에 시와 수필의 상보적, 상관적, 상생적 문학 장르의 관계설정을 새롭게 인식시켜준 책자가 『세대의 삽화』이다.

이 책자는 초허가 1930년대에서 50년대까지 시대를 거슬러가면서 써 놓은 자전수필을 묶은 최초수필집이라는 의미와 함께 동시대의 체험적 기록이자 자아표출과 회고의 감성적 작품집이라고 논평할 수 있다.

---

25) 고전수필의 분류에 따르면, 批評, 序跋, 奏議, 書簡, 紀行, 日記, 傳狀, 碑誌, 雜記, 箴銘, 頌讚, 哀祭, 辭賦 등 13종으로 나누었듯이 '序跋'도 넣고 있다. 굳이 현대수필에서 발문에 속하는 '後記'를 수필의 범주에 넣고자 하는 뜻은 서문이나 발문의 "글속에서 지은이의 사상과 정서, 취미 등 생생한 모습을 엿볼 수가 있는 수필"이기 때문이다. 그런 점에서 김동명이 쓴 『세대의 삽화』 후기도 수필의 범주에서 다룰 수 있어야 할 것으로 본다. 崔康賢,『韓國古典隨筆講讀』고려원, 1983, 21쪽을 참조바람.

## [참고문헌]

鄭鎬德 編, 藥城詩稿, 江陵印刷所, 1919

瀧澤 誠, 增修臨瀛誌, 江陵古蹟保存會, 1933

朝光 創刊號, 朝鮮日報社出版部, 1935

金容浩·李雪舟 共編, 現代詩人選集 (上), 文星堂, 1954

金東鳴, 詩集 眞珠灣, 梨花女子大學校 出版部, 1954

金東鳴, (政治評論集) 敵과 同志, 昌平社, 1955

思想界 1957년 1~3월호, 思想界社, 1957

金東鳴, 詩集·目擊者, 人間社, 1957

金東鳴, (政治評論集) 歷史의 背後에서, 新雅社, 1958

自由文學 1959년 6~10월호, 韓國自由文學者協會, 1959

金東鳴, (隨筆集) 世代의 揷話, 日新社, 1959. 9

韓國文學賞 受賞作品全集 3 (詩·評論·戲曲), 新太陽社, 1960

韓國詩人協會, 'My mind is'(Kim Dong-Myong)Korean Verses, 大韓公論社, 1961

金東鳴文集刊行會 編, (詞華集) 내마음, 新雅社, 1964

金東鳴文集刊行會 編, (評論集) 나는 證言한다, 新雅社, 1964

金東鳴文集刊行會 編, (隨筆·手記集) 모래위에 쓴 落書, 新雅社, 1965

誠信女子師範大學 硏究論文集, 第四·五輯, 誠信人文科學硏究所, 1972

丘仁煥·尹在天·張伯逸, 隨筆文學論, 開文社, 1975

張伯逸, 隨筆의 理解, 玄岩社, 1976

崔勝範, 韓國隨筆文學硏究, 正音社, 1980

金容稷 外, 韓國現代詩史硏究, 一志社, 1983

崔康賢, 韓國古典隨筆講讀, 고려원, 1983

張德順, 韓國隨筆文學社, 새문사, 1984

嚴昌燮, 超虛 金東鳴文學硏究, 成均館大大學院 國語國文學科 博士學位論文, 1986

嚴昌燮, 金東鳴硏究, 學文社, 1987

韓國隨想錄 3, 金星出版社, 1991

임헌영, 그리운 곳 차마 그리운 곳 -노래가 된 서른일곱편의 시, 웅진문화, 1992

金炳宇 外, 金東鳴의 詩世界와 삶, 한남대학교출판부, 1994

沙川面誌 沙越, 사천면지 발간위원회, 1994

장정룡·김무림, 속초청호동의 민속과 언어, 속초문화원, 1998

김귀옥, 월남민의 생활경험과 정체성, 서울대학교 출판부, 1999

속초시거주 피난민정착사, 속초문화원, 2000

김용직, 한국현대시인연구(하), 서울대학교출판부, 2000

문덕수 외, 한국현대시인연구(上), 푸른사상사, 2001

한국문학평론가협회 편, 문학비평용어사전(상·하), 국학자료원, 2006

장정룡, 속초지역 실향민구술조사보고서, 속초시·속초시립박물관, 2007

장정룡 외, 강원지역 이북도민정착사, 속초시·속초시립박물관, 2009

장정룡, 중국 길림성 양양촌의 이주생활사, 양양문화원, 2012

장정룡, 중국 고성촌 이주사연구, 고성군, 2013

장정룡, 김동명 산문의 시대적 양상고찰, 김동명 문학관개관기념학술세미나 자료집, 강릉문인협회, 2013.7.3

장정룡, 초허수필의 '꽃이미지와 그 지향성 고찰, 제13차 심연수한중학술세미나 자료집, 심연수선양사업위원회, 2013.10.2

김동명문학연구 창간호, 김동명학회, 2014

유희자, 김동명 시의 모성적 상상력 연구, 강릉원주대 교육대학원 석사논문, 2015

# 작가(시인)로서의 삶, 지식인(정치가)으로서의 삶
### -김동명의 수필집과 정치평론집을 중심으로

이미림*

---
**목 차**

1. 머리말
2. 작가(시인)로서의 삶
   - 정주(정원)와 이주(거리)의 길항 속에 탄생한 문학
3. 지식인(정치가)으로서의 삶
   - 이방인의식과 자유·인권·민주적 가치 추구
4. 맺음말

---

## 1. 머리말

강원 영동문학의 대표작가 중 한 사람인 초허 김동명은 방대한 문학작품을 남겼음에도 불구하고 연구가 축적되지 않았고 문학적 평가도 제대로 이루어지지 않은 편이다. 최근 초허에 대한 관심과 애정[1]은 그나마 다행으로 여겨진다. 그의 문학연구는 서정적·낭만적·퇴폐적

---

*강릉원주대 국어국문학과 교수
1) 2018 평창동계올림픽을 앞두고 강릉 출신 작가 김동명에 대한 관심이 높아지고 있고, 올 10월에도 심연수 작가와 더불어 김동명시인을 기리는 토크&음악회(10.3.김동명문학관), 김동명시인 추모 낭송회의 밤(10.16. 김동명문

인 초기 전원시들에 집중되거나, 〈파초〉, 〈바다〉 등의 대표작들과 가곡으로 만들어진 〈내마음〉, 〈수선화〉와 같이 대중에게 널리 알려진 시들만이 사랑받고 있다. 그러나 김동명은 낭만적·전원적인 초기시뿐만 아니라 현실참여적·비판적인 후기시를 남겼으며 산문 역시 시 못지 않게 많은 발표[2]를 하였다. 따라서 편향된 김동명 연구는 지양되어야 하며 전체를 조명할 때 김동명 문학의 진정한 가치를 알 수 있다. 특히 정치평론이 문학이냐 아니냐를 떠나서 그가 남긴 수필, 수기, 평론 등은 작가의 정신사적 궤적을 파악할 수 있으며 세상과 인간을 어떠한 시각으로 보았는지를 알 수 있는 귀중한 자료로 작품세계를 이해하는 근간이 된다. 김동명은 문단활동을 하지 않았고 참의원 등의 정당 활동과 정치평론 집필, 대학강의를 함으로써 문학과 정치, 시와 현실 사이를 넘나드는 경계인이자 이방인으로서 살았다.

김동명에 대한 기존연구를 살펴보면 은유·의인화 등의 기법 및 주요모티프의 상징적 의미[3]에 관한 연구, 주제의식 및 내용적 고찰[4], 삶의 궤적 및 개인사적 생애 연구[5] 로 나눌 수 있다. 엄창섭은 유년시절 고향을 등진 '떠남의 시학'인 유랑의 문제를, 장정룡은 월남과 피난의 관점에서 본 떠남과 이산의 문제를 지적하고 있는데 본고는 이들의 관점을 수용하면서 작가가 삶과 문학 전반에 걸쳐 디아스포라로서의 이방인 시선을 지녔다고 보고자 한다. 식민지, 분단, 전쟁, 헤게모니 투쟁을 통해 작가는 인간성이 말살되고 인권이 유린되며 자유가 억압받는 삶의 현장을 목도하고 몸으로 체험했다. 예외가 일반화된 상태인 수용소 난민의 상황과 같은 벌거벗은 생명으로서 공동체에서 배제[6]되거나 보호받지 못하는 처지에 놓

---

학관) 등의 다양한 행사를 개최하였다.
2) 작가는 40여 년간의 시작활동 중 시집『나의 거문고〉』(1930),『파초』(1938),『삼팔선』(1947),『하늘』(1948),『진주만』(1954),『목격자』(1957),『내마음』(1964) 7권과 수필집『세대의 삽화』(1960),『모래 위에 쓴 낙서』(1965) 2권, 정치평론집『적과 동지』(1955),『역사의 배후에서』(1958),『나는 증언한다』(1964) 3권을 남겼다.
3) 송재영,「물의 상상체계」,『김동명의 시세계와 삶』, 한남대출판부, 1994, 송효섭,「김동명 시의 기호세계」, 위의 책, 신익호,「황혼의 변증법적 의미」, 위의 책, 장정룡,「초허수필의 '꽃' 이미지와 그 지향성 고찰」,『민족시인 심연수 학술세미나 논문총서2』, 심연수선양사업위원회, 2013, 심은섭,「김동명 시에 나타난 기도형 발아의 원인 고찰」,『김동명문학연구』제1회, 김동명학회, 2014.
4) 엄창섭,「초허의 시문학과 정체성의 고찰」,『김동명문학연구』, 위의 책, 김윤정,「김동명 시에 나타난 '주체의식' 연구」, 위의 책, 이성교,「김동명 시 연구」, 위의 책, 임영환,「김동명의 민족시적 성격」,『김동명의 시세계와 삶』, 앞의 책.
5) 엄창섭,「김동명 산문의 연구」,『관대논문집』제17권, 관동대, 1989, 김병욱,「시인의 현실참여」,『김동명의 시세계와 삶』, 앞의 책, 장정룡,「김동명 산문의 시대적 양상고찰」,『김동명문학관 개관기념 학술세미나 및 시낭송자료집』, 강릉문인협회, 2013,「김동명 수필의 '월남'과 '피난' 표출양상」,『김동명문학연구』, 앞의 책, 이미림,「김동명 산문에 나타난 타자지향성과 디아스포라의식」, 위의 책.

인 우리 민족의 비참한 모습을 시와 수필, 평론 속에 재현해 놓고 있다. 그의 문학연구에 있어 서정문학과 현실참여문학, 전기문학과 후기문학으로 구분하는 것은 바람직하지 않으며, 초기부터 현실인식에 대한 작가의식이 배태되었다는 김병우와 김윤정의 연구는 의의가 있다. 본고는 수필집과 정치평론집을 대상으로 정주(정원)와 이주(거리) 사이에서 길항했던 문학적 특징과 시인(작가)과 지식인(정치가) 사이의 변증법적 삶을 고찰하고자 한다. 순수서정과 현실지향의 두 세계는 한 인간으로서 초허가 지닌 문학을 향한 열정과 현실에 대한 참여 의지 사이의 길항과 조화를 보여주는바 이러한 현상은 작가의 삶에서 비롯되고 있다는 전제7) 하에 김동명 작품세계를 이해하고자 함이 이 글의 목적이다.

## 2. 작가(시인)로서의 삶
### - 정주(정원)와 이주(길)의 길항 속에 탄생한 문학

작가 김동명은 일생을 떠돌아 다녔다. 이는 정착할 수 없었던 한국근현대사와 밀접한 관계가 있다. 20세기가 시작되는 해에 태어나 식민지, 해방, 전쟁, 분단, 의거, 혁명을 몸으로 겪은 작가의 삶은 정주와 이주의 길항하는 삶이었다. 전근대(전통)적 사유와 근대적 사유가 공존하는 식민지 조선의 혼란은 이루 말할 수 없었으며 작가 또한 시대의 질곡을 벗어나지 못했다. 시인, 정치가, 평론가, 교수로서 활동을 한 그는 이성과 감성, 전통과 근대, 고향과 타향, 문학과 정치 등의 이항적 요소가 길항하는 가운데 문학관과 이데올로기를 형성해 나갔다.

그의 디아스포라적 삶은 부모의 손을 잡고 고향을 떠났던 8살 때 시작된다. 가난한 강원 출생인 김동명은 강인하고 의지적이며 학구열이 높은 어머니의 결단으로 신교육과 신문물이 유입된 개항지 원산에 정착함으로써 고향을 상실한 이방인의 삶을 전개한다. 교통과 숙박이 편리하지 않았던 시대에 강원도에서 함경도로의 이사는 어린 작가에게 삶이 녹록치 않다는 경험을 하게 했다. 그의 삶에서 정주와 이주의 반복됨은 시대적 이행기 혹은 역사의 변혁기

---

6) 슬라보예 지젝, 김서영 역, 『시차적 관점』, 마티, 2009, 666쪽.
7) 장은영, 「해설」, 『김동명 시선』, 지식을만드는지식, 2012, 129쪽.

와 함께 한다. 이 시기는 조국을 잃은 식민지이면서 반봉건의 시대정신을 지닌 근대를 수용해야 했다. 어린 나이에 고향인 강릉을 떠난 이유도 근대문명의 자극을 주기 위한 어머니의 선택이었다. 평산 신씨인 모친은 신사임당의 후예이자 현모양처로서의 지혜를 지녔고 교육열이 높아 고되고 힘든 타향살이를 단행한다. 희생적이고 모성적이지만 단호하고 결단력이 있는 어머니는 자존심이 강하고 냉철한 기질을 지녔으며 작가는 '평범하고 내성적인'8) 무학의 아버지보다는 강인한 모친의 성품을 닮았다.

> 내 나이 어렸을 제, 우리들이 타관에 나와 단간방 셋간 사리로 돌아다니고 있을 때의 일이었다. 어떤 날 나는 어머니에게 "어머니는 내가 이 다암에 커서 무엇이 되기를 바라나?"(나는 어렸을 때 어머니에게 반말을 썼다.) 그때나 지금이나 다소의 과대망상증을 가진 나는 자못 만만하다는 듯이, 어머니의 소원을 물었다. 순간 어머니의 눈은 빛나셨다. <u>내 신념에 움직이신 고향으로 돌아가시고 싶은 간절한 심정이시리라. 그러나 비단 옷이 아니고는 돌아가시기를 원치 않으신다는 슬픈 결심이시기도 하다. 아아. 어머니는 드디어 고향길을 못 밟으시고 저 세상으로 돌아가신지 오래서, 내 이제 강능군수를 한들 무엇하리.</u>9)

초라한 친정을 보이기가 싫어 자식을 데리고 외가를 가는 일이 드물었으며, 귀향을 꿈꾸었지만 '비단옷'을 입지 않고서는 고향땅을 밟지 않으려는 "유별나게 긍지와 자존심이 강한" 어머니의 성격은 김동명에게 굴복하지 않는 용기와 강인함, 적확한 현실감각을 갖게 했다. 1908년 명주군 사천면에서 함경북도로 이동하는 거리에서 접한 남포등, 사탕 등의 신문물은 어린 김동명을 놀라게 하였다. 함흥에서 학교를 졸업한 그의 20대는 취업과 실업의 연속으로 정신적으로 불안하고 방랑했지만 문학에 접속하고 탐닉했던 시기이기도 하다. 일제강점기 청년실업은 심각했지만 안주하거나 평온할 때보다 불안하고 긴장할 때 시창작은 이루어졌다. 익숙지 않은 낯선 곳에서 정서와 감성은 배가 되며, 작가 역시 취업으로 인한 방랑의 순간에 대표작들을 산출한다. 제2의 고향인 원산에서 학창시절을 보내고, 20대 초반에

---

8) 김월정,「나의 아버지 초허 김동명2」,『문예운동』제86호, 문예운동사, 2005, 62쪽.
9) 김동명문집간행회,『모래 위에 쓴 낙서』, 장안서림, 1956, 6-7쪽.

서호에 있는 T학교 교원생활을 했으나 추방명령을 받은 그는 평양, 남포를 지나 강서에 못 미쳐 있는 S촌에서 시를 쓰고 싶은 충동을 느껴 시 다섯 편을 창작함으로써 불안정한 실직 상태에서 오히려 여유자적하게 여행하면서 문학과 인연을 맺는다. 그후 그는 신안주의 U학교 교원이 되었으나 또다시 출교명령을 받는다. 생계가 막연하고 긴장된 상태에서 박찬빈과 습작지『석류꽃』을 기획하고 현인규가 소장한『악의 꽃』을 빌려 읽은 후 보들레르에게 바치는 헌시를 썼고 안주를 떠나 강릉으로 가려던 중 원산 B소학교에 교원이 되어 체류하게 된다. 그가 이 시기에 원산에 주저앉지 않고 강릉까지 왔다면 그의 삶과 문학세계는 달라졌을지 모르겠다. 죽을 때까지 귀향하지 않았지만 고향에 대한 그리움과 아쉬움은 수필 곳곳에 나타나 있다.

①잠자리처럼 날아가버린 내 어린 시절의 기억을 또다시 잠자리처럼 붙들어 보자는 슬픈 미련 때문인지도 모른다.10)
②이런 경우에 남들이 흔히 그리는 것처럼 산속으로들 궁리를 안하고 바닷가를 찾은 것은 아마도 내 린 시절의 한 때를 바닷가에서 보낸 까닭이었는지도 모르겠다.11)

동해바닷가 유년기의 기억은 산보다 바다를 더 좋아하게 했으며, 하기방학이 되자마자 명사십리 밖으로 보이는 흰 등대가 표적인 섬 여도(麗島)의 바닷물소리, 노 젓는 소리, 황혼, 달빛 속에서 10여 편의 습작을 남긴다. 1925년 동경유학을 하기까지 작가는 생계를 고민하는 고단한 생활 속에서 문학에 입문하며, 주옥같은 작품들을 만들어나간다. 교원생활이 이어졌으나 잦은 출교명령 및 일방적인 통보로 인해 구직의 위협과 일자리를 쫓아 여러 지역을 이동해야 했던 고독한 시간들 속에서 작가의 문학적 열망과 관심은 성장하였다. 일본유학을 다녀온 후 동광학원 원장을 역임한 그는 '일제의 포학에 질식을 느끼고 지도층의 교태에 어이없어 하며'12) 1942년부터 절필하고 숯장수, 목상 등의 장사를 하느라고 신흥, 흥원 등지를 떠돌아 다녔다.

---

10) 위의 책, 32쪽.
11) 위의 책, 79쪽.
12) 김용성,『한국현대문학사탐방』, 국학자료원, 2011, 164쪽.

해방 후 그는 조선민주당 당원으로 활동했으나 출당됨으로써 삶의 터전을 버리고 홀로 월남한다. 소련군과 북한체제의 독재와 반민주에 환멸을 느낀 그는 목숨을 담보한 재이주를 감행한 것이다. 그 이후에도 6.25전쟁과 피난을 통해 인간성을 말살하고 인간다움을 포기하는 삶의 극한을 체험한다. 1900년에서 1968년까지의 생애동안 우리 민족은 인간생명의 주적인 기근과 전쟁을 겪으면서 고단하고 부유(浮游)했던 실향민이자 이방인의 삶을 살아냈다. 출향, 출교, 출당, 출가 등 강제적으로 주어졌던 이주체험은 세상을 바라보는 시선을 객관적이고 자유롭게 했으며, 그 어떤 사상이나 이념보다도 인간성, 정의, 자유, 민주주의적 가치를 옹호하게 된 배경이 되었다. 교원, 교수, 초대참의원 등 그의 빛나는 이력 이면에는 유년기의 고향상실, 20대 청춘기의 구직과 실업, 모친과 두 아내와의 사별, 절필의 고통, 생계를 위한 떠돌이생활, 국가권력과의 불화 및 갈등 등 외로운 삶이 드리워져 있다. 시나 수필에 '상실', '슬픔', '고독', '외로움'의 단어들이 많은 이유이기도 하다. 작가의 이주와 정주의 변증법적 삶은, 제1이주(1908~, 출향), 제2이주(1921~1925, 취업), 제3이주(1926~1928, 동경유학), 제4이주(1947~, 숙청 및 월남)로 요약된다. 그의 삶은 평온하고 무난한 듯하지만, 조국상실, 실향, 옥고, 절필, 유랑, 월남, 피난 등 한국근대사의 질곡과 사상적 갈등 그리고 사랑하는 이의 죽음으로 인한 상처로 얼룩졌다.

정주와 이주의 반복되는 삶의 궤적을 살펴보면, 정주 열망은 정원(뜰)과 나무, 꽃에 대한 집착으로, 이주체험은 거리에서 보고 겪은 이사, 방랑, 유학, 월남, 피난 등으로 작품 속에 표출되었다. 전근대에서 근대로의 이행기에 조국강탈과 사회적 재편, 이데올로기의 혼효는 그의 문학에 고스란히 기록되어 있다. 자기의 의지와 상관없이 강제로 이동하여 공동체에서 벗어났던 작가의 운명은 장소애(場所愛好, topophile)[13]로 그려지며 정원을 가꾸는 일과 꽃과 나무에 대한 사랑으로 드러난다. 시와 수필 속에 등장하는 파초, 수선화, 국화, 따리아, 목련, 카라, 리리, 백합화, 접중화, 오랑케꽃, 다래넝쿨 등의 묘사와 뜰 모티프는 정착할 수 없었던 현실상황에 대한 자기투사와 안정과 평화, 정착을 위한 절실한 소망의 발로였다.

①<u>조국을 언제 떠났노,/파초의 꿈은 가련하다./남국을 향한 불타는 향수,/너의 넋은 수녀보다도 더욱 외롭구나.</u> (시 〈파초〉 중)

---

13) G.바슐라르, 곽광수 역,『공간의 시학』, 민음사, 1990, 108쪽.

②그대는 차듸찬 의지의 날개로/끝없는 고독의 우를 날르는/애달픈 마음/또한 그리고 그리다가 죽는/죽었다가 다시 사라 또다시 죽는/가여운 넋은 아닐까. (시 〈수선화〉 중)

③나의 뜰은 나의 즐거운 조그마한 가정이요./나는 내 삶에서 오는 고달픔의 많은 때를 여기서 쉬이오./울 밑에 몇 포기의 꽃과 나무, 그리고 풀과 벌레들은 나의 형제요. (시 〈나의 뜰〉 중)

④나는 본시 정원을 좋아한다. 누군들 안 그러랴마는, 나의 정원에 대한 욕심은 좀 보통이 아닌 셈이다. 집(건물)에 대해서는 비교적 담백한 편이지마는, 좋은 정원을 보면 노상 부러워 못견딘다. 그러기에 어디를 가다가도 집이야 아무리 잘 지었건 그저 심상히 지나치기가 일수이지마는 좋은 정원만 눈에 띄면 나는 마치 아름다운 예술품이나 대한 듯이 즐겁고 부럽다. (수필 〈정원〉 중)

⑤그러나 내가 이 화초에 유난히 정이 끄을리는 것은 단지 위에 적어보인 이유에 근거하는 것만은 아니다. 이젠 즉 이미 세상에 없는 내 아내의 체취를 그윽히 풍겨주는 슬픈 추억이 바로 '카라·리리'란다! 그러기에 '카라·리리'는 내게는 영원한 그리움이요, 또 슬픔이기도 하다. (수필 〈카라〉 중)

⑥죽음을 상징하는 떡잎은 드디어 온 가지를 뒤덮고 말았다. 꽃봉오리도 그대로 시들어 버렸다. 그렇게 억세게 우으로 우으로만 치솟던 순도, 이제는 아주 고개를 가누지 못한다. 모든 일은 끝났나 보다. 이래서 내 꿈도 함께 끝나고 말았다. 내 일찍이 30년 전에 앓는 '따리아'를 슬퍼했거나 이제 또 '따리아'의 병을 탄식해야 하다니 역사는 결국 되풀이 되는 것일까? (수필 〈'따리아' 병들다〉 중)

⑦여기 호박꽃 피는 마을/비들기장 모양 주택이 여섯 형제/뒤로 돌아 둘째번 202호는/나의 '센트·헬레나'도/인생 오십년을 건너/천정만 바라본다./대륙이 멀어 설은 지점이기에,/국화 한그루 기르며 산다. (시·신촌동 수필〈국화〉에 삽입된 시)

⑧은은하게 풍겨주는 향기! 그것은 또 '라이락'처럼 사치하지도 않고, 백합처럼 드세지도 않고, 또 옥잠화 모양 너무 강렬하지도 않은, 어디까지나 동방적인 그윽함과 깊음과 부드러움을 느끼게 하는 것 같애 더욱 고마웠다. 지혜의 꽃, 해탈의 꽃으로서의 몸가짐에 아주 어울린다 싶었다. 지금 바깥세상은 국내외를 막론하고 자못 어지럽고 시끄럽다. 그러기에 나는 더욱 목련꽃 앞을 떠나지 못한다. 이 꽃의 높고 맑

고 향기로운 마음을 배워 내 인생을 이 이상 더 더럽히고 싶지 않은 까닭이다.(수필 〈목련기〉 중)

시, 수필, 산문 삽입시에서 작가는 자신이 꽃, 나무, 정원을 가꾸는 일에 대한 애착과 의미를 피력하고 있다. 작가의 자연친화적·친환경적 요인을 강원 출신 작가의 특징[14]으로 보거나 원예치료를 통한 영혼의 치유[15]로 해석할 수 있지만 떠돌이, 나그네로 살아야 했던 작가의 정착에 대한 갈망으로도 이해할 수 있다. 식물과 자연에 대한 소재들은 김동명 문학세계의 한 요소로 자리 잡고 있다. 정원, 뜰을 가꾸고 돌보는 정성과 노력이 정착, 안주를 위한 심상을 표출한다면, 이사, 피난길, 월남행, 서울거리 재현은 이주하는 삶을 반영한 것이다.

①천명 드리 토굴은 /주으린 짐승 모양/아구리를 벌리고/'리야까'를 탄 작자(시체)들은/다리로/길바닥을 쓸며 간다. (수필 〈암흑의 장〉에 삽입된 시 〈피난민〉)

②내 말은 네가 모르고/네 말은 내가 모르고/분명히 낯익은 얼굴들인데/다시 보면 딴 사람들이고-/'해방', '자유', '민주주의'조차/무슨 주문이나 듣는 듯 몸서리 치니/아아, 마법사 아저씨!/열 일곱 해 정 드려놓은/내 고향은 어디갔소? (위의 수필에 삽입된 시 〈이방〉)

③어쨌든 이래저래 나의 소련 및 공산당에 대한 불신과 증오는 뼈속까지 사모쳤음은 두말할 것도 없다. 이쯤 되면 진작 보따리를 싸들고 넘어올 차비를 하는 것이 옳았겠지마는 나는 다음과 같은 몇가지 이유하에서 남하할 생각은 전혀 없었다. 첫째 삼팔선은 오래지 않아 열리리라는 기대에서였고 그리고 다음은 도탄에 빠져 허덕거리는 동포들을 버려두고 나혼자만 살겠다고 빠지는 것은 무책임하고도 비겁한 짓만 같애서였다. 그리고 어떠면 굉장한 이야기 꺼리같기도 한 이 민족의 수난상을 내 눈으로 똑똑히 보아두자는 충동도 없을 수 없었다. '전쟁'을 보기위하여 포연 속을 뚫고 들어가는 종군기자도 있는데 내 집에 편안이 앉아서 저 세기의 '쏘오'를 감상하는 것쯤이야 식은 죽이 아니냐는 타산이기도 했다. 말하자면 엉뚱한 오산이었을지

---

14) 이미림,「김동명 산문에 나타난 타자지향성과 디아스포라의식」,『김동명문학연구』제1집, 김동명학회, 2014, 118쪽.
15) 장정룡,「초허 수필의 '꽃' 이미지와 그 지향성 고찰」,『심연수 학술세미나 논문총서2』, 심연수선양사업위원회, 2013, 19쪽.

는 모르나 어쨌든 나는 최후까지 버티어 볼 궁리를 했든 것이다. 선의로 보아준다면 시인으로서의 작가에 눈떴든 관계가 아니었을까. (수필집『모래위에 쓴 낙서』중 〈암흑의 장〉에서)

④쓰레기와 시장 각하가/단판 씨름 하는 거리/귀속재산을 파먹고/구데기처럼 살이 찐 모리꾼의 거리/어디 없이 널린 똥과 오줌과 가래침이 실은/탐관오리 못지않게 질색인 거리/소매치기 패도 제법/'빡'을 자랑한다는 거리/거지도 곧잘/중간파 행세를 하는 거리/'감투' 시장은 여전히 흥성거려/거간군도 충무로 금은상 못지않게 한몫 본다는 거리/늙은이들이 하 망명을 부려/주춧돌이 다 흔들거린다는 거리/ 일찍부터 슬픈 전설을 지니고 있어/자래배 앓른 어린 아기처럼 얼굴이 노랗게 뜬 거리/ 그래도 빙 둘러 있는 원근 산천의 이름만 거들어도/제법 멋들어진 고도란다 (시 〈서울 소묘〉 전문)

⑤거지와 숙녀가 가끔/숨박꼭질하는 곳/생선 가가 같이/비린내가 풍긴다/피난민의 장사진이/분수모양 흩어저/포도 위에 물방울이 차겁다 (시 〈서울역〉 전문)

⑥나는 창문을 활짝 열어젖히고/오연히 앉아 바라본다/굽이쳐 흐르는 한가람이/오늘은 어인 일 자꾸만 슬프구나/'레디오'가 그렇게까지 몸부림치며 매달리건만/그래도 뿌리치고 떠나는 시민도 있나 보다/어느새 장사진을 이룬 피난민의 행렬이/비에 젖으며, 젖으며 간다 (시 〈목격자〉 중)

⑦살 같이 아껴오던 '절조'를/휴지 쪽 같이 아모 미련 없이 찢어버릴 수 있다는 것은/이단자의 면목이 약여하여 좋구나./허나 창녀 앞에서도 다시는 고민과 연민을 향락할 수 없다는 것은/또한 우리들의 신사숙녀를 위하야 얼마나 서거픈 일이료./세대의 광야에 수 없이 넘어진/부패한 영혼의 시체!/오뉴월에 썩는 고등어 냄새보다도 더 역하구나./만주제국 국무총리각하!/마라건대 '쿠리'이백만만 보내 주소. (시 〈세대의 탄식〉 중)

⑧멍하니 창밖을, 혹은 서로들 마주치는 정기 없는 눈들, 만지면 버스럭버스럭 소리라도 낼 듯한 버쩍 마른 피부며, 서리 맞은 가랑잎처럼 누렇게 뜬 얼굴들. 이따금 보일 듯 말 듯이 씰룩거리는 근육의 파동…… 그것은 굶주림과, 절망과 복수와, 그리고 사나운 짐승에게 쫓기는 듯한 공포에 휩싸인 인간지옥의 산 영상이 아닐 수 없다. 헌데 이 가운데서도 피부에 기름끼가 돌고 눈알이 팽글팽글 돌아가는 놈이 있다

면 그놈은 영낙 없이 빨갱이거나 그 주구일 것은 불문가지다.(수필 〈월남기〉 중)
⑨그러나 차는 이미 초만원이라기보다도, 흡사, 콩나물 시루다. 단지 다른 것은 움츠릴 줄 아는 콩나물 대구리가 쏘아보는 시선을 가졌더라는 사실뿐. 모처럼 기다리던 차가 이꼴이고 보니, 체면이나 예의 따위가, 살려는 동물의 본능 앞에 무색해야 하는 것은 어쩔 수 없는 일이리라.(수필 〈어두움의 비탈길〉 중)

혼란스러운 해방공간, 월북·월남하는 디아스포라적 상황, 살벌하고 참혹한 전쟁, 독재에 항거하는 모의들, 분단 등을 목도한 목격자로서의 작가는 역사적 사건을 관찰하고 통찰한 글들을 여러 산문과 정치평론 그리고 시에 묘사하고 서술하였다. 어린 시절 이사하던 중 보았던 문물들, 목숨을 건 위기의 상황 속에서 북한을 탈출하던 중 만났던 길위의 사람들, 가족과 함께 남으로 피난하며 겪은 비극적인 참상들, 퇴폐적이고 지저분한 서울거리 등을 리얼하게 그린 작품들은 문학적 가치로서뿐만 아니라 역사적 기록물로서도 의미를 둘 수 있다.

일생을 떠돈 작가는 정착의 열망으로 정원을 장식하고자 하는 집착만큼이나 거리에서 만난 수많은 사람들을 재현해 냈다. 〈월남기〉와 〈어두움의 비탈길〉엔 최악의 상황 속에서 길에서 만난 인간들의 이기적이고 본능적이며 동물 같은 모습들을 보고 오열하고 절망하는 작가의 심정이 녹아 있다. 김일성 일당과 소련사령부 하수인 최용건에 쫓기는 8일간의 여정을 담은 〈월남기〉에서는 서함흥역에서 만난 C라는 사나이, 여인숙 주인인 허리가 긴 사나이의 이기적이고 속물적인 태도에 위험에 처한다. 권력을 가진 자에 편승하거나 숙박비를 벌기 위해 탈출자를 위험에 내모는 비인간적이고 짐승과 다를 바 없는 일들을 지켜보면서 인간적인 유대감, 연민, 공감능력, 배려가 부족한 해방공간의 모습에 환멸을 느끼며 자유의 소중함을 알게 된다. 그의 탈출 오디세이는 1947년 월남기뿐만 아니라 1950년 피난기로도 그려지는데, 전쟁의 폭력 속에서 기차와 거리, 숙소에서 벌어지는 아비규환의 생지옥 속에서 인간이 어디까지 망가질 수 있는가를 리얼하게 묘사하며, 위급한 상황하에 잘못된 정보를 주고 부패가 만연한 국가의 위기대처능력 때문에 목숨을 걸고 피난해야 했던 국민들의 생존을 향한 몸부림과 처절함을 보여준다. 또한 서울거리의 피폐함과 참상에 대한 시와 수필도 여럿 남겼다. 이와 같이 그의 문학은 정주와 이주, 정원(뜰)과 거리(길)의 변증법적 길항 속에 탄생하였던 것이다.

## 3. 지식인(정치가)으로서의 삶
### - 이방인의식과 자유·인권·민주적 가치 추구

김동명은 참의원과 정치평론가 등 정치에 관여함으로써 문학뿐만 아니라 현실 당면문제에 적극 참여했다. 작가적·문학적 관점으로 볼 때 그의 행보는 긍정적이기보다는 비판적으로 이해되었으며 작품평가에도 부정적 영향을 미쳤다. 그러나 지식인으로서의 김동명은 사회현실을 외면하지 않았으며, 글쓰기와 정치행적을 통해 자신의 신념과 정치적 견해를 올곧게 피력하였다. 현실을 회피하거나 문학에 전념하기보다는 혼란과 위기가 지속된 한국적 상황 앞에 행동하는 지식인으로서 국가권력에 굴하지 않고 자신의 소신을 적극적으로 피력하였다. 반공주의와 민주주의의 강력한 실현의지는 인간성 옹호, 인간다움을 바탕으로 하며, 개인의 영달과 출세의 수단으로 삼지 않았는바 이러한 삶의 자세는 참여시, 정치평론집, 수필집에 고스란히 남아 있다.

고향상실은 디아스포라의식과 이방인 관점을 갖게 하였다. 가난에서 벗어나고 문명과 근대의 자각을 위해 부모에 이끌린 이주나 숙청과 탈당에의 정치적 위험 때문에 월남한 그의 이동은 숙명적인 것이었다. 고향의식이나 정주의식에 묶여있지 않은 자유로움은 불의와 반민주, 자유억압에 대한 거부감과 저항의식을 형성하는 객관적이고 공평한 시각을 갖게 했다. 정의, 자유, 민주 실현은 작가가 일생동안 견지했던 신념이었다. 이방인이란 유랑과 정착의 요소를 모두 내재하고 있는 존재 즉 이민을 통해 어떤 사회에 머물게 되었지만 완전히 정착을 하지 못한 채 이민자의 속성을 완전히 극복하지 못한 불안한 잠재적 유랑자[16]의 삶을 특징으로 한다. 이동성은 이방인을 규정하는 특징으로 혈연적·지연적·직업적으로 얽매이지 않는 객관성과 어떤 고정관념에도 얽매이지 않는 자유[17]를 얻는 것이다. 문제를 가져오고 질문을 하는 자[18]인 이방인은 사회와 현실의 모순을 제기하는 자이기도 하다. 김동명이 북의 김일성과 그 일당의 독재와 폭압에 저항하는 반공주의자가 되어 월남한 점이나 남한에서도 이승만과 자유당정권, 장면정권, 박정희정권의 반인권과 반민주적 정치에 대해서도 맹렬하게 비판하였던 것도 이방인으로서의 자유로운 시각에서 비롯되었을 것이다. 이는 지역, 혈

---
16) 이용일,「다문화시대 고전으로서 짐멜의 이방인 새로 읽기」,『독일연구』제18호, 한국독일사학회, 2009, 186쪽.
17) 위의 논문, 190-192쪽.
18) 자크 데리다, 남수인 역,『환대에 대하여』, 동문선, 2004, 58쪽.

연, 소속 등에 편향되지 않은 지식인의 태도이다. 이해타산에서 벗어난 정의와 진리의 원칙에 의해 움직이면서 부패를 비판하고 약자를 보호하며 불완전하거나 억압적인 권위에 저항하는 지식인다운[19] 행보를 작가는 독재적이고 반민주적인 정권에 대한 촌철살인의 논평들을 통해 보여주었으며 미래를 예언하는 현실인식은 날카롭고 칼날 같다.

그는 3.15선거의 부당함이나, 독립운동과 건국에 힘쓴 이들에 대한 상벌의 공평치 못함을 지적했으며 해방공간의 무질서, 전쟁 중의 정확하지 못한 정보 공유로 우리 국민이 얼마나 고통당했는지 자신의 피난기에서 신랄하게 설명하였다. 국민을 결속 혹은 구속하기도 하지만 그들에 대한 속박을 풀기도 하는 국가는 장벽과 감옥을 동원해 권력을 행사[20]하는 바 북의 공산당과 남한정권은 반인권, 독재, 반민주적 태도로 국민에게 고통과 억압, 인간 이하의 상황 속에 몰아넣었다고 작가는 성찰한다. 식민지시대의 나라를 잃은 설움과 실향을 파초에 비견하여 '외로운 수녀의 넋'이라 비유한 그는 일제말 절필 후 해방을 맞이했지만 국가권력에 대항함으로써 삶은 평탄치 않았다. 1946년 함흥학생의거로 구속되었고 조선민주당 활동 중 숙청당해 제2의 고향을 떠나 홀로 월남함으로써 또다시 '주체적인 모든 삶의 형식, 일상적 삶 전체가 멀어지고 상실되는 주변화되고 물리적 심리적으로 위협받으며 어디에도 존재하지 않는 자'[21]인 이방인이 되고 만다.

그는 남한에서도 정부와 권력에 대해 신랄하게 일갈하고 비판하는 주변부적 아웃사이더의 삶을 택했기에 감시의 시선을 받던 삶은 고단했으며 '슬픔', '고독', '이방'의 정서를 가지게 된다. 또한 전쟁 당시 중공의 어떠한 제안 특히 휴전을 반대하며 분단위기의 앞날을 걱정하였다. 정치가로서 지식인으로서의 자질과 역할을 조목조목 주창한 그는 변절이야말로 정치인의 가장 큰 문제점으로, 옳다고 믿는 바를 끝까지 굽히지 않는 마음의 자세인 지조가 인격구조의 기초적 요소라고 주창한다.

①지조는 정치인이 저의 정치적 신념을 굽히지 않으려는 정치적 양심의 인격적 소재형식을 말함이다. 그런데 이 신념-정치적-이야말로 정치인으로 하여금 정치인답

---

19) 에드워드 사이드, 최유준 역,『지식인의 표상』, 마티, 2012, 21쪽.
20) 주디스 버틀러/가야트리 스피박, 주해연 역,『누가 민족국가를 노래하는가』, 산책자, 2008, 14쪽.
21) 기욤 르 블랑, 박영옥 역,『안과 밖』, 글항아리, 2014, 83쪽.

<u>게 하는 기본조건이 됨은 물론이다. 정치인으로 그 신념을 버릴 때 벌써 그 생명은 죽고 마는 것이다.</u> 낙선은 때로 다음 날의 승리를 예약하는 계기를 가져오지만은, 스스로의 신념의 방기는 정치적 자살을 의미하고도 남는다. 구디 소아에 집착하여 명분을 버리고 뜻을 바꿀 때, 우리는 그것을 천시하고 연민하는 것이다.22)

②<u>오로지 인민을 위하는 마음, 진정으로 인민의 복리를 위하여 충성을 다하는 마음, 이러한 마음만이 정치를 할 수 있는 마음이다.</u> 이 세상에 아무리 못돼 먹었기로, 철면피기로, 소위 정치를 한다하면서 인민을 위하지 않노라고 탕언할 자야, 설마 있으랴마는, 여기서 우리가 인민을 위한다는 것은, 단지 혀로만 위하는 것을 말함이 아니오, 진실로 인민이 바라는 것, 인민이 반드시 가져야 되는 것, 인민이 목마르게 찾는 것, 이런 것들을 직접 인민의 소리를 통하여 듣고, 인민의 마음을 마음하여 느낌으로써 그것을 이루기 위하여 온갖 정성을 바쳐 봉사하는 행위를 말함이다. 마치 탕임금처럼-.23)

정치가의 마음가짐은 인민을 위한 마음과 지조를 지키는 마음이 가장 중요한 요소임을 밝힌다. 개인의 사리사욕을 위해서나 이득을 위해 신념을 굽히고 변절하는 것이야말로 정치행위에 있어 용납할 수 없는 자세라는 것이다. 이러한 그의 신념은 국가권력이 자행하는 반민주, 인권유린, 독재, 파쇼적 민족주의에 대해서도 거침없이 비판하며 행동으로 옮기는 언행일치로 나타난다. 이승만 독재정치와 부정선거에 대해 맹렬하게 비난한 그는 뜻이 맞는 인사들과 함께 '민주구국선언서'를 만들어 모의했지만 4.19의거로 행동으로 옮기지는 못했는데, 이러한 저항적 자세는 그를 요주의인물로 감시하고 사찰을 받을 수밖에 없는 상황에 놓이게 함으로써 자유에 대한 갈망은 더욱 커졌을 것이다. 그의 신념은 반공주의나 민주주의, 민족주의와 같은 거창한 정치이념 이전에 자유와 평등, 인권, 민주를 가장 중요한 가치로 여겼으며, 그 어떤 이념이나 사상보다도 인간성 옹호와 약자의 입장에 서있다. 독재와 전체주의, 파쇼에 대한 경계도 여기에서 비롯된다.

<u>민주정신에 있어서 독재사상은 그야말로 재천을 함께 할 수 없는 원수다. 왜 그러</u>

---

22) 김동명,〈정치인과 지조〉,『적과 동지』, 창평사, 1955, 35쪽.
23) 〈정치하는 마음의 기본자세〉, 위의 책, 188쪽.

냐하면 민주사상의 근원은 인간의 존엄과 평등을 주장하고 이를 옹호하는 데서부터 출발한다. 자유와 인권이 극한으로 중시되는 이유가 여기에 있다. 헌데 독재주의의 범죄는 인간의 존엄을 유린하는 데서부터 시작된다. 여기서는 탄압과 박해가 상투수단일 밖에 없다. 이만한 대조로도 전자에서 광명과 자유와 우애와 평화의 숨소리를 들을 수 있다면 후자에게는 암흑과 노예와 증오와 살벌을 직감할 수 있을 것이다. 독재주의의 악마적 본질은 우리들의 체험에 더 잘 나타나고 있다. 구태여 같은 하늘 밑에 설 수 없는 적성을 더 묻잘 것이 없으리라. 우리가 공산당을 이렇듯 미워하는 것도 실은 저들의 경제정책이 어떻다고 해서가 아니라, 저들의 정책수행에 있어서의 가혹한 독재방식을, 그리고 그 사상적 악마성을 배격하여서임은 두말할 것 없다. 그렇기에 공산주의자가 아닌 '히틀러'나 '무쏘리니'에게도 우리들은 맹렬하게 적의를 느낀 것이 아닌가. 독재주의가 우리의 적인 까닭은, 그것은 실로 '인간'의 적이요, 자유의 적이요, 인권의 적이요, 평화의 적이요, 그리고 '생존'의 적인 때문이다. 그러므로 이것을 쳐부수고 밟아버리는 것은 인간으로의 의무요, 자유인으로의 정당방위가 아닐 수 없다. 이것이 횡행을 허하는 것은 문명의 치욕이다.[24]

위의 인용에서 알 수 있듯이 작가에겐 이데올로기 자체보다는 김일성 정권과 조선민주당의 독재적 성격이 문제였던 것이다. 북한에서 흥남시 자치위원회 위원장과 조선민주당 함남 당부위원장직을 맡아 활동하다가 탈당과 숙청의 위험 때문에 월남을 결심한 이후 반공주의자가 된 작가는 남한사회에서도 독재와 폭압 정권에 대해 발언하는 용기와 일관된 신념을 보여준다. 지속적인 국가권력과의 불화는 생명을 담보한 용기 있는 실천적 의지의 발로였다.

①민주주의의 옹호를 위한 지식인의 총궐기! 이것은 정히 이 나라 지식인에게 내린 조국의 구급신호요, 역사의 긴급과제이다. 저의 이름이 이 나라의 지식인 이상, 그 누구임을 막론하고 이 명령을 배반하거나, 이 과업을 피할 수는 없다. 우리들마저 조국을 배반할 때 조국은 어디로 가야 하는가? 그리고 또 우리들은 어디로 갈 것인가? 민주주의의 옹호를 위한 전위적 활동이 언제나 지식인에 의함은 선진국가의 항렬이지만은, 우리는 너무 오래 방관하고 냉담했다. 허나 언제까지나 부끄러워서는 안 된다.

---

[24] 〈적과 동지〉, 위의 책, 37-38쪽.

그러면 우리는 지식인에게 무엇을 바라는가? 목숨을 걸고 싸우라는 것도 아니요, 밥그릇을 팽개치고 덤비라는 것도 아니다. 우선 향도의 임무를 다하라는 것뿐이다. 교수는 교단에서 학문을 통하여, 논객은 붓끝으로 조리를 다하여, 예술인은 작품에서 정열을 기우려, 설교가는 강대에서 열의껏, 민주정신의 옹호와 실천을 위하여, 기타 지도자로서의 책무를 다한다면, 우선 그 임무의 제일장은 마친 셈이다.[25]

②우선 먼저 밝혀둘 것은 민족적 민주주의라면 그것은 벌써 우리가 알고 있는 '민주주의'가 아니라는 사실만은 언어자체의 발음상의 차위에도 나타나 있지마는 그 의미를 따져보면 더욱 분명하게 드러난다. 어떠면 민족주의와 민주주의는 서로 통할 수 있는 공동의 광장을 가졌으려니 하는 막연한 기대로 해본 말이었을지는 모르나 실은 그런 것이 아니고 어디까지나 서로 으르렁거려애하는 악인연을 숙명적으로 지니고 있음을 알 수 있다. 이 두 개의 낱말은 우선 그 개념부터가 상극성을 뚜렷이 하고 있다. 가령 '민족주의적 민주주의'라 하면 이것은 마치 '민주주의 아닌 민주주의'라는 말과도 같아서 어처구니없는 '넌센스'가 되고 만다. 왜냐하면 민족주의는 전체주의의 별칭이라고도 할 수 있으리 만큼 형·양상수의 불가분리의 관계를 가지고 있고 따라서 독재와는 직통할 수 있는 문호가 얼마든지 개방되어있지마는 민주주의는 이와 반대로 어디까지나 개인주의적이며 자유주의적이어서 인간(개인)과 자유와 평등의 적인 '독재'와는 영원히 화해나 타협이 있을 수 없기로 마련이다. 인간이 스스로의 존엄성에 대란 자각이 깊어가면 갈수록 양자(민주주의와 독재)의 관계가 더욱 험악해질 수밖에 없다. (중략) 민족주의가 과거에 정당할 수 있었던 까닭은 그것은 실로 자신의 정립, 즉 주체성의 확보를 위한 역사적 선결문제였던 까닭이요, 오늘에 이르러 이의 대상이 되는 것은 우리의 경우 그것의 소임은 이미 끝났기 때문이었다. 그러므로 이제와서까지 그것을 오늘의 문제로 삼으려는 것은 결국 역사의 후퇴를 강요하는 처사라 해서 그 부당함을 말하는 것뿐이다. (중략) 얼른 말해서 민족주의의 비극은 실로 그것은 본질적으로 전체주의와 계보를 같이하고 있다는 사실로부터 출발한다. 그러기에 민족공동의 이익을 위해서는 독재도 불가피하는 둥 내 민족이 잘 사는 길이라면 무슨 짓인들 꺼리랴. 이런 식으로 뻔뻔스리 내대는 것이 바로 저들 민족주의자로 자처하는 위인들이 상투적으로 내세우는 명분론이었다. 이래서 '나치

---

[25] 〈애국자냐 반역자냐〉, 위의 책, 127쪽.

스' 독일의 몸서리치는 횡포가 자행되었고 흑 '샤스'당의 호령 밑에 '로마'가 벌벌떨어야 했고 동방의 섬나라 일본에서는 군국주의의 죄악사가 엮어졌던 것이니 이 모두가 다 내 민족의 번영을 위한다는 허울 좋은 핑계 밑에서 이루어진 민족주의의 비극이었다.26)

③민주주의란 간단히 말해서 인간은 존엄하다는 것, 그러기에 모든 인간들은 스스로의 존엄성을 지키고 넓힘으로써 새 나라 새 살림 마련에 앞장서자는 사실과 신앙의 행동화를 위한 주장이다. 다시 말하면 인간에게서 신성, 즉불하침의 존엄성을 인증하고 이것을 바탕으로 새 생활의 청사진을 꾸며 보인 것이 바로 민주주의의 내용이다. (중략) 민주주의를 구성하는 사상적 핵심이 인간의 존엄성을 인증하는 데 있는 것임은 이 주의의 제1차적 실천목표가 인간의 기본적인 자유와 권리를 옹호하는데 있는 것으로 보아서도 알 수 있다. 그리고 인간의 존엄성이란 결국 인간은 나면서부터 아무도 침략할 수 없고 또 아무에게도 침범당해서는 안 되는 본래의 자유와 권리가 있다는 사상과 신념을 기본으로 한다. 독재 혹은 독재주의가 민주주의 최대 최악의 적인 이유도 여기에 있는 것이다. 독재란 본래 성격상 남의 자유나 인권 따위는 아예 안중에 두기를 원치 않는다. 그러기에 조금만 거치적거려도 마구 누르고 짓밟기가 일쑤다. 이런 우악하고 무지한 족속들이 제법 인간의 존엄성을 이해할 리가 없다. 따라서 민주주의도 저들 독재족에게는 한낱 불가해의 이방어일 밖에 없다.27)

작가가 민족주의에 함몰되지 않고 자유와 평등에 기반한 민주주의를 강조한 것도 그의 인간/국민/약자지향적인 자세 때문이며 그의 이러한 태도는 이주민, 망명자, 이방인, 추방자의 타자적 삶을 영위했던 삶 속에서 구축된 이데올로기였다. 그의 사상은 민족, 국가, 국민에만 함몰되지 않은 다문화적이고 디아스포라적인 관점을 지녔다. 정치에 관심을 표명하고 현실 정치를 표방했지만 그에게 주요한 것은 권력획득이나 야망 혹은 출세라든지 이데올로기 대립이기보다는 항상 인간이 중심에 위치해 있었고, 자유와 인권, 민주가 핵심이었다. 진보든 보수든 여당이든 야당이든 반공이든 민족이든 인간성 옹호를 훼손하는 독재와 범속한 권력지향을 향하여 분노와 격한 울분을 드러내었다. 김동명은 격리되어 있는 자, 권력에 대항하

---

26) 김동명문집간행회, 〈민족주의와 민주주의〉,『나는 증언한다』, 장안서림, 1956, 445-447쪽.
27) 김동명문집간행회, 〈민주주의란 무엇이냐?〉, 위의 책, 441-442쪽.

여 진실을 말할 수 있는 자, 아무리 크고 화려한 세속적 권력이라도 비판의 화살을 피할 수 없다고 생각하는 예민하고 웅변적이며 믿을 수 없을 만큼 용감하게 분노하는 개인으로서의 지식인상28)을 정치평론 집필과 실천하는 행동으로 보여주었다.

우리 역사에 있어 민족국가, 민족주의는 강조될 수밖에 없었음에도 불구하고 작가가 이에 함몰되지 않은 이유는 출향, 출교, 출당의 경험으로 인한 추방과 박탈의 상황을 겪었기 때문이다. 민족주의의 과잉은 독재, 파시즘, 단일민족 중심으로 이어짐으로써 여성, 외국인, 이주자를 배제시키기에 이를 경계하는 작가는 사회적 약자에 대한 공감능력과 이방인의식을 갖고 있다. 소속 없음, 국가 없음, 영토 없음의 처절하고 고통스러운 경험은 단일화와 동질화가 필요한 민족국가, 민족 정체성이라는 한정된 사유를 초월한 인간성, 민주, 인권의 중요성을 더욱 인식한 것이다. 민족주의가 민족국가를 휩쓸 때 즉 법치가 중지되고 소수집단의 권리를 박탈당하거나 그들을 아예 추방하거나 심지어 절멸할 때 벌어지는 인간성의 완전한 결핍29)을 자각한 작가의 현대적인 신념은 값지고 의미 있는 것이다. 그에게 인간다움을 간직하면서 생존하기 위한 요소야말로 자유를 가질 권리, 소속할 권리, 삶의 터전을 가질 권리30)였던 것이다. 시나 수필에 등장하는 '피난민', '월남민', '나그네', '사나이', '목격자'는 국가적 보호나 법적인 권리를 박탈당한 '목숨뿐인 삶', '벌거벗은 생명'이었다. 인간의 권리나 품위를 손상하는 사건이 발생할 때마다 김동명은 용기 있게 나섰기에 지식인이자 정치가로서의 삶도 작가못지 않게 유의미하다. 또한 그의 위대함은 민족, 국가, 소속에 함몰되지 않고 보편적이고 윤리적인 인간다움 자체에 귀기울였다는 점이다.

## 4. 맺음말

본고는 김동명의 작가(시인)로서의 삶과 지식인(정치가)으로서의 삶을 고찰해 보았다. 그는 현실정치에 참여함으로써 문학적 평가에 부정적인 영향을 끼쳤으나 혼란스러운 위기의 한국적 상황을 외면하지 않은 지식인의 역할을 함으로써 재평가가 이루어져야 한다. 그의

---

28) 에드워드 사이드, 최유준 역, 앞의 책, 23쪽.
29) 주디스 버틀러/가야트리 스피박, 앞의 책, 47쪽.
30) 위의 책, 49쪽.

문학과 삶은 정주와 이주의 길항 속에 탄생하였다. 8살 때 근대문명의 개항지인 원산으로 이사하는 고향상실을 체험함으로써 이방인의 시각을 갖게 된다. 이방인의 시각이란 어느 소속에 편향되지 않은, 자유롭고 객관적인 시선을 의미한다. 그의 문학 속에서 정착과 안정에 대한 열망은 정원(뜰)가꾸기와 식물, 자연 모티프로 나타나며, 이주하는 삶은 이사, 방랑, 유학, 월남, 피난 등의 체험기로 표출되고 있다. 교원, 교수, 평론가, 초대참의원 등을 역임하는 등 그의 삶은 평탄해 보이지만 조국과 고향 상실, 옥고, 절필, 유랑, 구직에의 위협, 유학, 월남, 피난, 사별 등으로 인한 상처로 얼룩졌다. 정치가, 지식인으로서의 삶에 있어서도 그는 국가권력과 불화하고 갈등하였기에 순탄치 않았다. 어머니의 강인하고 용기 있는 성품을 닮은 그는 북의 김일성 공산당 정권뿐만 아니라 남한의 이승만, 장면, 박정희 정권에 대해서도 신랄하게 비판하였다. 그에겐 이데올로기 자체보다는 인간의 권리를 유린하고 인간다움을 말살하는 그 어떤 행위에 대해서도 용납하지 않았다. 자유, 인권, 민주를 향한 정의 구현과 인간성 옹호는 김동명이 지향하는 가치였다. 이주·망명·추방경험 속의 객관적인 현실 인식을 지닌 김동명은 독재, 파쇼뿐만 아니라 위험한 민족주의를 경계하며 다문화주의적이고 민주주의 본연의 가치를 중시했다. 그가 살았던 식민지, 해방공간, 전쟁, 분단의 시대는 우리 민족에게 가장 가혹하고 비참하며 혼란스럽고 부유했던 상황이었고, 작가는 문학으로 서정적이고 감성적인 시의 세계를, 정치평론에서는 자신의 신념과 지조를 올곧게 주창하였다. 따라서 시 중심의 문학연구는 재고되어야 하며 그가 남긴 시집, 수필집, 정치평론집 등을 총체적으로 고구할 때 김동명의 삶과 문학은 공정하게 평가될 수 있을 것이다.

## 참고문헌

### 1. 기본자료

김동명문집간행회,『모래 위에 쓴 낙서: 김동명수필·수기집』, 장안서림, 1956.
김동명문집간행회,『나는 증언한다: 김동명평론집』, 장안서림, 1956.
김동명,『적과 동지: 김동명정치평론집』, 창평사, 1955.
장은영 엮음,『김동명 시선』, 지식을만드는지식, 2012.

### 2. 논문

김윤정,「김동명 시에 나타난 '주체의식' 연구」,『김동명문학연구』제1집, 김동명학회, 2014.
심은섭,「김동명 시에 나타난 기도형 발아의 원인 고찰」, 위의 책.
엄창섭,「초허의 시문학과 정체성의 고찰」, 위의 책.
이미림,「김동명 산문에 나타난 타자지향성과 디아스포라의식」, 위의 책.
이성교,「김동명 시 연구」, 위의 책.
장정룡,「김동명 수필의 '월남'과 '피난' 표출양상」, 위의 책.

### 3. 단행본

김병우 외,『김동명의 시세계와 삶』, 한남대출판부, 1994.
김동명학회,「따뜻한 감성과 불멸의 시혼 김동명」,『김동명문학연구』제1집, 2014.
김용성,『한국현대문학사탐방』, 국학자료원, 2011.
엄창섭,『김동명연구』, 학문사, 1987.
에드워드 사이드, 최유준 역,『지식인의 표상』, 마티, 2012.
이미림,『21세기 한국소설의 다문화와 이방인들』, 푸른사상사, 2014.
이용일,「다문화시대 고전으로서 짐멜의 이방인 새로 읽기」,『독일연구』제18호, 한국독일사학회, 2009.
자크 데리다, 남수인 역,『환대에 대하여』, 동문선, 2004.
주디스 버틀러/가야트리 스피박, 주해연 역,『누가 민족국가를 노래하는가』, 산책자, 2008.

# 김동명 시의 모성적 상상력 연구

유희자*

## 목 차

**I. 서론**
  1. 연구목적 및 의의
  2. 연구사 개관
  3. 연구 방법

**II. 모성성의 시적 구현**
  1. 근원적 모성성
    1) 본능으로서의 모성
    2) 영지로서의 모성
    3) 곤고한 존재로서의 모성
  2. 절대적 권위와 모성성
    1) 기원으로서의 모성
    2) 강한 의지로서의 모성

**III. 모성성과 작가의식**
  1. 모성부재와 상실감
  2. 떠남과 회귀의식
  3. 모성 콤플렉스의 극복

**IV. 결론**

---

*강릉원주대 강사

# Ⅰ. 서론

## 1. 연구목적 및 의의

광복이후 청소년들에게 널리 애송되었던 〈芭蕉〉와 〈내마음〉의 작가 초허(招虛) 김동명(1900~1968)은 1923년 『開闢』지(통권40호)에 처녀작 〈당신이 만약 내게 문을 열어 주시면〉으로 데뷔했다. 이후 총 6권의 시집을 발간하면서 김동명은 우리 시문학사에서 큰 자취를 남긴 시인이다.

그에 관하여는 동시대의 다른 작가, 즉 김소월, 박두진, 신석정, 김상용 등과 더불어 흔히 전원시인·목가시인이라는 평이 지배적이다. 그러나 김소월이 인간적 한으로, 박두진이 범신론적 초월자의 의지로, 신석정·김상용 등이 자연을 관조하며 유유자적하는 자세로 자연을 노래했다면 그는 단순히 유유자적하는 관조의 시풍이 아니라 그 서정성을 통해 시대의 아픔을 돌아보았다. 시적 아름다움과 더불어 현실의식이 자리 잡고 있다는 점에서 그의 시는 또 다른 평가의 여지가 있다.[1]

김동명의 초기시에는 습작기에서 해방되기까지 약 20여 년간의 기간에 발표한 시가 포함된다. 이 기간에 발표된 시는 세 권으로 습작기 작품을 한데 모아 엮은 처녀 시집 『나의 거문고』(1922~1929)[2]를 위시해서 두 번째 시집 『파초』와 세 번째 시집 『하늘』(1930~1936) 등으로 묶여 있다. 이 시기는 김동명의 시 전반을 통해서 비교적 알차게 시심(詩心)이 영글어 가던 때라고 할 수 있으며, 『하늘』은 아름다운 자연을 통해 어두운 시대 상황과 인생무상의 느낌을 표현하였고 『파초』에서는 역사적인 고뇌와 이를 극복하려는 적극적인 인생관을 나타내고 있다.

김동명의 후기시는 주로 해방 후부터 작고하기까지의 기간이 해당된다. 이 기간에 김동명은 전기에서와 같이 세 권의 시집을 상재했는데 『眞珠灣』(1945~1947), 『三八線』(1945~1947), 『서울 風物誌』(1957년)가 그것이다. 『진주만』은 태평양 초기의 전쟁상황 및 일제의 암흑상을 묘사했으며 『삼팔선』은 1947년 월남하기 전 2년 동안 공산치하에 있었던 우울한 이야

---

[1] 송백헌, 「초허 김동명의 시세계」, 『한국현대시인연구(상)』, 푸른사상, 2001, 181쪽.
[2] 1930년에 발간한 김동명의 처녀 시집. 초기의 습작품을 모아 발간함. 현재 『나의 거문고』는 존재를 알 수 없음. 이성교, 「김동명 시 연구」, 김병우 외, 『김동명의 시세계와 삶』, 한남대학교 출판부, 1994, 11쪽.

기로 민족의 참상을 표현했고『서울 風物誌』는 풍물적인 사회시로 회고의 정, 향토색, 피난 시절 등을 주로 표현했다. 이렇게 초기시와 후기시에서 볼 수 있듯 김동명은 1920년대에서 1960년대 초기까지 격랑기의 시대 현실을 작품으로 승화한 시인이다.

김동명 시에서 작가의 의식은 늘 모성을 향하고 있다. 일제의 식민지와 6.25전쟁이라는 시대상황은 곧 작품에서 모성의 부재인식으로 나타난다. 그의 시에는 모성에 대한 그리움과 결핍이 항상적으로 깔려 있는 것이다. 그것은 모성이 완전한 세계라는 전제 하에 모성의 결핍을 채우려는 지향이 나타나 있음을 의미한다. 이러한 모성을 회복하거나 모성부재를 극복하기 위한 작가의 노력이 작품에서 어떤 의미를 지니는지를 연구하는 데 본 연구의 목적이 있다. 더욱이 현재까지는 김동명 문학에서 모성이미지에 대한 연구가 전무한 실정이라 모성성과 관련한 김동명의 의식을 탐구하는 일은 큰 의미가 있다고 하겠다.

김동명은 강원 영동권의 문학인이다. 명주군 사천면에서 태어나 8살에 원산으로 이주한 작가에게 강원도 지역은 어린 시절의 기억 속에 고향으로 강하게 남아있다. 1947년까지 북한에서 생활한 그는 자연친화적인 고향과 외가가 있는 영동지역을 매우 서정적이고 아름답게 생각하고 있었으며 냉철하고 객관적인 모친의 성품에 영향을 받은 작가는 기억 속의 고향에 대한 향수를 작품 곳곳에서 담아내고 있다[3].

강원 영동권의 대표 작가임에도 불구하고 김동명의 시에 대한 지금까지의 연구나 평가가 답보 상태에 머물러 있는 것은 작가 자신이 문학을 여기(餘技) 정도로 생각하여 동인 활동이나 문단 활동을 거의 하지 않았고 다른 한편으로 민주당 시절에는 참의원 및 정치평론가로서 활동을 하는 등 정치에 헌신한 때문이기도 하지만 그의 시가 시종일관 자연시·전원시[4]로 평가되어 왔고, 목가적인 서정이 주조를 이룬다고 하거나[5] 또 그의 시편이 감상주의의 색채를 보임에 따라 저항의식이 결여된 시[6]라고 규정되었던 데에 기인한다. 하지만 김동명의 작품을 모두 읽어보면 이런 평가가 얼마나 평가절하 되어 있는 것인지를 알게 된다. 작가는 6.25전쟁을 고스란히 겪었으며 피난 중에 본 대로 겪은 대로를 시첩에 기록하여 당시

---

3) 이미림,「김동명 산문에 나타난 타자지향성과 디아스포라의식」,『김동명문학연구』제1호, 김동명학회, 2014, 115, 143쪽.
4) 백철,『조선신문학사조사』, 백양당, 1949, 280쪽
5) 조연현,『한국현대문학사』, 인간사, 1961, 622쪽
6) 김해성,『한국현대시문학전사』, 형설출판사, 1979, 181쪽

의 정세뿐만 아니라 우리 민족이 느껴야 했던 울분을 작품에 그대로 토해 놓은 역사의 산 증인이었다. 그가 어지러운 세상 속에 자연에서 심신을 위로받을 수밖에 없었던 것은 사실이나 그것이 시대와의 관련성을 회피하고 있는 것은 아니다. 김동명은 문학 활동을 하던 시기인 식민지배와 동족상잔의 비극을 어머니와 작가 자신과의 관계로 인식하였다고 볼 수 있다. 다시 말해 김동명의 전원적·자연적·목가적인 시에 부여한 의미는 일제의 식민지라는 조국상실과 현실 부조리와 같은 시대적인 아픔에 기인하는 것이다. 그러므로 김동명의 시에서 나타나는 작가의 의식 세계를 모성과 관련지어 연구하는 것은 김동명 시세계를 새롭게 인식하는 계기가 된다고 하겠다.

## 2. 연구사 개관

김동명 시에 대한 평은 양주동이 『한국문단』(1926)의 4월 시평에서 산문시 『殘別』을 단평한 것이 처음이며, 여기에서 평자는 '작가의 경건한 종교적 정열과 묵직한 고민의 影子를 느꼈다고 했다. 그 후 김동명 시에 대한 단평은 있었으나 전반적인 연구가 이루어지지 않았다. 김동명 작고 후 시인과 친분관계가 두터웠던 안수길이 〈김동명 선생의 시와 애국심〉[7]을 발표하였는데 여기에는 주로 시인의 생애에 대한 기록과 생활 주변 이야기가 주로 다루어지고 있다. 그 후 김동명에 대한 본격적 연구 시도는 이성교의 「김동명 연구」[8]에서 시작되었다. 이 논문들에서는 김동명의 시세계, 시사적 위치, 다양한 산문시까지 고찰하였다. 그 외 박민일의 「태백의 인물-김동명」[9]은 시인의 삶에 대한 단평이었다. 정한모, 김용직의 『한국현대시 요람』[10]에서는 김동명의 약력과 대표시 몇 편만을 언급하는 데 그치고 있다. 이어령의 『한국작가전기연구(상)』[11]는 작가론 측면에서 김동명의 삶을 통하여 그의 인간됨을 상세

---

[7] 안수길, 「김동명 선생의 시와 애국심」, 『신동아』, 1968.3.
[8] 이성교, 「김동명 연구」, 『성신여사대 논문집』4,5집, 1972.
[9] 강원일보사 조사자료부 이소영 기자의 도움으로 당시의 신문 지면을 메일로 전해 받을 수 있었다. 1972년 3월 25일자에 박민일은 "太白의 人物"에서 김동명의 시와 정치평론집에 대해 '詩人·敎育者·政治評論家로 名聲', '詩句서 國家·民族의식 고취', '自由黨 비정 과감히 파헤쳐' 등의 소제목으로 작가의 생활신념과 결부지어 짧은 평을 했다. 박민일, 「태백의 인물-김동명」, 강원일보, 1972. 3.
[10] 정한모·김용직, 『한국현대시 요람』, 박영사, 1975.
[11] 이어령, 『한국작가전기연구(상)』, 동화출판사, 1975.

히 제시하고 있다. 또한 정태용의 「김동명론」12)에서는 작품분석보다는 작가론에 치중하였고 역사주의에 근거한 단평이었다. 홍문표의 「민족시인 김동명의 생애와 문학」13), 그 후 김용성의 『한국현대문학사 탐방』14)에서는 시인의 인척들의 증언을 토대로 생애를 고찰하는 데 역점을 두었다.

80년대에 들어서면서부터 엄창섭에 의해 김동명에 대한 연구가 보다 다양하고 종합적으로 전개되었다. 엄창섭은 기독교 사상과 김동명의 시문학의 관련성, 정치적 성격을 띠고 있는 산문의 고찰, 시 속에 나타난 죽음의식, 그리고 문학사적 조명을 하였다15). 한편 임영환은 김동명의 시정신은 궁극적으로 지향했던 바가 목가적 서정이 아니라 우국충정16)의 측면을 강조하면서 민족시의 성격을 부각시켰다. 그리고 박호영은 〈파초〉에 나타난 시의식을 의지의 지향17)으로 규정하였다. 신익호는 김동명의 시가 적극적인 참여시나 도피적인 전원문학이 아니라는 점을 전제하고, 암담한 시대를 살아가면서도 비극적인 현실을 희망과 긍정적 자세로 바라본 정신적 배경과 그의 시작품에 표출된 황혼의 긍정적·부정적 관점에 대해 심층적으로 연구하였다18).

90년대 들어서 기존 김동명의 삶에 대한 연구보다는 시 자체에 대한 다양한 분석들이 시도되었다. 정종진은 사회주의 진영을 풍자하여 지은 시에 대해 작가의 현실참여의식을 조명했다.19) 이탄은 시에 나타난 자연과 종교적 바탕과 상징성이 궁극적으로는 우리 민족의 저항임을 밝혔고20) 정사운은 김동명 시의 구조적 특질과 그 구조를 통해 표출하려는 현실인

---

12) 정태용, 『한국현대시인연구』, 일지사, 1976.
13) 홍문표, 「민족시인 김동명의 생애와 문학」, 『임영문화』2집, 1978.
14) 김용성, 『한국현대 문학사 탐방』, 국민서관, 1979.
15) 엄창섭, 「김동명 연구」, 성균관대 박사논문, 1992.
　-----, 「초허 김동명론고」, 『관동대학논문집』제10집, 1982.
　-----, 「김동명의 시 연구」, 『관동대학논문집』제11집, 1983.
　-----, 「초허 김동명시에 표출된 죽음의식」, 『관동대학논문집』제14집, 1986.
　-----, 「초허 김동명의 문학사적 조명」, 『시와 시론2』, 학문사, 1986.
16) 임영환, 「김동명의 민족시적 성격」, 『한국현대시사연구』, 일지사 1983.
17) 박호영, 「김동명과 김광균의 시인식」, 박호영·이숭원, 『한국 시문학의 비평적 탐구』, 삼지원, 1985.
18) 신익호, 「황혼의 변증법적 의미-김동명론」, 『어문학지』제4·5집, 1985.
19) 정종진, 『한국 현대시, 그 감동의 역사』, 태학사, 1999, 388~394쪽.
20) 이탄, 「김동명론」, 『한국의 대표 시인들』, 문학아카데미, 1995, 176~200쪽.

식과 주제의식의 변모양상에 대해 연구하였다.[21] 송효섭은 김동명 시에 대한 기호들의 충돌과 통합의 양상을 중심으로 한 기호학적 접근을 시도했고[22], 정재완은 시집 『파초』를 중심으로 시들의 이미지를 분석[23]하였다. 장백일은 김동명 시에 나타난 투명한 서정성을 시인의 현실 참여와 연관[24]시켰다. 그리고 김병욱은 시인의 삶과 시속에 드러난 현실참여[25]에 초점을 맞추었다. 특히 이 때 시인의 제자 허미자의 간략한 추억담[26]과 장자 김병우의 아버지의 성품과 시 속에 드러난 기질의 비교적 자세한 기록[27]은 김동명의 생애를 고찰하는 데 있어서 신뢰성 있는 중요한 자료들이다.

2000년대에 들어서서는 전도현의 「김동명 초기시 연구」[28]가 첫 시집 『나의 거문고』를 중심으로 김동명의 초기시를 '퇴폐적 감상성'의 세계로 바라보는 단선적 시각을 재고하는 차원에서 심도있게 연구되었다. 또한 그 후속 논문으로 김동명 시 원전에 대한 추가 자료 조사를 실시하여 새롭게 찾아낸 작품과 함께 초기시를 중심으로 김동명 시의 비유 구성 방법을 연구한 바 있다[29]. 송백헌은 시에 나타나는 물과 황혼의 이미지로 김동명의 시세계를 조명했다.[30] 학위 논문으로 백승란은 김동명과 김상용 시의 심상을 비교 연구하였고[31] 김효중은 김동명과 바쇼 시의 유사성을 바탕으로 한 비교 연구를 하였다.[32] 또한 김동명의 딸인 김월정은 아버지에 대한 기억을 회고하여 기획특집으로 발간하였다.[33]

우리 시문학을 논할 때 대부분 문예사조 혹은 문학지에 근거하거나 당시의 유행을 좇아 어떤 유파에 소속되어야만 문단사에 크게 자리매김되는 경향이 있었다. 그밖에 독자적인 시

---

21) 정사운, 「김동명의 시 연구」, 충남대학교 대학원 석사학위논문, 1999.
22) 송효섭, 「김동명 시의 기호세계」, 김병우 외,『김동명의 시세계와 삶』, 한남대출판부, 1999.
23) 정재완, 「시인 김동명론」, 위의 책, 95~114쪽.
24) 장백일, 「김동명 시의 서정성 연구」, 위의 책, 129~154쪽.
25) 김병욱, 「시인의 현실 참여」, 위의 책, 115~128쪽.
26) 허미자, 「이화에서 초허 선생님」, 위의 책, 195~200쪽.
27) 김병우, 「아버지 김동명에 관한 서한」, 위의 책, 201~274쪽.
28) 전도현, 「김동명 초기시 연구」, 『한국학연구』39, 고려대학교 한국학연구소, 2011.
29) -----, 「김동명 시의 비유 구성 방법 연구」,『한국학연구』43, 고려대학교 한국학연구소, 2012.
30) 송백헌, 앞의 논문, 181~194쪽.
31) 백승란, 「김동명과 김상용 시의 심상 연구」, 충남대학교 대학원 석사학위논문, 2003.
32) 김효중, 「김동명과 바쇼의 대비 연구」, 대구카톨릭대 대학원 석사학위논문, 2004.
33) 김월정, 「나의 아버지 초허 김동명」,『문예운동』제86호, 문예운동사, 2006.

작활동을 했던 시인들은 그리 중요치 않게 다루어졌던 것이 사실인데 김동명 역시 그런 이유로 우리 문단사에서 외면 받았던 시인 중의 한 사람이었음을 부인할 수 없다. 김동명 문학에 대한 연구가 최근 들어 조금씩 활기를 띠기는 하지만 아직은 그의 의식세계를 깊이 고찰하지 못하고 있다. 이에 연구자는 본 연구의 지향점인 김동명의 시에 나타난 모성을 통하여 작품과 시대상황의 연결고리를 밝히고 시인의 내면에 깊이 깔려 있는 의식 세계를 조명하고자 한다.

## 3. 연구 방법

1964년 김동명문학연구회에서 간행한 사화집 『내마음』에는 『파초』 37편, 『하늘』 40편, 『진주만』 48편, 『삼팔선』 29편, 『서울풍물지』 45편 등 5권의 시집에 199편이 시가 실려 있다. 본고는 이 사화집 『내마음』에 실려 있는 작품에서 모성이미지가 두드러지게 나타나는 83편의 시에 대해 그 모성성을 연구하고자 한다.

김동명은 1900년 2월 4일 강원도 명주군 사천면 하노동리 54번지에서 경주 김씨 제옥과 평산 신씨 석우의 독자로 출생하였으며 1968년 2월 21일 숙환으로 별세하였다. 신사임당 일가인 어머니는 유별나게 긍지와 자존심이 강하여 초라한 행색의 아들을 친정에 데리고 가는 일도 드물었다고 한다. 어린 시절 김동명이 '이 다음에 커서 무엇이 되기를 바라냐'고 물었을 때 눈빛을 반짝이며 '강릉군수'가 되어 달라고 주문하던 어머니는 강릉군수가 되기 위한 발판을 마련해 주고자 8살 아들의 손을 잡고 원산으로 떠났다. 동명의 초기 시는 거의가 '떠남'을 주제로 하는데 이는 어린시절 영문도 모른 채 어머니의 손에 이끌려 고향을 떠난 기억이 가슴 속에 잠재되어 있었기 때문이리라 여겨진다. 고향을 향한 그리움이, 조국을 잃은 민족의 현실과 맞물려 모성의 이미지로 작품에 투영된 것도 이와 관련된다.

김동명의 첫 시집인 『나의 거문고』와 제2시집 『파초』, 『하늘』에서는 일제치하에서 농촌과 정원에 묻혀 민족의 비애와 조국의 향수를 투영하고 이를 따뜻한 수법으로 서정화하기에 힘썼다. 특히 이 시기 김동명의 시는 거의가 조국을 잃은 자신의 향수와 고독을 융합시켜 '모성'에 의지하여 읊은 시이며 이 시기가 작가의 전성기라고 할 수 있는데 식민지 조국과 이러한 조국을 떠나 있는 현실이 작가에게 모성이미지의 시심을 풍부하게 했음을 알 수 있다.

광복에 이어 1947년에 김동명은 북한 공산 치하의 압정에 위험을 느껴 월남했다. 그 뒤의 시집인 삼팔선(1948), 『진주만』(1954), 『서울 風物誌』(1957) 등에서는 정치와 사회에 대해 관심을 보였으며 사회정의를 구현함으로써 참다운 민주주의 낙원 건설에 기여하고자 하는 의식이 나타나 있다. 이 또한 김동명이 안위 속에서 가정을 꾸리려는 모성지향의 발로였다고 볼 수 있다.

김동명은 그의 성장과 시대적인 배경이 작가 의식에 지대한 영향을 끼쳤음을 알 수 있는데, 이를테면 독자로 자란 점, 아버지보다는 어머니의 영향을 많이 받으며 성장했다는 점과 일제의 식민지와 6.25전쟁을 고스란히 겪으면서 그것들이 작가의 정서적인 배경이 되었다는 점은 그의 작품 세계를 형성하는 데 가장 근본적 체험이 된다. 그 시대를 산 우리 국민 모두의 고생은 말할 것도 없었지만 문학인들의 고충은 더했는데 김동명의 많은 시편에서 어머니로 갈음되는 조국의 역사와 진실 앞에 고민한 흔적을 역력히 볼 수 있다. 이렇게 문학에 있어 김동명은 시대적 상황과 떼려야 뗄 수 없는 숙명적 관계였으며 그 관계를 매개하는 것은 작가의 내면에 잠재하고 있는 '모성'이었음을 알 수 있다. 이 '모성'은 시작(詩作) 후반기에 오면서 시심(詩心)이 흐려지기 시작할 때도 유감없이 발휘되는데 정치평론34)을 할 수 있었던 배경이 어머니로부터 비롯되었기 때문이다.

여성은 생물학적 조건으로 인해 선천적으로 모성을 지닌 존재로 인식된다. 모성은 '여성이 어머니로서 가지는 정신적·육체적 성질 또는 그런 본능'으로 임신·출산·수유 같은 생물학적 요소에서 출발하여 양육 및 이데올로기라는 사회적 요소까지 포함하는 복합적인 개념이다. 여성의 출산능력이라는 생물학적 특징은 자녀돌보기, 나아가 남자와 연장자를 포함한 다른 사람들에 대한 보살핌, 정서적 안정을 제공하는 능력의 본성적 근거가 된다. 따라서 여성은 아이를 낳은 사람이건 아니건 모성의 자질을 본질적인 역할로 가진 주체로 간주되며 여성은 그러한 이데올로기를 통해 모성적 주체로 구성된다.35) 김동명의 시에서 나타나는 모성은 어머니 그 자체가 모성의 주체이기도 하고 또 모성이미지 형상화의 객체이기도 하다는 점과 관련되어 있다. 그것은 김동명이 어머니와의 유대와 애착이 매우 강하여 모자(母子) 관계가 매우 밀착되어 있었다는 것에서 이유를 찾을 수 있다. 다시 말해 김동명은 어머니와

---

34) 김동명은 전술한 6권의 시집과 『나의 거문고』를 제외한 다섯 권의 시집을 묶은 사화집 『내마음』, 그리고 정치평론집 『적과 동지』(1965), 『역사의 배후에서』(1957)와 수필집 『세대의 삽화』(1959), 『나는 증언한다』(1964), 『모래 위에 쓴 낙서』(1965) 등이 있다.
35) 심영희 외, 『모성의 담론과 현실-어머니의 성·삶·정체성』, 나남출판, 1999, 280쪽.

함께 바라보았던 모든 우주와 사물에 대해 모성을 부여했다고 할 수 있다. 김동명이 유년 때의 자식 교육에 대한 전통적 인식은 '엄부자모(嚴父慈母)'였다. 어머니는 친근함을 통해 좋은 습관을 길러 주는 존재이며 아동은 모방적 존재로 인식된다. 반면 아버지는 "자율적 훈육"의 담당자로 인식된다.36) 김동명의 경우 '훈육'을 담당해야 할 부성의 부재로 어머니가 부성의 자리를 메워야 했다는 점에서 작가에게 모성은 아버지로 대체될 만큼 강한 이미지로 존재할 수밖에 없었을 것이다.

유교사회에서 여성에게 주어진 가장 근본적인 사회적 규정은 '남아출산자'로서, 아들을 낳아 '家'라는 집단적 생명을 보전해가는 것이었다. 그런 점에서 가부장제의 어머니에게 아들은 신이요, 종교이다. 아들과 어머니의 관계는 리치가 말했듯이 "죽음과 연관되어 있다". 어머니는 삶과 죽음을 연결해주는 매개자로서의 아들을 통해 뿌리내린다.37) 이것은 김동명과 어머니의 관계를 가장 극명하게 표현해 주는 말일 것이다. 김동명에게 모성은 '자식바라기'로 그치는 것이 아니라 아들의 육체나 정신을 넘어 아들이 관계하는 자연, 나아가 우주, 역사에까지 뿌리내려 있는 것이다. 모성은 그 이미지가 다소 객관화하기에 어려운 면이 있다. 이는 경험이나 견해에 따라 모성이미지를 결정짓는 데 차이가 있을 수 있기 때문이다.

한국의 모성이미지는 이중적이다. 가족과 자식을 위해 희생하고 헌신하는 금욕적 어머니가 전통적 모성이라면 그 이면에 바로 자기 가족과 자식의 출세를 위해 맹목적 경쟁을 벌이고 끊임없는 욕망의 연쇄에 매몰되어가는 어머니, 즉 현대적인 모성의 형태가 존재한다. 김동명의 어머니에게서는 전통적인 모성뿐만 아니라 현대적인 모성의 형태도 발견되는데 8살 어린 아들의 손을 잡고 신교육을 찾아 과감히 고향을 등지는 모습이 그것이다. 김동명의 시에서 어머니는 늘 고단함과 그리움의 대상인 전자의 모성으로 나타나지만 내면에는 김동명이 후자의 어머니를 항상 의식하고 있었음을 알 수 있다. 작품 속에 이런 점들은 김동명의 독특하고 다양한 모성이미지로 나타난다. 본고는 이러한 모성의 양면성에 초점을 맞추어 김동명의 의식을 조명할 것이다.

김동명에게 모성은 어린 시절 어머니로부터 들었던 '타박네'의 이야기와 관련된다고 단정지을 수 있다. '타박네'는 어머니와의 각별한 관계를 형성하던 자아가 어머니를 잃고 슬픔과

---

36) 채성주, 『근대교육 형성기의 모성 담론』, 학지사, 2009, 230쪽.
37) 심영희 외, 앞의 책, 304쪽.

한을 지니게 된 이야기를 담고 있다. '타박네'는 1972년 가수 서유석이 음반을 내면서 남녀노소에게 애창되던 노래였는데38) 오래전부터 '강릉민요'39)로 구전되어 왔기 때문에 김동명의 어린 시절에도 '타박네 이야기'와 함께 불려졌을 것이라고 추측할 수 있다. 세상에 '타박네'와 '어머니'뿐이었던 '타박네 이야기'에 독자인 김동명 자신과 오직 전부인 어머니의 삶을 동일시한 것으로 볼 수 있다. 작가는 유년에 어머니에게 무수한 이야기를 들으며 자랐지만 유독 어머니를 잃은 슬픔에 정처없이 떠돌아다니는 '타박네'의 이야기를 잊지 못한다. 작가 스스로도 타박네의 뒷모습을 '내 눈물의 고향'40)이라고 하였다. 어릴 적 들었던 한 토막의 이야기는 한 인간의 정서뿐만 아니라 성장과 정신까지 지배하기도 한다. 김동명의 경우는 부성의 결핍, 국권상실과 동족상잔의 비극과 함께 작가의 내면 정서에 늘 깔려있던 '타박네' 이야기가 맞물려 독특한 '모성이미지'를 길러냈던 것이다.

김동명 시에서 모성이미지는 단순히 전통적이고 평화로운 여성상으로 구현되어 있지 않다. 그에게 모성은 평화와 구원의 상징으로서의 이미지로 전유되지 않는다. 대신 김동명에게 모성은 생활의 척박함 속에서 강인함으로 형성되는 이미지와 관련된다. 그것은 생활의 곤고함을 이겨내고 억척스러움으로 현상한다. 김동명에게 모성이미지가 이처럼 강인함으로 기억되는 까닭은 일차적으로 김동명에게 절대적인 영향을 미친 어머니라는 존재에 기인할 것이다. 일찍이 아버지를 여의었던 김동명에게 어머니는 아버지의 역할까지 대신해 주던 강인하고 절대적인 존재였던 것이다. 말하자면 김동명에게 어머니는 일반적 의미에서의 구원의 상징으로서의 모성에서 그치는 것이 아니라 대타자로서의 의미까지 포함하는 것이다. 김동명

---

38) 「타박 탁박 타박네야/너 어드메 울고 가니/우리 엄마 무덤가에/젖 먹으러 찾아간다/물이 깊어서 못 간단다/물 깊으면 헤엄치지/산이 높아서 못 간단다/산이 높으면 기어가지/명태 주랴. 명태 싫다/가지 주랴. 가지 싫다/우리 엄마 젖을 다오/우리엄마 젖을 다오.」〈타박네〉 1절, 소리바다. http://www.soribada.com

39) 춘천 출신 청오 차상찬이 일제강점기 순수 한글 육필로 채록한 우리나라 최초의 미발표 '조선민요집'에 '타박네(다복녀)민요'는 '강릉민요'라고 특별히 기록되어 있다. 장정룡, 「김동명 산문의 시대적 양상 고찰」, 『김동명 문학관 개관 기념 학술세미나 및 시낭송회』, 강릉문인협회, 2013, 주석 재인용.

40) "내 나이 어렸을 때 어머니의 무릎을 베고 혹은 「코쿨」앞에 마주 앉아 어머니로부터 들은 이야기로 말하면, 달 속의 계수나무와 옥토끼의 이야기를 비롯하여 은하수 가의 견우·직녀 이야기, 천태산 마구할멈 이야기, 구미호 이야기, 장사 이야기, 신선 이야기 그리고 유충렬전, 조웅전, 장화홍련전, 심청전 등 고담책 이야기며 이 밖에도 예로 들 수 없도록 많은 이야기를 들었지마는 그 가운데서도 슬프기로는 타박녀의 이야기가 으뜸이었다. 영영 가버린 어머니를 찾아 슬피 울며 타박 타박 걸어 가는 타박녀! 어디선가 타박녀의 흐느끼는 우름소리 귓가에 들리는 듯하면 타박 타박 걸어 가는 타박녀의 뒷모습이 눈 앞에 서언하며 나는 이 슬픈 환상 때문에 얼마나 울었는지 모른다. 아, 타박녀의 뒷모습! 이것은 바로 내 눈물의 옛 고향이기도 하다." 김동명, 〈어머니〉,『세대의 삽화』, 일신사, 1959, 9~12쪽.

에게 있어 이러한 어머니의 역할은 당시 식민지의 부성 상실 상황에서의 반대급부가 된다 할 수 있다. 국권 침탈로 말미암은 부성의 부재는 이를 대체하고 또다른 대타자를 요구했던 바 김동명에게 강인한 어머니는 이러한 대타자의 역할을 대신해 줄 수 있었던 것이다. 김동명의 독특한 모성이미지는 식민지 시대 국권이라는 부성의 결핍에 대한 대응물이 된다 할 수 있다.

이러한 관점에서 김동명에게 어머니의 의미는 매우 각별했음을 알 수 있는데, 이 점으로 인해 김동명도 '어머니'에 관한 모종의 콤플렉스를 경험하였음을 확인할 수 있다. 모성에의 정서가 한편으로는 지향성으로 나타나면서 다른 한편은 억압으로 느껴졌다는 점이 그것이다. 즉 김동명에게 모성은 가정 및 사회의 현실을 극복케 해주고 의지처가 되어주는 동시에 그의 삶을 지배하고 대타자가 됨으로써 김동명으로 하여금 이로부터 벗어나고자 하는 욕망을 일으켰던 것이다.

김동명은 어머니에게 한없는 사랑과 결속감을 느끼면서도 자신의 주체적 삶을 위해 이로부터 벗어나고자 하였던 심리 또한 느꼈다. 이러한 정황도 어머니가 대타자의 위치에 군림함으로써 각별한 관계를 맺고 있고 자녀에게 억압과 구속으로 다가 왔던 사실과 관련된다. 이때 자아는 강인한 어머니에게 의지를 하면서도 그녀를 극복해야 하는 이중적 심리를 지니게 되고 이러한 양가 감정은 소위 콤플렉스로 표현되는 것이다. 요컨대 강인한 어머니에게 귀속된 자아는 대타자로서의 어머니를 극복함으로써 온전한 자아로 정립될 수 있다는 것이다.

김동명의 강인한 어머니가 김동명의 삶에 있어 절대적 영향력을 미쳤던 점은 김동명에게 어머니에 대한 한없는 존경심으로 현상한 동시에 모종의 양가 심리로 나타난다. 보호와 의지의 주체로서의 어머니가 부재할 시 김동명이 느꼈던 결핍과 불안의식이 그것이다. 모성이 부재할 경우 김동명은 결핍한 모성을 그리워하고 찾아 헤매는 모습마저 보여준다. 이것은 성숙하고 온전한 주체로서의 모습이 아니다. 따라서 이 지점에서 성숙하고 온전한 자아로 정립되기 위한 극복의 과정이 요구된다.

이에 본고는 김동명의 시에 나타나는 독특한 모성성을 도출하고 그러한 작가의식을 형성한 시대적인 상황과 당시 김동명이 느꼈을 상실감, 또 고향을 떠난 자신과 식민지 조국이라는 현실에의 일체감에 기인한 고향 회귀 욕망, 나아가 자신에게 짙게 드리운 어머니로의 회귀본능 등을 분석해 볼 것이다. 본 연구를 위해서 작가의 전기적 고찰과 정신분석, 심층심리학적 자료의 검토도 함께 이루어질 것이다.

김동명에게 모성이 어떤 의미를 지니고 있는지 규명하기 위해 먼저 김동명 시에 나타난 독특한 모성의 성격, 즉 모성성을 살펴 볼 것이다. 먼저 '모성'이라 하면 모든 동물의 어미에게서 공통적으로 나타나는 본능과 근원적 모성성이 있다. 김동명의 경우도 이러한 보편적 모성성과 무관하지 않다. 본능과 근원적 모성성은 어머니라는 대상이 자아에게 견고한 자리를 차지하고 있음을 반영한다. 김동명에게 어머니는 생활과 밀착된 존재이면서 김동명의 정신적 기반이 되고 있음을 말해준다. 본능과 근원적 모성성으로 본능으로서의 모성, 영지로서의 모성, 곤고한 존재로서의 모성으로 나누어 살펴보겠다. 자식에게 본능적으로 투사되는 모성성은 김동명의 자유로운 기질의 성품에서 알 수 있는데 김동명은 신학 공부까지 마치고도 교회의 법도에 따르는 신앙생활을 고집하지 않았고 교파 또한 인정하지 않았다. 그것은 하나님의 사랑 안에서 모두가 하나[41]라는 생각 때문이었다. 또 김동명이 이화여대에 재직할 때 가난한 시골 학생들을 위해 장학금을 마련[42]해 준 것 등은 어머니로서 모든 자식에게 똑같은 사랑을 주려는 본능적 모성이 배경이 된 것이다.

김동명의 시에서 나타나는 '영지(領地)'는 나의 영역, 다시 말해 '내가 점령한 영토'라는 의미를 지닌다. 그 자신이 어려서부터 접했던 '바다', 작가 자신이 일생을 쉬지 않고 가꾼 '정원', '뜰'은 시인 자신의 '영지'인 것이다. 이 영지를 지켜 식솔의 안위를 지켜야 할 마음은 곧 '모성'과 관련된다. 또한 어머니는 곤고한 존재다. 김동명이 중학을 나올 때까지 삯바느질, 옷감과 봇짐장수를 한 어머니는 고단한 존재로 자식에게 기억되는데 이런 시인의 전기적 사실은 작가의 내면에 늘 바탕을 이루며 작품에서 모성이미지로 나타난다. 김동명에게 어머니의 모습은 아들에게 끊임없이 베푸는 모성성의 존재로 인식되고 있는데 여기에서 모성은 작가가 세계를 바라보는 통로이며 그 안에서 자기 정체성을 찾고 있다[43]고 봐야 할 것이다.

다음으로 김동명 시에 나타나는 절대적 권위와 모성성에 대해 살펴보겠다. 김동명 시에서 절대적 권위란 보편적인 모성성을 넘어선 절대자에 의한 것과 또한 인간의 의지가 매우 강하여 절대성이 나타나는 것이 있다. 김동명이 기원의 시를 많이 쓴 것은 작가가 신앙을 가

---

[41] 김병우, 앞의 책, 210쪽.
[42] 허미자, 앞의 책, 198쪽.
[43] 권석순, 「자전적 사유를 통한 시의식의 공간성-최호길 시의 모성성과 지역성을 중심으로」, 『청소년과 함께하는 2014 강원도 작고 문인 재조명 세미나』, 관동문학회, 2014, 141쪽.

지고 있었다는 것과 무관하지 않으며, 시인이 자신을 '어머니의 편린'이라고 말했듯 어머니를 닮아 비판하는 태도에서 강한 의지의 시가 만들어질 수 있었다. 또한 김동명은 결코 삶이 평범하지 않았지만 굴곡없는 인생을 살 수 있었던 것은 특별한 것과 부족한 것의 구별을 두지 않았고, 폭력도 배신도, 싸울 줄도 미워할 줄도 몰랐던 시인의 성격에 있다고 볼 수 있다. 시고(詩稿)를 두고 삼팔선을 넘을 수 있었던 점, 몇 번의 시고 유실이 있었음에도 '새옹지마(塞翁之馬)'로 달관할 수 있었던 것은 시인이 철학을 공부하였던 것과도 무관하지 않을 것이다. 이러한 점들은 모성이 절대적 권위를 지님으로 김동명의 삶에 의지처로서 영향을 끼쳤기 때문으로 볼 수 있다. 이들 분석은 김동명에게 모성이 단순한 의미가 아닌 생활과 밀착되는 독특한 의미로 현상함을 말해 준다. 그렇다면 생활 속에서의 모성과 관련하여 김동명은 어떤 의식을 형성하게 될 것인가? 김동명의 시에서 나타나는 모성이미지의 양상에 대한 분석 후 모성성과 관련한 김동명의 심리적 의식 양태를 살펴보고 김동명 연구에서 모성성이 의미하는 바는 무엇인지 살펴보고자 한다.

## II. 모성성의 시적 구현

서정시는 대상과 자아의 융합을 추구하는 동일성 미학의 대표적 장르이며 그것이 우리 시사에서 가장 중요한 축의 하나를 담당하였음은 너무도 분명하다. 서정시적 경향은 대상에 대한 인식적 기능을 인정하되 그 대상을 사회나 혹은 그와 관련된 현실비판적인 것으로 설정하지 않는 시, 대상에 대한 인식을 옹호하되 사회가 아닌 개인에, 외면보다는 내면, 물질적인 것보다는 정신적인 것, 나아가 보이지 않거나 명료하지 않은 세계까지도 인식하고자 하는 시라고 볼 수 있다. 다시 말해 서정시적 경향은 인간의 존재론적 지대를 탐색하려 하였고 또한 이 지대를 가능한 확장시키며 전개 발전되었다고 볼 수 있으며 이 경향은 우리 시사의 가장 큰 흐름이었다 해도 과언이 아닐 것이다. 특히 시에서의 서정을 대표하는 자연은 관조의 대상과 정물로서 있는 것이 아니라 인간의 영혼과 함께 호흡하며 서로 숨을 나누는 살아있는 인격체로 존재한다.[44]

---

44) 김윤정, 『문학비평과 시대정신』, 지식과 교양, 2012, 69-70, 246쪽.

여섯 권의 시집을 통해 나타나는 김동명의 시세계는 시적 대상과 시 정신으로 볼 때 내면의 순수 서정과 현실적 고뇌가 교차하거나 이 둘 사이에서 갈등했음을 보여준다. 김동명의 서정시에는 특히 모성의 지향성이 다분한데 그것은 모성 지향성이 모든 인간 존재가 지니는 근원적 속성이기 때문이다. 인간은 우주와 자연을 떠난 별개의 존재로 생각할 수 없다. 특히 시에서는 자연과 인간의 조화와 화합에의 희구가 시 정신의 궁극적인 지표가 된다고 할 것이며 그 중심에 '어머니'의 이미지가 중요한 모티프가 된다. 시에서는 모성의 심리적 콤플렉스가 그대로 노출되기보다는 이미지, 상징, 은유를 통해 더 잘 드러난다. 또한 보편적인 정서와 단순질박한 시의 기법은 시대 조류와 동떨어져 있는 듯 보이면서도 사실은 가장 근원적인 모성의 이미지를 표출하면서 또 한편으로는 자연과 인간의 조화를 다루고 있다는 점에서 모든 시대를 포괄한다.45)

사실상 모성 지향성이란 모든 인간 존재가 지니는 근원적 속성이어서 그 어떤 시인의 시편에서도 모성성은 어렵지 않게 찾을 수 있다.46) 그럼에도 김동명의 시에서 모성성이 중요한 의미를 지니는 이유는 무엇일까. 김동명의 시는 전체가 모성성을 띤다고 해도 지나치지 않을 만큼 그에게서 '어머니'는 시작(詩作)의 근원적 모체가 되었다고 할 것이다. 특히 모성 이미지는 바다와 달, 황혼 등 자연에 의해서 많이 나타나는데 이는 김동명에게서 모성이란 조국이며 대자연으로 작가의 내면에 삶의 원형이 되어 자리매김하고 있었기 때문이다. 그리고 시 전편에 스며있는 모성은 강한 이미지를 풍기는데 이유를 굳이 든다면 김동명에게 교육열 높은 신사임당의 일가인 어머니 이미지가 부성 이미지에 비해 강하게 뿌리내렸기 때문이라고 본다.

## 1. 근원적 모성성

### 1) 본능으로서의 모성

일반적으로 '어머니'의 사전적 의미는 자기를 낳은 여자, 사물을 낳는 근본을 비유하여 이르는 말이다. 어머니가 없는 현재의 존재는 상상하기 힘들 정도로 어머니는 성장의 중요한

---

45) 오탁번, 「모성 이미지와 화합의 시정신 – 박재삼의 시세계」, 고려대학교 민족문화연구소, 1997, 125쪽.
46) 유혜숙, 「박목월의 어머니 시편에 나타난 모성 부재 의식과 초월적 모성의 관련 양상」, 『한국문학이론과 비평』제61집, 한국문학이론과 비평학회, 2013, 79쪽.

부분을 담당하고 있다. 그래서 자식은 항상 어머니의 영상을 내면세계에 지닌 채 살아가고 있다. 어머니의 영상은 그리움과 동경의 대상이 되거나 애잔함의 대상이 되기도 한다.47) 또한 모성이라는 말에서 나타나는 것처럼 어머니는 자식의 모든 것을 포용하며 힘들고 고된 타지에서도 어머니를 떠올리는 것만으로도 위안을 받는다. 자식에 대한 무한한 사랑을 마르지 않는 샘물처럼 부어주며 혹여 탕자처럼 돌아온다고 해도 어머니는 본능적인 따뜻함으로 두 팔을 벌려 자식을 맞는다. 그리고 자식에 대한 이러한 어머니의 사랑은 세월이 억겁으로 변한다고 해도 그 의미가 태고 때와 결코 바뀌지 않는 원형질과도 같은 것이다.

> 黃昏,
> 여기엔 아름다운 노래의 黃金의 古城이 있고
> 거룩한 어머니의 永遠한 모습이 있고
> 님을 찾는 무리들의 아름다운 彷徨이 있고
> ……………중략…………
> 이 몸이 만일 죽는다면
> 원컨대 黃昏의 고요한 품 속에 안겨서--
> 그리하여 내 最後의 숨 한 토막을
> 黃昏의 微風에 부치고 싶으다.
> -〈黃昏〉 일부-

김동명 작품에서 등장하는 자연물 중 많은 비중을 차지하는 '황혼'은 달빛과 함께 모성을 동일시하는 이미지로 나타난다. 위 시〈黃昏〉에서는 '황혼, 여기엔 아름다운 노래의 황금의 고성이 있고 / 거룩한 어머니의 영원한 모습이 있고……. / 그리하여 내 최후의 숨 한 토막을 황혼의 미풍에 부치고 싶으다.'라고 하여 거룩한 어머니의 모습인 황혼에 자신의 죽음까지도 맡기고 싶다며 황혼의 절대적 가치를 주장하고 있다.48) 〈黃昏의 속사김〉에서도 '아주 썩 아름답고 고요한 黃昏이구려'라고 하여 황혼을 아름답고 긍정적인 이미지로 묘사했다. 황혼이 내린 숲 사이에 흐르는 시냇물이 어머니처럼 자장노래를 불러주는 모성이미지로 작용

---

47) 장금순, 「백석 시에 나타난 여성의 모습」, 고려대 석사학위논문, 2006, 15쪽.
48) 문덕수 외, 『한국현대시인연구(상)』, 푸른사상, 2001, 190쪽.

한다. 김동명 시에서 황혼이 긍정적 모성이미지로 쓰이는 반면 부정적 이미지로도 쓰이는데 이는 〈誘引〉에 잘 나타나 있다.

> 黃昏이 들을 덮고 江물 위에 이르러, 가는 물살을 戱弄하는 微風의 香氣 위에, 無聲의 韻律을 보내고 있을 때, 벗은 닷 줄을 감어 올리며, 나를 부릅니다. 黃昏의 옛 깃을 찾어 보지 않겠느냐고--
> 나는 이 旅行이 얼마나 자미 있을것도 잘 알고 있습니다. 허지만 여기에 내 어린 것을 혼저 두고 어떻게 나만 먼 곳으로 간단 말입니까. 그래서 이 뜻을 벗에게 말했더니, 그는 빙그레 웃으며 배를 저어 갔습니다.
> 하얀 달빛이 廣漠한 들 위에 나려 아득한 夢幻의 세계를 펼쳐 놓을 때, 江을 넘어 어디선가 피릿소리가 바람결에 그윽히 들려 옵니다. 꿈과 忘却으로, 또한 삶과 죽음으로 얽어 짠 저 神秘한 「멜로디」의 사람을 醉케 하는 魅力이여!
> 마치 愛人같이 속사기고, 술 같이 꼬이는 저 아름다운 曲調에 반하여 나는 몇 번이고 지팽이를 더듬었습니다. 허지만 나는 다시 눈을 감고 머리를 흔듭니다. 이 어린것을 여기에 혼저 두고 어떻게 나만 거기를 가느냐고--
> 
> -〈誘引〉 전문-

위 시는 강물 위에 황혼이 내린 환상적인 배경을 설정하여 화자를 유인하고 있다. '황혼의 옛 깃'은 화자를 유인하는 이상적인 곳, 옛 보금자리나 현실을 도피할 수 있는 곳이다. 화자는 현실을 외면하고 벗을 따라가는 것이 재미있는 것이라는 걸 알지만 '어린 것'이 마음에 걸려 떠나지 못한다. '어린 것'은 현실을 떨쳐버릴 수 없는 자의식의 표상이다. '황혼의 옛 깃'을 찾아가는 여행은 현실을 떠나기 위해 과거의 어떤 시점으로 돌아가자는 것이며 미지의 세계로 도피하려는 것인데 화자는 벗의 말에 솔깃한다. '애인같이 속사기고, 술같이 꼬이는 아름다운 曲調'가 자신을 유혹하지만 화자는 자의식의 갈등('나는 몇 번이고 지팽이를 더듬었습니다.')에서 현실을 수용('하지만 나는 다시 눈을 감고 머리를 흔듭니다.')하는 의지를 보인다. 과거 황혼의 깃을 함께 했던 막역지우(莫逆之友)가 권하는 자유와 안식을 놓고 시인은 고민을 했을 것이나 도덕적으로 천륜의 관계를 끊을 수 없는 모성의 발로는 시인으로 하여금 확고한 결단을 하게 한다. 그러기에 벗도 '어린 것'을 외면할 수 없는 모성을 알고 '빙그레 웃으며 배를 저어' 떠난 것이다.

일제 식민지로 접어들면서 근대적 국가 만들기 프로젝트가 사실상 좌절되고 '민족'과 '사회'가 그를 대신하게 되었다. 이러한 변화 속에서도 여성은 언제나 '민족의 모성'으로 남아있을 수밖에 없게 되었다. 따라서 본능으로서의 모성애가 끊임없이 강조되었고 어머니로서의 여성은 민족 그 자체를 표상하게 되었다. 또한 식민지인들은 '어머니'를 자연과 전통으로 호명함으로써 민족성을 환기하고 이를 통해 정체성을 형성할 수 있었다.[49]

〈湖水〉에서 '우리가 만일 저 호수처럼 깊고 고요한 마음을 지닐 수 있다면', '호수처럼 맑고 그윽한 가슴을 가질 수 있다면', '호수처럼 아름답고 오랜 푸른 침실에 누을 수 있다면 / 어머니는 가만히 자장 노래를 불러 우리를 깊이 잠드려 주겠지' 등에서 보듯이 '우리'를 잠들도록 해주는 어머니의 자장가와 함께 그윽한 모성을 떠올릴 수 있다. 〈시계〉에서도 '밤이야 길거나 짜르거나 비바람 눈보래 다 상관않고 그저 한결같이 똑딱똑딱..... 대체 너는 무엇을 그리 쫓니 쉴 줄도 모르고, 그리고 신경쇠약을 모르는'에서 보는 것처럼 한결같은 어머니의 마음이 나타난 작품이라 하겠다. 밤이나 낮이나 신경쇠약에 걸리는 것도 모르고 쉬지 않고 일을 하지만 결국 '내 이마'에 '철조망'을 긋는 때의 '때의 종소리'라는 것이다. 그래서 모성이미지로 나타낸 '시계'의 종소리로 철이 든다고 화자는 고백하고 있다.

> 네게는 不滅의 香氣가 있다.
> 네게는 黃金의 音律이 있다.
> 네게는 永遠한 생각의 감초인 보금자리가 있다.
> 네게는 이제 慧星같이 나타날 보이지 않는 榮光이 있다.
>
> 너는 동산 같이 그윽하다. / 너는 大洋 같이 뛰논다.
> 너는 微風 같이 소군거린다. / 너는 處女 같이 꿈 꾼다.
> 너는 우리의 新婦다. / 너는 우리의 運命이다.
> 너는 우리의 呼吸이다. / 너는 우리의 全部다.
>
> -〈우리말〉 일부-

---

[49] 채성주, 앞의 책, 180쪽.

이 시에는 어머니를 상징하는 모든 어휘들이 들어 있다. '우리말'은 우리를 보살펴 주고 우리에게 필요한 모든 것을 제공해 주는 우리의 어머니인 것이다. 우리말로 생각하고 우리말로 절대적인 존재에 대해 영광을 드러내야 하는 것이다. 위 시에 나타난 '말'에 대한 지향을 통해 모국어로서의 말의 의미를 확인할 수 있다. '산'의 이미지 역시 김동명의 내면에 각인된 근원적이고 보편적 모성성의 측면에서 이해할 수 있다.

> 山은
> 가만이 앉아서도
> 외방 사정을 다 알고 있으렸다.
> 구름이 가끔 쉬어 가니까--
>
> -〈산〉 전문-

여기서 '산'은 어머니 그 자체다. '가만히 앉아서도' 상황을 모두 아는 '산'은 마치 '어머니'와도 같다. 어머니는 자식의 '속'에 있기 때문에 자식의 조그마한 심리적 변화도 바로 알 수 있으며 또한 자식과 같은 어린 시절을 지냈기 때문에 다른 누구보다 잘 아는 것이다. 많은 경우 어머니는 자식의 거짓말에 속은 듯 보이나 실은 속은 것처럼 보일 뿐이다. 그 때의 어머니 마음을 아는 때는 자식이 부모가 되고 난 다음에라야 가능하다. 이 시에서 '구름'의 역할이 자식의 어린 시절에 해당할 것이다.

김동명의 시에는 물, 밤, 구름, 하늘, 바람, 황혼, 달, 꽃 등 100여 가지[50]의 자연이 등장하는데 시에서 김동명은 이러한 서정적인 소재를 통해 독자에게 내면의 진실을 알린다. 시에서 대부분의 자연은 모성을 바탕으로 형상화되고 있다. 또 다른 〈산〉에서는 바위, 이끼, 나무, 풀, 하늘, 별, 구름, 송진, 토끼, 노루, 멧돼지, 꿩, 새, 물 등이 나온다. 이 모든 자연이 '산'이라는 거대한 어머니의 품속에 산다고 할 수 있다. 이것은 〈庭園行〉에서도 잘 나타나는데 '내게 비록 적으나마 國土와 臣民이 있거늘, 스스로 일컬어 王이라하기로 누가 감히 **僭稱**이라하료.'라며 정원을 국토와 신민이 있는 제국으로 묘사했으며 자신을 '왕'이라 칭했다. 제국을 돌아보는 왕의 눈에는 국토와 신민을 향한 따스함이 실려 있는데 이는 곧 자식을 바라

---

50) 연구자가 조사한 결과, 사화집 『내마음』에는 100여 가지의 자연물이 소재로 사용되고 있다.

보는 어머니의 시선을 상기시킨다. 또한 정원에 핀 수많은 꽃은 여성을 상징하거니와, 이때의 여성은 곧 모성성의 다른 표현이라 할 수 있다. 자신의 뜰에 어머니의 품과 같은 정원을 꾸며놓고 국토와 신민이 아무런 걱정없이 사는 세상을 김동명은 꿈꾸었을 것이다.

어머니의 본능 중 가장 중요한 것이 '희생'이다. 〈내마음〉을 보면 그대를 위한 희생이 잘 나타나 있다.

> 내마음은 湖水요. 그대 저어 오오.
> 나는 그대의 흰 그림자를 안고, 옥같이 그대 뱃전에 부서지리라.
> 내마음은 촛불이오. 그대 저 門을 닫어 주오.
> 나는 그대의 비단 옷자락에 떨며, 고요히 最後의 한 방울도 남김 없이 타오리다.
> 내마음은 나그네요. 그대 피리를 불어 주오.
> 나는 달 아래 귀를 기우리며, 호젓이 나의 밤을 새이오리다.
> 내마음은 낙엽이오. 잠깐 그대의 뜰에 머무르게 하오.
> 이제 바람이 일면 나는 또 나그네 같이, 외로히 그대를 떠나리다.
> 　　　　　　　　　　　　　　　　　　　　　-〈내마음〉 전문-

이 시는 아름다운 음악성과 감미로운 서정성, 그리고 그것을 굳건히 뒷받침하고 있는 상당히 밀도 있는 시적 상징성이 특징이다. 여기서 기다림의 대상이 사랑하는 여인이며 식민지 시대에서 갈망했던 조국의 해방이며 메시아적 존재로 나타나는데 이를 곧 모성이미지로 볼 수 있다. 그것은 그대를 위해 호수가 되고, 촛불이 되고, 나그네와 낙엽이 되겠다는 '님에 대한 사랑'이 '모성성'의 변형된 모습으로 나타나 자식에 대한 희생적 어머니의 마음으로 표현된 것이라 볼 수 있는 것이다. 이런 희생정신은 〈停車場 風景〉에서도 나타나 있다. 철수부대를 실은 열차가 폼으로 들어와 정차한 사이 군인들은 재빨리 내려 열차를 기다리던 민간인과 역무원들의 소지품을 약탈해 간다. 열차가 다음 역을 향하여 떠나기가 무섭게 역장은 전화기에 달려 들어, "군용열차 통과다. 전원 소지품 주의하라. 즉시 각 역에 연락하라."라고 한다. 이러한 상황에 대한 시적 형상화는 '희생정신'으로 표현되고 김동명의 모성 지향성과 관련된다. 나는 약탈을 당했지만 다음 역에서는 방비를 하여 피해가 없기를 바라는 역장의 모습에서 가족을 염려하는 모성성을 볼 수 있다. 시 〈달〉에서는 달을 '언제나 믿어도 좋을 나의 親友'라고 말하고 있다. 이는 親友로 갈음되는 달빛에서 '달'을 품고 있는 우주인 어머니를 염두에 두고 나타낸 것이다. 작품에서 흔히 '해'는 아버지, '달'은 어머니로 상징된다. 저절로 성장하고 쇠잔해 가면서 변화를 거듭하는 천상의 모습의 상징으로서 달은 또 물과 습기와 식물의 성장을 지배하며, 온갖 생명의 성장을 맡아보는 원형이기도 하다. 이 원형이 인간의 형태를 취한 것이 지상의 여성51)에 해당한다.

김동명이 이 시를 썼던 때는 암울한 일제 강점기였다. 김동명은 나라가 망하자 자의·타의로 변절과 배신을 자행하는 많은 사람들을 보면서 믿음이 깨지는 상황에 직면했으며 자연스럽게 변함없는 자연으로 눈을 돌리게 되었을 것이다.

### 2) 영지로서의 모성

한자의 바다 해(海)에는 어머니(母) 자가 들어 있다. 그리고 바다를 가리키는 불란서 말의 메르[mer]는 어머니를 뜻하는 메르[MERE]와 같다. 그래서 불란서에는 어머니 속에 바다가 있고 중국에는 바다 속에 어머니가 있다는 말이 생겨나기도 했다.

바다는 넓고 깊다. 어머니의 무한한 사랑과 은혜는 바다 같다. 인간이 경험하는 최초의 물이 임신한 여성의 양수라는 점에서 바다는 생명의 시원이며 최초의 인류를 잉태한 양수이다. 그러므로 누구에게 있어서나 생명의 발원이 된 모태는 최초의 바다인 셈이다.52) 바다가 없었더라면 생명체는 이 지구상에 생겨나지 않았을 것이다. 바다는 모든 생명체가 탄생한 거대한 자궁이면서 죽어서 티끌이 되어 흘러 들어갈 거대한 무덤이기도 하다. 바다는 또한 인간의 삶과 죽음을 주관하는 신(용왕)의 영지이기도 하다. 인간은 땅에서 태어나 땅으로 돌아가지만 땅을 감싸안고 있는 더 거대한 존재가 바다이다. 그렇기 때문에 바다는 모든 생명체의 생성과 사멸의 역사를 기억하고 있다.53)

김동명의 시에서 바다는 많은 비중을 차지하고 있는 소재인데 그것은 시인의 현실적인 고향이 바다라는 점과 그곳에 대한 향수병에서 비롯되었다고 볼 수 있다.54) 김동명은 '바다'와

---

51) 에리히 노이만, 서봉연 역, 『여성의 심층』, 삼성문화문고, 1982. 94쪽
52) 이어령, 『어머니를 위한 여섯가지 은유』, 열림원, 26쪽.
53) 이승하, 『한국현대시에 나타난 10대 명제』, 새미, 2004. 13쪽.

'바닷가'라는 공간적 배경으로 우주와 인간의 관계를 밝히며 자연이 모성에 다름 아님을 주장한다.

> 바닷 가에서 아이들이 논다.
> 바닷물 가에 아이들이 모래로 성을 쌓아
> 저희의 영지를 만들며 논다.
> 바닷물이 사르르사르르 기어 올라
> 성 밑에 찰랑거릴 때마다
> 아이들은 바다에서 잡아 온 저희들의 적은 포로를 경계하며
> 물결을 노려 본다.
> 물결은 히죽이죽 웃으며 물러 간다.
> 다시 아이들은 저희의 성을 튼튼이 하며
> 바닷 물결을 바라보며 웃는다.
> ············
> 아아, 얼마나 자미 있는 작난인고!
> 나도 때의 바닷 가에 쌓는
> 나의 적은 성을 위하야
> 저 아이들이 되고 싶다.
>
> -〈바닷가에서〉 일부-

김동명은 사화집 『내마음』에서 첫 작품으로 〈바닷가에서〉를 실었다. 작가는 어머니의 손에 이끌려 고향을 떠날 때까지 유년을 바다와 함께 살았다. 〈김동명문집간행회〉가 1965년 간행한 이 책에 김동명이 직접 관여했는지는 알 수 없지만 관여하지 않았다고 하더라도 작품을 엮은이들이 시 전편을 두고 맨 처음에 넣을 작품을 고민했다고는 여기지 않는다. 이렇게 김동명의 정서는 곧 '바다'로 나타나는데 이 시를 읽으면 바닷가에서 아이들의 노는 모습이 그림 그려진다. '적은 포로'는 아이들이 잡은 작은 고기나 조개일 것이다. 아이들은 땀을 뻘

---

54) 정사운, 앞의 논문, 11쪽.

뻘 흘리며 모래로 성을 쌓아 밀려오는 바닷물을 막아보지만 파도가 칠 때마다 성은 무너진다. 아이들은 잡은 포로가 바닷물에 이끌려 탈출을 시도할까봐 경계를 늦추지 않는다. '적은 성'과 '아이들이 되고 싶다'는 말은 몇 개의 의미를 지니고 있다. 하나는 이제 작가는 청년이 되었으므로 웃음이 있는 가정을 만들었으면 하는 생각이고 두 번째는 그렇게 될 수 없는 현실에 한층 더 아이들의 노는 모습이 부러운 것이다.[55]

작가는 어린시절을 그리워한다. 김동명은 기억이 시작될 무렵인 8살에 어머니 손에 이끌려 고향을 떠났으므로 바다에 대한 단편적인 기억이 진한 향수로 남아있을 것이다. 화자는 아이들이 만든 '영지'에서 고향과 어머니의 품을 느꼈으며 돌아갈 수 없는 고향에 대한 내면의 그리움이 작품에 투영된 것이다.

이와 비슷하게 〈나의 書齋〉에서도 자신의 작은 공간인 '서재'가 나의 영지로 등장한다.

> 나의 書齋는 바다일다.
> 나의 航海의 가장 많은 時間을
> 나는 여기서 보낸다.
> 구석에 놓인 낡은 조그마한 寢臺,
> 그것은 瞑想의 물결에 흔들리며
> 또한 잠의 微風이 품기며
> 앞으로 앞으로 나아가는 나의 적은 배일다.
> 때로 나는 孤獨의 실비에 옷을 적시며
> 갈매기모양 「마스트」에 날아와 앉는 憂鬱을 바라본다.
> 이름만인 冊장, 그 위엔 진달래가 시들었고,
> 天井에는 거미 줄, 壁 위엔 五十錢짜리 風景畵.
> 나는 여기에 傲然히 도사리고 앉아,
> 偉大한 「朝鮮文學史」의 한 「페-지」를 꾸민다.
>
> -〈나의 書齋〉전문-

---

55) 김형필, 「식민지시대의 시정신연구 : 김동명」, 『한국외국어대학교 논문집』제25집, 1992, 153쪽.

이 시는 나의 서재가 바다라는 것에서부터 시작한다. 책장이라 하기엔 보잘것없는 거기에 시든 진달래가 있고 천장에는 거미줄이 쳐져 있다. 또 벽 위에 있는 낡은 풍경화 등으로 볼 때 작가의 서재 모습은 그림이 그려진다. 여기에서 작가는 글을 쓴다. 앞으로 나아가는 작가의 배는 작가 본인이 언급했듯이 '적은 배'라고 했다. 이 시의 느낌은 정적(靜的)이다. 이 작품에서는 흔히 바다에서 볼 수 있는 파도와 태풍도 없다. 바다 한 가운데를 항해하는 사람의 호기와 때로 가질 수 있는 두려움은 어디에도 없다. 시의 느낌만으로는 「조선문학사」의 한 「페-지」가 초라하다. 하지만 화자의 꿈은 「조선문학사」에 일획을 긋는 것이다. 작가는 자신의 서재를 묘사하는데 굳이 '나'라는 것을 여러 번 밝히며 서재의 주인공이 자신임을 주장하고 있다. 여기서는 너른 바다와 자신의 좁은 서재를 동일시하여 '영지'로 인식하고 있음을 알 수 있는데 김동명이 자신의 좁은 '서재'를 가리켜 '바다'라는 은유적 수사로 명명한 것은 그에게 안식의 좁은 공간이 단순한 일상의 장소가 아니라 보다 너른 세계로 이어지는 활연한 상상의 지대임을 말해준다.56) 비록 초라하고 누추한 공간인 서재가 지금 화자의 영지지만 「조선문학사」의 한 「페-지」를 장식하겠다는 의지의 표현이라고 볼 수 있겠다. 이와 같이 김동명은 시에서 바다를 어머니와 같이 의지할 안식처로 생각하고 있다. 어머니로 인식되는 '바다'에 '작은 배'인 작가 자신은 어머니 품에 안긴 아이의 모습이다.

화자는 '가장 많은 시간'을 바다인 이 서재에서 보낸다고 했다. 가장 많은 시간을 바다에 머문다는 것은 김동명이 바다 또는 해양문학의 선두주자57)임을 알 수 있게 한다. 바다 또는 해양문학은 해당 시인들이 그 지역에서 삶을 살았거나 살고 있다는 근거에서 비롯58)되는데 사화집 『내마음』에는 바다를 직접 언급하거나 바다 관련 이미지를 담은 작품이 다른 자연물에 비하여 월등히 많음59)을 볼 수 있으며 그 근간에는 김동명이 태어나 어린시절을 보낸 곳이 바다가 인접한 곳이었으며 그 영향으로 시심이 비롯되었다는 사실을 알 수 있다. 이것은 1930년대에 바다를 소재로 작품을 썼던 작가가 정지용, 김기림 정도로 소수였음을 볼 때 또한 특색이라 할 만하다.

---

56) 김윤정, 「김동명 시에 나타난 '주체의식' 연구」, 『김동명문학연구』제1호, 김동명학회, 2014, 193쪽.
57) 이탄, 『한국의 대표 시인들』, 문학아카데미, 1995, 185쪽.
58) 권석순, 「동해지역문학의 '바다시'연구」, 『어문연구』제56집, 어문연구학회, 2008, 346쪽.
59) 김동명의 사화집 『내마음』에서 소재로 쓰인 100여 가지의 자연물 중 물(바다, 호수, 강, 샘물, 물, 비 등) 이미지 80여 편에서 '바다'는 약 30편에 등장한다.

또 다른 시 〈海洋頌歌〉에는 바다, 하늘, 갈매기, 구름, 밤, 별, 우주, 산호, 빛, 물결, 폭풍우, 황혼, 달 등 많은 자연물이 등장한다. 바다는 일체를 포용하는 절대적 존재이다. '네 가슴 속에는 푸른 하늘이 깔려 있고'에서 볼 수 있듯이 바다는 하늘조차 포용하는 넓은 가슴을 지녔다. 이 시의 틀을 유지하고 있는 힘찬 남성적 이미지와 호방한 율조는 확실히 김동명 시의 한 특징을 이루고 있다. 하지만 말미에 작가는 자신의 '옹색한 가슴을 탄식하며' 바다에 경외의 의미로 두 팔을 높이 든다. 이것은 마치 어머니 품에 안긴 아이의 마음이다. 김동명은 이 시를 쓰면서 어머니를 떠올린 듯하다. 어린 아들의 손목을 잡고 아들의 신교육을 위해 낯설고 물 선 원산으로 떠날 때 어머니는 연약한 여인의 허물을 벗지 않으면 안 되었다. 김동명에게 어머니는 씩씩한 바다로 인식될 수밖에 없었다. 어릴 때부터 보아오던 큰 바다는 곧 어머니로 동일시되며 그런 어머니에 비해 작은 가슴을 지닌 자신을 탄식하며 또 다시 어머니에 깃드는데, 어머니의 넓은 품속은 곧 화자의 영지가 된다.

　　　밤은 / 푸른 안개에 쌓인 호수 / 나는 / 잠의 쪽배를 타고 꿈을 낚는 漁夫로다.
　　　　　　　　　　　　　　　　　　　　　　　　　　　-〈밤〉 전문 -

이 작품 역시 푸른 안개에 싸인 호수를 자신의 영지로 나타냈다. 김동명이 이 시에서 보여주는 낭만과 동경은 그 자신이 뛰어넘으려는 의지의 추구로서 젊음의 정열이고 미래지향적인 꿈이다.60)여기서는 푸른 안개가 모성이미지를 나타낸다. 위의 시에는 안개에 안긴 화자만의 호수에서 꿈을 낚는 모습이 형상화되어 있는데 역시 어머니의 품속에서 안위를 추구하는 모습을 연상시킨다. 또한 〈自適〉에서도 바다가 영지로 표현되었는데 갈매기와 낙조, 돌아오는 어선, 흰 모래, 조개껍질과 아카시아의 짙은 그늘과 마풀, 어부의 가난한 집들과 어유(魚油) 등잔에 끄스른 구수한 이야기, 그리고 해당화와 방풍, 해연의 영지는 곧 바다가 된다. 여기서도 바다는 모성성을 갖는다고 할 수 있다. 바다이미지와 함께 김동명 시에서 흔히 등장하는 뜰과 정원에서도 모성성을 발견할 수 있다.

김동명이 오래 살았던 서호(西湖)의 집은 동해가 멀리 바라보이는 나지막한 야산 솔밭 속의 외딴 집이었다. 두 그루의 소나무가 집을 지키고 있는 축산(築山)과 오솔길도 나 있는 정

---

60) 엄창섭, 「원전비평」, 김병우 외,『김동명의 시세계와 삶』, 한남대학교 출판부, 1994, 315쪽.

원은 작가의 남부럽지 않은 영지였으며 화단의 온갖 꽃들과 나무들은 이 영지의 한다한 주민들이었다.61)

> 나의 뜰은 나의 즐거운 조그마한 가정이오.
> 나는 내 삶에서 오는 고달픔을 대개 여기서 쉬이오.
> 울 밑에 몇 포기의 꽃과 나무, 그리고 풀과 벌레들은 나의 가족이오.
> 우리는 함께 푸른 하늘의 다함 없이 높음을 思慕의 소군거림에 귀를 기우리오.
> 새들이 저들의 아름다운 노래를 가지고 우리의 門을 두다릴 때면 아침은 玉露의 食卓위에 황금의 잔을 놓소.
> --------------- 중략---------------
> 이제 우리 울타리에 노오란 호박꽃이 주룽주룽 매달릴 때면, 또 저 덕 밑에 葡萄송이가  척척 느러질 때면 우리의 家庭은 얼마나 더 繁華하게 될것이겠오.
> 나는 그 때를 그리며, 이 저녁도 고요히 나의 뜰을 거니오.
> 
> -〈나의 뜰〉 일부-

시 〈나의 뜰〉에서는 뜰을 '가정'이라고 정의하였다. 즉 김동명에게 있어 정원은 가정이며 그곳의 모든 것은 가족이었다. 뜰은 마음의 여유와 생활의 풍부함과 휴식을 가질 수 있는 휴식처이며 가정을 더 번화하게 해 주고 새날을 축복해주는 장소로 나타난다. 시인은 실로 어머니같은 정원 속에서 격랑의 사회적 움직임과는 높이 담을 쌓고 주변의 모든 사물을 너그러운 마음으로 시화하려고 했다. '울타리에 노오란 호박꽃이 주룽주룽 매달리'기를 바라는 것은 미래의 평화를 지향하는 시인의 마음이다. 지금의 이 안식은 '호박꽃'이 피고 '포도송이'가 늘어져야 결실을 맺을 것이며 온전한 뜰이 될 것이다.

정원에 대한 김동명의 각별한 사랑은 수필 〈정원〉62)에서 잘 나타나 있다. 김동명은 정원을 어머니와 같이 고마운 뜰로서 신묘한 계절의 변화를 일깨워주는 곳이라 했다. 시인은 "나는 본시 정원을 좋아한다"고 했으며 "나는 이제 한결 적적하지 않다. 마치 보모(保姆)처

---

61) 김병우, 앞의 책 206쪽.
62) 김동명, 〈庭園〉, 앞의 책, 36~38쪽.

럼 이 어린 것들을 길러야 하니까"라고 하며 자식을 기르는 어머니의 마음으로 정원의 꽃과 나무를 대했다. 김동명은 시 〈정원기〉의 배경을 "내가 이남으로 오기 위해 고향을 하직하면서 뜰의 화혼목령(花魂木靈)에게 보내는 전시(餞詩)로 썼던 것인데 시방도 나는 가끔 내가 남기고 온 내 '가족들'을 생각하며 수연(愁然)히 북녘 하늘을 바라보는 버릇이 있다"고 술회했다. 〈정원기〉에는 접중화, 오랑캐꽃, 라일락 등 꽃과 싸리, 수양, 향나무 등의 나무, 또 강낭, 배추, 가지 등 채소 등 23종류의 식물이 등장한다. 정원의 꽃에게 영혼을 부여하고 '내 가족들'이라고 표현한 것에서 김동명의 남다른 감수성을 감지하게 되는 것이다.63)

이러한 김동명의 정원 사랑은 〈꽃씨를 얻어〉에서 화자가 영지를 갖기 위해 정원을 가꾸고 꽃씨를 뿌린다. 이것을 화자는 '나의 날의 외로움을 잊'기 위해서라고 고백한다. '아가씨들을 맞'는 것은 꽃을 여성에 비유하는 이유도 있지만 여성은 기본적으로 모성성을 갖는다고 볼 때 이 시에서의 아가씨들은 '나의' 외로움을 잊게 하는 모성이미지로 작용한다. 영지인 뜰에서는 풀과 나무, 새들 하물며 뜰과 마주 선 하늘까지도 화자의 가족이다.

김동명이 밝혔듯 누구나 정원을 좋아하는 것은 본능이라 하겠다. 그러나 정원을 갖지 못한 백성이 그것을 자기의 탓만으로 돌리기에는 일제의 가혹한 시책이 있었던 것이다. 1931년에는 만주사변과 신간회의 해산이 있었고 1935년에는 카프의 해산령이 있었다. 그후 우리말을 가르치지 못하도록 하였던 것이다.64) 그러므로 암울한 시대적 상황이 지속될수록 자신만의 영지는 더욱 간절했으리라 짐작할 수 있다.

〈窓鏡Ⅰ〉과 〈窓鏡Ⅱ〉에서는 창경 안에 들어 있는 풍경을 영지로 나타내었다. 할머니가 아가를 위해 방 안에서도 뜰을 바라보며 놀 수 있도록 조그마한 유리 조각을 창문에 붙여 놓고 가셨는데 오히려 아가보다도 화자가 더 많이 창경을 이용하게 되었다. 조그마한 창경 속에 담긴 '푸른 하늘 한 조각'으로 화자는 우주의 신비를 읽기에 더 넓은 페지가 필요치 않다고 말한다. 화자는 흐르는 구름을 보며 '강가에 누은 듯 풀 피리를 불고 싶'다고 고백한다. 화자는 '굳이 청하지 않아도 스스로 망각의 배반을 들고' 달콤한 잠을 잘 수 있다고 말한다. 꿈결에 놀라 잠을 깨어 고뇌와 회한이 '나'를 맞으매 화자는 또 위안을 찾기 위해 창

---

63) 장정룡, 「초허수필의 '꽃' 이미지와 그 지향성 고찰」, 『沈連洙 학술세미나 논문총서Ⅱ』, 심연수선양사업위원회, 2013, 408쪽.
64) 김형필, 앞의 논문, 156쪽.

경을 더듬자마자 '종달새모양 푸른 하늘에 솟구'친다고 한다. 창경은 어머니가 되어 화자가 원하는 모습을 보여준다. 어느덧 화자는 황혼을 맞으러 창경 앞으로 간다. 화자가 삼은 영지는 분명 자그마한 창경인데 그 창경으로 우주의 신비까지 읽는다. 창경 자체가 화자에게 준 의미보다는 화자의 어머니가 손녀를 위해 손수 만들어 주었다는 것에 더 큰 의미가 있겠다. 화자는 창경에서 아들, 손자를 향한 모성을 느꼈을 것이다.

### 3) 곤고한 존재로서의 모성

김동명 시에서 소재로 쓰인 자연물은 단순히 자연탄미나 전원예찬 또는 목가적 서정을 노래하는 데 그치지는 않다. 그는 자연을 관조하였지만 자연에 동화되거나 귀의할 수는 없었다. 조국의 어두운 현실이 항상 그를 무겁게 짓누르고 있었기 때문이다. 많은 전원적인 작품에는 고뇌와 우수가 그림자 져 있음을 발견하게 된다. 따라서 시의 표정이 밝고 경쾌하다기보다는 대체로 어둡고 무거운 편이다. 이 점은 〈파초〉에서 쉽게 확인할 수 있다.

> 祖國을 언제 떠났노 / 芭蕉의 꿈은 가련하다.
> 南國을 向한 불타는 鄕愁 / 너의 넋은 修女보다도 더욱 외롭구나.
> 소낙비를 그리는 너는 情熱의 女人 / 나는 샘물을 길어 네 발 등에 붓는다.
> 이제 밤은 차다. / 나는 또 너를 내 머리맡에 있게 하마.
> 나는 즐겨 너를 위해 종이 되리니 / 너의 그 드리운 치마짜락으로 우리의 겨울을 가리우자.
>
> -〈芭蕉〉전문-

작품에서 시인은 파초를 한 여인으로 의인화시키고 여기에 자신의 감정을 이입시켜 표현하고 있다. 파초는 그의 조국인 남국에서 멀리 떠나왔기에 항상 외롭고 슬프다. 더욱이 가을이 오고 날씨가 차지매 남국을 그리워하는 그의 향수는 더없이 간절해진다. 이를 가련하게 생각한 시인은 '너를 내 방으로 옮겨 극진하게 보살펴 줄 테니 서로 의지하며 겨울을 나자'고 위로한다. 파초는 열대성 식물이다. 사계절이 뚜렷한 우리나라에서 살기 어려운 식물이다. 화자는 이런 파초의 생리를 잘 알기 때문에 더욱 정성을 다하고 연민의 정을 강하게 느끼고 있다. 즉 자신의 처지와 파초의 상황을 동일시하고 있다. 남국을 떠나온 파초의 심정은 조국을 잃은 시인의 심정과 같고 파초가 처한 겨울은 화자가 처한 참담한 현실과 의미가 같다. 이처럼 〈파초〉는 조국상실의 불행한 시대를 살아가는 시인의 고뇌를 그 주제로 하고 있으며 파초의 잎을 '치마짜락'에 비유한 것은 외롭고 고단한 어머니의 이미지와도 상통한다.

〈나의 뜰〉에는 현실에 적응해 살면서도 현실이 불만족스러워 언제나 전원을 지향하는 김동명의 인생관이 잘 드러나 있다. 김동명은 자연의 아름다움과 자유로움에 자신이 순간적으로 도취되지만 시대적 아픔을 떨쳐버릴 수 없기에 언제나 온전한 안식을 취할 수 없었고 자연을 바라보는 마음은 늘 무겁다. 또한 전원에 몰입하여 살 수 없을수록 더욱 전원을 동경하고 집착하는데 그러한 전원지향의 정신이 작품에서 뜰로 형상화되어 나타나고 있는 것이다.65) 시의 화자는 '우리는 여기서 과거와, 그리고 미래의 숱한 슬픈 이야기를 읽소.' 라고 하여 우리의 과거가 뼈아팠고 또 앞으로도 그러한 삶을 살아가야 하는 슬픈 운명을 서러워하고 있는 것이다. 이러한 화자의 외로운 심경은 〈밤〉에 잘 드러나 있다.

> 자려다 窓을 여니
> 밤 하늘이 어머니같이 가까이
> 내게로 온다.
> 내 뜰을 지키고 섰는 외로운 솔 한 대
> 아아, 兄弟여!
> 네 어깨 위에 손을 얹고 싶구나.
> 
> -〈밤〉 전문-

이 시에서는 밤하늘을 어머니로 비유하고 있다. 누구든 어릴 적 갑자기 집을 떠나 잠을 잔 경험이 있다면 이 시는 오히려 친근감있게 다가온다. 며칠일지언정 자식에게 어머니는 그리움의 대상이며 사랑의 대상이다. 화자의 외로운 마음에 어머니는 부드러움과 포근함, 사랑으로 언제나 존재한다. 밤은 대체로 고독감, 외로움 등을 표상하는데 이 외로운 심사 속

---

65) 백승란, 앞의 논문, 36쪽.

에서 바라본 하늘은 가장 외롭고 힘들 때 떠오르는 어머니의 성품 바로 그것인 것이다. 위의 시에는 뜰에 서 있는 한 그루의 솔이 자신과 동일시되며 외로운 이끼리 의지하여 외로움을 덜고픈 화자의 심리가 나타나 있다. 〈哀詞〉에서도 외로운 어머니를 향한 절절한 사랑이 나타나 있다.

> 어머니 病을 얻어 / 他鄕에 누우시니,
> 마음은 옛 깃을 그려 / 구름 밖에 저물고,
> 視線은 그리운 이들을 찾아 / 푸른 山에 막히도다.
> 달 빛이 샘물 같이 찬 / 귀또리 우짓는 밤에,
> 님 홀로 / 눈을 어이 감으신고.
> 아아, 세상에 슬픈 노래 한 曲調 / 이리하야 끝 나단 말이…….
> 主의 城 밖에 외로이 이른 길손 한분 / 고이 맞으시라, 비나이다!
>
> -〈哀詞〉전문-

이 시는 어머니가 돌아가신 슬픔을 노래하고 있다. 어지러운 시대에 평생을 아들의 버팀목으로 사셨던 어머니를 여읜 화자는 어머니의 일생을 '슬픈 노래 한 곡조'에 비유하여 애도하고 있다. 자식 하나 공부시키기 위해 맹자의 어머니처럼 고향에의 미련을 과감히 버리고 갖은 역경을 겪으면서 아들의 뒷바라지에만 일생을 쏟다가 돌아가신 어머니의 곤고함을 자식은 가슴아파하고 있다.

아버지를 대신하던 어머니의 존재는 김동명에게 강한 콤플렉스를 만들어 내게 하였다.66)

> 8살에 고향을 떠나 타관에서 단칸 셋방살이로 돌아다닐 때도 아들이 다음에 커서
> 무엇이 되기를 바라냐고 물으면 순간 눈이 빛나시며 "강릉군수가 되어 주렴"하셨다

---

66) ①강한 어머니 콤플렉스에 지배당하고 있는 사람은 어머니가 말하고 느끼는 모든 것에 극도로 민감하며, 어머니 像이 항상 그 사람의 정신을 앞선다. 캘빈 S. 홀·버논 J. 노드비, 김형섭 역, 『융 심리학 입문』, 문예출판사, 2013, 58쪽.
②그의 아들과 딸의 회고록에서는 아버지에 대한 회고가 거의 없다. 딸 김월정 시인이 '너무나 평범하고 내성적이라 아버지에게 아무런 영향을 끼치지 못하였던 할아버지'라고 한 줄 기술한 것이 전부다. 김월정, 앞의 논문 62쪽. 하물며 김동명 연보에도 부친의 사망에 대한 언급조차 없다. 김병우, 앞의 책, 343~345쪽.

는 어머니는 언젠가 비단옷 입고 고향으로 돌아가고 싶은 간절한 심정을 담아 아들에게 꿈을 심어 준 것이다.67)

김동명은 시대의 격변기를 살면서도 늘 어머니의 기대를 품고 살아야 했고 시인으로서의 페르소나가 강할수록 '강릉 군수'의 그림자가 끈질기게 압박을 해왔기 때문에 후기에는 '시'를 버리고 정치에 입문할 수 있었을 것이다. 애상의 어머니는 가녀린 난초에서도 나타난다.

> 蘭草, 푸른 꿈을 안은채.......
> 아하, 너는 昭君 같이 슬펐으리.
> 萬歲의 옛 因緣을 절하며
> 맞는 마음을 아느뇨.
>
> 蘭草, 알른구나,
> 鄕愁 때문인고?
> 蘭草, 微風과 소군거림을 엿 듣다.
> 異域의 외로움을 하소함이뇨?
>
> 난초에게
> 내 초라한 인생을 들키우다.
> 너머 馥郁한 香氣 때문에
> 나는 도리어 슬프구나.
>
> -〈蘭草〉 일부-

화자는 지인에게 선물받은 난초 한 포기에게 정을 붙이려고 노력하고 있다. 마침 파초를 잃은 터라 난초를 새로운 벗으로 삼고 싶었다. 그러나 화자가 보기에 난초는 행복해 보이지 않는다. 시에서 화자는 난초(蘭草)가 흉노왕에게 시집 온 소군(昭君)68)과 같은 처지라고

---

67) 김월정, 앞의 논문, 61쪽.
68) 소군(昭君):중국 한나라 원제(元帝) 때의 궁녀. 중국의 4대 미녀 중의 하나. 이름은 장(嬙). 자는 소군. BC 33년

한다. 화자는 '난초에게 내 초라한 인생을 들키우다', '복욱(馥郁)한 향기 때문에' 자신이 '도리어 슬프'다고 말한다. 이는 실제로 난초가 잘 자라지 않는다는 것보다는 화자가 '흉노왕'인 '화자'에게 끌려와 불행한 삶을 사는 '소군'인 '난초'의 처지를 헤아리는 것으로 당시의 시대상황에 직면한 우리 민족과 고향을 떠난 작자의 처지가 융합되어 나타내어진 시라고 볼 수 있다.

〈그 얼굴의 印象〉에서도 비슷한 감상을 할 수 있는데 '가을 물 속에 고요히 잠긴 한 쪼각 달'에 엷은 구름이 가리면서 달은 슬퍼진다. 구름이 물러가 달은 다시 환한 얼굴을 내밀었지만 구름은 또다시 흘러와 조각 달을 가린다. 이를 바라보는 화자 역시 외로운 조각달이 안쓰럽고 슬프다. '한 쪼각 달'은 외롭게 살다 가신 어머니가 될 수도 있고 화자 자신일 수 있는데 그만큼 김동명과 어머니는 밀착되어 있다고 볼 수 있다. 외로운 화자를 바라보는 어머니의 마음도 곤고하다.

〈山驛〉과 〈언덕 위의 風景〉에서도 고달픈 모성을 읽을 수 있다.

> 계집아이들이 / 바구니에 머레송이를 담어 들고 / 車窓 밖으로 모여든다.
> 등 뒤에는 峨峨한 山이 섰고 / 어깨 넘어로는 丹楓이 어리어라
>
> -〈山驛〉 전문-

> 귀밑 머리 나풀나풀 / 놀든 곳이 그리워 / 女人은 銅像처럼 말없이 / 언덕 위에 섰고
> 戰爭이 노을처럼 번저오는 / 저쪽으로 / 사나이는 담배 연기를 / 뿜어 보낸다.
> 雜草 위에는 잡초처럼 우거진 / 쫓기는 이의 서름.
> 어디서 종소리라도 은은히 / 들려 왔으면 좋겠다.
>
> -〈언덕 위의 風景〉 전문-

〈山驛〉은 『삼팔선』에 실려 있는 작품으로 월남하면서 겪은 실상을 소재로 다루었다. 기차가 역에 도착하자 기다리고 있던 계집아이들이 머루송이가 든 바구니를 들고 차창 밖으로

---

(竟寧 1) 흉노(匈奴)와의 친화정책을 위해 흉노왕 호한야선우(呼韓邪單于)에게 시집가서 아들 하나를 낳았다. 그 뒤 호한야가 죽자 흉노의 풍습에 따라 왕위를 이은 그의 정처(正妻) 아들에게 재가하여 두 딸을 낳고, 그곳에서 생을 마쳤다. 두산세계백과사전, 두산동아.

모여든다. 〈언덕 위의 風景〉은 사화집에 있는 5권의 시집 외에 별도로 쓴 피난시첩(避難詩帖)에 실린 작품으로 6.25전쟁이 터지자 피난을 가는 상황을 시로 나타냈다. 〈언덕 위의 風景〉에서는 젊은 부부가 피난길에 오른다. 민족의 현실을 어떤 말로도 표현할 수 없는 참담함이 부부의 모습에 나타나 있다. 위의 시에서는 절대자를 의미하는 '종소리'를 통해 가호를 비는 마음과 함께 작금의 설움을 달래주기를 간절히 바라고 있다. 바구니에 '머레송이'를 들고 나와 돈을 벌겠다는 '계집아이들'과 정든 고향을 떠나야 하는 고단한 피난민의 마음이 모성성으로 나타나 있다. 또 〈彌阿里고개〉에서는 6.25전쟁 당시 대한민국 국군과 북한군과의 교전이 벌어졌던 곳이며, 수많은 애국지사와 저명인사들이 쇠사슬에 묶인 채 이 고개를 넘어 북한으로 납치되어 간 현장을 '아아, 彌阿里 고개는 저승 고개, 온갖 것 다 버리고 넘는 고개, 눈물의 고개라지'라 노래하여 동족상잔으로 겪었던 민족의 고통을 여실히 보여 준다.

## 2. 절대적 권위와 모성성

### 1) 기원으로서의 모성

모든 문학은 일정부분 고백적 요소를 지닌다. 특히 서정시에서 고백은 직접적으로 혹은 간접적으로 배경화되어 있는 심리적 요소이다. 고백이 자아의 내면을 강조하는 기제라는 점에서 그렇다. 시적 자아의 내면은 고백이라는 통로를 통해서 현실화된다. 고백은 내면이 현실화되는 순간이며 시적 자아의 현실변혁 에너지는 고백을 통하여 현실의 삶 속으로 유입된다.[69] 김동명이 시작활동을 하던 때는 일제강점기와 6.25전쟁이라는 시대적 소용돌이 속이었다. 그러므로 신앙을 가진 시인으로서는 현실의 아픔을 간청과 기원의 시를 쓰는 것은 자연스런 수순이었다 할 것이다. 흔히 간청과 기원을 드린다는 것은 절대자로부터의 보호를 받으려는 기도자의 의도이다.

   하늘에 별같이 높으소서!
   어두울수록 더 빛나는 하늘에 별 같이
   그렇게 빛나소서

---

[69] 정끝별, 「시적 성찰로서의 고백」, 『현대시론』, 서정시학, 2010, 47쪽.

오오, 나의 별이여, 나의 처녀여!
-〈祝願〉일부-

聖母「마리아」님
당신의 눈엔 푸른 달빛이 고였습니다.
한번 닿으면 나의 머리털은 蒼鬱한 森林이 될것입니다.
나는 거기서 일즉이 잃어버렸던 나의 새들을 찾을 수 있지 않겠습니까.
오, 聖母「마리아」님! 그눈을 들어 잠간 나를 보아 주십시오.
-〈聖母「마리아」의 肖像畵 앞에서〉일부-

두 작품은 모두 기도형식을 취하고 있다. 〈祝願〉에서는 '성모마리아'라는 구체적인 호칭은 없지만 김동명이 천주교 신자라는 것에 착안하면 '하늘에 별', '나의 처녀', '나의 별'에서 성모마리아에게 기원하는 것임을 알 수 있다. 이상적 삶을 살고자 하는 희망은 누구에게나 절실한 것이다. 그러나 1930년대의 시대적 상황은 모든 면에서 이상적 삶을 지향하려는 시인의 의지를 제약하였다. 암흑의 역사를 살아야 했던 김동명에게 현실은 절망적이었다. 따라서 '어두울수록 더 빛나는 하늘의 별'은 그에게 인생의 지표요 구원자였던 셈이다. 그러므로 이 시는 절망적일수록 더욱 희망을 잃지 않으려는 작가의 인생관을 잘 드러내준다고 하겠다. 〈聖母「마리아」의 肖像畵 앞에서〉는 전형적인 기도형의 시로 종교적 사상이나 신앙심을 노래하며 자신이 원하는 바를 간청하고 있다. 성서에서 '눈'은 빛으로 비유된다. 신체의 일부인 눈이 있어 인간이 사물의 옳고 그름을 판단할 수 있듯이 신앙 면에서의 눈 역시 올바른 성도의 삶을 살아갈 수 있도록 도와주는 등불이다. '푸른 달빛'은 성모마리아의 더 맑고 신성한 성품에 화자의 절대적 신심을 강조하고 있다.

더욱 간절한 청을 담은 시 〈受難〉에서는 「아부지여! 하실수만 있으면 이 盞을 물리쳐 줍소서」, 「그러나 아부지여! 당신의 뜻대로 하옵소서」, 「아부지여! 무지한 탓이오니 죄를 저들에게 돌리지 맙소서.」라고 하며 예수가 죽기 전 겟세마네[70] 동산에 올라 기도하는 모습을 시

---

[70] 예루살렘의 동쪽, 기드론 계곡을 눈앞에 둔 감람산의 서쪽 기슭에 있는 동산으로 예수가 죽기 전날 밤 '최후의 만찬'을 끝내고 제자들과 함께 슬픔과 고뇌에 찬 최후의 기도를 드리던 곳이다. 두산세계백과사전, 두산동아.

로 나타낸 것이다. 〈哀詞〉에서는 어머니가 돌아가신 상황을 슬퍼하며 '주의 성 밖에 외로이 이른 길손 한분 고이 맞으시라, 비나이다!'라고 하여 주께 어머니를 의탁하고 있다. 〈C여사와 빈대떡〉에서 '아아, 어머니여! 어머니여! 그대 위에 복이 있으라! 영광이 있으라!'고 우리의 어머니들에게 복과 영광을 내려주십사고 기원하고 있다. 이 시의 초반부에서 'C여사의 깰끔한 麗態를, / 빈대떡과 함께 생각하긴 정녕 싫다'라는 부분이 있다. 그것은 당시의 사회현실을 고발한 내용을 담고 있는데 전쟁이 C여사를 '용감한 「짠.따크」로 만들었고 이것은 위대한 어머니만이 할 수 있는 일이므로 복과 영광을 받기에 합당하다는 의미가 될 것이다.

조금 다른 형식으로 간절한 염원을 드러낸 〈어머니〉를 보자.

> 아기는 어머니를 찾어 집을 나섰습니다. 이집에서 저집으로 이마을에서 저마을로, 또한 들이며 산으로까지 두루 쏘다니며 어머니를 찾었습니다.
> 그러나 어머니는 아모데도 않게셨습니다. 아기는 하는수없이 다시 숨찬 거름을 저의 집으로 도리켰습니다. 행여 그 사이에 집에나 오셨는가 해서-- 문꼬리에 손을 걸며 아기는 또어머니를 불렀습니다. 그러나 어머니의 대답은 들리지 않았습니다. 아기는 또 한번 절망에 가까운 소리를 짜내여 어머니를 불렀습니다.
> 『엄마! 엄마야!』
> 『아가야! 꿈을 꾸늬?』
> 구름 밖에서 오는듯한 지극히 가는 목소리가 들릴락 말락하게 아기의 귀를 스치고 사라졌습니다.            ------중략------
> 『아가야! 꿈을 꾸늬?』이젠 그만 자고 깨어나거라!』
> 별 보다도 더 먼 곳에서 오는 듯한 지극히 가는 목소리와 함께 부드러운 손길이 아기의 뺨에 닿았습니다.
>
> -〈어머니〉 일부-

위의 작품은 '아기'와 '어머니'에 대한 이야기로 이어지는 산문형식을 차용하여 쓴 시이다. 산과 들을 쏘다니며 어머니를 찾는 사람은 '아기'다. 그러나 현실적으로 아기는 신체적 조건으로 보아 산과 들로 쏘다닐 수가 없다. 따라서 '아기'는 '화자'이고 '어머니'는 '성모 마리아'다. 여기서 '어머니'가 성모 마리아라는 것을 뒷받침 할 수 있는 논거가 '별 보다도 더 먼 곳에서 오는 듯한 지극히 가는 목소리'이다. 이 시구에 있는 '별 보다 먼 곳'은 이상향의 나라이며 그곳에 성모 마리아가 있다. 따라서 '어머니'는 성모 마리아를 상징한다.[71] 〈언덕 위의 風景〉은 6.25의 발발로 피난길에 '어디서 종소리라도 은은히 / 들려 왔으면 좋겠다'며 종교적인 절대자에 기원하고 있다.

〈우리말〉, 〈우리글〉에서도 일제의 우리말, 우리글 말살에 대해 격렬한 어조로 항변을 하면서 말미에 간절한 기원의 의지를 담고 있다.

>아아, 내사랑 내 희망아, 내 귀에 네 입술을 대어다오.
>그리고 다짐해 다오. 다짐해 다오.
>-〈우리말〉 일부-

>내 사랑아, 때로 흐리려는 이 마음에 네 환한 얼굴을 비춰다오. 비춰다오.
>-〈우리글〉 일부-

일제는 1930년대 말부터 한민족의 생명을 끊기 위한 정책을 펴고 1940년이 되자 일본식 성명을 취할 것을 강요한다. 이른바 '조선어'의 말살 정책이다. 더 이상 '한인(韓人)'이 남을 수 없도록 5천년 문화의 맥을 끊고자 언어의 숨쉼을 막았다. 조선어교육이 폐지되고 한글학자들이 전원 감옥에 갇히게 되고 신문사와 순수문예지가 폐간 조치되었다. 급기야 일본어로 글을 쓰는 문인들이 생겨나는 굴욕적인 상황에서도 창씨개명을 하지 않음으로써 스스로 '황국신민(皇國臣民)'이 되는 것을 거부한 김동명은 우리말, 우리글을 지켜야 함을 간절히 호소하고 있다. '우리'는 한 가족을 의미하며 한 어머니로부터의 자식이라는 데서 모성을 찾을 수 있다.

>나는 두 팔 만으로도 족히 / 종다리 같이 가볍게 날을수 있다.
>時間과 空間은 / 처마 끝에 매 달린 비인 鳥籠일뿐.
>過去와 未來가 / 달빛 같이 窓門에 서리는 거기
>영영 가시었다던 어머님이 / 다시 돌아 오시고

---

71) 심은섭, 「김동명 시에 나타난 기도형 발아의 원인 고찰」, 『김동명 문학 연구』제1호, 김동명문학회, 2014, 85-86쪽.

내일에 먹을 것과 입을 것이 없으되 / 근심을 모르는 나라

사랑을 줄수도 없고 받을수도 없는 그이의 흰 손ㅅ길을 가슴에 품을수 있는것 만으로도 / 너는 눈물 겨웁게 고맙고도 아름답다.

-〈꿈〉 전문-

꿈은 무의식의 세계다. 화자의 꿈은 융이 말하는 '큰 꿈'[72]에 해당한다. 물론 이 시 〈꿈〉은 화자가 직접 꾼 꿈이 아니라 작가의 이상이라고 봐야 할 것이다. 화자는 결코 일확천금을 꿈꾸지 않으며 평범하게 살면서 행복을 찾으려는 것을 알 수 있다. 그리고 그 꿈의 중심에 생존하는 '어머니'가 있다. 이 시로 보아 속박에서 벗어나 자유롭고 평범하게 사는 것이 얼마나 힘든 일인 것인가를 알 수 있다. 광복은 꿈이 아니라 본래의 '나'를 찾아야 하는 당연한 권리이다. 하지만 모든 권리와 개인의 기본적 자유까지 속박당한 채 살아가야하는 현실은 김동명을 한없이 무력하게 만들었고 절대자에게 간절히 기원하는 시를 쓰기에 이른 것이다.

〈또 忠武路〉에서도 36년 만에 고향을 다시 찾은 감격과 함께 '또 하나 다른 기적의 탄생'을 기원하고 있다. '다른 기적'이란 지금까지 우리의 모습이 아닌 더 강인한 '나라'를 만드는 일일 것이다. 의지만으로는 모자라 '신'의 가호를 빌고 있다.

### 2) 강한 의지로서의 모성

일제 치하에서 우리 작가들은 대략 세 가지의 길을 택한 것으로 드러나는데 첫째는 일제에 적극적으로 저항한 경우로 작가들은 일제가 요구하는 국책 문학을 정면으로 반발했을 뿐만 아니라 일제의 식민지 정책을 비판하고 역사의식을 담은 작품을 썼다. 둘째는 소극적 저항의 경우인데 적극적인 저항의 자세는 취하지 않았지만 일제의 감시와 규제가 허용하는 범위 안에서 시대 의식을 담은 작품을 썼다. 그러다가 상황이 더욱 악화되자 아예 붓을 꺾어 버림으로써 최소한의 민족적 양심을 지키고자 하였다. 셋째는 일제의 국책 문학에 전적으로 영합한 문인들도 있었는데 이 경우는 일제가 요구한 황도문학운동에 앞장섰고 일제의 침략 전쟁을 합리화하고 찬양 고무하는 작품을 썼다.[73] 김동명은 문학에 있어 둘째의 경우에 근

---

[72] 칼 구스타프 융은 '간혹 자신의 생활과 너무나 동떨어지고 너무나 불가사의하고 너무나 기이하고 섬뜩하기 때문에 당사자가 꾸었다고는 볼 수 없는 꿈이 있다. 그것은 딴 세계에서 온 것처럼 보이는데 여기서 딴 세계란 숨겨져 있던 무의식의 세계다'고 했다. 그리고 이런 꿈을 '큰 꿈'이라고 했다. 캘빈 S.홀 · 버논J.노드비, 앞의 책, 193쪽.

접한 태도를 취하고 있는데 이는 김동명의 시가 계절에 관계없이 조용하고 평화로운 듯하지만 작품 밑바탕에는 언제나 냉엄하고 현실주의적인 것이 도사리고 있는 것과 무관하지 않다. 김동명의 작품은 다양한 조화를 갖고 있다. 어떤 작품은 호수같이 조용하고 어떤 작품은 그 반대로 사나운 폭풍우처럼 격렬하다. 격정과 고요를 동시에 지닌 동명의 시에 나타난 외로움의 저변에는 현실을 향해 비상할 수 없는 식민지 청년의 상실감74)과 일제의 폭압적인 식민정책에 무력한 조선의 문학·지식인의 울분이 함께 표출된 것이다. 김동명이 작품에서 '나', '너', '그대' 등 의인법과 '태풍이여!', '바다여!', '형제여!' 등 돈호법을 많이 사용하고 있는데 이는 시인의 남성적인 정열과 패기의 표현이라 볼 수 있다.

颱風,
네게는,
大海를 삼키고 泰山을 뭇지르려는 / 征服의 불타는 意慾이 있고,
모든 것을 얼싸안고 醉한듯 미친듯 / 몸무림치는 벅찬 情熱이 있고,
朽敗한 문화의 殘壘위에 달팽이같이 달라붙은 가련한 生活의 위를 단숨에 날으려는 黃金의 날개가 있고
---------중략---------
또한 나의 앓른 마음을 달래 주는 그윽한 속사김이 있나니,
아아, 태풍이여!
나도 너와 같은 生活과 詩를 가지고 싶구나!

-〈颱風賦〉일부-

위 시〈颱風賦〉를 보면 모진 태풍의 위엄을 사뭇 '있고'라는 연결어미로 열거하여 격렬함과 강함을 나타내고 있으며 끝에 가서 '아아, 태풍이여! ....'하며 태풍의 모습을 닮고 싶은 화자의 마음을 드러낸다. 당시 불안한 시대를 살아가는 방법으로 오직 시에 정열을 쏟아 은둔자의 모습으로 30년대를 살아가는 김동명은 그러나 화자의 '앓른 마음을 달래 주는 그윽한 속사김이 있'는 태풍을 속 깊은 어머니의 이미지로 나타내어 진정 위로를 받고 싶어한

---

73) 김혜니, 『한국 현대시문학사 연구』, 국학자료원, 2002, 45쪽.
74) 장은영, 『김동명시선』, 지식을 만드는 지식, 2012, 131쪽.

다. 당면한 시대에 대한 울분을 거대한 태풍의 힘을 빌려 표출하였지만 현실의 벽에 막혀 결국 어머니에 의지하는 시인은 〈水仙花〉에 와서는 강한 의지의 모성을 보이고 있다.

김동명은 일제 암흑기를 살면서 유일한 탈출구로 문학의 길을 선택한다. 〈水仙花〉는 단순히 연애시나 민족의 정한을 읊은 서정시가 아니라 높고 큰 차원에의 민족과 조국혼을 대상으로 노래한 민족시인의 절규인 것이다.75)

    水仙 잎은 / 森林같이 茂盛하다.
    흰 꽃은 / 달 같이 밝다.
    내뺨에 닿은 것은 / 입술이냐 향기냐?
    향기에 담긴 네 마음 / 입술인양 반가워라.
    너로 하여 나는 / 불을 끄지 못한다.
    너 때문에 나는 / 겨울을 사랑한다.

                                    -〈水仙 Ⅰ〉전문-

    밤 중에 홀로 / 水仙과 마조 앉다.
    香氣와 입김을 / 서로 바꾸다.
    생각은 / 湖水인양 밀려 와
    人生은 / 갈매기 같이 凄凉쿠나.
    여기에서 내 마음은 / 검은 물결에 싯기는 마풀 한 오리.
    아아 水仙! / 나는 네가 부끄러워.

                                    -〈水仙 Ⅱ〉전문 -

〈水仙 Ⅰ〉, 〈水仙 Ⅱ〉에서는 의인화된 수선화로 아름답고 정겨운 회화적 이미지를 만들어 내고 있는데 시적 대상에 대한 뜨거운 사랑, 즉 인간과 자연 사이의 교감 없이는 나올 수 없는 표현이다.76) 수선화는 12~3월경 꽃이 핀다.77) 갸냘픈 몸으로 오로지 강한 의지 하나

---

75) 엄창섭, 『김동명 연구』, 학문사, 1987, 31쪽.
76) 김효중, 앞의 논문, 142쪽.
77) 수선화는 우리나라에서는 주로 남부지방에서 관상용으로 재배하고 있다. 약간 습한 땅에서 잘 자라며 땅속줄기는 검은색으로 양파처럼 둥글고 잎은 난초잎같이 선형으로 자란다. 꽃은 12~3월경 꽃줄기 끝에 6개 정도가 옆을 향해 핀다. 꽃말은 '자기애, 자존심'이고 꽃이 필 때 아름답고 향기가 그윽하다. 두산세계백과사전, 두산동아.

로 겨울을 나며 향기까지 짙게 풍기는 수선에 비해 〈水仙 Ⅱ〉에서 화자는 자신의 약한 의지를 부끄러워하고 있다. 〈水仙花〉에서 수선화는 드디어 '차디찬 의지'의 화신으로 등장한다.

그대는 차디찬 意志의 날개로 / 끝없는 孤獨의 위를 나는 / 애달픈 마음.
또한 그리고 그리다가 죽는 / 죽었다가 다시 살아 또다시 죽는 / 가여운 넋은 아닐까.
부칠 곳 없는 情熱을 / 가슴 깊이 감추이고 / 찬 바람에 빙그레 웃는 적막한 얼굴이여!
그대는 神의 創作集 속에서 / 가장 아름답게 빛나는 / 不滅의 小曲
또한 나의 적은 愛人이니 / 아아, 내 사랑 水仙花야! / 나도 그대를 따라 저 눈길을 걸으리.

-〈水仙花〉전문-

시인은 수선화를 '부칠 곳 없는 情熱을 / 가슴 깊이 감추이고 / 찬바람에 빙그레 웃는 寂寞한 얼굴'로 묘사하고 있는데 이것은 비록 암담한 시대이기는 하지만 밝은 희망에 대한 의지를 버리지 않고 살아가려는 자신과 우리 민족을 투영한 것이기도 하다. 또한 시인은 '저 눈길'을 걷겠다고 노래하고 있는데 여기서 '눈길'이란 곧 험한 세상을 의미한다. 즉 시인은 겨울에 꽃을 피우는 수선화처럼 조국이 상실된 험한 세상을 차가운 의지로써 극복해 나가겠다는 강한 의지를 내보이고 있다.

비슷한 작품으로 〈雪中花頌〉을 들 수 있는데 따뜻한 봄날 붉게 핀 장미꽃에 비해 삭막한 겨울날 눈 속에 피는 꽃은 훨씬 아름답고 끈질긴 생명력을 나타낸다.

索寞한 내 뜰에 / 오직 한 송이 붉은 薔薇꽃.
겨울과 겨르려는 / 불 붙는 情熱인양.......
黃昏이 / 숯고 간 뒤
恍惚한 孤獨 위에 / 흰 눈이, 나리다.
蒼白한 情念을 에워 / 밤이 스미다.
이윽고 새 날이 오니 / 아아 燦爛한 銀빛 圓光!

나는 이 아츰 / 꽃의 거룩한 모습을 절한다.

-〈雪中花頌〉전문-

위의 시에서 외로운 장미꽃에 황혼이 스치고 간 뒤 황홀한 고독이 밤을 통하여 희망찬 세계로 전이된다. 즉 물질세계인 겨울과 암흑의 부정적인 현실이 빛과 충만한 자각으로 인해 희망을 주는 정신적 세계로 변화한다. 그리고 황혼이 머문 뒤 눈이라는 통과제의를 거쳐 밤의 휴식을 지나 빛의 생명력이 나타난다. 이 밤은 부정적 의미를 주는 암흑이 아니라 희망과 빛을 탄생시킬 수 있는 평화와 안식의 상태이다.[78] 화자는 자연의 섭리에 순응하면서 미래에 대한 강한 희망과 가능성을 믿고 있다. 또 다른 작품 〈薔薇〉에서 시인은 장미를 소재로 '가냘픈 가지에 피어 실바람에도 시달리는' 장미의 모습과 함께 '서리빨 아래서도 피며 지며 대설이 고대것만 너만 홀로 태를 지'녔다며 겨울을 견뎌 내는 장미에 감탄하고 있는데 '장미꽃'의 여성이미지를 통해 강인한 의지의 모성을 나타내고 있다.

한편, 일제 36년이 끝나자 생명을 부지한 일본인들이 앞을 다투어 일본으로 달아났다. 이 때의 광경을 김동명은 시 〈輓歌〉로 나타냈다. 벚꽃으로 상징되는 일본 제국주의가 몰락하는 과정을 여인으로 의인화시켜 나타내고 있다. 화자는 한 때의 부귀영화와 찬란한 권력이 이제는 '진흙 위에 떨어져 밟히어도 누구 하나 아끼는 이 없는 신세'로 전락하고 말았음을 조소하고 있다. 이제는 역사의 심판을 기다리라고 강한 어조로 훈계를 하지만 그 속에는 어머니의 자식을 향한 연민의 마음을 담고 있다.

連綿 四千年의 歷史를 꿰뚫어 흐르는
「민족혼」위에 터를 닦으라.
불 같이 뜨겁고 샘 같이 淨한 「同胞愛」의 갸륵한 마음씨로
주추 돌을 놓으라.
「獨立自主」의 굵고 둥글고 미끈한 大理石 기둥을
--------- 중 략 ---------
이리하여 굳건하고도 화려한 새 집 이루어지거든

---

[78] 신익호, 앞의 논문, 86쪽.

> 하늘 가에 흩어졌든 우리 겨레 함께 모여 살게 하라.
> **勞務者**와 **企業人**, 농민과 상인, 공무원과 문화인
> 모두 다 한 **食卓**에 앉는 한 가족이 되라.
> 왼 **家族**이 있는 힘 다 바쳐서 새 나라의 **榮光**
> **日月**같이 온 세상에 빛나게 하라!
>
> ―〈새 나라의 **構圖**〉일부―

    1945년 8월 15일 한국이 일본 식민지 지배로부터 해방된 것은 광복이라는 의미로 그 역사적 의미가 규정되고 있다. 이로써 잃어버린 언어를 되찾고 위축되어 있던 민족정신을 다시 불러일으킬 수 있게 된다. 그리고 해방을 통하여 얻어낸 독립과 자유를 바탕으로 새로운 민족국가를 건설해 나아갈 수 있는 기회를 가지게 되었다. 광복은 이렇게 우리 민족에게 희망이고 희열이었다.

    한국은 일본의 식민지 지배를 벗어나는 순간부터 민족과 국가를 어떻게 재건할 것인가 하는 절박한 과제에 봉착한다. 해방 직후 미국과 소련의 개입으로 한반도의 남북 분단이 이루어지고 사상적 대립과 분열로 말미암아 사회적 불안과 혼란이 계속되었지만 한국인들은 새로운 나라 만들기에 주체적인 민족의 역량을 집결하고자 노력한다. 그 결과로 민족의식에 대한 새로운 인식과 자각이 일어나면서 위 시 〈새 나라의 **構圖**〉와 같은 새로운 국가 건설을 위한 민족 운동이 전개된다. 배네딕트 앤더슨은 '민족은 본래 제한되고 주권을 가진 것으로 상상되는 정치공동체'[79]라고 정의하며 그 기원은 '문화'에 있다고 했다. 한국 역시 새로운 민족국가 건설의 정신적 기반이 되는 민족 문화의 확립을 위해 폭넓은 문화운동을 추진하게 된다.[80] 〈새 나라의 일꾼〉에서도 이제는 일본 제국주의 문화의 모든 잔재를 청산하고 '빈' 마음으로 피를 나눈 동족답게 함께 힘을 모아 새로운 나라 만들기에 주체적인 노력을 해야 한다고 외친다.

---

79) 여기에는 주장을 뒷받침하기 위해 여러 학자들의 견해가 덧붙여졌는데 민족은 가장 작은 민족의 성원들도 대부분의 자기 동료들을 알지 못하고 만나지 못하며 심지어 그들에 관한 이야기를 듣지도 못하지만, 구성원 각자의 마음에 서로 친교(communion)의 이미지가 살아있기 때문에 상상된 것이다. Renan은 "민족의 핵심은 전 소속원들이 많은 것을 공유한다는 사실이며, 동시에 전 소속원들이 많은 것을 망각해 주어야 한다는 사실(예를 들면, 내전 등 내부 분열을 이름)이다." Gellner는 "민족주의는 민족들이 자의식에 눈뜬 것이 아니다. 민족주의는 민족이 없는 곳에 민족을 발명해 낸다"고 하였다. 앤더슨은 또 이렇게 민족이 정의될 때 그 기원은 '문화'에 있다고 한다. 베네딕트 앤더슨, 윤형숙 역,『상상의 공동체』, 나남, 1983, 25쪽.

80) 권영민,『한국현대문학사』, 민음사, 2002, 27~28쪽.

동족이란 한 어머니에게서 나온 자식이라고 볼 때 어머니의 품안에서 새 나라를 위한 구도를 세워서 모두가 한 마음으로 새 나라를 건설하자는 화자의 강한 의지를 볼 수 있다.

## III. 모성성과 작가의식

### 1. 모성부재와 상실감

어머니는 세상에 태어나 가장 처음 만나는 사람이며 그 누구에게나 최초의 장소가 된다. 어머니는 인간이 최초로 속한 세계의 중심임이 명백하지만 성장과정 중에 어머니로부터의 분리를 불가피하게 경험하게 된다. 이 분리경험으로 인한 부재의식은 자식이 어머니와 독립적인 존재임을 일찍이 깨닫게 만든다.[81] 그러나 어머니로부터의 분리 경험이 자연스런 성장의 수순이 아니라 물리적, 강제적인 원인에 의한 것이었다면 그 상실감은 클 것이다. 김동명의 시 전편에 걸쳐 배어 있는 모성성은 그의 일생에서 어머니가 큰 부분을 차지해 왔다는 것과 함께 식민지와 동란의 격랑기라는 민족의 고통이 모성의 부재와 등가를 이루면서 시인이 결핍감과 불안감을 겪게 되었음을 짐작하게 해 준다.

김동명이 초기의 시를 쓰는 과정은 '상실'이라는 그의 정신사적 맥락이 큰 비중을 차지한다. 그는 고향의 상실, 부친의 상실, 부(富)의 상실 등을 어려서부터 겪어 왔다. 그가 어머니의 영향으로 남성적 호기(豪氣)를 띠기는 하지만 한편으로 여성적 감상성에 치우쳐 꿈과 애조의 가락이 호소하는 듯한 민족 정서를 표현한 것도 이 상실감에서 나온 것이라 볼 수 있다.[82]

> 水氣를 흠친 띤 구름이 / 내 지붕을 덮고 / 퍼지다.
> 내 오늘에 / 푸른 하늘을 / 잃다.
> 담배를 피어 물고 / 꿈의 破片을 / 걷우다.
> 「明日」이여, / 너는 또 내게 / 무엇을 가져 오려늬?
>
> -〈憂鬱〉 전문-

---

81) 유혜숙, 앞의 논문, 81쪽.
82) 박호영, 앞의 책, 200쪽.

이 시는 구름이라는 매개체로써 '우울'의 정서를 풍유적 의인화('明日이여, / 너는 또 무엇을 가져 오려늬?')로 마무리 짓고 있다. 시는 화자의 희망이 사라진 절망적인 상태며 현재 상황이다. 화자는 오늘(현실)이 매우 우울하다. 먹장구름이 내 지붕을 가리고 푸른 하늘을 모두 가렸다. 지붕은 화자가 거주하는 공간이요, 안식처다. 그 공간이 구름에 둘러 싸여 있다는 것은 최소한의 자유와 권리 그리고 행복마저 박탈당한 상황임을 말해준다. 이 시에서 구름은 단순한 구름이 아니라 '수기를 흠씬 띤 구름'이다. 먹구름은 언제든지 비를 퍼부을 수 있다. 먹구름은 지붕을 덮고 하늘마저 덮는다. 화자는 자아와 집단의 아픔·고뇌를 진술하고 있는데 하늘은 우주 전체를 뜻한다고 볼 때 우주인 어머니를 상실한 화자의 절박한 심경을 읽을 수 있다. 그리고 내일은 또 어떠한 일이 생길지 알 수 없지만 큰 희망을 볼 수는 없다. 오히려 두려움까지 느끼고 있다.

이런 화자의 심경은 〈술노래〉나 〈狂人〉에서도 나타나 있다. 술을 마시기도 전 술에 취할 준비를 하는 화자는 급기야 술에 취하여 '새끼손톱으로 지구덩이를 튀겨 버리'고 싶은 호기까지 부린다. 하지만 이런 보복 심리의 해소가 불가능하자 드디어는 '광인'을 부러워한다. '붉은 살이 드러나도 아모 거리낌 없이 히쭉히쭉 웃으며' 거리를 돌아다니는 광인은 '여인도 없고 내일을 위한' 염려도 없다고 했다. 여기서 '여인'은 '나'를 보살펴 주는 '어머니'의 이미지로 나타난다. 일제 치하의 탄압은 우리 민족으로 하여금 바로 이런 정신적 상태로까지 빠뜨렸던 것이다. 차라리 광인이라도 되어 민족의 질곡을 망각하는 그 처지가 더 부러울 따름이다. 일제의 포학에 질식을 느끼며 지도층의 자태에 어이없어 하던 김동명은 〈술노래〉와 〈狂人〉을 마지막으로 붓대를 집어던지고 1945년 광복이 되기까지 4년간 시 한 구절 잡문 한 토막 쓰지 않고 치욕과 분노의 나날을 보냈다.[83]

〈답설부 Ⅲ〉에서도 흰 눈을 밟으며 가는 화자는 회한에 발이 시리다고 했다. 시린 발을 감싸줄 어머니가 없는 상황을 화자는 슬퍼하고 있다. 〈옛이야기〉에서 '석죽화 그늘 밑에 이슬이 된 가련한 시인'은 곧 김동명 자신이며 일제 치하에서 어쩌지 못하고 한스럽게 살아가는 시인의 자화상이기도 하다.

    보퉁이는 목에 걸고 / 老弱은 업고 지고,

---

[83] 김동명, 〈술노래 解題〉, 앞의 책, 59~60쪽.

거친 몸이 묏기슭에 쓸어지니
찬 이슬에 젖은 것은 / 옷자락만이 아니리.

-〈避難民 Ⅰ〉전문-

千名 드리 土窟은 / 주으린 짐승처럼 / 아구리를 벌리고--
「리야까」를 탄 작자(屍體)들은 / 다리로 / 길 바닥을 쓸며 간다.

-〈避難民 Ⅲ〉전문-

위 시는 피난민의 몰골을 그렸다. 자유를 찾아 남으로 피난하는 모습은 이처럼 처절했다. 이렇게 〈避難民〉연작시는 태평양 전쟁으로 만주 등지에서 몰려온 피난민의 참상이 그려져 있는데 이러한 시들은 매우 사실적이다. 〈輸送機 나는 港市의 풍경〉에서도 '이윽고 아침이 오면 휘날리는 붉은 기ㅅ발 아래에 / 바들바들 떠는 태극기의, 아아 눈물겨운 동반이여'에서 볼 수 있듯이 광복의 환희는 찾아볼 수 없고 사회주의 치하의 백성들이 공포에 떨고 있는 상황이 제시된다. '淸·羅津서 밀려 온 피난민은 또 어디로 / 가도 가도 뒤 따르는 시체의 행렬'인 것과는 사뭇 다르게 '오늘도 배가 축 처지게 실은 수송기는 / 북으로 나른다.'에서 보듯이 전쟁은 일부 권력자들의 배를 불리기 위해 다수의 국민들에게서 최소한의 생존권마저 찬탈해 가는 것으로 볼 수 있다.

한편 김동명은 북한에서 조만식에 의해 창당된 조선민주당 함남도당위원장으로 활동하였으나 결국 김일성 일당과 소련사령부에 의해 숙청되었다.[84] 이로써 자신이 직접 반동분자란 죄목으로 감옥 생활을 경험하기도 했는데 〈獄中記Ⅰ.Ⅱ.Ⅲ〉에서도 모성이 부재한 현실에서 죽음의 공포를 느꼈음을 알 수 있다.

主人 없는 손이길래 더욱 / 무시무시해지는 밤
想念은 壁에 부디쳐 / 날개를 앓는다.

-〈獄中記Ⅰ〉일부-

캄캄하다. / 深海에 사는 魚族인 양, / 視力을 잃었나보다.

---

84) 장정룡, 「김동명 수필의 '월남'과 '피난' 표출양상」, 『김동명 문학 연구』제1호, 김동명문학회, 2014, 36쪽.

마음은 / 想念의 바닷가에 / 難破한 배 쪼각.
꿈도 / 化石인 양 / 曲調를 잃었나니

-〈獄中記 Ⅱ〉일부-

저 窓살 넘에로 / 나를 노리고 있는 怪漢, / 刺客이다.
法의 不在를 틈 타려는--
나는 때를 놓치지 말고 / 邀擊을 준비해야한다.
허나 내게는 / 대적할 武器가 없구나.

-〈獄中記 Ⅲ〉일부-

    김동명이 사흘 간 투옥당했던 경험을 시로 쓴 〈獄中記〉세 편의 연작시는 자신에 대한 반성과 죽음에 대한 공포, 현실 인식 등이 나타나 있는데 그것은 북한 전체가 감옥이며 폭력이라는 것을 말해 준다. 소련 군정하에서 투옥은 곧 죽음이라는 예감을 갖는 것은 그간의 북한에서 살아온 그에게 어쩌면 현실감으로 다가왔을 것이다. 감옥 생활에서 직접 육체에 미치는 고통도 컸지만 더 큰 것은 보다 근본적인 인간의 오뇌였다. 〈獄中記Ⅰ〉과〈獄中記 Ⅱ〉는 시 전체에서 희망이라고는 전혀 찾아볼 수 없는 현실에 처한 화자는 상실감에 빠져 있다. 사흘째 되는 날은 '나는 때를 놓치지 말고/邀擊을 준비해야 한다'고 담력도 키워 보지만 감옥 안에서 맨 몸으로는 어떤 요격도 준비할 수 없음을 알고 '내게는 대적할 무기가 없구나'하며 한탄한다.

    당시의 이러한 상실감은 〈歸路〉에서도 형상화되어 나타나는데 시의 첫 행 '내 발이 다시 저 집 섬돌 위에 설 때/누구를 불러야 하노./누가 문을 열어 주노.'라고 마침으로써 현실의 암담함은 나의 집까지도 낯설게 만든다는 것을 화자는 말하고 있다. 김동명은 1931년부터 47년 월남하기까지 함흥의 서호에서 전원생활을 한다. 그의 아들 김병우는 '넓은 정원이 있고 솔밭을 배경으로 끼고 있는 야산 중턱의 외딴 집에서는 바다와 하늘만이 보였'다고 말한다.85) 그렇게 긴 세월을 살았던 내 집임에도 불구하고 더구나 가족이 기다리고 있을 집이건만 집으로 돌아가는 발걸음은 무겁기만 하다고 김동명은 술회하였던 것이다. 광복이 되었지만 조국의 현실은 여전히 암울했고 김동명은 이 상황을 자신을 반겨 줄 어머니가 부재한 것

---

85) 김병우, 앞의 책, 225쪽.

으로 인식한다. 현실을 압축한 시 〈述懷〉에서

   대낮에 / 밤을 건넌다.
   마음은 / 한 밤중의 해바라긴양,
   한 낮에 / 해를 그리워라.

              -〈述懷〉 전문-

 간절히 원하던 광복은 밝은 미래를 보여주지 않았기에 민족은 혼돈의 방황을 거듭했다. 〈異邦〉에서 '내 말은 네가 모르고 / 네 말은 내가 모르고 // 분명히 낯익은 얼굴들인데 / 다시 보면 딴 사람들이고'처럼 동족은 이방인으로 얼굴을 달리했다. 피를 하나로 하는 동족이요, 부모·형제·자매이면서도 이데올로기가 다를 때 서로는 이방인이 되는 이러한 민족의 아픈 현실에 그는 상실감을 나타내고 있다.

 이러한 역사적인 불안이 〈民主主義〉에서는 '해와 달이 된 오뉘' 민담을 빗대어 소련군의 저의를 폭로한다. 해방 이후 진행되고 있는 공산화에 대한 소련의 만행을 '보기에도 기겁을 할 호랑이의 발톱!'으로 고발하며 민주주의를 '우리의 불행한 아기들'에 빗대어 '미쳐 나무 꼭대기로 피신할 겨를도 없'는 '어머니 잃은 아이'에 비유하여 절망감을 나타내고 있다. 김동명은 이러한 소련의 체제에 환멸을 느껴 월남을 하게 되지만 3년 뒤 6.25전쟁이 발발하면서 상실감은 더하게 되는데 작가의 심경이 〈그 이튿날〉에 잘 나타나 있다.

   먹장 구름이 喪布모양 / 하늘을 가린다.
   빛마저 七首인양 / 푸른 날이 서로 닿는다.
   殺氣, 北岳을 누름은 / 울부짖는 砲聲 때문인가?
   日沒이 다가올수록 더욱 / 자지러지는 遠雷!
   金華山이 앓른 짐승마냥 / 呻吟 소리를 連發한다.
   그러나 우리는 아모것도 아니란듯이 / 아모 것도 몰라야한다.
   그러기에 怒濤같이 밀려드는 敵 앞에서도
   베개를 높이하고 코를 골수 있은 것이 아니냐?

              -〈그 이튿날〉 전문-

광복이 민족의 발전으로 가는 전환점이 되지 못한 채 1950년 6.25가 터진다. 위 시는 〈피난시첩(避難詩帖)〉에 있는 작품으로 6.25가 터지자 피난을 떠나면서 겪은 일들을 시로 나타낸 것이다. 6.25가 발발한 이튿날에 피난을 떠나게 된 작가는 8월 1일까지의 피난행로를 〈피난시첩〉으로 묶어 15편의 시로 남기고 있다. 동족상잔이라는 비극만으로도 어머니의 부재를 알 수 있는데 피난을 가면서 겪고 본 모든 일들로 얼마나 상실감이 컸던가를 짐작할 수 있다. 김동명은 그의 수기집 〈어두움의 비탈길〉서문에서 〈피난시첩〉의 배경을 밝히고 있다.

........이것을 적어서 역사적 대비극의 멍에에 눌려, 몸부림치던 겨레의 설음을 어느 정도 어림이라도 할 수 있을 만큼 전할수 있다면? 하는 생각을, 나는 품어온지 오래다. 적어도 나 자신이 문필을 버리기를 원치 않고 또, 저 원한의 피난대열에 참여 했던 슬픈 추억을 지니고 있는 이상, 이것을 되도록 소상히 기록하여, 「6.25」를 이야기로만 듣는 모든 낯모르는 형제들에게 전하는 것은, 나의 의무라고 생각해왔다.[86]

〈어두움의 비탈길〉은 6.25가 발발한 1950년 6월 25일부터 8월 1일 부산 초량역까지의 피난 행로가 나타나 있는데 피난지에서 본 일, 겪은 일을 메모하여 정리하여 후에 〈피난시첩〉을 만들었다. 그러므로 〈피난시첩〉에 실린 모든 시는 당시의 김동명에게 사실적 민족 수난의 상황과 그에 따른 상실감을 잘 나타내 주고 있다고 할 것이다.

일제기 36년에서 숨 고를 틈도 없이 곧 민족전쟁을 치르게 되니 민족의 자존심은 물론이거니와 내우외환 속에서 백성들은 삶이란 삶을 영위해 보지도 못하고 이념에 속절없이 희생되어 갔다. 이런 통한의 근현대사를 겪고 난 민족구성원은 누구나 그 후유증을 앓게 될 수밖에 없다. 그것은 개개인의 아픔에 머무는 것이 아니라 민족 전체의 '집단무의식'을 형성하기도 하는 것이다.[87] 동족의 상잔이라는 역사적인 비극을 대물림하지 않아야한다는 암시를 남기고 있는 이 글은 김동명이 피난 중에도 겨레와 민족을 생각하는 마음이 컸음을 짐작할 수 있다.

---

86) 김동명, 〈어두움의 비탈길〉, 『모래 위에 쓴 낙서』, 신아사, 1965, 331쪽.
87) 정종진, 앞의 책, 395쪽.

## 2. 떠남과 회귀의식

이어령은 산문집[88]에서 "어머니는 집을 떠나고 마을을 떠나고 고향을 떠나는 법을 가르쳐주었다. 그냥 떠나는 것이 아니라 돌아오는 것, 집으로 돌아오고 마을로 돌아오고, 그리고 고향으로 돌아오는 법도 함께 가르쳐주었다."라고 했다. 덧붙여 "이것은 '나들이'를 일컬으며 나가면서 동시에 돌아오는 모순을 함께 싸버린 아름다운 한국말"이라고 했다.

김동명의 시에는 떠남을 주제로 한 작품이 많다. 그러나 홀연하게 떠남을 노래하지만 어느 사이엔가 작가는 고향으로 돌아오고 있거나 무의식에서 벌써 고향에 돌아와 있다. 이것은 이어령이 언급한 '나들이'의 개념과 별반 다르지 않다. 우리는 금의환향(錦衣還鄕)으로 혹은 죽어서라도 고향에 돌아오기를 원한다. 그것은 떠나고 돌아오는 회귀의 본능을 가르쳐준 영원한 고향 곧 어머니가 존재하기 때문이다. 김동명의 시에 나타난 떠남과 돌아옴을 '모성'과 관련시켜 살펴볼 수 있는 근거도 여기에 있다.

> 어떤 날 나는 어머니에게
> 「어머니는 내가 이 다암에 커서 무엇이 되기를 바라나?」
> 그때나 지금이나 다소의 과대망상증을 가진 나는 자못 자신만만하다는 듯이 어머니의 소원을 물었다. 순간 어머니의 눈은 빛나셨다. 내 신념에 움직이신 듯, 그리고 은근하신 어조로,
> 「강능 군수가 되어 주렴」
> 이것은 어머니의 향수, 고향으로 돌아가시고 싶은 간절한 심정이시리라. 그러나 비단옷이 아니고는 돌아가기를 원치 않으신다는 슬픈 결심이기도 하다.[89]

김동명의 시편들에 많이 나타나 있는 모성이미지는 그의 삶에서 어머니의 영향이 컸다는 것을 말해준다. 위에 인용된 수필 〈어머니〉에서 어머니는 아들이 출세를 하여 다시 고향에 돌아가기를 원하고 있다. 작가는 어머니 생전에 '강릉군수'가 되어 귀향하지 못한 것에 대한 미안함이 시로 나타내어진 것이라고 볼 수 있다. 1931년에 어머니가 돌아가셨으니 작가가

---
88) 이어령, 앞의 책, 『어머니를 위한 여섯 가지 은유』.
89) 김동명, 〈어머니〉, 앞의 책, 『세대의 삽화』, 13~14쪽.

31세이므로 강릉군수가 되기는 어려운 나이다. 김동명은 고향을 떠난 이후로 다시 강릉 땅을 밟지는 않았다. 만약 어머니가 오래 생존하여 생전에 아들이 강릉군수보다 더 높은 '대한민국 초대 참의원' 벼슬[90]을 하였다면 고향에 돌아왔을 것이다. 김동명은 늘 일찍 돌아가신 어머니에 대한 그리움과 아들에 대한 어머니의 기대를 의식하며 살았으므로 이것이 작품에 나타날 수밖에 없었고 작품에서나마 고향으로 돌아가고자 하는 의식을 보여주었다고 할 것이다.

〈옛날에 살든 곳을 지나는 사나이의 노래〉는 이런 작가의 심정을 단적으로 보여준다.

> 彷徨
> 여기는 北쪽 나라,
> 늦가을의 저녁빛을 빗겨 받은 적은 浦口.
> 이제 이 薄暮의 거리를 찾어 온 한 사나이가 있다.
> 그는 지팽이를 이끌고 오르락 나리락 거리를 예돌며,
> 집집마다 엿보고 골목마다 기웃거린다.
> 대체 저 사나이는 무엇을 찾는 것일까?
> 이윽고 그는 한곳에 발을 멈추며 중얼거린다.
> 우리들이 옛날에 살든 곳은 분명 이쯤이었만.
> 아아, 거리여! 너도 나만치나 변했구나.
>
> -〈옛날에 살든 곳을 지나는 사나이의 노래〉 일부-

시에서 화자는 '집집마다 엿보고 골목마다 기웃거리'며 어릴 적의 흔적을 찾으려 애쓴다. 기억 속의 바닷가가 없음에 화자는 '너도 나만치나 변했'다며 '구레나룻'을 쓰다듬으며 '민망해'한다. '내가 옛날에 너를 떠날 때엔 / 咸關嶺을 울며 넘었더니라. / 그러나 나는 오늘에 / 洋服을 입고 汽車를 타고 휘파람을 불며 / 다시 너를 찾어 왔구나. / 그러면 離別은 또한 아름다운 것인가?'에서 화자는 고향을 떠나는 것이 슬픈 것만이 아니라 오히려 돌아올 고향이 있는 떠남은 아름다운 것이라고 말하고 있다.

---

90) 김월정, 앞의 논문, 61쪽.

사람들은 으레 지용의 시91)처럼 고향에 돌아와서는 그리던 고향이 아니라고들 한다. 그러나 정말은 고향이 변한 것이 아니라 자신이 변한 것이다. 물론 우리들의 고향도 때때로 바뀐다. 많은 도시들처럼 황토가 콘크리트로 굳어버리고 나무들이 플라스틱이나 비닐 조각으로 변신한다. 그러나 내가 변하는 것만큼 그렇게 빨리, 그리고 그렇게 많이 변하지는 않는다. 아주 사라져버린 것, 완전히 변해버린 것들은 그 뒤에 영원히 지울 수 없는 고향의 흔적을 지니고 있다.92)

김동명은 삶과 죽음에 대해서도 초연한 입장을 보이고 있다.

人生은 본시 / 슬픈 것, 외로운 것, / 神도 빙그레 웃으며 / 그대를 맞으리.
-〈弔 天命女士〉일부-

님 홀로 / 어이 눈을 감으신고.
主의 城 밖에 외로이 이른 길손 한분 / 고이 맞으시라, 비나이다!
-〈哀詞〉일부-

人生은 나그네, / 그렇다면 죽음은 나룻배
故鄕으로 돌아가는 길손을 맞어 / 저 江을 건너 주리.
-〈죽음〉일부-

〈弔 天命女士〉에서 산다는 것 자체가 본시 슬프고 외로운 것이라고 했다. 죽음 또한 모든 대상이 합일하여 어머니의 품에 안기는 행위로 의식하고 있는 화자는 신 앞에 드려져야 하는 순종의 자세를 그 나름대로 소박하게 유지하고 있다.93) 〈죽음〉에서도 죽음을 '고향으로 돌아가'는 것으로 인식하며 삶과 죽음이 결코 이질적인 것이 아니라 연결선상에 있음을 말

---

91) 고향에 고향에 돌아와도/그리던 고향은 아니러뇨.//산꿩이 알을 품고/뻐꾸기 제철에 울건만,//마음은 제 고향 지나지 않고/머언 항구로 떠도는 구름.//오늘도 뫼 끝에 홀로 오르니/흰 점꽃이 인정스레 웃고,//어린 시절에 불던 풀피리 소리 아니나고/메마른 입술에 쓰디쓰다.//고향에 고향에 돌아와도/그리던 하늘만이 높푸르구나. 정지용, 「고향」, 휴먼앤북스, 2011.
92) 이어령, 앞의 책, 30쪽.
93) 엄창섭, 앞의 책, 111쪽.

해 주고 있다.

 김동명의 이런 떠남과 돌아옴은 자신의 일생이 외로웠다는 것과도 무관하지 않을 것이다. 독자로 자라면서 꽁한 성격에 전형적인 농부타입의 아버지와는 달리 자부심이 강하며 세심하고 냉정하여 모든 일에 비판적인 어머니와 김동명은 유난히 가까웠는데[94] 아버지의 역할을 대신한 어머니를 절대적으로 의지했음을 알 수 있다. 또한 결혼을 하였지만 어머니를 대신할 아내조차 두 번이나 잃었다는 사실은 김동명에게 큰 충격과 함께 외로움이었고 모성을 간절히 원할 수밖에 없는 작품을 쓰게 된 이유가 되었다고 본다. 그리하여 작가는 현실은 불가능하지만 시 속에서는 어디로든 떠났다가 언젠가는 모성에로 회귀하고 싶은 욕망을 드러내는 것이다.

> 한편 김동명은 〈생각〉과 〈노래〉에서 새를 등장시켜 떠남을 노래했다.
> 내 둥주리를 떠난 / 새 한 마리. / 또 어디로 가는고 / 이 새벽에--
> 하늘 가에 외로운 그림자 / 내 마음을 이끌어 / 永遠에 매다.
> 이윽고 돌아 오는 새 / 그 드리운 쭉지는 / 낯 익은 바다의 / 飛沫에 젖고
> 또 보이지 않는 하늘의 / 향기를 풍기나니,
> 내 또 부질 없이 / 그 발목을 더듬어 날이 저믈다.
>                    -〈생각〉 전문-

> 노래는 새요. / 슬픔 먹고 크는 새요. / 새야 가지 마라,
>  가슴 가득 슬픔 있네. / 한 알도 남기지 말고 다 쪼아 먹게나. / 먹고 커서 함께 날세나.
>                    -〈노래〉일부

 〈생각〉에서 작가는 자신의 의지와 다른 생각에 대해 이야기하고 있다. 생각이 자신의 의지를 떠나 외롭게 여행을 한다. 생각을 추슬러 의지로 돌아오게는 하지만 외로운 여행에서 매우 곤하다. 생각은 나래가 젖도록 고향 바다에 머물렀고 더 먼 하늘까지 다녀왔다. 나는

---

94) 이어령, 앞의 책, 『한국작가전기연구(상)』, 25쪽.

생각의 '발목을' 잡아 앉히려 애쓰지만 내 의지로는 잡히지 않는다. 여기서는 자아의 분화를 볼 수 있는데 내 둥주리도 시인의 '자아'요, '새'도 시인의 자아이다. 떠났던 새는 다시 돌아오지만 다시 떠나지 않게 할 능력이 없으므로 또 떠날 것이다. 화자의 갈등하는 자아의 모습을 보여준다. 이것은 당시 조국이 처한 현실에 대해 누구보다 생각이 많았던 작가의 심리가 잘 나타나 있다.

〈노래〉에서는 '새'가 슬픔을 먹고 큰다고 했다. 슬픔을 먹고 사는 새는 외로우므로 화자는 다 자라서 '나'하고 같이 떠나자고 한다. 다음 연에 보면 노래를 '외로움 찾어 깃 드는 새'라고 했다. '외로움 가지 청청 느러'진 가지에 '둥이'를 틀고 꿈꾸다가 함께 가자고 한다. 김동명이 '노래'를 좋아했음은 시인의 딸인 김월정의 아버지 회고록에도 언급되어 있다.[95] 그러나 당시의 시대적 상황으로 화자의 노래는 우울할 수밖에 없고 그 심경이 시에 표출되었다고 볼 수 있다. 일제의 핍박으로 인해 불투명한 조국의 미래에 애써 희망을 가지려는 화자의 심성을 느낄 수 있다. 두 작품의 소재인 '새'는 '둥주리'에서 살기 때문에 모성이미지로 나타내어 질 수 있다.

〈冥想〉에서도 새벽 꿈결처럼 '편주를 흘리 저어 옛 기슭으로 돌아오다'라고 하여 고향을 상징하는 어린 시절 바다에의 명상에 잠기는 것을 알 수 있다. 〈自適〉에서도 '저 山 넘어는 나의 이 초라한 뼐 마저 싫다 않고 받어줄 墓地 가 있구려.'라고 하여 죽어서라도 고향에 돌아오겠다는 화자의 마음을 읽을 수 있다. 〈손님〉에서도 '물론 그대가 떠나기가 바쁘게 나는 또, 다시 돌아오는 그대의 말방울 소리를 기다릴터이지마는-'처럼 떠나는 친구가 다시 돌아오기를 갈망하는 화자의 마음이 나타나 있다. 〈설날〉에서는 해방이 되고 처음 맞는 설날의 풍경을 잘 나타내 주고 있다. 학교 교무실 안에서 '입은 살았으나 주먹은 보잘 것 없는 위인들'인 선생님들이 새해 인사를 나누고 있다. '사환兒의 발 자최 소리에도 흠칫하'면서도 '머리와 입만 남아 있는 몸둥이 없는 사내들'은 『過歲 安寧하시오』라며 인사를 한다. 해방 직후의 살벌한 분위기를 느낄 수 있는데 민족에서 떠나 있던 고유의 명절인 설날이 해방과 함께 돌아온 풍경에서 모성성을 느낄 수 있다. 비슷한 작품으로 〈또 忠武路〉를 보면

---

[95] 음악과를 나온 어머니 영향이었겠지만 음악감상이 취미셨고, 고전음악이 좋은 걸로 유명했던 서대문의 찻집 "자연장"에는 지나는 길에 음악이 듣고 싶으면 수시로 들러서, 문인들은 약속도 없이 아버지를 그곳에서 자주 만날 수 있었다고 한다. 김월정, 앞의 논문, 63쪽.

蕩子처럼 / 돌아온 거리어니,

네 목을 안고 / 이 밤을 새일까.

서른 여섯 해 밟힌 설음 / 다시 일러 무엇하리.

잔을 들어라 / 「마-쓰」의 健康을 위하여--

또 하나 다른 奇蹟의 誕生을 빌자!

-〈또 忠武路〉전문-

역시 떠났던 거리에 돌아옴을 이야기하고 있다. 이 시에서 떠났다는 것은 일제 치하 36년을 이름이다. 시에서 화자는 고향을 떠난 것이 아니지만 엄연한 내 땅에서 주인 행세를 하던 일본이 쫓겨 간 그 사실만으로도 화자는 고향에 돌아온 기쁨으로 차 있다. 비록 '금의환향'이 아닌 '탕자'의 모습일지라도 '광복'은 서른여섯 해 동안 밟힌 설움에 복받쳐 우는 자식의 눈물을 닦아 줄 '어머니'로 갈음되기에 충분한 것이다.

## 3. 모성 콤플렉스의 극복

아기가 태어나 자라기 위해서는 어머니의 젖꼭지로부터 떠나지 않으면 안 된다. 생명의 줄기이며 사랑의 샘이기도 한 어머니의 젖가슴을 떠나는 데서부터 성장의 첫발을 내딛는 것이다. 젖꼭지에 금계랍을 묻히면서까지 어머니들은 애들의 젖을 떼려고 애쓴다. 아이들은 거기서 쓰디쓴 젖을 맛보게 된다. 그 좌절, 그 고통 속에서 눈물을 흘리다가 이윽고 밥상에 앉아 숟가락을 쥐는 방법을 배우게 된다.[96]

김동명 시에서 나타난 모성은 친근하고 사소한 일상으로서의 어머니를 넘어서 강한 이미지를 남긴다. 본능적인 모성에서 우러나오는 어머니를 꾹꾹 눌러야 하는 것은 독자인 아들을 험난한 세상에 내놓아야 하는 시인 어머니만의 육아법이었을 것이다. 융은 아니마의 맨처음 투사는 항상 어머니에게 행해지며 후에 남자는 긍정적 혹은 부정적 감정을 일으키는 여자에게 아니마를 투사한다고 했다[97]. 모성 콤플렉스의 중심에는 모성 원형이 있다.[98] 김

---

[96] 이어령, 앞의 책, 『어머니를 위한 여섯 가지 은유』, 105~106쪽.

[97] 융은 남자 속의 여성다움을 '아니마', 여자 속의 남성다움을 '아니무스'라고 하며 남자는 여성상을 유전으로 물려받아서 무의식적으로 일정한 기준을 만들고 그에 큰 영향을 받아 특정한 여자를 받아들이거나 거부하게 된다고 하였다. 남자가 여자에게 '정열적인' 매력을 느낄 경우 그 여자는 그의 아니마 여성상과 같은 성향을 갖고 있음

동명은 많은 작품에서 모성의존에로의 지향이 다분했다고 볼 수 있는데 그것은 긍정적인 모성 콤플렉스가 있는 남성은 대체로 영원한 소년으로 남기를 바라기 때문이다.99) 그러다가 시대의 격랑기라는 외부 현실의 변화와 부딪치면서 내면의 남성성이 모성콤플렉스를 극복하려는 의지를 보인다고 할 수 있다. 이 과정에서 퇴행100)을 겪는데 〈現實〉, 〈失題〉 두 작품에서 잘 나타난다.

> 눈물을 牛乳보다 더 좋아하는 / 怪物 // 저 똥똥한 배 속에는 / 무엇이 들었을꼬?
> 두 발을 달롱 쳐들고 내 앞에 다가선 / 요 고약한 짐승을
> 나는 발길로 탁 차버리고 / 훌쩍 뛰어 넘을까부다.
> 아니, 강아지 같이 졸졸 따르는 / 요, 야릇한 짐승을
> 두 팔로 덥썩 안어 / 옆구리에 끼고 걸어 볼까.
> 정영코 그 굽은 발톱이 말성을 일키면 / 동댕이를 처 버릴섬 잡고--
> 허나, 아모래도 그 붉은 혀와 흰 이빨이 / 마음에 싸지 않은 걸.
>
> -〈現實〉 전문-

> 나는
> 내 타는 목을 축이려고
> 「미래」의 숲 속에 솟는 맑은 샘물을 찾어
> 고요히 꿈 길을 더드므려니

---

이 분명하며 반대로 남자가 '혐오'를 느꼈을 경우 그 여자는 그의 무의식적 아니마 여성상과 갈등을 유발하는 성향을 갖고 있을 것이다. 이것은 여자가 아니무스를 투영할 경우도 마찬가지다. 캘빈 S. 홀·버논 J. 노드비, 앞의 책, 75쪽.

98) 자녀는 부모와 밀접하고 부모의 영향을 받을수록 긍정적인 면과 부정적인 면이 나타나는데 생모로부터 느낀 정감들이 콤플렉스가 되어 인격 형성에 부정적인 영향을 끼친다. 우리는 콤플렉스를 통해 원형을 경험한다. 박종수, 『이야기 심리치료』, 학지사, 2005, 133쪽.

99) 박종수, 『융 심리학과 성서적 상담』, 학지사, 2009, 326쪽.

100) 퇴행이란 리비도의 후퇴 운동으로 대립물들이 충돌하고 상호작용을 되풀이하는 가운데 퇴행과정에 의해 서서히 그 에너지를 상실한다(이를 '무력화'라고 한다). 융은 퇴행이 유익한 경우도 있다고 지적하는데 바로 원형에 활기를 주기 때문이다. 융이 때때로 은둔 또는 칩거의 시기를 가지라고 권유하는 것은 여러 가지 삶의 문제에서 도피하라는 뜻이 아니라 무의식의 저장소에서 새로운 에너지를 찾아내라는 뜻이다. 캘빈 S.홀·버논 J.노드비, 앞의 책, 119, 121쪽.

등 뒤에서 누군가 부르는 소리 있기로
돌아보니
거기에 빗바지꾼같은 「現實」이 버티고 서서
이리 오라, 손질 하겠다.
나는 이 殘忍한 妨害者를 노려 보며
「잠간만 기다려」하고 성을 내 보였으나
그러나 나는 곳 그에게로 가서
등을 어루만저 주며
너 같은 愛人이 가저 보고 싶다고, 戱談을 끄내다.

-〈失題〉전문-

  이 두 편의 시에서는 현실 상황을 벗어나 보려는 화자의 의도를 발견할 수 있다. 여기서 현실이란 자신을 힘들게 하는 주변의 어떤 것이나 시대적으로 부딪히는 상황들로 애국정신을 탄압하는 일제치하다. 현실은 '눈물을 좋아하는 괴물'이며 내게 대드는 '짐승'이며 '동댕이를 처버리고'싶은 지겨운 존재다. 화자는 '뛰여넘'지도 '덥썩 안'지도 못한 채 갈등에 빠진 나약하기 그지없는 존재다. 어머니가 마련해 준 영지를 벗어날 용기가 아직은 부족해 보이는데 1930년대 말과 40년대 초기에는 김동명이 가장 순수한 시를 썼던 시기라 하지만 그의 순수 서정 이면에는 인간과 세계의 본질을 궁구하고자 하는 정신과 함께 시대와 역사 앞에 선 청년의 고뇌가 깊숙이 자리하고 있음을 알 수 있다.[101]

  화자의 이런 의지는 〈垂楊〉에서도 나타난다.

「갈거나, 말거나……
어이 갈거나, 고은님 혼저 두고 내 어이 갈거나.
건들하는 미풍에도 휘우뚱거리는 속없는 가시내야!
내 마음도 실은 휘느러진 버들가지.
나비 한 마리 날아들어도 흔들거린다네.」

-「垂楊」일부-

---

101) 장은영, 앞의 책, 131쪽.

이 시는 '미풍'과 가녀린 나비의 날개에도 흔들리는 화자의 마음을 나타내고 있다. 이는 화자가 강인한 의지를 가지고 있었음에도 세상과의 타협을 두고 괴로워하는 솔직한 인간의 마음을 볼 수 있다. 작가 스스로도 이 때 월남 결정을 둔 자신의 마음을 '노상 실버들모양 흔들리고 있'었다고 말하고 있다.102)

〈人生斷想〉에서는 진정한 인간성은 없고 물질이 정신 위에 군림하는 세태를 고발한다.

> 인생은 / 魔藥,
> 때의 쇠 사슬에 매여 / 무덤으로 끄을려 가면서도 / 고짱 좋아들만 하는구려.
> 어데 용한 外科醫가 없나 / 나의 胃腸을 手術하게 / 이 藥이 내게도 맞도록--.
> 인생은 / 病院,
> 흰「베드」우에 / 나의 마음이 알른다.
> 여보 看護婦 아가씨, / 이제 그만 그 藥甁은 집어 치고 / 저「커-틴」을 좀 걷어 주오.
> 내게도 이제는「빛」이 필요하오.
> 인생은 극장,
> 선생님, 내가 맡은 역은 거진가요? 시인인가요?
> 이제 그만 막을 나리시구려, 저게 앉은 귀부인이 왕관 쓴 저 작자만 보는 걸.
>
> -〈人生斷想〉 전문-

인생은 하루하루 죽음을 향해 걸어가고 있지만 마치 마약에 중독된 것처럼 그것을 의식하고 사는 사람은 많지 않다. 다만 화자만 의식할 뿐인데 차라리 자신의 위장을 수술해서라도 시련 많은 세상을 잊고 싶은 마음을 읽을 수 있다. 또한 화자는 약으로는 나을 수 없는 마음의 병을 앓고 있지만 의사조차 환자의 상태를 제대로 모른다. 다만 자신에게 필요한 것은 '약'이 아니라 '빛'이라는 걸 화자만 알 뿐이다. 급기야는 자신이 맡은 시인의 역할은 아무도 관심을 갖는 이가 없으므로 배역을 포기하겠다고 한다. 이것은 어머니의 관심을 벗어난 상황을 두려워하는 화자의 마음과 함께 타협하기 어려운 현실에 괴로워하는 시인의 모습이 나타나 있다고 하겠다.

---

102) 김동명, 〈붉은 군대의 선물〉, 앞의 책, 174쪽.

바람 한점 없이 고요한 새벽은 잔잔한 바다와 같으다.
여기에 꿈꾸는 浦口와 잠든 微風과 그리고 옛 날로 돌아 가는 아득한 물길이 있다.
나는 離別도 없이 花環도 없이 / 곧잘 浦口를 떠난다.
悔恨은 물새 떼 같이 아모데서나 만날 수 있으되 / 靑春의 行方은 杳然하야 찾을 길이 없구나.
純情이 그리워 海棠花 피는 마을에 나리면, / 물레 방아 돌아 가는 소리 山 넘어서 나를 부른다.
등 꼬부신 할머니를 찾어 더 멀리 옛 날로 돌아 가면 / 얼마나 자미 있는 旅行이 되랴 마는,
「오늘」이 마풀 오리 같이 / 삿대에 감기누나.
바람 한 점 없이 고요한 새벽은 잔잔한 바다와 같으다.
여기에 꿈 꾸는 浦口와 잠든 微風과 그리고 「미래」로 나아가는
아득한 물ㅅ길이 있다.

-〈새벽〉일부-

화자는 고요한 새벽에서 어머니와 같은 바다를 본다. 회한과 순정을 떠올리고 더 옛날을 찾아 끝없이 돌아가고픈 화자의 마음이 잘 나타나 있다. '등 꼬부신 할머니'는 더 먼 옛날로 더 어릴 적 어머니의 품속을 말한다. 마지막 3행은 시의 시작 행을 반복하고 있다. 이것은 현실을 벗어날 수 없는 상황에서 자꾸만 뒤를 돌아보는 화자의 솔직한 심리를 잘 나타내고 있으며 어머니로부터 벗어나는 일이 얼마나 힘든 것인가를 보여주는 부분이라 할 수 있다. '여기에 꿈꾸는 포구와 잠든 미풍과 그리고 옛날로 돌아가는 아득한 물길', '물레방아 돌아가는 소리 산 넘어서 나를 부른다. 등 꼬부신 할머니를 찾어 더 멀리 옛날로 돌아가면 얼마나 자미 있는 여행이 되랴'에서 보듯이 작가의 퇴행 현상이 절정에 이르면 마침내 어머니의 품속까지 파고든다. 이러한 과정을 보면 일제 치하에서 우리 민족이 겪었을 고충을 짐작하고도 남음이 있다.

김동명이 모성 콤플렉스를 극복하는 데 어려움을 겪었던 이유로는 역시 배경에 모친이 있었다. 작가의 아들과 딸이 기억하는 아버지는 언제나 외출 준비를 마치고 거울 앞에 설 때면 고미소(苦微笑)를 흘리는 버릇이 있다고 하는데 이것은 김동명이 수필 〈어머니〉에서 '암

만해도 너는 좀 못 생겼어'라고 아들을 평가하던 어머니를 떠올리며 하는 버릇103)이라고 밝힌 바 있다. 이렇게 어머니는 김동명의 일생에 있어 내·외면 전부에 영향을 끼쳤다고 해도 과언이 아니다. 김동명은 스스로 자신의 게으름을 '타고난 고질(痼疾)'이라 말했을 정도로 태만하였다104)고 하는데 이는 어머니의 냉엄한 비평정신을 보며 자랐지만 타고난 부드러움과 느긋함을 어쩌지 못한 채 대신 어머니에 의지하면서 살았던 정황을 암시하는 듯하다. 또한 결혼하여서도 경제문제와 집안 살림에 전혀 무관심하였는데 이는 타고난 성품105) 탓도 있지만 재력과 학력, 교양을 두루 갖춘 부인들에게서 어머니의 역할을 기대했기 때문이라고 볼 수 있다.

심층심리학적으로 볼 때 어머니와 어머니 콤플렉스로부터의 분리도 당연히 이루어져야 하는데 그렇지 않음으로 어머니 콤플렉스가 그 안에 포함된 모든 기대감과 함께 아내에게 전이된 현상을 여기에서 볼 수 있다.106) 또한 이것은 작가가 어렸을 때부터 보아 온 부성의 결핍을 무의식 중 답습하는 것일 수도 있다.「湖水」에서도 '우리 이 저녁에 저 호수 가으로 가지 않으려오…. 그러나 그대 싫거든 우리는 저 호수 가에 앉아 발만 잠급시다 그려.'라고 하며 작가는 어머니로부터의 극복의지를 보이지만 역시 어머니의 관심을 벗어난 상황을 두려워하는 모습을 볼 수 있다.

그러다가 작가는 퇴행 과정에서 상실했던 에너지를 찾는 모습을 보인다.

『길이 매우 험합니다. 부축하여 드리리까.』『아아뇨.』

『치맛자락이 끄을립니다. 걷어 드리리까.』『아아뇨.』

『밤이 어둡습니다. 초롱불을 들어 드리리까.』『아아뇨.』

『이제 이 침침한 밤 길을 걸어 어데로 가시렵니까?』『당신을 멀리 떠날 수 있는 곳으로….』

『그러면 난호이기전에 한마디만 더…. 당신은 무슨 꽃을 사랑하십니까?』『Forgot

---

103) 김동명,〈어머니〉, 앞의 책, 19쪽.
104) 이어령, 앞의 책,『한국전기작가연구(상)』, 33쪽.
105) 김동명의 아들이 어렸을 때 그의 책상 위에 놓여 있는 고료(稿料)로 받은 거금의 수표를 엿과 바꾸어 먹어도 알지 못할 정도였다 한다. 이어령, 위의 책, 33쪽.
106) 베레나 카스트, 이수영 역,『콤플렉스의 탄생, 어머니 콤플렉스 아버지 콤플렉스』, 프르메, 2010, 20쪽.

me not」

　　　『아아, ……』『안녕히 계십쇼.』

-〈슬픈 對話〉 일부-

　화자는 어렵고 힘들지만 과감히 현실을 탈피하겠다는 의지를 보이는데 이것은 지금까지 어머니 콤플렉스에 싸여 있던 자신을 극복하겠다는 의지로 해석할 수 있다. 길이 험난하고 어둡지만 어떤 도움도 받지 않고 오히려 '당신을 떠날 수 있는 곳으로' 갈 것임을 시사하고 있는데 이는 퇴행의 유익한 경우로 욕구가 좌절된 개인이 자신의 무의식에서 그 문제의 해결책을 찾아내게 될 때 퇴행은 적응에 유용할 수 있다[107)]는 융의 이론으로 설명될 수 있을 것이다.

　김동명은 자연을 소재로 자신만의 시세계를 구축하였지만 끊임없이 또 다른 세계를 동경해 왔다. 조국과 민족을 누구보다 사랑했던 시인은 모성이 부재했던 시대의 현실에서 부상실과 상실감을 느껴 훌쩍 떠나지만 종국에는 작품 속에서 어머니가 존재하는 고향에 돌아온다. 어머니의 품속에서 안위하고자 하는 퇴행의 과정을 지나고 모성 콤플렉스에의 극복의지를 보이며 마침내 냉엄한 비판정신과 대언장담(大言壯談)[108)]을 실천에 옮기기에 이른다. 이 배경을 김동명은 '냉정하고 자부심이 강하며 비판정신의 편린을 지닌' 어머니의 한 단면이라고 고백하고 있다. 김동명은 문학적 감수성과 비평능력까지 모친에게서 물려받았으리라 추정[109)]할 때, 광복 이후 주어진 상황으로 인하여 사회현실에 민감해질수록 시인에서 정치평론가로 변신하게 되는 것은 당연한 수순이라 할 것이다.

## IV. 결론

　지금까지 김동명의 시에 나타난 모성이미지에 대해 살펴보았다. 김동명이 문학활동을 하

---

107) 캘빈 S.홀 · 버논 J.노드비, 앞의 책, 145쪽.
108) 김동명, 〈어머니〉, 앞의 책, 16쪽.
109) 장정룡, 「김동명 산문의 시대적 양상 고찰」, 『김동명 문학관 개관 기념 학술세미나 및 시낭송회』, 강릉문인협회, 2013, 20쪽.

던 시기는 민족이 식민지 역사를 겪는 아픔과 동족상잔이라는 비극이 있었다. 민족을 외면할 수 없었던 김동명의 시 전편에는 이런 시대의 아픔이 배경이 될 수밖에 없었다. 그러나 이러한 외부적 사실들은 그가 어머니의 영향을 많이 받으면서 독자로 자랐다는 점, 어린 나이에 고향을 떠났다는 점 등 생애적 사실들과 겹쳐지면서 이러한 현실에 대한 의식들이 그의 시 작품에서 모성이미지로 표출되고 있음을 알 수 있다.

김동명 시에서 모성성이 구현된 양상을 보면 모든 동물의 어미에게서 나타나는 본능에 의한 근원적 모성성과 함께 강한 모성을 띤 절대적 권위의 모성성이 나타나는 것을 볼 수 있다. 이러한 그의 시에 나타나는 근원적 모성성은 본능으로서의 모성과 영지로서의 모성, 그리고 곤고함의 존재로서의 모성으로 나눌 수 있다. 본능으로서의 모성은 일반적인 의미의 모성으로 자식에게 그리움과 동경의 대상이 되며 자식을 포용하고 자식에게 희생하는 어머니이다. 이는 김동명이 시를 썼던 암울한 일제 강점기에 변절과 배신을 자행하는 많은 사람들을 보면서 믿음이 깨지는 상황에 직면하였고 자연스럽게 자연으로 눈을 돌리게 되었으며 자연을 변함없는 모성성에 비유하게 되었다. 영지로서의 모성은 아이들이 쌓아놓은 모래성에서 어린 날을 떠올리며 시대적으로 돌아갈 수 없는 고향에 대해 진한 향수를 느낀다. 또 정원과 뜰에서도 그 곳만의 영지가 형상화되어있다. 곤고한 존재로서의 모성은 김동명이 자연에 대한 시를 쓰면서도 자연을 자연 그대로 탄미할 수 없는 어두운 조국의 현실에 절망감을 나타내고 있다.

절대적 권위의 모성성은 기원대상으로서의 모성과 강한 의지로서의 모성으로 살펴보았다. 기원대상으로서의 모성은 신앙을 가진 시인으로서 성모마리아를 통해 현실의 아픔을 간청하며 보살핌을 받으려는 의도로 나타나 있다. 강한 의지로서의 모성은 일제 치하에서 조용한 듯하지만 내면의 격렬한 의지를 시로 나타내었다. 이런 작가의 저변에는 현실을 향해 비상할 수 없는 식민지 청년의 상실감이 울분과 함께 표출된 것이다.

다음으로 김동명의 시에 나타난 모성성과 작가의식을 살펴보았다. 모성성과 작가의식은 모성부재와 상실감, 떠남과 회귀의식, 모성 콤플렉스와 극복으로 찾아볼 수 있다. 모성부재와 상실감은 김동명이 일제 식민지하에서 조국을 잃은 것과 6.25전쟁으로 고통을 겪는 민족을 어머니가 존재하지 않는 상황과 동일시하여 상실감을 나타내었다. 떠남과 회귀의식은 김동명 시에서 빈번히 등장하는 떠남은 또한 회귀욕망과 함께임을 말하고 있다. 이는 시인 자신이 떠난 고향으로 언젠가는 돌아가야 한다는 심리적인 중압감이 있었다고 볼 수 있으며 고향을 떠난 이후로 한번도 고향을 찾지 않은 것에 대해 작품에서나마 회귀의식을 나타냈다고 본다. 모성 콤플렉스와 극복은 자신을 힘들게 하는 주변의 어떤 것이나 시대적으로 부딪치게 되는 상황들로 애국정신을 탄압하는 일제 치하에 대해 극복하려는 의지로 볼 수 있다. 김동명이 강인한 의지를 가지고 있었음에도 세상과의 타협을 두고 괴로워하는 인간의 솔직한 심정이 시에 잘 나타나 있다. 그러다가 어느 순간 콤플렉스로 존재하던 모성을 극복하려는 의지를 보인다. 이후 김동명은 시인에서 정치평론가로 변신하게 되는데 저변에는 이런 모성 콤플렉스의 극복의지에서 나온 결단이었을 것이다. 그렇지만 김동명 자신이 이 또한 '어머니의 슬픈 유산'이라고 말하였던바 김동명에게 모성이미지는 떼려야 뗄 수 없는 짙은 색채로 남아 있다.

김동명은 시대의 격랑을 몸소 겪은 작가이다. 김동명이 일제의 식민지하에서 완강한 거부의 몸짓을 하지 않은 것도, 그러면서도 자신을 낮추지 않은 것은 어쩌면 역사의 배후에서 그저 구경꾼이 아닌 목격자로서 증인의 사명을 다 하기 위한 시인의 깊은 의도였는지 모른다. 한 사람이 남긴 인생역정의 발자취를 통해서 우리나라 역사의 한 획을 가늠할 수 있다는 사실은 결코 작은 일이 아님[110]을 작가 본인도 일찍이 깨닫고 있었으리라.

김동명 시에서 나타나는 모성이미지는 많은 의미를 지닌다.

첫째, 시 전편에서 볼 수 있는 모성이미지는 작가 개인의 문제와 시대적 현실의 공통문제가 만나게 되면서 만들어진 결정체이다. 작가는 독자로 자랐고 아버지보다는 어머니를 의지하며 자랐다. 부성과 모성의 균형이 보이지 않음으로 작가는 외로웠고 여기에 비분의 시대적 상황까지 맞닥뜨려져 작가의 삶과 시는 고단할 수밖에 없었다. 또한 예상치 못한 상처(喪妻)를 두 번이나 하면서 그 상실감이 컸음을 짐작할 수 있는데 어머니를 대변하던 아내의 부재는 어머니를 여의었을 때보다 그 상실감이 덜하지 않았을 것이다. 그렇다면 시인은 평생을 모성부재의식과 극복의지 사이에서 갈등했다고 볼 수 있다.

둘째, 김동명의 시에서 나타나는 전원과 뜰에서 작가의 삶의 지향성을 볼 수 있다. 작가는 현실에 적응해 살면서도 현실이 불만족스러워 언제나 전원을 동경했다. 또 전원에는 밤, 구름, 하늘, 달, 황혼, 바람 등 수많은 자연이 등장하여 모성으로서의 역할을 한다. 전원에

---

110) 김월정, 앞의 논문, 68쪽.

몰입하여 살 수는 없었지만 늘 전원의 생활을 동경하며 정원과 뜰에는 언제나 그가 지향하는 동물이나 식물이 존재한다. 김동명은 일제의 압박이 가해질수록 더욱 더 자연에 집착했는데 모성의 부재를 느낄수록 '뜰'을 정신적 안식처의 범위를 넘어 위로와 소망의 공간으로 느끼려 했음을 알 수 있다. 시대상으로 어두웠던 30년대에 동명 자신의 시 정신으로 볼 때 아예 그런 것과는 아랑곳없이 밝았는데 그것 또한 아름다운 자연과 전원생활 속에서 인생을 찾으려 했기 때문이었다.111) 김동명이 어지러운 세상 중에 정원과 뜰에서 정서적인 안정을 추구한 것은 격랑의 시대적 상황으로 인해 모성이 부재한 현실일수록 모성을 갈구했음을 말해 준다. 김동명에게 '정원'과 '뜰'은 '어머니'였고 '가정'이었다. 민족의 아픔이라는 극한의 시기에 유일하게 정신적으로 기댈 곳을 찾았다면 그곳은 '꽃'이었고 어머니 품과 같은 '정원'이었다.112) 즉 김동명은 상실된 것들에 대한 향수를 노래함으로써 결핍의 현실을 극복하려고 했던 것이다.113)

셋째, 김동명의 대부분의 시에서 물의 이미지가 많이 쓰이는데 특히 바다의 쓰임이 빈번하다. 그러나 동 시대에 바다를 주제로 시를 썼던 다른 시인들에 비해 주목받지 못한 것은 당시 대부분의 시인들이 '바다'를 민족의 격랑기를 헤쳐나가는 의미로 구현하고 있는 반면 김동명의 바다는 이에 합류하지 못한 채 어린 시절의 바다에 정서가 머물러 있었기 때문이다. 다시 말해 시인은 어머니로 대치된 바다에서 언제까지나 어린 소년으로 존재하고픈 퇴행 심리를 나타내고 있는 것이다.

넷째, 김동명이 작품활동을 하던 시기는 해방기와 전쟁기일 뿐만 아니라 문학적으로도 다양한 시도(試圖)가 표출되기 어려운 정치적 담론의 시기였다. 특히 한국 문학사에서 해방 공간은 이데올로기적 시비에 치우쳐 정치적 논쟁이 분단을 주도한 시기로 평가된다. 사회적 영역뿐 아니라 문단마저도 혼돈에 빠졌던 이 시기에 김동명은 한 시대의 초상을 기록적으로 형상화한 사명의식을 지닌 시인이라는 점에 주목해야 한다. 좌익과 우익의 치열한 이념 공방과 세력 다툼에 휘말리지 않고 관찰자적 시선으로 한 시대를 포착한 김동명의 작품은 해방 공간과 한국 전쟁 이후 우리 사회에 대한 또 하나의 기억들을 사실적으로 보여114)준다

---

111) 이성교, 앞의 책, 54쪽.
112) 장정룡, 「초허수필의 '꽃' 이미지와 그 지향성 고찰」, 앞의 책, 『沈連洙 학술세미나 논문총서Ⅱ』, 414쪽.
113) 이건청, 『한국전원시인연구』, 문학세계사, 1986, 67쪽.

는 데 의의가 있겠다. 이러한 시대적 배경 아래 김동명은 부성을 대신하는 모성을 바탕으로 시대를 극복하고자 하는 모습을 보여주고 있었던 것이다.

지구촌 시대일수록 지역의 고유한 가치와 문화가 더욱 중요해질 수밖에 없다. 문학장에 있어서도 지역문학은 민족문학의 대안적 개념으로서, 중앙집중적 문학제도 내에서 타자화되었던 가치의 복원이라는 차원에서 시대적 의미를 지닌다. 지역문학 담론의 현 단계 수위 속에서 가장 소외된 지역에 해당되는 강원지역은 해당 지역문학장 내에서 창작이나 일반론의 차원에서도 무관심의 대상이 되고 있는 게 현실이다. 그 이유가 해당 지역과 관련된 텍스트의 부재만은 아니[115]라는 판단에서 본 연구가 김동명을 알리는 데 초석이 되고자 한다. 늦게나마 김동명의 시 정신을 기리는 문학관[116]이 시인의 고향에 개관되어 작가의 시혼을 기리는 행사를 갖게 된 것[117]은 다행이라고 하겠다. 또한 김동명이 1935년에 『신동아』에 발표한 〈단상〉[118]을 발굴한 것은 김동명 연구에 큰 수확이라고 할 수 있다. 이를 계기로 수작(秀作)임에도 조명을 받지 못하는 향토 문학인의 작품과 작가의 발굴이 활기를 띠었으면 하는 바람이다.

---

[114] 장은영·남승원, 「김동명 시에 나타난 장소의 시적 형상화」, 『어문연구』 통권 151호, 2013, 386쪽.
[115] 남기택, 「강원 영동권 지역문학담론의 동향과 전망」, 『한국지역문학연구』 제4집, 한국지역문학회, 2014, 7쪽, 19쪽.
[116] 2013년 10월 23일 명주군 사천면 노동리 시인의 생가터에 김동명 문학관이 건립되었다.
[117] 2014년 10월 23일 김동명 문학관에서 작가의 시혼을 기리는 문학행사(문학회장 엄창섭)를 가졌고 『김동명문학연구』 제1호를 발행하였다.
[118] 千萬번 잊고 잊고/다시 또 잊어야 하겠지만/마음으로 할 수 없는 것이/사람의 정(情)이든가/아하 애달프다 잊을수는 바이없네/그러나 이미 깨여진 꿈자최니/잃어진 꽃향기니/아니 잊고 어이리/하지만 잊자 하니/다시 또 못 잊겠네/아아 서러라 내 사람아/이것이 정(情)이든가/이것이 사랑이든가. 김동명, 「단상」, 1935.
『신동아』에 실린 「단상」은 전체 13행으로 구성된 서정적 서사시다. 심은섭 카톨릭관동대 교수는 "사랑하는 사람이 세상을 떠났지만 잊지 못하는 괴로운 심정을 시적으로 형상화한 것"이라며 "시인은 사랑하는 사람을 잊으려고 하지만 잊지 못하는 심정을 시로 노래했다"고 말했다. 김 시인의 아버지와 부인이 詩가 발표된 후 사망한 것을 감안하면 이 시에서 그리움의 대상은 1931년 세상을 떠난 어머니로 추정된다. 심 교수는 "단상이 김 시인의 시집에 수록되지 않은 이유는 불분명하지만 각별히 생각하던 어머니에 대한 심경을 담고 있어 공개를 하지 않은 것으로 추정된다"며 김 시인의 작품 특징인 '상실감을 내용으로 한 기도문 형식이 잘 드러난 시로 평가한다'고 말했다. 동아일보, 2014. 10. 29.

## 참고문헌

### 〈자료〉

김동명, 사화집 『내마음』, 신아사, 1964.

### 〈단행본〉

권영민, 『한국현대문학사』, 민음사, 2002.
김동명, 『세대의 삽화』, 일신사, 1959.
-----, 『모래 위에 쓴 낙서』, 신아사, 1965.
김병우 외, 『김동명의 시세계와 삶』, 한남대출판부 1994.
김용성, 『한국현대문학사탐방』, 국민서관, 1979.
김윤정, 『문학비평과 시대정신』, 지식과 교양, 2012.
김해성, 『한국현대시문학전사』, 형설출판사, 1979.
김혜니, 『한국현대시문학사 연구』, 국학자료원, 2002.
문덕수 외, 『한국현대시인연구(상)』, 푸른사상, 2001.
박종수, 『이야기 심리치료』, 학지사, 2005.
-----, 『융 심리학과 성서적 상담』, 학지사, 2009.
박호영·이숭원,『한국 시문학의 비평적 탐구』, 삼지원, 1985.
백철, 『조선 신문학사조사』, 백양당, 1949.
심영희 외, 『모성의 담론과 현실-어머니의 성·삶·정체성』, 나남출판, 1999.
엄창섭, 『김동명 연구』, 학문사, 1987.
이건청, 『한국전원시인연구』, 문학세계사, 1986.
이숭원, 『20세기 한국 시인론』, 국학자료원, 1997.
이승하, 『한국 현대시에 나타난 10대 명제』, 새미, 2004.
이어령, 『한국작가전기연구(상)』, 동화출판사, 1975.
-----, 『어머니를 위한 여섯가지 은유』, 열림원, 2010.

이탄, 『한국의 대표 시인들』, 문학아카데미, 1995.
장은영, 『김동명시선』, 지식을 만드는 지식, 2012.
정지용, 『향수』, 휴먼앤북스, 2011.
정종진, 『한국현대시, 그 감동의 역사』, 태학사, 1999.
정태용, 『한국현대시인연구』, 일지사, 1976.
정한모 · 김용직, 『한국현대시요람』, 박영사, 1975.
조연현, 『한국현대문학사』, 인간사, 1961.
채성주, 『근대교육 형성기의 모성담론』, 학지사, 2009.
베네딕트 앤더슨, 윤형숙 역, 『상상의 공동체』, 나남, 1983.
베레나 카스트, 『콤플렉스의 탄생, 어머니콤플렉스 아버지콤플렉스』, 프르메, 2010.
에리히 노이만, 서봉연 역, 『여성의 심층』, 삼성문화문고, 1982.
캘빈S. 홀 · 버논 J. 노드비, 김형섭 역, 『융 심리학 입문』, 문예출판사, 2013.

## 〈논문〉

권석순, 「동해지역문학의 '바다시' 연구」, 『어문연구』제56집, 어문연구학회, 2008.
-----, 「자전적 사유를 통한 시의식의 공간성-최호길 시의 모성성과 지역성을 중심으로」, 『청소년과 함께하는 2014 강원도 작고 문인 재조명 세미나』, 관동문학회, 2014.
김월정, 「나의 아버지 초허 김동명」, 『문예운동』제86집, 문예운동사, 2006.
김윤정, 「김동명 시에 나타난 '주체의식'연구」, 『김동명문학연구』제1호, 김동명학회, 2014.
김형필, 「식민지시대의 시정신연구 : 김동명」, 『한국외국어대학교 논문집』제25집, 1992.
김효중, 「김동명과 바쇼의 대비 연구」, 대구 카톨릭 대학교 대학원 석사학위논문, 2004.
남기택, 「강원 영동권 지역문학담론의 동향과 전망」, 『한국지역문학연구』제4집, 한국지역문학회, 2014.
박민일, 「태백의 인물-김동명」, 강원일보사, 1972. 3.
백승란, 「김동명과 김상용 시의 심상 연구」, 충남대학교 대학원 석사학위논문, 2003.
송백헌, 「초허 김동명의 시세계」, 『한국현대시인연구(상)』, 푸른사상, 2001.

신익호, 「황혼의 변증법적 의미-김동명론」, 『어문학지』4,5집, 1985.
심은섭, 「김동명 시에 나타난 기도형 발아의 원인 고찰」, 『김동명문학연구』 제1호, 김동명학회, 2014.
안수길, 「김동명 선생의 시와 애국심」, 『신동아』, 1968. 3.
엄창섭, 「초허 김동명론고」, 『관동대학논문집』제10집, 1982.
-----, 「김동명의 시연구」, 『관동대학논문집』제11집, 1983.
-----, 「초허 김동명 시에 표출된 죽음의식」, 『관동대학논문집』, 제14집, 1986.
-----, 「초허 김동명의 문학사적 조명」, 『시와 시론2』, 학문사, 1986.
오탁번, 「모성이미지와 화합의 시정신-박재삼의 시세계」, 고려대학교 민족문화연구소, 1997.
유혜숙, 「박목월의 어머니 시편에 나타난 모성 부재 의식과 초월적 모성의 관련 양상」, 『한국문학이론과 비평』제61집, 한국문학이론과 비평학회, 2013.
이미림, 「김동명 산문에 나타난 타자지향성과 디아스포라의식」, 『김동명문학연구』제1호, 김동명학회, 2014.
이성교, 「김동명 연구」, 성신여사대 4,5집, 1972.
이탄, 「김동명론」, 『한국의 대표 시인들』, 문학아카데미, 1995.
임영환, 「김동명의 민족시적 성격」, 『한국현대시사연구』, 일지사, 1983.
장금순, 「백석 시에 나타난 여성의 모습」, 고려대학교 인문정보대학원 석사학위논문, 2006.
장은영·남승원, 「김동명 시에 나타난 장소의 시적 형상화」, 『어문연구』통권 151호, 2013.
장정룡, 「김동명 산문의 시대적 양상 고찰」, 『김동명 문학관 개관 기념 학술세미나 및 시낭송회』, 강릉문인협회, 2013.
-----, 「초허수필의 '꽃' 이미지와 그 지향성 고찰」, 『沈連洙 학술세미나 논문총서Ⅱ』, 심연수선양사업위원회, 2013.
-----, 「김동명 시에 나타난 기도형 발아의 원인 고찰」, 『김동명문학연구』제1호, 김동명문학회, 2014,
전도현, 「김동명 초기시 연구」, 고려대학교 한국학연구소, 2011.
-----, 「김동명 시의 비유 구성 방법 연구」, 고려대학교 한국학 연구소, 2012.
정끝별, 「시적 성찰로서의 고백」, 『현대시론』, 서정미학, 2010.

정사운, 「김동명의 시 연구」, 충남대학교 대학원 석사학위논문, 1999.
홍문표, 「민족시인 김동명의 생애와 문학」, 『임영문화』제2집, 1978.

## 〈기타〉

동아일보.
두산세계백과사전, 두산 동아.
음악채널, 소리바다. http://www.soribada.com

# 제3차 학술대회

超虛 초기 시편과 諸特性 硏究 / 엄창섭

김동명 수필 어머니의 서사구조 고찰 / 장정룡

김동명 시에 나타난 현실 일탈의 수용 / 박호영

초허의 '소극적 저항'의 시세계 수용 / 심은섭

김동명의 정치평론집에 나타난 '자유민주주의' 사상 고찰 / 김윤정

김동명 시 연구 / 이성교

## 超虛의 초기시편과 諸特性 硏究

엄창섭*

---
**목 차**

1. 서론 : 時代狀況과 시적 對應
2. 시적 質料의 다양성과 의미망의 확장
3. 결론-문제의 제기와 呼應

---

## 1. 서론 : 時代狀況과 시적 對應

「超虛의 초기시편과 諸特性 硏究」그 논제의 기술에 앞서, 한 편의 시는 形成過程에 있어 '個人的인 創造活動'[1]에 起因하기에 시인이 시대적 상황에 어떻게 대처하였는가에 의해서 그 明瞭性이 보다 입증된다. 까닭에 특정한 시인이 몸담은 '시대적 상황에 어떻게 대처할 것인가?'라는 물음에 답하기는 다소의 어려움이 따른다. 개체의 삶에 있어 내면인식을 의미 있게 표출할 수 없는 암담한 시대일수록 시인이 취해야 할 태도는 감당키 어려운 고통이 수반된다. 이 같은 측면에서 지혜롭게 현재성에 충직할지라도 일차적으로 정신작업에 종사한 '극소수의 창조자'들이 하나 같이 새로운 관심을 지님은 당연한 일이다. 근간 우리 문학사에서 역사의식과 정체성의 문제가 심도 있게 다루어지는 현상에 비춰, 비교적 기질

---
*가톨릭관동대학교 명예교수
1) 崔鉉, 『現代詩 十講』(成文閣, 1968), p. 52.

적으로 문단이라는 範疇에 처하기를 경계했던 초허(超虛) 김동명(金東鳴, 1900-1968)은, 그간의 공적과 대중의 인지도와는 별개로 우리현대문학사에서 소외되어 왔으며, 상대적으로 작가나 작품, 또는 시 의식에 관한 심층적 연구가 동시대 시인에 견주어 깊이 있게 이행되지 못하였다. 궁핍한 민족사의 와중에서 문학을 도구삼아 詩作에 일관성을 지니고 열중한 초허의 존재감에 관하여, 그나마 조연현은 「20年代의 詩人들」에서 다음과 같이 긍정적으로 기술하고 있다.

> 그가 詩人으로서 文壇的인 存在를 가지게 된 것은 詩集 『나의 거문고』를 前後해서부 터였다. 그러므로 그는 1930年代 詩人에 가깝다. 그러나 그의 文壇的 年輪의 始發을 尊重하여 이곳에서 取扱하기로 했다.[2]

여기서 우리 현대문학사 초기에 그 자신의 위상을 확보하였으나, 기존문학사의 고증을 빌리면, "꿈과 애조의 가락이 호소하듯 하는 〈芭蕉〉를 비롯하여 오늘날 널리 애송되고 있는 〈水仙花〉며 〈내 마음은〉 등은 그가 실로 민족정서 구현의 유수한 詩人이었음"[3]에도 단순히 목가적 전원시인으로 분류되어 "완고할 이만큼 古人의 詩境을 본받은 하나의 歸去來辭였다."[4]로 평가되거나 종종 '素朴한 感性과 牧歌的인 抒情이 그 主調를 이룬 것' 같은 인상 비평적인 평가가 보편적이었기에, 보다 심층적이고도 체계적인 연구물이 빈약한 현상은 못내 안타까운 心事일 수밖에 없다. 다소 뒤늦은 감이 있으나 어려운 여건에서도 2011년, 전도현[5]이 '김동명 초기시의 연구가 부진한 기인성을 조심스럽게 제기하며 진지하게 초기시의 발굴과 보존에 열정을 쏟은 연구는 높이 평가하여도 결코 지나치지 아니하다.'

이 같은 지적은 전도현이 필자가 1981년 선행연구에서 제기한 시집 『나의 거문고』에 수록된 132편의 작품목차를 참조하여, 초허의 作品 活動 당시에 간행된 『開闢』, 『新女性』, 『學知光』, 『朝鮮文壇』, 『東光』, 『新生』, 『新東亞』 등의 잡지에 수록한 실제작품의 대조확인에 착

---

[2] 趙演鉉, 『韓國現代文學史』(成文閣, 1978), p. 452.
[3] 金容誠, 『韓國現代文學史探訪』(國民書館, 1973), p. 150.
[4] 白鐵, 『新文學史潮史』(新丘文化社, 1982), p.501.
[5] 전도현, "김동명 초기시 연구-첫 시집 『나의 거문고』를 중심으로", 한국학연구 39(고려대학교 한국학연구소, 2011), pp. 129-158.

수하여 기대에는 다소 못 미칠지라도 35편의 자료를 확보하여 현재까지 확인 가능한 초허의 초기시 텍스트를 그 나름으로 정리한 치열한 학구적 자세는 높이 평가할 일이다. 비록 초허 자신이 첫 시집 『나의 거문고』를 "창피한 詩集"6)이라 술회하였지만, 이 시기의 시문을 문학사가나 일부 연구자들이 안이하게 '습작기의 유치한 즉흥시'로 이해하고 접근한 것은 명백한 인식의 오류이며, 缺格 사유임에 틀림없다. 까닭에 일관성을 유지하며 그 자신의 시편에 수용한 主旨는, '조국상실의 아픔과 직결됨을 전제로 하기에 양주동의 "作者의 敬虔한 宗敎的 情熱과 묵직한 苦悶의 影子를 엿볼 수 있다."7)는 비중 있는 지적은 최소한 외면하지 말아야 한다.

한 시인의 생애와 사회적 환경, 작품 및 정신세계 등에 관한 심도 있는 논의는 가치 있는 생산적인 정신작업으로 世界苦에 동참하는 창조적 행위와 결부된다. 어디까지나 詩作 행위란 개인의 생활과 사상·감정의 生産物이기에, 한 편의 시를 이해한다는 것은 화자(persona)의 인간성과 정신세계를 폭넓게 아우르는 연계성을 지니기에 퇴폐적 감상과 파토스적 思惟로 문학의 지평을 열어 보인 초허의 경우, 시적 발상은 당대의 思潮를 역행하거나 결코 배제할 수 없다. 이 점은 그의 등단 시편을 통해서도 합리적으로 이해되고 파악되어진다. "님이여! 오오 마왕(魔王)같은 님이여!/당신이 만약 내게 문(門)을 열어 주시면/(당신의 밀실(密室)로 들어가는)/그리고 또 북극(北極)의 오로라빛으로 내 몸을 쓰다듬어 줄 것이면/나는 님의 우렁찬 웃음소리에 기운내어/눈 높이 쌓인 곳에 내 무덤을 파겠나이다.(당신이 만약 내게 門을 열어주시면(쏘드레르에게)"이나 "붉은 술에 醉한 白骨이/困憊한 사람의 魂을 안고/이리로 저리로/느진 가을에 훗허지는/님과도 갓치/갈 곳 몰라 헤매는 것을/나는 보고 섯노라(나는 보고 섯노라)"에서 반복적으로 검색되는 '붉은 술, 阿片, 魔王, 密室, 무덤, 白骨' 등의 퇴폐적 색채를 띈 시어들은, 암울한 情調로 시적 주체의 파멸과 하강의 충동으로 해석되어진다. 아울러 '타는 情熱, 압흔 沈黙, 애닲운 離散' 등의 영탄적 어조나 격렬한 파토스적 정서는 "타는 情熱/압흔 沈黙/魂과 魂에/애닲운 離散(애닲운 記憶)"에서는 전제한 시편에 견주어 비탄의 정서와 반복적인 절망감은 투명하게 여과되지 못한 편이나 激情은 감정의 절제로 점차 갈앉은 분위기로 자리 잡고 있다.

---

6) 安壽吉, "金東鳴 선생의 시와 愛國心", 『新東亞』(1968년 3월호), p. 305.
7) 梁柱東, 『朝鮮文壇』(1926, 5월호), p. 21.

필자는 『金東鳴詩文學硏究』(학문사, 1986)에서 그의 시력(詩歷)을 각각 3기로 구분지어, 초기는 ①나의 거문고(1923~1930)시대로, 인생을 고민하는 허무적 특성을 지닌 세기말적인 감상주의와 퇴폐적인 경향으로 정리하였다. 보들레르의 '악의 꽃'에 대한 헌시 〈당신이 만약 내게 門을 열어 주신다면〉과 〈애닯은 기억〉, 〈내 거문고〉, 〈祈願〉 등이 이 시기의 시편이다. 중기는 ②파초(1936~1938)시대로, 절망적인 시대적 상황과 인생의 무상함을 극복하려는 인생관으로 일제의 강압을 피해 농촌에 거주하며 민족의 염원을 서정화한 시간대로, 〈芭蕉〉, 〈내 마음은〉, 〈손님〉, 〈밤〉, 〈민주주의〉 등이 씌어졌다. 말기는 ③삼팔선, 진주만, 목격자(1947~1957)시대로, 암담한 이야기로 민족의 참상, 태평양전쟁의 상황 및 일제의 암흑상, 그리고 풍물적인 사회상이 시적 형상화를 통로를 거쳐 감상적 낭만이 주조를 이룬다. 이 같은 정황에서도 '운명의 아들, 카인의 後裔'를 자처한 그의 시적 골격은 '삶이란 한낱 환상과 가식에 지나지 않으며 죽음 속에서 또 다른 생명이 비롯된다.'는 기독교적 구원론과 일관되게 접목되고 있다.

현재까지 비교적 그에 대한 연구가 본격적으로 수행되지 못했음은 물론하고 일부 문학사가에 의해서도 심층적인 평가가 이행되지 못했다. 무엇보다도 자명한 사실은, 1920년대에서 1960년대 초기까지 문학의 장르를 넘나들며 실제적으로 창작과 이론에 몰두하며, 적극적으로 활동한 중요문인이라는 사실이다. 그 같은 연유는 그가 시인의 소임에 일관하지 않고 문학을 餘氣로 인식하고, 문단활동을 소홀했다는 무분별한 평가가 주어졌으나, 뒷날 정객과 정치평론가로 활동하면서도 그의 진면목은 결코 문단의 범주를 逸脫하지 않았다. 그간에 일부 평자에 의한 '자연적, 목가적, 전원적인 시'라는 지배적인 선입견은 그 이상의 다양한 논의를 전개시킬 여지를 축소시켰다. 일단 본고에서는 초허의 초기시편을 텍스트로 시의 本末인 서정성에 접근하여 시의 제특성에 초점을 맞춰 그 탐색에 집중하였기에, 어디까지나 연구목적은 문화의 地域求心主義에서 점차 정신적으로 '천년의 문향'을 상실하고 있는 다수의 구성원들에게 민족시인의 얼을 계승케 하여 인간성 회복을 위한 의식전환의 기틀을 가일층 확립하는데 있다.

## 2. 시적 質料의 다양성과 의미망의 확장

비교적 우리 현대시문학사에서 '湖水와 芭蕉의 시인'으로 일컬어지며 '떠남의 시학'을 친밀감 있고 담백한 순수서정성으로 읊어낸 초허의 시편들이 대중의 시선을 끌어 모으게 된 祕法은, 그 자신이 사랑을 지향한 주체로 적극적이고 능동적으로 대처하지 않고 양자 간의 틈새를 좁혀가며 被動的이고 哀傷的 소외자로서의 연약함을 지닌 점에 起因한다. 영국의 드라이든(John Dryden)이 그의 시집『驚異의 해(年)』(1667) 글머리에서 "모든 시는 機智로 만들어진 것이며…機智的으로 쓰여 진 것은 윤곽이 명확하며, 교묘한 思考의 결과로서 想像力의 産物이다."라고 기술하였듯이, 시를 쓴다는 것은 곧 '자신을 解體하고 언어로 기술하는 再創造 행위'이다. 비교적 후기의 英雄 詩型이라고 일컫는 對句 詩型을 사용한 정치적 풍자시의 세계가 그의 본질적 특색임은, 초허의 초기시편을 폭넓게 이해하는 다양성을 고려할 때 '시적 質料의 다양성과 의미망의 확장'은 일차적으로 심사숙고할 바다. 특히 감수성이 예민한 20대 초반의 그가 가깝게 交遊하던 「朝光」의 기자 신분인 현인규로부터 "작품평(紹介)과 시인론에 크게 눈 뜨게 되어"[8] 보들레르, 로망롤랑, 베르렌 등에 관심을 갖게 되었고『惡의 꽃』을 빌려 읽고 감명을 받는다. 1921년부터 동진소학교와 강서소학교에 재직하며 순수서정의 시적 형상화 작업에 전념하던 끝에 1921년 초겨울, 달빛 스미는 해변을 자주 거닐며, 그 자신의 문학행위의 전부라 述懷한 〈麗島風景〉[9]을 읊조리다가 金士翼의 권고로 1923년 10월『開闢』(통권40호)에 〈당신이 만약 내게 門을 열어주시면(샌드레르에게)〉, 〈나는 보고 섯노라〉, 〈애닯은 記憶〉을, 그리고 같은 해 12월 〈祈願〉, 〈懷疑者들에게〉를 각각 발표하며 시단에 발을 내딛었다. 그 이후 의욕적으로 시 창작에 주의집하다 마침내 현대문학사에서 16번째의 개인시집인『나의 거문고』(新生社, 1930)를 포함하여 6권의 시집을 간행하였다. 한편 '同人이면 文壇人이라'는 시대적 보편성을 거부하면서도, 그 나름의 존재감을 지켜내며 시적 정조와 간결한 언어미가 詩格을 갖춘 일련의 시편을 우리 現代詩史에 남겼다. 모름지기 불확실하고 부당한 권력이 사회를 억압하던 시대적 현상에서도, 이 땅의 어느 시인보다 저항의 색채가 강렬한 그의 시편들은, 습작기로부터 조국해방 무렵까지 약 20여 년간

---

8) 金東鳴,『世代의 揷畵』(日新社, 1955), p. 95.
9) 金東鳴,『나의 거문고』(新生社, 1930), p. 65.

에 『나의 거문고』를 비롯해서 『芭蕉』(新聲閣, 1938년)와 『三·八線』(文隆社, 1947년), 『하늘』(文隆社, 1948년)로 잇닿은 시간대로 화자(persona) 자신이 일관되게 시적 作爲에 전념한 것은 신선한 충격이다. 뿐만 아니라 기독교와 각별한 관계성은 傳奇的 사실에서 확인되듯이 초허는 함흥에서 캐나다 선교회의 미션스쿨인 영생중학을 졸업하고, 1925년 3월 姜基德의 도움으로 渡日하여 靑山學院(신학과)에서 수학하였다. 인위적 제도의 구속을 거부하고 자유로운 바람의 영혼이기를 작심한 끝에 비록 성직자의 길을 외면하였으나 원산에 체류 당시나 월남 이후에 이대교수로 재직할 무렵에 종종 교회에서 예배를 인도하였다.

풀진 구우라 삼림속에/오, 아름다운 만남이여/가득한 감격에 고요히 합장한 그대의 흰손과/거룩한 이의 손에 쥐인 녹쓰른 가위를/나는 지금 생각합니다.//

-〈구라라頌〉에서

인용한 시편은 『朝鮮文壇』1926년 5월호 발표 당시 "'구라라頌은 稀微한 작품이다. 誤植이 잇지 않는가?"[10]라는 단평의 반문은, 주요한 자신이 '구라라'와 '풀진구우라'에 대한 의미파악이 결여된 결과이다. (여기서 참조할 바라면 '구라라'는 기독교의 성녀인 '클라라(Clara)'를, 그리고 '풀진구우라'는 그녀가 성 프란체스코에게 순종서약을 했던 '포르치운 클라'라다.) 비교적 초허의 초기시편에서 수용된 일체의 종교적 양상과 시적 상상력은 보편적으로 그의 시를 해명하는 키워드에 해당한다. 특히 이 시기에 초허 시가 점차 성숙하는 양상은 형식면에서 호흡이 짧아지고 시적 응축미가 압축되고 즉물적 대상이 객관적 상관물로 대치되는 점이다. 그의 시적 상상력과 정감의 발동은 시 의식에 기인함이거니와 타고르의 시적 기법의 도입은 또 다른 妙味이다. 한편 데뷔 무렵의 시 제목이나 주제에 견주어 형식의 간결성은 『나의 거문고』에 수록된 132편의 제목을 자수와 편수로 각각 정리하면 '1)쑴(6). 2)農女(30). 3)외로움(20). 4)아츰禮拜(26). 5)즐거운 아츰(22). 6)아름다운 아츰(11). 7)俗談에 이르기를(8). 8)「고요한 기도」의 놀애(6). 9)이몸이 세상에 잇슴은(3)'에서의 보기처럼 시적 修辭가 점차로 압축되고 있음은 쉽게 파악된다.

---

10) 주요한, "五月의 文壇(八)", 『동아일보』(1926년 5월 29일).

내 손끝이 제오현과 제륙현을 달릴 때에 나는 문득 어린애같이 자지러지게 웃기도 하고, 술같이 넘치는 기쁨에 함북 취하기도 합니다. 그리고 님을, 님을 향한 일편단심은 내 거문고 칠현입니다. 내 손끝이 제칠현 우에 뛰놀 때에 내 령혼은 용감스럽게 하늘 끝을 향하여 나래를 벌입니다. 오, 내 거문고는 내가 가진 오직 하나 보배입니다. 내 소유의 전부입니다. 이 밖에 나는 가진 것이란 아무것도 없습니다.

-〈내 거문고〉에서

초허의 첫 시집 표제시격인 〈내 거문고〉는 『新生』(1929, 2월)에 수록된 형식상 호흡이 다소 긴 산문시이며, 맑은 영혼의 소유자인 화자가 철저하게 '소유의 全部인 거문고'를 구성하는 일곱 현의 층위가 놀랍게도 美感에 결속되어 있다. 일편단심의 표징인 '님(祖國)' 또한 가장 궁극적인 지향의 표상으로 참된 기쁨과 충만을 느끼게 하는 절대적 존재의 표징으로 습一에 잇닿아 있다. 이 점에 있어 동일한 시간대에 양주동은 비교적 그리스도에게 헌신한 마리아의 逸話(요한 12: 3)를 차용하여 조국에 대한 사랑과 희생을 시적 형상화로 신앙에 결부지어 그 屬性을 現在性으로 發現시키고 있다. "그러나 그대여, 엇더케 내가 물결과 구름 저쪽에 잇는 내 조국을 이즐 수가 잇겟서요. 아아 엇지하니 이즐 수가 잇겟서요. 나도 마리아와 갓치 향유를 작만해 가지고 그리운 그 짱으로 도라가야겟습니다. 그이를 차저 만나면 나는 내 향유를 기우려 그이의 발을 적시이겟습니다.(餞別)"는 그가 渡日한 1925년 除夜에 발표한 산문시로서 양주동은 "敬虔한 宗敎的情熱을 느끼게 한다고 평하면서 타고-르의 〈告別〉을 聯想하엿다."[11]라고 회상하였다. 이처럼 그의 초기시를 이해하는 과정에서 필히 유념할 바라면, '님'을 향한 신앙적 祈求와 지향의 이면에 기독교적 신앙심이 자리 잡고 있기에, 이 같은 특이성은 '길손과 악기'의 이미지로 대칭되어 선명하게 시적으로 形似된 시편 〈길손의 노래〉에서는 '님과의 간절한 만남이 우리 삶에 절대적인 운명'이며 다이돌핀을 쏟아내는 지극히 '하늘에 잇닿는 기쁨이고 환희임'을 새삼스럽게 일깨워주고 있다.

특히 『나의 거문고』가 1920년대 민족사적인 3.1운동의 실패에 기인한 세기말 사상의 영향으로 다소 감상적, 퇴폐적 경향이 주조를 이루는 반면, 『芭蕉』는 역사적인 고뇌와 이를 극복하려는 적극적인 인생관이 표출되고 있는 현상에 견주어, 비교적 『하늘』은 아름다운 자연

---

11) 양주동, 「四月詩評」, 『조선문단』(제16호), 1926년 5월, p. 21.

에다 공습경보가 울리는 암울한 시대상황과 인생무상의 서정성을 수용한 편이다. 특히 조선어 말살정책을 이 땅의 어느 시인보다 강하게 一蹴하다 1942년 〈술 노래〉, 〈狂人〉 등의 작품을 끝으로 붓을 꺾고 잠시나마 그의 생업으로 목상과 미곡상 일에 몸담았던 정황에서 그의 초기시편이 좌절의 사회현상과 사적으로는 보들레르의 영향에 의해 耽美的이면서도 다소 모호하고, 퇴폐적인 색채가 짙어 비록 전원시의 경향에 해당할지라도 독자적인 시의 지평을 유지하였음은 주지할 바다. 이 같은 맥락은 산상수훈인 "심령이 가난한 자는 복이 있나니(마5:3)"라는 그 자신의 좌우명은 고향과 부모, 그리고 정신적 가난에 의한 喪失感에 연유한다. 까닭에 초허의 초기시편에서 '님'을 매개로 '새날'에의 지향을 보여주는 추상적인 이상세계에 대한 염원의 希求는, 점차 '님'을 향한 신앙심의 간절함이 현실의식과 결속되고 마침내 견고한 城砦로 변형되어 〈祈願〉에 이르러서는 창조주에게 드려지는 맑은 영혼의 기도로 그 틀을 확정하기에 이른다. 비교적 기독교적 색채가 짙은 그의 시편인 〈東方의 勇士-印度에게〉는 가일층 진일보한 형태로 현실비판적인 의식과 결부되고 있어 그만의 독자성 확장에는 결코 부족함이 없다.

> 나아가라/오오 東方의 勇士여/萬古에 떳떳한 그대의 걸음이어늘/이르는 곳에 紅海ㄴ들 아니 갈라지랴/그렇거니 산이 높다 주저하며/물이 깊다 뒤돌아보랴/채색구름 떠도는 저 언덕 우에/님이 서서 기다린다/어서 가자 맞나시라//
> 
> -〈東方의 勇士-印度에게〉에서

위에 인용한 시편은 영국의 식민지배에 항거하던 인도를 지지하는 내용이나 화자의 詩心理이기에, 이옥순의 "능동적으로 자기 운명을 개척하는 인도에 대한 박수와 응원을 통해 반식민운동이 확대되고 그것이 조선에 미치기를 기대하였기 때문이다."[12]라는 지적처럼 그만의 시적 형상화가 광복 이후의 현실참여와 무관치 않은 역동적 삶임은 간과치 말아야 할 것이다. 이와 같이 깊은 思惟에서 비롯된 시적 의미망이나 感應은 비록 그 양상이 相異할지라도 종교적 기대감을 현실지향적인 시 의식에 접목시켜 더없이 빛남은 자못 지켜볼 일이다.

일제강점기 한 때나마 동해 바닷가인 함남 서호진의 낮은 산자락에 거처하며 '芭蕉'를 통

---

12) 이옥순, 『식민지 조선의 희망과 절망 인도』(푸른 역사, 2006), p. 43.

해 민족의 애한과 우국충정, 그리고 고뇌를 그만의 따뜻한 감성으로 이국적인 서정성을 담아낸 시적 作爲는 응당 조명되어야 할 것이기에, "예술이 行動·觀照의 結合임"13)을 감안할 때, 현실적 상황에 행동으로 맞섰던 초허는 전원만을 안이하게 읊어낸 유약하고 감상적인 시인이 결코 아니었다. 그의 강직한 성품과 혁명가적인 기질은 뒷날 현실의 정치악과 사회의 부당함을 허락하지 않았기에, 정태용은 '獨斷的이면서도 銳利한 直筆의 초허'14)를 강하게 대변하였다. 초허는 일제강점기의 유일한 삶의 탈출구로 문학의 길을 택한 까닭에, 그에게 있어 절대고독의 본질은 안수길의 지적처럼 '남달리 조국과 민족을 사랑한 열정의 발로'였기에, 그 일례로 〈水仙花〉를 단순한 연민(憐憫)이나 민족의 情恨을 읊은 서정시로 단정하지는 것은 문제가 있다. 모름지기 이 시편은 높은 정신적 차원에서 민족과 조국 혼을 시적 대상으로 형상화한 절규(絶叫)로, 그것은 '죽었다가 다시 살아나는' 기독교의 부활론을 축으로 點綴된다. 그는 삶의 처소에서 역동적으로 대처하면서 문단이라는 울타리의 內緣에 머물기를 원치 않았기에, '문단 밖의 낭인(浪人)으로' 일컬어졌고, 또 그 자신도 '카인의 말예(末裔)임'을 자처하였음은 한번쯤은 本義를 유념할 바다.

특히 『芭蕉』(신성각, 1938)에 수록된 시편들은, 일제의 탄압이 점차 극렬하여 민족적이고 반일적인 사상이 일체 허용되지 못했던 1930년대의 정신적 산물로서, 이 시기의 문단은 신간회 해산(1931년), KAPF의 검거(1934년), 일어사용 강제령(1937년), 內鮮동조론(1938년) 등의 사건들이 공습경보 아래서 불가항력적으로 감행되었다. 다시금 본고에서 필히 논의되어야 할 사항으로 『나의 거문고』는 河東鎬의 所藏(?)으로 그 體制는 4·6판으로 168면에 132편이 수록되어 있다. 단, 여기서 초허의 초기 시에 관해 그 나름의 연구업적을 높이 평가해도 좋을 '전도현의 가점-잡지 게재작인 *35편을 입증한 자료를 〈표1〉'15)로 구분지어 옮겨

---

13) 모로아 著, 徐貞哲 譯, 『太初에 行動이 있었다』(瑞文堂, 1977), p. 151.
14) 鄭泰榕, "金東鳴의 機智", 『現代文學』(1958, 1월호), p. 182.
15) 〈표1 : 1920년대 김동명 시작품 목록(잡지 게재 확인)〉-* 연번 게재지명, 연월,
    작품명, 연구의 지속적이고 다양성을 위해 전도현의 연구목록을 옮겨 수록한다.
    1. 開闢1923.10 당신이 만약 내게 門을 열어주시면(쏘드레르에게) 미수록 등단작. 2. 開闢1923.10 나는 보고 섯노라 미수록 등단작. 3. 開闢1923.10 애닯은 記憶 미수록 등단작. 4. 開闢1923.12 祈願 미수록. 5. 開闢1923.12 懷疑者들에게 미수록. 6. 新女性1925.10 꿈수록 ○. 7. 新女性1925.10 새벽비 수록 ○. 8. 新女性1926.1 꿈수록 '小曲七篇' 題下24) ○. 9. 新女性1926.1 꿈인가 탄식인가 수록 '小曲七篇' 題下 ○. 10. 新女性1926.1 落葉의 노래 수록 '小曲七篇' 題下 ○. 11. 新女性1926.1 눈ㅅ길 수록 '小曲七篇' 題下 ○. 12. 新女性1926.1 北風의 노래 수록 '小曲七篇' 題下 ○. 13. 新女性1926.1 아츰까치 수록 '小曲七篇'

보기로 한다.

 金海星 또한 초허 시의 경향을 "30년대에 깊이 파고들었던 田園的이며 頹廢的 詩風이라."16)고 제시한 바 있으나, 그의 시를 구체적으로 분할하면 전원이나 動植物보다 心像에 관한 시어가 빈도수 잦게 사용되었고, 그 중에서도 '분노, 비통, 비분 등'은 不斷한 역동적 행위에서 여과된 산물의 실제다. 또 하나 초허는 당시의 어떤 시인보다 역사성과 현실감에 민감한 시인이었기에 퇴폐적이고 영탄적인 시 云云은 그에게만 유독 국한시킬 문제는 아니다.

 모름지기 詩語(poetic-diction)는 시인의 개성과 시의 특성을 파악하는데 가장 표면적인 시의 구성 요소이다. 따라서 시를 깊이 있게 이해하려면 '시에 사용된 語法, 시어의 意味와 暗示'17)에도 유의할 바이기에, 초허의 초기시편에 쓰인 소재의 다양성을 실증하기 위해 필자는 그의 시에 수용된 시어(素材)를 검토하였다. 편의상 시집과 小題目과 연계된 시 17편-'파초, 내 마음은, 밤, 黃昏의 속삭임, 하늘, 술 노래, 슬픈 對話, 人生斷想, 三八線, 庭園行, 江물은 흘러간다, 아가의 꿈, 眞珠灣, 새 나라의 構圖, 서울의 素描, 한 가람은 흐른다, 行路難'-을 가려내어 이 시편의 素材를 13항목으로 구분하고 시어의 빈도수를 數量 化하여 다음의 결과를 도출하였다. '1)사람(61), 2)心像(48), 3)하늘, 바람, 日, 月(40), 4)人體(36), 5)地域(地形)(33), 6)時間, 歷史(27), 7)식물(나무, 꽃, 채소)(27), 8)물(26), 9)動物(鳥, 짐승, 昆蟲)(25), 10)寶石(22), 11)田園, 建物(12), 12)生活(11), 13)말(言語)과 曲調(9)'이다.

 한편 초허의 초기시편을 축으로 시어의 특이성을 示唆하는 의미망 분석을 위해 일단, 노

---

題下 ○. 14. 新女性1926.1 啄木鳥 수록 '小曲七篇' 題下 ○. 15. 新女性1926.1 風景 미수록 '小曲七篇' 題下 ○. 16. 朝鮮文壇1926.3 公園의 밤-棕櫚樹, 꽃밧 수록. 17. 朝鮮文壇1926.3 農女 수록. 18. 朝鮮文壇1926.3 追憶 수록. 19. 朝鮮文壇1926.4 餞別(散文詩) 수록. 20. 朝鮮文壇1926.5 구라라頌 수록. 21. 朝鮮文壇1926.5 나븨 수록. 22. 朝鮮文壇1926.5 즐거운 아츰 수록. 23. 朝鮮文壇1926.5 첫 봄 수록. 24. 學之光1926.5 달빗이 수록 ○. 25. 學之光1926.5 除夜 수록 ○. 26. 學之光1926.5 황혼의 노래 수록. 27. 學之光1926.5 힌 모래 우에 수록. 28. 朝鮮文壇1926.6 異國風情-熱海에서, 伊東에서, 狩野川, 修善寺에서, 沼津에서 수록. 29. 東光1927.3 길손의 노래 수록. 30. 東光1927.3 瞑想의 노래 수록. 31. 東光1927.3 樂器 수록. 32. 東光1927.3 외로움 수록. 33. 新生1929.1 새날(散文詩) 수록. 34. 新生1929.2 내 거문고(散文詩) 수록. 35. 新生1929.4 告別辭(散文詩) 수록 ○. 36. 新生1929.5 그이를 생각함 미수록 ○.37. 新生1929.5 돌기둥 수록. 38. 新生1929.7·8 航海 수록. 39. 新生1929.10 나는 길 가는 나그네 수록. 40. 新生1930.3 夕景 수록. 41. 新生1930.3 鈴蘭꽃밭 미수록. 42. 新生1930.4 나는 초ㅅ불 수록. 43. 新生1930.4 조개껍질수록. 44. 新生1930.4 첫 봄 수록 재수록작(조선문단, 1926.5). 45. 新生1931.4 東方의 勇士-印度에게 25 미수록.

16) 金海星, 『韓國現代文學全史』(螢雪出版社, 1979), p. 331.
17) C. D 루이스 著, 張萬榮 譯, 『詩學入門』(正音社, 1958), p. 187.

드롭 프라이의 『批評의 解剖』의 「四季의 원형」에 접목시켜 대비시켜보면 '①봄(romanc : 하루의 국면에서의 새벽, 인생의 국면에서의 誕生)-아침(2), 사랑(4), 新生活(1) ②여름(comedy : 하루의 국면에서의 正午, 인생의 국면에서의 結婚, 勝利)-太陽(2), 빛(2), 햇볕(1), 光明(1) ③가을(tragedy : 하루의 국면에서의 日沒, 인생의 국면에서의 노쇠)-黃昏(5), 우울(1), 悲壯(1), 이별(1) ④겨울(irony, Satire : 하루의 국면에서의 밤, 인생의 국면에서의 死滅)-밤(6), 죽음(2), 잠(2), 최후의 날(2), 무덤(1), 장사(1), 물거품(1), 겨울(1)'을 통해 입증되듯이 비교적 '겨울'에 해당하는 詩語가 비중 있게 다루어진 결과를 파악하였다. 또다시 소재의 다양성을 파악하기 위하여 시적 질료의 具象的, 觀念的 感應의 추이를 위해 몇 편의 시편을 감응되어지는 시적 분위기나 배경의 이해를 돕기 위해 열거해 보기로 한다.

　　　人生은 나그네./그렇다면 죽음은 나룻배.//
　　　故鄕으로 돌아가는 길손을 맞어/저 江을 건너 주리.//
　　　　　　　　　　　　　　　　　　　　　　　　　　-〈죽음〉에서

　　　밤은/푸른 안개에 쌓인 湖水./나는/잠의 쪽배를 타고 꿈을 낚는 漁夫로다.//
　　　　　　　　　　　　　　　　　　　　　　　　　　-〈밤〉에서

　　　자려다 窓을 여니/밤 하늘이 어머니 같이 가까이/내게로 온다./내 뜰을 지키고 섰는 외로운 솔 한 대./아아, 兄弟여!/내 이 밤에/네 어깨 위에 손을 얹고 싶구나.//
　　　　　　　　　　　　　　　　　　　　　　　　　　-〈밤〉에서

그간의 초허에 대한 선입견이나 고정 인식의 틀에서 일탈하고 접근하면 시의 본말인 순수 서정성은 응축 미의 빛남으로 더없이 투명하여 칙칙함이나 어두운 그늘마저 말끔 씻겨 절망, 우울과는 그 나름의 틈새를 적절하게 유지하고 있다. 한편 초허의 시편에 '떠남과 흐름의 표징'인 물의 이미지 또한 상실한 조국에 대한 그리움으로, 유년의 고향을 등진 流浪과 접맥될 뿐 아니라, 물의 예술적 美感을 동력으로 삼아 종교적 신비성이나 도덕적 敎示를 일깨워주고 있다.

이윽고 그의 우람한 두 팔이/나의 허리를 어루만질 때면/나는 나의 뼈가 흰조개같이/그의 품속에서 반짝이는 幻覺에 醉한다.//

-〈바다〉에서

　　　여보,/우리가 萬一 저 湖水처럼 깊고 고요한 마음을 지닐 수 있다면,/별들은 반딧불처럼 날아와 우리의 가슴 속에 빠져 주겠지...//

-〈湖水〉에서

　　　江물이 흘러간다./나는 휘파람을 불며 江가에 섰다./계절이 물새 같이 가볍게 날아 든다./江 가에는 이름 모를 풀꽃이 핀다.//

-〈江물은 흘러간다〉에서

특히 소재의 다양성을 고찰하는 과정에서 초허 시편의 특이성이라면 '恐怖의 대상인 巫女나 魔女(Siren)'를 일체 수용하지 아니하고 '어머니(母親)나 聖母(마리아)'로 변형되어 다루어지는 점이다. 여기서 佛語에서 '바다(mer)'와 '어머니(mere)'의 관계층위를 통해, 우리말 다시읽기에서 '받아'가 '바다'가 되듯이 바다(海)가 물(水)의 합일인 '생명의 本源'이기에 배경지식(schema)으로 기억에 담아둘 일이다.

　　　아기는 엄마를 찾아 집을 나섰습니다. 이 집에서 저 집으로, 이 마을에서 저 마을로-, 그리고 들이며 山으로까지 두루 찾아 헤매었습니다.//

-〈어머니〉에서

　　　어머니 炳을 얻어/타향에 누우시니,//마음은 옛 것을 그려/구름 밖에 저물고,//視線은 그리운 이들을 찾아/푸른 산에 막히도다.//

-〈哀詞〉에서

　　　聖母「마리아」님!/당신의 눈엔 푸른 달빛이 고였습니다./한번 닿으면, 나의 머리털은 蒼鬱한 森林이 될 것입니다./나는 거기서 일즈기 잃어버렸던 나의 새들을 찾을

수 있지 않겠습니까.//

-〈聖母「마리아」의 肖像畵 앞에서〉에서


지난 2014년 10월 「김동명 문학연구회」 장정권 회장은 『신동아』(1935년 6월호)에 수록된 초허의 서정적 서사시 격인 "千萬번 잊고 잊고/다시 또 잊어야 하겠건만/마음으로 할 수 없는 것이/사람의 정(情)이 든가/아하 애닲다 잊을수는 바이없네/그러나 이미 깨여진 꿈자최니/잃어진 꽃향기니/아니 잊고 어이리/하지만 잊자 하니/다시 또 못잊겠네/아아 서러라 내 사람아/이것이 정(情)이 든가/이것이 사랑이든가(斷傷)"라는 〈斷傷〉과 시집 『芭蕉』에 수록된 〈餞春詞〉를 확인한 바 있다. 심은섭은 시편 〈斷傷〉을 "사랑하는 사람(1931년 사별한 모친(申錫愚)으로 추정)이 세상을 떠났지만 잊지 못하는 괴로운 심정을 시적으로 형상화한 것"이라며 상실감을 내용으로 한 기도문형식이 잘 드러난 시로 평가하였음은 주지할 바다.

특히 예로부터 靑色은 밝고 영원한 것의 표징이기에, 비너스도 하늘을 상징하는 녹색의 옷을 즐겨 입었다. 초허가 청색을 '沈靜과 만족, 그리고 평화적인 것'으로 국한하여 인식했다고 단정할 수는 없으나 그는 자신의 시편에서 비교적 푸른색과 흰색을 즐겨 다루고 있다. 일반적으로 綠色은 희망과 혼의 재생을 의미하고, 청색은 12세기부터 행복과 영원한 생명의 상징으로, 또 白色은 환희, 결백, 승리, 순수의 미인 동시에 畏敬, 상징적인 恐怖의 이중성을 의미한다. 아울러 "푸른 물결을 휘저어볼 야심을 일으킨 적은 없다(東海)"에서 자연의 이법을 거스르지 않을뿐더러 "사뿌시 밟는 마음/외로워라.(踏雪賦·1)"를 통해 어디까지나 그 자신이 따뜻한 감성과 맑은 영혼의 소유자라는 것을 類推하기에는 결코 부족함이 없다.

冊床 머리에서 팔을 펴면,/나의 손끝은 東海의 푸른 물결에 닿음즉도 하다./허나 나는 아직 한번도 冊床 머리에 앉은채 게으르게/나의 손끝으로 東海의 푸른 물결을 휘저어볼 야심을 일으킨 적은 없다.//

-〈東海〉에서


하얀 눈 꽃이/銀 가루 뿌리듯...//사뿌시 밟는 마음/외로워라.//발 밑에 묻히는 흰 꽃을 밟고/누구를 찾으리.//

-〈踏雪賦·1〉에서

## 3. 결론-문제의 제기와 呼應

이상과 같이 초허의 대다수 초기시편은 그간의 문단 외적인 양상에 견주어 예외 없이 외래사조에 떠밀려 일괄적으로 퇴폐적 경향의 작품으로 처리되어 왔지만, 실제로는 多岐한 시적 경향을 아우르는 것이었다. 퇴폐적 낭만주의 계열의 작품은 예외적이나 초허의 초기 시세계는 자연친화적인 서정, '님'을 향한 신앙적 기구와 이상 세계에의 지향, 종교적 상상력과 현실 의식의 결합 등 복합적인 흐름이 공존하는 양상을 보여주고 있다. 시의 큰 틀 짜기의 맥락에서 초허의 초기시편의 統合이랄까? 보편성은 전도현의 문제의식의 제기처럼 '중첩된 비유구조로 내면정서를 객관화하거나 의인법을 통해 자연물에 감정을 투사하는 수법, 열대식물을 매개'로 이국적 서정의 표출에 의한 시적 발상으로 풀이됨은 신중하게 검토할 바다.

이 같은 현상에서 그간에 초허를 "現代文學에 있어 대표적인 田園文學의 一人者"로 지적한 백철[18]과 조연현을 포함한 일부 문학사가의 몰이해에 의해 전원시인으로 보편화 되어 불행하게도 정신작업을 통해 생산된 생산물이 최소한의 시적 흐름이나 시 의미가 엄격한 구분도 없이 그의 시세계 전반에 걸쳐 전원시로 막연히 처리된 것은 안타깝다. 물론 동시대의 청년적인 열정을 지닌 동양적 諦念의 시인 月坡나 自然을 對象物로 하여 斬新한 전원적 낭만시를 主導한 夕汀이 은둔적 삶을 자연과의 합일에 가치를 두고 타율적 귀농을 전제로 현재적 트라우마(Trauma)를 치유하기 위한 處所였음은 수긍할 바나, 不斷한 역동적 행위에서 濾過된 초허 시의 受容性은 민족적 비애를 순수서정으로 형상화하여 조국상실의 悲感이 더없이 빛남에 있다. 그간에 최소한의 검증 절차도 없이 조급함에 이끌린 일부 평자들의 주장처럼 전원시인으로 평가되었을지라도 呼吸과 맥락을 달리한 그가 몸소 추구한 시적 현재성과 공간적 변명은, 단순한 도피처가 아닌 당위적이며 미래지향적인 처소이기에 합리성이 주어지지 않은 無槪念의 관조적 敍事는 考慮되어야 할 사항이다.

그토록 민족적인 기대감에 차올랐던 기미독립운동의 좌절과 세기말 사상에 의한 깊은 우울성이 지배적인 이 시기는, 다양한 실험과 시도를 통해 個我的 상상력과 어법을 시도한 모색기였음을 참작할 바다. 아울러 글의 말미에서 초허의 초기시편에서 파악되는 특이한 시적 발상과 수사법도 그의 시세계 전반에서 핵심적 방법론으로 작동된 因子인 까닭에, 퇴폐적

---

18) 李秉岐·白鐵, 『國文學全史』(新丘文化社, 1973), p. 414.

감상의 세계로 응시하는 단선적 시각은 재고되어야 할뿐더러 그의 시 의식에 잠재된 시적 변모와 시적 推移는 지속적인 검증을 걸쳐 보다 심층적인 분할·통합이 모색되어야 한다.

이상과 같이 제기하였듯이 한국현대시사에 있어 世稱 전원파 시인으로 지적되어 왔지만, 어디까지나 초허는 일제강점기의 抵抗시인으로 또 군사정권에는 志士的 義憤으로 불의에 항거한 진정한 종교인이며, 교단에 몸담았던 예언자적 존재였다. 무엇보다 초허의 초기시편은 비교적 자연에 머물며, 전원적인 것을 시적 질료로 하여 민중이 겪는 '그리움과 정한, 그리고 본질적 고독과 불안의식'을 순수서정으로 살려내어 형상화시킨 지극한 창조적 영혼이다. 여기서 그리움에 해당하는 상실감으로부터 기인된 고향에 대한 향수나 국권을 강탈당한 비통함은 생존권을 위협 받는 시대상황에서 절망의 片鱗으로, 잠식된 조국의 상실감에서 오는 아득한 그리움이 융합된 생산물이다. 이 점에 있어 초허는 피가 끓는 젊음의 한 때를 치욕과 격정 속에 몸담으며 민족사의 비극을 울분의 나날로 지새운 아픔을 그 자신은 體得하였다.

그 같은 맥락에서 비교적 빈도수 잦게 사용된 '그대'라는 인칭대명사는, 어디까지나 민족과 조국의 불행을 화자인 그 자신이 '나라와 겨레를 사랑하는 충정의 메타퍼'로 이처럼 그는 이 땅의 어느 시인보다 '민족의 혼과 문화이며 역사인 국어를 지키는 불침번으로서의 소임을 충실히 수행하였다. 특히 광복 후에 공산치하의 폭압을 예감하여 월남하여 그의 시적 경향이 목가적인 틀에서 이탈하여 정치와 사회에 대한 색채를 지닌 것도 그의 천성과 결코 무관할 수 없다. 이 땅의 어느 시인 보다 현존재(Dasein)로서 강직한 삶의 소유자인 초허 그 자신은 사회정의를 올곧게 수행함으로서 참다운 민주주의의 건설에 몸을 던져 實踐躬行하였기에, 그의 시가 현실참여 의식의 색채가 강한 점은 周知할 바다.

결론적으로 참여의식이 강한 초허 자신은 누구보다 위기에 처한 겨레와 국가를 외면할 수 없었기에, 결과적으로 적극적인 현실참여의 방편을 모색으로서 마침내 옹호와 구제의 용기와 기지로 주어진 일생을 다양하게 변신하며 역주하되 문학을 날(刃) 푸른 무기의 창끝으로 수용한 점은 재평가하여야 한다. 모쪼록 시적 본질에 충직하여 '향수·비애·고독·구원 등'의 내면의식과 신념을 순수서정에 털어놓아 그만의 담백한 시격으로 빚어내어 민족시인의 정체성(Identity)을 문학의 장르를 넘나들며 자존감을 견고하게 지켜내었음은 다시금 수긍할 바다. 아울러 앞으로 초허의 정체성과 위상이 올바르게 자리매김하기까지 시대적 상황이 考慮되어야 할 것이나 지속적으로 해결되어야 해야 할 여지라면, 1920년대의 진정한 역사의식을 지닌 지성으로 〈내 거문고〉를 포함한 〈芭蕉〉, 〈水仙花〉, 〈斷章〉, 〈종으로 마다시면〉, 〈술 노래〉 등의 시편을 통해 서슬 푸른 민족정신을 예술적 詩格으로 끌어올린 民族詩人으로 평가되어야 함은 물론, 정치평론의 지평을 열어 보인 업적도 그의 詩歷과 더불어 재평가되어야 한다. 모쪼록 민족사의 암흑기를 분망하게 살다간 초허의 경우, 무엇보다 자명한 것은 단순히 예술가나 종교가, 민족적 스승이나 사상가로서 詩作活動을 한 것이 아니라, 겨레의 상처를 치유하고 救濟하려는 정신적 행위였기에 '겨레의 울분과 통한, 그리고 現世苦'를 기독교의 부활신앙에 의지하여 극복한 품격을 지닌 종교시인으로도 다시금 檢證되어야 한다.

\* 참고문헌은 편의상 각주로 처리함

# 김동명 수필 〈어머니〉의 서사구조 고찰

장정룡*

---

**목 차**

1. 머리말
2. 김동명 수필 〈어머니〉 원문과 단락적 이해
3. 어머니와 타박녀, 상실감의 구상화
4. 맺음말

---

## 1. 머리말

주지하듯이 수필(隨筆)은 자유로운 산문형식의 수의수필(隨意隨筆)로서 마음가는대로 붓 가는 대로 그때그때 쓰는 글이다.[1] 또한 자기고백적인 문학으로 작가 자신과 동질동체(同質同體)라고 할 만큼 개성적이며 고백적 양식이다.

수필을 단상(斷想), 편편상(片片想), 수상(隨想)이라고도 하는데 이것은 제재의 다양성을 바탕으로 한 자유로운 무형식성과 개성의 노출성을 표현한 것이기도 하다. 한편으로 수필은 지성을 기반으로 한 정서적·신비적인 이미지로 쓰인 것으로써 글에는 인생을 통찰하는

---

*강릉원주대 교수

[1] 洪邁(1123~1202) 『容齋隨筆』 序文 "余習懶 讀書不多 意之所之 隨卽記錄 因其後先 無復詮次 故目之日隨筆(나는 버릇이 게을러서 책을 많이 읽지 못하였다. 생각이 나면 그때그때 곧 기록하였다가 그 앞뒤를 다시 정리하지 않았으므로 책이름을 수필이라 한다"

비평정신과 해학성, 기지 등의 지적작용을 수반하며 인생의 향기와 삶의 성찰을 더하게 되는 장르이다.

우리의 수필 가운데 명수필로 알려진 작품에 초허(超虛) 김동명(金東鳴, 1900~1968)의 〈어머니〉가 있다. 이 작품은 1946년에 쓴 것으로 초허 최초의 수필집 『세대의 삽화』(1959년)에 수록되어 있다.

강릉출신 김동명은 경주김씨로서 경자년(1900) 음2월 4일 강원도 명주군 사천면 하노동리 54번지에서 부 경주김씨 제옥과 모 평산 신씨 석우의 독자로 태어났다. 본명은 동빈, 아명은 동명, 아호는 초허, 세례명은 프란시스코였다.2)

초허는 신식 교육을 받기 위해 부모와 함께 원산으로 이사하여 1920년 함흥 영생중학(永生中學)을 졸업하였고, 1925년에 일본에 유학하여 아오야마학원(靑山學院) 신학과를, 니혼대학(日本大學) 철학과를 수학, 졸업하였다. 1921년 흥남에 있는 동진소학교(東進小學校) 교사로 출발하여 여러 곳에서 교편을 잡았다. 일본 유학을 마치고 귀국한 뒤 흥남시의 동광학원(東光學院) 원장을 지냈으며 광복 후에는 흥남중학교 교장으로 부임했으나 흥남학생의거사건(1946)에 동조했다는 혐의로 감금되기도 했다.

1947년에 월남하여 한국신학대학 교수, 다음해 이화여자대학교 국문과 교수로 재직하고, 같은 해 조선민주당 정치부장, 1952년에는 민주국민당 문화부장으로 활약했다. 1960년에는 이화여자대학교를 사직하고 참의원으로 정계에 진출하였다. 수필집으로 『세대의 삽화』(1964)와 『모래 위에 쓴 낙서』(1964)가 있고, 정치평론집 『역사의 배후에서』(1958)와 『나는 증언한다』(1964)가 있다.

근래 강릉지역에는 김동명문학관이 개관되었으며, 학회가 창립되면서 매해 학술적연찬이 진행되고 있는데, 주로 시문학 연구에 집중된 바가 있다. 근래 들어 김동명 산문에 대한 연구 성과가 나오기 시작했다.3)

초허는 1935년 처녀수필 〈病든 따리아〉를 발표하였으며,4) 현재 파악된 작품 수는 수필

---

2) 嚴昌燮, 『金東鳴硏究』 學文社, 1987, 17쪽.
3) 장정룡, 「김동명 산문의 시대적 양상고찰」 김동명문학관 개관기념 학술세미나, 강릉문인협회, 2013.7.3. 9~36쪽. 장정룡, 「초허수필의 꽃 이미지와 그 지향성 고찰」 『민족시인심연수 학술세미나논문총서2』, 심연수선양사업회, 2013, 395~418쪽. 장정룡, 「김동명 수필의 월남과 피난의 표출양상」 『김동명문학연구』 창간호, 김동명학회, 2014, 27~63쪽, 이미림, 「김동명 산문에 나타난 타자지향성과 디아스포라의식」 『김동명문학연구』 창간호, 김동명학회, 2014, 111~146쪽

(수기)류가 41편, 평론(정치)류가 65편으로 총 100여 편이다. 수필집은 『世代의 揷話』(1959년), 『모래위에 쓴 落書』(1965년)가 있고, 평론집은 『敵과 同志』(1955년), 『歷史의 背後에서』(1958년), 『나는 證言한다』(1964년) 등 3권이 있다. 김동명은 시, 수필, 평론 등의 작품을 남긴 작가로서 가곡으로 불리는 〈수선화〉〈내마음〉등은 여전한 감동으로 널리 불리고 있다.

본고에서 굳이 부언하지 않아도 어머니는 '마음의 고향' 또는 그 이상이다. 어머니의 사랑은 위대하고 무엇과도 비할 수 없을 만큼 강하다. 역사상 위대한 어머니도 있고 현대의 장한 어머니들도 계신다. 그렇지 아니하여도 누구에게나 어머니도 영원한 '마음의 고향'이다. 어머니와 고향, 어머니에 대한 그리움은 여전히 우리들 가슴에 깊게 자리하고 있다. 이는 어머니를 '눈물의 고향'이라고 표현한 초허의 수필에서도 확인할 수 있다.

우리의 문학작품에는 자애와 헌신의 표상으로 어머니 모습을 그려낸 작품이 많다. 그 하나는 자녀를 위하여 다 하지 못한 모정을 드러낸 작품들이고, 다른 하나는 끝없는 어머니의 사랑에 대한 사모의 정을 읊은 작품들로서, 자녀의 입장에서 어머니를 그리워하는 심중을 나타낸 소설·수필·시 등은 그 영역이 넓은 편이다.

어머니 생전에는 그 사랑을 느끼지 못하다가 사모의 정을 읊는 경우로서 현대문학작품에서도 많이 볼 수 있다. 소설로는 강경애(姜敬愛)의〈어머니〉를 비롯하여, 박완서(朴婉緖)의〈엄마의 말뚝〉, 송기숙(宋基淑)의〈어머니의 깃발〉, 김학섭(金學燮)의〈어머니〉등을 들 수 있다.

시 작품은 박목월(朴木月)의〈어머니〉와 조병화(趙炳華)의〈어머니〉, 유정(柳呈)이 편집한 『어머니의 찬가』를 들 수 있다. 수필 가운데는 김동명의〈어머니〉를 비롯하여 홍종인의〈어머님, 내 마음의 기둥〉, 박화성(朴花城)의〈나의 어머니〉, 심훈(沈薰)의 옥중편지〈어머님께〉 등이 전하고 있다.

일찍이 어머니에 관한 수필들을 모아서 피천득(皮千得)이 편집한『영원한 고향 어머니』도 나와 있다. 이 책의 후기에 "어머니는 바다다. 우리의 생명을 있게 한 근원이기 때문에 그러하고, 우리의 생명에 보상 없는 사랑을 줄기차게 내렸기 때문에 그러하다.…어머니는 영원한 마음의 고향이다. 살아 있을 때는 폭포수 같은 사랑으로 고향을 짓고, 돌아간 다음에는

---

4) 金東鳴, 『모래위에 쓴 落書』, 김동명문학간행회, 1965, 132쪽 "이래서 나는 드디어 〈따리아 病들다〉라는 수필을 쓰기까지에 이르게 됐는데, 이것은 '따리아'가 내 문학과 인연을 맺게 된 최초기도 하지마는, 또 내가 '수필'에 손을 대게 된 최초이기도 하다는 점에서 더욱 감개는 겹치기로 마련이다."

안타까운 후회를 일깨워서 고향을 짓는다."고 하였다.5)

일찍이 우리나라 역대의 명부(名婦) 10명 가운데 강릉출신 신사임당은 여화백(女畵伯), 허난설헌은 여사백(女詞伯)으로 선정된 바 있는데6) 이 지역출신인 작가 초허 김동명의 수필〈어머니〉는 모성성에 대한 감동을 우리에게 선사한 작품이다. 본고에서는 초허의 수필〈어머니〉의 화소(話素)와 내용전개상의 서사적 구조를 분석하고자 한다.

## 2. 김동명 수필 〈어머니〉 원문과 단락적 이해

수필〈어머니〉는 1946년 작품으로 김동명의 첫 수필집에 첫 번째 작품으로 수록되어 있다.7) "타박타박 타박女야! 너 어디로 울며 가늬?"로 시작한다. 어머니의 무릎을 베고, '코쿨' 앞에서 들은 옛날이야기 중 가장 슬픈 것이 타박녀 이야기로 "내 눈물의 고향"이라고 표현했다. 이 작품에는 어머니를 잃은 자신과 동일시한 타박녀의 상실과 극복의 내면구조가 서사적으로 노정되었다.8) 이 작품은 초허가 작고한 자신의 어머니에 대한 한없는 슬픔과 정한(情恨)이 주제이다

> 김동명에게 모성은 어린 시절 어머니로부터 들었던 '타박네'의 이야기와 관련된다고 단정지을 수 있다. '타박네'는 어머니와의 각별한 관계를 형성하던 자아가 어머니를 잃고 슬픔과 한을 지니게 된 이야기를 담고 있다.…오래전부터 강릉민요로 구전되어 왔기 때문에 김동명의 어린 시절에도 '타박네 이야기'와 함께 불려 졌을 것이라고 추측할 수 있다. 세상에 '타박네'와 '어머니'뿐이었던 '타박네'이야기에 독자인 김동명 자신과 오직 전부인 어머니의 삶을 동일시한 것으로 볼 수 있다. 작가는 유년에 어머니에게 무수한 이야기를 들으며 자랐지만 유독 어머니를 잃은 슬픔에 정처 없이 떠돌아다니는 '타박네'의 이야기를 잊지 못한다. 작가 스스로도 타박네의 뒷모습을 '내 눈물의 고향'이라고 하였다. 어릴 적 들었던 한 토막의 이야기는 한 인간의

---

5) 피천득 외, 『영원한 고향 어머니』 민예사, 1978, 278쪽
6) 張道斌, 『朝鮮名婦傳』 高麗館, 1926, 27쪽
7) 金東鳴, 『世代의 揷話』 日新社, 1959. 9~12쪽
8) 장정룡, 「다복녀 민요의 상실과 극복의 내면구조」 『東溪成炳禧博士華甲紀念 民俗學論叢』 螢雪出版社, 1990, 99~113쪽

정서뿐만 아니라 성장과 정신까지 지배하기도 한다.9)

1923년부터 시 창작을 시작한 초허 김동명은 1937년 〈소는 不幸하다〉라는 처녀 수필을 썼다. 해방이후 북쪽에 체류하던 때인 1946년 당시 유명한 수필〈어머니〉와 〈掬雛記〉두 편을 썼다. 이들 작품이 수록된 수필집『세대의 삽화』(1959)에는 네 부분으로 나누어 들어 있다. 「자화상」에 18편, 「세대의 삽화」에 6편,10) 「암흑의 장」1편, 「월남기」1편 등 총 26편을 수록하고 마지막에 후기를 게재했는데,〈어머니〉는 초허의 최초 수필집『세대의 삽화』첫번째 분류인 자화상 18편 가운데에서도 첫 작품으로 수록하였다.11)

초허의 최초 수필은 1935년에 나온 〈병든 따리아〉이다.12) 최초의 수필 소재가 된 '다알리아'에 대한 작품은『모래위에 쓴 낙서』「木蓮記」에 〈따리아病들다〉라는 내용도 수록되어 있는 바, 다알리아에 대한 설명과 수필에 처음 손을 댄 이야기가 들어있다.13)

> 이래서 나는 드디어 〈따리아·병들다〉라는 수필을 쓰기까지에 이르게 됐는데, 이것은 '따리아'가 내 문학과 인연을 맺게 된 최초기도 하지마는, 또 내가 '수필'에 손을 대게 된 최초이기도 하다는 점에서 더욱 감개는 겹치기로 마련이다. '설업고 애달픈 마음이, 시린 종아리를 굽어보며, 굽어보며, 아아, 女人이여! 너는 情熱의 裸像' 이것은 그 뒤 아마 4.5년은 지났을 듯-내 뜰에서 凋落의 계절을 맞는 따리아를 두고 읊은 一節 아닌 全篇

따라서 최초의 수필집 서두에서 1935년에 작성한 수필〈병든 따리아〉가 빠지고그것으로

---

9) 유희자, 「김동명 시의 모성적 상상력 연구」, 강릉원주대 교육대학원 석사논문, 2015, 8쪽
10) 고전수필의 분류에 따르면, 批評, 序跋, 奏議, 書簡, 紀行, 日記, 傳狀, 碑誌, 雜記, 箴銘, 頌讚, 哀祭, 辭賦 등 13종으로 나누었듯이 '序跋'도 넣고 있다. 굳이 현대수필에서 발문에 속하는 '後記'를 수필의 범주에 넣고자 하는 뜻은 서문이나 발문의 "글속에서 지은이의 사상과 정서, 취미 등 생생한 모습을 엿볼 수가 있는 수필"이기 때문이다. 그런 점에서 김동명이 쓴『세대의 삽화』 후기도 수필의 범주에서 다루어야 할 것으로 본다. 崔康賢, 『韓國古典隨筆講讀』고려원, 1983, 21쪽 참조.
11) 장정룡, 「김동명 수필집 세대의 삽화의 작품특질 고찰」『김동명연구』제2호, 2015, 53~75쪽
12) 金東鳴 隨筆, 〈病든 따리아〉『朝光』창간호, 1935년 11월호, 98~99쪽, 장정룡, 「초허수필의 꽃이미지와 그 지향성고찰」민족시인심연수 학술세미나논문총서Ⅱ, 심연수선양사업위원회, 2013, 399쪽
13) 金東鳴,『모래위에 쓴 落書』金東鳴文集刊行會, 1965, 132쪽

부터 11년 후에 쓴〈어머니〉를 수필집에 첫째로 편집한 것은 초허의 생각이 반영된 것이 아닐까 추정된다. 아래에서 수필〈어머니〉의 전문을 보기로 한다. 네 문단은 필자가 분석의 편의상 임의로 나눈 것이다.

(一) 타박타박 타박女야! 너 어디로 울며 가늬?… 내 나이 어렸을 제, 어머니의 무릎을 베고, 혹은 '코쿨' 앞에 마주 앉아, 어머니로부터 들은 이야기로 말하면, 달 속의 계수나무와 옥토끼의 이야기를 비롯하여, 은하수 가의 견우·직녀 이야기, 천태산마구할멈 이야기, 구미호 이야기, 장사 이야기, 신선 이야기, 그리고 '劉忠烈傳', '趙雄傳', '장화홍련전', '심청전' 등 古談冊 이야기며, 이 밖에도 이로 들 수 없도록 많은 이야기를 들었지마는, 그 가운데서도 슬프기로는 타박女의 이야기가 으뜸이었다. 영영 가 버린 어머니를 찾아, 슬피 울며 타박타박 걸어가는 타박女! 어디선가, 타박女의 흐느끼는 울음소리 귓가에 들리는 듯하면, 타박타박 걸어가는 타박女의 뒷모습이 눈앞에 서언하여, 나는 이 슬픈 환상 때문에 얼마나 울었는지 모른다. 아아, 타박女의 울음소리, 타박女의 뒷모습! 이것은 바로 내 눈물의 옛 고향이기도 하다. 그러나 나도 어느 사이에 어머니를 잃은 '타박女'가 되었구나. 더우기 나는 어머니와 함께 눈물도 童心도 다 잃어버린, 세상에도 가엾은 孤兒가 되고 말았구나!

(二) 내 나이 어렸을 제, 우리들이 타관에 나와 단간방 셋간 사리로 돌아다니고 있을 때의 일이었다. 어떤 날 나는 어머니에게, "어머니는 내가 이 다암에 커서 무엇이 되기를 바라나?"(나는 어렸을 때 어머니에게 반말을 썼다.) 그 때나 지금이나 다소의 과대망상증을 가진 나는 자못 자신만만하다는 듯이, 어머니의 소원을 물었다. 순간 어머니의 눈은 빛나셨다. 내 신념에 움직이신 듯——. 그리고 은근하신 어조로, "강능 군수가 되어 주렴." 이것은 어머니의 향수. 고향으로 돌아가시고 싶은 간절한 심정이시리라. 그러나 비단옷이 아니고는 돌아가시기를 원치 않으신다는 슬픈 결심이기도 하다. 아아, 어머니는 드디어 고향 길을 못 밟으시고 저 세상으로 돌아가신 지 오래니, 내 이제 강능 군수를 한들 무엇하리.

(三) 언젠가, 어머니는 나를 물끄러미 바라보시다가 쓸쓸히 웃으시며, "암만해도 너는 좀 못생겼어." 이것은 내 어머니의 무서운 야심이신가. 또한, 그 냉엄하신 비평정신의 片鱗이시

기도 하리라. 나는 수염을 깎고 새 옷을 갈아 입고 거울 앞에 설 때면, 가끔 어머니의 말씀을 회상하고, 苦微笑를 흘리는 버릇을 지금도 잊지 않는다.

(四) 언젠가, 어머니는 방학 때에 돌아온 나를 보시고, "너도 인젠 편지는 제법이더라. 말이 좀 까닭스러워 흠이지마는——. 그러나 아직도 병두(炳斗)마는 못해." (병두는 나보다 年長인 내 조카로, 문장에 다소 능하다.) 겨우 국문을 해독하시는 정도의 어머니로, 이 얼마나 '건방지신' 말씀이시뇨? 저 놀라운 긍지와 자부심의 한 끝은 여기에서도 엿보이는 듯——. 예수를 믿어 석 달 만이면, 전도부인이 될 수 있으리라던 어머니. 내게도 고질처럼 따라다니는, 大言壯談을 즐기는 버릇이 있으니, 이것도 필경은 어머니께로부터 받은 슬픈 遺産의 하나인가!

이상의 원문을 필자는 기승전결의 4개의 단락으로 나누었다. 이 가운데 어머니를 잃은 상실과 극복의 과정에 내포된 화소(話素, motif)를 분석하면 '상실→기대→회억(回憶)→극복'의 순차구조(Syntagatic Structure)로 되어 있음을 알 수 있다.

(기) 어머니와 타박녀:코쿨, 고아→상실
(승) 어머니와 강릉군수:단칸방, 금의환향→기대
(전) 어머니와 비평정신:인물평, 직언직설→회억
(결) 어머니와 자부심:편지, 대언장담→극복

(기) 부분에서는 타박녀와 같이 어머니를 잃은 비통함을 표현하였다. 다시 올 수 없는 길을 떠난 어머니를 그리워하는 정한이 타박녀 민요를 인용하여 '눈물도 동심도 상실한 고아'라는 등가적 관념화를 보였다.

(승)에서는 어머니와 힘들게 살았던 단칸방의 추억과 아들이 강릉군수가 되어 금의환향을 바랐지만 다시 고향 길을 못 밟고 돌아가신 어머니를 생각하는 슬픈 마음이 노출되었다.

(전)에서는 어머니에 대한 추억으로 분위기를 바꾸어 남다른 비평정신과 직언직설을 즐긴 어머니를 생각하면서 슬픈 미소를 짓는다며 극복을 향한 전체적 화법의 전환을 시도하였다.

(결)에서 마지막으로 자부심 강한 어머니의 모습을 그리워하면서 어머니에게 받은 슬픈

유산인 대언장담의 버릇을 생각하며 마무리를 지었다.

## 3. 어머니와 타박녀, 상실감의 구상화

수필 〈어머니〉에 등장하는 동요 '타박녀'는 연모요(戀慕謠)계통으로서 엄마품謠, 나기를때謠, 多福女謠, 改嫁한 어머니謠, 죽은엄마謠가 한 부류를 이룬다.14) 이 노래는 일명 '다복노래'라고도 하며 '타박네'라고 많이 알려졌다. 지방에 따라 여주인공의 이름에 따라서 '다복녀(多福女)' '다북네' '타복네', '타북네' '따방네' '따박네' '따복녀' '따북네' '가지마라' '엄마그리는 노래' '저승간 어머니 생각' '아가아가' '자장가' 등 다양하게 불리며 분포되어 있다.

각종 민요집에 등장하는 이 노래의 명칭을 세 가지로 살피면 (ㄷ)음계는 다복네, 다북네, 다북네, 다복녀, 다북녀, 다봉영야, 다박머리가 있으며 (ㄸ)음계는 따북네, 따북새, 따복녀, 따분지, 따분자, 따방네, 따박네. 따분새, 따분나, 따박니, 따박녀, 따옹녀가 있고, (ㅌ)음계는 타박녀, 타복네, 타북네, 타박머리, 터분자, 타방네 등이 있다.15)

명칭의 유래는 여러 가지로 유추되는바 걸음걸이모양, 머리모양, 얼굴모양, 지명유래 등으로 나눌 수 있다. 평안북도 방언에서 머리가 답풀답풀하여 불룩한 소녀를 일컫는다는 말이 있고, 물속의 옥과 같은 맑은 여자아이, 타박타박 걷는 모습, 또는 1811년 홍경래의 난이 일어난 평안도 가산 다복동을 배경으로 '다복골에 살던 여자아이'로도 추정된다.16)

〈타박녀〉민요의 고형으로 판단되는 자료는 비교적 이른 시기인 1924년에 나온 엄필진의 동요집에는 노래명칭을〈내어머니젖맛〉〈아가아가〉〈가지마라〉라고 표기하였고 주인공은 '다북네' '싸북네'라고 하였다. 이 세 편을 차례로 소개한다.17)

〈내어머니젖맛〉

싸북싸북 싸북네야 너울면서 어데가늬 내어머니 무든곳에 젓먹으로 나는가네
물깁허셔 못간단다 山놉하셔 못간단다 물깁흐면 헴쳐가고 山놉흐면 기어가지

---

14) 任東權, 『韓國民謠集』Ⅴ, 集文堂, 1980, 286~289쪽
15) 장정룡, 앞의 글 103쪽 참조
16) 장정룡, 앞의 글 100~101쪽
17) 嚴弼鎭, 『朝鮮童謠集』彰文社, 1924, 11쪽 〈내어머니젖맛〉, 33쪽 〈아가아가〉, 95쪽 〈가지마라〉,

가지줄게 가지마라 문배줄게 가지마라 가지실타 문배실타 내어머니 젓을내라
내어머니 무덤압헤 달낭참외 열닉기로 한기싸서 맛을보니 내어머니 젓맛일세
◎ 싸북싸북 싸북네라 함은 평안도 지방의 방언으로써 머리 다부룩한 소녀를 일
　으는 말이오. 달낭참외라 함은 저절노 열닌 조고마한 참외니(俗言 굿쏭참외)를
　일음이라.


〈아가아가〉
아가아가 우지마랴 썩을주랴 밥을주랴 썩도실코 밥도실코 내어머니 졋만주소
네아바지 장거리로 네신사러 가셧단다 오라버니 장거리로 너먹을엿 사러갓다
우지마라 우지마라 네어머니 하는말이 압동산에 진주서말 뒤동산에 산호서말
싹이나면 오마드라 아가아가 우지마라 네어머니 올적에는 꼿썩거션 머리꽂고
술바다션 입에물고 썩바다션 손에들고 밤바다션 엽랑넛코 병풍에다 그린닭이
홰를치면 오마드라 가마에　삶은기가 멍멍짓건 오마드라 싀통안에 삶은밤이
싹시나면 오마드라 솟안에　고는붕어 펄펄쒹건 오마드라 우지마라 우지마라
아가아가 우지마라


〈가지마라〉
다북다북 다북네야 이삭머리 종종쌋코 너어대로 울면가니 내어머니 몸둔곳에
젓먹으러 나는가오 물이깁허 못간단다 산이놉허 못간단다 물깁으면 헤염치고
산놉흐면 기어가지 가지마라 가지마라 가지줄게 가지마라 문배줄게 가지마라
엿사줄게 가지마라 썩사줄게 가지마라 썩도실코 엿도실코 문배까지 나다실소
내어머니 젓만주소 살웅아릐 살문팟이 싹이나야 오마드라 북덕불에 잇는차돌
물너야만 오마드라 병풍속에 그린닭이 홰를치면 오마드라 솔방울이 울어야만
네어머니 오마드라 애고애고 늬어머니 삽선듸와 명정듸가 남산싯헤 굽이굽이
잘도잘도 도라가네

◎ 翣扇竿와 銘旌竿는 모다 葬式에 用하는 旗의 名稱이니 翣扇竿에는 亞翣과 雲翣의 二種이 有하니라

춘천출신 차상찬은 자신이 수집한 민요원고에 자필로 〈다복노래〉 '강릉요(江陵謠)'라고 명시했다.18) 제목 밑에 어머니가 그의 어머니를 생각하며 부르던 노래라는 의미를 뜻하는 '모사모가(母思母歌)'라는 주석을 달아 놓았다.

<pre>
다복다복 다복녀야    너어듸로 울며가니    우리아기 달내랴고  젖먹이러 울며가네
우지마라 가지마라    너어머니 오마더라    어느째나 오마든가
三年묵은 쇠썩다구    살붓거든 오마더라    三년묵은 쇠썩다구 썩기쉽지 살붓겠나
우지마라 가지마라    너어머니 오마더라    어느째나 오마든가
대추남개 대추여라    딸때되면 오마더라    대추는  열었으나 우리엄마 왜안오나
하나따서 동생주고    하나따서 동모주고    하나따서 먹으려니 목이매어 못먹겠네
(다복노래)
</pre>

---

18) 차상찬(車相瓚, 1887~1946)은 강원도 춘천출신으로 시인, 수필가, 언론인으로 아호는 청오(靑吾)이다. 저서는 『조선4천년비사(朝鮮四千年祕史)』·『해동염사(海東艶史)』(한성도서주식회사, 1931)·『조선사외사(朝鮮史外史)』(명성사, 1947) 등을 저술하였다. 사회활동은 『개벽』을 비롯하여 『별건곤(別乾坤)』·『신여성(新女性)』·『농민(農民)』·『학생(學生)』 등 잡지의 주간 또는 기자로서 활약하였다. 한시는 주로 경주회고(慶州懷古)·남한산성(南漢山城)·관동잡영(關東雜詠)과 같이 우리의 역사·유적·명승지에 관한 회고적인 것이 근간을 이루고 있다. 문체는 한문적인 어투를 완전히 벗어나지 못하였으며, 야사(野史)를 바탕으로 한 야담·사화적(史話的)인 저술을 주로 하였고 민요나 설화, 민속자료를 글쓰기에 활용하였다. 『어린이』 잡지 제4권 제2호 통권 37호를 보면 1926년에 발표한 전기 〈서화담선생〉을 비롯하여 38호 사담 〈정충신이약이(이야기)〉, 48호 실화 〈요강우에 안져서〉, 54호 취미 〈동물의 세계〉 60호 세계특선아동독물 〈혹부리색씨(중국)〉, 61호 사담 〈병자호란과 임경업장군〉, 63호 역사 〈정포은과 이율곡〉, 64호 조선의 3대전승자랑 〈일거에 전멸식힌 살수대첩〉, 68호 청오 〈가을의 명절 8월추석이약이〉, 69호 사화 〈천하기인 먹적골 허생원 이약이〉, 70호 사화 〈천강홍의 장군〉, 71호 〈만고정충 병자명장 임경업의 어릴 때 이약이〉, 72호 〈이괄난 이약이〉, 73호 〈조선제일 오래된 건물〉, 74호 〈김응하 장군〉, 75호 〈궁예왕 이약이〉, 76호 〈엉터리 산양〉, 79호 〈천하용소년 최윤덕 장군〉, 87호 〈감옥에서 동화〉, 89호 전기 〈종의 아들로 대학자된 서고청 선생〉, 93호 〈천하명장 정기룡〉, 95호 시사 〈상해사건이란 무엇인가〉, 96호 시사 〈요사이에 새로 생긴 만주신국가란 무엇인가〉, 100호 〈선생님 이마 깨틀고〉, 102호 〈신라명장 김유신〉, 103호 〈저두정승 장순손〉, 105호 〈맹고불 맹정승〉, 106호 〈철혈남아 남이장군〉, 108호 〈천하명궁 이지란 장군〉, 116호 〈12장사로 몽군을 대파 고려용장군 김경손〉, 118호 〈평강공주와 바보온달〉, 119호 〈천하 용소년 최윤덕 장군〉, 120호 〈송아지를 끼고 뛰어다닌 장사 박삼길〉, 122호 〈소년장군 정충신〉(1935년)까지 약 10년간 글을 발표한 것으로 확인된다. 『어린이 총목차(1923~1949)』 소명출판, 2015 참조

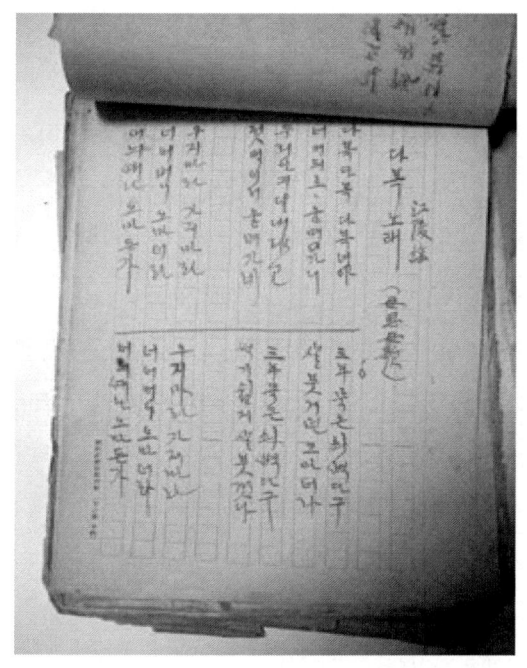

　상기 〈다복노래〉가 수록된 좌측의 필사본인『조선민요집』은 차상찬이 일제강점기 최고의 민족잡지였던 개벽사에 재직할 당시(1920년 6월~1935년 2월)에 사용한 원고용지(320자·260자·200자)에 친필로 쓴 것이다.

　민요집에 포함된 강원도민요 5곡(밀매노래·장사타령·베틀가·진득이·춘천아리랑)은 1923년 12월 발행된『개벽』42호에서도 확인된다.[19]

　청오의 민요집 채록 및 정리 시기는 1920년~1935년으로 추정할 수 있다. 더욱이 민요집에는 우리에게 친숙한 민요에서부터 전혀 생소한 민요에 이르기까지 서민들의 애환을 고스란히 담고 있으며, 다수의 민요 서문에 각 민요의 생성배경과 특징 등의 주석을 달아 눈길을 끈다.

　초허수필 〈어머니〉에서 가장 인상적으로 표현된 민요 〈다복녀〉가 강원도를 중심전파권역으로 하고 있음은 현재 전승되는 각 편 173편 가운데 134편 77.5%라는 사실에서도 확인할 수 있는 바이다.[20] 사실상 다복녀 민요의 지향점은 불가능한 사실에 대한 극복지향성을

---

[19] 장정룡, 「춘천 우두동 민속문화의 전승적 고찰」『춘주문화』제29호, 춘천문화원, 2014, 59~62쪽

보여준다고 볼 수 있다. 그러하므로 이 민요는 문답식 구성과 순차적 진행을 통해서 고난을 부여한 제지와 회유의 상황을 노출하고 있다.

고난을 동반한 제지의 장애는 높은 산, 깊은 물, 무서운 범, 귀신, 많은 이슬도 존재하지만 모두를 극복한다는 의지가 표출된다. 심지어 젖을 준다는 회유도 싫다고 하는 것은 어머니의 젖이 아니기 때문이다. 엿도 떡도 가지도 문배도 싫다고 거절하고 오직 어머니에게 가고자 한다. 그곳에는 어머니의 젖(생명)이 있다는 것이다.

〈타박녀〉또는〈다복녀〉는 이미 돌아가신 어머니가 살아올지도 모른다는 실낱같은 허망한 희망을 버리지 못한다. 타박녀 민요만이 지닌 빛나는 연상적 공상(associative imagination)이 불가능의 극복을 비현실적 문맥으로 가능하게 한다.

이 민요는 '못간단다'라는 만류형(挽留形)과 '온다더라'는 회유형(懷柔形)으로 나누기도 하며,[21] 돌아가신 어머니의 산소인 몸진골로 찾아가지 못하는 실패형과 찾아가는 성취형도 있고 변이형과 기본형도 있다.[22]

초허가 인용한 것과 같이 이 민요는 모두(冒頭)에서 '어디로 간다'로 시작하는 서사민요로서 엄필진의 명칭분류에서도 나타나듯이 타인에 의한 '가지마라'라는 제지형(制止形)과 '오마더라'라는 기대형(期待形)으로 보는 것이 적합할 듯하다.

제지(制止)는 곁에서 말려 하지 못하게 하는 것이므로, 직접 붙들고 하지 못하게 하는 만류(挽留)보다는 다소 느낌이 약하다. 적극적인 만류나 소극적 제지냐를 놓고 본다면 이것은 소극적인 제지에 속할 것으로 보인다. 왜냐하면 타박녀는 이미 어떤 고난과 장애를 뚫고 가고자 결심했기에, 주변의 언사(言辭)와 부정적 제안이 수용되고 성취될 가능성이 희박하다는 점이다.

이 민요는 '도입-전개-결말'의 세단계로 나눌 수 있는바, '간다'라고 도입부 서두에서 언급하는 것은 세상에 왔다가 저승으로 간다는 것을 암시하는 문맥이며 대화를 통하여 이야기를 전개하고 있다.

전개부분에서는 타인들의 제재와 돌아가신 어머니가 살아올 것이라는 기대가 표출되고,

---

20) 황주승, 「다복녀요의 유형과 인물의 관계고찰」,『한국민요학』제45집, 한국민요학회, 2015, 246쪽
21) 황주승, 위의 글 239~266쪽
22) 최자운, 「다복녀요의 유형과 서사민요적 성격」『한국민요학』 22집, 한국민요학회, 2008, 350~360쪽

결말부분은 타박녀가 어머니 산소에 찾아가는 성취형(成就形)과 결국은 그곳에 가지 못하고 마는 실패형(失敗形) 등으로 나눌 수 있다.

성취형에서는 어머니 무덤에 가서 무덤가에 핀 개똥참외, 능금대추, 홍두깨꽃, 햐얀열매를 따서 먹어보고 젖맛을 연상하는 대리만족형 성취감의 표현도 있다. "내어머니 무덤압헤 달랑참외 열녓기로 한 개 싸서 맛을 보니 내어머니 젖말일세"

"타박 타박 타박女야! 너 어디로 울며 가늬? …영영 가 버린 어머니를 찾아, 슬피 울며 타박 타박 걸어가는 타박女!…타박타박 걸어가는 타박녀의 뒷모습이 눈앞에 서언하여, 나는 이 슬픈 환상 때문에 얼마나 울었는지 모른다. 아아, 타박녀의 울음소리, 타박녀의 뒷모습! 이것은 바로 내 눈물의 옛 고향이기도 하다. 그러나 나도 어느 사이에 어머니를 잃은 '타박녀'가 되었구나."

이렇게 힘없이 울며 걸어가는 '타박녀'의 뒷모습이 곧 자신이 태어난 눈물의 고향이고 어머니를 잃은 타박녀와 자신을 동일시한 서사기법은 가장 감동적 부분이다. 타박녀 민요가 중요한 소재가 된 초허수필 <어머니>에서 이 구절을 읽으면서 우리는 크나큰 상실의 아픔, 영영 떠난 어머니와 석별한 필자의 슬픔에 동감하고 만다.

사실상 돌아가신 어머니는 돌아올 수 없는 먼 길을 떠났다. 그러기에 명년삼월 꽃잎이 피면 온다고도 하고, 대추나무의 대추 딸 때 되면 오신다며 말미를 주기도 한다. 그러나 그것은 사실상 기대할 수 없는 것이다. 더 나아가 전혀 불가능한 사실을 제시하여 그것의 실현이 어려운 것임을 강조한다.

실괭 밑에 삶은 팥이 싹이 나면 온다고도 하고, 삼년 묵은 소뼉다구가 살이 붙으면 온다고도 하였다. 병풍에 그린 황새[黃鷄]가 홰를 치면 온다고 기대했지만 어느 천 년에 싹이 나고, 살이 붙고, 홰를 치겠느냐는 사실상 불가능의 가능성을 노래하고 있다. 돌아가신 어머니를 모신 상여가 삽선대와 명정대를 앞세우고 굽이굽이 남산끝을 돌아가는 현장을 보면서 불가능함을 제시하는 상황은 자신들의 처지에 맞게 다양성을 보인다.

삶은 팥에서 싹이 나고, 차돌이 물러지고, 장독에 박은 더덕이 싹이 나고, 병풍의 닭이 살아서 홰를 치고, 솔방울이 사람처럼 울어야하고, 앞동산 진주와 뒷동산 산호에 싹이 나고, 가마 속에 삶은 개가 멍멍 짓고, 솥 안에 고은 붕어가 펄펄뛰고, 기왓장에 박은 박씨가 줄 뻗고, 십 년 묵은 고목나무에 눈이 트고, 뒷동산 소나무에 단풍들고, 냇가의 자갈이 왕바위가 되고, 복은 참깨와 들깨에서 움이 나고, 태산이 무너져 행길이 되고, 마루 밑의 말뼉다구가 짐을 싣고, 외양간에 마소가 밭을 갈고, 노구솥에 삶은 암탉이 알을 낳고, 부뚜막에 흘린 밥이 싹이 나면 돌아가신 어머니는 살아올 수 있다는 것이다.

이 민요를 소재 상으로 보면 식물은 팥, 밤, 박, 들깨, 더덕, 오조, 소나무, 솔방울 등이 비유의 대상이 되고 동물은 닭, 소, 개, 말, 황새, 마소가 등장하며, 광물에는 차돌, 자갈, 진주, 산호 등이 쓰였다.

이와 같이 저승길에서 되돌아올 수 없다는 불가능의 조건을 제시하여 그것이 성취되기를 염원한 표현수법은 멀리『고려사』악지에 전하는 〈오관산(五冠山)〉이나 『악장가사』에 전하는 〈정석가(鄭石歌)〉등에서도 엿볼 수 있다. 〈오관산〉에서 "木頭彫作小唐鷄…此鳥膠膠報時節…"은 다복녀의 "병풍에 그린 황새 홰치거든 오마더라"와 유사하고, 〈정석가〉의 "삭삭이 세몰애 별헤나는 구은밤 닷되를 심고이다. 그 바미 우미도다 삭나거시아…"는 "실광 밑에 삶은 팥이 싹이 나면 오마더라"와 일맥상통한다.

조선시대 김구(金絿, 1488~1543)의 문집 『자암집(自菴集)』에 전하는 시조 "올히 댤은 다리 학귀다리 되도록애 거믄 가마괴 해오라비 되도록애, 享福無疆ᄒ샤 億萬歲를 누리소셔"라고 하여 오리의 짧은 다리와 학의 긴 다리를 대비하고, 검은 가마귀가 흰 해오라기가 되기를 바라는 것과 같이〈오관산〉에서는 나무로 만든 닭이 살아나서 꼬끼오하고 시간을 알리는 것과 같이 부모에 대한 효를 강조하였다.

〈정석가〉에서는 모래밭에 심은 군밤 닷 되에서 움이 돋아 싹이 나기를 바라는 것과 같은 임에 대한 끝없는 사랑, 김구의 시조에서는 충성(忠誠)을 지향하였다. 각각 효, 애, 충 등의 지향점은 다르지만 영속, 불변의 불가능함을 극복하려는 의지를 노래에 담았다.

참고로 과거 강릉에 속하였다가 1906년 평창군에 편입된 하진부리 전승의〈싸복녀〉1편을 인용하고자 한다.23)

| | | | |
|---|---|---|---|
| 싸복싸복 싸복녀야 | 네어듸로 울고가나 | 우리엄마 몸진골노 | 젓먹으러 울고간다 |
| 싸복싸복 싸복녀야 | 네어머니 언제오나 | 명년삼월 꼿치피고 | 닢히피면 오마더라 |
| 명년삼월 꼿흔펴도 | 네엄마는 아니온다 | 실광밋헤 쌀문팟치 | 싹이나면 오마더라 |

---

23) 장정룡, 『평창군 지명지』 평창문화원, 2015, 501쪽

실광밋헤 쌀문팟치  어느천년 싹이돗나  삼년묵은 소쌕다구  살붓거든 오마더라
삼년묵은 소쌕다구  어느천년 살이붓나  평풍에  그린황새  홰치거던 오마더라
평풍에  그린황새  어느천년 홰를치나.24)

초허 김동명이 고향을 늘 그리워하였고 돌아가신 어머니를 그리워한 감정을 표출한 시 가운데 주목되는 작품으로〈꿈에〉가 있다.

> 그가 확실히 고향 강릉을 그리워했다고 볼 수 있는 시는 〈꿈에〉이다.…시인에게 있어 어머니의 존재는 절대적이다. 자식 하나 공부시키기 위해 미련없이 고향을 떠나 함경도 원산으로 간 분도 어머니요, 그가 중학을 나올 때까지 학비를 대기 위해 삯바느질에서부터 닥치는 대로 일한 분도 어머니다. 아마도 어머니가 아니었더라면 꾸준히 학교를 다녀 교원이 되고, 동경 유학까지 갔다 온 지식인으로서의 그는 없었을 것이다. 그런 어머니가 1931년 세상을 떠났다. 삶의 온갖 역경을 겪고 '내가 이 다음에 커서 무엇이 되기를 바라느냐?'는 자식의 물음에 '강릉 군수가 되어주렴'하며 고향에 대한 향수에 잠겼던 어머니가 아니던가. 그 존재를 그가 어찌 잊을 수 있었겠는가. 결국 꿈에 어머니가 나타난 것이다. 그러나 깨어보니 어머님이 그리워하던 곳이자 자신의 고향인 강릉은 일천리 길이고, 돌아가셔서 계신 저승의 '명도'는 더욱 멀다. 그러니 향수에 젖을 수밖에 없다. 시의 내용을 보면 가을비가 내려 오동잎과 포구가 비에 젖고, 향수도 그에 따라 젖는 것으로 되어 있지만, 내포된 시인의 감정은 그렇게 단순하지 않다. 어머님에 대한 사모의 정과 겹쳐 고향에 대한 그리움이 말할 수 없이 깊다. 이 시는 전체의 길이가 6연 12행이고, 각 행의 자수가 적어 짤막한 형태를 이루고 있지만 행간에 내포된 의미는 상당히 함축적인 가작이다. 초허의 시인으로서의 재능을 이 시를 통해 엿볼 수 있다.25)

(시) 꿈에, 어머님을 뵈옵다 깨니/故鄕 길이 一千里/冥途는 더욱 멀어/窓밖에 가을비 나리다/梧桐잎, 浦口와 함께 젖다/鄕愁, 따라 젖다.

---

24) 金素雲, 『諺文 朝鮮口傳民謠集』 第一書房, 1933, 512쪽 '平昌郡 珍富面 下珍富里 鄭福順, 金在夏 報'
25) 박호영, 「김동명 시에 나타난 낭만주의적 시의식」 『김동명연구』 제2호, 김동명학회, 2015, 39~40쪽

고려속요 〈사모곡(思母曲)〉은 어머니의 사랑이 아버지보다 더 크고 절대적이며 지극함을 농경사회에 친숙한 농기구인 낫과 호미에 비유하여 읊은 노래이다. 3음보 민요형식의 육구체(六句體) 단련(單聯)으로 되어 있고,『악장가사(樂章歌詞)』『시용향악보(時用鄕樂譜)』등에 실려 전한다.

이를 현대어로 번역하면 "호미도 날이지만은 낫같이 들 리도 없습니다. 아버님도 어버이지만은 어머님같이 사랑하실 이가 없습니다. 아시오(말씀하시오) 임이시어 어머님같이 사랑하실 분이 없습니다"라고 하였다. 한시 가운데 절창은 강릉출신 율곡의 어머니인 신사임당(申師任堂, 1504~1551)이 강릉 오죽헌 친정에 계신 그리운 어머니에게 쓴〈사친(思親)〉이라는 시가 전한다.

千里家山萬疊峯 산 첩첩 내 고향은 천리건마는
歸心長在夢魂中 자나깨나 꿈속에도 돌아가고파
寒松亭畔雙輪月 한송정 가에는 두 개의 둥근달
鏡浦臺前一陣風 경포대 앞에는 한 줄기의 바람
沙上白鷺恒聚散 백로는 모래 위 모였다 흩어져
波頭漁艇各西東 고깃배들 파도위로 오고가는데
何時重踏臨瀛路 언제나 임영 길을 다시 밟고 가
更着斑衣膝下縫 색동옷 입고 앉아 바느질할까나

이 시는 고향에 계신 어머니를 간절히 그리워하는 효심을 읊은 신사임당의 유명한 시〈思親〉이다. 멀리 떨어진 고향에 대한 '귀심(歸心)'은 천리 길과 첩첩의 봉우리로 표현하였다. 또한 강릉의 유명한 누정인 한송정에 뜬 달과 바다에 뜬 두 개의 달, 그리고 경포대를 맴도는 고향의 바람까지 언급하였다. 이곳 강릉 경포대에는 하늘, 바다, 호수, 술잔, 임의 눈동자 등 5개의 달이 뜬다는 말도 전한다.[26]

동해바다 고깃배의 왕래처럼 자신도 강릉의 별칭인 임영 땅에 돌아가서 색동옷 입고 어머니 무릎에서 바느질하고 싶다는 소박함을 표현하였다. 대관령 아흔아홉 구비 고갯길을 넘어

---

[26] 장정룡,「강릉 경포호와 장자못 전설고찰」『우리문화』4호, 강릉우리문화연구회, 2003, 62~78쪽

가며 오죽헌 북평촌을 바라보고 쓴 〈유대관령망친정(踰大關嶺望親庭)〉한시도 고향 강릉과 어머니에 대한 그리움의 정서적 동질감을 표현한 것이다. 신사임당 역시 동방성현 율곡 이이 선생의 어머니로서 『조선명부전』에 이름을 올린 인물로서[27] 여러 장르의 희곡작품으로도 연출되었다.[28]

작고한 어머니와 연관하여 창작한 것으로 추정되는 초허(超虛) 김동명의 시가 발굴되었다. 김동명 문학연구회 장정권 회장은 일제강점기에 발행된 『신동아』 1935년 6월호에서 〈단상(斷傷)〉과 〈전춘사(餞春詞)〉등 두 편을 찾았다. 〈전춘사〉는 1938년 펴낸 『파초』에 수록되어 있으나 〈단상〉은 김동명 시인의 시집들에 들어 있지 않은 작품으로 확인됐다. 이 작품을 인용하면 아래와 같다.

'千萬번 잊고 잊고/다시 또 잊어야 하겠건만/마음으로 할 수 없는 것이/사람의 정(情)이 든가/아하 애닯다 잊을수는 바이없네/그러나 이미 깨여진 꿈 자최니/잃어진 꽃향기니/아니 잊고 어이리/하지만 잊자 하니/다시 또 못 잊겠네/아아 서러라 내 사람아/이것이 정(情)이든가/이것이 사랑이 든가'(당시 표기대로 기록)

〈단상〉은 전체 13행으로 구성된 서사적 서정시로서 심은섭 가톨릭관동대 교수는 "사랑하는 사람이 세상을 떠났지만 잊지 못하는 괴로운 심정을 시적으로 형상화한 것"이라며 "시인은 사랑하는 사람을 잊으려고 하지만 잊지 못하는 심정을 시로 노래했다"고 평가했다. 김동명 시인의 아버지와 부인이 『신동아』에 발표된 후 사망한 것을 감안하면 이 시에서 그리움의 대상은 1931년 세상을 떠난 어머니로 추정된다. 심 교수는 "단상이 김 시인의 시집에 수록되지 않은 이유는 불분명하지만 각별히 생각하던 어머니에 대한 심경을 담고 있어 공개를 하지 않은 것으로 추정된다"며 "김 시인의 작품 특징인 '상실감을 내용으로 한 기도문 형식'이 잘 드러난 시로 평가한다"고 했다.[29]

초허 김동명의 수필 〈어머니〉에는 듣기에도 생소한 '코쿨'이 등장한다. 이것은 겨울철 활

---

27) 張道斌, 『朝鮮名婦傳』 高麗館, 1925, 27쪽.
28) 장정룡, 「신사임당 소재의 희곡작품 고찰」 『臨瀛文化』 제39집, 강릉문화원, 2015, 27~51쪽
29) 〈동아일보〉 2015. 10. 28일자 기사참조

동이 여의치 않는 강원도 백두대간 산간지역의 추운 지방에서는 겹집을 짓고 살았을 때 외양간·방아실·곳간과 헛간은 물론 보통 부엌에 있는 숙화(宿火, 불씨 보관하는 곳)·화덕·아궁이·부뚜막 따위도 함께 만들어 놓았던 것이다. 특히 이런 시설 가운데 김동명의 수필에 나오듯이 방안에는 '코쿨'도 해놓았다.

'코쿨'은 '코클' '곡쿨' '곡홀' '콧골' 등으로 달리 표현하는데, 소나무가 많은 산간마을 안방의 귀퉁이에 설치한다. 소나무 옹이인 광솔(관솔)을 손가락 크기만 하게 잘게 쪼개어 이곳에 불을 붙여 태웠으며, 주로 등유 대신 등잔불 대용으로 불을 밝혀놓았다. 그 빛으로 책을 읽거나 여성들은 집안 일을 하였고, 겨울철에는 다소 난방 효과를 거두기도 했다.30)

'코쿨'이란 말은 지금 아는 사람이 많지 않지만 초허가 어린 시절을 보낸 1910년대만 해도 강릉 뿐 아니라 강원도 산골 골짜기 마다 연분홍 불빛의 훈훈함과 함께 어둠을 밝혔던 소중한 등잔과 같은 생활도구였다. 이것은 강원도 산간 지방에서 쓰던 흙으로 된 벽난로 형태가 마치 사람의 콧구멍과 비슷한 데서 유래한 것으로 전한다.

1930년대부터 강릉에서 동시를 쓰면서 문학 활동했던 염근수(1907~2001) 시인의 작품에도 강릉의 코쿨(곡쿨, 곡홀)과 식용 해조류인 지누아리가 등장한다.31) 삼삼는 뒷방에 곡쿨 켜놓고, 두릅쌈 먹는 산골 큰애기와 곡홀에 관솔켜는 굴피집 이야기는 오래전 강원도 산간마을의 정서를 표현한 것이다. 굴피집, 너와집, 저릅집, 청석집 등은 두렁집 또는 귀틀집이라고도 하는데 지붕에 얹은 재질에 따라 참나무껍질인 굴피, 소나무를 얇게 만든 너와, 대마 줄기인 저릅, 편무암의 조각편을 얹은 청석 등 강원도 태백산맥 산간일대의 주택 들이었다.

이러한 주택에 설치한 '코쿨'의 어원에 대해서는 그 모양새가 '코의 굴'처럼 생겼다고 하는 형태론적 어휘설과 아궁이의 속을 뜻하는 '고쿠락'에서 나온 것으로 보기도 한다.

---

30) 장정룡, 「민속기행 '코클' 불의 소중함이 살아있는 우리네 지혜」『국민카드 사보』 통권 56호, 1993, 8쪽

31) 염근수, 『다래아가씨』 오상, 1989, 144쪽 〈산골 큰애기, 바다 큰애기〉 "머루다래 먹고 큰, 산골 큰 애기, 나한테 쪽지고, 시집 오게나, 이른 봄 나들이 데리고 가건, 삼 삼는 뒷방에 곡쿨 켜놓고, 그 손으로 두릅쌈 나 싸주게나. 지누아리 먹고 큰, 바다 큰애기, 나한테 쪽지고, 시집오게나, 이른 봄 나들이 데리고 가건, 낚시 매는 뒷방에, 어유 켜 놓고, 그 손으로 미역쌈 나 싸주게나" 염근수 시인의 시에 코클이 소재로 쓰였음을 아드님 염동환 염한의원장님에게서 직접 듣고 이 시집을 찾았다. 이 시집68쪽 에 또 다른 시 〈너와집 굴피집〉에도 "너와집은 밤이면, 옥등켜는 집, 굴피집은 곡홀에 관솔켜는 집" (주) 곡홀:산골집 벽에 조명을 위해 만든 벽난로" 염근수 시인은 일제강점기인 1936년 동아일보 강릉지국 기자로 재직하면서 제1회 강릉농악경연대회를 개최하였고 정선아리랑을 직접 취재 발굴하여 1937년 11월 21일(상), 25일(하) 동아일보 신문에 '일천간장 다 녹이는 정선어러리'라는 제목으로 소개하였다.

코쿨이란 참 생소한 낱말이다. 일명 코쿠리·코쿨·코굴 등으로도 불리는 이것은 조명과 난방을 겸한 화전민의 생활기구였다.…코쿨은 집안의 일부 시설물로서 방안의 벽 모서리에 바닥으로부터 50㎝에서 1m정도의 높이에 설치한다. 앞은 방을 향하여 입을 벌리게 만들고 굴뚝은 벽을 따라 천장 위까지 올라간다. 코쿨에는 '속깽이'라는 소나무 광솔을 때는데 기름이 많아 오랫동안 방을 밝힐 수 있었다. 화려한 조명기구나 페치카는 아니어도 코의 굴처럼 생긴 코쿨은 화전민의 친숙한 친숙한 등불이었고 난로였다. 코쿨은 집안에 임산부가 있을 때는 함부로 고치지 않는다는 금끼 또한 되새겨볼 만하다.[32]

서울서는 돌을 깔고 흙으로 덮은 것을 '구들'이라고 하고 구들을 놓고 사람이 거처하는 것은 '방'이라고 하는데 많은 지방에서는 방을 곳 '구들'이라고 하고 있다. '구들'은 필시 '구운돌'이라는 말로 온돌의 뜻이라. 지금 온돌을 곳 방이라는 의미로 쓰는 것으로 미루어 구들을 방이라는데도 하등의 불합리가 있는 까닭이 없건만 근세에 와서 서울말의 세력에 의함인지 구들을 방이라는 편은 점점 줄어들어 갔다. '구두락'이란 말도 옛날의 산골에서는 방 속에서 관솔을 때는 시설을 이르는 것인데, 지금 일부의 지방에서는 아궁지 속을 '고쿠락'이라 부르고 있다. 산골 사람은 불 때는 방을 덥게 하는 동일한 시설임에 틀림이 없다."[33]

어두운 밤을 밝히기 위하여 기름을 이용한 등잔이 나오기 전에 콧골은 조명 시설이다. 이것은 주로 안방 벽 구석에 설치된다. 방바닥에서 40㎝ 정도 되는 높이에 두터운 널쪽을 귀에 맞게 대고 그 위를 흙으로 원통처럼 쌓거나 싸리나무로 틀을 짠 위에 흙을 바른다. 이 원통은 위로 올라갈 수록 좁아지며 천장 바로 밑에서 정지 쪽으로 뚫고 원통 밑 부분에는 일변 20㎝ 정도의 사방형 아궁이를 뚫어놓았다. 저녁 때가 되어 어두워지면 이곳 관솔에 불을 지펴서 방안을 밝히고 연기는 원통을 따라 올라가서 정지 쪽으로 빠져나가며 콧골에 불빛은 은은하고도 아늑하게 방안에 퍼져 나간다. 더구나 관솔이 탈 때 뿜어 나오는 소나무의 향이 심하며 아이들은 불에 감

---

32) 장정룡, 『민속의 고향 강원도세상』 동녘출판기획, 1999, 170~171쪽
33) 洪起文, 「言語와 民俗」, 『문화유물』 제1호, 조선물질문화유물조사보존위원회, 1949, 44쪽

자 같은 것을 구워 먹기도 한다.34)

초허문학의 원천이 위와 같이 어린 시절 어머니에게서 배태되었을 것으로 추정된다. 어려서 어머니에게 들은 설화로는〈달 속의 계수나무와 옥토끼〉를 비롯하여〈은하수 가의 견우직녀이야기〉〈천태산(天台山) 마구[麻姑]할멈이야기〉〈구미호이야기〉〈장사이야기〉〈신선이야기〉등 민담류가 많았다.

그리고 고전소설로 잘 알려진〈유충렬전(劉忠烈傳)〉〈조웅전(趙雄傳)〉〈장화홍련전〉이나 〈심청전〉과 같은 판소리계 소설인 고담책(古談冊)을 어머니의 음성을 통해서 어머니 슬하(膝下)에서 구전심수(口傳心授)의 방법으로 들었다.35) 이는 마치 조선시대 소설강독사인 전기수(傳奇叟)의 전달방식과 같이 보다 직접적이고, 친밀하고 교육적인 것이었다.

우리 고전소설의 전행장르인 설화는 신화, 전설, 민담 등 다양하므로 이들 이야기의 서사적 전개는 초허문학에서 시작법이나 산문 글쓰기에 적잖은 도움이 되었을 것이다. 문학적 상상력을 펼치는데 있어서 유년기 경험은 실제로 큰 영향을 끼친다. 초허의 어머니는 이처럼 낳아주신 어머니이자 더 나아가 삶의 표상을 설정해 나갈 수 있도록 일깨운 교화적인 측면과 남다른 문학적 감수성을 불어 넣어준 분이었다고 생각된다.

## 4. 맺음말

오늘의 우리들이 다시 읽고 싶은 수필로도 널리 알려진 김동명의 수필 가운데 한 편이〈어머니〉다. 이 작품은 고향 강릉과 어머니의 모습이 교차되면서 어머니에 대한 회상과 향수(鄕愁), 그리움을 표출한 경수필(輕隨筆)에 속한다.

경수필은 사회적 수필인 중수필(重隨筆)과 달리 개인적 수필로서 신변·사색·서간·기행수필 등이며 대개가 주관적·개인적·사색적인 경향을 띤다. 개인적 수필은 비교적 가벼운 형식으로 개성이 강하게 노출되고, 신변적인 것을 정서적·문학적으로 표현한 작품이다.

---

34) 임상규, 『삼척지역의 민가 두렁집이야기』 삼척시립박물관, 2011, 317~318쪽
35) 장정룡, 『한국고전소설의 이해와 강독』 국학자료원, 2014, 참조

초허 수필〈어머니〉는 개인적 수필이자, 서정적 수필이며 회고적 수필로서 간결하면서도 부드러운 문체, 대화와 서술을 적절히 구사하여 인물의 성격과 심리를 잘 제시한 것으로 볼 수 있다.

〈어머니〉는 크게 4단락으로 구성되어 있는데, 1~2단락은 돌아가신 어머니에 대한 그리움과 슬픔을 그렸고, 3~4단락은 어머니에 대한 회상이 그와 나누었던 이야기를 통해 구체적으로 표현하였다. 어머니를 잃은 상실과 극복의 과정은 '상실→기대→회억→극복'의 순차구조(Syntagatic Structure)로 되어 있다.

이 수필의 서술적 특징은 작가가 어머니와의 대화를 인용하여 현재적 관점으로 회상의 형식을 빌었으며, 위트와 유머를 섞어 서술한 진솔한 표현과 서술의 빠른 전개, 자신의 심정을 비유하기 위한 옛 민요의 적절한 인용 등을 통하여 저 세상으로 떠난 그리운 어머니를 구상화한 점이다.

1931년 세상을 떠난 초허 선생의 어머니는 학문적으로 많은 배움은 없었지만 삶에 대한 긍지와 지식에 대한 큰 포부를 갖고 있었으며, 곧 대범하고도 꼿꼿한 전형적인 어머니들의 모습을 대변하였다. 수필〈어머니〉에 등장하는 모친 신석우는 김동명에게 타박녀 민요를 들려주신 다정한 어머니, 금의환향을 꿈꾸신 의지의 어머니, 냉정한 비평정신을 지니신 어머니, 대언장담을 즐기신 어머니 등으로 표출되어 있다.

특히 오래전부터 불린 우리의 전래민요인 '타박녀'의 주인공 처지와 자신을 동일시함으로써 이 민요의 정서적 깊이와 넓이를 현실에 도입하여 공감대를 넓혔다. 이 민요의 발생지가 강릉 또는 강원도라는 가설이 있는 바, 초허의 수필은 그러한 타당성을 재확인시키고 있다.

사실 기쁠 때나 슬플 때 언제나 감싸주던 어머니가 죽음에 이르렀을 때도 고향과 함께 그리움으로 더욱 강하게 표출된다. 초허의 시〈斷傷〉에서 표현하였듯이 천만번 잊고자 해도 잊을 수 없는 모정(母情), 세상의 빛을 보게 해준 모친과의 별리(別離)는 자녀들에게는 그 어떤 말로도 설명하기 어려울 정도로 큰 고비이자 극복하기 힘든 사건이다.

평생의례(The rites of passage)의 측면에서 본다면 죽음에 의한 가족과의 분리(分離)의 례는 그 어떤 긴장적 동기보다 강하고 칼로 베는 고통보다 더한 것이다. 그러하기에 사람 인(人)자와 칼 도(刀)가 합쳐진 글자가 나눌 분(分)자로 생각 할 수 있는 것이다.

김동명 시인이 고향 강릉과 어머니를 그리워한 시〈꿈에〉에서도 나타나듯이, 꿈에 어머니를 뵙고, 고향 길을 생각해냈으며 일천리 멀고 먼 고향보다도 모친이 계신 죽음의 길인 명도(冥途)는 더 멀다고 안타까워하였다.

그의 수필〈어머니〉는 가난한 생활을 보냈던 집안의 코쿨에서 광솔 타던 냄새와 은은한 불빛처럼 포근한 고향과 그리운 어머니를 떠올리며 눈물도 동심도 다 잃어버리고 '타박타박' 힘없이 걷는 가엾은 '타박녀'와 자신을 동질화시킨 작품이다.

총 4개의 짧은(短) 에피소드로 구성된 이 글은 옛 이야기책처럼 오래된 것들에 대한 회상과 함께 가슴 깊은 곳에서 다시 떠오르는 어머니의 환영(幻影)들을 그렸다. 특히 초허 선생의 기억 속에 살아있는 어머니의 말씀 하나하나를 어린 시절 당시의 그 느낌 그대로 전달하는 직접화법을 구사하였다. 이를 통해서 읽는 이로 하여금 누구나 공감하는 공통적 어머니에 대한 감정이 솟아나는 생동감을 주고 있다.

어머니를 소재로 한 많은 수필작품 가운데 초허의 수필〈어머니〉가 누구나 죽기 전에 한 번 읽어야 할 작품으로, 또 시간과 세대를 초월하여 교과서에 수록되기도 하면서 현재까지 널리 회자되고 있음은 그 만큼 그리운 대상에 대한 우리들의 폭넓은 공감대를 형성하고 있는 작품이라고 사료된다.

또한 다시는 살아올 수 없는 기세(棄世)의 모친에 대한 그리움으로 채색된 문체의 힘은 감동적이고 교화적인 수필문학의 속성에 손색이 없음을 명증(明證)하고 있다.

요컨대,〈어머니〉는 멀리 고려속인요 사모곡이나 신사임당의 사친시, 구전민요인 타박네 등과 같이 사모(思母)의 정서를 표출하였으며, 초허문학의 모성지향성을 회고적이고 대화체로 간결하게 그려 낸 작품으로 높게 평가된다.

## [참고문헌]

張道斌, 朝鮮名婦傳, 高麗館, 1926

朝光 創刊號, 朝鮮日報社出版部, 1935

姜興秀, 東西古今 女流名人傳, 文運堂, 1954

金容浩·李雪舟 共編, 現代詩人選集 (上), 文星堂, 1954

金東鳴, 詩集 眞珠灣, 梨花女子大學校 出版部, 1954

金東鳴, (政治評論集) 敵과 同志, 昌平社, 1955

金東鳴, 詩集·目擊者, 人間社, 1957

金東鳴, (政治評論集) 歷史의 背後에서, 新雅社, 1958

自由文學 1959년 6~10월호, 韓國自由文學者協會, 1959

金東鳴, (隨筆集) 世代의 揷話, 日新社, 1959. 9

韓國文學賞 受賞作品全集 3 (詩·評論·戱曲), 新太陽社, 1960

韓國詩人協會, 'My mind is'(Kim Dong-Myong)Korean Verses, 大韓公論社, 1961

金東鳴文集刊行會 編, (詞華集) 내마음, 新雅社, 1964

金東鳴文集刊行會 編, (評論集) 나는 證言한다, 新雅社, 1964

金東鳴文集刊行會 編, (隨筆·手記集) 모래위에 쓴 落書, 新雅社, 1965

誠信女子師範大學 研究論文集, 第四·五輯, 誠信人文科學研究所, 1972

장원덕 편, 사랑의 어머니, 교육평론사, 1974

丘仁煥·尹在天·張伯逸, 隨筆文學論, 開文社, 1975

張伯逸, 隨筆의 理解, 玄岩社, 1976

피천득 외, 영원한 고향 어머니, 민예사, 1978

崔勝範, 韓國隨筆文學研究, 正音社, 1980

任東權, 韓國民謠集Ⅴ. 集文堂, 1980

金容稷 外, 韓國現代詩史研究, 一志社, 1983

崔康賢, 韓國古典隨筆講讀, 고려원, 1983

張德順, 韓國隨筆文學史, 새문사, 1984

嚴昌燮, 超虛 金東鳴文學研究, 成均館大大學院 國語國文學科 博士學位論文, 1986

嚴昌燮, 金東鳴硏究, 學文社, 1987

염근수, 시집 다래아가씨, 오상, 1989

韓國隨想錄 3, 金星出版社, 1991

임헌영, 그리운 곳 차마 그리운 곳 -노래가 된 서른일곱편의 시, 웅진문화, 1992

장정룡, 민속기행 전통화로 코클, 사보 국민카드, 1993

金炳宇 外, 金東鳴의 詩世界와 삶, 한남대학교출판부, 1994

沙川面誌 沙越, 사천면지 발간위원회, 1994

최강현, 한국수필문학신강, 서광학술자료사, 1994

權瑚, 고전수필개론, 東文選, 1998

김용직, 한국현대시인연구(하), 서울대학교출판부, 2000

문덕수 외, 한국현대시인연구(上), 푸른사상사, 2001

장정룡, 강원도 민속연구, 국학자료원, 2002

한국문학평론가협회 편, 문학비평용어사전(상·하), 국학자료원, 2006

장정룡 외, 경포대와 경포호의 문화산책, 새미, 2009

임상규, 삼척지역의 민가 두렁집 이야기, 삼척시립박물관, 2011

장정룡, 김동명 산문의 시대적 양상고찰, 김동명 문학관개관기념학술세미나 자료집, 강릉문인협회, 2013.7.3

장정룡, 초허수필의 '꽃이미지와 그 지향성 고찰, 제13차 심연수한중학술세미나 자료집, 심연수선양사업위원회, 2013.10.2

장정룡, 김동명 수필의 '월남'과 '피난'표출양상, 김동명문학연구 창간호, 김동명학회, 2014

장정룡, 한국고전소설의 이해와 강독, 국학자료원, 2014

김우종, 평설 한국현대수필 100년, 연암서가, 2014

유희자, 김동명 시의 모성적 상상력 연구, 강릉원주대 교육대학원 석사논문, 2015

장정룡, 김동명수필집 세대의 삽화의 작품특질고찰, 김동명문학연구 2호, 김동명학회, 2015

# 김동명 시에 나타난 현실 일탈의 유형
-시집 『파초』『하늘』을 중심으로

박호영*

---

**목 차**

Ⅰ. 들어가며
Ⅱ. '환상' '몽환'을 통한 현실 일탈
Ⅲ. '꿈'의 아름다움과 허무함
Ⅳ. '영원'의 세계에 대한 동경
Ⅴ. 나가며

---

## 1. 들어가며

일제강점기 현대시의 주된 경향을 한마디로 말한다면 낭만주의라고 할 수 있다. 〈폐허〉 〈백조〉 〈장미촌〉을 중심으로 한 프랑스 상징주의 시풍의 퇴폐주의 시나, 김억·주요한·김소월 등의 민요조 서정시, 그리고 김영랑·정지용·백석 위주의 순수 서정시 등이 외래사조의 영향을 받거나 고전 시가의 전통적 계승을 하여 시 장르의 다양성을 보인 것 같아도, 이 모두를 큰 틀에서 보면 낭만주의로 수렴될 수 있는 것이다. 왜 당시에 이처럼 낭만주의 경향의 시들이 주류를 이루었느냐 하는 원인을 따지자면 여러 가지가 지적되겠지만, 그런 경

---

*한성대학 명예교수

향으로의 경도는 식민지라는 시대상황을 고려하면 자연스러운 추세라 할만하다. 낭만주의의 가장 큰 특징 중의 하나가 불만스러운 현실로부터 탈피하여 이상향을 동경하고, 자유와 혁명과 변혁을 추구하는 것이기 때문이다.

초허 김동명 역시 일제강점기에 낭만주의를 지향한 시인 중의 하나로 손꼽힌다. 나는 지난 번 글에서 김동명의 '고향'에 대한 그리움과 '황혼'의 미학을 논하면서 그의 낭만주의 시의식의 일단을 살펴본 바 있거니와[1], 그는 한편으로 아름다운 대상이나 현실을 떠난 피안의 세계를 끊임없이 동경하기도 하였다. 그것은 주로 '환상'과 '몽환', '꿈', 그리고 '영원'이란 시어를 통해서 나타난다. 이번 글에서는 이를 중심으로 그의 현실일탈적 시의식을 천착하고자 한다.


## 2. '환상', '몽환'을 통한 현실 일탈

해방 이전에 창작된 시들로 엮어진 김동명의 시집 『파초』와 『하늘』을 보면 '환상' '몽환' 같은 시어가 자주 등장한다. '환상'은 사전적 의미에서 "어떤 대상에 대해 가지게 되는 기대나 희망"이다. 기대나 희망을 한다는 것은 뒤집어 말하면 그만큼 현실이 불만스럽고 절망적이라는 얘기다. 그것은 캐스린 흄의 말을 빌면 '문학적 충동'으로서 권태로부터의 탈출이요, 리얼리티를 바꾸려는 욕구[2]이다. 주체의 상실감과 결여를 상상적으로 메꾸려는 '불가능한 시선'으로 정의되기도 한다.[3] '몽환'은 환상에 꿈이 결부된 것으로 환상보다 더욱 허황된 경우이다. 이 둘의 공통점은 현실이 아니라는 것이다. 그러므로 '환상'이나 '몽환' 같은 시어를 자주 사용했다는 것은 시인의 의식 속에 현실을 떠나고 싶은 욕구가 팽배해 있었음을 간접적으로 드러낸다.

그렇다면 왜 김동명에게는 이런 의식이 유난히 자리잡고 있었던 것일까. 그의 전기적 사실로부터 추출해 낼 수 있는 것은 유년시절부터 어머니가 들려준 설화나 古談이 그로 하여금 가난한 현실을 떠난 다른 세계를 그리워하게 했을 것이라는 추론이다. 어머니는 그에게

---

[1] 박호영 "김동명 시에 나타난 낭만주의적 시의식" 『김동명문학연구』 2집(2015. 10)
[2] 최기숙, 『환상』, 연세대출판부, 2003, 22쪽.
[3] 상게서, 120쪽.

달 속의 계수나무와 옥토끼 이야기, 은하수 가의 견우 직녀 이야기, 천태산 마고할멈 이야기, 구미호 이야기, 신선 이야기 등 수많은 이야기를 들려준 것으로 되어 있다.4) 또 한편으로 암담한 식민지 상황에 대한 지식인으로서의 좌절과 절망이 현실이 아닌 '환상'과 '몽환'의 세계로의 지향을 촉발했으리란 가정도 자연스럽게 상정해 볼 수 있다. 그는 정의감이 강하여 불의를 보면 참지 못하는 성격5)이었기에 누구보다도 식민지 백성으로서 받게 되는 부당한 차별이나 멸시를 참지 못하고 현실로부터의 일탈을 꿈꾸었을 것이다. 자신의 시「술노래」를 해설하면서 "나는 이 시와 함께「광인」을 최후로, 붓대를 집어던지고, 1945년 해방이 오기까지 무릇 4년간 시 한 구절, 잡문 한 토막 끄적인 적 없이, 치욕과 분노의 날을 보냈더란다."6)는 감정의 토로도 그 일면을 잘 반영해 주는 것이다. 시인의 '환상'은 다음과 같은 양상으로 나타난다.

> 여기에 푸른 달빛이 흐른다.
> 잎은 浮彫 같이 그림자는 幽靈 같이
> 또한 古代의 꿈같이 뜰로 나를 이끄는……
> 幻像에서 幻像으로 銀色의 櫓를 저어가는
> 너 自然의 流浪兒여.
> 나는 이 神祕로운 風景을 가슴에 안고
> 久遠한 沈黙의 씸포니에 귀를 기우리며
> 내몸이 이렇게 땅우에 선 것을 感謝한다.    (「달밤」 전문 )

이 시에 조성된 분위기는 지극히 신비적이다. 푸른 달빛이 흐르는 속에, 잎이 부조 같고 그림자는 유령 같다는 서두는 그 자체만으로 신비감을 자아내고 화자로 하여금 고대의 꿈을 구는 착각에 빠지게 한다. 여기에 시인은 한술 더 떠 달을 '자연의 방랑아'로 지칭하면서 달빛의 흐름을 "환상에서 환상으로 은색의 노를 저어가는" 것으로 묘사한다. 이쯤에서 우리는 묻게 된다. 시인은 지금 어떤 경지에 있는 것인가. 아니 이렇게 주위의 상황을 설정하고 있

---

4) 이어령, 『한국작가전기연구(상)』, 동화출판공사, 1975, 26쪽.
5) 상게서, 33쪽.
6) 김동명, "자작시와 그 해설" 『세대의 삽화』, 1959. 230쪽.

는 의도는 무엇인가. 이에 대한 답은 바로 그 다음에 이어진다. '신비로운 풍경'과 '구원한 침묵의 씸포니'가 그것이다. 시인은 그가 보고 있는 지금의 달밤이 신비롭기만 하고, 더구나 고요함 속에서 이 아름다운 풍경이 전개되고 있기에 사물들이 씸포니, 다시 말해 交響를 하는 것 같다고 인식한다. 철저한 몰입의 상태라 아니할 수 없다.

그러나 화자는 달밤의 환상적 아름다움을 신에 대한 감사로 돌린다. "내몸이 이렇게 땅우에 선 것을 感謝한다."는 것은 그를 말함이다. 자연의 아름다움에 감탄하며, 그러한 자연을 이 땅에 있게 하신 신에게 감사함은 그만큼 그의 삶의 태도가 순수하고 정의롭고 긍정적이었다는 얘기이다. 사실 그는 기독교 장로교 계통의 영생중학교를 졸업하고, 일본 유학도 청산학원 신학과를 다닌 것으로 되어 있지만, 신앙심이 깊은 편은 아니었다. 미션 계통의 학교를 마친 사람이, 더군다나 청산학원 신학과를 나온 사람으로써 술을 그렇게 마실 수 있느냐고 충고를 하면 그는 늘 '삼락론'(여인·술·담배)을 주장했고, 목사 안수를 받지 않고 사망하기 한 주일 전에야 아들의 권유로 영세를 받았다.[7] 이같이 성실하지 못한 신앙의 자세를 규명하기 위해서는 그의 일본 유학의 배경을 검토해 볼 필요성이 있다.

그는 원산에서 인쇄업을 하던 강기덕으로부터 학비를 대주겠다는 약속을 받고 유학길에 올랐다.[8] 강기덕은 1896년 함남 원산 출생의 독립운동가로, 3·1운동 때 각 학교 학생들의 시위참여에 대한 일체의 임무를 맡았던 인물이다. 그가 김동명에게 학비를 대주기로 한 것은 추측건대 정의감이 강한 그에게 자유와 해방이 얼마나 중요한가를 깨닫게 하여 항일활동의 동지로 삼고 싶은 의도가 있었던 것이 아닌가 한다. 그러므로 초허가 청산학원 신학부에 입학한 것은 유학의 조건이었을 가능성이 높다. 당시 청산학원의 학풍은 개인의 자유, 사상의 자유, 학문의 자유 등 모든 분야의 자유가 보장되었다. 또한 변화와 개혁, 자유와 해방을 추구하는 진보주의적 입장을 취하고 있었다. 한국 신학계와 기독교계에 선구자적 역할을 담당한 김재준이나 송창근도 청산학원 신학부에 다녔으며, 이에 큰 영향을 받았다. 그 영향으로 그들은 정통주의 신조를 주입시키는 당시 평양신학교와 같은 한국 교회를 비판하고, 자유주의 신학 풍토를 형성하는 데 일익을 담당했다.[9] 초허도 그들과 비슷한 시기에 청

---

[7] 이어령, 전게서, 34쪽.
[8] 김용성, 『한국현대문학사탐방』, 현암사, 1984, 131쪽.
[9] 한숭홍, "송창근의 생애와 신학사상(1)", 『목회와 신학』, 1994.2., 210쪽.

산학원 신학부를 다녔기에 자유와 해방의 분위기가 몸에 배었다고 보인다. 그래서 그는 술과 담배도 금기시하지 않고 오히려 즐기는 태도를 취한 것이 아닌가 한다. 한 마디로 그는 엄창섭이 언급한 대로 '자유분방한 종교 시인'10)이었다.

그러나 비록 그가 신앙심이 깊지 않았다 하더라도, 그의 의식 속에는 늘 신이 자리잡고 있었다. "주여, / 여기 무화과나무 한그루 / 아직 한번도 열매를 맺어보지는 못하였아오나 / 그렇다고 찍어 버리시지는 마옵소서"(「기원」), "오 성모 마리아님, 바라옵건대 그눈을 들어 영원히 나를 직혀주소서"(「성모마리아의 초상화 앞에서」) 같은 구절이 이를 대변한다. 그러므로 그의 환상은 '아름다움'으로 환치될 수 있는 실체이며, 여기엔 현실의 아름다움도 포함된다고 할 수 있다. 그러나 그는 다른 의미를 지닌 '환상'의 시들을 선보이기도 한다. 그 환상은 아름다움이 아니라, 허황한 현상이라 할 수 있다.

> A. 그대는 나의 女王,
> 나는 내 사랑하는 孤獨과 꿈으로 그대의 거할 宮闕을 짓고, 또 希望의 眞珠로는 그대의 목거리를 만드렀읍니다. 그리고 나는 黃金의 노래로서 그대의 榮光과 美를 守護하기에 겨을리지 않었습니다.
> 그러나 아아 서러라, 이는 한때, 그대의 마음은 이미 잃어진 寶배니 나의 女人이어, 아아 幻像이여, 나는 그대의 숙인 머리 우에 하염없는 嘆息을 남기고 그대를 떠납니다.
>
> (「告別」 중 )

> B. 사랑. 그것은 美의 魔術師
> 검은 머리로 하여금 푸른 구름이 되게 하고
> 적은 눈동자로 하여금 빛나는 샛별이 되게 하는,
> 하고 또 그 힌밤에서 不滅의 幻像을 뵈여주고
> 그 붉은 입술에서 죽음의 달큼한 香내를 맡게 하는
> 사랑은 魔術師.            (「사랑」 중 )

---

10) 엄창섭 "초허의 시문학과 정체성의 고찰" 『김동명문학연구』 제1호, 2014. 10., 24쪽.

A는 사랑하는 '그대'에게 작별을 알리는 시이다. 시에서 '그대'는 극도로 미화되어 있다. 인용된 시의 앞부분을 보면 그대의 미소는 따뜻한 봄 陽氣요, 그대의 눈동자는 밤하늘에 반짝이는 한쌍의 밝은 별이며, 그대의 비단 옷자락은 미풍에 날리는 한 조각의 흰구름이다. 그러나 그 모두는 한때, 즉 한 순간의 현상이다. 언제 따뜻함이 쌀쌀함으로 바뀔지 모르고, 언제 반짝임이 잃어질지 모르며, 언제 비단 옷자락이 무지한 흙발에 밟힐지 모른다. 그렇기에 아름다운 그대가 무참한 변화를 겪기 전에 울면서 그대를 떠난다. 어쩌면 그대의 마음은 잃어진 보배요, 영광과 미의 상징인 그대는 환상일지 모른다. 이러한 인식의 밑바탕에는 현상적인 모든 것이 헛된 것이요, 허무하다는 시인의 삶의 철학이 깔려 있다. 그의 시가 허무주의 경향에서 출발하였으며, 현실의 삶에서 환상의 나라를 열망하고 있다는 지적11)은 그런 점에서 타당하게 받아들여진다.

B 역시 그런 차원의 의미를 지닌 환상이다. 사랑에 눈이 멀면 분별을 하지 못하는 어리석은 자가 되기 마련이듯이, 사랑은 어떤 것도 아름답게 만드는 '미의 마술사'이다. 하여 검은 머리는 푸른 구름이 되고, 적은 눈동자는 빛나는 샛별이 되며, 흰 뺨에서 불멸의 환상을 본다. 그런가 하면 아름다운 유혹의 '붉은 입술'이 죽음의 달콤한 향내가 되기도 한다. 여기서의 환상도 실체가 아닌 허상이란 점에서는 A의 환상과 마찬가지다. 이 환상은 다음처럼 꿈12)과 어울려져 '몽환'이 되기도 한다.

하얀 달빛이 廣漠한 들우에 나려, 아득한 夢幻의 世界를 펼쳐 놓을 때, 江을 넘어 어디선가 피릿소리가 바람결에 그윽히 들려옵니다. 귀에 익은 소리외다.(아아 꿈과 忘却으로 또한 삶과 죽음으로 얽어짠 이 神妙한 멜로듸의 사람을 醉케하는 魅力이어)    (「誘引」 중 )

微風이어 어서 잠을 깨여 주렴,
颱風이 달려와 내 夢幻의 바다를 엎질러 버리기전에
어서 저 海峽을 돌아 가자쿠나.    (「새벽」 중 )

---

11) 송영순, 『김동명시연구』, 성신여대 대학원 석사논문, 1989, 15쪽.
12) 시인의 '꿈'에 대한 관심은 章을 달리하여 논하기로 한다.

「誘引」에서 하얀 달빛이 펼쳐 놓은 '아득한 몽환의 세계', '내 몽환의 바다'는 시인이 꿈꾸는 아름다운 세계이다. 시인은 궁핍하고 각박한 현실을 떠나 그런 곳에 살고 싶다. 그만큼 "사람을 취케 하는 매력'이 있다. 그러나 그 세계는 꿈에서나 존재하는 순간적인 공간이요, 현실은 아니다. "태풍이 달려와 엎질러 버리"는 것처럼 언제 사라질지 모른다. 그러므로 태풍이 불기 전에 잠에서 깨어나 해협을 돌아서 가길 바란다. '몽환의 바다'를 그대로 간직하고 싶어서이다.

우리가 또 이 시에서 눈여겨 보게 되는 것은 "삶과 죽음으로 얽어짠 이 神妙한 멜로듸"란 구절이다. 몽환의 세계 속에서 피릿소리가 들려오는데 그 상황에서 삶과 죽음을 동시에 떠올린다는 것은 인간 존재의 유한한 한계를 시인이 항시 염두에 두고 있음을 말해주고 있는 것이다. 일반적으로 아름다운 세계가 펼쳐지면 다른 것은 생각하지 않고 그 세계에 몰입하기 마련인데, 그는 아름다움 속에서도 삶과 죽음을 동시에 생각한다. 삶이란 것이 언제 죽음으로 바뀔지 모른다는 것을 잘 알고 있기 때문이다. 삶이 덧없다는 의식을 뚜렷이 지니게 된 것은 일본 유학 때 신학과 더불어 철학을 전공한 것과 무관하지 않다. 자신의 호를 '超虛'로 한 것 역시 삶의 덧없음을 일찍이 그가 간파하고 있었다는 증좌이다.

이상으로 보면 그의 시에서 '환상'과 '몽환'이란 시어는 한편으로 아름다움을 표현하기 위함이요, 다른 한편으로는 순간적으로 사라지는 비현실적인 상황을 나타낸다고 하겠다. 이 '환상' '몽환'과 동궤에 놓이는 것이 '꿈'이다. '꿈'이란 시어는 '환상' '몽환'보다 더욱 빈번히 그의 시에 등장한다.

## 3. '꿈'의 아름다움과 허무함

한 시인은 바슐라르의 『꿈꿀 권리』를 번역한 책 서문에서 인생이 바로 꿈이고, 실제로 체험한 것을 넘어서 꿈꾸는 것만이 진실하다는 것을 믿으며, 많이 꿈꾸고 또 깊이 꿈꿀 수 있는 사람이야말로 가장 풍부한 생을 사는 자일 것이라고 말했다.[13] 물론 여기서 꿈은 단순히 수면으로서의 꿈은 아니다. 자신이 이루고 싶은 이상, 현실을 떠난 아름다운 유토피아로의

---

13) 가스통 바슐라르, 『꿈꿀 권리』 6쇄, 이가림 역, 열화당, 1993, 3쪽.

지향 같은 것을 내포한다. 꿈이 매력적인 것은 잠시나마 현실의 고통과 절망, 어려움과 슬픔 등을 잊게 해 준다는 데에 있다. 어떤 점에서 보면 인간은 꿈이 있기에 내일에 기대어 살 수 있는 것이다.

김동명은 누구보다도 꿈에 대한 관심이 컸던 시인이다. 그것은 앞서 언급했듯이 가난하고 억압된 현실로부터의 도피에서 생성된 것으로 여겨지지만, 이상과 포부로서의 꿈도 그의 의식 속에 큰 비중을 차지하고 있었다. 그 한 예가 「잃어진 젊음」이란 글에서 젊은이들이 꿈을 가질 것을 강조한 것이다. 그 글에서 그는 꿈은 모든 발견과 창조의 모체로, 인류의 문화가 오늘날 저렇듯 찬연한 것도 결국은 이 꿈의 산물임에 틀림없다고 했다. 또한 꿈은 아름다운 것, 그리고 또 위대한 것이라고 말하면서, 높고 아름다운 꿈은 젊음의 특권이요, 자랑이요, 영광이며, 그 명예임에 틀림없다고 꿈에 대한 찬사를 아끼지 않았다.14) 그가 관심을 쏟은 '꿈'은 그의 시에 다음처럼 표현되고 있다.

잎이 지는구려.
여보우 우리 저 나무 밑으로 가보지 않으려오
사랑과 꿈과 또 離別을 이야기 하기엔 가장 좋은 時節이로구려. (「落葉」중 )

나의 가슴을 조그마한 港灣에 비길수 있다면
구비 구비 듸리 닫는 물결은
異國의 꿈을 실ㅅ고 오는 나의 나그네,
나의 마음은 네의 품 속에서 海草 같이 일렁거린다. (「바다」중 )

밤은, / 푸른 안개에 쌓인 湖水. / 나는, / 잠의 쪽 배를 타고 꿈을 낚는 漁夫다.
(「밤」전문 )

이들 시에서 우리는 시인이 얼마나 꿈에 대한 애정을 지니고 있는가를 간파한다. 낙엽이 지는 나무 밑에서 사랑과 이별만이 아니라 꿈을 이야기하려 하고, 밀려오는 물결을 보고

---

14) 김동명, 『모래 위에 쓴 낙서』, 신아사, 1965, 110-111쪽.

"이국의 꿈을 싣고 오는 나의 나그네"라고 하는 것, 또한 화자를 "꿈을 낚는 어부"라 함은 시인의 의식 속에 꿈이 적지 않은 비중으로 자리잡고 있음을 보여주는 것이다. 그렇다면 그는 왜 이렇게 꿈에 몰입되어 있는가. 비록 순간이 될지라도 꿈은 현실을 벗어나게 하며, 그로부터 위안을 받을 수 있기 때문이다. 어느 면에서 꿈은 프로이드가 말한 바처럼 그에게 소망 충족의 수단이다.

흔히 꿈은 남성적이며, 몽상은 여성적이라고 한다.15) 그렇다면 이들 시에서 '꿈'은 어디에 속하는가. 여성적인 분위기에 둘러싸여 있기에 실은 꿈이 아니라 몽상이라 할 수 있다. 인용된 세 편의 시를 보면 '여보우' '앉으려오' '時節이로구려' '조그마한' '품 속' '해초' '푸른 안개' '호수' '쪽배' 등의 시어들이 시의 분위기를 아름답고 신비롭게 이끈다. 다분히 몽상적이다. 그러나 시인은 신비롭거나 아름다운 분위기를 수반하는 꿈만을 내세우는 것은 아니다. 다음처럼 좌절되거나 허무하게 사라지는 꿈도 노래하고 있다.

> 水氣를 흠씬 띈 구름이 / 내 지붕을 덮고 / 퍼지다. // 내 오늘에 / 푸른 하늘을 / 잃다. // 담배를 피여 물고 / 꿈의 破片을 / 걷우다. // 『明日』이어 / 너는 또 내게 / 무엇을 가져 오려늬. (「憂鬱」 전문 )

> 아아 허공에 나타난 恍惚한 美의 殿閣이어 / 바람에 불려 나부끼는 陶醉의 남은 재티여 / 애닲은 한 瞬間이어. / 나는 여기에 선채 잠깐 / 그대의 꿈을 嘆息 하다.
> (「불노리」 중 )

「우울」에서 화자가 처한 상황, 즉 "구름이 내 지붕을 덮고 퍼져 푸른 하늘을 잃은" 상황을 보면 꿈이 아무 쓸모가 없다. 푸른 하늘이 없는데 꿈이 있으면 무엇 하겠는가. 푸른 하늘을 잃게 된 것은 "水氣를 흠씬 띈 구름" 때문이다. 이 '구름'은 화자의 꿈을 좌절시킨 대상으로, 그가 현실 속에서 겪게 되는 온갖 역경이나 장애의 상징물이다. 결국 화자는 "『明日』이어 / 너는 또 내게 / 무엇을 가져 오려늬."하며 내일은 내게 아무것도 가져올 수 없다는 절망적인 심정 토로를 하게 된다. 여기서 우리는 왜 이 시의 제목이 '우울'인가를 짐작한다.

---

15) 가스통 바슐라르, 『몽상의 시학』, 김현 역, 홍성사, 1978, 39쪽.

이러한 꿈의 허무함은 「불노리」에서도 이어진다. '황홀한 미의 전각'도 불에 타 버리면 한낱 "바람에 불려 나부끼는 도취의 남은 재터"일 뿐이라는 언술은 인생의 부귀영화가 그렇게 허무하다는 메시지를 전달한 것이다. 그러므로 화자는 한 순간에 지나지 않는 "그대의 '꿈'을 탄식"하게 된다. 결국 이들 시에서의 꿈은 비전이 보이지 않는, 한 순간의 헛된 꿈이라 할 수 있다. "석양에 지는 잎 하나 / 그대 창 밖에 구을거던 / 외로운 / 내 꿈인줄 아르시라."(「述懷」중 )에서 보게 되는 노년의 '내 꿈'도 '석양에 지는 잎 하나'처럼 외롭고 허무한 것이다.

## 4. '영원'의 세계에 대한 동경

김동명의 시에서 또 빈번히 마주치게 되는 시어로 '영원'을 들 수 있다. '영원'이란 시어가 자주 등장함은 아무래도 그의 신학에 대한 관심으로 연결될 수밖에 없다. 그는 시인 수업의 제 1 과제로써 우선 철학을 공부할 것, 다음으로 신학을 배울 것, 그리고 여가 있는 대로 문학을 공부하는 일을 꼽았다. 그는 언급하길 "철학이 시인, 작가의 수업을 위한 제1의 과목이 된다는 것은 시방도 나의 특론이요, 또 아무나 그리 부당하다고는 생각지 않을지 모르나 신학이 어째서 그렇게 중요하냐, 하는 데 대해서는 疑義가 없지 않을 것으로 보이는데, 이것도 결국은 철학에 연결되는 문제로서 서구적 정신의 체계적 이해를 위해서는 신학을 무시해서는 안된다는 것이 당시 나의 신념이었다."16)고 했다. 신학이 서구적 정신의 체계적 이해를 위해서 중요하다는 그의 생각은 영생에 대한 희구로 이어지고, 그 연장선상에 자연스레 '영원'이 놓인다. '영원'은 두 가지의 의미를 지닌다. 하나는 시간에 종속되지 않는 무시간성이요, 다른 하나는 끝없는 연속이다. 후자는 신학자 쿨만이 주장한 것으로 여러 논란을 낳았지만, 삶의 허무함을 순간의 차원에서 깊이 인식하고 있던 시인에게는 그처럼 매력적일 수가 없다. 끝없는 연속으로서의 '영원'이 바로 삶의 한계를 벗어날 수 있게 하는 것이기 때문이다.

---

16) 김동명, "처녀작은 「나의 거문고」", 『자유문학』, 1958.10., 51쪽. 송영순, 앞의 책, 9쪽. 재인용.

하늘에 별같이 높으소서
몸 가짐 마음 가짐
그렇게 높으소서 언제나 높으소서
오오 나의 **處女**여, 나의 별이어.

하늘에 별같이 빛나소서
어두을 사록 더 빛나는 하늘에 별 같이
그렇게 빛나소서 언제나 빛나소서
오오 나의 별이어, 나의 **處女**여.

그러나 그대는 人生의 별
언제 한번은 사라질 그빛이매
더욱 고이 빛나소서 더욱 높이 솟으소서
여긔에 不滅의 노래 있으니
그 빛을 永遠에 傳하리.　　　　(「祝願」 전문 )

화자는 자신이 사랑하는 처녀가 별같이 빛나고 높으기를 바란다. 그러나 그대는 인생의 별이다. 언젠가 죽고 만다. 아무리 빛나더라도 사라지고 만다. 그런 한계성이 있기에 화자의 바람은 '나의 처녀'가 더욱 고이 빛나고, 더욱 높이 솟은 별이 되어, 불멸의 노래에 담겨 영원히 존재하기를 축원하는 것이다. 불멸과 영원을 통해 사랑하는 나의 처녀를 오래도록 곁에 있게 하겠다는 화자의 소원이 뚜렷이 나타난 시라고 볼 수 있다. 다음 역시 사랑하는 존재를 영원히 곁에 두고자 하는 바람을 피력한 시이다.

헌데 여보우, 나는 이 아름다운 黃昏 때문에 더욱이 사랑과 離別이 그리워지는구려. 그러면 여봐요, 그대는 잠깐 내 귀에 소군거려 주지 않으려오. 『나는 그대를 사랑하우. 그러나 이 黃昏보다 더 오래는 싫소.』하고. 그리고는 잠깐 웃어 주어요. 그 다음엔 勿論 나를 떠나 줘야지오. 무슨 까닭이냐고요 하하하 그러면 그대는 黃昏과 함께 永遠히 내것이 된답니다그려.　　　　(「黃昏의 속사김」 중 )

화자는 지금 아름다운 황혼 속에 있다. 그런데 납득할 수 없는 것은 그 황혼 때문에 사랑과 이별이 그리워진다고 한다. 이것은 무슨 엉뚱한 얘기인가. 사랑이 그리워지는 것은 이해되지만, 이별이 그리워진다는 것은 이해가 되지 않는다. 우리가 주목할 것은 여기에 시인의 삶의 철학이 담겨 있다는 사실이다. 시인은 아름다움 속에서 사랑을 하기를 원한다. 황혼이 그리워지는 이유이다. 그러나 앞서 살폈듯이 사랑이란 것은 영원할 수 없고 어느 순간 이별이 오게 된다. 어차피 이별하게 될 것이라면 황혼이 존재할 때 이별을 하여 아름다움을 오래 간직하는 것이 낫다. 황혼은 "옛날의 모습 그대로인 풍경"(「황혼의 속사김」)을 반복하여 어떻게 보면 영원한 존재이다. 그러므로 황혼보다 먼저 이별을 하게 되면 아름다운 황혼과 그대가 영원히 내것이 될 수 있다. 우리는 여기서 끝없는 연속의 영원 속에서 아름다움을 누리려는 시인의 의도를 파악하게 된다. 시인의 '영원'에 대한 관심은 그의 고독과 연결되기도 한다.

> 내 둥주리를 떠난
> 새 한 마리
> 또 어대로 가는고
> 이 새벽에
> 하늘까에 외로운 그림자
> 내 마음을 이끄러
> 永遠에 매다.　　(「생각」 중 )

화자의 둥지를 떠난 새 한 마리가 또 어디론가 가고 있다. 외로운 모습이다. 그 새의 모습에서 시인은 인간 존재의 숙명적인 고독을 발견한다. 그에 의하면 고독은 "본질적으로 신을 찾고 신을 그리워하는 인간의 본연적인 욕구"17)이다. 그러나 여기서 그가 말하는 신은 기독교에서 말하는 하느님은 아니다. 진·선·미 중 어느 것이라도 좋고, 그 이외의 다른 것이라도 좋다고 한다. 그러나 각자의 신을 찾는 것은 '예지의 샘'에서 가능하며, 그 예지의 샘은 고독의 계곡에서만 솟는다고 했다.18) 그의 고독의 철학은 이만큼 심오하다. 그러기에

---

17) 김동명, 『모래 위에 쓴 낙서』, 전게서, 160쪽.

그는 고독을 회피하지 않고 수용한다. "내 마음을 이끄러 / 永遠에 매다."는 것은 그 차원에서 이해해야 한다.

이 외에도 "瞬間과 永遠은 / 한 모습"(「하늘1」 중)이라든가, "내 창망한 大氣의 精氣를 갖어 / 눈을 싯고, / 永遠과 마조 서노니……"(「하늘2」 중), "네게는 永遠한 생각의 감초인 보금자리가 있다."(「우리말」 중 ), "네 마음은 永遠한 形像에 대한 念願으로 터질 듯하다."(「우리글」 중), "어머니는 가만히 永遠한 자장노래를 불러 우리를 잠 되려 주겠지……"(「湖水」 중) 등 '영원'에 대한 관심과 동경은 그의 시 도처에서 찾아볼 수 있다.

## 5. 나가며

지금까지 김동명 시인의 시집 『파초』 『하늘』에서 빈번히 등장하는 시어인 '환상' '몽환' '꿈' '영원'을 통해 그의 현실일탈 의식을 살펴보았다. 시인에게 있어 '환상'과 '몽환'은 암담한 식민지 상황에 대한 지식인으로서의 좌절과 절망을 극복하고자 하는 데에서 생성된 것이다. 유미주의자에 가깝게 미를 숭배했기에 누구보다도 '환상'과 '몽환'에 몰입했을지 모른다. 그러나 우리가 주목하게 되는 것은 그런 가운데서도 그는 현상적인 모든 것이 헛된 것이요, 허무하다는 사실을 결코 잊지 않았다는 것이다. '꿈'도 마찬가지다. 꿈이 현실의 고통과 절망, 어려움과 슬픔을 잊게 해 주는 것을 시를 통해 꾸준히 읊으면서도, 한편으로 꿈이라는 것이 허무하게 좌절되거나 사라지는 것일 수 있음을 환기시켰다. '영원'은 끝없는 연속이기에 삶의 한계를 벗어날 수 있다는 점에서 그를 매료했다. 그는 영원 속에서 아름다움을 누리고자 했다.

끝으로 덧붙여 한 가지 지적하게 되는 것은 그가 미션 계통의 학교를 졸업하고 신학을 전공했음에도 철저히 신을 믿거나 의지하지 않고, 자유로운 신앙인의 태도를 취한 점이다. 이것은 그가 다녔던 청산학원 신학부의 분위기와 연관성이 있는 것 같다. 또한 당시 정통주의만을 고집하며 보수주의적이었던 평양신학교 같은 한국 교회에 대한 반감도 작용했으리라 본다. 그러나 한편에서 생각하면 이 자유로움이 그의 식민지 상황에 대한 저항적 인식에 한

---

18) 상게서, 162쪽.

몫을 담당했다고 판단된다. (完)

* 〈참고문헌〉은 각주로 대신함.

# 초허의 '소극적 저항'의 시세계 수용

심은섭*

---
**목 차**

1. 머리말
2. 시대적 상실의 아픔과 소극적 저항
   2.1 상실1. - 고향 및 가족
   2.2 상실2. - 일제강점기의 국권
   2.3 상실3. - 이데올로기와 민족상잔
3. 맺는말

---

## 1. 머리말

자아로부터 세계, 세계로부터 자아를 발견하려는 시인의 갈망은 본래적인 모습이며, 동시에 정신의 고향으로의 회귀이다. 그러므로 시인은 자신의 시에 시인의 정신을 육화시키려고 노력한다. 이 육화된 시의 정신, 혹은 경향이 일정한 기간 동안 고정화될 때 시인의 시세계가 뚜렷하게 나타난다. 일정한 기간이란 일반적으로 그 시인의 시작활동(詩作活動) 중에서 시작(詩作)의 전체 기간 또는 10년 내지 그 이상의 단위로 묶은 기간을 말한다.

대체적으로 다수의 연구자들은 초허의 시세계를 전기와 후기로 나눈다.[1] 일제강점기라 할

---
*가톨릭관동대학 교수

수 있는 1930년에 출간한 첫 시집 『나의 거문고』를 전기활동으로 보며, 1938년에 출간된 『파초』를 시작하여 『삼팔선』(1947), 『하늘』(1948), 『진주만』(1954), 『목격자』(1957)를 후기로 보고 있다. 그런데 지금까지 전·후기를 막론하고 초허의 시에 대해 대다수의 연구자들이 주장해 온 바에 의하면 그의 시풍 또는 경향이 대부분 전원·목가적 시인[2]으로 분류해 왔다. 또 그의 시편들은 퇴폐주의적인 색채를 보이며 저항의식(抵抗意識)이 결여(缺如)[3]된 시인으로 평가했다. 특히 백철(白鐵)은 자신의 저서 『朝鮮新文學思潮史』에서 초허에 대해 "난세(亂世)이기 때문에 옛날 東洋 詩人들과 같이 현실을 버리고 전원에 거하는 마음은 이때 시인들의 무난(無難)한 시제가 되었다. 「芭蕉」 일권(一卷)에 담겨있는 김동명의 반백편의 시들은 완고하리만큼 고인(古人)의 시경을 본받아 하나의 귀거래사(歸去來辭)였다"라고 주장 한 바 있다. 즉 초허가 목가·전원풍의 서정을 일관되게 고집하며 시작(詩作)을 해왔다는 것이다.

이성교 또한 그의 저서 『金東鳴 硏究』에서 초허의 시세계를 전원적 목가풍이라고 규정지었다. 그의 말에 따르자면 "이 새로운 세계는 곧 동명의 시인생활을 대표한 전원적 목가풍의 경향이었다. 이러한 경향이 담겨져 있는 시집이 『파초』와 『하늘』이었다. 30년대는 막상 시대상으로는 어두웠지만 동명 자신의 시 정신으로 볼 때는 아예 그런 것과는 아랑곳없이 밝았다. 그것은 아름다운 자연과 전원생활 속에서 인생을 찾으려 했기 때문이다.……〈중략〉……이렇게 전원한거(田園閑居)에서 목가풍의 서정시를 쭉 써 내려오다가 태평양 전쟁이 발발하자 그만 붓을 꺾고 말았다."[4]고 했다.

---

1) 조연현, 『한국현대문학사』, 인간사, 1961, 622면
   이성교, 「김동명의 시」-『현대시학』, 57, 1973. 12월호, 144-154면. 특히 이성교는 『나의 거문고』, 『파초』, 『하늘』을 전기의 시로, 『진주만』, 『삼팔선』, 『목격자』를 후기의 시로 나누었다.
   송영순 『김동명연구시』, 성신여대 석사학위논문, 1990, 1면. 그러나 엄창섭은 초허의 시력(詩歷)을 3기로 구분지어 기술하였다. 그것은 (1)초기는 『나의 거문고』(1923~1930)시대로 시집에 수록된 132편의 시편은 보편적으로 인생을 고민하는 허무적 특성을 지닌 세기말적 감상주의와 퇴폐적 경향으로, 보들레르의 '악의 꽃'에 대한 헌시인 〈당신이 만약 내게 門을 열어 주신다면〉과 〈애닯은 기억〉, 〈내 거문고〉, 〈기원〉 등을 이 시기의 시편으로 구분했다. (2)중기는 『파초』(1936~1938)시대로, 절망적인 시대 상황과 인생의 무상함, 그리고 역사적 고뇌를 극복하려는 인생관으로 일제의 탄압을 피해 농촌에서 살며 민족적 염원을 서정화 하였으며, 이 시기의 미적 감각이 뛰어난 시편은 〈파초〉, 〈내 마음은〉, 〈생각〉, 〈손님〉, 〈밤〉, 〈민주주의〉 등으로 구분했다. (3)말기 : 『삼팔선』, 『진주만』, 『목격자』(1947~1957)시대로, 우울한 이야기로서의 민족의 참상, 태평양전쟁의 상황 및 일제의 암흑상, 그리고 한국전쟁 당시의 풍물적인 사회상이 시적 형상화를 통하여 주로 감상적인 낭만이 주조를 이루는 것으로 보았다.
2) 白 鐵, 『朝鮮新文學思潮史』, 白楊堂, 1949, 280면
3) 李幸順, 『韓國文學史事典』, 螢雪出版社, 1979, 331면
4) 이성교, 『金東鳴硏究』, 誠信女師大論文集, 4·5合輯, 1972. 64-65면.

조인현의 주장도 다르지 않다. "김동명의 특성(特性)은 소박한 감성(感性)과 목가적(牧歌的) 서정(抒情)이 그 주조(主調)를 이룬 것이었다. 시집 『파초』와 『하늘』은 이러한 그의 특성을 대표해 주고 있다. 그리고 그의 이러한 주조(主調)는 전기(前記)한 그의 오개(五個)의 시집에 그대로 일관되어 특별히 어떤 변화도 일으키지 않고 있다. 다만 두 개의 시집 『삼팔선』과 『진주만』에는 그러한 그의 주조에 새로운 정치적 현실적 환경이 가미되어 있을 뿐이다."5)라고 했다.

그러나 한 시인의 시작품 세계를 살펴 볼 때, 전제되어야 할 몇 가지 문제들이 내포해 있다. 즉 작품론이나 작가론이 전제하는 작품 혹은 작가라는 닫힌 범주를 넘어서, 일반적인 개념으로서의 텍스트 혹은 언술을 분석의 대상으로 삼아야 한다.6) 또 어느 작가를 논의할 때 반드시 염두에 두어야할 기본적인 연구자의 태도는 객관성이 일차적인 기준이 되어야 한다. 그것은 연구자의 논지와 주관성이 한 방향으로 함몰될 때 객관적인 결과물을 얻기가 어려워질 뿐만 아니라, 피상적 관찰에 의한 일면적 사실 파악에 불과하여, 연구대상에 대한 올바른 연구가 이루어지지 않는다는 위험성을 내포하기 때문이다.

따라서 문학의 해석과 평가는 획일적·고정적이어서는 안 된다. 즉 대량생산이라는 특성으로 규격화되고 대량소비라는 특성으로 인해 유행에 맞춰져 개성을 상실하고 무미건조하게 닮아가게 되는 현상을 '획일화'라고 한다. 이것은 '처음부터 끝까지 한결 같은' 것을 의미하는 것으로 모든 연구물이 개성을 상실하고 한결같이 동일화되어 가기 때문이다. 이처럼 초허의 시세계를 해석하는 데 있어서 지금까지 획일적이고, 고정화 되어 있는 까닭에 지금까지 전원적인 목가풍의 시세계를 가지고 있다는 것 외의 새로운 사실을 발견하지 못한 것이다.

이런 문제점을 해소하기 위해 근래에 들어와서 많은 연구자들이 초허의 시세계를 재조명하려는 목소리가 커지고 있다. 그러나 아직까지 특별히 전원적 목가풍의 시를 써왔다는 것 외에 별다른 연구가 충분히 이루어지지 않고 있는 실정이다. 따라서 본고에서는 초허가 전원적 목가풍의 시만을 써온 것이 아니라 상실감에 의한 아픔을 시로 표현해 온 것이며, 이것은 하나의 '소극적 저항'에 해당된다는 사실을 검증하는 일이 본 연구의 목적이다.

본고에서 사용되는 텍스트는 첫 시집 『나의 거문고』를 제외한 시집 『파초』(1938), 『삼팔

---

5) 조인연, 『한국현대문학사』, 인간사, 1961, 622면
6) 송효섭, 「김동명의 기호세계」, 『김동명의 시세계와 삶』, 한남대학교 출판부, 1994, 155면

선』(1947), 『하늘』(1948), 『진주만』)1954), 『목격자』(1957)와 사화집 『내마음』(1964)을 택하였다. 또 특별히 밝혀두고자 하는 것은 시는 '시인의 생활과 사고에서 비롯된 소산물'[7]이라는 점을 상기하여 초허의 시 정신에 유념하였다.

## 2. 시대적 상실의 아픔과 소극적 저항

### 2.1 상실1. - 고향 및 가족

초허는 일생에서 많은 이사 및 이주(移住) 생활을 하였다. 그는 정주(定住)하지 못한 삶에 대한 남다른 트라우마(trauma)를 지니고 있었다. 이를테면 그는 1900(庚子)년 2월 4일, 강원도 명주군 사천면 하노동리 54번지에서 태어났다. 그리고 그의 나이 8세가 되던 해인 1908년 함경남도 원산으로 일가(一家) 모두 이주(移住)한 것을 비롯하여, 1915년 다시 함흥으로 이주하여 영생중학교에 입학을 했다. 또 그가 25세가 되던 해였던 1925년 3월에 청산학원 신학과에 입학하기 위해 일본으로 건너갔다. 그 외에도 1922년 평남 신안주(新安州), 1924년엔 안변(安邊), 1929년엔 원산에 이주한 것을 비롯하여, 1947년 4월에는 단신으로 월남해야 하는 아픔을 가지기도 했다. 그 월남할 당시엔 가족과 모든 재산을 남겨 두고 삼팔선을 넘어 월남[8]하였다.

이와 같이 초허는 그의 일생에서 유년시절(1908)을 비롯하여 많은 이주 생활, 그리고 그것으로 인하여 가족과의 이별의 아픔이 있었으며, 중년(1947)이 되어서는 이데올로기에 의해 또 하나의 고향상실이라는 트라우마를 가지게 되었다. 이것을 그는 시작품 속에 고스란히 담아냈다. 다음의 시작품에서 앞서 기술한 내용의 관련성을 찾을 수 있다.

　　　인생은 나그네
　　　그렇다면 죽음은 나룻배

---

[7] 안수길, 「金東鳴先生의 詩와 愛國心」『新東亞』, 1968. 3월호, 307면
[8] 초허의 생애에 관한 자세한 내용은 엄창섭의 박사학위 논문 『초허김동명문학연구』 10-17면과 『김동명의 시세계와 삶』, (한남출판사, 1994)의 343~345면을 참조 바람

고향으로 돌아가는 길손을 맞어
저 강을 건너 주리

-「죽음」전문

이는 소리 없이 들리는 속삭임
곡조없이 불러진 노래

또한 눈물의 고향
인정의 바다 위를 해적이는 실바람

-「미소」일부

예시된 두 작품은 초허의 시집 『芭蕉』(1938년)에 실린 작품이다. 그렇다면 두 작품 모두 1938년 이전에 쓴 것으로 초허가 고향에 대한 향수를 담은 작품임을 알 수 있다. 그가 시작(詩作)을 했던 이때가 1934년에서 1938년 사이로 '서호진동광학원' 원장으로 재직하던 때이며 나이는 38세였다. 그에겐 고향을 떠나온 지 30년 가까이 되는 시기에 생각하는 고향은 추억이 아니라 하나의 아픔으로 작용했다. 「죽음」의 시는 '죽음'을 소재로 하며, 고향상실의 아픔을 죽음과 동등한 가치를 부여할 만큼 초허의 상실감은 크다는 것을 보여주는 작품이다. 그러나 초허의 상실감은 아픔으로만 끝나지 않았다. 이것은 다시 불안으로 연속되었다. 국권을 상실한 식민지 지식인으로서의 불안은 정신분석학적으로 불가피한 일이지만 수정되거나 통제되지 않는다면 심신의 격렬한 통증을 유발하게 된다. 불안을 참는 것은 고통이며, 심지어는 끔찍스럽기까지 하다. 하지만 불안을 통제할 수만 있다면 자아는 불안을 다른 견지에서 볼 수 있게 한다.9) 따라서 초허는 고향상실이 하나의 트라우마로써 불안이며, 이것을 해소하는 차원에서 고향을 그리워하는 시를 썼을 것으로 판단된다. 이것에 대해 S. 프로이트는 다음과 같이 말하고 있다.

외상성 노이로제는 그 근저(根底)에 오상을 야기 시킨 재해의 순간에의 고착이 있

---

9) 레온 앨트먼, 『性·꿈·정신분석』, 유범희 옮김, 민음사, 1995, 147면

는 것을 명백하게 보여주고 있는 점입니다. 외상성 노이로제의 환자는 그 꿈속에서 언제나 외상이 일어났던 정경을 반복하고 있는 것이 보통입니다. 정신분석을 할 수 있는 히스테리성 발작이 일어나는 예에서는 그 발작은 환자가 그 외상의 상황에 완전히 몸을 두고 있는 것과 상응(相應)해 있음을 알 수 있습니다. 마치 이들 환자에게는 외상의 상황처리가 아직 되어 있지 않은 현실의 과제로서 환자 앞에 버티고 서 있는 것 같아 보이기도 합니다.[10]

S. 프로이트가 주장했던 것처럼 꿈속에서까지 언제나 외상(外傷)이 일어났으며, 외상 처리가 아직 완결되지 않은 환자에게 반복적으로 외상성 노이로제는 일어난다는 것이다. 그러므로 초허의 고향상실에 따른 외상성 스트레스는 늘 반복적이며, 그를 괴롭혀 온 하나의 트라우마로 작용했던 것이다. 부연하면 트라우마(trauma)는 신체적, 정신적 외상(外傷)이다. 즉 '사고나 폭력으로 몸의 외부에 생긴 부상이나 상처를 이르는 말'이다. 이것은 주로 신체적 외상보다는 심리학과 정신의학에서 말하는 심적·정신적 외상(Psychological Trauma)을 의미하는 용어로 사용된다. 정신의학에서는 일시적인 사건으로 발생한 트라우마와 가정에서의 상습적인 학대나 장기간의 집단 괴롭힘 등 반복적인 충격으로 인한 트라우마로 구분하기도 한다.

초허의 트라우마는 후자에 속한다. 그의 삶 전체가 하나의 트라우마로 규정할 수 있기 때문이다. 요컨대 트라우마는 외상 후 스트레스 장애(PTSD, Post-Traumatic Stress Disorder)와 같은 정신장애를 유발하는 것이다. 외상 후 스트레스 장애는 전쟁이나 사고, 자연 재해, 폭력, 강간 등 심각한 사건을 직접 경험하거나 목격한 후 나타나는 불안장애의 일종이다. 따라서 릴케가 시를 정의함에 있어 "시는 체험"이라고 했던 말을 논거로 삼지 않더라도 초허의 고향상실에 따른 트라우마가 하나의 개인의 체험으로써 시작품의 모티브로 작용할 수 있는 개연성은 충분하다고 볼 수 있다.

초허는 첫 시집 『나의 거문고』를 비롯하여 6권의 시집을 출판했다. 주지하듯이 『나의 거문고』는 현재까지 목차만 알려져 있으며, 그 내용은 일부만 전해지고 있는 실정이다. 이 시집의 목차를 보면 '①즐거운 아츰(12편), ②잔치(16편), ③옛 노래(15편), ④외로울 때(20편), ⑤麗島風景(12편), ⑥異城風情(13편), ⑦故鄕(20편), ⑧瞑想의 노래(13편), ⑨나의 거문고(11

---

10) S. 프로이트, 『정신분석학 입문』, 서석연 옮김, 범우사, 1996, 284면

편)'로 168면에 132편의 시가 수록11)되어 있다. 안타깝게도 지금으로서는 132편의 시를 일일이 확인할 수는 없지만 시집의 소제목을 통해 유추해보면 『나의 거문고』는 전원적 목가풍의 시작품이 아닐 것으로 짐작된다. 특히 제7부에 해당되는 '㉠故鄕(20편)'은 고향상실에 따른 아픔을 노래한 시작품과 관련된 것으로 판단할 수 있다.

(가) 〈彷徨〉
여기는 북쪽 나라
늦가을에 저녁빛을 빗겨 받은 적은 浦口
이제 박모(薄暮)의 거리를 찾어 온 한 사나이가 있다.
그는 지팽이를 이끌고 오르락 나리락 거리를 예돌며,
집집마다 엿보고 골목마다 기웃거린다.
대체 저 사나이는 무엇을 찾는 것일까?
이윽고 그는 한곳에 발을 멈추며 중얼거린다.
우리들이 옛날에 살든 곳은 분명 이쯤이었만.
아아, 거리여! 너도 나만치나 변했구나
그러나 그 사나이가 어디서 왔는지
또 어디로 가려는지
그것을 아는 사람은 이 거리에 한 사람도 없다.

(나) 〈다리에서〉
이제로부터 스무 다섯 해 前 이 다리 위엔,
수숫대 배를 만들어 바다에 띄우며 놀든 한 少年이 있었다.
스무 다섯 해를 지난 오늘의 이 다리 위엔,
무엇을 찾는 듯 水面을 凝視하고있는 中年 사나이 한 사람이 섰다.
그 곁에는 黃昏이 있고, 또 主人을 기다리는 장 배가 매여 있다.
그러나 그 사나이의 눈동자 속에는 수숫대 배만이 옛날을 싣고, 일렁거리고 있다.
　　　　　　－「옛날에 살든 곳을 지나는 사나이의 노래」 전문

---

11) 엄창섭, 앞의 논문, 13면

위의 (가)와 (나)의 두 작품을 '서정시의 장르적 특징'과 연관 지을 수 있다. 주지하듯이 그 특징은 ①서정적 세계관, ②서정적 자아, ③동일화(同一化) 원리(투사·동화), ④순간과 압축성, ⑤주관과 서정, ⑥제시 형식을 말한다. 이 중에서 초허는 '③동일화 원리'에 의해 자아를 세계에 반영하여 서로 일체감을 이루려고 했다.

시인은 의식적으로 자아와 세계의 동일성을 추구하는 데 두 가지 방법이 있다. 동화(同化, assimilation)와 투사(投射, projection)가 그것이다.[12] 동화는 시인이 세계를 자신의 내부로 불러들여 그것을 내적 인격화하는 소위 세계의 자아화이다. 실제로 자아와 대립적인 세계와의 관계에서 소외되거나 초월하지 않고 연속되어 있는 것이고, 세계를 자아의 욕망, 가치관, 감정에 적합한 것으로 만들어 화해의 길을 모색하는 것이 일반적인 관례이다. 그 반면에 투사는 자아를 세계에 반영하여 일체감을 얻으려는 것이다. 특히 투사는 자아나 초자아의 압력 때문에 불안을 느끼는 사람은 그 불안의 원인이 자기 내부에 있는 것이 아니라 외부에 있는 것처럼 가장하여 불안을 덮어 보려는 심리를 갖게 된다.[13] 가령 "나는 그를 증오합니다."라는 말 대신에 "그가 나를 미워해요."라고 한다든지, "내 양심이 나를 괴롭히고 있어요."라고 말하기 보다는 "그 녀석이 나를 괴롭히고 있다."고 말하는 것과 같은 것을 그 예로 들 수 있다.

초허는 '사나이'에 자신을 투사하여 동일화하고 있다. 즉 자신을 상상적으로 세계(사나이)에 투사하는 것으로 감정이입에 의해서 자아와 세계가 일체감을 이루도록 한다는 것이다. 자아와 세계의 동일화는 일종의 비유에 해당된다. 이 비유의 근거는 유추, 즉 두 사물 사이의 유사성 또는 연속성에 있다. 두 사물의 동일성에 의하여 비유는 성립된다. 이 동일성의 발견을 심리학 용어로 전이(轉移, transition)라 한다. 따라서 비유는 동일성의 원리에 근거하고 있으며, 동일성의 서술이다. 그러므로 (가)〈彷徨〉의 '사나이'와 (나)〈다리에서〉의 '사나이'는 모두 초허 자신을 비유한 것이며, 이것은 '사나이'와 '자아'의 동일성을 획득함으로써 고향상실이라는 아픔의 일체감을 얻으려고 했던 것이다.

    아기는 엄마를 찾아 집을 나섰습니다. 이 집에서 저 집으로, 이 마을에서 저 마을

---

12) J. L. Calderwood와 H. E. Toliver(ed), From of poetry(Prentice-Hall, INC. 1968), 9면
13) S. 프로이트 · C.S. 홀 · R. 오스본, 『프로이트의 심리학 해설』, 설영환 옮김, 선영사, 1995, 190면

로……. 그리고 들이며 산으로까지 두루 찾어 헤매었읍니다.

　그러나 엄마는 아모데도 안 계셨읍니다. 아기는 하는수 없이 다시 집으로 돌아왔읍니다. 향혀 그 사이에 집에나 오셨나해서……

　문꼬리에 손을 걸어 아기는 또 엄마를 불렀읍니다. 그러나 엄마의 대답은 들리지 않었읍니다. 아기는 또 한번 절망에 가까운 소리를 짜내어 엄마를 불렀읍니다.

　『엄마! 엄마야!』

－「어머니」일부

초허의 시작(詩作)의 근저는 '상실의 아픔' 그 자체이다. 그것은 가족과 고향 상실이라는 트라우마이다. 그는 앞에서 주지한 바와 같이 1931년에 모친 신씨를 여의었다. 또 1937년에는 생후 15일 밖에 안 된 둘째 딸 혜숙(惠淑)을 남겨두고 첫째 부인 池씨가 사망(이때 둘째 딸 혜숙을 朴씨 家로 입양)했으며, 1947년 부친 제옥(濟玉)씨 사망, 그리고 1959년 둘째 부인 李씨 사망 등의 연속적인 가족상실이라는 아픔을 겪었다.

어느 자식이든 항상 그 어머니의 영상(映像)을 내면세계에 지닌 채 살아간다. 그 어머니의 영상은 그리움과 동경의 대상이 되거나 애잔함의 대상이 되기도 한다.14) 그것은 모든 인간존재가 지니는 근원적 속성이어서 초허 뿐만 아니라 다른 시인들의 시편에서도 모성성(母性性)은 어렵지 않게 찾을 수 있다.15) 초허는 1931년 서른 한 살 되던 해에 어머니 申씨를 여의었다. 그의 어머니는 초허의 집안에서 가장의 역할을 할 만큼 생활력이 매우 강했다. 놋그릇 장사를 하며, 가정경제를 도맡아 하다시피 했다.16) 그런 것으로 보아 초허는 남다른 모정을 느꼈을 것이다. 따라서 초허 시의 대다수가 모성성을 띤다고 해도 지나치지 않을 만큼 중요한 의미를 지니는 까닭은 그에게서 '어머니'는 시작(詩作)의 근원적 모체가 되기 때문이다.17) 특히 모성성의 이미지에 대해 유희자는 "바다와 달, 황혼 등 자연에 의해서 많이 나타나는데 이는 김동명에게서 모성이란 '조국'이며 대자연으로 작가의 내면에 삶의 원형이 되어 자리매김하고 있는 것"으로 보았다.

---

14) 장금순, 『백석 시에 나타난 여성의 모습』, 고려대 석사학위 논문, 2006, 15면.
15) 오탁번, 「모성 이미지와 화합의 시정신-박재삼의 시세계」, 고려대학교민족문화연구소, 1997, 125면.
16) 김동명 종친회(문중) 총무를 맡고 김순정 씨가 구두로 증언한 내용을 기록한 것이다.
17) 유희자, 「김동명 시의 모성적 상상력 연구」, 『김동명문학연구』, 김동명학회 Vol. 02, 2015, 122면.

또 초허의 시작(詩作)에 커다란 영향을 끼친 이유 중에 하나가 모친의 역할이었음을 알 수 있다. 이것에 엄창섭 교수는 그의 논문 〈招虛金東鳴文學硏究〉에서 "초허는 그의 수필 「어머니」에서 말하기를 '기질과 문학의 싹'을 모친 申씨로부터 전수받았다.18)"고 확인 바가 있다. 이에 대해 김병우 역시 「아버지 金東鳴에 대한 書翰」에서 아버지의 시작품에 대해 다음과 같이 진솔하게 밝히고 있다.

"거리가 이렇게 온통 정복자의 비정(非情)한 지배 하에 놓인 상황에서는 전원시는 각별한 뜻을 지니게 될 것입니다.……〈 중략 〉……선친의 전원의 노래는 기실 일제 천하에 대한 오연한 거부의 몸짓이기도 했던 것입니다.……〈 중략 〉……시작(詩作)이 언어와 글을 말살하려고 대드는 자에 대해서는 치열한 저항이며 굴복의 의연한 불긍의 표시가 되었음은 물론입니다.……〈 중략 〉……실로 선친의 경우 시작(詩作) 행위는 모질게 삭풍이 휘몰아쳤던 그 긴 겨울을 한 인간이 어떻게 살아갔는가를 말해주는 모습 이외의 아무 것도 아닙니다.19)

초허의 시작(詩作)은 은둔적인 전원생활에서 현실 도피적인 목가풍의 시를 써온 서정 시인으로 단정할 일이 아니라 일제가 한민족을 괴롭혀 온 것에 대한 '소극적인 저항 시인의 한 형태'로 받아들여야 한다. 주지하다시피 저항시는 폭정이나 외국의 지배에 대항하여 자유와 해방을 요구하는 입장을 취한다. 따라서 초허는 지사(志士)적인 저항은 아니지만 소극적인 태도로 일제에 저항한 것으로 봄이 마땅하다. 이처럼 초허는 애초부터 전원적인 목가풍의 시인이 아니었다. 유희자의 주장처럼 비록 시의 소재가 바다와 달, 황혼과 같은 것이지만 그것마저도 '조국'과 관련성을 제기하는 것으로 보아 초허는 상실의 아픔에서 시작(詩作)이 시작(始作)되었으며, 이것을 소극적인 저항으로 수용해야한다. 또한 엄창섭 교수의 주장처럼 단순히 전원적 목가풍의 시를 써온 초허가 아니라는 주장을 받아들일 때 초허의 시의 출발이 전원(田園)이 아니었음을 알 수 있다. 초허의 후기 시에 대해서도 이성교는 시의 "소재가 자연이 많이 등장하지만, 대체적으로 현실에 처한 자신의 모습이 더 많이 나타났다"20)

---

18) 엄창섭, 앞의 논문, 131면
19) 김병우, 「아버지 김동명에 관한 書翰」『김동명의 시세계와 삶』, 한남출판사, 1994, 227면
20) 이성교, 「김동명 시 연구」, 『김동명문학연구』학술지 Vol 01, 2014, 167면

고 밝힌 바 있다.

서론 말미에서 언급한 바와 같이 시는 '시인의 생활과 사고에서 비롯된 소산물'이다. 이 명제에 대해 이미림 교수도 본고의 주장과 같은 생각을 하고 있다. 즉 초허는 "출향, 출교, 출당의 경험으로 인한 추방과 박탈의 상황을 겪었기 때문에 민족국가, 민족주의에 함몰되지 않았다"[21]는 것이다. 동시에 시의 시작(詩作)은 "'소속 없음', '국가 없음' '영토 없음'의 처절하고 고통스러운 경험은 단일화와 동질화가 필요한 민족국가, 민족 정체성이라는 한정된 사유를 초월한 인간성, 민주, 인권의 중요성을 더욱 인식한 것"이라고, 그의 연구 논문에서 밝혔듯이 초허는 자유를 가질 권리, 소속할 권리, 삶의 터전을 가질 권리[22]를 주장했던 내용들이 시편에 많은 부분을 차지하고 있다. 특히 『삼팔선』, 『진주만』, 『목격자』는 전쟁과 사회현실의 모순, 그리고 그의 공허만 마음을 시로 승화한 시집이라고 할 때 더욱 그러하다.

## 2.2 상실 2. - 일제강점기의 국권

이제까지 초허의 시작(詩作)의 근저(根底)를 '상실의 아픔'으로 가족과 고향을 잃은 것으로 보고, 그것에 대해 논의해 보았다. 가족을 잃고 고향을 잃은 아픔 외에도 조국 상실이라는 또 다른 아픔이 시작(詩作)의 동기(動機)다. 요약하면 초허는 조국을 상실한 예술가의 고뇌를 민족적인 서정과 독특한 미의식으로 표출하였다.[23] 그것은 다름이 아닌 민족시(民族詩)적 관점에서 바라볼 때 그가 지향했던 시 정신의 목적인 서정시가 아니라 조국의 어두운 현실을 괴로워하는 아픔이고, 이 아픔을 자신의 내면세계로 승화시켰다. 이것을 소위 '소극적 저항'이라고 요약할 수 있으며, 이것에 대해 임영환은 다음과 같이 말하고 있다.

> 처음 데뷔할 당시에는 퇴폐주의적인 시를 썼지만 1926년에 발표했던 산문시 「餞別」은 조국의 현실을 직시하는 문학을 하겠다고 결심을 한 시이다. 그는 1930년 무렵부터 1942년까지 함남(咸南) 서호진(西湖津)에서 우거(寓居)하면서 많은 시편들을

---

21) 이미림, 「작가(시인)으로서의 삶, 지식인(정치가)으로서의 삶」, 『김동명문학연구』, 김동명학회 Vol 02, 2015, 98면.
22) 주디스 바틀러 /가야트리 스피박, 주혜연 역, 『누가 민족국가를 노력하는가』, 산책자, 2008, 14면. 『김동명문학연구』, 김동명학회 Vol 02, 2015, 98면. 再引用
23) 엄창섭, 앞의 논문, 16면.

창작하였는데, 이 기간이 그가 시인으로서의 진가를 발휘한 황금기였다. 이때 나온 작품을 가지고서 지금까지 논자들은 그를 단순한 목가적 서정 시인으로 규정지어 왔는데, 그러나 이것은 피상적 관찰에 결과일 뿐이다. 그의 작품들을 주밀하게 검토해 보면 그는 항상 조국의 어두운 현실에 괴로워하고 있었음이 발견된다. 그의 시 정신이 궁극적으로 지향했던 바는 목가적 서정이 아니라 우국충정이었다.[24]

초허가 초기의 시편들을 발표할 즈음의 시대상황은 자주독립 쟁취의 민족적 의욕이 집결되어 나타난 3.1운동의 실패로 국가회복의 의지가 좌절된 시기였다. 이로 인해서 생존의 바탕인 국가를 상실하게 되어 국가와 초허 자신과의 단절을 맞는 민족의 비극기로 실의와 절망, 감상과 비분(悲憤)의 작위의식에 사로잡혀 있었다. 따라서 초허는 유유자적하게 전원생활 속에서 목가적인 시를 쓸 겨를이 없는 정신적인 폐허의 상태에 놓이게 된 것이다.

어느 시인이든 전원적인 목가풍의 시를 쓰려면 적어도 정신적인 여유로움과 생의 터전이 전원을 즐길만한 장소가 있어야 한다. 그러나 초허의 정신세계는 3.1운동의 실패와 같은 이유로 정신은 매우 피폐한 상태이며, 생활하는 장소 또한 대부분 도시로써 목가풍의 시가 나올 수 있는 환경이 아니었다. 이에 이폴리트 텐느(Hippolyte Taine, 1828- 1893)[25]가 문학작품이 결정되는 요소로서 시대, 종족, 환경을 꼽은 것을 차치하더라도 초허가 살아가는 그 시대는 일제의 암흑기 내지 6.25동란이며, 그가 속한 종족은 오랜 외침으로부터 핍박받는 나약한 한민족이며, 환경 또한 열강들이 약소국가의 식민지화를 자행하는 시대였다고 말한다면, 그의 문학은 약속국가의 한 구성원으로써 아픔으로 점철될 수밖에 없었고, 그 아픔에 대해 시를 쓴다는 것은 결국 저항을 한 것과 다를 바가 없다. 이러한 상황에서 신지식으로서 전원생활을 즐기며, 시를 읊는다는 것은 이폴리트 텐느의 문학작품이 결정되는 요소와 이치적으로 맞지 않다는 것을 확인할 수 있다.

---

[24] 임영환, 「김동명의 민족시적 성격」, 『김동명의 시세계와 삶』, 한남대학교 출판부, 1994, 193면

[25] 프랑스의 철학자이며, 비평가다. 그는 19세기 예술학에서 빼놓을 수 없는 업적을 남겼다. 그 중에 『영국문학사(Histoire de la Littérature anglaise, 1863)』에서 예술은 '종족(인종), 정치·물리·사회적 환경, 시대의 영향'을 받는다고 했다. 예술 작품은 사회적 환경의 결과로서 존재한다는 것이다. 그는 이것을 규명하기 위해 영국 문학을 연구하였으며, 이 연구를 통해 모든 작가나 한 시대의 문학에는 이른바 지배적 성능이 있는데, 그것은 종족(race), 환경(milieu) 및 시대(moment)라는 세 요소의 합력에 의해서 조건 지워지고 거기에서 유래하는 것이라고 보았다. 가령 라 퐁텐느는 종족으로는 골로와인이고 환경으로는 샹파뉴지방 출신이며 시대로는 루이 14세 시대에 살았던 사람으로 여기에서 그의 지배적 성능인 시적 상상력의 특성이 유래된다는 것이다.

『길이 매우 험합니다. 부축 하여 드리리까.』
『아아뇨.』

『치마자락이 끄을립니다. 걷어 드리니까.』
『아아뇨.』

『밤이 어둡습니다. 초롱불을 들어 드리리까.』
『아아뇨.』

『이제 이 침침한 밤 길을 걸어 어데로 가시렵니까?』
『당신을 떠날 수 있는 곳으로……』

『그러면 난호이기전에 한마디만 더……당신은 무슨 꽃을 사랑하십니까.』
『Forgot me not』

『아아, ……』
『안녕히 계십쇼.』

-「슬픈 對話」 전문

위의 「슬픈 對話」는 시적대상인 '당신'과 화자 간의 주고받는 대화형식의 시다. 이 시의 특징이라고 할 수 있는 것은 역시 초허의 모성성의 발견이다. 이 시의 '당신'은 '조국'의 상징이며, 또 '당신'은 『치마자락이 끄을립니다. 걷어 드리니까.』의 부분을 통해 여성임을 알 수 있다. 이성교는 『김동명 시 연구』에서 초허의 대표작 중에 대표작이라 할 수 있는 "「내 마음」에서도 볼 수 있는 것과 같이 동명의 작품에서는 '그대'가 큰 구실을 한다. 이 '그대'도 앞의 의인법에서 다른 것과 마찬가지로 일종의 연인을 말한다. 이 연인의 호칭은 때로는 '님'이라 부르기도 하고 '벗'이라 하고 때로는 '그대'라고 부르기도 한다. 이렇게 본다면 '그대'도 적게는 한 여인이요 크게는 조국"[26]이라고 주장한 바 있다. 따라서 「슬픈 對話」은 조국상실에 대한 안타까운 심정이 고스란히 드러나는 시라 할 수 있으며, 동시에 시대와 역사 앞에서 고뇌하는 식민지 지식인으로 성찰하는 시적태도를 보여주는 시이다.

초허가 일제강점기의 무력통치 집단에 소극적인 저항을 했다고 전제할 때 그 '저항'의 정의 및 범위를 어떻게 또는 어디까지로 삼을 것인가가 하나의 중요한 문제로 대두된다. 일반적으로 저항의 강도가 소극적이냐 적극적이냐, 또는 타국(특히 프랑스)의 저항시와 방향을 상호 비교하여 결정하여왔다. 그러나 그것보다 시인에게 저항의 의미를 부여하려면 그 시인의 시정신과 시적태도에 의해 결정되어야 한다. 그러면 우리나라의 저항의 정의와 범위는 어떤 기준에 의해 결정되는가에 관심을 갖지 않을 수 없다. 즉 일제의 지시에 따르지 않는 일체의 것들로 일제하에 구체적인 저항의 활동사례를 전제로 할 때 그것을 저항이라고 볼 수 있다. 다시 말해서 구체적인 것인 적극적인 것이 될 수 있다는 것이다.

첨언하면 우리 문학에서 저항문학은 일반적으로 일제치하에서의 항일문학을 일컫는다. '저항'이라는 말은 어떤 사실에 대한 항거를 뜻하는데, 이는 물 흐르는 대로 그냥 방관하는 것이 아니라 거기에 대응해서 거스르는 힘을 뜻한다. 즉, 우리 문화를 말살하려는 일본 제국주의 세력에 대응하는 '응전력'으로써의 문학이 우리의 저항문학으로 정의되어 왔다.

다시 말해서 일제치하 1930년대 말부터 1940년대 초는 한국 문학의 암흑기에 해당한다. 이때 모든 신문이 폐간되고, 잡지 『문장』27) 역시 폐간되어 시인들은 시를 발표할 지면마저 잃었다. 이러한 일제강점기에서 한국 문인들의 선택은 일제의 국책문학에 적극 동조하는 작품을 쓰면서, 그들의 침략 전쟁을 고취하는 편에 서 있거나, 목숨을 걸고 일본제국이 요구하는 것에 일체 거절하는 일이었다. 다시 후자를 일본제국주의 자들에 대항한 정도(程度)를 '적극적인 저항'과 '소극적인 저항'으로 나눌 수 있다. '적극적으로 저항하는 문인'은 일제의 국책 문학과 식민지 정책에 대해 반발과 비판을 하며, 조국의 역사의식이 담긴 문학작품을 창작한 작가들이다. '소극적 저항'의 경우는 일제의 감시와 규제가 허용하는 범위 안에서 시대 의식을 담은 작품을 쓴 작가들을 말한다.

---

26) 이성교, 「김동명 시 연구」, 『김동명문학연구』 학술지 Vol 01, 2014, 163면.
27) 1939년 2월에 창간되어 1941년 4월 통권 25호(1939년 7월 임시 중간호 포함 26호)로 폐간되었다. 편집 겸 발행인에 김연만(金鍊萬), 주간 이태준(李泰俊), 제자(題字)는 김정희(金正喜) 필적의 집자(集字), 권두화(卷頭畵)·표지화(表紙畵)는 김용준(金瑢俊)·길진섭(吉鎭燮)이 맡았다. 1939년 2월에 창간하여 7월 임시 중간호를 발행하였고, 1940년 6월과 8월 용지난으로 휴간하고, 1941년 일제 당국의 『문장』·『인문평론』·『신세기』의 병합과 함께 '일선어(日鮮語)를 반분하여 황도정신(皇道精神) 앙양에 적극 협력하라'는 데 불응하고 폐간하였다. 1948년 10월 정지용(鄭芝溶)이 속간하였으나, 제1호로 종간하였다.

이와 같이 참혹한 일제치하에서 식민지 세력에 대항하여 민족과 역사를 위해 목숨을 걸고 저항한 시, 또는 일제의 감시에 지혜롭게 대처하여 저항의 시대의식을 담은 시작품을 '저항시'라고 규정할 수 있다. 이 '저항시'는 상황적 비극성에 대한 문학의 '응전력'을 확인해 볼 수 있는 중요한 특징을 지니고 있으며, 현실에 대한 철저한 내면적 인식과 미래에 대한 전망을 구도자 내지 예언자적인 자세로 표현하여 정신적인 시의 영역을 구축하였다. 즉 '저항'이라는 것은 시인이 일제치하에서 저항의 사유를 드러내며 적극적으로 시를 쓰는 일이었다. 그리고 그 저항의 내용이 시 속에 구체적으로 드러나야 했다.

앞에서 논의한 내용을 전제로 한다면 초허는 '적극적 저항'과 '소극적 저항' 중에 전자에 속한 시인이다. 왜냐하면 지사적 활동은 아니지만 국권상실의 아픔을 시로 승화시키는 시를 써왔다는 것을 그 이유로 삼을 수 있기 때문이다. 다음의 시에서 이것을 이해할 수 있다.

　　　　蘭草 잎 넘어로
　　　　暴風이 이는구나

　　　　아아 東亞는 이제 또
　　　　어데로 가려노

　　　　蘭草 잎 넘어로
　　　　世紀의 狂暴을 바라 보다.
　　　　蘭草 잎 밑에서
　　　　弱者의 슬픔을 삼키다

　　　　蘭草에게
　　　　忿怒를 말 하다
　　　　　　　　　　-「난초」 일부

'난초'는 청아하고 고귀하여 지조 높은 선비와 절개 있는 여인 및 귀녀(貴女)에 비유된다. 바꿔 말하면 '난초'는 높은 지고를 가진 선비의 나라에 사는 한민족의 상징이다. 이 「난초」

는 초허의 시집 『하늘』(1948)에 실린 시로 자아의 진실을 대담하게 노래한 시다. '폭풍(暴風)', '광폭(狂暴)', '분노(忿怒)'와 같은 시어는 초허의 적극적인 저항 의지를 보여주는 시어들이다. 그를 지사적(志士的) 시인이라고 말하기는 부족한 면이 있는 것은 사실이다. 그렇다고 일반적인 시인으로 구분하기도 곤란하다. 초허는 한반도의 경계를 넘어 동아시아 전반으로 시야를 확대하며, '아아 동아(東亞)는 이제 또/어데로 가려노'라며 일제의 식민지 통치에 신지식으로서 고뇌에 빠지는 태도는 곧 그에겐 아픔이었다. 그는 민족국가로서의 주체성을 상실한 조국에 대해서도 분노했다. '을사늑약(을사조약)', '경술국치'와 같은 한민족의 망국적 사건들은 초허를 상황에 맞서 현상을 비판하며 참여적인 작품 활동을 전개28)하게 만들었다. 이 주장은 지금까지 선행 연구된 결과와는 사뭇 대치되는 것으로써 초허는 은둔, 전원적, 목가풍 시인이라는 것과는 거리가 있다는 것을 뒷받침하고 있다.

　이성교는 「김동명의 시 연구」에서 "日帝의 탄압이 극도에 달할 무렵 東鳴은 또 다시 유일한 안식처인 시에서 차차 의욕을 잃어버리고 드디어 1942년에는 「술노래」, 「狂人」을 최후로 해방되기까지 3, 4년 붓을 꺾고 말았다."29)고 주장했다. 이성교가 주장했던 '안식처'란 국권 상실에 대한 아픔을 치유하려는 시작(詩作)의 행위이지, 은둔적이고 현실도피적인 목가풍의 시를 쓰기 위한 시적 태도는 아니다. 또한 그가 '붓을 꺾었다'는 것도 일종의 저항이며, 평소 일제의 통치에 대해 치욕과 분노에 따른 행동양식이며, 한가롭게 전원생활을 하던 시인의 행동은 아니라는 점이다. 또 하나는 그의 저서 『적과 동지』라는 정치 평론집 후기에서 시작(詩作)의 출발점이 어디에 있는가를 진솔하게 말하고 있다.

>　　이 글은 내가 祖國에 바치는 나의 詩요, 또 이 冊은 내가 겨레에서 보내는 나의 第七詩集인 것이다. 다만 그 걸 모양과 차림차림이 예와는 다를 뿐, 따는 남의 衣冠을 빌어 걸치고 나선 것 같아서 노상 열적고도 서글픈바가 없지도 않으나, 그대로 이러는 것이 도리어 내게는 自身에게 스스로 충실하는 길임을 어찌하랴.
>　　祖國은 피습(被襲)을 當했다. 적도(敵徒)들은 더욱 氣勢를 올린다. 祖國은 이제 위독(危篤)하다. 이래도 우리는 한갓 아름다운 語彙를 찾고 사치(奢侈)로운 餘白을 꾸

---

28) 엄창섭, 앞의 논문, 22면
29) 이성교, 앞의 책, 11면

미기에만 골돌하면 그만이냐. 내가 萬一 내 詩에 좀 더 충실할 수 있었다면  나는 벌써 칼을 들고 나섰을 지도 모른다. 30)

초허는 1968년 2월 21일에 타계할 때까지 변변한 직업도 없었으며, 원고료 수입도 없는 상태였다. 그런 그가 해방 3. 4년 동안 절필한 것은 "내가 만일(萬一) 내 詩에 좀 더 충실할 수 있었다면  나는 벌써 칼을 들고 나섰을 지도 모른다."고 말한 것은 그만큼 행동적이었다는 것을 알 수 있다. 그렇게 행동적인 시인을 전원적 목가풍의 시인으로 단정하는 것은 한 개인에게도 불행한 일이다. 지금까지 연구되어 온 것처럼 초허가 전원적 목가풍 시인이라는 평가절하의 고정된 인식으로 연구하는 일은 오히려 사실규명에 걸림돌로 작용한다는 문제점만 낳을 뿐이다.

앞에서 언급했던 것을 좀더 확대해 보면 일제 강점기에 한민족의 시인은 세 가지 현실 중에 하나를 택하여야만 했다. 황국신민을 자처하여 친일 행각을 일삼거나, 일제 강권정치에 당당하게 맞서 저항하는 문학을 양산하거나 현실을 외면한 채 자연으로 귀의하는 일을 선택하는 일이었다. 초허는 당당하게 맞서 저항을 하지 않았지만 현실을 도피하여 자연으로 귀의 한 것도 아니다. 요약하면 신지식인으로서 일제강권통치에 당당하게 맞서지는 않았지만 그렇다고 자연에 귀의하여 살아온 것도 아니다. 그는 일제의 국책문화사업과 일제침략전쟁 고취에 동조하지 않았다. 다만 작품을 통해 일제강권통치에 대한 비판적 저항의식을 작품에 담아냈을 뿐이다. 다시 말해서 초허는 소극적인 저항으로 일제의 침략적 행위를 시로 증언하는 시적태도를 일관되게 보여주었다.

초허의 시집 『파초』와 『하늘』에 실린 작품의 소재에 대해 임영환도 초허의 "대부분의 작품들은 그 소재가 자연물이기는 하지만, 그러나 단순히 자연탄미나 전원예찬 또는 목가적 서정을 노래한 것은 아니었다."고 주장했듯이 그의 많은 작품에서 자연탄미나 전원예찬 또는 목가적 서정의 내용을 노래한 시작품이 흔하지 않다는 것이다. 그가 시의 제목을 자연에 가까운 시어를 사용했을 지라도 그 시의 내용면에서는 초허의 상실감에 따른 아픔과 저항의식이 육화(肉化)되어 있다고 볼 것이다.

---

30) 김동명, 『적과 동지』, 창평사, 1955, 457면

과거와 미래가
달빛 같이 창문에 서리는 거기

영영 가시었다던 어머님이
다시 돌아오시고

-「꿈」일부

바다여 네게는 幻滅을 모르는 希望의 眞珠가 그윽히 빛을 놓고
자라기만 하는 情熱의 珊瑚가 구석구석이 붉었나니
斷崖에서 부서지고 또 부서지는 저 물껼은 너의 유구한 의지.
폭풍우를 부둥켜 안고 봐란 듯이 뽐내이는 그 기개 더욱 장할 시고,
아아 바다여 나는 네가 어찌하여 그렇게 씩씩한가를 알았구나.

-「海洋頌歌」일부

두 개의 예시문 중에서 「꿈」은 시집 『하늘』에, 「海洋頌歌」는 『파초』 시집에 실려 있다. 두 작품 모두 소재는 자연에 해당되지만 내용은 전원을 예찬한 노래가 아니다. 「꿈」은 어머니에 대한 그리움을 노래한 시이고, 「海洋頌歌」는 의지의 바다를 무기력한 자신과 비교하여 스스로 성찰하는 태도를 담은 시다. 이것은 한 낱 신지식인의 푸념이 아니라 '소극적인 저항'인 셈이다. 이 점에 대해 김병우는 다음과 같이 말하고 있다.

타인의 눈에는 그저 田園生活과 시작(詩作)으로 세월을 보낸 듯이 보이는 前半生도 기실 '日帝治下'와 맞선 그의 최대 저항이며 현실대응이라는 데서 찾아질 겁입니다. 어쨌든 그의 田園生活과 詩作이 지닌 이런 남다른 면은 위에 옮겨 적은 작품들에도 분명히 드러나 있지만 이 외에도 그것을 확인시켜주는 詩篇은 쉽게 찾아볼 수 있을 것입니다.[31]

---

31) 김병우, 「아버지 김동명에 대한 書翰」 『김동명의 시세계와 삶』, 한남대학교출판부, 1994, 249면

김병우 교수가 주장했듯이 초허의 시편 중에는 소극적이나마 일제치하에 맞선 작품들이 그의 여섯 권의 시집에서 어렵지 않게 찾아볼 수 있다. 그의 시작(詩作)행위는 모질게 삭풍이 휘몰아쳤던 그 긴 겨울을 한 인간이 어떻게 살아왔는가를 말해 주는 사관이 쓴 역사와 같은 것이다.

〈표1〉[32]

| 구분 | 소재 | | | 비고 |
|---|---|---|---|---|
| | 비자연물 | | 자연물 | |
| 『파초』 (총47편) | 밤, 바닷가에서, 해양송가, 생각, 내 마음은, 손님, 유인, 미소, 때는 지나가다, 憂鬱, 실제, 우는 아기에게, 피릿소리, 불노리, 나의 書齋, 나의 뜰, 식탁, 현실, 새벽, 딸련이 운다, 벗을 맞음, 제야사(除夜詞), 단상삼제, 나의 집, 옛이야기, 短章, 미소, 축원, 그 얼골의 印象, 황혼의 속삭임, 사랑, 고별, 기원, 무제, 어머니, 성모마리아의 초상화 앞에서, 受難 | | 파초, 수선화, 황혼, 달밤, 구름, 뜰에서 보는 근경, 전춘사(餞春詞)자운산행, 미풍(微風), 낙엽(落葉), | |
| | 소계 | 37편(78.7%) | 소계 | 10편(25.0%) | |
| 『하늘』 (총56편) | 종소리, 우리말, 우리글, 1936년을 맞는 노래, 세대의 탄식, Ⅰ노구교, Ⅱ십구로군, Ⅲ북평, Ⅳ힌덴뿌륵라인, Ⅴ천도, Ⅵ낙성, Ⅶ뿌럿셀회담, 무제, 총후삼경, 광인, 술노래, 인상Ⅰ, 인상Ⅱ, 종으로도 마다시면, 단장, 술회, 그대의 머리털은, 꿈, 슬픈대화, 정누(情累), 명상, 꿈, 잠, 파흥(破興), 밤, 추정부(秋庭賦), 인생단상, 시계, 꿈에, 오월소곡, 자적(自適), 귀주사, 창녀상, 반생(半生), 새벽, 귀로(歸路), 믿어지지 않는 마음, 도처사(悼妻詞) | | 바다, 가을, 수선1, 수선2, 난초, 파초, 따리아, 귀뚜라미, 호수, 하늘1, 하늘2, 하늘3, 조고만한 풍경, 오월소곡 | |
| | 소계 | 43편(76.7%) | 소계 | 13편(23.2%) | |

* 시집 『파초』와 『하늘』을 기준으로 삼았음

---

[32] 시집 『파초』는 전체가 6부로 나누었다. 즉 〈파초〉, 〈瞑想〉, 〈불노리〉, 〈短章〉, 〈告別〉, 〈受難〉의 순서로 되어 있다. 이 중에서 제1부에 해당되는 〈파초〉편에 자연물을 소재로 하는 작품들이 대부분인 반면에 나머지는 대체적으로 자연물과 관련성을 갖는 소재는 거의 찾아볼 수 없다. 시집 『하늘』도 마찬가지이다. 〈하늘〉, 〈世代의 嘆息〉, 〈슬픈 對話〉, 〈自畵像Ⅰ〉, 〈自畵像Ⅱ〉의 순서로 되어 있으며, 이것 역시 제1부에 해당하는 〈하늘〉편에 실린 시작품들이 대부분 자연물을 소재로 할뿐 『芭蕉』와 유사한 목차를 지니고 있다.

위의 〈표1〉은 시집 『파초』와 『하늘』에 수록된 시작품들의 소재가 지니고 의미가 '비자연물'과 '자연물'로 분류해 놓은 것이다. 육안으로도 확인할 수 있듯이 〈표1〉에서처럼 『파초』와 『하늘』에서 소재가 '비자연물'인 경우 각각 37편(78.7%)과 43편(76.7%)을 나타낸 반면에 '자연물'인 경우는 10편(25.0%)과 13편(23.2%)을 나타내고 있다. 따라서 〈표1〉은 초허가 전원·목가풍의 시를 써왔다는 것에 대한 반증(反證) 자료로써 가능하다. 더구나 초허의 시집 『삼팔선』과 『진주만』, 『목격자』는 사실 전원·목가풍의 시와는 양적·질적 거리가 있다. 왜냐하면 『삼팔선』은 6.25전쟁의 일대기이며, 『진주만』은 태평양전쟁의 기록이나 다름이 아니기 때문이다. 또 『목격자』 역시 서울 거리의 풍경을 묘사한 시로 구성되어 있어 전원·목가풍의 시와는 상당한 거리가 있어 보인다. 그런데 초허를 전원·목가풍 시인이라고 지금까지의 연구자들이 주장한 것은 시집 『파초』와 『하늘』만을 놓고 분석한 연구 결과로 한 시인의 시세계를 말하기엔 많은 문제점이 있다고 할 수 있다.

## 2.3 상실 3. - 이데올로기와 민족상잔

초허의 시세계를 이성교의 주장에 따르면 『나의 거문고』, 『파초』, 『하늘』을 전기의 시로, 『진주만』, 『삼팔선』, 『목격자』를 후기의 시로 나눌 수 있다. 초허의 후기 시세계라 할 수 있는 『진주만』은 '태평양 전쟁기'를 소재로 한 시작품이다. 그는 후기에 들어와 많은 변화를 가져왔다. 그 어느 때보다 현실을 중시하는 사회참여적인 시[33]의 면모를 드러냈다. 특히 「사이판」, 「층승」, 「동경」 같은 작품들은 전쟁 상황을 노래한 것으로써 완성도가 매우 높은 시(詩)이다. 또 각 시편의 마다 사용된 시어(詩語)를 살펴보면 '민족혼', '자주독립', '동포애', '세계사', '세기', '세대', '민주주의', '인류애', '민족문화' 등으로 전원적 또는 목가적인 것과는 차별되고 있다.

6.25동란 이후 초허의 시편 「새 나라의 構圖」, 「全州驛頭에서」, 「새 나라의 일꾼」, 「자유」, 「민주주의와 피스톨」, 「민주주의」, 「避難民·Ⅰ」, 「庭園行」 등에서도 민족과 조국에 대한 자신의 이상과 신념을, 또 전쟁과 독재에 대한 철저한 증악(憎惡)과 항거(抗拒)를, 그의 진정한 바람이 자유와 평화의 갈구(渴求)에 있었음을 파악하게 된다.[34]

---

33) 이성교, 「김동명 시 연구」, 『김동명문학연구』 학술지 Vol 01, 2014, 168면

후기 시세계에 해당되는 시집 『삼팔선』을 살펴보면 그 시대의 상황을 암시하는 시어들로 '역사', '민주주의', '인권', '자유' 등이 나타나고 있다. 후기 시세계는 크게 두 가지로 구별된다. 먼저 초허가 월남하기 이전까지 북한에서 겪은 참상을 시로 승화시킨 것이 그 하나이고, 또 다른 하나는 일상생활에서 체득한 비극적인 이야기를 노래했다.

死線
오호, 不死鳥도 울고 넘는 怨恨의 아리랑 고개!
구즌비 휘부리는 침침 칠야(漆夜)
으흐, 으흐흐흐……鬼哭聲이 凄凉쿠나

굶어죽은 넋, 총맞어 죽은 넋, 짓밟혀 죽은 넋……온갖 억울한 넋들이,
『三八線이 여기드냐』 더위 잡고 으흐, 으흐흐흐……

아아, 民族 광전(曠前)의 受難이다.
歷史의 惡戱, 運命의 嘲弄이 어찌 이대로 심하뇨.

배를 갈라 끄내어 씹어 뱉은들, 이 恨을 어이 풀이!

－「삼팔선」 후반부

시적화자의 감정이 격분한 것 같으면서 초극(超克)적인 시적태도로 시의 주제를 현현히 드러내는 작품이다. 그러나 '사선(死線)', '원한(怨恨)', '귀곡성(鬼哭聲)', '으흐, 으흐흐흐', '총', '죽은 넋', '수난(受難)', '악희(惡戱)', '운명(運命)', '조롱(嘲弄)', '배를 갈라 끄내어 씹어 뱉은들'과 같은 강렬한 시어를 사용하여 문학적 사상을 분명하게 보여주고 있다. 즉 사실적인 묘사로 그 당시의 상황을 적나라하게 묘사했다. 다시 말해서 이 「삼팔선」에서 시인은 귀곡성이 들리는 삼팔선을 넘으며 민족의 수난과 역사의 악희와 운명의 조롱에 대해 비판하고 있다.

---

34) 엄창섭, 앞의 논문, 138면

본고에서 「삼팔선」을 예시로 삼은 것은 시적인 미학을 찾으려는 것이 아니다. 즉 초허의 시가 전원적인 목가풍의 시세계를 가지고 있는 것이 아니라는 점을 규정지으려는 것이다. 「삼팔선」의 시가 그의 시 전체에서 극히 일부이긴 하지만 시집 『삼팔선』에 실린 작품들을 면면히 따져보면 대부분 전쟁과 혼란한 사회상을 노래한 시작품이 실려 있다. 따라서 초허의 시세계를 목가풍의 시가 아닌 다른 시각에서 바라봐야 한다는 것이다.

서두에서 밝힌 바와 같이 시집 『진주만』과 『목격자』와 『삼팔선』은 후기 시세계로 구분할 때 이 세 권의 시집이 가지는 공통점은 전쟁과 혼란한 사회의 모습을 주제로 하는 내용을 담고 있어 전원적인 목가풍시와 다른 시세계라 할 수 있다.

## 3. 맺는말

초허의 시세계를 온전하게 파악하기 위해 그의 시작품을 면밀히 살펴보았다. 그 결과 그는 전원적인 목가풍의 시를 지향해 온 것이 아니라 시대상황을 직시하고 상실에 따른 아픔을 시로 승화시키며, 또한 일제에 대해 소극적이나마 저항하는 시세계를 보여 왔다는 점이다. 그 이유를 대략 세 가지로 집약할 수 있다.

첫째, 초허는 자신의 의지와 관계없이 고향상실, 즉 실향 시대와 연속적인 이주(移住)에서 얻은 절대적 향수의 아픔을 시로 증언한 것이다. 고향은 따뜻한 정과 사랑이 오고가는 곳이며, 삶에 지친 출향자를 포근하게 감싸 안아주는 공간의 역할을 하는 곳이다. 이렇게 그는 모성적 마력을 지니고 있는 유년의 고향을 떠나 본인의 의지와 무관하게 오랜 이주생활을 해왔다. 다시 말하면 일제의 오랜 강점기로 말미암아 호구지책으로 이주하거나 이데올로기의 대립으로 제2의 고향마저 상실하여 타향으로 전전긍긍하게 만들었던 디아스포라의 트라우마를 시로 치유하며, 또 그것을 정신적 귀의처로 삼았다. 이것은 초허가 고향을 잃은 자의식의 소산이다.

이렇게 유년에 상실한 고향은 응당 초허에게 정서적, 공동체적 유대감을 더욱 상실하게 만들었고, 그에겐 고향이 진정한 의미의 고향이 되지 못했던 것이다. 따라서 그의 시작(詩作)은 유유자적한 전원적 목가풍의 세계가 아니라 본래적 삶의 세계로 돌아가고 싶은 상실의 증언이다. 특히 그는 고향상실이 내적 요인에 의한 것이 아니라 외적요인에 의해 내면상실의 위기로 몰고 가는 양상을 보이기도 했다. 동시에 가족상실이 또 하나의 문제였다. 이런 가족상실의 트라우마는 놀람, 공포, 슬픔 등의 부정적인 감정에 휘말리게 되며, 특히 예기치 못한 갑작스러운 가족 상실은 시간이 지나면 치유되는 자연스러운 슬픔이 아닌, 영구적인 트라우마로 그에게 남아 있었다. 트라우마 혹은 '외상 후 스트레스 장애'는 전쟁, 대참사, 재난과 같은 일반적인 인간 경험의 범주를 넘어서는 충격적인 사건을 경험한 후 발생하는 후유증을 일컫는다. 따라서 초허는 이러한 휴유증에 시달렸으며, 이것을 시로 표출했고, 이 표출은 결국 저항의식으로 나타났다.

둘째, 국권상실이다. 한국은 1905년에 일본과 을사늑약을 맺음으로써 반드시 일제를 통해 다른 나라와 무역을 하거나 협정을 맺어야 하는 외교권 박탈과 1910년 경술국치로 재판을 할 수 있는 권리인 사법권, 사회 질서유지를 위해 국민의 자유를 제한할 수 있는 치안유지권까지 빼앗겼다. 뿐만 아니라 우리 민족의 모든 정치활동과 민족의 신문발행이 금지되었고, 집회와 결사(結社)의 자유와 같은 기본권마저 강탈당한 국권상실을 가져왔다. 이것에 따른 신지식인으로서의 무기력증과 그 부당함을 초허는 시로 저항했던 것이다.

셋째, 이데올로기가 가져다준 좌우의 극한 대립으로 인한 사회적 대혼란과 그 혼란으로 말미암아 비인간적으로 자행되는 일들에 대해 비판하는 시를 써왔다. 그리고 민족과 조국에 대한 자신의 이상과 신념, 또 전쟁과 독재에 대한 철저한 증악(憎惡)과 항거(抗拒), 동시에 그의 진정한 바람이 자유와 평화의 갈구(渴求)라는 것을 시로 증언했다. 북한 공산당의 출당 명령으로 삶의 터전을 버리고 탈출해야 했던 환멸감, 그리고 부패한 이승만 정권에 대한 비판적 행동으로 불화에 의한 위기의 순간들은 모두 초허에겐 시작(詩作)의 근저가 되었으며, 이 근저는 저항의식으로 변한 것이다.

초허가 서정의 인식, 현실의 존재성, 농촌과 도시에서 얻어낸 다양한 소재를 통하여 시대 상황을 반영하며, 전원적 목가풍의 시세계를 보여 온 점도 일부 인정되어야 하는 것은 사실이다. 그러나 그는 전원적인 목가풍의 시를 전 생애에 걸쳐 써온 것이 아니라 상실이 가지는 의미에 따라 다르게 사회현실에 참여하는 시를 써온 것이다. 그러나 지금까지 선행되어 온 많은 연구물들은 피상적 파악으로 말미암아 다른 시세계가 조명되지 못한 점에 대해서는 매우 안타까운 일이 아닐 수 없다. 이런 문제를 낳게 된 원인은 선행 연구자들의 해석의 다양성 부족에 온 것으로 기인한다. 다시 말해 어떤 대상을 놓고 다양하게 해석될 때 미적 가치는 그만큼 높아진다는 것을 간과하지 않은 결과이다. 이처럼 시에 대한 해석의 다양성은 시의 본질과 특성을 규명하고 이해시키는데 기여한다. 가령 한용운의 「님의 침묵」의 시작품 속의 '님'에 대해 다양하게 해석함으로써 '조국'이라는 단일한 의미에서 벗어날 뿐만 아니라 미적 가치가 한층 확대되며, 시의 기능이 제대로 발휘될 수 있다는 것과 같은 맥락이다.

한국문단의 김상용·신석정과 더불어 3대 목가적 시인으로 평가되는 초허의 시세계에 대해 S. 프로이트의 정신분석학적 측면으로 바라보지 않더라도 재평가 되어야 마땅하다. 그것은 초허가 6권의 시집을 출간했지만 전원적 목가풍의 시작품이 흔하게 발견되지 않는다는 점이다.

지금까지 초허의 시세계를 전원적 목가풍의 시로부터 다르게 분리시키지 못한 가장 큰 이유는 그가 어떤 까닭에서 전원적 목가풍의 시를 써왔는지에 대한 후대의 충분한 연구·검토가 없다는 점이다. 또 다른 하나는 초허의 시세계에 대해 재평가되어야 한다는 학계의 목소리가 설령 점점 거세지고 있다하겠으나 아직 이렇다 할 마땅한 연구결과가 없다는 사실이다. 부연하면 그가 현실정치에 참여함으로써 그의 문학세계에 대해 연구자들의 부정적인 생각을 갖게 한 것도 그의 문학세계를 연구하는데 걸림돌로 작용한 이유 중에 하나다.

초허가 한용운, 이육사, 윤동주 만큼의 지사(志士)적인 삶은 살지 않았다. 그러나 그의 단순하고 평범한 삶과 표면적이고 전원적인 목가풍의 서정시를 쓴 시인으로 규정짓는 것은 올바른 문학적 평가라고 할 수 없다.

본 연구는 초허의 시작품을 고향과 가족 상실과 조국상실, 그리고 거기에 따른 저항, 동시에 이데올기에 의한 민족상잔의 아픔과 같은 것을 시로 승화시킨 것을 살펴보았다. 끝으로 그의 수필문학에 대한 연구를 향후 연구주제로 남겨두기로 한다.

# 김동명의 정치평론집에 나타난 '자유민주주의' 사상 고찰

김윤정*

---

**목 차**

1. 들어가며
2. 김동명의 사상 형성 배경
3. 정치평론에 나타난 자유민주주의의 본질
   3.1. 김동명의 법의식과 민주주의의 기준
   3.2. 인민 주체로서의 민주주의에 대한 신념
4. 김동명의 비판적 지성
5. 나오며

---

## 1. 들어가며

1923년에 등단한 이래 6권의 시집과 2권의 수필집, 그리고 3권의 정치평론집을 발간한 김동명에게 글쓰기는 예술 활동의 매개체이자 사상가로서의 면모를 드러내는 계기에 해당하였다. 1920년대 상징주의 시풍을 담고 있는 『나의 거문고』(1930)를 비롯하여 서정 시인이자 전원시인으로서의 정체성을 보여준 『파초』(1938), 『하늘』(1948)이 김동명의 강한 예술가적 성격을 반영하고 있다면 태평양 전쟁과 해방 정국의 혼란스런 상황 및 6.25 전쟁과 피

---

*강릉원주대 국어국문학과 교수

난 생활을 다루고 있는 『3.8선』(1947), 『진주만』(1954), 『목격자』(1957) 등의 현실참여적인 시집들과 『적과 동지』(1955), 『역사의 배후에서』(1958), 『나는 증언한다』(1964) 등의 정치평론집은 그의 사상가적 개성을 나타내는 것이라 할 수 있다. 우리에게 흔히 고아한 목가시인으로서 알려져 있는 김동명이지만 그의 방대한 양의 문필업적을 면밀히 살펴본다면 그를 단순히 관조적인 서정시인으로 이해할 수만은 없는 것이다. 세 권의 참여적인 시집들과 세 권의 본격 정치평론은 오히려 그를 강직한 사상가로서 보게 한다.

실제로 김동명은 일제말기 창씨개명을 거부하고 절필한 이력을 지니고 있으며 해방공간 시기에는 이북에서 조선민주당 당원으로서 정치활동을 하였음을 알 수 있다. 그의 수필 「월남기」에는 함흥지역의 도당위원장을 역임하다 김일성과 소련에 의해 정치적 탄압을 받고 비밀리에 월남하던 정황이 잘 그려져 있거니와[1] 그의 전기적 사실은 그를 현실에 안주하는 정적인 인물로 이해하게끔 하기보다 현실에 맞서는 행동적이고 실천적인 인물로 여기도록 한다. 그의 정치적 성향은 월남 후에도 계속되어 가열찬 정치평론을 쓰는 일과 초대 참의원을 역임하며 국회의원으로 활약하는 것으로 이어졌다. 김동명이 시인으로서만이 아니라 교육자와 언론인으로, 또 정치가로서 자리매김되고 있는 데에는 그의 이와 같은 행동적이고 실천적인 태도가 가로놓여 있는 것이리라. 말하자면 그는 서정적 예술가이기 이전에 현실에 부딪히며 치열하게 삶을 살아간, 따라서 민족의 지도자적 역할을 다하고자 하였던 강인한 사상가에 해당하였다.

김동명을 바라보는 이러한 관점, 즉 그를 사상가적인 인물로 바라보는 일은 그의 예술가적 입지를 약화시키는 것으로 귀결되지는 않을 것이다. 김동명은 1930년대 신석정, 김상용과 더불어 전원시인으로서 입지를 인정받고 있으며 그의 아름다운 시는 가곡으로 편곡되어 널리 애창되고 있지만, 그는 2,30년대 초기 시작을 제외하고 현실정치에 더 큰 관심을 지녔으며 이로 말미암아 이 시기 누구도 행하지 않았던 생생한 참여적인 시의 영역을 개척해 보여주었다. 뿐만 아니라 그는 역시 누구도 시도하지 않았던 본격적인 정치평론의 성과를 우리에게 당당하게 보여주고 있다. 그의 이러한 현실참여의 성과물들은 후대로 하여금 당대의 긴박한 상황을 이해하고 그에 따른 바른 삶의 길이 무엇이었는가를 성찰하게 해주는 매우

---

[1] 수필 「월남기」에 대한 상세한 해설은 장정룡의 「김동명 수필의 '월남'과 '피난' 표출양상」(『김동명문학연구』 창간호, 김동명학회, 2014, pp.27-63) 참조.

중요한 역할을 하고 있음을 알 수 있다. 요컨대 그의 사상가적 면모는 그의 예술가적 면모를 위축시키는 대신에 그의 예술을 보다 넓은 지평에서 해석하게 하는 계기가 될 것이다.[2]

사상가적인 측면에서 보았을 때 김동명은 누구보다도 예리하게 현실을 파악하고 누구보다도 단호하게 그에 대처했던 인물이었다는 사실에 놀라게 된다. 그는 일제가 태평양 전쟁을 일으켰을 당시 어느 누구도 일제의 패망을 예상치 못하여 그에 조력하고 친일로 기울어졌을 때에도 곧 있을 일제의 패망을 예견하고 사태를 관망했던 매우 날카로운 정치감각의 소유자였다. 그는 일제의 진주만 공습으로 인해 미국이 전쟁에 참여하게 될 것을 예측하였으며 이후 패망한 일제에 대해 우리 민족이 어떻게 대응해야 하는지를 계획했던 매우 탁월한 지성인이었던 것이다.[3] 이 점은 해방 이후 그의 실천적 행적에 그대로 귀결되는데 그것은 미국과 소련의 분할 통치가 이루어졌던 시기 조금도 지체 없이 자신의 신념에 바탕을 둔 정치활동을 펼치는 데에서 드러났다. 그가 함흥지역에서 조만식 계열의 조선민주당 당원이자 도당 위원장으로서 활동을 한 것이 그것이라 할 수 있고 또한 자유민주주의 이념을 좇아 단신으로 월남을 단행한 사실이 그 점을 말해준다.

그의 후기시집에서 드러나듯 그는 현실 인식에 있어서 매우 구체적이었으며 그의 정치평론에서 드러나듯 그의 현실 대응 태도는 매우 비판적이고 합리적이었다. 이때 그는 자유민주주의자로서의 이념적 성격을 매우 뚜렷이 보이게 되는데 이것은 해방공간에서 좌우익을 비롯하여 중도 좌우파들 간의 수다한 이념의 각축이 벌어졌을 당시 김동명의 사상적 위치가 무엇이었으며 그것의 배경과 논리가 무엇인가를 이해하도록 해준다. 김동명은 누구보다도 확고하게 자유민주주의자를 대변하였던바, 이는 당시의 정치적 지형도 내에서 분명한 정치적 의미를 지니는 것이었다. 더욱이 자유민주주의를 찾아 월남을 단행했던 만큼 김동명에게 자유민주주의는 그의 가족과 맞바꾼 절박한 것이었다. 이러한 절박함이 그를 분단 이후 거의 최초의 본격 정치평론가가 되게끔 이끌어 갔을 터이다.

김동명의 정치평론은 매우 뚜렷하고 일관되게 그의 자유민주주의적 사상의 면모를 나타내

---

[2] 김동명의 사상가적 성격에 입각하여 시를 살펴볼 때 예술성 강한 그의 서정시에서 또한 확고한 주체에의 의지를 읽을 수 있게 된다. 졸고, 「김동명 시에 나타난 주체의식 연구」, 『김동명문학연구』 창간호, 김동명학회, 2014, pp.179-206.

[3] 김동명의 아들 김병우 교수는 이때의 일을 언급하면서 이러한 정세판단에 의해 김동명이 장차 미래에 대한 대비를 위해 『진주만』 시작노트를 작성하였다고 증언하고 있다. 김병우, 「아버지 김동명에 관한 서한」, 『김동명의 시 세계와 삶』, 한남대출판부, 1994, p.212.

고 있다. 그의 세 권에 달하는 정치 평론은 남한만의 단독 정부가 수립되고 6.25 전쟁이 발발하며 이후 이승만과 박정희에 의한 독재통치가 이루어지던 시절에 쓰여진 것들로서 분단 이후 남한에서 자유민주주의를 어떻게 수립해 가야 하는지를 소상하고도 힘있게 논설하고 있다. 그의 논설을 따라가면 당시 이승만과 박정희의 독재 체제가 어떤 사태의 것이었으며 민주주의와는 얼마나 먼 것이었던가를 구체적이고도 선명히 파악할 수 있게 된다. 우리는 그의 논설을 통해 자유민주주의의 본질이 무엇이며 그것이 어떻게 독재주의 및 전체주의와 대립하는 것인지를 이해할 수 있게 되는 것이다. 이 점에서 김동명의 정치평론은 매우 의미 있는 업적이자 성과임을 짐작할 수 있다. 이에 본고는 김동명의 세 권의 정치평론집을 읽으면서 그의 독재정권과의 투쟁의 양상을 살펴보고 그가 한국에 어떻게 자유민주주의를 정립해나가고자 하였는지를 살펴보고자 한다.

## 2. 김동명의 사상 형성 배경

강릉에서 태어난 김동명이 8세 때 어머니에 이끌려 원산으로 이주해 간 사실은 김동명의 사상 형성의 배경을 살펴볼 때 매우 주목할 만한 대목이다. 그의 어머니는 신사임당과 같은 평산 신씨로 김동명을 낙후된 지역에서 벗어나 진보된 신교육을 받게 하고 싶었던바 이러한 어머니의 의지는 어린 김동명의 손을 이끌고 당시 신문물이 가장 활발하게 유입돼 오던 지역 중 하나인 원산으로 이주하게 된 이유가 되었다. 원산은 인천, 서울, 평양, 함흥 등과 더불어 한반도에서 가장 활발하게 신학문을 받아들이던 지역이었다. 김동명이 원산을 찾게 된 것은 한마디로 신교육을 받기 위해서였다. 김동명은 원산으로 이주한 후 그의 어머니의 바람대로 신교육을 통해 '근대화의 새벽길'을 밟아가게 되었다.[4]

김동명이 원산과 함흥을 오가며 선교사들이 설립한 학교에서 신교육을 받았을 뿐 아니라 교원으로 재직하였고,[5] 일본에 가서 신학을 공부한다든가 관서지역에서 요청이 있는 대로

---

[4] 김병우, 위의 글, pp.224-5.
[5] 김동명이 원산에서 소학교를 졸업한 후 입학한 함흥의 영생중학교는 캐나다 장로회 소속의 선교사 마구례 목사에 의해 설립된 학교다. 김동명은 이곳 영생 중학교를 졸업(1920)한 뒤 흥남의 동진소학교와 평남의 강서소학교 등 여러 학교에서 교원(1921-1924)으로 있다가 일본의 청산학원에서 신학 공부를 하고 돌아와(1925-1928) 모교인 영생고보 교원 및 동광학원 원장(1934-1938)을 지내고 흥남중학교 교장으로 재직(1945-1946)하게 되는데, 이

교회에 가서 신사상을 소개6)하였던 이력들은 특히 김동명과 기독교의 관계가 매우 밀접하였음을 말해준다. 또한 김동명은 월남한 직후 한국신학대학교와 이화여대에서 교수로 재직하게 되는데 이화여대가 기독교계 미션스쿨이라는 점을 떠올릴 때 김동명의 의식 형성에 기독교가 어떤 영향을 미쳤는지 알 수 있다.

김동명이 근대화된 교육을 받기 위해 원산으로 이주를 하였고 또한 기독교를 매개로 관서지역에까지 활동 영역을 펼치고 있었다는 점은 그의 사상이 당시 서북지역에 확산되어 있던 우익 민족주의 운동과 직결되고 있었음을 짐작하게 한다. 조선시대 정치 구조에서 소외되어 있었던 까닭에 문호개방 이후 서구의 신문물 수입에 진취적이었던 서북지역은 평안도를 중심으로 일제 강점기 우익 민족주의 운동의 본거지가 되어 독립운동을 전개하는 데 앞장선다.7) 근대 문물과 서구적 의식에 개방적이었던 이 지역의 지식인들은 해방 이후에는 김일성과 소련 군정에 맞서다 월남을 하기에 이르렀고 남한 내에서 단정 수립을 적극 지지하는가 하면 자유민주주의 체제를 옹호하는 정치적 입장을 보이게 된다. 김동명이 함남도당위원장으로 활동하던 조선민주당은 해방 후 조만식이 결성한 개신교 중심의 정당으로서 이북지역에서 반탁운동을 이끌며 우익민족주의 노선을 걷다가 김일성에 의해 조만식을 비롯한 핵심인사들이 숙청당하기에 이른다. 김동명 역시 이 시기 탄압을 받게 되어 도당위원장에서 물러나고 월남을 결심하게 된다.

김동명은 「월남기」에서 당시의 삼엄했던 분위기를 잘 보여주고 있다. 김동명 외에도 이 시기 조만식을 제외한 조선민주당 당원들은 상당수가 월남을 하고 남한에서 새로이 조선민주당을 조직하지만 이북 지역에 기반이 있던 조선민주당이 남한 내에서 큰 영향력을 끼칠 수는 없었다.8) 김동명은 월남 후 기독교계 대학의 교수로 재직하면서 정치 평론을 쓰는 등

---

때 그는 흥남학생의거에 연루되어 구속되었다가 풀려난다. 그의 이력은 그가 개신교와 맺은 인연이 깊으며 개신교 중심의 우익민족주의 운동에 적극적으로 참여했음을 말해준다.

6) 김병우, 앞의 글, p.224.
7) 김건우, 『사상계와 1950년대 문학』, 소명출판, 2003, p.82. 김건우는 195,60년대 박정희 정권에 대한 저항운동을 이끌었던 『사상계』의 사상적 내용을 고찰하면서 서북지역 지식인들의 존재에 대해 주목하고 있거니와 서북지역 지식인들은 안창호의 흥사단과 수양동우회와 같은 조직체를 통해 일제 강점기 우익 민족주의 운동을 펼쳤으며 해방 이후엔 월남하여 남한의 정치 엘리트로 활동하게 되었음을 밝히고 있다. 이북출신 지식인 집단은 남한 내에서 정치 지도층으로서 뿐만 아니라 종교계, 학계, 문예계, 경제계 등에서 두터운 사회지도층을 형성하였으며 미군정 하에서 단정수립을 주도하면서 이승만과 한민당을 지지하는 역할을 하게 된다. 이 시기 단정수립의 친위대를 자임하면서 극렬한 반공투쟁을 전개했던 서북청년단 역시 월남한 젊은 서북지식인들에 의해 결성된 것이라 할 수 있다.

언론 활동을 하게 되는데, 그는 조선민주당 당원으로서 활동을 하지는 않되 반탁 및 단정수립 등 남한에서 벌어진 좌우익 간 정치적 갈등이 있을 때마다 이승만 중심의 우익계 정치노선을 지지하게 된다는 것을 알 수 있다. 그의 정치평론에 나타난 바에 따르면 김동명이 지지했던 정당은 한민당에서 민국당, 민주당으로 이르는 계열임을 알 수 있다.9)

김동명은 1956년에 쓰여진 그의 정치 평론 「민주당에 바람」10)에서 한국민주당이 민주국민당으로, 그리고 민주당으로 계승되어 왔음을 전제하고, 이들이 3.1운동에 뿌리를 둔 항일투쟁의 핵심세력이자 '중간파의 모략과 단선반대의 온갖 장애를 물리치며' 공산주의에 대항한 준열한 집단이라고 묘사하고 있다. 그는 한민당이 친일파 소굴이라는 인식에 대해 당시 친일파가 아닌 자가 누구였으며 민족 반역의 현행범은 오히려 공산당이었다11)는 근거로 이를 반박하고 있다. 또한 한민당이야말로 민중의 영도자이자 이승만 정권과 하지 정권에 대결한 정통 야당임을 주장하고 있다.

김동명의 한민당 지지는 그가 이북에서의 탄압을 피해 월남한 이력을 지니고 있었던 만큼 자연스러운 것이었다 할 수 있다. 한민당은 철저히 반공우익 이념의 대변자였으며 이러한 연장선에서 반탁운동과 단정수립을 적극 지지하는 세력에 해당되었기 때문이다. 가족을 놔두고 단신으로 월남을 강행한 김동명으로서 자유민주주의 이념에의 헌신은 필연적인 것이었을 터이다. 김동명의 한민당에 대한 옹호는 좌익측의 관점과는 극단적으로 대립하고 있던바, 그는 한민당의 항일투쟁의 연원이 3.1운동에 있음을 분명히 하고 그 직후 동아일보 등의 언론 활동을 통해 문화투쟁을 전개하였던 점을 부각시키고 있다. 실제로 한민당이 창당할 당시 창당 선언문을 통해 중경의 대한임시정부를 정부의 기원으로 삼을 것을 천명하였던 점12)은 한민당의 이념적 성격을 이해하는 데 도움을 준다. 그러나 한민당이 친일파 세력을

---

8) 이때 월남한 당원들 가운데 국회의원 후보로 출마하였다가 당선된 자는 이윤영 하나뿐이었다. 이윤영은 이승만 측근으로 제헌국회에 참여하게 된다. 이윤영을 비롯하여 한근조, 김병연 등 월남한 조선민주당 당원들은 남한에서 김구, 김성수, 이승만 등과 더불어 반탁운동을 전개하는 등 우익 정치 활동에 가담한다.
9) 한국민주당은 1945년 9월 송진우, 김성수, 장덕수, 조병옥, 윤보선 등에 의해 창당된 반공우익 보수주의적 정당으로 1948년 이승만의 단정수립론을 지지하였던 세력이다. 이후 1949년 2월 민주국민당으로 개편하고 1955년 민주당으로 계승된다. 4.19혁명 후 수립된 제2공화국에서 민주당 공천으로 참의원이 된 김동명이 민주당의 뿌리인 한민당의 정치 이념에 동조했으리라는 것은 쉽게 짐작할 수 있다.
10) 김동명, 「민주당에 바람」, 『역사의 배후에서』, 신아사, 1958, pp.129-133.
11) 위의 글, p.134.
12) 1945년 9월 16일 한민당의 창당대회 시 창당 선언문에는 "우리는 머지않아 해외의 개선동지들을 맞이하려 한

흡수함으로써 친일파 척결에 부정적이었고 토지개혁에 대단히 미온적이었던 까닭에 민중으로부터 외면받았던 정황을 상기할 때 김동명의 한민당 지지는 이북에서 겪었을 그의 특수한 경험에 비추어 이해해야 할 것이다. 개신교 우익민족주의자의 시각에서 체험한 김일성과 소련의 실태는 김동명을 명백한 반공주의자로 방향지웠을 것이기 때문이다.

김동명이 한민당을 옹호하였음에도 불구하고 김동명을 이해할 때 그를 정당논리의 측면에서만 접근하는 것은 옳지 않다. 그것은 김동명이 1960년 혁명 이후 민주당 정권 하에서 참의원 시절을 겪었을 때에도 그가 민주당 정권을 전적으로 옹호하지는 않기 때문이다. 그는 줄곧 민주당의 장면 정권이 4.19 혁명을 계승하지 못하고 있다고 비판하면서 이후 도래하였던 5.16 군사 쿠데타 세력을 두고 '혁명의 완수를 위한 것으로 여겨'[13] 환호하는 모습을 보이고 있는 것이다. 물론 김동명은 박정희 군부가 쿠데타 이후 약속했던 대로 권력을 민정에게 이양하지 않는 모습을 보고 대단히 실망하면서 비판의 목소리를 드높인다. 이러한 점은 그가 어느 한 정당의 노선에 투항한다거나 권력에 추종하는 대신 자신의 확고한 신념에 따라 살아갔음을 말해준다.

그가 이승만 독재체제에 반대하여 한민당, 민주당을 옹호했다거나 일시적으로 5.16 군사 쿠데타를 지지했던 것, 그리고 동시에 민주당 정권을 비판하고 역시 군사 정부를 비난했던 것은 모두 김동명이 권력에 편향됨 없이 철저하고도 일관되게 자유민주주의라는 자신의 신념을 따랐음을 의미한다. 어릴 때부터 미션계 스쿨에서 수학하며 서구식 자유민주주의의 본질을 체험하였던 그는 자유민주주의의 개념, 그것의 내포와 외연을 몸으로 체득하였을 것이며 이것에 의거하여 월남을 감행, 이남에서의 자유민주주의 국가 세우기에 열정을 기울였던 것이다. 그의 시각에 따르면 한민당의 우익 노선은 민족주의에 입각한 자유민주주의의 그것이었고 그 점에서 이승만의 독재정권에 맞섰던 대표 야당이 될 수 있었던 것이다. 그러나 민주당이 정권을 잡게 되어 부패한 모습을 보이자 김동명은 이에 대해 또다시 비판을 멈추지 않았으며 새로이 등장한 박정희 세력에게 기대를 걸었다가 그들이 군사독재 성향을 드러내자 가열한 비판을 시작한다. 반면에 4.19 혁명은 김동명에게 지고지순의 절대적 가치로

---

다. 더욱이 인방중경에서 고전역투하던 대한임시정부를 중심으로 결집한 혁명동지들을 생각건대 (중략) 우리는 맹서한다. 중경의 대한임시정부는 광복 벽두의 우리 정부로서 맞이하려 한다"라고 명시되어 있다. 위키백과 http://ko.m.wikipedia.org/wiki〉한국민주당

13) 김동명, 「5.16을 당하고 난 소감」, 『나는 증언한다』, 신아사, 1964, p.362.

남아있게 된다.14)

　김동명의 이러한 일련의 모습은 그가 명실공히 자유민주주의자로서 이 땅에 진정한 자유민주주의를 건설하기를 열망했음을 나타낸다. 그는 이 나라의 권력자들이 자유민주주의의 허울을 뒤집어쓴 채 실질적으로는 권력의 유지에만 관심 있어 하는 작태를 괴로워하면서 독재정치 및 전체주의에 대한 사상투쟁을 전개하였다. 그에게 자유민주주의는 분단이라는 조건에 의해 언제나 양보되고 희생되어야 하는 정치적 이용물에 해당하는 것이 아니라 어떤 조건에서도 강력하게 추진되어야 하는 절대적 명제였던 것이다. 자유민주주의는 남한 땅에서 지켜져야 하는 가장 숭고한 가치에 해당하였다. 그의 정치평론은 바로 이러한 자신의 자유민주주의에 대한 신념을 논리적으로 펼쳐나간 장이 되었던바, 그의 정치평론을 통해 우리는 진정한 자유민주주의의 개념에 대해 확인하게 된다.

## 3. 정치평론에 나타난 자유민주주의15)의 본질

　김병우는 아버지 김동명에 대해 술회하는 글에서 김동명이 우리나라에 깊이 박혀 있는 '왕조시대의 의식구조'야말로 민주주의의 적이라고 강조한 바 있음을 밝히고 있다. 김동명은 왕조와 함께 왕조사회가 망한 것이 아니라 우리 의식 속에 건재함으로써 신분적 체제와 지배 권력의 배분 구조 속에 그대로 살아 있어 상하 윤리 체계를 형성하고 있다고 보았다는 것이다. 그것은 평등을 기본적 조직 원리로 하는 민주 사회에 파괴적으로 작용하고 있어 문제가 된다.16)

---

14) 김동명은 「4.19의 감격」(위의 책, pp.396-8)에서 "4.19는 내게 있어서 내 인생 최대의 감격이다. 실로 3.1의 흥분과 8.15의 환희를 한데 합친 것과도 같은 비중을 가지는 감격"이라며 4.19에 대한 소회를 밝히고 있다. 실제로 4.19 혁명의 중심 주체들은 2차 세계대전 후 신생 독립 국가들에 대한 미국의 자본주의·민주주의 지원 정책에 의해 교육되고 길러진 세대들임을 알 수 있다. 미국식 자유주의, 민주주의 교육에 의해 양성된 4.19 세대들은 이승만의 독재적이고도 부패한 정치 행태가 그들이 배운 교육적 내용과 너무도 달랐음을 인식하고 이에 대해 항거하게 된 것이다. 이승원, 『민주주의』, 책세상, 2014, pp.99-100.

15) 자유민주주의는 미군정 시대 이래 미국, 이승만, 한민당에 의해 주도되어 현재 우리나라 정치제도의 기원을 형성하고 있는 이념이다. 우리의 제헌헌법은 정치적으로 자유민주주의에 토대하여 성립되었다(민준기 외, 『한국의 정치』, 나남, 2008, pp.27-8). 미군정 시대에 기원을 두고 있는 자유민주주의는 파시즘과 전체주의에 대한 대항적 의미를 지니는 것이었다. 당시의 냉전체제를 감안할 때 그것은 실질적으로 반공주의를 가리키는 것이다.

16) 김병우, 앞의 글, pp.253-5.

김병우의 진술에 기대면 자유민주주의자 김동명에게 민주주의는 단순히 체제상의 문제가 아니라 정신과 문화적 차원에서부터 발원하는 근본적인 것에 속한다. 그런데 불행히도 수백 년 간 주자학적 왕조사회에 젖어 있던 우리로서는 의식에서부터 반민주적인 토대를 이루고 있다. 우리나라에 존재하는 권위주의적 상하윤리체계는 이러한 반민주주의적인 의식에서 비롯된 것인바, 이로 말미암아 우리나라에는 민주주의의 가장 기본적인 요건인 자유와 평등, 인간의 존엄성 등의 가치들이 지켜지기 힘들게 되었다. 이러한 관점에서 김동명의 첫 번째 정치평론집의 제목이 된 『적과 동지』에서 '적'은 어느 특정한 개인이나 집단이 아니라 권력을 소유하고자 민주 이념에 반하는 모든 세력을 가리킨다.[17] 김병우에 의하면 8.15 이후 김동명의 가장 본질적인 싸움의 상대는 이들 민주주의의 적을 향한 것이었고 김동명은 민주주의의 정착을 위해 그의 온갖 열정을 바쳤음을 알 수 있다.

아버지에 대한 김병우의 평가는 김동명의 정치평론에서 파악할 수 있는 민주주의의 반의어가 독재체제[18]라는 점에 비추어 볼 때 매우 타당하다 할 것이다. 김동명에게 독재정치는 법과 질서를 뒤흔드는 것으로서 증오와 저주의 대상이었다. 정치평론에서 보이는 그의 이승만과 박정희 정권에 대한 신랄한 비판은 그들이 모두 국가의 헌법을 무시하고 온갖 폭력과 기만을 동원하여 자신들의 권력 쟁취에만 급급한 데서 비롯한 것이었다.

### 3.1. 김동명의 법의식과 민주주의의 기준

김동명에게 애국자와 반역자를 구분하는 기준은 ① 국가 헌법에의 태도 ② 민주주의 이념에의 충성 ③ 국가의 재산에 대한 태도[19]이다. 1954년에 쓰여진 「애국자냐 반역자냐」에서 밝힌 이러한 관점은 1952년 발췌개헌과 1954년 사사오입 개헌 과정에서 드러난 이승만의 권력욕에 대한 환멸의 정서를 나타내는 것이다. 여기에서 ② 민주주의 이념에의 충성이란 김동명에 의하면 '인민의 의사 표현 중시'의 의미를 띠는 것이므로, 이 항목 역시 자신의 권력 의지를 관철하기 위해 국민의 의사를 무시하고 폭력을 일삼았던 이승만의 작태를 겨냥하

---

17) 김병우, 위의 글, pp.256-7.
18) 김동명은 '민주정신에 있어 독재사상은 대천을 함께 할 수 없는 원수'라고 하면서 '인간의 존엄을 유예하는 데서 시작하고 탄압과 박해를 상투적 수단으로 취하는 독재주의는 범죄'라고 단언하고 있다. 「적과 동지」, 『적과 동지』, 창평사, 1955, p.62.
19) 김동명, 「애국자냐 반역자냐」, 위의 책, p.292.

는 것이라 할 수 있다. 한 마디로 김동명에게 이승만은 반역자에 해당하는 자인데, 그것은 무엇보다 이승만이 종신대통령을 향한 야욕을 위해 제헌헌법을 멋대로 바꾸던 사태에 기인한 것이다.

김동명에게 제헌헌법은 "우리들 자신의 주체적 능동적 창의와 설계에 의한, 실로 민국만대의 복지와 권익을 약속하는 민주헌법"임에도 불구하고 현실정치는 이에 대해 "불법개헌, 공공연한 폭력선거, 공공연한 인권침해"20)을 벌였다는 것이다. 헌법은 있으나마나 한 채 정치에 무관한 존재가 되었다. 당시 이승만의 사리사욕을 위해 자행되던 폭력선거, 불법선거, 그리고 무차별적 헌법 개정은 김동명의 관점에서 볼 때 국가의 근간을 뒤흔드는 통탄할 사태였다. 그에게 이승만 정권의 이러한 태도는 민족의 생존을 위협하는 일이었다. 이러한 사태 앞에서 김동명은 헌법 정신을 지킬 것을 호소하고 있다.21)

김동명은 그의 정치평론 가운데 「법의 권위를 위하여」(『적과 동지』), 「정치파동 40일간의 회고」(『적과 동지』), 「애국자냐 반역자냐」(『적과 동지』), 「개헌조항에 관한 우리의 의의」(『적과 동지』), 「개헌안의 맹점」(『적과 동지』), 「개헌에 선행할 것」(『역사의 배후에서』), 「가책과 호소」(『역사의 배후에서』) 등에서 대의명분 없는 불법개헌 파동을 규탄하는 동시에 헌법수호에의 의지를 피력하고 있다. 그는 민주주의 국가의 기반이 되는 '법'의 엄중함을 거듭 강조하고 있다.

'法'은 어디까지나 '法'이래야 한다. '法'을 움직이는 者는 '法' 이외에 있을 수 없다. '法'으로 하여금 먼저 '法'을 지키게 하라. 이것은 眞實로 '法' 精神의 至上命令인 것이다. 이 命令에 忠誠과 勇氣를 다할 수 있는 者만이 그 머리 위해 法帽를 얹어 스스로 辱됨이 없을 것이다. '法'의 '몽둥이'--法은 곧 理性이요 良心이다. 그것이 몽둥이일 수 있을 때 그것은 벌써 法의 屍體임을 意味한다--로 敵을 때리기에 급한 저 獨裁國家의 醜惡한 犯行에 最大의 憤怒를 느낄 수 있는 者만이 '내 아비라도 法을 어기면 잡아 가두겠노라'는 '막사이사이'의 極言의 고마움을 알 수 있을 것이다.22)

---

20) 김동명, 「가책과 호소」, 『역사의 배후에서』, 신아사, 1958, p.279.
21) "우리는 찾아 가져야 한다. 인권을! 자유를! 법을! 질서를! 공명선거를! 민주주의를! 헌법정신을! 도로 찾아야 한다. 어떤 박해와 희생이 있을지라도 이것만은 기어이 찾아야 한다." 위의 글, p.282.
22) 김동명, 「법의 권위를 위하여」, 『적과 동지』, 창평사, 1955, p.176.

근대 민주주의 국가에서 법은 기존의 절대군주주의 체제를 넘어서기 위한 방편으로서 만들어진 기제다. 법은 특권적 주체가 권력을 절대적으로 소유할 수 없도록 하기 위해 만들어진 것으로서 민주주의 국가에서 권력은 어떤 개인이나 집단의 사유물이 아닌, 어떤 정치 사회적 세력이라도 모두 공적인 영역에서의 의사 결정 과정에 참여함으로써 획득할 수 있는 것이다. 법 앞에 평등하다는 근대 민주주의 이념에 의해 인민은 누구나 정치권력을 차지할 수 있는 시민으로서의 자격을 가지게 된다.[23]

법이 민주주의 국가의 구성원들에게 모두 평등하게 권리와 의무를 부여하는 장치이자 기제라 한다면 민주주의 국가의 질서와 기강은 모든 구성원들의 공통된 법 수호에 의해 지켜지는 것임이 자명하다. 법 수호의 의무로부터 어떤 구성원도 자유롭지 못하며 모든 구성원들이 법을 수호할 때라야 권력의 공평무사한 분배가 이루어질 것이다. 반면 힘을 빙자하여 이를 어기는 자가 있다면 그것은 인민에 대한 배반이자 국가에 대한 반역이 된다. 이 과정에서 인민에 대한 폭력이 자행될 것이며 인민은 의사 결정 과정에서 소외될 것이다. 이는 법을 지키는 일이 민주주의 국가에서 어떤 의미를 지니는지를 명백히 말해주는 대목이다.

사정이 이러함에도 김동명이 이들 정치평론을 쓰던 1952-1958년 당시는 이승만의 초법적 정치만행이 자행되던 시기로 형식적인 민주주의적 절차가 전혀 지켜지지 못하였다. 위의 인용글 역시 이승만 독재정치에 반대하는 인물을 처단하던 '서의원사건'을 다루고 있는 것으로 이승만의 불법적 정치가 인민의 기본적 인권조차 파괴하고 있음을 고발하고 있다. 이는 명백한 독재주의적 폭력과 횡포이며 이성과 상식이 붕괴되는 사태라 할 수 있다.

이처럼 민주주의의 기본적인 제도가 지켜지고 있지 못할 때 인민이 할 수 있는 일은 무엇일까? 선거를 비롯하여 합법적인 방식으로 권력의 횡포를 막아내지 못할 때 인민이 할 수 있는 선택은 장외투쟁 이외에 달리 없을 것이다. 4.19 혁명은 권력에 의해 법이 유명무실해지고 최소한의 형식적 민주주의마저 지켜지지 않은 것에 대한 민중의 심판에 해당하였다. 자유민주주의 이념에 투철했던 김동명이 4.19 혁명에 감격한 것은 물론이다. 이점에서 김동명이 이승만 정권을 향해 헌법 수호를 호소한 것은 지식인으로서의 최선의 양심있는 행위였다 할 수 있다.[24]

---

23) 이들 항목들은 모두 근대 민주주의 정치체제의 특징을 말하고 있다. 이에 대해서는 이승원의 앞의 책, p.58.
24) 김동명은 1954년에 쓰여진 「개헌안의 맹점」(앞의 책, 1955, p.353)에서 "자유당의 개헌 조항(초대 대통령 중임

## 3.2. 인민 주체로서의 민주주의에 대한 신념

4.19 혁명이 성공하자 김동명은 그것이 12년간의 독재의 아성을 무너뜨렸다며 매우 높이 평가했다. 그는 4.19 혁명이 '3.1운동의 흥분과 8.15의 환희를 합친 것과도 같은 비중을 가지는 감격'이라고 하면서도 이들보다 훨씬 가치 있는 것으로 보았다. 3.1봉기는 목적 달성에 실패하였고 8.15는 우리의 힘으로 이룩한 것이 아니라는 이유에서다. 이에 비해 4.19는 '상하 4천 년에 걸친 이 나라 오랜 역사에서 이 민족이 이룩한 가장 값지고 보람있는 사업'이었다.25) 이승만의 독재정치에 강한 증오와 혐오를 느꼈던 만큼 김동명에게 4.19는 해방이자 구원에 해당하였다.

그러나 4.19 혁명에 의해 등장한 2공화국의 장면 정권에 대해 김동명은 또다시 실망하게 된다. 그것은 장면 정권 역시 권력을 장악한 직후에 이승만 정권과 다를 바 없는 부패한 모습을 보였기 때문이다. 그는 민주당이 자유당의 재판이라면서 민주 국가의 장래를 위해 장면 정권이 계속되는 것은 위험한 일이라고 주장하였다. 김동명은 4.19 혁명 이후 대부분의 국민들이 민주당 정권의 출현에 기대가 컸으나 혁명의 계승에 무관심한 민주당의 모습에 실망을 하였다고 진단하고 있다.26)

이러한 이유로 김동명은 5.16 군사 쿠데타가 일어났을 때 이를 적극 환영하게 된다. 그는 쿠데타 세력을 '군사혁명'이라 칭하면서 그가 받은 충격과 감동을 숨기지 않았다. 김동명은 그것이 4.19 혁명의 완수를 위한 것으로 여겼다. 특히 쿠데타 세력이 경제제일주의와 반공주의를 표방한 것은 김동명의 신뢰를 얻는 데 일조하였다. 쿠데타는 무능한 장면 정권이 하지 못한 4.19의 계승과 정국 안정을 위해서 불가피한 사태였다면서 김동명은 이를 극력으로 지지한다. 그러나 시간이 지날수록 김동명은 이들 군사세력에 대해 불안과 두려움을 느끼게 된다.27) 군사 정부가 그들의 약속과 달리 권력을 이양하지 않고 있었기 때문이다. 이 때부터 김동명은 민정으로의 정권 이양을 강력히 주장하게 된다.

---

제한 폐지를 위한 개헌-인용자 주)이 대의명분에 위배됨이 큼을 지적하면서 이에 국민의 이름으로 엄숙히 이를 거부한다."고 하면서 법의 엄중함에 대해 명시하고 있다.
25) 김동명, 「4.19의 감격」, 앞의 책, 1964, p.396.
26) 김동명, 「5.16을 당하고 난 소감」, 위의 책, p.360.
27) 김동명, 「민정으로 돌아가자」, 위의 책, p.418.

우리의 關心은 무엇보다도 이 나라 國體의 本質이요, 모든 國是의 根源이 되는 民主主義의 原理原則에 쏠릴 뿐이다. 다시 말하면, 民主主義란 政治的으로는 主權을 國民自身이 가지는 制度, 卽 이른바 '主權在民'을 鐵則으로 하는 것인데, '軍政'이란 두말한 것도 없이, 이러한 民主的 基本 原則에 違背되기 때문이다.

軍이 國家의 主權을 獨擅한다는 것은, 許多한 境遇에서, 보다 悲劇的이었다는 事實-歷史가 보여준-도 전혀 무시할 일은 못되지만은 우리의 경우에서는 반드시 그렇지는 않다. 異例的인 或功이었음은 아무도 의심하지 않는다. 다만 우리로서는 民主主義의 基本原則만은 경우의 如何를 莫論하고 지켜지기를 바라고 싶을 뿐이다.

그런데 어디로보나, 民主國家임에 틀림없는 이 나라의 主權이, 비록 一時的나마, 그 主體인 國民의 손에서 떠났다는 것은 一大異變이요, 不祥事가 아닐 수 없다. 嚴格히 따진다면, 이 나라는 벌써 民主國家의 隊列에설 資格을 喪失했다고 할 수 있다.28)

민주주의는 어원에서부터 '누가 통치의 주체인가'라는 문제를 제기하게 된다. 서구에서 부르주아 혁명으로부터 근대 민주주의가 탄생한 것은 통치의 주체가 절대군주가 아니라 시민이 되었던 점에서 비롯하였다. 그것은 절대군주로부터 떨어져 나온 권력이 시민에게 귀속되는 순간을 가리킨다. '인민주체'의 문제는 '어떠한 절차가 민주적인가'를 통한 '법'의 문제, 그리고 권력의 독점을 제한하는 '어떤 권력인가'의 문제와 함께 민주주의의 개념을 규정하는 질문이다.29) 이승만이 절차상의 통치 방식 및 권력 독점의 측면에서 민주주의를 위반했다면 김동명이 본 박정희 정권은 통치 주체의 측면에서 문제가 되었다. 김동명은 '민정이란 진정한 의미의 인민에 의한 정치'임을 명시하면서 '조속한 시일 내에 정권이 민간인의 손으로 옮겨지기를 바란다'30)고 촉구하고 있다. 인용글에서도 나타나듯이 김동명은 쿠데타의 필요성을 긍정하면서도 이것이 장기화되는 것을 극도로 경계하고 있다. 이는 김동명이 '인권'을

---

28) 위의 글, pp.416-7.
29) 이승원은 근대 민주주의의 개념이 '누가 통치의 주체인가', '어떠한 절차가 민주적인가'라는 전통적 문제의식 외에 '어떤 권력인가'라는 문제의식에 의해 성립된다고 본다. '어떤 권력인가'의 문제는 권력의 성격을 묻는 것으로 권력을 절대적으로 소유할 수 없게 된 상황과 관련된다(이승원, 앞의 책). 즉 첫 번째 질문이 인민 주체의 정치를, 두 번째 질문이 형식적 민주주의를 가리킨다면, 세 번째 질문은 권력의 반독점적 성질을 가리킨다. 요컨대 민주주의는 인민에 의해 반독점적이고 합법적으로 통치되는 정치체제를 의미한다.
30) 김동명, 「민정으로 돌아가자」, 앞의 책, p.416.

핵심으로 하는 민주주의의 개념에 충실하고자 하였기 때문이다. 그에게 민주주의란 오직 '인민에 의한, 인민을 위한, 인민의' 것이라야 했기 때문이다. 군사정권은 통치 주체에 있어서 심각한 결격사유가 되는 것이다. 박 정권의 통치 주체에 관한 문제제기는 주로 군정 초기에 이루어지거니와 이를 다룬 글로 「비판정신의 앙양을 위하여」, 「민정으로 돌아가자」, 「민주원칙의 수호」, 「악법을 거부한다」, 「상처투성이의 민정」 등이 있다.

박정희 군사정권에 대한 김동명의 입장은 최초의 환영에서 차츰 군정 지속에 대한 불안, 그리고 그것의 전체주의화, 독재주의화에 대한 절망의 순서로 진행된다. 김동명이 지녔던 민주주의의 원칙에 대한 신념은 매우 공고하여서 그는 박정희 정권에 서서히 고개를 들었던 권력 독점과 절차상의 독재적 통치 방식에 대해 맹렬히 비난을 퍼붓기 시작하게 된다. '누구나 할 것 없이 정권만 손아귀에 넣으면 걷잡을 수 없이 썩어져 들어가기로 마련인 이 나라 비극적인 정치풍질'이라 한 김동명의 통탄은 점차적으로 박정희 정권의 권력의 독점화를 염두에 둔 것이다. 심지어 김동명은 '군정 시대에 비하면 이승만 시대마저 약과라는 생각'이 든다고 토로한다. 그는 박정희 정권 시대가 '숨도 제대로 쉴 수 없고, 금방이라도 질식할 듯하며 괴로움과 무서움에 사로잡혀야 할' 판국이라고 말하거니와,31) 이는 박 정권이 통치 주체의 측면은 물론 절차상 합법성이라는 통치 방식, 그리고 독점 금지라는 권력의 성질 등 모든 측면에서 민주주의를 위반하고 있음을 가리키고 있는 것이다.

그는 박정희 정권의 부정과 부패가 어느 시대보다 심하다고 하면서, 그 내용으로 박정희 정권이 독재 권력 유지를 위해 '중앙정보부'라는 비밀경찰기구를 조직하여 공포정치를 행하고 있다는 점, '정치정화법'을 만들어 정적을 사전에 꼼짝 못하게 하여 정권의 장기 안전을 기도하였다는 점, 박정희 정권이 군정정치를 합법화할 목적으로 일인정치의 제도화를 성문화하는 개헌안을 통과시켰던 점, 한국 언론이 그 어느 시대보다도 창피할 정도로 억압되고 있다는 점 등을 지적한다.32) 이에 따라 김동명은 박 정권을 향해 공화당, 중앙정보부를 해체하고 언론, 학원의 위축을 방지하며 법과 신의를 지킴으로써 민주주의를 유일한 신으로 삼을 것33)을 주문하고 있다.

---

31) 김동명, 「시국은 중대하다」, 위의 책, pp.473-4.
32) 위의 글, pp.480-3.
33) 위의 글, p.485.

주지하듯이 박정희 정권은 권력주체로서의 인민에 대한 존중은 물론 자유와 평등을 위한 법적 기본 원칙을 무시한, 이승만을 능가한 초법적 독재권력이었다. 그에게 법은 인민의 권리를 위한 것이 아니라 자신의 권력을 위해 인민을 핍박하는 도구이자 수단에 불과했다. 민주주의를 현대의 신[34]으로 여기고 진정한 민주주의의 한국에서의 실현을 위해 고군분투하던 김동명에게 이러한 박정희 정권이 바르게 보였을 리 없다. 김동명은 박 정권이 보여주었던 반인권적, 반민주적 성격을 낱낱이 폭로하면서 박 정권을 향한 언론 투쟁을 전개하였다.

## 4. 김동명의 비판적 지성

개념적인 차원에서 볼 때 자유민주주의에서 자유주의와 민주주의는 상호 보완적 측면과 상충적 측면을 동시에 갖고 있다. 김한원에 의하면 자유주의는 정부 권력의 정도와 관련이 있고 민주주의는 이 권력을 누가 가지고 있는가와 관련이 있다. 최소한의 정부의 주도성과 국민의 절차적 주권참여가 이루어질 때 자유민주주의가 실현될 수 있다.[35] 이는 국민에게 주권이 있으면서 이것이 초법적 권력에 의해 침해되지 않는 것을 가리킨다. 따라서 자유민주주의란 오직 인민의 권리가 법적 형식에 의해 보장되는 체제를 의미하는 것이다.

대한민국은 자유민주주의 이념에 기대면서 성립된 것이 사실이지만 우리 역대 정권들은 반공주의의 의미만을 강조할 뿐 개념적 차원에서의 진정한 자유민주주의 실현에는 무관심했음을 알 수 있다. 이는 우리의 역대 보수 정권들이 반공주의를 자신의 권력 유지를 위해 이용한 혐의를 지니고 있음을 말해준다. 우리의 보수 정권들은 자유민주주의를 내세우면서 사실상 반공주의만을 강조할 뿐 인민 주권에 대해서는 외면했다. 자유민주주의가 정치의 발전과 인민의 권리를 위한 근거로서 사용되어야 함에도 불구하고 우리나라에서 그것은 반공을 위해 오히려 인민과 정치를 탄압하는 근거가 되었다.

우리나라에서 이러한 현상이 일어났던 것은 물론 정권의 자유민주주의 호도 정책 탓이다. 이승만 정권이 인민의 의사에 따르는 척하면서 온갖 정치쇼를 동원하여 법질서를 유린하였

---

34) 김동명, 「신의 탄생」, 위의 책, p.440.
35) 김한원·정진영, 「자유주의·민주주의 그리고 한국」, 『자유주의: 시장과 정치』, 부키, 2006, pp.12-4.

다고 한다면 박정희 정권은 민주주의의 기본 개념 자체를 짓밟으면서 주체로서의 인민 위에 군림하려 들었다. 박정희 정권에게 정치는 '권력에 의한, 권력을 위한, 권력의' 체제에 다름 아니었던 것이다. 이들의 정치에서 인민의 자리는 어디에도 없었으며 정의도 자유민주주의도 존재하지 않았다.

대한민국의 건설 초반에 있었던 이와 같은 자유민주주의 체제에 대한 위협은 많은 비판 세력을 낳는 결과를 가져왔다. 4.19 혁명을 비롯하여 197,80년대의 지식인들과 민중들의 저항이 그것이다. 이들의 투쟁은 민주주의 수호를 위한 양심적이고 적극적인 참여에 해당하였다. 그러나 이 땅에서 정권의 독재적 행태에 대한 민중들의 저항은 민주주의를 위한 투쟁으로서 존중되기보다 '종북'이라는 이름으로 매도당하기 마련이었다. 인권과 자유와 평등을 이야기할 때 반민주적 정권은 이들을 가리켜 자유민주주의로 규정하는 대신 공산주의라고 곡해하였던 것이다. 이는 우리의 역대 정권이 얼마나 자유민주주의의 개념에 무관심하며 자신들의 권력 유지에 급급하였는지 잘 말해준다.

김동명은 세 권에 달하는 그의 정치평론을 통해 자유민주주의의 본질에 대해 정열적으로 개진하고 있거니와, 김동명의 정치평론은 교과서 속에서만 배운 자유민주주의의 실제를 우리에게 새삼 상기시킨다. 월남한 정치가 김동명이 외친 자유민주주의가 '종북'이자 '공산주의'일 리 없다. 그의 민주주의를 향한 호소가 이 땅에 진정한 민주주의 정착을 위한 정의로운 투쟁이었음을 말해주는 대목이다. 더구나 그의 정치평론은 당대 사회, 정치의 현장 속에서 생산되었다는 점에서 강한 실천성을 띤다. 그의 정치평론에 주목해야 하는 이유가 여기에 있다.

## 5. 나오며

우리는 김동명에게서 예술가의 모습만을 보지 않는다. 김동명은 예술가인 한편 저변에서부터 선 굵은 사상가에 해당되었기 때문이다. 그는 균형있고 냉철한 이성을 바탕으로 시대의 흐름을 인식하고 민족의 나아갈 바를 염려했던 비판적이고 예언자적인 지성인이었다.

어릴 때부터 서구적 신문물, 신교육에 접하였던 김동명은 자연스럽게 서구의 자유민주주의 이념에 노출될 수 있었고 개신교의 영향력 아래 해방 이후 우익 민족주의의 입장에서 공산주의 세력에 저항하는 활동을 하였다. 월남을 단행한 것은 이것이 빌미가 되어 김일성의 탄압을 받게 되었기 때문이다.

그가 월남 지식인이었다는 점은 그의 사상적 거점을 짐작하게 해준다. 반공주의와 자유민주주의가 그것이다. 월남 후 그는 철저히 반공주의와 자유민주주의 이념적 노선을 따르면서 미군정과 이승만, 한민당을 지지하게 된다. 그러나 주로 6.25 전쟁 직후부터 쓰여진 김동명의 정치평론은 그가 무조건적으로 이들을 지지한 것이 아니었음을 말해준다. 그의 정치평론에서 김동명은 매우 신랄하게 이승만 정권을 비판하기 때문이다. 그에게 문제되었던 것은 진정한 의미의 자유민주주의였지 권력도 그 무엇도 아니었던 것이다.

김동명은 세 권에 달하는 정치평론을 통해 역대 정권들의 실정에 대해 강력하게 비판한다. 그는 이승만의 독재정치와 장면 정권의 무능과 부패, 그리고 박정희의 군사 독재에 대해 매서운 비판을 아끼지 않는다. 이들은 공통적으로 권력에 들린 자들이었을 뿐 민주주의의 의미에 대해서는 무관심한 자들이었다. 정치평론을 통해 김동명은 이들의 부정을 낱낱이 고발하면서 자유민주주의의 진정한 의미에 대해 개진한다. 김동명의 소망은 오직 이 땅에 정의로운 사회, 진정한 자유민주주의를 뿌리내리는 일이었다.

김동명의 정치평론은 실제로 이땅의 진정한 민주주의 실현에 이바지할 것이다. 월남 지식인이었던 만큼 철저한 반공주의자였던 김동명의 민주주의 이념은 '종북이다 빨갱이다'하는 왜곡 없이 이 나라에 인권과 정의를 위한 지표를 제공해 줄 수 있을 것이기 때문이다. 자유민주주의의 본질을 정확히 이해하고 있던 김동명의 지성은 우리에게 사상의 방향을 제시하고 있거니와 그의 지성을 지표삼아 이 땅에 인권의 신장과 정치의 발전을 이룩하는 일이 우리의 과제라 할 것이다.

## 〈참고문헌〉

김동명, 『적과 동지』, 창평사, 1955.

_____, 『역사의 배후에서』, 신아사, 1958.

_____, 『나는 증언한다』, 신아사, 1964.

김건우, 『사상계와 1950년대 문학』, 소명출판, 2003.

김병우 외, 『김동명의 시세계와 삶』, 한남대출판부, 1994.

김수진, 『한국 민주주의와 정당정치』, 백산서당, 2008.

김윤정, 「김동명 시에 나타난 주체의식 연구」, 『김동명문학연구』, 김동명학회, 2014, pp. 179-206.

김한원·정진영 외, 『자유주의: 시장과 정치』, 부키, 2006.

민준기 외, 『한국의 정치』, 나남, 2008.

박찬표, 『한국의 국가형성과 민주주의』, 후마니타스, 2007.

엄창섭, 「원전비평 및 김동명 연보」, 『김동명의 시세계와 삶』, 한남대출판부, 1994, pp.275-345.

이미림, 「김동명 산문에 나타난 타자지향성과 디아스포라의식」, 『김동명문학연구』 창간호, 김동명학회, 2014, pp.111-142.

_____, 「작가(시인)로서의 삶, 지식인(정치가)으로서의 삶」, 『김동명문학연구』 제2호, 김동명학회, 2015, pp.79-99.

이승원, 『민주주의』, 책세상, 2014.

장정룡, 「김동명 수필의 '월남'과 '피난' 표출양상」, 『김동명문학연구』 창간호, 김동명학회, 2014, pp.27-59.

_____, 「김동명 수필집 『세대의 삽화』의 작품특질 고찰」, 『김동명문학연구』 제2호, 김동명학회, 2015, pp.53-72.

# 金東鳴 詩 硏究

이성교*

---
**목 차**

1. 序 言
2. 芭蕉의 鄕愁
3. 東鳴의 詩世界
　1) 前期의 詩世界
　2) 後期의 時世界
4. 結 語

---

## 1. 序 言

　올바른 詩人 硏究는 詩史를 더 밝게 해 준다. 그런데 우리 詩史는 아직까지 이렇다 할 정리가 없다. 다만 斷片的으로 몇 詩雜誌에서 지극히 印象批評的으로 다루고 있는 실정이다. 한 詩人의 연구는 곧 詩人이 속해 있었던 연대의 특색을 말하여 주기도 한다.

　筆者가 여기서 다루고자 하는 金東鳴論도 우리 詩史에서 뺄 수 없는 존재다. 그럼에도 불구하고 그의 逝去 후 지금까지 學界에서 一切 언급이 없었다. 그래서 本人이 미력하나마 '金東鳴 詩 硏究'를 시도한 것이다.

---
*성신여자대학교 교수

東鳴은 1923년 『開闢』誌(通卷 40號)에 처녀작「당시이 만약 내게 門을 열어 주시면」이라는 작품을 발표함으로써 文壇에 데뷔했다. 사실 이 때의 데뷔는 오늘날처럼 뚜렷한 데뷔제도가 없기 때문에 손쉽게 나올 수 있었다. 당시는 고작해야 무슨 同人誌같은 運動이 데뷔의 전부였다. 이러한 기현상을 감안할 때 사실상 이 시기는 東鳴에게 있어 곧 習作期이기도 했다.

東鳴이 『開闢』誌를 비롯하여 『朝鮮文壇』, 『新東亞』, 『朝光』誌에 발표한 작품들은 거개가 技法上으로 볼 때 지극히 유치한 卽興詩에 지나지 않았다. 이때의 傾向은 대체로 頹廢主義에 흘렀다. 이것을 한데 모아 1930년에 『나의 거문고』라는 詩集을 출간했다.

일단 初期作을 정리하고 난 다음부터는 새로운 경향의 詩를 썼다. 日帝의 어두운 분위기 속에 살면서 아예 그런 것과는 높이 담을 쌓고 전원 속에 파묻혀 牧歌風의 敍情詩를 썼다. 이것을 대표한 詩集이 『芭蕉』와 『하늘』이었다. 이 두 詩集은 東鳴의 詩人生活에 황금기를 가져다 주었다.

東鳴은 日帝末期 일단 붓을 꺾고 마음에도 없는 木商까지 했다. 해방을 맞아 다시 붓을 들면서부터는 또 다른 경향의 詩를 썼다. 그것은 사회적 경향의 詩였다. 이것을 대표한 詩集이 『眞珠灣』, 『三八線』이었다.

東鳴의 前期는 주로 靜的인 생활에서 詩를 썼지만, 후기에 와서는 생활이 넓어짐에 따라 행동적인 詩를 썼다. 더욱 이 경향을 알차게 키운 것은 越南 이후에 쓴「서울 風物誌抄」같은 작품들이다. 詩集『目擊者』를 출간한 이후는 별로 詩를 안 썼다. 그 대신 그런 精力을 다른 散文 방면으로 돌렸다. 특히 自由黨 末期 政治評論으로 文名을 더 날리기도 했다. 이 같이 오랫동안 생활의 폭을 넓히면서 특색 있는 詩를 써 왔다.

이제 조용히 흘러 간 詩人들을 더듬어 볼 때 실로 東鳴같이 詩史的인 의미를 더해 준 詩人도 드물다.

우선 詩集 양만 하더라도 6권이 있다. 즉 『나의 거문고』, 『芭蕉』, 『하늘』, 『眞珠灣』, 『三八線』, 『目擊者』가 바로 그것이다. 이것을 하나하나 분석・비평하여 東鳴詩의 특질을 밝히고자 한다.

## 2. 芭蕉의 鄕愁

원래 金東鳴에게는 남들처럼 뚜렷한 習作期가 없었다. 이것은 뒤에서도 다시 밝혀지겠지만 東鳴의 태도는 어디까지나 문학을 하나의 교양으로, 더 나아가서는 立身揚名을 하기 위한 하나의 수단으로 생각했던 것이다. 그러니까 끝까지 하나의 목적으로 생각하지는 않았다.

그래서 東鳴은 훗날 자기 문학을 회상하는 글에서 "기왕 남아로 태어난 바에는 좀 더 벅차고 화려한 일을 마련해 볼 일이지, 그까짓 쬐쬐하게 文筆 따위와 어울려서야 무슨 짝에 쓰랴 싶기도 했다. 따는 그래서 나는 소위 벅차고도 화려한 일을 마련하기 위한 準備에 열중하느라고 다른 方面에는 일체 눈을 감아 버렸던 것이다."1)라고 했다. 여기에서 "벅차고도 화려한 일"은 다른 것이 아니라 뒤에 그가 늘 몸담고 행동하던 政治였던 것이다.

다만 취미삼아 작품을 읽고 썼을 정도였다. 흔히 문학청년들에게서 보는 의욕이나 정열 따위는 찾아볼 수 없었다. 그야말로 東鳴은 한참 꿈을 키울 중학 시절에 문학은 江 건너 돌보기였다 해도 과언은 아니다.

그러다가 1921년 咸興서 중학을 마치고 西湖와 江西 등지에서 초등학교 교원 노릇을 하고 있을 때 처음으로 그 곳 風情에 이끌려 詩를 쓴 것이 효시(嚆失)였으니 가히 그의 習作을 짐작할 수 있는 것이다. 1922년 다시 安州에 있는 모 고등과 교원으로 赴任되어 가서 본격적인 詩作 활동을 했던 것이다.

1923년 처음 『開闢』誌(通卷 40호)에 발표된 「당신이 만약 내게 門을 열어 주시면」, 「나는 보고 섰노라」, 「애달픈 記憶」이 세 작품도 이때에 창작된 것이다.

東鳴의 문단적인 새 출발을 의미했던 이 세 작품들은 엄격히 말해서 習作의 범주를 벗어나지 못한지라 지극히 조잡했다. 詩語의 품위나 가락이나 이미지 어느 것 한 가지라도 짜이고 맺힌 데가 없었다.

가령 東鳴의 처녀작 「당신이 만약 내게 門을 열어 주시면」을 들어보더라도 잘 알 수 있다. 즉 이 작품의 제작 동기는 친구한테서 빌려 읽은 보들레르의 「惡의 꽃」에 크게 감동을 받아 卽興詩調로 지었던 것이다. 일종의 보들레르에게 주는 獻詩랍시고, 말하자면 보들레르의 「惡의 꽃」의 향훈에 취해 있었던 것이다.

---

1) 金東鳴, '나의 文學修業時代回想記' 수필집 『世代의 揷話』, p86.

이렇게 習作生活을 하다가 1925년 3월에는 모든 것을 뿌리치고 元山에서 인쇄소를 경영하던 康基德씨의 도움으로 드디어 소망하던 日本留學을 가게 되었다.

東鳴은 日本에 가서 靑山學院에 입학하여 틈틈이 詩作生活을 했다. 그리하여 1926년에는 연속적으로 당시 유일한 文藝誌 조선문단에 「농녀」, 「추억」, 「公園의 밤」(3월호), 산문시 「餞別」(4월호), 「구라파頌」, 「첫 봄」, 「나비」(5월호), 「異國風情」 6편(6월호) 등을 정신없이 발표했던 것이다. 東鳴이 문단에서 한 詩人으로 인정받게 된 시기도 바로 이때가 아닌가 생각된다. 그것은 당시 『朝鮮文壇』誌에 時評欄이 있었는데 評者 梁住東씨에 의해서 크게 괄목할 만한 詩人이라고 추킴을 받기도 했다.

이 외에도 『朝光』, 『新東亞』誌에 심심치 않게 작품을 발표하여 종교적인 敬虔性과 인간의 허무 의식을 잘 나타내었다. 그러나 金東鳴의 詩人다운 면모를 드러내게 한 것은 역시 1930년대부터라고 할 수 있다. 왜 그러냐 하면 1920년대에 발표한 작품은 그 발표 기간이 워낙 짧을뿐더러 양적으로나 질적으로 그야말로 보잘 것 없는 것이기 때문이다.

東鳴은 이것을 뒷받침하기 위하여 1930년대에 와서 본격적인 詩集 발간에 힘썼던 것이다. 1930년에 발간한 처녀 시집 『나의 거문고』와 1936년에 발간한 제2詩集 『芭蕉』등이 그것을 잘 말해 주고 있다. 처녀 시집 『나의 거문고』는 東鳴에게는 사실상 일종의 習作品을 모은 것이기도 하다. 그러나 1930년대에 와서는 완전히 習作期를 淸算하고 새로운 세계를 보여 주었다. 즉 1930년대에 와서는 처음 習作期에서 보던 퇴폐적인 경향을 말끔히 淸算하고 그야말로 人生을 긍정적인 면에서 노래했다. 그것도 그럴 것이 이때는 日帝의 탄압이 가장 가혹할 때여서 무엇을 하고 싶어도 못할 때였다.

지각 있는 사람들의 탈출구란 아무 데도 없었다. 그렇지만 東鳴에게는 마음을 의지할 수 있었던 성역이 있었다. 그것은 그가 늘 마음 한 구석에서 동경하던 문학이었던 것이다.

누구보다도 의욕에 차고 욕심이 많았던 東鳴은 자연 온갖 정력을 詩에다 쏟는 좋은 기회였다면 좀 가혹한 표현일까. 어쨌든 東鳴에게 문학은 이 시대를 살아 갈 수 있는 유일한 탈출구였던 것이다. 그래서 온갖 소용돌이치는 현실엔 아예 눈을 딱 감고 전원에 묻혀 소박한 감성과 牧歌的 抒情을 노래했다.

이런 경향으로 詩를 담은 詩集이 『芭蕉』와 『하늘』이다. 이 두 詩集의 특성은 깊게 들어가서는 조금씩 다르지만 '自然觀照'란 의미에서는 공통된 점이 많다. 즉 『芭蕉』의 代表詩 「芭蕉」와

『하늘』의 代表詩 「바다」를 비교해 보더라도 쉬이 알 수 있다. 실로 1930년대와 1940년대 전반기(日帝末期)는 東鳴에게 있어서는 가장 순수한 詩를 썼던 시절이요, 또 질적으로도 가장 알찬 詩를 썼던 시절이라고 단언할 수 있다. 즉 이때가 東鳴詩의 최절정기라 할 수 있다.

日帝의 탄압이 극도에 달할 무렵 東鳴은 또 다시 유일한 안식처인 詩에서도 차차 의욕을 잃어버리고 드디어 1942년에는 「술노래」, 「狂人」을 최후로 해방되기까지 3, 4년 붓을 아예 꺾고 말았다. 그리하여 치욕(恥辱)과 분노가 먹구름처럼 차 있는 하늘을 보다가 마지막으로 목구멍에 풀칠하기 위하여 咸境道 新興, 高原 등지에서 木商 노릇을 하다가 해방을 맞았다. 실로 해방은 亡國民에게는 큰 태양을 맞는 잔치였다. 모든 詩人의 가슴에는 詩心의 샘물이 저절로 터졌다.

해방이 되자 東鳴은 안정된 마음과 詩心을 돋구기 위하여 고향 西湖에서 중학교 교장을 역임하기도 했다. 그러나 1946년 3월 咸興學生 사건을 부채질했다는 罪目으로 일단 그 자리를 나와 감옥살이까지 했다.

東鳴은 이 어지러운 혼돈 속에서 다시 政黨에 투신하여 민족운동을 했다. 朝鮮民主黨 咸南道委員長까지 지내고 드디어 反動이라는 딱지가 붙어 肅淸당하고 말았다. 그리하여 東鳴은 틈만 있으면 지옥 같은 땅을 벗어나려고 온갖 궁리를 하는 한편, 이때까지 써 온 詩작품을 主題別로 총정리하였다. 이렇게 정리하여 얻어진 詩集이 『眞珠灣』과 『三八線』이다.

이 두 詩集에 들어 있는 작품 제작의 연대는 다같이 1945년부터 1947년까지 작자가 越南하기까지 약 2년간에 써 모은 것들이다.

詩集 『三八線』은 世紀의 煉獄 北韓의 活畫圖로써 越南한 즉시 이루어진 것이고, 詩集 『眞珠灣』은 日帝 말기 太平洋戰爭記抄로서 그 秒稿가 3·8線을 넘을 때에는 水葬을, 또 6·25 때에는 燒失했던 것이 이상한 동기로 다시 입수하여 1953년에 발간했다.

東鳴은 1947년 단신 越南하여 또다시 梨花女大에서 敎鞭을 잡게 되었다.

아마도 東鳴과 詩와 교직은 무슨 필연적인 관계를 맺었는지 모른다. 말하자면 金東鳴의 원바탕은 詩道로 정진할 사람인데 자꾸만 다른 것(政治)이 남몰래 손짓하여 詩의 불을 어둡게 했던 것이다. 그러다가 神의 힘으로 다시 교직에 들어서게 하여 또 다시 뮤즈를 불러일으켰던 것이다. 이런 과정이 東鳴詩의 길이 아니었던가 생각된다. 또 어떤 의미로 보면 그는 남들이 다할 수 없는 정치와 문학을 兩手兼將으로 병행해 나갔다고 할까.

東鳴이 越南하여 정치에 미련을 버리지 못하는 것도 아마도 北韓에서 느낀 民族愛가 크게 작용을 했으리라. 東鳴은 일차 단계로 梨花女大에서 詩文學을 강의하면서도 늘 사회적인 움직임과 정치적인 움직임을 주시하여 그것을 詩와 散文으로 잘 나타내었다. 특히 東鳴은 자유와 민주주의 溫床인 서울의 모습을 샅샅이 헤쳐 노래한 것이 1957년에 출판된 詩集 『目擊者』에 잘 담겨져 있다. 이것은 확실히 風物詩이면서도 또한 철저한 社會詩였던 것이다.

東鳴은 또한 詩와 더불어 다양한 散文을 구사하기도 했다. 여기에서 말하는 다양한 산문은 다른 것이 아니라 주로 메스콤에서 청탁한 隨筆類 혹은 기타 雜文類와 東鳴의 후반기에 크게 피크업되었던 政治評論類 같은 것을 말하게 된다. 東鳴이 다양한 散文을 구사하게 된 때는 주로 월남한 이후 정치적 관심을 크게 가진 때부터라고 봄이 좋겠다. 그리하여 1959년에 발간한 첫 隨筆集 『世代의 揷話』와 첫 手記集 『暗黑의 章』에 앞서 첫 政治評論集 『敵과 同志』를 1955년에 출판하여 사회에 큰 관심을 모았고, 계속해서 1958년에 두 번째 政治評論集 『歷史의 背後에서』에 이어 1965년에 文集刊行會에서 낸 隨筆, 手記에 編入해서 세 번째 政治評論集 『나는 證言한다』와 두 번째 隨筆集 『모래 위에 쓴 洛書』, 두 번째 手記集 『어둠의 비탈길』을 竝刊했던 것이다.

이렇게 많은 글을 썼다는 것은 곧 東鳴의 생활이 그만치 복잡했다는 것을 의미한다.

위에서도 말했지만 유독 詩 대신에 散文을 많이 썼다는 것만으로도 그의 생활이 얼마나 행동적이었나를 쉽게 짐작할 수 있다.

그러므로 그가 越南하여 쓴 몇 편의 詩도 거개(擧皆)가 純粹詩보다는 社會詩가 더 많았던 것이다. 東鳴이 젊은 날 靑山學院에서 막상 종교과를 졸업했으면서도 文科, 政治科를 수료한 사람 이상으로 두 방면에 깊이를 더 했던 것은 곧 그의 남다른 체험으로 인한 敎導主義에 있었던 것이다.

東鳴은 1954년에 詩集 『眞珠灣』으로 '自由文學賞'을 수상했다. 말하자면 그의 詩人생활을 더 빛내고 결론짓는 계기가 되었음은 참으로 다행한 일이었다.

東鳴은 문학적 공적뿐만 아니라, 정계에도 차차 두각을 나타내어 自由黨 말기 때에는 주로 《東亞日報》에 政治評論을 TJㅓ 일약 政客으로 유명해졌다. 그리하여 4·19후 民主黨 政權 때에는 初代 參議員 노릇까지 하다가 모든 時運이 다함에 평소 持病인 고혈압으로 고생하다가 결국 마지막에는 중풍으로 1968년 65세를 일기로 한 많은 세상을 떠났다.

## 3. 東鳴의 詩世界

### 1) 前期의 詩世界

東鳴詩의 전기는 주로 東鳴의 習作期에서 시작하여 1945년 해방되기까지 약 20여 년의 기간을 말하게 된다.

이 기간에 이루어진 詩集만도 세 개나 된다. 즉 제일 처음 習作品을 한데 모아 엮은 처녀시집 『나의 거문고』(1922—1929)를 위시해서 두 번째 詩集 『芭蕉』와 세 번째 詩集 『하늘』(1930—1936)이 곧 그것이다. 주로 이 시기는 왜정 때여서 東鳴이 일체 다른 데 눈을 팔지 않고 오직 一片丹心 詩에 매달려 있을 때다. 그런지라 東鳴詩 전반을 통해서 비교적 알차게 詩心이 영글어 가던 때라고 해도 큰 무리가 없을 것이다.

#### (1) 『나의 거문고』(1922—1929) 時代

이 시대는 주로 東鳴에게 있어 習作期에 해당하기 때문에 후대에까지 남을 만한 작품이 별반 없다 해도 과언이 아니다.

詩集 『나의 거문고』가 불행하게도 이 땅에서는 아주 종적을 감추었다시피 했기 때문에 그의 詩 전모를 볼 수 없음이 또한 유감지사다(1964년에 金東鳴詞華集 『내 마음』에도 이 詩集 부분만은 깡그리 누락되어 있다). 그렇기 때문에 여기서는 그 당시 『開闢』誌, 『朝鮮文壇』誌 등에 산발적으로 발표된 수십 작품만을 상대로 하여 초기의 특성을 고찰할 수밖에 별 도리가 없는 것이다.

東鳴의 初期詩의 특성은 다분히 인생을 고민하는 허무적 경향을 볼 수 있다.

東鳴이 習作하던 시대는 이상하게도 문단에 이런 허무와 퇴폐적 풍조가 유행처럼 만연했던 것을 계산에 넣는다면 東鳴의 경향을 쉬이 파악할 수 있다. 즉 이 당시는 우리 詩文學史의 이정표였던 『廢墟』誌와 『白潮』誌가 어두운 분위기 속에서 당당한 세력을 차지하고 있을 때였다. 이 때 知識人들은 물론 文士라고 呼稱 받는 사람들은 한결같이 이 시대에 편승하여 퇴폐적 풍조에 휩쓸렸던 것이다.

東鳴이 1923년 『開闢』(通卷 40號)誌에 발표한 처녀작 「당신이 만약 내게 門을 열어 주시면」 같은 것은 이 풍조를 잘 드러낸 전형적인 작품이라 할 수 있다.

더욱 재미있는 것은 이 작품의 창작 동기다. 친구한테서 빌려 읽은 보들레르의 「惡의 꽃」에 크게 감명을 받고 즉흥적으로 그 자리에서 보들레르에게 주는 獻詩를 썼다니 가히 그 당시 心境을 엿볼 수 있다.

오！님이여, 나는 당신을 믿습니다.
찬 이슬에 붉은 꽃물이 젖은 당신의 가슴을
붉은 술과 아편에 하염없이 울고있는 당신의 마음을
또 당신의 魂의 상양(傷瘍)에서 흘러내리는 모든 고흔 노래를

오！님이여, 나는 당신의 나라를 믿습니다.
회색의 두꺼운 구름으로
해와 달과 뱀의 모든 보기 싫은 蟲惑의 빛을 두덮어 버리고
定向없이 휘날리는 낙엽의 난무 밑에서
그윽한 靜寂에 불꽃 높게 타는 강한 리듬의
당신의 나라를.

魔醉와 悲壯 痛悅과 狂喜
沈靜과 冷笑 幻覺과 獨尊의
당신의 나라,
구름과 물결 白灼과 精香의
그리고도 오히려 極夜의 새벽이 출렁거리는 당신의 나라를
오！님이여, 나는 믿습니다.

님이여！내 그리워하는 당신의 나라로
내몸을 받으소서
살비린내 요란한 매록의 봄도
屍衣에 분망하는 喪家집같은 가을도
님계신 나라에서야 볼수 없겠지요.

오직 눈자라는 끝까지 높이 쌓인 흰눈과
굵다란 멜로디에 비장하게 흔들리는 眩暈한 極光이
— 두가지가 한데 어우러져서는
自然의 키쓰가 되며
死의 위대한 서곡이 되며
푸른 웃음과 검은 눈물이 되며
生과 死로 씨와 날을 두어 짜내인
— 장밋빛 방석이 되어
버림을 당한 困憊한 魂들이 여윈 발자국을 지키고 있는
님의 나라로, 오！내몸을 받으소서.

살뜰한 님이여 당신이 만약 내게 門을 열어 주시면
(당신의 나라로 들어가는)
그리고 또 鐵灰色의 두꺼운 구름으로
— 내 가슴을 덮어주실 것이면
나는 님의 번개같은 노래에
낙엽같이 춤추겠나이다.

정다운 님이여！당신이 만약에 門을 열어 주시면
(당신의 전당으로 들어가는)
그리고 또 당신의 가슴에서 타는 精香을
— 나로 하여금 말리게 할 것이면
나는 님의 바다같은 한숨에
물고기 같이 잠겨버리겠나이다.

님이여！ 오！ 魔王같은 님이여！
당신이 만약 내게 門을 열어 주시면
(당신의 密室로 들어가는)

그리고 또 北極의 오트라빛으로
― 내몸을 쓰다듬어 줄 것이면
나는 님의 우렁찬 울음소리에 기운내어
눈옾이 쌓인 곳에 내 무덤을 파겠나이다.
―「당신이 만약 내게 門을 열어 주시면」의 全文―

그야말로 보들레르의 세계에 정신없이 빠진 도취경을 일체의 기교없이 散文詩 형식으로 노래했다.

이 詩에 나타난 '붉은 술', '푸른 아편', '屍衣', '困憊한 魂', '鐵灰色', '魔王', '密室', '무덤' ― 같은 어휘들이 이 詩 전체의 분위기를 잘 말해주고 있다.

보들레르의 향락적이고 방종적이고 퇴폐적인 세계를 한 없이 동경하여 각 聯마다「당신이 만약 내게 門을 열어 주시면」하고 노래했다.

사실 이 初期詩는 詩의 技法으로 볼 대 지극히 산만하여 일종의 감상문 같은 인상을 준다. 긴 호흡으로 쓰여진 이 詩에서도 도시 표현이 너무 조잡하고 함축이 없는 데다가 詩의 중요한 특질의 하나인 이미지 같은 것을 도무지 찾아 볼 수 없음은 웬일일까. 거기다가 詩의 구성은 지극히 단순하여 흡사 祈禱文같이 생각나는 대로 마구 감상을 나열하였다. 그래서 詩의 주제의식도 뭐가 뭔지 모르겠다. 다만 보들레르의 데카당한 그 세계를 미친 듯이 열망한 흔적만을 겨우 볼 수 있을 정도다.

이 같은 세계에 東鳴이 홈빡 빠진 심리적 근거는 아마도 인생 문제에 한참 번민하던 사춘기가 크게 자극했으리라 본다. 그래서 이런 懷疑的 사상을 해결하기 위하여 나중 대학에 진학하여 다른 文科나 政治科에 들어가지 않고 우정 종교과를 택했는지 모른다.

당시 먹구름처럼 꽉 덮은 이 퇴폐적 풍조는 두말 할 것 없이 국내의 비판주의와 더불어 밖에서 온 世紀末 사조가 크게 영향을 주었던 것이다. 특히 東鳴이 심취한 外國詩人은 프랑스의 보들레르를 위시하여 印度의 詩聖 타고르 정도였다.

그것을 뒷받침해 주는 것이 그의 문학수업 回想記다.

우선 보들레르에게 심취한 감상의 일단을 보면, "한 번은 보들레르의 「惡의 꽃」을 가져다 읽고 나는 어떻게나 感激했던지 책장을 덮는 즉석에서「당신이 만일 내게 門을 열어 주시면」이란 보들레르에의 獻詩를 지었다. 보들레르의 「惡의 꽃」의 야릇한 향기에 함뿍 취해 버렸다."2)

그다음 타고르에 대하여 "한번은 그녀들에게 타고르의 이야기를 들려 주었더니 눈이 어글어글 少女가 유난히 感動하는 눈치더니, 며칠 뒤에 타고르에게 드리는 글월을 지어 오는 것이 아닌가."3)라고 記述했다.

그리고 『開闢』誌(통권 40호)에 「당신이 만약 내게 門을 열어 주시면」과 같이 발표했던 「나는 보고 섰노라」, 「애달픈 記憶」도 별다른 게 없다. 엄격히 말해서 「나는 보고 섰노라」도 에누리 없이 보들레르에게 주는 獻詩의 일종이다.

우선 전자에서 보아온 '붉은 술', '困憊한 魂', '무덤'같은 詩語가 공통된 것을 보더라도 잘 알 수 있다. 역시 이 詩의 주제도 퇴폐적인 어떤 죽음을 노래했다.

詩의 사상도 형식도 같은 부류에 속하고 있다. 가뜩이나 詩가 산만한데다가 「나는 보고 섰노라」에서는 對話法도 곁들여 있다는 것이 특색이다. 우선 詩의 제목만 보더라도 너무 힘을 안 들인 것 같다. 그래서 자연히 全體詩도 지극히 자연발생적으로 창작되었다. 가령 쉽게 아무 聯을 끄집어 내보더라도 잘 알 수 있다.

> 희미하게 빛나는 황혼의 그림자가
> 흰눈실은 나뭇가지밑으로 흩어질 때
> 그는 이렇게 노래불러라.
> 미친 바람에 스쳐나는
> 갈잎의 노래와도 같이...
> "지나간 옛날에
> 내게도 즐거운 키쓰와
> 젊은 안해의 살뜰한 사랑이 있었노라"
> 이러자 그는 자기의 입술을 빨며
> 창백의 두 눈을 무섭게도 감아버려라

---

2) 金東鳴, '나의 文學修業時代回想記' 수필집 『世代의 揷話』, p95—96.
3) 前揭書, p99

나는 이것을 보고 섰노라.
―「나는 보고 섰노라」의 ―節―

얼마나 힘빠진 표현인가? 일종의 화려했던 옛날을 추억한 대목이다. 詩語에 아무 자각없이 거침없이 나오는 생각을 관념적으로 담았다. 그렇다고 해서 超現實主義的인 기풍을 지닌 것도 더욱 아니다.

여기에 비하면 같은 지면에 발표한 「애달픈 記憶」은 비교적 그 형식이 짧아서 그런지 몰라도 詩語가 아주 많이 整齊되었다. 이 「애달픈 記憶」에 와서는 전자에서 보아 오던 퇴폐적 경향보다 제목에서 말해 주는 그대로 허무적이고 哀傷的인 데가 더 많다. 이것도 아마 당시 낭만주의의 온상인 白潮風의 영향이 아닌가 생각된다. 이때의 詩人들은 공연히 아프지도 않은데 아픈 체하여 겉으로 엄살을 떨며 깊은 한숨을 몰아쉬었다. 그러니까 이대의 詩人들은 한결같이 이념에서는 낭만주의요, 기분은 항상 퇴폐주의적이었다.

이 같은 현상을 『廢墟』 동인의 한 사람인 黃錫寓나 『白潮』 동인의 맹장이던 李相和, 朴種和 등에서도 쉽게 찾아 볼 수 있다.

그다음 당시 문단의 최고 權誌였던 『朝鮮文壇』에 발표한 작품들은 앞의 세 작품보다 조금 세련된 경지를 보여 주고 있다. 즉 1926년 『朝鮮文壇』 3月號에 「農女」, 「追憶」, 「公園의 밤」, 同誌 4月號에 「餞別」(散文集), 同誌 5月號에 「구라파頌」, 「첫 봄」, 「나비」, 同誌 6月號에 「異國風情」 같은 것이 좋은 본보기다.

특히 이때는 시기적으로 東鳴이 처녀작을 『開闢』誌에 발표한 이후 어느 정도 문단에 신망을 얻고 또 거기다가 日本에 留學하여 더욱 자기 작품에 비판 의식을 가할 때, 확실히 작품에 질적인 변화를 가져 왔다. 아주 눈에 띄게 달라 진 것은 우선 형태면에서 詩가 놀랄 정도로 짧아졌다는 것이다.

하나의 예로 「農女」 같은 작품을 들어 보더라도 한 篇의 詩가 10行 1聯으로 되어 잇다. 1行의 數字도 불과 7, 8字밖에 안 된다. 이것을 전 작품 「나는 보고 섰노라」와 비교하면 더욱 확연히 판별할 수 있다. 「나는 보고 섰노라」의 형식 구조는 모두 5聯으로 되어 있는데 평균 聯行數는 9, 6行으로 되어 있다. 그러니까 「農女」의 형태는 「나는 보고 섰노라」의 한 聯에 해당할 만한 짧은 詩이다. 심지어 『朝鮮文壇』 6月號에 발표된 「異國風情」 가운데 「熱海

에서」는 지극히 짧아 전부가 5行 1聯으로 되어 있다.

다시 내용면에서 보더라도 종전의 작품에서 보던 퇴폐 의식, 허무 의식을 담던 황당무계한 詩語 따위는 그렇게 많이 찾아 볼 수 없다. 그만큼 작품의 光度가 밝아졌고 순화되었다. 따라서 작품도 아주 조용하고 고운 것이 특색이다. 억지로 작품을 아름답게 꾸미려고 하다 보니 자연 설명에 떨어지게 된다. 그래서 비교적 우아하다고 느껴지는 「公園의 밤」에도 1聯은 그럭저럭 괜찮은데 2聯은 너무 설명적이어서 조잡함을 면하지 못하고 있다. 가령 '빨갛고 노랗고 또 하얗고 파란'같은 것은 차라리 거추장스럽기만 하다. 그런데 『朝鮮文壇』에 큰 특권이나 가진 듯이 계속 작품을 발표한 가운데 4月號에 발표한 散文詩 「餞別」은 조용하고 미미한 詩壇에 하나의 경종을 울렸다.

이것을 다음 號인 5月號에 梁柱東은 '4月 詩評'에서 好評했다.

먼저 그 詩體가 散文詩답게 典雅한 것을 取한다. 이 한 편에서 나는 作者의 敬虔한 宗敎的 情熱과 묵직한 苦悶의 影子를 엿보았다. 篇中의 중추 사상이 되는 '벗'과 '조국' 및 '죽음너머'는 이것이라고 分明히 解義할 必要가 없을 것이다.

다만 그 氣分과 情操를 맛보아서 못할 것이다. 맨처음 이 글을 一讀하였을 때 타고르의 '告別'이란 一篇을 얼른 聯想하였다는 評者의 私感을 부처 記錄하여 둔다.4)

이 詩의 주제는 '사랑의 이별'이다. 여기의 戀人은 곧 東鳴에게는 적게는 실제 이성간의 戀人이요, 더 크게는 祖國이기도 하다.

처음 발상법은 대단히 유치한 사랑의 인연 관계를 말했는데, 아무래도 구름 저쪽에 있는 祖國을 잊을 수 없어 황홀한 天使 앞에 눈물로 이별할 것을 호소했다.

東鳴이 이 詩에서 얼마나 사랑에 불타는가는 다음 구절에서 잘 알 수 있다.

그 아편과 같은 소곤거림을 제발 그만 두어 주시오. 한동안은 내 영혼의 불기둥이던 그대의 간절한 말을 지금에 생각함에 가을에 나부끼는 낙엽보다도 더 하였었습니다.

그러나 늘 祖國의 새날을 위하여 달콤한 사랑 따위는 아예 잊어야 했다. 그리하여 '나도 마리아와 같이 향유를 장만해 가지고 그리운 그 땅으로 돌아가야겠습니다.'라고 큰 志士나 된 듯이 울며 소매를 붙잡고 애원하는 戀人을 큰 사랑으로 뿌리쳤던 것이다.

또 1926년 가을에 日本에서도 古蹟으로 이름있는 伊豆半島를 찾아가서 그 곳의 敍景을

---

4) 梁柱東, '四月詩評' 『朝鮮文壇』, p.21

노래한 「異國風情」 5篇(熱海에서, 伊東에서, 狩野川, 修善寺에서, 沼津에서)에도 노골적으로 이런 경향이 드러나 있다. 그 예를 「伊東에서」를 들어 보더라도 잘 알 수 있다.

> 땅속에서 더운 샘 솟아난다.
> 맑고 깨끗한 더운 샘물 솟아난다.
> 쉬지않고 끊지 않게 솟아난다.
> 길 걸어 피곤한 몸을
> 잠그고 눈감으니
> 어머니 품 속에 돌아온 듯 하더라

― 「伊東에서」 全文 ―

도대체 하나의 짧은 斷想을 詩인 양 行을 가르고 聯을 지어 나타내고 있다. 솔직한 얘기로 東鳴의 習作期에 해당하는 이 시기에는 이러한 非詩的인 것이 20년대 詩史로 볼 때 어느 한 둘에 치우친 문제는 아닐 듯 하다. 그래서 東鳴의 習作期에 해당하는 처녀 시집 『나의 거문고』는 한마디로 詩語에 대한 자각을 크게 느끼지 못했지만 대체로 당시 문단 조류에 휩쓸려 허무적이고 퇴폐적이고 감상적인 면을 종교적인 敬虔性으로 잘 개척해 나갔다고 볼 수 있다.

### (2) 「芭蕉」 時代

東鳴이 1920년대의 모진 회오리 바람 속에 習作生活을 終了한 후 그것을 1930년에 詩集으로 엮어 깨끗이 淸算하고 도 다른 세계에 접어들었다.

東鳴에게 있어 이 30년대야말로 다른 어느 詩集에서 볼 수 없는 알찬 수확을 거두었던 것이다. 그 가운데도 이 『芭蕉』시대는 金東鳴 생활의 전성기였다.

우선 이 『芭蕉』시대에 오게 되면 1920년대 習作期에서 보던 어두운 분위기가 말끔히 가시고 해맑은 아침을 맞은 듯한 맑은 세계를 보여 준다. 이 때는 시대적으로 倭政暗黑의 절정기에서 知識人들은 자연 이 불안한 시대를 살아 가는 방법으로 그것에 직접 대겨하지 않고 傍觀的인 태도를 취하여 韓國의 얼이 스며 있는 농촌에 묻혀 살기를 원했다. 이런 時流에 문학인들은 제법 隱遁居士인 양 자연을 벗삼고 글을 썼다.

이 시대에 전원에 묻혀 牧歌的인 詩를 쓴 사람은 辛夕汀, 金東鳴, 金尙鎔 제시였다. 이 가운데도 金東鳴은 다른 詩人들과 달라 刑象派的인 데 대하여, 東鳴의 詩는 아주 기교적이고 명상적이고 상징적이다.

또 다른 田園派 詩人의 한 사람인 辛夕汀과 비교해 보더라도 확연히 다른 특색을 지니고 있다. 즉 그것은 辛夕汀의 이미지가 일종의 敍景을 그리는 데 있어서 線이나 다른 색채를 가져 오는 데 대하여 東鳴의 것은 이와 좀 차원을 달리하여 心情的인 繪畵를 많이 동반하고 있다.

이러한 繪畵는 辛夕汀의 감각적인 표현보다는 한층 더 情緖的인 표현으로 승화했다. 대표작 「芭蕉」는 이것을 잘 말해 주고 있다.

　　　　祖國을 언제 떠났노
　　　　芭蕉의 꿈은 가련하다.

　　　　南國을 向한 불타는 鄕愁
　　　　너의 넋은 修女보다도 더욱 외롭구나.

　　　　소낙비를 그리는 너는 情熱의 女人,
　　　　나는 샘물을 길어 네 발등에 붓는다.

　　　　이제 밤이 차다.
　　　　나는 또 너를 내 머리맡에 있게 하마.

　　　　나는 즐겨 너를 위해 종이 되리니,
　　　　너의 그 드러운 치맛자락으로 우리의 겨울을 가리우자.
　　　　　　　　　　　　　—「芭蕉」의 全文—

우선 수법이 金尙鎔의 詩나 辛夕汀의 詩와 다르다.

자연을 있는 그대로 그리지 않고 어디까지나 觀照的인 태도로 자기 心情的인 사상을 호소하고 있다. 여기 '祖國'은 곧 芭蕉의 고향 南國이요, 또한 작자의 고향이기도 하다. 이런 상징적인 표현이 많은 사람의 공감을 불러일으킨다.

東鳴 자신도 이 작품에 대하여 다음과 같이 解題하고 있다.

> 1934年이나 혹은 35年 무렵에 내 거처를 찾아준 이가 있다면, 그는 응당 내림 툇마루나, 혹은 뜨락 적당한 位置에서 한 盆의 芭蕉를 發見했다. 이것은 어떤 친구가 그녀에 대한 나의 오랜 戀情을 눈치채고 멀리 汽車를 태워 다려온 것인데 나는 그녀를 마치 女王처럼 맞아, 밤이면 이슬과 별빛에 젖게 하고 낮이면 그늘과 햇볕을 적당히 질기게 하여 깎듯이 섬기는 뜻을 게을리 하지 않았음을 물론이었다. 허나 여름이 가고, 가을…가을도 드디어 深秋가 이르니, 그녀의 鄕愁는 더욱 사무쳐 보이지 않는가.
>
> 여기서 내가 할 수 있는 일이면 그것은 다만 그녀를 내 머리맡으로 모셔드리는 일일뿐. 누가 주접스럽다 하는가? 黃金의 꿈과 翡翠빛 悲哀도 장식된 時人의 머리맡은 그 어느 女王의 離宮보다도 오히려 奢侈스러운 冬宮일 수도 있지 않을까?
>
> 나도 실은 그 언젠가 祖國을 잃은 사나이. 외롭고 쓸쓸하고 그리고 더욱 겨울이 슬프기로는 그녀로 더불어 다를 것이 없는 처지겠다. 서로 껴안고 서로의 체온과 외로움을 나누므로, 계절의 위협을 물리칠 수만 있다면 또한 얼마나 즐거운 일이랴 허고 또 이것은 반드시 虛妄한 욕심일 턱도 없으리라.5)

그러니까 芭蕉는 막바로 祖國을 잃은 작자이기도 하다. 주로 여기서는 芭蕉와 자신의 운명을 같이 보고 너와 내가 대화하듯이 신세타령을 늘어놓고 있다.

이 時에서 보는 대로 東鳴詩의 또 하나의 특색은 상징적인 표현을 위하여 擬人法을 많이 썼다. 그래서 到處에서 '나', '너', '그대' 같은 人稱代名詞를 많이 볼 수 있다. 그것을 작품별로 집계해 보면 다음과 같다.

---

5) 金東鳴, 「芭蕉의 解題」, 수필집 『世代의 揷話』, pp.56-57.

| 작품 \ 말 | 나 | 너 | 그대 | 작품 \ 말 | 나 | 너 | 그대 |
|---|---|---|---|---|---|---|---|
| 바닷가에서 | 2 | | | 祝福 | 4 | | 1 |
| 芭蕉 | 3 | 5 | | 달빛 | 3 | 1 | |
| 水仙花 | 3 | | 3 | 微風 | 1 | | 1 |
| 나의 書齋 | 6 | | | 現實 | 2 | | |
| 나의 뜰 | 7 | | | 食卓 | 7 | | |
| 나의 집 | 16 | | | 失題 | 4 | 1 | |
| 구름 | 10 | 8 | | 옛날에 살던 곳을 지나는 사나이의 노래 | 3 | 1 | |
| 海洋頌歌 | 3 | 12 | | | | | |
| 내 마음 | 9 | | 8 | 聖母마리아의 肖像畵앞에서 | 10 | | |
| 생각 | 3 | | | | | | |
| 때는 지나가다 | 3 | | | 誘引 | 6 | | |
| 우울 | 3 | 1 | | 黃昏의 속삭임 | 4 | | 3 |
| 딸년이 운다. | 4 | | | 손님 | 3 | 2 | 4 |
| 颱風睛 | 2 | 2 | | 受難 | 1 | | |
| 밤 | 3 | 1 | | 옛이야기 | 5 | 1 | |
| 五月小曲 | 4 | | | | | | |
| 微笑 | | 1 | | | | | |
| 노래 | 1 | | | | | | |
| 피리소리 | 1 | | | | | | |
| 얼굴의 인상 | | | 1 | 계 | 136 | 36 | 21 |

즉 최고 빈도수가 높은 것이 '나'(136요, 그 다음이 '너'(36), 제일 적은 것이 '그대'(21)다. 이 詩「芭蕉」가 아주 짧은 데 비하여 '나', '너'만 하더라도 무료 8개나 쓰이고 있다. 아마도『芭蕉』詩集에 쓰인 많은 어휘 가운데서도 역시 이 部題가 首位를 차지하고 있다.

東鳴의 詩가『芭蕉』시대에 와서 田園閑居를 벗삼고 牧歌風의 詩를 썼기 때문에 자연의 詩의 소재도 전원적인 것이 아닐 수 없었다.

詩集『芭蕉』에서 즐겨 쓴 자연적인 소재를 가려 보면 주로 화초로서 水仙花, 石竹花, 芍藥, 鳳仙花, 海棠花, 芭蕉, 포도 등을 위시해서 天體的인 것에 하늘, 달, 별, 바다를 중심한 것에 颱風, 波濤, 갈매기, 季節的인 것에 가을, 낙엽, 비, 바람, 구름 등이고 기타 江, 山, 黃昏 등이다.

특히 東鳴이 살고 있었던 곳이 바다와 밀접했기 때문에 '바다'를 중심한 詩가 제일 많다. 가령「바닷가에서」,「東海」,「歸帆」,「海洋頌歌」,「海風」,「갈매기」등이 그 좋은 본보기이다. 뿐만 아니라 다분히「나의 書齋」,「나의 뜰」,「나의 집」같은 작품에서도 명상적이고 사색적인 것이 웅크리고 있다.

가령 그 중의「나의 뜰」을 보면 다음과 같다.

나의 뜰은 나의 즐거운 조그마한 家庭이요.
나는 내 삶에서 오는 고달픔을 대개 여기서 쉬오.
울밑에 몇 포기에 꽃과 나무, 그리고 풀과 벌레들은
나의 家庭이요.
우리는 함께 푸른 하늘의 다함없이 높음을 思慕하며
흰구름의 自由로움을 배우고, 또 微風의 소근거림에
귀를 기울이오.
새들이 저의 아름다운 노래를 가지고
우리의 門을 두드릴 때면,
아침은 玉露의 食卓 위에 黃金의 盞을 놓소.
우리는 서로 盞을 기울이며 저의 새날을 祝福하오.
落日이 우리의 이마에서 저의 情熱에 타는
키쓰를 걷을 때면
黃昏은 또 뜰에 이르러 瞑想의 杯盤을 베풀고
우리를 부르오.
달은 촛불, 우리는 여기서 過去와 그리고
本來의 숱한 슬픈 이야기를 하오.
―「나의 뜰」의 一節―

東鳴에게 '뜰'은 마음의 안식처인 것이다. 그래서 그의 隨筆集 『世代의 揷話』에서도,

…정원을 하나의 사치로만 보는 것은 부당하다. 그것은 실로 마음의 逍遙處를 마련하는 생활 설계의 한 重要한 부분에 屬한다. 좋은 庭園은 마음의 休息을 주고 精神을 맑게 하고 생활을 豊富하게 한다. 自然은 실로 어머니 같이 고마운 것이다. 계절을 알리는 데는 카렌다보다 더 正確한 놈이 없겠지마는 그것의 산 숨소리를 먼저 들려주기로서는 언제나 庭園이다. 우리 나라같이 春, 夏, 秋, 冬의 경계선이 유난히 鮮明한 고장에 사는 우리들로서는 이 神妙한 變化를 庭園에 담아 보는 것도 하나의 高尙한 趣味임에 틀림없으리라.[6]

이와 같이 '뜰'은 東鳴에게 있어 가정을 더 번화하게 해 주고 명상의 杯盤을 베풀어 주고 더 나아가서는 새날을 축복해 주기도 한다.

실로 어머니 같은 가정 속에 東鳴의 牧歌的 詩精神이 햇빛처럼 어려 있는 것이다. 이런 牧歌的 詩精神을 더 살찌게 하기 위하여 東鳴은 아예 사회적인 움직임과는 아주 높이 담을 쌓고 오직 觀照的인 태도로 주변의 모든 사물을 너그러운 마음으로 다 詩化했던 것이다.

東鳴의 이 같은 세계를 더욱 살찌게 한 것은 늘 마음에 큰 感化를 주던 타고르와 승려 詩人 韓龍雲의 영향이 무엇보다도 컸다. 그들의 詩精神이라든지 표현의 수법이 흡사히 닮은 데가 많다.

詩의 형식으로 봐서 비교적 호흡이 긴 詩例를 들어 「옛날에 살던 곳을 지나는 사나이의 노래」라든가 「聖母 마리아의 肖像畵앞에서」라든가 「受難」같은 詩는 이와 一脈相通한 점이 많다.

東鳴의 詩가 더욱 성숙했다는 것은 내용면도 그렇지만 형태면으로도 꽉 짜이었다. 우선 제목들이 얼마나 간결한다. 과거의 관념적인 詩 제목 「나는 보고 섰노라」類는 도시 찾아 볼 tn 없다.

그만치 진전되었다고나 할까. 우선 그 제목들을 살펴보면 그것이 눈에 띄도록 짧아졌다는 것이다.

37篇의 詩 제목 가운데 제일 긴 「옛날에 살던 곳을 지나는 사나이의 노래」를 제외해 놓고 그 빈도수의 순위를 보면 '2字'짜리가 18개로서 제일 많고, '3字'짜리가 6개로서 그 다음을 차지하고, '4字'(4개), '5字'(3개), '6字'(3개), '1字'(2개) 순으로 되어 있다.

시대도 그렇고 또 연령적으로 그 무엇을 차분히 이룩할 때라 모든 정열을 알찬 詩를 쓰는 데 바쳤다.

東鳴의 詩가 가장 간결하면서도 사람들의 심금을 울려 주는 것은 그의 풍부한 想像力과 정열 때문이다. 그래서 그의 詩는 자연스럽고 부드럽고 고우면서도 한편 패기가 있다.

노래로도 많이 愛誦되고 있는 「내 마음」을 보자.

   내 마음은 湖水요
   그대 저어 오오.

---

6) 金東鳴, '庭園' 수필집, 『世代의 揷話』, p.38.

나는 그대의 흰 그림자를 안고, 티같이
그대 뱃전에 부서지리라.

내 마음은 촛불이오
그대 저 門을 닫아주오.
나는 그대의 비단 옷자락에 떨며,
고요히 最後의 한 방울도 남김없이 타오리다.

내 마음은 나그네요
그대 피리를 불어주오.
나는 달 아래 귀를 기울이며
호젓이 나의 밤을 새이오리다.

내 마음은 落葉이오.
잠깐 그대의 뜰에 머무르게 하오.
이제 바람이 일면 나는 또 나그네같이
외로이 그대를 떠나리다.

—「내 마음」의 全文—

우선 이 詩의 형태적인 특색은 리드미컬하다. 다분히 7·5調의 音數律을 지키고 있다. 그래서 이 詩는 무슨 특별한 詩로서의 長點보다 노래로서 많은 사람이 愛唱하고 있기 때문에 예로 든 것뿐이다.

더구나 각 聯마다 '내 마음은 湖水요', '내 마음은 촛불이요', '내 마음은 나그네요', '내 마음은 낙엽이요'를 전제로 하고 그것을 각각 3行으로써 敍述하고 있다. 항상 깊은 마음속에 움직이고 있는 한 상태를 때로는 잔잔한 湖水로, 때로는 한밤을 밝히는 촛불로, 때로는 나그네로, 때로는 바람에 정처 없이 나는 落葉으로 노래했다. 다분히 觀照的이요, 명상적인 특색을 나타낸 詩다.

이런 사색적이고 명상적이고 그러면서 노래로도 부를 수 있는 리드미컬한 詩는 이 이외에도 「생각」, 「노래」, 「비」, 「祝願」같은 작품에도 그 모습을 볼 수 있다.

작품 「내 마음」에서도 볼 수 있는 것과 같이 東鳴의 작품에서는 '그대'가 큰 구실을 한다. 이 '그대'도 앞의 擬人法에서 다룬 것과 마찬가지로 일종의 戀人을 말한다. 이 戀人의 호칭은 때로는 '님'이라 하기도 하고, '벗'이라 하기도 하고, 때로는 '그대'라고 부르기도 한다. 이렇게 본다면 '그대'도 적게는 한 戀人이요, 크게는 祖國인 것이다.

東鳴은 원래 작품에서 종교적인 敬虔性을 언제나 밑바탕에 깔고 있기 때문에 얼핏 겉으로 봐서는 그 호칭이 단순한 듯하지만 사실 미묘하여 神祕性마저 띤다.

그렇기 때문에 그의 작품은 항상 계절과 관계없이 언제나 조용하고 평화롭기만 하다.

> 아희야, 이제는 촛대에 불을 혀어라,
> 그리고 나아가 삽작문을 단단히 걸어 두어라.
> 부질없는 訪問客이
> 귀빈을 맞은 이 밤에도 또 번거러이 내 門을
> 두드리면 어쩌랴
>
> ―「손님」의 제3聯―

이 작품에서는 흡사 이 세상과 완전히 인연을 끊고 道를 닦는 사람의 모습마저 보여 주기도 한다. 그러나 유의해야 될 것은 다분히 신비주의인 듯하지만 실상은 그렇지 않다.

작품 밑바탕에는 언제나 냉엄하고 현실주의적인 것이 용하게 도사리고 있다.

그래서 그는 차라리 불교적인 데보다는 기독교적인 데가 더 많다. 「聖母 마리아 肖像畵 앞에서」와 게세마네 동산에서 모질게 受難을 받은 예수의 피흘린 모습을 그린 「受難」은 이 정신을 짙게 담고 있다.

이와 같은 詩精神을 더욱 覇氣滿滿하게 이끄는 것은 특히 詩의 기법 가운데에 영탄법을 많이 구사하고 있다는 점이다. 원래 詩란 강렬한 정서의 산물이기 때문에 정열을 수반할수록 그 샘은 깊게 파진다. 詩集 『芭蕉』에서 感歎詞 가운데도 환정(喚情) 感歎詞만 쓰인 것이 全作品 37편 가운데 28개나 된다. 그러니까 人稱代名詞 '나'(136), '너'(36) 다음에 가는 빈도수를 갖고 있다.

여기에 따라 돈호법도 그 못지않게 쓰인 것도 다 詩의 패기 문제와 관련된다. 가령 '구름아', '바다여', '태풍이여', '兄弟여', '微笑여', '별이여', '처녀여', '聖母 마리아님', '아희야', '엄마', '아가야', '아버지여', '스승이여' 같은 것은 그 대표적인 것이다. 특히 「손님」 같은 작품에서는 처음부터 '아희야'라고 시작하여 끝을 맺었던 것이다.

이렇게 東鳴詩가 뛰어난 것은 다른 한편으로 다양한 조화를 갖고 있다는 점이다. 어떤 작품은 호수같이 조용하고, 어떤 작품은 그 반대로 사나운 폭풍우를 만난 것같이 격렬한 것도 있다. 그만큼 다기한 기법을 가졌다고 할까. 그 예로 「송진 냄새」같은 작품과 「颱風賦」를 들 수 있다.

> 내뜰은 요행 솔밭에 連했다.
> 그러므로 微風이 가져오는 송진냄새를
> 나는,
> 나의 冊장 위에 받을 수 있다.
> ―「송진 냄새」의 全文 ―

> 颱風,
> 네게는,
> 大海를 삼키고 泰山을 문지르려는
> 征服의 불타는 意慾이 있고,
>  모든 것을 얼싸안고 醉한 듯 미친 듯
> 몸부림치는 벅찬 情熱이 있고,
> 朽敗한 文化의 殘壘위에 달팽이같이
> 달라붙은 가련한 生活의 위를
> 단숨에 날으려는 黃金의 날개가 있고
> ―「颱風賦」의 一節 ―

전자는 조용하고 한가로운 뜰 풍경을 묘사했고, 후자는 그 반대로 모진 颱風의 격렬한 사상을 사뭇 '있고'라는 聯結語尾로 열거하여 끝에 '아아, 태풍이여! 나도 너와 같은 生活과 詩

를 갖고 싶구나'라고 했다.

어떻든 東鳴은 이 불안한 시대를 살아가는 방법으로 오직 詩에 정열을 쏟아 隱遁者의 모습으로 30년대를 살아갔다. 이러한 田園風의 詩精神을 더 따지고 올라간다면 中國의 陶淵明의 詩나 朝鮮朝의 李賢輔의 詩에서도 그 근원을 찾을 수 있다.

특히 朝鮮朝의 선비들은 어지러운 黨爭에서 밀려나기만 하면 한결같이 외로운 곳에다 삶의 보금자리를 마련하고 전원 속에 묻혀서 자연을 觀照하며 그리움을 되새겼던 것이었다. 소위 朝鮮朝의 江湖文學은 곧 田園文學의 대표적인 것이었다.

詩集『芭蕉』의 맨 끝에 있는 對話體詩「옛이야기」는 아버지와 딸과의 이야기로서 아주 재미있는 면을 보여주고 있다. 여기서 재미있다는 것은 이야기 자체의 흥미보다도 아버지로서 꼭 해야 할 이야기를 억지로 끌고 가는 재미와 石竹花 그늘 밑에 이슬이 된 한 가련한 詩人에 대한 이야기는 곧 작자 자신이며, 또한 당시 日帝治下에서 꿈은 컸으나 어찌지 못하고 한스럽게 살아가는 한 志士의 모습이기도 하다.

정말 東鳴에게 있어 이『芭蕉』시대야말로 多岐多樣한 詩의 기법으로 가장 알찬 詩를 창작한 시절이라고 볼 수 있다.

### (3) 「하늘」의 時代

시집『하늘』은 주로 1936년부터 1941년까지 6년간 써 모은 詩集이다. 그러니까『芭蕉』와 함께 일제시대를 대표한 중요한 詩集의 하나이다.

대체로 이『하늘』시대에도『芭蕉』시대의 餘韻이 그대로 감도는 듯한 인상을 주고 있다. 이 詩集『하늘』을 편의상 몇 가지 부류로 묶어보면 대체로『芭蕉』系列의 牧歌風을 노래한 「하늘」편과 倭政 暗黑期를 탄식한 「술노래」편, 祖國의 그리움을 노래한 「슬픈 對話」편, 덧없는 인생살이를 노래한 「人生斷想」편 —해서 네 가지 部類로 나눌 수 있다.

첫째, 「하늘」편에서는 에누리 없이 芭蕉의 세계에서 보던 아름다운 자연을 노래하고 있다. 그 형태는 더욱 간결해서 일종의 斷想을 적은 小曲類다.

　　　　水仙잎은
　　　　森木같이 茂盛하다.

　　　　흰꽃은
　　　　달같이 밝다

　　　　내 뺨에 닿는 것은
　　　　입술이냐 香氣냐

　　　　香氣에 담긴 내마음
　　　　입술인양 반가워라

　　　　너로하여 나는
　　　　불을 끄지 못한다.

　　　　너 때문에 나는
　　　　겨울을 사랑한다

　　　　　　— 「水仙花」의 全文 —

아주 고요하면서도 매끄럽고, 매끄러우면서도 아주 감칠맛이 나는 小曲이다.

이 「水仙花」도 「芭蕉」와 마찬가지로 담뿍 애정이 담긴 熱愛의 詩다. 모두가 6聯으로 되어 있으며 각 聯은 다시 2行으로 되어 있다.

얼마나 단백한 詩이랴. '水仙'에 담긴 繪畵的인 이미지가 아름다운 가락에 실려 더없는 정서를 불러일으키고 있다. 그런데 너무 단조로운 반면 너무 기교에 빠진 듯한 感을 준다.

우선 눈에 띄는 것은 直喩法이다. '水仙잎은 森木같이', '흰꽃은 달같이', '네마음 입술인양' — 등은 오히려 實感을 감소하게 한다. 「가을」, 「수선Ⅱ」, 「蘭草」, 「따리아」, 「귀뚜라미」, 「하늘Ⅰ」, 「하늘Ⅱ」, 「하늘Ⅲ」— 같은 작품은 다 이 계열에 속한다. 그러면서 이 『하늘』편에는 「바다」, 「瞑想」, 「湖水」 같은 명상적인 詩도 다분히 큰 세력을 부식하고 있다.

시집 『하늘』시대의 대표시 「바다」를 보자.

내가 다시 젊어지기는 다만
그의 華奢한 옷자락이
나의 무릎 밑에 감길 때……

이윽고 그의 우람한 두 팔이
나의 허리를 어루만질 때면
나는 나의 뼈가 흰 조개같이
그의 품속에서 반짝이는 幻覺에 醉한다.

나의 가슴을 조그만 港灣에 비길 수 있다면
굽이굽이 들이 닫는 물결을
異國의 꿈을 싣고 오는 나그네
나의 마음은 품속에서 海草같이 일렁거린다.

― 「바다」의 全文 ―

아주 멜로디가 경쾌하고 이미지가 선명한 작품이다. 그러면서 바다를 凝視하여 바다 속에 깔려 있는 마음을 華奢하게 드러내어 무한한 憧憬을 보냈다.

이러한 靜謐과 명상은 東鳴에게 있어서는 항상 밑바탕에 깔려 있는 기본 무드였다. 이것은 당시 辛夕汀의 田園風과 비슷한 것이었다. 자연의 아름다운 소리에 귀를 기울여 그것을 밝은 心象으로 그리는 것이 특징이었다. 그러나 東鳴은 여기에다 또 하나 懷古的인 것을 더했다. 그래서 「새벽」같은 작품에서 '純情이 그리워 海棠花 피는 마을에 나리면 물레방아 돌아가는 소리, 山넘어서 나를 부른다'라고 눈물겨운 옛날을 그리워했다.

둘째편 「술노래」를 보면 작품이 대단히 어둡고 절망 의식 같은 것을 느끼게 된다.

새맑은 유리컵에
흥건히 고인 호박빛 액체,
나는 無敵艦隊의 司令長官인양 자못 豪氣로이
나의 적은 海洋을 응시한다.

> 동구란 海岸線에
> 넘치는 흰 거품
> 아아 人類 百億해의
> 歷史가 서렸구나.

― 「술노래」의 一節 ―

이 詩는 일제의 포악한 壓政을 잠시 비꼬고자 몸부림친 행동이라 할까. 허무 앞에 술은 하나의 망각제 구실을 했다. 술로 인한 豪氣는 차라리 無敵艦隊 司令官인 양 당당하기만 했다. 그러나 시간은 갈매기 같이 날고 座席은 甲板보다 더 흔들거릴 때, 또 다시 술잔에는 어두운 것이 어려 왔다. 그래서 술의 마력을 이용해 불만이 다닥다닥 붙은 지구덩이를 튀겨 버리고 싶어 했다.

이러한 마음가짐을 東鳴은 '술노래 解題'에서 다음과 같이 말했다.

1931年 9月에 만주사변을 일으켜 자미를 본 日帝는 1937年 7月에 이르자 또 다시 노구교에서 불집을 일으켜 가지고 中國本土에 대한 침략전쟁을 强行하는 동안 韓民族에 대한 포악무도한 탄압정책은 날이 갈수록 더욱 심해졌거니와 1941년 12월 8일 太平洋戰爭이 벌어지자, 日帝의 暴政은 한결 더 無慈悲性을 발휘하여 구멍이 꽉꽉 막힐 지경이었음은 시방 3, 40代만 해도 누구나 기억에 새로우리라. 헌데 이 때 무엇보다도 못참는 일은 저들의 우리 民族의 抹殺을 위한 語文抹殺政策의 强行이었다. 그런데 이렇듯 民族歷史의 終焉이 닥쳐오는 듯한 切迫한 고비에서 이 땅의 소위 지도자로 자처해 오는 사람들 가운데서 또 혹은 글줄이나 쓴다는 친구들의 그 하는 것의 해괴망측 스러움이란 실로 한심 운운으로 형용할 정도가 아니었다. 어쨌든 취하거나 미치지 않고는 견딜 수 없다싶은 것이 그 무렵의 내 心境이었다. 이래서 나는 즐겨 술을 마시었고 드디어 취할 량이면 천지가 盞 안에 녹아드는 듯 세상만사가 다 꿈같고 가소롭고 이런 멋에 끄을려 나는 마침내 愛酒하는 버릇을 기르기에 이르렀던 것이다.[7]

이런 허무 의식을 관념적으로 그냥 열거해 나간 것이 「우리말」, 「우리글」이란 작품이다. 「우리말」, 「우리글」에서는 하나의 詩的 技法대신에 '네게는 ~있다.' '너는 ~하라'식으로 우리

---

7) 金東鳴, '「술노래」 解題', 수필집 『世代의 揷話』, p. 59-60

말 우리글 抹殺에 격렬한 語調로 抗辯을 늘어놓고 있다.

이런 참담한 現實에 絶望하여 東鳴은 결국,

>  폭격기 萬대를 가진
>  항공대의 총사령관……
>
>  나는 大國 天子도 싫다.

― 「無題」의 全文 ―

이와 같이 검은 장막 속에서 새 天地를 위하여 한바탕 폭발하고 싶어했다.

「1936年을 맞는 노래」, 「1937年 點描」, 「銃後三景」 이 세 작품은 똑같이 어둠이 내린 이 땅의 현실을 그대로 노래했다. 그러므로 이러한 詩는 보다 사회적인 경향의 詩라고 할 수 있다.

이 「슬픈 對話」편에서는 전자의 社會詩와는 달리 『芭蕉』 시대처럼 마음속의 움직임을 아무도 몰래 빗장을 걸어 잠그고 조용히 앉아 토로한 것이다. 주제는 역시 어둔 밤을 걸어가는 한 나그네의 심정을 그린 것이다. 이것을 더 확대하면 일종의 愛國之心이라도 좋다.

이것을 좀더 차분한 목소리로 읊조린 것이 「印象」, 「종으로 마신다면」, 「斷章」, 「述懷」, 「꿈」 같은 작품들이다. 이 작품들은 입 속에 넣고 우물거리는 일종의 辭說調의 短詩다.

끝으로 「人生斷想」편에서는 완전히 시대에 대한 절망감과 체념을 느끼고 일종의 한스런 인간살이에 대한 斷想을 日記 대신에 적어 나갔던 것이다. 「꿈에」, 「꿈」, 「歸路」, 「自適」, 「잠」, 「半生」 등은 이런 계열의 작품들이다. 그렇기 때문에 여기서도 자연 긴 호흡이 아니고 짧은 호흡이었다.

「秋庭賦」 같은 데서는 불과 2行으로써 한 편의 詩를 이루고 있다.

>  달빛이 달위에 찬밤
>  나는 그림자를 다리고 뜰에 서다.

― 「달빛」 ―

또 이 편에서는 취생몽사하는 紅燈街의 娼女像도 그렸으니 별의별 인생이 여기에 담겨져 있다.

이와 같이 詩集『하늘』시대는 前 詩集『芭蕉』의 경향이 一切 세상 돌아가는 것과는 높이 담을 쌓고 그 안에서 마음껏 田園閑居를 노래한데 대하여 어느 정도 社會의 문을 조금 열어 놓고 억눌린 자기 마음을 자연에다 호소하여 한층 더 인생의 무상을 느꼈다고 할 수 있다.

### 2) 後期의 詩世界

여기서 후기라 하게 되면 주로 해방 후부터 東鳴이 作故하기까지의 기간을 말한다. 이 기간에는 전기에서와 같이 세 권의 詩集을 냈다. 즉 그것은 『眞珠灣』(1945~1947), 『三八線』(1945~1947), 『目擊者』(1947~1955)가 바로 그것이다. 그것의 특색을 하나하나 풀어 보면 다음과 같다.

#### (1) 『眞珠灣』時代

한 마디로 『眞珠灣』은 '太平洋戰記'라고 할 수 있다. 물론 詩集 전체가 하나같이 다 이런 경향의 詩는 아니다. 대체로 이 詩集에는 風流詩를 필두로 하여 「아가에게 주는 詩」, 「太平洋戰記抄」, 「새나라의 設計」, 「庭園禮讚」 등 다섯 部類가 있다.

여기서 먼저 말해 둘 것은 확실히 후기의 詩世界는 전기에 비교해서 큰 변모를 가져 왔던 것이다. 사실 한 詩人이 자기 세계를 10년 이상 부지하기란 여간 힘겨운 것이 아니다. 물론 불변하는 것이 무조건 좋다고 볼 수는 없지만 그만큼 일단 변모한 세계는 새로워야 한다. 그렇지 않고는 일종의 웃음거리가 되고 만다.

다시 말하면 또 다른 차원에서 진통을 겪지 않고 겉으로만 생각을 달리한 詩는 예술적으로 아무런 가치가 없는 것이다.

이런 원리로 보아 東鳴의 詩는 그리 큰 수확을 거두지 못한 것도 사실이다. 東鳴의 후기 시는 대체로 전기에서 보던 차분한 詩가 아니고 어떤 소용돌이 속에서 창작된 느낌을 준다. 보다 현실을 중시하는 社會參與詩라 할까. 東鳴이 너무 시대에 민감하여 사회가 격동하면 할 수록 그만큼 흥분된 語調로 마구 정열을 쏟았기 때문에 詩의 분위기는 아주 거칠었던 것이다. 그래서 무한한 空想의 날개를 펴서 神지핀 사람마냥 되는대로 뇌까린 듯한 인상을 다분히 준다. 그러니까 벌써 이 『眞珠灣』시대에 와서는 詩의 불이 차츰 희미해져갔다고 볼 수 있다. 이런 기운은 벌써 따지고 올라가면 詩集 『하늘』 속의 「술노래」편에서부터 연유한다. 즉 정신없이 뇌까린 세대의 탄식은 몇 작품을 빼놓고는 예술적 가치가 거의 없다.

그러니까 추측컨대 『眞珠灣』 속에 있는 戰爭詩篇은 아마도 倭政 말기 「술노래」편 속에 있는 작품에 계속하여 쓴 미완성품을 훨씬 후에 다시 회상하여 개작한 것이 아닌가 생각된다.

> 아득히 감람 물결 위에 뜬
> 한 포기 수련화.
>
> 아름다운 꽃잎 속속드리
> 東方 歷史의 새아침이 깃들여……
>
> 그대의 발길에 휘감기는 것은 물결이냐 그리움이냐
> 꿈은 征邪의 기폭에 쌓여 眞珠인양 빛난다.
>
> 아득한 水平線으로 달리는 눈동자
> 거만한 女王같이 담을 입술에도,
>
> 그대의 머리카락 가락 가락에도
> 颱風은 머물러……
> 때로 지긋이 눈을 감으나 그것은 설레는 가슴의 드높은 가락이어니,
> 알뜰히도 못 잊는 꿈이기에 그대는
> 더 華欄한 구슬로 목걸이를 만들고 싶었구나.
>
> 그러나 때는 그대의 사치로운 환상위에
> 언제까지나 微笑만을 던지지는 않았다.
>
> ―「眞珠灣」의 一節―

이 작품은 주로 1941년 12월 8일 日本이 眞珠灣을 기습한 이야기를 큰 무리없이 詩化한 것이다. 이 작품은 東鳴의 많은 戰爭詩편 가운데서도 秀作이라 할 수 있다. 眞珠灣을 '아득

히 감람 물결 위에 뜬 한 포기 수련화'라고 비유한 것이라든지, 또 日本의 갑작스런 공습 폭격을 일종의 태풍에다가 비유한 것은 대단히 특색있는 표현이라 하겠다. 『眞珠灣』과 같은 성격의 작품으로 「미드웨이」같은 데서는 제법 스릴있는 전쟁 영화를 보는 듯한 느낌을 가져다주기도 한다. 그만큼 리얼하게 표현했다.

이 이외에 「사이판」, 「沖繩」, 「東京」— 같은 작품은 다른 작품에 비해 비교적 戰爭詩로서 뛰어난 품위를 갖고 있다.

「새나라의 構圖」에서는 더욱 흥분된 감정을 주체할 수 없을 만큼 하나의 說敎調로 歷史觀을 서술하고 삶의 설계를 장황하게 펼쳐 나갔다. 지극히 政治的인 社會詩였다. 그러니까 자연 작품은 격렬할 수밖에 없었다. 이것은 결코 詩集 『하늘』에서 보던 豪氣와는 판이하게 다르다.

詩篇마다 공히 '民族魂', '自由獨立' 등의 생경한 말들이 어느 새 크게 자리를 잡고 있다. 이 때까지 볼 수 없었던 東鳴의 詩世界에 하나의 회오리바람이 불어 닥친 셈이다.

이와 같이 東鳴은 시대적인 분노에서 몸부림치다가도 어느새 자연의 옷자락이 몸을 감싸주기만 하면 그만 거기에 흠빡 침잠해 들어가 또 다시 아름다운 옛날을 회상하기도 했다.

이 詩集에서 보는 「江물은 흘러간다」편에 있는 「가을」, 「江가」, 「연기」, 「山」, 「돌」, 「窓鏡」같은 일련의 작품들이 바로 그것이다. 이것들은 비교적 다른 작품들에 비해 순수한 편에 속한다. 하지만 완전히 精氣가 빠진 詩다. 그런지라 詩가 비교적 조용하고 순수하게 보이지만 알차게 짜여 지지 못했기 때문에 뭔지 김빠진 인상이 든다. 즉 從前의 우수한 牧歌風의 詩에서 보던 독특한 技法이라든지 眈美主義的인 면이 아주 많이 풀렸다.

그 대신 쓸데없는 잔소리와 비슷한 空想性이 많이 끼이게 된 것이 큰 결점이다. 완전히 매너리즘에 빠져 있다. 가령 먼 他鄕에서 병을 얻어 누워 앓고 있는 어머니를 생각하여 지은 「哀嗣」도 힘이 다 풀렸다. 차라리 싱겁기만 하다. 그 몇 부분만 소개하면,

   어머니 病을 얻어
   他鄕에 누우시니,

   마음은 옛 것을 그려
   구름 밖에 저물고,

視線은 그리운 이들을 찾아
푸른 山에 막히도다.

달빛이 샘물같이 찬
귀또리 우짖는 밤에

님홀로
눈을 어이 감으신고.

— 「哀嗣」의 一節 —

라고 했다.

이와 같은 詩로써 어떻게 독자들을 울리겠는가. 그만큼 東鳴의 감정은 무디어 있다. 그러나 이 같은 매너리즘 가운데도 日帝 말기 木商하던 시절을 회상해서 노래한 「山」같은 작품은 예외로 뛰어났다.

山은 가만히 앉았어도
외방 사정을 다알고 있으렷다.
구름이 가끔 쉬어가니까.…

— 「山」의 全文 —

비록 3행밖에 안 되는 짧은 詩지만 얼마나 순수한지 모르겠다. 지극히 소박하면서도 조용한 뇌까림에는 많은 의미를 포함하고 있다. 그런가 하면 「아가의 꿈」편에 있는 「아가의 꿈」, 「아가의 말」, 「아가의 날」은 순후무구한 童心을 그린 것인데 '이것이 어째 詩일까'할 정도로 非詩的이다.

이렇게 전락하게 된 것은 우선 표현상 말의 함축이 전혀 안 되어 있고 隨筆式으로 끌고 나갓기 때문이다. 이렇게 된 경위를 따지고 보면 아마도 평소 詩作에 대한 관심도가 적은 데에서 기인하지 않았나 생각이 든다.

「庭園記」편에서는 從前의 가락대로 '庭園'을 소재로 하여 유여자적한 생활을 노래한 것인데, 여기에서도 「庭園行」한 편을 빼놓고는 그리 큰 성공을 거두지 못했다. 「庭園記 1」편에서는 '오랑캐꽃', '라이락', '百合花', '무궁화', '海棠花', '장미', '접중화'— 등 주로 꽃 종류를 많이 노래했고, 「庭園記」편에서는 '싸리', '수양', '향나무', '오동', '다래넝쿨'— 등 주로 나무류를 많이 노래했다.

제법 호화롭게 정원을 가꾸는 園丁의 프라이드를 과시했으나, 詩的으로 크게 성과를 거두지 못했다. 모두 다 설명에 떨어진 듯한 감을 준다.

이렇게 본다면 詩集 『眞珠灣』은 해방 직후 작자가 北韓에서 어지러운 소용돌이 속에서 썼기 때문에 「眞珠灣」외 몇 편을 제외하고는 대체로 좋은 詩가 많지 못하다. 그럼에도 불구하고 東鳴이 1945년에서 1947년까지 쓴 작품을 『眞珠灣』이라는 이름으로 1953년 발간하여 '아시아 자유문학상'까지 수상하게 된 것은 東鳴의 全 詩人生活을 통하여 크나 큰 영광이 아닐 수 없었다.

이것은 아마도 詩集 『眞珠灣』 자체보다도 그 前 詩集 『芭蕉』와 『하늘』의 공적도 크게 작용했으리라.

### (2) 「三八線」 時代

이 詩集도 『眞珠灣』과 똑같이 해방 후부터 越南하기 전까지 불과 2년 동안에 지어진 것이지만 이상하게도 『眞珠灣』에서 그 難澁하고 격한 분위기는 비교적 덜 보인다. 그것은 詩의 주제 설정의 방향에서 오는 것일까. 그만큼 『三八線』은 어느 정도 작품으로서 재미있는 詩集이다.

詩集 『三八線』은 주로 민족의 참상을 노래한 것이다. 그러니까 이 詩集에서는 從前의 主調와는 달리 더 많이 정치적·사회적인 의식을 중시했다. 따라서 詩의 언어도 자연 이 때까지 잘 애용하지 않던 생경한 述語가 많이 사용되었다. 그래서 詩의 주제를 암시한 제목도 다 이런 것이었다. '歷史', '民主主義', '人權', '自由' 등은 그 대표적인 것이었다. 사실 더 따지고 올라간다면 이러한 현상은 벌써 『眞珠灣』 시대에 조금 비쳤지만 공공연히 드러내 놓고 이렇게까지는 쓰이지 않았다.

詩集 『三八線』에 수록되어 있는 詩의 내용을 크게 구분하면 대체로 두 가지로 나눌 수 있다. 즉 하나는 작자가 삼팔선을 넘기 전까지 北韓에서 겪었던 참상과 또 다른 하나는 여기저기에서 보고 들은 우울한 이야기다. 이런 悲劇의 역사를 노래한 詩가 바로 「三八線」이다.

獄門,
굳게 닫힌 獄門일다.
어허, 一千萬 獄囚諸君! 우리는 도대체,
어떤 녀석이 魔術지팽이에 걸렸기에 모두들 요꼴이람.

자, 저 작자들은 대관절 무슨 이야기가 저리도 끝이 없을고?
남은 기다리기에 사뭇 대가 푹푹 타들어 가는데 ……

에잇, 그까짓, 주먹으로
우리들의 이 주먹으로 막 때려 부술 수는 없나!

아아, 저 곰의 발바닥같이 생겨먹은 상판을 본대도
우리들이 잘못 걸린 것만 틀림없구나.

鐵壁,
가마득히 높이 솟은 鐵壁일다.

여기는 크레므린製 自由와 平和의 女神들을 떠메고,
밤을 세워 亂舞하는 부럭은 餓鬼떼의 이동무대.

볼세비커즘의 넋은 벌써
저들의 掠奪品과 함께 우라지오스도꾸에 上陸한지 오래다.

아아, 아름다운 악마, 그러나 알고보니 흉악한 疫神이여!

우리들의 患者는 가엾게도 제 할아비를 모르는 것이 특징이더구나.

허나, 덕분에 五十年, 그렇다. 五十年은 책임져도 좋다.
단연 防疫蕪要！

死線,
오호, 不死鳥도 울고 넘는 怨恨의 아리랑 고개！

— 「三八線」의 一節 —

이 詩는 각각 2行씩 해서 모두 15聯으로 되어 있다.

소용돌이치는 사회상을 그리 興奮되지 않은 가운데 아주 리얼하기 그린 작품이라 볼 수 있다. 이 작품의 흥미를 더욱 돋우는 것은 그의 독특한 풍자적인 수법이다.

'어허, 一千萬 獄囚諸君！ 우리는 도대체 어떤 녀석의 魔術지팽이에 걸렸기 모두들 요꼴이람' 이라든지 '아아, 아름다운 악마, 그러나 알고 보니 흉악한 疫神이여! 우리들의 患者는 가엾게도 제 할아비를 모르는 것이 특징이 더구나' 같은 것은 독자로 하여금 통쾌감마저 느끼게 한다.

사방에서 鬼哭聲이 들리는 怨恨의 삼팔선을 넘으며 작자는 민족의 수난과 역사의 惡戲와 운명의 조롱을 뼈저리게 느꼈다. 이러한 풍자성은 「三八線」 뿐만 아니라 우수작 「레디오」, 「異邦」, 「우울」을 위시해서 北韓 사람들의 우울한 생활 모습을 그린 「우울한 이야기」편에는 너무도 흔하게 산재되어 있다.

가령 작가가 北韓에서 民主黨員으로서 平壤에 갔을 때 쓴 「비에 젖는 畫像」을 보면 苦笑마저 금치 못한다.

우리 金將軍은
市廳 正門 지붕 꼭대기에서
스딸린 大元帥를 모시고
오늘도 비를 맞으신다.

누구 우산을 좀 받어줄 이는 없는가
아니, 이제 고만 나려들 오시래두……

- 「비에 젖는 畫像」 全文 -

神格으로 우상화한 것에 대한 힐책(詰責)이다. 특히 끝부분 '이제 고만 나려들 오시래두'에는 심한 毒氣마저 띠고 있다.

그다음 민족주의를 싹트게 한 北韓 체험기는 뼈아픈 것이었다. 그렇기 때문에 그 체험을 적은 詩는 다른 어느 詩篇들보다도 더 실감있고 진실한 것이었다. 특히 역사의 심판을 톡톡히 받는 日人 피난민들의 처참을 잘 그렸다.

千名들이 土掘은
주린 짐승처럼
아구리를 벌리고……

리야까를 탄 시체들은
다리로
길바닥을 쓸며 간다.

- 「避難民 Ⅲ」의 全文 -

여기에 또 짐승처럼 달려붙는 로스께들의 潛行은 한때 이 땅을 阿鼻地獄으로 만들었다. 이것을 주제로 한 것이 「避難民」이라는 작품이다. 이들 피난민의 상황을 東鳴은 그의 手記集 『暗黑의 章』에서 다음과 같이 서술하고 있다.

우선 내 눈앞에 맨먼저 차마 볼 수 없는 光景은 北滿 혹은 咸北 等地로부터 밀려 나오는 日本 避難民의 行列이었다. 實로 地獄에서 볼 수 있을 듯한 悽慘한 모습들이었다. 저들이 國道를 버리고 海岸線을 밟아 興南으로 들어오는 것은 소련軍을 避하기 위해서라는데 여기서도 저들은 빈 倉庫나 遊廓이나 寺院 등에 억류되어 밤마다 소련 軍人에 의한 掠奪과 겁탈의 대상이 되어야 한다는 것은 얼마나 짓궂은

運命의 장난이었으랴.8)

이러한 상황에서 東鳴은 자신이 직접 反動分子란 죄목으로 감옥 생활을 경험하기도 했다. 그래서 이 詩篇에서도 무엇보다 「獄中記」가 큰 비중을 차지하고 있다.

> 나의 오랜 슬픈 同伴者.
> 아아, 꿈이여!
> 우리에게도 이제
> 난호일 때는 오는가부다.
>
> 저 窓살 넘어로
> 나를 노리는 있는 怪漢,
> 刺客이다.
> 法의 不在를 틈타려는……
>
> 나는 때를 놓치지 말고
> 激擊을 준비해야 한다.
> 하나 내게는
> 대적할 武器가 없구나.
>
> 몬테크리스토 백작의 故智를 생각하며
> 周圍를 둘러본다.
> 無明!
> 우리들의 테프는 벌써 끊어졌다.
>
> — 「獄中記」의 全文 —

감옥 생활에서 직접 육체에 미치는 고통도 컸지만 더 큰 것은 보다 근본적인 인간의 오

---

8) 金東鳴, '暗黑에의 序說', 수기집 『暗黑의 章』, p.205.

뇌였다. 그런 가운데 오히려 담력을 더 키우게 되었다. 그래서 감옥을 '슬픈 同伴者'라고 했고, 거기에서 몬테크리스토 백작의 철학을 더 배웠던 것이다.

詩集 『三八線』은 비교적 東鳴 나름으로의 새로운 몸부림이었다.

『眞珠灣』 일부 작품에서 보던 매너리즘은 새로운 시대를 맞아 또 하나의 빛을 발했던 것이다. 아무리 격한 감정이라도 그것을 다시 순화시켜 노래했기 때문에 그 형식도 아주 整齊되었다.

결과적으로 東鳴 자신의 정착지는 곧 현실을 知性的인 눈으로 노래하는 데 있었다.

### (3) 「目擊者」 時代

詩集 『目擊者』 시대는 東鳴의 시인 생활의 마지막 詩集이다. 이 마지막 詩集은 또한 東鳴의 후기를 더욱 빛내 주는 詩集이기도 하다.

이 詩集의 창작 기간은 東鳴이 越南한 이후 다시 학교에 재직하고 있으면서 비교적 평탄한 가운데 詩에 비상한 관심을 베풀고 있을 때이다. 그러므로 이 자각의 刷新에 따라 詩는 그 어느 때보다도 越등 그 품의를 높였던 것이다.

그 중에도 이 「서울 風物誌抄」는 뛰어난 것이다. 東鳴의 詩가 이 「서울 風物誌抄」에 와서 어느 정도 결실을 맺었다고 볼 수 있다. 즉 여기에는 해방 전의 전원적 특질과 해방 후의 사회적 경향을 어느 정도 무리 없이 조화한 때라고 할 수 있다.

여기에는 주로 「서울 風物誌抄」와 「避難詩帖」의 두 가지 내용의 詩들이 담겼다.

첫째, 「서울 風物誌抄」는 '紫霞門밖', '世宗路', '鐘路', '忠武路', '明洞', '北阿峴洞', '新村洞', '彌阿里 고개'…… 등 서울의 유명한 곳을 주로 스케치 하였다.

그 중의 제일 앞에 있는 '紫霞門밖'을 들어 보더라도 그 품의를 곧 쉽게 알 수 있다.

> 景福宮 바라보며 부친 담배
> 버리고 보니 두메 山골,
>
> 두 팔 쭉 벌리고 빙글 돌면
> 山들이 소매 끝에 스칠 듯.

어느 바윗돌이
호랑이의 발자국을 지였느뇨?

멧곬을 씻어오는 바람곁에
太古가 풍기어,

傳統을 고집하는 草家지붕도
예서는 제 格인 걸.

박꽃필 무렵에
우리 왕짚신 신고 오자.

北岳과 仁旺이야
무어라 수군거리든,

살구꽃 그늘 아래
旅愁 잠간 깃들어라.

내용으로나 형태로나 어디 나무랄 데 없이 꽉 짜여진 작품이다. 그 전에 보던 說明調나 豪氣를 찾아 볼 수 없을 만큼 순화되어 있다. 그러면서 새로운 가락에 새로운 이미지를 담은 선명한 詩는 읽어 갈수록 재미가 난다. 이 재미 속에는 또한 위트와 풍자가 있다. 첫 聯 '경복궁 바라보며 부친 담배 버리고 보니 두메산골' 같은 아주 풍부한 상상력의 소산이다.

이 詩에서 보듯 모든 詩 형태가 아주 짧은 短詩로 되어 있는 것이 특징이다. 즉 그것을 자세히 분석해 보면 전체 45편 가운데 「미아리 고개」, 「南山卽興」, 「古風揷話」 등 10편을 제외한 모든 詩의 각 聯이 2행씩 되어 있다.

그 중에도 제일 많은 빈도수를 차지하고 있는 聯이 5聯(9개), 6聯(9개), 7聯(5개)의 순으로 되어있다. 1聯의 字數는 보통 7, 8字로 되어있다. 이렇게 본다면 「目擊者」에 이르러서는 그 어느 때보다도 리듬을 重視했다. 따라서 스텐자의 관념도 그 어느 때보다도 강했던 것이다.

이 외에도 '여기는 낡은 世代와 새 世代의 슬픈 交叉點'이라고 노래한 「鐘路」라든가, 왜놈들이 쫓겨 간 풍경을 그린 「충무로」라든가, 지극히 사치스럽고 商談이 神妙한 「明洞」같은 작품은 새로운 詩眼이 열린 작품이다.

또한 「서울 風物誌抄」에서는 여유만만한 가운데 향락적이고 풍류적인 일면도 볼 수 있다. 「蓬萊閣醉談」, 「빠·江南」, 「牛耳洞놀이」 같은 것은 다 그런 類의 작품들이다. 그런가 하면 항상 그림자처럼 뒤따르는 사회의식의 작품도 있다.

그 중 「서울 素描」는 대표적인 작품이다. 서울의 특징을 '쓰레기', '謀利꾼', '소매치기' 등을 들어 비교적 리얼하게 그렸다.

'소매치기패도 제법 빽을 자랑한다는 거리', '거지들도 곧잘 中間派 행세를 하는 거리', '늙은이들이 하두 亡靈을 부려 주춧돌이 다 흔들리는 거리' 같은 표현에서 볼 수 있듯이 이런 類의 詩들은 다분히 풍자적인 것을 앞세웠다.

그다음 또 '서울 風物誌抄'에서는 懷古의 情을 담고 있다. '南大門', '한가람은 흐른다', '古宮賊', '古宮挿話', '舊正雅', '六臣墓'에서는 물씬 그런 냄새를 풍기고 있다.

이 懷古의 情도 사회적 경향과 마찬가지로 음성적으로 내부에 숨어 있다가 곧잘 고래를 드는 것이다. 그런데 이것은 항상 憧憬이나 감상에 흐르지 않고 현실 감각을 중시하고 있다. 그런데 이 「避難詩帖」 편에서는 뭔가 사회의 어지러운 동요 속에 詩마저 안정을 기하지 못하고 있다.

東鳴은 어지러운 소용돌이 속(6·25 피난)에서 렌즈를 거기에 알맞게 맞추지 않고 과거의 리리시즘을 고수하였으니 자연 안팎이 맞을 수가 없었다. 말하자면 되도록 기록적이고자 했고, 억지로 정서적이고자 했다.

>나는 窓門을 활짝 열어 제치고
>오연(傲然)이 앉아 바라본다.
>
>구비쳐 흐르는 한가람이
>오늘은 어인 일, 자꾸만 슬하고나,

레디오가 그렇게까지 몸부림치며 매달리건만
그래도 뿌리치고 떠나는 市民도 있나보다.

어느 새 長蛇障을 이룬 피난민의 행렬이
비에 젖으며 젖으며 간다.

- 「目擊者」의 一節 -

실로 6·25는 우리 민족이 일찍이 겪어 보지 못한 민족의 크나큰 悲劇이요, 수난이었다. 漢江橋 폭파를 눈앞에 두고 일루의 희망을 걸기 위하여 라디오 앞에 몰려선 군중들에게 앵글을 돌리기 위하여 비 속으로 걸어가는 수많은 피난민들의 처량한 行脚을 눈으로 보듯 그렸다. 「지리산」, 「그 이튿날」, 「出發」을 위시한 많은 작품들도 詩의 가치는 그만 두고라도 이런 절박한 상황을 비교적 세심히 그리려고 했다. 그러나 뒷끝은 항상 쎈치에 머무르지 않고 분노로 가득 차 있다.

그런가 하면 東鳴 자신이 가족들을 데리고 사뭇 大田으로 해서, 論山, 全州, 南原, 晉州, 馬山, 釜山까지 오는 동안에 그 곳 풍경을 悲感이나 분노로 다스리지 않고 정서적으로 노래했던 것이다.

따라서 이런 작품들에는 이때까지 보지 못했던 鄕土色이 짙었다는 것이 특색이다.

全羅道라 南原땅에
내가 왔니라우.

풀밭에 번 듯이 누워
별하나 나하나 ……
눈은 한양 星座를 지키나
마음사 李道令.

春香 모습 아른아른
내 꿈을 수놓거니,

전쟁과 피난은
나 모르리라우

-「南原夜曲」全文 -

우선 미소를 금치 못하게 하는 것은 그 지방 全羅道 사투리 구사다. 정말 그 말의 특색으로 鄕土色을 엿볼 수 있다. 괴롭고 어두운 피난통에서도 항상 전통 정신이 깃들어 있는 南原 땅에 와서 쌀 대신, 옷 대신, 집 대신 이도령과 春香을 들어 노래한 것만으로도 얼마다 東鳴이 풍류적인 詩人이었나를 알 수가 있다. 역시 晋州에 와서도, 馬山에 와서도 그 곳 고적과 풍정을 閑人처럼 노래했다.

여기서도 詩 형태가 「서울 風物誌抄」에서 보던 2行 1聯의 詩가 대부분이다. 초기에서 보던 直喩法이나 擬人法이나 咏嘆法보다도 확실히 시원스럽게 그러면서도 빈틈없이 짜여져 있다.

그러나 여기 와서 詩 형식이 내용에 견주어 한쪽으로 기울어진 것만은 틀림없다. 대체로 제 6詩集 『目擊者』는 東鳴의 제작 연대로 봐서 비교적 詩의 관심이 많던 때 이루어졌기 때문에, 어느 정도 1930년대의 우수한 시절을 감안해서 성공한 詩集이라고 볼 수 있다.

그러나 그가 6·25를 겪고 난 다음부터는 차츰 詩보다 오히려 사회, 정치면에 관심을 더 두었기 때문에 좋은 작품을 쓰지 못했다. 그러니까 越南 이후 이루어진 詩集이라고는 『目擊者』가 마지막이 된다.

## 4. 結 語

東鳴이 1920년대에 발표한 시들은 대체로 허무적, 감상적, 퇴폐적 경향으로 작품을 썼다. 그러나다 1930년대에 와서 詩人으로서의 뚜렷한 두각을 드러내었다. 그것은 1930년대 초기의 작품을 한데 모아 『나의 거문고』라는 詩集을 내었다. 그리하여 習作期를 일단 淸算하고 새로운 세계에 접어들었다. 이 새로운 세계는 곧 東鳴의 詩人生活을 대표한 전원적 牧歌風의 경향이었다. 이러한 경향이 담겨져 있는 詩集이 『芭蕉』와 『하늘』이었다.

30년대에는 막상 시대상으로 어두웠지만 東鳴 자신이 詩精神으로 볼 때는 아예 그런 것과는 아랑곳없이 밝았다. 그것은 아름다운 자연과 전원생활 속에서 인생을 찾으려 했기 때문이다.

이때에 와서는 내용뿐만 아니라 형식도 초기에 비해 훨씬 整齊되어 있으며, 詩의 技法도 그만큼 다양했다는 것이 특색이었다. 많은 독자들에게 愛誦되고 있는 「芭蕉」, 「내 마음」, 「하늘」, 「바다」 — 같은 작품이 그 좋은 예이다.

이렇게 田園閑居에서 牧歌風의 敍情詩를 쭉 써 내려오다가 태평양 전쟁이 발발하자 그만 붓을 꺾고 말았다.

해방이 되자 東鳴의 詩世界는 다시 한 번 일대 전환기를 가져 왔다. 그것은 소위 사회적 경향이다. 이때까지 外世의 변화와는 아무 관계없이 온상 속에서 사뭇 자기만의 세계를 구가하고 살다가 다시 한 번 속의 껍질을 깨고 또 다른 세계에 눈을 돌렸다. 즉 日帝의 暗黑相 및 전쟁 상황을 담은 詩集 『眞珠灣』과, 해방 후 공산 치하에서 여러 가지 우울한 이야기를 담은 詩集 『三八線』이 바로 그것이다.

이러한 사회적 경향이 전기의 전원적 경향과 조화를 가져 온 것은 東鳴이 越南하여 쓴 「서울 風物誌抄」에 이르러서이다. 말하자면 이때에 와서 사회적 경향이 결실을 맺었다고 할 수 있다.

이렇게 볼 때 金東鳴이야말로 1920년대에서 1960년대 초기까지 가장 특색 있는 작품으로 活躍한 중요한 詩人의 한 사람이다.

# 제4차 학술대회

한국기독교 문학과 초허 / 엄창섭

김동명 작가의 작품해제 및 작품집 후기 고찰 / 장정룡

일제말기 김동명의 전쟁시를 통해 본 현실 인식과 저항성 / 김윤정

초허의 시세계와 식물적 상상력의 관련성 수용 / 심은섭

김동명 문학의 공간적 상상력 / 이미림

김동명 시, 강릉, 로컬리티 / 남기택

# 한국기독교 시문학의 제 양상과 초허의 정체성
-기독교 시문학과 초허의 연계층위(連繫層位)

엄창섭*

---

**목 차**

1. 문제의 제기와 시대적 배경
2. 시적 본말, 기독교의 경건성과 영적 부활
3. 지속적으로 모색할 문제의 양상

---

[국문초록]

　일제강점기 궁핍한 시대의 민족 시인으로 그 자신이 몸담은 와중에서 주어진 삶을 강직한 집념과 기독교신앙으로 버텨낸 초허(超虛) 김동명(金東鳴)은 1930년 첫 시집 『나의 거문고』 간행 이후, 민족적 비애와 울분을 시적 형상화로 토로하며 분노의 나날을 보냈다. 그는 이 땅의 어느 시인보다 암울한 시대적 상황에서도 슬기롭게 대처하였고, 혁명가적인 정객(政客)으로서 지사적 면모를 입증한 역사적 실체이다. 불행하게도 그 자신이 우리시문학사에서 인위적인 구속을 거부하고 독자적 행보(行步)로 뚜렷한 공적을 남겼으나, 동시대의 문인에 견주어 평가와 연구는 지극히 미흡하다.

　특히 일제강점기의 지사적인 민족 시인으로 기독교 신앙에 의지하되 자존감이 강한 종교

---

*가톨릭관동대 명예교수

시인으로서 그 자신은 청산학원 신학과에 재학하기 전에도 교회에서 설교를 하였으며, 미래의 꿈을 확신했던 예언자적 시인이었다. 또 그는 신사참배의 조짐이 확산되는 사회현상에서 기독교 교세의 지양을 위해 명분상 교파간의 분파조성이나 대립보다는 화합의 필요성을 역설하였다. 그는 누구보다 자의식이 강한 그 자신이 '운명의 아들, 카인의 말예(末裔)임'을 자처한 점은 '부모와 자식 간 용서와 화해의 관계층위'로 그 자신이 '인류의 희망이라'는 인류에 대한 또 다른 시각을 성서적 차원에서 철저하게 인식한 결과다. 아울러 교계(敎界)의 결집을 일깨웠으며, 마침내 「장감양교파합동가부문제(長監兩敎派合同可否問題)」로 이론을 체계화하여 제기하였다.

한편 '個我와 절대자와의 합일, 그리고 죽음을 완전한 자유를 누리는 성취의 과정으로 인식하며 영원한 해방을 허락한 신의 은총'으로 수긍한 점은 지속적이고도 심층적으로 논의될 핵심과제다. 그 같은 점에서 동시대의 어느 시인보다 평생을 구원상징인 십자가를 축으로 윤무하며 영혼의 기도와 찬가를 창조주에게 드리며 좌절감을 기독교 신앙에 의지하여 극복하고 민족과 조국을 위해 자신의 삶을 받친 철저한 종교 시인이다.

결론적으로 그 자신은 시문학의 현재성에서 기독사상에 일관되게 '죽음의 정체성'을 '불멸(不滅), 성취(成就), 흐름(變轉), 향수(鄕愁), 모성애(母性愛)'로 확증하고 있음은 더없이 유념할 바다. 모쪼록 현재적 정황에서 한국기독교문인과 신학자들에게 철저하게 소외되고 배제된 초허의 시의식과 작품, 그리고 종교성은 다각적이고도 체계적으로 진지하게 새로운 시각에서 검증되어야 한다.


* 키워드 : 기독교 신앙, 카인에 후예, 교계의 결집, 절대자와의 합일, 신의 은총, 기독교 사상의 일관성, 종교시인.

## 1. 문제의 제기와 시대적 배경

　일제강점기 그 자신이 몸담은 궁핍한 시대, 그 역사의 와중에서 주어진 생을 강직한 집념과 신앙으로 버텨낸 초허(超虛) 김동명(金東鳴, 1900~1068)은 첫 시집 『나의 거문고』(新生社, 1930) 간행 이후, 일제의 탄압 아래서도 민족적 비애와 울분을 토로하며 시적 형상화로 치욕의 나날을 보냈다. '호수와 芭蕉의 시인'으로서의 삶을 마감한 시인 초허는, 순수문학종합잡지인 『개벽』(1923년 10월, 12월)에 〈당신이 만약 내게 문을 열어 주시면〉 외 4편을 각각 발표하면서 데뷔하였다. 비록 그 자신이 6권의 시집을 간행하였으나 인위적인 도그마에 구속되기를 원하지 아니한, 진정한 신앙인, 망국의 통한을 시적으로 형상화한 시인, 교육자와 정객으로서의 다양한 삶의 거적을 남긴 역사적 존재이다. 까닭에 그에 관한 지속적 관심과 논의는 개념도 어설픈 세계화 조류에 떠밀린 '영어몰입교육정책'의 현재적 시간대에 소중한 인자(因子)로서의 타당성을 지닌다.

　한 때나마 그는 이 땅의 어느 시인보다 암울한 시대상황에서도 슬기롭게 대처하였으며, 뒷날 자유당의 부패와 군사독재정권에 과감히 맞선 혁명가적인 정객(政客)으로서 지사적인 면모를 실천궁행으로 입증한 존재감을 지닌 실체이다. 누구보다 자의식이 강하여 첫 시집을 '부끄러운 시집'이라 용기 있게 자술(自述)한 그 자신이 '운명의 아들, 카인의 말예(末裔)임'을 자처한 점은 반드시 심도 있게 논의할 점이다. 그 같은 자성은 브래드 멜처의 「카인의 징표」와 연계지어 검토할 사항이나 모처럼 '부모와 자식 간 용서와 화해의 관계층위'로 그 자신이 '인류의 희망'에 신념을 지니고 수긍한 점은 성서적 맥락에서 철저한 결과임은 결코 외면하지 말아야 할 것이다. 까닭에 우리현대시문학사에서 민족의 구제라는 정신적 발로에서 시적 작위에 일관성을 지니고 열중하되 인위적인 제도나 구속을 거부하고 독자적 행보(行步)에 의한 그의 극명한 공적이 동시대의 문인에 견주어 한국기독교문학의 지평을 여는 역할을 담당하고서도 그 평가와 업적의 미흡한 현재성은 반드시 평가되어야 한다.

　이 같은 측면에서 '호수와 芭蕉의 시인'으로 빈궁한 삶을 마감한 초허는 『開闢』(1923년 10월)에 〈당신이 만약 내게 門을 열어주신다면〉, 〈나는 보고 섯노라〉, 〈애닯은 記憶〉을 발표한 직후, 강원도 특집을 다룬 동지 12월호에 〈懷疑者들에게〉, 〈祈願〉을 발표하여 추천을 마쳤다. 그는 감성의 새로움과 기도의 에스프리, 그리고 망국의 비통함을 시적으로 형상화하며 그 자신의 대표시격인 〈芭蕉〉를 애상적인 정조로 읊어내며, 조선어말살사건의 과도기에도 한글로 〈술 노래〉, 〈狂人〉(1942)의 시작(詩作)에 열중한 지사적인 인물로 강렬한 전통성의 추구는 물론, 자아인식을 통렬히 일깨우며 민족의 고뇌를 기독교의 박애정신으로 극복한 계연성을 철저하고 체계적으로 유지하였다.

특히 한국현대문학사에 있어 신문학운동이 전개된 1920년대는 육당과 춘원 중심의 2인문단시대로『泰西文藝新報』(1918) 창간을 기점으로 하여 서구문학이 본격적으로 태동한 시간대이다.『創造』(1919)를 비롯한『廢墟』,『薔薇村』등과『朝鮮文壇』,『文藝公論』등의 순수문학지와『開闢』(1920) 등 일반종합잡지들이 출간되었으나, 이 시기는 3·1운동의 실패로 인한 세기말적인 풍조가 보편적이었다. 따라서 1925년 조선예술가동맹의 결성으로 카프문학의 활동을 배제할 수 없으나 퇴폐적인 색채의 감상주의가 지배적인 현상이었다. 이와 같이 한국기독교의 문학적 공헌에 크게 기여한 춘원의 경우, 그 자신은 '아마 조선 글과 조선말이 진정한 의미로 고상한 사상을 담는 그릇이 됨은 성경의 번역이 시초일 것이요, 만일 후일에 조선 문학이 건설된다면 그 문학사의 제1면에는 신구약의 번역이 될 것임'을 앞서 술회한 바 있으나, 1894년(고종 31년) 갑오경장 이후 국내에 유입된 서구사조는 기독교 양상의 우위(優位)로, 한국근대사에 있어 기독교사상의 영향이 지대하였음은 주지할 바다.

이 같은 맥락에서 초기 기독교는 '진리와 자유, 평화와 나눔, 그리고 영혼 구원의 使役에 기인하였기'에 대중의 의식을 폭넓고 다양하게 변화·발전시키는데 그 나름의 정체성이 점차 확립되었으며 우리시문학의 발전 전반에도 중차대한 결과를 낳았다. 이 시기에 "나의 시상에서 기독교적 영향을 빼고서는 내 사상을 이해할 수 없다."[1]라고 갈파한 육당은 제중병원에서 성서와 기독교 서적을 주로 구입하여 탐독하였다. 1908년 3월에 발표한 그의 〈백성의 노래〉는 성경에 배경을 두었고, 그해 8월『少年』지에 수록된 〈天主堂의 層層臺〉와 10월의 〈크리스마쓰〉는 비교적 신약성서의 색채가 짙다. 뿐만 아니라 춘원이『創造』(6호)에 발표한 〈미쁨〉과 1923년 8월의 〈祈禱〉 역시 다분히 기독교적인 성향의 시편임은 무론, 〈하나님〉은 그 자신이 '시의 예술성을 종교적 영역으로 끌어올리려고' 고심한 흔적이 한층 역력하다.

이 시기의 서북지역 동향 문인으로는 일본 아오야마(靑山)학원 신학과(45회)의 초허를 포

---

1) 金禧寶,『韓國文學과 基督教』(人間社, 1958), p.120..

함하여 주요섭(중학부 졸), 김재준(신학과 45회 졸), 전영택(중학부 32회·고등부 인문과 35회·신학과 40회 졸), 백석(백기행 전문부 영어사범과 졸) 등이 있다. 지정학적인 추이(推移)로 평북의 정주 중심으로 기독교 교육과 계몽의식에 눈을 뜬 서북인들 중에 춘원은 초기소설 「無情」(1917), 「再生」(1924) 등을 통해서 기독교적 인생관을 대변하였다. 초허와 미션스쿨인 영생여자고보의 동료교사로 교지 간행을 함께 했던 백석의 경우, 기독교 체험이 시에 끼친 영향2)으로 그 자신의 삶에 뼈저린 자책과 회개의 기도인 〈南新義州柳洞朴時逢方〉과 기독교 영향을 수긍하고 명백하게 제시한 시편에 〈흰 바람벽이 있어〉(1941)가 있다. 종교적 경건을 추구한 초허는 '심령이 가난한 자로서 자기 속에 선한 것이 없음을 겸허하게 시인한 사람'으로 「백석연구」의 이세기가 근간에 평가하였음은 간과치 말아야 할 것이나 "마음이 깨끗한 자는 복이 있나니 그들이 하나님을 볼 것임이요(마태 5:8)"를 자신의 좌우명으로 삼아온 초허의 시문학에 기독교의 깊이와 다양성의 연계층위는 평가 받을 충분한 의미와 가치를 지닌다.

한편 김병학이 『한국 개화기문학과 기독교』(역락, 2004)에서 '개화기시가와 개화기 소설 등 이 시기의 작품을 종합적이고 체계적으로 접근하여 기독교사상이 우리문학에 큰 영향을 미쳤음을 객관적으로 정리하고 있음'은 주지할 점이나 본고의 서술에 앞서 문제의 제기로, 초허 자신이 비록 '사주팔자를 타고났다.'고 자탄은 하였으나 자존심이 강한 모친의 기질을 닮아 풍운아로서의 삶을 영위하였음은 결코 우연일 수 없다. 특히 영생중학 졸업 1년 후인 1921년에 동진소학교 교사로 취업하고 학생들 앞에서 1919년 기미만세운동 지지 발언으로 해직이 되었고, 또 서해안의 남포소학교에 어렵게 취업했으나 일본인을 양성하는 교육에 자주 불만을 토로했기에 시고(詩稿)만 들고 직장의 문을 나서는 불행을 겪기도 하였다. 그뿐 아니라 안주의 소학교 교사로 취업하였으나 데뷔작인 '보들레르에게 바치는 헌시' 〈당신이 만약 내게 문을 열어주면〉을 1923년 10월호 『開闢』지 발표 후 또다시 1년 만에 해직되는 수난을 겪었다.

각론하고 본고에서는 초허의 애상적이고도 담백한 시적 정조와 간결한 언어로 직조된 일련의 작품들이 우리 현대시사(現代詩史)를 다채롭게 장식하였지만, 그 자신의 분망한 삶은 부당한 권력에 의해 인권의 자유가 구속받던 불행한 시간대의 부당함에 항거하며 그 자신의

---

2) 『국민일보』, "백석 詩 절정기 관통한 정서는 기독교적 참회"(2014, 4, 24)

신념과 신앙으로 오로지 그 고통을 극복하였다. 특히 그만의 문학수업에 관한 지론은 '우선 철학을 공부하고, 신학을 배우고, 여가 있는 대로 문학을 공부하는 것'이었다. 한편 김남석에 의해 "뜻하지 않은 旅愁에 서린 울분"3)으로 언급되며 그간의 평자들이 초허의 시편들을 자연적·목가적·전원적인 시로 평이(平易)하게 해석하고 일축함으로써 시의미가 축소되고 왜곡되어 퇴폐적인 낭만주의에 맞물린 것으로 평가 절하된 점은 못내 안타깝다. 장백일이 "김동명 시의 서정성 연구"에서 휠더린이 예수의 죽음과 더불어 신적인 빛을 상실했기에 이 지상에는 캄캄한 밤이 돌아왔다는 주장도 그러하지만, 하이데거 또한 신들의 모습을 감추어 버린 현대를 '세계의 밤(Weltnacht)의 시대'로 지칭하였듯이, 일제강점기 민족과 조국 혼을 자신의 숨결과 열정으로 발현시킨 초허는, 상실당한 민족의 얼과 언어의 빛을 회복할 기미가 보이지 않는 수난 속에서도 존엄한 자존감은 결코 상실하지 않았다.

이와 같이 암울한 삶의 현장에서 그만의 담백한 정감의 몰입과 이미지 형상화는 어디까지나 유의미하고 위대한 창조적 예술행위로, "종교의 내적 세계를 眞善美로 窮極化해 놓고 주시하면, 그 경지는 바로 예술의 極致가 된다."4)는 조남기의 주장처럼 예술의 극치가 종교적 영역의 조우점(遭遇點)은 종교 시인들이 거처할 현주소이다. 일단 그의 미적 주권의 확립을 심층적으로 검색하기 위해 시적 형상화와 산문 전반에서 일관성 있게 확인되는 그 나름의 독자적인 종교적 특이성은 분할·통합할 타당성을 지니는 까닭에, 초허는 민족적 울분을 기독교적 신앙에 의지하여 정화시킨 예언자적이며 고매한 품격의 소유자로서 우리 현대시사에 거적을 남긴 뚜렷한 실체임에 틀림이 없다. 비록 문학외적인 대상으로 취급할 수 있으나 기독교사상과 불가분의 관계를 맺고 있는 그 자신이 교육, 정치, 종교에 관심을 지니고 폭넓게 행동한 점은 간과치 말아야 한다. 아울러 대다수의 시인에게 '현실문제에 초점을 맞춰 시의 조명을 강하게 비추면 정서성이 파괴되고, 또 전통성을 중시하다보면 현실세계와 너무 먼 거리에 놓이는 결과를 낳게 되기에 그에게 국한하여 삶의 본질적 문제를 시대상황에만 치중하여 그 범주를 제한한 탐구는 결코 바람직하지 아니하다.'5) 따라서 현재적 상황에 슬기롭게 대응했던 초허의 의지와 신앙, 그리고 인간됨을 새로운 시각에서 고찰하여 계승하려

---

3) 金南石, 『詩精神詩論』(現代文學社, 1972), P.139.
4) 趙南基, 『基督敎世界文學』(성광문학사, 1980), p.197.
5) 嚴昌燮·曺樂鉉, "金東鳴의 詩研究"(關東大學 論文集 第十一輯, 1981), pp. 1-2.

는 정신작업은 그 의미성 또한 지대한 것이다.

아울러 자연이법의 순리란, 혹한의 계절을 지나치면 생명의 봄이 오듯이 초허 역시 수난의 시간대에 몸담으면서 조국광복의 신념을 저버리지 않았기에 격랑의 한 생애를 통하여 자신의 강한 의지를 예술의 불꽃으로 발화시켰다. "시란 가치와 형성이고, 뿐만 아니라 그것은 좁은 개성의 울타리를 넘어서 한 시대의 보편적 문화에 늘 다리를 걸쳐 놓고 있는 것"6)이라는 김기림의 지적처럼 현실에 몸담으며 비교적 초허는 이미지를 중시하는 입장에서 시적 作爲로 일관하였다. 다소 회화적인 이미지와 기독교적 경건 성을 맑은 영혼의 울림으로 철저하게 수용하며 조화롭게 절충한 그 자신은 "엄숙한 宗敎美와 忍從의 美가 그의 시의 특수한 흐름이 되고 있다."7)는 지적처럼 감정의 절제 없어 시인의 의지를 나약하게 만드는 病弊性 즉, 자기도취, 자기흥분 에 기인한 탓에 '다소 여성적이고 부드러운 정조로 가곡으로 불러지는 결과를 가져와 詩想의 깊이가 없다.'는 김구용의 지적도 있지만 초허는 강한 신앙심에 의지하여 허무의식을 극복하는 그만의 일관성을 지속하였다.

모름지기 문학에서 현실성을 전혀 배제할 수 없기에, 순수성에서 "예술은 엄격히 자기를 통제할 때 비로소 존속한다."8) 그 같은 까닭에 고고한 자아의 추구가 예술의 본질이지만, 가끔은 역사성을 거부한 자기만의 집착은 현실도피이거나 시적 상상력의 확장과 무관한 환상이 여백의 틈새일 수 있다. 비록 예술이 현재성의 복사일 수 없을지라도 현실의 예술적 형상화인 미적 승화로 변형되어야 한다. 이 같은 상황에서 기질적으로 문단이라는 울타리 속에 처하기를 거부했던 초허의 처세는, 한 때나마 동인중심으로 기록되고 평가받는 문단풍토에서 '자유로운 바람의 영혼'이기를 자처하며 인위적 제도권에 의한 구속을 원치 않았기에 국외자(outsider)로서 비중 있게 다루어질 수 없었다. 일단 아쉬움이 남지만 그 자신이 한국현대시문학사에 있어 일제강점기와 독재정권에 저항한 민족시인, 인간적 울분과 좌절감을 기독교 신앙에 의지하여 정화시킨 날(刃) 푸른 존재감을 지닌 당당한 시인으로서 그 업적에 걸맞은 다각적이고도 심층적 논의는 응당 수행되어야 할 시대적인 과제이다.

---

6) 金起林, 『우리 新文學과 近代意識』(白楊堂, 1947), p.90.
7) 姜凡牛, 『文學叢林』(以文堂, 1976), p.20.
8) 金允植, 『韓國近代文學思想』(瑞文堂, 1976), p.20.

## 2. 시적 본말, 기독교의 경건성과 영적 부활

　그간에 초허의 초기 시편의 본말(本末)은 다소 소박한 감성과 목가적 서정성으로 풀이되었으나, 신중한 검토나 심층적 분석 없이 무분별하게 "불교사상을 바탕으로 한 동양적 체념과 은인 자적하는 歸田園居를 노래한 것"9)으로 인식되어 왔다. 이 같은 반증으로 사화집 『내 마음』에 수록된 1909편중에 불교적인 시편은 〈歸州寺〉, 또 사용된 시어로 '山僧, 부처님, 彼岸, 娑婆'가 고작 횟수로 두세 번 정도다. 보편적으로 예술은 고정성보다 창조성을 중시하기에 변화와 발전을 필요로 할뿐더러, 엄격한 의미에 있어 전통의 파괴를 뜻하기에 정신작업의 종사자는 새로운 것의 탐색과 향방의 추구이다. 따라서 한편의 시는 단순한 정감의 처리가 아니라 언어로 된 예술임을 깊이 인식한 초허는 엄숙한 종교 미와 인종 미(忍從美)를 자신의 시적 흐름으로 다양하게 수용하였다. 모든 종교시는 종교적 사상이나 정서가 시적 변용통로를 걸쳐 예술로 승화되어야 함을 그 자신은 깊이 절감하고, 성서(聖書)에 대한 깊은 이해와 지대한 관심으로 시의 예술성을 종교적 영역까지 끌어올리는 작업에 일관하였음은 주지할 바이다.

　그 같은 연유로 1923년 『開闢』(12월호)에 발표한 〈祈願〉이나 1926년 『朝鮮文壇』(4월호)에 수록된 산문시 〈餞別〉은 기독교의 색채가 한층 농후하다. 비록 시상의 주제가 '사랑의 이별'로 그 대상은 이성간의 연인일 수 있으나, 포괄적으로 그 자신의 시적 흐름은 '엄숙한 종교적 경건성과 인종(忍從)의 미'에 잇닿아 있다. 한편 "나도 마리아와 같이 향유를 장만해 가지고 그리고 그 땅으로 돌아가야겠습니다."의 시행은 신약(요한12:3)의 구체적 인용으로 조국에 대한 깊은 애정을 주 앞에 순종하는 마리아의 믿음으로 형상화한 그 하나의 예증에 해당한다.

　　　풀진 구우라 삼림 속에/오, 아름다운 만남이여/가득한 감격에 고요히 합장한 그대
　　의 흰손과/거룩한 이의 손에 쥐인 녹쓰른 가위를/나는 지금 생각합니다.//

　　　　　　　　　　　　　　　　　　　　　　　　　　　　　　　　　-〈구라라頌〉에서

---

9) 趙演鉉, 『韓國現代文學史』(成文閣, 1978), p.452.

특히 위에 인용한 시편은 『朝鮮文壇』(1926년 5월호)에 발표 당시의 "'구라라頌은 稀微한 작품이다. 誤植이 있지 않는가?"10) 이 같은 반문은, 주요한 자신이 '구라라'와 '풀진 구우라'에 대한 의미파악이 결여된 결과다.(여기서 초허의 첫 시집『나의 거문고』의 〈키아라 頌〉(pp.141-142)은 가톨릭의 성녀 '산타 키아라(Santa Chiara)'이며, '풀진 구우라/(풀티인쿠라)'는 성 프란체스코에게 순종서약을 했던 '포르치운 클라라'(아씨시의 거리명은 '기아라'이다.) 이 같은 맥락에서 초허 자신의 시적 경향이나 생사관은 철저히 기독교적이며 그 양상은 새삼 이채롭다. 또한 보다 구체적이고 현재성에 있어 "神靈한 기운 그윽하게 떠도는 아침 大地 위에/나는 정성스러히 무릎을 꿇다.(아침 禮拜, P.3)"나 "오오 세상 罪를 지고 가는 어린 羊들이여.(乞人, P.73, 요1:29)" 또는 "지행 없는 마음이/또다시 主를 생각하니(「고요한 기도」의 노래-東京自由學院 聖歌隊의 合唱을 듣고, p. 91), "萬年前부터 이 宇宙를 지으신 이의 攝理 속에(因緣, P.101, 창세기1:1)", 그리고 "고요히 울려오는 「미사」 종소리에/아침마다아침마다 꿇어 엎드려/멀리 祖國을 생각하는 오 외로운 마음이여/…줄임…/聖像 앞에 合掌하고 머리 숙이니/오 거룩한 외로움이여(벗을 생각함, p.117)", "하나님께서 아시고 나리심인가/잘도 나리네 잘도 퍼붓네(비, p.126)", "명상은 하나님의 말씀과 같습니다(瞑想의 노래, p.140)", "나는 여기에서/주님의 영원한 보금자리를 봅니다…/나는 여기에서/주님의 영원한 자장노래를 듣습니다./…나는 여기에서/주님의 거룩한 뜻을 봅니다.(바다에서, PP.147-148)" 한편 마태복음25:1-13절의 '열 처녀 비유'에서 "그대들의 등불에 기름을 잊지 마라/슬기로운 열 처녀의 이야기를 그대들은 들었나니,(處女들에게, P.148)"의 예증뿐만 아니라 "童貞女馬利亞의 그리고 고운 그 마음을,/그 높은 德을 그 아름다움을 찬미하라 찬미하라(處女들이어 讚美하라, P. 149)"의 시적 정조(情調)는 비교적 종교적 색채가 더없이 강한 편이다.

여기서 전문을 옮겨 싣지 아니하더라도 시 전편이 지극히 성시적(聖詩的)인 예수의 탄생과 연유한 '베들레헴, 동방박사, 하늘엔 영광, 땅에는 평화' 등의 〈크리스마쓰 頌歌〉(pp.150-151)도 그러하지만, 만해의 〈나룻배와 행인〉을 연상케 하는 그의 시중에서 "내가 당신 앞에 나아가서 「님이여 나로 하여금 한평생 당신을 섬기는 종이 되기를 허락하소서.」하고 말할 때에, 당신의 반기는 얼굴을 바라볼 수 있으리라고, 나로 하여금 믿게 하소서…/…사공이 와서 나를 부를 때가 언제일지는 모름에 나는 내 고달픈 마음을 위하여 이렇게 피리를 만들

---

10) 주요한, "五月의 文壇(八)", 『동아일보』(1926년 5월 29일).

고 있습니다. 당신을 생각할 때에 나는 이름 모를 나무와 꽃향기 속에 한 적은 집을 봅니다.(愛慕, pp.154-155)"와 또는 "그러나 그대여 어떻게 내가 물결과 구름 저쪽에 있는 내 祖國을 잊을 수 있겠어요. 마리아와 같이 나도 香油를 장만해 가지고 그리운 그 땅으로 돌아가야 하겠습니다. 그이를 찾아 만나면 나는 내 香油를 기울여 그이의 발을 적시겠습니다. 아아 날이 저뭅니다. 그러면 그대여 제발 나를 떠나주세요./…줄임…/아아 새날이 오렵니다. 어서 나를 떠나주세요. 그대가 만일 나를 떠나지 않는다면 내가 그대를 떠나렵니다.(餞別, pp.156-157, 막14:3~9)"는 "거룩한 새날의 날개 아래에 병아리와 같이 품길 것을 꿈꿀 때에, 나는 그대에게 나아가 밤을 새워가며 이 기쁨을 이야기하고 싶습니다.(새날, P.155, 마23:37, 눅13:34~35)"의 보기처럼 구속과 절망이 없는 거룩한 천상(天上)을 향한 기대와 소망은 '사물에 대한 완전한 인식 또는 하나님의 형상인 소피아(sophia)' 그 자신의 곧 자유의지로 이와 같이 입증되고 있다.

모름지기 그 자신의 비애가 인간의 고뇌에서 비롯된 것보다 본질적으로 겨레와 조국에 바치는 신념, 전쟁과 독재에 대한 증오, 자유와 평화에 대한 갈망은 끝내 인간의 영혼을 구원하는 기독교의 종교관에 기인한 탓이다. 까닭에 현실적으로 초허 자신이 공감각적인 기법보다 정서적 면을 중시하되 명상적이고 사변성이 강한 시를 즐겨 쓰려는 의중은 '사람, 사물, 心象에 관한 시적 질료'를 통한 시편의 다양성은 쉽게 파악될 것이다. 아울러 초허라는 아호와는 달리 강직한 품성의 소유자로 현실참여의식에 적극적이었음은 유념할 바다. 특히 1947년 4월 단신으로 월남한 이후 이화여대 교수로 재직하였으나 정객으로의 기질을 발휘해 조선민주당정치부장 및 민주국민당문화부장 등의 경력을 통해서 충분히 입증되고 있다. 보편적으로 사학자는 역사를 편견 없이 공정하고 정확하게 서술하여야 한다. 고대 그리스시대부터 역사가들도 그 같이 인식하였음은 물론 19세기 철학자와 역사가들도 사료자체에 숨은 편견과 그것을 보는 역사가의 주관성은 더없이 중요한 까닭에, 경험론의 주창자인 프란시스 베이컨은 17세기에 인간의 4대 우상인 편견에 관한 우려를 제기하였다. 인간의 본성 자체인 감각기관과 정신 속에 내재된 종족우상은 초허의 〈내 마음은 호수요〉에서 그 의미성이 파악되기에 이른다. "내 마음은 호수요 그대 저어오오… 내 마음은 촛불이요 그대 저 문을 닫아주오… 내 마음은 나그네요 그대 피리를 불어주오. …"에서 사랑하는 마음을 푸른 호수, 최후까지 타는 촛불, 나그네, 낙엽에 비유하고 사물의 특징을 비유적 기법으로 처리하고 있다.

비교적 초기의 전원을 낭만적으로 구가한 시편에서 그 자신은, 물(호수)을 시적 질료로 한 서정적 미감으로 그 이미지를 형상화하고 사회현상에 민감하게 조응된 시편은 서정성과 시적 긴장감이 조화롭고 안정감 있게 유지되고 있다. 일제강점기의 지사적인 민족 시인으로 기독교 신앙에 의지하되 자존감이 강한 종교 시인으로서의 초허는, 한 사람의 작은 신의 대언자로서 미래의 꿈을 확신했던 예언자적 존재였다. 또 그는 신사참배의 조짐이 사회도처로 점차 확산되는 현상에서 기독교 교세의 확장을 위해 단순히 명분상 교파간의 분파조성이나 대립보다 화합의 역동성을 주장하였다. 모처럼 교계의 결집을 시사(示唆)한 끝에「長監兩教派合同可否問題」(眞生11), 54호, 1929. 6)에서는 이론을 체계화하여 제기하였다. 따라서 이 논고는 시대정황에 비춰 교파분리의 부당함을 사회학적인 이론의 양상에서 깊이 있게 풀어내고 그 나름의 타당성을 점철(點綴)시킨 보다 이론이 체계화 된 신학적 결과물이다.

특히 초허의 대표 시격인 〈내 마음은〉은 청순가련형의 '여성심리'가 작동되고 있으나, 상대적으로 '흰 그림자, 비단 옷자락, 피리, 뜰'에서 의미상징을 통해 유추되어지듯이 그 자신에게 여성은 어머니 또는 아내의 상징으로 "세상에 여자를 있게 해 주신 신의 은총이 한량없이 가슴 벅차고 감격스럽다. 여자를 창조하신 하나님의 은혜에 감사하는 것이 어느새 버릇으로 되었다."라는 자기변명을 통하여 확인되고 있다. 근자에 기독교계의 사순절에 즐겨 감상되는 가곡이 그의 제자인 김동진 작곡의 〈내 마음은〉이다.

> 내 마음은 호수요,/그대 저어오오./나는 그대의 흰 그림자를 안고, 옥같이/그대의 뱃전에 부서지리다.//
>
> 내 마음은 촛불이요./그대 저 문을 닫아주오./나는 그대의 비단 옷자락에 떨며, 고요히/최후의 한 방울도 남김없이 타오리다.//
>
> 내 마음은 나그네요./그대 피리를 불어주오./나는 달 아래 귀를 기울이며, 호젓이/나의 밤을 새이오리다.//
>
> 내 마음은 낙엽이요./잠깐 그대의 뜰에 머무르게 하오./이제 바람이 일면 나는 또 나그네같이, 외로이/그대를 떠나오리다.//
>
> -〈내 마음은〉 전문

---

11)『眞生』, 1925년에 창간된 기독교월간지, 발행인은 앤더슨(W.J. Anderson).

위에 인용한 시편은 차원을 달리하여 종교적 맥락에서 이해할 때, 비로소 '사랑하는 사람을 위하여 호수가 되어 그대의 배가 저어오도록 준비하고 자신은 그 뱃전에 부서질 것이다. 촛불이 되어 고요히 최후의 한 방울도 남김없이 다 타오르겠다.'는 철저한 자기희생, 그리스도를 위한 헌신적인 사랑의 추이(推移)이다. 보편적으로 초허의 시적 골격은 '삶이란 한낱 환상과 가식에 지나지 않으며 죽음 속에서 또 다른 생명이 비롯된다.'는 기독교적 부활론과 일관되게 접목되고 있다. 이 같은 현상은 "또한 그리고 그리다가 죽는/죽었다가 다시 살아 또다시 죽는/가여운 넋은 아닐까(水仙花)"에서 입증되어지듯이, 일제강점기의 유일한 탈출구로 문학의 길을 운명적으로 선택하였기에 그에게 본질적 고독은, 안수길의 지적처럼 '남달리 조국과 민족을 사랑한 열정의 발로'였다. 그 같은 연고로 〈水仙花〉는 단순한 연애감상이나 민족의 정한을 읊은 서정시가 아닌 지고한 정신적 차원에서 민족과 조국 혼을 시적 대상으로의 절규로, '죽었다가 다시 살아나는' 기독교 부활론과의 연계층위임은 주지할 바다.

그 자신이 몸담았던 동시대의 시대적 정황은 '신간회 해산(1931년), KAPF의 검거 및 해산(1934년), 일어사용 강제령(1937년), 내선동조론(1938년) 등'의 역사적 사건들이 공습경보 아래서 현실도피적인 행태를 취한 시간대였다. 비록 그의 시편에 저항의식이 강하게 수용되지 않았지만 일제강압에 동조하지 않으려는 의지는 확고하였다. 청산학원 신학과, 일본대학 철학과에서 수학하면서도, 창씨개명과 일어창작을 거부한 그의 시 의식에 대한 조명은 현대문학사에서 새롭게 논의될 타당성을 지닌다. 이 땅의 대다수 문인들이 '친일을 택하여 황국신민을 자처하거나 현실도피의 방안으로서 정당화 될 수 없는 현실적 상황에서도 오로지 망국의 울분을 토로했던 그만의 투철하고 강직한 민족의식은 〈파초 해제〉, 〈종으로 마다시면〉을 통해서 다시금 확인된다. 모처럼 1934~38년에 그 자신이 지역유지들에 의해 설립된 흥남 서호진의 동광학원원장으로 민족혼을 일깨우며, 망국의 통한을 순수서정과 고독한 심경의 시적 형상화는 보다 생명적이다.

이 같은 점에 비춰 『朝光』(1936년 1월호)에 발표된 〈芭蕉〉는, 조국을 상실한 화자의 처지를 남국을 떠난 '파초'에 감정이입의 수법으로 동일화를 시도해 '상징·우의·의지·전원적인 시격' 즉, 시각적 심상을 매개로 한 존재의 꽃을 발화시켰다. 그 자신이 감정적 상태 혹은 활동을 지각의 대상인 파초에 투사하는, 시적 수법을 통해 동병상련을 체득하고 있음은 주목할 바다. 이 시편의 배경이 된 시간대는 초허가 서호진(西湖津)의 처가에 거처하며 일제의 탄압을 피하던 시간대로, 그는 등단 직후부터 감미롭고 참신한 메타로 단조로운 문단에서 명성을 얻었으나, 당시의 동인 중심의 문단에서 이율배반적으로 활동을 하지 않은 까닭에 그에 대한 평가는 괄목하게 이행되지 못하였다. 한편 종교적 재생의 한 과정으로서 우리의 문학에서 죽음에의 유혹으로 표현되는 물은, 상상력의 원천이나 시적 상상력을 통한 다양한 이미지의 확장이다. 초허의 시편에서 변형의 표징인 물의 이미지는 힘의 집합으로 교감의 공간이거나 시간의 매체이다. "하하하. 그러면 그대는 황혼과 함께 영원히 내 것이 된답니다그려.(黃昏의 속삭임)"에서도 생동감과 낭만적인 전원의 모습이 감지되듯 황혼의 에로틱한 낭만성은 사랑의 비극적인 이별로 종결된다. 초허는 1923년 3월에 도일하여 일본의 청산학원 신학과에 입학하여 1928년 졸업하였으나 영혼의 자유로움을 구가한 까닭에 목회를 자처하지 아니하였다. 그에게 삶(生)이란 개념은 한갓 '환상과 가식(假飾)'에 지나지 않으며 죽음 속의 진정한 생명이 비롯되기에, 시적 세계 또한 인위적 세계로 인식하여왔으며, 피가 뜨겁던 젊은 시절 보들레르와 타고르의 시에 몰입하였고, 죽음을 '영원한 해방을 허락한 하나님의 은총이라.'는 기독교의 원리는 신앙으로 수락하였다. 따라서 죽음(死)을 의식의 발전 과정에서 낡은 의상을 벗고 새 옷을 갈아입는 생성과정으로 인식하였고 마침내 "사람의 곤비(困憊)한 혼(魂) 안고 있는/백골(白骨)은 또 다시 눈을 뜨다.(나는 보고 섯노라)"라고 읊어내기에 이르렀다. 이처럼 그 자신은 죽음을 영원한 삶의 전이(轉移)를 의미하는 탄생의 시점으로 수용하였기에, 이 같은 현상을 긍정적으로 받아들인 까닭에, '죽음의 위상'에 대한 초허의 시편(199편)(*金東鳴文集刊行會編,『내 마음』) 그 전체적 흐름에서 다음과 같은 다섯 가지 항목으로 편의상 구분지어 논의할 수 있다.

그 첫째는 '<u>不滅</u>'로 입증되어지듯 죽음을 못내 민족의 정한과 민족혼으로 과 결부시킨 점이다. 28편의 시편으로 〈水仙花〉, 〈종으로 마다시면〉, 〈斷章〉, 〈避難民·1〉, 〈三八線〉, 〈獄中記·2〉, 〈旅行記〉 등이 둘째는 순리를 거역하지 않는 자연적 발상으로서 죽음이라는 과정을 통한 '<u>成就</u>'의 과정으로 죽음 앞에 드려지는 엄숙하고 아름다운 찬미로 인간과 죽음의 융화, 결합, 그리고 인간정신의 위대한 빛남이다. 해당되는 시편으로는 〈옛 이야기〉, 〈죽음〉, 〈새벽〉, 〈幕間〉, 〈彌阿里를 지나면서〉, 〈一九三六年을 보내면서〉 등이다. 셋째 죽음을 한없는 어둠과 단절, 또 절망과 고통에서 비롯되는 공포로 국한하지 아니하고, 기독교의 십자가가 개별적 자아의 지상(地上)과 절대자의 천국 사이의 가교로 인식하여 죽음을 본원적인 '<u>흐름</u>

(變轉)'의 통로로 수긍한 점이다. 이와 관계된 시편으로는 〈彌阿里를 지나면서〉, 〈하늘·1〉, 〈밤〉, 〈내 마음은〉, 〈食卓〉, 〈誘引〉, 〈賓客을 맞는 밤〉 등이다. 또 넷째는 떠남의 미학을 수용한 그의 시가 독자의 사랑을 받는 비결인 신묘(神妙)이듯, 그 자신은 삶의 정체성을 바람에 흩날리는 꽃잎이거나 낙엽처럼 이 지상에 잠시 정체하는 대상을 피력하면서, 죽음의 위상을 '향수와 모성애'라는 이중구조로 제시하고 있다. 현재와 과거를 동시에 넘나들고 어울려 닫힌 마음을 열게 하는 본향에 대한 그리움과 같은 '鄕愁'로 인식하였고, 또 이와 관계된 시편은 〈避難民·3〉, 〈밤〉, 〈六臣墓〉, 〈꿈에〉, 〈弔 天命女士〉, 〈哀詞〉 등이다. 그리고 다섯째는 삶과 죽음의 틈새에서 화해의 통로를 구축하는 숭고한 '母性愛'는 증오와 불화를 친근 관계로 회복시켜주는 명백한 인자(因子)로 이해하고 있다는 사실로, 그에 잇닿은 시편은 〈黃昏〉, 〈六臣墓〉, 〈밤〉, 〈꿈에〉, 〈弔 天命女士〉, 〈哀詞〉 등이다.

여기서 무엇보다 대다수 그리스도인에게 창조주 '하나님(Jehovah)'은 생명의 유일한 주관자로 온전하고도 새로운 세계, 곧 천국을 다스리는 절대자이며, 가장 큰 축복의 은총은 '죽음이 그 분의 뜻에 의해 완성된다는 사실'12)이다. "내가 진실로 네게 이르노니 오늘 네가 나와 함께 낙원에 있으리라 하시느니라.(눅23:43)"의 증언처럼 하나님은 사망의 다른 편에 영생의 처소를 예비하였다. 펠리칸은 『죽음의 형태(The Shape Death)』에서 영혼을 '불멸성의 원'으로 제시하고 있으나 기독교의 복음서에서 죽음은 '죽을 운명(Mortalitas)'으로 해석되며, 인간의 최후 운명인 죽음은 유한적 피조물의 변화와 가능성, 영원한 포물선으로 풀이되어진다. 아울러 인생의 황혼기에 비로소 정치평론의 지평을 열며 정객(政客)으로 변신한 그 자신이 정치를 '또 다른 시'로 인식한 것은 "강릉군수가 되라."는 모친의 유언과 망국의 한(恨)에 절여져 살아온 초허의 또 다른 열정의 발현의 징표임에 틀림이 없다. 그 자신은 유학시절부터 정치에 대한 꿈을 키웠기에 '정치는 제2의 시'라고 주창하여 왔음은, 정치평론집 『나는 證言한다』(新雅社, 1964) 후기 「시와 정치, 그리고 현실」의 기술을 통해 다시금 입증되고 있다.

> 이 글은 내가 조국에 바치는 나의 시요. 또 이 책은 내가 겨레에게 보내는 나의 제7시집인 것이다.…(중략) 내가 만일 내 시에 좀 더 충실할 수 있었다면, 나는 벌

---

12) 엄창섭, "타고르의 詩文學과 죽음의 位相"(關大論文集 第12輯, 1984), p.33.

써 칼을 들고 나섰을지도 모른다.13)

이와 같이 '계속 펜을 들고 살아갈 것인가, 아니면 칼을 들 것인가'를 수 없이 고뇌한 흔적의 역력함은 확인되어지기에, 이 점에 비춰 초허를 민족정신을 예술적 차원으로 승화시킨 만해처럼 민족이 체득한 불행을 집념과 신앙심으로 극기한 종교 시인임을 강조하지 않더라도, 기독교문학사에서 배제되고 소외된 현실은 반드시 수정되어야 한다. 그 점은 곧 그의 내면의식에 일관되게 깔려 있는 '구원의 확증과 저항의 시편, 그리고 논리적 산문들은 그 본말'이 심층적으로 검증되어야 할 타당성이 주어지는 까닭이다. 시편 〈종으로도 마다시며〉에서 내재된 치열한 민족애가 불멸의 시혼으로 불타오르듯, 이제 최소한 시인의 시대적 소임으로 일체의 주저함 없이 '피리를 불어주어야 할 시간대임'에는 틀림이 없다. 그간에 한국현대시사에서 '전원시인, 목가적 시인'으로 평가 절하된 그에게 자연의 실체는 강탈당한 조국의 산하이며 삶의 이상향이다. 그의 시선집 『내 마음』을 통해 다시금 확인되는 '흐름이며, 생명의 원천, 그리고 變轉'의 속성인 물의 상징성 또한 바다(海)와 같은 '생명의 本源이며 母性'으로 해석되어야 할 것이다.

이처럼 천성적으로 "유별나게 矜持와 自尊心이 강한 모친"14)의 영향을 받은 초허가 김용호에게 답한 〈恥辱의 辯〉에서 '민주주의를 수호하고 독재악의 퇴치를 생애의 남은 과업으로 생각한다.'에서도 명증되지만, 그의 대다수 문학작품이 기독교의 부활을 축으로 한 생명외경심을 긍정적으로 수용하고 있음은 더없이 유념할 바다. 따라서 1948년 5월부터 1960년 6월까지 미션학원인 이화여자대학의 교수로 재직한 정황도 그렇지만 서호진에 거처할 때도 매월 1회 꼴로 교회에서 설교를 담당하였으며, 또한 파사현정(破邪顯正)의 필봉을 휘두르며 역사의 증인으로 치열하게 살아온 초허가 "마음이 청결한 자는 복이 있나니 천국이 그들의 것임이요(마5:8)"라는 성서의 말씀을 좌우명으로 삼은 행적을 미루어 유추할 때, 자유분방한 종교 시인이었음은 응당 평가받아 마땅하다.

모름지기 1947년 4월 김재준 목사의 사택에 기거하며 한국신학대학 교수로도 재임한 초허는, 그의 시편 "아아, 幸福스런 꽃이여!/「그리스도」도/하마터면 너 때문에/詩人이 될뻔 하

---

13) 김동명문학간행회, 『나는 證言한다』(新雅社, 1964), p.178.
14) 金東鳴, 『世代의 揷話』(日新社, 1959), p.15.

셨다./아아, 榮光스런 꽃이여!(白合花)"를 비롯하여 〈기원〉, 〈수난〉, 〈애사〉, 〈명상의 노래〉, 〈聖母 마리아의 肖像畵 앞에서〉 등은 물론, 공간적 허허로움을 기독교의 정신으로 극복, 발전시킨 그의 시 〈彌阿里를 지나면서〉에서 '육체적 생명이란 일시적이어서 꽃잎처럼 바람에 날리는 대상임'을 주입시키며 오직 무한의 대상은 '주의 말씀(벤전1:24~25)'뿐이라는 간증(干證)을 통해 그의 명료성은 보다 확정적이다. 특히 『동아일보』에 독제정권의 부당성을 강도 높게 제기한 사설을 묶어 간행한 정치평론집 『나는 證言한다』에서 정권의 부당함에 예리한 필봉으로 대처하였던 그의 지사적 행적이 기독신앙과 접목되어 있음은 유념할 바다. 한국현대사에 다양한 족적을 남긴 그의 문학관은 명상적·사색적 태도로서 수사적 기교와 회화적 기법으로 즉물적 현상을 시적 형상화로 이행하였음은 무론하고, 일제강점기 혹독한 시간대에 최후까지 우리글로 서정시를 발표한 저항시인으로서 민족적 비애를 절창하며 교육계에 투신하였고, 공산치하의 압정(壓政)에 저항하여 단신의 월남은 비중 있게 분할·통합되어야 할 항목이다. 아울러 종교 시인으로서 작품 속에 기독교의 부활을 축으로 한 생명의식을 긍정적으로 수용한 사실은, 그 자신이 '個我와 절대자와의 합일, 그리고 죽음을 완전한 자유를 누리는 성취의 과정으로 인식하면서 영원한 해방을 허락한 신의 恩寵임'을 수긍한 점은 심층적으로 논의되어야 할 타당성을 지닌다.

## 3. 지속적으로 모색할 문제의 양상

그간에 한국기독교시문학의 흐름이나 계보는 『文章』을 통하여 성서적 이미지를 순수한 서정시로 변형시킨 박두진과 자연과 유교, 그리고 기독교사상을 거부감 없이 삶의 일상화로 접목시킨 박목월, 십자가의 큰 틀에서 『하늘과 바람과 별과 시』를 경건한 종교성을 형사(形似)시켜 시집으로 묶어낸 윤동주, 오랜 종교생활의 체험적 신앙을 가톨릭에 의지하며 동양적 숲을 조화롭게 절충시킨 구상, 그리고 인간의 본질적 고독을 기독교 사상의 신비성에 자신의 본질적 고독을 시편에 절충한 김현승 등으로 상호연계성을 지닌다. 여기서 우리역사의 와중에서 이 땅의 어느 시인보다 기독교시문학 전반에 걸쳐 시종일관 종교성을 비중 있게 수용하여 변화·발전시켜온 초허의 경우, 1920~30년대의 기독교적 특이성을 살려낸 존재감을 지닌 시인이지만, 대다수 기독문인이나 학자들로부터 문학적 업적이 철저하게 소외된 점은 반드시 시정(是正)되어야 할 것이다.

> 十字架를 등에 지고 刑場으로 향하시는/스승의 외로운 그림자를 따르는 애끊는 두 마음이여!/水晶같이 맑은 눈에 방울지는 눈물이라. 앞을 가려 어이가노./여기는 「골고다」스승의 거룩하신 몸 形틀 뒤에 높이 달리시니/左右에 있던 强盜, 아서라 强盜조차 嘲弄이냐.//
>
> -〈受難〉에서

아직도 우리는 현실적으로 지구상의 유일한 분단국가로 조국광복과 한국전쟁(The Korea War) 이후의 그 암울한 고통을 불행하게도 체감하고 있다. 어디까지나 민족적으로 겪는 그 수난은 '십자가상의 七言'(마27:32~56, 눅23:26~56, 요19:17~42)이 그대로 시적으로 형상화되고, '예수께서 십자가를 짊어지고 골고다 산상을 오르던 참담한 그 고통'과 동일선상에 있다. 비록 조국광복의 감격은 신선한 충격이었지만 잃어버린 자유와 진정한 평화를 되찾으려는 초허의 그 자긍심은 더없이 지속될 일이다. 그 같은 까닭은 일제강점기 우리가 운명적으로 감내해야 했던 민족적 치욕과 절망감, 그리고 어둠과 같은 정신사적 수난사였기에 초허의 시사(詩史)는 또 다른 의미를 지닌다.

그 같은 맥락에서 강직한 성품의 소유자인 초허는 일제의 핍박으로 신음하던 민족의 아픔을 누구보다 절감하며 민족혼을 우리글로 지켜내었고, 또 구제하려는 민족 시인으로서 순수 서정성을 확인하는 시적 작업에 오로지 목숨을 걸고 몰두하였다. 그의 시편 중에서도 "아아, 幸福스런 꽃이여!/「그리스도」도/하마터면 너 때문에/詩人이 될뻔 하셨다./아아, 榮光스런 꽃이여!(白合花)"(아가서2:1)를 포함하여 "해와 달과 별을 만드신/하나님!//...생략...//아 당신에게는 노아의 洪水가 있지 안나이까/나는 당신의 義憤과 全能을 믿습니다//...생략...//아아, 당신은 골고다에서 붉은 핏방울을 보지 안었나이까/나는 당신의 義憤과 全能을 믿습니다"의 〈祈願〉은, 그 자신이 신에게 드리는 '기탄잘리'의 표출로서, 어디까지나 구약성서 창세기 중심의 '천지창조(창1:16), 노아의 홍수(창6:17), 소돔과 고모라의 심판(창19:24-25)' 그리고 또 신약성서에서 '예수의 십자가 처형(요19:17-34)'을 일관되게 시적 질료로 삼고 있다. 한편 〈哀詞〉, 〈瞑想의 노래〉, 〈聖母 마리아의 肖像畵 앞에서〉(시편 3편, 27편, 28편)

등은 물론이지만, 뒷날에 『동아일보』에 독제정권의 부당성을 강도 높게 제기한 논설을 묶어 간행한 정치평론집 『나는 證言한다』(新雅社, 1964)에서는, 정권의 부당함에 항거하며 예리한 필봉으로 대처한 그 자신의 지사적 행적이 기독신앙과 접목되어 있음은 내면의식의 특이성 고찰에 있어 그 연계성은 불가불 간과치 말아야 한다.

특히 '호수와 파초의 시인'으로 일컬어지는 초허의 시편에서 '물의 이미지'는 그리움의 정조에 기인한 시적 대상과의 합일을 지향하는 열망으로도 해석되지만, 그의 산문(수필, 수기, 정치평론 포함)을 통시적으로 고찰하면 기독교적 경향이 무척이나 이채롭다는 사실이다. 여기서 정치평론집인 『나는 證言한다』의 후기에서 '나의 제7시집'으로 충실한 시 작업을 위하여 의관(衣冠), 즉 형식을 빌려 쓴 흔적이 구체적으로 입증되는 까닭에 민족정신을 예술적 차원으로 승화시킨 그 자신이 이 땅의 어느 시인보다 일제강점기의 시대적 상황에서 기독교 신앙에 의지해 불안의식을 맑은 영혼으로 정화시킨 바람직한 종교 시인이지만 안타깝게도 일체 논의되지 않은 현재성은 차치하고, 선행연구의 시각에서 산문전반에 대한 검증은 폭넓고 깊이 있게 이행되어야 한다.

그 같은 하나의 예증으로 〈孤獨〉에서처럼 '무릇 인간으로서는 신을 떠나서 살 수 없는 것도 그 타고난 운명이다. 고독은 본질적으로 神을 찾고 神을 그리워하는 인간의 본원적인 욕구와 통한다.'라는 단정도 그러하나 〈自畵像〉에서 "한 알의 밀이 땅에 떨어져 썩는 이치"(요12:24, 창세3:19)'나 그 자신의 격정적 물음인 "「여호와」도 일찍이 소돔과 고모라성에 유황불을 나리시지 않았든가?(술노래 解題, 창세19:24)"의 〈三樂論〉에서 "아담 창조(창세2:22)의 실제성이나 가버나움에서 첫 번째 포도주를 만든 기적(눅2:7-10) 또 十誡命에 관한 기사(창세20:3-17)", 〈세대의 揷畵〉(마 26:75, 마27:3, 마6:33, 마27:32-33, 마7:6), 〈敵과 同志〉(마10:35-37), 〈第二代 國會行狀記〉(창세19:24, 창세18:32), 〈愛國者냐 反逆者냐〉(마7:16-18), 〈歷史는 보고 갔다〉(마11:3), 〈民主黨에 바람〉(요8:7, 마5:39), 〈批判精神의 昻揚을 爲하여〉(마5:13), 〈神의 誕生〉(창세1:27, 마2:11), 〈民族主義와 民主主義〉(마9:17), 〈時局은 重大하다〉(마4:4) 등에서 구약보다 신약의 인용을 즐겼다. 아울러 신약의 4복음서에서도 "하나님의 膳物로 약속된 王國[15]"을 예언한 「마태복음」을 즐겨 사용하였다. 특히 수필의 본말 중에 '바벨탑, 나사렛, 요단江, 요한, 牧師, 예배당, 강단, 이스터의 季節' 등 기독교의 색조

---
15) 강병도 역, 『톰슨 聖經』(기독지혜사, 1984), p.1364.

를 거부감 없이 표출하였고, 설교 투의 가르침, 어법의 특이성은 초허 문학의 다양성을 모색하는 키워드로 작동되고 있다.

이와 같이 초허는 초기 시편부터 존재감을 지닌 철저한 종교 시인으로서 자신의 작품에 일관성 있게 기독교의 부활론과 구원을 긍정적으로 수용하고 존엄한 생명의식을 강렬하게 빚어내었다. 그 자신이 〈世代의 揷話〉에서 "「베드로」도 닭 울기 전에 세 번 모른다하지 않았나? 그리고 悲劇은, 銀三十兩에 스승을 팔던 「가룟 유다」는 어느 世代에나 우굴 거리고 있다는 사실일세."의 보기나 '베드로의 否認(마26:75)'과 '가룟 유다의 背信(마27:3)'도 그러하지만 또 〈잃어진 젊음〉에서 "인간생활의 최고 목표는 먼저 그 나라와 그 義를 求하는데 있어야 한다.(마6:33)"는 가르침과 〈세상에서 으뜸가는 幸福〉에서 "家庭은 어떤 女性에게나 '도야지 앞에 던져지는 眞珠가 아니기를(마7:6)' 못내 당부하는 교훈을 제시하고 있다. 또 하나 명백한 점은 '個我와 절대자와의 합일, 그리고 죽음을 완전한 자유를 누리는 성취의 과정으로 인식하면서도 영원한 해방을 허락한 신의 은총'으로의 수긍은 심층적으로 논의될 핵심과제다. 이처럼 평생을 구원의 상징인 십자가를 축으로 맑은 영혼의 기도와 찬송을 창조주께 드리며 깊은 좌절감을 오직 신앙에 의지하여 극복하고 조국과 민족을 위해 희생적 삶을 마감한 초허야말로 철저한 종교 시인으로 평가되어도 결코 지나치지 아니하다.

결론적으로 다소 뒤늦은 현재적 정황이지만 기독교문인들과 일부의 신학자들에 의해서라도 그 자신의 시의식과 종교성은 다각적이고도 새로운 시각에서 논의되고 작가정신과 작품에 관한 체계적 연구가 검증되어야 할 타당성을 지닌다. 우리 근현대문학의 초기에 기독교 사상과 시의식의 실재로 알맞은 정신기후를 조성하고서도 철저하게 배제되고 소외된 특정한 인물의 정체성(Identity)과 의미망의 확장은 고귀한 품격과 가치를 지닌 정신작업이기에, 초허의 장남이며 하이데카의 권위자인 金炳宇와의 면담 중 그 일부를 옮겨 논고의 결말을 맺기로 한다.

철저한 無神論者로 우리 학계에 소개된 하이데카의 死後, 그 자신이 예수의 재림을 確信한 점과 거처한 房의 책상 위에 聖母像이 놓여 있었다는 사실은 再考할 일이다. 내 어린 날의 기억이기는 하지만 아버지 어머니는 주일마다 敎會에 나가지는 않았다. 비록 그 회수는 손꼽을 정도이지만, 크리스마스나 復活節이면 두 분의 얼굴은 환하게 밝았다. 특히 자유당 말기와 5·16革命 直後 不義에 대한 아버지의 무서운 憤怒는 하나님을 依支하지 않는 이로서는 도저히 이해하기 어려울 만큼 철저히 嚴格한 것이었다. 또 臨終 前日, 改宗한 것도 그분의 信仰이 拘束을 원치 않은 자유 함에 起因한 탓이다.16)

* 〈참고문헌〉은 각주로 대치함.

---

16) 嚴昌燮, "超虛金東鳴 文學研究"(成均館大學校 博士學位論文, 1985), P.103.

⟨Abstract⟩

# The aspect of Korean Christian poetry and Cho-Huh's Identity
## -Linkage of Christian Poetry and Cho-Huh

Eom, Chang-Seob (Honorary professor, Catholic Kwandong University)

Kim Dong-myung, a national poet during the Japanese occupation, published his first collection of poems, "My Geomungo" in 1930 and survived with a tenacious commitment to life and Christian faith. Since then, he had spent the days of anger with poetic formations of national rage and sorrow.

He is a historical reality in a sense that he has proved to be a patriot and a revolutionary politician. He had wisely dealt with a darker time than any other poets in the country. Unfortunately, he himself refused artificial redemption in his literary history and left a distinct achievement in his own way, but the evaluation and research on his works are not sufficient enough compared to other contemporary writers

Especially, as a patriotic national poet during the Japanese colonial period, he was a religious poet who relied on Christian faith but had a strong self-esteem. He himself was a prophetic poet who preached in the church even before attending the department of theology in Chungsan Academic Foundation. He also emphasized the necessity of harmony rather than division or confrontation i n order to overcome the problems of Christianity in the social phenomenon where the practice of visiting the shrine was spreading.

Being more self-conscious than anyone else, he claimed to be a son of destiny, a descendant of Cain. It is a result of a thorough perception that he viewed himself as the "Hope of the Mankind", which can be further described as 'the relationship between forgiveness and reconciliation between parents and children'. He focused on the importance in integration of educational sectors and later systemized the theory on "Unionization of Both Parties of Jang Gam".

On the other hand, accepting the unity of the self and the Absolute, and accepting death as a process of fulfillment of full freedom, and accepting the eternal liberation, are the issues yet to be discussed continuously and in depth.

In the same way, he gives his soul prayer and praise to the Creator, bearing his life as a symbol of the crucifix, the symbol of salvation for the rest of his life. He, as a devoted religious poet, overcame his frustration with the Christian faith and supported his life for the people and his homeland.

In conclusion, the current identity of his poetry consistently affirms the 'identity of death' as immortality, fulfillment, flow, longing, and maternal love in Christian thoughts. Hopefully, Cho-Huh's poetry, his other literary works, and his religion which have been thoroughly neglected and excluded by Korean Christian literati and theologians in the present context, must be verified from a new point of view in a multifaceted and systematic manner.

* Key words : Christian faith, Cain descendants, Union of the churches, Unity with the Absolute, Grace of God, Consistency of Christian thought, Religious poet.

# 김동명 작가의 작품해제 및 후기 고찰

장정룡*

---

**목 차**

1. 머리말
2. 김동명 산문의 개성과 특징
3. 김동명 문학작품의 해제분석
    1) 〈파초〉시작품 해제
    2) 〈술노래〉시작품 해제
4. 김동명 작품집의 후기분석
    1) 시집『진주만』후기
    2) 수필집『세대의 삽화』후기
5. 맺음말
[참고문헌]

---

## 1. 머리말

수필문학은 다양한 소재를 대상으로 하고 있는데 초허 김동명(1900~1968)의 문학적 관심은 여러 수필을 통해서 확인할 수 있다. 이는 작가 김동명으로 평가하는 데 기여할 수 있다.

근래 초허 김동명의 고향 강릉 사천에 문학관이 건립되고[1] 학회가 발족되면서 연구의 체계

---

*강릉원주대 국어국문학과 교수

화와 지속화가 추진되고 있다. 필자는 그간 산문작품을 대상으로 논의를 전개한 바 있는데[2] 작가의 창작의도가 드러나 있는 작품해제나 후기도 중요한 연구대상이다. 이글들을 작가 스스로가 쓴 것이므로, 타인보다 작품이해의 긴밀도나 작품분석의 깊이를 가늠할 수 있다.

초허의 산문 가운데 주목되는 수필문학은 이른바 붓 가는대로 쓴 수의수필(隨意隨筆)로서 그 분류가 다양하다.[3] 문장형태론상 유형에는 칼럼, 감상문, 서정문, 서간문, 일기문, 기행문, 논설문, 추도문, 식사문(式辭文) 등이 있다.[4] 고전수필에서는 비평(批評), 서발(序跋), 주의(奏議), 서간(書簡), 기행(紀行), 일기(日記), 전장(傳狀), 비지(碑誌), 잡기(雜記), 잠명(箴銘), 송찬(頌讚), 애제(哀祭), 사부(辭賦) 등 13종으로 분류하며, 서문이나 발문인 '서발(序跋)'도 그 범주에 넣고 있다.[5] 서발류는 자신이나 타인의 저술에 대해 서술경위, 내용, 체제 등을 논하고 평가하는 것인데[6] 문집간행의 경위와 저자의 문학론을 함께 드러내는 경우가 많아 문학비평의 성격을 지니기도 한다.[7]

이른바 해제(解題)는 서적·작품의 저작자, 저작의 유래, 내용 등에 대한 간단한 설명이라고 하는데, 작품이나 작가의 창작의도를 이해에 도움을 주며, 발문에 속하는 '후기(後記)' 또한 지은이의 사상과 정서, 취미 등 생생한 모습을 엿볼 수가 있다. '후기(後記)'는 글의 본문 끝에 덧붙여 쓰거나 또는 그런 글로서 꼬리말, 발(跋), 발문(跋文)이라고도 한다. 본고에서는 1950년대 초허가 쓴 해제 2편과 후기 2편을 고찰하고자 한다.

---

1) 초허 김동명 선생은 1900년 2월 4일 강원도 명주군 사천면 하노동리 54번지에서 부친 경주 金氏 濟玉과 모친 平山 申氏 錫遇 사이에서 독자로 출생하였으며, 1968년 2월 21일 하오 9시 14분 서울시 남가좌동 260-50번지 자택에서 숙환으로 별세하였다.(金東鳴의 詩世界와 삶』 한남대학교 출판부, 1994, 343쪽 '金東鳴年譜' 참조)
2) 장정룡, 「김동명 산문의 시대적 양상고찰」 김동명문학관 개관기념 학술세미나, 강릉문인협회, 2013.7.3. 9~36쪽. 장정룡, 「초허수필의 꽃 이미지와 그 지향성 고찰」 『민족시인 심연수 학술세미나논문총서2』, 심연수선양사업회, 2013, 395~418쪽. 장정룡, 「김동명 수필의 월남과 피난의 표출양상」 『김동명문학연구』 창간호, 김동명학회, 2014, 27~63쪽, 장정룡, 「김동명 수필집 세대의 삽화의 작품특질 고찰」 『김동명문학연구』 제2호, 김동명학회, 2015, 51~75쪽, 장정룡, 「김동명 수필 어머니의 서사구조 고찰」 『김동명문학연구』 제3호, 김동명학회, 2016, 39~69쪽
3) 崔勝範, 『韓國隨筆文學研究』 正音社, 1980, 36~44쪽
4) 丘仁煥·尹在天·張伯逸, 『隨筆文學論』 開文社, 1975, 149~172쪽, 張伯逸, 『隨筆의 理解』 玄岩社, 1976, 58쪽
5) 崔康賢, 『韓國古典隨筆講讀』 高麗院, 1983, 21쪽 참조
6) 金聲振, 「序跋類의 隨筆的 性格에 대하여」 『국어국문학』 27집, 부산대 국어국문학과, 1990, 397쪽
7) 沈慶昊, 『한문산문의 미학』 고려대 출판부, 1998, 307쪽

## 2. 김동명 산문의 개성과 특징

초허의 산문을 분류하면, 에세이(Essey)적인 것(예:삼락론, 소매치기, 잃어버린 젊음, 애연지, 화단 등), 미셀러니(Miscellany)적인 것(예:어머니, 국추기, 전환180도, 동대문과 취객, 고혈압 등), 일기류적인 것(우울한 이야기), 시 해설을 곁들인 6.25피난수기류인 것(어둠의 비탈길, 암흑에의 서설) 등으로 나눈다.8) 1959년 김동명 최초 수필집 『世代의 揷話』가 출판되었는데 그가 1947년 월남한 이래 13년간 집필했던 수필을 모은 것이다.

초허 산문의 특징에 대해 "그의 다양한 산문은 한마디로 문학의 폭을 넓혔다고 할 수 있다. 그만치 다른 시인들에 비해서 스케일이 컸던 것이다. 주로 이것은 월남이후, 생활의 폭이 넓어짐에 따라 얻어진 것인데 이것들(수필, 일기, 평론)은 일종의 시를 대신한 또 하나의 문학적 업적이라고 할 수 있다. 그래서 동명 자신도 자신의 평론집 『적과 동지』를 일컬어 '겨레에게 보내는 제7시집'이라고 했다."라고 평하였다.9)

초허는 1937년에 〈소는 不幸하다〉라는 수필을 썼으며, 해방이후 북쪽에 체류하던 1946년에는 〈어머니〉와 〈掬雛記〉두 편을 썼다. 『모래위에 쓴 落書』는 김동명 수필·수기집(1965)으로 『세대의 삽화』편에 〈자화상〉〈세대의 삽화〉등 24편이 들어 있으며, 『모래위에 쓴 낙서』편에 〈목련기〉〈모래위에 쓴 낙서〉등 14편, 『암흑의 장』편에 〈암흑에의 서설〉〈자유를 찾아서 -월남기〉등 2편이 들었다. 마지막으로 『어두움의 비탈길』편에는 〈1950년대기〉1편 등 총 41편의 글이 실려 있다. 여기서 〈암흑에의 서설〉〈자유를 찾아서 -월남기〉〈1950년대기〉는 장편으로 작성되었다.

위에서 살펴본 바와 같이, 수필집이라 표지에 적시한 『세대의 삽화』에 26편을 묶었으며, 이후 수기류를 묶어서 수필·수기집이라 표기한 『모래위에 쓴 낙서』에 총 41편이 수록되어 있다. 이상 41편이 김동명 수필의 전모라 판단할 수 있는데 1968년에 작고하기 3년 전에 나온 책들이므로, 이후에 유고작이라 할 수 있는 〈다람쥐〉는 작고하기 6일전에 작성된 것이다.10) 초허는 이들 책자를 스스로 '수필' 또는 '수기(手記)'라고 표현하였다.11)

---

8) 嚴昌燮, 『金東鳴 硏究』 學文社, 1987, 147쪽
9) 李姓敎, 앞의 글 65쪽,
10) 『新東亞』 1968년 3월호, 150~151쪽
11) 수기(手記)는 자신의 체험을 적은 글을 말한다. 수필이 일상생활 중에 느낀 기분, 정서 등을 바탕을 쓴다면, 수

이성교 교수는 초허가 월남이후 다양한 산문을 쓴 것에 대해서 첫째는 연조관계라 하였다. 그것은 삼팔선을 넘어 월남한 당시는 연령으로 봐서는 아무 것도 아니지만, 시작생활 20여년으로 볼 때 권태기에 들어갔을 때였다. 둘째는 월남한 이후 매스콤에 편승하면서 부터라 하였다. 여러 신문, 잡지, 방송 등에 북한체험기와 마의 삼팔선을 넘을 때 월남기 등을 썼기에 그러하다. 셋째는 정치면에 관심을 가지면서 부터다. 주로 자유당정권에 항거하는 입장에서 날카롭고 무서운 필봉을 휘두르기 시작했다. 이러한 결과로 시 대신 산문을 낳게 되었다고 분석하였다.12)

초허는 서정적인 수필 뿐 아니라 사회참여적 성향이 강한 산문에도 많은 관심을 보였다. 그것은 시대상황과 제반여건상 필요조건이 상존했던 것으로 이해할 수 있다.13) 그가 살았던 시대적 복잡성, 생활적 확장성, 정치적 영향성, 매체적 접촉성, 산문적 필요성 등으로 다양하게 분석된다.

초허 최초 수필은 1935년 『조광』 창간호에 쓴 〈病든 따리아〉〈나와 꾀꼬리〉라는 작품이다.14) 후자는 "내가 애호하는 동식물"로 신박물지라고 하여 원고지 2~3매 정도로 짧게 쓴 글이다. '다알리아'에 대한 수필작품은 1965년에 편집한 『모래위에 쓴 낙서』 「木蓮記」에 〈따리아 병들다〉가 수록되어 있으며, 다알리아에 대한 초허의 설명과 수필을 쓴 이야기가 들어있다.15)

초허는 1935년 처녀수필 〈病든 따리아〉를 발표 이후에도 지성적이며 사색적이고 위트를 겸비하고 사회비판적 안목을 견지한 수필창작을 이어나갔다.16) 1937년에 쓴〈소는 不幸하

---

기는 특정한 경험을 생생히 전달하는 것을 목적으로 한다. 그러므로 수기는 필자의 생생한 실존체험을 간접적으로 경험할 수 있다. 수기에 쓰이는 소재로는 입시체험이나 상품 사용 후기와 같은 일상적인 것에서부터 전쟁이나 감옥 체험 등 특별한 경험담까지 다양하다. 우리나라의 경우는 북한의 실상과 관련된 체험담이나 사랑을 소재로 한 경험담들이 체험수기에 있어 흔히 등장하는 소재들이다. 하루의 일과를 적는 일기 또한 넓은 의미의 수기 작품이다. (문학비평용어사전 하, 국학자료원, 257쪽 참조)

12) 이성교, 앞의 글, 61~62쪽

13) 金東鳴, 〈술노래 해제, 1958년〉『世代의 揷話』日新社, 1959, 62쪽

14) 金東鳴, 〈病든 따리아〉〈나와 꾀꼬리〉『朝光』創刊號(十一月號), 朝鮮日報社出版部, 1935.11, 98쪽, 176쪽

15) 金東鳴, 『모래위에 쓴 落書』金東鳴文集刊行會, 1965, 132쪽 "이래서 나는 드디어 〈따리아병들다〉라는 수필을 쓰기까지에 이르게 됐는데, 이것은 '따리아'가 내 문학과 인연을 맺게 된 최초이기도 하지마는, 또 내가 '수필'에 손을 대게 된 최초이기도 하다는 점에서 더욱 감개는 겹치기로 마련이다. "설업고 애달픈 마음이, 시린 종아리를 굽어보며, 굽어보며, 아아, 女人이여! 너는 情熱의 裸像" 이것은 그 뒤 아마 4.5년은 지났을 듯-내 뜰에서 凋落의 계절을 맞는 따리아를 두고 읊은 一節 아닌 全篇"

16) 『朝光』〈文化施設 完備된 서울이 그립소〉 1936년 2월호 55쪽, 『朝光』〈봄비와 A孃과 나〉 1936년 4월호 58쪽, 『朝光』〈殉死하는 소의 정신〉1937년 1월호 145쪽, 『女性』 39호, 〈봄에는 어떤 빛 저고리를 입으랍니까〉

다〉는 북한에 체류 당시에 쓴 것이며, 1946년에 쓴 〈어머니〉와 〈국추기〉도 그러하다.

　　수필·수기집이라고 표제가 된 『모래위에 쓴 落書』에는 수필집으로서 『世代의 揷話』『모래위에 쓴 낙서』두 책이 포함되어 있으며, 수기는 『암흑의 장』『어두움의 비탈길』이 들어있다. 전자에는 「自畵像」「世代의 揷話」가 있으며, 후자에는 「목련기」「모래위에 쓴 落書」가 들어있다. 이들 가운데 「자화상」은 신변기적인 내용의 주관적 미셀러니이며, 「세대의 삽화」여러 가지 세태를 그린 객관적 에세이로 보기도 한다.17) 「자화상」에는 유명한 수필로 그의 대표작으로 손꼽는 〈어머니〉(1946년)가 들어 있다.18)

　　춘천출신으로 시인, 수필가, 언론인으로 활동한 청오(靑吾) 차상찬(車相瓚, 1887~1946)이 『민요집』을 편찬하며 '강릉민요'라고 특별히 기록한 '타박네(다복녀)' 민요 즉 "타박타박 타박녀야! 너 어디로 울며 가늬?"는 초허의 수필에서도 등장하고 있는데, 이 민요를 들려주며 광솔불 때던 코쿨 앞에서 옛이야기와 소설책을 읽어주며 꿈을 키워준 어머니를 회상한 가슴 아련한 작품이 〈어머니〉이다.19) 필자는 '죽기 전에 읽어야 할 한편의 수필'로 평가받는 〈어머니〉를 중심으로 단락적 이해와 어머니, 타박녀, 상실감의 구체화를 서사구조적 측면에서 고찰한 바 있다.20)

　　엄창섭 교수는 초허산문의 경향에 대하여 기독교 사상적 경향, 담백하고 꾸밈없는 특징, 내성적 성격의 일면이 있다고 평하면서 그 나름대로 독특한 개성의 반영과 주관성, 유모어와 위트, 풍자성, 제재의 다양성과 문체의 품격을 폭넓게 취하고 있다 하였다. 특히 그의 수필은 이야기하듯 쉽게 풀어썼으나 독특한 품격이 절로 드러나므로 독자들은 구수하면서도 감칠맛을 음미할 수 있다 하였으며, 비교적 꾸밈이 없을 뿐 아니라, 항시 소박한 품격을 들어내 보이며 지나친 기교와 멋을 부리지 않는 점이라 평가하였다.21)

　　초허의 산문을 시기별로 언급하면 전기에는 모성적 내향성, 중기에는 디아스포라적 방황

---

　　　1939년 3월호 34쪽 등에 1930년대 작품들이 수록되어 있다.
17) 李姓敎, 「金東鳴研究」『誠信女子師範大學 硏究論文集』 誠信人文科學硏究所, 1972, 62쪽
18) 『韓國隨想錄』3, 金星出版社, 1991, 375~416쪽에는 국추기, 어머니, 전환 180도, 고혈압, 자화상, 花壇, 정원, 동대문과 취객, 愛煙誌, 三樂論, 소는 불행하다, 술노래 해제, 파초해제, 세대의 삽화, 장관론 등 15편이 수록되었다.
19) 장정룡, 「다복녀 민요와 상실과 극복의 내면구조」『강원도 민속연구』 국학자료원, 2002, 159~176쪽
20) 장정룡, 「김동명 수필 어머니의 서사구조 고찰」『김동명문학연구』 제3호, 김동명학회, 2016, 39~69쪽
21) 엄창섭, 앞의 책 148쪽

성, 후기에는 정치적 행동성을 보여주는 이질적 양상을 지녔다. 이러한 흐름은 본질적으로 한민족 '조선민족'이라는 큰 테두리 속에서 형성된 민족서정과 민족문제를 다룬 것이라고 평가된다.22) 그의 작품은 다른 산문에서 볼 수 없는 형식으로 삽입시 방식을 채용한 작품들이 그러한 감동을 전하며, 문체상 대화체 풍자기법을 활용하기도 했다. 요컨대 초허가 수필을 창작하게 된 배경은 작가가 추구한 작품성향에 의한 것으로 볼 수 있는데, 초허가 쓴 해제와 후기 역시 그의 시나 작품집을 이해하는데 도움을 주고 있다고 하겠다.

## 3. 김동명 문학작품의 해제

### 1) 시작품 〈파초〉해제

초허는 1923년 11월 『개벽』지〈당신이 만약 내게 문을 열어주신다면〉이라는 작품으로 등단하였다.23) 이후 그는 많은 작품을 남겼는데, 그의 유명한 작품 가운데 〈파초〉는 1936년 1월 『조광』지에 발표된 작품이며24) 1938년 이 시를 제목으로 한 시집을 간행하였는데25) 이는 全盛期를 대변하는 시집으로 평가된다.26) 엄창섭은 시〈파초〉가 조국 상실의 비애와 불행을 파초에 견주며 시인의 감정이입을 시도한 표현상의 묘미로서, 시인이 바라는 조국이 남성적이며 절대적임을 주지시켜 준다 하였고,27) 또한 "파초의 詩史的 가치는 일제의 탄압 아래서

---

22) 金東鳴, 〈越南記〉(完)『自由文學』十月號, 第四卷 第十號, 韓國自由文學者協會, 1959, 194쪽
23) 金東鳴, 〈당신이 만약 내게 문을 열어주신다면〉『開闢』제40호, 10월 임시호, 개벽사, 1923, 134~139쪽
24) 金東鳴, 〈芭蕉〉『朝光』第二卷 一號, 一月號, 朝光社, 1936, 169쪽 "이 시의 끝에는 괄호 안에 (一0, 九, 十七) 이라고 쓰여 있다. 이것은 소화 10년 9월 17일을 표기한 것으로 昭和 10년은 1935년이다. 그러므로 〈파초〉 시작품이 창작 발표된 해는 1935년 9월 17일로 추정되고 이듬해인 1936년 조광 1월호에 게재되었다."(필자주) 〈파초〉 원문은 다음과 같다. "祖國을 언제 떠났노,/芭蕉의 꿈은 가련하다./南國을 向한 불타는 鄕愁,/네의 넋은 修女보다도 더욱 외롭구나./소낙비를 그리는 너는 情熱의 女人,/나는 샘물을 기러 네 발뜽에 붓는다./이제 밤이 차다,/나는 또 너를 내 머리마테 있게 하마./나는 즐겨 너를 위해 종이 되리니,/ 네의 그 드리운 치마짜락으로 우리의 겨울을 가리우자."
25) 金東鳴, 『詩集 芭蕉』新聲閣, 1938
26) 김동명이 〈파초〉를 제목으로 쓴 시는 1936년 조광지에 발표한 작품 외에도 시집 《하늘》(숭문사, 1948) 22~23쪽에도 한 편 더 있다. "芭蕉 알른구나…/나는, 한 겨울/내 書齋의 憂鬱을 적혀 주던 너매/즐거운 봄을 맞으라고/내 花壇 한 복판에/네 자리를 닦었더니/아아, 웬 일이냐/사랑이 원수드냐/너는 드디어 病들었구나/나는 오늘에/우리들의 슬픈 訣別을 생각하며/다시 너를 옮겨/내 寢臺 머리에 있게 하노니/내 곁에서 죽고 싶어 하는 네 마음을/내 어찌 모르랴"

민족적 悲哀를 섬세하게 처리하여 高雅한 미의식이 넘쳐흐르는 아름다운 전원시를 창작한 점에 있다."고 강조하였다.28) 김동명 시인 스스로 '제일 사랑하는 시'라고 언급했다.29) 이 작품은 김동진의 곡을 써서 가곡으로 널리 알려졌으며 교과서에 수록되면서 국민애송시가 되었는데, 이어령은 〈파초〉를 강렬한 에로티시즘을 내포한 일종의 戀詩구조로 보기도 하였다.30)

〈파초〉는 5연이 모두 의인화된 심상의 작품으로 한국 현대시사의 희유한 佳作이라는 평가를 얻었다. 곧 "조국의 모진 시련(일제하 주권이 박탈된)을 상징하는 지수이자 모티프가 '우리' 다름 아닌 겨레의 겨울이며 이는 조국의 시련 극복의 의지이며 주권회복에의 시인의 열망이 結晶된 축소의 아이러니 기법이다. 자연을 통한 화자의 역설적 여유의 인간적 어조이며, 동포와 인간에의 사랑의 주제로서의 싹을 키우는 식물 재생의 신화적 모티브를 함유한다. 이 시인의 인간됨과 예술적 재능의 놀라운 만남이자 극적인 어울림이다. 일제하의 박탈의 역사와 빈곤의 문화를 정신사적 풍요의 토양으로 일구어가는 창조적 비전의 시"31)라고 하였다.

근래〈파초〉시작품이 몇몇 작품집에 재수록되면서 원전확정에 대한 논의가 있었다.32) 이 글에서는 1936년본(조광 1월호), 1938년본(시집 파초), 1964년본(사화집 내마음), 2005년본(강원문학대선집) 등 4개본만을 대상으로 하였고 1959년본(수필집 세대의 삽화) 해제〈파초〉본은 누락되었다.

초허 선생 생존시에 나온 〈파초〉3개본에 1959년본을 포함하여 4개본을 대비하면 일부 어휘가 달라진 것을 알 수 있다. 차제에 1936년 최초 발표작과 1959년본을 대비하면 '네→

---

27) 嚴昌燮, 『金東鳴硏究』 학문사, 1987, 57쪽
28) 嚴昌燮, 「原典批評」, 『金東鳴의 詩世界와 삶』 한남대학교 출판부, 1994, 310쪽
29) 황금찬, 「파초의 시인 김동명」 『문학세계』, 문학세계사, 2007년 4월호, 58쪽 "자작시 중에서 가장 사랑이 가고 대표작이라고 생각되는 시는 어느 시냐고 물은 것이다. 김동명은 한참 생각하고 있더니 웃으면서 입을 열었다. '대표작이 있겠어요? 그저 그런 작품들이지요. 하지만 내가 제일 사랑하는 시가 어느 시냐고 한다면 〈파초〉가 아닐까 생각됩니다. 그리고 상처(喪妻)를 하고 쓴 소품 〈도처사(悼妻詞)〉가 있고, 고향을 그리며 쓴 시 〈밤〉이 있지요." 〈도처사〉는 시집 『하늘』(1948) 의 가장 마지막 장인 126쪽에 수록되어 있다. "그대의 늙은 모양/ 내 못 봄이/내 늙은 꼴/그대에게 못 보임이/더욱 설어…"
30) 이어령, 「다시 읽는 한국시 -김동명 '파초'」 조선일보, 1996년 11월 12일자
31) 鄭在浣, 「詩人 金東鳴 -詩集 芭蕉의 이미지를 中心으로」 『金東鳴의 詩世界와 삶』 한남대학교 출판부, 1994, 107쪽
32) 이홍섭, 「김동명의 시 〈芭蕉〉 자세히 읽기」 『청소년과 함께 하는 2014 강원도 작고문인 재조명 세미나』 관동문학회, 강원도민일보, 2014.9.23, 11~20쪽

너, 기러→길어, 발뚱→발등, 머리마테→머리맡에, 치마짜락←치맛자락' 등 일부 단어가 표준어법에 맞게 수정되었다.

지난 1985년 11월 3일 초허 선생의 고향입구 강릉시(명주군) 미로면 산 61번지에 김동명 시비공원이 조성되었으며, 파초의 피어나지 않은 잎새 모양을 딴 김동명 시비가 세워졌다. 크기는 무려 1,055㎝이며, 중앙에는 초허 선생의 초상화 그리고 입구 좌우에는 〈파초〉와 〈내마음〉 시가 새겨져 있다.33) 〈파초 해제〉 내용은 아래와 같다.34)

> 祖國을 언제 떠났노/芭蕉의 꿈은 가련하다./南國을 향한 불타는 鄕愁/너의 넋은 修女보다도 더욱 외롭구나./소낙비를 그리는 너는 熱情의 女人/나는 샘물을 길어 네 발등에 붓는다./이제 밤이 차다./나는 또 너를 내 머리맡에 있게 하마./나는 즐겨 너를 위해 종이 되리니/너의 그 드리운 치맛자락으로 우리의 겨울을 가리우자.

> 一九三四年이다. 혹은 三五年 무렵에 내 거처를 찾아준 이가 있다면, 그는 응당 내 집 툇마루나 혹은 뜨락 적당한 위치에서 한 盆의 芭蕉를 발견했을 것이다.
> 이것은 어떤 친구가 그녀에 대한 나의 오랜 戀情을 눈치 채고, 멀리 기차를 태워 다려온 것인데, 나는 그녀를 마치 女王처럼 맞아, 밤이면 이슬과 별빛에 젖게 하고, 낮이면 그늘과 햇볕을 적당히 즐기게 하여, 깎듯이 섬기는 뜻을 게을리 하지 않았음은 물론이었다. 허나 여름이 가고, 가을… 가을도 드디어 深秋가 이르니, 그녀의 鄕

---

33) 「동아일보」 1985.11.4 "파초의 김동명 시비 제막, 강릉명주서…널리 애송되는 시 파초의 김동명시인(1900~1968)을 기리는 시비가 고인의 고향인 강원도 명주군 사천면 미노리에 세워져 3일 오후 제막됐다.…이번 시비는 시인의 고향 사람들이 힘을 모아 건립하게 된 것으로 더욱 의미가 깊다"(溟州=鄭祥熙 기자) 김동명 시비 建碑文은 다음과 같다. "민족적 수난의 시대에 태어나 잃어버린 조국을 부르며 민족시인으로 교육자로 조국의 광복을 맞아서는 의연한 정치가로서 소용돌이치는 역사의 격랑을 헤치며 한 시대를 당당히 살아간 초허 김동명. 그의 유작 내마음, 수선화, 파초 등 주옥같은 시들은 가곡에 실리기도 하여 우리들 모두로 하여금 그토록 애절한 '그대…조국의 민족적 절창에 감동하면서도 그 시의 주인공이 이 고장이 낳은 위대한 민족시인이라는 사실에는 별로 관심이 없는 것 같습니다. 그의 길은 시에 있어서나 현실에 있어서나 민족이라는 영원한 이상을 동경하고 역사 속에서 이를 구현하고자 한 행동의 시인이라는 데서 민족시인으로서의 그의 생애와 예술은 높이 평가되어야 할 것입니다. 가난했던 나라에서 가난하게 태어나 가난한 민족을 사랑한 김동명은 이 고장이 낳은 위대한 애국민족시인입니다. 이는 우리 고장의 긍지이며 정신적 지주라 할 수 있겠기에 여기 자라는 우리의 후손들에게 나라 사랑하는 마음을 길러주는 배움의 도장으로 삼기 위하여 이 비를 세웁니다. 1985년 7월 김동명시비건립추진위원장 국회의원 李範俊, 시비건립사업주관 명주군수 鄭泰永"

34) 金東鳴, 『隨筆集 世代의 揷話』 日新社, 1959, 55~57쪽

愁는 더욱 사모쳐 보이지 않는가.

여기서 내가 할 수 있는 일이라면, 그것은 다만 그녀를 내 머리맡으로 모셔드리는 일일 뿐. 누가 주접스럽다 하는가? 黃金의 꿈과 翡翠 빛 悲哀로 裝飾된 시인의 머리맡은 그 어느 여왕의 離宮보다도 오히려 더 奢侈스러운 冬宮일 수도 있지 않을까? 나도 실은 그 언젠가, 祖國을 잃은 사나이. 외롭고 쓸쓸하고, 그리고 더욱 겨울이 슬프기로는 그녀로 더불어 다를 것이 없는 처지겠다. 서로 껴안고, 서로의 체온과 외로움을 나누므로, '季節'의 위협을 물리칠 수만 있다면, 또한 얼마나 즐거운 일이랴. 허고 또 이것은 반드시 虛妄한 욕심일 턱도 없으리라.(一九五八)

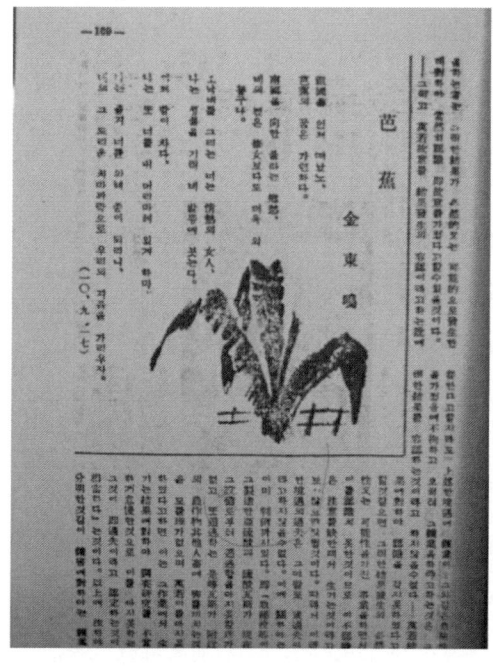 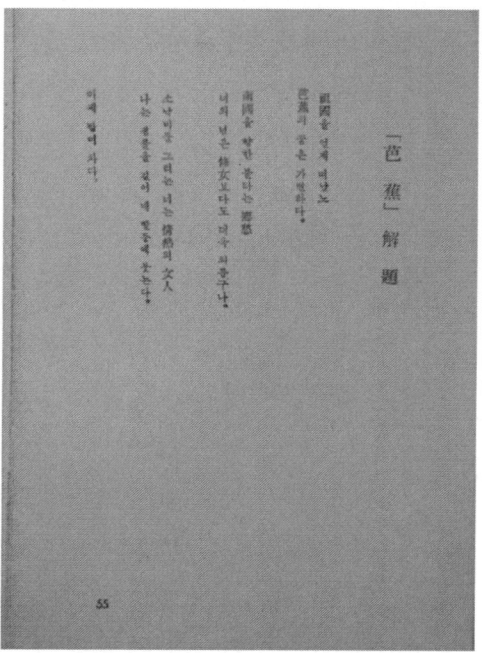

## 2) 시작품 〈술노래〉해제

초허의 시 〈술노래〉에 대한 해제는 『자유문학』에 수록되었다.[35] 이 시 작품은 1942년 봄에 쓴 것으로 이후 그는 1945년 해방이 될 때까지 4년간 치욕과 분노의 날을 보내며 절필

---

35) 金東鳴, 〈술노래 解題〉『自由文學』 통권 20호, 韓國自由文學者協會, 1958. 11

하였다. 시집 『하늘』에 수록된 이 시는 「世代의 歎息」에 분류하였으며 〈狂人〉작품 다음에 수록하였다.36) 〈술노래〉를 쓴 작가의 음성이 담긴 해제로서 구체적으로 5연의 내용을 스스로 설명하고 있다.

작가 스스로 대표작 한 편으로 이 〈술노래〉를 언급할 정도로 마음의 절규를 대신하고 있다고 하였다. 이성교는 대단히 어둡고 절망 의식을 느끼게 되는 시라고 평하며 "이 시는 일제의 포악한 壓政을 잠시 비꼬고자 몸부림 친 행동이라 할까. 허무 앞에 술은 하나의 망각제 구실을 했다."고 하였다.37) 1959년에 발표한 〈술노래〉解題는 아래와 같다.

  샛맑안 琉璃 컵에/흥근히 고인 琥珀 빛 液體/나는 無敵艦隊의 司令長官인양 자못 豪氣로이/나의 적은 海洋을 凝視한다.
  동구란 海岸線에/넘치는 흰 거품/아하, 인류 百億 해의/歷史가 서렸구나.
  안개인양 자욱히 피어 오르는 향기 속에/'時間'은 갈매기 같이 날으고/나의 좌석은/甲板 보다도 더욱 흔들거린다.
  어허, 이것 봐라, 하늘이 도는구나/물매아미 같이 뱅글뱅글 하늘이 돌단말이-/저 놀랍고도 새로운 天文學的 眞實 위에/세대의 倫理는 星座같이 燦然하다.
  여보게, 나는 이제/이 琥珀 빛 액체가 주는 魔術을 빌어/나의 새끼 손톱으로/요놈의 '地球'덩이를 튀겨 버리려네.

  一九三一年 九月에 滿洲事變을 일으켜 자미를 톡톡히 보고난 日帝는 一九三七年 七月에 이르자, 또 다시 蘆構橋에서 불집을 일으켜 가지고, 중국 본토에 대한 침략 전쟁을 强行하는 동안, 韓民族에 대한 포학무도한 탄압정책은 날이 갈수록 더욱 심해졌거니와, 一九四一年 十二月 八日 太平洋戰爭이 벌어지자. 日帝의 暴政은 한결 더 無慈悲性을 발휘하여 숨구멍이 콱콱 막힐 지경이었음은, 시방 三.四十代만 해도 누구나 다 기억에 새로우리라.
  헌데 이때 무엇보다도 못 참을 일은, 저들의 우리 민족의 抹殺을 위한 語.文抹殺政策의 强行이었는데, 오직 한 가지 구원의 길로 믿었든, 美.日戰爭이 다행히 벌어는 젔

---

36) 金東鳴, 『하늘』崇文社, 1948, 62~64쪽
37) 李姓教, 「金東鳴 詩研究」 『金東鳴의 詩世界와 삶』, 한남대학교 출판부, 1994. 36쪽

으나, 日帝의 快速度로 걷우어 가는 저 놀랄만한 一方的인 戰果 앞에, 우리의 실망은 또한 얼마나 참혹한 것이었든가. 결국 우리는 영영 죽고마는 것인가, 싶었을 밖에-

그런데 이렇듯 民族歷史의 終焉이 닥쳐오는 듯한 切迫한 고비에서. 이 땅의 소위 指導者로 자처해오든 사람들 가운데서, 또 혹은 글 줄이나 쓴다는 친구들의 그 하는 짓의 駭怪罔測스러움이란, 실로 寒心云云으로 형용할 정도가 아니었다. 日帝의 暴虐에는 窒息을 느낄 지경이었다면, 이에 대한 우리네 指導者層의 嬌態에는 그저 어이 없었다고나 할지? 사람이 산다는 것은 이리도 辱스러워하는 것인가 싶어, 나종에는 내 自身마저 싫어지고 미워질 지경이었다.

어쨌든 취하거나 마치지 않고는 견딜 수 없다싶은 것이, 그 무렵의 내 心境이었다. 이래서 나는 즐겨 술을 마시었고, 드디어 취할 양이면 천지가 잔 안에 녹아드는 듯, 세상 萬事가 다 꿈같고, 可笑롭고- 이런 면에 끄을려 나는 마침내 愛酒하는 버릇을 기르기에 이르렀든 것이다.

그런데 여기에 적어보일 〈술노래〉는 太平洋戰爭이 벌어지는 바로 다음해인, 一九四二年 봄에 쓴 것인데, 나는 이 詩와 함께 〈狂人〉을 최후로, 붓대를 집어던지고, 一九四五年 解放이 오기까지 무릇 四年間, 詩 한 句節, 雜文 한 토막 끄적인 적 없이, 하늘만 쳐다보며 恥辱과 憤怒의 날을 보냈든 것이다.

이제 前記 詩篇의 大義를 간단히 적어보면, 첫 聯에서는, 가득히 따라 놓은 술잔과 마주 앉아 마시기도 전에 벌써 陶然해지는 心境을 읊은 것이다. 나 같은 愛酒家에게는 술은 바라보는 것 만으로도 마음은 어느새 취하는 것인지도 모른다. 술을 '海洋'에 견준 뜻, 그것은 실로 次元을 달리하는 한 개 廣大無邊한 새 世界의 展開를 의미하는 것이었기에-

第二聯은 歷史의 壓力을 비끼고저 몸부리치며 '虛無'를 향해 救援의 손길을 더듬는 내 人生의, 오랜 스스로를 위한 說法이랄까? 아무려나 地球에도 끝 날은 있을 것이니, 그렇다면 歷史의 終點도 결국은 한 방울의 물거품과 통하는 것. 굳이 악착스레 고집하고 안달하고 앙앙하잘 것이 무엇이겠느냐는 이야기렸다.

第三聯은 한 잔 두 잔 거듭하는 사이에, 어느듯 時間과 空間의 制約도 늦추어져서, 시간은 시간대로 훨훨 제 멋대로 날으는가 하면, 몸은 분명 네 壁 속에 갇히어 있건만, 순풍에 돛을 달고 두둥실 떠가는 듯한 기분이니, '마아스'의 고마움을 어찌 잊을까 보냐.

　第四聯에 와서는 드디어 滿醉하자, 世代의 墮落을 또 한 번 꼬집어 뜯지 않고는 못배기는 심사. 나는 이 무렵에 滿醉하면 때로는 慟哭하는 버릇이 있었다.

　그리고 끝 聯에 이르러서는, 인간과 역사의 本據인 '地球'에 향하여 敢然히 一大 攻勢를 취함으로써, 모든 것을 거부하고, 모든 '惡'에 보복하려는, 강렬한 復讐的인 衝動을 읊은 것이니, 이것이야말로 '마아스'의 協力이 없었던들, 이런 潰神的 發想은 삼갔을런지도 모른다. 허나 또 덮어놓고 이 노래를 非倫理的이라거나 反宗敎的이라고 탓할 수도 없으리라. 요컨대 무엇을 위한 地球에의 挑戰이었든가를 생각해 볼일이다. '여호아'도 일찍이 소돔城에 유황불을 나리시지 않았든가?

　어쨌든 누가 날더러, 그대의 代表作을 한 편만 들란다면, 나는 이 〈술노래〉를 내놓을지도 모른다. 이미 열일곱 해 전에 불려진 이 노래가, 시방도 오히려 내 마음 한 구석의 부르짖음을 대신해주는 까닭일까?(一九五九)

## 4. 김동명 작품집의 후기

### 1) 시집 『진주만』 후기

　시집 『진주만』은 1945년 8월 15일부터 1947년 봄까지 초허가 월남하기 전에 서호에서 쓴 작품들이다. 1954년에 나온 『진주만』 시집은 초허의 아내가 피난과 사변중의 수마와 화마에서 기적적으로 건져냄으로써 세상을 나오게 되었다. 또한 이 시집을 책으로 엮는 동안 아내는 세상을 떠났다고 하였다. 따라서 이 시집은 초허와 아내의 남다른 사연을 담고 있다고 할 수 있다. 초허는 아내와 부부의 연으로 맺어진 이후 아내가 세상을 떠나기 전 '최후의 시집'을 내면서 아내 앞에 무릎을 꿇고 추도(追悼)의 마음을 전하였다.

　김동명은 1946년 조선민주당에 입당해 함경남도 도당위원회 부위원장직을 맡았는데 북한의 실력자로 떠오른 김일성은 조선민주당의 당원이 10만 명을 넘어서자 조만식을 비롯한 지도부에 대한 회유와 숙청을 시작하였다. 김동명은 1946년 12월에 출당 통고를 받고 칩거하다가 1947년 4월 13일, 신변의 위험을 감지하고 단신 월남하였다. 1947년 단신 월남할 때 김동명은 시 원고를 갖고 내려오지 못했는데, 그의 아내가 남편의 시 원고를 옥양목 쪼

가리에 베낀 뒤 생후 7개월째 되는 아이의 배에 감아 무사히 보존하는 기지를 발휘하였다. 이렇게 해서 빛을 보게 된 시집이『진주만(眞珠灣)』인바, 초허는 아내가 살려준 최후의 시집이라 술회하였다.

초허 김동명은 시집『진주만』으로 아세아 재단에서 주관하는 제2회 자유문학상을 수상하였다.[38] 당시 이화여대 국문학과에 재직하던 초허에게 있어 이것은 매우 의미있는 상이었으며, 또한 이화여대 출판부에서 첫 번째로 간행한 책자였다. 자유문학상은 1953년부터 59년까지 9차례 시상되었다. 수상집 김동명 편에는 8편의 시가 실렸으며 그의 약력이 소개되어 있다.[39] 우리는 우여곡절 끝에 발간된 시집후기를 통해서 초허의 특별한 고백을 듣게 된다.

> 이 책에 몰은 詩篇들은, 一九四五年 八月 十五日 以後부터 一九四七年 봄, 卽 내가 單身으로 越南하기까지의 사이에, 北鄕 西湖에서 쓰여진 것들인데, 이 原稿가 三八線을 넘을 때에는 水葬을, 또 六二五事變 통에는 燒失을 당했건만, 그래도 이와 같이 드디어 한 卷의 冊으로 엮어져 세상에 나올 수 있었다는 것은 나 自身으로도 神奇한 感을 새삼 금하지 못한다. 水葬 지낸 原稿가 어떻게 火變을 겪을 수 있었으며, 설령 그럴 수 있었다기로서니, 이제 또 冊이 될 수 있다는 것은 도대체 어떻게 된 수수께끼냐고, 머리를 기우뚱거릴 讀者가 미상불 없지도 않으리라. 그 經緯를 이야기하는 것은 이젠 즉 내게 있어서는 하나의 커다란 즐거움임에 틀림없겠으되, 그렇다고 여기서 사연을 장황히 느러 놓을 수도 없음은 이 글이 너무 길어지는 것을 피해야 하겠기 때문이다.

---

[38] 『韓國文學賞 受賞作品全集』第3卷, 詩·評論·戲曲編, 新太陽社, 1960, 25~32쪽, '김동명편' 자유문학상 해설에 따르면 "본상은 아세아재단 주동 하에 전국문화단체총연합회와 공동성명에 의하여 1953년에 제정되었다. [의의] 본상은 자유아세아인에게 예술을 통한 자유사상을 고취시키는데 그 목적이 있다. [규정]매년 작품 중 인간의 자유사상을 고취시키는 내용으로 한 작품 2,3편을 선발 시상하며 입선작이 없을 때는 시상을 중지한다. 심사위원은 매년 일정치 않으며 상금도 일정치 않다. 본 상은 1959년도서 제9회까지 시상되었으며 상금은 미화 3,000불이었다."(아세아재단 제공) 『진주만』 이화여대 출판부에 발간한 김동명 시인의 시집이다., 1949년 11월 이화여자대학교출판부가 국내 첫 대학출판부로 출발했다. 1954년 출판사 신고 필 이후 첫 단행본으로 국문과 교수였던 김동명 시인의 시집『진주만』을 출간했다.

[39] 위의 책 제2회 수상 1954년도 김동명 편에 실린 시는 진주만, 술노래, 세종로, 봉래각취담, 하늘, 수선, 명상, 백설부 등 6편이다. 약력을 옮기면 다음과 같다. "1901년 강원도 강릉출생, 일본 청산학원 신학과 졸업, 1923년 '당신이 만약 내게 문을 열어주시면'으로 시단에 등장, 초기에는 퇴폐적인 경향의 작품을 발표, 이래 일제의 탄압을 피해 전원에 우거하며 시작에 몰두, 1954년도 자유문학상 수상, 현재 이화여자대학교 교수, 저서 파초, 나의 거문고, 진주만 등외 작품 다수"

그러므로 나는 여기서 다만 한마디, 이러한 있을 수 없는 일이 버젓이 있을 수 있게 된 것은, 오로지 내 아내의 지극한 精誠의 所致였음을 밝히는 것으로서 스스로 滿足코저 한다.

일찍이 詩集 『三八線』이나 『하늘』이 다 그랬든 것처럼, 이 詩集(眞珠灣)도 오직 아내의 극진한 마음씨로 말미암아 오늘의 세상을 보게 된 것이니, 내 아내라 하여 어찌 禮를 소홀히 할까보냐. 나는 저가 살려준 最後의 詩集을 세상에 보내면서, 저의 앞에 무릎을 꿀련다.(一九五四)

著者附記:나는 애초 이 글을 이 冊에 넣을 궁리는 없었다. 그런데 이 冊 原稿가 印刷所로 넘어가 造版이 進行되는 도중에, 내 아내는 문득 저 세상으로 가고 말았다. 내가 이 아모럴 것도 없는 글일망정, 굳이 여기에 넣어두고 싶어진 심정은, 아마 독자 여러분도 이해하시리라.

### 2) 수필집 「세대의 삽화」 후기

김동명 최초 수필집 『世代의 揷話』는 1947년 월남한 이래 13년간 집필했던 수필 26편을 묶어서 단행본으로 나왔다. 이후 전체를 수기류를 묶어서 수필·수기집이라 표기한 『모래위에 쓴 낙서』단행본에는 총 41편이 수록되어 있다. 김동명문집간행위원회에서 출간한「세대의 삽화」에는 자화상 18편, 세대의 삽화 6편 등 24편을 수록하였다. 문학평론가 안수길은 이 책자에 대하여 아래와 같이 평하였다.

해방 전에는 순탄한 호흡의 세련된 서정의 시로 우리의 마음을 높여주었고 해방 후에는 자유의 투사로서의 행동과 더불어 그 행동에 따르는 힘찬 시로 우리의 마음에 힘을 보태주었던 노시인 김동명 선생의 수필집 세대의 삽화가 출간되었다. 통독하고 단적으로 느낀 건 수필처럼 저자의 인간이 고스란히 드러나 있는 문장도 없고 그 저자가 만약 시인일 때는 수필은 또한 그의 시작과의 연관에서 이해하지 않아서는 안된다는 점이었다. 이걸 다른 말로 바꾸면 시인이 쓴 수필이란 그 시인이 쓸 수 있는 순수한 의미의 유일한 산문이라는 것이다. 그리고 『세대의 삽화』는 이런 의미에서 문학적인 높은 평가의 대상이 될 것이다. 그걸 구체적으로 얘기해보자. 수록 4

부중 〈자화상〉의 수 편은 시 〈파초〉와 통하는 순수수필의 세계에서 예술적인 향기와 격조가 높은 것이요, 〈암흑의 장〉과 〈월남기〉는 시인이요 지식인인 저자의 자유에의 생생한 투쟁의 기록이어서 그것은 또한 행동문학의 면모를 띠고 있다고 볼 수 있다. 『세대의 삽화』는 정론집 『적과 동지』와 상통하는 세계이면서 그것이 문학적인 표현으로 함축성을 띠고 있다는 점에서 가치를 주장할 것이 아닌가? 어떻든 수필집 『세대의 삽화』는 고답(高踏)한 데만 머무는 것이 아니라 행동과 사회비판의 요소까지 폭을 넓히고 있다는 점에서 이채(異彩)라고 하지 않을 수 없다.[40]

이 수필집에 대하여 안수길은 문학적인 표현을 함축하고, 행동과 사회비판의 요소까지 내포하여 이채롭다고 하였는데,[41] 초허는 1959년 8월 최초 수필집 『世代의 揷話』후기에는 자신이 수필집을 '文學的 收穫의 한 部分'이라고 강조하고 그가 산문을 쓰게 된 동기를 서술하고 있다.

> 내가 문학에 關與하기 시작한 것은 一九二0年代 -좀 더 엄밀하게 말한다면, 一九二三年 무렵부터의 일이었으나, 解放前까지만 해도 나는 詩 以外의 文章에는 통히 손을 대지 않았다. 그것은 내가 이 冊에 걷우어 본 隨筆 가운데서, 解放 前의 것으로서는 겨우 한 篇의 小品에 들어 있는 정도인 것만으로도 알 일이다. 솔직히 말해서, 나는 오랫동안 실로 詩 以外의 어떠한 文章에도 내 情熱을 기우리기를 願치 않았든 것이다.
>
> 그러기에 여기에 몰아 놓은 隨筆, 혹은 雜文들은 解放以後에 쓰여진 것들일 밖에 없는데, 그것도 解放 後 以北에 있을 때에는 겨우 한두 篇(〈어머니〉와 〈掬雛記〉가 그것이다)을 노우트에 끄적여 보았을 뿐, 그 남어지는 모두 以南에 나와서 쓴 것들이다.

---

40) 「동아일보」 1959년 11월 12일자 '圖書室' 安壽吉 글, 원문 한자는 필자가 한글로 바꾸고 일부는 한자는 괄호 안에 넣었다.

41) 안수길(安壽吉, 1911~1977) 소설가. 만주와 함경도를 무대로 민족의 수난사를 다룬 소설을 주로 썼다. 대표작으로 〈북향〉, 〈북간도〉가 있다. 1922년 만주 간도로 이주, 1926년 간도중앙학교를 졸업하고 이듬해 함흥고등보통학교에 입학했으며 1928년 서울로 올라와 경신학교 3학년에 편입. 1930년 일본으로 건너가 1931년 와세다대학[早稻田大學] 고등사범부 영어과 중퇴하고 귀국했다. 1936년 간도일보사 기자, 1937년 만선일보사로 옮겨 염상섭·송지영·이석훈 등과 함께 일했다. 1948년 월남하여 경향신문사에 입사했고, 1954년 서라벌예술대학 문예창작과 교수, 1960년 국제 펜클럽 한국본부 중앙위원 등을 지냈다. 1954년 아시아자유문학상, 1967년 서울시 문화상 등을 받았다.

아마 新聞社나 雜誌社에 가까운 거리에서 살게 되었다는 것이, 내가 隨筆類에 손을 대게 된 직접 因緣의 하나일지 모르나, 또 한편으로는 얼굴에 주름살이 늘어갈수록, 생각과 趣味가 多少 散文化에 간다는 事實도 否認해낼 道理는 없을 듯하다. 그리고 보니 詩는 젊은이가 쓰는 것이오, 散文은 늙은이가 쓰기로 마련이라는 이야기도, 노상 허튼 수작같지는 않다.

허나 이렇다고 해서, 늙은이가 詩를 쓴대서 망발은커녕, 오히려 대견스러워함은 어쩐 까닭일까? 그것은 실로, 저는 아직도 늙지 않았다는 事實을 보여주는 까닭이 아닐까? 이런 意味에서 나도 그 언젠가 훌훌이 떠내 보낸 '뮤우즈'를 기다리는 마음 이제 새삼 간절한 바가 있다. 이야기가 잠간 딴전으로 비낀 듯하나, 散文을 말하는 경우에 詩에의 鄕愁를 告白하는 것은, 내 경우에는 어쩔 수 없는 일임을 어찌하랴.

하여튼 여기에 몰아 놓은, 스스로 隨筆이기를 바라고 싶은 雜文들이 비록 변변치는 못하나마, 그래도 내게 있어서는 以南生活 열 세 해 동안에 걷우어진 내 文學的 收穫의 한 部分이었다는 점에서, 나는 이 글들이 한 卷의 冊으로 엮어지는 기쁨을 주체스러워할 理由는 없다. 끝으로 日新社 尹社長(尹珖模)의 好意에 感謝한다. 一九五九年 八月 日 著者[42]

## 5. 맺음말

지금까지 작가의 창작의도를 이해하고 사상과 정서 등을 담보하고 있는 초허의 해제와 후기를 대상으로 수필문학으로 논의하였다. 현전하는 해제와 후기는 전체 4작품으로 1958년 파초해제, 1959년 술노래 해제를 작성하였다. 1954년 진주만 후기, 1959년 최초 수필집 세대의 삽화 후기를 썼다. 그러므로 해제와 후기는 1950년대에 집중되었다는 것을 알 수 있다.

서발, 해제는 자신이나 타인의 저술에 대해 서술경위, 내용, 체제 등을 논하고 평가하는 것인데 간행경위와 저자의 문학론을 함께 드러내는 경우가 많아 문학비평의 성격을 지니기도 한다. 해제(解題)는 서적·작품의 저작자, 저작의 유래, 내용 등에 대한 간단한 설명으로 작품이나 작가의 창작의도를 이해에 도움을 주기에 관심을 끈다. 발문에 속하는 '후기(後記)'

---

[42] 金東鳴, 『世代의 揷話』 後記, 日新社, 1959, 278~279쪽(원문 한자는 한글로 바꿈, 맞춤법은 그대로 두었음)

또한 지은이의 사상과 정서, 취미 등 생생한 모습을 엿볼 수가 있다. 글의 본문 끝에 덧붙여 쓰거나 또는 그런 글로서 꼬리말, 발(跋), 발문(跋文)이라고도 칭한다.

초허가 남긴 이들 글을 통해서 우리는 그가 문학적 수확으로 산문장르를 수용했으며, 해제와 후기가 그러한 작업의 일단으로 규정할 수 있겠다. 초허의 문학세계를 확장적 관점에서 본다면 그는 산문을 쓰면서도 시에의 향수를 고백했다는 점에서 시와 산문의 상보적 관련성을 이해할 수 있다. 특히 해제와 후기는 시 작품, 시집, 수필집에 대한 것으로 비록 그 대상이 다르나, 본질적으로 초허문학의 외연을 넓히는데 적절히 기여하고 있다고 하겠다.

## [참고문헌]

鄭鎬德 編, 藥城詩稿, 江陵印刷所, 1919

瀧澤 誠, 增修臨瀛誌, 江陵古蹟保存會, 1933

朝光 創刊號, 朝鮮日報社出版部, 1935

金東鳴, 詩集 芭蕉, 新聲閣, 1938

金東鳴, 詩集 하늘, 崇文社, 1948

金容浩·李雪舟 共編, 現代詩人選集 (上), 文星堂, 1954

金東鳴, 詩集 眞珠灣, 梨花女子大學校 出版部, 1954

金東鳴, (政治評論集) 敵과 同志, 昌平社, 1955

金東鳴, 詩集·目擊者, 人間社, 1957

金東鳴, (政治評論集) 歷史의 背後에서, 新雅社, 1958

自由文學 1959년 6~10월호, 韓國自由文學者協會, 1959

金東鳴, (隨筆集) 世代의 揷話, 日新社, 1959. 9

韓國文學賞 受賞作品全集 3 (詩·評論·戲曲), 新太陽社, 1960

韓國詩人協會, 'My mind is'(Kim Dong-Myong)Korean Verses, 大韓公論社, 1961

金東鳴文集刊行會 編, (詞華集) 내마음, 新雅社, 1964

金東鳴文集刊行會 編, (評論集) 나는 證言한다, 新雅社, 1964

金東鳴文集刊行會 編, (隨筆·手記集) 모래위에 쓴 落書, 新雅社, 1965

丘仁煥·尹在天·張伯逸, 隨筆文學論, 開文社, 1975

張伯逸, 隨筆의 理解, 玄岩社, 1976

崔勝範, 韓國隨筆文學研究, 正音社, 1980

金容稷 外, 韓國現代詩史研究, 一志社, 1983

崔康賢, 韓國古典隨筆講讀, 고려원, 1983

張德順, 韓國隨筆文學史, 새문사, 1984

吳昌翼, 韓國隨筆文學研究, 교음사, 1986

嚴昌燮, 超虛 金東鳴文學研究, 成均館大大學院 國語國文學科 博士學位論文, 1986

嚴昌燮, 金東鳴硏究, 學文社, 1987

韓國隨想錄 3, 金星出版社, 1991

임헌영, 그리운 곳 차마 그리운 곳 -노래가 된 서른일곱편의 시, 웅진문화, 1992

金炳宇 外, 金東鳴의 詩世界와 삶, 한남대학교출판부, 1994

權瑚, 古典隨筆槪論, 동문선, 1998

沈慶昊, 한국산문의 미학, 고려대학교 출판부, 1998

이상익 외, 고전수필 어떻게 읽을 것인가, 집문당, 1999

김용직, 한국현대시인연구(하), 서울대학교출판부, 2000

문덕수 외, 한국현대시인연구(上), 푸른사상사, 2001

한국문학평론가협회 편, 문학비평용어사전(상·하), 국학자료원, 2006

장정룡, 김동명 산문의 시대적 양상고찰, 김동명 문학관개관기념학술세미나 자료집, 강릉문인협회, 2013.7.3

장정룡, 초허수필의 '꽃이미지와 그 지향성 고찰, 제13차 심연수한중학술세미나 자료집, 심연수선양사업위원회, 2013.10.2.

장정룡, 김동명 수필의 월남과 피난의 표출양상, 김동명문학연구, 창간호, 김동명학회, 2014,

장정룡, 김동명 수필집 세대의 삽화의 작품특질 고찰, 김동명문학연구, 제2호, 김동명학회, 2015

유희자, 김동명 시의 모성적 상상력 연구, 강릉원주대 교육대학원 석사논문, 2015

장정룡, 김동명 수필 어머니의 서사구조 고찰, 김동명문학연구, 제3호, 김동명학회, 2016

[Abstract]

# The consideration on Mr. Kim Dong-myung's work description and epilogue

Jang Jung-ryung

A professor of Korean literature at Gangneung-Wonju National University

The purpose of study is to conduct research with work description and epilogue that displays Mr. Kim Dong-myung's purpose of writing. Since this writing was written by himself, it's possible to show close relation in understanding works and the depth of analysis of work, more than any others.

His work description is a brief description on publications, author, origin of writing and its contents as a noticeable writing in his proses and it helps understand the work and purpose of writing. 'Postscript' which belong to the epilogue displays the thought, emotion and hobby of author. 'Postscript' is an added piece to the written text or something that tells a bit more story. And this study considered two work descriptions and two postscripts written by Cho-heo in 1950s.

There are four existing work descriptions and postscripts written by Kim as of now and he wrote the description on Musa basjoo in 1958 and description on Alcohol in 1959. And he wrote the postscript on Pearl Harbor in 1954 and illustrated postscript in 1959, which is the first illustrated collection of essays.

Thus, it implies that his work description and postscript were written especially in 1950s.

His writings showed that Cho-heo accepted the prose form and his work description and postscript are basically an extension of it. In conclusion, if Cho-heo's literature world is viewed in terms of expansion, his poetry was in complementary relations with prose because he wrote prose, too and made confession for his nostalgia for poetry. Specifically, his work description and postscript are about his poetical composition, collection of poems and collection of essays and can be praised for expanding the limit of Cho-heo's literature fundamentally though they differ in direction.

* Key-words : Kim Dong-myeong Poetry, Gangneung, Hometown, Locality, Literature Sociology, Placeability, Local Literature

# 일제말기 김동명의 전쟁시를 통해 본 현실 인식과 저항성

김윤정*

---
**목 차**

1. 서론
2. 일제말 전쟁에 대한 관점
3. 중일전쟁 시기의 현실 이해
4. 태평양 전쟁 시기의 정세 인식
5. '새 나라'에 대한 구상
6. 결론

---

〈초록〉

본고는 일제말기에 쓰였던 김동명의 전쟁시에 나타난 현실 인식을 살펴봄으로써 김동명이 일제에 대한 저항의 길을 걸을 수 있었던 요인을 확인하고자 한다. 중일전쟁으로부터 시작되어 태평양전쟁으로 이르는 일제 말기에 많은 지식인들은 민족의 이익을 위한다거나 동양의 미래를 위한다는 명목으로 일제 협력에의 길을 걸었다. 당시 식민지인들의 시각에는 일제는 패망할 리 없는 영원한 제국으로 비춰졌다. 이들은 일제에 협력하는 길이 민족의 살 길을 도모하는 길이었다고 생각하였다. 그러나 이와는 달리 순국이든 망명, 혹은 절필을 통해 저항의 길을 택한 작가들도 있었다. 김동명은 그 중 한 명으로 절필을 행한다. 일제말기

---
*강릉원주대 국어국문학과 교수

김동명의 전쟁시를 살펴보는 것은 그가 저항의 길을 걸을 수 있었던 요인을 확인하는 일에 해당한다.

중일전쟁 시기 그는 전쟁을 바라보는 몇 편의 시를 남긴다. 이들 시편에는 우선 김동명이 당시의 많은 식민지인이 그러했듯이 중국의 승리를 기대하는 내용이 담겨 있다. 중국이 승리할 때 조선이 독립할 수 있는 길이 열리기 때문이다. 그러나 일본이 승리하게 되자 이를 계기로 조선 내에는 조국 독립에의 기대를 버리고 일제에 협력하는 세력들이 생겨난다. 이 시기 김동명의 시에는 이들의 기회주의적 속성을 신랄하게 비판하는 내용이 나타나 있다. 김동명은 끝까지 독립에의 의지를 버리지 않는 지사적 면모를 보여준다.

태평양전쟁은 김동명에게 조국 독립의 기회로 여겨진다. 그는 많은 지식인들이 생각했던 것과 달리 일제의 패망을 예견하고 있었던 것이다. 그는 미국의 개입이 일본의 패배를 가져올 것이라고 판단했고 그의 판단은 적중했다. 태평양전쟁을 소재로 하고 있는 시집 『진주만』에는 조국 독립에의 기대로 인한 그의 흥분이 고스란히 형상화되고 있다. 주요 전투를 다루고 있는 그의 시들은 그의 세계정세 인식이 얼마나 탁월한 것이었나를 짐작하게 한다.

이들 전쟁시를 통해 살펴본 대로 그가 흔들림 없이 저항의 길을 걸을 수 있었던 것은 확고했던 지사적 민족주의 신념과 함께 냉철한 현실 인식이 있었기 때문이라고 할 수 있다. 그는 현실을 객관적으로 통찰하였을 뿐 아니라 민족 지향적 신념 또한 강한 인물이었다. 이러한 요인이 있었기에 그는 당시 많은 친일 작가들이 그러했던 바 민족의 이익을 위한다는 명분으로 민족의 독립을 영원히 가로막을 수 있는 친일에의 유혹으로부터 자유로울 수 있었다고 판단된다.

## 1. 서론

우리에게 무엇보다 「파초」와 「수선화」로 알려져 있는 김동명은 1930년대의 대표적인 전원시인이자 목가시인으로 규정될 뿐[1] 연구사적으로 볼 때 그 외의 외연에 대해서는 주목된 바

---

[1] 이러한 규정은 백철과 조연현에 의한 '소박한 감성과 목가적 서정'이라거나 '현실을 버리고 전원에 거하는 마음'이라는 언급(임영환, 「김동명의 민족시적 성격」(김병우 외, 『김동명의 시세계와 삶』, 한남대출판부, 1994, p.177)에 따른 것으로 이후 김동명에 대한 이해는 이러한 관점에서 고착된 감이 있다.

가 거의 없다. 1923년 『개벽』지를 통해 등단한 그가 당시 유행했던 상징주의 시풍을 보여주다가 1930년대에 이르러서는 시대적 현실과 일정 정도 거리가 있는 정통 서정시에 주력하였고, 이 시기에 쓰여진 시가 현재까지도 회자될 만큼 우수한 것이었기에 이러한 인식은 어쩌면 자연스러운 것이라 할 것이다. 그의 대표작에서 떠올릴 수 있는 것처럼 그의 주요 활동기인 1930년대에는 '꽃'이나 '나무', 혹은 '바다'와 '호수' 등의 자연을 소재로 한 시들이 다수를 차지하고 있다.2) 그러나 김동명의 전체적 문학 세계를 이해할 때 많은 논자들은 그의 작품에 나타난 서정적 경향은 일부분에 해당한다는 점을 이구동성으로 강조하고 있다.3)

실제로 김동명의 문학 작품은 『나의 거문고』(1930), 『파초』(1938), 『3.8선』(1947), 『하늘』(1948), 『진주만』(1954), 『목격자』(1957)의 시집과 세 권의 정치 평론집, 그리고 두 권의 수필집 등이 있거니와 이들은 해방을 기점으로 하여 초기와 후기로 구분되며 해방 이후의 작품들은 대부분 서정성보다는 현실 참여성이 두드러진다 하겠다.4) 특히 195,60년대에 쓰였던 정치평론들은 김동명이 현실도피적이고 소극적인 인물이 아니라 현실의 한가운데서 능동적이고 적극적으로 시대를 이끌어가고자 하였던 인물임을 명시적으로 보여준다. 즉 김동명을 바라보는 전원시로서의 서정성은 전기에 한정되는 경향일 뿐 전체적인 면에서 볼 때

---

2) 김동명의 시에 등장하는 꽃의 종류는 수선화 이외에도 '접중화', '오랑캐꽃', '라일락', '백합화', '무궁화', '해당화', '장미' 등 다채롭다. 이들 꽃의 소재는 그의 작품들을 서정적으로 특성화한 대표적인 요소가 될 것이다. 그러나 그에게 '꽃'은 단지 아름다움의 대상을 바라보는 관조적 태도를 나타내는 것이 아니라 시인의 올곧고 강인한 마음을 형상화하는 매개로서 기능한다. '꽃'이 김동명의 수필에 등장한 양상에 주목한 연구로 장정룡의 「초허수필의 '꽃' 이미지와 그 지향성 고찰」(『심연수 학술세미나 논문총서Ⅱ』, 심연수선양사업위원회, 2013)이 있으며, 김동명 시에서의 '바다', '강', '냇물', '호수' 등의 '물' 이미지에 주목한 연구로 송재영의 「물의 상상체계」(김병우 외, 앞의 책)가 있다.

3) 김동명에 관한 대표적 연구자라 할 수 있는 엄창섭은 초기 연구에서부터 일관되게 김동명을 전원시인으로 단정짓는 것의 문제점을 지적하면서 김동명이 민족의 불행에 누구보다도 괴로워하고 분노하였으며 조국을 위한 강한 신념을 이끌어갔던 지사형 시인임을 강조하였다. 이러한 연구에 엄창섭의 「원전비평」(김병우 외, 위의 책, p.275), 「초허의 시문학과 정체성의 고찰」(김동명학회편, 『김동명문학연구』Vol.1, 2014, pp.13-26), 「시대적 상황대처와 초허의 한글인식」(김동명학회편, 『김동명문학연구』Vol.2, 2015, pp.11-32)이 있고 이외에도 임영환의 앞의 글(p.179), 김윤정의 「김동명 시에 나타난 '주체의식' 연구」(김동명학회편, 『김동명문학연구』Vol.1, pp.179-210), 이미림의 「작가(시인)로서의 삶, 지식인(정치가)로서의 삶」(김동명학회편, 『김동명문학연구』Vol.2, pp.77-102) 등이 있다.

4) 김동명 시의 시기 구분을 전기와 후기로 한다고 할 때 전기에는 『나의 거문고』, 『파초』, 『하늘』이 해당되며 후기에는 『진주만』, 『3.8선』, 『목격자』가 속한다고 할 수 있다. 그런데 이들 시집은 그것이 다루고 있는 시대와 발간 연도가 순차적이지 않다는 점에 유의해야 한다. 가령 『하늘』은 해방 후인 1948년이 발간연도로 되어 있지만 실제 다루고 있는 내용은 30년대의 그것이며 시의 정서 및 경향 역시 『파초』와 다르지 않다. 뿐만 아니라 『3.8선』은 『진주만』보다 먼저 발간되지만 다루고 있는 내용은 엄연히 태평양 전쟁을 소재로 하고 있는 『진주만』이 앞서 있다. 후기의 시에 있어서 내용에 따라 선후관계를 따진다면 『진주만』이 먼저이고, 월남 상황을 다루고 있는 『3.8선』과 6.25 전쟁을 다루고 있는 『목격자』가 그 뒤를 잇게 된다.

그의 시세계는 후기의 현실주의 경향에 의해 더욱 특징화된다 할 수 있다. 이점은 김동명에게 있어서 시의 서정성 못지않게 현실주의적 성격도 중요한 것이자 이 둘 사이에는 단절과 연속이라는 양면성이 내재하고 있음을 말해준다.5) 결국 김동명 문학세계를 올바르게 파악하기 위해서는 이 두 경향을 입체적이고도 총체적으로 살펴보아야 할 것이다.

김동명의 시세계를 해방 이전과 이후로 구분하고 전자에 『나의 거문고』, 『파초』, 『하늘』을 위치시키는 것은 발간 연도에 의해서라기보다 그것이 다루고 있는 내용의 성격에 기인한다. 이는 전후기의 구분이 발간시기가 아닌 시집에 다루는 내용이라든가 쓰여진 시기에 의해 이루어진다는 것을 나타낸다. 가령 『하늘』은 해방 이후에 발간되지만 실제로 쓰여진 시기는 1930년대여서 시적 경향이 서정성이 강한 『파초』와 같다. 또한 『진주만』은 1954년에 발간되지만 실제 내용은 태평양전쟁을 배경으로 하고 있다. 이러한 정황들을 따진다면 해방을 기점으로 하는 김동명 문학의 시기 구분은 다소 편의적이다 할 수 있다. 엄밀히 말해서 그것은 해방이라는 시대를 기점으로 한다기보다 서정성과 현실참여성을 구분하는 경계라고 할 수 있다.

본 연구에서 살펴보고자 하는 시는 김동명의 시 가운데 『하늘』에 수록되어 있는 「1936년을 맞는 노래」, 「1937년 점묘」, 「총후삼경」 등과 같은 현실주의적 시와 『진주만』의 시편들이다. 이들 시편들은 김동명의 시작(詩作) 구분의 관점에서 보면 전기와 후기에 걸쳐져 있는 것들이다. 그러나 이들은 김동명의 시 가운데 해방 이전의 '전쟁'을 중심으로 하는 현실주의 시들이라는 점에서 공통점을 지닌다. 『하늘』의 시들은 중일전쟁 전후에 쓰여진 것들이고 『진주만』은 태평양전쟁 시기에 쓰여진 것들이다. 이점에서 이들을 가리켜 일제 말기6)에 쓰여진 김동명의 현실주의 경향의 시들이라 말할 수 있다.

서로 다른 시집에 속하는 시들이지만 이들은 '전쟁'을 소재로 취하고 있다는 점에서 동일

---

5) 김윤정의 「김동명 시에 나타난 '주체의식' 연구」(앞의 책)는 김동명의 전기 후기가 '주체'적 측면에서 어떻게 상관되며 연속성을 지니는지를 고찰하고 있는 논문이다.

6) 일제 강점기 가운데 암흑기라 불리는 일제 말기는 문단사적으로 말할 때 1941년 『문장』지 폐간을 기점으로 한다. 『문장』지가 폐간됨으로써 작가들은 우리말로 쓴 글을 발표할 지면을 상실하게 되었고, 곧이어 공식적인 매체에서의 조선어 사용 금지와 창씨개명 등의 동화정책이 시행되었기 때문이다. 그러나 일제침략사라는 정치적인 측면에서 볼 때 일제 말기는 중일전쟁 직후인 1938년이 된다. 김재용에 의하면 중일전쟁 중에서도 일제가 중국의 무한 삼진을 함락시켰던 1938년 10월 이후가 그 시점이다. 이를 기점으로 일제의 파시즘이 준비되었으며 이에 따라 조선의 친일 양상이 본격화되었던 것이다. 김재용, 『협력과 저항』, 소명출판, 2004, p.3.

한데, 이는 김동명의 서정성이 현실참여적 성격과 구분되면서도 사상적으로 그리 멀리 떨어져 있는 것이 아님을 말해준다.7) '전쟁'을 배경으로 하고 있는 이들 시편들에는 김동명의 현실 인식과 그에 대처하는 그의 태도가 나타나 있다. 본고에서 다루게 될 시적 내용인 '전쟁'들은 일제의 군국주의적 파시즘 체제 하에서 전개된 것들로서, 이들 전쟁을 계기로 하여 국내 작가들의 대응 양상이 극적 양상을 띠게 되었다는 것은 잘 알려진 사실이다.8) 김동명 역시 이들 '전쟁'을 계기로 그의 태도를 정해나간다는 점에서 여느 작가들과 다르지 않다. 그러나 창씨개명 거부와 절필로 드러나듯 김동명은 친일이 아닌 저항을 선택하게 된다.9)

본고가 주목하는 것은 김동명이 이 시기 친일이 아닌 저항을 선택하게 된 내적 요인이다. 이 시기 대부분의 작가들이 친일 문학을 했던 것과 달리 김동명이 그와 다른 길을 걸을 수 있었던 것은 무엇에 기인하는가? 단순히 '민족주의'는 친일과 저항을 가름할 수 있는 기준이 될 수 있는가? 김동명의 일제말기 현실주의 시들을 살펴봄으로써 이러한 질문들에 대해 답하고 그의 사상적 특성을 확인하는 것이 이 글의 목적이라 할 수 있다.

## 2. 일제말 전쟁에 대한 관점

김재용은 일제말기 친일 문학이 일반적으로 알려져 있는 것처럼 강요에 의해서 이루어진 것이 아니라 철저히 자발적으로 이루어진 것이라고 전제하면서 당시 작가들에게 내재되어 있었던 친일의 내적 논리를 밝히고자 하였다.10) 그는 당시 우리 지식인들의 일제 협력이 두

---

7) 본고에서 살펴보고자 하는 시편들은 발간연도에 의거할 때 창작 시점에 있어서 불명확한 면이 있지만 소재 및 정황상 해방 이전에 쓰여졌을 것으로 추정된다. 특히 『하늘』에 수록되어 있는 현실주의 시들은 시의 제목에서도 짐작할 수 있듯이 중일전쟁이라는 혼란스런 상황에 처하여 쓰여진 것으로 보인다. 이는 김동명이 가장 서정적인 시를 쓰고 있던 중에도 현실에 대한 관심을 놓지 않고 있었음을 말해준다. 이때의 현실이란 것도 민족의 운명을 가름하는 당시의 중요 정세와 관련된 것이다. 이는 김동명의 현실 의식이 얼마나 적극적이고 주체적인 것이었나를 짐작하게 한다.
8) 김재용은 중일전쟁과 태평양전쟁이 일어났던 시기를 일제 말기라 보면서 이들을 계기로 국내 작가들의 일제에 대한 협력과 저항이 본격적으로 판가름되었다고 말하고 있다. 본격적인 친일문학이 형성되었던 시기가 이때라는 것이다. 마찬가지로 친일을 거부하는 저항문학이 생겼던 시점도 이때가 된다. 그의 저서 『협력과 저항』은 일제 말기 작가들의 협력과 저항의 양상을 사상 및 논리의 측면에서 갈래지어 해명하고 있어 주목된다.
9) 이는 김동명의 아들 김병우 교수의 증언에 따른다(김병우, 「아버지 金東鳴에 관한 書翰」, 김병우 외, 앞의 책, p.211).
10) 김재용 외, 『친일문학의 내적 논리』(역락, 2003), 김재용, 『협력과 저항』(소명출판, 2004).

시기에 걸쳐 이루어졌다고 하는데, 그 하나가 중일전쟁 이후의 일이고 다른 하나가 태평양 전쟁에 즈음하여서라고 한다.11) 당시 우리의 지식인들은 중일전쟁에서 일제가 패하고 조선이 독립될 것이라고 기대하였으나 1938년 10월 중국의 무한삼진이 함락됨에 따라 독립에의 희망을 버리고 일제에 편승하게 되었다는 판단이다. 김재용은 여기에 해당하는 작가로 이광수, 주요한 등을 들고 있다.12) 또 한 차례 일제 협력이 일어났던 것은 1940년대 초반 일제가 대동아공영론을 앞세우면서 태평양전쟁을 일으켰던 시기이다. 흔히 암흑기로 알려져 있는 이때에 내선일체라든가 황국신민화 이데올로기가 확산되면서 일제에 의한 동화정책이 일어났음은 주지의 사실이다. 김재용에 의하면 이때의 친일 역시 자발적으로 이루어졌는데, 이때는 독일과 이탈리아, 일본을 중심으로 근대초극을 명분으로 하는 신체제론이 등장하였던 시기로서 국내의 많은 지식인들이 이러한 근대초극의 논리에 경도되었다는 것이다. 여기에 해당하는 작가는 주로 국제적 지식에 해박하였던 자들로 최재서가 그 대표적 인물이라 할 수 있다.13)

일제에의 협력이 김재용의 판단처럼 강요가 아니라 자발적으로 이루어진 것이라면 친일작가들에 대해 반민족주의자라고 규정하는 것만으로는 이들의 친일 요인에 대한 올바른 이해에 도달할 수 없다. 이광수는 자신의 협력이 조선 민중을 위한 것이었다고 말하고 있기 때문이다. 이광수는 창씨개명을 독려하였던 것이 조선 민족의 장래를 위한 것이었다고 말하고 있다.14) 친일과 관련한 이광수의 이와 같은 태도는 민족주의의 기준이 모호해지도록 한다. 우리에겐 반민족주의적 행태로 여겨지는 것이 그에겐 어떻게 민족을 위한 일이 될 수 있었던가. 친일을 민족적인 행위로 여길 수 있던 것은 도대체 어떤 논리였나?

당시 지식인들은 일제가 중국에 승리하는 것을 보면서 일본의 근대사회가 봉건사회를 무너뜨리고 역사의 주인이 될 것이라고 확신하게 되었다고 한다. 더욱이 중국도 패망한 시점에 조선의 독립은 요원한 것이었으므로 한국의 지식인들은 일제에 협력함으로써 이권을 챙

---

11) 김재용, 위의 책, 2004, pp.80-86.
12) 위의 책, p.204.
13) 위의 책, p.204.
14) 김재용, 위의 책, p.252. 서정주 역시 일제가 그토록 쉽게 패망하리라고는 상상할 수 없었다고 하면서, 일제에 협력한 것이 어떻게든 살아 견뎌야 했던 것이자 조선 민중의 죽음을 헛되이 하지 않기 위한 것이었다고 술회하고 있는 것이다. 서정주, 「창피한 이야기들」, 『서정주문학전집3』, 일지사, 1972, p.238.

기는 것이 민족을 위한 일이라고 판단하였다는 것이다. 이때의 지식인들의 협력은 일제가 무소불위의 힘을 지니고 있다는 판단을 전제로 하는 것이었다. 중국과 같은 거대한 나라와 싸워서도 지지 않는 일제의 세력을 보면서 일제가 멸하리라고 생각할 수 있는 사람은 거의 없었을 것이다. 즉 당시 지식인들에게 근대의 문명화된 기술로 무장한 일본이야말로 영원한 제국을 건설할 만큼 위대한 세력으로 여겨졌다. 누구도 일본의 패망을 예측할 수 없었던 것이다.

물론 조선의 독립을 전제하지 않은 채 일제의 확장에 기여했던 이들 친일 작가들은 잘못된 것이다. 그들은 어떤 상황에서도 제국주의의 악마적 속성과 선을 긋고 조국의 독립을 도모해야 했다. 일제가 전제된 상태에서 조선의 번영과 독립은 허구라는 사실도 명확히 했어야 했다. 그러나 실제로 그들의 판단대로 일제가 패망하지 않았다면 그런 일제하에서 조선 민중이 살 수 있는 길을 모색하는 것은 그리 단순한 일이 아니었다. 무소불위의 일제의 힘 앞에서 무기력하고 차별받는 우리 민족이 살 수 있는 길은 그 힘에 동조하는 일이 옳았을지 모른다. 친일 작가들의 판단대로 아무것도 가진 것 없는 조선인으로서는 일본이 내세웠던 동화정책에 따르고 그들의 전쟁에 협력함으로써 그나마 차별 완화, 처우 개선이라는 혜택을 끌어낼 수 있었을 것이라는 점이다.15)

대동아공영론을 내세우면서 제기된 신체제론 역시 당시 지식인들에겐 매력적인 논리였다. 주로 박태원과 최재서와 같이 서구 문화에 경도되었던 이들에게 수용되었던 신체제론은, 모순에 찬 근대 자본주의가 새로운 구상에 의해 비로소 초극될 수 있을 것이라는 신념을 내용으로 하였기 때문이다. 이러한 논리가 당시 독일과 일본의 파시즘을 일으켰고 그것이 2차 세계대전을 일으킨 것 또한 주지의 사실이다. 독일의 히틀러와 이탈리아의 무솔리니 그리고 일본의 군국주의는 모두 신체제라는 이름으로 프랑스 혁명으로부터 시작됐던 근대 자유주의적 자본주의의 초극을 표방하면서 등장하였던 것이다. 일제의 대동아공영론이 제시되었던

---

15) 그러나 작가들의 이러한 판단과 계산은 매우 순진한 것이 아닐 수 없다. 일제는 내선일체론을 내세우면서 내선간의 결혼을 독려하는 등의 동화정책을 펼치지만 그것은 조선인이나 일본인 모두에게 가당치 않은 일로 여겨질 만큼 억지스러운 것이었다. 실제로 일본인들 가운데에는 조선인이 진정으로 일본에 동화될 것이라고 믿는 사람은 거의 없었다. 또한 경제적으로도 전쟁준비에 허덕이고 있던 일본으로서는 조선인에게 처우를 개선할 만큼의 물적 기반을 가지고 있지 못하였다. 결국 동화정책은 조선인들을 전쟁에 끌어들이기 위한 이데올로기적 수단이었을 뿐 그것의 실현 가능성은 전혀 없었다고 할 수 있는 것이다. 내선간 결혼의 실상과 문제점에 대해서는 이상경, 「일제말기 소설에 나타난 '내선결혼'의 층위」, 김재용 외, 『친일문학의 내적 논리』, 역락, 2003, pp.124-137 참조.

것도 이러한 맥락에서인바, 일제는 동양이 하나가 되어 서양 제국주의를 물리치는 것이야말로 근대의 초극에 해당한다고 선전하였다. 이러한 논리가 설득력있었던 것은 당시 친일을 했건 하지 않았건 조선 사회 내부에서 동양론이 유행하였던 사실을 비추어 짐작할 수 있다. 그러나 근대 초극의 방법이 일제를 중심으로 한 대동아공영권 형성에 다름 아니라는 관점은 쉽게 비판될 수 있는 것이었다. 그것은 또 다른 제국주의가 기존의 제국주의를 대체하는 것에 불과한 것이었기 때문이다. 더욱이 대동아공영권을 이루는 방법이 타 국가에 대한 무력 침공에 의한 것이었던 점은 결코 긍정될 수 없는 것이었다.

이러한 정황들은 일제의 협력에 일정한 논리가 있을 수 있었다 할지라도 한계와 모순이 명백하였던 사실을 보여준다. 일제의 협력 논리는 조선 민족의 입장에서 이익을 이끌어낼 수 있는 부분이 있는 것처럼 보였지만 실질적인 측면에서 허구에 찬 이데올로기에 불과하였다. 상황이 그러함에도 일제의 정책에 동조하였던 것은 지식인들이 처했던 계급적 조건과 인식의 오류에 기인한다. 지식인들은 민중과 달리 일제에 의한 동화적 포즈의 대상이 될 수 있었고 민중의 의식을 호도할 수 있는 위치에 있었기 때문에 일제에 의해 적극적으로 회유될 수 있었다.16) 지식인들의 특성인 의식의 관념성 또한 일제의 이데올로기와 쉽게 융화될 여지가 있었다. 민족의 이익을 위해서라는 이해관계의 측면에서 접근하였던 이광수, 서정주 등의 의식이라든가 근대초극을 꿈꾸었던 최재서, 박태원 등의 논리는 객관적 현실에 대한 냉정한 인식이었다기보다 자신들의 허황된 주관적 신념에 해당되는 것들이었다.

당시 지식인들의 이러한 잘못된 판단이 친일 협력을 낳았다고 한다면 저항이 발생하는 지점은 어디일까? 당시 문학인들의 저항의 방식으로 크게 적극적 방식과 소극적 방식이 있고, 전자에는 이육사, 윤동주가, 후자에는 김기림, 김영랑, 신석정, 이병기, 박목월, 조지훈, 박두진 등이 있음은 주지의 사실이다. 이러한 분류에 의하면 김동명의 입지에 주목하게 한다. 김동명 역시 이 시기 절필을 단행하였던 시인에 해당하기 때문이다. 절필이라는 상황은 이

---

16) 일제의 현실 정책에 불만을 품고 끝까지 민족주의적 관점에서 저항을 할 수 있었던 계층은 중소상공업자라든가 하급관료 등의 소부르조아층이라기보다 노동자, 청년, 학생들이었다. 소부르조아층은 자신의 경제적 처지에 빠져 기회주의적 속성을 드러내기 쉬웠으며, 실제로 일제는 1944-45년의 전쟁상황에서도 조선인 관리 등 소부르조아 중간층들에게 처우 개선 등의 유화책을 실시하였다. 일제로서는 이들을 동화시켜 견인시키지 못하면 식민지 유지 자체가 불가능하다는 판단을 하였을 것이다. 반면 노동자, 청년, 학생 등은 일제의 유화책으로부터 소외된 계층이었으므로 현실을 보다 객관적으로 파악할 수 있었으며 이러한 현실을 타개할 수 있는 실질적인 사상을 절실하게 필요로 하였다. 변은진, 「일제 '사상전체제' 하 조선 민중의 불만과 저항의식」, 한일관계사연구논집 편찬위원회편, 『일제 강점기 한국인의 삶과 민족운동』, 경인문화사, 2005, pp.329-334.

들이 창씨개명 역시 거부하였음을 암시한다. 당시 작가들이 협력 대신 저항을 선택하는 길은 결코 쉬운 일은 아니었다. 그것은 세계관의 철저함이 요구되었을 뿐만 아니라 기본적 생활이 해결되어야 한다는 문제도 있었기 때문이다. 문필이 유일한 생계유지의 수단이 되었을 경우 세계관이 아무리 올바르다 하였을지라도 일제에 협력하는 길 외에 선택할 수 있는 길은 찾기 힘들었다. 또한 세계관적인 측면에서 보았을 때에도 앞서 살펴보았듯 단순히 민족주의만으로 저항의 논리를 말할 수는 없다. 이광수나 서정주의 경우를 보더라도 민족을 위한다는 논리로써 얼마든지 협력을 택할 수 있었기 때문이다.

그렇다면 김동명의 경우 생활적 문제를 차치하고 그가 협력 대신 저항을 선택하였던 세계관상의 특성은 무엇이었을까? 늘 조국 상실을 아파하고 분노하였으며 민족의 앞날을 염려하였던 그에게 있어서 협력을 유도하였던 당시의 다양한 논리를 외면할 수 있게 한 요인은 무엇이었을까? 김동명의 일제말기 전쟁을 소재로 하였던 현실주의 시들을 살펴보는 이유도 여기에 있다. 중일전쟁과 태평양 전쟁을 바라보면서 썼던 김동명의 시를 통해 김동명이 흔들림 없이 저항의 길을 걸을 수 있었던 요인을 확인할 수 있을 것이다.

## 3. 중일전쟁 시기의 현실 이해

앞서도 언급하였듯이 중일전쟁은 조선 독립의 가능성을 타진하는 기준이자 조선 독립을 위한 마지막 기회였다고 할 수 있다. 중일전쟁에서의 중국의 패배로 조선 작가들이 본격적으로 일제 협력에로 방향을 정하였던 사실을 볼 때 중일 전쟁에 대한 태도를 살펴보는 것은 그의 친일 여부를 가늠하는 방편이 될 것이다. 김동명은 중일전쟁을 전후로 하여 중국에서의 불안한 정세를 다루는 시들을 몇 편 남기고 있다. 주지하듯 일본은 만주사변을 시점으로 하여 중국을 지속적으로 침략해왔었고 1937년 노구교 사건을 터뜨림으로써 중일전쟁을 유도하였다. 당시 중국에서는 공산당의 모택동과 국민당의 장개석을 중심으로 항일 운동이 전개되어 있었고 팔로군을 비롯한 조선의 독립군들이 이들 운동에 참여하고 있었다. 이들의 항일 운동에 대한 소식이 조선으로 흘러들어왔었기 때문에 조선인들은 더욱 독립에의 희망을 버리지 않을 수 있었다. 그러나 노구교 사건이 일어난 후 장개석이 군사적 요충지로 삼아왔던 무한삼진이 함락하게 되자 많은 조선인들이 좌절을 겪게 된다. 흥미롭게도 김동명은 이러한 시점에 중국 일본 간의 전쟁에 관한 시를 썼다. 시기적으로 서정시를 쓰던 시점에 이러한 시를 썼던 사실은 김동명이 현실 정세에 얼마나 민감했던 자인가를 짐작하게 해주는 대목이다.

    Ⅰ 盧溝橋!
   盧溝橋!
   東方의 鬱憤을 진인
   조그마한 '다이나마이트'!
   잘 터졌다.
   光榮이 있거라.
   歷史는 네게 절하리.

    Ⅱ 十九路軍
   獅子는 잠이 든채 약간
   꼬리를 들어 보였다.
   모도들 얼골이 파랗게 질린다.
   허나 놈은 다시 더 깊은 잠 속에 떠러진듯,
   아모 기척이 없다.

   "깨기전에 이 놈을 재작해야 한다……"
   옳은 소견일른지도 모른다.
   허나 위험한 소견일른지도 모른다.

    Ⅴ 遷都
   蔣 장군 閣下!
   당신네는! 실레의 말일지는 모르나--
   당신네 군대 보다도 오히려 더 비겁하구려.
   허나 無意志도 이 경지에 이르고 보면,

하나의 戰略이 되는 수가 있을지도 모르렸다.

「一九三七年 點描」 부분

7개의 소제목으로 이루어진 위의 시는 「1937년 점묘」라는 제목에서도 짐작할 수 있듯이 1937년에 일어났던 일제의 중국침략을 배경으로 하고 있다. 위 시는 일본에 의해 조작된 '노구교' 사건이 빌미가 되어 중일전쟁이 발발했고 그 후 장개석 부대를 중심으로 전세가 출렁이던 상황을 묘사하고 있다. 시의 화자는 '노구교'를 '다이나마이트'라고 표현함으로써 그곳이 아시아의 화약고임을 암시하고 있으며, '잘 터졌다. 영광이 있거라. 역사는 네게 절하리'라고 한 데서 알 수 있듯 중국과의 전쟁을 기화로 조선의 운명이 달라지기를 바라는 마음을 나타내고 있다. 조선의 정세 변화를 위해 중국에 기대를 걸고 있는 화자는 중국을 '사자'라고도 표현하고 있다. '사자'의 기침으로 '모도들 얼굴이 파랗게 질리'는 상황은 일본에게 중국이 대적하기에 결코 쉽지 않은 상대임을 나타내는 것이다.

그러나 화자의 간곡한 바람에도 불구하고 전개되었던 사태는 그다지 낙관적이지 않았다. 장개석 군대는 일본과의 여러 전투에서 패배하고 수도를 중경으로 옮기게 되었고 급기야 군사적 요충지였던 무한삼진을 함락당하였던 것이다. 위 시의 Ⅴ연은 일본에게 밀려 '천도'하게 된 상황을 가리키고 있거니와 시에서 화자는 '당신네는 당신네 군대 보다도 오히려 더 비겁하다'고 말함으로써 장개석에 대한 실망을 감추지 않고 있다. 김동명은 장개석 군대의 패배가 무엇을 의미하는지 잘 알고 있었던 것이다. 그러나 그는 장개석 군대가 계속하여 밀리는 상황에서도 희망의 끈을 놓지 않으려 하고 있다. 그것은 Ⅴ연의 마지막 부분인 '허나 무의지도 이 경지에 이르고 보면, 하나의 전략이 되는 수가 있을지도 모르렸다'에서의 완곡한 표현에서 잘 나타나 있다. 위 시는 중일전쟁이 시작된 시점부터 전황을 예의 주시하면서 조선의 운명을 마음 졸이며 가늠하였던 당시 김동명의 심정을 사실적으로 그리고 있다.

그러나 김동명의 이러한 사정과는 달리 국내 조선인들의 태도는 무척 실망스러운 것이었다. 지식인들 가운데 이미 일제 협력으로 태도의 방향을 정한 이들이 생겨났던 것처럼 민중들 역시 약삭빠르게 일제에 편승하는 모습을 보였기 때문이다. 김동명의 「世代의 歎息」은 이러한 세태에 대한 개탄의 목소리를 드높이고 있는 시이다.

祭壇 같이 위해 오던 '良心'을
헌 신짝 같이 아모 주저 없이 내던질수 있다는 것은
차라리 世代의 자랑일른지도 모른다.
行動의 自由를 위하여 상당히 거치장스러운 물건이므로……
허나 다못 푸른 하늘이 부끄러운게 슬프구나.

살 같이 아껴 오던 '節操'를
휴지 쪽 같이 아모 미련 없이 찢어버릴수 있다는 것은
異端者의 面目이 躍如하여 좋구나.
허나 娼女 앞에서도 다시는 高慢과 憐憫을 享樂할수 없다는 것은
또한 우리들의 紳士 淑女를 위하야 얼마나 서거푼 일이료.

(중략)

世代의 曠野에 수 없이 넘어진
腐爛한 영혼의 死屍!
오뉴월에 썩는 고등어 냄새보다도 더 역하구나.

「世代의 歎息」 부분

　위의 시를 통해 일본이 승기를 잡으면서 이에 편승하여 기생하려드는 부류들이 늘어나는 것을 보면서 김동명이 느낀 심정을 선명하게 확인할 수 있다. 김동명이 지적하고 있는 대로 그들은 눈앞의 이익을 위해 '양심'과 '절조'와 '영혼'을 모두 내던지는 기회주의자들에 해당한다. 이들을 향해 김동명이 보여주는 태도는 조롱과 풍자, 그리고 분노와 탄식이다. 위 시의 화자는 그들에게 '양심'은 '행동의 자유를 위하연 상당히 거치장스러운 물건'이라고 조롱하고 있다. '양심'을 '헌 신짝'처럼 버리는 그들은 김동명에게 매우 수치스러운 이들로 여겨진다. 김동명의 강직한 면모가 드러나는 대목이 아닐 수 없다.
　두 번째 연 또한 '절조'를 버린 이들에 대한 비난으로 이루어져 있다. 화자는 그들을 날뛰는 속물들, 즉 '躍如하는 異端者'라 칭하고 있다. 1연에서의 '세대의 자랑'이라거나 2연에

서의 '약여하여 좋구나' 등은 김동명의 아이러니적 어조를 잘 보여주고 있거니와 김동명의 냉철한 비판 의식은 친일 협력자들의 기회주의적 행태들에 대해 매우 이지적으로 일관하고 있다. 김동명의 차가운 반어의 어조는 사태에 대한 분노의 심정을 고조시키고 있다.

김동명의 세태에 대한 탄식은 마지막 연에서 '부란한 영혼의 사시'라는 섬뜩한 표현을 얻고 있다. '부패하고 썩어 문드러진 영혼의 시체'라는 뜻의 이러한 표현은 당시의 세태에 대해 김동명이 얼마나 분개하고 실망하였는지를 잘 보여준다. 좀처럼 냉정을 잃지 않았던 김동명이었지만 정세가 어려워졌다고 조국의 독립을 저버리는 협력자들의 행태는 용서될 수 없는 것이었다. 그는 이들의 행위를 가리켜 '오뉴월에 썩는 고등어 냄새보다도 더 역하구나'라며 일갈한다.

정세가 낙관할 수 없는 처지에 놓여 있다 할 때 식민지 민중들의 선택은 힘 있는 자의 편에 붙거나 여전히 지조를 지키는 길이 있다. 많은 이들이 전자의 길을 걷게 될 것이나 역사에서 승리자는 후자에 속하는 이들이었다. 조국의 독립이 이루어지지 않은 상황에서 '양심'과 '절조'와 '영혼'을 저버리지 않는 이들에게 유일한 선택지는 여전히 조국의 독립을 꿈꾸는 일일 것이며 조국의 독립을 가로막는 세력과 투쟁하는 길뿐이다. 김동명이 선택한 길은 바로 이에 속한다. 이는 김동명이 얼마나 강직하게 조선의 독립을 위한 한 길만을 바라보았는가를 알 수 있게 한다. 또한 이것은 김동명이 당시 일제에의 협력을 선택했던 자들과 매우 먼 거리에 놓여 있었음을 말해준다.

## 4. 태평양 전쟁 시기의 정세 인식

김동명의 아들 김병우의 증언에 의하면 일제가 진주만을 공격하면서 태평양 전쟁을 일으켰을 때 김동명이 쾌재를 불렀다고 한다. 진주만 공격이 미국의 개입을 유도할 것이고 그리되면 전세가 반전되어 일제의 패망을 예견할 수 있었기 때문이다. 실제로 1941년 12월 기습적으로 진주만을 공격한 이후 일제는 초반의 상승세를 제외하고 소련과 미국, 영국, 중국, 호주 등의 연합군에 의해 패배를 거듭해나갔고 급기야 원자폭탄을 투하당하게 된다. 일본 천황의 무조건 항복 선언과 함께 조선의 해방이 이루어졌던 것도 이 때문이다.

김병우의 증언대로라면 세계 정세의 흐름을 판단하는 김동명의 판단력은 매우 뛰어난 것이었음을 알 수 있다. 1940년 10월 신체제론이 제시된 이후 이미 국내의 많은 지식인들이 일제의 전쟁논리에 현혹되어 협력에 열을 올리고 있던 시점에 김동명은 절필하고 와신상담하면서 냉정하게 때를 기다리고 있었던 것이다. 그리고 김동명의 판단은 적중했다. 친일 작가들에겐 일제가 마치 영원한 제국이라도 되는 것처럼 여겨졌으나 김동명은 이와 달리 일제의 최후를 짐작하였고 이에 따라 독립된 조선의 국가에 대해 준비할 수 있었다.17) 일제가 진주만을 침략했을 때 진주만을 미화하고 일제를 조롱하는 시를 쓸 수 있었던 것도 이 때문이다.

아득히 紺藍 물결 위에 뜬
한 포기 睡蓮花.

아름다운 꽃잎 속속드리
東方 歷史의 새 아츰이 깃 드려……

그대의 발길에 휘감기는 것을 물결이냐, 또한 그리움이냐,
꿈은 征邪의 旗幅에 쌓여 眞珠인양 빛난다.

(중략)

드디어 運命의 날은,
一九四一年도 다 저므러 十二月 八日.

아하, 이 어찐 爆音이뇨, 요란한 爆音 소리!

---

17) 김병우는 당시의 상황을 다음과 같이 회고하고 있다. "1941년 12월 8일 그 분은 이 땅의 만물이 다시 소생할 것이라는 吉報에 접하게 됩니다. 태평양 전쟁이 터진 것입니다. 선친은 진주만 기습 소식을 듣자 이때부터 일본이 패망하는 때를 기다리는 나날을 보내게 됩니다. 오늘 이것은 하등 이상한 일이 아닐른지도 모르겠습니다. 그러나 韓人을 포함한 一億 일본 국민이 자욱한 神話의 안개 속에서 '神州(일본 땅의 別稱)'의 불가침을 믿으며 연일 破竹之勢의 決勝을 알리는 보도 속에서 '必勝의 신념'을 다지고 있던 당시 과연 일본의 失敗를 豫見한 사람이 몇 사람이나 있었겠습니까." 김병우, 앞의 글, p.212.

듣느냐, 저 壯快한 世紀의 '멜로디'를!

저 푸른 물결 위엔 어느새 燦爛한 불길이 오른다.
비빈 눈으로 바라 보기에도 얼마나 恍惚한 光景이냐!

「眞珠灣」 부분

위 시에서 '진주만'을 문자 그대로 '眞珠'라 칭하면서 아름답게 묘사하고 있는 부분이나 진주만에 가해진 '폭격'을 '황홀'하고 '찬란'한 장면으로 그리는 것은 모두 김동명이 이 전쟁을 극도로 환영하고 있었음을 말해준다. 정세를 객관적으로 읽어내고 있었던 김동명에겐 이 전쟁이 의미하는 바가 너무도 명확했다. 만주사변과 중일전쟁을 거치면서 파죽지세의 위력을 보여줬던 일제가 과연 패망할 것이라고는 아무도 예측할 수 없던 이때 김동명의 시각엔 진주만에 들리는 '폭음'은 '장쾌한 멜로디'가 될 수 있었다. 그만큼 김동명은 미국 개입의 결과 전쟁이 승리로 귀결될 것임을 확신했음을 알 수 있다. 진주만 공습의 날이 '운명의 날'이라 표현될 수 있던 것 역시 조선의 해방을 염두에 두었기 때문이다. 물론 시집 『진주만』의 발간이 1954년에 이루어졌으므로 이 시가 사후적으로 쓰였을 것이라는 추측도 가능하다. 그러나 그의 정세 인식과 당시 느꼈을 심정은 위 시와 다르지 않았을 것이다. 김병우의 증언은 미국 개입에 김동명이 얼마나 흥분하였는가를 말해주고 있는 것이다.18)

그러나 사실 처음 진주만이 공격당했을 때 연합군의 상황은 그리 좋지 않았다. 전쟁은 아시아에서만 일어났던 것이 아니었기 때문이다. 영국과 소련은 유럽에서 독일의 나치 및 이탈리아와 겨루어야 했었고 미국은 전쟁 준비가 완전하지 않은 상태였다. 파시스트 독일과 이탈리아가 일으켰던 제국주의의 전쟁은 이미 유럽을 전쟁의 도가니로 몰아넣었고 영국과 소련, 프랑스, 네덜란드 등 유럽 연합군은 국력에 큰 피해를 입고 있었다. 따라서 중일전쟁을 통해 전투력을 단련한 일제가 미국을 처음 공습하였을 때 미국을 포함한 연합군은 고전할 수밖에 없었다. 그러던 상황이 역전되는 계기가 되었던 것이 미드웨이 해전이다. 미드웨

---

18) 시집의 후기에서 김동명은 『진주만』의 시편들이 1945년 8월 15일 이후부터 1947년 봄 월남하기까지의 사이에 쓰여진 것이라 밝히고 있다. 실제로 시들이 쓰였던 시기가 김동명의 진술대로라 할지라도 시편들에는 해방 이전 당시의 김동명의 현실 인식들이 고스란히 형상화되고 있음을 알 수 있다. 더욱이 김병우는 『진주만』의 시작노트가 전쟁 당시 작성되었다고 말하고 있다.

이 해전은 1942년 6월 미국의 최전방지 미드웨이 섬에서 벌어진 전투로 미국에 의해 일본 해군이 궤멸되는 양상을 보였다. 이를 기점으로 일본의 전투력은 급격히 떨어지고 미국이 태평양전쟁에서의 승기를 잡게 되었다. 이처럼 전설적인 미드웨이 해전을 김동명은 어김없이 시로써 포착하고 있다.

>  1.
> 단 숨에 '미뜨웨이'를 삼키고,
> 餘勢를 휘몰아 '하와이'를 무찌르자.
>
> 空想은 또 '스켙'처럼 미끄러저
> 다음 날 아츰 '쌘프란시스코' 上陸에 흥분한다.
>
> 이리하야 우리 '동 키호테'氏의 꿈은
> '正宗' 기운 때문에 더욱 爛漫하다.
> (중략)
> 2.
> (중략)
> 이리하여 우리 '동 키호테'氏의 壯志는 드디어 '마스트'와 함께 꺾어지고
>
> 艨艟 五十餘의 精銳는 부러진 허리를 고요히,
> 千尋 海藻 위에 누이도다!
>
> 「미뜨웨이」 부분

위의 시는 크게 1과 2로 구성되어 있으며 1은 미드웨이를 침공하러 출정하는 일본 군대에 2는 이에 응대하며 일본군을 무찌르는 미군 군대에 초점이 맞춰져 있다. 태평양 전쟁의 역사 속에서 가장 극적이고 일제에게 가장 치명적이었던 미드웨이 해전은 지금까지도 회자되는 전투이다. 미국의 최전방을 점령함으로써 미국 본토를 견제하고자 하였던 일제는 미군에 역습을 당하면서 4척의 항공모함을 잃고 참패하게 된다. 미드웨이 해전을 계기로 전세는

일본으로부터 미국으로 기울어져 갔다.

위 시의 화자는 일제가 일으킨 무모한 공격을 조롱하며 그들을 '동 키호테'라 부르고 있다. '동 키호테'는 여러 현실적 조건들을 무시하면서 무리하게 행동을 하는 인물을 가리키거니와 미드웨이 해전에선 사령관이었던 야마모토 이소로쿠를 지칭하는 것이라 여겨진다.

김동명은 위의 시 외에도 「과딸카날島」를 쓰게 되는데 이 시 역시 미드웨이 해전과 더불어 연합군에게 중요한 전투였던 과달카날 전투를 내용으로 하고 있다. 이 전투에서 역시 일본군은 연합군에게 대패하고 퇴각하게 된다. 이 시에서 김동명은 '과달카날섬'을 가리켜 "풀잎을 씹으며 코 피를 마시며 싸호다가 싸호다가/ 남방 永劫의 흙이 된 '神兵' 怨恨의 敗戰地"라 함으로써 일본군의 패배를 초점화하고 있다.

시집 『진주만』에 수록되어 있는 시들 가운데 이처럼 구체적인 전투를 시적 내용으로 취하였던 점은 김동명이 전세에 얼마나 민감하게 귀 기울였는지 말해준다. 전투의 내용을 사실적으로 전하면서 그는 정세의 흐름을 예의 주시하였고 이를 통해 조선의 앞날을 예측하고자 하였던 것이다. 객관적 정세에 대한 이러한 김동명의 관찰은 그가 얼마나 강한 현실주의자였는지 짐작하게 한다. 현실을 바라보는 이와 같은 객관적인 태도가 있었기에 김동명은 일본의 패망과 조선의 독립을 예견할 수 있을 정도의 통찰력을 지닐 수 있었던 것이다.

태평양 전쟁과 관련하여 이후 김동명은 패전국 일제를 풍자하는 「東京」, 「輓歌」 등의 시를 쓴다. 김동명에게 일제는 독일, 이탈리아와 더불어 역사의 '地下室'(「東京」)에 해당되는 것이었다. 그는 시 「東京」에서 '노구교 陳頭의 一發'이 '일제의 운명'을 가름하는 '서곡'이 되었다고 말하고 있다. 「輓歌」에서 역시 일제를 가리켜 '세기의 악령'이라 칭하면서 그들이 '모든 것을 잃고 잿더미위에 너머저 목이 메여 하는' 상황을 그리고 있다.

## 5. '새 나라'에 대한 구상

중일전쟁에서부터 태평양전쟁에 이르기까지의 전쟁 상황과 세계정세를 시의 내용으로 다루던 김동명의 태도는 매우 현실주의적인 것이다. 김동명은 이러한 현실주의적 시에서 사태를 객관적이고 냉철하게 인식하는 모습을 보여준다. 현실주의적 시에서 나타난 것과 같이 당시 그에게 무엇보다 중요한 것은 파시즘의 출현과 그에 대응하는 연합국들이 벌이는 세계

정세의 흐름이었고 이에 귀기울이는 것은 조국의 운명을 진단하는 일에 속하는 것이었다. 현실 사태에 대한 객관적인 이해야말로 민족의 앞날을 헤쳐나가는 데 있어서 가장 선행되어야 하는 일이었다. 그리고 현실에 대한 이와 같은 냉철하고 이지적인 태도에 있어서 당시 김동명을 넘어서는 자는 그리 많지 않았다. 이 시기 대다수 지식인들이 일제 협력에의 길을 걸었던 것을 볼 때 이 부분과 관련한 김동명에 대한 평가는 충분히 이루어져야 한다.

태평양 전쟁을 지켜보면서 김병우의 증언대로 김동명은 조국의 미래에 대해 준비를 하였던 듯하다.19) 그것은 해방된 조국이 어떤 모습으로 건설되어야 하는가를 가늠하는 일에 해당되었다. 과거 조선의 봉건사회도 식민지도 아닌, 또한 파시즘과 제국주의와도 결별한 조선의 국체는 어떤 모습이 되어야 하는가. 같은 시집에서 김동명은 '새 나라'를 위한 '구도'를 계획하고 있었음을 알 수 있다.

> 連綿 四千年의 歷史를 꿰뚫어 흐르는
> '民族魂' 위에 터를 닦으라.
>
> 불 같이 뜨겁고 샘 같이 淨한 '同胞愛'의 갸륵한 마음씨로
> 주추 돌을 놓으라.
>
> '獨立 自主'의 굵고 둥굴고 미끈한 大理石 기둥을
> 華麗하게 다듬어 세우라.
>
> 世界史의 지향이요 新生活의 原理인 '民主主義'의 花岡石으로
> 빈 틈 없이 壁을 쌓으라.
>
> 지구가 구으는 동안 썩을 리 없는 '人類愛'의 大들보를

---

19) 김병우는 "전쟁이 터지면서 선친은 시집 『眞珠灣』의 詩作 노트를 작성하는 한편 문필생활의 공백기를 이용해 장차의 신천지의 생활을 위한 준비를 하게 됩니다"(김병우의 앞의 글, p.212). 김병우의 증언에 기대면 이후 김동명은 함흥지역에서 조만식의 조선민주당 소속 함남도당위원장 직을 맡아 김일성과 소련 중심의 좌익에 대하여 우익 결집을 위한 활동을 하게 된다는 것을 알 수 있다. 곧이어 좌익에 의한 조선민주당의 탄압이 있었음은 주지의 사실이었고 이것이 김동명이 단신으로 월남하게 된 계기가 되었다.

조심히 들어 올리라.

三千萬의 마음이 한테 뭉쳐, 비 바람 막어 내는
푸른 기와짱이 되라.

그리고 四面으로 돌아 가며 窓을 내되,
蒸溜水 같이 맑은 '理性'의 거울을 끼어 두라.

「새 나라의 構圖」 부분

위 시가 쓰여진 것은 김동명의 진술대로라면 해방 이후부터 1947년 봄까지의 기간에 해당될 것이다. 혹은 이 시집의 발간 연도가 1954년이므로 1947년 이후에 쓰여졌을 수도 있다. 연합군이 승리하여 소련과 미국이 한반도에 진주하였고 그들에 의해 분할 통치가 이루어지던 시점이다. 해방의 기쁨도 잠시 우리 민족은 좌익 이념의 분쟁 속에서 혼란을 거듭하고 있었다. 세계 파시즘을 몰락시킨 중심 주체가 좌우익의 대변자인 미국과 소련이었으므로 그들에 의해 설정된 3.8선의 분단선이 한국에 이념상의 갈등을 가져오리라는 것은 명약관화한 일이었다. 그것이 우리 민족의 현대사의 시작이자 6.25전쟁과 분단고착화의 근원이 되었음은 주지의 사실이다.

흔히 해방공간이라 불리는 이 시기 한국의 지식인들은 어떤 나라를 건설할 것인가를 둘러싸고 좌우익간 많은 논의와 갈등을 이어갔다. 대부분의 지식인들은 각기 지닌 이념을 중심으로 하되 좌우익 분열 상황을 극복한 통합된 민족국가를 건설하기를 꿈꾸었다. 애초에 하나였던 민족이었으므로 그것이 이념에 의해 두 개의 국가가 될 것이라는 점은 그다지 현실성 있게 다가오지 않았을 것이다. 지식인들이 적극적으로 자신의 이념을 주장할 수 있었던 것도 그 때문이었을 터이다. 그러나 분단은 확고한 현실이 되었는데 그 근원이 이미 해방 그 자체에 있었다는 것이야말로 냉혹한 현실이 아닐 수 없다. 독립이 자주적으로 이루어지지 못하였다는 점이 곧 민족 분단의 직접적 요인이었던 것이다.

김동명이 위의 시에서 '새 나라'의 근간으로 내세웠던 '민족혼', '동포애', '독립 자주', '민주주의', '인류애', '이성' 등은 이와 같은 현실 인식을 반영하고 있다. 민족이 하나 되어 자주적이고 독립된 나라를 형성하자고 하는 위 시의 전언은 우리나라의 국체와 관련하여 제시된 김동명의 이상이자 당시의 혼란과 분열 속에서 공중분해될 것 같은 요소들을 내용으로 하고 있다. 반드시 있어야 하지만 혼돈 속에서 사라질 위험에 찬 그러한 요소들을 호명하면서 김동명은 '새로운 국가의 구도'를 꾀하고 있다. 그가 제시하고 있는 바 새로운 국가는 이념에 의해 분단된 국가가 아닌, 동포애로 이루어진 민족혼의 그것이고 외세의 외압이 사라진 자주 독립의 국가이다. 그리고 냉철한 이성을 바탕으로 국가적 민주주의와 세계적 인류애를 실현하는 나라이다. 한 마디로 그것은 민족주의적 단일국가이자 민족통일이 전제된 민주주의이고, 세계와 나란히 하는 독립국가를 의미한다. 위 시를 통해 김동명은 나라만들기의 가장 근원적 지점에서 가장 온전한 국체를 제시하고 있음을 알 수 있다. 민족을 중심으로 한 단일하고 독립된 나라의 건설, 그리고 그것을 단위로 하는 인류애의 공유야말로 당시 김동명에겐 세계를 전쟁으로 휘몰아갔던 파시즘을 진정으로 극복하는 길에 해당되었다.

## 6. 결론

지금까지 김동명의 일제말기 전쟁을 소재로 한 현실주의 시를 중심으로 살펴봄으로써 그의 일제에의 저항의 요인 및 논리를 확인해 보았다. 일제 말 많은 시인들이 파시즘화한 거대 일제에 협력하는 길을 선택하였던 반면 김동명은 절연히 이를 거부하고 저항이라는 올곧은 길을 걷게 되는데, 이것의 요인이 전쟁을 바라보는 김동명의 시각에 있다고 보았기 때문이다. 실제로 김동명은 본격적인 친일 작가가 생겨나기 시작했던 중일전쟁의 시기에 이를 기회주의적으로 수용하는 대신 강인한 지조를 잃지 않았다. 그는 중국을 이기고 거대 제국이 되어가는 일본이 마치 자국이라도 되는 것처럼 여겨 이에 편승하는 기회주의자들을 보면서 역겨운 심정을 감추지 않고 있다. 그가 보여주었던 확고한 민족주의와 지사다운 지조야말로 중국의 패배에도 흔들리지 않고 일제에의 협력을 거부할 수 있었던 요인이다.

김동명이 끝까지 저항의 길을 갈 수 있었던 또 다른 요인은 태평양 전쟁 당시에 보여주었던 그의 냉철한 현실 인식 태도이다. 김동명이 당시 많은 지식인들이 그랬던 것처럼 서양에 맞서는 동양 중심의 세계 건설을 내세웠던 신체제론에 현혹되지 않고 끝까지 지조를 지킬 수 있었던 것은 그의 굳건한 지사적 민족주의도 그 요인이었지만 무엇보다 국제 정세의 흐름을 읽어내는 매서운 통찰력에 기인한다. 일제의 진주만 공습과 미국의 참전으로 일제의 몰락을 예견하였던 김동명의 냉철한 현실 인식력은 일제의 전쟁놀이에 부화뇌동하지 않을 수 있었던 결정적 요인이라 할 수 있다. 이 시기 수많은 지식인들이 일제의 전쟁을 옹호하면서 광적으로 이에 협력하였다면 김동명은 냉정하게 현실을 주지하면서 일제의 몰락과 조국의 독립을 내다보고 있었다. 이 시기 이루어진 그의 절필은 김동명이 일제말기 협력 대신 저항의 길을 걸었음을 나타낸다.

일제의 몰락을 예상하면서 김동명은 조국의 독립에 대해 준비하게 된다. 그리고 해방 후 그가 그린 조국의 모습은 민족주의와 민주주의가 결합된 국가라 할 수 있다. 그것은 통합된 민족을 바탕으로 민주주의를 실현하는 국가를 의미한다. 이것은 지금 단순히 관념적인 이상주의로 비쳐질지 모르겠으나 당시로서는 가장 현실적인 것이자 가장 이성적인 것이었다. 소련과 미국이라는 좌우익의 대변자가 분할 점령한 당시 한반도에서는 민족의 통합이야말로 가장 위태롭고 가장 절대적인 문제였기 때문이다. 그러나 역사는 김동명이 꿈꾸었던 국가와는 다르게 진행되어 민족의 분할이 기정사실화 되었고 그 후 그는 월남을 하게 된다.

## 〈참고문헌〉

### 1. 기본자료

김동명 문집간행회편, 김동명 사화집 『내 마음』, 신아사, 1964.

### 2. 논문 및 단행본

김병우, 「아버지 金東鳴에 관한 書翰」, 김병우 외, 『김동명의 시세계와 삶』, 한남대출판부, 1994, pp.201-274.

김윤정, 「김동명 시에 나타난 '주체의식' 연구」(김동명학회편, 『김동명문학연구』Vol.1, pp.179-210.

김재용·한도연, 「친일문학과 근대성」, 김재용 외, 『친일문학의 내적 논리』, 역락, 2003.

김재용, 『협력과 저항』, 소명출판, 2004.

송재영, 「물의 상상체계」, 김병우 외, 『김동명의 시세계와 삶』, 한남대출판부, 1994, pp.57-70.

서정주, 『서정주문학전집3』, 일지사, 1972.

유희자, 「김동명 시의 모성적 상상력 연구」, 강릉원주대 석사, 2015.

엄창섭, 「원전비평」, 김병우 외, 『김동명의 시세계와 삶』, 한남대출판부, 1994, pp.275-341.

_____, 「초허의 시문학과 정체성의 고찰」, 김동명학회편, 『김동명문학연구』Vol.1, 2014, pp.13-26.

_____, 「시대적 상황대처와 초허의 한글인식」, 김동명학회편, 『김동명문학연구』Vol.2, 2015, pp.11-32.

이미림, 「작가(시인)로서의 삶, 지식인(정치가)로서의 삶」(김동명학회편, 『김동명문학연구』Vol.2, pp.77-102.

이상경, 「일제 말기 소설에 나타난 '내선결혼'의 층위」, 김재용 외, 『친일문학의 내적 논리』, 역락, 2003.

임영환, 「김동명의 민족시적 성격」, 김병우 외, 『김동명의 시세계와 삶』, 한남대출판부,

1994, pp.177-194.

장정룡, 「초허수필의 '꽃' 이미지와 그 지향성 고찰」, 『심연수 학술세미나 논문총서Ⅱ』, 심연수선양사업위원회, 2013.

한일관계사연구논집 편찬위원회편, 『일제 강점기 한국인의 삶과 민족운동』, 경인문화사, 2005.

# 초허의 시세계와 식물적 상상력의 관련성 수용

심은섭*

---

**목 차**

1. 들어가기
2. 식물적 상상력에 의한 서정성 활성화
    2.1 식물적 상상력 – 풀
    3.2 식물적 상상력 – 나무
    3.3 식물적 상상력 – 꽃
3. 나가기

---

[국문초록]

이 연구는 초허의 시세계와 식물적 상상력의 상관성을 검토하는데 그 일차적인 목적을 두고 고찰한 논문이다. 식물적 이미지가 어떻게 초허의 시세계에 반영되었는가를 살피면서 좀 더 세분화시켜 접근하였다. 즉 시의 소재로 삼은 식물들이 다양하게 사용되었지만 본 연구 결과를 통해 더 명확하게 규명하려는 의도이다. 그중에서 '풀(잡초)'과 '나무'와 '꽃'의 이미지를 연구 범위로 설정하였다. 세 개의 부분으로 구분하였지만, 식물과 관련된 작품들이 다양하게 분포되어 있어, 초허의 대표적인 몇 작품을 예시로 삼았다.

풀의 이미지로 볼 수 있는 초허의 「芭蕉」와 「蘭草」, 그리고 인삼을 소재로 하는 「우이동

---

*가톨릭관동대학교 교수

놀이」와 잡초를 소재로 한 「언덕 위의 風景」을 식물적 상상력이 초허의 시세계와 어떠한 연관성을 띠고 있는지, 그 이해를 돕기 위해 예시로 삼았다. 이것들은 모두 신지식인으로서 무기력한 초허 자신에 대한 자아와 조국을 잃어버린 슬픔, 그 슬픔을 극복하고자 일제가 가져준 육체적·정신적 폭력에 맞서 저항하려는 행동과 그리움을 대상학하였다.

또 식물적 이미지로서 '나무'는 종려나무를 소재로 삼은 「受難」을, 짙은 서정성을 드러낸 「垂楊」을, 역경의 상황 속에서도 의지와 향기를 팔지 않는 「향나무」를 예시로 삼아 초허가 진솔하게 성찰하는 태도를 살펴보았다. 세 번째 검토 대상으로는 '꽃'이었다. 식물적 상상력을 가장 많이 사용한 식물은 꽃이었다. 「水仙花」, 「水仙Ⅰ」, 「水仙Ⅱ」, 「접중花」, 「해당화」, 「雪中花頌」를 예시로 삼았다.

초허의 내면에 이어져 온 상상력의 흐름과 그 편향성을 고찰하는 과정에서 그 당시 자신의 정서를 '풀'과 '나무'와 '꽃'에 내면세계의 의지와 상실의 아픔, 저항 등과 같이 그가 추구하는 정신적 가치를 전이하고, 또 식물과 자신의 동질성을 형상화하는 데 노력했다. 즉 조국광복의 기다림, 삶의 허무함을 식물이라는 대상에다가 화자의 정감을 이입시켰다. 이것은 화자의 처지를 식물에 전이시킴으로써 대상의 아름다움과 가치를 깊이 통찰하려고 했다.

* 핵심어 : 식물. 상상력, 이미지, 김동명, 초허, 상실감, 저항, 꽃, 나무, 풀(잡초), 상실감, 동일화, 투사, 동화, 성찰, 일제 강점기, 시, 시작품, 시인, 현대시, 한국, 문학, 조국, 대상화, 상호작용, 시세계 등.

-〈여기까지〉-8월 1일

## 1. 들어가기

상상력과 이미지에 대한 연구는 주로 프랑스에서 활발히 전개되어 왔다. 지크문트 프로이트(Sigmund Freud, 1856~1939)의 정신분석학과 칼 구스타브 융(Carl Gustav Jung, 1875~1961)의 분석심리학을 내면화하여 시인들의 정신세계라 할 수 있는 상상세계를 바슐라르가 깊이 있게 파고들어간 것을 선구적 연구로 받아들이고 있다. 여기다가 독일의 하이데거가 시인의 내면세계를 검토한 부분도 연구의 선편으로 여기고 있다. 이 영역에 발을 들여다 놓은 연구자들의 이름을 호명해 보면 메를로 퐁티, 조르주 뿔레, 리샤르, 로만 잉가르덴, 미켈 듀프레느, 한스 가다머 등이다.

한국에서 이루어진 연구 성과 중에 하나로 볼 수 있는 이숭원의 『한국현대시에 나타난 식물적 상상력에 대한 연구』에 의하면 "역사주의 방법론과 분석주의 방법론을 문학사회학적 방법론에 경도되고 있는 연구와 구조주의적 기호학적 접근을 시도하는 일군의 연구로 대별"되는 것을 알 수 있다. 이 같은 연구와 함께 시인들은 시작품을 통해 식물이 가지고 있는 시적 분위기나 아름다움을 묘사하기도 하고, 또 그 식물의 속성을 파악하여, 그 속성에 시적자아의 내면세계를 반영하였다. 다시 말해서 시적자아를 식물로 대상화한다는 것이다.

그러므로 본 글의 목적은 김동명 시인이 자아를 식물로 대상화하는 것 중에서도 특히 시인의 인생체험, 시인의 세계관, 시인의 역시의식을 나타내는 메타포 혹은 '객관적 상관물'로서 시의 중요한 역할을 감당[1]해왔다는 것에 대한 규명이다. 특히 일제의 식민지와 같은 사회적 환경이나 관습, 그리고 그런 유사한 상황들이 오랜 기간 동안 억압의 주체로 김동명 시인도 그 가운데에 있었다는 것은 주지의 사실이다. 역사적으로 살펴보아도 광복이전에 식민지 국민의 신분에 대한 일제의 부정적 시각이나, 자국 위주로 자행되어온 일제강점기의 폐쇄성, 그리고 문학적 특성조차 부정적으로 암시하는 대상으로 삼아왔다. 다른 나라 시에서도 별반 다를 것이 없으며, 한국의 서정시에서도 '식물'이 표상하는 가장 중심적인 의미는 자연의 생명력이요, 자연과 사람의 '상호관계'[2]다.

이렇게 억압받는 김동명 시인 자신의 삶을 그는 식물이 가지고 있는 이미지를 대상화하여 의식을 표현하였다. 자신에 대한 이러한 억압이 설상가상으로 모든 사회에 존재하는 가장 보편적인 억압이라는 것과 더 나아가 근절하기 가장 어려운 억압의 형태라는 심각성을 대상 식물에 투사했다.

초허는 시인으로서의 '김동명'과 자연으로서의 '식물'이 어떤 상호작용을 하는지를 보여줌으로써 자연과 사람 간의 조화로운 관계를 회복하고자 했다. 그러므로 초허는 작품을 통해 '식물적 상상력'이 그의 서정성을 활성화시킨 것만큼은 부인할 수 없는 사실이다. 이러

---

1) 송용구, 「한국시의 식물적 상상력」, 『시산맥』 통권21호, 2015. 봄호, 14면.
2) 마르틴 부버, 『나와 너』, 표재명 옮김, 문예출판사, 1977, 12면.

한 문학적 사실을 근거로 삼아 그의 시작품에 나타난 식물적 메타포 속에 내포된 생태의식과 생명의식을 분석해 보는 일이 초허의 시를 올바르게 이해하는데 그 나름의 의미를 줄 수 있으리라는 기대를 가져본다. 그의 많은 시작품 중에서 식물을 소재로 대상화한 것에 논전을 두고자 한다. 따라서 본고에서는 그 매개가 식물을 대상으로 한다고 전제할 때, 이미지가 어떻게 시적자아를 다양한 층위를 이루며 대상화하였는가를 짚어보는 계기가 될 것으로 기대한다.

## 2. 식물적 - 풀·나무·꽃 - 상상력과 연관성

이숭원은 「한국 현대시에 나타난 식물적 상상력에 대한 연구」라는 논문에서 "식물적 상상력이 이미지를 통하여 발현되는 양상은 대체로 세 가지 유형으로 가를 수 있을 것이다 그 첫째는 객체적 대상으로서 식물을 바라보면서 그 식물의 분위기라든가 아름다움을 관조하고 묘사하는 경우이다. 두 번째 유형은 식물과 관련된 시인의 관념이나 정감을 형상화한 경우이다 이 경우에는 시인의 생활세계가 대상 식물과 깊은 관련을 맺으며 양자의 교호작용이 두드러지게 나타난다. 세 번째 유형은 시인 자신의 내면적 지향점이 대상 식물에 투영된 경우이다. 이때에는 외부적 대상인 식물이 시인의 내면세계를 그대로 표상하게 된다."3)고 했다. 이점을 고려하여 초허의 작품에 소재로 사용된 식물의 생리를 통해 인간의 행동과 삶의 방식을 상상해 보고자 하는 것이다.

초허가 시작품 속의 원관념을 식물적 상상력에 의해 풀·나무·꽃과 같은 것을 '객관적 상관물'로 상징하는 까닭은 생애의 상처에 기반을 둔다. 상처는 누구든 한 가지 정도는 모두 가지고 있다. 겉으로 드러나지 않은 은밀한 트라우마(trauma)를 초허는 뛰어난 상상력과 탁월한 묘사를 통해 독자들에게 메시지를 전달하고 있다. 특히 그는 식물적 상상력으로 상처와 욕망, 그리고 죽음을 다루었다. 따라서 식물 중에서 풀·나무·꽃을 중심으로, 그것들이 초허의 시세계와 어떤 연관성이 있는지를 찾아보고자 하는 것이다.

---

3) 이숭원, 논문 「한국 현대시에 나타난 식물적 상상력에 대한 연구」, 474면.

## 2.1 식물적 상상력 – 풀의 이미지

첫 시집 나의 거문고를 제외[4]한 다섯 권의 시집에 수록된 시편 중에서 풀(잡초)과 관련된 시작품으로는 「파초」, 「내 마음은」, 「난초」, 「自適」, 「牛耳洞놀이」, 「언덕 위의 풍경」 등을 소재로 삼았다.

>祖國을 언제 떠났노
>芭蕉의 꿈은 가련하다.
>
>南國을 향한 불타는 鄕愁
>너의 넋은 修女보다도 더욱 외롭구나.
>
>소낙비를 그리는 너는 情熱의 女人,
>나는 샘물을 길어 네 발등에 붓는다.
>
>이제 밤이 차다.
>나는 또 너를 내 머리맡에 있게 하마.
>
>나는 즐겨 너를 위해 종이 되리니,
>네의 그 드리운 치맛자락으로 우리의 겨울을 가리우자.
>
>　　　　　　　　　　　　　　　　　　　　　－「芭蕉」 전문

식물을 소재로 하여 쓴 「芭蕉」를 통해 초허 김동명의 시의식과 상상력의 움직임을 살펴볼 수 있다. 식물적 상상력은 나무와 꽃의 이미지를 포괄하는 개념이어서, 나무나 꽃의 변별적 자질은 큰 중요성을 띠지 않는다. 다만 식물의 실제적 수준을 분석하는 것이 아니라, 식물적 특성들이 작품 속에서 어떻게 드러나며, 파급효과를 불러오는가를 살피는 일이다. 식물의

---

[4] 본 논문은 6월 말에 퇴고하였다. 따라서 김동명 시인의 첫 시집 『나의 거문고』가 7월 3일에 처음으로 발견이 되고, 7월 8월 9일에 감정평가가 완료되었으며, 8월 18일에 구입하여 9월 9일에 원본이 공개되었다. 따라서 『나의 거문고』에 실린 식물적 상상력과 관련이 있는 작품을 예시하지 못한 점을 사전에 밝혀둔다.

생명적 현상은 생사의 영겁회귀의 순환구조를 보여주며, 영원불멸과 영원불변의 상징이라고 할 수 있다. 요약하면 생성구조와 성장구조, 하강구조라는 순환과정을 지니고 있다. 즉 성장과 개화 -결실, 그리고 하강으로 이어진다.

  이 시의 시간적 배경은 '소나기'라는 시어가 의미하듯이 성하의 계절이다. 이 시기는 식물의 순환과정 중에서 성장구조의 단계에 해당된다. '성장'이라는 것은 생물학적 입장에서 따져보면 개체, 기관(器官), 세포가 형태적 또는 양적(量的)으로 증대가 되는 변화를 뜻한다. 초허는 식물의 양적 증대의 변화가 가장 크게 일어나는 여름날의 파초를 보며, 식물의 생리를 시작품에 투사하여 조국 상실에 대한 슬픔과 비애의 삶을 영위하는 시인의 처지와 '파초'를 동병상련(同病相憐)의 여기는 시적 태도를 보여왔다. 이것이 곧 소극적 저항의 의지와 일제의 강압적 식민 정책을 은유 또는 상징으로 타파하려는 의지라는 점이다. 이처럼 시인에게 식물적 이미지가 시의 소재로 많이 사용되는 것은 곧 시인들에게 상상의 대상이기 때문이다. 김동명 시인이 식물 이미지에서 끌어내는 상상도 '南國을 향한 불타는 鄕愁'를 이겨내는 힘이며, '설운 탄식'을 넘어서는 상상적인 매개체의 역할임을 알 수 있다.

  시 쓰기에서 그 기저(基底)는 개인적인 체험을 밑바탕으로 하되 일반 보편화해야 한다는 것을 전제로 할 때, 「파초」의 시적화자는 자신이 처한 상황을 '파초'라는 객관적 상관물(客觀的 相關物)에 투사(投射)함으로써 그 의미가 확대된다는 것을 알 수 있다. 앞서 주지한 바와 같이 초허 김동명 시인의 시에서 '풀(잡초)'과 '나무', 그리고 '꽃'의 이미지가 상당 부분 등장한다. 그런데 이 세 가지의 대표적인 이미지는 식물적 상상력을 통해서 만나게 된다. 식물 이미지는 시인에게 있어서 결핍을 견디는 힘이고, 절망을 극복하는 방법이다. 또한 춥고 어둡고 허기진 세상과 화해를 시도하는 중요한 매개물이다. 그것은 그의 결핍은 빈 허공으로서의 결핍이 아니라 단단한 '씨앗'으로서의 결핍이기 때문이다. 씨앗은 아직 온전한 생명의 모습을 보여주고 있지는 않지만, 결핍되었던 햇빛과 물과 공기가 충족되면 언제든지 커다란 나무로 자라날 수 있는 가능성을 지니고 있다.

  초허가 식물적 상상력을 통해 시적 대상과 동일성을 꿈꾸는 것은, 개인적 결핍의 차원을 넘어 세상에서 가장 위대함을 보여주는 '소낙비를 그리는 너는 情熱의 女人'에 대한 연민 때문이다. 시적 자아는 꿈을 이루지 못하는 현실의 고독한 심정을 「파초」에서 '파초'라는 식물적 이미지에 그대로 투영하고 있다. 다시 말하면 서정시의 장르적 특징 중에 하나라고 하는 자아와 세계의 동일성(同一性), 혹은 일체감을 추구하는 일이 초허의 시세계이다.

김동명의 두 번째 시집 『파초』는 1938년에 출판되었다. 이 시집에 수록된 시편들은 대부분 1930년에 출판된 첫 시집 『나의 거문고』 이후에 쓴 시이다. 그러므로 『파초』에 수록된 시편을 쓴 시기는 일제의 탄압이 더욱 거세져 민족적이고 반일적인 사상이 조금도 허용되지 않았던 1930년대였다. 그 당시 신간회 해산, 카프의 검거 및 해산, 일어사용 강제령, 내선(內鮮) 동조론 강요 등으로 문단은 점차 현실도피적인 형태를 취하게 되었다.

초허는 일제탄압을 피하여 함남 서호진에 머물면서 시를 썼다. 이때 쓴 시에는 일제에 대한 강한 저항의식이 표출되어 있지는 않다. 그러나 일제의 침략적인 정황에 동조하지 않으려는 의지는 확고하다. 따라서 이 시집 『파초』에 수록된 시편들은 전원을 제재로 하여, 식물적 이미지 내지 상상력을 통하여 잃어버린 조국에 대한 향수를 따뜻한 서정으로 표현하였다. 또한 은둔자적 생활과 식민지 시인의 고독한 심경을 드러내기도 했다. 한편으로 일부 비평가들에 의해 시집 『파초』에 수록된 시작품들은 농촌예찬과 자연 친화 경향으로 치우쳤다는 비판을 받은 것도 사실이다. 그러나 일제의 탄압 속에서 식물적 상상력에 의한 대상을 이미지화하고 그것을 소재로 민족의 비애와 신지식인으로서의 무기력함과 고독을 섬세하고 참신한 언어로 서정화했다는 시사적 가치를 지니고 있다는 것도 간과해서는 안 될 부분이다.

> 난초(蘭草), 푸른 꿈을 안은 채……/아하, 너는 소군(昭君)같이 슬펐으리./만세(萬歲)의 옛 인연(因緣)을 절하며/맞는 마음을 아느뇨.//난초(蘭草), 앓는구나/향수(鄕愁) 때문인고?/난초(蘭草), 미풍(微風)과 소군거림을 엿 듣다/이역(異域)의 외로움을 하소함이뇨?//난초(蘭草)에게/내 초라한 인생(人生)을 들키우다./너머 복욱(馥郁)한 향기(香氣) 때문에/나는 도리어 서러워 지다.//난초(蘭草) 잎 너머로/폭풍(暴風)이 이는구나./아아 동아(東亞)는 이제 또/어데로 가려노.//난초(蘭草) 잎 넘어로/세기(世紀)의 광폭(狂暴)을 바라 보다/난초(蘭草)잎 밑에서/약자(弱者)의 슬픔을 삼키다.//난초(蘭草)에게/분노(忿怒)를 말하다./난초(蘭草), 향기(香氣)로/내 마음을 달래다.//내 난초(蘭草)에게/숨을 곳을 묻다./난초(蘭草), 푸른 소매로/내 눈을 가리우다.//

―「蘭草」 전문

초허 김동명 시인은 서정의 인식, 현실의 존재성, 농촌과 도시에서 취한 다양한 소재를 통하여 그 나름의 시세계를 구축하였으며, 자연의 식물적 상상을 통해 시대상황을 반영(反映)하였다. 그는 또 자아의 실체를 새롭게 인식하면서 시가 아름다워야 하는 것이 예술의 의무인도 식물적 상상력을 통해 실증하여 보여주었다. 때문에 암담(暗澹)한 역사의 와중(渦中)에 놓인 비극적인 현실을 희망과 긍정적인 자세로 수용하고자 고심했다.

시적화자는 자신의 감정적 상태 혹은 활동을 지각(知覺)의 대상인 '난초'에 투사(投射)하는, 이른바 감정 이입의 수법을 통하여 시적 대상을 자기와 동일시(同一視)하고 있다. '난초'는 '조국'의 상징이다. 에른스트 카시러(Ernst Cassirer)는 그의 저서 『인간론(An Essay on Man)』에서 "기호가 존재의 형이하학적 세계의 일부를 이루는 것이라면, 상징은 의미화로서의 인간세계를 구성한다."5)고 했다. 초허의 「난초」를 살펴보면 '난초(蘭草) 잎 너머로/폭풍(暴風)이 이는구나./아아 동아(東亞)는 이제 또/어데로 가려노.//난초(蘭草) 잎 넘어로/세기(世紀)의 광폭(狂暴)을 바라 보다/난초(蘭草)잎 밑에서/약자(弱者)의 슬픔을 삼키다'고 했다. 난초는 조국의 상징이다. 조국은 동아시아의 일원으로 소속되어 있다는 점을 분명히 말하고 있다. 또 '난초(蘭草)에게/분노(忿怒)를 말하다./난초(蘭草), 향기(香氣)로/내 마음을 달래다.//내 난초(蘭草)에게/숨을 곳을 묻다./난초(蘭草), 푸른 소매로/내 눈을 가리우다.'처럼 '난초'와 '나'는 별개의 것이 아니고 공동체적 운명에 대한 논의는 일제강점기의 삶에 대한 진지한 성찰로 이어진다는 것은 현실성이 담보된 상상력이다.

초허의 「난초」에서 식물적 상상력은 '나'는 '난초'를 꿈꾸고 '난초'의 생명력을 갈망하며, '난초'와 운명적으로 하나임을 믿게 한다. '나'의 삶과 '난초'의 삶이 각각 별개의 삶이 아니며, 약자와 강자의 관계가 아닌 하나의 연속과 동일선상에서 일제가 가져다준 육체적·정신적 폭력에 맞서 저항하려는 것이다.

  人蔘 녹은 물에
  쌀을 씻고,

  흰 돌 도마 위에

---

5) 질베르 뒤랑, 『상징적 상상력』, 진형준 譯문, 문학과 지성사, 1987, 11쪽.

漁·肉을 저며

솥은 저만큼
食卓은 이쯤 꾸며 놓고,

勸하거니 마시거니……
꽃잎도 어깨를 툭치며 미끄러진다

어허, 저겐 또
三角山이 비청비청 걸어오네

여보게 오늘에 취한 건,
우리네 분이 아닌가베.

-「우이동놀이」 전문

예시의 시대적 배경은 시의 정서로 보아 일제강점기는 아니다. 「우이동놀이」는 시집 『목격자』(1957)에 실린 시로 시집의 출판년도로 보아 해방 이후에 쓴 작품이다. '人蔘 녹은 물에/쌀을 씻고'에서 '인삼'이 가져다주는 의미를 생각해 볼 때 경제적으로 매우 여유 있게 보인다는 상상을 해볼 수 있다. 앞에서 예시로 삼았던 「芭蕉」와 「蘭草」, 그리고 「우이동놀이」의 '人蔘'이 주는 메시지는 확연히 다른 것을 느낄 수 있다. 세 개의 시편에서 식물성이라는 유사한 형태의 시의 소재로 각각 삼았지만 「芭蕉」와 「蘭草」의 '파초'와 '난초', 그리고 「우이동놀이」의 '人蔘'이 갖는 식물적 상상력의 대상화(對象化)는 사뭇 다르게 이루어지고 있다. 다시 말해 세계를 인식하는 방법이 다르다. 그것은 외적으로 펼쳐지는 세상과 내적으로 분별하여 이해하고 인식하는 방식이 다르기 때문이다. 그러나 '파초', '난초', '인삼'은 각각 '조국'이라는 것과 '경제적 여유'라는 깨달음을 가짐으로써 대상화가 이루어지고 있다.

사실 지금까지 그의 시에 있어서 서정적 측면만이 지나치게 강조된 나머지 상상력의 세계와 이미지의 역할이 거의 무시되었다고 해도 과언이 아니다. 물론 우리는 그의 시에 대해 무엇보다도 많은 꽃과 식물의 이름이 등장하는 것을 알고 있다. 예컨대 파초, 수선화, 난,

작약, 해당화, 봉선화, 종려가지, 감람나무, 장미, 오동잎, 삼림, 화초 등 숱한 이름이 시어로 사용되고 있다. 그리고 이와 같은 꽃과 나무들이 연상시키는 식물적 이미지와 시적 분위기가 그를 가리켜 전원시인이라고 명명하는 데 조금도 손색이 없게 한다.6)

>귀밑머리 나풀나풀
>놀든 곳이 그리워,
>女人은 동상처럼 말없이
>언덕 위에 섰고,
>
>戰爭이 노을처럼 번저오는
>저 쪽으로
>사나이는 담배 연기를
>뿜어 보낸다.
>
>雜草 위에는 雜草처럼 우거진
>쫓기는 이의 서름.
>어디서 鍾소리라도 은은히
>들려 왔으면 좋겠다.
>
>-「언덕 위의 風景」 전문

이 시는 초허의 해방 이후의 작품이다. '女人은 동상처럼 말없이/언덕 위에 섰고', '戰爭이 노을처럼 번저오는/저 쪽으로/사나이는 담배 연기를/뿜어 보낸다.'가 주는 분위기는 6.25전쟁 중인 것을 알 수 있다. 그는 여덟 살 되던 해인 1908년에 함경남도 원산으로 이사를 했고, 그곳에서 성장을 했다. 그는 철저한 반공주의자였다. 따라서 북한에서 더 이상 생활이 어려웠고, 끝내 제2의 고향을 버리고 월남하였다. 그러므로 작품이 담고 있는 내용처럼 그의 삶은 순전히 '雜草 위에는 雜草처럼 우거진/쫓기는 이의 서름'이다. '서름'의 양을 우거진

---

6) 송재영, 「물의 상상체계」, 『김동명의 시세계와 삶』, 한남대학교출판부, 1994, 58쪽.

잡초를 통해 대상화하여, 자신의 감정을 '잡초'라는 식물에 투영하고 있다. '어디서 鍾소리라도 은은히/들려왔으면 좋겠다.'는 시의 결구에 나타나듯이 그는 일제강점기를 거쳐 이데올로기적 민족상잔의 전쟁으로 말미암아 삶이 지쳐있는 기색이 역력하다.

신지식인으로서 무기력한 자신의 모습이 「언덕 위의 風景」의 작품에 고스란히 반영되어 있다. 억압과 피폐한 일제강점기로부터 벗어나야 한다는 기다림 끝에 찾아온 해방의 기쁨은 짧았고, 미군정 시대의 혼란기를 맞이해야 했다. 종국에는 아비규환의 6.25 전쟁을 겪어야 했던 운명적 작란은 초허에게 안식처가 필요했던 것은 당연한 일이었다.

## 2.2 식물적 상상력 −나무의 이미지

앞에서 초허의 작품에 투사된 풀(잡초)의 이미지를 논의하여 보았다. 시의 소재로 삼은 식물의 이미지를 '풀'과 '나'와 '꽃'으로 세분화하여 설명하는 이유는 그 식물적 상상력이 보여주는 각각의 상징성을 이해하고자 하는 것이다.

> 어제는 저를 위해 棕櫚 가지를 흔들며 「호산나」를 부르더니,
> 이제 와선 피를 달라 부르짖고, 그 머리 위에 가시冠을 얹단말가!
> 옷을 찢는 제사장이야 일러 무엇하랴만,
> 갈대도 머리를 따리며 침 뱉고 조롱하는
> 아아, 네 이름이 「민중」이드냐!
>
> −「受難」 일부

위의 「受難」에서 주목해야할 시어는 종려나무와 가시관이다. 종려나무는 이스라엘에서 가장 오래된 과실나무로서 성경에서 자주 언급되는 식물 중 하나이다. 초허는 종려나무를 내세워 정직과 정의, 그리고 공정한 삶을 시적인 상징으로 나타낸 것이다. 이 「受難」은 1938년에 출판한 두 번째 시집 『파초』에 수록되어 있다. 이 시집에 수록된 시편들은 초허의 전성기라고 할 수 있는 시기에 쓴 시들이다. 시간적 배경으로는 일제의 탄압이 극에 달할 때로써 '수난'의 대상은 크게 한민족의 수난이며, 작게는 초허의 수난이다. 이 수난의 가해자는 일본제국주의자들이다. 그들은 인류가 예수의 머리에 가시관을 씌워 고통을 안겨주었듯

이 한민족에게 가시관을 씌우듯이 고통을 안겨준 정서를 보여준다.

이 시의 '종려나무'와 '가시'는 단순하게 하나의 식물, 혹은 나무로서 정서표현의 한 수단으로 동원되었다. 따라서 종려나무는 영적인 의미의 상징을 보여주며, 번영과 아름다움과 승리의 표징이다. 열매는 귀중한 식량이 되었으며 나무의 즙은 원기를 돋우고 음료의 은유이다. 이처럼 초허는 단순히 전원생활에 안주하며 대상을 관조하는 정태적인 삶의 자세와 시적태도를 보여줄 뿐만 아니라 대상과의 적극적인 교섭과 상호합일을 추구하고자 하는 능동적이고 적극적인 성격을 나타내고 있다.[7] 앞의 「受難」에서 주목해야할 시어는 종려나무와 가시관이다. 종려나무는 이스라엘에서 가장 오래된 과실나무로서 성경에서 자주 언급되는 식물 중 하나이다. 초허는 이러한 종려나무를 내세워 정직과 정의, 그리고 공정한 삶을 시적인 상징으로 나타낸 것으로 이해할 수 있다.

서두에서 지적했듯이 김동명 시의 한 특징으로서 자연친화적 경향을 지적하는 것은 하나의 통론으로 정립되었다고 해도 과언이 아니다. 초허에게 자연은 삶의 이상향이며, 궁극적인 귀의점이다.[8] 따라서 식물적 상상력이 초허의 시세계에 차지하는 비중과 역할, 그리고 어떤 의미로 사용되었는가를 알아보는 것은 매우 중요한 일이 된다. 특히 초허는 '꽃' 등의 식물 이미지를 통해 그의 절대적인 구원상을 이미지화하고 이에 다다르기 위한 적극적인 의지의 양태를 보여 왔다. 이러한 점들은 그가 주로 구사하였던 '은유'의 수사법에 잘 구현되어 있는 바, 그가 구사한 '은유'의 수사는 세계합일을 추구하였던 김동명 시인의 능동적인 정신세계와 직접적으로 관련된다.[9]

> 어화, 門前 細柳,/실실이 푸르렀네//漢陽 千里 길에/휘느러진 봄 빛일네//갈 거나……/말 거나……//어이 갈 거나/고흔 님 혼저 두고 내 어이 갈거나//건들하는 微風에도/휘우뚱거리는 속 없는 가시내야!//내 마음도 실은/휘느러진 버들 가지.//나비 한 마리 날아 들어도,/흔들 거린다네.//

-「垂楊」 전문

---

[7] 김윤정, 「김동명 시에 나타난 ;주체의식' 연구」, 『김동명문학연구』 창간호, 2014, 206쪽.
[8] 송재영, 앞의 책, 58쪽.
[9] 김윤정, 앞의 책, 206쪽.

「垂楊」은 '식물적 상상력 -나무의 이미지'에서 두 번째 예시로 삼은 시다. 초허의 식물적 상상력은 수양나무에 그 뿌리가 닿아 있다. '휘느러진 버들가지'의 수양은 '건들하는 미풍(微風)에도 휘우뚱거리는 속없는 가시내'의 은유이다. 초허의 식물적 상상력은 수양버드나무를 꿈꾸고, 그 나무를 닮고 싶어 하며, 그 나무의 생명력을 자신의 것으로 대상화 작업을 추구한다. 나무는 죽음을 넘어 불멸성을 가지고 있다. 그것은 식물의 환경 적응 능력에서 찾을 수 있다.

5억 년 전 지구상에 생물은 동물과 식물로 분화되었다. 두 개의 생명은 서로 다른 길을 선택했다. 동물은 움직였다. 그리고 살기 좋은 곳, 안전한 곳을 직접 찾아가기로 했다. 그러나 식물은 이동을 포기하는 대신 뿌리를 내렸다. 주어진 환경을 받아들이고 최대한 적응하며 생존하기로 했다. 인간은 동물이다. 따라서 인간은 동물을 아는 만큼 식물에 대해선 잘 모른다. 그런데 최근 학자들이 우리가 몰랐던 놀라운 식물의 세계를 알려주고 있다. 식물도 소리를 알아듣고 지성을 가지고 있다는 것이다. 감각은 무려 스무 가지에 이른다. 동물이 가지고 있는 오감의 네 배나 많은 숫자다.[10] 그러므로 시인들은 동물적 상상력으로 시의 세계를 대상화하기 보다는 식물적 이미지로 변환하여 자신의 것으로 대상화한다. 초허도 예외적이지 않다. 「垂楊」에서 수양버드나무를 통해 자신의 감정을 '내 마음도 실은/휘느러진 버들가지'로 대체되고 있다. 그러나 실제의 수양버드나무는 '어이 갈 거나/고흔 님 혼저 두고 내 어이 갈거나'로 한층 감정이 고조된 상태를 보여준다. 그러나 초허의 수양버드나무에 대한 상상력을 여기에서 머무르지 않는다. 자신을 수양버드나무로 대상화를 이루지만 '나비 한 마리 날아 들어도,/흔들 거린다네'로 백의민족의 한 사람으로서, 혹은 무기력한 신지식으로서의 한계를 식물적 상상력을 통해 보여주고 있다.

> 빛은 짙푸르러/하늘을 이었고.//意志는 화살인양/情熱을 꿰뚫다.//香氣는 깊이/살 속에 간직하되.//마음은 고즈너기/宇宙의 祕奧에 참여한다.//내 달 밤에 조심이/네 앞으로 나아감은./거룩한 黙念에 잠기는/네 마음을 배호려 할 일다.//
>
> -「향나무」 전문

---

10) 경남도민일보, 「지역사회의 미래와 식물적 상상력」, 2017년 1월 9일字.

초허는 식물적 상상력에 의해 향나무의 특성을 대상화한다. 향나무의 잎이 푸른 것은 하늘에 달려있다는 전제조건을 밝히고 있다. 그러나 의지는 자신의 마음에 따라 화살인양 정열을 꿰뚫을 수 있다는 것을 보여준다. 오직 향나무만이 지니고 있는 고유한 향은 살 속에 간직하며, '마음은 고즈너기/宇宙의 비오(祕奧)에 참여'하는 개방적인 태도와 식물적인 상상력을 결합시켜 자성과 아름다운 성찰의 경지를 보여준다. 욕망이 배제된 식물의 순수함, 향기를 살 속에 간직할 수 있는 인내와 지혜, 그리고 우주의 섭리를 이해하고 적용하는 순수미학을 「향나무」를 통해 대상화를 실현하고 있다. 식물이 가지고 있는 수동성이 문학의 추리·반전 편향성을 극복하는 계기로 삼는 것 또한 초허의 식물적 상상력의 기저임을 깨닫게 한다.

### 3.3 식물적 상상력 - 꽃의 이미지

초허는 식물의 생리를 시작품에 투사하여 조국 상실에 대한 슬픔과 비애의 삶을 영위하는 시인의 처지와 동병상련(同病相憐)의 정으로 '난초'를 자신의 분신으로 대상화하는 시적 태도를 보여주었다. 소극적 저항의 의지와 일제의 강압적 식민 정책을 은유 또는 상징으로 보여주며 타파하려고 했다. 그는 '꽃'등의 식물이미지를 통해 그의 절대적인 구원을 이미지화하고 이에 다다르기 위한 적극적인 의지의 양태를 '꽃'에 적용하였다. 이러한 점들은 그가 주로 구사하였던 '은유'의 수사법에 잘 구현되어 있는 바, 그가 구사한 '은유'의 수사는 세계 합일을 추구하였던 김동명 시인의 능동적인 정신세계와 직접적으로 관련된다.11)

식물적 이미지의 소재로서 '풀'과 '나무', 그리고 '꽃' 중에서 가장 많이 사용된 것은 꽃이다. 그 예로 「수선화」, 「석죽화」, 「구름」, 「꽃씨를 얻어서」, 「수선1」, 「수선2」, 「따리아」, 「설중화송」, 「진주만」, 「만가」, 「새 나라의 幻像」, 「접중화」(284), 「오랑캐꽃」, 「라일락」, 「백합」, 「무궁화」, 「해당화」, 「장미」, 「술회」, 「여행기-부래산 근방」, 「자하문 밖」, 「신촌동」, 「또 신촌역」, 「미아리를 치나면서」, 「이화송」, 「고궁삽화」, 「삼청공원」, 「L박사」, 「산백합화」12) 등이 다.

---

11) 김윤정, 앞의 책, 206쪽.
12) 이 작품들은 초허의 첫시집 『나의 거문고』를 제외한 나머지 다섯 권의 시집에서 발췌한 '꽃'의 식물적 이미지의 시들이다.

그대는 차디찬 意志의 날개로/끝없는 孤獨의 위를 나는 /애닯은 마음.//또한 그리고 그리다가 죽는,/죽었다가 다시 살아 또다시 죽는/가엾은 넋은 아닐까.//부칠 곳 없는 情熱은/가슴 깊이 감추이고/찬 바람에 빙그레 웃는 적막한 얼굴이여!//그대는 神이 創作集 속에서/가장 아름답게 빛나는/不滅의 小曲,//또한 나의 작은 愛人이니/아아, 내 사랑 水仙花야!/나도 그대를 따라 저 눈길을 걸으리.//

-「水仙花」전문

김동명 시에 있어 식물은 가장 중요한 상상력의 원천이며, 이 상상력은 다양한 이미지의 전개를 시도한다. 어느 때엔 '꽃'처럼 화려한 비유로 수식된 몽상의 세계를 전개하기도 하며, 유연한 고전적 시어로, 애수와 고독의 표상으로 전개되는가하면, 변형적 형태로 나타나기도 한다. 식물적 상상력 – 꽃의 이미지에서「水仙花」는 '자기주의(自己主義)' 또는 '자기애(自己愛)'를 뜻한다. 곧 '나'와 '수선화'는 등가의 등식이 성립하는 관계로 전개된다. 다시 말해 '나'는 '수선화'이고, 이 관계는 더 나아가 '애인'으로 발전된다.

이 시가 던지는 메시지는 희망을 찾을 수 없는 사회현실에 대한 신지식인의 내적 고뇌이다. 인생의 비탄과 허무를 동시에 드러내는「水仙花」를 역설적으로 수용하면, 초허의 삶의 허무와 시대적 어둠을 극복하려는 치열한 몸부림으로 받아들일 수 있다. 마루쿠제에 의하면 예술은 全산업사회에서는 현실과 다른 차원을 이룩한다. 그것은 현실적으로 불가능한 욕망을 상상력에 의한 환상 속에서 달성하게 혹은 해소하게 만들어 준다.13) 초허는 수선화라는 식물적 이미지를 통해 자신의 내적 고뇌를 해소하고 삶의 허무를 극복하고 했다. 즉, 조국을 잃은 상실감을 수선화가 지닌 생태적이고 신화적인 특질 속에서 위로 받고자 하는 정서를 드러내려고 했다. 그러므로 시란 단순히 허구적인 구성으로만 만들어지는 것이 아니라, 작품 내에 존재하는 구성 요소의 전반적인 연계성과 의미구조의 연관성에 의해 창작되는 것이다. 따라서 예술은 현실을 고통으로 승화시켜 현실에 만족하지 못하는 사람에게 생존과의 화해를 달성해 준다.14)

특히 이 시는 수선화에 관한 여섯 개의 단상과 이미지가 차례로 배치되어 있다. 수선화가

---

13) 김 현,『문학과 사회학』, 민음사, 1983, 140쪽.
14) 신익호,「황혼과 변증법적 의미」,『김동명의 시세계와 삶』, 한남대학출판사, 1994, 75쪽.

깨끗하고 기품 있는 식물이기에 시의 형식도 빈 여백을 많이 두어 담백한 풍취가 연상되도록 처리하였다. 시의 어조 역시 "~다"라는 평이한 종결어를 일률적으로 사용하여 불필요한 감정의 확산을 막고 평담하고 개결한 맛을 살리려고 했다.15) 동시에 「水仙花」는 상징시에 해당된다. 상징시는 교훈(敎訓), 미사려구(美辭麗句), 허위(虛僞)의 감수성(感受性), 객관적(客觀的) 묘사를 적(敵)으로 하고 이념(理念, idea)에 감상(感賞)의 의상(衣裳)을 입히려고 하는 것이다.16) 따라서 수선화의 이념은 상징으로서 대변된다. 그것은 상징시가 '이념과 의상과의 합성'에서 형상화되는 것이기 때문이다. 여기서 이념(理念)이라는 것은 플라톤적인 의미의 것으로 인간이 추구하는 초자연적인 완벽한 세계를 뜻하는 것이다.

> 水仙 잎은/森林 같이 茂盛하다.//흰 꽃은/달 같이 밝다.//내 뺨에 닿는 것은/입술이냐/香氣냐?//香氣에 담긴 네 마음/입술인양 반가워라.//너로 하여 나는/불을 끄지 못한다.//너 때문에 나는 /겨울을 사랑 한다.//
>
> -「水仙Ⅰ」전문

> 밤 중에 홀로/水仙과 마조 앉다.//香氣와 입김을/서로 바꾸다.//생각은/湖水인양 밀려 와,//人生은/갈매기 같이 凄凉쿠나.//여기에서 내 마음은/검은 물결에 씻기는 마풀 한 오리.//아아, 水仙!/나는 네가 부끄러워.//
>
> -「水仙Ⅱ」전문

식물의 이미지는 동서고금에서 많은 시인들이 사용하여 흔하게 발견되는 중요한 시적매개물이다. 나무와 잡초(풀), 꽃 등으로 대표되는 식물의 이미지를 구체적으로 작품을 통해서 예시하는 것은 그다지 어려운 일이 아니다. 그처럼 식물 이미지는 많은 시인들이 즐겨 다루는 시적 대상이다. 그렇듯 식물의 이미지는 꽃이나 나무, 그리고 풀과 마찬가지로 시인들에게는 영원한 향수의 모태가 된다. 특히 김동명 시에서 종려나무가지, 월계, 수양버드나무, 향나무, 오동나무, 다래넝쿨, 파초, 수선화, 해당화, 난초, 접중화, 백합, 라일락, 산백합화,

---

15) 이숭원, 앞의 논문, 478쪽.
16) 李京慧, 『1920년대 한국상징시 연구』 석사논문, 계명대학교, 1982, 7쪽.

오랑캐꽃, 이화송, 산백합화 등의 매개물은 그의 시적 의미 형성에 중요한 작용을 한다.

전원적, 또는 목가적 시인이란 평가를 받아온 만큼 자연 친화적인 시적 경향을 지닌 초허에게 자연이라는 것은 삶의 이상향이며 궁극의 귀착점이다. 이런 초허에게 '식물적 이미지'는 어떻게 효율적으로 초허의 이상적 자연세계를 표출하고 있는가를 고찰하는데 매우 중요한 문제이다. 초허의 시에서 식물적 이미지는 첫 번째로 '자기 대상화의 매개물'에 둔다는 점이다. 식물의 특징은 동물처럼 이동하지 않는 정착의 물질이다. 그러면서도 그것은 나무와 꽃, 풀과 같이 비폭력적이며, 순수한 평화적인 세계를 이루고 있다

초허의 「水仙Ⅰ」과 「水仙Ⅱ」의 시편에서 수선화와 시적화자의 동일성 원리(同一性 原理)로서 투사(投射)내지 동화(同化)의 현상을 찾아볼 수 있다. 「水仙Ⅰ」에서는 '너 때문에 나는/겨울을 사랑 한다'는 진술을 통해 알 수 있듯이 화자(persona)의 행동은 매우 제한적이다. 즉 '수선화'의 향기로 인하여 '불을 끄지 못한다'는 것이다. 또 겨울이 싫지만 '너 때문에 나는 겨울을 사랑'할 수밖에 없다는 심정의 토로이다. 이것은 앞에서 설명한 바와 같이 시적화자와 대상(세계)이 하나가 되려는 화해(和解)의 시도다. 이 화해의 정서를 나타내는 시들은 서정시의 본래적 장르의 특징으로서 현대성(modernity)[17])의 속성을 지닌 질적 개념에서 말하는 현대시(주지시)의 '대립적 기능'과는 변별성을 지니고 있다.

특히 「水仙Ⅱ」에서는 「水仙Ⅰ」보다 수선화를 대상화하는 시적 태도가 더 분명하다. 가령 초허 자신의 '人生은/갈매기 같이 처량(凄凉)쿠다'는 심정을 내비치면서 처량한 정도를 '여기에서 내 마음은/검은 물결에 씻기는 마풀 한 오리'로 대상화 한다. '마풀'은 바다에서 나는 풀을 통틀어 이르는 말이다. 다시 말하자면 바다 속에서 흔들리는 파다 풀 한 올에 불과하다는 의미이다. 따라서 「水仙Ⅰ」과 「水仙Ⅱ」를 놓고 볼 때 「水仙Ⅱ」에서 자신의 심정을 대상화하는 작업이 더 강렬하다. 이 모든 심적 정서를 식물적 상상력으로부터 불러오는 이유는 고향과 가족상실, 조국(국권)상실, 그리고 거기에 따른 저항, 동시에 이데올로기에 의한 민족상잔의 아픔에서 비롯되었다.[18])

---

17) M. 칼리니스쿠는 그의 저서 『모더니티의 다섯 얼굴』(이영옥 외 옮김, 시각과 언어, 1998)에서 모더니티의 다섯 얼굴(Five Faces of Modernity)을 주장한 바 있다. 즉 현대성(modernity)에는 모더니티(The Idea of Modernity), 아방가르드(The Idea of the Avant-Garde), 데카당스((The Idea of Decadence), 키치(Kitsch), 포스트모더니즘(On Postmodernism)이라고 했다.
18) 심은섭, 「초허의 '소극적 저항의식'의 시세계 수용」, 『김동명문학연구』 제3집, 김동명학회, 2016, 120쪽.

'식물적 이미지'는 가시적인 교감의 공간이다. 교감은 본질적으로 두 개의 사물이 대체되고 상호지향성을 추구하는 일이다. 그런 까닭으로 반드시 두 개 이상의 대상을 필요로 한다. 왜냐하면 그것은 대상과의 은밀한 결합이며, 더 나아가 대상화 작업으로 이어지는 일이기 때문이다. 초허 시에서 어렵지 않게 발견할 수 있는 동경의 정조, 다시 말해서 동경의 시적 정서는 단순한 연민의 호소가 아니라 세계와의 동화(同化, assimilation), 혹은 투사(投射, projection)를 지향하는 처절한 열망이기도 하다. 동경의 대상에 대한 성취의 갈망은 강렬하다. 그러나 매우 절제된 열망을 보여줌으로써 시적 대상을 자기화하는데 성공적이다.

　　　때는 잠시 사십년(四十年) 뒤으로 물러 간다.……

　　　시냇 가 솔 밭 머리에 있는 외따른 집이다. 마당 한가에는 접중화가 한창 피어 실바람에 흐느적인다.

　　　아까 부터 이 꽃을 자못 흥취 있게 바라 보고 섰는 아이가 있다. 아랫 도리는 벗은채 적삼만 걸쳤는데, 나이는 많아야 여섯 살 쯤이나 되었을까. 동무들을 따라 시내에 목욕하려 나왔다가 돌아 가는 길이다. 벌서 동무 들은 다 가버린지 이윽한데, 오직 이 아이만 홀로 남아 있어 꽃을 구경하고 섰는 것이다.
　　　아이는 마치 무엇에 홀린듯, 종시 꽃앞을 떠나지 못한다.

　　　저녁 때다.
　　　뒤 뜰에 밤 나무가 서 있는 또 하나의 외따른 집이다.
　　　이윽고, 아이는 까맣게 걸은 배와 종아리를 해가주고, 意氣揚揚하게 이 집 부엌 門 앞에 나타난다. 마츰 부엌에서 불을 지피고 있든 女人은, 아모 일도 없다는듯이 자못 欣然한 態度로 微笑까지 지어 보인다. 女人은 드디어 이 아이를 부엌 間으로 불러 드리기에 成功한다. 순간瞬間, 미리 준비 되었든 장작 가비는 사정 없이 아이의 볼기짝에 와 나려진다.
　　　『요놈, 남의 집 꽃 나무는 왜 결단을 냈어……』

때는 다시 오늘로 돌아 온다.
四十年前 惡童 접중花 아가씨에게 지은 罪를 갚고저, 이 꽃을 뜰 한 구석에 심어
놓고 가끔 雜草를 덜어 주면, 때로는 볼기짝은 만져 보며 어머니를 생각하기도한다.
-「접중花」전문

초허의 「접중花」는 전체적인 구조로 보아 5연 10행으로 되어 있다. 1연 1행에서 지난날을 회상하는 시간적 배경을, 그리고 2연과 3연에서는 그 당시의 정황을 제시하지만 어떤 일이 어떻게 벌어졌는지는 말하지 않는다. 그것은 「접중花」에서 사건의 내용을 드러내는 일이 중요한 것이 아니기 때문이다. 훗날 '접중화'란 꽃을 매개로 하여 어머니에 대한 그리움을 드러내는 일이 시의 목적이기 때문이다. 다만, 4연의 표현으로 보아 '시냇가 솔 밭 머리에 있는 외따른 집'의 접중화(접시꽃)을 온통 짓밟아 놓았거나 꽃을 다 꺾어 놓음으로써 외딴집 주인으로부터 어머니께서 항의를 받은 것으로 짐작이 간다.

요약해보면 서사적 이야기의 발생장소는 초허의 유년시절의 고향 강릉 사천면 노동리이며, 사십년 후에 회상하는 곳은 유년시절의 그곳이 아니라 오랜 세월이 지난 다른 곳에서 이루어진다. 그때 사십년 전의 사건을 떠올리며 어머니를 그리워하는 마음을 시로 승화한 작품이 「접중花」이다. 시적화자와 어머니를 동일성 원리에 입각하여 하나가 되려는 화해의 무드는 접중화가 그 매개적 역할을 담당하였고, 그 접중화를 보는 순간 유년의 상상이 시작된 것이다.

회상하는 시점은 그의 나이 마흔 여섯 살임을 알 수 있다.[19] 초허는 1900년에 출생하였다. 그가 여섯 살에 일어났던 일을 사십년이 지나간 1946년에 회상한 것으로 「접중花」를 쓴 시기가 마흔여섯 살 되던 해로 짐작이 간다.[20] 쉰을 바라보는 나이에 눈앞에 나타난 접시꽃을 통

---

[19] 초허는 1900(庚子)년 2월 4일에 강원도 명주군 사천면 하노동리 54번지에서 아버지 경주 김(金)씨 제옥(濟玉)과 어머니 평산(平山) 신(申)씨 석우(錫愚) 사이의 외아들로 태어났다. 1908년 함경남도 원산으로 이사를 하여, 1909년에 원산소학교에 입학, 1915년엔 영생중학교에 입학한 후 1920년 4월에 졸업하였다. 1925년에 일본으로 건너가 도쿄 청산(아오야마)전문학원 신학과(야간에는 니혼대학(日本大學) 철학과를 수학하고 졸업하였다)에 입학하여 1928년에 졸업한 후 귀국하였다. 1923년 『개벽』지에 「당신이 만약 내게 문을 열어주신다면」이라는 보들레르에게 바치는 시를 가지고 문단에 데뷔하였다. 그 후 시인으로, 교육자(이화여자대학교 교수)로 정치평론가로 활동했다. 또한 민주당 참의원을 지낸 정치가이기도 하다. 시작은 개신교 신자로 신앙생활을 하였으나 1968년 1월 20일 가톨릭으로 개종하여 프란치스코라는 본명(세례명)을 받았다. 1968년 1월 21일 서울에서 생을 마감했다. 묘지는 서울 망우리 문인 공동묘지에 부인 李씨와 합장되어 있었으나 2010년 10월 10일에 강원도 사천면 노동리 133-1번지 선영으로 이장, 봉안되었다. 심은섭, 「김동명 시세계에 나타난 기도 양상 연구」, 『한국현대문예비평연구』 제51집, 한국현대문예비평학회, 2016, 37쪽 참조.

해 어머니를 상상했다. 이처럼 식물적 상상력이 작용하여 시적화자의 정서가 작품 속에 구체화 되는 것에 대해 우리들은 이것을 식물적 이미지로 현현된 까닭으로 생각할 수 있다. 다시 말해서 식물의 생리를 통하여 인간의 행동과 삶의 방식을 상상해 보는 것이라고 말할 수 있다.

「접중花」에서 초허가 자신의 내면적 지향점을 대상 식물인 '접중花'에 투영한 것이다. 앞에서 언급했듯이 초허의 작품 중에 식물적 이미지를 수용한 시가 상당수 차지한다. 그 중에서 「접중花」를 식물적 상상력에 의해 쓰인 시작품으로 예시로 삼은 것은 식물적 상상력의 표출이라는 부분이 여느 작품보다 매우 특징적인 면을 보이고 있기 때문이다. 여느 작품도 모두 그러하지만 특히 이 「접중花」는 문학과 삶의 관련성을 강조하여 작품의 의미를 해명하려는 의도로써 문학사회학적 방법론에 입각한 작품으로 구별 지을 수 있다는 점이다. 시인이 어떤 식물을 서정의 대상으로 선택하고 형상화하였다는 점에서 그 식물이 완전한 대상성만으로 존재한다고는 볼 수는 없다. 시인의 생활세계는 대상 식물과 일정한 거리를 유지하고 있으며, 식물은 식물대로 시인의 삶과 직접적인 관련을 맺지 않는다. 대부분의 경우, 그 식물은 정감표출의 수단이라든가 감각적 표현의 도구로 처리되는 수가 많다.[21]

   옛 사람 너를 일러
   창녀라 하였다.

   가시로 하여 이름인가,
   꺾이지 않으려는 매서운 마음
   절부의 넋이어늘……

   붉다하여 으름인가,
   깨문 입술 피 맺히니,
   먹은 마음 서리어늘……」

---

20) 「접중花」는 1954년에 발간된 『진주만』에 실려 있다. 초허의 나이가 마흔 여섯 살 되던 해에 쓴 시이다. 그렇다면 1947년에 발간된 시집 『三·八線』이나 1948년에 발간된 『하늘』에 실려야 마땅하다. 그러나 1954년에 발간된 『진주만』에 실려 있는 것은 진주만에 실린 시작품들이 일본을 비판하는 詩作品으로서 일제강점기를 피해 해방 후에 발간된 것으로 추측된다.

21) 이숭원, 앞의 논문, 475쪽.

아마도 그 사나이 너를 못 꺾어
화 푸리 한가보이.

-「해당화」 전문

　여기서 '해당화'가 지닌 본질적 속성은 아름다운 여인이다. 이처럼 시적화자는 '해당화'라는 식물을 대상으로 삼아 자신의 정서, 즉 아름다운 여인을 시기하는 이유를 말하고 있다. 외연적으로 보면 한낱 '꽃'에 불과하지만, 내포적인 입장에선 '한 여인'을 '꽃'으로의 은유이다. 그러나 '해당화'는 단순히 '꽃'이나 '한 여인'으로 대상화한 것이 아니다. 그 식물, 또는 '한 여자'의 그 이상으로 생각되는 의미를 지니는 속성으로써 상징성을 우리에게 부여한다는 것이다. 그 '해당화'가 식물적 이미지의 꽃으로서 상징하는 바가 무엇인지는 「해당화」가 초허의 여섯 권 시집 중에 『진주만』에 실려 있다는 점을 상기할 필요가 있다.
　한 마디로 『진주만』은 '太平洋戰記'이다.22) 시편 대부분이 풍류시를 필두로 하여 「아가에게 주는 시」, 「태평양전쟁초」, 「새나라 설계」, 「가정예찬」 등 다섯 부분으로 대별하여 발간된 시집이다. 특히 「태평양전쟁초」는 일제가 진주만을 기습한 이야기들로 구성되어 있다. 그런데 이 시집이 일제강점기 때의 내용을 담은 시편들로 구성되어 있는데도 여섯 권의 시집 중에서 다섯 번째로 발간된 것은 위정 말기 「술노래」편 속에 있는 작품에 계속하여 쓴 미완성 작품을 해방 후에 다시 회상하여 개작한 것으로 추측된다. 따라서 「해당화」의 '해당화'는 식물로서의 꽃이 아니라 조국의 대상화인 셈이다.
　프랑스 상징시(象徵詩)와 시론(詩論)이 한국에 처음 소개·수용된 것은 1910년대 말(末) 젊은 일본 유학도인 백대진(白大鎭), 김억(金億), 황석우(黃錫禹), 주요한(朱耀翰) 등에 의해 비롯되었다.23) 특히 언어의 마술성을 개발하는 일은 상징시 작법 중에 하나의 원리에 해당된다. 말라르메는 언어의 연금술로서 환각(幻覺)을 조직적으로 탐구하며, 암암리에 가지각색으로 얽히는 경향을 감각적으로 환기시킴으로써 영혼의 상태를 표현할 수 있는 언어를 추구하였다.24) 곧 감동을 독자들에게 묘사하는 대신 그들의 마음속에 재생시키는 것, 언어의 마술

---

22) 이성교, 「김동명 시 연구」, 『김동명의 시세계와 삶』, 한남대학출판사, 1994, 39쪽.
23) 李京慧, 앞의 논문, 1쪽.
24) Rene Ghil, 「시론」의 序.

성을 노린 것이다. 이처럼 상징시가 모호성·음향성·암시성 문맥에서의 의미한정(意味限定)이라고 할 때 「해당화」의 '해당화'는 암시성, 또는 모호성의 조국을 의미한다. 따라서 초허는 풀(잡초)이나 나무뿐만 아니라 '꽃'을 통해 의미하고자 하는 뜻을 대상화했다.

서정성을 추구하는 시인은 자신의 눈앞에 놓여 있는 대상을 초월하여 그 대상과 '동화(同化)', 또는 '투사(投射)'로 동일성(同一性)를 이루하고자 노력한다. 이것이 「해당화」의 시적 전략이다. '창녀'라는 대상의 정의, 대상과의 동일성 추구, 대상에게로 가까이 다가갈 수 없는 이유, 위정자들이 대상을 대하는 태도 등의 과정을 진술함으로써 많은 사람의 보편적 경험의 한 단면을 표상하게 만든다.

> 삭막(索寞)한 내 뜰에/오직 한 송이 붉은 장미(薔薇)꽃//겨울과 겨르려는/불 붙은 정열(情熱)인 양……//황혼(黃昏)이 숯고 간 뒤//황홀(恍惚)한 고독(孤獨) 위에/흰 눈이, 나리다.//창백(蒼白)한 정념(情念)을 에워/밤이 스미다.//이윽고 새날이 오니,/아아 찬란(燦爛)한 은(銀)빛 원광(圓光)!/나는 이 아츰/꽃의 거룩한 모습을 절한다.//
>
> -「雪中花頌」 전문

식물적 상상력으로 「雪中花頌」에서도 초허는 '설중화'를 대상화되고 있다. '장미'는 불붙은 정열로 추운 겨울과 한판 겨룬다. 그 결과는 '이윽고 새날'이 오고 희망적인 세계로 전이 된다. 다시 말해서 물질세계인 겨울과 암흑의 부정적인 현실이 빛과 충만한 자각으로 인해 희망을 주는 정신적 세계로 변화한다. 그리고 황혼이 머문 뒤 눈이라는 통과의례를 거쳐 밤의 휴식을 지나 빛의 생명력이 나타난다. 황혼이 스친 뒤의 감상적인 상태가 아닌 황홀한 고독으로 화해의 흰 눈이 조화를 이뤄 순화작용을 하고 있다.

'꽃'이라는 식물이 관찰의 대상으로 놓여 있으면서도 '생명의 감각적 인식'이 포착되어 있다. 식물적 상상력이 작용하는 경우 식물이 단순히 대상성만으로 설정되는 경우는 사실 그리 흔하지 않다. 시인이 이미 어떤 식물을 소재로 선택했다는 그것부터가 그 소재에 대한 시인의 독특한 의식이 작용했음을 말해준다. 따라서 선택된 소재를 중심으로 상상력을 전개시키는 한 시인의 생활자체가 대상 식물과 관계를 맺는 것은 당연한 일이다.[25]

---

25) 이숭원, 앞의 논문, 480쪽.

## 3. 나가기

우리 문단사에서 김동명을 제외하고서는 문학사를 결코 논할 수 없다. 그런데도 그에 관한 연구가 많지 않은 상황에서 그의 시세계를 다양한 측면에서 접근해 보기 위해 "식물적 이미지-풀(잡초)·나무·꽃"-을 중점적으로 살펴보았다. 동시에 식물적 상상력이 시 속에 발현되고 이미지로 형상화되어 초허의 시 전체의 의미를 창조해가는 과정 또한 고찰해 보았다. 앞서 언급했듯이 초허의 시에 있어서 '식물'은 가장 중요한 상상력의 원천이 되며, 이 상상력은 다양한 이미지의 전개로 나타난다. 식물적 이미지에서 초허의 시의식에 이입된 '풀'의 생명적 현상은 생사의 영겁회귀 순환구조를 보여주며, 영원불변의 상징으로 삼아왔다. 또한, 생성구조와 성장구조, 하강구조라는 순환과정을 보여주었다. 즉 성장 → 개화 → 결실 → 하강으로 이어지는 자연의 섭리로써 순환과정을 통해 다양성이 확보된 상상력을 발휘해 왔다. 초허는 유년의 고향을 잃어버린 상실감과 국권상실이라는 아픔, 그리고 민족상잔이라는 6.26의 비극을 식물적 상상력으로 풀어갔다. 그의 시 「芭蕉」는 일제에 빼앗긴 조국에 대한 상실감과 조국에 대한 그리움으로 점철된 작품이다.

풀의 이미지는 초허에게 결핍을 견디는 힘이고, 절망을 극복하는 방법이다. 또한, 춥고 어둡고 허기진 세상과 화해할 수 있게 해주는 중요한 매개물이다. 그것은 그의 결핍이 빈 허공으로서의 결핍이 아니라 단단한 '씨앗'으로서의 결핍이기 때문이다. 씨앗은 아직 온전한 생명의 모습을 보여주고 있지는 않지만, 결핍되었던 햇빛과 물과 공기가 충족되면 언제든지 커다란 나무로 성장할 가능성을 가지고 있다. 또한, 춥고 어둡고 허기진 세상과 화해를 시도하는 중요한 매개물로서의 식물적 이미지를 구축한다. 이러한 정황에서 자아와 세계의 동일성(同一性), 혹은 일체감을 추구하는 일이 초허의 시세계라고 정의할 수 있다.

그는 시적 자아를 식물에 투사하여 자기와 동일화(同一化)했다. '식물'과 '나'는 별개의 것이 아니고 공동체적 운명에 대한 논의로써 일제 강점기의 삶에 대한 진지한 성찰로 이어졌고, 이것은 현실성이 담보된 상상력이라고 규정할 수 있다.

초허에게 '나무' 또한 단순히 식물로써 나무가 아니다. 그것은 영적인 의미와 상징을 보여주며, 번영과 승리의 표징이다. 초허는 단순히 전원생활에 안주하며 대상을 관조하는 정태적인 삶의 자세와 시적 태도만을 보여준 전원적·목가적 시인이 아니다. 대상과의 적극적인 교섭과 상호합일을 추구하고자 하는 능동적이고 적극적인 성격을 나타내는 시인이다. 가령 나무는 나무로서만 기능을 다 하지 않는다. 어떤 역경에도 견딜 줄 알아야 한다. 태풍이 불어와도 살아남는 유연성을 터득한 것이다. 또 포용의 자세이다. 어떤 새가 찾아와도 차별하지 않는 평등의 정신을 나무는 가지고 있다. 초허는 「受難」(종려나무)과 「垂楊」, 「향나무」 등에서 그러한 시적 태도를 잘 나타내고 있다. 이러한 나무의 속성을 상상력으로 이미지화하여 대상화하는 특징을 지니고 있다.

   초허는 욕망이 배제된 나무의 순수함, 향기를 살 속에 간직할 수 있는 인내와 지혜, 그리고 우주의 섭리를 이해하고 적응하는 순수미학을 '나무'라는 이미지를 통해 대상화를 실현하게 했다. 식물이 가지고 있는 수동성이 문학의 추리·반전·편향성을 극복하는 계기로 삼는 것 또한 초허의 식물적 상상력의 기저임을 깨닫게 했다.

   개화와 성장 과정을 거쳐 낙화하는 자연의 진리를 시작품에 육화시켰다. 가령 시인은 꽃과 같은 처지와 동병상련(同病相憐)의 정으로 '난초'를 자신의 분신으로 대상화하는 시적 태도를 보여준다. 소극적 저항의 의지와 일제의 강압적 식민 정책을 은유하거나, 또는 상징으로 보여주며 타파하려고 했다. 그는 '꽃' 등의 식물 이미지를 통해 그의 절대적인 구원 상을 이미지화하고 이에 다다르기 위한 적극적인 의지의 양태를 '꽃'에 적용하여 보여주었다. 어느 때엔 '꽃'처럼 화려한 비유로 수식된 몽상의 세계를 전개하기도 하며, 유연한 고전적 시어로, 애수와 고독의 표상으로 전개되는가 하면, 변형적 형태로 나타나기도 했다. 초허의 식물적 이미지는 시적 자아와 세계가 소통할 수 있도록 도와주는 매개적 대상이다. 즉 초허의 시에 있어 식물의 이미지는 '고향 상실의 아픔'과 '국권 상실의 아픔'으로, '성찰의 매개물'로 사용되었다.

   이같이 초허의 시에 나타난 식물적 상상력에 관해 그의 서정시와 연관성을 다각도로 관찰하여 보았다. 식물적 이미지를 소재로 삼은 것은 신지식인으로서의 무기력함과 일제 강점기를 비판하는 방법을 상징으로 사용했다는 점이다. 향후 동물적 이미지와 물의 이미지에 대한 초허의 시작품 연구라는 숙제를 남기면서 마친다.

# [참고문헌]

## 1. 기본 자료

〈시집〉

김동명, 『나의 거문고』, 신생사, 1930.
-----, 『芭蕉』, 新聲閣(함흥), 1938.
-----, 『삼팔선』, 文隆社, 1947.
-----, 『하늘』, 崇文社(서울), 1948.
-----, 『眞珠灣』, 文榮社(이화여대), 1954.
-----, 『目擊者』, 人間社, 1957.
-----, 『내마음』, 新雅社, 1964.

〈수필집〉

김동명, 『世代의 揷話』, 日新社, 1959(단기 4292).
-----, 『모래 위에 쓴 落書』 新雅社, 1965.

〈평론집〉

김동명, 『敵과 同志』(3판), 昌平社, 1955.
-----, 『歷史의 背後에서』, 新雅社, 1958.
-----, 『나는 證言한다』, 新雅社, 1964.

## 2. 단행본

강우식, 『한국 상징주의시 연구』, 문학아카데미, 1999.
김동명학회, 『김동명문학연구』, 제1집, 난설헌출판사, 2014.
---------, 『김동명문학연구』, 제2집, 난설헌출판사, 2015.
---------, 『김동명문학연구』, 제3집, 난설헌출판사, 2016.

한국현대문예비평학회, 『한국문예비평연구』 제51집. 창조문학사, 2016.
마르틴 부버, 『나와 너』, 표재명 옮김, 문예출판사, 1977.
白 鐵, 『朝鮮詩文學思潮史』, 白楊堂, 1949.
레온 앨트먼, 『性·꿈·정신분석』, 유범희 역, 민음사, 1995.
송용구, 『독일의 생태시』, 새미, 2007.
심은섭, 『한국 현대시의 표정과 불온성』 푸른사상사, 2015
李幸順, 『韓國文學史事典』, 螢雪出版社, 1979.
장폴 사르트르, 『문학이란 무엇인가』, 민음사, 2006.
조인현(趙演鉉), 『한국현대문학사』, 人間社, 1961.
주디스 바틀러/가야트리 스피박, 주혜연 역, 『누가 민족국가를 노력하는가』, 산책자, 2008.
질베르 뒤랑, 『상징적 상상력』, 진형준 譯文, 문학과 지성사, 1987.
칼리니스쿠, 『모더니티의 다섯 얼굴』, 이영옥 외 옮김, 시각과 언어, 1998.
한국현대문예비평학회, 『한국문예비평연구』 제51집, 창조문학사, 2016.
한국동서비교문학회, 『동서비교문학저널』 제40호, 도서출판동인, 2017.
J. L. Calderwood와 H. E. Toliver(ed), From of poetry(Prentice-Hall, INC. 1968)

## 3. 논문 및 기타자료

경남도민일보, 「지역사회의 미래와 식물적 상상력」, 2017년 1월 9일字
김병우, 「아버지 김동명에 관한 書翰」. 『김동명의 시세계와 삶』, 한남출판사, 1994.
김윤정, 「김동명 시에 나타난 ;주체의식' 연구」, 『김동명문학연구』 창간호, 2014.
송병욱, 「시인의 현실참여」, 『김동명 시세계와 삶』, 한남대학교출판부, 1994.
송용구, 「한국시의 식물적 상상력」, 『시산맥』 통권21호, 2015. 봄호, 14쪽
-----. 「독일과 한국의 생태시 비교 연구」, 『카프카연구』 제28집, 한국카프카학회, 2012.
송재영, 「물의 상상체계」, 『김동명 시세계와 삶』, 한남대학교출판부, 1994.
송효섭, 「김동명의 기호세계」, 『김동명의 시세계와 삶』, 한남대학교출판부, 1994.
신익호, 「황혼과 변증법적 의미」, 『김동명의 시세계와 삶』, 한남대학출판사, 1994.

심은섭, 「김동명 시에 나타난 기원 양상 연구」, 『한국문예비평연구』 제51집, 한국문예비 평학회, 2016.
-----. 「초허의 '소극적 저항의식'의 시세계 수용」, 『김동명문학연구』 제3집, 김동명학회, 2016.
안수길, 「김동명 선생의 시와 애국심」, 『신동아』 43호, 1968.
엄창섭, 「招虛金東鳴文學硏究」, 박사학위 논문, 성균관대학교, 1985.
오탁번, 「모성 이미지와 화합의 시정신-박재삼의 시세계」, 고려대학교민족문화연구소, 1997.
李京慧, 『1920년대 한국상징시 연구』 석사논문, 계명대학교, 1982.
이미림, 「작가(시인)으로서의 삶, 지식인(정치가)으로서의 삶」, 『김동명문학연구』, 김동명학회 Vol 02, 2015,
이성교, 「김동명연구」, 『성신여자사범대학논문집』 4·5합집, 1972.
-----. 「김동명 시 연구」, 『김동명의 시세계와 삶』, 한남대학출판사, 1994.
이숭원, 논문 「한국 현대시에 나타난 식물적 상상력에 대한 연구」
임영환, 「김동명시의 특색」, 『정한모 교수 회갑기념논문집』, 일지사, 1983.
장금순, 「백석 시에 나타난 여성의 모습」, 고려대 석사학위 논문, 2006.

[Abstract]

# Consideration on relation between Cho-heo's poetic world and plant-oriented imagination

Shim Eun-seob

A professor of Korean literature at Catholic Kwandong University

The primary purpose of this study is to review the relation between Cho-heo's poetic world and plant-oriented imagination. While examining how the plant-oriented image become reflected in his poetic world, this study subdivided the subject of research. I.e., the plants which is the poetic material were used in various ways but this study tries to clarify them. Among them, the image of 'grass(weeds)', 'tree' and 'flower' were established as scope of study. Despite of these three sectors, there're many works concerning the plants and thus his representative poetry was suggested as example in the three to four sectors.

「Musa basjoo」 and 「Orchid」 by Cho-heo which can be recognized as grass image and 「Ui-dong Play」 and 「Scenery on a hill」 based on ginseng and weeds respectively were used as examples to understand how the plant-oriented imagination has related with Cho-heo's poetic world. They tried to objectify his ego that became lethargic as modern intellectual, sadness for lost homeland, resistance against the physical and psychological violence under Japanese imperialism and irresistible yearning.

Moreover, with 「Suffering」 based on palm tree, 「Weeping willow」 which is full of emotion and very sentimental and 「Chinese Juniper」 that never bends easily but emit its fragrance even in difficult circumstances as example, this study explored his sincere, self-reflecting attitude. Third, the 'flower' was subject to review. The plant that most often use plant-oriented imagination was flower. In this paper, 「Narcissus Flower」, 「Narcissus Ⅰ」, 「Narcissus Ⅱ」, 「Hollyhock」, 「Sweetbrier」, 「Flower in snow」 are suggested as example.

While considering the history of his inner imagination and inclination, this study found that he transferred his spiritual value such as will, agony from loss and resistance in his inner world into 'grass', 'tree' and 'flower' and tried to give shape to homogeneity with plants. In other words, his emotion was put into plants including expectation for independence of country and futility of life. It is to see the beauty and value of objects deeply enough by putting his difficult situation into plants.

* Keywords: plants. imagination, image, Kim Dong-myung, Cho-heo, sense of loss, sense of loss, flower, tree, grass(weeds), sense of loss, identification, projection, assimilation, introspection, Japanese colonial era, poem, poetry, poet, modern poetry, Korea, literature, country, objectification, interaction, poetic world

# 김동명 문학의 공간적 상상력 연구
-바다, 정원, 도시를 중심으로-

이미림*

---
**목 차**

1. 김동명의 삶과 공간인식
2. 유목적 사유의 근원, 바다
3. 토포필리아로서의 정원
4. 장소상실의 표상, 도시(서울)
5. 결론
---

### 국문초록

전원적이고 목가적인 시인으로 알려진 김동명 문학의 총체적 이해를 위해서는 대표시나 초기시에서 벗어나 그가 남긴 시, 수필, 정치평론 등을 함께 고찰해야 한다. 본고는 들뢰즈의 공간이론을 수용하면서 바다, 정원, 도시에 함축된 김동명 문학세계의 본질을 파악하고자 한다. 출생지, 이주지, 시창작 공간 등 바다와 밀착되어 살아온 작가에게 바다는 유목적 사유와 더불어 민족/국가에 함몰되지 않고 자유주의적이고 민주주의적인 시각을 견지하게 했다. 이주, 유학, 월남, 피난 등 유동하는 이방인으로서의 삶도 객관적이고 중도적 입장에서

---
*강릉원주대 국어국문학과 교수

세상을 바라보게 한 바 북의 공산당과 남의 이승만 정권에 대해 신랄하게 비판하고 일갈했던 삶이 이를 대변한다. 어디에 살든 화초와 나무를 가꾸어 정원을 마련했던 작가에게 뜰은 각박하고 추악하며 탐욕적인 현실에서 벗어나고 싶은 시인의 마음을 내포하며 안식과 상처 치유의 장소로 인식된다. 그러나 정원은 현실과 유리되거나 도피의 측면보다는 도시 속 자연이라는 점에서 특징적이다. 이는 홈패인 공간인 도시에서 탈영토화하여 매끄러운 공간으로 탈주하는 유목민적 삶을 지향했던 김동명의 사유가 담겨있다. 장소애호적인 정원에 비해 해방 후의 서울은 장소상실의 공간으로 표상된다. 북에서 탈주하여 소매치기, 도둑, 몸 파는 여자, 피난민, 거간꾼, 모사꾼이 득시글거리고 오물과 쓰레기가 난무하는 서울에 정착한 작가는 산책자로서 거리 풍경을 관찰하고 묘사한다. 그가 남긴 일련의 서울풍물지 시와 산문엔 근대성과 도시성이 지닌, 인간관계를 절연시키는 도시적인 삶에 대해 일침을 가한다. 김동명은 영토화된 홈 패인 공간인 도시, 탈영토화된 매끄러운 공간인 바다, 현실과 이상, 일상과 창작, 억압과 자유의 길항과 갈등과 긴장 하에 도시 속에서 유목민적 삶을 지향하는 정원을 추구하였고 이러한 사유와 공간을 바탕으로 자신의 문학세계를 구축하였다.

핵심어: 공간적 상상력, 홈 패인 공간, 매끄러운 공간, 토포필리아, 장소상실, 안식처

## 1. 김동명의 삶과 공간인식

1900년 강원도 명주군 사천면에서 태어난 김동명은 근대지식과 교육을 받기 위해 1908년 부모님을 따라 신문물과 신사상을 접할 수 있는 開港地인 함경도 원산으로 이주했다. 그의 삶은 이민, 유학, 취업, 월남, 피난 등 유동하는 삶이었으며, 이러한 이주체험1)은 세상을 바라보는 시선을 객관적이고 자유롭게 했고 인권, 정의, 자유, 민주주의적 가치를 옹호하게 된 배경2)이 되었다. 실향과 피난으로 점철된 그의 삶은 작품 속 '나그네', '목격자'라는 관찰자로서의 시적 자아나 서술자로 투영되어 외부의 시선으로 내부를 날카롭게 비판하고 성찰하였다. 그가 고향에 대한 집착이나 민족, 국가에 함몰되지 않고 자유, 민주, 인권의 시각을 견지한 것도 이방인으로 살았기 때문이다. 김동명은 전체주의의 위험에 빠질 수 있는 민족주의보다는 개인주의적이며 자유주의적인 민주주의를 옹호3)했으며, 민주주의란 인간은 존엄하다는 것이기에 인민을 위한 마음이라고 이해했다. 따라서 민족의식이나 애국·반공적 측면을 강조하는 평가는 범우주론적이고 자유로운 그의 문학세계에서 일면만을 부각시킴으로써 협소하게 만든다.

한곳에 머물면 집착과 편견에 사로잡히기 마련인데 자발적이든 강제적이든 한국근현대사의 질곡과 함께 했던 김동명의 삶은 정착민인 주류의 삶이기보다는 유목민이자 이방인인 비주류의 감각으로 살게 했다. 어린 시절엔 어머니의 학구열로, 청년기엔 유학 및 취업으로, 어른이 되어서는 해방기의 혼란과 전쟁으로 인한 월남과 피난으로, 이화여대 교수시절인 서울생활까지 김동명의 이동성은 '사회적 역할을 넘어 객관성과 자유라는 짐멜식 이방인상'4)을 대변한다. 객관성을 자유와 결합시킨 짐멜에게 '객관적인 사람이란 어떠한 고정관념에도 얽매이지 않는 자유의지'5)를 의미했다. 남북한 모두 겨냥하여 문제를 제기하고 질문하는 이방인과 지식인 역할을 실천했던 작가는 고통과 외로움, 소외 속에서 안식처가 필요했다. 산

---

1) 1900년 명주 출생, 1907년 원산 이주, 1920년 함흥 영생고보 졸업, 1925년 일본 유학, 흥남 교원생활, 1946년 월남, 부산피난, 서울 교수생활 등 끊임없이 유동하는 삶을 영위했다.
2) 이미림,「작가(시인)로서의 삶, 지식인(정치가)로서의 삶: 김동명의 수필집과 정치평론집을 중심으로」,『김동명문학연구』제2권, 김동명학회, 2015, 84쪽.
3) 김동명문집간행회,「민족주의와 민주주의」,『나는 증언한다』, 장안서림, 1956, 447쪽.
4) 이용일,「다문화시대 고전으로서 짐멜의 이방인 새로 읽기」,『독일연구』제18호, 한국독일사학회, 2009, 190쪽.
5) 위의 논문, 192쪽.

문집이나 정치평론집에서 표출되었듯이 이윤추구나 개인의 영달보다는 부정의, 불평등, 불합리에 항거하고 저항했던 김동명은 북의 김일성과 그 일당, 남의 이승만과 자유당정권에 대해 맹렬하게 비판한바 이러한 반골기질과 습성이 작품 속에 그대로 투영되어 나타난다. 그의 아들도 아버지에 대해 '四方이 트인 氣字와 達觀과 함께 매임이 없는 자유로움'과 '일상생활에서의 합리적인 사고, 예민한 감수성'6)을 지녔다고 회상한다.

　　김동명 문학은 여전히 시중심의 전기문학에 치우쳐 전원적·목가적 문학세계를 지닌다는 평가에서 벗어나지 못하고 있다. 이는 일찍부터 국어교과서에 실려 정전이 되었고 가곡으로 불리어 널리 알려진 작품들이 대부분 초기 서정시였기 때문이다. 따라서 비시류 문학과 후기시를 연구대상으로 할 때 총체적인 평가가 이루어 질 것이다. 선행연구로는 기법 및 비유적 특징7), 심상연구8), 비교문학적 관점9), 주제적 접근10), 산문연구11) 등으로 나뉜다. 특히 보들레르의 영향을 받은 초창기 퇴폐적인 시문학 이후 전원파적 경향과 후기의 현실비판적 문학세계를 가르는 문학연구와 신석정, 장만영, 김상용 등과 더불어 전원파 시인으로의 분류는 고착화되고 있다.

　　본고는 김동명 문학에 나타난 바다, 정원, 도시 공간을 중심으로 작가의식과 문학적 특징을 고찰하고자 한다. 김동명 문학을 이해하는 단초이자 키워드인 공간적 상상력은 유목적 사유, 토포필리아, 장소상실의 의미를 지닌다. 시와 산문에 등장하는 바다(강, 호수)는 고향 강릉의 문학지리적 특성이며, 서구문물과 사상을 전수받기 위해 이주하고 교육받고 취업한

---

6) 김병우,「아버지 金東鳴에 관한 書翰」,『김동명의 詩世界와 삶』, 한남대출판부, 1994, 219쪽.

7) 심은섭,「김동명 시에 나타난 기원 양상 연구」,『한국문예비평연구』제45권, 한국현대문예비평학회, 2016, 전도현,「김동명 시의 비유 구성 방법 연구」,『한국학연구』제43권, 고려대 한국학연구소, 2012.

8) 백승란,「김동명과 김상용 시의 심상연구」, 충남대 석사학위논문, 2003.

9) 김효중,「김동명과 바쇼의 대비 연구」,『비교문학』제34권, 비교문학회, 2004.

10) 강석호,「김동명의 시세계: 192,30년대 작품을 중심으로」, 연세대 석사학위논문, 1981, 송영순,「김동명시연구」, 성신여대 석사학위논문, 1990, 권순인,「김동명 시에 수용된 의식에 관한 연구」, 관동대 석사학위논문, 1995, 엄창섭,「초허의 시문학과 정체성의 고찰」,『김동명문학연구』제1권, 김동명학회, 2014, 김윤정,「김동명 시에 나타난 '주체의식 연구」,『김동명문학연구』제1권, 앞의 책, 박호영,「김동명 시에 나타난 낭만주의적 시의식」,『김동명문학연구』제2권, 김동명학회, 2015, 유희자,「김동명 시의 모성적 상상력 연구」, 강릉원주대 석사학위논문, 2015.

11) 엄창섭,「김동명 산문의 연구」,『관대논문집』제17권, 관동대학교, 1989,「초허 산문의 사상성 고찰」,『비평문학』제5호, 한국비평학회, 1991, 장정룡,「김동명 수필의 '월남'과 '피난' 표출양상」,『김동명문학연구』제1권, 김동명학회, 2014,「김동명 수필집『세대의 삽화』의 작품특질 고찰」,『김동명 문학연구』제2권, 앞의 책, 이미림,「김동명 산문에 나타난 타자지향성과 디아스포라의식」,『김동명문학연구』제1권,「작가(시인)로서의 삶, 지식인(정치가)으로서의 삶」,『김동명문학연구』제2권, 앞의 책.

곳도 바다와 접해 있는 원산지역이다. 강과 호수를 포괄한 물의 상상력은 주도 모티프로 작동하며 김동명의 인생과 사상과 문학에 영향을 끼쳤다. 정원(뜰, 화단)은 작품 속에 자주 언급되는 소재로, 여성, 약자, 어머니, 가족으로 의인화된 꽃과 나무를 가꾸고 사랑하고 보호하는 일상을 지향했던 작가에게 현실 안에 수용된 전원이라는 점에서 예술성과 정치성을 함께 추구했던 인생관이 반영되고 있다. 김동명의 정원은 생활과 거리를 둔 자연과 산들이기 보다는 일상적인 삶이 일어나는 도시와 집안의 뜰이라는 점에서 현실과 유리된 자연과의 합일과 목가적 성향이라는 관점은 재고되어야 한다. 김동명의 자연친화적·목가적 성향은 절망하는 정치현실의 불화와 갈등을 전제로 하기 때문이다. 도시는 전쟁, 피난, 월남, 해방 이후의 혼란스러운 서울공간을 묘사하는 후기문학에서 부정적으로 투영된다. 서정시의 은유와 화려한 수사에 비해 후기시는 삶이 치열하고 가혹했기에 문학적 형상화를 생략한 채 날카롭게 현실을 비판하였다.

탈영토화와 유목주의를 제시한 들뢰즈는 매끄러운 공간과 홈패인 공간12)으로 구분하고 바다는 리좀적 사유가 생성되는 공간이며 리좀이란 일자적 중심을 제거함으로써 내재성으로 나아가는 방법이라고 설명한다. 이 두 가지 삶의 방식은 정착민과 유목민, 홈 패인 것과 매끄러운 것, 국가장치와 전쟁기계이라는 용어13)로 설명된다. 바다는 사막, 스텝(초원), 고원과 같이 리좀적 사유가 생성되는 공간이며 리좀이란 일자적 중심을 제거함으로써 내재성으로 나아가는 것으로서 소유의 공간이 아닌 변용태의 공간으로서의 매끈한 공간14)으로 인식된다. 바다와 반대로 도시는 홈이 패인 공간15)으로, 매끈한 것-홈패인 것은 다양한 방향에서 충돌, 이행, 교대, 중첩16)을 가져온다. 정원은 도시에서 매끄럽게 된 채로 살고자 했던 작가의 의도가 담긴 공간으로서 이방인의 유목적 삶이 투영되었다. 현실과 이상, 일상과 창작, 바다와 도시 사이에서 긴장과 균형을 이루며 창작과 생활과 정치를 공유했던 김동명의 사유

---

12) 홈패인 공간은 수치적 공간, 정주의 공간, 닫힌 공간, 수목형 공간인 것에 반해 매끄러운 공간을 백터적 공간, 위상적 공간, 유목적이며 열린 공간을 의미한다. 이 두 공간은 서로 대립되는 관계가 아닌 서로 혼합되는 양상을 보이며 존재한다. - 주진형,「'리좀' 개념에 기초한 현대건축공간 표현특성에 관한 연구」,『건설환경 연구소 논문집』제9권, 2014, 128쪽.
13) 이진경,『노마디즘1』, 휴머니스트, 2002, 117쪽, 120쪽.
14) 질 들뢰즈/펠릭스 가타리, 김재인 역,『천개의 고원』, 새물결, 2003, 914쪽.
15) 위의 책, 919쪽.
16) 위의 책, 921쪽.

와 문학의 근원이자 본질은 바다였고, 현실감각을 잃지 않는 도시공간에서 살아갔으며 이를 조화롭게 생성하고자 한 곳은 정원이었다. 전형적인 매끄러운 공간인 바다, 홈 패인 공간인 서울 그리고 도시 속의 매끄러운 공간인 정원 등 작가는 '홈 패인 공간에서 다시 매끄러운 공간을 만들어 살아가는 삶과 실천을 창안'[17]하는 생활을 영위했다.

그동안 초기시 위주로 문학적 특질과 가치를 평가했던 김동명 문학이 지닌 전원적·서정적이고 민족적·반공적인 측면에서 벗어나 비시류의 수필과 평론, 후기시를 아우를 때 범우주론적이고 민주적이며 자유주의적인 사유를 바탕으로 인간의 존엄성과 인권을 중시했던 김동명의 현실인식과 정치감각을 알 수 있을 것이다.

## 2. 유목적 사유의 근원, 바다

김동명은 바다가 있는 강릉에서 태어났고 이주한 원산도 바다를 접한 곳이며, 교사생활을 하며 시를 썼던 곳도 바닷가였다. 〈바닷가에서〉, 〈東海〉, 〈歸帆〉, 〈海洋頌歌〉, 〈颱風〉, 〈갈매기〉 등 '바다'를 중심한 시가 제일 많다는[18] 점이 이를 증명한다.

> 허지만 百祥樓 옛 다락에 올라 人生을 울고, 淸川江 맑은 물 굽이에 懊惱의 쪽배를 띄우기도, 「로맹 로오랑」의 莊嚴한 說敎에 옷깃을 바로 잡는가 하면, 「惡의 꽃」의 야릇한 香氣헤 함북 취해 버리기도, 꽃밭에 든 나비처럼 節制를 모르기도, 내 사랑의 終焉을 慟哭하기도, 모두 이 해의 일이었으니, 내 文學修業의 第一年이 이만하면, 미상불 多彩롭지 않았던가도 싶다. 그런데 해가 바뀌어 三月이 되자, 나는 또 교장으로부터 나가 달라는 명령을 받았다. 내 品行이 의심스러웠던 까닭일까? <u>기왕 이렇게 된 바엔 인젠 취직도 다 집어치고, 東海바닷가 어느 閑寂한 곳을 찾아 가서 마음껏 문학이나 공부해 보고 싶었다. 이런 경우에 남들이 흔히 그러는 것처럼, 산 속으로들 궁리를 안하고 바닷가를 찾은 것은 아마도 내 어린 시절의 한 때를 바닷가에서 보낸 까닭이었는지도 모르겠다.</u>[19]

---

17) 이진경,『노마디즘2』, 휴머니스트, 2002, 629쪽.
18) 이성교,「김동명 시 연구」,『김동명의 詩世界와 삶』, 앞의 책, 27쪽.

취업과 실직이 교차되는 가운데 작가는 산속보다 유년기의 고향 기억으로 바다가 보이는 풍경 속에서 습작 시편들을 쏟아낸다. 바다는 창작의 보고이자 무한한 상상력을 발휘하는 공간으로 시인이 되게 하는 원동력이 되었다.

> 내가 다시 젊어지기는 다만/그의 華奢한 옷자락이/나의 무릎 밑에 감길 때……
> 이윽고 그의 우람한 두 팔이/나의 허리를 어루만질 때면/나는 나의 뼈가 한 조개같이/그의 품속에서 반짝이는 幻覺에 醉한다.
> 나의 가슴을 조그마한 港灣에 비길 수 있다면/구비구비 듸리 닫는 물결은/異國의 꿈을 실고 오는 나의 나그네,/나의 마음은 네의 품속에서 海草같이 일렁거린다.
> ― 〈바다〉

바다는 세계를 구획하는 경계공간이자 인간과 문화의 교류가 이루어지는 매개공간, 죽음과 추방인 동시에 재생과 부활의 상징적 공간[20]으로 모든 것을 포용하고 '이국의 꿈'을 실어 나른다. 극도의 고독과 마주하며 메커니즘(유기체주의)에서 벗어나 끊임없이 이질적인 것들과 대화하고 상호침투하면서 천 개의 고원을 가로 질러가는 역동적인 생성의 시공간인 바다[21]에 몸을 맡기는 시적 화자는 유동적이고 허여하며 계량적이지 않은 삶의 태도를 배우고 성찰한다.

> 바닷가에서 아이들이 논다./바닷물까에 아이들이 모래로 城을 쌓아/저희의 領地를 맨들며 논다./바닷물이 사르르 기여 올라/城밑에 찰랑거릴 때 마다/아이들은 바다에서 잡어온 저희들의 적은 捕虜를 警戒하며/물결을 노려 본다./물결은 히죽 웃으며 물러간다./다시 아이들은 저희의 城을 튼튼이 하며/바닷물결을 바라보며 웃는다.
>
> 이윽고 물결은 껑충껑충 뛰여 와서/아이들의 城을 掩襲하고/저의 가련한 捕虜를 빼아스려 한다/하면 아이들은 손뼉을 치며 이 果敢한 侵略者를 歡呼로 맞끄/바닷물

---

19) 김동명, 「나의 文學修業時代 回想記」, 『世代의 揷話』, 일신사, 1954, 78-79쪽.
20) 오세정, 「한국 신화에 나타난 바다의 의미」, 『한국고전연구』제26집, 한국고전연구학회, 2012, 311쪽.
21) 정정호 편, 『들뢰즈 철학과 영미문학 읽기』, 동인, 2003, 195쪽.

껼은 저히의 市民을 앞세우고/빙글빙글 웃으며 물러간다./아이들은 또 愉快하게 웃으며 다시 城을 쌓는다./아아 얼마나 滋味있는 작란인고/나도 『때』의 바닷가에 쌓는 나의 적은 城을 위하여/저 아이들이 되고 싶다.

- 〈바닷가에서〉

이 시는 어린 시절의 자아를 찾아 회상하고 그리워 하고 있다. 바닷가에서 즐겁게 노는 아이들이 되고 싶은 시적 자아는 시간을 거슬러 보호받고 안락한 領地, 城, 搖籃을 갈구하며 구축하고자 한다. 그러나 시인의 삶은 위기와 공포, 두려움이 엄습했기에 자기만의 공간을 만들기 쉽지 않았다. 적들인 바닷물결도 웃으며 물러가고 아이들도 웃으며 모래성을 쌓는 일상이 성인의 삶에서는 주어지지 않는 것이다. 김동명에게 물은 시간이며, 시간은 유동적 존재로서 자아까지 변화시키는 이미지로서 기능을 수행하는바 그 이미지는 한정된 세계 속에 자신을 유폐하지 않고 끊임없이 탈출하고자 시도[22]하였다. 정착과 이동을 반복하며 안주하지 못했고 자유, 인권, 평등, 민주를 기치로 부정의와 불합리에 항거했던 시인의 원동력은 바다가 전달하는 근원적인 사유였다. 고향 강릉으로 귀환하지 않았지만 바다는 작가의 사상과 이념, 문학세계의 원천이 되고 있다.

바다여 네 가슴 속에는 푸른 하늘이 잠겨 있고/네 입설에선 끊일줄 모르는 노래가 永遠을 부르노나./저게 두둥실 나뜬 것은 白鷗와 함께 힌구름/그리고 밤이되면 아름다운 별들은 저들의 오랜 沈黙의 배반을 들고 네게로 모히나니/그렇게 넓고 깊고 또 맑은 네가슴이 어든/거긔에 宇宙의 한쪼각이 즐겨 깃듸린다 하여 怪異타 할거냐.

바다여 네게는 幻滅을 모르는 希望의 眞珠가 그윽히 빛을 놓고/자라기만 하는 情熱의 珊瑚가 구석구석이 붉었나니/斷에 부서지고 또 부서지는 저 물결은 너의 悠久한 意志./暴風雨를 부둥켜 안고 봐란 듯이 뽐내이는 그 氣槪 더욱 壯할시고,/아아 바다여 나는 네가 어찌하여 그렇게 씩씩한가를 알았구나.

---

[22] 이성교, 앞의 논문, 68쪽.

> 바다여 黃昏은 저의 붉은 키쓰로 너의 밤우에 不滅의 哀愁를 사기고/달은 푸른 하늘을 안은 네의 품속에서 저의 낡을줄 모르는 搖籃을 찾는구나/幽久한 韻律에 흔들리는 黃金의 노래는 네의 꿈이 얼마나 아름다움을 알리고/네 얼골을 떠도는 그칠 줄 모르는 微笑는 네 歡喜가 얼마나 큼을 말함이니/아아 바다여 나는 너를 바라 나의 좁은 가슴을 비웃으며 두팔을 높이 든다.
>
> — 〈海洋頌歌〉

하늘을 포용하며 영원, 희망, 유구한 의지, 불멸의 애수를 내포하는 바다는 용기와 폭넓은 포용성의 상징이기에 김동명의 인생과 사상의 근원이자 본질이다. 모든 것을 허용하며 끊임없이 유동하는 바다는 생명력, 풍요로움, 포용력 등을 표상하는바, '현실에 만족할 수도 안주할 수도 없었던 초허의 강직한'[23] 마음을 담는다. 〈나의 서재는 바다〉라는 시에서도 친숙하고 편안한 서재를 가장 사랑하는 바다와 합치[24]시켰듯이 현실과 이상의 균형을 잡았던 작가에게 바다는 매끈한 공간의 원형인 동시에 매끈한 공간의 모든 홈 파기의 원형[25]으로 표상되고 있다. 양면성을 지닌 바다는 어디에도 매이지 않고 자유로움을 추구했던 작가의 근원적인 심상이 담겨있다. 전형적인 매끄러운 공간인 바다[26]의 메시지와 이미지는 김동명 문학과 삶의 핵심적 사유를 이룬다.

## 3. 토포필리아로서의 정원

김동명은 서정적·전원적인 초기문학뿐만 아니라 후기문학에서도 지속적으로 정원, 화단, 뜰에 대한 애착을 강하게 보였다. 땅을 밟고 식물(나무와 꽃)을 키우는 일상이 작가에게 어떤 의미를 지니며 작품 속에 수용되는지는 그의 문학을 이해하는 관건이 된다. 고향을 상실

---

23) 백승란, 앞의 논문, 51쪽.
24) 송재영, 「물의 想像體系」, 『김동명의 詩世界와 삶』, 앞의 책, 69쪽.
25) 질 들뢰즈/펠릭스 가타리, 앞의 책, 916쪽.
26) 번지수를 매길 수도 없고, 점을 표시할 수도 없으며, 누구의 소유도 될 수도 없는 공간, 오직 방향을 가리키는 나침반만으로 찾아가며, 물결과 냄새, 날아가는 새들, 바람 등을 통해 '이곳'이 어디인가를 판단하면서 항해를 해야하는 공간이다. - 이진경, 『노마디즘2』, 앞의 책, 625쪽.

하고 노스텔지어에 대한 강렬한 소망이 표출되며, 정원을 가꾸고 꽃을 사랑하는 마음은 소재나 모티프 차원을 넘어서는 김동명 문학의 핵심적 요소이다.

정원에 대한 선행연구를 살펴보면, 작가에게 뜰은 세상을 피하여 자연 속에서 즐거움을 누리는 은일자의 일상27), 마음의 안식처28), 휴식처29), 자연과 인간 사이 즉 우주공동체적 세계관30), 원예치유31) 등으로 설명된다. 〈파초〉, 〈수선화〉, 〈오랑캐꽃〉, 〈접중花〉, 〈다래넝쿨〉, 〈나의 뜰〉, 〈庭園行〉, 〈雪中花頌〉, 〈白合花〉 등의 뿐만 아니라 수필에서도 국화, 따리아, 목련, 카라, 리리 등 꽃을 가꾸고 사랑하며 집착하였음이 드러난다. 꽃을 의인화하거나 '어머니', '여성'으로 호칭하며 가족으로 인식한 작가는 집(建物)에 대해서는 比較的 淡白한 편이지만 좋은 정원을 보면 노상 부러워 못 견딜 정도로 정원에 대한 욕심32)이 있다고 고백한다.

정원에 대한 장소애호(토포필리아)33)는 김동명 문학의 주제의식과 연결된다. 기존 김동명 문학연구에서의 정원은 서정적이고 자연친화적인 측면만이 강조되었지만 그가 지향하는 전원은 집에 딸린 뜰이라는 점에서 김동명 문학의 공간적 상상력을 유추할 수 있다. 이는 생활과 유리되지 않고 적극적으로 정치현실에 관심 갖고 참여했던 그의 삶이 증명하고 있다. 어린 시절 힘들었던 이주과정과 일본유학과 취업의 어려움, 정치적 수난, 월남과 피난 등 삶의 대부분이 가난하고 고통스럽고 참혹한 역사의 한가운데에 머문 디스토피아적인 현실에서 상처받고 억압된 자신을 지탱해주고 견뎌낼 수 있었던 공간이 가족으로 은유되는 정원이었다.

시와 수필, 자신의 시 해제 등 전반적으로 정원 소재의 글을 많이 남긴 작가의 장소애호적 경향은 강원 태생이 지닌 자연친화주의적 · 생태주의적 기질과 각박하고 처절한 현실에서 벗어나고픈 욕망과 갈망의 결과로 이해할 수 있다. 또한 유년기 고향 강릉을 떠나 원산,

---

27) 김참,「한국현대시에 나타난 이상향 연구」, 인제대 박사학위논문, 2009, 42-43쪽.
28) 이성교, 앞의 논문, 28쪽.
29) 신익호,「황혼의 변증법적 의미」,『김동명의 시세계와 삶』, 앞의 책, 81쪽.
30) 김효중, 앞의 논문, 142쪽.
31) 장정룡,「초허 수필의 '꽃' 이미지와 그 지향성 고찰」,『심연수 학술세미나 논문총서2』, 심연수선양사업위원회, 2013, 19쪽.
32) 김동명,「庭園」,『世代의 挿話』, 일신사, 1959, 30쪽.
33) topophilia는 사람과 장소 또는 배경의 정서적 유대라는 의미로, 물질적 자연환경에 정서적으로 묶여있는 모든 인간을 널리 정의할 수 있어 유용한 신조어이다. - 이-푸 투안, 이옥진 역,『토포필리아』, 에코리브르, 2011, 21, 146쪽.

함흥, 일본, 흥남, 서울 등 이주지에서 치열하고 고단한 떠돌이 삶에서 정착과 안주, 평화와 향수의 공간이 절실했을 것이다.

김동명은 자신의 수필에서 정원을 다음과 같이 말한다.

<u>나는 본시 정원을 좋아한다. 누군들 안 그러랴마는, 나의 정원에 대한 욕심은 좀 보통이 아닌 셈이다. 집(건물)에 대해서는 비교적 담백한 편이지마는, 좋은 정원을 보면 노상 부러워 한다. 그러기에 어디를 가다가도, 집이야 아무리 잘 지었건, 그저 심상히 지나기가 일수이지만, 좋은 정원만 눈에 띄면 나는 마치, 아름다운 예술품이나 대한 듯이 즐겁고 부럽다.</u> (중략) 정원을 하나의 사치로만 보는 것은 부당하다. 그것은 실로 마음의 逍遙處를 마련하는 생활설계의 한 중요한 부분에 속한다. 좋은 정원은 마음에 휴식을 주고, 정신을 맑게 하고, 생활을 풍부케 한다. 자연과는 언제나 약간의 거리를 가지고 살아야 하는 都市生活에 있어서 실로 어머니 같이 고마운 것이다. (중략) 나는 이북서 살 때, 七년을 경영하여 겨우 정원이랍시고 하나 가져본 일이 있다. 내가 이남으로 도피해 올 때, 무엇보다도 아깝고 미련이 남은 것은 바로 이 정원이었다. 내 詩集 〈眞珠灣〉에 실려 있는 〈庭園記〉는 바로 내가 고향을 하직하면서, 내 뜰의 花魂木靈에게 보내는 전시로 썼던 것인데, 시방도 나는 가끔 내가 남기고 온 내 「家族들」을 생각하며 추연히 하늘을 바라보는 버릇이 있다. (중략) 잠자리처럼 날아가 버린 내 어린시절의 기억을 또 다시 잠자리처럼 붙들어 보자는 슬픈 미련 때문인지도 모른다. 나는 이제 한결 적적하지 않다. 마치 保姆처럼 이 어린 것들을 길러야 하니까.- 34)

시인은 정원을 '예술품'이자 '마음의 소요처'로서 '휴식과 정화의 역할과 풍부한 생활을 제공'한다고 서술한다. 북한에서 급하게 월남할 때도 재산이나 물건이 아닌 7년 가꾼 정원을 두고 왔음을 아쉬워하고 그리워한다. 꽃과 나무에 영혼을 부여하는(花魂木靈) 정원은 어머니로 동일시되거나 때론 자신이 보모가 되어 보살펴야 하는 대상이기도 하다. 시와 수필속 화초들은 아름답고 여여쁜 여성들로 의인화되거나 감정이입된다는 점에서 타자지향적이

---

34) 김동명,「庭園」,『世代의 揷話』, 앞의 책, 30-32쪽.

고 생태주의적이며 우주공동체적 시각이 드러난다. 불굴의 신념과 저항적인 삶의 자세를 지닌 김동명이 시를 쓸 때와 정원을 가꿀 때 가장 순연하고 평화와 안정을 느끼는 것은 그의 삶이 고단하고 가난하며 고난과 투쟁의 연속이었기 때문이다.

조만식이 이끄는 조선민주당 도위원장을 하다가 탄압과 숙청의 위기로 월남할 때나 전쟁 피난시 길위에서 만난 사람들의 교활하고 이기적이며 극단적인 모습에 환멸과 절망을 느끼고, 정치활동을 할 때도 독재와 억압 속에서 슬픔과 한을 갖게 되었던 작가의 쉼터이자 비상구는 정원이었다. 북의 원산주택에서뿐만 아니라 서울 신촌동 70번지 202호에서도 꽃집을 가꾸며 국문과 교수, 동아일보에 정치평론을 쓰는 논설위원, 시를 쓰는 시인, 꽃밭을 가꾸는 정원사, 집에 케잌과 컵 속에 빨간 카네이숀이 떨어지지 않을 만큼의 결혼주례자[35]로 살았던 작가는 황량한 뜰을 식물원이나 꽃집으로 불릴 정도로 울창한 정원으로 만들었다.

> 나의 뜰은 나의 즐거운 조그마한 가정이요.
> 나는 내 삶에서 오는 고달픔의 많은 때를 여기서 쉬이오.
> 울밑에 몇 포기의 꽃과 나무, 그리고 풀과 벌레들은 나의 형제요.
> 우리는 함께 푸른 하늘의 다함없이 높음을 사모하며 힌구름의 자유로움을 배흐고
> 또 미풍의 소군거림에 귀를 기우리오.
> 새들이 저의 아름운 노래를 가지고 우리의 문을 두다릴 때면
> 아츰은 옥로의 식탁 우에 황금의 잔을 놓소.
> 하면 우리는 서로 잔을 기우리며 새날을 축복하오.
> 낙일이 우리의 이마에서 저의 정열에 타는 석별의 키쓰를 걷울 때면
> 황혼은 또 들에 이르러 명상의 배반을 베풀고 우리를 부르오.
> 달은 초ㅅ불, 우리는 여기에서 과거와 및 미래의 허다한 슬픈 이야기를 읽소.
> 그러나 때로는 불을 끄고 말쟁이 별들의 "침묵의 속삭임"에 귀를 기우리고 밤 가는 줄도 모르오.
> 이제 우리 울타리에 샛노란 호박꽃이 주룽주룽 매달릴 때면
> 또 저 덕 밑에 포도송이가 척척 느러질 때면

---

[35] 김월정,「나의 아버지 초허 김동명」,『문예운동』제86호, 문예운동사, 2005, 43쪽.

우리의 가정은 얼마나 더 번화하게 될 것이겠오.
나는 그때를 그리며 오늘도 고요히 너의 뜰을 걷이오.

- 〈나의 뜰〉

'즐겁고 조그마한 家庭'인 〈나의 뜰〉에선 꽃, 나무, 풀, 벌레와 자신을 동일시한다. 소박하고 사치스럽지 않은 뜰은 가족을 대하듯 시인의 정성과 애정으로 가꾸어져 있다. 그러나 시인의 자연친화적 태도는 유토피아적 지향이라기보다는 현실과 인간관계의 고달픔에서 잠시 벗어나 안식을 구하고자 하는 차원에서 이루어진다. 일제치하의 탄압, 해방 후 좌우이데올로기의 대립, 독재와의 저항 등 삶의 위기가 올 때마다 뜰은 위로와 상처치유를 위한 장소였다. 따라서 김동명의 전원적이고 목가적인 시세계는 현실을 전제로 생활 속에서 사유되고 있다. 미지의 장소를 이상향으로 꿈꾸지 않고 자신의 생활공간에 만족을 느끼기에 세상을 피하여 자연 속에서 즐거움을 누리는 은일의 태도36)인 것이다. 이러한 해석은 그의 삶의 행보가 뒷받침한다.

> 달밤에 花壇을 거니는 것을 恪別한 맛. 나는 앞뜰 十五「메터」를 몇 十番이고, 마치 時計처럼 왔다 갔다 하기도 하고, 또 연자매 말처럼, 앞뒷 뜰을 빙빙 돌아가기도 하며, 밤과 달, 혹은 별과 꽃을 즐기기도 한다. <u>花壇에 꽃만 피면, 나는 一年 열두 달을 혼자 있어도 외롭지 않을 것 같다. 아아, 그러던 花壇을 十年만에 가져보는 기쁨이여! 나는 이제 꽃의 馥유한 香氣 속에 살겠구나.</u> 자 그러면 내 이야기는 이만 그쳐두기로 하자. 나는 시방 곧 「바케츠」에 물을 길어 가지고 뜰로 내려 가야한다. 지난 밤 비에 꽃나무의 줄기와 이파리에 묻은 흙을 말끔히 씻어 주어야 하니까-. 나는 이 일을 우리 아가씨들을 미역 감긴다고 말한다.37)

전원의 노래는 '日帝 천하에 대한 오연한 거부의 몸짓'이자 '모질게 삭풍을 휘몰아쳤던 긴 겨울을 한 인간이 어떻게 살아갔는가를 말해'38) 준다. 또한 일제치하에서 김동명의 전원생

---

36) 김참, 앞의 논문, 41-43쪽.
37) 김동명,「花壇」,『世代의 揷話』, 앞의 책, 36-37쪽.
38) 김병우, 앞의 글, 226쪽.

활은 현실을 등진 칩거생활이 아니었을 뿐더러 오히려 예리한 눈길이 현실의 實相에 미치고 있었고 현실에 괴로워하고 분노했는가39)를 알게 한다.

가난과 역사적 질곡과 정치적 압박 속에서 자유롭고 평화로운 일상을 빼앗긴 채 한국근대사와 더불어 살아온 작가에게 정원은 명상과 몽상, 아름다움과 성장, 보호와 안락을 주는 장소성을 지닌다. 집, 건물, 물건보다 꽃과 나무, 정원 가꾸기에 애착을 지닌 시인이 유일하게 숨 쉬고 안도할 수 있었던 뜰이기에 그의 문학 속에 빈번하게 등장한다. 그러나 그의 정원과 자연 이미지는 현실과 일상과 유리되지 않았다는 점에서 다른 서정시인들과 차이를 보인다. 그의 정원애착은 바다와 반대인 홈이 패인 공간인 도시에 매끈한 공간을 다시 부여하고 이를 실현함으로써 도시를 벗어나는 삶을 지향하고자 하는 의도가 담겨 있다.

## 4. 장소상실의 표상, 도시(서울)

도시성은 근대성으로 인식하는 입장과 자본주의가 공간적으로 구체화된 형태로서의 도시의 성격40)을 지닌다. 도시의 무분별한 팽창과 획일성, 진정한 인간적 관계를 단절시키는 도시공간의 분리와 차별 등은 현대 대도시를 특징짓는 인간학적 위기의 징후41)들이다. 카뮈는 세계의 갑갑함과 낯설음이 부조리라고 하면서, 부조리성은 인간이 환상을 상실하고 고독감을 맛보는 것 즉 고향 집의 기억이나 약속의 땅에 대한 희망을 박탈당한 이방인이 되는 것을 의미한다42)고 말한다. 로버트 리프톤은 "부조리와 조롱"이 2차 대전 이후 보편적인 생활방식의 뚜렷한 특징이 되었다고 주장하는바, 현대문학에서 나타나는 냉소주의, 유머, 속어로 나타나며 그런 부조리성은 주위의 활동과 신념들을 낯설고 부적절한 것으로 지각하는 것과 관련43)있다.

해방 후의 서울 도심은 김동명에게 부조리44)한 경관으로 인식된다. 김동명은 시집『목격

---

39) 위의 글, 239쪽.
40) 이양숙,「한국문학과 도시성」,『국문학연구』제30권, 국문학회, 2014, 114쪽.
41) 위의 논문, 115쪽.
42) 에드워드 렐프, 김덕현 외역,『장소와 장소상실』, 논형, 2005, 258쪽.
43) 위의 책, 259쪽.

자』에 수록된 〈世宗路〉, 〈鐘路〉, 〈明洞〉, 〈新村洞〉, 〈빠-江南〉, 〈서울素描〉, 〈서울驛〉 등 서울시내 지명을 소재로 많은 시를 남겼다. 서울태생이 아닌 시인은 목격자이자 관찰자 시선으로 서울풍경을 날카롭게 포착한다. 양갈보, 소매치기, 도둑, 謀利꾼, 거간군, 거지, 피난민이 넘쳐나는 서울은 '혼란하고 불안정한 사회상을 반영'하지만 작가의 '애정어린 응시에서 비롯45)되고 있다.

쓰레기와 市長 閣下가/단판 씨름 하는 거리
歸屬財産을 파먹고/구데기처럼 살이 찐 謀利꾼의 거리
어디 없이 널린 똥과 오줌과 가래침이 실은/貪官汚吏 못지않게 질색인 거리
소매치기 패도 제법/'빽'을 자랑한다는 거리
거지도 곳잘/中間派 행세를 하는 거리
'감투' 市長은 여전히 흥성거려/거간군도 忠武路 金銀商 못지않게 한몫 본다는 거리
늙은이들이 하 망영을 부려/주춧돌이 다 흔들거린다는 거리
일찍부터 슬픈 傳說을 지니고 있어/자래배 앓른 어린 아기처럼 얼굴이 노랗게 뜬 거리
그래도 빙 둘러 있는 遠近 山川의 이름만 거들어도/제법 멋들어진 古都란다
- 〈서울 素描〉

거지와 淑女가 가끔/숨바꼭질하는 곳
생선 가가 같이/비린내가 풍긴다
避亂民의 長蛇陣이/噴水모양 흩어져
鋪道 위에/물방울이 차겁다
-〈서울驛〉

해방은 되었지만 좌우익 대립, 이념 갈등, 가난과 이동의 불안정, 일제강점기의 잔재 등 해방기의 혼란스러움은 이루 말할 수 없었다. 북에서의 출당과 숙청 위기로 남하한 김동명

---

44) 부조리 absurd란 말은 카뮈가 사용한 개념으로 자기 자신과 세계 사이에 연결될 수 없는 간격을 드러내는 경험을 의미하는바 〈시지프의 산화〉(1942)에 이 부조리의 경험이 다뤄지고 있다. - 위의 책, 258쪽.
45) 장은영,「해설」,『김동명시선』, 지식을만드는지식, 2012, 135쪽.

은 또다시 타지이자 이주지인 서울에 정착하여 낯설고 익숙지 않은 도시를 산책자의 시선으로 관찰하고 목격한다.

〈서울 素描〉는 서울 풍경과 외관을 압축시켜 표현한 작가의 솔직한 심정을 피력한 시이다. 이 도시는 모리꾼, 소매치기, 거지, 거간군, 늙은이 들이 득시글거리는 '얼굴이 노랗게 뜬 거리'로 시인에게 비춰진다. 쓰레기와 똥, 오줌, 가래침 같은 오물이 널려있는 지저분하고 환멸스러우며 비대해져 있다. 또한 빽을 자랑하는 소매치기와 중간파 행세를 하는 거지, 어수선한 상황에서 한몫 보는 거간군, 망령을 부리는 늙은이 등 비정상적이고 탐욕스럽고 비윤리적인 사람들로 가득찬 거리가 서울이다.

근대도시의 산책자가 되어 시민과 군중을 관찰하는 작가는 세종로, 종로, 명동, 신촌동, 강남, 이화여대 교문, 서울역 등을 詩題로 설정해 묘사해간다. 월남과 피난 중 만난 수많은 사람들에게서 인간성이 상실된 추악하고 교활하며 극단적 이기주의를 체험한 작가에게 비춰진 서울풍경과 서울사람들의 모습은 혼란스럽고 불안하며 가난하고 부조리하지만, 마지막 연에서 "제법 멋들어진 古都란다"라고 마무리함으로써 애착을 전제로 한 비판과 부정적 시선임을 알 수 있다. 그가 정착한 현실 역시 사랑과 자유와 평온과는 거리가 먼 아수라장이자 사기꾼과 모사꾼이 난무하며 거지와 창녀가 들끓는 공간이었다. 작가는 이곳의 거리를 산책하며 혼란스러운 사회상을 날카롭게 담아낸다.

<u>서울의 소매치기냐 소매치기의 서울이냐 하고 묻는다면 누구나 잠간 어리둥절 하리만큼 이 거리에서 可謂 無往不可의 威勢를 떨치고 있는 것입니다. 그렇다고 이상할 거야 있겠습니까. 서울의 傳統과 生理에서 오는 한 개의 必然한 現象으로 보아두는 것이 科學的인 態度이다.</u> 아무턴 무엇 하나 자랑할 것 없는 이 못난 서울이 저렇듯 굉장한 技術陣을 보유하고 있는 點에서 斷然世界一의 位置를 主張할 수 있으리라는 것은 얼마나 痛快한 일이리까. 이것은 실로 한사람의 技術者가 不幸히 現場에서 실수, 했을 때 가끔 그뒤에 나타나는 奇怪한 現象이 暗示해 주는 바와 같이 저 大膽無雙한 保護政策이 가져온 驚歎할만한 成果임에 틀림 없으리라. 그런데 노상 遺憾인 것은 저들의 그 훌륭한 技術을 가지고 기껏 한다는 짓이 避難民의 보잘 것 없는-그러나 때로는 단골 미천이 들어 있는-호주머니가 아니면 解放首都의 面目이

그리워 볏섬이나 팔아가지고 올라온 시굴 양반들의 보따리 따위에나 限死코 매달리
니 이런 좀스럽고도 치사스러울 데가 어데 있겠느냔 말씀입니다.46)

소매치기와 도둑과 피난민, 몸 파는 여자들이 생존을 위해 분투하는 서울을 작가는 객관적이고도 중간적인 입장에서 유머와 위트로 비판하고 있다. '서울 土배기들이 언제부터 배운 버릇인지, 집이라곤 매양 옷장 짜듯이 꾸미되, 그나마 바람 한 점 못 통하게 입구(口)字로 둘러 막아 놓고, 손 바닥만한 뜰마저 洋灰가루를 이겨 붙쳐서, 풀 한 포기 얼씬 못하게 만들어 놓고 사는47) 모습을 보면, 숨이 콱콱 막힐 지경이라는 작가는 '도시의 무분별한 팽창과 획일성, 진정한 인간적 관계를 단절시키는 도시공간의 분리와 차별 등 현대 대도시를 특징짓는 인간학적 위기의 징후'48)를 고발한다. 그러나 현실과 정치에 직면하여 이를 회피하거나 도피하지 않은 시인에게 해방 후의 서울이란 공간은 부조리하고 환멸스럽지만 자신이 선택한 정주지이기에 애정이 전제된 비판적 시선으로 갖고 도시를 소묘하였다.

## 5. 결론

김동명은 시, 수필, 정치평론 등 다양한 장르의 문학텍스트를 남겼기에 〈파초〉, 〈내 마음〉, 〈수선화〉, 〈내 마음은〉과 같은 대표작이나 전원적·서정적인 전기시에만 치우쳐 일제강점기를 배경으로 한 민족적이고 목가적인 그의 문학세계를 고찰하는 것에 대한 재인식이 요구된다. 산문에 나타난 김동명의 사상적 궤적과 문학적 지향은 자유, 민주, 인권을 수호하며 독재와 전체주의에 함몰되기 쉬운 민족주의보다는 민주주의를 주창하였다. 이는 강릉이 고향이고, 이주하고 창작을 하게 된 곳도 바다였다는 점과 정착민, 주류의 삶보다는 이방인, 비주류의 시선으로 살아냈기 때문이라 여겨진다.

본고는 김동명의 산문과 운문에 나타난 공간적 상상력을 통해 김동명의 문학적 특질을 고찰해 보았다. 그의 문학에서 바다와 정원과 도시는 작가의식과 밀접하게 연관된다. 바다는

---

46) 김동명, 「소매치기」, 『세대의 삽화』, 앞의 책, 99쪽.
47) 김동명, 「정원」, 앞의 책, 30쪽.
48) 이양숙, 앞의 논문, 114-115쪽.

유목적 · 리좀적 사유가 발생되는 매끄러운 공간으로 민족, 국가, 자기중심적인 삶에서 벗어나 객관적이고 의문을 품고 질문하는 범우주론적이고 타자지향적 시각을 갖게 했다. 〈바닷가에서〉, 〈東海〉, 〈歸帆〉, 〈海洋頌歌〉, 〈颱風〉, 〈갈매기〉 등의 시와 여러 산문에서 작가는 바다가 지닌 유목적 심상과 이미지를 담는다.

나무와 꽃을 사랑하고 가꾸고 키우는 작가의 삶에서 도시 속의 정원은 치열하고 고통스러운 인간관계와 복잡한 정치현실에서 벗어나 안락, 평화, 꿈, 가족, 모성, 사랑, 휴식을 지향할 수 있는 공간이었다. 그러나 그의 자연과 전원은 현실에서 벗어난 공간이 아니라 도시 속 공간이라는 점에서 다른 서정시인과는 차이점을 보인다. 시 〈파초〉, 〈수선화〉, 〈오랑캐꽃〉, 〈접중花〉, 〈다래넝쿨〉, 〈庭園行〉, 〈나의 뜰〉, 〈雪中花頌〉, 〈白合花〉 등과 수필 〈정원〉, 〈四月은 '이스터'의 季節〉, 〈花壇〉, 〈카라〉, 〈'따리아' 病들다〉, 〈菊花〉, 〈石榴꽃과 부처님〉, 〈山·白合花〉, 〈冬栢꽃 피는 고장〉 등에서 작가는 화초와 나무를 가꾸면서 자유와 상처치유를 얻으며 도시 속의 자연을 지향한다.

정원이 장소애호적 공간이라면 도시(서울)는 장소상실의 디스토피아적 세계이다. 월남과 피난 중 인간환멸을 경험한 작가는 가난과 매춘, 더러움, 위악이 가득한 서울풍물지를 소묘하며 관찰자적 입장에서 도시를 인식한다. 시 〈世宗路〉, 〈鐘路〉, 〈明洞〉, 〈新村洞〉, 〈빠-江南〉, 〈서울素描〉, 〈서울驛〉 등과 수필 〈東大門과 醉客〉, 〈소매치기〉 등에서 시인은 이방인이자 산책자의 시선으로 서울 거리를 객관적이고 냉철하며 부정적으로 소묘한다. 해방 이후의 서울은 근대성과 도시성이 지닌 인간관계의 단절과 소외가 나타나며, 오물과 쓰레기가 난무하고 부조리가 만연하는 혼란스럽고 추악한 풍경과 경관으로 비춰진다.

작가는 전 생애인 구한말, 일제강점기, 해방, 월남, 전쟁, 피난, 분단, 혁명, 독재 등 한국 근대사의 질곡과 함께 하면서 자신의 공간을 갈구하며 이방인이자 떠돌이의 삶을 살았다. 유목민적인 그의 삶은 사유의 근원이자 원천인 바다를 관조하면서 리좀적 삶의 자세와 문학세계를 구축하였고, 정원 가꾸기를 통해 치유와 안식을 얻었으며, 장소상실의 공간인 도시에서 인간의 고통과 아픔을 서울소묘로 남겼다. 이 세 공간은 작가의 주제의식과 문학세계가 드러나는 매우 유의미하고 주요한 공간인 것이다.

## 참고문헌

### 1. 기본자료

김동명문집간행회, 『모래위에 쓴 낙서: 김동명 수필 수기집』, 장안서림, 1956.
김동명문집간행회, 『나는 증언한다』, 장안서림, 1956.
김동명, 『적과 동지』, 청평사, 1955.
장은영 엮음, 『김동명 시선』, 지식을만드는지식, 2012.

### 2. 논문

김정월, 「나의 아버지 초허 김동명」, 『문예운동』제86호, 문예운동사, 2005.
김참, 「한국현대시에 나타난 이상향 연구」, 인제대 박사학위논문, 2009.
백승란, 「김동명과 김상용 시의 심상연구」, 충남대 석사학위논문, 2003.
송영순, 「김동명시연구」, 성신여대 석사학위논문, 1990.
심은섭, 「김동명 시에 나타난 기원 양상 연구」, 『한국문예비평연구』제51권, 한국현대문예비평학회, 2016.
오세정, 「한국 신화에 나타난 바다의 의미」, 『한국고전연구』제26집, 한국고전연구학회, 2012.
이미림, 「김동명 산문에 나타난 타자지향성과 디아스포라의식」, 『김동명문학연구』제1집, 김동명학회, 2014.
이미림, 「작가(시인)으로서의 삶, 지식인(정치가)으로서의 삶」, 『김동명문학연구』제2권, 김동명학회, 2015.
이양숙, 「한국문학과 도시성」, 『국문학연구』제30권, 국문학회, 2014.
장정룡, 「김동명 산문의 시대적 양상 고찰」, 『김동명 문학관 개관 기념 학술세미나 및 시낭송회 자료집』, 강릉문학협회, 2013.
전도현, 「김동명 시의 비유 구성 방법 연구」, 『한국학연구』제43권, 2012.

## 3. 단행본

김병우 외,『김동명의 시세계와 삶』, 한남대출판부, 1994.

엄창섭,『김동명연구』, 학문사, 1987.

이진경,『노마디즘1,2』, 휴머니스트, 2002.

정정호 편,『들뢰즈 철학과 영미문학 읽기』, 동인, 2003.

미셸 푸코, 이상길 역,『헤테로토피아』, 문학과지성사, 2014.

에드워드 렐프, 김덕현 외역,『장소와 장소상실』, 2005.

이-푸 투안, 이옥진 역,『토포필리아』, 에코리브르, 2011.

티에리 파코, 조성애 역,『유토피아: 폭탄이 장치된 이상향』, 동문선, 2002.

# 김동명 시, 강릉, 로컬리티

남기택*

---

**목 차**

1. 머리말 : 김동명 시 연구의 쟁점
2. 지역적 전유 양상과 과제
3. 헤테로토피아 혹은 로컬리티
   1) 고향의 중층성 : 향수, 바다, 어머니
   2) 문학사회학적 입지 : 지역적 정체성의 재구
4. 맺음말 : 보론

---

**[국문초록]**

　김동명 시는 한국문학사에 있어서 정전의 하나로 기록되고 있다. 그럼에도 불구하고 그에 관한 기존 연구가 충분한 수준은 아니다. 이러한 양상은 김동명 문학에 내재된 일종의 모순적 지형과도 같다. 김동명의 고향인 강릉을 중심으로 진행되고 있는 지역적 전유의 관점에서도 문제는 없지 않다. 김동명 문학은 강릉을 위시한 강원 지역에서 원류 격으로 강조되고 있다. 그러나 김동명 시에 강릉을 비롯한 강원 지역의 장소적 요소는 특별히 부각되지 않는다. 지역문학적 관점에서의 분석 역시 부족한 실정이다. 이 글에서는 김동명 문학이 한국문학의 대표적 사례이자 강릉권 지역문학의 전범이라는 전제 아래, 장소성과 지역성에 주목하

---

*강원대 교양학부 교수

여 시 세계를 논구하였다. 우선 김동명 시에 고향이라는 원형적 모티프가 사용되고 있다는 점을 강조하였다. 여기에는 고향 혹은 향수, 바다 등의 형상화가 포함될 수 있다. 이러한 소재를 통해 시적 헤테로토피아를 추구하는 양상은 곧 김동명 시의 로컬리티 구현 방식이기도 하다. 또한 다양한 문학사회학적 입지를 통해 김동명 시의 지역성을 거론하였다. 강릉 지역을 중심으로 하나의 문화 콘텐츠로 김동명 시를 전유하고 있는 제도적 경향은 그의 문학에 내재된 로컬리티를 현재화하는 실천적 노력이라 하겠다. 그 밖에 김동명 시의 로컬리티 양상으로 강원권 시문학의 주류 경향인 리리시즘의 기원이 되고 있다는 점, 민족문학적 특수성을 환기하는 주요 계기로 기능하고 있다는 점 등을 들 수 있다.

핵심어 : 김동명 시, 강릉, 고향, 로컬리티, 문학사회학, 장소성, 지역문학

## 1. 머리말 : 김동명 시 연구의 쟁점

2011년 6월, 고등학교 3학년을 대상으로 한 대학수학능력시험 모의평가 언어 영역 문제지에는 초허(超虛) 김동명(金東鳴, 1900-1968)의 「파초(芭蕉)」가 지문으로 실렸다. 「파초」는 김광균의 「수철리(水鐵里)」, 윤선도의 「견회요(遣懷謠)」 등과 같이 묶여 21번부터 24번까지 문항의 지문이 되었다. 당시로서는 보기 드문, 현대문학과 고전문학 작품을 함께 묶어 교차 질문하는 새로운 문제 유형이었다. 문제지에 인용된 「파초」 전문과, 이 작품에만 해당되는 단독 문항을 보면 다음과 같다.

(가)
조국을 언제 떠났노,
파초*의 꿈은 가련하다.

남국을 향한 불타는 향수,
너의 넋은 수녀보다도 더욱 외롭구나.

소낙비를 그리는 너는 정열의 여인,
나는 샘물을 길어 네 발등에 붓는다.

이제 밤이 차다,
나는 또 너를 내 머리맡에 있게 하마.

나는 즐겨 너를 위해 종이 되리니,
너의 그 드리운 치맛자락으로 우리의 겨울을 가리우자.

―김동명, 「파초」

\* 파초 : 잎이 긴 타원형이며 키가 큰 여러해살이풀.

22. (가)를 감상한 내용으로 적절하지 않은 것은?

① 파초를 '또' 머리맡에 둔다고 한 것을 보니, 계속해서 파초를 돌보겠다는 의지를 알 수 있군.

② 파초를 위해 '종'이 된다고 한 것을 보니, 파초를 아끼는 마음을 알 수 있군.

③ 파초의 잎을 '치맛자락'으로 비유한 것을 보니, 파초는 '나'에게 모성적 존재임을 알 수 있군.

④ '나'와 파초를 '우리'로 묶어 표현한 것을 보니, '나'는 파초에 대해서 일체감을 느끼고 있음을 알 수 있군.

⑤ 파초와 '나'가 처한 상황이 차가운 겨울밤인 것을 보니, 시련과 고난의 상황에 놓여 있음을 알 수 있군.[1)]

「파초」에 대한 적절한 감상 능력 여부를 묻는 위 문항은 답지 중에 갑작스러운 '모성애'의 등장으로 다소 싱겁게 귀결되는 듯도 하다. 이 글에서 주목하고자 하는 점은 문항의 완성도라기보다는 '수능'이라는 제도의 상징적 의미와 관련된 것이다. 수능은 60만 명 이상의 수험생이 치르는 한국 사회의 대표적 시험 제도로 기능해 왔다. 거기 지문으로 실리는 작품은 대학교수 40여 명에 이르는 출제진의 반복되는 검토를 거친다. 그런 만큼 공신력 있고, 해석에 있어서 객관성이 검증된 텍스트가 선별되는 것이다. 이런 수능의 대상 작품으로 「파초」가 다루어졌다는 에피소드는 김동명 시가 지닌 정전으로서의 위상을 반증하는 하나의 사례일 수 있겠다.

위의 예가 아니더라도 김동명 시의 문학사의 의미에 대해서는 이미 많은 논의가 있어 왔다. 「파초」, 「내 마음은」 등으로 상징되는 김동명의 시 세계는 한국문학사에 분명한 자산으로 기록되어 있는 것이다. 일례로 『국어국문학자료사전』의 경우 다음과 같이 김동명을 기록하고 있다.

---

1) 「2012학년도 대학수학능력시험 6월 모의평가 문제지」, 한국교육과정평가원(http://www.kice.re.kr). 시집에 수록된 「파초」원문은 다음과 같다. "祖國을 언제 떠났노,/ 芭蕉의 꿈은 가련 하다.// 南國을 향한 불타는 鄕愁,/ 네의 넋은 修女보다도 더욱 외롭구나.// 소낙비를 그리는 너는 情熱의 女人,/ 나는 샘물을 길어 네 발등에 붓는다.// 이제 밤이 차다,/ 나는 또 너를 내 머리마테 있게하마.// 나는 즐겨 너를 위해 종이 되리니,/ 네의 그 드리운 치마짜락으로 우리의 겨울을 가리우자."(김동명, 『파초』, 신성각, 1938, 2-3쪽)

1923년 『개벽』 10월호에 프랑스의 세기말 시인 보들레에르에게 바치는 시 「당신이 만약 내게 문을 열어 주시면」을 발표하면서 문단에 등장하였다. 전원에 묻혀 시작에 골몰하면서 『조선문단(朝鮮文壇)』·『동광(東光)』·『조광(朝光)』·『신동아(新東亞)』 등의 잡지를 통해 작품을 발표하였다. 초기의 퇴폐주의 경향에서 벗어나 민족의 비애와 조국에의 향수를 투명하고, 고아(高雅)한 수법으로 서정화하기에 힘썼다. 1938년 「구름」·「바닷가에서」·「해진송가(海津頌歌)」·「나의 뜰」·「나의 서재(書齋)」·「나의 집」·「송진냄새」·「동해(東海)」·「귀범(歸帆)」·「석죽화(石竹花)」·「황혼(黃昏)」 등 47편을 묶어 시집 『파초(芭蕉)』를 간행했다. 이들 시편은 한결같이 전원과 자연을 예찬한 작품으로서 은둔·자적의 생활속에 식민지시인의 심경을 진솔하게 표현한 것이며, 1930년대의 우리 문단을 풍미하던 농촌문학의 시대적 동향 가운데 한 인텔리시인으로서의 변모과정을 작품세계로 형상화했다. 해방후 과거의 시풍과 서정성을 탈피, 현실과 정치, 사회적인 풍자와 관념에 치우치게 되었다.2)

이 글은 초기 보들레르의 영향, 민족의 비애와 조국에의 향수, 『파초』이래 전원과 자연 예찬, 해방 이후 사회적 풍자와 관념 등으로 김동명 시 세계의 변모를 설명하고 있다. 이러한 내용은 김동명과 관련된 문학사적 정의에 있어서 대동소이하게 반복되고 있다.3) 대개 이

---

2) 국어국문학편찬위원회 편, 『국어국문학자료사전』, 한국사전연구사, 1998, 503쪽. 여기서 『파초』에 수록된 작품이라 소개하는 '「해진송가(海津頌歌)」'는 「해양송가(海洋頌歌)」(김동명, 『파초』, 앞의 책, 18-19쪽)의 오기이다.

3) 대표적인 예로 『한국민족문화대백과사전』의 설명을 들 수 있다. 이 책은 본문에서 예시한 『국어국문학자료사전』보다 시기적으로 앞선 것인데, 여기에 소개된 김동명 부분 중 문학에 관련된 내용은 다음과 같다. "친구 현인규(玄仁圭)에게서 보들레르(Baudelaire, C. P.)의 시집 『악의 꽃』을 빌려 읽고 깊은 감명을 받은 것이 계기가 되어 「당신이 만약 내게 문을 열어주시면」이라는 시를 『개벽』(1923년 10월호)에 발표함으로써 문단에 등단하게 되었다. 첫 시집은 『나의 거문고』(1930)로서 이때의 시 경향은 암담하고 우울했던 역사적 현실과 아울러 보들레르의 영향을 받아 퇴폐적이고 감상적인 경향이 농후하였다. 이 시기의 시로 남아 있는 작품들은 「나는 보고 섰노라」(1923)·「애달픈 기억」(1923)·「농녀(農女)」(1926)·「추억」(1926)·「공원의 밤」(1926)·「구라파 송(頌)」(1926)·「첫봄」(1926)을 들 수 있다. 그가 특유의 시 경지를 개척하기 시작한 것은 1930년 무렵부터였다. 그로부터 1940년대 초엽까지 약 10년간이 그의 황금기에 해당한다. 시집 『파초』(1938)와 『하늘』(1948)에 그의 시풍이 잘 나타나 있다. 이 때 그는 전원에 살면서 자연물을 소재로 한 시를 많이 썼다. 하지만, 이들은 단순한 전원시가 아니라 심층에는 민족적 비애나 역사적 고뇌가 짙게 배어 있다. 즉, 우국의 고뇌와 정열을 전원적 이미지로서 표현하였다. 대표적 작품으로는 「파초」·「수선화」·「수선(水仙) Ⅱ」·「내마음」·「나의 뜰」·「바다」·「하늘 Ⅰ·Ⅱ·Ⅲ」·「명상」·「술노래」들이 있다. 후기의 시세계는 광복과 더불어 바뀌었는데 시집 『삼팔선』(1947)과 『진주만』(1954)은 1945년부터 1947년까지 당시의 정치적 상황을 다룬 사회시이다. 『진주만』은 일본이 저지른 전쟁의 죄악과 그 인과응보적인 멸망을 태평양전쟁을 소재로 다루고 있으며, 『삼팔선』에서는 작자가 삼팔선을 넘기 전까지 북한에서 겪었던 참상과 북한 사람의 우울한 생활모습을 다루고 있다. 수록된 대표적인 작품으로는 「진주만」·「미드웨이」·「새나라의 구도」·「삼팔선」·「레디오」·「이방(異邦)」·「우울」·「비에 젖은 화상」·「피난민 Ⅲ」·「옥중기 Ⅲ」 등이 있다. 마지막 시집 『목격자』는 광복 전의

같은 골자로 김동명 문학은 하나의 정전으로 각인되어 있는 것이다.

한편 김동명 시에 대한 연구가 충분히, 깊이 있는 수준으로 진행되어 온 형편은 아닌 듯하다. 위와 같은 사전류 설명만 보더라도 정확하지 못한 부분이 발견된다.4) 김동명에 관한 학위논문, 연구서, 평론 등이 총량에 있어서 비교적 많은 분량은 아니라는 외현 또한 단적인 증거일 것이다. 예컨대 2017년 10월 현재, 국립중앙도서관의 소장자료 검색으로 '김동명 시'를 입력하면 '단행자료' 분야에서 도서 1, 학위논문 3, 전자책 1의 결과가 제시된다.5) '김동명 문학'으로 검색하면 단행자료 분야에서 도서 0, 학위논문 1, 전자책 1의 결과가 제시된다. 누리미디어 학술 데이터베이스(DBpia)에서 '김동명 시'로 검색한 경우 '인문학' 분야에서 48건, '김동명 문학'으로 검색한 경우 인문학 분야에서 4건이 제시된다.6) 이러한 양상은 김동명과 같이 1920년대에 등단한 김동환7), 양주동8)에 비해서도 적은 결과라 하겠다. 이런 형편이 김동명 연구의 현황을 판단하는 절대적 기준은 물론 아니지만, 그 현황을 간접적으로나마 파악할 수 있는 하나의 지표에는 해당될 줄 안다. 「파초」나 「내 마음은」이라는 상징적 작품을 통해 한국문학사에서 하나의 명망으로 자리한 김동명, 그에 반해 정치한 연구 대상으

---

전원적 특질과 광복 후의 사회적 경향을 어느 정도 무리 없이 표현하고 있다. 「서울풍물시초(風物詩抄)」와 「피난시첩(避難詩帖)」의 시들이 수록되어 있는데, 「자하문 밖」·「세종로」·「충무로」·「명동」·「북아현동」·「신촌동」·「미아리고개」 등 유명한 곳을 주로 스케치한 풍물시가 뛰어나다." 한국정신문화연구원 편찬부, 『한국민족문화대백과사전』, 한국정신문화연구원, 1988 참조.

4) 퇴폐적 낭만성으로 초기 시 세계를 일별하는 기존 경향에 대한 반론, 즉 삶의 정서는 물론 이상적 지향과 현실 의식 등의 '다기한 시적 경향'을 강조하는 연구가 이미 제기된 바 있다.(전도현, 「김동명 초기시 연구—첫 시집 『나의 거문고』 시기를 중심으로」, 『한국학연구』 39, 고려대학교 한국학연구소, 2011. 12; 전도현, 「김동명 시의 비유 구성 방법 연구—발굴작을 포함한 초기시를 중심으로」, 『한국학연구』 43, 고려대학교 한국학연구소, 2012. 12, 157-184쪽 참조) 앞서 언급한 것처럼 『국어국문학자료사전』의 경우 작품 제목에서부터 오류가 발견된다. 한편, 미제로 남아 있던 김동명의 첫 시집 『나의 거문고』(신생사, 1930)가 2017년에 발굴되었기 때문에(「'나의 거문고' 초판본 132편 수록, 강릉시 매입 후 김동명 문학관 전시」, 『강원도민일보』 2017년 8월 10일) 『한국민족문화대백과사전』의 설명도 수정, 보완되어야 한다.

5) 국립중앙도서관(http://www.nl.go.kr). 검색창의 '검색구분 선택'은 초기 설정되는 '제목 or 저자'의 환경이다.

6) Dbpia(http://www.dbpia.co.kr).

7) 김동환(1901-?)은 1924년 5월 『금성』에 시 「적성(赤星)을 손가락질 하며」로 등단하였다. 2017년 10월 현재, 국립중앙도서관에서 동일한 조건으로 검색한 결과 '김동환 시'의 경우 단행자료 분야에서 도서 8, 학위논문 6, 전자책 4의 결과가 제시된다. '김동환 문학'은 도서 33, 학위논문 2, 전자책 2의 분포이다. DBpia에서는 '김동환 시'로 검색한 경우 인문학 분야에서 117건, '김동환 문학'의 경우 인문학 분야에서 23건이 제시된다.

8) 양주동(1903-1977)은 1923년 『금성(金星)』 동인으로 문학 활동을 시작하였다. 2017년 10월 현재, 국립중앙도서관에서 동일한 조건으로 검색한 결과 '양주동 시'의 경우 단행자료 분야에서 도서 2, 학위논문 0, 전자책 3의 결과가 제시된다. '양주동 문학'은 도서 4, 학위논문 2, 전자책 0의 분포이다. DBpia에서는 '양주동 시'로 검색한 경우 인문학 분야에서 69건, '양주동 문학'의 경우 인문학 분야에서 36건이 제시된다.

로는 적극적으로 다루어지지 못한 실정. 이 미묘한 대립 양상은 김동명 문학에 내재된, 이 글에서 '모순'이라고 부를, 문제적 지형을 형성하는 저변의 맥락이라 할 수 있겠다.

그럼에도 불구하고 강릉을 위시한 강원 지역에서 김동명 시가 지닌 위상은 정전 그 이상인 듯하다. 이어서 상론하겠지만, 문학관이나 학회 등의 제도가 대변하는 것처럼 김동명은 강릉 문학의 원류 격으로 상징되고 있는 것이다. 이 지역에서 문학사적으로는 물론 문화 콘텐츠로서 김동명을 적극 전유하는 가장 큰 이유이자 근거는 그의 고향이 강릉이기 때문이다. 생후 100년 이상이 훨씬 지난 시점에서, 출신 지역이라는 운명적 배경은 강릉의 근현대 문학을 형성한 비조로서 그 이름을 도시에 각인하고 있다.

그런데 여기에는 묘한 역설적 구도가 내재되어 있다. 주지하는 바와 같이 김동명은 9세가 되던 1908년에 강릉을 떠났다. 그 후 다시 돌아와 정주하지 않았다. 그의 작품에도 강릉을 비롯한 강원 지역의 구체적 체험이나 장소적 요소가 두드러진다고 보기 어렵다. 이 글의 문제의식은 이러한 실정에서 파생되는 몇 가지 의문으로부터 비롯된다. 김동명 문학이 강릉을 위시한 강원권 지역문학의 원조인 이유가 그의 고향이 강릉이라는 지연에 국한되는가? 김동명은 유년 시절 개항지를 찾아 강릉을 자발적으로 떠났고, 그 이후 다시는 정주하지 않았다. 그의 작품 세계에서도 강릉이라는 장소를 형상화한 양상은 보기 어렵다. 그럼에도 불구하고 김동명 문학을 '강릉 문학'이라고 할 수 있을까? 물론 그렇다. 작가의 고향은 해당 지역에서 문화 콘텐츠로 전유되는 가장 강력한 근거로 기능하고 있다. 하지만 그에 더하는 이론적이고 분석적인 논거를 마다할 이유가 없다. 지연은 물론 문학 내적인 요소가 충분히 뒷받침될 때 지역의 문화 콘텐츠로서 지니는 가치가 배가될 것이기 때문이다.9)

강릉 문학의 상징으로 실재하면서도 그에 관한 이론적이고 학술적인 근거는 부족한 현실. 이는 김동명 문학에 내재된 또 다른 모순의 층위를 형성하고 있다. 김동명 문학이 강릉을 포함한 강원권 지역문학의 소중한 자산임을 확신하는 이 글은 그의 시에 대해서 지역과 장소의 관점에서 검토하려는 목적을 지닌다. 김동명 문학이 지닌 지역성 혹은 장소성을 밝히고, 지역 문학적 입장에서의 텍스트를 분석함으로써 강릉 문학으로서의 의미를 보완코자 하는 것이다. 우선 관련 현황을 비롯하여 그로부터 나타나는 문제점을 반성적으로 되돌아볼 필요가 있겠다.

---

9) 이에 관한 면밀한 논구는 곧 한국문학으로서의 가치를 실증하는 과정이기도 하다. 백석, 정지용, 서정주 등의 작품은 장소성의 내면화가 문학적 수월성에 등치된다는 명제에 관한 전형적 예시라 하겠다.

## 2. 지역적 전유 양상과 과제

김동명은 문학은 강원권 문단, 특히 강릉 지역에서 절대적인 가치를 지닌다. 김동명 시는 관련 문학장의 내부에서뿐만 아니라 지역 정계와 사회적 맥락에서도 중요한 상징자본10)으로 기능하고 있다. 김동명은 강원 지역, 특히 강릉 지역의 대표적인 문학 콘텐츠로 전유되고 있는 것이다. 관련 논의를 보면, 김동명은 강원권 시문학의 역사를 논하는 데 있어 선구적 문인으로서 거론되고 있다. 강릉 출신으로서 1923년 『개벽』을 통해 등단한 김동명은 김유정, 이효석 등과 더불어 근대 강원권 지역문학의 원류 격으로 취급된다. 그리하여 "강원 문학사에서 최초의 시인이라고 지칭"11)되기도 한다.

사후 50여 년이 지난 2010년대, 강릉을 중심으로 하여 김동명 문학의 전유 형태는 다양한 제도적 양상으로 나타나고 있다. 이러한 지역적 전유의 노력은 그 자체로 충분한 의미를 지닌다. 김동명 문학의 지역적 전유 양상으로 제도적 측면에서 우선 '김동명문학관'을 예시할 수 있다. 김동명문학관은 그의 문학 정신을 계승하고 작품을 보존 및 전시할 목적으로 2013년 7월, 생가 터인 강릉시 사천면에서 개관하였다.12) 김동명의 문학 자료를 체계적으로 관리하고 있을 뿐만 아니라 '강원도 작고문인 재조명 세미나', '인문학 아카데미', '전국 백일장', '김동명 학술대회' 등의 관련 행사를 개최해 왔다. 최근에는 강릉시에서 매입한 김동명의 첫 시집 『나의 거문고』13)의 원본을 일반 시민에게 전시하는 행사를 가져 주목을 받았다.14)

문학관에 이어 '김동명학회'15)가 설립되고, 그에 관한 본격적이고 집중적인 조명이 시도되고 있는 점 역시 주목할 만한 성과이다. 김동명학회의 활동은 앞서 제기한 김동명 문학에 내재된 모순, 즉 명망에 비해 실증적인 연구가 상대적으로 부족한 현실을 타개하는 중요한

---

10) 이 글에서 사용하는 '문학장', '상징자본' 등의 개념은 부르디외의 문학사회학적 관점을 따른 것이다. 피에르 부르디외, 『예술의 규칙』, 동문선, 1999 참조.
11) 서준섭·박민수·송준영, 「강원도 시단과 시를 말한다—지역성, 특이성, 보편성」(좌담), 『현대시』 2003년 8월호, 40쪽.
12) 김동명 문학관(http://cafe.daum.net/nemaum) 참조.
13) 김동명, 『나의 거문고』, 신생사, 1930. 북한 흥남에 소재한 신생사에서 인쇄된 이 시집은 오랫동안 학계에 알려지지 않았었다.
14) 「『나의 거문고』 초판본 132편 수록, 강릉시 매입 후 김동명 문학관 전시」, 『강원도민일보』 2017년 8월 10일. 기사는 "파초 시인' 김동명의 첫번째 시집이 87년만에 처음 발견"되었다고 소개하고 있다.
15) 2013년 8월 20일, 김동명 문학관에서 창립총회를 거쳐 설립되었다. 김동명학회(http://cafe.daum.net/Kim-dong-myung) 참조.

계기가 될 수 있다. 그 결과물로 상재된 『김동명문학연구』16)는 김동명 연구의 지평을 확대할 뿐만 아니라, 후속 연구를 위한 학술적 매개로 기능할 수 있으리라 본다.

생각해 볼 문제는 다음과 같다. 김동명문학관 홈페이지를 보면 관련 콘텐츠가 무엇이며 어떻게 전시되어 있는지에 대한 체계적인 정보를 파악하기 어렵다. 디지털 시대에 부응하는 소프트웨어의 부재로 인해 많은 노력이 깃든 하드웨어에의 접근과 공유가 어려운 실정인 것이다. 『김동명문학연구』의 현황도 아쉬움이 따른다. 위 학회지 1, 2집을 두고 보자면 각각 6명, 5명의 필진 중에 3명이 중복되고 있다. 그 자체가 문제인 것은 물론 아니다. 중요한 것은 연구자가 누구인가가 아니라 김동명 연구의 지평을 확장하고 다양한 분석을 학계에 제시해야 한다는 측면이다. 이때 필진의 중복은 결국 관련 연구 인력의 폭이 좁다는 점을 반증하기에 아쉬운 현상일 수 있다.

형식적인 문제 또한 적지 않다. 김동명학회는 전문 학회로의 도약을 위해 한국연구재단의 등재 시스템을 목표로 한다. 그러기 위해서는 발간 횟수의 확대와 전국 단위의 필진 확보가 필수적으로 요청된다. 그 밖에 전문 편집위원회의 구성이나 공정한 논문 심사 등의 형식적인 절차를 따지자면 연구재단 등재는 요원한 문제일 수밖에 없다. 현재 운영되고 있는 김동명문학관과 김동명학회의 홈페이지 내용 역시 방문자의 기대를 충족시키기 어려운 형편이다. 이처럼 제도적인 활황에도 불구하고 내실화를 기대하기 어려운 실정은 김동명 문학에 내재된 또 다른 모순을 구성하는 일 요소라 할 수 있다.

관련 학자의 입장에서 위와 같은 제도적 기념비의 노력에 대해 보다 정치한 검증 작업이 필요하다는 점을 지적할 필요가 있겠다. 기존의 통념이나 일반화가 검증 없이 유통되고 있는 양상이 없지 않기 때문이다. 한 예로 한국학중앙연구원에서 주관하여 2009년 구축된 '디지털강릉문화대전'의 '김동명' 항목에는 다음과 같이 정보가 수록되어 있다.

---

16) 『김동명문학연구』는 김동명학회에 의해 2014년 10월에 연간지 형식으로 1집을 간행하였다. 참고로 1집에 수록된 글은 엄창섭, 「초허의 시문학과 정체성의 고찰」; 장정룡, 「김동명 수필의 '월남'과 '피난' 표출양상」; 심은섭, 「김동명 시에 나타난 기도형 발아의 원인 고찰」; 이미림, 「김동명 산문에 나타난 타자지향성과 디아스포라의식」; 이성교, 「김동명 시 연구」; 김윤정, 「김동명 시에 나타난 '주체의식' 연구」 등 6편이다. 2집은 2015년 10월에 발간되었다. 수록된 글은 엄창섭, 「시대적 상황대처와 초허의 한글인식」; 박호영, 「김동명 시에 나타난 낭만주의적 시의식」; 장정룡, 「김동명 수필집 『세대의 삽화』의 작품특질 고찰」; 이미림, 「작가(시인)으로서의 삶, 지식인(정치가)으로서의 삶」; 유희자, 「김동명 시의 모성적 상상력 연구」 등 5편이다. 학술지에는 논문뿐만 아니라 시집 『파초』(1집), 『삼팔선』(2집) 등의 원문을 부록으로 제공하고 있어 자료집으로서의 의미를 더하고 있다.

> [정의]
> 강원도 강릉 출신의 시인.
> [개설]
> 김동명의 아버지는 김제옥(金濟玉)이며, 어머니는 신석우(申錫禹)이다. 1900년 6월 4일 강원도 강릉시 사천면 하노동리 54번지에서 출생하였다. 어린 나이에 아버지를 여의고 원산으로 이주하였다가 1947년에 홀로 월남하였다. 1968년 1월 21일 세상을 떠났으며, 호는 초허(超虛)이다.[17]

"강원도 강릉시 사천면 하노동리 54번지에서 출생"한 사실은 김동명 문학을 강릉 및 강원 지역의 문학적 기념비로 제도화할 수 있는 가장 중요한 근거일 것이다. 작가의 출생지를 바탕으로 해당 지역에서 문화 콘텐츠로 활용하는 경향은 남다른 사실이 아니다. '고향'이라는 상징은 작가는 물론 문학적 정체성을 구성하는 가장 확실한 근거 중의 하나이다. 현 단계 한국 사회의 각 지역에서 운영되고 있는 문학관의 실정은 이를 반증하는 제도적 결과라 하겠다.

그런데 위 개요에서 "어린 나이에 아버지를 여의고 원산으로 이주하였다"는 내용은 사실과 다르다. 김동명은 자신의 이주 경험을 분명히 기억하고 수필을 통해 회상한 바 있다.

> 내 걸음의 이력서의 첫줄은 一九〇八年 즉, 내 나이 아홉살 되든 해로부터 시작된다. 나는 이 해에 고향인 강능을 떠나, 북쪽으로 五百五십 리를 들어가는, 함경도 원산까지 아버지와 어머니를 따라서 걸어간 일이 있다.[18]

이 글을 통해 원산으로의 이주는 부모와 함께 걸어서 간 것이라는 사실을 확인할 수 있다. 김동명의 자제인 김병우 역시 원산 이주 이후의 조부의 삶에 대해 기록하였는데, "祖父는 咸興이 고대[19]인 西湖와 강릉 사이를 몇 년씩 사이를 두고 오가는 放浪客 같은 생활을

---

17) 디지털강릉문화대전(http://gangneung.grandculture.net). 기타 학력, 경력, 활동사항, 저술 및 작품 등의 항목 설명은 앞서 예시한 사전류의 개요와 크게 다르지 않다.
18) 김동명, 「失影記」, 김동명문집간행회 편, 『모래 위에 쓴 낙서』(김동명 수필수기집), 신아사, 1965, 457쪽.
19) "바로 가까운 곳"이라는 뜻의 북한어. 국립국어원, 『표준국어대사전』(http://stdweb2.korean.go.kr). 인용자.

하신 분"20)이라는 게 그것이다. 이를 통해 이주 당시는 물론 그 이후에도 김동명의 부친은 생존했음을 알 수 있다.

김동명의 이주와 성장에 있어서 부친보다는 모친의 영향이 컸음은 사실인 듯하다. 김병우는 "선친이 어머니의 손에 이끌리어 길을 떠났을 때"21)나 "할머니께서는 30세가 안 되었을 젊은 나이에 외아들의 손을 잡고 이러한 땅을 벗어나온 것"22) 등으로 표현함으로써 김동명의 원산 이주에 있어 어머니의 역할이 결정적인 것이었음을 강조하고 있다. 그 외에 김동명의 문학에서 부친에 대한 기록을 발견하기는 쉽지 않다는 점도 모친의 절대적 영향을 짐작케 하는 요소이다. 김병우가 조부를 방랑객이라고 묘사한 문맥에도 그 이유가 내재되어 있음을 짐작할 수 있을 듯하다.

학술적 여건이 상대적으로 취약한 이곳 지역에서 이와 같은 연구가 집적되고 있는 현황은 관련 학자의 헌신적 노력이 근저에 자리하고 있음을 반증한다. 『나의 거문고』 발굴을 기점으로 김동명 문학의 연구사는 새로운 전기를 맞게 되었다. 그에 관한 지역적 차원의 전략적 접근이 필요한 시점이다. 기존 연구의 현황은 무엇보다 다양한 연구 인프라의 구축을 절실히 요구하고 있다. 혹여 김동명 문학 연구에 관한 인프라 구축에 있어서 문학 외적인 관심, 예컨대 지역 강단이나 문단의 헤게모니 문제가 개입되어서는 곤란하리라 본다.

지역의 문화 콘텐츠가 진정한 의미를 지니기 위해서는 다양한 '지역적' 근거가 확보되어야 한다. 어느 작가의 문학 세계가 해당 지역과의 관련에 있어서 '지연' 이외에 근거가 희박하다면 지역문학적 관점에서는 아쉬운 면모라 하겠다. 출신 지역이라는 지연은 어쩌면 가장 단순한, 더더욱 '문학 외적'인 근거일 수밖에 없다.

장소성은 문학의 발생적 조건이기도 하다. 구체적 체험을 바탕으로 한 문학적 상상력 속에 예술성과 인간적 가치가 반영된다는 명제는 증명을 필요로 하지 않는다. 한국문학사에 기념비적인 작품으로 잘 알려져 있는 김소월, 백석, 정지용 등의 작품은 장소성과 문학성이 결합하여 탄생한 대표적 예시에 해당된다. 가장 한국적인 문학이 가장 세계적일 수 있는 이유에는 문학을 포함한 모든 예술의 생래적 운명 속에 '장소'를 기반으로 하는 구체적 체험

---

20) 김병우, 「아버지 김동명에 관한 서한—평전」, 김병우 외, 『김동명의 시세계와 삶』, 한남대학교 출판부, 1994, 265쪽.
21) 위의 글, 222쪽.
22) 위의 글, 223쪽.

이 전제된다는 사실이 연동되어 있다. 김동명 문학 연구에 있어서도 지역문학의 관점에서 보다 다양한 미학적이고 이론적인 모색이 뒤따라야 하리라 본다.

## 3. 헤테로토피아 혹은 로컬리티

김동명 문학이 강릉을 위시한 강원권 지역문학의 정전으로서 의미를 지니기 위해서는 다양한 근거가 학술적으로 뒷받침되어야 한다. 현 단계 논의의 수위에서 지역적 연관의 가장 큰 근거는 김동명의 출생지가 강릉이라는 사실에 집중되고 있다. 김동명 문학이 강릉권 지역문학의 전사일 수 있는 이유는 그가 강릉 출신이라는 전기적 이유로 한정되지 않는다. 작가의 지연은 물론 지속적으로 재생산되는 현재적 의미로서의 실정성에 의한 것이라는 점을 강조할 필요가 있다.

가장 중요한 논거는 문학 내적인 것이어야 한다. 김동명 시는 '강원 문학의 원류'임에도 불구하고 정작 시 세계에 있어 강원 지역권 문학이라 할 내용이 특화되지 않는다. 출신 지역이라는 '문학 외적인' 지연을 제외하고는 문학적 생애라든가 작품 세계의 특성에서 지역성이 부각되는 경우는 많지 않다. 이 점은 기존 연구에서도 인정하고 있는 바와 같다. "다만 향토 출신 시인이라는 점에서 논외로 할 수 없는 경우"[23]라 하겠다. 그러나 일부 향토성을 소재로 한 작품은 김동명 시의 강원권 지역문학적 성격을 드러내는 중요한 자질이 된다.

### 1) 고향의 중층성 : 향수, 바다, 어머니

강원도 삼척 출신으로서 지역 문단에 많은 영향을 미치고 있는 문인이자 학자인 이성교는 "超虛의 初期 시편이 비교적 田園的인 색채를 짙게 띠고 있는 것"[24]이라는 평가를 통해 간접적이나마 향토성의 면모를 밝히고 있다. 김동명의 고향 혹은 향수에 대한 기존 언급으로는 이미림을 들 수 있다.[25] 이 글은 김동명 수필 중에서 「어머니」와 「국추기(掬雛記)」에 어

---

23) 서준섭, 「강원도 근대문학 연구에 대하여」, 『강원문화연구』 11, 강원대학교 강원문화연구소, 1992, 116쪽.
24) 이성교, 「한국현대시에 나타난 향토색 연구」, 『연구논문집』 13, 성신여자대학교, 1980, 29쪽.
25) 이미림, 「김동명 산문에 나타난 타자지향성과 디아스포라의식」, 『김동명문학연구』 1, 김동명학회, 2014.

머니의 영향과 고향의 표상이 드러나고 있음을 강조한다. 부분적 작품을 대상으로 하고 있지만 김동명 문학에 배태된 향수의 미학에 대해서 적시한 글에 해당된다. 시 작품을 대상으로 고향을 분석한 경우는 박호영이 있다.26) 『파초』와 『하늘』을 대상으로 하는 이 글은 이상향에 대한 그리움을 고향 범주에 포함하여 관련 작품을 소개한다. 또한 "고향 또는 이상향에 대한 그리움은 불만족스러운 현실로부터의 일탈을 꾀하는 데에서 생성되는데, 이 감정은 전형적인 낭만주의적 특성 중의 하나"27)라고 보았다.

이들 언급을 바탕으로 김동명 시에서 발견되는 장소성의 요소를 구체적으로 살펴보기로 한다. 앞서 예시한 「파초」를 다시 보면, 김동명의 대표작으로 잘 알려진 이 작품은 서정적인 어조로 조국을 떠난 파초의 슬픔을 표현하고 있다. 여기서의 '조국'은 곧 서정적 자아가 지향하는 장소를 환기한다. 그것은 현실의 질곡과 상반되는 지향의 공간이며 궁극적으로 모든 존재가 귀속될 원초적 장소이기도 하다. 지역문학적 관점에서 주목해야 할 부분이 '향수'가 환기하는 장소성일 것이다.

「파초」와 같은 작품은 김동명 고유의 서정적이면서도 의지적 경향을 드러내면서도 이주 혹은 이산의 삶을 문학적 소재로 삼음으로써 강원 지역의 장소성을 환기하고 있다. 김동명의 개인적 삶을 비롯하여 강원 지역 자체가 이주의 공간을 상징한다. 이는 다단한 한국 근현대사가 이곳 지역에 부여한 지정학적 운명과도 같다. 이러한 고향 상실의 감정은 김동명 초기 시의 주된 정조를 형성하고 있다는 사실에 주목해야 한다. 물론 이는 당대 식민지 지식인들의 공통된 정서 중 하나일 것이다. 그럼에도 불구하고 고유한 서정적 시 세계 속에서 고향 상실이 성공적인 시적 형상화의 화소를 이룬다는 점은 작가의 실제 삶과 결부되면서 특수성의 층위를 형성하고 있다.

김동명의 향수가 이른바 '전원파' 류의 서정과 다른 층위는 일종의 비애적 정조에서 비롯된다. 김동명에게 고향은 낭만적이거나 근원적 향수의 장소가 아니다. 실존을 위해 자의적으로 벗어나야 했던 역설의 장소가 곧 고향인 것이다. 이와 유사한 맥락에서 이성교는 "자연을 있는 그대로 그리지 않고 어디까지나 觀照的인 태도로 자기 心情的인 사상을 호소"한다

---

26) 박호영, 「김동명 시에 나타난 낭만주의적 시의식—시집 『파초』『하늘』을 중심으로」, 『김동명문학연구』 2, 김동명학회, 2015.
27) 위의 글, 37쪽.

거나, 그리하여 "여기 '祖國'은 곧 芭蕉의 고향 南國이요, 또한 작자의 고향"에 해당된다고 지적한 바 있다.28) 이러한 해석에는, 이성교 역시 일찍이 언급한 바와 같이, 김동명 스스로의 '해제(解題)'가 관계된다. 김동명은 「「파초」해제」라는 수필을 통해 "나도 실은 그 언젠가, 祖國을 잃은 사나이. 외롭고 쓸쓸하고, 그리고 더욱 겨울이 슬프기로는 그녀로 더불어 다를 것이 없는 처지겠다. 서로 껴안고, 서로의 체온과 외로움을 나누므로, 「季節」의 위험을 물리칠 수만 있다면, 또한 얼마나 즐거운 일이랴."29)고 회상한 바 있다.

향수의 모티프를 사용하여 정주의 장소와 이상적 공간을 대비하는 시상은 김동명의 초기시로부터 발견되는 특징이기도 하다. 즉 "나는 北國의 아들/ (중략)/ 椰子나무 그늘 밋헤/ 아아 南國의 짜님"(「北風의 노래」, 『나의 거문고』), "외로이 모혀선 棕櫚나무의/ 그리우는 南國의 마음"(「公園의 밤」, 『나의 거문고』)과 같은 표현을 볼 수 있는 것이다. 이들 작품은 "남국의 짜님"이나 "남국의 마음"을 대상으로 두고 화자의 지향을 동적 이미지로 그림으로써("나는 가요 나는 간다", "그리우는") 향수의 정서를 환기한다.

>꿈에
>어머님을 뵈옵다.
>
>깨니,
>故鄕 길이 一千里.
>
>冥途는,
>더욱 멀어.
>
>窓 밖에
>가을 비 나리다.
>
>梧桐잎,

---

28) 이성교, 「김동명 시 연구」, 김병우 외, 『김동명의 시세계와 삶』, 한남대학교 출판부, 1994, 24쪽.
29) 김동명, 「「파초」해제」, 『세대의 삽화』, 일신사, 1959, 57쪽.

浦口와 함께 젖다.

鄕愁,
따라 젖다.

―「꿈에」(『하늘』) 전문

물신화로부터 비롯되는 고향 상실의 감정은 근대인의 보편적 소외감에 해당된다. 이는 고향과 세계를 재배치하면서, 초영토적이고 문화 혼혈적인 것을 창시하는 이질적 감각으로 변주되기도 한다.30) 많은 근대 작가들이 고향을 소재로 짙은 향수와 페이소스를 표현했던 것은 인간이 지닌 본연의 미적 감정을 표출하는 과정이었을 뿐만 아니라 근대문학의 발생 과정에 따르는 필연적 결과일 수 있다. 김동명 역시 이주의 삶을 살면서 고향에 대한 시의식을 근저에 지니게 되었던 것으로 보인다. 위 작품은 김동명이 고향 강릉을 그리워하는 마음이 구체적으로 표현된 작품에 해당된다. 여기에는 어머니에 대한 사모의 정과 고향에 대한 그리움이 긴장된 언어로 외화되고 있다.31)

김동명 시에 나타나는 원형적 공간으로서의 장소성은 고향 혹은 향수 등과 더불어 '바다'와도 연동된다. 김동명 시의 바다 모티프는 고향 강릉과 밀접히 연관되어 있는 것이다.

바다여 네 가슴 속에는 푸른 하늘이 잠겨 있고
네 입설에선 끊일줄 모르는 노래가 永遠을 부르노나.
저게 두둥실 나뜬것은 白鷗와 함께 힌구름
그리고 밤이되면 아름다운 별들은 저들의 오랜 沈黙의 배반을 들고 네게로 모히나니
그렇게 넓고 깊고 또 맑은 네가슴 어든
거긔에 宇宙의 한쪼각이 즐겨 깃듸린다 하여 怪異타 할거냐.

―「해양송가(海洋頌歌)」(『파초』) 부분

이때 바다는 그것이 지닌 원형적 이미지와 더불어 김동명 문학 세계의 근원지로서 공간성

---
30) 호비 바바, 나병철 역, 『문화의 위치』, 소명출판, 2002, 41-42쪽 참조.
31) 박호영, 앞의 글, 39-40쪽 참조.

을 환기하는 기제가 된다. 바다는 「해양송가」 이후에도 김동명 시의 주된 화소로 반복해서 등장한다. 김동명에게 있어 바다라는 소재는 각별한 의미를 지닌다. 김동명은 스스로 "나는 바다만 보면, 언제나 가슴이 뭉클하다."32)고 고백한 바 있다. 이처럼 김동명에게 바다는 근원적 세계를 상징한다. 이러한 의식의 형성 과정에는 고향 강릉에서의 구체적 체험이 각인되어 있다.

> 내가 처음 바다와 대면하기는 여섯살 때의 일인데, 소먹이는 아이들을 따라 뒷산에 갔다가, 또 어찌어찌해서, 산 마루턱까지 올라 갔더니, 저쪽 하늘 끝에 무엇인가, 하늘 보다도 더 파란 것이 하늘을 떠받치고 있는 것이 보였는데, 그것이 바로 바다임을 알고, 정신놓고 바라보던 기억은 시방도 잊지 않는다. 그리고 내가 직접 바다와 접촉할 기회를 최초로 가진 것은, 내 나이 일곱 살 되든 해, 장작 두 개피를 지고, 일가 형벌 되는 총각을 따라, 「사월」나루(우리와 주객하고 지나는 단골이 있는 一)까지 갔던 일이 있는데, 나는 거시서 비로소 처음으로 파도를 볼 수 있었고, 파도를 가로 타고 헤염처 가는 새파란 고기 떼를 볼 수 있었고, 굵다란 밧줄에 매인 채, 파도를 타고 일렁거리는 배를 볼 수 있었고, 또 쏴아 하고 마당 가장자리까지, 밀려드는 바다ㅅ물에 발을 잠거 볼 수도 있었다.33)

위에서 볼 수 있는 것처럼 김동명의 문학적 세계관 내부에는 고향의 체험에서 비롯된 바다의 지평이 자리하고 있다. 강릉을 위시하여 강원권 문학장 내에서 해양문학은 중요한 장르로 부각된다. 특히 영동 지역은 지리적 특성상 해양과 긴밀히 관련된다. 삶의 환경으로 바다를 접하고 있기 때문에 자연스럽게 소재화되는 빈도가 높을 수밖에 없다. 김동명의 경우에는 위와 같은 원체험 이외에도 이주와 성장의 장소가 함흥 인근의 해변가인 '서호(西湖)'라는 곳이었음은 고향과 바다와 문학의 생래적 고리를 증거하고 있다. 이처럼 김동명 시에 있어서 고향, 향수, 바다 등은 궁극적으로 지역성으로부터 비롯되는 문학적 상상력의 지평이라 할 수 있겠다.

---

32) 김동명, 「바다에의 향수」, 『모래 위에 쓴 낙서』, 앞의 책, 463쪽.
33) 위의 글, 같은 쪽.

종합해 보자면 김동명은 고향 혹은 향수의 모티프를 일종의 이상적 장소로 전유하고 있는 셈이다. 구체적인 장소성이나 지역적 체험에 기반한 형상화 양상이 두드러지지는 않지만, 강릉이라는 근원적 장소는 그의 시 세계에서 문학적 '헤테로토피아'에 유비되는 것이다. 푸코는 현실 속에 존재하는 이상적 공간을 헤테로토피아 개념으로 지시한 바 있다.34) 이는 곧 김동명 식 로컬리티의 구현 양상으로 볼 수 있다. 이는 지역문학적 관점에서 김동명 시의 향토성을 적극 전유해야 되는 이론적 거점이기도 할 것이다.

## 2) 문학사회학적 입지 : 지역적 정체성의 재구

김동명 시의 로컬리티와 관련하여 문학사회학적 입지를 강조할 필요가 있다. 이는 로컬리티의 현재화 문제와 관련된다. 기존 연구가 개관한 바와 같이 김동명의 초기 작품 세계는 감상적, 퇴폐적 경향으로 대변된다. "오직 서리에 잎 붉고/ 가을 하늘에 떼 기러기의 울음이 높거던/ 달 아래로 가소서/ 무너지는 잎 싸늘한 달빛 속으로/ 스며드는 내 노래를 찾으오리다"(「懷疑者들에게」)35)와 같은 등단 초기의 작품은 이러한 경향을 잘 드러낸다. 그럼에도 불구하고 이 작품과 더불어 「祈願」 등의 작품이 발표된 『개벽』 1923년 12월호가 '강원도 특집호'였던 점은 김동명 시의 배면에 강원 지역의 문학적 입지가 데뷔 당시부터 발견되는 사

---

34) 푸코는 삶의 규정하는 배치의 관계에 따라 유토피아(실제 장소를 갖지 않는 배치)와 '헤테로토피아(hététopie)' (현실화된 유토피아적 장소)를 구분한다. 헤테로피아는 나머지 공간에 대해 어떤 기능, 즉 환상적 공간을 만들어내거나 다른 공간을 보정(compensation)하는 등의 기능을 수행한다.(미셸 푸코, 이상길 역, 『헤테로토피아』, 문학과지성사, 2014, 48쪽) 그는 헤테로토피아에 대한 체계적인 기술 방식으로 헤테로토폴로지(hétérotopologie)를 제안하며, 그 서술 원리를 정리하기도 하였다. 푸코가 말하는 서술 원리를 요약하자면 다음과 같다. ① 두 가지 주요 유형으로 고대 '위기의 헤테로토피아'(특권화된, 신성한, 금지된 장소들)와 오늘날 '일탈의 헤테로토피아'(요양소, 정신병원, 감옥)가 있다. ② 문화의 공시태에 따라 완전히 다른 방식으로 작동시킬 수 있다.(묘지) ③ 양립 불가능한 복수의 공간/배치를 하나의 실제 장소에 나란히 구현할 수 있다. 정원은 고대 이래 탁월한 헤테로토피아이다. ④ 대개 시간의 분할(découpages du temps)과 연결된다. 헤테로토피아는 곧 헤테로크로니아와 결합하며, 전통적인 시간과 단절 속에 있을 때 제대로 기능한다.(묘지) 영원성의 헤테로토피아(도서관, 박물관), 한시적인/축제의 헤테로토피아(폴리네시아 휴양촌), 양자의 결합 형태(제르바 섬 오두막) 등이 있다. ⑤ 언제나 열림과 닫힘의 체계를 전제한다.(군대, 감옥, 이슬람교의 목욕탕) 전면적으로 열린 헤테로토피아 역시 미묘한 배제를 감추고 있다.(브라질 농장, 미국식 모텔 방) ⑥ 헤테로피아는 나머지 공간에 대해 어떤 기능을 가진다. 환상적 공간을 만들어내는 역할을 수행하는 환상의 헤테로토피아(매음굴), 완벽히 정돈된 공간을 통해 기능하는 보정(compensation)의 헤테로피아(아메리카 청교도 사회, 남아메리카 예수회의 식민지) 등이 그것이다. 이는 일부 식민지가 작동하는 방식이기도 하다.

35) 이 작품은 등단작(「당신이 만약 내게 門을 열어주시면」 외 2편, 『개벽』 1923년 10월호)에 이어 『개벽』 1923년 12월호에 수록되었다.

례라 하겠다.

기타 다양한 문학 제도의 요소를 예시할 수 있다. 앞서 거론한 김동명문학관이나 김동명학회를 비롯하여 강릉 경포호변의 시비 공원 역시 하나의 사례라 하겠다. 이곳에는 경포호변 산책로를 따라 지역 출신 시인들의 시비가 연속적으로 배치되어 있다.36) 이처럼 김동명 시가 지닌 실정적 위상은 강원권 지역문학의 전사로서 기능하기에 충분하리라 본다.

김동명 문학 세계에서 강릉의 지역성이 특화되지는 않는다 하더라도 그의 시는 이곳 지역문학의 효시로서 현재적 차원에서도 많은 영향을 미치고 있다. 여기서 지역문학의 정체성은 일종의 구성적 개념임에 주목해야 한다. 즉 지역적 정체성은 객관적인 사실로써 실증되어야 함과 동시에 어떠한 현재적 의미로 지역 문학의 활성화와 방향성에 관계하느냐가 중요한 논점이 되어야 하는 것이다. 지역적 정체성이라는 것이 일종의 구성적 개념임을 전제할 때 지연을 매개로 한 지역문학 콘텐츠 확보와 재구의 노력은 충분한 의미를 지닌다.37) 이러한 맥락에서 김동명 시는 강원권 문학사의 재구에 있어 주요한 참조점을 제공한다.

김동명은 그 이름이 강릉에서 비롯되었다는 사실 자체만으로도 강원권 시문학 형성에 영향을 주었다고 평가되고 있다.38) 이러한 사실은 이 지역에서 활동하고 있는 후배 세대 문인들의 작품 세계나 학문 활동을 통해 확인되는 바이다. 대표적 사례로서 이곳 문단 및 학계에서 활발한 활동을 펼친 엄창섭은 자신의 글 곳곳에서 김동명을 기억하며 지역문학의 전거로 삼고 있음은 물론 학문적·문학적 도제관계를 유지하고 있다.39)

실로 김동명은 강원 영동권의 각종 기록이나 문단 제도에 의해 이곳 지역문학의 전범으로 재생산되고 있다. 김동명 시는 지역문학의 정체성을 구성하는 주요한 계기로서 실재하고 있

---

36) 해당 시인과 작품은 김동명(「수선화」), 박기원(「진실」), 박인환(「세월이 가면」), 최인희(「비개인 저녁」), 최도규(「교실 꽉찬 나비」), 김유진(「아침에」), 이영섭(「고향 얘기」), 김원기(「산위에서」), 엄성기(「꽃이 웃는 소리」), 정순응(「강문어화(江門漁火)」) 등과 같다.

37) 지역적 정체성은 고정된 실체가 아니라 유동적이고 구성적인 개념이어야 한다. 정체성에 관하여 "문제의 핵심은 '본질'이 아니라 '담론'이며, '정체성(identity)'이 아니라 '정체성 형성(identification)'"이라는 지적도 현대 지역 사회의 정체성 구명에 있어서 지녀야 할 태도가 무엇인지 강조하고 있다.(송승철, 「세계화와 지방화 시대의 '강원' 정체성」, 강원사회연구회 편, 『강원문화의 이해』, 한울, 2005, 57쪽) 오늘날 문화지역 자체의 변동 가능성에 주목해야 하며, 이에 따른 정체성 강화의 의식적 노력이 필요한 것이다.(옥한석, 「강원의 문화지역과 지역 정체성」, 같은 책, 138쪽, 144쪽)

38) 서준섭·박민수·송준영, 앞의 글, 40쪽.

39) 엄창섭, 『김동명 연구』, 학문사, 1987. 그리고 이어지는 일련의 글들(「김동명의 문학과 삶의 巨跡」·「김동명의 시 의식과 미적 주권」·「김동명의 시 "파초" 해제」, 『현대시의 현상과 존재론적 해석』, 영하, 2001) 참조.

는 것이다. 이러한 실정적 층위로부터 강원권 지역문학으로서 김동명의 입지는 확보될 수 있다. 문제는 이러한 지역문학적 정체성의 구성 노력이 당위론에 그쳐서는 곤란하다는 점이다. 보다 실증적인 분석과 이론적 모색을 통해 학술적 근거를 확보해야 하는 이유가 이로부터 비롯된다.

기타 문학사회학적 연관을 살펴보자면, 김동명 시는 강원 지역 리리시즘의 기원을 구성하고 있다는 점에서도 주목할 수 있다. 김동명 시의 특징으로 거론되는 전형적인 서정의 심미화 방식은 이후 강원 지역 시문학의 주류 경향으로 정착하게 된다. 현 단계 강원권 지역문학장의 중심 양상은 전통 서정에 기반한 리리시즘의 경향이라 할 수 있다. 이는 곧 김동명 서정시의 기조이기도 하다. 이러한 맥락 속에서 김동명 시의 로컬리티는 그 입지가 확보될 수 있다.

김동명 시는 민족문학의 계보학적 매개 역할로도 기능한다. 그의 작품 세계는 독자적인 자연관의 성취와 더불어 "일제하에서도 상징적 서정시를 발표한 저항시인으로서 민족적 비애를 절창"[40]하였다고 평가된다. 김동명 시 세계를 민족문학적인 것으로 일반화하기에는 무리가 따른다. 그럼에도 불구하고 그의 작품 중에는 민족의 아픔을 모티프로 한 작품이 존재한다. 이러한 사실은 강원권 지역문학의 민족문학적 흐름을 잇는 면모라 하겠다.

이와 같은 맥락에서 김동명 시는 강릉 지역의 문학적 정체성을 구성하는 주요 자원으로 적극 전유되어야 한다. 이때 '정체성'에만 집중되는 자의적 판단을 경계할 필요가 있다. 현 단계 지역문학 연구의 당위성 및 궁극적 목적으로 전제되는 개념 중 하나로 이른바 정체성 개념을 들 수 있다. 지역문학의 정체성은 그 개념이 성립하기 위한 근거이자 미적 지향의 대상이기도 하다. 문학이 삶을 반영하는 이상 구체적인 삶과 문학 행위가 이루어지는 장으로서의 지역이라는 단위는 이론적으로나 예술적으로나 분명 유의미한 범주에 해당된다. 문제는 이에 근거하는 구체적 문학 행위들이 동반하는 일종의 단선적 성격에 있다. 비근한 예로써 대부분의 지역 문단은 한국 문학장의 오랜 관성이기도 한 개별 동인 및 문학회 구조에 근거하고 있다. 이러한 현상은 그 자체로 한국 문학장의 성격을 구성하는 것이요 나름의 충분한 의미를 지닌다. 그럼에도 불구하고 문학의 진성성과 관련하여 여러 문제점을 파생하는 것도 사실이다.[41]

---

40) 엄창섭, 『김동명 연구』, 앞의 책, 179쪽.

김동명 시의 향토적 서정을 강조하는 입장에 있어서도 보다 신중한 판단이 필요하다. 김동명 시에서 고향이나 바다가 환기하는 지역성의 요소는 다층적이기 때문이다. 유년기 함남 이주가 지닌 역사전기적 배경을 살펴봐야 할 필요성이 이로부터 제기된다.

> (중략) 만일 할머니께서 아들의 학교 교육을 위해 開港地를 찾는 일이 없었더라면 어떻게 되었을까 하는 것입니다. 아마도 시인, 교수 김동명도 정치평론가, 정치인 김동명도 이 세상에 있을 리가 없습니다. 이유는 강릉지방의 개화의 後進性이니 선친이 받을 수 있는 교육도 서당과 鄕校에서 받는 것에 그쳤을 것이기 때문입니다.42)

이 글에서는 김동명의 함남 원산으로의 이주가 '개항지'를 찾기 위한 의지적 결단이었음을 강조한다. 이어 이 글은 "더욱이 元山에서 소학교를 다니던 연고 때문에 그곳에서 교편을 잡는 것도, 첫 詩集의 많은 부분을 얻는 일도"43) 가능했으리라 봄으로써 초기 시 세계의 근원까지도 유추하고 있다. 이러한 언급이 문학이론적 분석은 아닐지라도 아들에 의한 아버지의 평전이라는 점에서 간과할 수 없는 사료라 하겠다. 이에 의하자면 김동명 시에서 빈번히 등장하는 고향 관련 소재는 출신지 강릉보다도 이주 이후 소학교를 다닌 함남 원산, 중학교를 다닌 함흥이나 서호 등을 가리키는 것으로 보는 것이 타당할 것이다.

그럼에도 불구하고 앞서 확인한 것처럼 김동명의 문학적 세계관 속에는 고향 강릉이 분명히 각인되어 있다. "내 外家로 말하면 五臺山 줄기의 한 갈래가 칡순처럼 東 쪽으로 뻗어 나리고, 여기에 沿하여 이 멧줄기의 기슭을 씻으며 東海로 흘러가고 있는, 어떤 시냇가 언덕 위"44)라고 하는 생생한 기억도 김동명 문학의 심상지리 내에 고향 강릉의 장소성이 각인되어 있음을 유추케 한다.

네그리와 하트에 따르면 "정체성과 통일성으로 인해 부패된 사랑"은 "창조를 포함하지 않으며 차이 없는 반복"에 그친다. 진정한 사랑은 "공통적인 것 안에서 이루어지는 특이성들

---

41) 이에 대한 이 글의 입장은 남기택, 「장소 상징으로서의 산하, 그리고 지역문학」(전남대학교 대학원 국어국문학과 BK21+ 사업단 2017 전국학술대회, 2017. 6. 23)으로 발표한 바 있다.
42) 김병우, 앞의 글, 224쪽.
43) 위의 글, 같은 쪽.
44) 김동명, 「국추기」, 『세대의 삽화』, 앞의 책, 13쪽.

의 마주침과 실험"이라는 것이다.45) 이들을 빌어 말하자면 지역문학의 정체성에만 함몰되는 것은 '부패한 사랑'의 방식이다. 트랜스로컬은 이처럼 지역 경계와 정체성을 넘어 특이성들과의 조우를 실천하려는 장소적 관심을 통해 가능하리라 본다. 이는 근공간 중심의 장소애 혹은 정체성의 선험적 가치론에 집중되는 공간론을 극복하려는 실천적 태도이기도 하다. 김동명은 이주의 생애를 운명적으로 살았으며, 그 결과 궁극적 향수를 문학 세계의 저변에 지니고 있다. 이는 동시에 트랜스로컬의 감각과 정서를 체득하는 과정이기도 했다. 이에 근거하여 김동명 문학을 통한 장소성의 재구, 지역문학의 현재적 가치를 논구하는 장 위에서도 다양성의 입장을 견지해야 할 것이다.

## 4. 맺음말 : 본론

이 글은 김동명 시가 지닌 지역문학적 요소를 다양한 관점에서 천착하고자 하였다. 마무리에 앞서서 왜 지역문학인가의 입장이 분명히 전제되어야 할 듯하다. 김동명 시의 지역성을 구명하려는 노력은 김동명 문학의 지역적 한계를 설정하려는 것이 아니다. 그런 노력은 김동명학회와 같은 제도적, 지역적 실천이 당위성을 지니기 위한 기본 입장에 해당된다. 이는 곧 김동명 문학의 진정한 의미와 다양한 가치를 실증하는 과정이기도 할 것이다. 구체적인 지역 실정과 장소적 체험이 직간접적으로 형상화되는 양상을 미학적이고 이론적으로 분석하는 과정은 곧 한국문학이자 세계문학으로서 김동명 시의 예술성을 입증하는 과정과 다르지 않기 때문이다.

김동명 시의 장소성에 천착하는 태도는 또한 김동명 문학을 현재화하기 위한 방법론적 입장이기도 하다. 김동명 문학의 의미는 문학사적 흔적으로 남은 과거 유산으로 국한되지 않는다. 김동명 시는 시간을 거슬러 현재적 관점에서 재현되어야 하는 문학적 모티프, 이를 통해 재구성되어야 하는 지역적 정체성 등을 함의하는 문제적 텍스트이다. 오늘날 당대의 문학장에서 여전히 소통될 수 있는 살아 있는 텍스트이어야 하는 것이다.

하나의 반문이 남아 있다. 이러한 제반 노력에도 불구하고 여전히 잔존하는 중요한 의문.

---

45) 안토니오 네그리·마이클 하트, 정남영·윤영광 역, 『공통체』, 사월의책, 2014, 267쪽.

지금까지 김동명 시가 학계의 주목을 받지 못했던 까닭이 그가 지닌 문학적 한계 때문일 수 있다는 입장이 그것이다. 기존 미학의 공준으로 볼 때 김동명 시는 심각한 논쟁의 대상이 되지 못하는 것도 사실이다. 단순한 시형, 감상적 어조와 같이 별다른 분석을 요구하지 않는 범작의 세계가 그의 것이기도 하다는 판단이 가능하다. 이러한 의문에 대한 답변은 어떠해야 하는가.

김동명 시가 문학적 수월성의 차원에서 상대적으로 범작 수준이라는 판단은 하나의 객관적 사실일 수 있다. 그럼에도 불구하고 문학의 가치를 일반화하는 단일한 공준 역시 존재할 수 없다는 점 또한 분명한 사실이다. 19세기 시조를 판단하는 입장과 20세기 근대시를 이해하는 정서는 질적으로 다르다. 21세기 시의 형식을 설명하는 이론은 늘 새로운 논거를 부연하고 있다. 그렇게 볼 때 기존의 김동명 시가 지닌 위상이나 한계에 대한 지적은 양자 모두 만들어진 하나의 정전에 불과하다. 무릇 문학 자체가 기존의 정전을 벗어나려는 욕망으로부터 태동한다. 언어의 선험적 운명을 딛고 사물의 본성을 체현하려는 요구로부터 오늘날의 시는 존재한다. 김동명 시를 전유하려는 우리의 입장도 그 위에 선다.

주요 입론을 중심으로 문제제기의 성격에 그치고 있는 점은 이 글의 명백한 한계에 해당된다. 하여 이 글은 후속 연구를 통해 미진한 논의를 보완해야 하는 의무로부터 자유로울 수 없다.

## [참고문헌]

### 기본 자료

김동명, 『나의 거문고』, 신생사, 1930.

김동명, 『파초』, 신성각, 1938.

김동명, 『삼팔선』, 문륭사, 1947.

김동명, 『하늘』, 문륭사, 1948.

김동명, 『진주만』, 이화여자대학교출판부, 1954.

김동명, 『목격자』, 인간사, 1957.

동명, 『세대의 삽화』, 일신사, 1959.

김동명문집간행회 편, 『모래 위에 쓴 낙서』, 신아사, 1965.

### 단행본

강원사회연구회 편, 『강원문화의 이해』, 한울, 2005.

국어국문학편찬위원회 편, 『국어국문학자료사전』, 한국사전연구사, 1998.

김병우 외, 『김동명의 시세계와 삶』, 한남대학교 출판부, 1994.

남기택, 『강원영동지역문학의 정체와 전망』, 청운, 2013.

엄창섭, 『김동명 연구』, 학문사, 1987.

엄창섭, 『현대시의 현상과 존재론적 해석』, 영하, 2001.

한국정신문화연구원 편찬부, 『한국민족문화대백과사전』, 한국정신문화연구원, 1988.

미셸 푸코, 이상길 역, 『헤테로토피아』, 문학과지성사, 2014.

피에르 부르디외, 『예술의 규칙』, 동문선, 1999.

호비 바바, 나병철 역, 『문화의 위치』, 소명출판, 2002.

## 논문

박호영, 「김동명 시에 나타난 낭만주의적 시의식—시집 『파초』『하늘』을 중심으로」, 『김동명문학연구』 2, 김동명학회, 2015.

서준섭, 「강원도 근대문학연구에 대하여」, 『강원문화연구』 11, 강원대학교 강원문화연구소, 1992.

서준섭·박민수·송준영, 「강원도 시단과 시를 말한다—지역성, 특이성, 보편성」(좌담), 『현대시』 2003년 8월호.

이미림, 「김동명 산문에 나타난 타자지향성과 디아스포라의식」, 『김동명문학연구』 1, 김동명학회, 2014.

이성교, 「한국현대시에 나타난 향토색 연구」, 『연구논문집』 13, 성신여자대학교, 1980.

이성교, 「김동명 시 연구」, 김병우 외, 『김동명의 시세계와 삶』, 한남대학교 출판부, 1994.

전도현, 「김동명 초기시 연구—첫 시집 『나의 거문고』 시기를 중심으로」, 『한국학연구』 39, 고려대학교 한국학연구소, 2011. 12, 129-158쪽.

전도현, 「김동명 시의 비유 구성 방법 연구—발굴작을 포함한 초기시를 중심으로」, 『한국학연구』 43, 고려대학교 한국학연구소, 2012. 12, 157-184쪽.

[Abstract]

# Kim Dong-myeong's poems, Gangneung, Locality

Nam, Gi-taek

(Kangwon National University)

Mr. Kim Dong-myung's poetry is regarded as one of greatest works in Korean literature history. Despite of his great work, there has been a lack of researches on him and his works. This situation is a kind of contradictory topography in his literature world. There is no problem within the framework of exclusive regionality focusing on Gangneung, which is his hometown. Kim Dong-myung's literature has been considered as headwaters in Gangwon area including Gangneung. However, his literature did not specifically play more stress on regional elements in Gangwon area including Gangneung. Moreover, the analysis in terms of regional literature is still lacking. This study discussed his poetic world focusing on spaceness and regional characteristics, on the premise that Kim Dong-myung's literature is most representative work in Korean literature and classic of regional literature, especially in Gangneung area. First, his poetry put emphasis on prototype motif which is his hometown. In this sense, it may include projection of hometown, nostalgia and sea. The locality in his poetry could be realized with such materials to pursue poetic Heterotopia. Moreover, the locality in his poetry was mentioned, based on various sociology of literatures. His poetry has been monopolized as cultural contents for Gangneung area for systematic r easons; it could be understood as practical efforts to realize the locality intrinsic in his literature. And due to locality in his poetry, the lyricism has been mainstream in literature in Gangwon and it invites the attention to distinct characteristics in national literature.

[Abstract]

Key-words: Kim Dong-myeong's poetry, Gangneung, hometown, locality, sociology of literature, spaceness, regional literature

# 제5차 학술대회

물의 시적 형상화와 수용성(受容性)의 해법 / 엄창섭

김동명 시에 나타난 장소의 시적 형상화 / 장은영

초허 첫 시집 『나의 거문고』 발굴에 따른 諸고찰 / 심은섭

김동명 평론의 시대성과 정치인식 / 장정룡

김동명 텍스트의 헤테로토피아적 특성 / 이미림

김동명 시, 강릉, 로컬리티·Ⅱ / 남기택

# 물의 시적 형상화와 수용성(受容性)의 해법
-초허의 『나의 거문고』에 수록된 시편을 중심으로

엄창섭*

---
**목 차**

1. 서론 : 물의 상징성과 이미지
2. 즉물적 질료와 개아(個我)의 서정성
3. 결론 : 합리적 해법과 문제의 여지

---

〈국문초록〉

보편적으로 물의 원형상징에 있어 무의식적으로도 '창조의 신비, 탄생, 죽음·부활·정화와 속죄·풍요와 성정'으로 해석된다. 인간의 감성이 투영된 해양문학에 있어 바다(海), 그 자체의 관조(觀照)가 어디까지나 일관되고 집중할 인자(因子)와 결부되는 점이다. 상생과 수용의 해양을 배경으로 한 일체의 대상물은 바다(海)라는 범주에 포함되기에, 물의 이미지와 시적 연계성에서 초허(超虛)의 시적 형상화와 수용성에 관한 다양하고 깊이 있는 해명을 위하여 일제강점기라는 역사의 격랑 기에 몸담으며 민족의 순수서정성을 독자성에 의해 이미지를 형상화하며 '민족적 치욕과 울분을 감내했던 영혼이 맑고 자유로운 시인의 시적 의미를 분할·통합하는 행위'는 유의미한 정신작업이다.

---
*가톨릭관동대학교 명예교수

어디까지나 그의 시적 분위기와 연계성을 지닌 〈흰 모래 위에〉의 "고요한 바다의 물소래/거리낌 없이 가슴에 스며드니/아아 이는 탄식이런가/또한 그리움이런가.(一九二五年 七月 某日에 내 東海邊 白沙場 위에 누워 놀다)"에서 그의 시인적 기질이 파악되듯 "대위에 앉은 해오라기 잠자느냐 생각하느냐/앞바다에 落照 붉고 뒷바다에 파도친다.(夕景)"에서 '해오라기'는 우리가 흔히 보고 지나치는 작은 회색빛 의 백로(白鷺)다. 여기서 황혼녘에 소등을 타고 귀가하는 목동에게 '집어 어디냐?'라는 화자의 물음에 의한 '여백의 틈새 좁히기'라는 '느림의 시학'은 개아(個我)의 서정성에 의한 감동의 회복에 기인한다.

특히 『나의 거문고』에서 이별의 아픔을 절제된 감정에 의한 인용한 시편 〈난호일 때에〉의 경우는 비교적 순수서정성이 수사적 기법으로 단순히 처리된 시적 작위(作爲)지만, '아름다운 곡조여→슬퍼지는 남은 가락이여'라는 이미지의 형상화에서 그 시격의 묘미(妙味)는 독자의 감응을 불러주기에 타당성을 지닌다.

본고에서 초허의 초기시편을 중심으로 '물에 대한 이미지와 수용성'의 논의는 '예술에는 국경이 없지만, 예술가에게는 조국이 있다.'라는 항변에 연유한다. 여기서 그 자신이 한국적인 자연(호수, 강, 바다)을 시적 상관물(相關物)로 즐겨 다룬 점은 대륙의 심장에 한·일간의 치열한 정치적 이슈가 되는 현재성에서 독도를 정복한 ᄒ슬라 군주 이사부의 혈맥(血脈)이, 초허의 강직한 성품과 내면의식에 파도를 가로지르는 매서운 바람처럼 애향심을 관통하고 있음은, 객관적으로 유추할 견고한 정체성을 다시금 확장할 바다.

* **핵심어: 틈새 좁히기, 개아의 서정성, 한국적인 자연, 대륙의 심장, 정체성.**

## 1. 서론 : 물의 상징성과 이미지

일차적으로 우리 현대시문학의 작가와 작품 중심의 분할과 통합작업에 있어 해결되어야 할 문제의 제기라면, 생명의 본원인 '물성(水性)의 대의(大義)에 의해 합일된 바다(海)와 연계성'을 지닌 우리의 해양문학(Sea Literature)은 피상적 이해에 머무르고 있을 뿐 체계적인 연구는 다소 미흡한 편이다. 이와 같이 지정학적인 면에서 반도국(半島國)으로의 해양환경은 '바다·해산물·섬·어촌·해변·어부' 등 다양한 소재와 결부되어 있는 까닭에 해양문학의 역할 또한은 '씌어 짐에서 읽혀짐, 그리고 생활의 합일과 생산성'으로 불가불 다양하고 폭넓게 활용되어야 타당성을 지닌다.

이 같은 측면에서 애써 궤린의 '물의 상징성'을 통해 다양한 생명체를 가정의 추이(推移)로 유추하지 않더라도, '변전이며 흐름인 생명의 원천인 '물(水)의 종교적 상징성'은 만물을 소생·성장시키는 인자(因子)로 '정화(淨化)와 회생을 뜻한다. 한편, 물의 원형상징에 있어 '창조의 신비, 탄생, 죽음·부활·정화와 속죄·풍요와 성정'으로 해석되며 무의식으로도 풀이된다. 물은 종교적으로 물은 청정의 정화력을 뜻하며 물의 작은 집합인 (연)못은 생명의 처소이며, 여성의 자궁(양수)과도 연계됨은 스키마(schema)로 기억에 담아두고 유념할 바다. 까닭에 「물의 시적 형상화와 수용성(受容性)의 해법-『나의 거문고』에 수록된 시편을 중심으로」에 관한 심층적 논의야말로, 인간의 감성이 투영된 해양문학에 있어 바다(海), 그 자체의 관조(觀照)는 어디까지나 일관되고 주의 집중할 인자(因子)와 결부된다.

모름지기 상생과 수용의 해양을 배경으로 한 일체의 대상물은 바다(海)라는 범주에 포함되기에, 물의 이미지와 시적 연계성에 있어 초허(超虛)의 시적 형상화와 수용성에 관한 다양하고 깊이 있는 해명을 위하여 일제 강점기라는 역사의 격랑 기에 몸담으며 한 사람의 정신작업의 종사자로서 민족의 순수서정성을 누구보다도 일상적 개아(個我)의 인식과 독자성에 의해 이미지를 형상화하며 누구보다도 '민족적 치욕과 울분을 감내했던 영혼이 맑고 자유로운 시인의 시적 의미를 분할·통합하는 연구 행위'는 더없이 생산적이고도 유의미한 정신작업임에 틀림이 없다. 한편 우리국문학사에서 최고(最古)의 시가로 죽음에 관한 비장감 넘친 노래는 〈公無渡河歌〉이다. 따라서 한국현대시문학에 있어 물과의 연계성은 불가분의 관계임은 물론하고, 뜻글자인 한자의 바다(海)의 의미처럼 불어에서 바다(mer)의 어원 또한 어머니(m ère)와의 동일성을 지닌다.

특히 근원적으로 인간의 삶은 물의 흐름과 같은 속성을 지니기에, 물의 예술적 미감은 종교적인 신비성을 지닐뿐더러, 유유히 흘러 바다로 이르는 대의(大義)라는 도덕적 교훈은 마침내 무위자연을 주장한 노자(老子)가 『道德經』(제8장)에서 '물의 칠덕(七德)을 "겸손, 지혜, 포용력, 융통성, 인내와 끈기, 용기, 대의"로 물의 도(道)를 천명한 것과 결코 무관치 아니하다. AD. 2C 후반 고조선의 〈公無渡河歌〉의 "임이여 그 물을 건너지 마오./임은 그예 물을 건너시다/물에 휘말려 돌아가셨으니/임은 어쩌란 말이오."라는 배경설화는 진나라 최표의 『古今注』에 기술되어 있다. 신화의 원형적 관점에서 물의 상징성은 탄생이나 새로운 생명의 본질로 해석되며, 죽어가는 대상에게는 생명을, 살아있는 존재에 죽음을 가져다주는 역할을 한다. 위의 노래에서도 물의 이미지는 '삶과 죽음, 그리고 사랑의 논리'로 점철되고 있음도 스스럼없는 그 같은 보기이다.

본고에서 농암(農巖)의 〈漁夫歌〉나 고산(孤山)의 〈漁父四時詞〉처럼 빛나는 시문을 비록 언급하지 않더라도, 한국현대시사에서 신체시의 형식을 통해 바다를 형상화한 육당(六堂)의 〈海에게서 少年에게〉(1908년)는 문학사적 중요성을 지닌다. 한편 우리시조문학의 변천사를 포괄적으로 기술할 수는 없지만, 1927년의 국민문학과 프로문학의 대립관계에서 시조부흥운동에 대한 위당(爲堂)의 논의는 그 나름의 문학사적 의미를 지닌다. 이 점에 있어 새 형식의 양장시조로 국민문학파로서의 역할을 담당한 노산(鷺山)의 〈가고파〉는, 미적 주권의 확립 차원에서 망향(望鄕)에 대한 애절한 그리움과 정한(情恨)을 주제로 하여 시조형식을 현대적으로 변용시킨 좋은 결과임에 틀림이 없다.

한국현대시의 새로운 지평을 열어 보인 정지용의 '바다'를 제목으로 한 9편과 바다를 제재로 이미지를 형상화한 20편의 시편은 관심의 대상이지만, "芭蕉와 湖水의 시인"으로 일컬어지는 초허의 대다수 시편들은 "묵시적으로 물은 한 인간의 체내를 혈액이 순환하듯 우주의 체내를 순환한다."는 점을 보다 선명하게 확인시켜주는 정신작업의 층위로 풀이된다.

따라서 '시의 기원'에 관해 언급하지 않더라도, 원시종합예술(Ballad-Dance)에서 분화·발전되어 오늘에 이른 현대시는 '①감정 작용의 상극(모순과 갈등), ②모순성과 갈등성(심리 특성의 반영), ③학문성내지 박학성(복잡성), ④인식의 즉물 성과 참신성(감정과 관념 배제)'을 그 특성으로 하고 있다. 그처럼 특정한 시인의 시 의식에 수용된 시간과 공간은, 그 시편의 이해를 돕는 키워드에 해당되기에, 모든 외적 직관작용의 근저(根底)에 결부되는 필연적 표징의 공간이라는 점은 결코 간과치 말아야 할 정황이다.

특히 화자(persona)인 초허 자신이 비록 '창피한 시집'이라고 종종 자인을 하였지만, 몸담았던 시간대에 비춰 견고한 성채(城砦)처럼 시집의 편집이 9부로 구성된 시집인 『나의 거문고』(新生社, 1930)의 목차[1]는 다음과 같다. "1. 즐거운 아침(12편) 2. 잔치(16편-**그대는湖水ㅅ물, 航海의노래, 돌기둥**) 3. 옛노래(15편-**바닷물가를, 난호일때에**) 4. 외로울 때(20편-**꿈 언덕을스칠때, 흰모래위에, 새벽비, 비, 때의물살**) 5. 麗島風景(12편-**夕景(一), 夕景(二), 麗島風景, 明沙十里에서(海棠花, 물새한테, 물소래드르며, 漁村, 夕景**) 6. 異域風情(13편-**熱海에서, 伊東에서, 狩野川, 沼津에서, 塩原行(-道中吟, -福渡橋上에서, -長靜에서, -利根川의黃昏**) 7. 故鄕(20편-**故鄕, 조개껍질, 비, 雨野小景, 淸調辭**) 8. 瞑想의노래(13편-**航海, 바다에서**) 9. 나의 거문고-散文詩(11편-**나는眞珠캐는배사공**)"로 4·6판형, 168쪽의 적지 않은 분량의 132편이, 비교적 고심한 흔적 끝에 조화 있게 짜여서 자존감의 회복과 변형의 시학에 관한 분할·통합의 관점은 이채롭다.

아울러 환경론의 선구자인 레이첼 캇슨이 그의 저서인 『침묵의 봄(SILENT SPRING)』에서 '거대한 숲이 사라지면 새의 노래도 사라진다.'는 인류에 대한 경고와 같은 배경의 맥락에서 "새가 사라진 마을에는 노래가 없다 ― 사라진 숲의 왕을 찾아서"[2] 또한, 이 시대에 한순간 우리를 엄습하는 불안감과 초조, 그리고 구속으로부터 벗어나기 위한 시 심리의 현재성으로 특이하게도 영혼의 침잠(沈潛)은 독자적인 시적 작위(作爲)로 스키마(schema)의 연계성을 그 나름으로 지켜내려는 절박한 교시(敎示)로 지극히 교훈적이다.

## 2. 즉물적 질료와 개아(個我)의 서정성

논고의 본론에서 원형상징으로서의 '물'은 정화기능과 생명을 지속시키는 복합적 속성에서 보편적인 호소력을 지니는 까닭에 물은 순결과 새 생명을 상징하며, 기독교의 세례의식

---

[1] 金東鳴, 『나의 거문고』, 新生社, 1930, 고딕 처리된 시편은 주로 '물'을 소재로 했음.
[2] 필립 후즈 著, 김명남 譯, 『새가 사라진 마을에는 노래가 없다』, 돌베개, 2015.

에서는 원죄를 정화시키는 행위와 영적으로의 재생인 부활로 상용된다. 미르치아 엘리아데(Mircea Eliade)는 『이미지와 상징』, 제5장 '상징체계와 역사'에서 물의 상징성을 원천으로 모든 가능성의 저장소이고, 모든 형태에 선행하며 창조를 받쳐주는 재생의 함축 의미'로 해석하였다. 어디까지나 물의 속성은 형태를 해체, 소멸시키고, 정화와 재생의 기능으로 과거의 상처를 치유할뿐더러 속죄의 역할을 담당하는 것으로도 작용한다.

따라서 "湖水와 芭蕉의 시인"으로 일컬어지는 초허는 1923년「開闢」(통권 40호)에 상징주의 시인인 보들레르에게 바치는 헌시 〈당신이 만약 내게 문을 열어 주시면〉으로 데뷔했다. 그 이후 6권의 시집을 간행하면서 시적 정조와 간결한 언어미가 담긴 일련의 시작품으로 한국의 현대시문학사를 장식한 실체로서, 뒷날에는 불편부당한 권력이 지식사회를 억압하던 시간대에 지사적 풍모로 대처하며, 강직한 필설로 한국정치평론의 지평을 열었다. 한편 그의 시집으로는 『나의 거문고』(1930)를 포함해서 『芭蕉』(1938), 『三八線』(1947), 『하늘』(1948), 『眞珠灣』(1954)이 있으며, 그 자신은 광복전후의 불확실한 시간대에서도 시적 형상화에 몰두하였다.

어디까지나 1920년대에서 1960년대 초기까지 이 땅의 어느 시인보다 폭넓고 다양하게 활약하였음에도 안타깝게도 그에 대한 문단(文壇)과 학계의 연구나 평가가 극히 미진한 까닭은, 영혼의 자유로움을 구가한 그가 동인(同人)활동 위주로 기술된 우리 현대문학사의 정황과 그간의 평자들이 '자연적, 목가적, 전원시인'[3]으로 매도함으로써 더 이상의 논의를 확대시킬 여지를 왜곡한 점에 기인(起因)한다. 까닭에 본고에서 그의 담백한 시격과 시 의식을 포괄적으로나마 조망하기 위해 일차적으로 『나의 거문고』에 수록된 시편을 중심으로 그의 시에 수용된 '물의 이미지'를 통한 시 의식을 심도 있게 검증하여 보는 것은 그 나름의 의미를 지닌다.

이 같은 맥락에서 그의 수필 〈掬雛記〉에서 "내 記憶은 물소리에서부터 시작된다. 방안에 앉아서도 그윽히 들려오는 물소리! 외할머니에게 다리를 주물리우며 듣기에 더욱 즐거웁던 물소리! 이건 내가 裟婆에 와서 처음 들어본 자연의 音樂이었을지도 모른다.[4]"라며 그 자신의 유년을 회고하였듯 시의식의 발아(發芽)는 이처럼 물과 연계성을 맺고 있다. 따라서 그의

---

3) 白鐵, 『新文學思潮史』, 新丘文化社, 1982, 464면. 趙演鉉, 『韓國現代文學史』, 成文閣, 1978, 452면.
4) 金東鳴文集刊行會, 『모래 위에 쓴 落書』, 新雅社, 1965, 9-10면.

초기시편에서도 예외 없이 비유적 기법과 주제, 의식면에서의 한계성을 외면할 수 없으나, 이 시기의 여타 시인들의 시적 수준에 견주어 그가 의도한 다양한 시편들은 차별적인 비유법과 시 의식을 심화시킨 일련의 업적은 다소 뒤늦은 감이 없지 않으나 반드시 논의가 주어져야 한다. 초허는 초기의 시작(詩作)부터 다양한 시적 수사를 기법(craft)으로 적용하였으며, 병렬구성에 의한 메타의 확장, 의인법의 폭넓은 구사, 그리고 시 창작에 원형적인 방법론 일관되게 유지하며 시로 형사(形似)한 작위(作爲)는 높이 평가하여도 결코 지나치지는 아니하다.

일단, 본고에서는 편의상 시집 『나의 거문고』에 수록된 시편 중에서 비중 있게 '물을 시적 질료로 삼아 형상화 한 작품'을 편집 차례의 순위(順位)로 시의미를 폭넓고 다양하게 검색한다. 초허의 생애 중에 1909년 원산(元山)소학교에 입학 이후, 30년 남짓 함흥과 함남에 거처한 점에 비춰 그의 시편인 〈돌기둥〉5)은 패기에 찬 젊은 화자 나름의 기상과 새삼 심장의 뜨거운 피를 충동적으로 안겨주기에 어디까지나 부족함이 허락되지 아니한다.

> 바다 가운데 우뚝 서 있는 돌기둥은/몇 만 년을 두고 물결과 싸워온 돌기둥/바람비 몇 만 년에 살은 다 깎이고 뼈만 남은 돌기둥/이제도 몇 만 년을 물결과 싸워갈 돌기둥/그렇다 보아라 깨어지는 물결을 발 아래에 나려다보며/서 있는 그 기상이 또한 장하지 않으냐.
>
> -〈돌기둥〉에서

위에 인용한 시편을 통해 입증되어지듯이 젊은 날의 서슬 푸른 패기가 감지되는 이 시편의 즉물적 대상은, 거대한 암괴(岩塊)·암판(岩板) 등이 변화무쌍한 관동팔경(關東八景) 중 최북단에 위치한 통천의 총석정(叢石亭)을 시적 대상으로 형사(形似)한 것으로 유추(類推)되는 시편임에 틀림없지만, 다소 서경적인 접근이 감지되지만 '거센 파도를 깨어지는 물결'로 읊어낸 낭만주의적 특이성을 지닌 그만의 시적 수사는 지극히 충동적인 경우에 해당한다.

이 같은 맥락에서 "바다의 물가를 걸어보면/걸음마다 남긴 발자국을/물결이 기어올라 스쳐 가느니/우리의 밟고 가는 세상도 또한 이와 같아/곱거나 밉거나 남겨 놓은 자취는/「때」

---

5) 金東鳴, 『나의 거문고』, 新生社, 1930, 30면.

의 물살이 스쳐 가느니/그렇다 그대여 잔 가득 부어라/걸음 잠깐 비청거린들 어떠리.(바다의 물가를)"에서 한 사람의 독자인 우리는, '바다의 물가를 걸어보면 걸음마다 남긴 발자국'의 시적 모티브를 통해 비록 메어리 스티븐슨의 〈모래 위의 발자국〉을 기억하지 못할지라도 '잔 가득 부어라. 만취해서 비청 거린들 무슨 상관이냐?' '우리의 밟고 가는 세상도 또한 이와 같아'라며 인생을 달관(達觀)한 시인다운 기개나 배포로 해변을 유유자적(悠悠自適)하며 거니는 그만의 멋스러움은 지극히 역동적이다.

이 같은 그의 시적 분위기와 연계성을 지닌 시편 〈흰 모래 위에〉의 "흰 모래 위에 흰 모래 위에/한 작은 지행 없는 마음이어/고요한 바다의 물소래/거리낌 없이 가슴에 스며드니/아아 이는 탄식이런가/또한 그리움이런가.(一九二五年 七月 某日에 내 東海邊 白沙場 위에 누워 놀다)(흰 모래 위에)"에서도 그의 시인적 기질은 쉽게 파악될 것이다. 반면, "夕陽이 돛대에 빛나니/사공의 물길 아득하렸다.//대위에 앉은 해오라기 잠자느냐 생각하느냐/앞바다에 落照 붉고 뒷바다에 파도친다.//소등에 앉아 돌아오는 牧童에게/실 없는 말 한 마디「네 집이 어데냐」(夕景)"에서의 '해오라기'는 우리가 흔히 보고 지나치는 작은 회색빛 백로(Black-crowned Night Heron)이다. 아울러 황혼녘에 소등을 타고 귀가하는 목동에게 '집어 어디냐?'라고 묻는 화자의 물음을 통한 '여백의 틈새 좁히기'라는 슬로라이프(slow life)적인 '느림의 시학'이야말로 감동의 회복에 기인한다.

특히 그의 시집 37페이지에 수록된 시편으로 이별(나뉨)의 아픔을 다음의 보기와 같이 절제된 감정에 의하여 한층 다음 인용한 시편 〈난호일 때에〉의 경우, 비교적 순수서정성이 수사적 기법으로 처리되어, 지극히 단순한 시적 작위(作爲)이지만, '아름다운 곡조여→슬퍼지는 남은 가락이여'라는 시적 형상화의 변주(變奏)에서 담백한 시격(詩格)의 묘미(妙味)는 그 나름으로 독자의 감응을 불러주기에 또 하나 그만의 타당성을 지니기에 주저함이 없다.

물결을 스쳐오는 바람결에 가을이 그윽하여/길 떠나는 나그네의 외로운 마음이/달빛에 고요한 바다 위로 지행 없이 아득할 때,/아 芳香인 듯 떠도는 아름다운 곡조여/꿈인 듯 그윽한 흰 물결이여.//

지금은 가을, 그리고 달 밝은 뱃머리의 밤인데/水夫의 노 젓는 소리 듣기에처량하여/안개 속에 반짝이는 등대불이 더욱이 외로울 때,/아 芳草인 듯 슬퍼지는 남은 가락이여/꿈인 듯 아득한 그대의 자태여.//

-〈난호일 때에〉에서

모름지기 다음의 시편에서 그의 시적 질료는 '호수, 바다'라는 대상물에서 시적 상상력을 보다 확장하여 '강(가람)'은 마침내 '꿈'을 매개물(媒介物)로 하는 다양성을 수용하기에 이른다. "나는 내 가슴의 언덕을 스치고 흘러가는/생각의 가람 위에다/한 작은 편주를 띄워 보내노라.//흐르는 가람이 꿈 언덕을 스칠 때/님은 그 편주를 잡아타고/내 가슴의 언덕으로 저어오리니.(꿈 언덕을 스칠 때)"에서 확인되어지는 '생각의 가람, 꿈 언덕'이 바로 그 같은 현상이고 보기이다. 그 뿐 아니라 "나도 그대와 같이 대삿갓 눌러 쓰고/한두 개 낚시 줄을 淸江水에 드리우고/풀을 뜯어 자리하고 江가에 앉았을 영이면/한 때 愁心이야 정녕코 잊을 줄 안다만은/그러니 어이리, 夕陽에 지나는 손 걸음 또 바쁘거늘.(漁夫에게)"에서처럼 그의 일상적 자아는 그와의 연계성을 동일시(同一視)하고 있다.

보편적으로 일반 문학론에서 글의 소재는 선별된 특정한 대상에 국한되지 아니하고, 삼라만상(森羅萬象) 모든 것이 그 대상으로 다루어지는 까닭에, "아아 그대여 落葉 위에 떨어지는 빗방울소리를/이 새벽에 듣는가.(새벽비)"에서나 또는 "늦저녁에 나리는 비는/온 하루를 길 위에서 떠돈/길손의 설움이랄까.(비)"와 같은 자연현상도 이렇게 거부감 없이 폭넓게 수용되는 현상임은 다소 호흡이 짧은 단시(短詩) 형태로 그 나름의 깊은 사유(思惟) 뒤, 자아(自我)의 서정에 의한 삶의 잠언적 교시(教示)로 풀이되어지는 시편 〈때의 물살〉이나 〈沼津에서〉 서정적 미감은 스스럼없이 다양한 형상으로도 파악되어진다.

인생의 모든 괴로움과 모든 슬픔/다시 말할진대 온갖 불행은/인생을 스쳐가는「때」의 물살이랄까/그렇지 않으면 물살에서 생긴 거품이랄까.//

-〈때의 물살〉 전문

가을 물에 배를 띄워/江口를 거스르니/沼津이 예라 하네.//

바닷가에 홀로 앉아/오고가는 흰 돛 보니/漁夫의 樂일러라.//

-〈沼津〉에서

또 하나 초허의 시적 다양성을 탐색하는 작업의 가시적 통로로 편의상 13편의 시편으로 짜여진 「異域風情」의 〈熱海에서〉, 〈伊東에서〉, 〈狩野川〉, 〈沼津에서〉도는 물론이지만 일단, 〈塩原行(-道中吟, -福渡橋 上에서, -長靜에서, -利根川의 黃昏)〉의 보기처럼 다시 소제목으로 분류되어 처리된 작품에 관심을 지니고 보다 접근하면 "山허리 길이 나니/一千丈 깊은 골에 물굽이 푸르고/丹楓이 夕陽에 붉었으니/가을山에 자랑이라.(道中吟)"에서의 단풍이 붉게 불타는 황혼녘 산 여울의 정경이나 "山 사이로 흐르는 시내/예 와서 여울지니/목이 메는 물소리라(福渡橋 上에서)"와 같이 다리 위에서 낮은 산자락 휘굽으며 흐르는 물소리를 묵언의 응시 끝에 그만의 독자적 서정성은 여유로운 정조(情調)를 구사(驅使)하고 있다.

그렇다. 화자인 그 자신이 '유월 금빛 햇볕에서 綠水 靑山좋을시고'의 영탄을 쏟아내며 "숲속에 山새 노래/물소리에 어울리니/오오 땅위에서는 가장 오랜 곡조로라.(長靜에서)"의 시적 형사의 눈부심은 무론하고 "江언덕에 이는 불길/사공아 물어보자 어화가 아니냐(利根川의 黃昏)"을 통해 '한 사람의 시인은 또 충직한 한 사람의 독자'이듯이 '강 언덕(此岸)에서 바라본 불타는 낙조(落照)의 황홀경을 마치 어화(漁火)'로 대치하는 시적 수사나 미감(美感), 바로 이 같은 시적 특이성은 초허 그만의 독자적 빛남인 동시에 눈부심이다.

어디까지나 탯줄을 묻은 향리(鄕里)는 비록 그 자신이 여덟 살의 나이에 떠나왔지만, 향수는 더없이 지대하기에 "남으로 十里는 鏡浦인데/東으로 十里 시냇물을 따라가면 바다나지고/그리고 서울은 西으로 五百五十里/大關嶺을 넘어서 간답니다.(故鄕)"라는 구체적 설명은 단순한 이해의 해명이 아닌 현재성으로, '명상은 하나님의 말씀과 같다'는 그 자신의 집념은 "명상은 고요히 흐르는 시냇물과도 같습니다./흐르는 대로 마음을 띄우면/바다와 같은 큰 生命에 이릅니다.(瞑想의 노래)"에서 다시금 확장되고 있음은 무론하고, '바다의 개념 또한 생명의 원천이며 합일(合一)의 징표'로 놀랍게도 인식되고 있다.

이와 같이 "만일 당신께서 말씀하신다면, 「大地 위에 빗겨 놓은 잔 물살 가득한 연못이 되었으면」하고/나는 대답하겠습니다./「푸른 물결 출렁거리는 넓고 넓은 바다가 되었으면 하고」/만일 당신께서 말씀하신다면/「한 작은 새파란 浮萍草가 되었으면」하고/나는 대답하겠습니다.(對答)"에서 반복적으로 '물결, 연못(沼), 바다, 부평초'와 같은 동일성을 지닌 시적 질료의 사용에 높은 빈도수만큼 그의 내면의식과 시 의미성은 구체적으로 인식되고 있다. 여기서 '연못'은 멈춤을 통해 정착하려는 속성을 지녔기에, 연못의 인간형은 실속을 추구하는 침착하고 고요한 심적 존재임은 가볍게 외면하지 말아야 한다.    각론하고 연구자가 그 나름으로 지대한 고심 끝에 초허의 시적 소재의 다양한 대상물을 검증하고 비교하여, 그 자신의 첫 시집인 『나의 거문고』에 수용된 핵심적인 매개(媒介)로 '물(바다, 호수, 강, 시내(川), 연못(沼), 비(雨) 기타)'의 연계성과 시적 모티프를 비중 있게 분할·탐색하는 과정에서 핵심적인 포인트와 매혹의 당위성은 시집 뒤편에 수록된 시편인 〈바다에서〉의 "아름다운 새벽빛이/물결 위에 빛날 때에/오 넓고 아늑한 바다여/나는 여기에서/주님의 영원한 보금자리를 봅니다.//…줄임…/주님의 영원한 자랑노래를 듣습니다.//…줄임…/나는 여기에서/주님의 거룩한 뜻을 봅니다."의 보기이다.

이 같은 맥락에서 비록 1925년 3월에 도일(渡日)하여 청산학원 신학과를 졸업하였으나 '영혼의 자유로움'을 절실히 소망한 까닭에, 성직자의 길을 걷지는 않았다. 여기서 무엇보다 자명한 것은 정신작업의 결과물인 화자(persona)의 시편에 종교적인 철저한 신앙의 강인성은, "마음이 청결한 者는 福이 있나니 그들이 하나님을 볼 것이오.(마 5:8)"6)라는 그의 좌우명(座右銘) 못지않게 이 시집의 산문시편-「나의 거문고」의 〈나는 眞珠 캐는 뱃사공〉에서 한층 더 확증되고 있다.    특히 시적 상상력의 방향은 한 시인의 시작(詩作)의 습관 도는 의도에 따라 상이하지만 대체로 사물을 관념화하는 양상과 관념을 구상화(具象化)하는 형태로 구분되어진다. 여기서 연구자가 초허 시에 있어 소재의 다양성을 고찰하기 위하여 구상적 소재와 관념적 대별하여 제시하였는데, 이것은 전술한 상상력의 과정과는 별개의 문제이다. 위의 분석을 통하여 몇 가지 사실을 제시할 수 있다.7) 이 같은 관점에서 시적 소재의 다양화를 자신의 시편에 수용하여 서정성이 빛나는 초허의 담백한 시격과 빚어 놓은 재능에 관해 누구보다 현실 비판적인 정태용은 다음과 같이 제시하고 있다.

東鳴은 그것이 호기로운 것이든 명상적인 것이든 간에 대상을 관조하기 보다는

---

6) 李鍾烈, 『韓國詩人全集』 第一卷, 學文社, 1955, 323면.
7) 嚴昌燮, "超虛金東鳴文學研究", 博士學位論文, 成均館大學校大學院, 1985, 30면.

> 사물 속에 일체로 도취해 버리는 파소네이트한 인간이다. 그의 이미지는 또한 선이
> 나 색채보다도 심정적인 회화를 잘 그리고 있다. 이러한 회화는 섬세한 표현이 아니
> 고 간결한 터치로서 선명한 연상을 일으킨다.[8]

어디까지나 한 편의 시를 바르게 해석하기 위해서는 시어(詩語)와 시적 수사법에 관한 검토의 이행은, 시의 본질을 파악하는 효과적인 방법이다. 따라서 시인의 개성과 시의 특이성을 이해하는데 가장 표면적인 것이 시의 구성 요성임은 틀림이 없다. 일반적으로 초허 시의 계보는 그 자신이 '문학에 뜻을 두기는 1923년 무렵'으로 자처하였듯이, 대체적으로 주제는 다분히 '인생을 고민(苦悶)하는 허무적 특성을 보여주며 감상적·퇴폐적 경향'이다. 까닭에 초기시편의 바른 이해와 평가를 위해서는 특정한 시인의 시적 내용을 음미함은 무론이거니와 '시에 사용된 어법, 시어의 의미와 암시(暗示)'[9]에 관한 이론을 비중 있게 의식하고 그 효용성을 다시금 수용하여야 한다.

그 같은 관점에서 초허의 중기시편에서도 확인되는 비유적 기법의 세련미는 주제의식의 심화와 함께 시적 질료에 대한 날카로운 인식과 시의식의 심화가 상상력의 폭과 깊이를 확장시킨 놀라운 정신적 산물이다. 이 같은 시적 변주(詩的變奏)는 시작업의 초창기부터 그 자신이 불멸의 노래로 주의 집중한 비유구성 방법에 의식적으로 열정을 쏟아온 결과물이다. 이처럼 그는 시력(詩歷)을 달리할 때마다 시의 주제 변천을 꾀하면서도 민족의 정한(情恨)을 시의 바탕에 유지하여 왔다. 그 같은 맥락에서 격랑(激浪)의 한 생애를 시인으로 활동하면서 기질적으로 문단이라는 울타리 속에 처하기를 원하지 않았기에 동인활동이나 문단중심으로 기록되고 평가받는 우리의 보편적인 문학풍토에서 안타깝게도 '문단 밖의 浪人'으로 취급되어 비중 있게 다루어지지 못하였다. 이 같은 상황에서 그는 우리시문학사에 있어 대표적인 낭만파 시인, 민족적 울분을 역사의 정체성으로 정화(淨化)시킨 존재감 있는 민족시인은 물론, 순결하고 맑은 영혼으로 기독교 신앙을 올곧게 종교 시인으로 명증되어야 할 것이다. 〈芭蕉〉가 발표된 1930년대, 초허 시의 주제는 '절망적인 시대상황과 생의 무상함, 그리고 역사적 고뇌를 극복하려는 인생관'으로 구분된다.

---

8) 鄭泰榕, "現代詩人硏究", 現代文學, 통권 37호, 185-186면.
9) C.D. 루이스 著, 張萬榮 譯, 『詩學入門』, 正音社, 1958, 187면.

까닭에 그의 시집『芭蕉』는 그의 시력(詩歷)에 있어 전성기를 대변하는 시집에 해당하며, 그의 시적 정조는 〈내 마음은〉에서 '호수요, 촛불이며 나그네요, 또 낙엽이라'고 상기시킴으로 하여 당시 상황을 은유로 처리하고 있다. '바람이 불면 나그네 같이 떠나리라'고 결심하는 마음은 바로 조국의 슬픈 운명에 대한 시인의 체념을 해석된다. 비교적 그의 초기시편이 떠남의 미학에 뿌리를 내리고 있는 점에 견주어, 유랑(流浪)과 죽음은 불행했던 유년의 기억에서 연유한 암담한 현실로부터의 도피를 뜻하기에, 그에게 세계와 사물은 일정한 패턴으로 고정된 것이 아니라 끊임없는 변전(變轉)으로의 불확실성, 그 자체 양식으로의 징표이다.

보편적으로 초허의 등단 시편인 〈당신이 만약 내게 문을 열어주시면〉에서 "나는 님의 바다 같은 한숨에/물고기같이 잠겨 버리겠나이다."에서와 같이 생명의 '바다'는 물고기가 서식하는 공간으로 처리되고 있으며, "너는 동산같이 그윽하다./너는 대양(大洋)같이 뛰논다./너는 미풍같이 소곤거린다.(우리말)"에서나 "내 낮은 천정으로 하여금 족히 한 작은 하늘이 되게 하고 또 흐르는 물결의 유유한 음률이 있어 내 하염없는 번뇌의 지푸라기를 띄워주데 그려.(손님)"에서, 또 "물결이 꼬이거던, 그러나 그대 싫거던/우리는 저 호수(湖水)가에 앉아 발끝만 잠급시다 그려.(湖水)", "나의 가슴을 조그마한 항만(港灣)에 비길 수 있다면/굽이굽이 들이 닫는 물결은//이국(異國)의 꿈을 싣고 오는 나의 나그네,/나의 마음은 너의 품속에서 해초(海草)같이 일렁거린다.(바다)" 등의 여러 시편에서 한번쯤은 심사숙고할 바다.

이와 같이 초허 시에 수용된 물의 특성은 '동산같이 그윽하거나 미풍같이 소곤거리거나 지푸라기를 띄워주는 유유한 흐름, 또는 해초같이 일렁거리'는 유연함으로 곁들여질 뿐 아니라 상생의 공간으로 처리되고 있으나, 이와 달리 "아득히 감람(紺藍) 물결 위에 뜬/한 포기 수련화(睡蓮花)//...생략.../저 푸른 물결 위엔 어느새 찬란한 불길이 오른다./비빈 눈으로 바라보기에도 얼마나 황홀한 광경이냐!(진주만)"에서 또 다시 확인되어지는 것은 '한 포기 수련화'에 견주어진 진주만은 1951년 12월 8일 일본제국주의가 국제 법을 거슬린 무차별 침공으로 '폭음, 불기둥에 엉키는 분노'로 유추할 수 있다. 따라서 '황홀한 광경이냐!'는 역설은 푸른 물결마저 끝내 광란의 격랑으로 격변케 하는 까닭에 그의 대표적 시편인 〈芭蕉〉에서 다시금 확증되는 간결성과 다양한 시적 형상화가 마침내 초허의 시세계에 관한 시의식의 복합성과도 일관성을 지니기에 유의미한 것으로 평가할 수 있다.

한편 그의 대표시인 〈芭蕉〉에서 우리가 주지할 수 있는 것은 사물의 견고한 묘사에 치우치지 않고 이미지와 관념의 연쇄적 흐름에 의존하는, 무의 존재론이라는 시인의 잠언적 시각의 중요성이다. 조국상실의 비애와 불행을 식물인 파초에 견주며 시인의 감정이입을 시도한 이 시는 표현상의 묘미로 시인이 바라는 조국이 남성적이며 절대적이지만, 파초를 여성으로 의인화하여 시인의 감정을 자연스럽게 기탁한 점은 공감이 간다. 이철범이 "소낙비를 그리는① 너는 정열의 여인② 나는 샘물을 길어① 네 발등에 붓는다.②"의 구절, 즉 ①→②→①→②에 담긴 언어구사의 기교, 유익한 뉘앙스, 이미지 등은 언급할 바다. 초허는 〈芭蕉〉에서 '갈증을 해소시키는 소낙비, 샘물의 역할'을 통해 한편의 시란 단순한 감정의 표현이 아닌 "영원한 진실 속에 표현된 삶의 이미지"가 언어예술임을 실증하고 있다.

그뿐 아니라 〈내 마음은〉(朝光, 1937년 6월호)도 시적미감이 뛰어난 작품이다. 이인범, 김천애에 의해 가곡으로 불리어졌으며, '내 마음'이라는 추상적, 정신적인 원관념이 '湖水/촛불/나그네/落葉'과 같은 구상적, 관념적인 보조관념으로 치환됨으로써 전혀 다른 상상력의 세계를 펼쳐 보이고 있다. 호수이기에 노를 젓고, 그대의 뱃전에 부딪칠 수 있고, 촛불이기에 최후의 한 방울도 남김없이 타오를 수 있고, 나그네이기 때문에 달 아래에 귀를 기울이며 호젓이 날을 샐 수 있다. 단, 보편적으로 다루어지는 물의 이미지는 바다와 산과 마찬가지로 시인에게 있어 영원한 향수의 모태로 변형되기에 '바다, 강, 냇물, 호수, 샘, 비, 조수' 등의 시적 매개물은 보편적 형상화로 빛나고 있다.

이 같은 맥락에서 우리현대시문학사에서 다소의 여지가 없지는 않지만, 자연친화적인 색채가 강한 그 자신이 "내 마음은 호수요/그대 노 저어 오오/나는 그대의 흰 그림자를 안고 옥 같이/그대 뱃전에 부서지리다.(내 마음은)"에서 시적으로 발아시킨 물이라는 매개물과의 상호교감은 놀랍다. 모름지기 대상과의 내밀한 합일을 전제로 한 그리움을 정조로 한 이별의 편린(片鱗)은, 혹자의 지적처럼 단순한 사랑의 호소가 아닌 시적 대상과의 만남을 지향한 절박한 열망을 의미한다. 그 자신은 〈내 마음은〉에서 물의 이미지를 호수와 결부지어 '①대상의 기다림 ②대상과의 합일 ③떠남의 미학'의 통로로 선명하게 투입시켜 보편적 경험으로 처리하고 있다. 또 다른 그의 시 "네 가슴 속에는 푸른 하늘이 깔려 있고(해양송가)"와 같이 입증되는 것은 물의 총합인 바다를 하늘(宇宙)조차 포용하는 거대한 실체로 인식하고 있을 뿐 아니라, 독자에게 쉽게 파악되는 시의 내면인식에서 본원적인 기대와 갈망, 그리고 본향에 대한 회귀의식의 집착에 의해 수용된 '물'의 이미지가 형사(形似)된 비교적 '합일이며 고향회귀성(故鄕回歸性)'으로 응축된 현재성임은 다시금 주지할 점이다.

## 3. 결론 : 합리적 해법과 문제의 여지

이상과 같이 물의 이미지와 시적 연계성(連繫性)에 관한 심층적 연구의 일례로「물의 시적 형상화와 수용성(受容性)의 해법-『나의 거문고』에 수록된 시편을 중심으로」에 있어 일관성을 지니고 분할·통합될 문제의 여지라면, 초허는 한국현대시문학사에서 견고한 성채(城砦)와 같은 존재라는 실상이다. 비록 안타깝지만 그에 관한 연구는 인상비평에 머물러 심층적으로 수행되지 못하고 있기에, 그 자신이 동시대의 어느 시인보다 시적 공과는 지대하다. 여기서 시세계의 다양성을 확장하고 있음은 명백하지만, 비교적 빈도수(頻度數) 높게 수용된 시적 질료인 '물(水)'이 상상력의 원천으로 작용된 이미지의 다양성은 재론되어야 할 인자(因)子이다. 무엇보다 분명한 키워드에 해당하는 화소(話素)의 개체로서의 물은 시적 자아와 세계가 소통할 수 있도록 도와주는 대상물이다.

특히 구약의「創世記」에 "하나님의 신이 수면에 운행하시더라."는 기록처럼 물의 이미지는 '생명의 잉태, 즉 생산과 창조의 기능을 담당하는 여성상징'이다. 언어학적으로 '마르(mar)는 바다 또는 자궁(子宮)으로 사용되는 창조의 속성'을 지니고 있음은 유념할 바다. 그 자신의 시편에서 초허가 즐겨 사용한 물의 이미지는 '힘의 집합, 교감의 공간, 시간의 매체, 그리움' 등으로 다양하게 사용되었기에 '떠남의 시학'과의 필연성은 거부할 수 없다.

그 같은 연유로 초허의 시편에서 비교적 감각적이고도 선명하게 명증되어지듯 '물'을 큰 테제로 삼은 화자의 진언(眞言)은 어디까지나 자연의 이법을 거스르지 아니하고 '낮은 곳으로 흐르는 겸허성, 깨끗한 투명성, 어울림의 유연성, 그러나 물과 기름의 융합을 거역한 공명정대하되 나뭇가지 끝으로 차오르는 물의 생리'를 삶의 교시로 잠재된 의식을 새삼 흔들어 깨우는 '골드 브레인(Gold-brain)'으로 그 점은 보다 아름답고도 위대한 창조적 영혼에 기인된 결과이다.

모름지기 힘겨운 삶의 현장에서 정신작업의 종사자라면 따뜻한 감성으로 소외된 인간관계성의 회복을 위하여 통섭과 사랑의 불을 끊임없이 짓 펴야하기에, 연구자의 주의주장처럼 푸른 생명의 언어를 좋은 인간관계의 소통기표로 사용하여 그의 시편에서 일관되게 입증하고 있듯이 피폐한 정신세계를 정화시키는 일상의 개아(個我)에 의한 순수 서정성으로 서로 간의 존재감을 존중하면서, '말하기보다 듣기에 열중하되 집착하지 아니하고', 생명외경(生命 畏敬)의 존엄성을 이행하는데 몰두한 그만의 견고한 고뇌와 휴머니티는 자못 처연(悽然)해 눈물겹다. 따라서 이 땅의 기독교 문인들이 기필코 기억 흔적에 담아두어야 할 것이라면, 그 자신의 전원(田園)을 구가한 시편에서 사회적 참여성이 강한 양상(樣相)의 시편까지 다양하게 구축하는 과정에서 '물의 이미지를 시적으로 형상화'할 때 놀랍게도 이 같이 아름답고 시적인 때가 없었다는 사실이다.

이와 같이 다소 신비하고도 감미로운 시적 경향에서 끊임없이 또 다른 세계를 동경하고 추구한 까닭에 광복 이후 사회현상에 민감해질수록 그의 시는 점차 서정성과 시적 긴장감에 거리를 두게 되었다. 비록 그 자신이 50대 후반에 정치평론이라는 새로운 장르의 지평을 열면서 지적인 정객(政客)으로 변신하여 이 땅의 민주화를 위해 투신하였지만, 한 시대의 비통함을 신앙으로 굳건히 인내하며 미래의 꿈을 확신했던 예언자적 시인이었다. 그는 신사참배의 조짐이 사회 도처로 점차 파급되는 시기에 기독교 교세의 확장을 위해서는 명분상 교파 간의 분파 조성보다는 화합을 다져야 하는 힘의 역동성을 보다 시사(示唆)하는 일제강점기 본격적인 종교적 교리를 체계적으로 다룬 「장감 양교파 합동 가부 문제(長監兩教派合同可否問題)」(『眞生』 54호, 1929. 6)와 같은 논문이 종교의 본질을 깊이 있게 통찰한 이론의 적합성은 어디까지나 유념하고 간과(看過)치 말아야 한다.

어디까지나 그 자신은 특정한 인위적 제도에 의해 구속되거나 제약 받기를 원하지 않은 탓에 성직자로서의 삶에 종사하기를 결코 소망하지 않았다. 비록 임종 직전 아들(김병우)의 강청으로 천주교로 개종하였으나 생전에 장로교에 교적을 두었으며, 1948년 5월~1960년 6월까지 기독교 학원인 이화여자대학의 교수로 재직한 것은 결코 우연일 수 없다. 그는 도일하기 전 서호(西湖)에 체류할 때에도 한 달에 한번 꼴로 교회에서 설교를 하였으며, 산상수훈 중에 "마음이 청결한 者는 福이 있나니…(마 5:8)"를 좌우명으로 삼아 평생을 청렴하게 살아온 그의 행적을 미루어 볼 때, 제도에 구속되기를 일체 원치 않는 자유분방한 종교인이라는 사실이다.

무엇보다 격랑의 한 시대에 몸담으며 이 땅의 어느 지식인보다 삶의 다양성을 보여준 그의 경력 중에, 1947년 4월 김재준 목사의 사택에 기거하며 한국신학대학 교수로 재임한 것도 고려할 항목이지만, 『동아일보』에 독제정권의 부당성을 강도 높게 제기한 논설을 묶어 간행한 지극히 독자적이고도 서슬 푸른 비판정신에 의한 정치평론집인 『나는 證言한다』(新雅社,1964)를 고찰하면, 공화당 정권의 불의와 부당함에 어떤 정객보다 저항하며 예리한 필봉으로 대처하였던 그의 지사적(志士的) 행동이 기독교의 신앙과 접목되어 있음은 의식의 내면성 탐색에 있어 무엇보다 주목할 이력(履歷)이다.

여기서 그 자신이 그리워하며 즐겨 응시한 그 하늘과 바다가 제2차 세계대전의 공습경보가 울리고 민족의 혼인 조선어가 말살된 시간대였으며, 조국광복의 감동과 함께 한국전쟁(The Korea War)의 암울한 격랑 기였음은 새삼 감안할 일이다. 이 같은 시대적 상황에서 순수서정의 미적주권을 확립하여 눈부신 존재의 꽃으로 피워낸 또 다른 시편 "하늘은/바다,/나는 바다를 향해 선 위대한 낭만주의자.(하늘)"에서 그 자신이 시적형상화를 통하여 '하늘'이 내려 앉아 물에 잠긴 현상을 시적 은유로 처리하여 '바다'로 동일시하였듯, 단시로 처리된 "밤은/푸른 안개에 싸인 호수,//나는/잠의 쪽배를 타고 꿈을 낚는 어부다.(밤)"에서 '밤은 안개에 싸인 호수'로, 화자를 '꿈을 낚는 어부=위대한 낭만주의자'라는 인식은 그만의 시적 발상이 한층 더 신선함을 역동적으로나마 안겨준 실례이다.

이상과 같이 발표자가 객관적으로 초허의 초기시편을 중심으로 '물에 대한 이미지'를 논의한 의중은, '예술에는 국경이 없지만, 예술가에게는 조국이 있다.'는 무릇 지론에 기인한다. 일단 초허 자신이 한국적인 자연(호수, 강, 바다)을 시적 대상이나 상관물(相關物)로 즐겨 다룬 점은 대륙의 심장에 한·일간의 치열한 정치적 이슈가 되는 현상에서 독도를 정복한 ㅎ슬라 군주 이사부(異斯夫) 장군의 혈맥(血脈) 또한 그의 강직한 성품과 의식의 내면에 파도를 가르는 바람의 영혼처럼 자유롭게 관통하고 있음을 차지에 객관적으로 유추할 유의미한 인자(因子)라면 그 자신의 독자적인 정체성이 견고한 성체(城砦)로 자리매김한다는 점일 것이다.

결론적으로 앞으로 한층 더 분할과 통합의 지속적이고도 심도 있는 검증을 거쳐 해결되어야할 문제의 여지(餘地)라면, 문화의 지역구심주의의 현재성에 있어 일상적 개아(個我)에 보다 충직했던 초허 자신이 대륙의 심장을 지닌 한 사람의 '극소수의 창조자로서' 시대적 소임을 재확인하고, 바다를 조망하는 새로운 인식이 확장되어야 한다는 존재감이다. 모쪼록 우리시문학의 건강한 미래를 위하여 따뜻한 정신기후의 조성과 시적 상상력을 확장, 그리고

도전·실험정신의 지속적인 천착(穿鑿)에 뒤늦은 감이 없지 않으나 이처럼 내면의식에 수용된 심층적인 분할과 모남이 없는 통합은 모름지기 문학사나 논리적으로 그 의미와 가치를 지니는 온전한 평가가 이행되어야 할 것이다.

## 「참고 문헌」

1) 金東鳴, 『나의 거문고』, 新生社, 1930.
2) 金東鳴文集刊行會, 『모래 위에 쓴 落書』, 新雅社, 1965.
3) 白鐵, 『新文學思潮史』, 新丘文化社, 1982.
4) 李鍾烈, 『韓國詩人全集』 第一卷, 學文社, 1955.
5) 趙演鉉, 『韓國現代文學史』, 成文閣, 1978.
6) C.D. 루이스 著, 張萬榮 譯, 『詩學入門』, 正音社, 1958.
7) 필립 후즈 著, 김명남 譯, 『새가 사라진 마을에는 노래가 없다』, 돌베개, 2015.
8) 嚴昌燮, "超虛金東鳴文學研究", 博士學位論文, 成均館大學校大學院, 1985.
9) 鄭泰榕, "現代詩人研究", 現代文學, 통권 37호.

# 초허(超虛) 김동명 시에 나타난 장소의 형상화

장은영*

---
**목 차**

Ⅰ. 서론
Ⅱ. 해방기의 불안 : 경험적 장소의 형상화
Ⅲ. 전쟁에 대한 두 가지 시선: 비유적 장소와 경험적 장소
Ⅳ. 전후 현실의 풍경들 : 회상의 장소
Ⅴ. 결론

---

[국문 요약]

본 논문은 초허 김동명의 후기시에 나타난 장소의 시적 형상화 문제를 살펴보고, 초허의 사회 참여적 시의식에 대해 고찰하였다. 낭만적이고 목가적인 전원풍의 초·중기 시에 비해 초허의 후기시는 사회에 대한 사실적이고 관찰적인 시선을 드러낸다. 초허는 장소의 재현을 통해 한국사의 격변기인 해방기와 전쟁기 그리고 전쟁 이후의 사회를 목격자, 증언자의 입장으로 형상화한다. 경험적 장소들을 형상화한 초허의 시를 통해 우리가 반추할 수 있는 것은 역사적 의미와 같은 총체화된 의미가 아니라 파편화된 경험들 그 자체를 통해 전달되는 감각과 실존의 위기 앞에 선 한 인간의 태도이다. 장소에 대한 다양한 시적 형상화를 통해

---

*조선대학교 교수
1) 이 논문은 『語文硏究』 39권 3호(한국어문교육연구회, 2011. 9)에 실렸던 「金東鳴 詩에 나타난 場所의 詩的 形象化」를 수정, 보완하여 재수록한 것임을 밝힘.

초허는 해방기의 불안과 전쟁이 가져온 실존의 위기와 충격, 전후 한국 사회의 세태와 미래에 대한 그의 지향들을 표출한다. 이를 통해 볼 때 장소의 형상화는 현실 정치의 논리를 피해 초허가 사회를 적극적으로 수용하는 하나의 시적 방법론이었다.

핵심어 : 김동명, 장소, 경험적 장소, 비유적 장소, 회상의 장소, 참여 의식

# I. 서론

본 논문에서는 장소의 문제를 중심으로 초허 김동명(1900-1968)의 해방기 이후 시세계[2])를 살펴보고자 한다. 두번째 시집 『파초』를 통해 세간의 주목을 받은 초허는 서정적인 전원시인으로 문학사에 기록되고 있다.[3]) 그러나 초허의 시세계 전체를 볼 때 전원 시인, 목가 시인이라는 평가는 일부분에 국한된 것이라고 볼 수 있다.[4]) 초허의 시세계에서 주목받아 온 순수 서정의 시세계는 중기에 해당하는 『芭蕉』와 『하늘』의 시기에 확연히 나타나지만, 이 시기의 작품 세계를 면밀히 들여다보면 순수 서정 이면에 현실과의 갈등을 포착할 수 있다.

---

2) 1923년 〈개벽〉을 통해 데뷔한 초허는 시집으로 『나의 거문고』(1930), 『芭蕉』(1938), 『하늘』(1948, 출간 순서로 보면 세 번째 시집이지만 1936년부터 1941년까지 해방 이전의 작품들을 모아 펴낸 시집이다.), 『三·八線』(1947), 『眞珠灣』(1954), 『目擊者』(1957)를 펴냈고, 『目擊者』를 시작 활동의 끝으로 본격적인 정치 활동을 시작하였다. 정치평론집 『적과 동지』(1955), 『역사의 배후에서』(1958), 수필집 『세대의 삽화』(1959)를 출간했다. 엄창섭은 초허의 시세계를 시기구분하면서 세기말적인 감상주의, 퇴폐주의 경향이 두드러지는 『나의 거문고』 시대를 초기로, 『芭蕉』, 『하늘』로 대표되는 1930년대를 민족적 염원을 서정화한 중기로, 광복 이후 『三·八線』, 『眞珠灣』, 『目擊者』가 간행된 1947-1957년에 해당하는 시기를 후기로 구분한 바 있다.(엄창섭(1987), 『김동명 연구』, 학문사, p.44) 본고에서도 이와 같은 시기 구분을 따르며, 후기를 집중적으로 논하고자 한다.

3) 백철은 1937-1939년을 현대문학사상의 한 절정으로 보고 이 시기에 나온 시집들을 일별하며 초허의 『芭蕉』를 언급한 바 있다. 그는 여기서 초허를 "전원파에 속하는 서정시인"으로 규정한 바 있다.(백철(1949), 『조선신문학사조사』, 백양당, pp.279-280) 또한 조연현은 초허의 시가 "소박한 감성과 목가적인 서정이 그 주조"를 이루고 있다고 평하기도 했다.(조연현(1980), 『한국현대문학사』, 성문각, p.452)

4) 조동일은 김동명이 시문학파, 모더니즘, 생명파 등의 뚜렷한 유파를 이루지 않은 시인이라고 평한 바 있고(조동일(1991), 『한국문학통사5』, 지식산업사, p.411), 김용직은 김동명이 1936년에 「파초」를 발표하면서부터 모더니즘의 시를 쓰기 시작했다고 보고, 그를 후반기 모더니즘에 기운 시인으로 간주해야 한다고 지적하기도 했다. (김용직(2000), 『한국현대시인연구』, 서울대학교출판부, p.138) 한편 김동명의 시와 정치 평론 등 작품 세계 전반을 연구한 엄창섭은 그의 시세계가 역사의식과 기독교 신앙을 기반으로 한 종교적 가치를 지닌다고 평했으며, 시대 상황에 대한 직설적 표현과 묘사를 통해 저항적 면모를 보여주기도 했다고 지적했다.(엄창섭(1987), p.185)

"눈물을 우유보다 더 좋아하는,/ 괴물"에 비유하며 "두 발을 처들고 내 앞에 다가선" 현실을 "뛰여넘"지도 "덤썩 안"지도 못하는 갈등을 형상화하기도 했고(「現實」, 『芭蕉』), 실제로 창씨개명과 일어 창작을 거부한 그는 『하늘』에 실린 「광인」과 「술 노래」를 끝으로 시작을 중단하기도 한다. "여보게, 나는 이제/ 이 호박빛 액체가 주는 마술을 빌어/ 나의 새끼손톱으로/ 요놈의 지구 떵이를 튀겨 버리려네"(「술 노래」)라는 초허의 독백은 직접적인 현실 상황을 직접적으로 표출하지는 않았지만, 식민지 현실에 대한 절망과 참담한 심정을 우회적으로 담고 있다.

정치 활동에 대한 포부를 지니고 있던 초허는 1940년대 이후에 시세계를 통해 사회 현실에 대한 관심을 보다 적극적으로 표출하기 시작한다. 현실에 대한 관심이 적극적으로 표출되는 것은 해방 후부터 월남하기 전까지 쓴 작품집 『三·八線』, 『眞珠灣』과 월남 후의 작품집이자 마지막 시집인 『目擊者』에서이다. 『芭蕉』, 『하늘』이 비교적 자연물을 대상으로 한 순수 서정을 표출했다면 『三·八線』, 『眞珠灣』, 『目擊者』는 사실적이고 구체적인 현실 감각과 함께 사회 현실에 대한 응시와 성찰을 특징적으로 보여주고 있다.

목가풍의 순수 서정과 관찰자적 현실 인식은 초허의 시적 인식 변화를 보여주는 중요한 차이임에도 불구하고 초, 중기시에 국한된 연구와 평가 그리고 이후의 초허 시세계에 대한 편향된 관심은 그를 순수 서정 시인에만 국한시켜왔다. 초허가 문단 활동을 활발히 하지 않았던 점이나 문인으로서보다는 정치인으로서의 포부를 강하게 지니고 있었던 점도 그의 시세계가 별도의 주목을 받지 못한 요인으로 지적되고 있다.[5]

이와 같은 지적 외에도 한국 현대사의 시대적 배경을 고려했을 때 초허의 후기시가 주목받지 못했던 이유는 순수와 참여라는 이분법적 도식 하에 문인이나 작품의 성격이 규정되어 왔기 때문이다. 한국 근현대 시사에 있어 사회와 역사에 대한 관심은 참여 문학이나 저항 문학의 이원적 담론 안에서 논의되어 왔고, 작가가 작품을 통해 보이는 사회에 대한 관심은 곧 저항과 참여라는 실천의 문제로 해석되어 왔다. 그러나 이와 달리 초허의 사회 현실에 대한 대응은 정치적, 운동적 성격보다는 사실적, 객관적 태도가 강하게 나타난다. 초허는 일

---

[5] 엄창섭은 초허 시에 대한 연구가 답보의 상태에 머문 까닭이 첫째, 초허 자신이 문학을 여기(餘技)로 인식했다는 점 둘째, 동인활동이나 문단활동에 전혀 참여하지 않은 점 셋째, 민주당 시절에 정치평론을 쓰며 참의원으로 활동했기 때문 넷째, 후학과 종교계의 무관심 때문이라고 지적했다.(위의 책, p.16.)

찍이 정치에 대한 포부를 지니고 있었지만, 이를 문학과 별개의 영역으로 대해 왔는데, 이러한 태도가 사회적 관심을 최대한 객관화시켜 표현하는 한 요인이 되었기 때문이다.

실제로 한국사의 격변기인 해방기와 전쟁기는 사회적으로만이 아니라 문학적으로도 다양한 시도가 표출되기 어려운 제한적 시기였다. 특히 해방기는 이데올로기적 시비에 치우쳐 정치적 논쟁이 문단을 주도한 시기로 평가된다. 사회 정치와 더불어 문단마저도 혼돈에 빠졌던 이 시기에 초허는 한 시대의 초상을 기록적으로 형상화하고자 한 사명의식을 지닌 시인이라는 점에서 주목을 요한다. 해방 이후 문단의 주목을 받지 못한 까닭에 이 시기 그의 작품들은 본격적인 논의가 이루어지지 않았지만, 좌익과 우익의 치열한 이념 공방과 세력 다툼에 휘말리지 않고 관찰자적 시선으로 한 시대를 포착한 초허의 작품은 해방 공간과 한국 전쟁 이후 우리 사회에 대한 또 하나의 기억들을 보여주며, 사실적이고 관찰적인 장소의 시적 형상화는 문학과 현실 정치의 경계를 조심스럽게 분리해보고자 했던 문학적 시도들을 담고 있다.

초허의 후기시에 나타나는 장소(place)는 인식의 범주나 추상적인 의미를 띠는 공간(space) 개념보다는 집단적, 개인적 삶과 구체적인 연관을 맺고 상호 작용하며 의미를 획득하는 실존의 거주지로 형상화된다. 직접적이고 개인적인 경험이라는 측면에서 장소는 사건이 일어나는 단순한 배경의 의미를 넘어 특정한 의미를 생산하는 역할을 하기도 한다. 장소는 물리적이고 추상화된 공간과 달리 구체적인 경험과 결부되어 기억되는 곳이기 때문이다.6) 아스만은 기억의 매체로 기능하는 장소가 기억을 확인하고 보존하는 매체일 뿐만 아니라 문화적 기억 공간을 구성하는 의미를 지니고 있다고 논의한다. 그에 따르면 장소는 "기억의 기반을 확고히 하면서 동시에 기억을 명확하게 증명한다는 것 이상의 의미"를 구성하며, "단기적인 기억을 능가하는 지속성을 구현"한다.7) 여기서 나아가 과거의 기억을 담지한 저장소로서의 장소는 궁극적으로 한 개인이나 집단의 경험을 토대로 형성되는 정체성과 연루된다. 예컨대 한 개인의 정체성이 유년기 기억의 장소들과 관련되어 있는 것처럼 민족사와 관련된

---

6) '공간'과 '장소'의 개념 정의는 서로를 필요로 한다. 이-푸투안은 경험을 기준으로 '공간'과 '장소'를 구분하는데, "우리가 공간을 더 잘 알게 되고 공간에 가치를 부여하게 됨에 따라 공간은 장소가 된다"고 말한다.(이-푸 투안, 구동회·심승희 역(2007), 『공간과 장소』, 대윤, pp.15-22.) 공간이 추상성을 띠고 있다면 장소는 경험성을 띤 개념이라고 볼 수 있다.
7) 알라이다 아스만, 변학수·백설자·채연숙 역(2003), 『기억의 공간』, 경북대학교 출판부, p.392.

장소의 신성화는 민족적 기억들을 지속시키며 민족 정체성을 유지하는 매체로 기능한다.8) 따라서 장소에 대한 고찰은 한 개인이나 집단이 어떠한 기억을 보존하고자 하는가를 파악하는 한 방법이며, 이와 같은 관점은 기억 주체가 지닌 의식적 측면 즉 어떤 이념이나 정체성을 담지하는가를 이해할 수 있게 해준다. 따라서 초허 후기시에 나타난 장소의 문제는 초허 개인의 실존에 대한 인식을 보여주는 것이기도 하지만 해방과 전쟁이라는 역사적 사건을 경험한 한국 사회가 지닌 기억의 정체성에 관한 조명이기도 하다.

초허의 후기시가 지닌 면모들이 지금까지 거의 연구되지 못했던 것도 이 논의가 필요한 이유이지만, 그의 시가 보여주는 장소의 형상화가 초허의 사회 참여 의지에 대한 시적 방법론이라는 점 또한 본 논문이 주목하는 문제이다. 본 논문에서는 초허의 시 가운데 해방 공간의 경험과 전후 현실이 잘 드러나는 작품집 『3·8선』(문륭사, 1947), 『진주만』(이대출판부, 1954), 『목격자』(인간사, 1957)를 대상으로 한다.

## II. 해방기의 불안 : 경험적 장소의 형상화

해방이라는 역사적 사건은 사회 정치적으로뿐만 아니라 모든 영역에 있어서 기쁨과 동시에 충격적인 경험이 아닐 수 없었다. 36년간 지속된 조선 총독부의 사회, 경제뿐만 아니라 종교와 문화에 이르기까지 전 영역에 걸쳐있던 일제의 통치체제가 끝나자 언어와 사상의 탄압 때문에 침묵을 강요당했던 조선 작가들에게는 모국어 사용의 자유뿐만 아니라 문학 사상의 자유가 주어졌다는 점에서 해방은 문학 창작의 한 계기점이 되었다. 이에 대해 김용직은 "8.15는 이 막다른 골목에 이른 우리 시와 시인에게 한 줄기 빛"이었으며, "한국어를 써서 시를 만드는 일이 죄가 아니라 보람이며 영광인 새 세계가 펼쳐"졌다고 서술한다. 식민 체제로부터 벗어난 시인들에게 새로운 세계란 "새 시대, 새 역사에 걸맞는 가락과 정서, 세계

---

8) 피에르 노라(Pierre Nora)는 한 민족이 갖는 기억의 유대가 더 이상 존재하지 않는 지점에 기억의 터가 세워지게 된다고 말한다. 노라는 『기억의 장소』에서 민족적 기억이 붙박고 있는 주요 장소들 즉 프랑스인들이 조국의 위대함을 발견하고, 프랑스임을 확인하는 장소들의 지형도를 만들어 분석하였다. 노라는 기억의 장소들을 통해 프랑스인들이 민족주의적인 민족 개념이 아니라 적대감을 해소시키고 하나의 '민족 기억'으로 통합되는 민족으로 돌아갔다고 보았다. 노라에 따르면 프랑스인들은 기억의 장소에서 프랑스의 영광과 아픔을 기억하며 프랑스와 프랑스인들의 정체성을 확인하게 된다는 것이다.(김응종(2011), 「피에르 노라의 『기억의 장소』에 나타난 '기억'의 개념」, 〈프랑스사 연구〉 제24호, pp.119-124)

를 구축해 가는 일이다. (중략) 그것은 그대로 세계에 빛나는 민족시, 민족문학, 민족문화의 수립을 꾀하는 일과 통했다. 이런 의미에서 8.15는 우리 시와 시인에겐 2중, 3중의 뜻을 지니는 영광이며 축복의 시간이 시작됨을 뜻했다."9)

그러나 실상은 이와 달리 풍성한 문학적 성과를 이루어내지 못했다. "해방 직후에 문학이 없다는" 극단적인 평가가 이루어질 만큼 우리 문단은 일제 강점기에 대한 성찰보다는 자기 합리화에 급급한 문학론을 내세워 일제 청산이라는 시대적 임무를 충실히 이행하지 못했다.10) 다시 말해 해방의 환희와 아울러 일제 청산과 민족문학 건설 등 해방 직후 우리 문단의 과제가 작품을 통해 충분히 형상화되지 못했다는 것이 문학사적 평가이다.

익히 알려진 바와 같이 해방 공간의 한국 문단이 일사불란하게 민족문학 건설을 위해 한목소리를 냈던 것은 아니다. 한반도 내부의 이념적 대립은 비단 문단만의 문제가 아니라 사회 전체의 현상이었다. 민족국가 건설이라는 새로운 시대적 임무를 앞에 두고 있었지만, 민족의 내적 역량이 축적되지 않은 상황에서 한국 사회는 혼란과 갈등을 겪지 않을 수 없었다. 이와 같은 시대적 분위기는 당대의 문학에도 고스란히 반영되었고, 해방기의 문학이나 문학 운동은 당대의 정치 현실과 깊은 연관성을 지니면서 전개되었다.11)

해방은 초허가 다시 시작 활동을 재개하고 정치 활동에 적극 가담하는 계기이기도 했다. 해방기에 초허는 홍남시 자치위원회 위원장을 맡기도 했고, 조선민주당 함남도당위원장을 역임하기도 하는 등 해방 정국의 정치활동에 직접적으로 참여하였다가 1947년에 월남하였다.12) 급박하게 변화하는 개인사와 해방 전후 사회사를 반영한 시집이 『3·8선』과 『진주만』이다. 초허의 해방기 시편은 카프를 중심으로 한 사회주의 문학 계열의 현실 비판과 선동적 경향이나 순수 문학 계열의 민족주의적이거나 전통주의적 서정과 달리 격동의 시대를 직접 경험하면서 초허 나름대로 구축한 사실적 기록에 가깝다. 그의 사실적 시선을 잘 보여주는 것은 구체적이고 경험적인 현실 세계에 대한 형상화이다. 초허의 시에서 해방기의 현실은 이념적 대립에 따라 구획된 남과 북 혹은 조국과 같은 추상적 공간13)을 배경으로 삼는 것

---

9) 김용직(1989), 『해방기 한국 시문학사』, 민음사, pp.19-20.
10) 정종진(1988), 『한국현대시론사』, 태학사, p.310.
11) 유성호(2005), 「해방 직후 시의 전개 양상」, 이승하 외, 『한국 현대 시문학사』, 소명출판, p.144.
12) 엄창섭(1987), 앞의 책, pp.17-23 참조.
13) 해방과 동시에 시작된 분단으로 인해 조선은 단일한 국가, 혹은 균질적인 영토가 아니라 차별화되고 위계화될

이 아니라 구체적 경험이 녹아 있는 현실적인 생활 장소를 배경으로 삼고 있다.

> 걸상도/ 窓琉璃도/ 등불도/ 변소도/ 없는 汽車는,/ 눌리우고/ 밟히우고/ 밀치고/ 쓸어지고/ 아우성치는,/ 車室 안은,/ 코를 찌르는 惡臭와/ 頻發하는 盜難마저 겹치어/ 北方의 生活,/ 北方 生活의 파노라마!/ 그러나 北方의 마음은, 靈魂은/ 우리의 汽車보다도/ 오히려 더 슬프단다. (「汽車」 전문, 『三·八線』)

'기차'라는 특정한 장소에 대한 기억은 초허가 경험한 해방기 조선인의 물질적, 정신적 빈곤함을 표상한다. 위 시는 기차 안에서 포착된 한 순간을 통해 북방에서의 삶을 응축해내고 있다. 이 시에서 두드러지는 장소의 경험성은 기차 안에서 느낀 감각을 통해 극대화된다. 실재를 인지하고 구성하는 여러 가지 양식을 포괄하는 경험은 후각, 미각, 촉각 등의 직접적이고 수동적인 감각에서 능동적인 시각적 인지, 상징화라는 간접적 양식에 이르기까지 다양하다.[14] 외부 세계를 향해있는 경험은 자아를 넘어 대상 세계와의 접촉에서 발생하는 감각과 감정과 사유로 구성되는 것이다. 위 시의 화자가 인지하는 것도 일차적으로는 장소에 관한 시각, 촉각, 청각, 후각 등의 수동적인 감각들이다. 이러한 감각의 경험 후에 화자는 능동적 인지의 단계로 나아가 "北方"이라는 상징적 공간을 인지하고 슬픔이라는 감정에 이르게 된다. 즉 눈 앞에 펼쳐진 장소에 대한 포착을 통해 시인은 인간의 영혼마저 슬프게 만드는 빈궁함의 극치를 이루는 "北方의 生活"을 환기시키는 것이다.

여기서 기차 안이라는 제한된 공간은 월남 전 고향인 이북에서 살았던 초허 삶의 일면을 대표상하는 것이기도 한다. 해방기에 북측에서 조선민주당 활동을 하다가 감옥에 투옥되었던 초허에게 사회주의 체제가 빠르게 정착되어가던 북방의 삶이란 기차 안의 풍경처럼 고단하고도 외롭고 슬픈 시간이었을 것이다. 따라서 기차 안이라는 특정한 장소의 기억은 북방

---

수 있는 '지역(Locality)'의 집합으로 재조직된다. 임의로 그어진 38선으로 인해 조선은 '이북'과 '이남'이라는 두 지역으로 분할되었으며, 각 정당과 정치 주체들의 대립이 가시화되기 시작하면서 '좌'와 '우'라는 지표를 통해 타자를 지칭하기 시작했다. 이러한 일련의 과정을 거치면서 해방 '공간'은 '남/북', '좌/우'라는 공간적 개념으로 확정되었고, 사회의 갈등이 심화되고 갈등 주체들의 이합과 집산이 적층되면서 이 공간적 표지들은 이전과는 다른 새로운 의미를 획득하기 시작했다.(장만호(2011), 「해방기 시의 공간 표상 방식 연구」, 〈비평문학〉 제39호, pp.348-349)

14) 이-푸 투안(2007), 앞의 책, pp.23-26.

의 삶에 관한 초허 개인적의 기억과 함께 해방 전후 북한 사회의 현실에 대한 기억들을 응집시키는 "가치의 응결물"15)인 셈이다.

이와 같이 초허의 후기시들은 특정한 장소에서의 경험을 통해서 당시의 사회에 대한 기억을 재현해낸다. 장소에 대한 시각적 형상화는 초기와 다른 초허 시의 한 특징이라 할 수 있는데, 초기시와 달리 사실적, 시각적으로 형상화된 해방기의 경험은 설날의 "敎務室", 1946년 3월의 "H-停車場 車庫 모퉁이"와 같은 구체적인 시간과 장소의 재현을 통해 사실성을 확보하게 된다.

① 敎務室/ 스토부를 빙 둘러/ 입은 살았으나 주먹은 보잘것없는 위인들이다.// 밖앝은/ 바람 한 점 구름 한 점 없는 날시나/ 마음 하늘의 低氣壓은 무쇠같이 무거운 친구들이다.// 알미늄/ 주전자에 김도 채 오르기 전에/ 벌서 도도해 오는 醉興을 어쩌지 못하는 酒豪들이다.// 이윽고/ 입은 噴火口같이 터지나/ 복도를 지나는 사환 아이의 발자최 소리에도 흠칫하는 겁쟁이들이다.// 머리와/ 입만 남아 있는 몸뚱이 없는 사내들/ "過歲 安寧하시오."// 오늘은./ 일즉이 색동조고리를 입고 만나 본 일이 있는,/ 그리고 三十六年만에 다시 만난 우리의 설날이다. (「설날」전문, 『三·八線』)

② 해 질 무렵이다./ 여석들은 例의 버릇대로 쌀섬에 비스듬이 기대어 휘파람을 불고 있다./ 이맘때면 女人들은 約束이나 해 두었던 듯이 鐵柵 밖으로 몰여 온다./ 여석들은 싱글벙글 웃어 보인다./ 여편네들도 假花처럼 寂寞한 얼골에 웃음을 지어 보인다./ 여석들은 짐짓 無表情한 얼골로 딴전을 부려 본다./ 여편네들은 이래서는 안 되겠다는 듯이 돌연히 秋波의 集中射擊을 퍼붓기 시작한다.// 허나 이것은 누구의 살이 먼저 과녁을 마치느냐는 問題가 아니라/ 누구의 살이 먼저 저 自身의 心臟을 뚫으느냐는 승강이리라./ 불꽃을 날리는 愛嬌의 競演이 실은/ 靈魂의 嗚咽보다도 오히려 더 비창함은 이 까닭이 아닐까…./ 드디어 幸運의 女人들만이 디오니소쓰의 가슴으로 부름을 받는다.// 이윽고,/ 시꺼먼 도로꼬 안으로부터 기어 나리는 女人들의/ 엽구리에 쌀자루를 낀 채 비틀거리며 鐵柵을 넘어,/ 夕暮의 거리로 살아지는 뒷ㅅ모습,/ 아아 "恩讐의 彼岸"일다. (一九四六·三) (「避難民 2 —H 停車場 倉庫 모

---

15) 위의 책, p.29.

통이에서 展開되는 光景—」 전문, 『三·八線』)

　위의 두 시 역시 특정한 장소의 풍경을 구체적으로 묘사하고 있다. 시적 진술에 있어서 초기시와 달리 서사성이 강하게 표출되고 있다. 초·중기시의 압축적이고 은유적인 표현에서 서사적 서술로의 변모는 초허의 시세계가 내적 기교와 조형미보다는 사회 현실에 대한 관찰적, 기록적 태도로 변화하고 있음을 보여준다. 특히 특정한 시간과 장소의 단면을 스케치하듯 그려냄으로써 위 시들은 대상 세계에 대한 관찰자적 태도를 강조한다. 초허는 해방 이후 사회상 가운데 비교적 모순적인 면들을 비판적으로 그려내고 있는데, 현실에 대한 예리한 시선은 특정한 환경에 놓인 인물들의 말과 행동을 통해 우회적으로 표출된다. 예컨대 ①은 해방 직후 설날을 맞은 어느 학교 교무실의 풍광이다. "흠칫하는 겁쟁이들", "머리와/ 입만 남어 있는 몸뚱이 없는 사내들"은 교사들을 비유한 표현이다. 설날을 맞이하여 서로 새해 인사를 나누는 교사들의 분위기가 "무쇠같이 무거운" 상황이라는 점은 아이러니하다. 위 시는 해방 이후 설날을 맞이했으나 마음은 무거운 겁쟁이들이라는 아이러니한 상황을 연출함으로써 해방이 조선의 지식인들에게 가져온 양가적인 측면을 드러낸다. 일제의 통치로부터 벗어난 기쁨도 기쁨이지만 이들의 마음이 어두운 까닭은 교사라는 신분을 고려할 때 식민지 기간 동안 일제의 통치에 협력할 수밖에 없었던 죄책감이나 소시민적 지식인로서의 나약함에 대한 자괴감 때문이라고 추측해볼 수 있다. "三十六年만에 다시 만난 우리의 설날"이 지닌 복합적인 의미들 즉 사회적 혼란과 새로운 국가 건설, 일제 청산 등의 문제가 "**敎務室**"이라는 장소에 투영되고 있는 것이다.

　②에 나타난 "H 停車場 倉庫 모통이"라는 특정한 장소는 일상적 삶이 드러나는 현실과 밀착된 공간이다. 이곳은 남자 손님을 끌어들이는 매춘 여성들의 "불꽃을 날리는 愛嬌의 競演"장이다. 그러나 시인은 보이는 풍경 이면에서 "靈魂의 嗚咽"을 感知하고, 女人들이 "엽구리에 쌀자루를 낀 채 비틀거리며 鐵柵을 넘어,/ 夕暮의 거리로 살아지는 뒤ㅅ모습"을 보며 "恩讐의 彼岸"을 이야기한다. 시인 앞에서 벌어지는 현실의 풍광과 여인들이 사라지는 지점을 피안으로 설정하여 극적인 대조를 보여주는 이 시는 특정한 장소와 "一九四六·三"이라는 특정한 시간을 배경으로 삼고 있기 때문에 사실성을 확보한다.

　문학 작품의 이야기가 객관적 사실은 아니지만 이러한 장면이 해방 직후에 대한 기억으로서 중요한 까닭은 해방의 기쁨보다는 자괴감과 자책감으로 얼룩진 소시민적 지식인들의 고뇌를 가감없이 보여주기 때문이다. 초허 시가 보여주는 해방 전후 풍광들은 정치적 의미에서의 해방이 아니라 현실의 삶이 지속되는 한 지점으로서의 해방이라는 시공간이기 때문에 그것은 현실의 구체적인 경험들과 결부될 수밖에 없다. 따라서 해방 이후 우리 사회의 모습을 보여준 시들에서 해방기의 경험들은 가난과 혼돈을 나타내며, 그 이면에는 현실에 대한 불안이 내재되어 있다. 초허는 「驛馬車 -解放直後 數年間의 서울風景」(『目擊者』)라는 시에서 "달리는 自動車의 行列 속에/ 타박거리는 驛馬車"를 "〈코리아〉와 〈아메리카〉의/ 서글픈 同伴"에 비유하며 不調和와 異質感에서 오는 不安을 드러내기도 했다. 초허의 시에 형상화된 장소들은 되찾은 자유의 기쁨이나 새 국가 건설을 향한 이념적 지향보다는 사회적 불안이 내재된 해방기의 삶을 표출한다. 이는 초허가 지닌 사회적 모순을 자각하는 소시민적 지식인의 우려와 책임의식의 한 반영이라 하겠다.

## III. 전쟁에 대한 두 가지 시선: 비유적 장소와 경험적 장소

인류의 역사에서 일어났던 수많은 전쟁들은 때로는 역사의 필연적인 과정처럼 서술되곤 한다. 그러나 분명한 것은 전쟁은 무력에 의한 비일상적인 세계의 경험이며, 이데올로기적 담론을 통해 통제되고 수식되는 사건이라는 점이다. 클라우제비츠는 "전쟁은 나의 의지를 실현하기 위해 적에게 굴복을 강요하는 폭력행위"[16]라고 지적한 바 있는데, 여기서 자명해지는 것은 의지의 구현을 위한 이데올로기가 작동함으로써 적으로 규정된 대상에게 무력을 행사한다는 점이다. 그러나 전쟁에서 자행되는 폭력행위는 이데올로기를 수호하기 위한 행위로 정당화되고, 이데올로기적 담론은 수사학적 전략을 통해 적을 만들어낸다.[17]

이와 같은 이데올로기적 수사학은 전쟁 문학을 통해 그대로 나타난다. 사전적으로 전쟁 문학이란 전쟁을 고발하고 진단하며 궁극적으로 진정한 인간상과 진실을 구하는 문학으로

---

16) 카를 폰 클라우제비츠, 김만수 역(2006), 『전쟁론』, 갈무리, p.46.
17) 이데올로기적 담화에서 나타나는 수사학은 미학적 기능이 제외된 기능적인 수사학으로 교육과 지속적인 세뇌(endoctrinment)를 통해 랑그의 약호를 변화시킨다.(올리비에 르블, 홍재성·권오룡 역(1995), 『언어와 이데올로기』, 역사비평사, p.146)

정의되지만, 전쟁 상황이라는 현실에 있어서는 전쟁을 독려하고 대중을 선전 선동으로 이끄는 전쟁동원 문학도 나타난다. 이와 같은 현상은 한국 문단에서도 예외는 아니다. 한국 전쟁을 겪는 동안 다양한 유형의 전쟁 문학이 구축되어 왔지만 안타까운 것은 한국 전쟁이 남과 북의 이데올로기적 대립이 극대화된 전쟁이었던 만큼 문학마저도 전쟁 담론에서 자유롭지 못했다는 점이다.18)

초허 역시 일제 강점기에 이어 찾아온 전쟁을 몸소 체험한 세대로서 전쟁이라는 외부적 환경으로부터 자유로울 수 없었다. 그의 시세계 전체에서 전쟁이 집중적으로 다루고 있는 것은 아니나 후기시에는 꽤나 비중있게 느껴지는 작품들이 눈에 띈다. 전쟁을 소재로 한 시편들을 볼 때, 급박히 전개되는 시대적 상황 속에서 초허는 비교적 객관적 태도를 유지하고자 한다. 그는 체제 이념에 동원되는 것을 경계하고 관찰자, 목격자의 시선으로 전쟁이라는 비일상적 사건을 형상화한다.

초허의 작품에는 두 번의 전쟁이 시적 배경으로 등장한다. 하나는 일본이 도발한 태평양 전쟁이고, 또 하나는 한국 전쟁이다. 기본적으로 초허는 전쟁이라는 비극적 사건을 조망하면서 휴머니즘적인 입장을 견지한다. 예컨대 일제의 패전 소식을 듣고 사이판의 절벽에서 바다로 뛰어내린 일본인 부녀자들의 비극을 "'사이판'의 슬픈 이야기는/ 水宮에 무르란다"고 진술함으로써 비극적 죽음에 대한 슬픔을 표현하고, 패망한 일본에 대하여 "재 덮인 네 가슴 위에 얼크러진/ 가지가지의 슬픈 이야기에 귀를 기우리며/ 나는 조용히 歷史의 審判 앞에 옷깃을 여민다."(「사이판」)와 같은 성찰적 자세를 드러낸다.

그러나 태평양 전쟁과 한국 전쟁, 두 전쟁을 바라보는 시각의 차이는 엄연히 존재하며, 그 시각의 차이는 시적 형상화의 차이로 나타난다. 일본의 패전을 야기한 태평양 전쟁에서의 진주만 폭격과 같은 사건은 초허가 직접 경험할 수 없는 사건이다. 반면 한국 전쟁의 경우 초허 자신이 피할 수 없는 경험이라는 점에서 두 전쟁에 대한 형상화 역시 차이를 드러낸다.

먼저 초허의 시를 통해 기억되는 태평양 전쟁의 장소는 진주만이다. 태평양 전쟁에서의 패배를 계기로 조선의 식민통치가 끝나고 해방이 도래했다는 점에서 이 전쟁은 조선의 현실에 큰 영향을 끼치는 사건이며, 진주만 폭격은 상징적인 의미를 갖는다. 그런데 "장소 체험이 신체를 매개로 한 인간과 장소의 관계"19)라고 할 때, 진주만과 같은 상징적인 공간들은

---

18) 오세영(1992), 「6·25와 한국 전쟁시 연구」, 〈한국문화〉 제13집, 서울대규장각 한국학연구원, p.277.

직접적 체험을 제공하지 못한다. 태평양 전쟁은 초허 자신이 직접 경험하거나 관찰할 수 없는 사건이었기에 직접 경험한 한국 전쟁을 형상화한 시와 달리 비유적인 기법을 통해 형상화된다.

① 아득히 紺藍 물결 위에 뜬/ 한 포기 睡蓮花// 아름다운 꽃잎 속속드리/ 東方 歷史의 새 아츰이 깃드려……// 그대의 발길에 휘감기는 것은 물결이냐, 그리움이냐/ 꿈은 征邪의 旗幅에 쌓여 眞珠인 양 빛난다// (중략)// 드디어 運命의 날은/ 一九四一年도 다 저므러 十二月 八日// 아하, 이 어찐 爆音이뇨, 요란한 爆音 소리!/ 듣느냐, 저 壯快한 世紀의 「멜로디」를!// 저 푸른 물결 위엔 어느새 燦爛한 불길이 오른다/ 비빈 눈으로 바라보기에도 얼마나 恍惚한 光景이랴// 그러나 '노크'도 없이 달려든 無禮한 訪問이기에/ 연다라 용솟음치는 불기둥에 엉키는 憤怒는……// 黑煙을 뚫고 치솟는 憤怒 속에 世紀의 光明이 번득거려/ 아아, 莊嚴한 歷史의 前夜! 颱風은 드디어 터지도다! (「眞珠灣」부분, 『眞珠灣』)

② 東京,/ 너는 국제 '캥'團의 外廓 陣地,/ 또한 '백림', '로마'로 더부러 歷史의 地下室./ 戰利品 목녹에 오른 '滿洲' 잉크도 마르기 전에/ 암호 전보와 비밀 지령은 너머 심하지 않으냐./ 드디어 蘆溝橋 陣頭의 一發이/ 다음날 네 運命의 序曲이 될 줄이야……// 보라,/ 蒼空 一萬 '메터'를 뒤덮어 오는/ 白鳥 떼의 힌 날개,/ 千 가락 萬 가락 휘뿌리는 金실 비./ 불꽃의 饗宴./ 아아, 七百萬 都民 諸君!/ 일즉이 어느 市民이 이렇듯 華麗한 밤을 가져 보았다드뇨.// 하룻밤 사이에 어허,/ 이 무삼 變貌뇨./ 황량한 廢墟 위에/ 杯盤 같이 낭자한 光景을 보라,/ 부러진 大理石 기둥 위에 덮놓인 死屍,/ 狂犬은 피를 물고 잿더미를 예는구나!/ 아아, 運命의 날이 이렇듯 苛酷할 줄이야……// 드디어 칼을 놓고/ 城下에 엎디느뇨./ 나서 처음 國民을 불러 보는 가엾은 帝王이여!/ 이제야 비로소 눈물을 맛본 不幸한 人子여!/ 大使館 車道 위에 비낀 그대의 그림자를 서러 마라./ 이제 '사람'으로 돌아올 수 있는 '날'을 찾았다는 것은 또한// 얼마나 莊嚴한 感激이랴.// 지난날의 네 罪惡을 헤이는 것

---

19) 고성룡·안우진(2005), 「장소성을 체험하는 현대박물관의 공간시퀀스 구조에 관한 연구」, 〈대한건축학회논문집-계획계〉 제21권, p.172.

은/ '피-난' 氏의 任務어니……/ 征旗를 등에, 長江을 거슬려 올라가든 때의 所感을 / 이제 다시 大日本 文士 諸君에게 묻는 것도 지꾸진 작란,/ 재 덮인 네 가슴 위에 얼크러진/ 가지가지의 슬픈 이야기에 귀를 기우리며/ 나는 조용히 歷史의 審判 앞에 옷깃을 여민다. (「東京」 전문, 『眞珠灣』)

'眞珠灣', '東京'과 같은 장소들은 여전히 지구상에 존재하는 특정한 위치들이다. 그러나 이 지명들이 동시에 호명되었을 때, 그것은 전세계적인 역사적 사건을 환기한다. 태평양 전쟁과 일본의 패망과 같은 기억들은 이 장소들을 통해 환기되는 역사적 기억이다. 초허의 시에서 특정 지명의 호명을 통해 상기되는 역사적 사건과 그 의미들은 관념적인 성격이 강하다. 그러한 추상성을 극복하고 경험에 가까운 대상으로 만들기 위해 초허는 비유적 표현을 적극적으로 구사한다. 태평양 전쟁과 일본의 패망이라는 역사적 사건을 그려낸 시편들에서도 주목할 만한 것은 진주만이라는 지역을 의인화하여 표현하고 있다는 점이다. 의인법은 인간의 사고와 감정이나 행위를 비인간적 대상에 전이시키는 양식으로 사물을 인격화하는 시인의 비논리적 심성을 표출한다.[20] 대상을 의인화함으로써 진주만과 동경에서 일어난 전쟁의 현장은 보다 시적 주체와 밀접한 관계를 맺게 된다. 이같은 감각적 근접성을 통해 초허는 진주만과 동경을 간접 경험의 장소로 인식하는 것이다.

①에서 '眞珠灣'은 여성적 인격을 가진 아름답고 고요한 "睡蓮花"에 비유되며, 이는 조선의 해방을 의미하는 "東方 歷史의 새 아츰"으로 은유된다. 의인화와 비유를 통해 초허는 진주만 폭격이라는 사건에 대한 의미를 부여한다. "연다라 용솟음치는 불기둥에 엉키는 憤怒"는 일제의 광기에 대한 심판이다. 진주만 폭격이 일본의 패전을 그리고 연합국의 승리와 조선의 해방을 가져올 것에 대한 예언적 진술은 "黑煙을 뚫고 치솟는 憤怒 속에 世紀의 光明이 번득거려/ 아아, 莊嚴한 歷史의 前夜! 颱風은 드디어 터지도다!"라는 구절에 명시되고 있다. 의인화된 표현과 은유, 감탄형 어미의 사용으로 압축미가 떨어지는 형식상의 문제도 나타나지만, 내용상으로 볼 때 이 시는 의인화를 주된 기법으로 삼아 조선의 해방을 진주만이라는 상징적 공간과 연관짓고 있다.

또 다른 인용시 역시 '東京'이란 장소는 '너'라는 객체로 의인화되어 있고, 시인은 '너'의

---
20) 김준오(2008), 『시론』, 삼지원, pp.192-193.

운명의 날, 즉 폭격이 떨어지는 밤의 전경을 포착해내고 있다. 직접적 경험이 불가능한 사건이지만 시적 주체는 의인법을 통해 대상과의 거리감을 좁히며, 마치 목격한 듯이 생생하게 폭격이 일어난 밤을 묘사해낸다. 따라서 묘사의 구체성은 살아있지만, 이 시의 장면이 장소에 대한 형상화처럼 사실성을 획득하는 것은 아니다. 화자가 이 시에서 궁극적으로 지니는 의도는 단순히 피식민자의 처지에서 일본의 패망을 장소를 통해 재현한 것이 아니라 이 사건에 대한 역사적 의미화이다. 일본의 패망을 "歷史의 審判"이라고 嚴重히 이야기하면서도 "이제 다시 大日本 文士 諸君에게 묻는 것도 지꾸진 작란,/ 재 덮인 네 가슴 위에 얼크러진/ 가지가지의 슬픈 이야기에 귀를 기우리며/ 나는 조용히 歷史의 審判 앞에 옷깃을 여민다."와 같은 마지막 구절에 나타나듯이 인류사의 비극 앞에서 겸허해지는 한 인간의 태도를 보여준다.

초허의 시에서 '眞珠灣'과 '東京'은 구체적 경험의 장소는 아니지만 비유를 통해 감각을 구체화하여 간접적으로 경험하는 장소로 인식된다. 의인화 기법을 사용하여 지명이 지닌 추상성이 감소된 '너'라는 구체적인 대상으로 인식되고, 대상과 시적 주체의 거리가 좁혀진다. 비유를 통해 장소를 간접적으로 감각하고 경험하는 초허의 시적 방법은 그 자체로 완성된 시적 방법론은 아니지만 사회와 역사적 현실에 대한 초허의 관심과 그것의 시적 수용에 관한 고민을 드러내고 있다는 점에서 주목할 만하다.

이와 달리 초허의 시에서 나타나는 한국 전쟁은 직접적 경험의 장소를 배경으로 형상화된다. 앞서 살펴 본 인용시들이 피식민자의 처지에서 간접적으로 경험한 사건들을 비유적인 기법을 활용하여 재현하고 있다면, 이에 반해 초허가 직접 경험한 또 다른 비극인 한국 전쟁은 구체적이고 직접적인 어조로 형상화되어 있다. 일인칭 화자가 직접적으로 목격한 장면들이 생생한 기억을 재현한다.

① 나는 窓門을 활짝 열어젖히고/ 傲然히 앉아 바라본다// 굽이쳐 흐르는 한가람이/ 오늘은 어인 일 자꾸만 슬프구나// '레디오'가 그렇게까지 몸부림치며 매달리건만/ 그래도 뿌리치고 떠나는 市民도 있나 보다// 어느새 長蛇陣을 이룬 避難民의 行列이/ 비에 젖으며, 젖으며 간다// 성난 짐승모양,/ 敵의 砲門은 더 가까이 짖어 대는데// 江 건너 마을의/ 輝煌한 불빛이여!/ 이윽고 '헬·라잍'의 물결,/ 아하 쏟아

져 내닫는 自動車의 奔流!// '풀·스피드'로 달리는 自動車·自動車·自動車·自動車······ / 百千 瀑布 한꺼번에 쏟아지는 듯!// 아홉 時-열 時-열한 時-열두 時-한 時-한 時 半-/ 밤이 깊어 갈수록 自動車의 奔流는 더욱 凄烈하다// 누가 人道橋 車道를 요 꼴로 設計하였더뇨/ 달리는 마음의 焦燥로움이 눈에 겨웁다// 아모러나 '歷史'는 드디어 無事히 避難하지 않었느냐/ 요행 한가람은 밤비에 가려 보이지 않는다// 나는 窓門을 활짝 열어젖히고/ 傲然히 앉어 바라본다 (「目擊者」 전문, 『目擊者』)

② 때는 1950年 6月 27日 한낮/ 여기는 梨花高地// 가뿐 숨을 돌리며 帽子를 벗어 든다/ 잘 있거라, 202號! 나의 '센트·헤레나'島!// 나무잎 물결 속에 눈부신 흰 살결,/ 오, 女王이여! 누가 그대를 지키려나// 내다보니 天王堂 검은 尖塔이 가슴에 槍날인 양/ 罪? 누가 이은 遺業이뇨// 오호, 運命의 都市여! 너는 듣고만 있을테냐?/ 저 사나운 짐승모양 울부짖는 砲聲을!// 떠나지 않으련, 모도들 떠나지 않으련?/ 아가야 가자 어서 江을 건너자!(「出發」 전문, 『目擊者』)

한국 전쟁을 다룬 두 시에서 초허는 목격자의 태도를 분명히 나타낸다. 시 ①에서 "역사"는 "無事히 避難"하였으나 '나'는 '여기' 이 장소에 남아 있는 목격자이다. 역사를 통해 기억되지 못할 "避難民의 行列", "'헬·라잎'의 물결", "自動車의 奔流"에 대한 목격자인 '나'는 "瀑布"처럼 쏟아지는 피난의 행렬과는 대조적으로 "傲然히 앉어 바라"보는 관조적인 태도를 취하고 있다. 이 시에서 관찰자적 화자는 자신의 행위 즉 목격을 역사와 다른 것으로 인식하고 있다. 전쟁에 대한 의미, 원인, 평가 등이 역사 서술의 몫이나 다급한 피난의 행렬은 역사가 서술할 수 없는 구체적인 장면이기 때문에 목격자의 역할은 분명해진다. 목격자는 비일상적이고 일탈적 사건인 전쟁에 대한 경험의 진실성을 확보한다. 여기서 목격자는 곧 자신의 눈 앞에 펼쳐진 광경의 사실성을 전달하는 것에서 나아가 진실을 이야기하는 증언자의 임무를 수행하고자 하기 때문이다.

"전쟁이나 탄압 혹은 혁명처럼 긴급한 상황이 발생하여 그런 사건을 서술하고자 결심한 증인에 의해 서술된 진정한 서사물"인 증언은 "집단적 기억과 정체성의 대리인으로서 자기의 경험을 묘사"[21]한다고 할 때, 초허의 시는 피난행렬을 통해 역사적으로 증명되지 않는 공포의 경험을 우리에게 전달된다. 이러한 증언이 역사 서술과 다른 지점은, 증언자의 기억은 객관적 사건이나 구조에 주목하는 역사와 달리 과거를 재현하는 다양한 이야기들에 주목한다는 점이다.[22] 따라서 증언자로서 목격자의 진술은 역사적 사실성과는 달리 총체화될 수 있는 과학적 정합성을 떠나 진실성을 담보로 한다.

초허 시가 보여주는 경험의 진실성은 거리를 바라보는 목격자의 위치로 인해 원거리에서 서술되기 때문에 피난자들의 고통과 충격을 드러내지는 못하지만, 가까워지는 포성과 비오는 좁은 거리, 거리로 쏟아져 나오는 자동차들로 인해 위기와 불안에 휩싸인 심정을 효과적으로 드러낸다. 여기서 초허가 이러한 불안을 극화시키는 지점은 집이라는 장소의 상실로 표출된다. 인용시 ②에서 "잘 있거라, 202號! 나의 '센트·헤레나'島!// 나무잎 물결 속에 눈부신 흰 살결,/ 오, 女王이여! 누가 그대를 지키려냐"는 자신의 거주지를 떠나는 장면을 보여준다. 자신의 집이라는 거주의 장소를 의인화함으로써 초허는 장소의 상실감을 드러낸다. 렐프는 인간과 장소와의 관계가 필수적이며 불가피한 것이기 때문에 그러한 관계가 없다면 인간 존재는 가능성 있는 의미를 상실하게 된다고 말한다. 그런 의미에서 "집이라는 장소는 사실 인간의 토대이며 모든 인간활동에 대한 맥락뿐 아니라 개인과 집단에 대한 안전과 정체성을 제공"하는 의미를 갖는다.[23] 전쟁은 초허에게 있어 집이라는 가장 원초적인 삶의 장소를 상실하는 경험이었고, 그것은 전쟁이 가져온 실존적 불안을 표출하는 사건이다.

초허는 태평양 전쟁과 같이 직접 체험할 수 없는 사건을 비유를 통해 간접적 경험의 차원으로 형상화했다면, 한국 전쟁의 직접적 경험은 실존적 위기 인식 속에서 증언적으로 형상화했다. 이렇게 장소의 형상화를 통해 드러나는 전쟁에 대한 상이한 형상화는 역사의 목격자로서 초허가 지닌 사명감을 보여주는 동시에 경험의 직접성에 따라 진실을 말하는 증언자의 역할을 자처한 초허의 역사적 진정성을 엿보게 한다.

---

[21] George Yúdice, 1991, "Testimonio and Postmodernism", in Georg M. Guguelberger(ed.), The Real Thing, Testimonial Discourse and Latin America, Durham: Duke University Press, pp. 42-57. (송병선(2004), 「라틴아메리카 증언문학의 시학과 하위 주체의 문제」, 〈라틴아메리카연구〉 vol.17, p.380에서 재인용)
[22] 전진성(2005), 『역사가 기억을 말하다』, 휴머니스트, pp.26-27.
[23] 에드워드 렐프, 김덕현·김현주·심승희 역(2005), 『장소와 장소상실』, 논형, p.100.

## Ⅳ. 전후 현실의 풍경들 : 회상의 장소

전쟁 이후 1950년대 한국 사회는 전후 피해를 복구하고 사회 통합과 근대화를 이루기 위해 국민 형성과 국민 통합이라는 목표를 내걸었다.[24] 남과 북의 분단으로 극대화된 이념적 갈등은 체제 옹호와 함께 이적성에 대한 경각심을 강요하며 사회 질서를 구축하고자 했다. 이러한 시대적 분위기에서 문단 역시 변화를 꾀하지만 "한국의 전후시가 대부분 전쟁이 초래한 정신적 위기와 그 극복을 문제로 삼고 있음에도 불구하고, 분단의 현실을 극복할 수 있는 정신과 이념을 만들어내는 데는 실패한 것으로"[25] 평가된다. 또한 전쟁이라는 폭력과 학살의 경험은 전통의 권위와 함께 근대적 진보에 대한 믿음도 깨뜨렸다. 이에 대해 전후 모더니즘 시는 전통에 대한 격렬한 부정과 현실 비판을 통해 근대의 위기를 넘어서고, 전통주의 시에 반발하면서 대안을 모색했다.[26]

초허의 시 역시 해방 이후의 사회적 혼란기와 한국 전쟁이라는 극단적 경험을 계기로 변화를 보인다. 개인적 일상의 경험뿐만 아니라 사회적 경험들을 관찰자적인 시선으로 형상화하는 데서 나아가 전쟁 이후 초허의 시들은 보다 적극적으로 사회 현실에 개입하는 태도를 보인다. 1950년대는 초허가 교편 생활을 하면서 정치에 큰 관심을 기울이던 시기이기도 하다. 초허는 자신이 펴낸 정치평론집 『敵과 同志』를 "第七詩集"이라고 칭하기도 하였다.

> 그러나 이 글은 내가 祖國에 바치는 나의 詩요, 또 이 冊은 내가 겨레에게 보내는 나의 第七詩集인 것이다. 다만 그 겉 모양과 차림차림이 예와는 다를뿐. 따는 남의 衣冠을 빌어 걸치고 나선 것 같애서 노상 열적고도 서글픈바가 없지도 않으나, 그래도 이러는 것이 도리어 내게는 나 自身에게 스사로 충실하는 길임을 어찌하랴. (중략) 祖國은 이제 危篤하다. 이래도 우리는 한갓 아름다운 語彙를 찾고, 奢侈로운 여백을 꾸미기에만 골돌하면 그만이냐. 내가 萬一 내 詩에 좀더 충실할 수 있었다면, 나는 벌써 칼을 들고 나섰을른지도 모른다.[27]

---

24) 강인철(2006), 「한국전쟁과 사회의식 및 문화의 변화」, 윤해동 외, 『근대를 다시 읽는다』, 역사비평사, pp.354-366참조.
25) 남기혁(2005), 「한국 전후 시의 형성과 전개」, 이승하 외, 『한국 현대시문학사』, 소명출판, pp.204-205.
26) 위의 글, pp.193-210 참조.
27) 김동명(1955), 『敵과 同志』後記 부분, 昌平社, p.457.

위 글에서 주목할 것은 초허에게 있어 시와 정치는 그 형식은 다르지만 시대의 요청에 대한 자신의 임무이자 응답으로 인식된다는 점에서 하나의 지향점을 향해 있다는 점이다. 사회 정치적 혼란기에 자신의 정치적 지향을 분명히 지닌 초허는 문학이 순수 서정의 세계에만 천착하는 것을 비판하며 좀 더 현실참여적인 성격을 지녀야 한다고 주장한다. 그러나 여기서 초허가 부딪치는 딜레마는 사회주의 계열 문학과 유사한 방법론을 피해야 한다는 것이다. 초허는 사회주의를 지향하는 당대의 '革新主義'를 비판하고 '保守主義'를 옹호하는 정치적 입장[28]을 분명히 밝혀왔다. 그의 입장에서 문학의 현실 참여는 사회주의 계열의 문인들이 취했던 경향과 다른 방법을 취할 수밖에 없었다. 이에 초허의 시창작은 현실에 대한 사실적 인식을 바탕으로 비판에 치우치지 않는 범위에서 세태를 그려내는 방향을 택한다. 전통의 수호와 현실 비판이라는 두 가지 목적은 장소에 대한 형상화에 전통을 개입시키는 것으로 나타났다.

먼저 1950년대 서울에 대한 초허의 인상은 서울 곳곳의 지역을 소재화한 시들에서 구체적으로 형상화된다. 자기 스스로 목격자임을 자처하며 서울의 구체적인 장소들을 노래한 시편들은 개인적 감흥의 차원을 넘어서 전후 사회의 세태와 풍경을 보여주고 있다. "도시는 하나의 장소이며, 특히 의미의 중심"이기 때문에 "매우 가시적인 상징을 많이 가지고 있다"[29]는 점에서 초허의 서울 풍경 묘사는 더욱 흥미로운 작품들이다.

쓰레기와 市長 閣下가/ 단판 씨름 하는 거리// 歸屬財産을 파먹고/ 구데기처럼 살이 찐 謀利꾼의 거리// 어디 없이 널린 똥과 오줌과 가래침이 실은/ 貪官汚吏 못지않게 질색인 거리// 소매치기 패도 제법/ '빽'을 자랑한다는 거리// 거지도 곧잘/ 中間派 행세를 하는 거리// '감투' 市場은 여전히 흥성거려/ 거간군도 忠武路 金銀商 못지않게 한몫 본다는 거리// 늙은이들이 하 망영을 부려/ 주춧돌이 다 흔들거린다는 거리// 일찍부터 슬픈 傳說을 지니고 있어/ 자래배 앓른 어린 아기처럼 얼굴이 노랗게 뜬 거리// 그래도 빙 둘러 있는 遠近 山川의 이름만 거들어도/ 제법 멋들어

---

28) 右翼的 民族主義 路線을 지향했던 초허는 정치평론집 등을 통해 '溫故知新의 精神'으로써 保守主義를 擁護하고, 남한 사회의 革新 세력이 "社會主義的-共産主義的 이념, 사상에서 培養된, 傳統的秩序에의 反抗精神"이 무용한 정치적 입장이라고 비판한다. (『敵과 同志』, 평창사, pp. 447-451.)
29) 이-푸투안(2007), 앞의 책, p.278.

진 古都란다 (「서울 素描」 전문, 『목격자』)

위 시는 '서울 素描'라는 제목 그대로 서울에 대한 인상을 단숨에 포착하듯이 보여주고 있다. 화자가 판소리의 사설처럼 나열하는 단순하고 짤막한 구절들은 1950년대 서울의 모습을 단편적으로 드러내지만, 전체적인 서울의 이미지는 물질적으로나 정신적으로 혼란과 불안정, 무질서한 장소로 나타난다. 그러나 이러한 서울을 바라보는 화자의 태도는 비판과 비난이라기보다는 현실에 대한 직시이면서 동시에 미래에 대한 기대와 전망도 담고 있다. 화자는 현재의 서울을 "자래배 앓른 어린 아기처럼 얼굴이 노랗게 뜬 거리"에 비유하는데, 어린 아이에 비유되는 서울은 지금 성장통을 앓는 아이처럼 과도기를 겪고 있다는 긍정적 믿음이 전제되어 있다. 그리고 앞부분과 달리 마지막 부분에서는 서울이 본래 "제법 멋들어진 古都"임을 제시함으로써 서울이 지금의 혼란을 극복하고 옛 명성을 되찾으리라는 기대도 엿보인다.

이와 같이 과거의 우수함을 강조하며 현재의 위기를 일시적이라고 말하는 전통지향적 태도는 초허의 정치적 보수주의와 일치하는 적합한 태도로 보인다. 초허의 세태에 대한 관심과 비판은 날카롭지만 궁극적으로 현실 비판과 개혁을 위한 것이라기보다 그 기저에는 현재의 혼란에도 우리가 누구인지를 잊지 않도록 자각하게 만드는 전통에 대한 존중과 향수가 깔려 있다.

① 여기는 낡은 世代와 새 世代의/ 슬픈 交叉點// 늬는 또 이끼 돋은/ 歷史의 望夫石이러니// (중략)// 여보게, 이왕이면 저 뒷골목에 가서 한盞 허세 그려// 首都 百萬 士女의 健康을 위하여,/ 그리고 또 우리네의 멋들어진 꿈을 위하여—(「鐘路」 부분, 『目擊者』)

② 古宮을 바라 눈 감으니/ 옛날이 輝煌하다// 어디서 風樂 소리마저/ 들릴 듯, 들리는 듯……// 石壁인 양 깍아지른 高層建物에 부딪쳐/ 물결모양 부서지는 夢幻이여!// 自動車의 물굽이를 건너는 市民의 꼴이/ 山토끼처럼 한양 처량한데// 長官車의 번지르르한 皮膚에야/ 무삼 罪 있으리……// '金蘭' 아가씨야, 따끈히 茶를 다

려라/ 잠간 네 품에 안기자 나비처럼 쉬어 갈란다 (「世宗路」 전문, 『目擊者』)

초허에게 전통은 온고지신의 정신을 통해 더 나은 사회를 건설할 수 있는 한 요인으로 이해된다. 그 때문에 초허가 서울이라는 도시에서 회상하는 것은 먼 과거의 흔적이다. 위 시들은 '鐘路', '世宗路'과 같은 서울의 중심지들이 그러한 과거의 흔적을 지닌 역사적 장소임을 밝히고 있다. 초허가 살고 있는 1950년대의 서울은 옛 모습과 달리 깎아지른 "高層建物", "自動車의 물굽이"가 펼쳐지지만 여전히 "歷史의 望夫石"이며, 이러한 장소들로 인해 "輝煌"한 옛날이 되살아난다. 이처럼 초허는 단순히 서울의 장소들을 보이는 대로 스케치한 것이 아니라 자신이 지향하는 전통적 세계와 결부되는 기억들을 재현하고 있다. 이렇게 현재의 장소가 '回想의 장소'로 대체되면서 현재에 대한 기억도 재구성된다. 아스만에 따르면 회상은 기억의 장소를 지상에 위치시키고, 단기적인 기억을 능가하는 지속성을 구현한다.30) 즉 현재의 구체적인 장소들을 먼 과거와 결부시킴으로써 1950년대 서울은 우리가 경험하지 못한 과거성을 획득하며 '우리'라는 집단의 정체성을 환기하는 효과를 낳게 된다. 오래된 도시가 담고 있는 풍부한 역사적 사실들을 통해 후세대로 하여금 그들의 과거에 자부심을 되찾게 하고 전통을 수용하게 하는 것이다.31)

정치적 격동기에 선 시인의 눈에 비친 전후 한국 사회는 무질서와 혼란이었을 것이다. 이러한 사회의 풍경을 목격자의 시선으로 바라보면서 초허는 옛 것에 대한 기억을 환기시키는 한편 지식인으로서 사회적 문제에 대한 책임감과 죄책감을 드러내기도 한다.

> 길모퉁이에 버리운 듯 흩어저/ 스스로 밟히우기를 기다리는 꽃이란다// 너머 輕蔑하는 눈으로 보지 마라/ 너머 苛酷한 이름으로 부르지도 마라// 歷史의 罪를 지고 가는 어린 羊떼가 아니냐/ 祖國 때문에 바쳐야 할 슬픈 犧牲이 아니냐// 누구 저들 앞에 나아가 두 무릎 꿇을 者는 없느뇨/ 일찌기 '쏘-냐' 앞에서 그러던 '라스코리니코프'처럼// 悽慘한 人類의 姿勢 앞에/ 市民으로의 禮節을 다하지 않으려나// 淑女 諸君! 그대들의 高慢한 눈초리의 生理를 위해서는/ 나는 이제 더 좋은 對象을

---

30) 알라이다 아스만(2003), 앞의 책, p.392.
31) 이-푸 투안(2007), 앞의 책, p.280.

指示하리라// 그대들이 아모리 蔑視한대도 침 뱉는대도 失德이 아닐 수 있기는 다만/ 그대네 사랑방에 버티고 앉은 수염 달린 양갈보란다 (「양갈보」 전문, 『目擊者』)

매춘 여성들을 보는 초허의 시선은 "'쏘-냐' 앞에서 그러던 '라스코리니코프'처럼" 죄의식으로 가득하다. 전쟁 때문에 생계를 잃고 결국 거리에 나선 여성들을 비판하기보다는 역사와 사회의 희생양으로 간주하고 오히려 그들을 거리로 내몬 남성 화자 '나'를 스스로를 "양갈보"라고 자처하는 심경은 지식인의 반성적 모습이자 시대의 현실에 대한 윤리적 고뇌의 표현이다. 이 시는 사회와 정치를 향한 초허의 관심이 이념적 지향에 맹목되어 있는 것이 아니라 자신이 거주하는 장소에서 함께 살아가는 사람들의 삶을 바라보며 느끼는 성찰과 반성에서 시작되고 있음을 말해준다. 즉 초허에게 현실 참여는 이념을 위한 선동과 투쟁이 아니라 현실에 직면하여 그것에 동참하며 성찰의 길로 나아가는 것이다. "祖國 때문에 바쳐야 할 슬픈 犧牲"이라는 모순을 자각하고, "누구 저들 앞에 나아가 두 무릎 꿇을 者는 없느뇨"라고 절규하는 초허는 현실 사회를 부정하고 현실을 개혁하는 과감한 실천으로 나아가지는 못하지만, 죄책감을 느끼며 자신을 성찰하기에 이른다.

초허는 사회와 정치, 역사의 흐름에 대한 깊은 관심과 참여 의식을 지녔던 시인이다. 그러나 그는 현실 참여적인 방향으로 나아가지는 않는다. 관찰자 혹은 목격자의 위치를 고수하고 자기 성찰의 계기로 삼기도 하지만 그것을 정치적 현실 참여와는 거리를 유지한다. 말년에 초허는 본격적으로 정치에 입문하면서 시작을 중단했는데, 이같은 그의 선택은 시와 현실 정치를 분리하고자 한 그의 의도를 반영한다고 추측된다. 그럼에도 불구하고 구체적 경험의 장소를 관찰하고 형상화하고자 한 그의 후기시들은 역사와 사회를 외면하지 않고 그 현실에 참여하기 문학적 모색의 한 결과물이라고 볼 수 있다.

## V. 결론

한국사의 격변기를 보여주는 초허의 후기시는 장소의 형상화를 통해 구체적인 경험들을 드러낸다. 해방기과 한국 전쟁, 전후의 한국 사회의 모습들은 구체적인 장소를 통해 형상화한 초허의 시를 통해 우리가 반추할 수 있는 것은 역사적 의미와 같은 총체화된 의미가 아니라 파편화된 경험들 그 자체를 통해 전달되는 감각과 실존적 상황 앞에 선 한 인간의 태도이다. 장소에 대한 다양한 시적 형상화를 통해 초허는 해방 공간의 불안과 전쟁이 가져온 실존의 위기와 충격, 전후 한국 사회의 세태와 미래에 대한 그의 지향들을 표출한다. 아울러 문학을 통해 어떻게 역사와 사회에 참여할 것인가에 대한 시인의 고민과 모색을 드러내기도 한다.

본 논의를 통해 제시할 수 있는 결론은 다음과 같다. 첫째, 초허 김동명의 시세계가 순수 서정에서 사회 역사에 대한 관심에 이르기까지 넓은 진폭을 지니고 있다는 점이다. 초기 서정시에 대해서는 이미 많은 연구가 이루어진 바 있으나 중기, 후기의 작품에 대해서는 특히 사회적 주제를 다룬 작품들에 대해서는 별달리 연구된 바가 없다. 『三·八線』에서 『目擊者』에 이르는 후기시에서 초허는 사회적 관심과 참여 의식을 보여준다. 그러나 초, 중기의 순수 서정과 후기의 사회 역사적 관심은 애초부터 각 시집에서 공존하고 있다. 다만 비중에 있어서 후기로 갈수록 사회에 대한 성찰과 비판의식이 더욱 치열해지는 양상을 띤다. 이는 초허가 지닌 문학을 향한 열정과 현실에 대한 참여 의지 사이의 길항을 보여주는 것이며, 사회 현실의 시적 수용을 모색한 시도를 보여주는 흔적이다.

둘째, 초허는 관찰자의 시선으로 역사적 격동기와 사회적 현상들을 시적으로 형상화하여 서술된 역사와 다른 기억들을 보여준다. 그는 장소를 매개로 해방 공간과 전쟁, 전후 도시의 풍경들을 형상화했는데, 이러한 풍경들은 역사적 사건에 대한 개인의 기억을 보여줌으로써 역사 이면의 과거를 구성해낸다. 초허는 단수화된 역사적 의미보다는 구체적인 경험을 통해 현실 세계를 바라보고 그것을 증언하고자 한 것이다.

셋째, 초허의 시적 기억들은 급변하는 사회 상황 속에서 객관적 시선을 잃지 않고 현실을 직시하는 지식인의 책무를 드러내기도 한다. 사회적 약자층을 바라보는 시선 속에는 현실 모순에 대한 자각과 시인의 윤리적 성찰이 내포되어 있다. 초허에게 있어 현실 참여는 세상을 변혁시키는 것이 아니라 사람들의 삶에 대한 책임감을 느끼며 현실을 성찰하는 것이다.

한국 문학사에서 해방공간과 전쟁기의 문학은 반공 담론, 민족 담론과 같은 이데올로기로부터 자유롭지 못했고, 담론에 종속된 문학은 과거를 신성화, 초월화하면서 이데올로기적 기억의 매체로 전락하게 되는 문제점을 드러내기도 했다. 사회·정치적 이념이 문학마저도 속박해버린 1940-50년대라는 시대적 한계 안에서 초허의 시는 세계에서의 경험으로부터 진실을 찾는 독자적인 길을 모색했다. 시대의 목격자를 자처한 초허의 경험적 시선을 통해 우리는 역사적 사실 저편으로 잊혀진 장소들 그리고 기억들과 만나게 된다. 더불어 문학을 통해 경험적 진실을 궁구하면서 문학과 정치 사이에서 자기 길을 모색했던 한 시인의 내면적 고민을 마주하게 된다.

## [참고문헌]

김동명(1947), 『三·八線』, 文隆社.
_____(1954), 『眞珠灣』, 梨大出版部.
_____(1957), 『目擊者』, 人間社.
_____(1955), 『敵과 同志』, 평창사.

강인철(2006), 「한국전쟁과 사회의식 및 문화의 변화」, 윤해동 외, 『근대를 다시 읽는다』, 역사비평사, pp.354-366.
고성룡·안우진(2005), 「장소성을 체험하는 현대박물관의 공간시퀀스 구조에 관한 연구」, 〈대한건축학회논문집-계획계〉 제21권, p.172.
김기호(1993), 「김동명 시 주제고」, 〈한국어문학연구〉 제5집, 한국외국어대학교 한국어문학연구회, pp.25-28.
金容稷(1989), 『해방기 한국 시문학사』, 민음사, pp.19-20.
_____(2000), 「파초의 감성 -김동명」, 『한국현대시인연구』, 서울대학교출판부, p.138.
김응종(2011), 「피에르 노라의 『기억의 장소』에 나타난 '기억'의 개념」, 〈프랑스사 연구〉 제24호, 한국프랑스사학회, pp.119-124.
김준오(2008), 『시론』, 삼지원, pp.192-193.
남기혁(2005), 「한국 전후 시의 형성과 전개」, 이승하 외, 『한국 현대시문학사』, 소명출판, pp.204-205.
백철(1949), 『조선신문학사조사』, 백양당, pp.279-280.
송병선(2004), 「라틴아메리카 증언문학의 시학과 하위 주체의 문제」, 〈라틴아메리카연구〉 제17호, p.380.
오세영(1992), 「6·25와 한국 전쟁시 연구」, 〈한국문화〉 제13집, 서울대규장각 한국학연구원, p.277.
유성호(2005), 「해방 직후 시의 전개 양상」, 이승하 외, 『한국 현대 시문학사』, 소명출판, p.144.

장만호(2011), 「해방기 시의 공간 표상 방식 연구」, 〈비평문학〉 제39호. 한국비평문학회, pp.348-349
정재완(1995), 「김동명의 시세계」, 〈용봉논총〉 24집, 전남대학교 인문과학연구소, pp.275-276.
정종진(1988), 『한국현대시론사』, 태학사, p.310.
조연현(1980), 『한국현대문학사』, 성문각, p.452.
조동일(1991), 『한국문학통사5』, 지식산업사, p.411.
엄창섭(1987), 『김동명 연구』, 학문사, p.16, p.44 p.185.
\_\_\_\_\_(1991), 「초허 산문의 사상성 고찰」, 〈비평문학〉 제5호, 한국비평문학회, pp.237-247.
알라이다 아스만, 변학수·백설자·채연숙 역(2003), 『기억의 공간』, 경북대학교 출판부, p.392.
올리비에 르블, 홍재성·권오룡 역(1995), 『언어와 이데올로기』, 역사비평사, p.146
에드워드 렐프, 김덕현·김현주·심승희 역(2005), 『장소와 장소상실』, 논형, p.100.
이-푸 투안, 구동회·심승희 역(2007), 『공간과 장소』, 대윤, pp.15-22. pp.23-26, p.29. p.262.
카를 폰 클라우제비츠, 김만수 역(2006), 『전쟁론』, 갈무리, p.46.

[abstract]

# Poetic configuration of the place in Kim Dong-Myoung's poems

Jang Eun Young (Chosun University)

This thesis is a study of configuration of the place in Cho-hu Kim Dong-Myoung's the latter part poems in the Liberation Period, the Korean War and after the Korean War.

His poems is pastoral in the early-middle period, but his poems express criticism and refletion about Korean society in the latter period. Also his point of view is realistic and observational. This symptom shows his social participation will. He configurated Korean society through configuration of the place as a witness and a testifier.

The place is different from the space. The one is a point occure experience, the other is a abstract point. The memory of place affects human life and identity. Cho-hu's poems represent detailed experience in the Liberation Period, the Korean War and after the Korean War. That means his critic consciousness at sudden change period. Cho-hu's poems configurated experience of the place of life raise a question how to participate in the real world.

keyword

Kim Dong-Myoung, configuration of the place, memory of the place, the place of experience, the place of metaphor, the place of recallection, participation consciousness

# 초허의 『나의 거문고』에 관한 전원적 목가풍 시 연구

심은섭*

---
**목 차**

Ⅰ. 서론
Ⅱ. 첫 시집 『나의 거문고』 발굴과 편집의 諸문제
   1. 발굴과정
   2. 『나의 거문고』의 편집과정의 諸문제
Ⅲ. 첫 시집 『나의 거문고』 작품의 서정성
   1. 전원적 목가풍의 출발시점
   2. 파토스(Pathos)적인 자기성찰
Ⅴ. 결론

---

〈국문초록〉

　실지로 김동명 시인이 한국문단에 큰 발자취를 남긴 만큼, 그에 대한 연구는 그리 활발하게 전개되었다고 볼 수 없다. 그러던 중 2013년에 강원도에서 도(道)를 빛낸 7인의 얼선양사업의 일환으로 김동명문학관이 강릉시 사천면에 건립되고, 그해 5월 10일에 김동명학회 발기인 대회를 거쳐 8월 20일에 학회가 창립됨으로써 그나마 체계적인 연구가 시작되었으나, 『김동명문학연구』 학술지 창간호를 낸지 불과 제5집에 지나지 않는다.
　학계의 많은 연구자들은 아예 종적을 감춘 시집으로 기정사실화하는 단계에 이르렀으나, 학

---
*가톨릭관동대학교 교수

회의 총무이사 겸 학술지 편집인을 맡고 있는 필자(심은섭)는 초허 김동명의 첫 시집 『나의 거문고』를 찾는 일에 몰두하였다. 그 결과 2017년 7월 3일 오후 2시경에 원주에서 찾아냈다. 첫 시집 『나의 거문고』가 1930년에 출판된 시기를 기점으로 삼을 때 87년 만에 찾아낸 셈이다.

발명이 기존의 물질적·정신적 요소들을 조합하거나 변형하여 새로운 것을 만들어 내는 일이라면 발견은 이미 존재하고 있지만 아직 찾아내지 못한 사물이나 현상, 또는 사실 따위를 찾아내는 일이다. 이같이 한 권의 시집 발견이 학계와 한국시단에 안겨준 것은 기존의 불확실한 주장을 전복시키는 결과를 가져왔다. 가령, 지금까지 제기되어 왔던 초기 시세계가 허무주의와 퇴폐주의로 점철되어 있지 않다는 것과 동시에 초기시가 습작에 불과하다는 주장에 대한 편견을 깨는 전기(轉機)를 마련하였다. 또 첫 시집 속에 수록된 시편이 132편이라는 일부 주장을 156편으로 바로 잡는 결과를 가져왔다. 이 뿐만이 아니다. 첫 시집 목차의 표기와 실제 시집 속의 페이지가 상당수 다르다는 것도 확인했다. 초허는 총 6권의 시집을 상재했다. 첫 시집 『나의 거문고』를 제외한 다섯 권의 시집은 모두 1933년에 제정된 '한글맞춤법통일안'에 의해 표기되었으나 1930년에 출판한 첫 시집은 한국어 정서법(正書法)을 따르지 않아 일반적인 사람들이 시를 읽는 것은 상당한 어려움을 겪을 소지가 있다는 것도 비로소 이 논문에서 규명하였다.

또 첫 시집에 수록된 작품들의 경향, 사조, 시적 표현의 묘사와 진술, 그리고 어떤 주제의 시편들이 수록되어 있는가라는 사실도 밝혀냈다. 즉 시의 내용을 '전원적 목가풍의 시세계'와 '파토스(Pathos)적인 자기성찰의 시', 그리고 '일상적인 소재의 시'로 대별할 수 있다. 초허의 첫 시집 『나의 거문고』의 작품들은 지극히 기교적이고 명상적이며. 상징적이었으며, 동시에 대상을 심정적인 회화로 형상화하고 서정적인 표현으로 승화했다는 평을 내릴 수 있다.

다만 1923년 10월호 『開闢』誌에 등단작이었던 「당신이 만약 내게 문을 열어 주신다면」을 비롯하여 몇 개의 작품들이 첫 시집 『나의 거문고』에 실리지 않은 것에 대한 연구는 다음으로 미루기로 했다.

핵심어 : 파토스, 자기성찰, 김동명, 전원적 목가풍, 나의 거문고, 발견, 발굴 의의, 첫 시집, 목차, 페이지, 전복적 사고, 출판과정.

## Ⅰ. 서론

초허의 첫 시집 『나의 거문고』를 2017년 7월 3일에 찾아냈다. 그 시집이 출판된 1930년을 기점으로 계산하면 87년 만에 발견된 셈이다. 지금까지 김동명 시인의 문학세계를 중점적으로 연구하는 김동명학회[1]와 시단(詩壇)에서, 또는 일부 연구자들 사이에서도 영원히 소멸한 시집으로 단정할 정도였다. 그런 상황에서도 시집 발굴을 위해 백방으로 수소문을 하였으며, 전국 고서 취급서점을 꾸준히 찾아다녔다.

한편, 학회에서는 『나의 거문고』가 종적을 감춘 것에 대해 기정사실화하면서 첫 시집 『나의 거문고』의 복원사업을 동시에 진행하였다. 그 복원사업이 가능하다고 판단한 것은 엄창섭 교수의 『초허 김동명문학연구』 박사학위 논문[2]을 그 근거로 삼았다. 그 논문에 의하면 "『나의 거문고』는 4.6판으로 168면에 132편의 시가 수록되어 있다. 河東鎬(교수) 소장(所藏)인 이 시집의 목차는 '①즐거운 아츰(12편), ②잔치(16편), ③옛노래(15편), ④외로울 때(20편), ⑤麗島風景(12편), ⑥異域風情(13편), ⑦故鄕(20편), ⑧暝想의 노래(13편), ⑨나의 거문고(11편)'로 되어 있다"고 밝혔었기 때문이다.

그러나 초허의 첫 시집 『나의 거문고』가 발견됨으로써 시집 복원사업은 중단되었으며, 그 동안 제기되어 왔던 여러 의문점을 해소하는 열쇠가 되었다. 따라서 본 논문의 목적은 김동명 시인의 첫 시집 『나의 거문고』의 발굴 의의와 시집 출판 과정에서 발생된 편집상의 문제점 규명과 작품의 제특성을 고찰하는데 있다.

시집 발굴의 의의는 그간 초허의 첫 시집이 그의 사화집 『내마음』에 누락된 것에 대해 여러 연구자들이 제기했던 의구심은 시간이 흐를수록 증폭되어 갔다. 그러나 초허의 첫 시집을 직접 눈으로 확인하지 않은 상태에서는 추정만 가능할 뿐, 그 의구심에 따른 사실을 밝혀내지 못하는 한계점을 드러냈다.

---

[1] 본 학회는 강원도를 빛낸 7인의 열선양 사업의 김동명 시인이 포함되었고, 그에 따라 2013년 7월에 김동명문학관을 짓고 개관하였다. 그것을 계기로 강릉지역 소재하는 가톨릭관동대학과 강릉원주대학의 교수들이 중심이 되어 2013년 7월 20일에 〈김동명학회〉가 창립되었다. 초대 학회장에 엄창섭 교수를 비롯하여 부학회장에 장정룡 교수, 총무이사에 심은섭 교수 등이 주축이 되어 김동명 시인의 문학세계를 집중적으로 연구하고 있다. 매년 10월에 김동명문학관에서 학술대회를 정기적으로 개최하고 있다. 2014년 10월에 제1회 김동명학술대회를 열면서 『김동명문학연구』 창간호를 시작으로 지금까지 문집 5집이 발행되었다.

[2] 엄창섭, 『초허 김동명문학연구』, 성균관대학교 박사학위 논문, 1986, p.13. 주석 27)을 참조바람.

일반적으로 시집을 발간할 때 목차에 표기된 그대로 시집 속에 작품을 싣는 경우가 일반적인 관례이다. 그러나 초허의 『나의 거문고』의 목차에 표기된 작품 편수와 시집 속에 실린 작품의 편수가 서로 상이하다는 점에 특별히 주목하고자 한다. 다시 말하면 시집 목차에 수록된 작품 수와 시집 속에 실린 작품 편수가 얼마만큼 차이가 나는가와 또 그렇게 된 원인을 밝히는데 집중하게 된다.

또 모두(冒頭)에서 작품 편수가 다르다고 언급했던 것과 마찬가지로 작품의 제목 역시 목차에 표기된 것과 실제 시집 속에 작품 제목이 다르게 표기되어 있는 점도 주목하고자 한다. 동시에 목차와 시집 속의 페이지 표기도 다른 점의 발견이다. 요컨대 목차와 실제 시집 속의 작품 편수가 각각 다르다는 점, 작품의 제목 역시 목차에 표기된 것과 실제 시집 속에 표기가 상이하다는 점, 그리고 페이지조차 목차와 실제 시집 속의 페이지가 다르게 표기된 원인을 밝히는데 있다.

이제까지 첫 시집 『나의 거문고』를 형식적인 측면을 살펴보았다면 다음은 본 논문의 주제 중에 또 다른 큰 틀이라고 할 수 있는 시작품의 諸특성에 대한 분석이다. 초허가 신석정·김상용과 함께 전원적 목가풍 시인이라는 점은 이론의 여지가 없다. 이런 전원적 목가풍의 시 세계가 초기시로부터 출발하였는가의 여부를 알아내는 일도 본 논문의 목적 중에 하나다. 초허의 문학사상이나 시적태도, 또는 어떤 현상에서 나타나는 일정한 방향성이라 할 수 있는 시적경향이 무엇인가를 알아보는 일기도 하다. 이를테면 초허의 첫 시집 『나의 거문고』에서 파토스(Pathos)적인 자기성찰의 작품들이 나타난다는 점이며, 이에 해당되는 작품이 어떤 것이며, 무엇이 파토스적인 자기성찰을 가져오게 한 것이냐를 찾는 일이다.

마지막으로 첫 시집에 실린 작품들이 1933년 '한글맞춤법 통일안'이 제정되기 이전의 표기 방법을 사용해 왔다. 그 중에서 어떤 시어들이 많이 사용하였는가에 중점을 두고 살펴보게 된다. 가령 목차표기에 작품 제목이 '노래'로 되어 있는 반면에 시집 속에는 '놀애'로, 또 목차엔 '죽음'으로, 시집 속엔 '주금'으로 표기되어 있는 점도 관찰의 대상이다.

요약하면 첫 시집 『나의 거문고』의 작품 편수, 작품 제목, 페이지 표기 등, 시집 편집과정에서 노출된 형식의 문제들을 진단하고, 또 그 원인을 규명하는 작업이다. 동시에 『나의 거문고』가 사화집 『내 마음』에서 누락된 원인과 첫 시집에 실린 작품의 내용 분석을 통한 초허의 목가적 시세계의 출발점이 어디에서 시작되었는가라는 점을 논의하게 잘 것이다,

## II. 첫 시집 『나의 거문고』 발굴과 편집의 諸문제

### 1. 발굴 과정[3]

김동명 시인은 문단활동 중에 총 6권의 시집을 발간했다. 첫 시집 『나의 거문고』[4](1930)를 비롯하여, 『파초』(1938), 『삼팔선』(1947), 『하늘』(1948), 『진주만』(1954), 『목격자』(1957) 등이다. 또 6권 시집 중 첫 시집 『나의 거문고』를 제외한 5권의 시집을 한 곳에 묶은 사화집 『내 마음』(1964)이 있다. 그는 또 수필집 『세대의 삽화』(1960)와 『모래 위에 쓴 낙서』(1965) 등의 2권을 남겼다. 그 뿐만 아니라 『적과 동지』(1955)를 비롯해서 『역사의 배후에서』(1958), 『나는 증언한다』(1964)라는 정치평론집도 3권이나 되어 총 12권을 출판했다.

그 12권의 저서 중에서 지금까지 원본이 발견되지 않은 것은 첫 시집 『나의 거문고』와 『파초』, 『38선』이었으나 『나의 거문고』는 2017년 7월 원주에서, 『38선』은 같은 해 11월에 인천에서 찾아냈다. 따라서 진본이 유일하게 발견되지 않은 시집은 『파초』이나 현재 영인본이 김동명문학관에 소장되어 있어 연구 자료로써 작품 확인은 가능하다.

초허의 첫 시집 『나의 거문고』의 행방이 묘연할 때 1986년에 공주사범대학교에 재임 중이던 하동호 교수가 소장하고 있다는 소문을 들었을 뿐, 사실 그 원본을 확인하지는 못했다. 그같은 사실을 확인할 수 있었던 것은 가톨릭관동대학에 재임 중이던 엄창섭 교수가 「초허김동명문학연구」라는 주제로 박사학위 논문을 준비하는 과정에서 밝혀졌다. 엄 교수는 참고자료로 활용하기 위해 하동호 교수에게 『나의 거문고』를 잠시 대여를 요청하였으나, 『나의 거문고』 시집은 보내지 아니하고 목차만 복사하여 보내왔다.

때문에 하동호 교수가 보내준 시집 목차와 이번에 발굴된 『나의 거문고』의 목차와 비교

---

[3] 심은섭, 「김동명 '나의 거문고' 87년 만의 발견」, 『현대시학』, 2017년 11~12월호, p.50~70.
[4] 첫 시집 『나의 거문고』는 필자가 직접 찾아냈다. 그러나 소장하고 있는 측에서 고가(高價)를 요구하여 개인이 구입하기가 경제적으로 부담이 되어 강릉시에 발굴 사실을 알리고, 강릉시 재원으로 구입을 요청하여 매입 성사가 이루어졌다. 2017년 7월까지 김동명문학관에 비치된 시집 중에서 『나의 거문고』는 영인본조차 없었다. 그러나 『파초』와 『38선』은 영인본을 비치되어 있었다. 그러던 중 『나의 거문고』는 2017년 7월 3일에 발견하여 원본은 강릉시 시립박물관 수장고에 훈증 처리되어 보관 중에 있으며, 현재 김동명문학관에는 영인본을 비치해 놓은 상태이다. 세 번째 시집 『38선』은 영인본을 비치하였다가 2017년 11월에 인천지역에 소재하는 고서점에서 원본을 구입하여 현재 원본을 비치해 놓고 있다. 그러나 『파초』는 지금까지 원본은 찾지 못했으나 독지가 장정권 씨가 '파초'의 영인본을 기증하여 현재 문학관에 비치되어 있다.

한 결과, 두 자료가 동일한 것으로 확인되었다. 따라서 하동호 교수가 『나의 거문고』 시집 진본을 소장하고 있음을 추정할 수 있었다. 그런 가운데에서 고서적을 취급하는 고서점을 찾아다니는 등, 오랜 수소문 끝에 2017년 7월 3일에 원주시에 소재하고 있는 '까지민속품'이 소장하고 있는 것을 확인하였으며, 그것을 87년 만에 찾게 되었다.

현재 『나의 거문고』는 강릉시에서 매입하여 훈증 처리한 상태에서 강릉시립박물관 수장고에 보관되어 있다. 연구자들의 연구용 및 일반인의 열람을 위해 김동명학회에서 영인본을 강릉시 사천면에 소재하는 김동명문학관에 비치해 놓고 있다.

## 2. 『나의 거문고』 편집과정의 諸문제

### (1) 목차와 시집 실제 작품 편수의 차이

엄창섭 교수의 『초허김동명문학연구』 논문에 의하면 김동명 시인의 첫 시집 『나의 거문고』는 전체 아홉 개의 장(章)5)으로 구분되어 있다. 또 목차에 기록된 시작품의 편수는 전체 132편6)에 달하는 것으로 사실화하고 있다. 그러나 초허의 처녀시집을 찾아냄으로써 실제 시집 속의 작품 편수가 156편이 실려 있음이 확인되었다. 더구나 목차에 표기된 시작품 편수와 실제 시집 속에 실린 작품 편수가 물경 24편의 차이가 났다. 이해를 돕기 위해 〈표 1-1〉을 제시해 보면 다음과 같다.

〈표 1-1〉

| 순서 | 章 구분 | 목차 표기 | 실제 시집 속 표기 | 차 |
|---|---|---|---|---|
| 제1부 | '즐거운 아츰' | 12편 | 12편 | 0 |
| 제2부 | '잔치' | 16편 | 16편 | 0 |
| 제3부 | '옛 노래' | 15편 | 15편 | 0 |
| 제4부 | '외로울 때' | 20편 | 20편 | 0 |

---

5) 실제 시집에는 소제목으로 아홉 개 장으로 구분되어 있으나 이해를 돕기 위해 편의상 '제×부'라는 명칭을 사용하였다.
6) 엄창섭, 『招虛金東鳴文學研究』, 성균관대학교 박사학위 논문, 1986, p.26. 이 논문에서 132편이라고 명기한 것은 학위논문을 작성할 당시 하동호 교수에게 『나의 거문고』를 빌려줄 것을 요청하였으나 목차만 복사하여 보내왔으며, 그 목차에만 의존하여 편수를 계산한 결과이다.

| 순서 | 章 구분 | 목차 표기 | 실제 시집 속 표기 | 차 |
|---|---|---|---|---|
| 제5부 | '麗島風景' | 12편 | 29편 | △17 |
| 제6부 | '異域風情' | 13편 | 20편 | △7 |
| 제7부 | '故鄕' | 20편 | 20편 | 0 |
| 제8부 | '冥想의 노래' | 13편 | 13편 | 0 |
| 제9부 | '나의 거문고' | 11편 | 11편 | 0 |
| 계 |  | 132편 | 156편 | △24 |

제시한 〈표 1-1〉을 상세히 살펴보면 제1부에 해당되는 '즐거운 아츰'은 목차와 실제 시집 속에 실린 작품이 각각 12편으로 동일한 편수가 실려 있다. 제2부 '잔치'에도 목차와 실제 실린 작품 수가 각각 동일하게 16편이, 제3부 '옛 노래'에도 각각 동일하게 15편이, 제4부 '외로울 때'에도 각각 20편의 동일한 편수가 실려 있었다. 요컨대 제1부~제4부까지 목차의 작품 편수와 실제 시집 속의 실린 작품의 편수가 동일했다. 그러나 제5부 '麗島風景'에서 목차엔 12편으로 표기되어 있으나 실제 시집 속엔 29편의 작품이 실려 있어 한 개의 장(章)에서 무려 17편의 차이가 났다.

제5부를 비롯하여 제6부에 해당되는 '異域風情'에도 목차의 작품은 13편으로 표기되어 있는 반면에 실제 시집 속의 시는 20편이 실려 있어, 이 부분에서도 7편의 차이를 보이고 있다. 제7부 '고향'에 20편, 제8부 '명상의 노래'에 13편, 제9부 '나의 거문고'에 11편의 작품은 목차와 실제 시집 속 시작품과 모두 동일했다. 그러나 앞서 언급한 바와 같이 제5부와 제6부에서만 각각 17편과 7편의 차이를 나타냈으며, 전체 24편의 차이가 났다.

목차 표기와 실제 시집 속에 실려 있는 편수가 다른 부분의 이해를 돕고자 〈표 1-2〉를 제시하면 다음과 같다.

〈표 1-2〉

| 부 | 목차 표기 작품 | 시집 속 표기작품 |
|---|---|---|
| 제5부<br>麗島風景 | • 夕景 | 석경(一) |
| | | 석경(二) |
| | • 明沙十里에서(7편) | 海棠花 |

| 부 | 목차 표기 작품 | 시집 속 표기작품 |
|---|---|---|
| | | 五月 |
| | | 물새한떼 |
| | | 물소리드르며 |
| | | 鈴蘭꽃밧 |
| | | 農村 |
| | | 夕景 |
| | • 龍興江畔에서 | 버들 |
| | | 漂母 |
| | | 漁夫에게 |
| | | 乞人 |
| | • 西湖風景 | 蓮浦ㅅ불 |
| | | 꽃섬 |
| | • 盤龍山을 지나면서 | 옛길 |
| | | 山頂에서 |
| | | 잔ㅅ디밧 |
| | | 黃昏卽景 |
| | | 잘가거라 잘있거라 |
| | | 咸山夜懷 |
| 제6부<br>異域風情 | • 공원의 밤 | 꽃밧 |
| | | 棕櫚樹 |
| | • 異域風情 | 熱海에서 |
| | | 伊東에서 |
| | | 修禪寺에서 |
| | | 狩野川 |
| | | 沼津에서 |
| | • 塩原行 | 道中吟 |
| | | 福渡橋上에서 |
| | | 回路에 |

오늘날의 시집 구성 및 편집 방법은 목차와 시집 속의 작품명과 편수가 동일하게 표기한다는 것은 일반적인 상식이다. 그러나 『나의 거문고』는 지금의 시집 편집 및 구성과는 매우 특이한 양상을 띠고 있다. 목차와 시집 속의 작품 편수가 다르다는 단순한 착오를 명확하게

하는 데에 그치는 것이 아니다. 초허의 문학사상과 관련된 기존의 연구 대부분의 논문들이 『나의 거문고』의 시편이 전체 132편이라는 오류가 사실화되는 위험성을 차단했다.

한편, 어떤 원인에 의해 시집 목차와 실제 시집 속 작품 편수의 차이가 발생했는가에 대한 의문은 두 가지 측면에서 이해할 수 있다. 첫째, 시집 발행 연도가 1930년으로 인쇄술의 미발달이 가져다준 결과이다. 목차와 실제 시집 속의 시 편수만 차이를 나타내는 게 아니라 목차와 시집 속의 작품 제목의 '단어'까지 다르게 표기되어 있다. 그 작품들을 제시하면 다음과 같다.

〈표 1-3〉

| 목차 표기 | 시집 속 표기 | 쪽 |
|---|---|---|
| 黃昏의 노래 | 黃昏의 놀애 | 7 |
| 삶과 죽음 | 삶과 주금 | 25 |
| 航海의 노래 | 航海의 놀애 | 26 |
| 옛 노래 | 옛 놀애 | 34 |
| 과연 참일가 | 과연 참일ㅅ가 | 39 |
| 베르렌에게 | 베루렌에게 | 39 |
| 가을의 노래 | 가을의 놀애 | 40 |
| 北風의 노래 | 北風의 놀애 | 48 |
| 落葉의 노래 | 落葉의 놀애 | 48 |
| 가을 小景 | 0을 小景 | 80 |
| 「고요한 긔도」의 놀애 | 고요한 긔도」의 노래 | 91 |
| 幻像의 노래 | 幻想의 노래 | 161 |
| 계 | | 12편 |

시의 제목에 대해 '목차에 표기된 단어'와 '시집 속에 표기된 단어'가 가장 많이 상이한 단어는 '노래→놀애'이다. 〈표 1-2〉와 같이 '목차표기'는 '노래'이나 '시집 속의 제목 표기'는 '놀애'로 되어 있고, '죽음'을 '주금'으로 각각 상이하게 표기되어 있다. 목차에 표기된 '가을 小景'은 실제 시집 속의 제목 표기에서는 '가'자(字)가 누락된 되어 있다. 또 목차 표

기의 '幻像의 노래'가 실제 시집 속의 제목 표기는 '幻想의 노래'로 '像'이 '想'으로 표기되어 있으며, 이런 오기(誤記)는 시집 전체 작품 156편 중 12편(7.69%)에 달했다. 그러나 제3부의 부제로 사용한 '옛 노래'7)(33쪽)와 '명상의 노래'(140쪽), 「길손의 노래」(158쪽), '노래'(164쪽)는 목차와 시집 속 작품에도 동일하게 '노래'로 표기되어 있다. 이처럼 목차와 시집 속의 제목이 서로 상이한 점에 대해 다음과 같은 원인으로 이해할 수 있다.

첫째, 보편적으로 시집을 출판할 때 시의 작품 제목은 시인이 직접 쓴 원고를 출판사에 제출하는 것이 일반적인 관례이다. 그렇다면 '시집 속 표기'인 '놀애'는 김동명 시인이 직접 쓴 것으로 판단되며, '목차 표기'의 '노래'는 출판사 측에서 작성한 것으로 추정이 가능하다. 따라서 작가와 편집 담당자가 각각 다르게 표기했을 가능성이 매우 높다는 것이다. 즉 우리나라의 '조선어학회'가 1933년에 한글 맞춤법 체계를 통일하여 '한글맞춤법통일안'8)은 작성하였다. 그리고 『나의 거문고』는 '한글맞춤법통일안'이 제정되기 3년 전인 1930년에 출판되었다. 따라서 시집 『나의 거문고』가 출판되던 해는 아직 '한글맞춤법통일안'을 사용하지 않은 시기로써 출판물 의뢰인이었던 김동명 시인과 인쇄소 측과의 표기법이 서로 달랐다는 개연성을 보여주는 대목이다.

특히 시집을 의뢰한 김동명 시인보다 인쇄소 측에서 오류를 범할 가능성이 더 커 보인다. 그것은 목차의 페이지 표기가 상당수 오기(誤記)되어 있는 점을 그 근거로 삼을 수 있다. 목차를 구성하고, 그 구성된 목차를 작성하는 것은 순전히 편집권을 가지고 있는 출판사의 몫이기 때문이다. 그러므로 목차와 실제 시집 속의 페이지가 일부 서로 다른 이유를 출판사 측의 편집기술 부족에서 온 결과로 이해할 수 있다. 또 편집 후에 교정을 거치지 않고 인쇄를 했다는 가능성도 엿볼 수 있는 부분이다.

초허의 『나의 거문고』에서 나타난 시 제목 표기의 오류뿐만이 아니라 목차와 실제 시집 속의 페이지도 다르게 표기되어 있다.

---

7) 목차엔 58쪽으로 표기되어 있으나 실제 시집 속엔 33쪽에 해당된다. 이 부분의 페이지가 목차표기와 실제 시집 페이지가 각각 58쪽과 33쪽으로 다르게 표기되어 있다.

8) 조선어학회가 1933년 완성한 국어의 맞춤법 체계이다. 1930년 12월 13일 총회의 결의로 한글맞춤법통일안 제정 작업에 착수하여 3년에 걸쳐 토의·정리한 안을 1933년 10월 19일 확정하고 29일 〈조선어 철자법 통일안〉이라는 책으로 발간했다. 8·15해방 후 1948년 정부수립과 함께 공식적으로 채택되어 '한국 정서법(正書法)'의 법전이 되었다.

〈표 1-4〉

| 시작품 제목 | 목차 표기 페이지 | 시집 속 표기 페이지 |
|---|---|---|
| 새해 | 五七 | 三二 |
| 제3부 옛노래 | 五八, 五九 | 三三 |
| 옛놀애 | 五四 | 三四 |
| 꿈인가탄식인가 | 二四 | 五四 |
| 생각 | 二九 | 五五 |
| 힌모래우에 | 三十 | 五六 |
| 계 | 6 페이지 | |

위의 〈표 1-3〉과 같이 시제목 '새해'는 목차엔 '五七' 쪽으로 표기되어 있으나 실제 시집 속의 표기는 '三二' 쪽으로 표기된 것을 비롯하여 '힌모래우에'가 목차엔 '39' 쪽으로 표기되어 있으나 시집 속의 표기는 '五六'쪽으로 표기되어 있는 등 여섯 곳에서 페이지 표기의 오류를 나타냈다.

이상과 같은 내용을 요약해 보면 시집의 '목차'와 '시집 속'의 ①작품 편수 차이가 24편이나 발생한다는 점, ②시제목의 표기가 각각 다르다는 점, ③또 페이지가 잘못 표기된 점 등, 크게 세 가지로 나눌 수 있다는 문제를 고려해 볼 때 단순히 편집 과정에서 발생된 오류의 문제는 아닌 것이다. ①과 ③은 인쇄술의 미발달로 인한 표기의 오류로 볼 수 있으나 ②는 '한글맞춤법통일안'이 제정되기 이전의 시기로 '시어'의 의미는 서로 같으나 표기가 다른 것이다. 즉 '랑그(langue)'와 '파롤(parole)'의 관계로 볼 수 있다. 따라서 ①과 ③은 문제점으로 지적될 수 있으나 ②는 크게 문제시 될 수 없는 경우라고 할 수 있다.

## (2) 사화집 『내 마음』에서 누락된 원인 - 『나의 거문고』

모두(冒頭)에서 초허의 처녀시집 『나의 거문고』[9](1930)가 북한지역에서 출판된 지 87년에 강원도 원주지역에서 발견되었다고 언급한 바 있다. 그것은 현재까지 시집의 원본을 확인할

---

9) 1930년에 북한지역 함흥에 소재하는 신생사(新生社)출판사에서 발간한 김동명 시인의 첫 시집으로 출판된 지 87년 만에 2017년 7월 3일 오후 2시 경 강원도 원주시 평원동 380-11, '까치민속점'에서 찾아냈다.

수 있는 유일본이다. 초허는 생전에 총 6권10)의 시집을 상재했다. 그 6권 중에 첫 시집 『나의 거문고』를 제외하고 다섯 권의 시집을 묶은 『내 마음』11)이라는 제목으로 1964년에 사화집을 출판했다. 그 사화집에 『나의 거문고』의 작품 전체가 사화집 『내 마음』에서 누락된 상태에서 발간된 것에 대해 그동안 많은 논란이 있었다.

첫 시집 『나의 거문고』를 사화집 『내 마음』에서 누락시킨 원인에 대해 많은 논문에서 다음과 같은 것으로 추론하였다. 첫째, 첫 시집에 실린 작품들이 습작기에 쓴 것으로 완성도가 현저히 떨어져 누락시켰다는 이유를 가장 크게 손꼽았다. 이에 대해 엄창섭 교수는 "초허는 『나의 거문고』를 간행하기 전부터 비교적 전통적인 것을 소재로 택하여 그의 시세계를 구축하려고 했는데, 대다수의 시편은 소재의 다양성을 보여준다. 이 사실을 뒷받침하기 위해 자신이 '창피한 시집'이라 칭한 바 있다12)"고 밝힌 바 있으며, 또 그의 시력(詩歷)을 각각 3기로 구분하여, 초기에는 『나의 거문고』(1920~1930)시대로, 인생을 고민하는 허무적 특성을 지닌 세기말적인 감상주의와 퇴폐적인 경향으로 정리13)하였다.

또 이성교 교수 역시 "동명이 『開闢』誌를 비롯하여 『朝鮮文壇』, 『新東亞』, 『朝光』誌에 발표한 작품들은 대개가 技法上으로 볼 때 지극히 유치한 卽興詩에 지나지 않았다. 이때의 傾向은 대체로 퇴폐주의에 흘렀다. 이것을 한데 모아 1930년에 『나의 거문고』라는 詩集을 출간했다"14)라고 지적했다.

이와 같은 주장은 시집 『나의 거문고』의 원본을 직접 확인하지 않은 상태에서 1923년 등단작 「만약당신이 내게 문을 열어 주시다면」을 비롯하여 1926년 『朝鮮文壇』誌 등에 「농녀」, 「추억」, 「公園의 밤」(3월호), 산문시 「餞別」(4월호), 「구라파頌」, 「첫봄」, 「나븨」(5월호), 「異國風情」 6편(6월호)와 『조광』, 『신동아』誌 등에 발표한 몇 편의 작품을 근거로 내린 결과이다. 그러나 그 당시 『朝鮮文壇』誌에 시평란(詩評欄)이 있었는데, 평자 양주동 씨에 의

---

10) 김동명 시인은 생전에 『나의 거문고』(新生社, 1930), 『파초』(新聲閣, 1938), 『三·八線』(文隆社, 1947), 『하늘』(文隆社, 1948), 『진주만』(梨大출판부, 1954), 『목격자』(人間社, 1957) 등 총 여섯 권의 시집을 발간하였다.
11) 이 책은 김동명의 시집 『파초』, 『38선』, 『하늘』. 『진주만』, 『목격자』의 다섯 권을 묶은 사화집이다. 1964년에 新雅社에서 출판되었으며, 전체 509쪽의 분량이다. 특이점은 시집 『목격자』를 『서울風物誌』로 제목을 변경하여 실었다. 이 사화집의 목차 순서와 작품 제목도 일부 변경되어 실려 있다.
12) 엄창섭, 『초허김동명문학연구』, 성균관대 박사학위 논문, 1986, p.26.
13) 엄창섭, 「초허의 시문학과 정체성(identity) 고찰」-『김동명문학연구』 제1집(창간호), 2014.
14) 이성교, 『김동명 시세계와 삶』, 한남대학교출판부, 1994, p.8.

해서 크게 괄목할 만한 시인이라고 추킴을 받기도 했다.15) 양주동 씨가 호평을 한 시점도 초허가 첫 시집을 출판하기 전인 1926년으로 「구라파頌」을 제외한 「농녀」, 「추억」, 「公園의 밤」, 「餞別」, 「첫봄」, 「나븨」, 「異國風情」은 첫 시집 『나의 거문고』에 모두 실려 있다. 따라서 이번 『나의 거문고』가 발견됨으로써 기존 연구자들의 주장들은 재해석, 혹은 재평가 되어야 마땅하다.

초허의 첫 시집 『나의 거문고』에 실린 작품들은 습작기에 쓴 작품으로 보는 것은 다소 무리가 있다. 그 까닭은 첫 시집 『나의 거문고』에 실린 많은 시편들이 습작기 그 이상의 작품가치와 완성도를 지녔기 때문이다. 1926년 『朝鮮文壇』誌에 발표된 작품이면서 또 첫 시집에 실린 다음의 작품을 살펴보면 습작기를 벗어난 작품임을 알 수 있다.

> 어떤날 아츰에 나는 밀창을 열어노코/해바라기를 하고 잇슬즈음에/三月의 따뜻한 양기에 생생하게 사라난/이집 뜰 풀밧헤/날아와 안는 나븨한마리를 보앗습니다/나는 새삼스럽게도 마음꽃 봄을 늣기며/손을 드러 나븨에게 복을 빌엇습니다.//
>
> /그리하여 사흘을 지난 오늘엔/때안인 눈이 세치나 싸혓습니다/음산한 바람소래조차 완연히 겨울갓습니다/나는 문ㅅ득 나븨를 생각하고/엇지 되엇슬고 하고, 근심합니다/눈ㅅ속에 무치지나 안엇스먼하고/요행을 바랍니다.
>
> —「나븨」16) 전문

초허 김동명은 전원시인·목가적 시인17)이라는 평이 지배적인 것은 주지의 사실이다. 또 그의 시는 전원 목가풍이지만, 단순히 유유자적하는 관조의 시풍이 아니라 그 서정성을 통해 시대의 현실(조국 상실의 아픔)이 자리 잡고 있다. 즉 자연을 통해 그 시대의 아픔을 반영18)하고 있다. 예시의 「나븨」에서 인지하듯이 '나비'는 상징적인 시적대상이다. 특히 이 시는 1930년대 이전의 일제강점기에 쓴 작품으로 작품 속의 나약한 '나비'는 국권상실이라는

---

15) 이성교, 앞에 책 p.10.
16) 김동명, 『나의 거문고』, 신생사, 1930, pp.99~100.
17) 白 鐵, 『신문학사조사』, 신구문화사, 1980, p.503.
18) 申翼浩, 「황혼의 변증법적 의미」-『김동명의 시세계와 삶』, 한남대학교 출판부, 1994, p.72.

'조국'의 상징과 같다. 그 시적대상에 대해 '손을 드러 나븨에게 복을' 비는 일과 나비에 대한 '근심', '안쓰러워하는 마음'은 시적화자의 정서이며, 이 정서는 퇴폐주의 사조와 괴리가 있다는 것을 알 수 있다.

물론 한 작품만으로 시세계, 혹은 그 시인의 경향 등을 평가하는 것은 매우 위험천만한 일이다. 그러나 위에서 살펴본 「나븨」를 포함하여 『나의 거문고』에 실린 시작품 전체를 살펴보더라도 습작기에 해당될 만큼의 작품성이 떨어지거나 시의 완성도가 현저히 낮은 정도는 아니다.

첫 시집에 실린 작품들을 역사적인 고뇌와 이를 극복하려는 적극적인 인생관을 나타내는 두 번째 시집 『파초』(1936)의 작품과 비교하면 작품성이 낮은 것은 인정된다. 그러나 첫 시집을 직접 살피고 분석하지 않은 상태에서 퇴폐주의 혹은, 습작기의 작품으로 판단하는 성급한 결론을 내리는 것은 『나의 거문고』가 발견된 이 시점에서부터 새로운 개념정립이 필요하다. 앞서 언급한 대로 다만 첫 시집 『나의 거문고』의 작품들이 초허의 최고 전성기의 시집 『芭蕉』(1936)와 『하늘』(1947)의 작품보다 작품성이 능가하지 않지만 습작기의 작품으로 취급할 만큼의 졸작도 아니라는 사실이다.

초허의 첫 시집 『나의 거문고』의 작품들은 이성교의 주장처럼 퇴폐주의나 낭만주의의 경향이 농후하다는 것도 사실과 많이 다르다. 그의 시세계라고 평가받는 전원적 목가풍의 서정시들이 초기시에서도 여실히 나타난다는 것과 정적인 생활에서 시를 썼다는 이유에서 『나의 거문고』의 작품들이 퇴폐주의, 혹은 낭만중의의 작품이라는 주장에 동의가 어렵다.

1923년 『開闢』誌(통권40호) 10월호에 발표된 「당신이 만약 내게 門을 열어주시면」, 「나는 보고 섰노라」, 「애닯은 記憶」의 세 작품19)이 1930년에 발간한 첫 시집 『나의 거문고』에 실려 있지 않다. 이 점을 주목해 볼 때 지금까지 발표된 논문들은 첫 시집 『나의 거문고』의 전 작품들을 직접 확인하지 않은 상태에서 내린 평가가 아니라 문예지에 실린 초기시 몇 편을 근거로 퇴폐주의, 혹은 습작기 작품으로 평가하는 것은 수용하기 어렵다.

초허는 1923년 『開闢』誌(통권41호) 11월호에 「祈願」-'님은 가다'와 '別離'20)라는 두 편의

---

19) 이성교, 앞의 책, p.9.
20) 김동명, 『開闢』 10월호, 開闢社, 1923, p.15. 목차에는 김동명이라고 표기되어 있으나 15쪽 시작품의 시인의 이름을 안서(岸曙)라고 표기되어 있다.

신작을 비롯하여, 같은 해 12월호에 「懷疑자들에게」, 「祈願」이라는 신작을 발표하였다. 「懷疑자들에게」는 벗에게 올바른 행동을 권유하는 내용의 시이며, 「祈願」은 하느님께 악과 죄를 벌하는 전능에 대한 믿음을 드러낸 시이다. 그럼에도 불구하고 단순히 퇴폐적인 경향의 시작품으로 평가하고 있다. 따라서 1981년에 발간된 국어국문학회의 『현대시연구』에 발표한 이성교 교수의 다음과 같은 주장은 초허의 첫 시집 『나의 거문고』가 발굴된 계기로 반드시 수정되어야 한다.

> 이 시대는 동명에게 있어 습작기에 해당되기 때문에 후대에까지 남을 만한 작품이 별반없다고 해도 과언이 아니다. 시집 『나의 거문고』가 불행하게도 이 땅에서 아주 종적을 감추었다시피 했기 때문에 그의 전모를 볼 수 없음이 유감지사다.[21]

요약하면 초허의 첫 시집 『나의 거문고』에 실린 시편들의 작품성, 또는 미적가치는 습작기를 벗어난 작품이다. 그리고 퇴폐적인 경향의 시류에 편승되어 있지도 않으며, 특별히 수작(秀作)의 작품도 아니지만 시의 필요조건을 지나치게 벗어난 작품도 발견되지 않았다.

둘째, 기존의 연구에서 초허가 첫 시집의 원고를 일제강점기와 6.25사변을 겪으면서 보관해두었던 원고 전체를 모조리 분실했을 것으로 추정했다. 그러나 이점에 대해 오리무중이었던 『나의 거문고』가 87년 만에 발견됨으로써 초허 역시 『나의 거문고』를 소장하지 않았다는 추정이 가능하다. 따라서 『나의 거문고』가 사화집 『내 마음』에 실리지 않은 것은 『나의 거문고』의 원고를 모두 분실한 것으로 보는 이유가 가장 유력해 보인다.

이처럼 『나의 거문고』를 여러 측면에서 살펴본 것처럼 출판사의 출판과정에서 보여준 편집기술이 상당히 낮은 수준이었다는 것에 대해선 이론의 여지가 없다. 또 시집 『파초』(1938)와 『목격자』(1957)의 작품과 비교했을 때 『나의 거문고』 작품들의 작품성이 일부 떨어져지는 것은 일부 인정되나 그것이 사화집 『내 마음』에서 누락시킨 결정적인 요인이 아닌 것으로 판단된다.

시란 단순히 허구적인 구성만으로 만들어지는 것이 아니라, 작품 내에 존재하는 구성 요소의 전반적인 연계성과 의미 구조의 연관성에 의해 창작되는 것[22]이라고 할 때 초허의 첫

---

21) 이성교, 국어국문학회편, 『현대 시 연구』, 정음사, 1981, p.388.

시집 『나의 거문고』의 작품들은 그 시의 요소들을 충족하고 있다. 즉 음악적 요소·의미적 요소·회화적 요소들이 유기적 관계를 이루고 있어, 습작기 수준에 머무는 작품으로 평가하는 것은 첫 시집이 발견된 이 시점에서 새로운 인식전환이 필요하다.

## III. 첫 시집 『나의 거문고』 작품의 특성

초허의 첫 시집 『나의 거문고』에 실린 156편의 시편들을 내용적으로 크게 분류하면 대략 세 가지로 나눌 수 있다. 그 중 하나가 지금까지 초허를 평가해온 전원적 목가풍의 시세계이다. 『나의 거문고』를 살펴본 바로는 초허의 전원적 목가풍 시세계의 출발점이 그의 초기 시라는 것이다. 또 다른 하나는 국권상실에 따른 신지식인으로서의 무기력한 자신의 심정을 표출하는 파토스(Pathos)적인 자기성찰의 작품들이 적잖게 실려 있다. 그리고 일상적인 삶의 여정을 드러내는 작품으로 대별할 수 있다.

### 1. 전원적 목가풍의 출발시기

초허를 김소월, 김상용, 김영랑 및 청록파 시인들과 함께 도연명풍(陶淵明風)의 자연귀의적(自然歸依的) 사상에 근거하여 한국 사람들의 전통적인 정서를 시화(詩化)했다는 의미에 있어 자연파(自然派)내지 전원파(田園派) 시인으로 규정되는 것은 당연하다.23) 또 김동명을 우리 시사에서 신석정, 김상용 등과 같은 전원시인이자 목가시인으로 규정하는 것도 의미 있는 일24)이다.

지금까지 여러 논문에서 초허를 전원적·목가적 시인으로 평가하고 규정했듯이 그의 첫 시집 『나의 거문고』에서도 전원적이고 목가풍의 시세계의 작품들이 다수 실려 있다. 부연하면 앞에서 대별한 세 가지 중에서 『나의 거문고』에 전원적 목가풍의 시세계를 함의하는 작품들이 가장 많이 실려 있다. 따라서 시집 『파초』나 『하늘』을 전원적 목가풍 시세계의 출발점으

---

22) 申翼浩, 「황혼의 변증법적 의미」, 『김동명의 시세계와 삶』, 한남대학교 출판부, 1994, p.75.
23) 송재영, 「물의 想像體系」, 『김동명의 시세계와 삶』, 한남대학교 출판부, 1994, p.57.
24) 김윤정, 「김동명 시에 나타난 '주체의식' 연구」, 『김동명문학연구』, 제1집, 2014, p.181.

로 삼을 것이 아니라 『나의 거문고』가 초기부터 전원적 목가풍의 시세계가 형성된 출발점으로 보는 것이 마땅하다.

이를테면 「農女」를 비롯하여 「田園慕情(1)」, 「田園慕情(2)」, 「첫봄」, 「나븨」, 「가을」, 「가을의 노래」, 「추야정」, 「낙엽의 노래」, 「농촌」, 「석경」, 「어촌우경」, 「이국풍정」, 「우야소경」, 「봉선화」, 「코스모스」 등과 같은 다수의 작품이 이에 해당되기 때문이다. 이해를 돕기 위해 『나의 거문고』에 실린 다수의 전원적 목가풍의 작품 중에 대표적인 작품 한 편을 제시하면 다음과 같다.

> 이한 저녁안개/고요히 들위에/밀물가티 퍼저서/먼 마을을 감초이고/갓가운 곳은 히미한데/실바람 행기롭소//마을과 마을을 이어노흔/밧과 논 사이ㅅ길은/황혼에 빗나는데/소몰고 돌아오는 農夫의/보섭 끄으는 소래/내 마음을 이끄오/
>
> —「田園慕情」25) 전문

초허의 『나의 거문고』에 실린 「田園慕情」은 전원을 노래한 전형적인 목가풍의 시이다. 초허는 서정의 인식, 농촌과 도시에서 취한 다양한 소재를 통하여 그 나름의 시세계를 구축하였고, 우리의 자연을 통해 시대상황을 반영하였다. 이 같은 내용의 시는 두 번째 시집 『파초』와 세 번째 시집 『하늘』로 이어져 초허의 초기 시풍이 중기의 시세계로 이어져왔다. 첫 시집이 1930년에 출판되었다면 1900년생인 초허의 나이가 30세에 해당되는 때이다, 일본 유학을 마치고 돌아온 시기로써 신지식인으로 아무것도 할 수 없는 절망의 상태, 즉 국권상실이 가져다준 상실의 아픔을 초허는 전원에 묻혀 시를 써온 것이다.

이점을 들어 초허의 초기 시작품들의 諸특성이 퇴폐주의와 감상주의에 깊이 빠져있다고 규정하기엔 다소 무리가 있어 보인다. 더 나아가 전원에 묻혀 자신의 안이(安易)만을 생각하는 병적이면서도 퇴폐적인 시작(詩作)을 했던 단순한 목가적인 시인도 아니다. 김용직 또한 "그의 온건한 삶과 그의 작품의 표면적 서정만을 가지고 그를 단순한 목가적 서정시인으로 규정짓는다는 것은 올바른 문학사적인 평가라고 볼 수 없는 것26)으로 지적했다. 박영환 역

---

25) 金東鳴, 『나의 거문고』, 新生社, 1930, p.10.
26) 金容稷 외, 『韓國現代詩史硏究』, 일지사, 1983, p.230.

시 "초허의 시사적 위상이 재평가되어야 하는 타당성을 부연(敷衍)하기도 했다.

여러 논자들의 평가를 종합해보면 『나의 거문고』는 자연과 친근하고 농촌생활을 예찬하는 문학 경향, 즉 소위 전원문학(일명 전기 자연파)을 형성[27]한 기수로 지칭되며, 퇴폐적인 경향의 시편만을 남긴 전원파시인으로만 국한시켜서는 안 된다. 그것은 그가 조국을 상실한 예술가의 고뇌를 민족적인 서정과 독특한 미의식으로 표출했기 때문이다.

## 2. 파토스(Pathos)적인 자기성찰

원래 파토스는 그리스어로 고통·경험을 뜻한다. 즉 고대 그리스어 paschein(받다)에서 파생된 말로 근본적인 뜻은 '받은 상태'이다. 그러므로 광의로는 어떤 사물이 '받은 변화상태'를 의미하고, 협의로는 특별히 '인간의 마음이 받은 상태'를 의미한다. 수동성·가변성이 내포되며 그때그때 내외의 상황에 따라 인간의 마음이 받는 기분·정서를 총괄한 표현이라고 할 수 있다.

작금에 이르러 '파토스'는 주어진 상황에서 표출되는 감정을 말하는 철학용어로서 강렬한 정감(情感)과 같은 일시적이고 지속성이 없는 내면적 감정·욕정·공포·질투 따위와 같이 쾌락 또는 고통이 따르는 것[28]을 의미한다. 즉 일시적으로 강렬하게 고양된 감정 상태를 가리킴과 동시에 다른 한편으로는 무엇인가에 강력하고 지속적으로 불러일으키는 지배욕·소유욕 등이며, 또한 예술에 있어서의 주관적·감정적 요소를 뜻하기도 한다.

파토스는 각성적(覺醒的) 의식보다도 의식하(意識下)의 근원충동(根源衝動)에 더 관계를 가지고 있는 것이며 인간 존재의(表層的 또는 根源的) 존재상황을 대표하는 것으로서 인간 존재의 근원성을 나타내는 것이라고 할 수 있다. 한편, 윤리학에서는 대상의 자극을 받아서 생기는 감정을 말하며 특히 현대에는 감정의 격앙·격정을 뜻하는 경우가 많다.

이 같은 파토스의 정의를 기저로 하는 초허의 초기시, 즉 『나의 거문고』에 실린 작품들이 주관적, 또는 감정적 요소와 그에 따른 감정·욕정·공포·질투 따위와 같이 쾌락 또는 고통을 동반하는 감정의 격앙·격정을 담고 있는 작품들로 구성되어 있다.

---

27) 鄭炯相,『國文學史』, 世運文化史, 1976, p.202.
28) 이숭녕,『최신복합대사전』, 民衆書閣, 1998, p.871.

> 아아 베루렌 베루렌/그대의 심장은 임이 땅속에 썩어 엄서젓슴애/모든 눈물 모든 괴로움, 모든 원한 모든 울분/그리고 또 모든 비난도 모든 명예도/지금에 오니 한묵금 옛이야기,/그러타 그대여 아아 베루렌/나는 내 가슴에 손을 너허 뛰는 심장을 어루만지며/창밧게 길어가는 그림자를 바라보며/웃노라.
>
> —「베루렌에게」29)전문

예술의 주관적·감정적 요소에 해당되는 파토스는 철학 상의 용어로 정념(情念)·충동·정열 등으로 번역되며 만물을 지배·구성하는 질서·원리란 의미를 가지는 로고스(logos)에 상대되는 말이다. 초허의 「베루렌에게」는 주관적·감정적 요소의 파토스, 즉 고통을 동반하는 격앙·격정·공포·욕정 등이 고스란히 나타나는 대표적인 작품이다.

초허는 일제강점기에 신지식인으로서 방황하는 모습이 『나의 거문고』에서 지극히 보여주었다. '나는 내 가슴에 손을 너허 뛰는 심장을 어루만지며/창밧게 길어가는 그림자를 바라보며/웃노라'며 식민지에 대한 분노와 격앙, 그리고 자신의 존재상황을 '천상의 예언자', 또는 '영원한 존재'로 불리는 베루렌(prophet velen)를 통해 드러내며, 이것의 결론은 성찰로 이어진다.

그는 거친 감정을 바깥으로 드러내지는 않는다. 자기감정을 되도록 숨기면서 반어·역설적으로 표현하는 특징을 가진고 있다. 특히 이에 해당되는 대표적인 작품들은 '神靈한 기운 그윽하게 떠도는 아츰大地우에/나는 정성스러히 무릎을 꿀다'로 표현한 「아츰禮拜」를 비롯하여, 「田園慕情」, 「아름다운 아츰」, 「山上에 올라서」, 「탄식」, 「기다림」, 「아름다운 마음이어」, 「잠아 오게」, 「삶과 주금」, 「航海의 놀애」, 「속담에 이르기를」, 「위대한 숨흠을」, 「돌기둥」, 「서리」, 「새해」, 「옛놀애」, 「處世歌」, 「꿈」, 「변하는 우정」, 「啄木鳥」, 「餞秋辞」, 「힌 모래 우에」, 「물소래 드르며」, 「乞人」, 「本宮에서」, 「無花果樹」, 「비븨」, 「因緣」, 「개」, 「아버님을 생각함」, 「벗을 생각함」, 「生命의 曲調」, 「詩樓峰에 올라서」, 「樂器」, 「冥想의 노래」, 「키아라頌」, 「對答」, 「바다에서」, 「處女들이어 讚美하라」, 「愛慕」, 「餞別」, 「길손의 노래」, 「나의 거문고」, 「님이여」, 「노래」 등이 해당된다.

---

29) 金東鳴, 앞의 책, p.40. 이 시의 원본은 띄어쓰기 전혀 되어 있지 않아 이해를 돕기 위해 필자가 현대맞춤법에 따라 재구성하였음

초허의 시세계가 낭만주의와 퇴폐주의 경향의 작품이 아니라는 점을 확인하기 위해 『나의 거문고』에 실린 또 다른 파토스(Pathos)적인 자기성찰을 대표하는 작품을 제시하면 다음과 같다.

바다ㅅ가에 나와안저/모래알을 헤이며, 눈은 바다/아아 하늘이어 너는 너무도 놉호다/물소래 드르며 생각하니/무엇하나 ㅅ개 다른듯도 하다.

「물소래 드르며」30) 전문

압헤 서고 뒤에 서고/실바줄 두 ㅅ긋 을 서로붓들고/夕陽을 등에지고 제인교를 건늬는/거지 두 사람,/형제여 그대들은 무삼 이야기를/그리도 정다히 하는고,/바람차오는 가을의 이밤은/어나곳서 지나려노,/오오 세상罪를 지고가는 어린羊들이어.

-「乞人」31) 전문

옛임금의 손수심은 ㅅ들 아래에 늙은소나무/가지가지 ㅅ당 으로 나려버덧슴은 세상을 ㅅㄱ 림인가./五百年 歲月을 뉘라서 오래다하리/한그루 나무의목슴도 이보다는 길거늘.

-「본궁에서」32) 일부

## 3. 한글맞춤법 통일안의 不수용-언어의 변천사를 알 수 있다.

앞에서 언급했듯이 첫 시집 『나의 거문고』은 1930년에 출판되었다. 그런 관계로 맞춤법 통일안 개정 이전의 표기를 사용하였다. 그러므로 시집 속 작품의 철자법이 현대의 통사규칙를 따르지 않았다. 가령 '죽음'을 '주금'으로, '노래'를 '놀애'로, '이름'을 '일홈'으로, '수시로'를 '스사'로 표기되어 있다. 또 'ㅅ'이 탈락된 표기도 상당수를 차지했다. 이를테면 ;없서지다'를 '업서지다'로, '웃음'을 '우슴'으로, '벼이삭'을 '베ㅅ이삭'으로, '반딧불이'를 '반디ㅅ불이' 등으로 표기되어 있다.

---

30) 金東鳴, 앞의 책, p.68.
31) 金東鳴, 앞의 책, pp.72-73.
32) 金東鳴, 앞의 책, p.74.

또 '흐르는'을 '흘으는'으로, '흩어지고'를 '훗허지고'로, '걸음'을 '거름'으로, '우러러'를 '우얼어'로 '풀밭'을 '풀밧'으로, '걸어'를 '거러'로, '향기'를 '행기'로, '밭머리'를 '밧머리'로, '날개'를 '날애'로, '오르고'를 '올으고'로, '길위로'를 '길우로'로, '풀잎에서'를 '풀입헤서'로 '어느 듯'을 '언으듯'으로, '말없이'를 '말업시'로, 'ㄲ'이 'ㅅㄱ'으로 표기하여 초허의 여섯 권 시집 중에 『나의 거문고』가 유일하게 한국어 정서법(正書法)을 따르지 않았다. 이것은 1930년대의 한글표기법에 대한 연구의 중요한 자료로 활용될 수 있다는 효용성과 옛 표기법에 의해 표현된 문장으로 그 당시의 의식주를 포함하여, 더 나아가 정치·경제·사회의 관습과 제도, 규범 등을 연구할 수 있는 자료로 활용할 가치가 매우 높아 보인다.

## V. 결론

발명이 기존의 물질적·정신적 요소들을 조합하거나 변형하여 새로운 것을 만들어 내는 일이라면 발견은 이미 존재하나 아직 찾아내지 못한 사물이나 현상, 또는 사실 따위를 찾아내는 일이다. 그런 까닭에 2013년 8월 20일에 학회가 창립된 이후 줄곧 많은 시간과 노력을 들여 『나의 거문고』를 찾는데 몰두해 왔다. 이처럼 각고의 노력 끝에 종적을 감추었던 초허의 첫 시집 『나의 거문고』가 출판된 지 87년 만에 찾아냄으로써 지금까지 그 어떤 사실적 근거가 되지 못했던 다양한 추정에 대해 '전복적 사고'를 갖도록 했으며, 또한 그 동안 증폭되어 오던 많은 부분의 의구심을 해소하는 전기(轉機)가 마련되었다.

다섯 권의 시집을 한 권으로 묶은 전집의 기능을 가질 만큼의 사화집 『내 마음』에 초허의 『나의 거문고』를 싣지 않은 이유에 대해 다양한 의견들이 분분했다. 그 중에서 가장 지배적인 이유는 허무와 퇴폐적 풍조의 시라는 것뿐만 아니라 습작에 가까운 작품이라는 지적이다. 그러나 『나의 거문고』의 대부분의 작품들이 허무와 퇴폐 성향을 그다지 띠고 있지 않았다. 즉 지금까지 여러 논문의 주장과 같이 허무와 퇴폐주의의 시세계는 아니다. 전원적 목가풍의 경향으로 노래한 중기시에 해당되는 시집 『파초』나 『하늘』에서 보여주었던 것처럼 『나의 거문고』도 역시 크게 다를 바가 없다.

따라서 『나의 거문고』 발굴의 의의는 초허의 초기시 작품들이 습작의 정도에 지나지 않는다거나 허무주의와 퇴폐주의 경향의 작품이 전체를 이루고 있다는 주장도 재론되어야 한다.

첫 시집의 작품들이 『파초』나 『하늘』에서 보여준 전성기의 작품과 견줄 만큼 완성도가 높은 작품이 아닌 것도 사실이다. 그러나 첫 시집 『나의 거문고』의 진본을 확인함으로써 분분한 의견들을 수정·보완하는 의의를 갖는다. 더 나아가 그 작품들을 평가절하 하는 주장도 지양되어 되어야 한다. 그것은 초허의 시가 지극히 기교적이고 명상적이며. 상징적이라는 것과 동시에 심정적인 회화로 대상을 형상화하고 서정적인 표현으로 승화했기 때문이다.

또한 첫 시집 『나의 거문고』의 작품들을 내용적으로 대별해 보면 '전원적 목가풍의 시세계'와 '일상적인 소재의 시', 그리고 '파토스(Pathos)적인 자기성찰의 시'로 나날 수 있다. '전원적 목가풍의 시세계'라는 관점은 초허의 중기시와 유사성을 띠고 있었으며, '일상적인 소재의 시'로 분류할 되는 작품들은 후기시에 해당되는 시집 『진주만』이나 『목격자』 작품들의 세계와 유사성을 띠고 있다.

소위 '파토스(Pathos)적인 자기성찰의 시'의 작품들은 중기나 후기에 보여주었던 작품과는 다른 성향의 시세계를 함의하고 있다. 즉 침묵 속의 절규, 또는 분노와 격정의 시적태도를 드러낸 작품이다. 일제강점기에 살았던 초허는 비록 신지식인이지만 아무것도 할 수 없는 자신의 현실을 자연을 소재로 한 작품에 적극 반영했다. 또 일부 작품에 허무적인 사유가 미량으로 흡수되지 않을 수 없었던 이유는 일제강점기라는 환경적 요인이 크게 작용한 것으로 판단된다. 또한 그 당시의 세계 문예사조가 허무주의나 퇴폐적인 시류를 형성하고 있던 시기라는 점도 고려되어야 할 사안이다.

또 이번에 찾아낸 첫 시집 『나의 거문고』를 고찰하는 가운데에서 발견한 새로운 사실은 첫 시집 편집 과정에서 일어난 문제로 목차에 표기된 작품 편수와 시집 속의 실제 작품 편수가 상이했다. 『나의 거문고』를 분석한 결과 156편이었으며, 24편의 차이를 보였다.

초허의 『나의 거문고』가 1933년에 제정된 '한글맞춤법 통일안'의 정서법 표기를 따르지 않아 작품을 이해하는데 용이하지 않다는 문제점이 있었다. 따라서 현대어로 개정된 시집 발간의 필요성이 시급하다는 문제를 안고 있다. 그것은 시의 주제가 분명하고 구체적으로 전달되어야 하는 것이 보편적인 시의 기능이라고 할 때 현대어로 개정된 시집 출판이 절실히 요구되는 이유다.

김동명 문학세계를 집중 연구하는 〈김동명학회〉가 창립되고, 그 학회의 연구 활동이 전개되기 전까지만 해도 초허에 대한 연구가 활발히 전개되지 않았다. 연구가 이루어졌다고 해도 중기와 후기의 시세계만 연구하는 한계가 있었다. 따라서 이번 초허의 『나의 거문고』를 찾아냄으로써 초기에서 후기까지 총체적인 연구의 길이 열렸다는 평이 가능하다.

끝으로 1923년 10월호 『開闢』지에 실렸던 초허의 등단작 「당신이 만약 내게 문을 열어주신다면」, 「구라파頌」 등의 작품들이 『나의 거문고』에 실려 있지 않았다. 본 논문에서 이 점을 규명하지 못한 것에 대해 매우 아쉽게 생각하며 차후의 연구 과제로 남겨 놓기로 한다.

# [참고문헌]

## 1. 기본 자료

〈시집〉

김동명, 『나의 거문고』, 新生社, 1930.

-----, 『芭蕉』, 新聲閣(함흥), 1938.

-----, 『삼팔선』, 文隆社, 1947.

-----, 『하늘』, 崇文社(서울), 1948.

-----, 『眞珠灣』, 文榮社(이화여대), 1954.

-----, 『目擊者』, 人間社, 1957.

-----, 『내마음』, 新雅社, 1964.

〈수필집〉

김동명, 『世代의 揷話』, 日新社, 1959(단기 4292).

-----, 『모래 위에 쓴 落書』 新雅社, 1965.

〈평론집〉

김동명, 『敵과 同志』(3판), 昌平社, 1955.

-----, 『歷史의 背後에서』, 新雅社, 1958.

-----, 『나는 證言한다』, 新雅社, 1964.

## 2. 단행본

개벽사, 『開闢』 10월호, 開闢社, 1923.

김병우, 「아버지 김동명에 관한 書翰」『김동명의 시세계와 삶』, 한남출판사, 1994.

金容稷 외, 『韓國現代詩史硏究』, 일지사, 1983.

레온 앨트먼, 『性·꿈·정신분석』, 유범희 옮김, 민음사, 1995.

白 鐵, 『朝鮮新文學思潮史』, 白楊堂, 1949.

송영순, 『김동명연구시』, 성신여대 석사학위논문, 1990.

송효섭, 「김동명의 기호세계」, 『김동명의 시세계와 삶』, 한남대학교 출판부, 1994.

申翼浩, 「황혼의 변증법적 의미」-『김동명의 시세계와 삶』, 한남대학교 출판부, 1994.

심은섭, 『한국 현대시의 표정과 불온성』, 푸른사상사, 2017.

-----, 「김동명 '나의 거문고' 87년 만의 발견」, 『현대시학』, 2017년 11~12월호.

안수길, 「金東鳴先生의 詩와 愛國心」『新東亞』, 1968. 3월호.

엄창섭, 「초허 김동명문학연구」, 성균관대학교 박사학위 논문, 1986.

오탁번, 「모성 이미지와 화합의 시정신-박재삼의 시세계」, 고려대학교 민족문화연구소, 1997.

이성교, 「김동명의 시」-『현대시학』, 57, 1973.

이숭녕, 『최신복합대사전』, 民衆書閣, 1998.

李幸順, 『韓國文學史事典』, 螢雪出版社, 1979.

임영환, 『김동명의 시세계와 삶』, 한남대학교 출판부, 1994.

鄭炯相, 『國文學史』, 世運文化史, 1976.

조연현, 『한국현대문학사』, 인간사, 1961.

### 3. 논문 및 기타자료

김윤정, 「김동명 시에 나타난 '주체의식' 연구」, 『김동명문학연구』, 제1집, 2014,

-----, 「일제말기 김동명의 전쟁시를 통해 본 현실인식과 저항성」, 『김동명문학연구』, 김동명학회 Vol. 04, 2017.

박호영, 「김동명 시에 나타난 낭만주의적 시의식」, 『김동명문학연구』, 김동명학회 Vol. 02, 2015.

송재영, 「물의 상상체계」, 『김동명 시세계와 삶』, 한남대학교출판부, 1994.

심은섭, 「김동명 시에 나타난 기도형 발아의 원인 고찰」, 『김동명문학연구』, 제1집, 2014.

-----, 「초허의 시세계와 식물적 상상력의 관련성 고찰」, 『김동명문학연구』, 제4집, 2017.

유희자, 「김동명 시의 모성적 상상력 연구」, 『김동명문학연구』, 김동명학회 Vol. 02, 2015.

엄창섭, 「초허의 시문학과 정체성(identity) 고찰」-『김동명문학연구』 제1집(창간호), 2014.

이미림, 「작가(시인)으로서의 삶, 지식인(정치가)으로서의 삶」, 『김동명문학연구』, 김동명학회 Vol 02, 2015.

이성교, 「김동명 시 연구」, 『김동명문학연구』 학술지 Vol 01, 2014.

-----, 『金東鳴硏究』, 誠信女師大論文集, 4·5合輯, 1972.

장금순, 『백석 시에 나타난 여성의 모습』, 고려대 석사학위 논문, 2006.

장정룡, 「김동명작가의 작품해제 및 작품집 후기 고찰」, 『김동명문학연구』, 김동명학회 Vol. 04, 2017.

# 김동명 평론의 시대성과 정치인식

장정룡*

---

**목 차**

1. 머리말
2. 김동명 정치평론집의 서지적 분석
   1) 적과 동지(1955년)
   2) 역사의 배후에서(1958년)
   3) 나는 증언한다(1964년)
3. 김동명 정치평론집의 내용적 특징
4. 맺음말

---

[국문초록]

 본 연구는 김동명의 정치평론집에 대하여 서지적(書誌的) 특징과 내용을 고찰하였다. 김동명의 정치평론집은 3권이 발간되었으며, 여기에는 총 95편이 수록되었다. 1955년에 처음 발간된 후, 1958년, 1964년까지 약 십년 기간에 걸쳐 나왔으며, 1952년에 처음 발표한 글부터 수록되었다.

 시인으로 잘 알려진 김동명이 당대 정치평론을 쓴 것에 대하여 스스로 '겨레에게 보내는 시집'이라고 언급 할 정도로 문학활동의 연장선상에 놓여 있음을 알 수 있다. 김동명의 정

---

*강릉원주대학 교수

치평론은 정객(政客)·지사(志士)의 면모를 잘 나타낸 것으로 그가 민주주의를 수호하려는 했던 개인의 투쟁기록이며 초허산문의 다양성을 보여주는 특별한 의미를 지닌다.

김동명이 남긴 세 권의 정치평론집은 예리한 지성의 필체로 당대 정치풍토의 병리현상을 파헤치고, 횡포에 과감히 저항하여 우리의 나아갈 길을 밝힌 민주적 교서(敎書)라고도 평가한다. 사회참여적 성향이 강한 정치평론은 시대상황과 제반여건상 필요조건이 상존했던 것으로 이해되는바, 이는 시대적 복잡성, 생활적 확장성, 정치적 영향성, 매체적 접촉성, 산문적 필요성 등에 의한 것이었다.

김동명은 민주주의에 대한 강한 신념을 지녀 정치평론의 논조, 형식, 내용, 필법 등은 다채롭고 다양하였다. 특히 자유민주주의에 대한 강한 신념과 실천을 주장하였다. 정권, 정국에 비판과 인권, 민주적 가치를 제시하였고, 비판정신의 구현과 설득력있는 문장력을 구사하였는데 이것은 김동명의 정치평론이 당대의 사회적 환경, 정치의 현장에서 도출됨으로써 시대성과 강한 실천성을 담고 있는 특징의 하나이다.

김동명의 정치평론집에는 그가 강릉에서 태어난 이후 한반도의 식민지 상황, 해방공간, 전쟁, 분단시대를 관통했던 민족사적 노정에서 신념과 지조를 주창한 비판적 지성인, 사상가의 모습이 잘 나타나고 있다. 작가로서의 삶과 지식인으로서의 삶을 살았던 김동명은 그의 정치평론집이 '민주전선에 바쳐지는 한방울 기름' '이 나라 민주주의 보육(保育)에 조그만한 도움'이 되기를 소원하였다. 결론적으로 김동명 정치평론집은 한국정치사에 있어서 특별한 의미와 가치를 지니고 있다고 평가된다.

키워드 : 김동명, 시대성, 정치인식, 시인, 해방, 전쟁, 분단, 정치평론집, 강릉, 작가, 교육자, 언론인, 자유민주주의, 신념과 실천, 정권, 정국 비판, 인권, 민주적 가치, 비판정신의 구현.

## 1. 머리말

강릉출신 김동명(1900~1968)의 정치평론은 3권 책자에 수록된 95편이 전한다. 이른바 정치평론이라는 타이틀로 〈적과 동지〉〈역사의 배후에서〉〈나는 증언한다〉의 저서가 나온바 있다. 시인으로 많은 시를 남긴 초허산문은 수필, 일기, 평론으로 나눌 수 있다.

초허 산문의 특징에 대해 "그의 다양한 산문은 한마디로 문학의 폭을 넓혔다고 할 수 있다. 그만치 다른 시인들에 비해서 스케일이 컸던 것이다. 주로 이것은 월남이후, 생활의 폭이 넓어짐에 따라 얻어진 것인데 이것들(수필, 일기, 평론)은 일종의 시를 대신한 또 하나의 문학적 업적이라고 할 수 있다. 그래서 동명 자신도 자신의 정치평론집 『적과 동지』를 일컬어 '겨레에게 보내는 나의 제7시집'이라고 했다."고 자평하였다.[1]

생애사적 측면에서 작가, 정치가, 교육자의 삶을 살았던 김동명은 그가 살았던 시대만큼 복합적이고 중층적이다. 식민지, 해방, 전쟁, 분단, 의거, 혁명을 직접 경험한 초허의 삶에서 배태한 산문은 현실인식에 따른 작가의식이 중요하게 작동된 것이다.

이성교는 초허가 월남이후 다양한 산문을 쓴 것에 대해서 첫째는 연조관계라 하였다. 그것은 삼팔선을 넘어 월남한 당시는 연령으로 봐서는 아무 것도 아니지만, 시작생활 20여년으로 볼 때 권태기에 들어갔을 때였다. 둘째는 월남한 이후 매스콤에 편승하면서 부터라 하였다. 여러 신문, 잡지, 방송 등에 북한체험기와 마의 삼팔선을 넘을 때 월남기 등을 썼기에 그러하다. 셋째는 정치면에 관심을 가지면서 부터다. 주로 자유당정권에 항거하는 입장에서 날카롭고 무서운 필봉을 휘두르기 시작했다. 이러한 결과로 시 대신 산문을 낳게 되었다고 분석하였다.[2]

초허는 서정적인 수필 뿐 아니라 사회참여적 성향이 강한 정치평론 등 산문에도 많은 관심을 보였다. 그것은 시대상황과 제반여건상 필요조건이 상존했던 것으로 이해할 수 있다.[3] 이는 초허가 살았던 시대적 복잡성, 생활적 확장성, 정치적 영향성, 매체적 접촉성, 산문적 필요성 등으로 다양하게 분석된다. 김동명의 정치평론은 政客·志士로서 그를 재평가 하게 하는바, 이것은 민주주의를 수호하려는 개인의 투쟁기록이며 초허산문의 다양성을 시

---

1) 金東鳴, 〈後記〉『敵과 同志』昌平社, 1955, 457쪽.
2) 李姓敎, 「金東鳴硏究」『誠信女子師範大學 硏究論文集』誠信人文科學硏究所, 1972, 61~62쪽
3) 金東鳴, 〈술노래 해제, 1958년〉『世代의 插話』日新社, 1959, 62쪽

사하고 있다.4)

　김동명은 시집 6권과 수필집 2권 그리고 3권에 달하는 정치평론을 펴냈다. 이와 같이 시인으로도 높은 평가를 받고 있는 김동명의 작품 가운데, 특히 산문작품에 대해서 필자는 집중적으로 조명한 바 있는데, 본고에서는 그가 쓴 평론이 지닌 시대성과 정치인식을 중심으로 살펴보고자 한다.

## 2. 김동명 정치평론집의 서지적 분석

　김동명이 정치평론에 관심을 두게 된 것은 '벅차고도 화려한 꿈'을 펼치기 위해 북쪽에서 조선민주당 정당 활동을 전개하면서 부터라고 한다. 그러나 정치적인 문제를 글로 쓴 것은 월남 이후인데, 세 권의 정치평론집은 예리한 지성의 필체로 정치풍토의 병리현상을 파헤치고, 횡포에 과감히 저항하여 우리의 나아갈 길을 밝힌 민주적 교서(敎書)라고도 한다.5) 그의 정치평론은 생명의 약동과 충만한 기백을 찾아 볼 수 있는 문장으로, 권세와 명리에 현혹되지 않고 사적인 감정에 좌우되지 않은 춘추필법을 보여준 것으로 평가하고 있다.

　김동명은 민족시인이며 지사적(志士的) 인물로 평가한 엄창섭은 그의 정치평론을 다음의 몇 가지로 정리하였다.

> ① 직필의 논객으로 자유당의 비정(秕政)을 폭로하고 민주주의를 수호함으로써, 국민을 각성하게 하고 민주주의 수립의 필요성에 대해 가르쳤다. ② 자신의 처세에 고충이 따름에도 불구하고 파사현정(破邪顯正)의 글을 썼다. 그 자신이 대의를 위해서라면 몸소 실천하는 편이었다. ③ 정치평론의 논조, 형식, 내용, 필법이 다양하였다. 그러나 용어의 선택, 문장의 구사 등에 세심하게 신경을 썼다. 산문을 쓰면서도 시를 쓰듯 진지한 자세로 임했다. ④ 정신적, 육체적으로 간난(艱難)한 민족에게 지성인들이 의식의 개혁없이 구태연한 자세로 임할 때 민족의 미래가 좌절, 고통, 빈곤으로 얼룩지게 됨을 시사했다. ⑤ 민주주의의 수호, 적과 동지, 세계를 보는 눈에

---

4) 嚴昌燮, 『金東鳴研究』 학문사, 1987, 157쪽
5) 李姓敎, 앞의 글 64쪽

대해서 인식을 일깨웠다. 특히 초허는 우리의 적은 비민주적 독재와 선량한 겨레의 양심을 값싼 환심으로 매수하는 정객(政客)임을 강조하였다.

정치평론을 통해서 김동명은 시인으로서 만이 아니라 교육자와 언론인으로, 또 정치가로서 민족의 지도자적 역할을 다하고자 했던 강인한 사상가로 평가하기도 한다. 그의 지식인으로서 삶은 정치가로서 이방인 의식과 자유·인권·민주적 가치를 추구하였으며,6) 따라서 사상가적 면모는 그의 예술가적 면모를 위축시키는 대신 그의 예술을 보다 넓은 지평에서 해석하는 계기가 된다.7)

김동명의 정치평론은 매우 뚜렷하고 일관되게 그의 자유민주주의 사상의 면모를 나타내고 있다. 김동명의 최초 정치평론집은 『적과 동지』이다. 조병옥과 고재욱의 서문에 이 책의 지향점이 나타나 있다. 저자는 후기에서 이 책이 이 나라의 민주주의를 위하여 도움이 되었으면 한다는 뜻에서 조국에 바치는 시, 겨레에게 보내는 시집이라고 언급했다.

> 한 국민된 의무와 시인된 지성의 논단에서 우리 한국사회의 제병리를 예리한 논리적 메스로 해부하여, 대담무쌍한 저항적인 필치로서 이루어진…『적과 동지』는 민주주의를 지향하는 우리 국민으로서…좋은 민주적 교서가 되리라고 생각한다8)

> 좋은 것을 좋다고 주장하고 나쁜 것을 나쁘다고 주장해 권세에 아부하지 않고 명리(名利)에 현혹되지 않고 사정(私情)에 좌우되지 않는 필법을 가리켜 우리는 이를 춘추의 필법이라고 합니다만 김동명 씨의 논설이야말로 당대의 춘추의 필법이라고 평해도 좋을 것 같습니다.…이 나라 언론자유의 좋은 민주정치 교재로서 앞으로 기리 사용될 수 있다는 점…논리가 정연하면서도 논설에 흔히 보기 쉬운 무미건조한 면이 없고 아취가 있어 독자에게 권태를 주지 않는 글입니다.…이 책은 비단 김동명 씨 일개인의 민주정치를 수호키 위한 투쟁의 기록일 뿐 아니라 우리 국민 전체의 민주정치 옹호 투쟁의 기록이라고 볼 수 있으니, 그 사회적 의의는 상당히 높이 평가

---

6) 이미림, 「작가(시인)로서의 삶, 지식인(정치인)으로서의 삶」 『김동명문학연구』 제2호, 김동명학회, 2015, 76~101쪽
7) 김윤정, 「김동명의 정치평론집에 나타난 '자유민주주의' 사상 고찰」 『김동명문학연구』 제4호, 김동명학회, 2017, 124쪽
8) 趙炳玉, 「序文 -敵과 同志의 發刊에 際하여」 『敵과 同志』 昌平社, 1955, 2~3쪽

되어야 할 것으로 생각합니다.[9]

[後記] 날다려 문학(시)은 집어 치웠느냐고 묻는 이가 있다. 그동안 내가 한 일은 수째 딴전으로 돌림이리라. 그러나 이 글은 내가 조국에 바치는 나의 시요, 또 이 책은 내가 겨레에게 보내는 나의 제7시집인 것이다. 다만 그 겉모양과 차림차림이 예와는 다를 뿐. 따는 남의 의관(衣冠)을 빌어 걸치고 나선 것 같애서 노상 열적고도 서글푼 바가 없지도 않으나, 그래도 이러는 것이 도리어 내게는 나 자신에게 스사로 충실하는 길임을 어찌하랴. 조국은 피습을 당했다. 적도(敵徒)들은 더욱 기세를 올린다. 조국은 이제 위독하다. 이래도 우리는 한갓 아름다운 어휘를 찾고, 사치(奢侈)로운 여백을 꾸미기에만 골돌하면 그만이냐. 내가 만일 내 시에 좀 더 충실할 수 있었다면, 나는 벌써 칼을 들도 나섰을른지도 모른다. 육시(戮屍)! 조국은 우리들에게 좋은 '말'을 남겨 주었다고 생각한다. 나는 소처럼 이 말을 되씹으며 되씹으며 살아간다. 나는 여기서 동아일보가 그 귀중한 지면을 오랫동안 나를 위하여 아낌없이 제공해 준 후의를 심심히 감사한다. 그리고 창평사 고사장이 이 책을 꾸미기에 각별히 도타운 뜻을 베푸러 주신 일도 못내 잊지 못한다. 나는 이 책이 이 나라의 민주주의 보육을 위하여 조그만한 도움이래도 되어 줄 수 있다면 얼마나 고마우랴 싶을 뿐이다. 1955년 11월 18일 재판을 내면서, 저자

## 1) 敵과 同志 (昌平社, 1955)-36편

序文(趙炳玉,1955.9.25.)/序文(高在旭,1955.9.25)/表紙裝幀(李俊) (1)政治와 人事(1952.10) (2)政治波動四十日間의 回顧(1952.10) (3)우리는 이렇게 생각한다(1953.2) (4)亞細亞的 悲劇에의 反省-우리는 休戰을 反對한다.(1953.3) (5)敵은 지쳤다 -休戰을 反對한다.(1953.3) (6)休戰의 倫理 -休戰을 反對한다.(1953.4) (7)參議院에 關한 問題(1953.4) (8)政治人과 志操(1953.4) (9)敵과 同志(1953.6) (10)民意를 살리는 길(1953.6) (11)淸州事件이 意味하는 것(1953.7) (12)休戰 後에 오는 것 -政治會談의 展望(1953.8) (13)또 하나의 새 戰爭 -敵의 思想攻勢에 對備하는 길(1953.8) (14)'덜'長官에게 보내는 公開狀(1953.8) (15)政局은 움직인다 -포

---

9) 高在旭,「序文」『敵과 同志』昌平社, 1955, 7쪽

스터의 政治攻勢(1953.9) (16)自由黨이 걸어온 길 -族靑系는 이렇게 싸웠다(1955.11.18.) (17) 다시 自由黨을 말함 -우리는 왜 族靑系를 싫어하나(1953.11) (18)法의 權威를 爲하여 -徐議員事件에 寄함(1953.11) (19)回顧와 反省 -1953년을 보내면서(1953.12) (20)展望과 提言 -五月의 選擧를 中心으로(1954.1) (21) 國際'스파이' 事件의 終點?(1954.1) (22)民主亞細亞의 團結을 爲한 序說(1954.2) (23)第二代國會行狀記 -歷史는 벙어리가 아니다(1954.4) (24)五·二0 總選擧를 맞이하면서(1954.5) (25)五·二0 總選擧의 敎訓(1954.5) (26)피어린 歷史에의 反省 -한글 簡素化問題를 말함(1954.6) (27)愛國者냐 反逆者냐 -同胞에게 드리는 나의 白書(1954.7) (28)改憲條項에 關한 우리의 疑義 -民權守護改憲推進委員會에 寄함(1954.7) (29)改憲案의 盲點 -名分을 떠난 改憲行爲는 있을 수 없다(1954.8) (30)民主外交에의 提言(1954.8) (31)다시는 이런 일이 없기를 -第三代國會에 바라는 글(1954.8) (32)統一方案 私意 -于先 初步的인 問題에 관하여(1954.10) (33) 第三勢力 擡頭說에 關하여(1954.11) (34)民主主義는 어데로? -1954년을 보내면서(1954.12) (35)南北統一問題의 展望과 提言(1955.1) (36)新黨運動에 寄함 -黨性格問題를 中心으로(1954.3)/後記

『적과 동지』는 1952년 10월부터 1954년 3월까지 김동명이 썼던 정치평론을 묶었다. 36편 가운데 눈에 뜨이는 것은 주객(主客)으로 나누어 대화체로 쓴 평론이 2편이 들어 있다. 즉 (13)또 하나의 새 戰爭 -敵의 思想攻勢에 對備하는 길(1953.8) (35)南北統一問題의 展望과 提言(1955.1) 등이다. 주와 객으로 나누어 질문하고 대답하는 방식으로 문제점을 지적하고 해결책을 제시하는 방식이다.

김동명 최초 수필집인 『世代의 揷話』[10]에는 26편이 수록되었는데, 1952년에 쓴〈세대의 삽화〉〈지도자〉 두 편이 대화체 방식이다. 〈세대의 삽화〉는 시인과 법의 대화체로 쓴 수필이다. 이 작품은 1955년 9월 1일 동아일보 4면에 '詩人과 法의 對話'라는 부제로 실렸다. 〈指導者〉는 시인과 신의 대화, 천사와의 대화를 통해서 당시 지도자에 대한 비판적 시각을 보여준 대화체 작품이다. 여기에 나온 '시인'의 초허의 형상화된 인물이다.[11]

---

10) 金東鳴, 『世代의 揷話』 日新社, 1959
11) 장정룡, 「김동명 산문의 시대적 양상고찰」 김동명문학관개관기념 학술세미나, 강릉시·강릉문인협회, 2013.7.3. 28쪽 "시인·신·천사친구의 대화를 기술한 〈지도자〉는 시인(자신)이 중심되어 무생물인 법이나 이계의 천사, 가까운 친구 등 여러 객체간의 대화수필체를 활용하여 시대를 풍자하고 지도층의 허식을 지적한 매우 특이한 산문형

이 책은 김동명이 처음 펴낸 정치평론집의 제목이자 한 편의 평론이다.12) 〈적과 동지〉는 1953년 6월에 발표한 내용이다. 원문 한자는 한글로 바꾸었고, 필요한 경우 괄호 속에 한자를 넣었다.

적을 적인 줄 모르고 동지를 동지인줄 모르는 어리석음 보다 더 어리석음이 있을 수 있을까. 오늘날 우리의 민족적 고민이나 정치적 혼란도 결국 따지고 보면, 이 있어서는 아니 될 어리석음이 소치인 것이 분명하다. 우선 적이냐 동지냐에 대한 명확한 판별이야말로 우리의 사회생활 내지 정치생활의 발전을 가능케하는 제일의 요령인 것이다. 그것은 마치 선악의 분별력이 없이는 도덕적 생활의 성립을 생각할 수 없는 거나 마찬가지다. 그런데 오늘날 우리의 정치인들은 이러한 선악의식, 즉 적이냐 동지냐에 대한 차별의식이 대단히 애매한 것 같다. 저들의 무궤도(無軌道)한 정치행각에서 우리는 그 실증을 본다. 이런데서 진정한 의미의 정치행위가 기대될 까닭이 없다. 정치행위란 요컨대 적과 동지와의 관계에서 성립되는 것이기 때문이다. 그러면 이렇듯 정치활동의 전제조건이 되는 적대의식 내지 동지의식이 우리 정치인에게 저렇듯 박약해 보임은 어쩐 까닭일까. 그것은 두말할 것도 없이 저들의 사상성의 -정치적- 결여를 의미함임에 틀림없다. 적이냐 동지냐를 규정하는 척도는 오직 사상이기 때문이다. 사상이 없는 곳에는 적도 동지도 있을 수 없다. 그런데 우리의 정치인들, 또 문화인들은 곧잘 민주주의를 예찬하고 민주사상을 구가한다. 허나 세대에 아부하려는 값싼 애교거나 한낱 구두선(口頭禪)이 아니기를 이렇게 바라랴. 진실로 민주정신이 저들의 혈액에 배이고 인격에 스몄던들, 저들은 저 폭학(暴虐)한 적 앞에 이렇듯 불감증일 수는 없었을 것이다. 우리의 정치신념이 민주주의에 깊이 뿌리를 박고 있는 한, 저 집요한 도전자들에게는 타도이외에 딴 응수(應酬)가 있을 수 없다. 민주정신에 있어서 독재사상은 그야말로 대천(戴天)을 함께 할 수 없는 원수다. 왜 그러냐하면 민주사상의 근원은 인간의 존엄과 평등을 주장하고 이를 옹호하는 데서부터 출발한다. 자유와 인권이 극한(極限)으로 중시되는 이유가 여기에 있다. 헌데 독재주의의 범죄는 인간의 존엄을 유린(蹂躪)하는 데서부터 시작된다. 여기서는 탄압

식이라 할 수 있다."

12) 金東鳴, 〈敵과 同志〉, 『敵과 同志』 昌平社, 1955, 61~66쪽

과 박해가 상투수단일 밖에 없다. 이만한 대조로도 전자에서 광명과 자유와 우애와 평화의 숨소리를 들을 수 있다면, 후자에게서는 암흑과 노예와 증오와 살벌을 직감할 수 있을 것이다. 독재주의의 악마적 본질은 우리들의 체험에 더 잘 나타나고 있다. 구태여 같은 하늘 밑에 설 수 없는 적성(敵性)을 더 묻잘 것이 없으리라. 우리가 공산당을 이렇듯 미워하는 것도 실은 저들의 경제정책이 어떻다고 해서가 아니라, 저들의 정책수행에 있어서의 가혹한 독재방식을, 그리고 그 사상적 악마성을 배격하여서임은 두말할 것 없다. 그렇기에 공산주의자가 아닌 '히틀러'나 무쏘리니'에게도 우리들은 맹렬하게 적의(敵意)를 느낀 것이 아닌가. 독재주의가 우리의 적인 까닭은, 그것은 실로 '인간'의 적이요, 자유의 적이요, 인권의 적이요, 평화의 적이요, 그리고 '생존'의 적인 때문이다. 그러므로 이것을 쳐부수고 밟아 버리는 것은 인간으로의 의무요, 자유인으로의 정당방위가 아닐 수 없다. 이것의 횡행(橫行)을 허(許)하는 것은 문명의 치욕이다. 그런데 우리의 조국에 대한 충성이 우리 자신의 '인간'에 대한 충성에 모순하지 않는다는 것은 얼마나 고마운 일이냐. 국민된 의무로도 우리는 단연코 독재악의 횡행을 용인해서는 안 된다. 한 걸음 더 나가면 우리의 투쟁은 곧 숭고한 세계적 -역사적- 정신에 연결됨은 물론이다. 이것은 적을 적으로 하는 데서 오는 자아의 심화와 확대를 의미함이다. 독재자는 말할 것도 없고 이를 사주(使嗾)하는 자, 이에 협력하는 자, 추수(追隨)하는 자는 우리의 적임은 물론이지만은, 이런 것들이 적인 줄을 모르는 자도 우리의 적에 못지 않게 증오하고 또 경계해야 한다. 언제 추수자(追隨者)가 될지 모르므로-, 독재사상이 정작으로 우리가 위에서 단언한 바와 같이 하늘을 같이 할 수 없는 구적(仇敵)일진대, 우리는 응당 신속과감한 조치를 취해야 할 것이다. 어떻게? 그야 격쇄(擊碎) 이외에 딴 길이 있을 까닭이 없다. 이렇게 하기 위해서는 우선 동지의 규합이 선결문제임은 모든 종류의 싸움이 다 그런 것과 마찬가지다. 그런데 동지의식은 적대의식의 강약에 정비례한다. 가령 적에 대한 분노와 따라서 공격욕이 강하면 강할수록 여기에 공감하는 전우 -동지- 에 대한 정의(情誼)와 신의는 각별한 것이다. 전선에서 맺어진 실화가 가끔 저간의 소식을 눈물겨웁게 전하지 않던. 헌데 이때까지 우리 사이에는 동지의식이 박약했던 것이 사실인데, 이것은 필경 우리들이 적을 적으로 인식하지 못했던 관계임은 이미 비친바와 같다. 그러나 우리는 이제야 동지를 구하여 목말라야할 시기임을 깨달았다. 이러한 시기, 이러한 현실에서 진실로 민주주의를 신봉하는 자라면, 서로 목을 껴안고 결사투쟁을 맹서하는 동지가 아니고 배길 수 있으랴. 이에 우리는 주장한다. 당파를 초월하고 계층을 물을 것 없다, 문화이던 노무자던, 국회의원이거나 청년단원이거나 수하(誰何)를 막론하고 진정한 민주주의자라면 한데 뭉치자는 것이다. 이래서 적을 치자! 칠 힘이 모자라거던 함께 붙들고 울기라도 하자. 동지의 결속, 그리고 항쟁! 시방 우리 앞에는 이 길이 있을 뿐이다. 이 길을 피할 때 우리의 인간으로의 명예는 죽고 조국의 운명은 땅에 묻힌다. '동지!' 이 얼마나 목마르게 하는 이름이뇨. 그러나 우리는 도무지 아쉬운 줄을 몰랐다. 아끼고 위할 줄을 몰랐다. 진실로 그 부끄러운 일이로다. '항쟁' 이건 또 얼마나 남성적인 쾌감이냐. 그러나 우리는 과도하게 비겁하지 않았더냐. 무슨 면목으로 다음 날 승리의 제전에 나아가랴. 그러나 이제야 우리는 동지를 불러 목이 터져야할 경우임을 뭉치고 뭉치어 죽음으로 항쟁을 맹서(盟誓)해야 할 때임을, 밟히어도 일어서고 채키어도 박치기를 넣어야만 우리가 살고 조국이 이기는 길임을 깨달았구나. 자 민주주의를 신봉하는 세대의 교도(敎徒)들아! 하나가 되라. 그리하여 저 적의 가슴팍에 십자포화를 퍼붓자! 적은 의외로 우리의 바로 곁에도 있는지 모른다. 우리 자신의 마음속에는 없는가. 있거던 목을 비틀어라. 육친이든 이웃이든 친우든 선배든 또 어떠한 경력이나 지위를 가진 자던, 누구임을 막론하고 불측한 생각을 품은 자이던 당장에 베여 버리라. 우리는 '모스코바'까지 가는 동안 우리의 배후에서도 적의 준동(蠢動)을 각오해야 한다. 민주세력의 대동단결! 이것은 현단계에 대처하는 민족양심의 지상명령이다. 이 명령에 귀 밝은 자만이 적을 적으로 인식한 자다. 바꾸어 말하면 진정한 민주주의자임을 의미한다. 아아, 우리는 얼마나 많은 거짓 민주주의자를 보아 왔던고. 시방 우리 앞에는 다수한 적이 있다. 또 다수한 동지가 있다. 그리고 또 다수한 박쥐떼가 있으나, 그것은 '인간'이 아니니 결산에서 빼도 좋고, 밤의 동물이니 적으로 쳐도 무방하다. 그렇다면 다만 적과 동지가 있을 뿐이다. 천하는 바야흐로 이대진세(二大陣勢)로 나누어야 할 단계에 있다. 그러나 둘이 공존할 수 없는 운명의 대결이니 우리가 취해야할 태도는, 아니 저절로 취해질 태도는 명백하지 않은가. 진실로 민주정신에 철(徹)한 동지 일진대 이 경우에 뭉치지 않고 어찌 배길 수 있으랴.

### 2) 歷史의 背後에서 (新雅社, 1958)-30편

(1) 序를 대신하여 (2) 政治하는 마음의 基本姿勢 (3) 民主國民黨功罪論 및 其他問題에 대하여(曺奉巖 氏의 內外政局觀을 읽고) (4) 民族戰爭과 東亞日報(紙齡一萬號에 부치는 글) (5) '테로리즘'의 倫理 (6) 歷史는 보고 갔다 (7) 憂鬱한 新春譜(昨今政界의 話題點考) (8) 우리는 이렇게 본다(李承晩 博士의 再出馬 與否問題에 關하여) (9) 自由選擧는 自力으로 (10) 野黨聯合運動을 通하여 본 進步黨의 性格 (11) 民主黨에 바람 (12) 長官論 (13) 張副統領의 發言問題를 말함 (14) 다시 張副統領의 發言問題를 말함 (15) 故 金昌龍 中將事件의 敎訓 (16) 嗚呼·一九五六年(歷史의 해는 바람결 같이) (17) 言論과 政治의 前進을 爲하여(時事斷稿) (18) 亞細亞的 昏迷의 止揚을 위하여('피분송그람' 氏에게 보내는 公開狀) (19) 改憲에 先行할 것 (20) 앞으로 오는 것(두고 보면 안다) (21) 戰爭止揚 不可論 (22) 苛責과 呼訴(制憲節을 맞이하여) (23) 나는 이렇게 본다(民主黨의 紛糾를 말함) (24) 三指導者會議의 意義 (25) 傍觀者의 證言(晉州事件을 말함) (26) 參議院問題와 三代國會 (27) 言論彈壓의 立法을 糾彈한다 (28) 參議院問題와 李大統領 (29) 歷史는 살아있다(三代國會 行狀記) (30) 悲劇은 여기 있다/裝幀(李俊)

『역사의 배후』정치평론집 서문은 김동명이 자신의 저서에 대하여 쓴 글이다. 그 내용은 다음과 같다.

> 우리는 우리 '조선' 나라 역사위에서 일찍이 그 어느 시대에서도 유례를 찾을 수 없는, 가장 다채(多彩), 다사(多事) 그리고 다난한 지점에 살고 있다. 민족역사상 최대의 감격인 8.15 해방도 우리가 맞이했고, 국토분단이란, 삼국풍운 천년이래의 신사태의 출현에 창황망조(倉皇罔措)한 것도 우리였고 오랜 치욕의 굴레를 벗어던지고, 새나라 민주대한을 이룩한 것도, 6.25 변란이란 광고(曠古) 대비극을 겪어낸 것도 우리였고, 그리고 자손만대의 복지와 번영을 위하여 거룩한 민족의 투쟁을 전개하고 있는 것도 우리임에 틀림없다. 한 발자국 잘 못 드디면, 백대의 역적이 될 수도 있고, 마음 하나 바로 쓰면, 천고에 영웅에 될 수도 있는, 가위(可謂) 천재일우(千載一遇)의 호기회라고도 할만한, 어마어마하고도 아슬아슬한 시기에 우리는 시방 살고 있는 것이다. 눈에 뜨이는 것, 살에 닿는 것이야 무엇이든 간에, 우선 가슴이 벅차도

록 흐뭇하지 않은가? 우리의 인생일대를 같은 값이면, 이렇듯 휘황하고도 더 높은 역사의 층계에서 맞이할 수 있다는 것은 얼마나 감격스럽고도 자랑스러울 일이랴? 하필, 이 시대, 이 시기에 우리들이 인생을 누리게 되었다해서, 노상 자랑스러워하는 뜻은 조국의 휴척(休戚)이 걸려 있는 민족의 거룩한 싸움이, 바로 우리들 자신에 의하여 싸워지고 있을 뿐 아니라, 나아가서는 승리자로서의 영예가 우리에게 약속되어 있기 때문임에 틀림없다. 이것은 물론 우리의 현 단계에서의 역사적 과제인 민주투쟁을 말함이다. 민족의 비극인 국토통일도, 인류의 적인 공도(共徒)의 격멸도, 민주승리를 떠나서는 결국 잠꼬대요, 공염불이기에, 우리의 투쟁목표는 단지 '민주옹호' 하나로 다한다. 그러므로 민주진영에 항거, 혹은 그 전열에서 이탈한 자들에게는, 이보다도 더 불행하고도 비극적인 시대는 다시 없을 지도 모른다. 한편에서는 민족의 살을 깎아 호사(豪奢)를 다하는 가엾은 무리들이 우굴거리는가 하면, 또 한 구석에서는 처자를 더불고 집단자살을 감행하는 처절한 광경조차 나타나고 있지 않느냐? 실로 추악하고도 악착스럽기 이를 데 없는 세상이로다. 허나 실은 그러기에 더욱, 이때야말로 또 한 번 조국의 존망이 걸려 있는 중대단계라는, 역사적 자각에 의한 우리의 불붙는 투지와, 그리고 다음날 승리에 황홀한 자부심은 우리로 하여금 어떠한 암흑, 어떠한 비참 앞에서도 절망케 할 수는 없는 것이다. 새 역사의 창조에 참여하는 감격! 이것이야말로 우리에게 인생의 보람을 가슴 벅차도록 느끼게 하는 세대의 선물이 아닐 수 없으리라. 선한 조상으로서 만대에 군림할 수 있는 역사의 영예가 이 못난 우리들의 이름위에 약속되고 있지 않는가? 얼마나 엄청난 감격이랴? 허나 이러한 역사의 영예는 오직 민주전사들만이 나누어야 할 특권임은 두말할 것도 없다. 이러기에 우리는 겨레들이 조국을 수호하기 위하여, 그리고 나아가서는 저들 자신의 역사적 위치를 살리기 위하여, 다 같이 용약 민주투쟁에 가담해 주기를 바라는 마음 실로 간절하다. 끝으로 나는 이 변변치 못한 저작(著作)이, 이 나라 민주전선에 바쳐지는 한 방울의 기름일 수 있다면, 얼마나 영광이랴 싶을 뿐이다. 1958년 3월 15일 저자.

### 3) 나는 證言한다(新雅社, 1964)-29편

『나는 證言한다』김동명 평론집은 초허 선생의 생전에 관여하여 김동명문집간행회에서 앞서 간행된 정치평론집 2권을 포함하여 편집한 책자이다. 여기에는 『敵과 同志』選 20편(원본 36편), 『歷史의 背後에서』選 16편(원본 30편)과 『나는 證言한다』選에 29편이 들어 있다. 그러므로 이들 세 권에서 겹치지 않는 김동명의 정치평론은 총 95편에 달한다. 다음은 29편의 제목이다.

(1) 參議院 廢止論을 駁한다 (2) 國會單院制의 不可論 (3) 恥辱의 辨(金容浩 氏에게 答함) (4) 먼저 敵을 알라(南北協商問題에 關하여) (5) 五·一六을 當하고 난 所感 (6) 肯定의 倫理(五·一六 쿠데타를 말한다) (7) 批判精神의 昂揚을 爲하여 (8) 民族文化의 昂揚을 爲하여 (9) 四·一九의 感激 (10) 人權擁護週間에 부치는 小感 (11) 賞罰小感 (12) 大統領責任制와 內閣責任制 (13) 民政으로 돌아가자 (14) 民主原則의 守護 (15) 汎野單一化 運動에 부친다 (16) 民主主義의 周邊 (17) 神의 誕生 (18) 民主主義란 무엇이냐? (19) 民主主義와 民族主義 (20) 民族主義와 後進國家 (21) 休戰線에 異狀있다 (22) 氷山의 一角(國公有地 拂下事件) (23) 韓日會談을 말한다 (24) 平和線과 請求權問題 (25) 朗山發言이 意味하는 것 (26) 惡法을 拒否한다 (27) 時局은 重大하다(朴政權에 부치는 글) (29) 傷處투성이의 民政(甲辰年을 回顧한다) (30) 第三共和國 初代國會를 告發한다-1964.12-

## 3. 김동명 정치평론집의 내용적 특징

### 1) 자유민주주의에 대한 신념과 실천

김동명은 자유민주주의 신봉자이다. 그의 글에는 민주주의에 대한 신념과 애국심이 표출되어 있다.[13] 초허는 민주주의를 수호하고, 독재악(獨裁惡)의 퇴출에 생의 남은 과제로 삼는다고 말할 정도다. 김동명은 정치평론에서 자유민주주의의 본질을 정열적으로 개진하였는데, 이는 이것은 그의 민주주의를 향한 호소가 이 땅의 진정한 민주주의 정착을 위한 정의로운 투쟁이었다고 평가하고 있다.[14]

---

13) 安壽吉, 「金東鳴 先生의 詩와 愛國心」 『新東亞』 43호, 1968
14) 김윤정, 「김동명의 정치평론집에 나타난 자유민주주의 사상 고찰」 『김동명문학연구』 제4호, 김동명학회, 2016, 143쪽

『적과 동지』에는 〈民主主義는 어데로? -1954년을 보내면서〉(1954.12)가 있으며, 『나는 證言한다』에는 〈民主原則의 守護〉〈民主主義의 周邊〉〈民主主義란 무엇이냐?〉〈民主主義와 民族主義〉등의 글은 민주주의에 대한 초허의 신념을 보여준다.

> 民主主義란 간단히 말해서 人間은 尊嚴하다는 것, 그러기에 모든 人間은 스스로의 尊嚴性을 지키고 넓힘으로써, 새 나라, 새 살림 마련에 앞장서자는 思想과 信仰의 行動化를 위한 主張이다. 다시 말하면 人間에게서 神聖, 卽不可侵의 尊嚴性을 인증하고, 이것을 바탕으로 새 生活의 靑寫眞을 꾸며보인 것이 바로 民主主義 內容이다. 〈민주주의란 무엇이냐?〉

### 2) 정권, 정국에 비판과 인권, 민주적 가치제시

김동명의 강직한 성품과 혁신적 기질은 현실적 정치악과 사회적 불의를 간과하지 않았다. 그의 정치적 이념이나 성향은 정치평론으로 대중화되었다. 정태용의 지적도 그러하다.

> 東鳴은 대학에서 詩學講義를 하면서 동시에 정치적인 논문도 발표하고 있다. 정치적이라기보다는 지나치게 당파적인 論述인 그의 글을 정치적 이념이나 理路가 정연한 학술적인 문장이 아니고, 당파적 감정을 문학적으로 潤色한 저널한 것이다. 독자들은 그의 論旨의 정당성이나 깊이보다도 煽動的인 機智를 높이 평가하고 있을 것이다.[15]

김동명 정치평론에서 주목되는 바는 조선시대 개혁가 허균이 말한 바와 같이 '불여세합(不與世合)'의 곧은 정신을 엿볼 수 있다. 즉 불의에 야합하지 아니하고 비판정신을 보여준 것이다. 그는 혼란의 해방공간을 지나 월남의 디아스포라적 상황, 참혹한 한국전쟁, 독재정권에 대한 항거와 불화, 분단의 한국상황 등을 직접 목도한 것을 정치평론에 담았다. 이른바 '출향, 출교, 출당, 출가'로 규정되는 그의 '출(出)'은 '벗어남과 떠남'을 통하여 세상을 바라보는 시선을 객관적이고 자유롭게 했으며, 사상이나 이념보다도 인간성, 정의, 자유, 민주

---

15) 鄭泰榕, 「金東鳴의 機智」 『現代文學』 13호, 1958, 82쪽

주의적 가치를 옹호하게 된 배경이 된 것으로 분석하고 있다.16)

김동명은 분단이후 문인이자 정치인으로서 본격적인 정치평론가의 험로를 걸은 첫 번째 작가이다. 이러한 정치평론가로서의 적극적이고 직접적 변화는 자유민주주의에 대한 확고한 신념에서 비롯된 것으로 볼 수 있다.

정치평론집이라는 제목으로 첫 출간된『적과 동지』에서 '적'은 어느 특정집단이나 개인이 아니라, 무소불위의 권력을 소유하고자 민주이념에 반하는 모든 세력을 칭함에서 알 수 있다. 따라서 '적'은 민주주의와 대척점에 있는 독재에 대한 것이며, 정치평론의 주된 내용상 표출과 같이 민주주의 정착을 위해 열정을 다했다.

김동명에게 있어 독재체제는 '대천(戴天)을 함께 할 수 없는 원수'이고 '인간의 존엄을 유예(猶豫)하는 데서 시작하고 인권 탄압과 박해를 상투적 수단으로 취하는 독재주의는 범죄'라고 『적과 동지』에서 단언한 것에서도 나타난다.

> 獨裁主義가 우리의 敵인 까닭은, 그것은 實로 '人間'의 적이요, 自由의 敵이요, 人權의 敵이요, 平和의 敵이요, 그리고 '生存'의 敵인 때문이다. 그러므로 이것을 처부수고 밟아 버리는 것은 人間으로서의 義務요, 自由人으로의 正當防衛가 아닐 수 없다. 이것의 橫行을 許하는 것은 文明의 恥辱이다.17)

사실상 정치평론가로서 그의 궤적은 반공주의와 자유민주주의에 대한 일관된 신념이 노정된 것과 다르지 않다. 그는 북한의 독재와 폭압에 저항하며 반공주의자가 되어 월남하였고, 남한에서도 자유당 이승만 정권, 장면 정권, 박정희 정권의 반인권과 반민주에 대하여 맹렬한 비판을 가한 것은 인권과 자유, 민주에 대한 지식인의 올곧은 인식과 비판적 지성에서 비롯된 것이다. 그는 동시에 민주주의 가치에 대해서도 대안을 제시하였다. 제2의 정치평론집이라는 제목으로 발간된 『歷史의 背後에서』에는 김동명의 민주수호와 민주주의 보육에 대한 간절함이 담겨있다. 그는 순수문학평론서가 아닌 현실정치에 대한 지향점을 제시하였다.

---

16) 이미림, 위의 글 84쪽
17) 金東鳴, 〈敵과 同志〉, 『敵과 同志』 昌平社, 1955, 63쪽

우리는 겨레들이 祖國을 守護하기 爲하여, 그리고 나아가서는 저들 自身의 歷史的 位置를 살리기 爲하여, 다 같이 勇躍 民主鬪爭에 加擔해 주기를 바라는 마음 實로 懇切하다. 끝으로 나는 이 변변치 못한 著作이, 이 나라 民主戰線에 바쳐지는 한 방울의 기름일 수 있다면, 얼마나 榮光이랴 싶을 뿐이다. 1958년 3월 15일 저자.[18]

이 글은 내가 조국에 바치는 나의 시요, 또 이 책은 내가 겨레에게 보내는 나의 제7시집인 것이다. … 조국은 피습을 당했다. 敵徒들은 더욱 기세를 올린다. 조국은 이제 위독하다. 이래도 우리는 한갓 아름다운 어휘를 찾고, 奢侈로운 여백을 꾸미기에만 골돌하면 그만이냐. 내가 만일 내 시에 좀 더 충실할 수 있었다면, 나는 벌써 칼을 들도 나섰을른지도 모른다. …나는 이 책이 이 나라의 민주주의 보육을 위하여 조그만한 도움이래도 되어 줄 수 있다면 얼마나 고마우랴 싶을 뿐이다. 1955년 11월 18일 재판을 내면서, 저자[19]

---

18) 金東鳴, 〈序를 대신하여〉 『歷史의 背後에서』, 新雅社, 1958,
19) 金東鳴, 〈後記〉 『敵과 同志』, 昌平社, 1955, 457~458쪽

## 4. 맺음말

　김동명은 작가로서의 순수서정과 정치인으로 현실지향에 넘나든 경계적 삶을 살았다. 작가로서 초허는 문학의 뜨거운 열정을 지녔다. 한편으로 누구보다 민주의식이 강한 냉철한 지식인으로 지성과 감성이 겸존(兼存)한 온량(溫涼)의 세계관을 왕래하였다. 실제로 문학의 영혼과 시대적 현실참여 의지 사이에서 길항(拮抗)했던 그의 모습에서 우리는 정신사적 궤적을 파악할 수 있다.

　1952년 무렵부터 작고하기 전까지 약 10여 년간 세상에 큰 목소리를 냈던 김동명의 정치평론은 '김동명 정치평론집'이라는 제목으로『적과 동지』,『역사의 배후에서』 그리고『나는 증언한다』등 세 권이 발간되었다. 이들 정치평론집에 실린 95편의 글은 한반도 격변의 한 시대를 살아온 지식인, 정치인으로서 주목되는 행적이 담겨 있음을 확인케 한다. 이들 정치평론은 동아일보 등 주로 신문에 게재된 것으로 매우 시사적인 것들로 당시에는 많은 문제점을 지적하면서 정치권과 세상에 큰 파장과 각성을 일으킨 글들이다.

　김동명은 민주주의에 대한 강한 신념을 지녀 정치평론의 논조, 형식, 내용, 필법 등은 다채롭고 다양하였다. 특히 자유민주주의에 대한 강한 신념과 실천을 주장하였다. 정권, 정국에 비판과 인권, 민주적 가치를 제시하였고, 비판정신의 구현과 설득력있는 문장력을 구사하였는데 이것은 김동명의 정치평론이 당대의 사회적 환경, 정치의 현장에서 도출됨으로써 시대성과 강한 실천성을 담고 있다는 특징을 보이는 점이다.

　주지하듯이 익히 알려진 시인으로 이름을 날린 김동명이 정치인으로 활동한 시기의 글들이 3권의 정치평론집으로 묶여 오늘에 전한다. 사실상 김동명의 정치평론집에는 그가 강릉에서 태어난 이후 식민지 상황, 해방공간, 전쟁, 분단시대를 관통했던 민족사적 노정에서 신념과 지조를 주창한 비판적 지성인, 사상가의 모습이 나타나고 있다.

　시인, 교육가, 정치인으로서 다양한 삶을 살았던 김동명에게 있어서 오늘에 전하는 정치평론집은 그가 살았던 시대의 자유와 평등, 인권과 민주를 주창한 창작활동의 보고(寶庫)이자, 민주주의 교서(教書)이며, 겨레에게 보낸 또 다른 형식의 시집으로 재평가될 것이다.

## [참고문헌]

朝光 創刊號, 朝鮮日報社出版部, 1935

金東鳴, 詩集 芭蕉, 新聲閣, 1938

金東鳴, 詩集 하늘, 崇文社, 1948

金東鳴, 詩集 眞珠灣, 梨花女子大學校 出版部, 1954

金東鳴, (政治評論集) 敵과 同志, 昌平社, 1955

金東鳴, 詩集·目擊者, 人間社, 1957

金東鳴, (政治評論集) 歷史의 背後에서, 新雅社, 1958

自由文學 1959년 6~10월호, 韓國自由文學者協會, 1959

金東鳴, (隨筆集) 世代의 揷話, 日新社, 1959. 9

金東鳴文集刊行會 編, (詞華集) 내마음, 新雅社, 1964

金東鳴文集刊行會 編, (評論集) 나는 證言한다, 新雅社, 1964

金東鳴文集刊行會 編, (隨筆·手記集) 모래위에 쓴 落書, 新雅社, 1965

丘仁煥·尹在天·張伯逸, 隨筆文學論, 開文社, 1975

張伯逸, 隨筆의 理解, 玄岩社, 1976

崔勝範, 韓國隨筆文學硏究, 正音社, 1980

金容稷 外, 韓國現代詩史硏究, 一志社, 1983

崔康賢, 韓國古典隨筆講讀, 고려원, 1983

張德順, 韓國隨筆文學史, 새문사, 1984

吳昌翼, 韓國隨筆文學硏究, 교음사, 1986

嚴昌燮, 超虛 金東鳴文學硏究, 成均館大大學院 國語國文學科 博士學位論文, 1986

嚴昌燮, 金東鳴硏究, 學文社, 1987

金炳宇 外, 金東鳴의 詩世界와 삶, 한남대학교출판부, 1994

權瑚, 古典隨筆槪論, 동문선, 1998

沈慶昊, 한국산문의 미학, 고려대학교 출판부, 1998

이상익 외, 고전수필 어떻게 읽을 것인가, 집문당, 1999

김용직, 한국현대시인연구(하), 서울대학교출판부, 2000

문덕수 외, 한국현대시인연구(上), 푸른사상사, 2001

한국문학평론가협회 편, 문학비평용어사전(상·하), 국학자료원, 2006

장정룡, 김동명 산문의 시대적 양상고찰, 김동명 문학관개관기념학술세미나 자료집, 강릉문인협회, 2013.7.3

장정룡, 초허수필의 '꽃이미지와 그 지향성 고찰, 제13차 심연수한중학술세미나 자료집, 심연수선양사업위원회, 2013.10.2.

장정룡, 김동명 수필의 월남과 피난의 표출양상, 김동명문학연구, 창간호, 김동명학회, 2014,

장정룡, 김동명 수필집 세대의 삽화의 작품특질 고찰, 김동명문학연구, 제2호, 김동명학회, 2015

유희자, 김동명 시의 모성적 상상력 연구, 강릉원주대 교육대학원 석사논문, 2015

장정룡, 김동명 수필 어머니의 서사구조 고찰, 김동명문학연구, 제3호, 김동명학회, 2016

장정룡, 김동명 작가의 작품해제 및 작품집 후기 고찰, 김동명문학연구, 제4호, 김동명학회, 2017

# 김동명 텍스트의 헤테로토피아적 특성

이미림*

---

**목 차**

1. 머리말
2. 헤테로토피아적 문학공간
3. 노스탤지어와 아토피아로서의 이국
4. 자본주의적 근대도시, 서울/매음굴
5. 에코토피아와 유토피아로서의 정원
6. 디스토피아로서의 감옥, 수용소, 피난지, 전쟁터
7. 김동명 문학공간의 함의

---

[국문초록]

　김동명 문학은 낭만주의적·서정적인 전원파문학이자 민족문학 그리고 전원, 하늘, 바다 등의 공간적 배경이 특징이라는 평가가 지배적이다. 그러나 대표작이나 초기작에 기초한 전원시라는 특징에서 벗어나 현실비판적·사회참여적인 후기문학과 비시류를 모두 아우를 때 김동명 문학에 대한 진정한 평가가 이루어질 수 있다. 또한 이방인, 산책자, 목격자의 시선을 지닌 내부 속의 외부자인 김동명 문학을 민족문학으로 가두기보다는 민주, 자유, 인권에 기반한 보편적 자유주의자로 이해해야 한다. 본고는 김동명 문학공간의 특징을 헤테로피

---

*강릉원주대 국어국문학과 교수

아로 보고자 한다. 혼재향, 대항공간으로 번역되는 헤테로토피아는 김동명 텍스트에서 이국, 도시, 매음굴, 정원, 감옥, 피난지, 전쟁터 등으로 표상된다. 두 편의 시 〈파초〉에서는 외래종인 파초를 옮겨 심지만 추위, 기후, 질병, 고독, 향수로 병들거나 죽고 마는 이국식물을 형상화하여 고향상실, 고국상실의 피식민자인 시인과 동일시한다. 따라서 남국을 향한 노스탤지아와 아토피아가 나타난다. 시집『목격자』에 수록된 서울풍경은 물적·성적 욕망이 가득한 자본주의 근대도시로 그려진다. 이 도시는 성, 상품, 물질, 돈이 지배하는 곳으로 명동은 월가로, 몸과 애교와 웃음을 파는 여성은 〈죄와 벌〉의 소냐로 비유되고 있다. 보들레르에게 헌시를 바친 김동명은 파리의 산책자로 근대도시를 소묘했던 프랑스 시인처럼 서울거리를 관조하고 관찰하는 목격자로서 근대도시문명을 비판하였다. 노스탤지어와 토포필리아적 특성을 지닌 김동명 문학에서 정원, 뜰, 화단은 대표적인 문학공간으로 현실과 유리된 자연, 전원으로서의 공간이기보다는 도시 속의 자연이라는 점에서 헤테로토피아이다. 태평양전쟁, 한국전쟁을 목도하고 경험했을 뿐만 아니라 해방공간에도 이데올로기 대립으로 월남한 작가는 감옥과 수용소에 갇히면서 디스토피아적 세계에 놓인다. 피난이나 월남하는 동안 동물적 본능만 남은 인간군상의 참혹하고 벌레 같은 비체이자 벌거벗은 생명을 목도한 작가는 이를 시와 산문에 리얼하게 기록하였다. 김동명 텍스트의 문학공간을 헤테로토피아적 특성을 지닌다고 볼 수 있다.

핵심어: 헤테로토피아, 노스탤지어, 아토피아, 에코토피아, 유토피아, 디스토피아, 문학공간

## 1. 머리말

일제강점기 전원파 시인으로 분류되는 강릉 출신 작가 김동명의 문학세계는 전기 시문학에 치중되어 평가되어 왔다. 대표작 〈내마음〉, 〈수선화〉 등이 가곡으로 인구에 회자되거나 중등 교과서에 실려 널리 알려졌고, 초기시를 연구대상으로 한 서정적·낭만주의적이라는 평가는 지금까지 고착되고 있다. 해방후 대학교수, 정치평론가, 참의원 등 교육과 정치의 길을 걸었기에 현실비판적·사회참여적인 후기문학은 도외시되었다. 이는 일관되게 작가의 길을 걷지 않았다는 부정적인 요인 때문으로 후기문학을 포함한 총체적인 김동명 문학 연구의 재인식이 요구된다. 보들레르의 영향에 힘입어 시를 쓰게 된 김동명 문학은 자연친화와 현실비판, 순수서정과 사회역사참여라는 양면성을 아우를 때 진정한 문학적·문학사적 위치를 획득할 수 있다.

최근 로컬리티 연구가 활발해 지면서 지역 출신 작가에 대한 지자체의 관심으로 김동명문학관이 설립[1]되었고 김동명학회가 주관하는 학술세미나가 매년 개최[2]되어 시문학뿐만 아니라 수필, 정치평론, 수기와 후기시편에 대한 관심이 형성되었다. 지역작가연구는 곧 로컬리티 정체성 연구로 이어지며, 강원(영동/강릉)문학이 남도문학, 제주문학, 영남문학, 서북문학과의 차이를 알게 하는 작업이기도 하다.

본고는 선행연구를 바탕으로 김동명 문학공간을 고찰하고자 한다. 별다른 문단활동을 하지 않은 작가는 시인뿐만 아니라 산문가로서도 입지를 굳힐 정도로 수필과 평론, 수기 등을 남겼다. 일생을 떠돌아다니며 마지막까지 고향으로 돌아오지 못한 그의 이주(산)생활은 신사임당의 후예인 강릉 출신 어머니의 교육열로 인해 문명이 유입되는 항구도시로 이사하면서 시작된다. 소년 김동명의 디아스포라적 삶은 자신의 의지와 상관없는 부모의 결정에 의한 반강제적인 이동이지만 노마디즘적 운명과 영원한 이방인 혹은 디아스포라의 시각으로 세상을 바라보게 하는 계기를 갖게 했다. 시적 화자나 산문의 서술자는 '나그네', '피난민', '뱃사공', '파초', '목격자', '사나히' 등으로 정착민이 아닌 유동하는 이방인의 입장으로 표출된다.

---

[1] 2013년 7월 3일, 강릉시 사천면 샛돌 1길 30-2에 개관한 김동명문학관은 시인의 삶과 글을 통해 문학에 대한 이해와 지평을 넓히고자 건립되었으며, 2013년 8월 20일 창립총회를 시작으로 2014년부터 매년 1회 학술세미나를 열고 있다. - 기획연재「김동명 문학관」,『문예운동』제131호, 문예운동사, 2016, 141-151쪽 참조.
[2] 김동명학회는 김동명 시인의 문학세계와 문학사상 연구를 통하여 그의 위상 정립에 이바지하는 것이 목적으로 2014년 가을,『김동명문학연구』(창간호)에 이어 2017년 제4호까지 발간되었다.

초기시뿐만 아니라 작가는 식민지, 해방공간, 전쟁, 분단이라는 한국근현대사의 질곡과 고통 속에서 사회에 대해 비판적이었고, 인간에 대한 환멸과 염오를 드러낸다. 강릉군수가 되길 바랐던 어머니의 소망처럼 현실감각이 뛰어났던 그는 일제강점기에 절필을 선택했으며 해방 후 현실정치에 뛰어들어 지식인, 정치인으로서 자신의 신념을 꺾지 않았고 불의와 타협하지 않았으며 개인적인 이득이나 권력을 위해 아부하지 않았다. 김일성과 조선민주당, 이승만과 자유당 정권의 독재와 탄압에 대한 신랄한 비판은 이를 증명한다. 그의 삶은 한국근현대사의 질곡과 고통, 궁핍을 온몸으로 체험하였다. 숙청, 투옥, 실직, 방랑, 월남, 피난, 사별의 어려움을 겪은 그는 평화로이 안주할 공간을 얻지 못했다. 자연(전원), 뜰(정원)에 대한 애착과 갈망은 이러한 노스탤지어와 토포필리아에서 비롯된다.

또하나 김동명 문학을 민족주의를 바탕으로 한 민족문학과 반공문학으로만 평가하는 것은 그의 문학의 폭을 좁게 하거나 가둔다는 점에서 새로운 시각이 요구된다. 작가는 국수주의나 전체주의에 빠질 수 있는 민족주의에 함몰하지 않고 보편주의로서의 균형을 잃지 않았으며, 민주, 자유, 인권, 평등을 주창한바, 이는 영원한 이방인이었던 그의 이주하는 삶과 경계인의 시각을 지녔기 때문이다. 〈파초〉라는 두 편의 시에 나타나듯이 그는 다문화주의적 사유와 타자의 철학을 실천했던 디아스포라였다. 20세기(1900년에 출생)에 태어나 추방, 투옥, 숙청 등 억압적인 근대를 체험하고 목격한 김동명은 인권유린과 차별, 폭력을 응시하는 소수자이자 외부자의 시선을 견지했다. 따라서 그의 민족정신, 민족주의는 전통적인 본질주의적 입장이기보다는 민주주의적이고 디아스포라적이며 자유주의3)에 가깝다.

생태주의적·자연친화적·서정적인 강릉태생적 기질과 더불어 금의환향과 현실정치를 지향했던 김동명의 삶은 균형과 조화를 이루며 작품 속에 고스란히 드러나고 있다. 이러한 상반된 욕망은 인간 본연의 보편적인 속성으로 문학공간과 생활공간 속에 형상화되었다. 장소상실과 장소애호적인 공간성은 김동명 문학의 특질을 이루며 그의 문학을 이해하는 열쇠가 되고 있다. 본 논문은 문학공간에 나타난 토포필리아와 노스탤지어, 헤테로토피아로서의 특질을 통해 일제강점기, 해방공간, 분단, 전쟁, 60년대 한국현실을 파악하고 인권과 자유를

---

3) 김동명은 〈民主救國宣言書〉에서도 3.15불법폭력선거를 취소하고 이승만 대통령은 책임을 지고 해야한다고 주장하면서 죽음이냐 자유냐가 있을 뿐이라고 주장했다. 그는 일제 36년과 공산당과 싸우는 것은 인권과 자유 때문이라며 자유의 소중함을 강조했다. -『모래위에 쓴 落書』중에서

우선시했던 작가의 인간이해에 대해 고찰하고자 한다.


## 2. 헤테로토피아적 문학공간

　반공간(대항공간), 이종공간, 혼재향 등으로 번역되는 헤테로토피아4)는 변형되거나 열린 중첩의 공간이다. 이 용어는 미셸 푸코가 1967년 건축연구회 회의에서 발표하고 1984년에 출판한 '다른 공간들(Other spaces)'에서 나온 개념으로, 유토피아에 이의를 제기하려는 목적을 가진 공간이라는 의미5)로 규정되었다. 위안을 주는 장소인 유토피아가 현실에 존재하지 않는 이상향이라면 헤테로토피아는 현실 속의 유토피아이다. 규율이나 체계, 통일된 사유로부터 도출되는 공간과 다른 이형(異形)공간인 헤테로토피아는 쾌락과 판타지를 극대화하는 실재의 공간이자 위기와 일탈의 특성6)을 지닌다. 푸코는 정원, 묘지, 감옥소, 사창가, 감옥, 휴양촌 등을 예로 들면서, 대표적인 곳이 식민지와 매음굴이라고 말한다. 이곳은 일상적으로 살아가는 세계와는 다른 이질적인 세계로 거기에 감으로써 완전히 다른 체험, 완전히 다른 의식을 가지게 되는 공간7)으로 다른 모든 공간에 이의를 제기한다. 시공간의 무한한 확장 속에서 사회관계의 재구축을 지향하는 근대는 '재일체형'의 영락한 끝인 혼재향으로 자기를 둘러싼 막연한 존재론적 불안8)을 갖는다.

　헤테로토피아는 삶의 현장에서 파악할 수 있는 실재하는 장소이지만 완전한 일상의 공간이 될 수 없고, 그 자체로 생활세계를 의미하지도 않는 곳으로 유토피아의 이상을 투영하면서 동시에 대항하는 공간9)으로 이해된다. 공간적 특징은 장소 없음과 분산된, 가깝고도 먼,

---

4) heterotophia, 푸코의 용어로 유토피아와 대구를 이루며, 가상의 시간대 혹은 허구적이거나 대안적인 역사를 가르치는 현실에 없는 시간인 유크로니아적 순간과 反공간(countre-espaces), 식민지나 매음굴처럼 자급자족적이고 자기 폐쇄적이며, 어떤 의미에서는 자유롭지만 바다의 무한성에 숙명적으로 내맡겨져 있는 장소 없는 장소이자 떠다니는 공간의 조각인 배와 같은 상태를 말한다. 푸코는 이 공간 개념을 거울, 묘지, 사창가 혹은 제르바 섬에 있는 폴리네시아 휴양촌과 같이 이종적인 장소가 특수한 시간-공간들의 범주에 들어가는 것으로 신혼여행 공간에서의 단 한번뿐인 처녀성 상실의 시간처럼 일시적일 수도 있고 도서관이나 박물관 같은 장소처럼 숱한 시간성들이 누적된(영원한) 것일 수도 있다고 설명한다. - 미셸 푸코, 이상길 역, 『헤테로토피아』, 문학과지성사, 2014, 12, 26, 101쪽.
5) 김분선, 「자기 배려 주체의 공간, 헤테로토피아」, 『근대철학』제10집, 서양근대철학회, 2017, 107쪽.
6) 위의 논문, 108-109쪽.
7) 이영희, 「헤테로토피아로서의 조선인부락: 이카이노」, 『일본어문학』제75집, 일본어문학회, 2016, 77쪽.
8) 마루타 하지메, 박화리/윤상현 역, 『'장소'론』, 심산, 2011, 259-260쪽.

현존하면서도 부재하는, 일상과 정반대되는 역설적이고도 모순되는 공간이며 역사적으로 주변부의 조건에서 타자의 장소로 인식되는 곳, 차이공간이면서도 차이를 통합하여 유토피아를 출현시키는 공간10)이다. 모스크바나 파리를 체험할 수 있는 공간인 하얼빈이나 일본 속에 근대 조선이 있고 남한과 북한이 혼재되어 있는 오사카 조선인부락 이카이노처럼 범주체계로서는 받아들일 수 없는 규칙체계가 존재하는 공간이고 이질적인 삶의 현장이 존재하는 공간11)이다.

　김동명 텍스트의 배경은 이국, 정원, 근대도시(서울), 매음굴, 감옥, 수용소, 피난지, 전쟁터 등이다. 문학에서 시공간은 주제의식과 연결되는 주요요소로 한국근대사의 한가운데에서 온몸으로 고통과 핍박, 독재와 부조리를 체험한 작가에게 편안하고 자유로우며 안주할 수 있는 공간은 주어지지 않았다. 본고는 전원시라는 프레임에 갇혀 바다, 하늘, 전원의 측면에서만 연구되어온 김동명의 문학공간에서 벗어나 헤테로토피아적 관점에서 살펴볼 것이다.

　식민지의 절필, 해방공간의 정치적 암투와 투옥, 전쟁과 독재 등 감시와 숙청 위험으로부터의 월남, 전쟁피난 하에서 자유와 인권을 수호하려는 작가는 압제와 폭력의 공간에서 끝없이 탈주하였고 이를 작품 속에 형상화하였다. 일본제국, 자유당 정권, 공산당 정권 등 부정의한 독재권력에 대항함으로써 '국가가 없는 자가 포박된 정치공간의 구성을 위한 필수적인 내부 즉 내부에 존재하는 외부12)였던 김동명은 다름, 저항, 위반의 원리를 지닌 헤테로토피아적 공간을 작품 속에 구현하였다.

---

9) 김분선, 앞의 논문, 109쪽.
10) 김미경,「상상계와 현상계 사이: 헤테로토피아로서의 하얼빈」,『인문연구』제70호, 영남대 인문과학연구소, 2014, 170-171쪽.
11) 이영희, 앞의 논문, 289쪽.
12) 주디스 버틀러, 가야트리 스피박, 주해연 역,『누가 민족국가를 노래하는가』, 산책자, 2008, 25쪽.

## 3. 노스탤지어와 아토피아로서의 이국

　유동하는 지식인의 삶을 영위한 김동명은 8살 때 어머니의 손을 잡고 강릉을 떠나 근대의 사상과 문물이 유입되는 개항항 원산으로 이주하였다. 소년은 교육열이 높고 적극적인 어머니에 의해 가난하고 희망 없는 산골에서 원산, 흥남 부둣가로 터전을 잡는다. 1880년 개항하면서 도시화가 진행된 항구문화도시인 함경남도 원산항은 모래알이 곱고 가늘어 맨발로 걸으면 발아래 부드러운 마찰음이 들리는 명사십리 모래해변이 4㎞ 펼쳐져 있어 시인으로서의 감수성과 상상력을 일으켰다.

　노스탤지어에 대한 염원과 갈망을 갖게 된 작가는 외래종인 '파초'를 통해 타향, 타국에서 느끼는 고국, 고향에 대한 그리움을 떠올렸다. 강인한 모친의 교육열과 입신양명에 대한 소망은 김동명에게 영향을 끼쳤고, 문학하는 삶과 정치하는 삶의 길항을 가져왔다. 낭만적·목가적·서정적 성향과 현실비판적·사회참여적인 특성은 그의 삶과 문학을 형성하는 양면적 요소였다. 타국으로 옮겨져 뿌리내린 열대식물 파초는 넓은 잎을 드리우며 기후와 체질에 맞지 않는 추위와 고독을 이겨내야 한다. 일제강점기 조국상실과 고향상실에 처한 시인은 따뜻한 남국 태생인 파초가 추운 타국에 와서 견뎌야할 추위와 문화적 차이를 시적·서정적으로 형상화했다.

> 祖國을 언제 떠났노,/芭蕉의 꿈은 가련하다//南國을 향한 불타는 鄕愁,/네의 넋은 修女보다도 더욱 외롭구나//소낙비를 그리는 너는 情熱의 女人,/나는 샘물을 길어 네 발뜽에 붓는다//이제 밤이 차다,/나는 또 너를 내 머리마테 있게 하마//나는 즐겨 너를 위해 종이 되리니,/네의 그 드리운 치마짜락으로 우리의 겨울을 가리우자.
> 　　　　　　　　　　　　　　　　　　　　　　　- 〈파초〉(『파초』, 1938년 수록) 전문

> 芭蕉, 알른구나……/나는, 한겨울/내 書齋의 憂鬱을 직혀 주던 너매/즐거운 봄을 맞으라고/내 花壇 한복판에/네 자리를 닦었더니/아아, 웬일이냐/사랑이 원수드냐/너는 드디어 病들었구나./나는 오늘에,/우리들의 슬픈 訣別을 생각하며/다시 너를 옮겨/내 寢臺 머리에 있게 하노니/내 곁에서 죽고 싶어하는 네 마음을/내 어찌 모르랴.
> 　　　　　　　　　　　　　　　　　　　　　　　- 〈파초〉(『하늘』, 1948년 수록) 전문

국가, 국민, 국적, 국경의 경계에서 벗어난 파초는 일생을 떠도는 시인의 시적 자아로 '밤', '차다', '겨울'이 의미하는 이주자로서의 혹독한 현실과 심리를 드러낸다. 파초는 핍박과 억압과 절망이 드리워진 식민지 현실하의 우리 민족이자 어린 나이에 고향을 떠난 시인 자신의 모습인 것이다. 정주의 어려움을 통해 정착민이 되거나 공동체 구성원으로 인정받기 위한 노력과 고투가 얼마나 심했을지 두 편의 시는 말해준다. 일제강점기라는 시간과 식민지 현실은 전형적인 헤테로토피아의 세계이다.

두 번째 〈파초〉에서는 부적응 속에 죽어가는 파초에게 관심과 사랑을 주면서 따뜻하고 외롭지 않은 곳으로 옮겨보지만 지나친 애정 또한 문제일 수 있음을 깨닫는다. '파초' 이미지는 21세기 다문화사회로 진입한 한국사회에서 이주노동자, 결혼이주여성, 다문화가정 2세로 대변되며 그들을 대하는 태도를 암시하고 있다. 시인은 파초를 위해 물을 부어주고 머리맡에 두지만 이주식물은 향수와 부적응으로 병들며 죽어간다. 문학과 현실, 낭만과 리얼의 균형을 잃지 않은 작가는 국민과 이주민 사이의 길항 관계에서도 해답을 제시하고 있다. 시간적·공간적으로 장소를 잃은 파초는 아토피아13)를 앓고 있다. 파초를 대상으로 한 두 편의 시에서 표상되는 이주자는 객관적이고 편향되지 않은 시각을 지님으로써 타자의식을 갖는다. 따뜻한 지역에서 추운 이국으로 이주했으나 질병과 추위에 시련을 겪는 파초는 국가가 결핍된 식민지하 우리 민족과 고향을 상실한 근대인을 상징하고 있다.

## 4. 자본주의적 근대도시, 서울/매음굴

강릉군수가 되어 금의환향하라는 어머니의 바람 속에 참의원, 대학교수가 된 김동명은 체제친화적인 보수성향을 드러내기보다는 불의와 편견, 인권유린과 부정의, 불평등에 대해 늘 앞서 나가며 촌철살인의 정치평론과 현실비판적 문학세계를 구축했다. 이는 전후기의 문학적 변모로 이해하기보다는 처음부터 배태된 김동명의 신념이자 삶의 자세였다.

---

13) atopia, 실향증을 의미하고, 그 자리에 어울리지 않음, 요령부득, 정체를 알 수 없음이라는 뜻을 가진 그리스어이다. 부정의 접두어 a와 장소 topia를 짜맞추어 원래는 있어야 할 장소에 없다=정상이 아닌 상태를 나타낸다. 아토피성 피부염이라고 할 때의 '아토피'도 아토피아에서 유래한 것으로, 요령부득의 병이라는 뜻이 있다. - 마루타 하지메, 앞의 책, 260쪽.

195,60년대 서울공간에 투영된 이미지는 대체적으로 부정적이고 비관적으로 표출된다. 1957년에 발간된 시집『목격자』엔 세종로, 종로, 명동, 신촌동, 강남, 북아현동, 서울역, 미아리고개 등을 배경으로 한 일련의 시가 수록되어 있다. 시적 화자인 '목격자'는 공동체에 스며들지 못하고 관찰하는 외부자로서 전쟁 이후 서울의 근대도시문명을 날카롭게 포착한다. 보들레르의 시에 심취했던[14] 김동명은 프랑스 시인이 파리의 산책자로서 근대도시를 배회하며 도시풍경을 그린 것처럼 1950년대 서울풍경을 목격자로서 응시하고 관조하였다. 산책자는 시장의 관찰자이자 보행자의 얼굴에서 직업과 가계와 성격을 읽어낼 수 있다고 생각하는 환(등)상[15]을 갖는데, 김동명 또한 서울시민의 다양한 모습과 심리를 읽어낸다.

시 〈世宗路〉에선 "自動車의 물굽이를 건너는 市民의 꼴이/山토끼처럼 한양 처량한데/長官車의 번지르르한 皮膚에야/무삼 罪 있으리"라며 가난하고 절망적인 시민의 생활을 살피지 않고 권력과 부를 드러내는 장관의 차와 비교하여 계층적 차별을 고발한다. 서구, 문명, 근대 지향의 서울은 자본주의적·성적 욕망과 권력이 지배하는 도시로 경쟁하고 싸우고 더러우며, 소매치기, 거지, 거간군, 늙은이가 살고있는 거리이다. 〈서울 素描〉에선 시인이 관찰하고 느끼고 생각하는 이 시기의 어둡고 절망적인 서울을 적나라하게 소묘한다. 파리를 산책하는 보들레르적 우울의 현대성이 자신이 경험한 자본주의적 군중[16]에서 비롯되듯이 김동명은 전후 불안과 혼란 속에 근대화되는 한 시대의 풍경을 쓸쓸하고 슬프게 채색한다.

> 쓰레기와 市長 閣下가/단판 씨름하는 거리//歸屬財産을 파먹고/구데기처럼 살이 찐 謀利꾼의 거리//어디 없이 널린 똥과 오줌과 가래침이 실은/貪官汚吏 못지않게 질색인 거리//소매치기 패도 제법/'빽'을 자랑한다는 거리//거지도 곧잘/中間派 행세를 하는거리//'감투' 市場은 여전히 흥성거려/거간군도 忠武路 金銀商 못지 않게 한 몫 본다는 거리//늙은이들이 하 망영을 부려/주춧돌이 다 흔들거린다는 거리//일찍부터 슬픈 傳說을 지니고 있어/자래배 앓른 어린 아기처럼 얼굴이 노랗게 뜬 거리//

---

14) "君(현인규를 말함)은 많은 藏書를 가지고 있어서 나는 언제나 빌려 읽을 수 있었는데 한번은 '보오드레르'의 〈惡의 꽃〉을 가져다 읽고 나는 어떻게나 感激했던지 책장을 덮는 즉석에서 〈당신이 만일 門을 열어주시면〉이라는 '보오드레르'에의 獻詩를 지었는데 이것이야말로 그 다음해(一九二三) 겨울에 開闢誌에 發表된 내 處女作品中의 第一篇이었던 것이다." - 「나의 文學修業時代 回想記」중에서

15) 발터 벤야민, 조형준 역,『도시의 산책자』, 새물결, 2008, 31쪽, 35쪽.

16) 정의진,「발터 벤야민의 보들레르론」, 학술발표회, 한국프랑스학회, 2008, 95쪽.

그래도 빙 둘러 있는 遠近 山川의 이름만 거들어도/제법 멋들어진 古都란다
- 〈서울 素描〉 전문

여기는/우리의 애기 '월街'//信用은 벌써/낡은 商術//'또어'가 열리기 전에/分針은 곳 잘 뒷걸음질을 친다//푸른 煙氣를 사이에/常談은 蜃氣樓같이 神妙하고//작자는 태연히/32日을 約束한다//예서 女人을 다리고 茶房을 찾는 것은/심히 古風스러운 奢侈일러라
- 〈明洞〉 전문

두 편의 시는 서울시와 중심지 명동거리를 재현해 놓는다. 이 도시는 옳지 못한 방법으로 자신의 이익만을 꾀하는 모리꾼, 금은을 팔고사는 금은상, 물건을 흥정붙이는 거간군 등 자본주의 욕망에 가득한 인간군상뿐만 아니라 소매치기, 거지, 늙은이 같은 사회적 약자조차도 뺑이나 거짓말이나 비정상적 행위로 처세하는 속물근성으로 가득한 시민들이 우글거린다. 이들이 머무는 서울거리는 '씨름하는 거리'이자 '탐관오리 못지않게 질색인 거리'이며 '얼굴이 노랗게 뜬 거리'이다.

마지막 연에서 '그래도 제법 멋들어진 古都'라고 위안을 삼지만 시인에게 서울은 진정성이 소멸되고 따뜻한 인간관계가 불가능한 도시로 비춰진다. 19세기 자본주의 도시 파리를 입체적으로 전유한 산책자는 관상학자이자 아스팔트 위에서 채집하는 자로서 파사주, 박물관, 기차역 같은 건축물에서 상형문자처럼 새겨져 있는 과거의 흔적들, 꿈과 무의식을 발굴[17]했듯이 김동명도 자신이 매혹된 프랑스 시인의 관찰자, 산책자의 시선으로 근대도시를 바라보았다. 수필 〈소매치기〉에서도 '아무런 무엇 하나 자랑할 것 없는 이 못난 서울'에 버스, 전차 승객 그리고 피난민과 시골양반들의 보잘 것 없는 보따리에 매달리는 좀스럽고 치사스러운 소매치기가 우글거리기에 인권과 자유가 부재한다고 도시공간을 묘사하고 있다.

시 〈明洞〉의 명동지역은 미국 뉴욕 맨해튼에 위치한 국제금융시장의 중심지인 월(wall)가에 비유되면서 숫자와 속도로 진행되는 근대사회의 빠른 변화를 그려낸다. 그는 신용은 '낡은 상술'이 되고. 여성을 기다리는 낭만이란 '고풍스러운 사치'가 된 삭막하고 비인간적인 금융가가 된 서울거리를 한탄한다. 은행과 증권거래소가 몰려 있는 월 스트리트는 세계 자

---

17) 이다혜,「발터 벤야민의 산보객 Flaner 개념 분석」,『도시연구』제1호, 도시사학회, 2009, 111쪽.

본주의 경제의 상징으로 돈이 지배하는 물질문화, 사회경제적 문화를 의미한다. 비서구 세계 입장에서 서구세계란 실제 장소가 없는 유토피아에 상응하면서도 근대화 담론을 통해 전해지는 터라, 거울에 비친 장소처럼 연장(extension) 없이 실재하는 이종공간[18]이다. 자본이 침투된 세속적이고 속물적인 근대도시는 '그 되비친 형상을 통해 자기 위상을 돌이켜 재구성하는 상대적 공간이자 반성적 공간'[19]이며, 유토피아와 디스토피아가 공존하는 헤테로토피아이다. 시인은 1950년대 서울을 혼란하고 불안정한 사회상 속에 인간성 상실에 대한 비판과 냉소, 안타까움[20]을 드러내고 있다.

이러한 도시에는 성적으로 대상화되고 상품화되는 카페여급, 양갈보, 창녀들이 살고 있다. 거리의 여인들은 다방, 카페, 사창가, 홍등, 매음굴에서 감내하기 힘든 고단한 삶을 영위하고 있다. 여성이자 매춘부이자 빈자인 몸파는 여성은 다중적 타자성을 지닌다. 시인은 일제 강점기, 피난중, 전쟁통, 5,60년대를 살아가는 여성들의 삶의 질곡과 고통을 보면서 최하층 여성을 묘사한 〈娼女像〉(『하늘』, 1948에 수록), 〈양갈보〉를 발표했다.

> 길모퉁이에 버리운 듯 흩어저/스스로 밟히우기를 기다리는 꽃이란다//너머 輕蔑하는 눈으로 보지 마라/너머 苛酷한 이름으로 부르지도 마라//歷史의 罪를 지고 가는 어린 羊 떼가 아니냐/祖國 때문에 바쳐야 할 슬픈 犧牲이 아니냐//누구 저들 앞에 나아가 두 무릎 꿇을 者는 없느뇨/일찌기 '쏘-냐' 앞에서 그러던 '라스코리니코프'처럼 悽慘한 人類의 姿勢 앞에/市民으로서의 禮節을 다하지 않으려나//淑女 諸君! 그대들의 高慢한 눈초리의 生理를 위해서는/나는 이제 더 좋은 對象을 指示하리라//그대들이 아모리 蔑視한대도 침 뱉는대도 失德이 아닐 수 있기는 다만/그대네 사랑방에 버티고 앉은 수염 달린 양갈보란다.
>
> - 〈양갈보〉(『목격자』, 1957년에 수록) 전문

위의 시는 역사와 시대와 조국의 희생양인 몸파는 양갈보를 도스토옙스키의 〈죄와 벌〉의 등장인물인 소냐와 라스코리니코프에 비유하면서 우리 민족의 현실을 보여준다. 1860년대

---

18) 장일구, 『경계와 이행의 서사공간』, 서강대출판부, 2011, 198-199쪽.
19) 위의 책, 199쪽.
20) 장은영, 「해설」, 『김동명시선』, 지식을만드는지식, 2012, 135쪽.

경제공황 시절 러시아 대도시 페테르부르크의 빈민가에 살던 소냐는 가족의 생계를 위해 매춘부가 되어 자신을 희생하지만 순결한 영혼의 소유자로 전당포 노파를 죽인 라스코리니코프를 회개시키고 자수를 권유하는 구원의 여성이다. 일제강점기의 카페여급, 카바레댄서, 기생, 홍등가 여성들은 가족을 위해 성노동에 투신했고, 50년대의 양공주, 70년대의 일본기생, 2000년대의 결혼이주여성에 이르기까지 가부장제하 여성타자의 희생은 지속되고 있다.

그녀들이 머무는 유흥업소와 매음굴은 '나머지 현실이 환상이라고 고발하는 환상을 만들어내며, 환상의 힘만으로 현실을 흩뜨리려고 들 만큼 충분히 미묘한 혹은 교활한 헤테로토피아'21)이다. 서비스 성산업에 종사하는 그녀들은 '아케이드 양편으로 늘어서 있는 상품의 환등상(phantasmagoria)에 현혹되는 상품'22)으로 배치되고 기능한다. 근대적 환등상 경험은 매료시키는 동시에 무의식 중에 불안과 권태, 우울을 동반23)하는바 거리, 기차, 창문에서 스케치하며 거리를 두고 관조하는 작가의 의식에도 반영되고 있다. 시 〈세종로〉의 "'金蘭' 아가씨야, 따끈히 茶를 다려라/잠깐 네 품에 안기자 나비처럼 쉬어 갈란다"나 〈빠-강남〉의 '상형문자의 숲속'인 서울은 정들일 수 없는 장소상실, 비장소의 근대공간이다.

## 5. 에코토피아와 유토피아로서의 정원

김동명 문학 전체를 관통하는 자연, 산들, 전원, 뜰(정원)을 향한 유토피아 지향은 그만큼 휴식처와 안식처가 없었다는 것을 의미한다. 전원파 시인의 전원 지향은 일제 군국주의가 극에 달했던 당대 현실에 대한 혐오의 표현이자 이러한 현실로부터 벗어나고자 하는 욕망의 표현24)이었다. 현대인의 고향 상실과 피식민지민의 조국 부재라는 부정적인 현실 속에서 상처를 치유하고 귀의할 수 있는 공간이 절실했던 것이다.

정원에 대한 생태주의적이고 낭만주의적인 식물적 상상력은 유토피아적 지향과 토포필리

---

21) 미셸 푸코, 앞의 책, 24쪽, 26쪽.
22) 이다혜, 앞의 논문, 110쪽.
23) 나병철,「근대적 환등상 경험과 비동일성의 미학」,『한국현대문학연구』제49권, 한국현대문학회, 2016, 37쪽.
24) 최명국,「1930년대 전원파의 상실의식과 귀거래의식」,『한국문학이론과 비평』제69집, 한국문학이론과비평학회, 2015, 419쪽.

아에 대한 작가의 공간적 특성을 갖게 했다. 그는 자신이 살았던 원산과 서울 집에 꽃밭을 만들어서 가꾼 화초와 나무를 가족처럼 대했다. 시와 수필의 제목인 〈오랑캐꽃〉, 〈라일락〉, 〈백합화〉, 〈무궁화〉, 〈해당화〉, 〈장미〉, 〈접중화〉, 〈수양〉, 〈향나무〉, 〈오동〉, 〈다래넝쿨〉, 〈싸리〉 등 『정원기』1,2의 작품들은 그의 문학에서 식물(꽃, 나무)이 차지하는 비중을 알게 한다. 한곳에 머물고 이동하지 않는 꽃나무들은 정착을 갈구하는 작가 자신을 대변하기에 유토피아로서의 에코토피아인 정원으로 형상화했다.

그러나 전원 지향은 일제 군국주의가 극에 달했던 당대 현실에 대한 혐오의 표현이자 이러한 현실로부터 벗어나고자 하는 욕망의 표현이자 부정적 현실인식 태도에 바탕하고 있는 것[25]으로 김동명의 경우도 예외는 아니었다. 일상, 정치, 인간에 대한 불신과 염오, 환멸을 드러낸 작가는 가족으로 은유되는 나무와 꽃, 풀이 머무는 정원을 가꾸고 사랑을 베풀며 위로와 안식을 구했다.

김동명 문학의 특징 중 하나인 노스탤지어와 토포필리아는 한곳에 뿌리를 내리는 꽃과 나무라는 식물적 상상력과 이동성과 정착지를 통한 문학지리적·공간적 상상력에서 비롯된다. 식물은 가족이나 식구의 개념으로 표상되거나 시인 자신으로 동일시된다. 강원 출신 작가에게서 자주 나타나는 생태의식에 기반한 에코문학은 김동명에게서도 발견되는 특성으로 폭력적이고 인권유린적이며 억압적인 현실에서 벗어나 일탈하고 탈주하는 공간이 유토피아로서의 정원이다. 에코토피아는 귀의처이자 상처를 치유하는 곳이며 식민지, 분단, 전쟁, 근대자본주의, 인간으로부터 고통받거나 절망할 때 피신하는 안식처이자 휴식공간이다. 그러나 김동명의 자연은 도시 속의 전원이라는 점에서 헤테로토피아적 속성을 지닌다.

시 〈나의 뜰〉의 "나의 뜰은 나의 즐거운 조그마한 家庭이요./나는 내 삶에서 오는 고달픔의 많은 때를 여기서 쉬이오./울 밑에 몇 포기의 꽃과 나무, 그리고 풀과 벌레들은 나의 兄弟요."에서처럼 시적 자아는 현실에서의 고달픔을 자신의 뜰에서 쉬겠다고 읊조린다. 정원의 꽃, 나무, 풀, 벌레는 형제이고 가족이며 '하늘', '아침', '흰구름', '아침'과 같은 밝고 긍정적인 시공간과 어우러진다. 자연=유토피아=기쁨, 위로, 자유로움, 현실=디스토피아=고달픔, 억압, 고통으로 이분법화되면서 시인은 인생역정과 시대적 아픔을 식물을 가꾸고 사랑하고 돌보면서 극복하였다.

---

25) 위의 논문, 419쪽.

잘 지은 집이긴하나 정원이 없을 때, 나는 그 집 주인을 輕蔑한다. 집은 비록 대수롭지 않을망정, 아름다운 정원을 지녔을 때 나는, 그집 주인이 여간 내기가 아님을 感心한다. 가령 아무리 豪奢를 무린 집이라 하드라도, 그 집에 정원이 없을 때엔, 마치 아무리 富裕하고도 和樂한 家庭이라 하드라도, 膝下 자녀를 못가진 거나 마찬가지로, 어딘지 모르게 쓸쓸하고 허전함을 느끼게하지 않던가? 서울土배기들이 언제부터 배운 버릇인지, 집이라곤 매양 옷장 짜듯이 꾸미되, 그나마 바람 한 점 못 통하게 입구(口)字로 둘러 막아 놓고, 손바닥만한 뜰마저 洋炭가루를 이겨 붙쳐서, 풀 한 포기 얼씬 못하게 만들어 놓고 사는 꼴을 보면, 내 가이 콱콱 막힐 지경이다.
　　　　　　　　　　　　　　　　　　- 수필 〈庭園〉(『세대의 삽화』) 일부

　　꽃이 피면 나는 벌과 나비를 만날 수 있어 더욱 좋드라. 나는 花壇 앞에 설 때, 마음의 한쪼각은 언제나 벌과 같이 떠난다. 달밤에 花壇 앞을 거니는 것은 惜別한 맛. 나는 앞 뜰 十五메터를 몇 十番이고, 마치 時計錘처럼 왔다 갔다 하기도 하고, 또 연자마 말처럼, 앞뒷 뜰을 빙빙 돌아 가기도 하며 밤과 달 혹은 별과 꽃을 즐기기도 한다. 花壇에 꽃만 피면. 나는 一年 열두 달을 혼자 있어도 외롭지 않을 것 같다. 아아, 그러던 花壇을 十年만에 가져보는 기쁨이여!
　　　　　　　　　　　　　　　　　　　　　　　- 수필 〈花壇〉 일부


　　수필 〈정원〉과 〈화단〉은 유토피아를 지향하는 작가의 심리와 공간성을 보여준다. 아가, 여대생, 아가씨, 가족들, 형제로 의인화된 화초들은 지친 심신을 위로하고 안식을 구하는 대상들이다. 월남 이후 정착한 서울생활에서도 김동명은 서울사람들과의 문화적 차이를 발견하고, 이의를 제기한다. '서울土배기'가 아닌 뜨내기이자 이방인으로서 자신을 인식하는 작가는 건축물인 집의 치장보다는 정원을 중시하며 양탄가루로 풀의 성장을 막는 도시문화를 갑갑해 한다. 콘크리트, 높은 담으로 경계 짓는 도시적 삶과 달리 도시 안의 자연을 구축하고 에코토피아로서의 유토피아를 지향하는 낭만주의적 사유를 작가는 지니고 있다.

## 6. 디스토피아로서의 감옥, 수용소, 피난지, 전쟁터

1946년 함흥학생의거로 인해 구속되고, 김일성 일당과 소련사령부 최용건에 의해 출당을 통보받고 월남하는 과정에서 감옥, 수용소에 갇혔다가 출옥한 경험이 있는 시인은 〈옥중기〉 1,2,3을 발표한다.

> 널바닥 위에 두 무릎 몰고/端正히 앉았다.//進駐軍의 威勢에/"法마저 行方不明이 된 오늘날,//누가 이 華麗한 客室로/나를 인도하였느뇨./主人 없는 손이기로 더욱/무시무시해지는 밤,//想念은 壁에 부디쳐/날개를 알른다.
> 
> — 〈獄中記1〉(『삼팔선』, 1947에 수록) 전문

> 캄캄하다/深海에 사는 魚族인 양/視力을 잃었나 보다.//마음은 想念의 바닷가에/難破한 배 쪼각.//꿈도 化石인 양/曲調를 잃었나니,//푸른 하늘마저/이렇듯 아쉬울 줄이,/별은 더욱 멀어……//騷音은/멀리 들려오는 波濤 소리처럼,/아아 눈보다는 귀가 고맙구나.//어두움 위에 사겨 지는/"죽음"의 浮彫,/娑婆는 壁 한 겹일다.
> 
> — 〈옥중기2〉(『삼팔선』, 1947에 수록) 전문

외국군대의 주둔 하에 양분된 한국사회는 법, 인권, 윤리마저 무너지는 극한상황이기에 차라리 감옥이 '화려한 객실'이라고 자조적으로 말한다. 시적 자아는 '밤', '컴컴', '죽음', '어두움'과 '꿈', '푸른 하늘', '별'을 대비시켜 절망과 암흑 같은 시대를 극적으로 이미지화한다. 시력도, 마음도, 꿈도 잃은 화자는 벽을 사이에 두고 풍전등화에 놓인 우리 민족의 예측할 수 없는 운명을 '난파한 배 조각' 혹은 '별은 더욱 멀어'라고 표현한다. 암흑기를 지나 해방이 되었지만 좌우익 이데올로기 속에 혼란스러운 정국을 맞이하는 고난과 시련이 지속되고 있음을 감옥공간에서 성찰한다.

> 해 질 무렵이다/여석들은 例의 버릇대로 쌀섬에 비스듬이 기대어 휘파람을 불고 있다./이만때면 女人들은 約束이나 해 두었던 듯이 鐵柵 밖으로 모여 온다./여석들은 싱글벙글 웃어 보인다/여편네들도 假花처럼 寂寞한 얼골이 웃음을 지어 보인다./

여석들은 짐짓 無表情한 얼골로 딴전을 부려 본다./여편네들은 이래서는 안 되겠다는 듯이 돌연히 秋波의 集中射擊을 퍼붓기 시작한다.//허나 이것은 누구의 살이 먼저 과녁을 마치느냐는 問題가 아니라/누구의 살이 먼저 저 自身의 心臟을 뚫으냐는 승강이리라./불꽃을 날리는 愛嬌의 競演이 실은/靈魂의 嗚咽보다도 오히려 더 비창함은 이 까닭이 아닐까…./드디어 幸運의 女人들만이 디오니소쓰의 가슴으로 부름을 받는다.//이윽고,/시꺼먼 도로꼬 안으로부터 기어 나리는 女人들의/옆구리에 쌀자루를 낀 채 비틀거리며 鐵柵을 넘어,/夕暮의 거리로 살아지는 뒤ㅅ모습,/아아 "恩讎의 彼岸"일다.

- 〈避難民2-H 停車場 倉庫 모퉁이에서 展開되는 光景〉(1946.3)

이 시는 1946년 3월 정거장이라는 구체적인 시공간이 제시됨으로써 리얼리티를 확보하며 남자고객을 상대하는 매춘여성들의 애교경쟁이 이루어지는 고달픈 삶의 현장을 그린다. 시인 앞에 펼쳐진 성이 매매되는 현실을 "은수의 피안"으로 설정함으로써 '해방의 기쁨보다는 자괴감과 자책감으로 얼룩진 소시민적 지식인들의 고뇌를 드러내고'[26] 있다. 수기집『暗黑의 章』의 〈恩讎의 彼岸〉에서도 北滿 혹은 咸北等地에서 지옥에서나 볼 수 있을 듯한 처참한 모습을 한 日本避難民의 行列을 목도하는 시인은 측은지심을 갖는다. 소련군인의 약탈과 겁탈 대상인 머리를 박박 깎은 女人과 아낙네의 비명을 김동명은 현실이 아닌 피안으로 표현하고 있다. 작가의 인간이해는 국적, 성별, 빈부를 뛰어넘는 인간 자체에 있는 것이다.

김동명의 삶의 위기는 한국근현대사의 질곡만큼 자주 찾아왔는데, 〈월남기〉와 〈어두움의 비탈길〉은 생생한 수기를 담은 증언문학이다. 1947년 8월의 약 8일간의 기록인 〈월남기〉는 죽음을 담보로 한 탈출기로 공산당에 잡히지 않기 위해 이름을 바꾸거나 피난민이 아닌 정주민인 척 위장하기도 하면서 역전이나 검문소를 통과하는 아슬아슬한 탈주과정을 섬세하게 그리고 있다. 해방기 이데올로기의 첨예한 혼란과 갈등 속에서 법의 보호에서 벗어난 우리민족들은 기회주의적이고 속물적이며 비정한 모습을 드러내었다.

작가는 시와 산문을 통해 전쟁의 발발과 그로 인해 아비규환이 된 상황을 관찰자의 시선으로 생생하고 리얼하게 기록하였다.

---

26) 장은영/남승원,「김동명 시에 나타난 장소의 시적 형상화」,『어문연구』제39권, 한국어문교육연구회, 2011, 392쪽.

때는 1950年 6月 27日 한낮/여기는 梨花高地//가쁜 숨을 돌리며 帽子를 벗어든다/잘 있거라, 202號! 나의 '센트·헤레나'島!//나무잎 물결 속에 눈부신 흰 살결,/오, 女王이여! 누가 그대를 지키려나//내다보니 天王堂 검은 尖塔이 가슴에 槍날인양/罪? 누가 이은 遺業이뇨//오호, 運命의 都市여! 너는 듣고만 있을 테냐?/저 사나운 짐승모양 울부짖는 砲聲을!//떠나지 않으련, 모도들 떠나지 않으련?/아가야 가자 어서 江을 건너자!

— 〈출발〉 전문 (『목격자』, 1957 수록)

나는 窓門을 활짝 열어젖히고/傲然히 앉아 바라본다//굽이쳐 흐르는 한가람이/오늘은 어인 일 자꾸만 슬프구나//'레디오'가 그렇게까지 몸부림치며 매달리건만/그래도 뿌리치고 떠나는 市民도 있나보다//어느새 長蛇陣을 이룬 避難民의 行列이/비에 젖으며, 적으며 간다//성난 짐승모양,/敵의 砲門은 더 가까이 짖어 대는데//江 건너 마을의/輝煌한 불빛이여!//이윽고 '헨·라잍의 물결,/아하 쏟아져 내닫는 自動車의 奔流!//'풀·스피드'로 달리는 自動車·自動車·自動車·自動車……/百千 瀑布 한꺼번에 쏟아지는 듯!//아홉 時-열 時-열한 時-열두 時-한 時-한 時半-/밤이 깊어 갈수록 自動車의 奔流는 더욱 凄烈하다//누가 人道敎 車道를 요 꼴로 設計하였더뇨/달리는 마음의 焦燥로움이 눈에 겨웁다//아모러나 '歷史'는 드디어 無事히 避難하지 않었느냐/요행 한가람은 밤비에 가려 보이지 않는다//나는 窓門을 활짝 열어젖히고/傲然히 앉아 바라본다.

— 〈目擊者〉 전문 (『목격자』, 1957 수록)

한국전쟁의 한가운데서 일어나는 피난장면을 다룬 두 편의 시에서 서울은 '운명의 도시'로 포성이 울리고 적의 포문이 가까워지는 공포와 살육과 죽음과 초조함이 드리워진 공간이다. 피난민과 자동차의 행렬 속에서 시인은 창문으로 이를 관망하며 시를 쓰고 있다. 목격자이자 증언자인 시적 화자는 눈앞에 펼쳐진 생생한 현장을 사실적으로 묘사한다. 또다시 거주지를 떠나야하는 시인은 앞으로 다가올 불안하고 위태로우며 예측할 수 없는 전쟁의 한가운데서 떠날 차비를 하며 거리의 수많은 인파와 차들의 행렬을 목도한다.

〈어두움의 비탈길〉은 전쟁 발발 이후 서울에서 부산까지 피난가는 여정을 그린다. 피난길에 올랐던 작가는 피난민의 애환과 비애, 슬픔과 바닥까지 드러나는 잔인하며 이기적인 비인간성으로 인간임을 포기하는 순간을 겪을 때마다 지식인으로서의 심적 갈등과 변민27)을 느낀다. 불확실한 소문과 풍문이 만연하고 정부조차 믿을 수 없는 상황에서 사람들은 아비규환의 생존본능으로 기차안이든 거리든 한강다리든 아수라장의 무질서와 혼란을 겪는다. 욕설과 분노를 폭발하며 시국을 성토하는 작가는 군수뇌부가 보여준 비도덕성과 무책임함에 좌충우돌하는 우리 국민의 처절하고 신산한 피난과정을 생생한 증언으로 기록한다.

> 우리는 이날 밤 밤늦게 또 이집을 찾아들어온 한강을 건너서자 그 엄청난 혼잡속에서 그만 남편을 잃고 하는 수 없이 친정이 있는 전라도로 가노라는 여인을 만나서 한강가에서 벌어졌더라는 가지가지의 비극의 목격담을 소상히 들을 수 있었다. 이른바 아비규환의 생지옥이란 바로 그런 것이리라 싶었다. 여인은 말하는 것이었다. 강을 건너려고 헤매던 중 어디서는 별안간 '땅' 소리가 나기에 둘러 보니 같은 모래바닥에 서서 배를 기다리던 청년이 뒤통수에 총알을 맞고 쓰러지더라는 것. 그리고 또 어디서는 강을 헤어 건너던 사람이 놈들이 쏘는 총알에 맞아 붉은 피로 강물을 물들이며 떠내려가던 꼴이란 차마 못 보겠더라는 이야기 등등
>
> - 『어두움의 비탈길』 중 〈피난길〉 일부

작가는 콩나물시루같은 차에 타기 위해 체면이나 예의 따위가 무색한 동물적 본능만 남아 자기와 가족만 살겠다는 이기주의에서 벗어나지 못하는 피난 여정을 '벌레같은 인생'이라고 말한다. 〈단테〉의 지옥편에 나옴직한 고달픈 자세로 서로를 경계하고 의심하는 '수난의 세대를 지고가는 겨레의 고된 모습'을 담고 있다.

월남기와 전쟁피난기는 전쟁이나 전체주의적 이데올로기가 작동하는 악이 발현하는 시기로, 온전한 법적 지위를 상실한 벌거벗은 생명 즉 조에28)로서의 삶이다. 감옥과 수용소는 예외상태가 규칙이 시작할 때 열리는 공간29)으로 사람들은 그저 생명현상의 덩어리로 환원

---

27) 이미림, 「김동명 산문에 나타난 타자지향성과 디아스포라의식」, 『김동명문학연구』제1호, 김동명학회, 2014, 137쪽.
28) 아감벤은 벌거벗은 생명인 zoé와 정치적 삶인 bíos를 분리해 자연적 physical 존재와 법률적 실존으로 구분한다. 조에는 오늘날 망명 신청자, 난민, 뇌사자 같은 형태로 존재하며 법적 권리를 보장받지 못하는 사회적 배제 과정에 직면한 사람들을 말한다. - 토마스 렘케, 심성보 역, 『생명정치란 무엇인가』, 그린비, 2015, 94쪽, 104쪽.

해 법적·정치적 단위에서 배제30)되어 억압받고 살해당하게 된다. 김동명은 시집『진주만』에 수록된 일련의 전쟁시들과 월남기, 피난기 등의 수기 및 증언문학을 통해 디스토피아를 재현하였다. 아름답고 서정적인 초기시뿐만 아니라 전쟁의 살육과 참상, 파시즘이 낳은 독재와 압제, 인간 이하의 조에적 상태를 지켜보고 체험한 작가는 현실공간의 고통과 고뇌를 작품으로 구현했다. 초허의 작품은 도농을 막론하고 폐허와 혼돈, 인간의 죽음, 암흑의 세계, 전쟁에 대한 허무감과 비탄의 요소들 그로 인한 참혹한 상처들, 무참히 희생된 사람들에게 보내는 연민과 슬픔의 노래를 형상화31)했다. 김동명 텍스트에 등장하는 피난민, 몸파는 여성, 빈자, 월남민들은 소속집단으로부터 분리되고 버려져서 국가적 정체성이나 사회적 주체성이 유예된 비체(abject)32)이자 호모 사케르(homo sacar)이다.

## 7. 김동명 문학공간의 함의

김동명의 문학공간은 주로 바다, 하늘, 전원 위주로 고구되어왔다. 본고는 그의 문학공간의 다양성을 살펴보고 이를 헤테로토피아적 관점에서 분석하였다. 유토피아와 빗대어 현실에 존재하면서 불안, 시간성을 특징으로 하는 헤테로토피아는 식민지, 이국, 근대도시 서울, 매춘굴, 감옥, 피난지, 전쟁터로 설정된다. 유토피아, 디스토피아, 에코토피아적인 특징과 더불어 김동명 문학공간은 토포필리아와 노스탤지어적 속성을 내포한다. 1900년생인 김동명은 20세기 근대인 식민지, 해방공간, 전쟁, 분단, 독재를 온몸으로 겪으면서 자유, 평등, 인권을 추구하고 자신의 몸을 편히 누일 공간을 갈망하였다. 한국의 근현대는 억압과 절망과 고통과 가난이 점철된 헤테로토피아적 세계이다.

두 편의 시 〈파초〉는 외래종, 이국종인 열대식물이 조선으로 옮겨지면서 다른 환경에 적응하기 위한 디아스포라적 운명을 조국과 고향을 잃은 시인 자신으로 대입하면서 내부 속의 외부자였음을 인식한다. 이국(타국)에서 정주해야 하는 파초의 슬프고 고독한 삶은 피식민자

---

29) 위의 책, 97쪽.
30) 위의 책, 95쪽.
31) 심은섭,『한국현대시의 표정과 불온성』, 푸른사상, 2015, 109쪽.
32) 정승훈,「세월호와 영화 속의 배: 유토피아, 헤테로토피아, 아토피아」,『문화과학』제81호, 문화과학사, 2015, 350쪽.

인 우리 민족의 모습이기도 하다. 시집『목격자』에 실린 서울 풍경의 연작시들은 목격자, 산책자, 이방인의 시선으로 거지, 매춘부, 부패한 정치가가 득실거리는 근대자본주의 공간을 그리고 있다. 돈과 권력, 성욕이 지배하는 근대도시는 뉴욕 월가나 〈죄와 벌〉의 소냐가 사는 공간으로 비유되며 금융의 위력이 지배하고 사랑과 같은 진정한 가치가 훼손된 사회이다. 다방, 유흥가, 거리에서 성적 서비스를 해야 생계를 유지하는 여성은 대표적인 타자로 작가의 시선에 포착되는 인물이다.

뜰, 정원, 화단은 김동명 문학의 주요공간이지만 도시와 유리된 자연, 전원이 아니라, 도심 속의 위안처, 안식공간이라는 점에서 헤테로토피아적 속성을 지닌다. 현실감각과 예술인식을 동시에 지닌 작가는 꽃과 나무를 기르며 자신만의 유토피아를 갈구하고 실현한다. 감옥, 수용소, 피난/탈출공간, 전쟁터는 시인의 삶이 얼마나 고통스러운지를 잘 보여주는 디스토피아이다. 김동명 문학공간은 초기시의 배경인 자연과 전원으로만 국한할 것이 아니라 후기작을 포함하여 총체적으로 인식할 때 진정한 김동명의 문학적 평가가 도출될 것이다.

| 문학공간 | 함의 | 시적 자아, 서술자 | 이념 및 상징성 | 문학장르 | 대상작품 |
|---|---|---|---|---|---|
| 이국/남국 | 헤테로토피아, 아토피아 | 이주민, 이방인, 디아스포라 | 노스탤지어, 다문화적 사유 | 다문화문학, 민족문학 | 시 〈파초〉1,2 |
| 정원 (뜰, 화단) | 유토피아, 에코토피아 | 정주민, 뜨내기 | 낭만주의, 리리시즘, 생태주의, 토포필리아, 자연친화 | 서정문학, 생태문학, 환경문학 | 시 〈나의 뜰〉, 〈정원기〉1,2, 〈정원행〉, 수필 〈정원〉, 〈화단〉 |
| 1950년대 서울 | 헤테로토피아, 근대도시 | 도시민, 목격자, 산책자 | 자본주의적 근대, 현실비판, 물질적·성적·금전적 욕망 | 도시문학, 리얼리즘문학 | 시집『목격자』(1957) 서울풍경 연작시, 수필 〈소매치기〉, 〈동대문과 취객〉 |
| 감옥, 피난지, 전쟁터 | 디스토피아, 해방공간, 전후공간 | 피난민, 망명자, 월남민 | 생명정치, 학살의 현장, 인간성 상실, 인권유린, 벌거벗은 생명 | 냉전문학, 전쟁문학, 수기문학, 월남문학 | 시〈옥중기〉1,2,3, 〈피난민〉1,2,3,4, 수필〈은수의 피안〉, 수기집『월남기』, 『어둠의비탈길』,『암흑의 장』 |

## [참고문헌]

### 1. 1차 자료

김동명문집간행회,『모래위에 쓴 낙서』, 장안서림, 1956.
김동명, 장은영 엮음,『김동명 시선』, 지식을만드는지식, 2012.

### 2. 단행본

김병우 외,『김동명의 시세계와 삶』, 한남대출판부, 1994.
심은섭,『한국현대시의 표정과 불온성』, 푸른사상, 2015.
엄창섭,『김동명연구』, 학문사, 1987.
미셸 푸코, 이상길 역,『헤테로토피아』, 문학과지성사, 2014.
발터 벤야민, 조형준 역,『도시의 산책자』, 새물결, 2008.
토마스 렘케, 심성보 역,『생명정치란 무엇인가』, 그린비, 2015.
티에리 파코, 조성애 역,『유토피아』, 동문선, 2002.

### 3. 논문

김미경,「상상계와 현상계의 사이: 헤테로토피아로서의 하얼빈」,『인문연구』제70호, 영남대 인문과학연구소, 2014.
김분선,「자기 배려 주체의 공간, 헤테로토피아」,『근대철학』제10집, 서양근대철학회, 2017.
나병철,「근대적 환등상 경험과 비동일성의 미학」,『한국현대문학연구』제49권, 한국현대문학회, 2016.
남기택,「김동명, 시, 강릉, 로컬리티」,『김동명문학연구』제4호, 김동명학회. 2014.
박기순,「푸코의 헤테로토피아 개념」,『미학』제83권, 한국미학회, 2017.
이다혜,「발터 벤야민의 산보객 Flaneur 개념 분석」,『도시연구』제1호, 도시사학회, 2009.
이미림,「김동명 문학의 공간적 상상력 연구」,『김동명문학연구』제4호, 김동명학회, 2017.
―――,「김동명 산문에 나타난 타자지향성과 디아스포라의식」,『김동명문학연구』제1호, 김

동명학회, 2014.

──, 「작가(시인)로서의 삶, 지식인(정치가)으로서의 삶」, 『김동명문학연구』제2호, 김동명학회, 2015.

이영희, 「헤테로토피아로서의 조선인부락: 이카이노」, 『일본어문학』제75집, 일본어문학회, 2016.

장은영/남승원, 「김동명 시에 나타난 장소의 시적 형상화」, 『어문연구』제39권, 한국어문교육연구회, 2011.

정승훈, 「세월호와 영화 속의 배: 유토피아, 헤테로토피아, 아토피아」, 『문화과학』제81호, 문화과학사, 2015.

정희원, 「도시, 주체, 텍스트: 폴 오스터의『뉴욕 3부작』에 나타난 유토피아/헤테로토피아로서 뉴욕의 재현양상을 중심으로」, 『영미문학연구』제30권, 영미문학연구회, 2016.

최명국, 「1930년대 전원파의 상실의식과 귀거래의식」, 『한국문학이론과 비평』제69집, 한국문학이론과 비평학회, 2015, 419쪽.

# 김동명 시, 강릉, 로컬리티·II

남기택*

---

**목 차**

1. 고향이라는 원형
2. 『개벽』과 등단 무렵
3. '고향' 편의 로컬리티
4. 맺음말—김동명 시의 현재성

---

[국문초록]

한국 문학사에서 김동명의 초기 시세계는 퇴폐주의적이고 낭만적인 경향으로 특징되고 있다. 1923년 『개벽』에 실린 김동명의 등단작들은 이러한 설명을 야기한 결정적 근거였다. 하지만 김동명의 초기 시세계가 퇴폐적 혹은 허무적 경향으로만 일반화될 수는 없다. 『개벽』의 등단작들 역시 허무적 낭만으로 일관되지 않는다. 다양한 상징 구조나 절대정신 추구 등은 김동명 시가 등단 무렵부터 정치한 이미저리 구성에 목적의식적인 주의를 기울였음을 시사한다. 또한 초기 시세계의 결정체라 할 수 있을 첫 시집 『나의 거문고』(1930)에 실린 130여 편의 시작품들 역시 다양한 특징으로 분화되고 있다. 9장으로 분절된 이 시집에서, 특히 일곱 번째 장인 '고향'에 수록된 20편의 시작품은 김동명의 원형적 장소 상징에 관한 대표적 예시이다. 이들 시편을 통해 김동명 초기 시세계에 각인되어 있는 고향의 상상력과

---

*강원대 교양학부 교수

근원적 장소성을 확인할 수 있다. 김동명은 비록 유년기에 고향을 떠나 타향으로 이주하였으나, 원형적 장소로서 고향에 대한 신심을 시적 세계관의 근저에 지니고 있었다. 이처럼 『나의 거문고』에는 구체적 장소성의 형상화와 더불어 원형으로서의 고향이 지닌 보편적 가치를 추구하는 양상이 오롯이 자리한다. 이는 로컬리티의 문학적 형상인 동시에 등단작들의 내용과 형식, 즉 고절한 정신의 추구와 엄정한 이미지 조각 등에 연동되는 김동명 초기 시 세계의 핵심 영역에 해당된다.

핵심어 : 김동명 시, 강릉, 고향, 로컬리티, 원형, 장소성, 『나의 거문고』

## 1. 고향이라는 원형

주지하는 바와 같이 김동명(1900-1968)은 개항지를 찾아서 고향 강릉을 떠났다. 함남 원산으로의 이주는 그의 나이 9세가 되던 1908년의 일이었다. 이후에는 고향에 정주한 적 없이 생을 마감했다. 그런 그에게 고향은 어떤 의미였을까? 강릉을 위시한 강원권 문학장이 김동명 시를 지역문학의 원류 격으로 기억하는 이론적, 미학적 근거는 무엇일 수 있을까? 이 글은 이러한 문제의식 아래 김동명 초기 시세계에 나타난 고향 강릉의 의미를 논구하고자 한다.

김동명은 『개벽』 제40호(1923년 10월호)에 「당신이만약내게門을열어주시면」을 발표하면서 문단에 등장한다. 첫 시집 『나의 거문고』(신생사, 1930)는 등단한 지 7년 후에 상재되었다. 등단과 첫 시집 상재 사이인 1925년에는 일본으로 유학을 떠났고, 거기서 낮에는 아오야마학원(靑山學院) 신학과를, 밤에는 니혼대학(日本大學) 철학과를 수학하고 졸업하였다.

『나의 거문고』에는 김동명 초기 시세계의 흔적이 고스란히 담겨 있을 것이다. 그럼에도 불구하고 김동명의 첫 시집에 대한 분석은 미제로 남아 있었다. 시집이 존재했다는 기록 외에 실물을 볼 수 없었기 때문이다. 강릉시가 실물을 2017년에 발굴하여 매입하였고, 이어서 『나의 거문고』를 포함하여 김동명 시집 전체를 묶어 『김동명 시전집』(강릉시, 2017. 12)으로 영인하였다. 그렇게 해서 첫 시집을 전후한 김동명 초기 시세계를 본격적으로 조명할 수 있는 길이 시인의 사후 50여 년이 지난 이후에야 가능해졌다.

김동명 시는 한국 문학사에 있어서 정전의 하나라 할 만하다. 그리하여 일반화된 개요 식의 문학사적 정의는 잘 알려져 있다. 예컨대 "1923년 『개벽』 10월호에 프랑스의 세기말 시인 보들레에르에게 바치는 시 「당신이 만약 내게 문을 열어 주시면」을 발표하면서 문단에 등장하였다. 전원에 묻혀 시작에 골몰하면서 『조선문단(朝鮮文壇)』·『동광(東光)』·『조광(朝光)』·『신동아(新東亞)』 등의 잡지를 통해 작품을 발표하였다. 초기의 퇴폐주의 경향에서 벗어나 민족의 비애와 조국에의 향수를 투명하고, 고아(高雅)한 수법으로 서정화하기에 힘썼다."[1]거나, "첫 시집은 『나의 거문고』(1930)로서 이때의 시 경향은 암담하고 우울했던 역사적 현실과 아울러 보들레르의 영향을 받아 퇴폐적이고 감상적인 경향이 농후하였다."[2] 등의 설명

---
1) 국어국문학편찬위원회 편, 『국어국문학자료사전』, 한국사전연구사, 1998, 503쪽.

이 그것이다. 이와 같이 김동명의 초기 시세계는 외래사조에 의한 퇴폐적 낭만풍의 경향으로 일반화되어 왔다.3)

한편 『나의 거문고』의 등장은 기존의 관점에 대한 진지한 반성을 요구하고 있다. 『나의 거문고』는 김동명 초기 시세계를 집약하는 텍스트에 해당된다. 하지만 강릉시에 의해 발굴, 복원된 2017년 이전까지는 그 실체를 파악하기 불가능하였다. 『나의 거문고』의 복원과 함께 김동명에 관한 문학사는 다시 작성되어야 할 것이다. 그 일환으로 이 글은 김동명 시의 장소성에 관해 주목하고자 한다. 기존의 연구에 따르면 김동명 시세계에는 고향 강릉을 중심으로 하는 장소성이나 지역성에 관한 성격이 부족한 것으로 파악되고 있다. 작품 자체에 고향과 관련된 장소가 소재화되는 양상이 드물고, 역사전기적 관점에서 보더라도 유년기에 일찌감치 타지로 이주하였기 때문이다. 이러한 정황은 시인 김동명이 고향에서의 구체적 체험을 내면화하여 문학으로 전유하는 과정이 물리적으로 어려웠을 것임을 추론케 한다.4)

그러나 김동명의 첫 시집에는 '고향'이 오롯이 재현되고 있었다. 9장으로 분절된 이 시집에서, 특히 일곱 번째 장인 '고향'에 수록된 20편의 시작품은 김동명의 원형적 장소 상징에 관한 대표적 예시에 해당된다. 이들 시편을 통해 김동명 초기 시세계에 각인되어 있는 고향의 상상력과 근원적 장소성을 파악할 수 있다. 이러한 양상은 김동명 시의 고향의식 혹은 로컬리티 구명에 주요한 단서를 제공할 것이다.

우선 이 글은 김동명의 등단기 작품들을 통해 문학적 출발기의 성격을 재조명하고자 한다. 이는 김동명 시세계의 원형적 심상지리를 구명하는 과정일 것이며, 장소성과 로컬리티에 주목하려는 목적상 필연적 수순이리라 본다. 나아가 초기 시세계를 집약하는 『나의 거문고』를 중심으로 고향 강릉을 대상으로 한 구체적 장소성의 양상을 밝히고자 한다. 그 결과는 김동명 시세계의 로컬리티에 관한 주요한 논거일 수 있을 것이다.

---

2) 한국정신문화연구원 편찬부, 『한국민족문화대백과사전』, 한국정신문화연구원, 1988, 645쪽.
3) 익히 알려진 것처럼 등단 무렵 보들레르에 대한 강한 인상은 김동명 스스로의 회고에 각인되어 있다. 김동명, 「나의 문학수업시대 회상기」, 『세대의 삽화』(수필집), 일신사, 1959, 95쪽.
4) 김동명 시에 대해 로컬리티의 관점에서 고향의식과 문학사회학적 입지에 관해 주목한 사례로는 남기택, 「김동명 시, 강릉, 로컬리티」, 『김동명문학연구』 4, 김동명학회, 2017 참조. 이에 관한 후속 연구로서 본 논문은 기획되었다.

## 2. 『개벽』과 등단 무렵

고향은 원형으로서의 의미가 강하다. 문학적 삶에 있어서의 고향은 등단 작품과 그 시절이라 할 수 있다. 이와 관련하여 김동명의 등단 무렵을 보다 면밀히 살펴볼 필요가 있겠다. 선행 연구의 경우를 들면, 김동명의 시세계에 대해 본격적인 학술적 분석을 제시한 선구적 사례로는 이성교의 연구가 대표적이다.5) 이 글은 김동명 시세계를 해방을 기점으로 전후기로 나누어 고찰하고 있는데, 전기 역시 '『나의 거문고』 시대'와 '『파초』 시대'로 세분하였다. 이 중 '『나의 거문고』 시대'는 등단 시기부터 『나의 거문고』에 이르는 초기 시세계를 비교적 상세하고 적확하게 분석한 대표적 연구라 할 만하다. 하지만 이 역시 『나의 거문고』 전문을 대상으로 한 것은 아니었고, 당대 잡지에 발표된 작품만을 두고 분석한 것이라는 근본적 한계를 부정하기 어렵다.6)

이 글에서 이성교는 『나의 거문고』를 위시한 김동명의 등단기 시세계를 "습작기에 해당하기 때문에 후대에까지 남을 만한 작품이 별반 없다 해도 과언이 아니"7)라고 단언하고 있다. 또한 그 특징은 "다분히 인생을 고민하는 허무적 경향"8)이라 규정하였다. 이러한 지적은 김동명 초기 시세계의 성격에 관한 개관으로서 충분한 설득력을 지닌다. 한국 문학사에 기록된 논지 역시 이러한 입장을 기조로 하고 있다. 그럼에도 불구하고 『나의 거문고』가 재발견된 현 시점에서 이러한 입장은 신중히 재고되어야 하리라 본다. 먼저 등단작으로 잘 알려진 「당신이만약내게門을열어주시면」부터 다시 살펴보기로 한다.

    오―님이여!나는당신을밋습니다

---

5) 이성교의 김동명론은 관련 단행본에 중복 수록되고 있는데, 이 글에서는 이성교, 「김동명 시 연구」(김병우 외, 『김동명의 시세계와 삶』, 한남대학교 출판부, 1994)를 참조 및 인용하였다.

6) 그 밖에도 퇴폐적 낭만성으로 초기 시세계를 일별하는 기존 경향에 대한 반론, 즉 삶의 정서는 물론 이상적 지향과 현실의식 등의 '다기한 시적 경향'을 강조하는 연구는 제기된 바 있다. 전도현, 「김동명 초기시 연구―첫 시집 『나의 거문고』 시기를 중심으로」, 『한국학연구』 39, 고려대학교 한국학연구소, 2011. 12; 전도현, 「김동명 시의 비유 구성 방법 연구―발굴작을 포함한 초기시를 중심으로」, 『한국학연구』 43, 고려대학교 한국학연구소, 2012. 12; 엄창섭, 「초허의 초기 시편과 제특성 연구」, 『김동명문학연구』 3, 김동명학회, 2016 등이 그것이다. 이들 역시 사료의 근본적 한계를 전제한 것이었다.

7) 위의 글, 14쪽.

8) 위의 글, 같은 쪽.

찬이슬에 붉는꼿물에저즌당신의가슴을
붉은술과푸른阿片에하욤업시웃고잇는당신의맘을
또당신의魂의傷痕에서흘러나리는모든고흔노래를

오—님이여!나는당신의나라를밋습니다
灰色의둑겁운구름으로
해와달과별의모든보기실흔蠱惑의빗츨두덥허버리고
定向업시휘날리는落葉의亂舞밋헤서
그윽한靜寂에불꼿놉게타는强한리씀의
당신의나라를.

魔醉와悲壯 痛悅과狂喜
沈靜과冷笑 幻覺과獨尊의
당신의나라
구름과물결 白灼과精香의
그리고도오히려極夜의새벽빗치출넝거리는 당신의나라를
오—님이여!나는밋습니다.

—「당신이만약내게門을열어주시면(쏘드레르에게)」 부분[9]

이 작품의 핵심 상징 중 하나인 '님'과 '당신'은 보들레르(1821-1867)를 지시할 것이다. 잘 알려진 바와 같이 이 작품은 부제로부터 '쏘드레르에게'를 명시함으로써 그에 관한 헌시의 성격을 지니기 때문이다. 화자는 '당신의 나라'를 절대적으로 신뢰하며, 거기를 지향하고 있다. 지극한 상념과 추상적 어휘들이 형용하는 그곳은 보들레르와 그 문학적 의미를 환기하는 관념적 대상일 것이다. 하지만 시적 문맥을 보면 그 나라는 또한 '붉은 꽃물에 젖은 가슴'이 육화된 공간이요 '불꽃 높게 타는 강한 리듬'의 현장이기도 하다. 이는 곧 관능적인 감각의 현시이자 고도로 조직된 언어 질서이기도 함을 지시한다. 막연한 낭만적 추상이 아니라 감각과 언어가 중층화된 장소, 곧 문학적 모더니티의 본령을 함의하고 있는 것이다.

---

9) 『개벽』 1923년 10월호, 134쪽.

보들레르의 시는 문학의 현대성을 상징한다. 『악의 꽃』(1861)을 재정리한 황현산은 "문학사는 보들레르가 시의 현대성에 문을 열었다고 기록한다. 이 현대성은 우리가 오늘날에 읽고 쓰는 시의 성격이다. 발레리는 보들레르가 프랑스어의 국경을 넘은 최초의 시인이라고 썼다. 이 말은 종족언어의 우연과 그 정서, 그리고 자연의 리듬에 모든 것을 의지하는 시에서 '시적인 것'을 해방시킨 시가 곧 현대시라고 말하는 것과 같다."10)고 썼다. 19세기 중반에 문학적 현대성을 감각하고 완성한 대표적인 예시로서 보들레르를 강조하고 있는 것이다. 김동명이 얼마나 깊이 있게 보들레르를 이해하고 있었는지는 알 수 없는 일이나, 분명한 것은 보들레르가 선취한 미적 현대성의 감각을 김동명 역시 본능적으로 파악하고 있었다는 점이다.

어리석음, 과오, 죄악, 인색이
우리의 정신을 차지하고 우리의 몸을 들볶으니,
우리는 친절한 뉘우침을 기른다,
거지들이 그들의 이를 기르듯.

(중략)

그놈이 바로 권태!―눈에는 본의 아닌 눈물 머금고,
물담뱃대 피워대며 단두대를 꿈꾼다.
그대는 알고 있지, 독자여, 이 까다로운 괴물을,
―위선자인 독자여,―나와 똑같은 자여,―내 형제여!
―보들레르, '독자에게'(『악의 꽃』) 부분11)

인용 부분은 『악의 꽃』의 서문, 즉 '독자에게'의 첫 연과 마지막 연이다. 시집의 서문 격으로 사용된 글이지만, 그 전에 발표된 독립된 작품이었다. 독자를 대상으로 예술과 윤리의 핵심을 설파하는 상징적 구도를 취하고 있다. 이에 관한 해설을 보다 참조하자면, "예술가는 매혹적인 악의 본질을 그리는 데 성실하면서도 늘 윤리적 고뇌를 지니고 있어야 한다는 시

---

10) 황현산, 「현대시의 출발」, 샤를 보들레르, 황현산 역, 『악의 꽃』, 민음사, 2016, 103쪽.
11) 위의 책, 7쪽, 11쪽.

인의 미학적 윤리관을 담은 이 시는 『악의 꽃』의 서시가 되기에 충분하다. 그러나 마지막 시구가 말하듯이 이 악은 시인만 지닌 것이 아니다. 독자도 거기서 빠져나갈 수 없다. 보들레르는 시인과 독자를 같은 자리에 세워 놓고 있으며, 이 점에서도 그는 현대적이다."12)와 같다. 이 같은 의미를 지닌 「독자에게」는 여러 면에서 김동명의 초기작 중 하나인 「회의자들에게」를 환기한다.

> 고마운벗들이여!
> 그대들은나를향하야
> 속엿튼놈이라하며
> 凶惡한背信者라고하엿지오 그리고쏘하지오
> 거긔에나는對答지안켓나이다
> 오직 窓밧게봄아츰이늦고
> 東山에진달내꼿이붉거던
> 그리로가소서
> 흔들리는푸른닙 새쌀간花瓣우에
> 넘어저잇는내마음을만나오리다.
>
> ―「懷疑者들에게」 부분13)

이 작품은 『개벽』에 등단 작품을 발표한 지 2개월 후, 같은 잡지에 「기원」과 함께 게재한 것이다. 화자는 '벗'을 향하여 자신의 속악함을 고백한다. 벗들이 나를 향하여 속였거나 (혹은 속이 옅거나) 흉악한 배신자라 욕하더라도, 그에 대해 일일이 응대하지 않겠다는 것이다. 오히려 '흔들리는 푸른 잎'과 '새빨간 화판' 위에 쓰러져 있는 내 마음을 직시하겠노라는 담담한 태도와 어조가 전경화된다. 이와 같은 자세는 자아와 더불어 타자를 아우르는 존재론의 입장을 시사한다. 선험적 한계가 분명한 실존 앞에서 완전한 자아는 불가능하며, 이 때 스스로의 내면에 침잠함으로써 형이상학적 가치를 응시하자는 태도는 미적 근대성의 태

---

12) 황현산, 앞의 글, 105쪽.
13) 『개벽』 1923년 12월호, 145쪽.

도와 다르지 않다. 또한 보들레르가 취한 문학적 위악성의 포즈, 미학적 윤리관의 입장과도 연동되는 자세인 것이다.

> 자연은 하나의 신전, 거기 살아 있는 기둥들은
> 간혹 혼돈스런 말을 흘려보내니,
> 인간은 정다운 눈길로 그를 지켜보는
> 상징의 숲을 건너 거길 지나간다.
>
> 밤처럼 날빛처럼 광막한,
> 어둡고 그윽한 통합 속에
> 멀리서 뒤섞이는 긴 메아리처럼,
> 향과 색과 음이 서로 화답한다.
>
> 어린이 살결처럼 신선한 향기, 오보에처럼
> 부드러운 향기, 초원처럼 푸른 향기들에
> ─썩고, 풍성하고, 진동하는, 또 다른 향기들이 있어,
>
> 호박향, 사향, 안식향, 훈향처럼,
> 무한한 것들의 확산력을 지니고,
> 정신과 감각의 앙양을 노래한다.
>
> ─보들레르, 「만물조응」 전문14)

『악의 꽃』의 대표적 작품 중 하나인 「만물조응」 역시 초기 김동명 시세계와의 비교 분석이 필요한 예시일 것이다. 이 작품에 대해서는 "'만물조응(correspondance)'은 우주가 일정한 수의 유비적 세계로 이루어져 있으며, 그 구성요소들은 서로 거울 노릇을 하기에, 한 사물이 다른 사물의 상징이 될 수 있다는 주장 또는 그런 현상을 일컫는 말이다. (중략) 하늘에서 일어나는 일이 지상에 반영되어 그 짝을 만든다는 만물조응의 사상은 보들레르 시대

---

14) 샤를 보들레르, 앞의 책, 19쪽.

에도 이미 새로운 것이 아니었지만, 만물조응의 개념에 인간의 육체를 개입시켜, 감각과 관능으로 그 유비와 조응을 체현할 수 있다는 생각은 독창적이다."15)고 설명된다. 그런 만큼 보들레르 식 상징주의의 핵심적 이론이자 작품으로 잘 알려져 있다.

> 아아당신의손에는소돔과고무라의타고남은재가잇지안나이까
> 나는당신의義憤과全能을밋습니다.
>
> 眞과善과美를지으신
> 한우님!
> 獸昧한愚衆을懲罰하기爲하야
> 蘿馬의兵火를가저오신 한우님!
> 殘骸가튼生物들의
> 奸計와暴虎
> 으슥한뒤ㅅ쓸에서
> 十字架를꾸미기에多忙한그손들이
> 당신보기에도밉삽거던
> … … … … … … … … …
> 아아, 당신은골고다에서붉은핏방울을보지안엇나이까
> 나는당신의義憤과全能을밋습니다.
>
> ―「祈願」부분16)

반면 김동명은 위의 「기원」을 통해 신의 '의분'과 '전능'을 강조한다. 신에 관한 절대적 믿음 속에서 어리석은 대중(愚衆)을 계몽하기 위한 염원을 담고 있는 형국이다. 이러한 종교적 갈구 속에는 인간의 개별적 감각 범주에 대한 초월의식이 전제되기 마련이다. 보들레르의 만물조응이라는 초월적 감각 지평이 신에 대한 절대적 응시로 전이된 양상이기도 하다. 양자 모두 인간이라는 개별자의 한계를 넘어서는 형이상학적 인식론에 근거하고 있는 것이다.

---

15) 황현산, 앞의 글, 106-107쪽.
16) 『개벽』 1923년 12월호, 147쪽.

이러한 절대적 감각 지평은 앞서 본 「회의자들에게」에서 화자가 희구하는 "문허지는넙 사늘한달빗속으로/ 슴여드는내노래"의 거처이기도 할 것이다. 이러한 애상의 정조를 산출하는 주요 원인은 존재론적 한계에 대한 성찰이다. 등단작 중 하나인 「나는보고섯노라」에서 화자가 응시하는 대상은 "붉은술에醉한白骨이/ 困憊한사람의魂을안고/ 이리로 저리로/ 느진가을에홋허지는/ 닙과도갓치/ 갈곳몰라헤매는것"이었다. 인간 존재가 지닌 선험적 한계 앞에서 화자는 그 적멸의 순간을 응시할 수밖에 없다. 그리하여 또 다른 등단작인 「애닯운記憶」에서는 "魂과魂에/ 티업는우슴/ 淸淨한抱擁"의 감각을 드러낸다. 혼과 혼 사이에 가로놓인 애달픈 이산의 운명은 존재론적 한계에 유비된다. 이때 그 이산의 운명을 관조하는 주체는 "白祥樓에달이푸르고/ 닙써러진가지에셔겨을이울고이슬쎠"와 같이 자연과 시간 자체이다. 절대적인 가치가 신적인 질서로 추구되기도 하고, 시간과 공간 혹은 자연이라는 배경에 투사되기도 하는 것이다.

등단 무렵 김동명의 시편들은 과잉된 관념의 표출이 주를 이루는 것이 사실이다. 하지만 그 속에서 다양한 상징 구조나 절대정신 추구 등을 통해 정치한 이미저리 구성에 목적의식적인 주의를 기울였음 역시 발견할 수 있다. 또한 이러한 양상은 『나의 거문고』의 초기 시편에 산재한 자연으로의 귀의를 전조한다. 예컨대, 다음 장에서 상론할 '고향' 시편 중 하나인 「生命의曲調」에서도 "헤일수업는 무수한 소리,/ 물결갓치 내귀를 스처가는 宇宙의 神祕 生命의 속사김"과 같은 표현을 볼 수 있다. 이처럼 우주의 원리에 유비되는 자연의 감각은 김동명 시세계 전편을 관류하는 메인 모티프이기도 하다. 이러한 시적 세계관이 정립되는 모두에 보들레르로부터 기인하는 초월적 감각의 운산이 전제되어 있다. 김동명 시에서 원형으로서의 장소성이 지닌 미학적 지평이기도 할 것이다.

## 3. '고향' 편의 로컬리티

김동명의 초기 시세계는 『나의 거문고』로 집대성된다. 주지하는 바와 같이 『나의 거문고』에는 130여 편에 이르는 작품이 수록되어 있다. 앞서 거론한 바와 같이 이 시집은 '습작기'의 산물로서 과잉된 관념의 허무적 소산이라고 거론되어 왔다. 이에 대해서는 신중한 재고가 필요할 것이다. 시집이 출판된 1930년은 시인이 31세가 되던 해이다. 일본 유학을 다녀

온 이후로서 충분한 이론적, 실천적 모색이 전제되어 있는 시기임을 짐작할 수 있다. 아마 추어리즘의 소산이라 평가되는 등단작을 포함한 『개벽』의 작품들은 수록되지도 않았다. 이러한 정황만을 두고 보더라도 과연 『나의 거문고』를 '습작기의 산물'이라고 규정할 수 있을지 의문이다.

이 시집에 대해 김동명 스스로는 '부끄러운 시집'이라고 진단했다는 점도 위와 같은 판단의 주요 근거로 작동해 왔다. 이 진술은 특히 소설가 안수길(1911-1977)이 자신의 회상 속에서 강조하고 있기에 흔히 인용되곤 한다.

> 詩集 한 卷(『파초』)을 낼 準備라는 것이다. 詩集으로는 전에 『나의 거문고』가 處女詩集으로 발간된 일이 있는 것으로 알고 있다. 一九二三년 「당신이 만약 내게 門을 열어주시면」이란 詩를 「開闢」誌에 發表한 것을 비롯해 본격적으로 詩作 활동을 시작한 선생의 初期詩集이다. 一九二五, 六년頃 刊行이 아니었던가 생각한다.
> 그러나 선생은 『나의 거문고』는 **창피한 詩集**이라고 말했고 이번 것에 力點을 두고 있음에 틀림이 없다.(괄호 및 강조는 인용자)17)

1968년 작성된 위 글은 김동명의 사후에 이를 애도하는 조사의 성격으로 기획된 것이었다. 이에 따르면 초기 시작 활동을 하던 당대에 김동명과 안수길은 문학 동료이자 사제 관계로 막역하게 교류하고 있었다. 짧은 소품에 불과하지만, 그럼에도 불구하고 위 글은 김동명 문학의 본령과 핵심적 성격을 적시한 귀중한 자료임이 분명하다. 한편 위에 인용된 것과 같은 김동명 초기 시세계에 대한 언급은 재고의 여지가 있다. 기획 자체가 정치한 학술적 분석이 아니었기에 비롯된 결과이기도 하겠으나, 위 글의 기록은 객관적인 사실에서조차 오류가 발생한다. 대표적 예가 인용 부분에서 보듯이 『나의 거문고』 발행 시기를 1925-6년경으로 추론한 것이다. 이보다 앞서 김동명의 서호 시절을 회상하면서 "선생이 一九〇一년에 出生했으니까 그 때 三三~四歲였을 것"18)이라고 적은 부분도 오류이다. 시집의 발행 시기(1930)나 시인의 출생 연도(1900)와 같은 기본적인 정보조차 정확하지 않은 자료인 것이다.

---

17) 안수길, 「김동명선생의 시와 애국심」, 『신동아』 1968년 3월호, 305쪽.
18) 위의 글, 302쪽.

사료에 대한 보다 신중한 접근을 시사하는 대목이다.

『나의 거문고』는 9장으로 분절되어 있으며, 각 장에는 소제목이 달려 있다. '즐거운아츰', '잔치', '옛노래', '외로울째', '麗島風景', '異域風情', '故鄕', '冥想의노래' 등이 그것이다. 이 중에서 일곱 번째 장인 '고향'에 수록된 20편의 시작품은 김동명의 원형적 장소 상징에 관한 예시가 된다. 이들 시편을 통해 김동명 초기 시세계에 각인되어 있는 고향의 상상력과 근원적 장소성을 파악할 수 있다. 김동명은 비록 유년기에 타향으로 이주하였으나, 원형적 장소로서 고향에 대한 신심을 시적 세계관의 근저에 지니고 있었던 것이다.

  쓸아래에 菊花꼿
  서리에 저즌얼골
  남몰을 구든쏫이,
  아아네님이 누구냐

—「菊花」 전문19)

'고향' 시편에서 외견상 우선 주목되는 특징은 정제된 압축미의 양상이다. 관념적인 추상으로 점철되었던 등단 무렵의 경향과 달리, 말을 아끼고 시적 구상태를 추구하였음을 짐작할 수 있다. 위 작품은 『나의 거문고』를 비롯하여 김동명 전체 시세계에서 가장 짧은 형태로 완성된 단시류에 속한다. 시조의 정형적 율격과도 다른, 극도로 절제된 언어 조각의 형태를 볼 수 있다. 화자는 뜰아래 핀 국화꽃을 보며 감정을 이입한다. 대상화된 국화꽃은 '서리에 젖은 얼굴'을 하고, '남모르는 굳은 뜻'을 품고 있다. 마지막 행은 대상화된 꽃이 갈구하는 '님'을 설의형 영탄으로 강조한다. 군더더기 없는 표현으로 대상에의 감정이입이 돋보이는 작품이라 하겠다.

「국화」는 여러 면에서 김동명의 대표작 중 하나인 「파초」를 연상케 한다. 식물을 소재한 한 외장으로부터, 대상에 감정을 이입하여 형상화하는 방식이나 절제된 감각의 구상화 양식 등에서 유사성을 발견할 수 있다. 또한 궁극적으로 '님'의 존재를 환기함으로써 절대적 관계를 희구하는 방식이 주목된다. 「국화」나 「파초」는 대상을 즉물적으로 묘사하는 것이 아니

---

19) 이하 김동명 시에 대한 인용은 『김동명 시전집』(강릉시, 2017)의 것이며, 쪽수 부기 없이 제목만 표기하기로 한다.

라, 공통적으로 대상화된 꽃의 지향을 절제된 언어로써 강조한다. 「국화」의 경우 '님', 「파초」의 경우 '향수'가 그것이다. '고향' 시편에는 「국화」와 더불어 「조개껍질」, 「코스모스」, 「鳳仙花」 등의 작품이 유사한 계열체를 형성하고 있다.

> 내 나히 일곱살 되든해 여름이외다
> 어머니와 함께 외가에 갓더가 오던길에
> 우리는 문득 중로에서
> 한 조그마한 여윈개를 만낫습니다.
> 참말로 그때의 그개는 몹시도 여위고 추하엿습니다.
> 한참 오더가 조그마한 고개를 넘울때에야 비로소
> 우리는 그개가 우리를 싸르는줄 알앗습니다.
> 너이 집으로 차저가야 한다는쏫으로몃번손을내저어보앗스나
> 개는 집이 업다는돗이 한참 서서보다가는
> 쏘 우리의뒤를 멀즈막하게 싸라왓습니다.
> 그래서 우리가 西山에 지는해와가치 우리집에왓슬때에는
> 개도 우리 마당에 드러와서 꼬리를 저엇습니다.
>
> ―「개」 부분

한편, 위 작품은 「국화」와는 전혀 다른 방식으로 주조된다. 정제된 형식으로 언어를 조각하는 것이 아니라 이른바 이야기시의 전형적인 형식을 보여주고 있는 것이다. 여기서 김동명은 유년기에 고향 강릉에서 경험했던 일화를 아주 구체적으로 시화하고 있다. 우연히 만나 정들게 된 '개'와의 인연은 "어썬 여름날 호박꼿이 시들엇다가 다시피어난 저녁싸"의 비극적 이별로 끝날 수밖에 없었다. 화자는 개와의 "유달으게도 깁허젓"던 정분을 잊지 못한다. 이처럼 이 작품의 화소는 김동명이 실제 경험했던 사실로서 유년기의 추억이 생생하게 재현되고 있다. 일종의 시적 자서전인 것이다. 이러한 시 형식은 「부흥새」를 통해서도 발견된다. "아, 심술 굿고 작란 조하하든/ 내 故鄕의 각시들"을 추억하는 이 작품 역시 일종의 이야기시 형태로 전개되고 있다.

마을 압헤는 百餘里 山ㅅ골물을
모하 흘으는 시내가 잇고
시내ㅅ가에는 째째로 이상한소리를 내이며
도라가는 물레방아가 잇습니다.

마을 뒤에는
數百年 두고 자란 落落長松
바람이 지낼째면 우수수 소리내고
밤저녁 어썬째면 부흥새 와서움니다.

南으로 十里는 鏡浦인데
東으로 十里는 시내ㅅ물을 싸라가면 바다나지고
그리고 서울은 西으로 五百五十里
大關嶺을 넘어서 간담니다.

—「故鄕」전문

이 작품은 '고향' 시편의 대표작이라 할 정도로 고향 강릉의 장소성과 구체적 경험에 기반한 것이며, 미적 수월성의 높은 수준을 보여주고 있다. 여기서 묘사된 장소는 화자의 주관적 개입이 배재된 채 객관적 서정으로 즉물적 풍경을 현현한다. 대상이 언어가 되고 풍경이 서정이 되는 사물시의 전형적인 국면인 것이다. 이러한 감각의 표출은 해당 장소에 관한 구체적 체험이 전제되지 않고서는 불가능하다. 이 한 편의 시를 통해 고향 강릉은 김동명의 문학적 세계관을 형성하는 원체험적 요소임이 증명되는 셈이다.

나는 지금 詩樓峰쪽닥이에 섯다.
마치 第三期를지난 肺病쟁이와 가치
그러케 피폐하고 쇠약한 한 적은거리를
발압헤 나려다보며 여기에 서서
東海를 스처오는 막은바람을 쏘이며 생각한다.

게싹지 업허노흔듯한 집들 사이로 쏠린길우에
펄넉이는 힌옷자락 느리게 움즉이는 적은그림자
아아 장차 엇니나 될것인고
世紀를 거듭하여 지나는 동안에.
생각하면 내몸에 이峰으로더부러 오래오래 여기에서서
저 힌옷거리의 運命을 직히고 십흐다만은—
아아 내마음을 괴롭히는 속절업는 생각이어 살아지라
그래도 四千年동안이나 이쌍껍질우에 부쳐두엇거늘,
하고 또 세상은 비록 조금식이남아 밝아 오지안는가.

―「詩樓峰에올라서」 전문

이 작품 역시 김동명의 고향의식과 문학적 심상지리의 본령을 적시하는 대표작이라 할 만하다. 강릉 지역의 로컬리티와 관련해서 문제적인 작품으로 심층적 조명이 필요한 텍스트라 하겠다. 가장 먼저 주목되는 점은 전유된 명명이다. 이는 '시루봉'을 '詩樓峰'으로 표기하는 방식을 가리킨다. 시루봉(-峰)은 강원도 강릉시 저동에 있는 산의 봉우리로서, 유래를 보면 그 생김새가 떡을 찌는 시루를 엎어 놓은 것처럼 생겨 붙여진 이름이라고 한다. 따라서 한자에 해당하는 표기는 없다. 직역하면 '시루峰'이요 의역하면 '甑峰' 정도가 되어야 한다. 그럼에도 김동명은 이를 '詩樓峰'이라 명명하였다. 고향의 대표적 장소 상징을 문학의 다락, 곧 '詩樓'로 의역하여 전유하고 있는 것이다. 이는 장소의 문학적 전유 의식이 상징적으로 담겨 있는 국면이라 하겠다.

다음으로 장소성을 소재로 한 수준 높은 형상화의 측면이 부각된다. 시루봉은 경포 지역에서 제일 높은 봉으로서 서쪽으로는 태장봉이 있고, 능선 끝에는 경포대가 있다. 그 밖에도 시루봉은 경포의 4주산, 강릉의 4주산 가운데 하나이고, 경포팔경 가운데 하나인 증봉낙조(甑峰落照)에 해당된다는 점이 특징적이다.[20] 이를 통해 시루봉은 강릉권 지역에서 대표적 장소 상징의 자연물임을 알 수 있다. 위 작품은 김동명이 초기 시세계로부터 고향의 장소성을 시화하려는 문학적 세계관을 의식적 혹은 무의식적으로 지니고 있었음을 증거한다. 구체

---

[20] 이상 시루봉에 대한 설명은 한국학중앙연구원, 『디지털강릉문화대전』(http://gangneung.grandculture.net); 김기설, 『강릉지역지명유래』, 인애사, 1992 참조.

적 장소와 경험의 전유는 근대적 시작법의 원리이자 미학적 가치를 체현하는 주요 기제이다. 그런 점에서 「시루봉에올라서」와 같은 작품은 김동명 시의 모더니티를 입증하는 문제작이기도 하다.

나아가 이 작품은 개별 지역의 단위를 넘어 민족 공동체의 운명을 유비하는 데로 나아간다. 시루봉 꼭대기에서 화자가 응시하는 대상은 "펄넉이는 힌옷자락 느리게 움즉이는 적은 그림자"이다. 이는 고향 강릉의 민초들인 동시에 민족적 형상이기도 하다. 화자가 애달프게 고백하는 "저 힌옷거리의 運命"은 민족 공동체의 운명과 등치된다. 사적인 언어를 통해 공동체 보편의 가치를 내면화하는 방식은 한국 근현대 문학사의 주요 동력이었던 민족문학의 입론과 미학을 지시한다.[21] 위와 같은 시적 진술은 일제강점기라는 엄혹한 시절에 대항하는 김동명 식의 문학적 파레시아(parrhèsia)라고 볼 수 있다.[22] 장소를 통한 역사적 현실의 재현은 진실을 말하는 용기 혹은 비판적 태도의 실천과 다르지 않은 것이다. 이러한 국면 역시 김동명 시의 장소 경험이 아우르는 폭넓은 경계를 환기하고 있다.

## 4. 맺음말—김동명 시의 현재성

한국 문학사에서 김동명의 초기 시세계는 퇴폐주의적이고 낭만적인 경향으로 특화되고 있다. 『개벽』에 실린 김동명의 등단작들은 이러한 설명을 야기한 결정적 원인이었다. 하지만 김동명의 초기 시세계가 퇴폐적 경향으로만 일반화될 수는 없다. 『개벽』의 등단작들 역시 퇴폐적 낭만으로 일관되지 않는다. 다양한 상징 구조나 절대정신 추구 등은 김동명 시가 등단 무렵부터 정치한 이미저리 구성에 목적의식적인 주의를 기울였음을 환기한다.

또한 초기 시세계의 결정체라 할 수 있을 첫 시집 『나의 거문고』에 실린 시작품들 역시

---

21) 그 밖에도 민족적 비애의 형상화를 통한 저항시인으로서의 성격에 대해서는 엄창섭, 『김동명 연구』, 학문사, 1987, 179쪽 참조.

22) '파레시아'는 푸코의 후기 사상에서 핵심이 되는 개념으로서 '진실을 말하는 용기', '위험을 감수하는 말하기' 등을 뜻하며, 고대 그리스어에서 차용한 것이다. 푸코는 자신이 1970년대까지 '고고학'과 '계보학' 등의 방법론으로써 연구했던 '지식'과 '권력'의 문제가 곧 주체와 진실의 관계를 탐색을 위한 사전 작업에 불과하다고 언급한 바 있다. 그렇듯 파레시아는 주체와 진실에 관한 푸코 식 후기 사유의 상징이라 볼 만하다. 파레시아의 기본 개념에 대해서는 미셸 푸코, 이상길 역, 『헤테로토피아』, 문학과지성사, 2014, 365-368쪽; 나카야마 겐, 전혜리 역, 『현자와 목자: 푸코와 파레시아』, 그린비, 2016, 4쪽 참조.

다양한 특징으로 분화되고 있다. 특히 '고향' 편에 수록된 시편들은 김동명의 원형적 장소 상징에 관한 예시이다. 이들을 통해 김동명 초기 시세계에 각인되어 있는 고향의 상상력과 근원적 장소성을 파악할 수 있다. 김동명은 비록 유년기에 고향을 떠나 타향으로 이주하였으나, 원형적 장소로서 고향에 대한 신심을 시적 세계관의 근저에 지니고 있었던 것이다. 이처럼 『나의 거문고』에는 구체적 장소성의 형상화와 더불어 원형으로서의 고향이 지닌 보편적 가치를 추구하는 양상이 오롯이 자리한다. 이는 로컬리티의 문학적 형상인 동시에 등단작들의 내용과 형식, 즉 고절한 정신의 추구와 엄정한 이미지의 조각 등에 연동되는 김동명 초기 시세계의 핵심 영역에 해당한다. 그 밖에도 단시, 이야기시, 민족문학 등의 다양한 실험은 문학적 모더니티를 증거하는 김동명 초기 시세계의 성과에 해당된다.

김동명에 관한 단편적 언급을 마무리하는 이 자리에서, 우리가 김동명을 기념하고 문학적으로 재조명하려 한 시도의 진정성에 대해 스스로 반성해보고자 한다. 이른바 학자로서 우리는 김동명 초기 시편의 원문을 꼼꼼히 읽어본 적이 있는가. 김소월, 김동인 등과 한국 근대문학장의 서막을 열었고, 백석 등과 함께 근무하면서 우리 문학사의 역사적 현장을 증거했던 그에 대해서 얼마나 깊이 있게 사유해 왔는가.

한국 근현대 문학사에 있어서 문학 범주는 일종의 제도로 존재해 왔다. 이는 근대적 개념으로서 문학이라는 장르의 성립으로부터 각종 문단 제도가 시행되는 과정을 보면 단적으로 증명된다. 일례로 2018년 현재 탄생 100주년을 맞은 문인들, 예컨대 김경린, 박남수, 박연희, 심연수, 오장환, 조흔파, 한무숙, 황금찬 등에 관한 다양한 행사가 관련 단체나 지역을 중심으로 진행되고 있는 실정을 들 수 있다. 김수영(1921-1968)의 경우 사후 50주기를 맞아 대규모 재조명 사업이 진행되고 있는 중이다. 이러한 제도적 성과들은 그대로 해당 문인의 문학사적 의미이자 성과에 연동될 것이다.

현재 강릉을 중심으로 진행되고 있는 김동명 관련 문학사업의 성과는 중요한 의미를 지닌다.[23] 그럼에도 불구하고 우리 스스로의 능력을 갱신하여, 한국 문학장의 핵심 자리에 그 의미와 위상을 부여하는 등의 실천적 성과를 내기에는 여전히 부족한 실정임을 인정할 수밖에 없다. 부단한 반성과 지속적 노력 속에 김동명 문학은 물론 강원권 학술 담론장의 수위 역시 점진적으로 확장될 것이라 믿는다.

---

23) 연간으로 발행되어 2017년 현재 4호에 이른 김동명학회의 『김동명문학연구』는 대표적 예시일 것이다.

## [참고문헌]

### 기본 자료

김동명, 「당신이만약내게門을열어주시면(쏘드레르에게)」·「나는보고섯노라」·「애닯운記憶」, 『개벽』 1923년 10월호.

김동명, 「懷疑者들에게」·「祈願」, 『개벽』 1923년 12월호.

김동명, 『나의 거문고』, 신생사, 1930.

김동명, 『세대의 삽화』(수필집), 일신사, 1959.

김동명, 『김동명 시전집』, 강릉시, 2017.

### 단행본

국어국문학편찬위원회 편, 『국어국문학자료사전』, 한국사전연구사, 1998.

김기설, 『강릉지역지명유래』, 인애사, 1992.

김병우 외, 『김동명의 시세계와 삶』, 한남대학교 출판부, 1994.

엄창섭, 『김동명 연구』, 학문사, 1987.

한국정신문화연구원 편찬부, 『한국민족문화대백과사전』, 한국정신문화연구원, 1988.

한국학중앙연구원, 『디지털강릉문화대전』(http://gangneung.grandculture.net)

나카야마 겐, 전혜리 역, 『현자와 목자: 푸코와 파레시아』, 그린비, 2016.

미셸 푸코, 오트르망 역, 『담론과 진실』, 동녘, 2017.

샤를 보들레르, 황현산 역, 『악의 꽃』, 민음사, 2016.

### 논문

남기택, 「김동명 시, 강릉, 로컬리티」, 『김동명문학연구』 4, 김동명학회, 2017, 157-184쪽.

안수길, 「김동명선생의 시와 애국심」, 『신동아』 1968년 3월호, 302-307쪽.

엄창섭, 「초허의 초기 시편과 제특성 연구」, 『김동명문학연구』 3, 김동명학회, 2016, 17-38쪽.

이성교, 「김동명 시 연구」, 김병우 외, 『김동명의 시세계와 삶』, 한남대학교 출판부, 1994, 7-55쪽.

전도현, 「김동명 초기시 연구—첫 시집 『나의 거문고』 시기를 중심으로」, 『한국학연구』 39, 고려대학교 한국학연구소, 2011. 12, 129-158쪽.

전도현, 「김동명 시의 비유 구성 방법 연구—발굴작을 포함한 초기시를 중심으로」, 『한국학연구』 43, 고려대학교 한국학연구소, 2012. 12, 157-184쪽.


⟨Abstract⟩

In Korean literature history, Kim Dong-myung's early poetic world is characterized by a decadent and romantic trend. Kim Dong-myung's landmarks in 1923's "Ode to the Sun" were the decisive reasons that caused this explanation. However, Kim's early world cannot be generalized only as a decadent or nihilistic trend. Even the lantern works of the open wall are not consistent with vain romance. Various symbolic structures and pursuit of absolute spirit suggest that the government paid a conscious attention to the formation of a political imiga from the time of Kim Dong-myung's rise. In addition, the 130-odd entries in the first collection of poetry, "The Crucible of Geomunar" (1930), which is considered the crystallization of the early times, are also being divided into various features. In the book, which is divided into nine chapters, the beginning of the 20 episodes, especially in the seventh father-in-law "Home," is a representative example of Kim Dong-myung's circular place symbol. Through these specimens, you can see the imagination and original location of Kim Dong-myung's hometown imprinted on the early times. Although Kim Dong-myeong moved from his hometown to his hometown in his childhood, he had faith in his hometown as a circular place at the root of his poetic worldview. As such, the Geomungo

High School in Seoul seeks the universal value of its hometown as a prototype, along with the shape of its specific location. This corresponds to the key area of Kim Dong-myung's early time world, which is a literary form of locality and is linked to the content and format of lantern works, namely the pursuit of a hard-working spirit and a stern image sculpture.

Key words: Kim Dong-myung City, Gangneung, hometown, locality, circularity, and 『my geomungo』

## 김동명연구 학술지 논총 (제1권)
### (2014년 제1집 ~ 2018년 제5집)

| | |
|---|---|
| 인 쇄 일 | 2024년 12월 4일 |
| 발 행 일 | 2024년 12월 4일 |
| 편 저 자 | 심은섭 |
| 전 화 | 010-9330-6812 |
| 이 메 일 | shim808@hanmail.net |
| 펴 낸 곳 | 성원인쇄문화사 |
| 주 소 | 강원특별자치도 강릉시 성덕포남로 188 |
| 대표전화 | (033)652-6375 / 팩스 (033)652-1228 |
| 이 메 일 | 6526375@naver.com |
| I S B N | 979-11-990181-0-5 |

· 저작권법에 의해 보호받는 저작물이므로 저자와 출판사의 동의없이 전부 또는 내용의 일부를 인용하거나 발췌하며 사용하는 것을 것을 금합니다.